中国社会科学年鉴

马克思主义理论研究与学科建设

2015

（总第6卷）

MARXIST THEORY RESEARCH AND DISCIPLINE CONSTRUCTION YEARBOOK

中国社会科学院马克思主义研究学部　马克思主义研究院

中国社会科学出版社

图书在版编目（CIP）数据

马克思主义理论研究与学科建设年鉴．2015／中国社会科学院马克思主义研究学部，马克思主义研究院编．—北京：中国社会科学出版社，2015.12

ISBN 978－7－5161－7447－0

Ⅰ.①马…　Ⅱ.①中…②马…　Ⅲ.①马克思主义—理论研究—中国—2015—年鉴
Ⅳ.①A81－54

中国版本图书馆 CIP 数据核字(2015)第 309455 号

出 版 人　赵剑英
责任编辑　姜阿平　彭莎莉　马志鹏
责任校对　邓晓春
责任印制　张雪娇

出　　版　中国社会科学出版社
社　　址　北京鼓楼西大街甲 158 号
邮　　编　100720
网　　址　http://www.csspw.cn
发 行 部　010－84083685
门 市 部　010－84029450
经　　销　新华书店及其他书店

印刷装订　三河市东方印刷有限公司
版　　次　2015 年 12 月第 1 版
印　　次　2015 年 12 月第 1 次印刷

开　　本　787×1092　1/16
印　　张　46
字　　数　1145 千字
定　　价　208.00 元

《马克思主义理论研究与学科建设年鉴》编委会

《马克思主义理论研究与学科建设年鉴》编辑部

编辑说明

一、由中国社会科学院马克思主义研究学部和马克思主义研究院主办的《马克思主义理论研究与学科建设年鉴》是目前全国唯一一部全面反映马克思主义理论研究成果和学科建设的综合性年鉴；主要汇集上一年度马克思主义理论研究与学科建设新成果、新进展、新走向；具有权威性、学术性、时效性。

二、“重点文章”部分选取的是上一年度马克思主义研究领域中知名专家的重要成果或该领域中具有较大影响的文章，具有学术前沿性。

三、“学科建设”部分由从事马克思主义研究的专家学者撰写，综合反映上一年度学科发展的情况及最新进展。

四、“热点聚焦”部分反映马克思主义理论研究学界争鸣的热点、焦点问题。

五、“论文荟萃”部分和“著作选介”部分是从全国同类文章和著作中选取有一定代表性的论著予以介绍，以期有所启发。

六、“课题概览”“会议综述”“新书索引”“论文索引”“大事记”等栏目展示了上一年度本学科学术研究的成果和活动，使本年鉴的信息量更加丰富，更具有学术收藏价值。

七、本年鉴在《中国特色社会主义年鉴》的基础上创办，积累了丰富的经验和社会资源，我们将进一步使其成为全国理论工作者、党政领导干部、高等院校有关师生、全国各级各类图书馆（资料室）必备的工具书和参考读物。

中国社会科学院

马克思主义研究学部　马克思主义研究院

《马克思主义理论研究与学科建设年鉴》编辑部

2015 年 4 月

目　录

第一篇　重要文献

第二篇　重点文章

第三篇　学科建设

第四篇　热点聚焦

第五篇　论文荟萃

第六篇　著作选介

第七篇　课题概览

第八篇 会议综述

大事记

附 录

Contents

I Important Literatures

II Key Articles

III Discipline Construction

IV Hot Topics

V Paper Assembles

VI Selected Works

VII Projects Survey

VIII Review of Symposium

Chronicle of Events

Appendix

第一篇

重要文献

在纪念邓小平同志诞辰 110 周年座谈会上的讲话

习近平

同志们，朋友们：

今天，我们在这里隆重集会，纪念敬爱的邓小平同志诞辰 110 周年，深切缅怀他为党、为祖国、为人民建立的不朽功勋，追思和学习他为党和人民事业不懈奋斗的崇高风范，进一步激励全党全国各族人民在新的时代条件下把中国特色社会主义事业推向前进。

邓小平同志是全党全军全国各族人民公认的享有崇高威望的卓越领导人，伟大的马克思主义者，伟大的无产阶级革命家、政治家、军事家、外交家，久经考验的共产主义战士，中国社会主义改革开放和现代化建设的总设计师，中国特色社会主义道路的开创者，邓小平理论的主要创立者。

110 年前，邓小平同志出生在四川省广安县协兴乡牌坊村。当时，中国正处于半殖民地半封建社会的黑暗之中，中国正遭受着帝国主义列强的欺凌和封建统治的压迫，社会动荡不已，人民饥寒交迫，民族危在旦夕。面对深重的民族灾难和激烈的社会矛盾，为改变中华民族的悲惨命运，中国人民和无数仁人志士进行着艰辛探索和顽强抗争。那个风雨如晦的年代，孕育了邓小平同志救国救民的理想和追求。他 16 岁远渡重洋勤工俭学，并在那里接受了马克思主义，加入中国共产党，从此矢志不渝为党和人民事业奋斗了 70 多年。

邓小平同志的一生，同中国共产党、中国人民解放军、中华人民共和国创建和发展的历史进程紧紧相连，同中国革命、建设、改革的历史进程紧紧相连，同中华民族抗争、独立、振兴的历史进程紧紧相连，是光辉的一生、战斗的一生、伟大的一生。

新民主主义革命时期，邓小平同志为党领导的民族独立和人民解放事业建立了卓越功勋，是中华人民共和国的开国元勋。新民主主义革命时期，邓小平同志作为毛泽东同志的亲密战友，始终坚持正确路线，以充沛的革命热情，先后担任党和军队许多重要领导职务，为创建发展新型人民军队、赢得革命战争胜利作出了重要贡献。北伐战争期间，他从苏联回国直接参加革命斗争。土地革命战争期间，他先后在上海极端险恶的环境下从事地下工作，在广西领导发动百色起义和龙州起义、创立左右江革命根据地，参加艰苦卓绝的长征，亲历标志着党的历史伟大转折的遵义会议。抗日战争和解放战争期间，他坚决执行党中央和毛泽东同志的战略决策，军政兼任、勇挑重担，不畏艰险、出奇制胜，一直处在战略全局的关键位置，处在对敌斗争的最前线。特别是先后同刘伯承、陈毅等同志一起，开辟晋冀鲁豫抗日根据地，率部千里跃进大别山，组织实施淮海战役和渡江战役，进军解放大西南，建立了赫赫战功。

在社会主义革命和建设时期，邓小平同志为胜利完成社会主义革命、探索我国社会主义建设道路作出了杰出贡献。新中国成立初期，邓小平同志主政西南，不久就参加中央领导工作，先后担任中共中央秘书长、中共中央政治局委员、政府副总理。1956 年党的八届一中全会上，他当选中共中央政治局常委、中共中央总书记，成为以毛泽东同志为核心的党的第一代中央领导集体的重要成员。此后 10 年间，他负责党中央大量日常工作，为探索适合我国情况的社会主义建设道路、为克服经济困难提出许多正确主张，进行了卓有成效的工作。“文化大革命”开始后不久，他受到错误批判和斗争，被剥夺一切职务，直到 1973 年复出。1975 年他开始主持党、国家、军队日常工作，为扭转“文化大革命”造成的严重混乱局面，开展大刀阔斧的全面整顿，同“四人帮”进行针锋相对的斗争。不久，他再次被错误撤职、批判。

在改革开放新时期，邓小平同志成为党的第二代中央领导集体的核心，为开创中国特色社会主义作出了历史性贡献。“文化大革命”结束，“中国向何处去”又成为摆在中国人民面前头等重要的问题。邓小平同志以他的远见卓识、丰富政治经验、高超领导艺术，强调实事求是是毛泽东思想的精髓，旗帜鲜明反对“两个凡是”的错误观点，支持和领导开展真理标准问题的讨论，推动进行各方面的拨乱反正。在邓小平同志指导下，1978 年 12 月召开的党的十一届三中全会，重新确立了解放思想、实事求是的思想路线，停止使用“以阶级斗争为纲”的错误提法，确定把全党工作的着重点转移到社会主义现代化建设上来，作出实行改革开放的重大决策，实现了党的历史上具有深远意义的伟大转折。

党的十一届三中全会以后，邓小平同志始终站在时代要求、国家发展、人民期待的高度，同中央领导集体一起，领导我们党作出一系列重大决策，把改革开放和社会主义现代化建设一步一步推向前进。邓小平同志指导我们党系统总结建国以来的历史经验，解决了科学评价毛泽东同志的历史地位和毛泽东思想的科学体系、根据新的实际和发展要求确立中国社会主义现代化建设的正确道路这样两个相互联系的重大历史课题，彻底否定了“文化大革命”的错误实践和理论，坚决顶住否定毛泽东同志和毛泽东思想的错误思潮，为党和国家发展确定了正确方向。邓小平同志紧紧抓住“什么是社会主义、怎样建设社会主义”这个基本问题，响亮提出“走自己的道路，建设有中国特色的社会主义”的伟大号召，领导我们党在新中国成立以来革命和建设实践的基础上，成功走出了一条中国特色社会主义新道路。邓小平同志强调必须坚持以经济建设为中心，坚持四项基本原则，坚持改革开放，领导我们党制定了党在社会主义初级阶段的基本路线。邓小平同志指导我们党正确认识我国所处的发展阶段和根本任务，制定了现代化建设“三步走”发展战略。邓小平同志突出强调“改革是中国的第二次革命”，领导我们党有步骤地展开各方面体制改革，勇敢打开对外开放的大门。邓小平同志反复强调“两手抓、两手都要硬”，必须抓好社会主义精神文明建设和民主法制建设，实现社会全面进步。他创造性提出“一国两制”科学构想，指导我们实现香港、澳门平稳过渡和顺利回归，推动海峡两岸关系打开新局面。邓小平同志明确提出和平与发展是当代世界的两大问题，领导我们党及时调整各方面政策，为改革开放和社会主义现代化建设创造了难得历史机遇和良好外部环境。邓小平同志强调加强党的领导必须改善党的领导，必须聚精会神抓党的建设，使党的建设充满新的生机活力。正是这些重大思想理论和实践，使 20 世纪的中国又一次发生天翻地覆的变化。

邓小平同志对党和人民的贡献，是历史性的，也是世界性的。正是由于有邓小平同志的卓越领导，正是由于有邓小平同志大力倡导和全力推进的改革开放，中国特色社会主义才能欣欣向荣，中国人民才能过上小康生活，中华民族和中华人民共和国才能以新的姿态屹立于世界东方。

邓小平同志的贡献，不仅改变了中国人民的历史命运，而且改变了世界的历史进程。邓小平同志赢得了中国人民衷心爱戴，也赢得了世界人民广泛尊敬。

像我们党的其他老一辈革命家一样，邓小平同志之所以能够为祖国和人民建立彪炳史册的功勋，就在于他看清了世界和中国的发展大势，深刻了解中国人民和中华民族的深沉愿望，把握住中国发展的历史规律，紧紧依靠党和人民建立了前所未有的历史性伟业。正如江泽民同志、胡锦涛同志指出的那样：如果没有邓小平同志，中国人民就不可能有今天的新生活，中国就不可能有今天改革开放的新局面和社会主义现代化的光明前景。

邓小平同志为中华民族独立、繁荣、振兴和中国人民解放、自由、幸福奋斗的辉煌人生和伟大贡献，将永远书写在祖国辽阔的大地之上。邓小平同志始终在人民中间，也始终在人民心间。在这里，我们要说：小平您好！祖国和人民永远怀念您！

同志们、朋友们！

伟大的时代造就伟大的人物。邓小平同志就是从中国人民和中华民族近代以来伟大斗争中产生的伟人，是我们大家衷心热爱的伟人。我们很多同志都曾经在他的领导和指导下工作过，他的崇高风范对我们来说是那样熟悉、那样亲切。邓小平同志崇高鲜明又独具魅力的革命风范，将激励我们在实现“两个一百年”奋斗目标、实现中华民族伟大复兴中国梦的征程上奋勇前进。

——我们纪念邓小平同志，就要学习他对共产主义远大理想和中国特色社会主义信念无比坚定的崇高品格。信念坚定，是邓小平同志一生最鲜明的政治品格，也永远是中国共产党人应该挺起的精神脊梁。

早在苏联求学期间，邓小平同志就立志“更坚决的把我的身子交给我们的党，交给本阶级”。在此后70多年的革命生涯中，无论个人处境如何艰难，无论革命道路如何坎坷，邓小平同志都坚信马克思主义的科学性和真理性，坚信社会主义、共产主义的光明前景。他说：“对马克思主义的信仰，是中国革命胜利的一种精神动力。”面对革命战争的枪林弹雨，他浴血奋战、视死如归；面对新中国建设的艰难局面，他励精图治、百折不挠；面对“文化大革命”的十年内乱，他信念执着、从不消沉；面对国际国内政治风波，他冷静观察、从容应对，坚信马克思主义、坚守共产主义理想，坚持在社会主义道路上推进我国现代化事业。

1992年，88岁高龄的邓小平同志在南方谈话中说：“我坚信，世界上赞成马克思主义的人会多起来的，因为马克思主义是科学。它运用历史唯物主义揭示了人类社会发展的规律。”“不要惊慌失措，不要认为马克思主义就消失了，没用了，失败了。哪有这回事！”

邓小平同志对理想信念的重要性具有深刻认识，他说：“我认为，最重要的是人的团结，要团结就要有共同的理想和坚定的信念。我们过去几十年艰苦奋斗，就是靠用坚定的信念把人民团结起来，为人民自己的利益而奋斗。”

革命理想高于天。没有一大批具有坚定共产主义理想的中华儿女，就没有中国共产党，也就没有新中国，更没有今天我国的发展进步。要把我国发展得更好，离不开理想信念的力量。我们共产党人锤炼党性，首要的就是坚定共产主义远大理想和中国特色社会主义共同理想。我们要学习邓小平同志矢志不渝为社会主义、共产主义而奋斗的执着精神，坚定中国特色社会主义道路自信、理论自信、制度自信，坚忍不拔、风雨无阻朝着我们的目标奋勇前进。

——我们纪念邓小平同志，就要学习他对人民无比热爱的伟大情怀。热爱人民，是邓小平同志一生最深厚的情感寄托，也永远是中国共产党人应该坚守的力量源泉。

邓小平同志曾经写道："我是中国人民的儿子，我深情地爱着我的祖国和人民。"邓小平同志从对人民的挚爱，延伸到对党、对祖国的挚爱。他说过："我的生命是属于党、属于国家的。"这质朴的语言，集中表达了邓小平同志对党、对祖国、对人民的大爱。

邓小平同志高度重视人民群众的地位和作用，他强调："群众是我们力量的源泉，群众路线和群众观点是我们的传家宝。党的组织、党员和党的干部，必须同群众打成一片，绝对不能同群众相对立。如果哪个党组织严重脱离群众而不能坚决改正，那就丧失了力量的源泉，就一定要失败，就会被人民抛弃。"在他的一生中，无论身居要职还是身陷困苦，都始终与人民群众同甘共苦，努力为党和国家分忧解难。

邓小平同志孜孜以求的是增进人民福祉。他多次讲："贫穷不是社会主义，社会主义要消灭贫穷。不发展生产力，不提高人民的生活水平，不能说是符合社会主义要求的。"他领导改革开放和社会主义现代化建设，心中想着的就是最广大人民。

邓小平同志坚持从人民创造历史的活动中吸取思想营养和前进力量。他说："改革开放中许许多多的东西，都是群众在实践中提出来的"，"绝不是一个人脑筋就可以钻出什么新东西来"，"这是群众的智慧，集体的智慧"。他反复强调，要把人民拥护不拥护、赞成不赞成、高兴不高兴、答应不答应作为制定方针政策和作出决断的出发点和归宿。邓小平同志始终以人民利益为最高准则来开展领导工作。

爱祖国、爱人民，是最深沉、最有力量的情感，是博大之爱。我们要学习邓小平同志对祖国、对人民的深情大爱，始终为人民利益而奋斗，任何时候任何条件下都忠于祖国、忠于人民，脚踏实地践行党的宗旨，把自己的一生交给党和人民，为党和人民事业鞠躬尽瘁、死而后已。

——我们纪念邓小平同志，就要学习他始终坚持实事求是的理论品质。实事求是，是邓小平同志一生最重要的思想特点，也永远是中国共产党人应该遵循的思想方法。

邓小平同志坚持党的思想路线，坚持一切从实际出发，常说自己是"实事求是派"，反复强调"拿事实来说话"，"实事求是是马克思主义的精髓。要提倡这个，不要提倡本本。我们改革开放的成功，不是靠本本，而是靠实践，靠实事求是。""要取信于民，要干出实绩"。"领导者必须多干实事。"邓小平同志以一生的实践证明，他是一位高瞻远瞩的思想家、政治家、战略家，也是一位求实、务实、踏实的实干家。

上个世纪 60 年代初期，面对国家困难，邓小平同志提醒各级干部要"实事求是地说明情况"。当时为了推动恢复和发展农业生产，他说："生产关系究竟以什么形式为最好，恐怕要采取这样一种态度，就是哪种形式在哪个地方能够比较容易比较快地恢复和发展农业生产，就采取哪种形式；群众愿意采取哪种形式，就应该采取哪种形式，不合法的使它合法起来。"

进入改革开放新时期，邓小平同志更加强调坚持彻底的求真务实精神。他说："我读的书并不多，就是一条，相信毛主席讲的实事求是。过去我们打仗靠这个，现在搞建设、搞改革也靠这个。”他强调，要把是否有利于发展社会主义社会的生产力、是否有利于增强社会主义国家的综合国力、是否有利于提高人民的生活水平作为判断一切工作是非得失的标准。正是因为具有这种彻底的求真务实精神，邓小平同志果断从容处理了党和国家面对的一系列重大问题，指导党和人民劈波斩浪开创了党和国家事业新局面。

事实是真理的依据，实干是成就事业的必由之路。这也是“空谈误国，实干兴邦”的真谛。我国革命、建设、改革的历史反复证明，只有制定符合实际的政策措施，采取符合实际的工作方法，党和人民事业才能走上正确轨道，才能取得人民满意的成效。我们要学习邓小平同志善于运用辩证唯物主义和历史唯物主义观察世界、处理问题的思想方法和领导艺术，掌握真实情况，把握客观规律，发扬务实高效、不尚空谈的工作作风，踏踏实实把党的基本理论、基本路线、基本纲领、基本经验、基本要求贯彻落实好。

——我们纪念邓小平同志，就要学习他不断开拓创新的政治勇气。开拓创新，是邓小平同志一生最鲜明的领导风范，也永远是中国共产党人应该具有的历史担当。

综观邓小平同志70多年的革命生涯，可以清楚地看到，他身上始终洋溢着一种革故鼎新、一往无前的勇气，一种善于创造性思维、善于打开新局面的锐气。

1975年，邓小平同志在领导全国大刀阔斧的整顿工作期间，斩钉截铁地说：“现在问题相当多，要解决，没有一股劲不行。要敢字当头，横下一条心。”1977年复出后，面对长期形成的思想禁锢状况，邓小平同志鲜明提出，不能“书上没有的，文件上没有的，领导人没有讲过的，就不敢多说一句话，多做一件事，一切照抄照搬照转”。他谆谆告诫我们：“世界形势日新月异，特别是现代科学技术发展很快。现在的一年抵得上过去古老社会几十年、上百年甚至更长的时间。不以新的思想、观点去继承、发展马克思主义，不是真正的马克思主义者。”“一个党，一个国家，一个民族，如果一切从本本出发，思想僵化，迷信盛行，那它就不能前进，它的生机就停止了，就要亡党亡国。”

邓小平同志强调：“改革开放胆子要大一些，敢于试验，不能像小脚女人一样。看准了的，就大胆地试，大胆地闯”，“走不出一条新路，就干不出新的事业”。邓小平同志第一次比较系统地初步回答了在中国这样经济文化比较落后的国家如何建设社会主义、如何巩固和发展社会主义的一系列基本问题，深刻揭示了社会主义的本质，实现了马克思主义同中国实际相结合的又一次历史性飞跃。邓小平同志的南方谈话，从理论上深刻回答了长期困扰和束缚人们思想的许多重大问题，推动改革开放和社会主义现代化建设进入新阶段。正是在邓小平同志倡导和支持下，改革大潮汇聚成时代洪流，使中国人民的面貌、社会主义中国的面貌、中国共产党的面貌发生了历史性变化。

越是伟大的事业，往往越是充满艰难险阻，越是需要开拓创新。中国特色社会主义是前无古人的伟大事业，改革开放和社会主义现代化建设还有很长的路要走。在前进道路上，我们将进行许多具有新的历史特点的伟大斗争。我们要学习邓小平同志敢于开拓创新的政治勇气，细心观察新的实践和新的发展，尊重地方、基层、群众首创精神，果断作出决策，把开拓创新作为一种常态，不断用发展着的马克思主义指导新的实践，又从实践中作出新的理论概括，敢破敢立、敢闯敢试，义无反顾把改革开放不断向前推进。

——我们纪念邓小平同志，就要学习他高瞻远瞩的战略思维。战略思维，是邓小平同志一生最恢宏的革命气度，也永远是中国共产党人应该树立的思维方式。

邓小平同志思想敏锐、目光远大，多谋善断、举要驭繁，总是站在国内大局和国际大局相互联系的高度审视中国和世界的发展，善于从全局上思考问题，善于在关键时刻作出战略决策。进入改革开放新时期，邓小平同志洞察国内外发展大势，作出了一系列事关党和国家事业长远发展、事关社会主义前途命运的重大战略决策。

邓小平同志深刻分析当今时代特征和世界大势，指出："现在的世界是开放的世界"，"总结历史经验，中国长期处于停滞和落后状态的一个重要原因是闭关自守。经验证明，关起门来搞建设是不能成功的，中国的发展离不开世界。"同时，邓小平同志高度珍惜并坚决维护中国人民经过长期奋斗得来的独立自主权利，告诫人们："中国的事情要按照中国的情况来办，要依靠中国人自己的力量来办。独立自主，自力更生，无论过去、现在和将来，都是我们的立足点。""任何外国不要指望中国做他们的附庸，不要指望中国会吞下损害我国利益的苦果。"

邓小平同志高度关注世界和平与发展问题，提出"应当把发展问题提到全人类的高度来认识，要从这个高度去观察问题和解决问题"。他关注广大发展中国家的命运，强调我们搞的是主张和平的社会主义，"中国和所有第三世界国家的命运是共同的。中国永远不会称霸，永远不会欺负别人，永远站在第三世界一边。"他强调，要反对任何形式的霸权主义，维护世界和平。

战略问题是一个政党、一个国家的根本性问题。战略上判断得准确，战略上谋划得科学，战略上赢得主动，党和人民事业就大有希望。我们要学习邓小平同志"放眼世界，放眼未来，也放眼当前，放眼一切方面"的世界眼光和战略思维，学习他善于抓住关键、纲举目张的思想方法和工作方法，站在时代前沿观察思考问题，把党和人民事业放到历史长河和全球视野中来谋划，以小见大、见微知著，在解决突出问题中实现战略突破，在把握战略全局中推进各项工作。

——我们纪念邓小平同志，就要学习他坦荡无私的博大胸襟。坦荡无私，是邓小平同志一生最光辉的人格魅力，也永远是中国共产党人应该锤炼的品质修养。

邓小平同志始终以劳动人民的一员看待自己，始终以共产党员的标准要求自己，不屈不挠面对困难，有情有义对待同志，一以贯之严格自律，自始至终谦虚谨慎，为我们树立了共产党人自觉加强党性修养的光辉典范。

邓小平同志始终把党和国家前途命运放在心中最高的位置，从不计较个人得失。他说："我自从十八岁加入革命队伍，就是想把革命干成功，没有任何别的考虑"。他一生"三落三起"都是因为敢于坚持真理、修正错误，每次被错误批判打倒都豁达乐观、沉着坚韧，对未来充满希望；每次复出重新回到工作岗位都无私无畏、以顽强的意志排除各种干扰，坚定不移推动正确路线方针政策的形成和实践。"文化大革命"结束后，邓小平同志再度出来工作，依然表示："我出来工作，可以有两种态度，一个是做官，一个是做点工作。我想，谁叫你当共产党人呢，既然当了，就不能够做官，不能够有私心杂念，不能够有别的选择。"邓小平同志真正做到了心底无私天地宽。

邓小平同志客观公正对待党的历史、对待同志、对待自己，谦逊随和，平易近人，善于同人合作共事。革命战争年代，他同刘伯承同志共事 13 年，形成亲密无间的革命友谊。他善于团结和使用同自己意见不同的人一道工作，从不以个人恩怨待人处事。他说："要抛弃个人恩怨来选择人，反对过自己的人也要用。"邓小平同志一贯反对特权、反对腐败，对亲属和身边工作人员总是严格要求。

邓小平同志功高至伟却从不居功自傲。他多次讲："永远不要过分突出我个人。我所做的事，无非反映了中国人民和中国共产党人的愿望。"他以唯物主义者的精神看待生死问题，对家人说："我哪天去，哪天走，不关紧要。自然规律违背不得，你们要想透这个问题。"他逝世后，按照他的遗愿，把角膜捐献给了医院，遗体供医学解剖，骨灰撒入大海，奉献了自己的一切。

共产党人拥有人格力量，才能无愧于自己的称号，才能赢得人民赞誉。我们要学习邓小平同志公而忘私、无私无畏的博大胸怀，加强党性修养，严于律己、宽以待人，正确对待组织，正确对待同志，正确对待自己，正确对待权力，积极践行社会主义核心价值观，为党和人民事业赤诚奉献，以身作则推动营造风清气正的党风、政风和社会风气。

同志们、朋友们！

邓小平同志留给我们的最重要的思想和政治遗产，就是他带领党和人民开创的中国特色社会主义，就是他创立的邓小平理论。马克思说："人们自己创造自己的历史，但是他们并不是随心所欲地创造，并不是在他们自己选定的条件下创造，而是在直接碰到的、既定的、从过去承继下来的条件下创造。"邓小平同志最鲜明的思想和实践特点，就是从实际出发、从世界大势出发、从国情出发，始终坚持我们党一贯倡导的实事求是、群众路线、独立自主。

中国特色社会主义是适合中国国情、符合中国特点、顺应时代发展要求的理论和实践，所以才能取得成功，并将继续取得成功。邓小平同志说："特别是像我们这样第三世界的发展中国家，没有民族自尊心，不珍惜自己民族的独立，国家是立不起来的。"我们的国权，我们的国格，我们的民族自尊心，我们的民族独立，关键是道路、理论、制度的独立。

中华民族创造了具有5000多年悠久历史的辉煌文明，中国人民在中国共产党领导下创造了建设社会主义的辉煌成就，我们应该在这个基础上继续创造。我们自己不足、不好的东西，要努力改革。外国有益、好的东西，我们要虚心学习。但是，不能全盘照搬外国，更不能接受外国不好的东西；不能妄自菲薄，不能数典忘祖。

邓小平同志说过，中华人民共和国的成立，"中国取得了一个资格：人们不敢轻视我们"。所以，新民主主义革命的胜利成果决不能丢失，社会主义革命和建设的成就决不能否定，改革开放和社会主义现代化建设的方向决不能动摇。这是党和人民在当今世界安身立命、风雨前行的资格。中国近代以来的全部历史告诉我们，中国的事情必须按照中国的特点、中国的实际来办，这是解决中国所有问题的正确之道。

同志们、朋友们！

邓小平同志离开我们17年来，国际形势风云变幻，国内改革发展任务艰巨繁重，在以江泽民同志为核心的党的第三代中央领导集体、以胡锦涛同志为总书记的党中央领导下，我们党团结带领全国各族人民，坚持党的十一届三中全会以来的路线方针政策不动摇，推动党和国家各项事业不断取得新的伟大成就。党的十八大以来，党中央团结带领全国各族人民，全面贯彻党的十八大和十八届三中全会精神，高举中国特色社会主义伟大旗帜，坚持以马克思列宁主义、毛泽东思想、邓小平理论、"三个代表"重要思想、科学发展观为指导，统筹国内国际两个大局，全面深化改革，推动经济持续健康发展，全面加强作风建设，努力开创中国特色社会主义事业更加广阔的前景。

邓小平同志为我们擘画的社会主义现代化蓝图正在一步步变成美好现实，我们伟大的祖国正在一天天走向繁荣富强，中华民族正在一步步走向伟大复兴。对此，我们感到无比自豪。

此时此刻，我们必须牢记邓小平同志语重心长说过的这段话："我们搞社会主义才几十年，还处在初级阶段。巩固和发展社会主义制度，还需要一个很长的历史阶段，需要我们几代人、十几代人，甚至几十代人坚持不懈地努力奋斗"；"社会主义的本质，是解放生产力，发展生产力，消灭剥削，消除两极分化，最终达到共同富裕。"实现社会主义现代化，实现祖国完全统一，实现中华民族伟大复兴，这是毛泽东同志、邓小平同志等老一辈革命家和千百万革命先辈的深切夙愿，是全体中华儿女的共同心愿。

邓小平同志曾经嘱托全党："从现在起到下世纪中叶，将是很要紧的时期，我们要埋头苦干。我们肩膀上的担子重，责任大啊！"今天，历史的接力棒传到了我们手里，责任重于泰山。全党一定要紧密团结起来，敢于担当、埋头苦干，团结带领全国各族人民，以与时俱进、时不我待的精神不断夺取新胜利，不断完善和发展中国特色社会主义，不断为人类和平与发展的崇高事业作出新的更大的贡献。

我们相信，在20世纪赢得了伟大历史性胜利的中国共产党和中国人民，必将在21世纪赢得更伟大的历史性胜利！

（原载《人民日报》2014年8月21日）

着力培育和践行社会主义核心价值观

刘云山

前不久，中共中央办公厅印发《关于培育和践行社会主义核心价值观的意见》（以下简称《意见》），这是我们党推进社会主义核心价值体系建设的重要举措。要认真贯彻习近平总书记系列讲话精神，切实抓好《意见》的落实，努力建设中华民族的共有精神家园，推动形成奋发向上、崇德向善的强大力量。

一　把握好核心价值观与核心价值体系的关系

最初提出建设社会主义核心价值体系，现在又强调培育和践行社会主义核心价值观，这两者之间到底是什么关系？社会主义核心价值观是在社会主义核心价值体系基础上提出来的，正如《意见》指出：社会主义核心价值观是社会主义核心价值体系的内核，体现着社会主义核心价值体系的根本性质和基本特征，反映着社会主义核心价值体系的丰富内涵和实践要求，是社会主义核心价值体系的高度凝练和集中表达。这四句话，实际上是对核心价值观和核心价值体系两者关系的一个基本定位。

把握好核心价值观与核心价值体系的关系，首先要充分认识到两者的内在一致性。核心价值观与核心价值体系方向一致，都体现了社会主义意识形态的本质要求，体现了社会主义制度在思想和精神层面的质的规定性，凝结着社会主义先进文化的精髓，是中国特色社会主义道路、理论体系和制度的价值表达，是实现中华民族伟大复兴的中国梦的价值引领。核心价值观与核心价值体系都坚持重在建设，就是要弘扬共同理想、凝聚精神力量、建设道德风尚，都是为了形成全民族奋发向上、团结和睦的精神纽带，使我们的国家、民族、人民在思想和精神上强起来，更好地坚持中国道路、弘扬中国精神、凝聚中国力量。

把握好核心价值观与核心价值体系的关系，还要认识到两者各有侧重，特别要看到相比于社会主义核心价值体系，社会主义核心价值观有这样几个鲜明特点：一是更加突出了核心要素，社会主义核心价值体系包括马克思主义指导思想、中国特色社会主义共同理想、民族精神和时代精神、社会主义荣辱观四个方面，是一个系统性、总体性的框架；而社会主义核心价值观强调的“三个倡导”，则更清晰地揭示了这个价值体系的内核，确立了当代中国最基本的价值观念。二是更加注重了凝练表达，社会主义核心价值观倡导的富强、民主、文明、和谐，自由、平等、公正、法治，爱国、敬业、诚信、友善，明确了国家、社会、公民三个层面的价值目标、价值取向、价值准则，是社会主义核心价值体系的凝练表达，符合大众化、通俗化要求，便于阐发、便于传播。三是更加强化了实践导向，社会主义核心价值观强调的“三个倡导”指向十分明确，每个层面都对人们有更具体的价值导向，是实实在在的要求，规范性和实践性都很强，便于遵循和践行。培育和践行核心价值观，为推进核心价值体系建设进一步明确了切入点和工作着力点，有利于更好把各项任务落到实处。

二 深化宣传普及、增强认知认同

核心价值观的培育贵在知行统一，而知是前提、是基础，内心认同才能自觉践行，春风化雨才能润物无声。培育和践行核心价值观，一定要在增强认知认同上下功夫，使其家喻户晓、深入人心。

培育核心价值观离不开持续的灌输，抓好宣传教育始终是一项基础性工作。积极健康向上的思想和精神在人们心里播下种子，就能生根、开花、结果，就能转化为崇德向善的实际行动。要把“三个倡导”基本内容讲清楚，引导人们牢牢把握富强、民主、文明、和谐作为国家层面的价值目标，深刻理解自由、平等、公正、法治作为社会层面的价值取向，自觉遵守爱国、敬业、诚信、友善作为公民层面的价值准则。要把当代中国价值观念的传播展示同中国梦的宣传教育有机结合起来，深入阐释中国梦是当代中国人民共同理想和价值追求的形象表达，是中华民族团结奋斗的最大公约数。认知认同不仅要体现在理性认知上，也要反映在情感认同上，真理的力量加上道义的力量，才能行之久远。这就需要找准宣传教育同人们思想道德情感的契合点，善于用讲故事的方式，宣传最美人物、弘扬最美精神，用身边事教育身边人，用小故事阐发大道理，做到深入浅出、情理交融。要善于运用大众媒体传播核心价值观，加强核心价值观的网上传播，最大限度地唱响正气歌，使核心价值观真正成为人们心灵的罗盘，成为人们情感的寄托。

培育核心价值观，重要的是增强人们的价值判断力和道德责任感。社会主义核心价值观是追求真善美的价值观，中华民族是自强不息、厚德载物的民族，每个人心底蕴藏的善良道德意愿、道德情感，就是我们培育社会主义核心价值观最深厚的土壤。要把增强全社会的价值判断力和道德责任感作为宣传教育的重要着力点，引导人们辨别什么是真善美、什么是假恶丑，自觉做到常修善德、常怀善念、常做善举。现在突出问题是，在一些领域和一些人当中，价值判断没有了界限、丧失了底线，甚至以假乱真、以丑为美、以耻为荣。一定要正视问题，把正面教育与舆论监督结合起来，把热点问题引导与群众道德评议结合起来，旗帜鲜明地弘扬真善美、贬斥假恶丑，树立正确导向、澄清模糊认识、匡正失范行为，形成激浊扬清、抑恶扬善的思想道德舆论场，引导人们自觉做良好道德风尚的建设者，做社会文明进步的推动者。

培育核心价值观，必须坚持从小抓起、从学校抓起。青少年阶段是价值观形成阶段，是可塑性最强的时期。抓好了青少年思想道德教育，也就抓住了未来、管住了长远。要把青少年价值观教育摆在突出位置，坚持育人为本、德育为先，融入国民教育的全过程，贯穿到学校教育、家庭教育、社会教育的各个环节和各个方面。要针对不同年龄段的青少年采取不同的引导方式，形成课堂教学、社会实践、校园文化多位一体的育人平台，建立爱学习、爱劳动、爱祖国活动的长效机制。要以对国家和民族高度负责的态度，净化社会文化环境，整治网络环境，对那些危害青少年身心健康的违法犯罪行为要坚决查处、严厉打击，让广大青少年健康成长。

三　从优秀传统文化中汲取营养

源远流长、博大精深的中华优秀传统文化，积淀着中华民族最深层的精神追求，包含着中华民族最根本的精神基因，是社会主义核心价值观的深厚源泉。培育和践行社会主义核心价值观，就要从中华优秀传统文化中充分汲取思想道德营养，结合时代要求加以延伸阐发，既使中华民族最基本的文化基因与当代文化相适应、与现代社会相协调，又让社会主义核心价值体系之树深深植根于中华优秀传统文化沃土。

不忘本来才能开辟未来，善于继承才能更好地创新和发展。习近平总书记在山东考察调研时指出，对历史文化特别是先人传承下来的价值理念和道德规范，要坚持古为今用、推陈出新，有鉴别地加以对待，有扬弃地予以继承。培育和践行社会主义核心价值观，一定要以优秀传统文化为根基，增添文化的内涵、实现文化的关照，努力做到以文化人、以文育人。要结合“三个倡导”的基本内容，讲清楚中华文化的历史渊源、发展脉络、基本走向，讲清楚中华文化的独特创造、价值理念、鲜明特色，增强我们的文化自信、价值观自信。要认真汲取中华文化的思想精华、道德精髓，大力弘扬以爱国主义为核心的团结统一、爱好和平、勤劳勇敢、自强不息的思想和精神，深入挖掘和阐发中华传统文化讲仁爱、重民本、守诚信、崇正义、尚和合、求大同的时代价值，使中华传统美德实现创造性转化、创新性发展。当然，对待传统文化，也要辩证地对待，加强鉴别、合理扬弃，取其精华、去其糟粕，真正把中华传统文化这个宝库开掘好、利用好。

通过文化传承来以文化人、以文育人，既要有内容还要有载体，要有文化活动还要有文化产品。要广泛开展中华优秀传统文化的宣传普及活动，在国民教育中增加优秀传统文化内容，更好地用中华优秀传统文化滋养人们心灵、陶冶道德情操。现在，一些地方举办的经典诵读、道德论坛、文化讲堂，利用传统节日举办民间民俗活动，都是弘扬传统文化的好形式、好载体，近年来开展的“我们的节日”活动已成为传承中华文化、建设精神文明的一个品牌，这些都要在总结经验基础上继续抓好。要深入实施中华文化传承工程，围绕反映中华民族历史特别是近现代史、党史、国史，围绕实现中华民族伟大复兴的中国梦，制定工程规划、加强重点扶持，推出一大批弘扬爱国主义、集体主义、社会主义思想和当代中国价值观念的精品力作。这里还要强调，所有精神文化产品都应当有一股精气神，有利于引导人们树立和坚持正确的历史观、民族观、国家观、文化观，增强做中国人的骨气和底气。

四　推动人人参与、人人实践

核心价值观的生命力在于实践，在于每一个社会成员自觉行动。参与面越广，践行核心价值观的社会基础就越深厚。培育和践行核心价值观，必须坚持教育和实践两手抓，以教育引导实践、以实践深化教育。

天下大事必作于细。对核心价值观的践行是具体的，必须坚持由易到难、由近及远，动员人们从身边小事做起、从一点一滴做起，把“三个倡导”要求变成日常的行为准则，进而增强自觉奉行和日常践行的能力。要坚持不懈推动实践养成，广泛开展学雷锋、志愿服务活动，开展群众性精神文明创建活动，引导人们在实践中深化对核心价值观的理解。要充分利用重大节日、重大活动，开展面向大众的主题实践活动，开展必要的礼仪活动，让人们更好感悟核心价值观的真谛和要义。活动不在多，关键要有效果。如果离开实际生活和工作去搞道德实践活动，不管口号提得再响，活动规模再大，最后只能是空对空。推动核心价值观的践行，一定要注意贴近性、对象化、接地气，实现内容和形式的有机结合，让人们便于参与、乐于参与。

弘扬正气，就得压住邪气。推动核心价值观的践行，还应当把抓建设与抓治理结合起来，集中力量对人们反映强烈的道德领域突出问题进行专项整治。对那些伤风败俗的丑恶行为，对那些激起公愤的缺德现象，要充分运用舆论手段、经济手段、法律手段等，予以遏制、加强惩戒，形成社会压力，决不能听之任之。政务诚信、商务诚信、社会诚信和司法公信，一直是各方面关注的焦点，这方面的治理取得了一些成果，但还远远不够，一定要坚持不懈地抓下去，下大气力解决食品药品安全、社会秩序、公共服务等方面的突出问题，务求取得看得见、感受得到的成效。随着我国经济快速发展和人民生活水平不断提高，出行旅游越来越成为人们生活的一部分，旅游中不文明现象日益凸显出来。要在已有工作基础上，进一步加大治理力度，引导公众增强文明出游意识，不断提升道德素养，更好地塑造和展示良好国家形象。

五 党员干部要引领带动

党风促政风、带民风。党员干部在弘扬先进思想道德上作出表率、见诸行动，就是重要的导向和最有说服力的教育。党的十八大以来，我们党抓作风建设，坚持领导带头、党员干部带头，自上而下、以上率下，带动整个社会出现新的气象。这深刻启示我们：培育和践行社会主义核心价值观，必须抓好党员干部这个重点，发挥好党员干部的引领带动作用。

党员干部的引领带动作用，就是要求我们的党员干部以更高的标准、更严的要求，自觉践行社会主义核心价值观，做时代的先锋、社会的楷模。党员干部特别是各级领导干部应当带头坚定理想信念，带头保持良好的思想道德情操，带头树立正确的世界观、人生观、价值观，始终坚守共产党人的精神高地。要求普通群众做到的自己首先做到，要求别人不做的自己坚决不做，以实际行动影响和带动全社会。当前，要把践行社会主义核心价值观作为党的群众路线教育实践活动的重要内容，作为党员干部教育培训的重要方面，加强党性党风教育，加强党的优良传统教育，坚决反对形式主义、官僚主义、享乐主义和奢靡之风，以良好的党风政风带动社会风气的好转。

重德是我们党选人用人的一个重要原则，这个“德”从根本上讲就是社会主义核心价值体系和核心价值观。让党员干部发挥引领带动作用，就要把践行核心价值观的情况，作为考核评价、选拔任用干部的重要依据，真正把“德”的要求、把核心价值观的要求落到实处。对那些信念坚定、为民服务、勤政务实、敢于担当、清正廉洁的好干部，要及时提拔任用到合适岗位上来，形成鲜明的以德为先用人导向。对那些信念动摇、精神颓废的干部，对那些腐化堕落、道德败坏的干部，对那些在关键时刻逃避责任、引起民愤民怨的干部，要及时作出组织处理，决不能让“问题干部”消解思想道德建设的正效应。

六 全党全社会的共同责任

培育和践行社会主义核心价值观，涉及各个领域、各个方面，不仅是宣传部门的事情，更是全党全社会的共同责任。各级党委一定要贯彻两手抓、两手都要硬的方针，把培育和践行核心价值观摆在重要位置，加强统筹规划、加强工作指导，切实负起政治责任和领导责任。

各级宣传部门要在党委领导下，切实履行好组织实施、协调推进的重要职责，加强与各部门的联系和沟通，加强对重点工作的谋划和督导，推动核心价值体系建设各项任务落到实处。中央文明委各成员单位，各条战线各个部门都要认真落实《意见》精神，把核心价值观的要求融入到各自工作中，密切配合、形成合力。

政策法律，对培育和践行核心价值观有着重要的导向作用。要结合推进国家治理体系和治理能力现代化的实践，结合全面深化改革的进程，做好有关政策、法规的制定和修订工作，使之有利于培育和践行核心价值观。要始终坚持正确的政策导向，使经济建设、政治建设、文化建设、社会建设和生态文明建设等政策措施都有利于弘扬社会主义核心价值观，防止背离现象、脱节问题。要善于通过科学的立法、执法、司法实践推动核心价值观的培育和践行，用有效的制度机制来规范人们的行为，使符合核心价值观的行为受到鼓励，使违背核心价值观的现象受到制约。要加大对先进典型、道德模范的关心和帮助，不仅要给予舆论上的推崇和道义上的支持，还应当给予物质上的激励和生活上的关心，推动形成好人好报、善有善报的正向机制，形成崇德向善、见贤思齐的社会氛围。

（本文系中共中央政治局常委、中央书记处书记刘云山同志 2014 年 1 月 4 日在培育和践行社会主义核心价值观座谈会上的讲话，发表时有删节。）

（原载《求是》2014 年第 2 期）

我们走在正确的道路上

——关于中国特色社会主义道路的几点认识

刘奇葆

世界上没有两片完全相同的树叶。同样，国家的发展也没有完全相同的道路。正如习近平总书记指出的，一个民族、一个国家，必须知道自己是谁，是从哪里来的，要到哪里去，想明白了、想对了，就要坚定不移朝着目标前进。当代中国，正阔步走在中国特色社会主义道路上。这条道路，是在改革开放30多年的伟大实践中走出来的，是在新中国成立60多年的持续探索中走出来的，是在对近代以来170多年中华民族发展历程的深刻总结中走出来的，是在对中华民族5000多年悠久文明的传承中走出来的，具有深厚历史渊源和广泛现实基础。这条道路，适合中国国情、符合中国特点、顺应时代发展要求，是创造人民美好生活、实现中华民族伟大复兴中国梦的必由之路。

走上中国道路
我们在"国际竞赛"中脱颖而出、跑在前列

我们说中国道路走得对、行得通，不是哪个人的主观判断，而是实践作出的有力回答，是历史和国际对比得出的深刻结论。回首鸦片战争之后的积贫积弱、新中国成立时的一穷二白，再看当今中国的崭新面貌和勃勃生机，历史以超出人们想象的大跨越和大进步，对中国共产党领导人民走出的中国道路作出了最生动的诠释。

实践是最好的裁判，比较最有说服力。二战结束以后尤其是最近30多年，世界各国无形中展开了一场发展道路和发展模式的竞赛。在这场竞赛中，许多国家起点比中国高、资源比中国丰富、外部环境比中国好，但经过这些年的角逐，比赛结果已初见分晓。有的国家改旗易帜，结果步入歧途、陷入困境；有的国家照搬他国制度，结果水土不服、"南橘北枳"。与之形成鲜明对比的是，我们没有走封闭僵化的老路，也没有走改旗易帜的邪路，而是走出了中国特色社会主义的新路。在这条道路上，我们用几十年的时间走完了发达国家几百年走过的发展历程，实现了从贫困到温饱再到总体小康的历史性跨越，中华民族大踏步赶上时代进步潮流、迎来伟大复兴的光明前景。以经济发展为例，1979年到2012年，我国国内生产总值年均增长9.8%，远高于同期世界经济年均2.8%的增速；经济总量跃居世界第2位，占世界经济总量的份额由不到2%提高到近12%，从昔日的物质匮乏、产品短缺变成如今的"世界工厂"，走近"世界舞台的中心"。当然，这条道路并不平坦，一路走来，我们也经历了很多曲折和坎坷，战胜了一系列风险和挑战。远的不说，就说应对国际金融危机这场大考，中国交出了出色答卷，在全球率先实现经济企稳向好，成为推动世界经济走出低谷的重要引擎，近几年中国对

世界经济增长的贡献率超过20%，现在更是高达30%。对于中国的巨变，国外一些政要和学者称之为"当今时代最为重大的事件"，认为中国的成就"无可比拟"，美国前国务卿基辛格更是感慨"难以想象""超越想象"。

党的十八大以来，以习近平同志为总书记的党中央接过历史的接力棒，坚持以马克思主义为指导，坚定不移走中国道路，与时俱进拓展中国道路，续写中国特色社会主义这篇大文章。在追梦圆梦的道路上，党中央统筹国内国际两个大局，全面深化改革，敢于啃硬骨头、敢于涉险滩，坚决破除各方面的体制机制弊端，推进国家治理体系和治理能力现代化；适应经济增长新常态，坚持稳中求进、改革创新，推动经济持续健康发展；立足国情改善和保障民生，织牢民生安全网；坚持从严管党治党，以踏石留印、抓铁有痕的劲头抓作风建设，以零容忍态度惩治腐败；坚持走和平发展道路，着力建立以合作共赢为核心的新型国际关系，赢得了人民群众的衷心拥护和国际社会的广泛认同。党和国家开创了新局面、营造了新风气、取得了新成就，在中国道路的征程上镌刻下新的历史标注。

解码中国道路
我们开创了独具特色和优势的制度文明

随着中国发展奇迹越来越受关注，在国际上的影响越来越大，"解码中国"成为国际社会的热门话题。中国为什么能？中国共产党为什么能？这样的问题，总能引起人们广泛的思考。道路和制度紧密相连，道路的成功离不开制度的保障。中国选择自己独具特色的制度，是大浪淘沙的结果。近代以来，中国试穿了各种各样的"鞋子"，甚至想照搬西方制度的"飞来峰"，但最终都没有成功。直到中国共产党诞生之后，才从根本上改变了这一切。我们党带领人民通过艰辛奋斗实践，在探索中找到了中国特色社会主义道路，形成了中国特色社会主义理论体系，确立了中国特色社会主义制度。与其他制度相比，我们这套制度在许多方面都具有显著优势，体现了一种独具特色和优势的制度文明。

比如，科学高效的决策和执行。一个国家的决策能力和执行效率，是衡量其制度优劣的重要尺度。朝令夕改，什么事也干不成。阿富汗前总统卡尔扎伊说："如果阿富汗有机会重新选择的话，一定会走中国式的发展道路。因为它行动高效，决策果断，以结果为导向。"这道出了中国制度的一个突出优势。我们的制度，能够着眼人民整体利益和国家长远发展，科学及时决策、高效有力执行，把持续性与开拓性有效地结合起来。每一个"五年发展规划"的制定，都经过各方面磋商和咨询，几上几下、上下结合，最后形成共识、作出决定。在集中力量办大事、解难事中，我们的制度更展现出强大的执行力。抗击汶川特大地震等巨灾过程中，党中央一声令下，全国上下立即行动，迅速汇聚起抗灾救灾的磅礴伟力，在较短的时间里重建起新的家园。

比如，广泛有效的人民民主。我们的民主是人民民主。有事好商量，众人的事情由众人商量，找到全社会意愿和要求的最大公约数，是人民民主的真谛。我们实行人民代表大会制度这个根本政治制度，实行中国共产党领导的多党合作和政治协商制度、民族区域自治制度以及基层群众自治制度等基本政治制度。人民通过选举、投票行使权力和人民内部实行广泛多层制度化的协商民主，是我国社会主义民主政治的两种重要民主形式。这样的民主形式，不仅有完整的制度程序，而且有完整的参与实践，有利于保证党领导人民有效治理国家，有利于人民持续参与日常政治生活，有利于人民依法实行民主选举、民主决策、民主管理、民主监督，有利于加强社会各种力量的合作协调。相比之下，以多党制、三权鼎立为主要特征的西式民主，日益暴露出其弊端和局限性。一些西方学者也承认，近年来西式民主正面临深刻危机，民主制衡演变为权力掣肘，党派博弈绑架国家利益。一些国家盲目“移植”或“被输入”西式民主，反而陷入无休止的政权更迭和社会动荡，造成“民主之殇”。只有扎根本国土壤、汲取充沛养分的民主制度，才最可靠、也最管用。对此，我们要保持清醒头脑，保持政治定力，不能舍本逐末、邯郸学步。

比如，层层历练的选贤任能。经过长期探索，我们形成了广纳群贤、充满活力的选人用人机制，广泛把各方面优秀人才集聚到党和国家各项事业中来。各级领导干部走上领导岗位，都要通过严格的组织考察、民主推荐、竞争选拔等程序，都经过了时间的考验和实践的锤炼，都有着多岗位的基层历练和出色的工作业绩。走红网络的卡通视频《领导人是怎样炼成的》，对此作了生动展示。现在，“中国功夫”式的长期锻炼选贤任能，正得到世界上越来越多有识之士的认可。

比如，市场和政府“两只手”协同发力。我国实行的是社会主义市场经济体制，其显著特点就是既注重发挥市场作用，又注重发挥政府作用，使“看不见的手”与“看得见的手”都用好。这一制度安排，既遵循市场经济的一般规律，又弥补市场调节的盲目性、自发性和滞后性等缺陷，把市场作用和政府作用很好地结合起来。依靠这个制度，我们拿出了令世人惊叹的“社会主义市场经济成绩单”。而世界上一些国家，脱离本国实际套用新自由主义开出的药方，实行完全放任的自由化、私有化和市场化，结果跌入发展“陷阱”难以自拔。根据实践拓展和认识深化，我们党提出了“使市场在资源配置中起决定性作用和更好发挥政府作用”的重大理论观点，对市场和政府关系作出了新的科学定位。这必将推动我国经济体制改革不断深化，把社会主义市场经济体制的优势进一步发挥出来。

习近平总书记在庆祝全国人民代表大会成立 60 周年大会上的重要讲话中，鲜明提出了评价一个国家政治制度民主、有效的重要标准。对照这些标准，我们以实践中的决定性进展，交出了令人信服的答卷。实践证明，中国的制度具有巨大优势、韧性、活力、潜能，丰富和发展了人类社会的制度文明。有国外学者指出，西方的发展模式正还原为地区性发展模式，中国制度的成功，开启了各种制度并存、竞争的多元时代。就连“历史终结论”的提出者福山也认为，中国模式有一些重要优势是西方民主制度不具备的，人类思想文明宝库应为中国留有一席之地。

寻根中国道路
我们凝聚了最持久、最深层的精神力量

中华文化是我们民族的“根”和“魂”，也是中国道路生于斯、长于斯的深厚土壤。中华民族 5000 多年创造的灿烂文化，蕴含着宝贵的思想资源和崇高的价值追求，蕴藏着解决当代人类面临难题的重要启示，比如“大同”“小康”的美好理想，“民惟邦本、本固邦宁”的治国理念，“天行健，君子以自强不息”的奋斗精神，“和而不同、和谐相

处”的重要思想，“讲信修睦”、“协和万邦”的博大胸怀等，潜移默化地影响着中国人的思想方式和行为方式。但近代以后，一些人认为中国之所以落后，不仅是技不如人、制度不如人，更是文化不如人，对民族文化丧失自信，甚至提出“全盘西化”的主张。中国共产党扛起了传承弘扬中华文化、倡导发展先进文化的大旗，用科学理论赋予中华文化先进的思想内涵。在长期的革命、建设、改革实践中，我们坚守中华文化立场，传承中华文化基因，推动中华文化创造性转化、创新性发展，形成了当代中国文化，为开创和发展中国道路提供了丰厚滋养。

价值理念是发展道路的内核。解读中国道路，不能忽略价值维度。对于一个民族、一个国家来说，最持久、最深层的力量是全社会共同认可的核心价值观。我们党提出的倡导富强、民主、文明、和谐，倡导自由、平等、公正、法治，倡导爱国、敬业、诚信、友善的社会主义核心价值观，深刻回答了要建设什么样的国家、建设什么样的社会、培育什么样的公民的重大问题，是中国道路在精神和价值层面的集中表达。这一核心价值观，传承中华优秀传统文化的价值内核，体现中国特色社会主义的本质属性、发展要求和奋斗目标，是13亿中国人民价值观的“最大公约数”。在中国道路上，面对世界范围内各种思想文化相互激荡、交流交融交锋更加频繁，我们大力建设社会主义核心价值体系，积极培育和践行社会主义核心价值观，在多元中立主导、在多样中谋共识，有效整合了社会思想意识和价值取向。坚持和拓展中国道路，要进一步增强价值观自信，决不能盲目地成为西方价值观念的附和者，决不能丧失自己的精神独立性。

炼尽黄沙自是金。中国道路的形成和发展，不仅意味着物质的丰富、制度的完善，也体现为精神的充盈、文化的振兴。这其中，最重要的就是继承和弘扬了以爱国主义为核心的民族精神，铸就了以改革创新为核心的时代精神，汇聚成伟大的中国精神。一路走来，经历各种重大事件的洗礼，经受各种风险挑战的磨砺，我们不断为中国精神注入新的活力和内涵，鼓舞中国人民始终朝气蓬勃地走向未来。在这条道路上，我们还绘就了文化发展繁荣的绚丽画卷，传统的戏剧、曲艺、民族音乐、小说、诗歌等文化样式焕发生机，现代的电影、电视剧、流行音乐、网络动漫等文化样式异彩纷呈，文化创新创造活力不断增强，人民群众的文化生活多姿多彩、精神世界不断丰富。“形于中”而“发于外”。现在，“中华文化热”持续升温，孔子学院在全球100多个国家开枝散叶，学汉语、读中国书、看中国影视、听中国故事，在一些国家开始流行，中华文化的国际影响力和感召力大大增强，源远流长的中华文化迈向新的辉煌。

评判中国道路
我们把全体人民共建共享作为最终标准

中国道路是人民的选择、人民的创造，是党领导人民干出来、走出来的。可以说，我们在认识和实践上的每一次突破和创新，改革开放中每一个新生事物的产生和发展，现代化建设中每一条重要经验的创造和积累，无不来自人民群众的实践和智慧。从小岗村18户村民按下红手印实行“包干到户”、无数农民洗脚上田投身乡镇企业，到“踏遍千山万水、吃尽千辛万苦”创办民营企业，等等，亿万人民的探索与创新，汇聚成改革开放的强劲原动力。正是因为我们党尊重人民主体地位、尊重群众首创精神，得以让一切劳动、知识、技术、管理、资本的活力竞相迸发，让一切创造社会财富的源泉充分涌流，使中国道路获得了最深厚的力量源泉。

人民对美好生活的向往，就是我们的奋斗目标。中国人民热爱生活、富有梦想，期盼有更好的教育、更稳定的工作、更舒适的居住条件，追求尊严的保证、事业的成功、价值的实现。改革开放30多年来，这些朴实的梦想逐步成真，并正在向更高的水平迈进。我们对民生投入的决心之大、力度之大，在世界范围内都是少有的。我们用十多年时间实现了最低生活保障制度、城乡基本养老保险制度、基本医疗保障制度的全覆盖，构筑起一些西方国家近百年才完成的基本社会保障网络。经过多年努力，中国有6亿多人口脱贫，完成全世界超过70%的减贫任务。保障民生没有终点，只有接连不断的新起点。党的十八大以来，户籍制度改革、考试招生制度改革、计划生育政策调整完善等，一批改善民生的政策密集出台，使发展成果更多更公平地惠及全体人民。美国学者库恩认为，“在人类的历史上，以前从未有过如此之多的人口以如此之快的速度过上这样水准的生活。”

道路好不好，走在这条路上的人最有发言权。中国人民从衣食住行的持续改善中、从国家面貌的巨大变化中、从充满希望的憧憬中，切身感受到中国道路的正确性，也发自内心地拥护这条道路。有人形象地说，改革开放30多年来，大多数中国人事实上经历了一场“财富革命”，普通家庭的“大件”消费，从过去的手表、自行车、缝纫机，到冰箱、彩电、洗衣机，再到现在的住房、汽车和电脑，发生了翻天覆地的巨变。现在，中国人对自己国家总体状况和发展前景持比较满意和乐观的态度。2013年，留学回国人数超过35万，是本世纪初的近30倍，年均增长率超过32%。这种留学人员“回国潮”彰显了中国魅力，从一个侧面反映了人们对国家未来的信心。有了亿万人民对中国道路的坚定信心，我们更加有理由、有底气继续走好这条道路。

道路问题最根本，事关国运兴衰和人民福祉。上世纪90年代，站在杨浦大桥桥头，望着改革开放大潮激荡下的新上海，邓小平同志感慨：“喜看今日路，胜读百年书。”对党领导人民历经千辛万苦、付出各种代价成功走出的中国道路，必须倍加珍惜、始终坚持并不断拓展延伸。我们要不断加深对中国特色社会主义的思想认同、理论认同、情感认同，不断增强道路自信、理论自信、制度自信，始终保持战略定力，不为任何风险所惧，不为任何干扰所惑。我们坚信，中国特色社会主义道路必将越走越宽广，中华民族伟大复兴的中国梦一定能够实现！

（原载《求是》2014年第20期）

第二篇

重点文章

中国近代以来第三次伟大历史变革的发起者和领导者

王伟光

王伟光，教授，哲学博士。中共十八届中央委员，中国社会科学院院长、党组书记、学部主席团主席，中国地方志指导小组组长，马克思主义理论研究和建设工程咨询委员会委员、首席专家，中国辩证唯物主义研究会会长。主要研究领域为马克思主义哲学和马克思主义基础理论、马克思主义中国化和中国特色社会主义重大理论与实践等。曾任中共中央党校副校长。出版学术著作40余部，在国家级报刊上发表论文500余篇。代表作有《利益论》《社会矛盾论》《王伟光讲习录》《王伟光自选集》《哲林漫步》《社会主义通史》等。荣获国务院颁发的“做出突出贡献的中国博士学位获得者”荣誉称号，享受国务院政府特殊津贴。

自1840年鸦片战争后中国沦为半殖民地半封建社会以来，中国人民发动了三次伟大的历史变革。第一次是以孙中山为代表的民族资产阶级发动和领导的资产阶级民主主义革命，推翻了统治中国几千年的封建专制。第二次是以毛泽东同志为代表的中国共产党人发动和领导的中国新民主主义革命和社会主义革命，建立了社会主义新中国，为中国特色社会主义提供了制度基础、物质条件、经验积累和理论准备。第三次是以邓小平同志为代表的当代中国共产党人发动和领导的社会主义改革开放，掀起了中国共产党领导的第二次革命，开辟了中国特色社会主义道路，形成了中国特色社会主义制度和理论体系，开创了中国特色社会主义伟大事业的新局面。三次伟大历史变革推动了中国社会巨大进步，使中国从来没有像今天这样日益接近实现中华民族伟大复兴的中国梦。作为党的第一代中央领导集体的重要成员，邓小平同志对第二次伟大历史变革作出了重要贡献，是这次伟大历史变革的亲自参加者和领导人之一。邓小平同志是党的第二代中央领导集体的核心，作为中国特色社会主义的伟大开创者，中国社会主义改革开放和现代化建设的总设计师，中国特色社会主义理论体系的开篇人，邓小平同志对第三次伟大历史变革作出了历史性的重大贡献，是这次伟大历史变革的发起者和领导者。站在这样一个历史高度和时空跨度上，我们就能够更加科学更加全面地评价邓小平同志作为一个伟大历史人物的伟大历史作用。

一 中国特色社会主义的伟大开创者

开创中国特色社会主义，邓小平同志要领头一功。“文化大革命”之后，中国面临着重大的历史关头，摆在面前有三条道路：一是走邪路，放弃社会主义制度倒向资本主义；二是走老路，继续坚持“文化大革命”的理论和实践；三是走新路，探索有中国特色的社会主义道路。邓小平同志以一个伟大的马克思主义者的坚定信念和勇气智慧，领导全党全国人民，既不走改旗易帜的邪路，也不走封闭僵化的老路，找到了在改革开放中实现社会主义现代化的新道路——中国特色社会主义道路，成功地开创了中国特色社会主义的伟大事业，实现了中国近代以来历史上又一次伟大变革。

第一，全力完成拨乱反正的历史任务，恢复正确的思想路线、政治路线和组织路线，实现历史性的伟大转折，为开创中国特色社会主义提供了重要的思想、政治和组织准备。

结束“文化大革命”是一个时代的终结，但并没有真正开启一个新的时代。当时，党和国家面临的局势相当严峻，任务非常艰巨，不仅需要从“文化大革命”灾难中彻底摆脱出来，而且需要跟上急遽发展的世界形势，重新思考中国社会主义建设道路，奋起发展。面临重大历史关头，邓小平同志以巨大的政治和理论勇气领导全党全国人民，出色完成了拨乱反正的历史任务。他以深邃的远见卓识、丰富的政治经验，坚决抵制和反对“两个凡是”错误观点，支持和领导真理标准问题的讨论，推动全党全国人民思想大解放，重新确立了党的实事求是思想路线，实现思想路线上的拨乱反正。他领导全党毅然抛弃“以阶级斗争为纲”的错误方针，把党和国家的工作中心转移到经济建设上来，实现了政治路线上的拨乱反正。他领导全党重新评价历史，彻底纠正了一系列重大冤假错案，解放了一大批党的优秀干部，实现了组织路线上的拨乱反正。拨乱反正历史任务的顺利完成，为开创中国特色社会主义提供了重要的思想理论、政治路线和组织干部前提，实现了“我国历史上的一个伟大的转折”，[①] 这个同遵义会议有同等重要意义的历史转折，开启了我国社会主义改革开放和现代化建设的历史新时期。

第二，深刻总结我国社会主义建设和国际共产主义运动正反两方面的经验教训，提出一切从实际出发，不照搬他国模式，走自己的路，找到中国特色社会主义的正确道路。

在探索中国社会主义建设道路的历程中，我们党吃过照搬别国模式的大亏，走了不少弯路。为此，毛泽东同志在 20 世纪 50 年代就提出要探索适合中国国情的、具有中国特点的社会主义建设道路。邓小平同志在毛泽东同志初步探索的基础上，深刻总结国际共产主义运动和我国社会主义正反两方面的经验教训，及时总结中国特色社会主义实践

① 《邓小平文选》第 2 卷，人民出版社 1994 年版，第 159 页。

的新鲜经验，着力探索中国特色社会主义的正确道路。他多次强调，必须从中国的特点出发，走出一条中国式的现代化道路，决不能脱离自己的特点照搬别国的现代化模式。经过长期思考，他在党的十二大上响亮地提出了一个具有重大历史意义的科学命题："把马克思主义的普遍真理同我国的具体实际结合起来，走自己的道路，建设有中国特色的社会主义"。[①] 这个科学命题旗帜鲜明地告诉世人：中国要建设的社会主义就是中国特色的社会主义，走自己的路就是要走"建设有中国特色的社会主义的道路"。[②] 这是总结长期历史经验得出的基本结论，确立了中国改革开放和社会主义现代化建设的根本主题和明确方向，是中国特色社会主义道路形成的重要标志，是中国特色社会主义发展史上的重要里程碑。

第三，科学判断世情国情，提出新的时代观，作出改革开放的重大决策，领导制定党在社会主义初级阶段的基本路线，明确中国社会主义改革开放的根本方向和基本方针。

邓小平同志深刻分析当今世界的总体格局，提出了和平与发展是当今世界两大主题的科学论断，揭示了当代世界发展的时代特征。他认为，虽然总的时代本质和发展趋势没有改变，仍然是马克思恩格斯所判断的资本主义与社会主义两种前途命运博弈的时代，但时代主题已经发生了阶段性变化，由战争与革命转变为和平与发展，新的世界大战打不起来，一定要抓住机遇，集中力量把经济建设搞上去。他深刻剖析了中国社会主义初级阶段的基本国情，提出了我国将长期处于社会主义初级阶段的科学论断，主张一切要从中国的实际国情出发，根本任务是发展生产力。在十一届三中全会上，他领导全党成功实现了党的工作重心的转移，做出了改革开放和社会主义现代化建设的重大决策，奠定了"一个中心、两个基本点"基本路线的基础。1979 年 3 月，他针对改革开放新时期的形势和任务，旗帜鲜明地强调：必须坚持社会主义道路，坚持无产阶级专政，坚持共产党的领导，坚持马列主义、毛泽东思想，这四项基本原则是实现四个现代化的政治保障，在任何情况下都决不允许动摇，"如果动摇了这四项基本原则中的任何一项，那就动摇了整个社会主义事业，整个现代化建设事业"[③]。此后，以经济建设为中心，坚持四项基本原则，坚持改革开放，逐步在实践中得到贯彻，在全党全国人民中形成共识，并不同程度地写进了党的文献中。1987 年，党的十三大报告对党的基本路线作出了完整表述："领导和团结全国各族人民，以经济建设为中心，坚持四项基本原则，坚持改革开放，自力更生，艰苦创业，为把我国建设成为富强、民主、文明的社会主义现代化国家而奋斗。"[④] 依据党的基本路线，邓小平同志带领全党制定了改革开放的路线方针政策，做出了一系列改革开放重大举措。基本路线是新时期社会主义现代化建设的根本纲领，是开创和发展中国特色社会主义事业的生命线，必须毫不动摇地牢牢坚持。

第四，全面回答社会主义现代化的奋斗目标、战略步骤等重大问题，设计"三步

---

① 《邓小平文选》第 3 卷，人民出版社 1993 年版，第 3 页。

② 同上书，第 65 页。

③ 《邓小平文选》第 2 卷，人民出版社 1994 年版，第 173 页。

④ 中共中央文献研究室编：《十三大以来重要文献选编》中册，人民出版社 1991 年版，第 1216 页。

走"的发展战略，规划我国社会主义现代化建设的时间表和路线图。

历史已经证明并将继续证明，邓小平同志当之无愧地是我国改革开放和社会主义现代化建设的总设计师。十一届三中全会重申了四个现代化的奋斗目标后，邓小平同志就开始认真思考和规划社会主义现代化建设的发展战略。1979 年，他提出必须走出一条中国式的现代化道路，建设小康社会。在他的指导下，党的十二大提出了两步走、翻两番的发展战略，即到 20 世纪末实现全国工农业年产值"翻两番"，实现这个目标要分"两步走"，前 10 年打基础，后 10 年大发展。1987 年 4 月，他完整地提出了"三步走"的战略：第一步，到 20 世纪 80 年代末，实现国民生产总值比 1980 年翻一番，人均达到 500 美元，解决人民的温饱问题；第二步，到 20 世纪末，国民生产总值再翻一番，人均达到 1000 美元，人民生活达到小康水平，把贫困的中国变成小康的中国；第三步是到 21 世纪中叶，国民生产总值再翻两番，达到中等发达国家水平，人民生活比较富裕，基本实现社会主义现代化。① 党的十三大报告根据邓小平同志的思想，正式提出了社会主义现代化建设"三步走"的发展战略。这个战略系统回答了中国社会主义现代化建设的奋斗目标、战略步骤等关系全局的重大问题，集中体现了中国特色社会主义的重大原则和方针政策，是一面引导全国人民前进的伟大旗帜，对后来中国几十年的发展产生了极其深远影响。

第五，牢牢把握中国特色社会主义的发展方向，坚持发展才是硬道理，提出一系列重大举措，成功领导改革开放和社会主义现代化建设的伟大实践。

邓小平同志是我国社会主义改革开放和现代化建设新时期的伟大开启者和领导者。在他的直接领导下，我国的改革开放从十一届三中全会起步，十二大以后全面展开，从农村改革到城市改革，从经济体制的改革到各方面体制的改革，从对内搞活到对外开放，走过了波澜壮阔的伟大历史进程，生产力实现突飞猛进的增长，人民生活得到很大的提高，社会主义中国的面貌发生了历史性变化。20 世纪 80 年代末 90 年代初，国际国内发生政治风波，我们面临着又一个重大历史关头。邓小平同志领导党旗帜鲜明地坚持四项基本原则，维护国家的独立、尊严、安全和稳定，毫不动摇地坚持党的基本路线，坚持发展才是硬道理，推进经济建设和改革开放，使我们党和国家经受住了严峻考验，坚持了中国特色社会主义的正确方向，继续沿着中国特色社会主义道路蓬勃发展。1992 年初，他发表了南方重要讲话，斩钉截铁地强调："要坚持党的十一届三中全会以来的路线、方针、政策，关键是坚持'一个中心、两个基本点'。不坚持社会主义，不改革开放，不发展经济，不改善人民生活，只能是死路一条。基本路线要管一百年，动摇不得。"② 他深刻总结了改革开放以来的基本实践和重要经验，从理论上深刻回答了困扰和束缚人们思想的许多重大认识问题，提出了对整个社会主义现代化建设具有现实和长远指导意义的重要思想，指引了发展进步的航向，掀起了新一轮改革开放的高潮，推动社会主义现代化建设进入一个新的发展阶段。正如江泽民同志所指出的：如果没有邓小平同志，中国人民就不可能有今天的新生活，中国就不可能有今天改革开放的新局

---

① 《邓小平文选》第 3 卷，人民出版社 1993 年版，第 224 页。

② 同上书，第 370—371 页。

面和社会主义现代化的光明前景。[①]

二　中国特色社会主义理论体系的伟大开篇者

邓小平同志在领导改革开放和社会主义现代化建设新的伟大实践中，成功实现了马克思主义同中国实际第二次伟大结合，开始了马克思主义中国化第二次历史性飞跃的伟大征程，科学、系统地回答了建设中国特色社会主义的一系列基本问题，创立了邓小平理论这一中国特色社会主义理论体系的第一个壮丽篇章，标志着中国特色社会主义理论体系的伟大开篇。

第一，正确解决科学评价毛泽东历史地位和毛泽东思想科学体系的重大历史课题，坚持和发展中国化马克思主义，为创立中国特色社会主义理论体系奠定了思想政治前提。

十一届三中全会前后，如何正确看待毛泽东的历史地位和毛泽东思想的科学体系，成为关系党和国家前途命运的重大历史课题。当时，中国思想界出现了两种相反的思潮：一是神化毛泽东的“两个凡是”思潮，限制人们对“文化大革命”错误的反思，维护毛泽东晚年的错误，阻碍新道路的开辟；二是全面否定毛泽东的“非毛化”思潮，否定毛泽东的历史功绩，否定毛泽东思想的指导地位，进而否定中国革命和党的历史，否定马克思主义，否定社会主义，否定人民民主专政，否定党的领导。维护还是否定毛泽东，坚持还是丢掉毛泽东思想，成为党所面临的一个重要的理论选择和严峻的思想考验。面对这个重大政治问题，邓小平同志显示出一个伟大马克思主义者的政治上的坚定性、理论上的彻底性和思想上的原则性。他高瞻远瞩，鲜明果断地指出：既要捍卫毛泽东的历史地位又必须纠正其晚年错误，既要毫不动摇地坚持毛泽东思想的指导地位又必须完整准确地把握其科学体系。他强调，对毛泽东的评价，对毛泽东思想的阐述，同我们党、我们国家的整个历史是分不开的；毛泽东思想这个旗帜丢不得，丢掉了这个旗帜，就是否定我们党的光辉历史。“毛泽东思想过去是中国革命的旗帜，今后将永远是中国社会主义事业和反霸权主义事业的旗帜，我们将永远高举毛泽东思想的旗帜前进。”[②] 在他的亲自领导和主持下，我们党作出了《关于建国以来党的若干历史问题的决议》，根本否定了“文化大革命”的错误实践和理论，同时坚决顶住“非毛化”的错误思潮，科学评价了毛泽东同志的历史地位：毛泽东是伟大的马克思主义者，是伟大的无产阶级革命家、战略家和理论家，他虽然犯了严重错误，但就他的一生来看，他对中国革命和建设的功绩远远大于他的过失，他的功绩是第一位的，错误是第二位的。对毛泽东思想的科学理论体系进行了科学理论概括：毛泽东思想是马克思列宁主义的基本理论与中国革命具体实践相结合的产物，是被实践证明过的正确的理论思想和经验总结，包含着关于新民主主义革命、关于社会主义革命和社会主义建设、关于革命军队的建设和军事战略、关于政策和策略、关于思想政治工作和文化工作、关于党的建设等方面的思想内容。实事求是是毛泽东思想的精髓，实事求是、群众路线、独立自主是毛泽东思

① 中共中央文献研究室编：《十六大以来重要文献选编》中册，中央文献出版社 2006 年版，第 156 页。

② 《邓小平文选》第 2 卷，人民出版社 1994 年版，第 172 页。

想的活的灵魂。这些重要论断高度概括了毛泽东思想这一中国化马克思主义的重大理论成果，奠定了中国特色社会主义理论体系形成发展的坚实理论基础。

第二，高度强调“解放思想、实事求是”，发展毛泽东关于实事求是的思想内涵，丰富和完善党的思想路线，奠定中国特色社会主义的哲学理论根据。

思想路线是党的一切工作的保证，是党的全部理论的灵魂，是党的实践活动的思想方法和工作原则，是党制定政治路线、组织路线和各项方针政策的哲学依据，也是正确理解和贯彻执行党的路线方针、政策的理论基础，是党不断取得胜利的法宝。“文化大革命”结束之际，邓小平同志明确提出实事求是是马列主义、毛泽东思想的精髓的科学论断，学习和掌握毛泽东思想特别是要把握实事求是这个精髓。针对当时中国思想政治领域的情况，特别是“两个凡是”的严重思想障碍，邓小平同志高度强调解放思想的极端重要性，把解放思想作为重大问题提出来，指出“首先是解放思想”。[①] 他领导和支持了关于实践是检验真理唯一标准的大讨论，号召全党解放思想，实事求是，恢复和发展毛泽东同志提出的实事求是的思想路线。在《解放思想，实事求是，团结一致向前看》的重要讲话中指出：“只有解放思想，坚持实事求是，一切从实际出发，理论联系实际，我们的社会主义现代化建设才能顺利进行，我们党的马列主义、毛泽东思想的理论也才能顺利发展。”他号召全党全国人民要“解放思想，开动脑筋，实事求是，团结一致向前看”。[②] 关于解放思想和实事求是的关系，邓小平同志做出了科学的分析阐述：“解放思想，就是使思想和实际相符合，使主观和客观相符合，就是实事求是。”[③] 这一科学阐述极大地丰富和发展了党的思想路线，成为改革开放的思想引领。党的思想路线的重新确立和丰富发展，指导了拨乱反正的顺利完成，为改革开放廓清了思想领域的迷雾，为党和国家的发展确定了正确方向，是马克思主义认识论在马克思主义中国化实践中的成功运用、丰富和发展，为发展中国特色社会主义提供了思想理论基石，对发展中国特色社会主义具有极其重要的意义。在改革开放和现代化建设实践中，党始终坚持正确思想路线，并随着中国特色社会主义实践的日益深入而不断丰富完善这一思想路线。

第三，大力提倡并灵活运用马克思主义辩证法，深化和丰富关于社会主义建设的辩证法，为发展中国特色社会主义伟大事业提供科学方法论指南。

在人类的认识史中，从来就有关于宇宙发展法则的两种见解，一种是形而上学的见解，一种是辩证法的见解，形成了两种相互对立的宇宙观。辩证法用联系的、发展的、全面的观点观察认识世界，形而上学用孤立的、静止的、片面的观点观察认识世界。在运用辩证思维、发展创新关于社会主义建设的辩证法方面，邓小平同志为我们树立了创造性的典范。早在20世纪50年代，他就提出要“照辩证法办事”。毛泽东同志说过：“要照辩证法办事。这是邓小平同志讲的。”[④] 邓小平同志精于辩证法，他对辩证法的贡献不仅在一般辩证法的理论上，而且体现在领导活动、战略决策上，体现在对具体问题的处理上。在领导中国特色社会主义建设的实践中，他娴熟地运用唯物辩证法，形成了极其丰富的关于社会主义建设的辩证法思想。他科学把握一般与个别、共性与个性的辩

① 《邓小平文选》第2卷，人民出版社1994年版，第141页。

② 同上书，第143、141页。

③ 同上书，第364页。

④ 《毛泽东文集》第7卷，人民出版社1999年版，第200页。

证关系，坚持把马克思主义普遍真理同中国具体国情有机结合起来，坚持科学社会主义的基本原则，同时主张必须走自己的路，建设有中国特色的社会主义；他明确提出要树立全局观念，用宏观战略的眼光分析问题，要“着眼于大局，着眼于长远”，“一切从大局出发”，从长远、全局、根本出发看问题，形成了内涵丰富的大局观和战略观；他反复要求要坚持两点论和重点论的统一，反对形而上学的片面性，“两手抓两手都要硬”，任何时候都必须坚持“一个中心、两个基本点”，坚持以经济建设为中心扭住不放，坚持四项基本原则和改革开放这两个基本点绝不动摇；他始终坚持平衡性与不平衡性的统一，充分认识社会主义现代化建设中平衡与不平衡的辩证关系，提出要实现波浪式前进，“几年上一个台阶”，处理好先富与共富的关系，让一部分人一部分地区先富起来，带动其他人其他地区共同富裕；他突出强调必须正确处理改革发展稳定的关系，提出要追随日新月异的世界形势，抓住机遇，推进改革，发展自己，同时必须保持一个安定团结的政治局面，压倒一切的是稳定，没有稳定的环境，什么都搞不成，已经取得的成果也会失掉；他关于“两个文明”建设、一国两制、大国与小国、全局与局部、大道理与小道理、和平与发展、民主与法制、计划与市场、主体与补充等思想，都闪烁和体现着高超的矛盾分析方法的智慧。总之，邓小平同志在实践中，创造性地坚持、丰富和发展了唯物辩证法，实际地运用唯物辩证方法认识事物、推动事物发展，创造了许多灵活运用辩证法观点分析问题、指导实践并取得成功的鲜活范例，极大地深化和丰富了关于社会主义建设的辩证法思想，构成了指导中国特色社会主义实践的科学方法论。

第四，系统回答什么是社会主义、怎样建设社会主义这一首要的基本问题，创立社会主义本质理论，揭示中国特色社会主义的根本任务和最终目标。

邓小平同志是深刻揭示社会主义本质的第一人，是社会主义本质理论的首创者。他从改革开放一开始就反复追索“什么是社会主义和怎样建设社会主义”这个核心问题，明确提出要在“什么是社会主义”这个问题上解放思想，“要弄清楚什么是社会主义以及社会主义的主要任务是什么”。他在深刻总结国内外经验教训的基础上，明确提出“贫穷不是社会主义”“发展太慢不是社会主义”“不发展生产力不能叫社会主义”，破除了不正确的社会主义观念。他深刻总结中国特色社会主义的发展实践，提出“社会主义原则，第一是发展生产，第二是共同致富”，① 强调公有制和共同富裕是社会主义的本质要求，揭示了社会主义的根本特征和原则。经过长期探索，他在南方谈话中对社会主义本质作出了全面准确深刻的阐述：“社会主义的本质，是解放生产力，发展生产力，消灭剥削，消除两极分化，最终达到共同富裕。”② 这个概括体现了生产力和生产关系、经济基础和上层建筑、根本任务和奋斗目标、发展过程和发展方向的辩证统一，从最高层次上阐明了什么是社会主义和怎样建设社会主义这一中国特色社会主义的首要的基本问题，从根本上揭示了中国特色社会主义的根本任务、发展进程和最终目标，把对社会主义的认识提升到了一个新的高度，为科学社会主义理论宝库增添了极其重要的新内容，在马克思主义发展史上具有开创性的意义。

第五，准确把握当代中国的具体实际和发展阶段，创立社会主义初级阶段理论，明示中国特色社会主义的总依据。

---

① 《邓小平文选》第3卷，人民出版社1993年版，第172页。

② 同上书，第373页。

科学把握当代中国的具体实际和发展阶段，是取得社会主义改革开放和现代化建设伟大胜利的总依据，是正确制定路线方针政策的根本出发点。邓小平同志从改革开放之初就高度重视对我国现实实际和发展阶段的分析把握。他强调，一切从中国的实际出发，选择适合中国实际国情的独特道路。中国最大的实际是什么？中国正处于社会主义初级阶段就是中国最大的国情实际。一切从实际出发，就是从中国社会主义初级阶段的实际出发。在邓小平同志的直接领导下，党对我国社会主义发展阶段的认识逐步深入和明确，《关于建国以来党的若干历史问题的决议》中首次提出"我们的社会主义制度还是处于初级的阶段"；十二大报告提到"我国的社会主义社会现在还处在初级发展阶段"，"物质文明还不发达"是这个阶段的根本特征；十二届六中全会进一步指出："我国还处在社会主义的初级阶段"，这是一个"相当长历史时期"。随着认识的日益深入，邓小平同志关于社会主义初级阶段的理论已经成熟。1987 年 8 月，他明确提出，中国的社会主义"是初级阶段的社会主义……一切都要从这个实际出发"。[①] 党的十三大报告根据邓小平同志的思想，系统阐述了社会主义初级阶段理论：我国社会已经是社会主义社会，我们必须坚持而不能离开社会主义；我国的社会主义还处在初级阶段，我们必须从这个实际出发而不能超越这个阶段；这是一个相当长的历史时期，是中国社会主义社会发展必须经历的一个特殊历史阶段。社会主义初级阶段理论，深刻揭示了中国特色社会主义的总依据，为制定改革开放和社会主义现代化建设的各项路线方针政策提供了理论论据，是对马克思主义社会发展阶段理论和社会主义建设理论的重大创新。

第六，深刻把握社会主义制度同市场经济的辩证关系，创立社会主义市场经济理论，指出中国特色社会主义优越性发挥的基本途径。

提出社会主义市场经济理论是以邓小平同志为代表的中国共产党人对马克思主义理论宝库的发展创新，建立社会主义市场经济体制是中国共产党的伟大创举，这个伟大创举正是建立在社会主义市场经济理论的科学基础之上的。我国经济体制改革的根本任务，就是要建立体现社会主义制度优越性、符合中国具体国情、促进经济发展的新经济体制，关键就是要正确把握好计划与市场的关系，把社会主义制度优越性同市场经济体制的优势有机结合起来。为此，邓小平同志对计划和市场的关系作了长期深入的探索，形成了科学的理论判断：市场经济不是资本主义的专属，社会主义也可以搞市场经济。"计划多一点还是市场多一点，不是社会主义与资本主义的本质区别。计划经济不等于社会主义，资本主义也有计划；市场经济不等于资本主义，社会主义也有市场。计划和市场都是经济手段。"[②] 正是在这些思想的引领下，中国共产党人以极大的智慧和勇气，冲破思想观念束缚，从高度集中的计划经济体制到计划经济为主、市场调节为辅，从有计划的商品经济到国家调节市场、市场引导企业的机制，直到确定建立社会主义市场经济体制，明确了经济体制改革的基本方向，找到了发挥社会主义制度优越性的有效途径，开辟了一条在社会主义条件下更好地解放和发展生产力的崭新道路。这是邓小平同志和中国共产党人对马克思主义经济理论的重大发展，对社会主义建设道路的重大创新，对马克思主义在新的历史条件下实现丰富和发展所作出的重大贡献。

第七，创造性地把生产力、国家综合实力和人民利益有机结合起来，提出"三个有

---

① 《邓小平文选》第 3 卷，人民出版社 1993 年版，第 252 页。

② 同上书，第 373 页。

利于”判断标准，为衡量改革开放和各项工作是非得失提供了根本准则。

在中国特色社会主义建设实践中，如何看待工作的是非得失，如何评价各项政策的实际成效，如何判断改革开放的性质，需要有明确的标准。邓小平同志针对实践中的困惑和理论上的争论，把马克思主义的实践标准、生产力标准理论具体化，提出了“三个有利于”标准。1985 年 10 月，他讲道：政策是否有连续性，关键是看它对不对。如果这个政策对，符合国家的利益，有利于发展生产力，有利于提高人民生活水平，人民就欢迎，谁也变不了。① 早在 1979 年 10 月，他就说道：“对实现四个现代化是有利还是有害，应当成为衡量一切工作的最根本的是非标准。”② 1980 年 5 月，他针对我国的经济政策提出：“社会主义经济政策对不对，归根到底要看生产力是否发展，人民收入是否增加。这是压倒一切的标准。”③ 1983 年 1 月，他围绕着中国特色社会主义这个根本主题提出：“各项工作都要有助于建设有中国特色的社会主义，都要以是否有助于人民的富裕幸福，是否有助于国家的兴旺发达，作为衡量做得对或不对的标准。”④ 在这些论述中，“三个有利于”标准已经基本形成。在南方谈话中，他针对当时党内外在改革开放问题上迈不开步子、不敢闯，以及理论界对“姓资姓社”和改革开放性质的争论，系统论述了“三个有利于”标准：“判断的标准，应该主要看是否有利于发展社会主义社会的生产力，是否有利于增强社会主义国家的综合国力，是否有利于提高人民的生活水平。”⑤ 这个标准帮助人们从抽象的固定思维模式中跳出来，为衡量改革开放和各项工作是非得失，提供了根本指南，指明了正确方向。它把历史唯物主义的基本原理运用于中国特色社会主义建设实践，把生产力标准、国家发展标准、人民利益标准有机结合起来，进一步丰富了社会主义本质的内涵，揭示了社会主义的根本目的和中心任务，在怎样建设社会主义的探索上达到了新的高度。

概括起来说，邓小平同志把马克思主义基本原理同当代中国的具体实际和时代特征有机结合起来，科学把握和平与发展的时代主题，总结我国社会主义胜利和挫折的历史经验，借鉴其他社会主义国家兴衰成败的经验教训，立足改革开放和现代化建设实践，从思想路线、科学方法、政治路线、发展道路、发展阶段、根本任务、发展动力、外部条件、政治保证、战略步骤、领导力量和依靠力量、祖国统一等方面，科学回答了中国这样的经济文化比较落后的国家如何建设社会主义、如何巩固和发展社会主义的一系列基本问题，用新的思想、观点，继承和发展了马克思主义、毛泽东思想，创立邓小平理论这一马克思主义中国化的又一重大理论创新成果，开拓了马克思主义的新境界，把对社会主义的认识提高到新的科学水平，创建了中国特色社会主义理论体系。

三　高举中国特色社会主义伟大旗帜奋勇前进

纵观邓小平同志的一生，他对中国革命、建设和改革事业都作出了重大贡献。其

---

① 《邓小平文选》第 3 卷，人民出版社 1993 年版，第 150 页。

② 《邓小平文选》第 2 卷，人民出版社 1993 年版，第 209 页。

③ 同上书，第 314 页。

④ 《邓小平文选》第 3 卷，人民出版社 1993 年版，第 23 页。

⑤ 同上书，第 372 页。

中，最伟大、最重要的贡献，就是高高地举起了中国特色社会主义伟大旗帜，创立了邓小平理论，勇敢地开创了中国特色社会主义伟大事业。邓小平同志在领导中国特色社会主义事业的进程中，立足现实，着眼未来，实践上开拓进取，理论上深入思考，对事关中国特色社会主义发展的重大问题，作出了理论创新和政治交代，为我们留下了重要的思想政治遗产。纪念邓小平同志，学习邓小平同志，说到底就是要继承他的事业，而最为重要的就是高举中国特色社会主义伟大旗帜，坚持和发展中国特色社会主义理论体系，坚定不移地走中国特色社会主义道路，争取中国特色社会主义新的伟大胜利。

第一，必须坚定马克思主义的理想信念。

邓小平同志对马克思主义和社会主义事业有着坚定的信念，始终不渝地遵循马克思主义的科学真理。他多次强调，对马克思主义的信仰，是中国革命、建设、改革胜利的强大精神动力，马克思主义是打不倒的，马克思主义真理是颠扑不破的。面对苏东剧变、世界社会主义运动跌入低谷的情况，他毫不动摇地坚信："世界上赞成马克思主义的人会多起来的，因为马克思主义是科学……一些国家出现严重曲折，社会主义好像被削弱了，但人民经受锻炼，从中吸收教训，将促使社会主义向着更加健康的方向发展。因此，不要惊慌失措，不要认为马克思主义就消失了，没用了，失败了。哪有这回事！"①

第二，必须坚持解放思想、实事求是的精神。

实事求是是马克思主义、毛泽东思想的精髓，也是包括邓小平理论在内的中国特色社会主义理论体系的精髓。突出强调解放思想、实事求是，是邓小平同志科学世界观和工作作风最鲜明的特征，他曾自豪地称自己是"实事求是派"，② 认为我们取得的一切胜利是"靠实事求是"。③ 他强调：一个党，一个国家，一个民族，如果一切从本本出发，思想僵化，迷信盛行，那它就不能前进，它的生机就停止了，就要亡党亡国。对于马克思主义，也必须坚持解放思想、实事求是的态度，必须把马克思主义同中国实际相结合，"只有结合中国实际的马克思主义，才是我们所需要的真正的马克思主义。"④

第三，必须坚持走中国特色社会主义道路。

邓小平同志始终强调，只有社会主义才能救中国，只有中国特色社会主义才能发展中国。20 世纪 80 年代末 90 年代初，面对国际国内急剧变化的形势，他明确表示，中国搞社会主义，是谁也动摇不了的，中国的改革开放是社会主义的改革开放而不是资本主义的改革开放，中国不可能也绝不会改变自己的方向和道路，"中国肯定要沿着自己选择的社会主义道路走到底"，⑤ 全党全国人民"要在建设有中国特色的社会主义道路上继续前进"，⑥ 承担起捍卫和发展中国特色社会主义的重大历史责任。

第四，必须坚持和完善中国特色社会主义制度。

邓小平同志指出，依靠无产阶级专政保卫社会主义制度，这是马克思主义的一个基

---

① 《邓小平文选》第 3 卷，人民出版社 1993 年版，第 382—383 页。

② 同上书，第 249 页。

③ 《邓小平文选》第 2 卷，人民出版社 1994 年版，第 143 页。

④ 《邓小平文选》第 3 卷，人民出版社 1993 年版，第 213 页。

⑤ 同上书，第 321 页。

⑥ 同上书，第 383 页。

本观点。巩固和发展社会主义制度，需要一个很长的历史阶段，需要几代人、十几代人，甚至几十代人坚持不懈地努力奋斗。我国已经初步形成了中国特色社会主义的经济、政治和各方面的制度和体制，但是还不够完善，要用30年左右的时间，“在各方面形成一整套更加成熟、更加定型的制度”，[①] 并使在这个制度下形成并实施的方针、政策更加定型化。制度是管根本的、管长远的。加强中国特色社会主义制度建设，使中国特色社会主义制度配套化、完善化、固定化，更好地发挥作用，是我们党在新的历史起点上的重大政治任务。

第五，必须坚持和发展中国特色社会主义理论体系。

邓小平同志给我们留下了中国特色社会主义理论体系的开篇之作——邓小平理论，这是贯通哲学、政治经济学、科学社会主义等领域，涵盖经济、政治、科技、教育、文化、民族、军事、外交、统一战线、党的建设等方面系统完备的科学体系，又是需要从各方面进一步丰富发展的科学体系。他从不固守已有的理论而是反复要求，必须要创造性地运用和发展马克思主义，不断把群众实践创造的新经验提升到理论高度，推进马克思主义在中国的新发展，强调“不以新的思想、观点去继承、发展马克思主义，不是真正的马克思主义者”。[②]

第六，必须毫不动摇地坚持党的基本路线。

党在社会主义初级阶段的基本路线，是社会主义现代化建设的根本纲领，是开创和发展中国特色社会主义的灵魂，必须毫不动摇地坚持。邓小平同志果断地指出：党的基本路线“不能改变，谁改变谁垮台”，[③] “谁要改变三中全会以来的路线、方针、政策，老百姓不答应，谁就会被打倒”。[④] 他指出，在整个改革开放的过程中，必须始终注意坚持四项基本原则，四项基本原则是中国特色社会主义最根本的政治保障。他同时强调，经济建设是一切问题的中心，一定要紧紧扭住不放；改革开放胆子要大一些，大胆地试，大胆地闯；正确处理好改革发展稳定的关系，牢牢记住发展才是硬道理，改革开放是决定中国命运的一招，压倒一切的是需要稳定。

第七，必须坚持社会主义市场经济的改革方向。

改革开放以来，邓小平同志坚持社会主义市场经济的改革方向，致力于探索社会主义条件下发展市场经济。在南方谈话中，他系统阐述了社会主义同市场经济的辩证关系，使得建立社会主义市场经济体制逐步得到了全党全国人民的共识。1992年6月9日，江泽民同志明确提出了“社会主义市场经济体制”概念，邓小平同志对此高度赞同，明确提出要把建立社会主义市场经济体制作为十四大的主题。从那时以来，建立和完善社会主义市场经济体制始终是我国经济体制的改革方向。

第八，必须坚持共同富裕的社会主义本质要求。

邓小平同志对共同富裕高度重视，把它纳入到社会主义根本原则和本质要求的高度。随着中国经济社会的发展，严重影响共同富裕的两极分化问题开始出现。他在1993年明确指出，一定要认真考虑分配这个大问题，“分配的问题大得很。我们讲要防

---

① 《邓小平文选》第3卷，人民出版社1993年版，第372页。

② 同上书，第292页。

③ 同上书，第324页。

④ 同上书，第371页。

止两极分化，实际上两极分化自然出现。要利用各种手段、各种方法、各种方案来解决这些问题……少部分人获得那么多财富，大多数人没有，这样发展下去总有一天会出问题。分配不公，会导致两极分化，到一定时候问题就会出来。这个问题要解决”。①

第九，必须认真解决好发展中产生的新问题。

邓小平同志认为，中国特色社会主义事业是在实践中不断向前发展的，不发展有不发展的问题，发展起来以后的问题并不比不发展时少，随着改革开放和社会主义现代化事业的推进，问题会越来越多，越来越复杂，随时都会出现新问题。对于这些问题丝毫不能掉以轻心，解决这些问题比解决发展起来的问题还困难。必须在实践中探索解决问题的方式方法，创造新的思想理论观点，推进实践创新和理论创新，用发展的方法，利用各种手段、各种方法、各种方案来解决发展中出现的问题。

第十，必须坚持和完善党的领导。

中国共产党是中国特色社会主义事业的领导核心，中国的问题关键在党，必须聚精会神地抓党的建设。针对党内存在的一些严重问题，邓小平同志认为“这个党该抓了，不抓不行了”。② 加强党的领导，关键的一条就是要维护中央的权威，“没有这一条，就是乱哄哄，各行其是……中央定了措施，各地各部门就要坚决执行，不但要迅速，而且要很有力”；③ 对于冲击中央权威的干部决不能手软：“对于不听中央、国务院的话的，处理要坚决，可以先打招呼，不行就调人换头头。”④ 他特别强调，执政党的党风关系到党的生死存亡，反腐败工作关系到人心向背，必须一手抓改革开放，一手抓惩治腐败，两手抓两手都要硬，对于腐败的事情“要雷厉风行地抓，要公布于众，要按照法律办事。该受惩罚的，不管是谁，一律受惩罚”⑤。

总之，邓小平同志把毕生心血和精力都献给了中国人民，他不仅为中华民族的独立和解放、为中国特色社会主义事业建立了不朽的功勋，而且以其光辉的实践和睿智的思考留下了丰厚的精神财富和伟大的政治遗产，长期激励和指引着全党全国各族人民。

当代中国共产党人牢记邓小平同志的嘱托，坚定不移地发展中国特色社会主义事业。以江泽民同志为核心的党的第三代中央领导集体，创立了“三个代表”重要思想，进一步回答了什么是社会主义、怎样建设社会主义的问题，创造性地回答了建设什么样的党、怎样建设党的问题，成功把中国特色社会主义推向21世纪。以胡锦涛同志为总书记的党中央，创立了科学发展观，继承和发展了马克思主义关于发展的世界观和方法论，对新形势下实现什么样的发展、怎样发展等重大问题作出了新的科学回答，把对中国特色社会主义规律的认识提高到新的水平。

党的十八大以来，以习近平同志为总书记的党中央，高举中国特色社会主义伟大旗帜，大力解放思想，全面深化改革，推进社会主义经济、政治、文化、社会、生态文明建设和党的建设新的伟大工程，在新的历史起点上坚持和发展了中国特色社会主义，中

---

① 中共中央文献研究室编：《邓小平年谱（1975—1997）》下册，中央文献出版社2004年版，第1364页。

② 《邓小平文选》第3卷，人民出版社1993年版，第314页。

③ 同上书，第277页。

④ 同上书，第319页。

⑤ 同上书，第297页。

国特色社会主义事业取得了新进展。习近平总书记围绕改革发展稳定、内政外交国防、治党治国治军等方面，发表了一系列重要讲话，提出了许多富有创见的新思想、新观点、新论断、新要求，深刻回答了新的历史条件下党和国家发展的重大理论和现实问题，丰富和发展了党的科学理论，进一步深化了对中国特色社会主义规律和马克思主义执政党建设规律的认识。我们一定要紧密团结在以习近平同志为总书记的党中央周围，认真学习和贯彻落实习近平总书记系列讲话精神，沿着邓小平同志开创的中国特色社会主义道路开拓前进，不断发展中国特色社会主义理论体系，完善中国特色社会主义制度，增强中国特色社会主义的道路自信、理论自信、制度自信，为全面建成小康社会、实现中华民族伟大复兴的中国梦而努力奋斗。

（原载《中国社会科学》2014 年第 9 期）

党的基本路线必须完整地准确地理解和把握

——纪念邓小平诞辰110周年

李慎明

李慎明，研究员、博士生导师，少将军衔，中国社会科学院原副院长、党组副书记。中共十六大、十七大代表，第十届、十一届、十二届全国人大常委，第十二届全国人大内务司法委员会副主任委员。中国社会科学院世界社会主义研究中心主任。

邓小平理论的最大贡献是社会主义初级阶段理论。而社会主义初级阶段理论的政治成果则是党在社会主义初级阶段的基本路线。1992年初，邓小平在南方谈话中说："要坚持党的十一届三中全会以来的路线、方针、政策，关键是坚持'一个中心、两个基本点'。不坚持社会主义，不改革开放，不发展经济，不改善人民生活，只能是死路一条。基本路线要管一百年，动摇不得。"① 从一定意义上说，这可以被视为邓小平的政治遗嘱。

不仅邓小平，江泽民、胡锦涛和习近平也反复强调要坚持党的基本路线一百年不动摇。党的基本路线如此重要，完整地准确地理解和把握这一基本路线就显得意义重大。

如何完整地准确地理解和把握党在社会主义初级阶段的基本路线呢？1977年7月，邓小平在党的十届三中全会的讲话中指出："我说要用准确的完整的毛泽东思想作指导的意思是，要对毛泽东思想有一个完整的准确的认识，要善于学习、掌握和运用毛泽东思想的体系来指导我们各项工作。只有这样，才不至于割裂、歪曲毛泽东思想，损害毛泽东思想。"② 因此，

---

① 《邓小平文选》第3卷，第370—371页。

② 《邓小平文选》第2卷，第42页。

用邓小平相关思想来完整地准确地理解邓小平理论以及党在社会主义初级阶段的基本路线，才不至于割裂、歪曲甚至损害邓小平理论和党在社会主义初级阶段的基本路线。

一　从完整表述中完整地准确地理解和把握党在社会主义初级阶段的基本路线

党在社会主义初级阶段的基本路线的完整表述就是党的十三大报告中所说："在社会主义初级阶段，我们党的建设有中国特色的社会主义的基本路线是：领导和团结全国各族人民，以经济建设为中心，坚持四项基本原则，坚持改革开放，自力更生，艰苦创业，为把我国建设成为富强、民主、文明的社会主义现代化国家而奋斗。""一个中心、两个基本点"是对党的这一基本路线的简明概括。不少同志往往只记住了朗朗上口并通俗易懂的"一个中心、两个基本点"，不记得甚至根本不知道党的基本路线的完整表述，不知道党的基本路线中还有"自力更生，艰苦奋斗"这一重要思想，因此在实际工作中出现了不少重大偏差。如往往只想着 GDP，并把经济建设的重心放到跑要项目和招商引资上，忘记了"自力更生"和"艰苦奋斗"的精神等。

习近平同志在纪念毛泽东诞辰 120 周年的大会上明确指出："毛泽东思想活的灵魂是贯穿其中的立场、观点、方法，它们有三个基本方面，这就是实事求是、群众路线、独立自主。"独立自主的一个重要内涵就是自力更生、艰苦奋斗的精神。要把我国建设成为富强、民主、文明的社会主义现代化国家，当然要争取外援，并尽最大可能利用世界各国方方面面的资源，但是这个立足点，只能放到我们自己长时段的自力更生和艰苦奋斗上。企图用金钱买回或用资源换回一个富强、民主、文明的社会主义现代化国家，是不切实际的。

2014 年 5 月，习近平在上海考察中国商飞设计研发中心时指出："我们要做一个强国，就一定要把装备制造业搞上去，把大飞机搞上去，起带动作用、标志性作用。中国是最大的飞机市场，过去有人说造不如买、买不如租，这个逻辑要倒过来，要花更多资金来研发、制造自己的大飞机。"这就旗帜鲜明地倡导了党在社会主义初级阶段基本路线中的"自力更生，艰苦奋斗"的精神。习近平同志倡导的这一精神，在今后改革开放的新的伟大实践中，必将结出灿烂的物质文明与精神文明之硕果。

二　在政治经济文化组成的整个社会结构中完整地准确地理解和把握党在社会主义初级阶段的基本路线

党在社会主义初级阶段的基本路线，是一个相互贯通，相互依存，统一于中国特色社会主义实践的完整的统一体，不能分割，更不能对立。

按照邓小平的原意和党的十三大的精神可以明确看出，以经济建设为中心、坚持四项基本原则、坚持改革开放这三个方面，不是一个层面的概念。"以经济建设为中心"，是为了进一步解放和发展生产力，这是在坚持四项基本原则和改革开放之中要完成的根本任务。"坚持社会主义道路、坚持人民民主专政、坚持中国共产党的领导、坚持马克思列宁主义毛泽东思想"这四项基本原则，则是在解放、发展生产力和改革开放过程中必然坚持的立国之本。而"坚持改革开放"是我们的总方针，正如邓小平所说是"在坚持四项基本原则的基础上选择好的政策”,[①] 从而赋予了四项基本原则和以经济建设为中心新的时代内容。

以经济建设为中心是根本任务，改革开放是基本国策，而坚持四项基本原则是社会主义社会的根本性质。在四项基本原则中，必须坚持社会主义道路，这一要求主要是指向经济范畴；必须坚持人民民主专政和必须坚持中国共产党的领导，主要是指政治范畴；必须坚持马列主义、毛泽东思想，则主要是指文化范畴。经济、政治、文化，这就组成了一个大社会。党的基本路线把经济建设这一社会主义建设新时期的中心任务和改革开放这一社会主义建设新时期的基本国策从四项基本原则中单列出来加以特别强调，则充分反映了这两个问题在社会主义初级阶段中的特殊地位与作用，必须给予特别的重视，除非遭遇大的战争，否则任何时候都不能动摇。同时必须强调，确立经济发展目标和发展规划，出台经济社会政策和重大改革措施，开展各项生产经营活动以及与人们生产生活和现实利益密切相关的具体政策措施，都应遵循四项基本原则的要求，防止出现具体政策措施与四项基本原则相背离的现象。

我们还可以换一个角度，以在整个社会结构中完整地准确地理解和把握党在社会主义初级阶段的基本路线。本文一开始就引用了邓小平的一段重要论述：“要坚持党的十一届三中全会以来的路线、方针、政策，关键是坚持‘一个中心、两个基本点’。不坚持社会主义，不改革开放，不发展经济，不改善人民生活，只能是死路一条。”邓小平在这一论述中，特别强调了“一个中心、两个基本点”中的四个方面的主要内容，一是社会主义，二是改革开放，三是发展经济，四是改善人民生活。这四者不是并列关系，而是递进关系。社会主义是必须坚持的道路，改革开放是必须实行的政策，通过坚持四项基本原则和改革开放这两个基本点来发展经济，而发展经济的根本目的是为着改善人民生活，这一论述，把我们所有工作的落脚点放到了党的全心全意为人民服务这一根本宗旨上。这里还应特别关注的是，以经济建设为中心包含了两个方面的内容，即发展经济和改善人民生活。而不是仅仅为着增加经济总量，或者是仅仅为了彰显政绩的 GDP。

三　从社会基本矛盾中完整地准确地理解和把握党在社会主义初级阶段的基本路线

生产力与生产关系、经济基础与上层建筑之间的矛盾是社会的基本矛盾。生产力中最重要的因素是人。在社会主义初级阶段，忽视科学技术和资本当然是一个绝大的错误，但不能只记得科学技术物化后的生产工具和从劳动所产生的财富中分离走的资本，而忘记了生产力中最活跃、最革命的因素——人的本身。保护和发展生产力，首要的是保护和发展最广大人民群众的积极性、主动性和创造性。在社会主义初级阶段，当然也要同时调动、发展拥有先进劳动工具和资本的资产者的积极性。如何恰当兼顾最广大劳动人民群众和资产者的积极性？这就要不断调整、完善我们的生产关系。

在理解生产力与生产关系时，我们应重视马克思的以下论述：“机器正像拖犁的牛一样，并不是一个经济范畴。机器只是一种生产力。以应用机器为基础的现代工厂才是

---

① 《邓小平文选》第 3 卷，第 135 页。

社会生产关系，才是经济范畴。”① 马克思还指出：问题“不仅仅决定于生产力的发展，而且还决定于生产力是否归人民所有”。② 因此，机器与牛本身只属于生产力的范畴，而不属于生产关系的范畴，任何时候都不应提出机器与牛是姓社还是姓资的问题，机器与牛归谁所有才属于生产关系的范畴，才有姓社姓资这样的问题。这也就是说，以经济建设为中心是发展生产力的问题，而不属于生产关系的问题，坚持四项基本原则和如何改革开放，才体现着社会的生产关系。

现在有的人认为，只有资本主义才能救中国，只有私有制这一生产关系才能保护、促进和发展我国的生产力，这是没有全面理解马克思主义的生产力决定生产关系这一原理所造成的。当今世界，随着互联网、机器人等新技术新应用的迅猛发展，可以预见，在未来三五十年内，劳动生产率会大幅度提高，大量的无人工厂甚至会在世界生产中占据统治地位，一系列生产工具的大变革，必然会使失业人员急遽增加，广大劳动人民必然要求生产关系的大变革，即呼唤公有制和按劳分配方式的产生。

要从社会基本矛盾中完整地准确地理解和把握党在社会主义初级阶段的基本路线，还必须正确认识和处理好社会基本矛盾与社会主要矛盾的关系。人民日益增长的物质文化需要同落后的社会生产之间的矛盾是当今中国社会的主要矛盾。基本矛盾与主要矛盾既有联系，又有着根本的不同。改革开放前，我们提基本矛盾多，存在对主要矛盾重视不够的倾向。但改革开放后，在纠正上述错误的同时，又出现了对基本矛盾重视不够的问题。这就在贯彻执行党的基本路线中，出现一些新的偏差。比如，只重视增加现实生产力的问题，忽视了解决财富占有和收入分配差距的拉大，忽视了青山绿水急遽减少，大气和地下污染日益加大等问题。这实质上是在扩大生产力与生产关系、经济基础与上层建筑之间这一社会的基本矛盾，也挫伤了广大人民群众的积极性，从而加重了人民日益增长的物质文化需要同落后的社会生产之间这一社会的主要矛盾。

有的同志提出，当今社会的主要矛盾，已经不是人民日益增长的物质文化需要同落后的社会生产之间的矛盾。也有同志认为，随着我国 GDP 的增长，原来提的落后的社会生产，可以重新解读为我国比较落后的经济发展方式。当今我国社会的主要矛盾可以作如下表述：人民日益增长的物质文化需要同落后的社会经济发展方式之间的矛盾。还有的同志提出，我国经过 30 多年的改革开放，社会生产力已经得到极大提高，GDP 已经成为世界第二，我国社会的主要矛盾已经不是人民日益增长的物质文化需要同落后的社会生产之间的矛盾，而是人民日益增长的物质文化需要同财富占有和收入分配不公之间的矛盾。这些看法可能有些偏颇。

我们应该记住邓小平所作的如下嘱托：1990 年 12 月，邓小平指出：“共同致富，我们从改革一开始就讲，将来总有一天要成为中心课题。社会主义不是少数人富起来、大多数人穷，不是那个样子。社会主义最大的优越性就是共同富裕，这是体现社会主义本质的一个东西。如果搞两极分化，情况就不同了，民族矛盾、区域间矛盾、阶级矛盾都会发展，相应地中央和地方的矛盾也会发展，就可能出乱子。”③ 1993 年 9 月，邓小平在与其弟邓垦的谈话中满怀忧虑地指出：“十二亿人口怎样实现富裕，富裕起来以后

---

① 《马克思恩格斯选集》第 1 卷，人民出版社 1995 年版，第 161 页。

② 同上书，第 771 页。

③ 《邓小平年谱（1975—1997）》，第 1324 页。

财富怎样分配，这都是大问题。题目已经出来了，解决这个问题比解决发展起来的问题还困难。分配的问题大得很。我们讲要防止两极分化，实际上两极分化自然出现。要利用各种手段、各种方法、各种方案来解决这些问题……中国人能干，但是问题也会越来越多，越来越复杂，随时都会出现新问题。少部分人获得那么多财富，大多数人没有，这样发展下去总有一天会出问题。分配不公，会导致两极分化，到一定时候问题就会出来。"① 关于避免两极分化、实现共同富裕的目标，邓小平明确指出："可以设想，在本世纪（按：即 20 世纪）末达到小康水平的时候，就要突出地提出和解决这个问题。"② 从邓小平大量相关论述来看，其晚年已经在解放思想、实事求是的思想路线指导下，深入思考着当今我国社会的主要矛盾的转换和表述问题。

四　从四项基本原则四个方面的相互关系中完整地准确地理解和把握党在社会主义初级阶段的基本路线

四项基本原则中，最重要的是什么？邓小平说，最重要的是两条，一是坚持社会主义道路，二是坚持党的领导。而有的人说，最为重要的就是一条，即坚持党的领导。这一论点，很值得商榷。离开社会主义道路的党的领导，对于广大人民群众来说，还值得坚持吗？还有人说，最为重要的是坚持马列主义、毛泽东思想和中国特色社会主义理论体系。从"没有革命的理论，就没有革命的运动"这一点来说，这种观点也有其特定的道理。但社会主义道路和党的领导却是现实的社会主义运动形态，离开了社会主义运动的现实形态，马列主义、毛泽东思想和中国特色社会主义理论体系就成了空中楼阁。这恰如马克思的名言：哲学家们只是用不同的方式解释世界，而问题在于改变世界。

要完整地准确地理解和把握党在社会主义初级阶段的基本路线，就必须认识到，四项基本原则每一条都很重要，这正如邓小平所说："如果动摇了这四项基本原则中的任何一项，那就动摇了整个社会主义事业，整个现代化建设事业。"（《邓小平文选》第 2 卷，第 173 页）但其中最为重要的，也正如邓小平所说，是坚持社会主义道路和坚持党的领导。

五　从改革开放实践的现实中完整地准确地理解和把握党在社会主义初级阶段的基本路线

按照邓小平的设想和党的要求，我们不仅要完整地准确地理解和把握"一个中心、两个基本点"，并且要在改革开放的实践中坚定不移地贯彻落实。但在实际的经济和社会发展中，一些人往往只记得以经济建设这一中心（且是以 GDP 为中心）和改革开放这一基本点，为建设而建设、为改革而改革、为开放而开放以及为招商而招商、为投资而投资，这就带来躺在床上吃祖宗、杀鸡取卵吃未来，环境污染，财富占有与收入分配拉大等等一系列问题。这恰如邓小平说，四项基本原则，连讲都很少讲，甚至变成谁讲

---

① 《邓小平年谱（1975—1997）》，第 1364 页。

② 《邓小平文选》第 3 卷，第 374 页。

四项基本原则，谁就是保守、僵化。这也正如恩格斯批评伯恩斯坦所说的：运动就是一切，目的是没有的。那种认为“经济建设或改革开放就是一切，没有方向之分”的人，所要搞得经济建设或改革开放，其实质却是另外一种方向。

因此，要坚持党的基本路线一百年不动摇，首先是基本路线要年年讲。不仅要讲，更要在各项工作中落实。只有完整准确地理解和全面科学地贯彻党的社会主义初级阶段的基本路线，中国特色社会主义才能得到坚持和发展，中华民族伟大复兴的中国梦也才有实现的可靠保障。

（原载《红旗文稿》2014 年第 16 期）

论马克思主义对全面深化改革的指导意义

李　捷

李捷，《求是》杂志社社长。曾任中共中央文献研究室副主任，中国社会科学院副院长、当代中国研究所所长，研究员，博士生导师。长期从事马克思主义中国化、毛泽东生平和思想、中共党史、中华人民共和国史、中国特色社会主义重大理论和现实问题研究。著有《李捷自选集》《国史静思录》《毛泽东与新中国的内政外交》等多部专著，主持编辑《建党以来重要文献选编》《建国以来毛泽东军事文稿》等多部中共文献资料，《毛泽东传》的主要撰写者之一。在《求是》《人民日报》《光明日报》等国家级报刊发表《坚定不移走中国特色社会主义道路》《百年追梦与民族自强》《“一面旗帜、一条道路、一个理论体系”是党和国家发展的根本》等百余篇有重大影响的论文。马克思主义理论研究和建设工程《中国近现代史纲要》和《马克思恩格斯列宁历史理论经典著作导读》首席专家。

2014年是全世界无产阶级革命导师马克思诞辰196周年，也是我国全面深化改革的第一年，坚持什么样的改革方向，事关中国特色社会主义道路的成败。在我们坚定全面深化改革的同时，绝不能放松或者说绝不能忽视对马克思、恩格斯等经典作家理论的学习和思想的领会。这不仅是因为马克思主义始终是我们党的指导思想，而且是因为马克思当年提出的重要理论对于深入理解和贯彻十八届三中全会关于全面深化改革的决定具有十分重要的意义。这种意义，集中地体现在以下三点上。

一　“两个必然”和“两个决不会”对全面深化改革具有重要的指导意义

马克思提出的“两个必然”和“两个决不会”的论断，对于坚定中国特色社会主义的三个自信、坚定不移全面深化改革，具有十分重要的理论指导意义。

马克思的“两个必然”和“两个决不会”的科学论断告诉我们，中国特色社会主义的坚持和发展，面临着同西方资本主义发达国家在同一个国际市场体系中并存、发展、合作、竞争的态势。这种态势不仅在短期内不可能改变，而且如果做到趋利避害，还可以在这种特殊环境中壮大、提升自己，并做到互利共赢。中国在加入世界贸易组织以后的情况，就是如此。

马克思的“两个必然”和“两个决不会”的科学论断还告诉我们，当代资本主义国家始终存在生产力同生产关系、经济基础同上层建筑的矛盾运动，生产资料的私人占有同生产社会化的固有矛盾不但继续起作用，而且在这次国际金融危机中还进一步暴露和发展。尽管如此，当代资本主义仍没有走到它的尽头，它还可以继续容纳新的生产力和技术革命发展，还有政策调整、社会结构调整的余地和空间。正如习近平总书记所说，资本主义最终消亡、社会主义最终胜利，必然是一个很长的历史过程。我们要深刻认识资本主义社会的自我调节能力，充分估计到西方发达国家在经济科技军事方面长期占据优势的客观现实，认真做好两种社会制度长期合作和斗争的各方面准备。

马克思的“两个必然”和“两个决不会”的科学论断又告诉我们，我国目前处于社会主义初级阶段，距离建成高度发达的社会主义社会还有相当长的路程，因此，社会主义制度优越性尚不能从对资本主义的全面压倒性优势中体现出来。正如习近平总书记所说：在相当时期内，初级阶段的社会主义还必须同生产力更发达的资本主义长期合作和斗争，还必须认真学习和借鉴资本主义创造的有益文明成果，甚至必须面对被人们用西方发达国家的长处来比较我国社会主义发展中的不足并加以指责的现实。但这并不是说，社会主义制度在目前没有自身的优势。它的优势在哪里呢？社会主义的现实优越性，一是具有更多的发展潜力和发展活力，能够创造出比资本主义更快的发展速度，实现经济社会又好又快发展，并确保发展成果由人民共享；二是具有更大的改革发展空间，能够通过不断深化改革，克服自身体制机制的弊端，实现制度的不断完善与发展，推动经济社会全面发展，不断解放和发展社会生产力；三是具有更强的社会利益整合能力，能够团结调动一切积极因素，形成根本利益一致前提下的人民利益共同体，在同等的经济社会发展程度下，可以更好地消除贫困，体现公平正义和共同富裕的社会价值取向。

总之，我们对中国特色社会主义的道路自信、理论自信、制度自信，是建立在上述各方面的科学认识基础之上的，因而能够始终保持头脑清醒，始终做到自信而不自满，自豪而不骄傲。

二　正确认识剩余价值学说在社会主义初级阶段的积极作用

马克思在《资本论》中集中阐述的剩余价值学说，既对于我们注重研究探索现代化建设规律、社会化大生产规律、社会主义市场经济规律有着重要的理论意义，也对于我们更加注重社会公平正义、走共同富裕道路有着重要的理论意义。

剩余价值规律在多大程度上起作用，也是有条件的。剩余价值规律在资本主义社会起决定性作用有三个基本条件。一是私有制达到它的历史发展顶点，资本及其对立物——劳动都被私有化；二是雇佣劳动成为劳动力存在的主要方式；三是商品经济发展到它的历史顶点，一切都成为商品，一切都被市场化。在社会主义条件下，特别是在社会主义初级阶段，还不能一下子消灭剩余价值，消灭剥削。不仅如此，我们现在的主要任务，还是继续解放和发展社会生产力，实现社会主义现代化，而不是消灭剩余价值、消灭剥削。历史已经证明，过早地提出这样的口号和任务，就会导致极“左”思潮的泛滥。那么，剩余价值和剥削在社会主义现阶段的存在，同在资本主义社会的存在有哪些根本的不同呢？它的存在条件是否发生了根本性的变化呢？

首先，所有制条件发生了根本性改变。我们建立起以社会主义公有制为主体、多种所有制经济共同发展的基本经济制度，并在国有企业改革中始终保持国有企业的全民所有属性，这不仅消除了资本、劳动、商品全盘私有化的可能，而且也使非公有制经济与社会主义经济制度相联系，有利于最终形成公有制经济同非公有制经济你中有我、我中有你、共同发展的新格局，形成符合社会主义本质要求的社会经济共同体和利益共同体。在这方面，我们要沿着十八届三中全会关于全面深化改革的思路继续探索，其意义不亚于建立和完善社会主义市场经济体制。

其次，劳动市场存在方式发生了根本改变。在我国处在社会主义初级阶段的条件下，还必须允许资本要素的市场存在，但已经同资本主义条件下资本与雇佣劳动的关系有本质的不同。不仅要健全由资本、知识、技术、管理等要素市场决定的报酬机制，更要着重保护劳动所得，努力实现劳动报酬增长和劳动生产率的提高同步，提高劳动报酬在初次分配中的比重。一方面，劳动者的工资还是由企业根据劳动市场等情况自主决定；另一方面，政府也在采取有效措施，健全工资决定和正常增长机制，完善最低工资和工资支付保障制度，保障农民工同工同酬，完善企业工资集体协商制度。而从更大的范围来看，政府千方百计在再分配环节上实现更加注重公平的政策举措，来减少初次分配中因生产要素占有不公平所造成的“短板”，形成缩小收入分配差距的长效机制。另外，城乡最低生活保障制度、基本养老保险制度、基本医疗保险制度等的不断完善，都使得劳动者的各方面权益得到保障。当然，受到经济社会发展水平和社会劳动生产率水平的限制，我国现有的社会保障制度还远不及西方资本主义发达国家的水平。但是，以处于发展水平大体相当的阶段上来比较，完全有理由说，我们社会保障的解决程度和覆盖面优越于西方发达国家。

再次，市场经济的存在条件发生根本性变化。使市场在资源配置中起决定性作用和更好发挥政府作用，着力解决市场体系不完善、政府干预过多和监管不到位问题，是这次全面深化改革特别是经济体制改革的重点。在此基础上，还要加快完善现代市场体系，加快转变政府职能，健全城乡发展一体化体制机制，构建开放型经济新体制。也就是说，在未来中国特色社会主义的发展中，社会主义市场经济在深度和广度上都还会有很大的发展空间。尽管如此，“市场在资源配置中起决定性作用，并不是起全部作用”，也就是说，绝不能搞所谓“彻底的市场化改革”。社会主义市场经济与资本主义市场经济既有联系，更有区别。它们共同受市场经济的一般规律所支配，否则就不叫市场经济了。但是，社会主义市场经济，一是同社会主义基本制度特别是基本经济制度相联系，所有制结构和生产方式有了重大变化；二是同公共资源配置的全民属性相联系，市场在有些方面（如文化市场的资源配置等）起决定性作用，在有些方面特别是公益事业方面则不可能发挥决定性作用，而必须发挥政府、社会、企业、公民多方参与的社会主义优越性；三是同社会主义生产目的相联系，尽管也需要讲求经济效益的最大化，同时也需要考虑发挥最好的社会效益，做到经济效益与社会效益相统一，还要让改革发展成果更多更公平惠及全体人民，实现社会公平正义与共同富裕的目标。

以上这三个方面条件的根本性变化，既是社会主义社会同资本主义社会的根本区别，也构成了我们坚持全面深化改革正确方向的底线，也是我们保持政治定力的理论依据。

与此同时，我们还要在大力解放和发展社会生产力、解放和增强社会活力的基础上，为最终消除两极分化、消灭剥削、最终实现共同富裕创造条件。尽管这条路还很长，需要几代人、几十代人的不懈努力，但必须从现在做起，从现实许可的事情做起。否则，也会犯无可挽回的历史性错误。这就是十八届三中全会明确规定坚持社会主义市场经济改革方向，以促进社会公平正义、增进人民福祉为出发点和落脚点的深刻道理所在。

三 推进国家治理体系和治理能力现代化仍然离不开阶级和阶级分析方法

恩格斯在《家庭、私有制和国家的起源》中阐发的国家的阶级实质及其双重职能理论，对于我们今天发展和完善中国特色社会主义制度，推进国家治理体系和治理能力现代化，有着重要的理论意义。

看待社会制度模式，必须坚持马克思主义政治立场，首先是阶级立场，实事求是地进行阶级分析。我们不能因为犯过阶级斗争扩大化的严重错误就因噎废食。对资本主义等阶级社会纷繁复杂的社会现象进行马克思主义的阶级分析，是透过现象看本质的行之有效的科学方法。

马克思主义国家学说告诉我们：（1）国家是阶级矛盾不可调和的产物和表现，由此产生出“一种表面上凌驾于社会之上的力量”，“这种力量应当缓和冲突，把冲突保持在‘秩序’的范围以内”。[①]（2）国家在本质上不是价值中立的，而是“最强大的、在经济上占统治地位的阶级的国家”，但又表现为公共权力对全社会的管理。[②]（3）国家具有维护阶级统治和进行社会管理的双重属性。“它在一切典型的时期毫无例外地都是统治阶级的国家，并且在一切场合在本质上都是镇压被压迫被剥削阶级的机器”[③]与此同时，“政治统治到处都是以执行某种社会职能为基础，而且政治统治只有在它执行了它的这种社会职能时才能持续下去”。[④]

党的十八届三中全会决定提出，全面深化改革的总目标是，完善和发展中国特色社会主义制度，推进国家治理体系和治理能力现代化。2014 年 2 月，习近平总书记在省部级主要领导干部专题研讨班上专门就这个问题作了系统阐述。这是在马克思主义国家学说问题上的一个重大理论创新，也是今后一个长时期全面深化改革的着力点和突破点。

---

① 《马克思恩格斯文集》第 4 卷，人民出版社 2009 年版，第 189 页。

② 同上书，第 190—191 页。

③ 同上书，第 195 页。

④ 《马克思恩格斯文集》第 9 卷，人民出版社 2009 年版，第 187 页。

社会主义社会是人类历史上第一个逐步为最终消灭剥削、消灭阶级，使政党和国家走向消亡的社会，也是人类历史上第一次出现由全体人民当家作主、共同有序参与国家治理和社会治理、并有序进行自我治理的社会。我们现在所处的社会主义初级阶段，尽管还要经过十几代人、几十代人的不懈努力才能实现这一理想，但是社会主义根本制度和基本制度的确立以及全面深化改革的有序推进，已经为达到这一理想开辟了道路。在这个社会历史发展的长河中，国家治理体系和治理能力现代化是决定中国特色社会主义前途命运的关键一招。问题的关键，是对国家治理体系和治理能力现代化目标模式的理解和确定上。

我们所说的国家治理体系和治理能力现代化，绝不是全盘西化。我们必须坚持和运用马克思主义国家学说，特别是关于国家的阶级属性和公共属性的论述，来科学理解、全面确定国家治理体系和治理能力现代化的目标模式。

由国家的阶级属性所决定，国家的国体不能变，国家政权的本质不能变，国家的根本政治制度和基本政治制度不能变。变了，就不是社会主义国家。因此，我们的方向就是中国特色社会主义道路，而不是其他什么道路。在全面深化改革的总目标中，完善和发展中国特色社会主义制度，规定了根本方向。

与此同时，也不能忽视国家具有的公共管理、公共服务职能，也就是国家治理功能。在全面深化改革的总目标中，“推进国家治理体系和治理能力现代化”规定了在根本方向指引下完善和发展中国特色社会主义制度的鲜明指向。全面深化改革在制度层面上的着力点，恰恰是要做好国家治理体系和治理能力现代化这篇大文章。这是前无古人的宏伟事业。如果我们干成了，将是对科学社会主义和人类政治文明、制度文明的一大贡献。它将表明，不但现代化道路可以有多种选择，就是现代国家制度也有多种选择，决非像西方所标榜的那样，只有西方政治制度一种选择。

由此可以得到如下结论：马克思主义不仅没有过时，而且具有鲜明的与时俱进的时代特征和实践特色。每当中国特色社会主义有重大发展之时，每当改革开放有重大举措之际，我们都要学习马克思主义、运用马克思主义，解放思想、实事求是、与时俱进、求真务实，做到“温故知新”“常学常新”。

（原载《马克思主义研究》2014 年第 6 期）

重塑批评精神

——学习习近平总书记在文艺工作座谈会上的讲话

张　江

张江，男，辽宁大连人。分别在北京师范大学、清华大学获哲学学士、哲学博士学位。历任广东省委宣传部副部长，辽宁省委常委、宣传部部长等职务。现任中国社会科学院副院长、党组成员、教授。中国文学批评研究会会长、《中国文学批评》主编、《中国社会科学评价》主编、国家社科基金学科规划评审组专家。中国人民大学兼职教授。《人民日报》《文学观象》专栏主持人。长期从事文艺理论和文学批评研究工作，在中西文艺理论及中国当代诗学研究领域尤有建树，在《中国社会科学》《文艺研究》《文学评论》等各种权威学术期刊发表专业论文多篇，部分成果被《新华文摘》《中国社会科学文摘》"人大复印资料"等期刊转载，在学界引起重要反响。主持全国哲学社会科学基金重大项目"当代西方文论批判研究"。

在 2014 年 10 月 15 日召开的文艺工作座谈会上，习近平总书记指出，要高度重视和切实加强文艺评论工作，运用历史的、人民的、艺术的、美学的观点评判和鉴赏作品，倡导说真话、讲道理，营造开展文艺批评的良好氛围。

文艺批评是文艺创作的镜子，是疗治不良创作症候的良药，是引导文艺创作多出精品、提高审美、引领风尚的重要力量。繁荣文艺创作，离不开文艺批评的健康发展。纵观近年来的文艺批评，成就当然不容否定，但问题同样不容轻视。重塑科学、健康、锋利的批评精神，是文艺批评建设的当务之急。

一　尊重和遵循民族审美标准

近年来，文艺批评领域流行一种风尚，那就是以西方文艺理论为标准，度量中国文艺作品，阐释中国文艺实践，裁剪中国文艺审美。一些理论家、批评家总以为只有当代西方的文艺理论先进、高明，中国的文艺作品只有合乎西方标准，才是佳作，否则，无论大众如何欢迎，都是次品。中国人创作的文艺作品好与不好，本民族的读者、观众说的不算，必须用西方当代文艺理论来评判，人家说好才算好，这种奇怪现象早已为社会各界所诟病。

我们承认，文艺的繁荣发展，必须秉持开放姿态。世界上各民族的文化都有自己的优长、特点，不同民族的文化相互凝望、彼此砥砺、相互促进，是文明共同进步的强大动力。新时期以来，中国的文学艺术能够有今天这样繁荣的气象，其中一个重要原因，就是文化领域的对外开放，包括西方在内的其他国家和民族文艺作品、文艺理论的引介，拓宽了中国文艺家的思路和视野。但是，我们必须认清，包括文学艺术在内的一切文化，都具有鲜明的民族属性。这种民族属性，从遥远的历史深处流淌而出，深刻沉淀于民族的血液之中。没有民族特性，就没有民族文化，文学艺术的生长与发展尤其如此。中华民族历史悠久，文学艺术成就光辉灿烂。以文学论，从先秦散文到两汉辞赋，从唐诗宋词到元曲清音，从明清小说到现代经典，经过漫长的历史沉潜，中国文学形成了稳定而强大的传统。这种传统，构造了中华民族的独特审美。审美又反塑了民族文艺，民族的文艺彰显民族的审美。两者相契相合，难以分割。正因如此，中国文艺作品的精妙磅礴之处，很多时候难以被外国人理解。这与我们阅读、鉴赏外国文艺作品所存在的文化隔阂是一个道理。

西方当代文艺理论，以西方的文艺实践为基础提炼而成，并非放之四海而皆准。对此，西方理论家早有清醒的认识。20 世纪以来，瑞士语言学家索绪尔的语言学理论席卷全球，不但决定了现代语言学的基本范式，其影响还蔓延至人文社会科学的各个领域，文艺理论上声势浩大的语言学转向就是这种影响的产物之一。中国的一些批评家也热衷于此，沉迷于模仿、照搬远离中国文艺实践和审美的概念，生硬操作种种时髦理论，强制阐释中国的文艺作品和文艺经验。事实上，许多西方文艺理论家自己也知道，他们的理论不是普遍适用的经文，不会放之四海而皆准。早在自己的语言学理论诞生之初，索绪尔就明确指出："我们的研究将只限于表音体系，特别是只限于今天使用的以希腊字母为原始型的体系。"索绪尔认为，世界上有两种文字体系，一种是表音体系，一种是表意体系，汉字是典型的表意体系，自己以表音体系建立起来的语言学理论，并不适用于汉字。遗憾的是，对这种有限性的说明，国内的一些文艺理论家和批评家不以为意，仍然热衷于生硬的套用和简单的移植。

中国的文艺作品，是在中华民族的审美体系中建构起来的，对它的评价和阐释必须以民族的审美习惯和审美规律为标准。削足适履，套用西方理论，作家、艺术家不买账，人民大众也不接受，这样的批评一定是无效批评。

二　艺术标准高于商业标准

时下的文艺批评，面临着艺术标准与商业标准的博弈。一些批评家，对批评对象的选择，不是从艺术的立场出发，而是从商业的立场出发，哪些作品在市场上受到热捧就追踪哪些作品；对文艺作品的评判，以点击率、收视率、销售量为依据，认为有了好销量就是好作品，用商业标准取代艺术标准。

在市场经济的运行中，文艺作品具有商品属性是客观事实，但是不能因此就将艺术作品简单地等同于艺术商品，更不能将商业规则当作艺术法则。我们赞成文艺作品走向市场，通过市场为人民群众所选择。但是即使走向市场，以商品形式流通，文艺作品也有它的特殊性。这种特殊性就是，文艺作品的商品性是以艺术性为前提的，艺术性是第一位的，商品性是第二位的。普通商品之所以能够成为商品，是因为它有使用价值。文艺作品之所以能够以商品形式出现，当然也是因为它有使用价值。但是，与普通商品不同，文艺作品的使用价值恰恰是它的艺术性。正是这种艺术性，给人以温暖和力量，让人得到美的熏陶、心灵的洗礼、精神的慰藉。丧失了艺术性，一部文艺作品就毫无价值，当然也就无所谓商品性。就此而言，没有艺术性就没有商品性。

我们坚定主张，艺术标准不能等同于商业标准，但我们经常面临两者之间存在的复杂关系。有些时候，艺术与市场是一致的，优秀的作品在市场上受到欢迎，好作品有好市场。流行市场多年的中外经典名著就是证明。但更多的时候，市场背离艺术，湮没精品，排斥经典，走俏的只是俗品、艳品。尤其是在当下，资本的介入和各种人为炒作的干扰，导致文艺作品的市场境遇更加复杂，“叫好不叫座”“叫座不叫好”的现象屡见不鲜。在这种情况下，简单地唯市场马首是瞻，用各种销售榜、排行榜代替艺术质量的甄别，我们的双眼就会被蒙蔽，就会丧失文艺的判断力和鉴别力。

面对市场，批评家的责任是培育和引领，而不是迎合和屈就。以批评家的良知和担当，坚持思想和艺术标准，在大量潮水般涌来的文艺作品中披沙拣金、去粗取精，将思想性、艺术性、观赏性高度集中的精品佳作淘选出来，推介给人民大众，造就良好的市场环境和积极健康的时代风尚，才是批评的价值所在。当下的一些批评家恰恰把立场搞反了，将商业标准凌驾于艺术标准之上，被市场牵着鼻子走。批评家不是引领市场、引导消费，而是沦为了市场的推手、金钱的奴隶。一个时代的美学风尚，不应该是市场消极选择的结果，而应该是艺术家和批评家合力创造的结果。某种程度上，一个批评家的良知和纯度，就体现在他将艺术标准置于商业标准之上还是之下。

三　文艺批评必须要有批评

文艺批评的价值，在于及时针对文艺现象、文艺活动、文艺思潮进行科学的分析、阐释和评判，最终在成就和不足、优长和缺失上作出判断和批评。越是活跃开放的文艺环境，越是纷繁复杂的文艺现象，越需要文艺批评秉持严肃科学、理性公正的态度，甄别良莠，明辨是非，推动正确文艺观的建构和文艺的健康成长。

在当下文艺批评场域里，马克思主义文艺批评声音微弱，批评理念、判断标准混乱，文艺批评本身也面临边缘化趋势和公信力不足的问题，这和当下一些批评家批评精神缺失、批评锋芒消退，文艺批评褒贬甄别功能弱化，沦为表扬和自我表扬，甚至是庸俗化、工具化的吹捧和造势有很大关系。

今天的文艺批评家面对一个前所未有的历史局面。社会舆论和文艺创作潮流多变、取向各异，相关的话语环境和利益关系愈发复杂多样，批评话语附着的外部因素和引发的场外效应繁复。但这不意味着批评家可以迷失立场、放弃原则、随波逐流，失去起码的辨识能力和批评意识。批评家必须以探索真理、揭示问题、真诚批评为天职。虽然在市场经济、商业文化的影响和冲击下，人们的价值观、利益观发生了很多变化，但这不意味着批评家可以把个人毁誉荣辱和一己私利放在首位，无视甚至离弃批评家的职业良知和底线。

现在，有些批评家在不良思潮、低俗趣味、错误思想面前不敢发声，不敢旗帜鲜明地提出批评。有的批评家眼里全是面子、圈子和人情，一味跟在创作后面点头应声、庸俗吹捧、拍马奉承，表扬唯恐没能说足说尽，批评则躲躲闪闪，甚至有的操守沦落、格调低下，把文艺批评视为博取学术资本、为人炒作造势的工具。当批评家远离了批评，当批评一概沦为表扬，批评的意义也就此失去。这样做不仅破坏文艺创作的生态，违背文艺批评的本质，而且使批评家失去了存身立言的根据。

文艺创作是公共产品的生产过程。文艺家和批评家都需要把持公心。无论批评还是表扬，出发点都是社会的文化价值和群众的文化利益，这个利益包括思想的、价值的、审美的。在这个前提下，文艺家和批评家完全应当坚持标准、坦诚相见、平和包容。一个好的文艺家，善于在接受批评中不断进步。而一个合格的批评家，必须对得起批评家的身份和责任，经得起品格和底线的考验，在褒贬甄别中体现对文艺，对社会和受众的担当。唯有如此，创作和批评才能共同进步。在文艺发展进程中，少不了探索与争鸣，创作和批评都需要不断地深化认识、提高水准。没有批评的态度和批评的声音，一片叫好和表扬之声，就难有深化和提高。有了批评才能有论辩和切磋，真理总是愈辩愈明。

人民大众需要具有批评精神的文艺批评。搞理论装点、简单套用，用商业标准取代艺术标准，甚至良莠不分、颠倒是非，这样的批评丧失了批评的精神和品格，令人失望。批评的精神是为文艺负责、为大众负责的精神，是批评家淬炼自我、与人民共进的精神。重塑批评精神，正确的文艺思想和方针才能真正成为主导，文艺批评才能重新找回失却的地位，文艺的成长才能蓬勃向上。

（原载《光明日报》2014 年 10 月 20 日）

社会治理与社会体制改革

李培林

李培林，法国巴黎第一大学（索邦大学）博士。现任中国社会科学院副院长、学部委员、学部主席团成员、研究员、博士生导师。兼任国务院学位委员会委员，中央文明委委员，中国地方志指导小组常务副组长，国家规划专家委员会委员，国务院深化医疗卫生体制改革专家咨询委员会委员，人力资源和社会保障部、民政部、卫生和计划生育委员会等部委咨询专家、国家哲学社会科学基金评审委员会委员，马克思主义理论工程社会学专家组首席专家，《社会学研究》主编。获国家有突出贡献中青年专家、享受国务院特殊津贴专家、百千万工程国家级人选、全国留学人员先进个人、“四个一批”人才、哲学社会科学领军人才等称号。主要著作有：《另一只看不见的手：社会结构转型》《村落的终结》《社会转型与中国经验》《和谐社会十讲》《当代中国民生》《当代中国城市化及其影响》《李培林自选集》等。主编《中国社会形势分析与预测》年度报告（社会蓝皮书）。

关于我国当前发展阶段的特点，有各种不同的认识和概括。比较能够形成共识的，是认为当前发展阶段有这样一个突出特点，即经济仍在持续增长，政治总体稳定，但社会问题多发凸显。

如何理解社会问题多发凸显？我们改革开放 30 多年了，现在这个阶段，说社会问题多发凸显，主要还是和经济、政治方面的情况相对比而言。改革初期我们叫百废待兴，那时不仅是社会问题突出，政治、经济都有很多的问题，但是现在这个阶段情况已经发生了很大的变化。社会问题多发凸显，一个主要的原因是经济、社会发展不平衡，特别是社会发展滞后于经济增长，社会体制改革滞后于经济体制改革。

经济领域经过这 30 多年的摸索，我国基本懂得了如何驾驭市场经济，如何进行宏观调控，但是如何驾驭一个发生巨变的社会，我觉得现在还是在一个探索的过程当中。

社会体制改革的紧迫性和必然性

社会体制改革的紧迫性和必然性可以从以下三点来考虑，这三点我在一篇文章中谈到过。

第一，社会结构转型必然推动社会体制改革。改革开放30多年，经济体制转轨和社会结构转型同步进行，但基本上是经济体制改革提供强大动力推动社会结构转型。现在到了一个新的发展阶段，改革先易后难，破除利益固化的樊篱不可能轻而易举，也不能期望改革能解决一切问题，但社会结构转型的巨轮仍在破浪前进，反推社会体制改革，要求通过改革为巨轮前进铺平道路。

有的学者说，现在中国贫富差距已经超过了美国，我们的研究结果表明还不能绝对的这样说，但我国的收入和财富差距在国际比较中确实已经很大，这对于一个社会主义国家来说，的确是个很大的问题。但是收入分配问题要治理，要调整，要找到一个突破口，要能够比较好地解决公平和效率的关系，而不是返回“大锅饭”的老路。

现在的社会结构转型出现的三个转折点对我们提出了新的挑战。第一，劳动力供求关系转折点。我们过去一直说劳动力供大于求，最大的问题是解决就业。但是现在我们看到，在经济如此下行的情况下，沿海地方出现招不到工，劳动力工资快速上升。我们一直以来依靠劳动密集型的比较优势，但现在这种优势受到挑战，而且这种挑战是在农业劳动力还占30%多、农业劳动力高度高龄化并存在大量富余、农民还没有普遍富裕起来的情况下发生的。第二，人口老龄化转折点。这个问题国外学者给予很高的关注，国内我觉得关注得还不够。我们现在是2亿多老人，改革开放以来我国一直在下降的社会负担系数，就是老年加上少儿占总人口的比例，现在转向攀升。我国在扩大社会保障覆盖面和提高保障水平的过程中，相当一部分资金一直依赖于土地资金的积累，现在一旦这个来源发生问题的话，对我们是很大的挑战。我们在未来老龄化过程中，对福利增加的资金压力一定要有精算和清晰的预见。第三，收入分配的转折点。大家知道按照统计局的数据，2008年是我国收入分配差距基尼系数最高的一年，之后已经在微弱下落。国内外有些学者对这个数据还有些质疑，因为从其他渠道获得的数据也有不同的分析结果。但是大家普遍认为，我们到了一个关键点，能不能实现转折，是我们能不能够保证全面深化体制改革顺利进行，能不能够保证经济社会发展协调的关键。

第二，生活需求提高必然要求社会体制改革。随着基本生存需求的满足和生活水平的提高，人们的生活要求也提高了，不仅是“过得去”，还要“过得好”。特别是面对一些新型社会风险，例如在环境、食品安全、维权等方面，人们有了新的要求，处理不好容易产生社会矛盾。这些问题不同于过去的传统安全。过去无论是矿难、火灾还是地震、交通事故，涉及的是局部的区域、特定的人群；现在这种新型风险尽管死人不多，但是容易产生普遍恐慌和社会事件，在网上形成轰动性事件和社会舆论可能性大。随着物质生活的满足，群众的需求大大提高，这种提高要求我们必须进行社会体制改革，处理好维权和维稳的关系。维权意识不是老百姓与生俱来的，是这几年快速增长的，我们必须对这种快速增长有一个准确的估计。

第三，利益格局失衡必然倒逼社会体制改革。大家知道，我们一方面生活在走向普遍富裕，另一方面各个阶层又都出现对利益格局和分配秩序的不满，而且现在做的相关分析表明，还不是那些最低收入的人最不满，反而收入水平不错、文化水平较高的人群，特别在干部队伍里占相当大比例的人，对当前的总体分配状况不满。我们必须加快社会体制改革，理顺收入分配秩序，调整好利益格局，调动各方面的积极性。

社会体制改革的核心议题

社会体制改革的核心议题是什么？经济体制改革的核心议题如果是处理好政府和市场关系的话，社会体制改革的核心议题是不但要处理好政府与社会的关系，还要处理好市场与社会的关系。

过去政府代办一切，包办社会的一切事务。但是市场经济发展以来，很多的社会事业领域也都引入市场机制，比如说我们的医疗、教育等。这样做对社会事业的发展有促进作用，但也带来诸多问题，比如现在很多方面已经不是以公益为目的，而是以赚钱为目的，这就扭曲了社会事业的行为规范。

最近对医疗行为的一些意见议论很多，而且医生们意见还很大。医生们认为，哪个国家的医生不是中等以上收入水平，我们本来是白衣天使，现在媒体把我们写的和魔鬼一样。但是确实在现实中出现个别医生不是从公益出发，而是收红包、过量检查用药等问题，造成一些地方医患关系紧张。我觉得，这不是所谓职业道德滑坡的问题，很多问题还是源于体制和机制方面的一些因素。

所以必须要弄清楚，哪些社会事务需要政府、市场和社会共同承担，哪些需要各自分担。不是说市场就不能够在公共领域里发挥作用，很多领域里肯定还是要发挥市场一定的作用，但是要厘清，哪些事情应该通过市场机制解决，哪些事情需要通过政府调控和更好地发挥社会力量的作用。

更好地发挥社会力量的作用

改革初期当我们建立市场经济的时候，有两个方面很重要，一个是宏观的自由竞争的价格体系，另一个微观的自负盈亏的企业竞争主体，这样才能有市场。

怎样建立起一个社会？社会有大社会、中社会、小社会，如果讲得太泛，也可能成为一个很空洞的大概念。有社会必须有社会行动的主体，这个行动主体是什么？多数社会学家认为社会行动的主体不是个人，而是作为个人联合体的社会组织。但目前有一种倾向，就是把社会组织等同于在民政部门登记的“民间组织”，即社团、基金会、民办非企业单位。当然这些所谓“民间组织”，也不都是民办的，而是包括了官办的、半官办的和民办的。这些民间组织全国统计也就才 50 万个，即便加上未登记的、草根的，力量也很有限。我们要建立一个有活力的社会，建设一支庞大的社会工作人才队伍，形成能够发挥重要作用的社会力量，我想还是要沿着当初发育市场的思路，一方面注重新的社会组织的发育，另一方面也要注重已有的社会组织的职能和机制转变。

我想是不是可以对社会组织有一种宽泛的理解，即在组织分类上，除了政府的和市场的，剩下的都是社会的。从法人来讲，非营利组织法人都属于社会组织。这样一来，社会组织就成为一支强大的社会力量。

一是要大力加强基层社区组织建设。目前农村社区组织（村委会）有约 60 万个，城镇社区组织（居委会）有 8 万多个，这些组织发育起来会形成基层治理的强大力量。

二是要加快事业单位的改革。我们叫事业单位，但实际上在国际上就是 NPO，即非营利组织。我们把国办的、国家出资的非营利机构叫事业单位，民间出资的就变成民办非企业单位了，就成了民间组织，但实际上它的本质都是非营利。这些主体是发展社会事业的主要力量，同时也是承担社会公益服务和社会事务职能非常重要的组织。

三是要积极实现人民团体和行业协会的职能转变。工、青、妇、科协、文联等人民团体，是我国的一种特殊组织设置，是党领导下的群众组织，是党和国家联系群众的桥梁和纽带。这些组织有庞大的自上而下的人员队伍，有强大的动员能力和执行能力。很多行业协会也是由过去的政府部门转变而来，至今有很高的行政级别。从目前的现实需要来看，这些部门的职能也需要转变，不能局限于“桥梁”和“纽带”，要更多地参与社会服务和解决社会问题，要成为社会力量的一支主力军。比如工会，2.5 亿农民工恐怕应当成为工会的主要服务对象。

四是要积极稳步促进民间组织的健康发展。现在四大公益性组织正在研究直接放开，不再要主管单位，直接登记。可以预见社会组织将会进入一个快速发展时期。当然也要警惕打着非政府组织、社会组织的旗号搞非法活动甚至颠覆活动，还要依法加强这方面的监管。但这跟民间企业当初的发展一样，初期的大发展肯定是鱼龙混杂的，但是不经过这么一个时期，政府没法提高监管能力。

社会治理与社会体制创新

创新社会治理体制，就是要形成政府、企业、社会的共治局面，更好地发挥社会力量的作用。我国有自己的国情，尽管是社会治理，政府还是起着主导的作用。另外在我们国家，也更要强调企业的社会责任。

第一，要把制度建设作为社会治理的关键。党的十八届三中全会的决定，把推进国家治理体系和治理能力的现代化写入全面深化改革的总目标，有人说这是继提出工业、农业、国防和科技现代化之后，提出的“第五个现代化”，我觉得还不能这样比较和类比。工业、农业、国防、科学技术这都是在一个物质的层面，是在某一个发展的领域。但是国家治理体系、治理能力，是制度的现代化、人的现代化。社会治理体制应该说是国家治理体系的一部分，国家治理体系应该包括经济、政治、文化、社会、生态各个领域，是各方面治理制度和治理能力的现代化。

第二，要把改善民生作为社会治理的基础。我们改革的一项成功经验，就是要让老百姓从改革和发展中不断得到实惠。要防止进入“有改革无发展”的陷阱。人民群众是讲究实惠的，社会治理不能把社会管死，而是要让社会充满活力，让群众生活能不断改善，这才是治理的本事。

第三，要制定解决历史遗留问题的时间表。我们政府五年一届，每一届解决一些突出的问题并应对一些新的挑战，但也遗留下一些问题。如果今朝不管前朝事，或者希望通过历史的长河把这些问题消化掉，很多问题会越积累越多，甚至积重难返。我们要有一个时间表，争取一年解决几个历史遗留的问题，这样突出地解决五六年，我觉得凸显的社会问题就会大有好转。

最后，要加强法治权威和依法监管。习总书记特别强调，要注重用法治思维和法治的方法进行社会治理。信访不信法的现象是不正常的，要树立起法律的权威，政府也应依法加强对社会组织的监管。

总之，简单地说，社会治理就是要让人们过上好日子，好日子就是衣食丰足、幸福平安、和谐有序。

（本文根据发言录音整理，并经作者审定）

（原载《国家行政学院学报》2014 年第 4 期）

论资源配置中的市场调节作用与国家调节作用

——两种不同的“市场决定性作用论”

程恩富　孙秋鹏

程恩富，教授，博士生导师，中国社会科学院学部委员、学部主席团成员，马克思主义研究学部主任。

党的十八大报告中指出：“经济体制改革的核心问题是处理好政府和市场的关系，必须更加尊重市场规律，更好发挥政府作用。”党的十八届三中全会审议通过的《中共中央关于全面深化改革若干重大问题的决定》又指出：“经济体制改革是全面深化改革的重点，核心问题是处理好政府和市场的关系，使市场在资源配置中起决定性作用和更好发挥政府作用。”对于中央关于“使市场在资源配置中起决定性作用和更好发挥政府作用”的理解，既不能认为所有资源配置都由市场来决定，也不能理解为简单的政府放权，而是要在市场起一定决定性作用的同时，更好地让国家调节与市场调节结合，以便促进我国经济又好又快发展，让人民群众能够更多地分享经济社会发展成果。因此，从理论上全面辩证地研究和细析市场在资源配置中起决定性作用和更好发挥国家作用两者之间的关系，具有重要的理论和现实意义。

一　西方市场决定理论的发展与反思

（一）古典经济学的市场决定理论

西方市场决定理论发源于古典学派，古典学派的核心思想是强调经济自由，反对一切对经济自由的限制，强调自由放任主义，崇尚通过自由市场竞争的方式来配置资源，政府只充当“守夜人”的角色，古典学派的市场决定理论发源于亚当·斯密。斯密的自由主义思想和市场决定理论主要集中在《国富论》，他认为："各个人都不断地努力为他自己所能支配的资本找到最有利的用途。固然，他所考虑的不是社会的利益，而是他自身的利益，但他对自身利益的研究自然会或者毋宁说必然会引导他选定最有利于社会的用途"，[①] "像在其他许多场合一样，他受着一只看不见的手的指导，去尽力达到一个并非他本意想要达到的目的。也并不因为事非出于本意，就对社会有害。他追求自己的利益，往往使他能比在真正出于本意的情况下更有效地促进社会的利益"。[②] 亚当·斯密市场决定理论的核心思想是通过市场交易行为，每个人自利的行为客观上都能够导致社会利益最大化。

李嘉图继承和发展了斯密的理论，主要贡献集中在劳动价值论和分配理论。李嘉图认为，工人以工资的形式参与分配，利润是商品价值中扣除工资后的余额，地租是为使用土地原有的不可摧毁的生产力而付给地主的那一部分土地产品。但是他认为，工人的工资水平应当由市场来决定，政府不能干预和控制，不应当对经济自身造成的分配结果进行干预，应当让市场决定收入分配。

萨伊关于市场决定理论的思想主要体现在"萨伊定律"，即"供给创造其自身的需求"。其核心就是资本主义市场经济体系能够使产品的生产和需求自动达到平衡，市场不会出现普遍性过剩，也不会出现严重经济危机。虽然个别部门可能会出现供求失衡的情况，但这只是暂时情况，市场供求的自发作用能够很快使失衡转变为平衡。"萨伊定律"也就演化为资本主义经济学家们普遍信奉的"萨伊教条"。

约翰·穆勒也依然持有市场决定的观点，他认为"一国的生产物总是按照该国的全部输出品适足抵偿该国的全部输入品所必需的价值，与其他国家的生产物相交换。这一国际价值法则只是更为一般的价值法则，即我们称之为供给和需求方程式的延伸"。[③] 穆勒认为的国际价值也就是通过市场供求决定的均衡价格，在国际贸易领域依然延续市场决定的思想。他认为工资是由劳动的供给和需求决定。穆勒比斯密和李嘉图拓宽了政府的经济管理职能，但仍然持有政府应当扮演"守夜人"职能的思想，并且还批判了保护本国工业、对自由订立实业合同契约的干预、对商品价格管制、垄断、禁止工人联合等限制市场的政府干预，强调其不应当成为政府的职能。

（二）凯恩斯主义对完全自由市场决定的反思

在古典经济学理论中，市场是决定社会资源配置的唯一和最优方式，任何破坏市场机制的干预都不会起到预想的效果，因为市场的自发作用能够使供求自动达到平衡，自动地完成资源合理配置。但是1929—1933年席卷资本主义世界的大萧条彻底动摇了古典经济学的市场决定理论，此次资本主义世界严重的大危机，不仅幅度深，并且持续时间长，古典经济学的市场决定理论无法给出合理解释，凯恩斯主义关于政府适度干预市场的理论应运而生。

1936年出版的《就业、利息和货币通论》一书，标志着凯恩斯主义诞生。凯恩斯认为，资本主义市场之所以失灵，主要是因为市场有效需求不足，市场的自发力量已经

① 亚当·斯密：《国富论》（下卷），郭大力、王亚南译，商务印书馆1974年版，第25页。

② 同上书，第27页。

③ 程恩富：《新自由主义的起源、发展及其影响》，《求是》2005年第3期。

不能够使供给和需求自动平衡。凯恩斯认为有三大心理因素导致有效需求不足，分别为边际消费倾向递减、资本边际效率递减和流动性偏好。人们的消费会随着收入的增加而增加，但是消费增长的速度赶不上收入增长的速度，就会有比重越来越高的收入不能转化为消费。资本边际效率递减又使得收入中不能用于消费的部分并不能顺利地转化为投资。两者共同作用使得全社会的有效需求不足，也就造成长期存在非自愿性失业。利息率下降可以缓解资本边际效率递减，使得资本成本下降，提高收益率，但是由于存在流动性偏好，利息率下降到一定程度之后，会出现流动性陷阱。凯恩斯认为，为了解决有效需求不足，拯救资本主义经济，就需要政府对经济总量进行干预，主要是采取财政政策、货币政策和收入分配政策。通过政府购买或直接投资等财政政策来弥补有效需求不足，并且可以通过适当的收入分配政策来改变全社会的消费率水平。

凯恩斯主义的政府干预观点，并不是完全否定市场在资源配置中的决定性作用，而是通过政府为资本主义经济中的“过剩”来“买单”的方式缓解经济危机，核心思想仍然没有脱离西方经济学说的传统范式。但是凯恩斯主义对于传统古典经济学的市场决定理论还是有重要突破：首先，突破了“供给创造其自身的需求”的萨伊定律，存在非自愿失业；其次，突破了政府“守夜人”观念，认为政府应当以宏观调控的方式介入经济。凯恩斯主义关于古典经济的市场决定理论的突破非常有限：市场决定性作用的失效只是在短期内，在长期内仍然完全由市场来发挥自动平衡供求的作用；政府干预只限制于弥补总需求不足，不能直接干预经济的其他方面，更不能直接介入微观经济影响经济主体的行为。在凯恩斯之后，又发展出多种凯恩斯主义，继续对关于市场和政府在资源配置中的作用边界等方面进行创新和探讨，并批判古典新老自由主义的市场决定论为“市场原教旨主义”“市场万能论”和“唯市场化”。

（三）新自由主义：古典市场决定理论的回流

新自由主义经济学是指当代西方经济理论中强调自由放任理论与反对政府干预市场的经济学体系和流派，其主要思想与古典主义经济学并没有不同，也没有超越古典经济学的市场决定理论。新自由主义的市场决定理论的基本原则可以简要概括为：主张非调控化，推崇“市场原教旨主义”，反对政府干预；主张私有化，宣扬“私有产权神话”的永恒作用，反对公有制；主张全球自由化，维护美国主导下的自由经济，反对建立国际经济新秩序；主张福利个人化，强调保障的责任由政府向个人转移，反对福利提升。新自由主义具体实施的经济政策主要包括紧缩货币供给、压低工资、抑制通货膨胀、解除政府部门对私人企业的管制、减税刺激投资、削减社会福利支出和打击工会。在拉美、亚非发展中国家和苏联、东欧等社会主义国家，新自由主义推行的经济政策主要是私有化、自由化和非调控化。在国际贸易和国际金融领域，新自由主义最主要的观点是主张解除对国际商品贸易、服务和资本流动的一切障碍，实现国际垄断资本控制下的全球自由贸易和自由资本流动，以便实现与商品、资本和一般服务等输出并存的知识产权输出（作为当代国家垄断资本主义的新特征之一）。①

新自由主义经济学的重新兴起开始于 20 世纪 70 年代末期，主要是凯恩斯主义经济理论对当时资本主义经济出现的滞涨不能给出合理解释和有效的解决措施。西方经济学

---

① 约翰·穆勒：《政治经济学原理》（下卷），商务印书馆 1991 年版，第 137 页。

者和资本主义政府不得不再一次求救于传统经济理论，希望通过古典经济学的复活来拯救资本主义经济制度。与古典经济学的市场决定理论相比，新自由主义市场决定理论走得更远，完全否定政府干预经济的合理性，大肆宣扬自由化、私有化和市场化，并将自由主义思想推广到世界经济领域。

新自由主义市场决定理论的完成形态为“华盛顿共识”。“华盛顿共识”给出的政策有：对国有企业实施私有化；放松政府的管制；保护私有产权；压缩财政赤字，降低通货膨胀率，稳定宏观经济形势；政府开支的重点转向经济效益高的领域和有利于改善收入分配的领域；税制改革，降低边际税率；利率市场化；自由汇率制度；贸易自由化；放松对外资的限制。①

西方资本主义国家也开始采取新自由主义给出的政策建议，如20世纪80年代英国首相撒切尔夫人主动推行的国有经济大规模退出和美国总统里根采纳供给学派的建议实行大规模减税政策等等。但是实行新自由主义政策的资本主义国家并没有取得预想的结果，而是在实行新自由主义政策的时期都出现了经济衰退或增长缓慢。20世纪80年代，新自由主义开始占据西方国家经济政策取向的主流地位，公共部门企业和服务的私有化、削减税率、减少公共开支和社会福利支出、放松市场管制等一系列自由化改革相继进行。然而，从1973年到1990年代初，美国和英国领导的新自由主义经济调整并没有表现出良好的业绩。1973—1992年，人均真实国内生产总值年增长率，西欧为1.8%，美国为1.4%，均分别低于1950—1973年的3.9%、2.4%。②

（四）2007年底以来西方金融和经济危机证伪了新自由主义市场决定理论

2007年底，发端于美国的次贷危机开始向全球资本主义国家蔓延，危机并没有因为美国等西方国家采取降息和量化宽松货币政策、直接参股和注资濒临破产的金融机构、出台大规模经济刺激方案而得到缓解。美国经济回升乏力，欧洲经济增长率一直没有扭转负增长的局面，日本更是依然延续低迷的经济态势。很多西方学者将本次金融危机引发的全球经济危机与“大萧条”相比，并承认本次危机是“大萧条”以来最为严重的一次危机。

资本主义国家采取的应对本次危机的措施，仍然没有突破原有西方经济理论和政策的大框架，但是对新自由主义是一次致命的打击。“面对不断蔓延和深化的金融危机和经济危机，美英等西方主要国家被迫逐步放弃了奉行了30年之久的新自由主义经济政策，转而采取了加大政府开支、扩大基础建设投入等政府干预政策。因此，此次危机绝不是‘复活奥地利学派经济学、彻底埋葬凯恩斯主义经济学的机会’，而是正式宣告了新自由主义经济理论和政策主张的彻底破产。”③“全球资产阶级正设法利用经济危机的形势更加全面地执行如今声名狼藉的新自由主义行为。他们突然发现政府预算平衡的优点，并借此来掩盖他们的行动：收回工人阶级在过去政治斗争中所赢得的一切社会利

① 中国社会科学院课题组：《新自由主义研究》，《经济学家》2004年第2期。

② 程恩富：《新自由主义的起源、发展及其影响》，《求是》2005年第3期。

③ 王伟光、程恩富、胡乐明等：《西方国家金融和经济危机与中国对策研究》（上），《马克思主义研究》2010年第7期。

益，暗中破坏公共部门的工会运动。”[①] 本次金融经济危机宣告新自由主义市场决定理论彻底失败，但是资本主义政府和主流经济学者并不承认是由于资本主义固有矛盾导致了资本主义市场经济的失效，而是部分地又回到了凯恩斯主义，通过增加政府支出，实行全球范围超宽松货币政策和采取对金融机构等陷入破产边缘的私有垄断企业进行直接救助的方式，来削弱危机的破坏程度，暂时缓解资本主义矛盾的进一步激化。资本主义国家已经不可能完全采取新自由主义市场决定理论给出政策建议，也不能完全回到新老凯恩斯主义。历史和实践进一步证明，西方主流的市场决定理论只能将以私有经济（民营经济）为主体的混合所有制和市场经济经常引向程度不同的危机和深渊之中。

二　市场调节与国家调节的功能性互补

关于市场调节与国家调节各自作用和相互关系的问题上，国内一直存在激烈的争论，其中大致可分为三种观点：一是新自由主义者认为中国应当像资本主义国家一样实行产权私有化和唯市场化，主张建立小而弱的政府，即管得最少的政府，否则，就是“半统制经济”“权贵资本主义”“国家资本主义”或“专制社会主义”；二是凯恩斯主义者认为政府应当调控经济，但调控仅限于几个宏观经济变量，不赞成对涉及国计民生一些重要领域的问题进行必要的调控，使用的调控手段主要限于财政政策和货币政策；三是国家调节要与市场调节相结合，国家调节要克服市场经济的自发性、盲目性和滞后性，国家调节不仅限于宏观经济领域，还应当包括公共服务、市场监管、社会管理、环境保护、发展战略、产业规划和微观管制等。我们认为，为了发挥比资本主义市场经济体制更优越的制度和政策效应，我国在完善社会主义市场经济体制改革中，应采取市场调节和国家调节功能性结合的第三种思路。

（一）市场配置资源

马克思、恩格斯等经典作家在研究市场配置资源作用时，主要是以资本主义市场经济为研究对象。市场配置资源的核心是通过价值规律的作用，使得各类资源充分流动和运用。市场通过价格、供求、竞争等机制来协调经济主体的行为，从而实现资源配置。从自由放任的市场经济观点来看，这种市场作用是微观的、基础性的或决定性的。但是，从近 200 年的资本主义市场经济体系周期性地频繁爆发的危机可以得出，这种市场决定配置资源的方式存在多种制度性和功能性缺陷。

1. 市场调节目标和效果与全社会要求有较大反差。西方经济理论承认市场会出现失灵，市场失灵的原因主要是由于存在外部性、垄断、信息不对称、公共产品、盲目性、过度趋利性等，使得市场并不能做到有效配置资源。如投资者过高的预期或冲动情绪致使资源过度投放到某些行业或领域，造成资源错配；某些信息或者心理因素引发市场价格，尤其是资本市场领域价格的剧烈波动等。这样市场调节的目标和结果并不是全体人民和国家整体所需要的。

2. 市场调节领域有限度。市场在资源配置中发挥决定性作用，但并不是所有领域

---

① 程恩富：《应对资本主义危机要超越新自由主义和凯恩斯主义》，《红旗文稿》2011 年第 18 期。

都适合采用市场调节方式，有些领域不能采取市场调节，有些领域只能部分采取市场调节。在某些因规模经济导致自然垄断的领域，如交通运输等基础设施、供水、供电等领域就不适合完全采用市场调节。非营利性的教育、卫生、基础研究、国防等领域，接受市场调节的可能性更微弱。简言之，在微观领域，完全由市场单独决定的资源配置只限于一般物质资源和部分服务资源，而多数重要物质资源和部分服务资源是先由国家规划和政策决定，然后再采取市场化操作措施，从而呈现市场和国家双重决定或双重调节的多种状态。

3. 市场调节会出现对信息的反应偏差。市场信息会对市场价格产生影响，市场主体会对价格等的变动做出反应。有些信息会直接体现到价格变动，但是有些信息在经过一段时期后才能在价格上得到反映。经济主体对信息的反应并不相同，如果出现反应过度和反应不足，平均的反应程度大致与信息应当体现出的反应相同或接近，不会带来严重的资源错配。但是，由于经济主体对信息的解读差异、心理和情绪因素等造成对信息反应总体严重偏差，就会导致严重的后果。在市场作为唯一资源配置方式的情况下，这种现象往往会反复出现。市场信息的不透明、不准确，均会导致市场调节的失效。

4. 市场调节有时需较长时间。市场调节是典型的预期结果决定最初行动，作用机制是经济主体预期到采取某种经济行为能够带来收益，通过经济主体的自利行为推动经济运行，即依赖于“看不见的手”来调节经济。市场主体预期的有限性和未来经济的不确定性，并不能保证投资等交易行为一定能够带来收益，当盲目性导致严重的宏观经济后果时，经济代价已经付出，只能是通过事后的强制性平衡来缓解，这就需要较长时间才能实现有效的市场均衡和利益目标。

5. 市场调节存在成本，有时会很高昂。任何一种经济调节方式都会存在成本，比较某种调节方式的成本应采取两种思路：成本与由此带来的收益相比较；获得相同收益，不同方式成本比较。在多数领域中，市场供需、市场价格等近远期的状态变化多端，市场主体的搜寻成本、适应成本、变动成本、决策成本和纠错成本等均不小，国家校正市场调节失灵的跟进成本也会不小。由于市场调节主要是一种事后调节方式，不少情况下只有在资源错配之后，才会通过强制性的纠错机制发挥作用，从而微观个体和社会整体要支付较高的成本。

（二）国家调节

在资本主义国家中，政府调节主要是指政府的宏观调控：市场失灵领域，如存在外部性、垄断、公共产品、信息不对称领域，以及当经济增速下滑或经济过热时，通过财政、货币等宏观调控政策来熨平经济波动。我国社会主义市场经济也需要国家调节，但是调控的范围和使用的手段需要超过资本主义市场经济。社会主义市场经济的国家调节，还应包括重要经济结构、财富和收入分配、人口、资源和环境的可持续发展等等。社会主义市场经济的国家调节有利于保证市场稳定和经济增长，有利于保证经济社会重大结构或比例关系协调，有利于实现国家经济社会发展战略，有利于提高国家整体竞争力，有利于劳动者分享经济社会发展的成果。但是，国家调节也存在自身的缺陷。

1. 国家调节存在主观偏好。国家调节目标显示了国家的偏好，显示了对各种经济、社会目标的国家排序情况。如果国家能够按照全社会的要求确定自己的调控目标，国家调节目标与全社会的要求就会是一致的，但在多数情况下，国家有自身的偏好，国家要考虑设定的调控目标为自己带来的利益，既包括经济利益也包括获得民众支持和良好声誉等非直接经济利益，此时国家的调控目标并不一定与全社会的要求相一致。国家调节的目标还会受到具体执行部门利益和地方利益的影响，这就会直接影响到调控的最终目标和结果。

2. 国家调节存在动力不足。国家调节要通过国家工作人员积极主动地制定和组织实施各种调节目标、步骤及具体方法来实现，可是有关工作人员经常出于个人、本地、本部门或本阶层的狭隘利益考虑，不愿意自觉适时地调解经济发展中已暴露出来的矛盾和问题。尤其是在众多企业和个人的“下有对策”面前，国家调节的“反对策”往往显得苍白无力。其结果，要么是集权僵化，要么是分权紊乱，使国家调节常常陷于官僚式的动力机制不足的局面。

3. 国家调节存在转换迟钝。由于国家调节决策可能缺乏可靠的信息、决策的程序可能过于复杂、决策的时间可能较长、决策的成本可能太大等若干因素的存在，即使发现国家调节有误，或根据新情况需要转换调节形式和内容，也常常陷于呆滞状态，不能及时灵活地进行调节变换，造成一种与“市场调节失灵”相对应的“国家调节失灵”现象。

4. 国家调节存在政策内耗。当国家运用财政、金融、价格、收入、税收、汇率、消费等各种经济政策调节市场体系和企业行为时，倘若国家政策体系内部不能配组协调，甚至作用相反，那就会导致“政策内耗”，即各项政策功能抵消。当然，在国家决策机制较为健全的条件下，政策功能内耗的现象会少些，但也不会完全消失。①

（三）市场调节与国家调节的功能性结合

市场调节与国家调节各自均有功能性优势和劣势，在全面深化改革中应当充分发挥它们的功能互补性。这种优势功能互补至少可以概括为：在层次均衡上微宏观互补；在资源配置上短长期互补；在利益调整上个整体互补；在效益变动上内外部互补；在收入分配上高低性互补；等等。市场调节和国家调节的功能互补，既有侧重点，又有渗透性。一般市场主体的活动、普通资源的短期配置、收入和利益的日常调整以及一般的经济行为方面，市场调节的功能明显强于国家调节，但也要求注入国家调节机制因素，实行国家引导，而在产业结构、国民经济总量、社会所有制结构、重大工程、最主要的产品、重要资源的长期配置以及财富收入和利益的较大调整方面，国家调节的功能又明显强于市场调节，但要求市场在资源配置中起决定性作用，发挥市场对国家调节的反馈和制约作用。可见，市场调节和国家调节的功能性结合与互补，深刻地表明现阶段双重调节的新机制有着本质上的统一面，而非单纯的此消彼长。②

三 两种“市场决定性作用论”的比较

习近平在《关于〈中共中央关于全面深化改革若干重大问题的决定〉的说明》中指

① 程恩富：《构建以“市场调节为基础、以国家调节为主导”的新型调节机制》，《财经研究》1990 年第 12 期。

② 同上。

出："市场决定资源配置是市场经济的一般规律，市场经济本质上就是市场决定资源配置的经济……作出'使市场在资源配置中起决定性作用'的定位，有利于在全党全社会树立关于政府和市场关系的正确观念，有利于转变经济发展方式，有利于转变政府职能，有利于抑制消极腐败现象。当然，我国实行的是社会主义市场经济体制，我们仍然要坚持发挥我国社会主义制度的优越性、发挥党和政府的积极作用。市场在资源配置中起决定性作用，并不是起全部作用。发展社会主义市场经济，既要发挥市场作用，也要发挥政府作用，但市场作用和政府作用的职能是不同的。全会决定对更好发挥政府作用提出了明确要求，强调科学的宏观调控，有效的政府治理，是发挥社会主义市场经济体制优势的内在要求。全会决定对健全宏观调控体系、全面正确履行政府职能、优化政府组织结构进行了部署，强调政府的职责和作用主要是保持宏观经济稳定，加强和优化公共服务，保障公平竞争，加强市场监管，维护市场秩序，推动可持续发展，促进共同富裕，弥补市场失灵。"① 可见，中国特色社会主义的"市场决定作用论"与中外新自由主义的"市场决定作用论"有本质差别。详细分析有以下五点。

第一，新自由主义"市场决定性作用论"主张市场原教旨主义和唯市场化，否定必要的政府干预，而中国特色社会主义"市场决定性作用论"应在保证市场在资源配置中应有的决定性作用的同时，也强调国家宏观调控和微观规制。

新自由主义的"市场决定性作用论"主观臆断市场能够自发地完成一切资源的合理配置，当出现供求不平衡时，市场的自发力量能很快使供求趋于平衡，任何形式的政府干预都不能起到预想的效果，只能使经济变得更糟糕。这种"市场决定性作用论"通过否定总需求不足、不会出现长期的就业不足、失业率与通货膨胀之间不存在替代关系、理性预期使得宏观调控政策失效等方式来否定政府干预经济的合理性。这种"市场决定性作用论"认为政府的宏观调控并不能起到平滑经济波动效果，相反，正是因为政府频繁干预经济，影响了经济自身的调节功能，增加了经济的不稳定性，使得宏观经济波动更为剧烈。各国和全球经济实践表明，宏观经济运行并不是像新自由主义认为的那样，是无摩擦、无成本和参与主体完全理性或者具有理性预期的，而是具有较高成本并且充斥着大量非理性行为。所以，迄今为止，凡是采用新自由主义市场决定论的国家，没有一个不产生严重的经济社会问题。正如"首届世界马克思经济学奖"获得者刘国光所说的，"市场调节具有自发性、盲目性和事后性等特点，它对于保证经济总量平衡，防止经济剧烈波动，对于合理调整重大经济结构，对于防止贫富悬殊、两极分化，以及对于生态环境和自然资源的保护等等，所有这些，市场调节或者是勉为其难的，或者是无能为力的"。②

中国特色社会主义"市场决定性作用论"，首先要求是市场在资源配置中起决定性作用，但同时也强调国家宏观调控和微观规制并存。"公有制经济为主体的社会主义大国，有必要也有可能在宏观调控中运用计划手段，指导国民经济有计划按比例发展。"③

---

① 习近平：《关于〈中共中央关于全面深化改革若干重大问题的决定〉的说明》，《求是》2013年第22期。

② 刘国光：《关于社会主义市场经济理论的几个问题》，《经济研究》1992年第10期。

③ 刘国光：《社会主义市场经济与资本主义市场经济的两个根本性区别》，《红旗文稿》2010年第21期。

在社会主义市场经济中国家宏观调控与市场调节之间的关系是，“国家的宏观调控和市场机制是社会主义市场经济体制条件下配置资源的两种手段，是相辅相成的，即国家宏观调控建立在市场机制基础之上，而市场则在国家宏观调控之下运行”。[①] 例如：虽然市场可以通过经济主体的自利行为达到资源一定程度的优化配置，但是有时市场配置资源的结果，并不是全社会福利最大化要求的结果，因为企业和市场可能只着眼于当前和本位的经济效益，而缺乏对长期和全局的综合经济社会利益的谋划和行为；单纯依赖市场配置，便会出现凯恩斯所指出的“有效需求不足”和就业不充分的严重状态；市场经济自身缺乏稳定性，不论资本主义市场经济还是社会主义市场经济，只要市场发挥资源配置的基础性或决定性作用，就需要克服市场自身具有的盲目性；社会所有制结构以及由此决定的国民收入初次分配的合理性需要国家来适度调节，因为财富和收入分配调整是国家调节的重要目标之一。

中国特色社会主义“市场决定性作用论”主张微观调节或微观规制，不是采取计划经济体制中的微观管制，而是为了保证市场健康发展，保证微观经济主体能够采取符合国家经济发展战略和全社会福利的经济行为。国家的宏观调控不能取代微观规制，因为宏观调控“不是为了解决微观层次上的市场失灵问题，而是为了解决宏观层次上的市场不稳定性问题……至于微观层次上的市场失灵，则要求政府采取相应的微观经济政策”。[②] 微观规制存在的必要性在于：单纯依赖宏观经济调控能够起到指挥市场配置资源方向的作用，但是在某些领域并不能保证市场更为合理的配置；为了鼓励或限制某些经济行为或者引导资源配置需要微观规制，某些战略性领域的目前投入不会产生经济效益，但能够提升我国相关产业的未来竞争力；为了保证国家经济安全或者产业安全，对某些金融行业的微观管制等等；为了保证市场经济主体地位相对平等，对某些垄断行业和外部性较强的行业实行微观管制，对劳动者基本权益进行保护，包括基本生产条件、基本社会保障待遇、最低工资和维护劳动者集体谈判的权利等等。

第二，新自由主义“市场决定性作用论”主张一切资源的长短期配置均由市场决定，而中国特色社会主义“市场决定性作用论”应限于一般物质资源和部分服务资源的短期配置为主，而非指地下资源等重要物质资源配置和许多一般资源的长期配置。

市场配置资源的机制是通过市场主体的自利行为，即在“看不见的手”的作用下完成的，这容易导致市场主体着眼于短期利益和自身利益，不易将长期利益和公共利益纳入决策考虑因素之中，因而不宜把市场决定资源配置的范围无限化。譬如，某些高新技术领域，由于研发成功的不确定性、未来市场的不确定性以及投资的长期性，会出现资源配置不足的情况；在国防、金融和信息安全等领域，如果单独依赖市场，也会出现各种资源配置不足的情况；市场的趋利性会导致某些违反法律、法规和具有负外部性的领域出现过度配置资源的情况。因此，新自由主义的“市场决定性作用论”单纯强调依赖市场调节，是不利于各种资源的高效配置效应的。

中国特色社会主义“市场决定性作用论”强调，我国还处于社会主义初级阶段，生产能力和技术水平与世界发达水平还有一定的差距，要尽快走完资本主义国家几百年的

---

① 卫兴华、王元龙：《论社会主义市场经济中的宏观调控》，《求是》1994年第11期。

② 吴易风：《宏观调控的理论和实践问题——学习党的十四届五中全会文件的几点体会》，《经济改革与发展》1995年第11期。

发展历程，达到世界中等发达国家水平，必须积极发挥国家的作用。在一些具有战略重要性，但短期内并不带来经济价值和对国家经济、社会安全起到关键作用的领域优先配置资源。对我国长期经济发展和经济安全发挥关键性作用的石油、煤炭和矿产等地下资源和土地资源，也需要从国家战略角度进行整体、统一的规划和调控。我国既是社会主义国家，同时又是发展中国家，要想保持经济数十年的持续快速发展，要实现跨越式发展目标，国家必须要在某些高新技术领域进行提前投资，投资的高风险性、收益的长期性导致只能由国家来承担。我国经济快速发展也需要基础设施投入先行，并且要保证基础设施公益性的特点，也只能采取主要依赖于国家投入的方式。诚然，在国家调节的同时，不仅要充分发挥市场在微观经济领域的重要作用，而且要发挥市场在宏观经济领域的必要作用，因为宏观经济领域也不只是单纯的国家调节。

第三，新自由主义“市场决定性作用论”主张市场在文化、教育、医疗等某些非物质资源配置领域也起决定作用，而中国特色社会主义“市场决定性作用论”只主张需要引进适合这些领域的市场机制，而非大都由市场决定。

新自由主义的“市场决定性作用论”，要求政府只承担“守夜人”的职能，对于众多关乎社会发展、人民福利的文化、教育、医疗领域，也坚持主要依赖市场配置资源的方式。如果上述三个方面主要依赖于市场来配置资源，便不会符合广大人民群众的利益，也会引发严重的经济社会问题。如果完全依赖于市场配置资源，文化领域就会被拜金主义、享乐主义、唯利是图和低级趣味等资本主义腐朽思想所占领；如果完全依赖于市场配置资源，教育领域就会成为只有富人阶层和权力阶层的子女才能享受到的特权，普通百姓的子女将很难有接受优质教育的机会，教育机会的不均等将会加剧其他方面的不平等，并且如果完全依赖于市场配置教育资源，也会导致全社会教育资源供给不足；如果完全依赖市场配置医疗资源，必然只会配置给富人阶层和权力阶层，普通民众将很难负担高昂的医疗费用，会被排斥在享受合理的医疗卫生服务之外。

文化、教育、医疗等领域不能完全依赖于市场配置资源或市场决定的方式，而只能引进适合本领域的市场机制。在社会主义市场经济中，文化领域要实行国家引导下的市场取向的改革，要保证文化领域中主旋律是宣传和弘扬社会主义核心价值体系和核心价值观，抵制各种不良文化思想的腐蚀，同时也要对广大人民群众喜爱的文艺产品采取市场化的运营方式，以便获得合理的经济效益。正如《国家“十二五”时期文化改革发展规划纲要》中所明确指出的：文化领域要“坚持把社会效益放在首位，坚持社会效益和经济效益有机统一，遵循文化发展规律，适应社会主义市场经济发展要求，加强文化法制建设，一手抓繁荣、一手抓管理，推动文化事业和文化产业全面协调可持续发展”。

在社会主义市场经济中，教育资源配置应当引入市场机制，但要坚持国家主导、公益性和普惠性原则。在《国家中长期教育改革和发展规划纲要（2010—2020年）》中明确指出：“形成惠及全民的公平教育。坚持教育的公益性和普惠性，保障公民依法享有接受良好教育的机会。建成覆盖城乡的基本公共教育服务体系，逐步实现基本公共教育服务均等化，缩小区域差距。努力办好每一所学校，教好每一个学生，不让一个学生因家庭经济困难而失学。”《纲要》进一步指出：“坚持教育公益性原则，健全政府主导、社会参与、办学主体多元、办学形式多样、充满生机活力的办学体制，形成以政府办学为主体、全社会积极参与、公办教育和民办教育共同发展的格局。”

医疗领域资源配置也应当主要以政府支出和公益性为主，要坚持把基本医疗卫生制度作为公共产品向全民提供的核心理念。建立公平合理、覆盖全民的公共性和公益性医疗体系，是关系到我国保障和改善民生、促进社会公平正义的重要举措。医疗领域并不是要排斥市场，而是要引入适合本行业和本领域的市场机制。如医药、医疗器械领域，在加强国家监管条件下，可以让市场承担资源配置的决定性作用，而在医疗服务领域则需要适当引入市场机制，作为公立医院和公益性医院的合理补充。虽然目前我国作为医疗主体的公立医院还存在着逐利性的特征，但是医疗服务领域如果完全由市场来配置资源，就会加剧医疗服务的严重不均等。由于医疗行业中医生和医院具有更强的信息优势，如果主要依赖于市场配置资源，将会导致诱导性医疗服务的过度使用和医疗服务不足情况并存。《“十二五”期间深化医药卫生体制改革规划暨实施方案》中明确指出：“坚持公立医院公益性质……逐步建立维护公益性、调动积极性、保障可持续的公立医院运行新机制”，并且指出要引入市场机制，鼓励社会各方面力量参与医疗服务的建设。

第四，新自由主义“市场决定性作用论”与以私有制为主体的混合经济相联系，而中国特色社会主义“市场决定性作用论”与以公有制为主体的混合经济相联系，并体现在不同类型的市场经济体系和市场活动之中。

新自由主义的“市场决定性作用论”，不认可公有制存在的合理性，政府原则上不能以生产资料所有者的身份来参与经济活动，政府的职能仅限于维持经济运行的最低规模。该理论以公有制存在着资源浪费、效率低下和内部人控制等为借口，认为公有制不能成为市场经济中的主体所有制形式。新自由主义不仅认为竞争性领域不能采取公有制，就是在存在严重垄断、外部性、信息不对称和提供公共产品的领域，甚至在国防等领域，也不能实行公有制。新自由主义的“市场决定性作用论”没有认识到政府在经济中的重要作用，也没有认识到公有制作为国家调节经济的重要经济基础的重要性，其对待公有制的观点不仅不符合市场经济的实际，更不符合社会主义国家和人民对市场经济的更高要求。

中国特色社会主义的“市场决定性作用论”，十分强调公有制在社会主义经济中的主体地位。以在质上和量上占优势的公有制为主体，是中国特色社会主义市场经济的内在要求，也是其本质特征。社会主义基本经济制度和市场经济体制对公有制有特殊的要求。“在社会主义经济中，国有经济的作用不是像在资本主义制度中那样，主要从事私有企业不愿意经营的部门，补充私人企业和市场机制的不足，而是为了实现国民经济的持续稳定协调发展，巩固和完善社会主义制度。”① 十八大报告明确指出，中国特色社会主义的基本经济制度为，以公有制为主体、多种所有制经济共同发展，要毫不动摇巩固和发展公有制经济，推行公有制多种实现形式。《中共中央关于全面深化改革若干重大问题的决定》也明确指出：“必须毫不动摇巩固和发展公有制经济，坚持公有制主体地位，发挥国有经济主导作用，不断增强国有经济活力、控制力、影响力。”公有制是国家引导，推动经济和社会发展的基本力量，是实现最广大人民群众根本利益和共同富裕的重要保证。如果公有制在社会主义经济中不再具有主体地位，那么国家调控能力和效果便会大大削弱，便会严重影响到国家经济、社会发展战略的实施，便会使国家缺乏保证人民群众根本利益和共同富裕的经济基础。

---

① 刘国光：《社会主义市场经济与资本主义市场经济的两个根本性区别》，《红旗文稿》2010 年第 21 期。

因此，当前在全面深化改革中，必须强调发展公有资本控股的混合所有制。①

第五，新自由主义“市场决定性作用论”主张财富和国民收入初次分配完全由市场决定，再分配的力度越小越好，而中国特色社会主义“市场决定性作用论”强调在财富和国民收入初次分配中市场作用大些，在再分配中国家作用大些。

新自由主义的“市场决定性作用论”认为，完全依赖于市场进行的财富和收入分配是最符合经济效率和人的自私本性要求的，也是最为公平、最为符合经济主体利益的分配方式。通过市场竞争，资本、土地和劳动者分别获得利润、地租和工资，分配的多寡取决于所谓的各生产要素的边际生产力或边际产品价值。如果国家介入到市场分配中，即一次分配之中，就会导致要素价格扭曲，直接破坏市场配置资源的效果。该理论认为，失业救济和各种补助使得工人工作的动力下降，致使劳动供给不足、劳动成本上升，政府旨在增加社会福利和社会保障的措施，只会起到降低全社会生产能力的作用。因此，中外新自由主义者反对最低工资法、劳动合同法、较高收入累进税和移民税，反对不断提高劳动报酬和缩短劳动时间，只主张重点减少私有企业的税收、越低越好的收入累进税和无利息的银行存款政策等。

中国特色社会主义的“市场决定作用论”强调，在广义的财富和收入分配领域，市场和国家都应当发挥积极作用，在财富和国民收入初次分配中市场发挥主要作用，在再分配中国家发挥主要作用。市场配置经济资源的机制之一是通过分配收益的方式完成的，要保证市场在资源配置中起决定性作用，首先就要保证市场在财富和收入分配中发挥一定的决定性作用，但是，这不等于国家不参与到市场的初次分配之中。市场决定的收入分配结果合理和有效率的前提条件，是各要素所有者处于大致对等的市场地位，但与私人资本所有者相比，劳动者明显处于劣势地位，因而需要国家主导下的多方协调制度来确保劳动者的合法权益和提高劳动者的市场谈判地位，尤其是要通过国家立法来实行职工收入与企业高管、劳动生产率、利润率和当地物价房价的变动挂钩，即“同步四挂钩”。在某些领域如垄断领域、严重信息不对称领域、生产公共产品和服务的领域，需要国家介入调整各要素的总收入和内部份额。在再分配中，国家通过收入税、财产税和社会缴款的方式参与社会初次分配获得收入，再将此部分收入以社会福利和转移支付的方式支付给需要救助的群体。在市场调节和国家调节的多层次多种类双重调节下，我国以按劳分配为主体、按资分配为辅体的多要素分配结构，是社会主义初级阶段的基本分配制度，能够使社会主义市场经济比资本主义市场经济产生更高的公平与更高的效率。

四 简要结论

无论古典经济学、凯恩斯主义经济学还是新自由主义经济学的市场决定理论都存在

---

① 2014年3月5日，习近平主席在十二届全国人大二次会议上海代表团讲话时强调，国有企业不仅不能削弱，而且还要加强；3月9日，习近平主席在参加安徽代表团审议时又指出，要吸取过去国企改革经验和教训，不能在一片改革声浪中把国有资产变成牟取暴利的机会。“在不到一周的时间内，习近平两次对国企改革作出重要指示，不仅纠正了当前社会上对于国企改革的一些错误论调，更为进一步沿着正确道路推进国企改革划定了红线、明确了底线，指明了方向。”（朱继东：《为国企改革划定红线》，《环球时报》2014年3月17日。）

致命缺陷，理论和实践都证明完全依赖于市场并不是有效的资源配置方式。国家调节和市场调节都有各自的优势和缺陷，需要将两者结合。中国特色社会主义的“市场决定性作用论”与新自由主义的“市场决定性作用论”有显著区别。中国特色社会主义的“市场决定性作用论”更符合我国社会主义市场发展的内在要求，也能更好地发挥市场和国家两方面的积极作用，实现二者的功能性作用的强强互补和结合。

党的十八届三中全会强调双重调节或双重作用的重要意义在于，今后需要将市场决定性作用和更好发挥国家作用看作一个有机的整体。市场调节和国家调节均有内在规律。既要用市场调节的优良功能去抑制“国家调节失灵”，又要用国家调节的优良功能来纠正“市场调节失灵”，从而形成高效市场、强能市场与高效国家、强能国家有机结合的“双高”和“双强”格局。这样，既有利于发挥社会主义国家的良性调节功能，同时又在顶层设计层面避免了踏入新自由主义陷阱，产生金融经济危机风险和贫富两极分化境况。这根本不是某些中外新自由主义的“市场决定作用论”者所说的，中国仍在搞“半统制经济”“权贵资本主义”和“国家资本主义”，也不是宣扬不要国家调节的“竞争性市场机制”或所谓现代市场经济体制，更不是搞各种凯恩斯主义者猛烈抨击的“市场原教旨主义”和“市场万能论”的“唯市场化”改革，反对和规避必要的国家宏观调控和微观规制，犯各种颠覆性错误。

（原载《学术研究》2014 年第 4 期）

论从科学社会主义视角把握马克思主义的“整体性”

李崇富

李崇富，中国社会科学院学部委员，马克思主义研究院教授，中国历史唯物主义学会原会长。

“科学社会主义”与“科学共产主义”是同义语，在严格语境下，“科学”二字往往是可以省略的。而科学社会主义（共产主义）是学说、运动和制度的统一。在这里，我仅从科学社会主义角度，来阐述对马克思主义的整体性的一种领会和把握。

“马克思主义是非常深刻的和多方面的学说。”① 同时，它也是统一和严整的科学体系。就其基本分支学科而言，从马克思、恩格斯到列宁都是把马克思主义的基本内容，划分为其哲学即辩证唯物主义历史唯物主义、政治经济学和科学社会主义。这从主要由恩格斯所著、并得到马克思赞同和合作的《反杜林论》的篇章安排和逻辑结构上，以及从后来列宁发表的《马克思主义的三个来源和三个组成部分》的著名论文中，都能获得理论上的根据和观点上的确证。而就其统一性和整体性而言，马克思主义的三个基本组成部分，并不是三足鼎立的，而是可以主要地理解为以其哲学世界观和政治经济学作为两大理论支柱所支撑的科学社会主义学说，即用以指导无产阶级革命和社会主义建设事业，直至最终实现共产主义社会的统一的科学体系。从后者的视角看，我们应当以科学社会主义为“中轴”，来理解和把握马克思主义的整体性。对此，本文主要以三个方面的理由为据。

---

① 《列宁专题文集·论马克思主义》，人民出版社 2009 年版，第 305 页。

一 科学社会主义在理论结构上是马克思主义的“主题”和“核心”

马克思主义的观点和学说的体系，是一个有其严密的内在逻辑和多层次结构的有机整体。在马克思主义的三个基本组成部分中，其哲学世界观和政治经济学，都是极为根本、十分重要、不可或缺和不可替代的。但这两者的理论任务，都是作为论证科学社会主义学说的真理性、历史必然性和付诸实践的理论支柱，是各国共产党人确立社会主义信念、形成共产主义理想，制定和贯彻党的纲领、路线、政策、战略和策略的理论基石。

其中，马克思主义哲学世界观和方法论，即辩证唯物主义特别是唯物史观，发现了世界运动发展的普遍规律和人类社会历史发展的一般规律，同时也就揭示了资本主义的社会形态取代封建主义的社会形态而产生、发展和存在的历史正当性和历史暂时性，以及它终究会被更高级的社会形态，即共产主义的社会形态（第一阶段是社会主义社会）所取代的历史必然性；而马克思运用历史唯物论和历史辩证法对资本主义社会作经济剖析，所创立的马克思主义政治经济学特别是剩余价值理论，发现了资本家阶级剥削工人阶级的奥秘，从而科学地揭示了无产阶级与资产阶级之间阶级利益的根本对立，即产生阶级矛盾，进行阶级斗争的经济根源，阐明了无产阶级的历史地位和伟大使命，揭示了资本主义灭亡、社会主义胜利的经济必然性和客观规律性。唯物主义历史观所发现的人类社会形态演进和更替的一般规律，同剩余价值理论所揭示的资本主义社会产生、发展、衰败的特殊规律的有机结合和内在统一，为社会主义学说奠定了科学基础。

对此，恩格斯指出：“这两个伟大的发现——唯物主义历史观和通过剩余价值揭开资本主义生产的秘密，都应当归功于马克思。由于这两个发现，社会主义变成了科学，现在首先要做的是对这门科学的一切细节和联系作进一步的探讨。”[①] 马克思恩格斯站在无产阶级立场，根据“这两个伟大的发现”，并在总结无产阶级反抗资产阶级剥削的斗争经验的基础上，阐明了构成“这门科学”的若干基本原理和原则及其内在联系，既使空想社会主义得到了革命性的改造，又立足于社会现实进行理论创新，才创立了科学社会主义，并使之成为马克思主义的“主题”和“核心”内容。

例如，作为马克思主义诞生的主要标志的《共产党宣言》，其主旨就是以唯物主义历史观作为理论基石、以剖析资本主义生产方式的内在矛盾为立论根据，论证和阐明了工人阶级进行“共产主义革命”，实行两个“最彻底的决裂”的历史必然性：“共产主义革命就是同传统的所有制关系实行最彻底的决裂；毫不奇怪，它在自己的发展进程中要同传统的观念实行最彻底的决裂。”[②] “从这个意义上说，共产党人可以把自己的理论概括为一句话：消灭私有制。”[③] 在这里，所谓的“传统的所有制关系”，主要指生产资料的资本主义私有制的经济关系；而所谓“传统的观念”，则主要是指根源于和服务于维护资本主义私有制的经济关系、以私有观念为核心的资产阶级意识形态。只有在资本主义私有制被彻底消灭，而不能死灰复燃的情况下，资产阶级的传统观念才成为无源之

---

① 《马克思恩格斯文集》第 9 卷，人民出版社 2009 年版，第 30 页。

② 《马克思恩格斯文集》第 2 卷，人民出版社 2009 年版，第 52 页。

③ 同上书，第 45 页。

水、无本之木，而迟早终归要消失。所以，共产主义革命同传统的资本主义私有制的经济关系实行“最彻底的决裂”是主要的和基本的，是同资产阶级的传统观念实行“最彻底决裂”的客观基础和现实前提。由此可见，“共产党人可以把自己的理论概括为一句话：消灭私有制”这个论断是扼要和精辟的。生产资料的资产阶级私有制，是资本主义社会的“命根子”；而生产资料的公有制则是社会主义的“命根子”。是否消灭生产资料的私有制，是社会主义社会与资本主义社会的分水岭，是区分其社会形态性质的根本的经济基础，是最为根本的经济根据。

因为，如果现代社会的生产资料（包括企业股份和股票），主要由私人企业主、财团大亨、金融大鳄等少数资本家个人大量占有，那么，大多数劳动者就势必成为被雇佣的工人，社会上也势必存在雇佣劳动制度。马克思说过：“只要雇佣工人仍然是雇佣工人，他的命运就取决于资本。”[①] 与之相反，科学社会主义依据现代生产力的发展要求，以及它同生产资料的资本主义私有制的矛盾和不相容性，力主在生产资料上“消灭私有制”和实行社会主义公有制。这作为科学社会主义的基本原理和核心主张，意味着上升为统治阶级的无产阶级及其国家政权，要消灭资本主义雇佣劳动制度，建立和完善以社会主义公有制为基础的经济制度，通过消灭经济剥削、消灭阶级和阶级差别，使劳动人民当家作主、共同劳动、共享劳动成果，才具有经济上的制度保障；意味着随着社会主义事业全面发展，通过工人阶级实现彻底解放，从而实现人类解放和全面而自由的发展，才具有根本的经济前提和现实的物质基础。

又如，恩格斯的《反杜林论》是一部回应“以社会主义的行家兼改革家身份”自居的杜林向马克思主义进行全面“挑战”的批判性的名著。杜林的“这种新的社会主义理论是以某种新哲学体系的最终的实际成果出现的”。因此，恩格斯说，“必须联系这个体系来研究这一理论，同时研究这一体系本身”。“对象本身的性质迫使批判不得不详尽……这样做使我在这本书所涉及的很不相同的领域中，有可能正面阐发我对这些在现时具有较为普遍的科学意义或实践意义的争论问题的见解”，以及“各种见解之间的内在联系”[②]。《反杜林论》是马克思和恩格斯分工合作的产物，其中所阐发的哲学世界观、政治经济学和科学社会主义理论，都是马克思主义的经典表述。恩格斯在《反杜林论》的《三版序言》中写道：“顺便指出：本书所阐述的世界观，绝大部分是由马克思确立和阐发的，而只有极小的部分是属于我的，所以，我的这种阐述不可能在他不了解的情况下进行，这在我们相互之间是不言而喻的。在付印之前，我曾把全部原稿念给他听，而且经济学那一编的第十章（《〈批判史〉论述》）就是马克思写的，只是由于外部的原因，我才不得不很遗憾地把它稍加缩短。在各种专业上互相帮助，这早就成了我们的习惯。”正是在马克思的合作下，恩格斯才在《反杜林论》中系统阐述了马克思主义的三个组成部分的基本观点及其内在联系的同时，把社会主义理论作为他两人“所主张的观点的一个核心问题”[③] 加以强调和论述。马克思指出，《反杜林论》“是对欧根·杜林先生关于一般科学，特别是关于社会主义的所谓新理论的回答”。后来，恩格斯将此书压缩成《社会主义从空想到科学的发展》单独出版。马克思在该书所加的《1880 年

① 《马克思恩格斯文集》第 1 卷，人民出版社 2009 年版，第 728 页。

② 《马克思恩格斯文集》第 9 卷，人民出版社 2009 年版，第 8 页。

③ 同上书，第 11、12 页。

法文版前言》中写道："在这本小册子中我们摘录了这本书的理论部分中最重要的部分；这一部分可以说是科学社会主义的入门。"①

可见，尽管马克思恩格斯与杜林论战的问题很是广泛，涉及哲学、政治经济学乃至一般科学的很多领域和问题，但是论证的出发点、落脚点和"主题"，无论是在《反杜林论》中，还是在整个马克思主义学说体系中，科学社会主义都是其理论结构中的"核心问题"，是马克思主义理论结构中"最重要的部分"。

二 科学社会主义在实践上是马克思主义奋斗的"目标体系"

马克思主义在指导社会实践中，是包括其哲学、政治经济学、科学社会主义等基本原理在内的整个科学体系综合地发挥作用的；不过它们发挥作用的理论功能却各有其特点和侧重。大体上说，马克思主义哲学和政治经济学，都是基础性和工具性的理论。马克思主义哲学，即辩证唯物主义和历史唯物主义，是无产阶级及共产党人的科学思维工具，是无产阶级解放和人类解放的"头脑"。列宁说："马克思的哲学是完备的哲学唯物主义，它把伟大的认识工具给了人类，特别是给了工人阶级。"② 有了这种科学的世界观和方法论，就不仅使整个马克思主义有了科学的、牢靠的哲学论据和理论基石，而且也使共产党人有了认识错综复杂、变幻莫测的社会现象，从而揭示其实质的政治上的"望远镜"和"显微镜"。而马克思的政治经济学特别是剩余价值理论，则是论证和支撑科学社会主义的最重要、最直接的理论支柱。这就是马克思之所以把毕生的主要精力用于研究和写作《资本论》的深远意义之所在。而且，马克思的历史唯物主义研究和《资本论》的政治经济学研究，是相互支撑、相互印证的。其中，他的《资本论》及其政治经济学的研究，需要他创立的历史唯物主义指导和引领。马克思在 1859 年 1 月所撰写的《〈政治经济学批判〉序言》中说过，"我在巴黎开始研究政治经济学，后来因基佐先生下令驱逐（1845 年 1 月 25 日送达驱逐令——引者注）而移居布鲁塞尔，在那里继续进行研究。我所得到的，并且一经得到就用于指导我的研究工作的总的结果"，就是他随即仅仅用相当于 795 个汉字的本国文字（德文），言简意赅地概括出的对历史唯物主义原理的经典表述。③

1894 年，列宁在《什么是人民之友以及他们如何攻击社会民主党人?》一文中，在全文引用了马克思的这个经典表述后指出，"社会学中这种唯物主义思想本身已经是天才的思想。当然，这在那时暂且还只是一个假设，但是，是一个第一次使人们有可能以严格的科学态度对待历史问题和社会问题的假设"。直到《资本论》问世后，唯物主义历史观才不是假设，而是科学地证明了的原理。因为，《资本论》"探明了作为一定生产关系总和的社会经济形态这个概念，探明了这种形态的发展是自然历史过程，从而第一次把社会学放在科学的基础之上"，"这是用唯物主义方法科学地分析一个（而且是最复

① 《马克思恩格斯文集》第 3 卷，人民出版社 2009 年版，第 493 页。

② 《列宁专题文集·论马克思主义》，人民出版社 2009 年版，第 68 页。

③ 《马克思恩格斯文集》第 2 卷，人民出版社 2009 年版，第 591—592 页。

杂的一个）社会形态的范例，是大家公认的无与伦比的范例”。[①]

由此可见，马克思主义哲学与政治经济学的理论作用，不仅是基础性、支柱性和支持性的，而且在逻辑上又是相互支撑、相互印证的理论，从而更好地为共同论证、支撑科学社会主义的理论和实践服务。这就是说，只有科学社会主义（共产主义），才是马克思主义为之奋斗的目标性理论，是其理论的主体和主题。因为，马克思主义指导无产阶级革命的实践内容、所要达到的目标，就是要通过无产阶级和全体人民的团结奋斗，开创、发展和成就社会主义、共产主义事业。而这项史无前例的无产阶级革命和社会主义建设的伟大事业，又包含着一系列循序渐进、环环相扣和逐步实现的“目标体系”。

马克思恩格斯指出：“共产主义革命就是同传统的所有制关系实行最彻底的决裂；毫不奇怪，它在自己的发展进程中要同传统的观念实行最彻底的决裂。”为此，“工人革命的第一步就是使无产阶级上升为统治阶级，争得民主。无产阶级将利用自己的政治统治，一步步地夺取资产阶级的全部资本，把一切生产工具集中在国家即组织成为统治阶级的无产阶级手里，并且尽可能快地增加生产力的总量。”[②] 在现代化生产力和整个社会主义事业充分发展的基础上，逐步消灭一切阶级和“三大差别”，并且使政治国家得以自然消亡，以最终实现“代替那存在着阶级和阶级对立的资产阶级旧社会的，将是这样一个联合体，在那里，每个人的自由发展是一切人自由发展的条件”[③] 的共产主义社会。这既是人类社会历史发展的必然规律，也是一个必须在马克思主义指导下、由工人阶级及其政党——共产党领导广大劳动人民长期奋斗的社会变革和历史进步过程。

中国共产党领导中国工人阶级和劳苦大众，以旧中国半殖民地半封建社会为历史起点，通过把马克思列宁主义的普遍真理同我国的具体实际相结合，在开创和发展社会主义事业的全过程中，有一个从首先夺取新民主主义革命的胜利、建立新中国，进而取得社会主义革命的彻底胜利；从首先建设有中国特色的、不发达的和不成熟的“初级阶段的社会主义”[④]，进而转进至建设更高级的、比较完全和成熟的社会主义发展阶段，直至最终实现共产主义的循序渐进的历史进程。相应的，在我们党和国家的指导思想中，也就存在着多个直接实践的、并且循序渐进的现实的奋斗目标和终极的奋斗目标，即党在中国革命和建设的各个发展阶段上，必须坚持其最低纲领与最高纲领的统一。

可以说，科学社会主义内在地包含着国际无产阶级革命事业的“目标体系”。而且一切理论和实际工作，都必须围绕革命和建设的现实目标为中心而展开。故而，马克思主义指导各国无产阶级革命和社会主义、共产主义事业发展的目标体系的具体贯彻，体现在其各个发展阶段的政治纲领、指导路线和社会政策制定的直接实践上，即在直接实践的社会目标上，是不能超越其发展阶段的；但在理论指导上则是同时存在和发挥作用的，否则就不可能取得胜利。对此，毛泽东早在《新民主主义论》中，就讲清了这种辩证关系。他指出：“在现时，毫无疑义，应该扩大共产主义思想的宣传，加紧马克思列宁主义的学习，没有这种宣传和学习，不但不能引导中国革命到将来的社会主义阶段上

---

① 《列宁专题文集·论辩证唯物主义和历史唯物主义》，人民出版社2009年版，第160、163、163—164页。

② 《马克思恩格斯文集》第2卷，人民出版社2009年版，第52页。

③ 同上书，第53页。

④ 《邓小平文选》第3卷，人民出版社1993年版，第252页。

去，而且也不能指导现时的民主革命达到胜利。但是我们既应把对于共产主义的思想体系和社会制度的宣传，同对于新民主主义的行动纲领的实践区别开来；又应把作为观察问题、研究学问、处理工作、训练干部的共产主义的理论和方法，同作为整个国民文化的新民主主义的方针区别开来。把二者混为一谈，无疑是很不适当的。”① 这就是说，我国在新民主主义革命中，要以社会主义革命为目标；而在社会主义初级阶段和其后更高的社会主义阶段上，都必须始终以共产主义理想作为长远和终极的目标。一切不以共产主义为目标，不朝共产主义目标逐步靠近的社会主义，都不是科学社会主义，当然也就不是马克思主义。

三　科学社会主义的理论和实践能够开创和保障社会发展的社会主义、共产主义方向及其主体力量的充分发挥

一个国家的共产党要领导工人阶级和劳动人民作为主体力量，开辟社会主义事业，就必须通过无产阶级革命夺取和执掌国家政权，建立社会主义基本制度，在无产阶级专政条件下，大力发展生产力和整个社会主义事业，使该国家和社会始终坚持社会主义的发展方向，朝着共产主义的长远目标行进。

马克思主义告诉我们，一个社会主义国家的革命、建设和改革，要坚持社会主义方向，首先要靠坚持社会主义制度，包括社会主义经济制度、政治制度和文化制度的规范、引领和保障。其中最为根本的，就是必须在现代化生产力不断发展的基础上，坚持和完善以生产资料公有制为核心的社会主义生产关系，即社会主义的基本经济制度，才能维护和发展社会主义的社会形态的质的规定性。马克思指出：“各个人借以进行生产的社会关系，即社会生产关系，是随着物质生产资料、生产力的变化和发展而变化和改变的。生产关系总合起来就构成所谓社会关系，构成所谓社会，并且是构成一个处于一定历史发展阶段上的社会，具有独特的特征的社会。”② 这就是说，任何社会的独特性质，都是由基于一定生产力发展状况的、以其生产资料所有制为核心的社会生产关系总和所直接决定的，社会主义社会当然也不例外。据此，马克思恩格斯在《共产党宣言》中要求：“共产党人到处都支持一切反对现存的社会制度和政治制度的革命运动。在所有这些运动中，他们都强调所有制问题是运动的基本问题，不管这个问题的发展程度怎样。”③ 正因为在实行社会主义公有制的时候，还必须考虑社会生产力及其生产关系的发展程度问题，所以我国在社会主义初级阶段，只能长期实行以公有制为主体、多种所有制经济共同发展的基本经济制度，以及相应地实行以按劳分配为主体、多种分配形式并存的分配制度。应该说，坚持这“两个主体”，是我国社会主义的“底线”，是我国坚持社会主义发展方向，并且能够在大体上维护社会主义性质之起码的、低水平的经济基础和制度的保障。

其次，无产阶级国家要坚持发展的社会主义方向，就必须坚持不断革命，以便把社会主义革命进行到底。在马克思看来，无产阶级专政、社会主义革命与社会主义建设，

① 《毛泽东选集》第2卷，人民出版社1991年版，第706页。

② 《马克思恩格斯文集》第1卷，人民出版社2009年版，第724页。

③ 《马克思恩格斯文集》第2卷，人民出版社2009年版，第66页。

是同时存在、并行不悖、不断进行的。他指出："这种社会主义就是宣布不断革命，就是无产阶级的阶级专政，这种专政是达到消灭一切阶级差别，达到消灭这些差别所由产生的一切生产关系，达到消灭和这些生产关系相适应的一切社会关系，达到改变由这些社会关系产生出来的一切观念的必然的过渡阶段。"[①] 这"四个达到"，是很高的要求、很艰巨和很彻底的革命任务。它包括必须在逐步创造出高于资本主义劳动生产率的基础上，而逐步消灭生产资料私有制、消灭剥削、消灭阶级和阶级差别、消灭同私有制经济关系相适应的"一切社会关系"，并用社会主义思想文化根本改变、逐步取代由旧的社会关系产生出来的"一切观念"。显然，这"就是要造成使资产阶级既不能存在也不能再产生的条件"[②]。从一定意义上说，坚持和逐步做到这"四个达到"，就是坚持国家发展的社会主义方向。

最后，最为直接地决定着社会主义社会发展方向的，则是执政的无产阶级政党——共产党及其政治路线的正确引领。无产阶级是资产阶级的"掘墓人"和社会主义事业的中流砥柱。只有无产阶级及其政党才能够团结、带领和充分发挥各个劳动阶级、全体劳动人民及其知识分子，成为开创和建设社会主义革命事业的主体力量。马克思认为："无产阶级在反对有产阶级联合力量的斗争中，只有把自身组织成为与有产阶级建立的一切旧政党不同的、相对立的政党，才能作为一个阶级来行动。"[③] 马克思主义是一切真正的无产阶级政党的灵魂和思想旗帜。任何国家的社会主义革命、建设和改革，都必须由马克思主义指导的无产阶级政党来领导，才能够坚持社会主义方向，并不断取得胜利。其中，共产党在思想上政治上的路线正确与否，是决定一切的。因为，最为直接地规范全党和全国人民实践活动的，是社会主义国家执政党，即共产党的思想和政治路线。理论和实践都表明，我国在新时期之所以能够抵御苏联解体、东欧剧变的政治冲击，并且取得了社会主义改革开放和现代化建设的辉煌成就，主要是依靠党的十一届三中全会恢复和确立的"解放思想、实事求是"的思想路线，特别是在这个基础上制定的党在现阶段的"一个中心、两个基本点"的基本路线的正确指导和引领。只要我们全党真正做到"基本路线要管一百年，动摇不得"[④]，那么中国特色社会主义事业就会兴旺发达，永远立于不败之地。

科学社会主义是在实践探索中不断发展的无产阶级的科学思想体系。它立足于唯物主义历史观，体现了无产阶级根本利益与人类进步利益的统一、历史必然性与无产阶级以实现共产主义为终极目的之历史使命的统一。为此，列宁曾要求一切共产党人："应当时刻不忘我们的最终目的，随时进行宣传，保卫无产阶级的思想体系——科学社会主义学说，也就是马克思主义——不被歪曲，并使之继续发展。"[⑤] 可见，科学社会主义可以是马克思主义的同义语。

据此我认为，应当以科学社会主义作为"核心"和"中轴"，来领会和把握马克思主义的"整体性"，概括马克思主义基本原理和原理体系。这就意味着，我们可以从社

---

① 《马克思恩格斯文集》第 2 卷，人民出版社 2009 年版，第 166 页。

② 《列宁专题文集·论社会主义》，人民出版社 2009 年版，第 85 页。

③ 《马克思恩格斯文集》第 3 卷，人民出版社 2009 年版，第 228 页。

④ 《邓小平文选》第 3 卷，人民出版社 1993 年版，第 371 页。

⑤ 《列宁专题文集·论马克思主义》，人民出版社 2009 年版，第 303 页。

会主义为何必然代替资本主义、应当通过怎样的道路和途径代替资本主义，什么是社会主义、怎样建设社会主义，社会主义事业发展应当和如何经历哪些发展阶段、如何由其低级阶段向更高阶段演进，以及如何由社会主义社会发展和过渡到共产主义社会，即如何使人类由“必然王国”跃升到“自由王国”等重大问题，来概括和表述马克思主义原理和原理体系，并如实地作为一个有严密逻辑和内在结构的科学整体，来加以全面把握、正确运用和深化发展。

（原载《马克思主义研究》2014 年第 5 期）

中国特色社会主义的鲜明特质和世界意义

邓纯东

邓纯东，中国社会科学院马克思主义研究院党委书记、院长，研究员。

科学社会主义是马克思主义的重要组成部分。新中国成立后特别是改革开放以来，我们党紧紧依靠人民，把科学社会主义基本原则同我国实际和时代特征有机结合起来，开创和发展了中国特色社会主义。党的十八大以来，以习近平同志为总书记的党中央坚持和发展中国特色社会主义，进一步彰显了中国特色社会主义道路自信、理论自信、制度自信。在不断探索实践的过程中，中国特色社会主义日益体现出鲜明特质和世界意义。

中国特色社会主义道路的成功探索，丰富了发展中国家实现现代化的方式和路径

中国特色社会主义道路的成功探索，深刻改变了中国人民的面貌、社会主义中国的面貌、中国共产党的面貌，不仅使我国大踏步赶上时代进步潮流，而且丰富了发展中国家实现现代化的方式和路径。

道路关乎党的命脉，关乎国家前途、民族命运、人民幸福。党的十一届三中全会以来，我们党坚持科学社会主义基本原则，坚持解放思想、实事求是、与时俱进、求真务实，既不走封闭僵化的老路，也不走改旗易帜的邪路，而是走出一条具有中国特色的社会主义发展道路。这条道路，就是在中国共产党领导下，立足基本国情，以经济建设为中心，坚持四项基本原则，坚持改革开放，解放和发展社会生产力，建设社会主义市场经济、社会主义民主政治、社会主义先进文化、社会主义和谐社会、社会主义生态文明，促进人的全面发展，逐步实现全体人民共同富裕，建设富强民主文明和谐的社会主义现代化国家。

中国特色社会主义道路是中国共产党和中国人民依靠自身智慧和力量走出来的，独立自主是其鲜明特征。正如邓小平同志指出的："把马克思主义的普遍真理同我国的具体实际结合起来，走自己的道路，建设有中国特色的社会主义，这就是我们总结长期历史经验得出的基本结论。"我国用短短30多年时间走过了西方发达国家两三百年走过的现代化进程。取得如此巨大的发展成就，不能简单归因于集中爆发的"自然推动力"，也不能简单归因于复制他国模式或搭西方发达国家的"便车"，关键在于顺应时代潮流、坚持独立自主，走符合我国国情、具有中国特色的发展道路。近代以来，西方资本主义生产方式成为先进与发达的"化身"。西方的成功为人类文明发展作出贡献，同时使其自身表现出根深蒂固的文明优越感。少数发达资本主义国家总爱对一些发展中国家指手画脚，总觉得自己所走的道路才是唯一正确的道路。同时，历史的阴影和现实的困惑也一直在消磨着一些发展中国家的民族自尊心和民族自信心，使其存在对西方发展模式的"路径依赖"。近些年来，一些发展中国家盲目照抄照搬西方经验和模式，其结果不是"水土不服"，就是引发国内动荡，使自己陷入混乱局面。中国特色社会主义道路的成功探索，对这些因简单复制西方发展道路、发展模式而陷入"现代化困境"的发展中国家来说，无疑具有启示借鉴意义。

中国特色社会主义理论体系的坚持和发展，彰显了马克思主义在当代的强大生命力

中国特色社会主义理论体系是坚持和发展中国特色社会主义的科学指南。它是我们党运用马克思主义立场观点方法、在解决我国现实问题中形成和丰富发展起来的，彰显了马克思主义在当代的强大生命力。

改革开放以来，我们党面临的历史课题主要是建设什么样的社会主义、怎样建设社会主义，建设什么样的党、怎样建设党，实现什么样的发展、怎样发展等。我们党在坚持把马克思主义基本原理同我国实际和时代特征相结合过程中，形成并丰富发展了中国特色社会主义理论体系。这一理论体系，是包括邓小平理论、"三个代表"重要思想、科学发展观在内的科学理论体系。党的十八大以来，以习近平同志为总书记的党中央坚持和发展中国特色社会主义，对实现中华民族伟大复兴的中国梦、全面深化改革开放、推动科学发展、推进社会主义民主政治建设和依法治国、宣传思想工作以及国际关系和我国外交战略、党的建设等提出了一系列新思想、新观点、新论断，进一步丰富和发展了中国特色社会主义理论体系。

中国特色社会主义理论体系具有开放包容、与时俱进的鲜明特征。开放包容是马克思主义的科学特质，与时俱进是马克思主义的理论品格。马克思主义的形成和发展吸收借鉴了人类众多理论成果和实践经验，尤其是德国古典哲学、英国古典政治经济学和法国空想社会主义的合理成分。同时，马克思主义也随着时代变迁和实践探索而不断创新发展。邓小平理论、"三个代表"重要思想、科学发展观和习近平同志的一系列新思想、新观点、新论断是在改革开放不同时期、不同阶段实践中产生的，它们在理论主题、思想基础、政治理想、根本立场上一脉相承，同时又根据新的实践，借鉴各国治国理政有益经验，科学回答了我国面临的新课题，作出了各自独特的理论贡献，体现了开放包容、与时俱进的鲜明特征，彰显了马克思主义在当代的强大生命力。中国特色社会主义理论体系的形成和丰富发展，为当今世界各国克服意识形态的傲慢与偏见，吸收借鉴人类社会创造的一切文明成果，促进自身发展与交流、合作、共赢，提供了样板。

中国特色社会主义制度的比较优势，引发了西方的制度反思和改革呼吁

中国特色社会主义制度的形成、完善和发展，是在中国特色社会主义理论体系指导下进行的。在实践过程中，中国特色社会主义制度体现了社会主义优越性，同时引发西方的制度反思和改革呼吁。

新中国成立后，我们党团结带领人民建立起社会主义制度，为当代中国一切发展进步奠定了根本政治前提和制度基础。改革开放以来，我们党积极稳妥地推进社会主义制度的自我完善和发展，促进了中国特色社会主义制度的成熟和定型。中国特色社会主义制度，包括人民代表大会制度的根本政治制度，中国共产党领导的多党合作和政治协商制度、民族区域自治制度以及基层群众自治制度等基本政治制度，中国特色社会主义法律体系，以公有制为主体、多种所有制经济共同发展的基本经济制度，以及建立在这些制度基础上的经济体制、政治体制、文化体制、社会体制等各项具体制度。中国特色社会主义制度既将马克思主义对社会主义制度的基本设想变为现实，又根据我国国情进行了实事求是的探索创新，体现了自身的智慧和比较优势。

中国特色社会主义制度的鲜明特征，主要表现在保证人民当家作主、协调国家机关高效运转、凝聚各族人民力量。人民当家作主，就是坚持人民民主，只有发扬充分的人民民主，才能保证决策的科学性，体现最大多数人的利益和需要，从而凝聚起最大多数人的力量；协调国家机关高效运转，就是坚持中国共产党领导的多党合作和政治协商，与最广大人民形成共识，达成最大公约数，保证国家政令畅通；凝聚各族人民力量，就是具有强大动员力量，能够全国一盘棋，集中力量办大事，充分调动广大人民群众的积极性，为大多数人谋利益。中国特色社会主义制度所呈现的民主和集中有机统一、高效运转、集中力量办大事等优势，引发了西方有识之士的制度反思和改革呼吁。美国《福布斯》杂志网站《领会来自中国的启示》一文写道，“或许我们可从中国人那里学习集体努力的力量：不同的个人和组织携手为一个共同目标努力，齐心协力致力于经济发展”。《纽约时报》专栏作家弗里德曼在文章中指出：“当现实有需要的时候，中国领导人可以修订法律法规、制定新的标准，改进基础设施，促进国家的长期战略发展。这些议题在西方国家的讨论和执行，需要花几年甚至几十年的时间。”弗里德曼因此提出了“做一天中国”的呼吁。

林无静树，川无停流。实践发展没有终点，理论创新不会停顿。可以肯定，中国特色社会主义必将适应时代、实践和科学的发展，博采众长，不断向前，在造福中国的同时为世界作出更大贡献。

（原载《人民日报》2014 年 12 月 21 日）

意识形态话语权初探

侯惠勤

侯惠勤，中国社会科学院马克思主义研究院教授、博士生导师，中国历史唯物主义学会会长。

党的十八大以后，加强和改进意识形态工作的一个重要方面，就是牢牢掌握话语权，推进具有中国特色的哲学社会科学话语体系的建设。2013 年，习近平在全国宣传思想工作会议上明确提出，在集中精力进行经济建设的同时，必须一刻也不放松和削弱意识形态工作，把意识形态工作领导权和话语权牢牢掌握在手中。其中，把意识形态的领导权和话语权相提并论，是值得我们思考的问题。

一　思想领导权、话语权和学术话语权

国家意识形态本质上是阶级意识，是上升为统治思想的阶级意识。因此，只有能够形成阶级意识的阶级，才可能成为革命阶级并通过革命上升为统治阶级。这就表明，思想领导权在革命阶级获得政权前是革命的先导，是夺取政权的必要前提；而在掌握政权后则是巩固政权的保障，是建立主流意识形态的思想基础。由于在受压迫的劳动者阶级中，只有工人阶级能够超越资产阶级意识形态，形成以“消灭阶级”为内核的阶级意识，因而无论是社会主义革命或建设，都必须坚持工人阶级的领导权。工人阶级的阶级意识和历史使命，集中体现在马克思主义及其政党的作用上。坚持工人阶级的领导权，就是要不断加强和改善共产党的领导，巩固和加强马克思主义的指导地位，按照工人阶级的阶级要求去改造世界，为最终实现共产主义而奋斗。

思想领导权的实现路径就是话语权。话语权包括提问权、论断权、解释权和批判权等。所谓提问权，就是对于时代问题及其所涉及的重大任务的发现和追问，是历史任务的提出和阶级立场的表达，是一个政党及其领袖世界观、历史观、方法论的思维特征及具体表现。所谓论断权，就是对于时代、时代特征、时代潮流及其重大问题所作出的回答和判断，是为历史任务的完成所必需的理论武装制定思想依据，是一个政党及其领袖思想创造力的体现，其表达方式通常是形成独特的思想体系或理论纲领。所谓解释权，就是在完成重大历史任务过程中开展政治动员所作的理论阐释，是一个政党及其领袖的思想深入社会实践和人民大众的方式，通常通过及时提出适当的理论概括及其"口号"，以及口号的把握、贯彻和落实，在今天，特别重要的就是要"讲好中国故事"。所谓批判权，就是对于敌对或错误思想观念进行排除，是一个政党及其领袖对于主要矛盾、主要倾向和主要危险的判断和把握，也是其感召力、战斗力的直接检验，通常通过思想斗争的方式进行。总之，通过出题目、作判断、除干扰、解困惑等环节，掌握思想领导权，实现思想引领，是掌控意识形态的一般方式。坚持马克思主义在我国意识形态领域的指导地位，首先要维护马克思主义的话语权。

通过学术话语权消解思想话语权，是今天西方意识形态对我国渗透的重要特点。马克思主义的学术话语权可能是中国哲学社会科学话语体系建设的核心问题。从话语权的角度看，我们今天面临的最大挑战在于，由于西方蓄意制造意识形态和学术的割裂并把马克思主义归入意识形态而导致马克思主义学术话语权的架空。进一步看，马克思主义在学术话语权方面的弱小，不仅仅因为西方学术思潮的强大，还与我们在一些重大问题上的失当有关。比如说，在经济全球化的时代，学术研究当然要走向世界，但是，只有拥有自身的学术根基，才不至于把学术研究的国际化变成学术的"西化"、"洋化"。又比如说学术创新，那当然是学术的生命之本，但是如果只是照搬西方学界的问题和话语，那么看似热闹的创新则最后只能换来一个学术附庸的苦果，自然是事与愿违。因此，构筑和巩固自己的学术阵地，形成具有中国特色的学科体系和话语体系，是学术真正自由、繁荣的前提。

二　根本话语方式的确立是话语权的关键

话语权奠立在由基本观点、分析框架、特定视角等构成的根本话语方式之上，基础是世界观、历史观和方法论。在辩证唯物主义和历史唯物主义这个总题目下，关于哲学的基本问题，关于《共产党宣言》的基本思想，关于马克思主义的中国化等，构成了马克思主义的根本话语方式。颠覆马克思主义话语权的企图，首先表现在试图否定上述的根本话语方式上。割裂普遍性与特殊性的辩证联结，用价值关系否定和取代主客观关系，进而否定历史客观必然性，是今天试图改变和否定中国特色社会主义，把中国引向"全盘西化"的主要话语方式。

1. 不能用"普世价值"消解"中国特色"

大家知道，近几年来我国思想界的一大争论就是关于"普世价值"之争，这一争论的实质是中国走什么路、坚持什么样的发展方向问题。力主中国通过改革走"西化"道路的人，为了掩盖其"走邪路"的实质，首先要抹杀道路之争的意义，鼓吹现代化是一个没有道路分野、没有主义之辨的普世过程。在他们看来，资本主义和社会主义两条道路的选择和斗争是个可笑的伪命题，因为现代化过程中的贫富分化并非资本主义独有，“发生这种过程的两个主要原因在于技术和人口，而不是社会和政治原因”。[①] 中国的改革开放和现代化建设因而也就必定是一个“认同普世价值、融入主流文明”的过程，不存在“姓社姓资”的斗争。“回顾改革开放以来，一轮又一轮的‘姓社姓资’的争论，是那么认真尖锐。在今天的年轻人看来，这些争论显得多么可笑！当前围绕一些问题的‘姓社姓资’的激烈争论，过一些年后，人们也会同样觉得可笑。”

值得注意的是，他们以“普遍性和特殊性的统一”为论证工具，最终把中国社会主义的“特殊性”，湮灭在资本主义的所谓“普遍性”中。他们的逻辑是，“由于我们长期生活在经济文化落后的国家，对现代文明缺乏了解，对人类社会一般规律的认识是相当艰难的”，所以对于人类社会共性东西，即对西方文明“中心论”的认同和接受要放在突出的位置[②]。这里有以下三点错误。

第一，个性和共性是性质相同的一类事物的内在关系，用资本主义的所谓共性，来吞蚀中国社会主义的个性，是荒谬的。即使在其同类事物中，其共性和个性也不是平起平坐的两极，而是以个性为主要方面的对立统一。特殊性、个性是本、是根、是具体现实，而共性、普遍性是从同类事物中衍生的抽象。个性之所以为本，就在于个性内在地包含了共性，而共性并不能完全包容个性；而不断发展、实现的个性必然体现其共性。所以，脱离了个性的共性就只是抽象的共同性，与个性不在一个层面。因此，道路、制度、发展模式之争，不是个性和共性的差异，而是不同性质的具体事物的个性和本质的差异。说到底，中国特色社会主义和西方模式之争，是两种具体事物的性质之争。在当今世界，没有一种制度各国必须照搬，没有一种发展模式各国普遍适用，没有一条道路各民族都能走得通。走自己的路，坚持和发展中国特色社会主义，这就是结论。

第二，经济社会发展相对落后的国家，并不等于认识能力和思想成就落后。正如恩格斯所说：“经济上落后的国家在哲学上仍然能够演奏第一小提琴：18 世纪的法国对英国来说是如此（法国人是以英国哲学为依据的），后来的德国对英法两国来说也是如此。”[③] 我们坚持改革开放、解放思想，不是站在落后的历史阶梯上仰望西方，而是借助于马克思主义站在历史制高点上充分吸收人类文明的一切优秀成果，不断开拓中国特色社会主义的现代化道路。尽管我们还要不断地开阔眼界，但决不意味着我们对于世界文明发展趋势的认识落后于西方国家，更不意味着消解“姓社姓资”的界限、视资本主义为“普世价值”。自鸦片战争以来的历史证明，仅承认“落后”而向西方学习是找不到出路的，最后只能落个四处碰壁、走投无路。保持文化自信和思想定力是吸收各国优秀文明成果的前提，中国特色社会主义的创立为我们确立了这一前提。

第三，现代资本主义文明不等于人类文明的未来。事实已经证明，资本主义并没有终结人类历史，其被超越是历史的必然。因而处在当代文明优势地位的西方文明，并不

---

① 拉尔夫·达仁道夫：《现代社会冲突》，林荣远译，中国社会科学出版社 2000 年版，第 128 页。

② 同上。

③ 《马克思恩格斯文集》第 10 卷，人民出版社 2009 年版，第 599 页。

代表历史的普遍规律。用普遍规律和特殊规律的关系解释当代的社会主义和资本主义之争纯属误导。从历史发展的客观规律看，资本主义文明是一个正在退出历史舞台的衰落文明，而只有社会主义、共产主义才代表了当代人类文明发展的方向。人类社会发展规律、社会主义建设规律和中国特色社会主义发展规律，不只是其本身的共性和个性之间的关系和比较，更是不同国家、民族之间先进性的比较。中国特色社会主义不仅体现了当代中国的发展要求，至少也体现了当代社会主义的发展趋势，因而也引领了当代人类文明的发展潮流。中国的改革开放，就是要坚持和发展中国特色社会主义，而不是所谓的“认同普世价值、融入西方文明”。

2. 不能离开客观真理谈“价值观念”

抹杀现代化过程的主义之争和道路选择，更为深层的扭曲是否认历史过程的客观规律性和判断历史认识的客观真理标准，取而代之的是当下大多数人认同的价值观，使得凝聚了资本主义思想、制度和价值取向的“西方模式”能以“普世价值”的面貌攻城略地。可以说，对于唯物史观的否定，是一种釜底抽薪式的根本颠覆，也是西方意识形态进行话语权颠覆的主要着力点。历史唯物主义所揭示的社会发展规律的客观真理，是正确的社会价值观和价值目标追求的社会认识前提和科学基础。正是因为如此重要，才使得某些学者想釜底抽薪，即在如何概括马克思主义哲学问题上，一直有推倒“辩证唯物主义”“历史唯物主义”概括的倾向。理由有诸如“唯物和唯心的区分已不是当代哲学的基本问题”“辩证唯物主义和历史唯物主义是无人主义”“这一概括是斯大林的遗产”等等，拟取而代之的则是“实践哲学”“唯人（或人本）主义哲学”“生存论哲学”及“价值论哲学”等。虽然由于党中央的坚持，马克思主义哲学在正式场合的表述上没有改变，然而在学术领域，即讲坛、课堂、学术刊物和流行话语上，对于马克思主义哲学的表述不仅五花八门，而且基本倾向是否定这一哲学的阶级性（党性）、客观真理性，突出其所谓的“主体性”（价值性）、相对性、当下性。实事求是地说，随着“辩证唯物主义”被否弃、历史唯物主义被“重建”（哈贝马斯语），我们在马克思主义哲学上的话语权面临空前严峻的挑战。

我们现在看到的一个最新挑战例子，就是公然否定唯物史观核心思想：“其实很多东西不像传统讲的那样，生产力决定生产关系，生产关系决定上层建筑。那什么决定生产力呢？你说科学技术，那科学技术是什么？科学技术就是一个想法，就是一种思想，不属于生产力；是思想本身决定科学技术的进步。”真是无知者无畏。尽管有不少对于唯物史观的诘难乃至否定，但是直接否定生产力的决定作用则尚属少见。况且，其否定唯物史观的提问和回答方式都十分幼稚可笑，基本上是18世纪形而上“原子式”思维的翻版。这种思维方法总是企图寻找历史发展的单一终极原因，寻找构成社会大厦的“最终砖块”。这种思维之所以是错误的，就因为事物总是在相互作用、相互转化中形成、发展、变化的，不存在单一的作用者和被作用者。说思想决定科学技术，我们可以轻松反问，思想又由什么决定的？最后陷入“鸡生蛋、蛋生鸡”的怪圈。所以，正如恩格斯指出的：“自然科学证实了黑格尔曾经说过的话（在什么地方?）：相互作用是事物的真正的终极原因。我们不能比对这种相互作用的认识追溯得更远了，因为在这之后没有什么要认识的东西了。”[①]

① 《马克思恩格斯选集》第4卷，人民出版社1995年版，第328页。

然而进一步考察我们可以发现，思想其实并不能决定生产力。不仅人们不能自由地选择生产力，而且创造新生产力的思想也是在相应生产力的基础上才会出现。为什么蒸汽机的想法在公元1世纪就出现了，而在18世纪才能形成生产力？为什么人类只有在19世纪末才能从蒸汽时代进入电气时代，而20世纪中叶才向信息时代迈进？人在和自然相互作用中形成的客观实际能力就是生产力，它不仅包括客观的生产能力和科技能力，也包括相应的科学知识和科学思想，其共同特点是人们不能自由选择和随意创造。

我们不难设想：如果离开了对社会基本矛盾——生产力与生产关系、经济基础与上层建筑之间的矛盾运动的把握和分析，还能有正确的社会历史观吗？科学社会主义还有理论的立足之地吗？在这种理论背景下，所谓社会“价值追求”云云，只能是唯心史观借尸还魂的“复活”。

3. 用“普世价值”否定和取代客观真理，是值得注意的动向

“普世价值”以现在大多数人的主观认同为前提，不是以符合历史发展客观规律的科学认知为前提，因此它不能等同于“普遍真理”。作为体现历史必然性的普遍真理，具有不以人们的主观意志为转移的客观普遍性，它不以人们的主观认同状态为依据，而是以科学、正确为标准，换言之，历史发展的客观真理为大多数人所接受，往往是结果，而不是前提。因此，邓小平在苏联解体东欧剧变后坚定地表示：“一些国家出现严重曲折，社会主义好像被削弱了，但人民经受锻炼，从中吸收教训，将促使社会主义向着更加健康的方向发展。因此，不要惊慌失措，不要认为马克思主义就消失了，没用了，失败了。哪有这回事！”他充满信心地预言：“我坚信，世界上赞成马克思主义的人会多起来的，因为马克思主义是科学。”[①]“普世价值”则不然，它的力量主要来自某一时段大多数人的主观认同。我们常常可以听到主张照搬西方制度的一个似乎很充分的论据，就是认为虽说西方制度并非完美无缺，但它毕竟为现在绝大多数国家认可并实行，中国为什么要例外呢？然而历史反复证明，如果大多数人的认同就等同于历史规律，人类社会可能就止步于原始社会了；新制度、新道路的开辟，总是由小到大、由弱变强；历史潮流不取决于一时的人数多少，而取决于是否遵循客观真理和历史规律；甚至可以从一定意义上说，历史的每一个进步，都是对于某种所谓“普世价值”的颠覆。

4. 唯物论是马克思主义哲学的第一特征

可以用各种概括去阐发马克思主义哲学，但科学性是其核心，因而奠定了科学社会主义的世界观基础。科学性的根基是现代唯物主义，只有确认世界的客观物质性及其发展的客观规律性，科学的认识才是可能的，客观真理才得以确立。阐明世界客观物质性的困难在社会历史领域，因为这是一个由人们的利益、意志、情感等主观性支配、被唯心主义长期垄断的世界，因而历史唯物主义是马克思的第一大发现，不以人的主观意志为转移的客观真理性认识因此而第一次推进到社会历史领域。

这就决定了马克思主义哲学是在彻底唯物主义的基础上解决各种哲学问题，包括阶级性和科学性、党性和人民性、主客体的实践关系等；决定了马克思主义哲学的总体特征只能是辩证唯物主义和历史唯物主义，其他的表述（包括实践唯物主义）都是由此派生出来的；这也就决定了对于马克思主义哲学的真正推进和发展，必然是以唯物主义为基石，而离开了唯物主义的任何美妙话语，都是掩盖其背离马克思主义哲学的谎言。因

① 《邓小平文选》第3卷，人民出版社1993年版，第383、382页。

此，是否坚持哲学唯物主义立场，就成为争夺马克思主义哲学话语权的根本问题。正如列宁指出的："如果把马克思在《资本论》和其他著作中的一些哲学言论考察一下，那么你们就会看到一个始终不变的主旨：坚持唯物主义，轻蔑地嘲笑一切模糊问题的伎俩、一切糊涂观念和一切向唯心主义的退却。马克思的全部哲学言论，都是以说明这二者的根本对立为中心的，但从教授哲学的观点看来，这种'狭隘性'和'片面性'也就是马克思的全部哲学言论的缺点之所在。事实上，鄙弃这些调和唯物主义和唯心主义的无聊的伎俩，正是沿着十分明确的哲学道路前进的马克思的最伟大的功绩。"①

平心而论，当代西方哲学所走的路线，和德国古典哲学正好相反。德国古典哲学高扬理性和知识的旗帜，并最终在黑格尔那里，通过概念辩证法把世界的可知性奠立在了人类理性上。此后对于黑格尔辩证法的批评，明显存在着左右两个方向。马克思主义批评黑格尔的辩证法，是因为在他那里，辩证法被神秘化了，要在唯物主义的基础上拯救辩证法。而西方现代哲学走的路正好相反。他们打着反对科学主义、抽象理性主义的旗号，通过贬低和限制知识，以及以此为基础的认识论哲学，尤其是辩证法，不可遏制地滑向怀疑论、不可知论和非理性主义。正如列宁指出的："康德贬低知识，是为了给信仰开辟地盘；黑格尔推崇知识，硬说知识是关于上帝的知识。唯物主义者推崇关于物质、自然界的知识，把上帝和拥护上帝的哲学混蛋打发到阴沟里去。"②

恩格斯早就指出，资产阶级对于德国古典哲学的抛弃，是与其利益的转向紧密联系的。随着资产阶级上升为统治阶级，形成了牢不可破且不断扩大的既得利益，它必然害怕新陈代谢的历史规律，害怕面向未来的科学知识。"相反，科学越是毫无顾忌和大公无私，它就越符合工人的利益和愿望。"因此，"德国的工人运动是德国古典哲学的继承者"。③ 一般地说，没有认识论支撑的哲学并不是真正面向未来的哲学，因为任何面向未来的哲学，其论题并不都是直接现实的，其论证更不都是能够直接依托实践检验或生存体验的，就是说不能得到充分的经验证明的，因而通过科学认识而揭示的理论逻辑就必不可少。特殊地说，对于开创性的实践而言，正确的认识是实践成功的前提，"没有革命的理论，就不会有革命的运动。"④

中国特色社会主义就是历史唯物主义揭示的理论逻辑和中国社会发展的历史逻辑相统一的产物。尽管社会历史领域的科学性有不同于自然科学的特殊性，但共同的是它们都是以客观真理为依据的，都有不以人们的主观意志和利益诉求为转移的客观必然性；尽管我们已知的仅仅是世界的很小部分（当然在不断扩大），但是已知和未知仍然只是量的差别，不存在我们无法认识的另一个世界；尽管意义世界、符号世界、信仰和幻想世界等等极其复杂，致使多种精神方式都有其存在的价值，但真正推动人类精神发展的还是科学文化，其他大都是"不结果实的花朵"。

---

① 《列宁选集》第 2 卷，人民出版社 1995 年版，第 229 页。

② 《列宁全集》第 55 卷，人民出版社 1990 年版，第 142—143 页。

③ 《马克思恩格斯选集》第 4 卷，人民出版社 1995 年版，第 258 页。

④ 《列宁选集》第 1 卷，人民出版社 1995 年版，第 311 页。

三 必须认真清算试图颠覆马克思主义话语权的“小伎俩”

话语权问题之所以复杂、之所以容易成为颠覆意识形态领导权的突破口，就在于它所涉及的并不都是聚光灯下的关注点，而是有很多不易察觉、但却是可以毁千里之堤的“蚁穴”。清除这些“蚁穴”，已成为牢牢掌握马克思主义话语权的又一关键点。值得注意的是，这些“蚁穴”都是通过一些“小伎俩”构筑起来的，因而清除蚁穴的关键是清算这些小伎俩。

1. 通过量的混淆，达到混淆不同事物的本质界限，从而颠覆马克思主义的分析框架乃至历史观

中国特色社会主义虽然是在充分吸收一切文明成果并立足于中国的具体国情发展起来的，但它首先是世界社会主义运动的一部分，因此，以批判和超越资本主义为标志的世界社会主义运动就成为中国特色社会主义的重要历史依托。习近平总书记明确指出：“中国特色社会主义是社会主义，不是别的什么主义。”① 如果割断中国特色社会主义和世界社会主义的联系，那么中国要不脱离人类文明的大道，就只能向西方文明回归了。这样，把中国特色社会主义和其他社会主义的探索对立起来就是关键，根本否定列宁、斯大林开创的“苏联模式”就是要害。当然，从毛泽东到邓小平都认为，苏联模式有弊端，我们不能照搬，中国的社会主义建设必须走自己的路，但是，这并不等于我们否定苏联模式的社会主义这一基本面，更不等于我们对于苏联模式的批评与西方的批判持同一立场，恰恰相反，我们对于苏联模式的批评不是其坚持科学社会主义的基本原理，而是这种坚持不够自觉、辩证、一贯和坚定。不照搬苏联模式和不照搬西方模式不是一回事。

全盘否定苏联模式的人为了增强话语的分量，抬出了邓小平，据他们说邓小平认为苏联模式“是不成功”的。但是查对邓小平的原话就可以看出，这是捏造。邓小平在接见波兰共产党领导人时说：“我们两国原来的政治体制都是从苏联模式来的。看来这个模式在苏联也不是很成功的。即使在苏联是百分之百的成功，但是它能够符合中国的实际情况吗？能够符合波兰的实际情况吗？各国的实际情况是不相同的。”② 邓小平的意思十分清楚，苏联模式在苏联“也不是很成功”，即便完全成功，各国也不能照搬。怎么能将此解读为邓小平完全否定苏联模式呢！不是很成功，对其基本面还是肯定的，而很不成功则是一个否定的判断，两者显然不能够等同。这里是不是有通过语言游戏在偷换概念之嫌呢？

类似的情况还出现在对于什么是社会主义的解释上。邓小平在强调社会主义必须始终把解放和发展生产力作为根本任务时指出：“什么叫社会主义，什么叫马克思主义？我们过去对这个问题的认识不是完全清醒的。”③ 这个“不是完全清醒”被曲解为“完全不清醒”，以至于“什么是社会主义，谁能说得清”居然成为一个时期的流行语。事物的性质是由量支撑的，通过量的篡改必然导致对于质的否定。将“不是完全清醒”曲

---

① 《十八大以来重要文献选编》（上），中央文献出版社 2014 年版，第 109 页。

② 《邓小平文选》第 3 卷，人民出版社 1993 年版，第 178 页。

③ 同上书，第 63 页。

解为“完全不清醒”，改革开放前后的新中国两个30年就对立起来了，中国特色社会主义似乎就与新中国前30年无关，而是改革开放以后另起炉灶的结果。这个问题之所以需要警惕，就是因为事关中国特色社会主义的历史根据，事关意识形态的大是大非。正如习近平总书记指出的：“不能用改革开放后的历史时期否定改革开放前的历史时期，也不能用改革开放前的历史时期否定改革开放后的历史时期。”“我之所以强调这个问题，是因为这个重大政治问题处理不好，就会产生严重政治后果。”①

2. 通过质的混淆，达到混淆不同事物的本质界限，从而颠覆马克思主义的政治价值观

四项基本原则是我们的立国之本，也是敌对意识形态极力加以否定的目标。除了对于四项基本原则的公开诋毁外，他们还试图“以子之矛攻子之盾”。比如，一些自由派人士公开提出，四项基本原则之所以不成立，就在于它与我国宪法所规定的“公民信仰自由”相抵触，因为四项基本原则中的马克思主义是无神论。这是典型的质的混淆。大家知道，将四项基本原则写入宪法的总纲，是从政治上阐明国家的性质，也是全体公民（包括宗教徒）都必须遵循的政治原则，此乃“大公”。而“信仰自由”是宪法中“公民权利”所列，信不信教、信什么教，是公民个人的自由，此乃“小私”。“大公”与“小私”怎能混为一谈？企图以此而否定立国之本则更是掩耳盗铃之举。

坚持党的领导，是中国特色社会主义本质的特征，而党之所以能够始终成为中国特色社会主义的政治核心，就在于“从严治党”。其中，要求全党全心全意为人民服务，做中国特色社会主义共同理想和共产主义远大理想的坚定信仰者和忠实践行者，是根本的一条。这种理想信念的价值追求可以简要地概括为“大公无私”。为了摧毁这种政治信念，抓住“市场经济”作文章，以“市场经济条件下承认个人（包括党员）利益，因此不是大公无私，而是大公有私”为借口，是值得注意的动向。显然，这种借口混淆了作为个人生存条件和作为个人信仰追求这两个不同质的事物界限。作为人，其生存总要有相应的物质生活条件。但是，这不等于说人们必然把物质享受作为自己的人生追求，相反，除了享乐主义等，作为信仰一般都是超越物质需要的精神追求。真正的共产党人更是以共产主义为信仰，为此而奋斗终生、奉献一切。宣扬所谓的“大公有私”，就是力图从话语权入手，颠覆共产党人的政治信仰。

3. 通过体系的遮蔽，割裂显性话语和隐性话语的内在联系，以图达到取消马克思主义话语权的功效

马克思主义既是极其严谨而彻底的理论体系，又是随着实践不断发展、不断根据实践的需要突出某些基本原理的过程。因此，我们既不能因实践需要突出某些基本原理而忘记了其整体性，又不能因强调其整体性而忽略了实践需要突出的一些方面。如果我们称时下需突出的基本原理为显性话语的话，那么，其他作为整体性支撑的基本原理则可称为隐性话语。用显性话语遮蔽体系，进而否定其他基本原理，是今天颠覆马克思主义话语权的又一手法。毫无疑义，我国现阶段的主要矛盾是人民日益增长的物质文化需要和落后的社会生产之间的矛盾，阶级斗争不是主要矛盾。但是这一判断本身就是马克思主义的整体分析框架（包括阶级分析）所得出的结论，不能把这一结论和整个思想体系割裂，甚至对立起来。

---

① 《十八大以来重要文献选编》（上），中央文献出版社2014年版，第112—113页。

毫无疑问，阶级性话语不是我们今天的显性话语，当下流行的是人民性、人类性话语。然而不可忘记的是，如果没有阶级分析等隐性话语的支撑，人民性、人类性话语则将是彻头彻尾的欺骗，是深陷资产阶级话语陷阱而不可自拔。马克思主义重视阶级斗争的历史作用，并不是迷恋暴力和反对人类的和解，而是遵循阶级斗争的规律，真正开辟出人类走向大同的现实道路。在马克思主义看来，只要存在着阶级、阶级剥削和阶级压迫，所谓的“自由”“平等”“博爱”就必定是虚假的。而消灭阶级，在现存社会各个阶级中，只有无产阶级才具有这样的阶级要求。因此，只有坚持工人阶级的领导权，按照工人阶级的阶级要求去改造世界，人类才能最终走向大同。不难看出，马克思主义承认阶级斗争的历史作用，不是要不断强化阶级斗争，而是寻求最终摆脱阶级斗争。也就是说，马克思主义阶级理论的精髓，不是“以阶级斗争为纲”，而是坚持工人阶级领导权，最终实现共产主义。马克思自己就明确指出：“至于讲到我，无论是发现现代社会中有阶级存在或发现各阶级间的斗争，都不是我的功劳。在我以前很久，资产阶级历史编纂学家就已经叙述过阶级斗争的历史发展，资产阶级的经济学家也已经对各个阶级作过经济上的分析。我所加上的新内容就是证明了下列几点：(1) 阶级的存在仅仅同生产发展的一定历史阶段相联系；(2) 阶级斗争必然导致无产阶级专政；(3) 这个专政不过是达到消灭一切阶级和进入无阶级社会的过渡。”①

正因为如此，无论阶级斗争是否是我国现阶段的主要矛盾，人民民主专政（即无产阶级专政）都必须坚定不移地加以维护。这是我们坚持社会主义现代化、坚持中国特色社会主义道路的政治保障。在这一根本问题上，邓小平和马克思完全一致，他指出：“马克思说，阶级斗争不是他的发现，他的理论最实质的一条就是无产阶级专政。无产阶级作为一个新兴阶级夺取政权，建立社会主义，本身的力量在一个相当长时期内肯定弱于资本主义，不靠专政就抵制不住资本主义的进攻。坚持社会主义就必须坚持无产阶级专政，我们叫人民民主专政。在四个坚持中，坚持人民民主专政这一条不低于其他三条。理论上讲清楚这个道理是必要的。”② 邓小平确实具有深邃的政治眼光和高度的政治定力，指明光讲民主不讲专政，尚处在弱小地位的社会主义就失去了自我保护的能力，就必然被“西化”和“分化”。因此，时下流行的那种崇拜民主、贬斥专政的心态，是一种有害的政治心态，要在讲清楚理论的基础上加以改变。如果真想告别“以阶级斗争为纲”，就必须坚持人民民主专政，否则，出现新的阶级分化，阶级斗争将会不以人们的主观好恶为转移而上升为主要矛盾，“以阶级斗争为纲”就将是无法避免的选择。历史的辩证法就是如此。

意识形态话语权问题十分复杂。从宏大叙事到字斟句酌，从叙事方式到内容取舍，从醍醐灌顶到润物无声，从花样翻新到一以贯之，处处充满挑战，时时可以出新。但根本还在理论的彻底，思想的正确和认识的科学。这就是马克思主义话语权的力量所在，也是我们探讨这一问题的立足点。

（原载《马克思主义研究》2014 年第 12 期）

① 《马克思恩格斯选集》第 4 卷，人民出版社 1995 年版，第 547 页。

② 《邓小平文选》第 3 卷，人民出版社 1993 年版，第 364—365 页。

重温邓小平相关论述的若干思考

樊建新

樊建新，中国社会科学院马克思主义研究院副院长，中国社会科学院世界社会主义研究中心副主任，中华人民共和国国史学会常务理事。

如同什么是社会主义、如何建设社会主义的问题一样，什么是改革、如何进行改革，是当前思考深化改革首先要弄清楚的根本问题。作为改革的总设计师，邓小平围绕改革相关问题做过一系列重要论述。在纪念邓小平诞辰 110 周年之际，重温这些论述，有助于我们进一步理解和领会习近平总书记关于全面深化改革系列重要讲话精神，有助于更好地回答改革和发展中一系列深层次理论问题。

1. 关于改革的性质、目的、评价标准和改革的着力点

邓小平说，“改革是社会主义制度的自我完善，在一定的范围内也发生了某种程度的革命性变革”。[①] 这是对改革的定义，是对改革的定性，是对改革性质的回答。

关于改革的目的，邓小平说，“我们的改革要达到一个什么目的呢？总的目的是要有利于巩固社会主义制度，有利于巩固党的领导，有利于在党的领导和社会主义制度下发展生产力”。[②] 可见，改革开放是手段，目的是上述三个“有利于”。这三个“有利于”同时也是改革的评价标准。如果改革使社会主义因素越来越少、资本主义因素越来越多，如果改革使党的领导地位越来越削弱甚至发生了动摇，那么改革就失败了。因此，改革的着力点是对社会主义制度的完善和发展，一切改革措施都要聚焦于三个“有利于”，用三个“有利于”来评判改革的成败得失。习近平总书记也坚定地认为，“推进改革的目的是要不断推进我国社会主义制度自我完善和发展，赋予社会主义新的生机活力。这里面最核心的是坚持和改善党的领导、坚持和完善中国特色社会主义制度，偏离

---

① 《邓小平文选》第 3 卷，人民出版社 1993 年版，第 142 页。

② 同上书，第 241 页。

了这一条，那就南辕北辙了”。[①]

2. 关于改革的方向

改革不是空洞的口号，不是抽象的标签。改革本身存在一个方向问题，即是否坚持社会主义方向的问题。改革开放以来，两种改革观的问题始终存在，如同邓小平所说，“某些人所谓的改革，应该换个名字，叫作自由化，即资本主义。他们‘改革’的核心是资本主义化；我们讲的改革与他们不同，这个问题还要继续争论的”。[②] 习近平总书记斩钉截铁地说，“我们的改革开放是有方向、有立场、有原则的。我们当然要高举改革旗帜，但我们的改革是在中国特色社会主义道路上不断前进的改革，既不走封闭僵化的老路，也不走改旗易帜的邪路”。[③] 习近平总书记还尖锐指出，“一些敌对势力和别有用心的人也在那里摇旗呐喊、制造舆论、混淆视听，把改革定义为往西方政治制度的方向改，否则就是不改革。他们是醉翁之意不在酒，‘项庄舞剑，意在沛公’”。[④] 邓小平对改革偏离正确方向的严重后果非常清醒，他说，“如果我们不坚持社会主义，最终发展起来也不过成为一个附庸国，而且就连想要发展起来也不容易”。[⑤] 正因为如此，邓小平强调，“党的领导是正确还是错误，是坚强还是软弱，就看这个领导能够不能够坚持社会主义道路”。[⑥]

至于什么是社会主义，邓小平讲得非常明确，“社会主义的本质，是解放生产力，发展生产力，消灭剥削，消除两极分化，最终达到共同富裕”。[⑦] 虽然小平也讲过，“社会主义是什么，马克思主义是什么，过去我们并没有完全搞清楚”。[⑧] 但是，必须坚持无产阶级专政、公有制、按劳分配这几条，从来就是清楚的。他也多次讲过，“一个公有制占主体，一个共同富裕，这是我们所必须坚持的社会主义的根本原则。我们就是要坚决执行和实现这些社会主义的原则”。[⑨] 这也就是说，社会主义的根本原则是清楚的，没完全搞清楚的是这些原则如何与中国实际相结合、如何具体化的问题。但不管如何结合，改革不能离开这些社会主义的根本原则，离开了，就偏离了正确方向。

多年来，一些人总认为邓小平是不问姓“社”姓“资”的实用主义者，然而，查遍《邓小平文选》和《邓小平年谱》，找不到任何关于“改革不问姓‘社’姓‘资’”的论述，相反，邓小平多次说过，我们的改革姓“社”不姓“资”。他说，“要用上百上千的事实来回答改革开放姓‘社’不姓‘资’，有利于社会主义，不利于资本主义”。[⑩] “到本世纪末，上海浦东和深圳要回答一个问题，姓‘社’不姓‘资’，两个地方都要做标兵。要回答改革开放有利于社会主义，不利于资本主义。这是个大原则。”[⑪]

---

① 《习近平关于全面深化改革论述摘编》，中央文献出版社 2014 年版，第 18 页。

② 《邓小平文选》第 3 卷，人民出版社 1993 年版，第 297 页。

③ 《习近平关于全面深化改革论述摘编》，中央文献出版社 2014 年版，第 14 页。

④ 同上书，第 19 页。

⑤ 《邓小平文选》第 3 卷，人民出版社 1993 年版，第 311 页。

⑥ 《邓小平年谱（1975—1997）》，中央文献出版社 2004 年版，第 809 页。

⑦ 《邓小平文选》第 3 卷，人民出版社 1993 年版，第 373 页。

⑧ 同上书，第 137 页。

⑨ 同上书，第 111 页。

⑩ 《邓小平年谱（1975—1997）》，中央文献出版社 2004 年版，第 1340 页。

⑪ 同上。

要正确认识和处理改革与社会主义初级阶段基本路线的关系问题。党在社会主义初级阶段的基本路线是："领导和团结全国各族人民，以经济建设为中心，坚持四项基本原则，坚持改革开放，自力更生，艰苦创业，为把我国建设成为富强、民主、文明、和谐的社会主义现代化国家而奋斗。"这里，改革是基本路线的一个组成部分，而不是全部。基本路线是管总的，管一切的。所以，改革要受基本路线的指导和制约，改革不能离开基本路线。

3. 关于四项基本原则同改革开放的关系

在二者关系问题上，一定要明确，四项基本原则是根本，是方向，是前提。邓小平说，"离开坚持四项基本原则，就没有根，没有方向，也就谈不上贯彻党的思想路线。"[①]"说我们只搞经济体制改革，不搞政治体制改革，这不对。我们的政治体制改革是有前提的，即必须坚持四项基本原则。"[②]"不坚持这四项基本原则，纠正极左就会变成'纠正'马列主义，'纠正'社会主义。"[③]因此，不能孤立地讲改革而不讲四项基本原则，不能把四项基本原则当作一般性的口号提提而已，必须把它体现在具体的改革政策中。

4. 关于什么需要改、什么不能改

改革是在坚持社会主义基本制度的前提下，改革它的某些具体制度、体制、环节，以便使社会主义制度更加充满生机和活力，更充分地发挥自身的优越性。因此，改革不是将我们原有的制度推倒重来，不是另起炉灶。邓小平说，"过去行之有效的东西，我们必须坚持，特别是根本制度，社会主义制度，社会主义公有制，那是不能动摇的。"[④]"一个公有制占主体，一个共同富裕，这是我们所必须坚持的社会主义的根本原则。"[⑤]

要处理好改革不停步与改革阶段性的关系。任何事物都有稳定性，是变革和稳定的统一体。改革既是不停步的，也是有阶段性的。不是只要变革就好，关键看变革什么、怎样变革。有些人把改革当儿戏，今天改掉了是改革，明天改回来也是改革！所以，不能认为只要把原有的都推翻了就是改革，这是对改革的曲解。要知道改革是在坚持社会主义基本制度的前提下和基础上进行的，它从来是有所改有所不改的。如同习近平总书记说的那样，"问题的实质是改什么、不改什么，有些不能改的，再过多长时间也是不改，不能把这说成是不改革。"[⑥]人民民主专政的国体，人民代表大会制度的政体，共产党领导、多党合作和政治协商的政党制度，统一的多民族国家和单一制国家中的民族区域自治的国家结构形式，公有制为基础的社会主义基本经济制度，马克思主义的指导地位，等等，都是不能动摇的。动摇了其中任何一个方面，就是砍掉社会主义大厦的一根重要支柱，就可能动摇整个大厦。十八届三中全会决定中说，"到2020年，在重要领域和关键环节改革上取得决定性成果，形成系统完备、科学规范、运行有效的制度体系，使各方面制度更加成熟更加定型"。这就是说，通过改革使各方面制度更加成熟和

---

① 《邓小平文选》第2卷，人民出版社1994年版，第278页。
② 《邓小平文选》第3卷，人民出版社1993年版，第332页。
③ 同上书，第137页。
④ 《邓小平文选》第2卷，人民出版社1994年版，第133页。
⑤ 《邓小平文选》第3卷，人民出版社1993年版，第111页。
⑥ 《习近平关于全面深化改革论述摘编》，中央文献出版社2014年版，第20页。

定型后，这方面的改革任务就基本完成了，各方面制度趋于稳定，一定时期内不会再有大的变化，改革的重心将转向其他领域。

5. 关于改革中如何对待资本主义

在社会主义初级阶段，有一个利用资本主义来建设社会主义的问题，因此需要正确处理社会主义和资本主义的关系。对于资本主义文明的有益成果，应当积极加以利用，在借鉴的时候要同中国的国情相结合；对外资的利用，必须服务于发展社会主义经济，吸收外资、合资经营等都不能伤害到社会主义经济的主体地位，必须确保社会主义的比重始终占优势。外资经济只能是中国社会主义经济的补充，不能是主体，也不允许其控制中国的经济命脉；对于我国的民族资本主义经济，需要引导与扶持，使其健康发展，这种发展要有一个界限，不是搞得越多越大就越好。改革开放的目的不是为了发展资本主义。邓小平说过，“社会主义有两个非常重要的方面，一是以公有制为主体，二是不搞两极分化”。[①] 这就是说，私有制经济的发展有一条不可逾越的底线，即不允许冲击、更不允许替代公有制的主体地位，不能出现两极分化。如果严重冲击了公有制的主体地位，出现了两极分化，必须采取果断措施加以扭转。邓小平在对资本主义雇佣劳动制要不要动的问题上曾说过，“动还是要动，因为我们不搞两极分化。但是，在什么时候动，用什么方法动，要研究。动也就是制约一下”。[②] 这就是说，资本主义私有制经济并不是可以无限制地发展的。如果私有制经济的发展超过一定限度，真到了尾大不掉的地步，特别是如果上层建筑受到资本主义私有制相当程度的侵蚀或者绑架，到时候想制约恐怕也失去了制约的能力。

6. 关于改革会不会发生失误和偏差，发生了该怎样对待

改革开放以后，邓小平反复说：没有开放，四化就没有希望。但是我们也充分意识到开放会带来一些消极的东西。“所以我们每进行一段，就要及时总结经验。”[③] “改革是一件有风险的事，我们要走一步看一步，逐步总结经验，否则人民会遭殃的。”[④] “搞改革还是一种探索、一种试验。在改革中难免犯错误，或者不是错误而是有些措施不恰当，办法不妥当，这些都会带来一些问题……改革确实会出问题。改革是一个新的事物，我们好多问题都没有搞清楚，难免犯错误。问题是要及时总结经验，不要犯大错误。”[⑤] 1989 年动乱之后，邓小平说，“要坚定不移地执行党的十一届三中全会以来制定的一系列路线、方针、政策，要认真总结经验，对的要继续坚持，失误的要纠正，不足的要加点劲”。[⑥] 考虑到改革开放过程中可能发生的严重问题，邓小平甚至说过，“我们社会主义的国家机器是强有力的。一旦发现偏离社会主义方向的情况，国家机器就会出面干预，把它纠正过来”。[⑦] 需要注意的是，“纠正过来”的前提是我们的“国家机器”还是“社会主义”的，而且是“强有力的”。因此，我们要确保这个前提始终存在。

---

① 《邓小平文选》第 3 卷，人民出版社 1993 年版，第 138 页。

② 同上书，第 216 页。

③ 《邓小平年谱（1975—1997）》，中央文献出版社 2004 年版，第 1062 页。

④ 同上书，第 1074 页。

⑤ 同上书，第 1085 页。

⑥ 《邓小平文选》第 3 卷，人民出版社 1993 年版，第 308 页。

⑦ 同上书，第 139 页。

这就是说，我们要充分估计改革的成就，同时也要正视在改革过程中发生的新情况、新问题。反思改革不是否定改革，而是为了更好地坚持和推进改革。只有弄清问题的所在，弄清问题发生的主客观原因，才可能提出进一步深化改革的正确办法。

7. 关于改革与社会主义初级阶段

邓小平指出，“中国社会主义是处在一个什么阶段，就是处在初级阶段，是初级阶段的社会主义。社会主义本身是共产主义的初级阶段，而我们中国又处在社会主义的初级阶段，就是不发达的阶段。一切都要从这个实际出发，根据这个实际来制订规划”。[①]这里有三层意思，一是我国已经进入了社会主义，否认这一点就会犯右的错误；二是当前的社会主义处于不发达阶段，否认这一点就会犯“左”的错误；三是初级阶段本身不是一种独立的社会形态，只是社会主义社会的一个发展阶段，它既不是凝固不变的，也不是永无期限的，而是不断向前发展的，即初级阶段要向中、高级阶段发展。在整个发展过程中，除了生产力更加发达、物质财富更加丰富外，在经济基础、生产关系等方面，社会主义的因素应该越来越多，也就是说，在中级阶段，社会主义因素要比现在初级阶段的更多才对。而这一结果不会自动出现，需要有预见性，需要为这一目标而采取措施做好准备。在新民主主义革命时期，我们党就明确新民主主义的方向是社会主义，当时就在方方面面加强和扶持社会主义因素：在经济上坚持公有制经济的领导权，政治上加强无产阶级领导权，文化思想上确立马克思主义的指导地位。当前，我们也应该思考如何为将来社会主义从初级阶段发展到中级阶段进行必要的准备的问题，思考今天所做的事情是否能够和怎样才能为将来的发展打好基础、做好铺垫的问题。

8. 关于公有制主体地位

关于坚持以公有制为主体的话，邓小平说过很多，比如，“我们允许个体经济发展，还允许中外合资经营和外资独营的企业发展，但是始终以社会主义公有制为主体。”[②]“一个公有制占主体，一个共同富裕，这是我们所必须坚持的社会主义的根本原则。我们就是要坚决执行和实现这些社会主义的原则。”[③]“社会主义有两个非常重要的方面，一是以公有制为主体，二是不搞两极分化。”[④]

能否坚持以公有制为主体，是事关社会主义性质的重大原则问题，也是事关改革方向的核心问题。改革中要始终毫不动摇地巩固和发展公有制经济，发挥国有经济的主导作用。否定公有制的主体地位和国有经济的主导作用，必然会加剧劳动与资本的对立、财富分配的两极分化，催生私人资本特别是大资本的形成，导致金融寡头的出现，破坏社会的稳定，导致社会的混乱，动摇中国特色社会主义事业的根基，最终将严重阻碍生产力的健康发展。在这一点上，不应当有丝毫的含糊。

在社会主义经济中，国有经济不是仅像在资本主义制度下那样，主要从事私有企业不愿意经营的部门，补充私人企业和市场机制的不足，而是为了实现国民经济的持续稳定协调发展，为了巩固和完善社会主义经济政治文化制度。因此，国有经济应在能源、交通、通讯、金融等关系国民经济命脉的重要行业和关键领域有“绝对的控制力”或

---

① 《邓小平文选》第3卷，人民出版社1993年版，第252页。

② 同上书，第110—111页。

③ 同上书，第111页。

④ 同上书，第138页。

"较强的控制力"。我国作为一个社会主义大国，国有经济的数量底线，不能以资本主义国家私有化的"国际经验"为依据。确定国有经济的比重，理应包括保障、实现和发展社会公平和社会稳定的内容，所以国家对国有经济控制力的范围要比资本主义国家大得多。公有制的主体地位要靠发展来坚持，其他经济成分都在发展，公有制经济如果不发展，比重就会越来越少，主体地位迟早会丧失。

公有制经济主要包括国有经济和集体经济。国有经济不能削弱，只能加强，这一点必须明确，不能有任何含糊；同时，我们还必须注意发展集体经济即合作制经济。否则，要坚持、巩固和发展公有制的主体地位，是不可能的。要不要发展合作制，这是关系到要不要引导广大的个体劳动者走社会主义道路的问题。

我们说，不同所有制经济要共同发展，在市场上公平竞争，这是对的，因为市场的规则是统一的，不管是公有制经济成分还是私有制经济成分，在市场规则面前它们的地位是一律平等的。但是对于所有制结构来说，各种所有制经济成分不应该是平等的，公有制经济必须是主体，其他经济成分则是补充，其他经济成分的发展不能危及公有制的主体地位，这是涉及社会主义性质的根本原则问题，必须坚持。因此，那种把"公有制经济和非公有制经济都是社会主义市场经济的重要组成部分"解读为"不分老大老二"的观点，那种把两个"毫不动摇"变成只发展非公经济的一个"毫不动摇"的做法，那种一讲改革就想到要发展私营经济的定向思维，都是方向性质的错误。新中国成立初期中央搞新税制时有同志提出"公私一律平等纳税"的口号，毛泽东批评说，"公私一律平等纳税"违背了七届二中全会的决议。在毛泽东看来，公私两种经济成分，一个是社会主义，一个是资本主义，前者是领导成分，后者是被领导成分，这本身就是不平等的，不同性质的经济成分怎么可能笼统地说一律平等呢？

9. 关于实现共同富裕

邓小平把共同富裕与公有制为主体当作社会主义的两个根本原则，把是否实现共同富裕、是否出现两极分化当作评判改革成败的标准，他说，"社会主义的目的就是要全国人民共同富裕，不是两极分化。如果我们的政策导致两极分化，我们就失败了；如果产生了什么新的资产阶级，那我们就真是走了邪路了"。① "社会主义与资本主义不同的特点就是共同富裕，不搞两极分化。创造的财富，第一归国家，第二归人民，不会产生新的资产阶级。"② "社会主义最大的优越性就是共同富裕，这是体现社会主义本质的一个东西。"③ 因此，共同富裕的大旗一定要高高举起，必须坚定走共同富裕的道路。

邓小平还敏锐地看到分配问题的严峻性，他说，"十二亿人口怎样实现富裕，富裕起来以后财富怎样分配，这都是大问题。题目已经出来了，解决这个问题比解决发展起来的问题还困难。分配的问题大得很。我们讲要防止两极分化，实际上两极分化自然出现。要利用各种手段、各种方法、各种方案来解决这些问题。"④ 要从根本上解决收入分配差距扩大问题，首先要找出当前收入分配差距扩大的主要根源。离开所有制问题，离开以公有制为主体，不可能从根本上解决分配问题，不可能实现共同富裕的目标。按

① 《邓小平文选》第3卷，人民出版社1993年版，第110—111页。

② 同上书，第123页。

③ 同上书，第364页。

④ 《邓小平年谱（1975—1997）》，中央文献出版社2004年版，第1364页。

照生产决定分配、所有制决定分配制、财产关系决定分配关系的马克思主义基本原理，财产占有上的差别才是收入差别最大的影响因素。30 多年来我国贫富差距的扩大的最根本原因，是所有制结构上和财产关系中的“公”降“私”升和化公为私，财富积累过多地集中于少数私人。因此，贫富差距的扩大和两极分化趋势的形成，实际上主要源于初次分配，而初次分配中影响最大的核心问题是劳动与资本的关系。因此，要解决贫富两极分化的问题，当然要解决分配不公的问题，但是这不能仅仅从分配领域本身着手。仅仅通过完善社会保障公共福利制度，调整财政税收、转移支付等政策，是难以从根本上解决这一问题的，尽管这些做法也是必要的。最不能忽略的，是需要从所有制结构，从财产制度上直面这一问题；需要从基本生产关系，从基本经济制度来接触这个问题；需要从强化以公有制为主体地位来解决这个问题。明确了这一点，就可以采取有针对性的措施从根本上加以解决收入分配差距扩大的问题。总之，要从财富和收入分配制度上体现立党为公、执政为民的宗旨，最为根本的是加大以调整所有制结构为基础的初次分配的力度。这就需要逐步提高公有制经济在分配中的比重，这是调整分配关系的根本之策。

什么时候应当突出地提出并采取切实措施去解决这个共同富裕的问题呢？邓小平说：“可以设想，在本世纪（按：即 20 世纪）末达到小康水平的时候，就要突出地提出和解决这个问题。”① 这是他对全党和全国人民做出的政治交代。在全面深化改革的过程中，我们应当认真地对待这个重要的政治交代，着力地去解决这个问题。

10. 关于农业的“第二个飞跃”

邓小平晚年指出，“农业的改革和发展会有两个飞跃，第一个飞跃是废除人民公社，实行家庭联产承包为主的责任制，第二个飞跃就是发展集体经济。社会主义经济以公有制为主体，农业也一样，最终要以公有制为主体”。② 他还说，“仅靠双手劳动，仅是一家一户的耕作，不向集体化集约化经济发展，农业现代化的实现是不可能的”。③ “第二个飞跃”的思想提出已经 20 多年了，需要认真总结各地农村集体经济发展的经验，逐步实现邓小平十几年前提出的发展社会主义现代化农业的“第二个飞跃”问题，探索出一条既符合社会主义本质要求又适合生产力发展要求的中国特色社会主义现代化农业的发展道路。

在考虑三农问题、促进城镇化的过程中，我们不能忽略邓小平的上述“两个飞跃”的思想。

11. 关于政治体制改革

政治体制改革是社会主义政治制度的自我完善和发展。如前所说，改革“总的目的是要有利于巩固社会主义制度，有利于巩固党的领导，有利于在党的领导和社会主义制度下发展生产力”。就政治体制改革来说，也是如此。邓小平曾将政治体制改革的目的进一步概括为三条，即“第一，巩固社会主义制度；第二，发展社会主义社会的生产力；第三，发扬社会主义民主，调动广大人民的积极性”。④ 因此，政治体制改革必须

---

① 《邓小平文选》第 3 卷，人民出版社 1993 年版，第 374 页。

② 《邓小平年谱（1975—1997）》，中央文献出版社 2004 年版，第 1349 页。

③ 同上书，第 1350 页。

④ 《邓小平文选》第 3 卷，人民出版社 1993 年版，第 178 页。

坚持正确方向，坚持四项基本原则就是坚持改革的社会主义方向。邓小平曾说，我们有很多优越的东西，比如共产党的领导，民主集中制，民族区域自治制度，等等。“这是我们社会制度的优势，不能放弃。所以，我们要坚持四项基本原则。”① “如果离开四项基本原则，抽象地空谈民主，那就必然会造成极端民主化和无政府主义的严重泛滥，造成安定团结政治局面的彻底破坏，造成四个现代化的彻底失败。那样，我们同林彪、‘四人帮’的十年斗争就等于白费，中国就将重新陷于混乱、分裂、倒退和黑暗，中国人民就将失去一切希望。”② 共产党的领导是四项基本原则的核心。因此，邓小平一开始就提醒说，“改革党和国家的领导制度，不是要削弱党的领导，涣散党的纪律，而正是为了坚持和加强党的领导，坚持和加强党的纪律。在中国这样一个大国……没有这样一个党的统一领导，是不可能设想的，那就只会四分五裂，一事无成。这是全国各族人民在长期的奋斗实践中深刻认识到的真理。”③

资本主义国家与社会主义国家的阶级实质不同，从根本上说，资本主义的政治制度是不能照样移植到社会主义国家来的。针对一个时期中资产阶级自由化分子鼓吹的“全盘西化”的主张，邓小平旗帜鲜明地指出：“资本主义社会讲的民主是资产阶级的民主，实际上是垄断资本的民主，无非是多党竞选、三权鼎立、两院制。我们的制度是人民代表大会制度，共产党领导下的人民民主制度，不能搞西方那一套。”④ 因此，进行政治体制改革，要从中国的实际出发，“根据自己的特点，自己国家的情况，走自己的路。我们既不能照搬西方资本主义国家的做法，也不能照搬其他社会主义国家的做法，更不能丢掉我们制度的优越性”。⑤

为了保证政治体制改革有步骤、有秩序地进行，必须把这项工作置于中国共产党的领导之下。邓小平说过，“在今天的中国，决不应该离开党的领导而歌颂群众的自发性”，否则“只能导致无政府主义，导致社会主义事业的瓦解和覆灭”。⑥ 他还说，评价政治体制，“关键看三条：第一是看国家的政局是否稳定；第二是看能否增进人民的团结，改善人民的生活；第三是看生产力能否得到持续发展”。⑦ 因此，政治体制改革一定要从实际出发稳步推进，既不能止步不前，也不能急躁冒进。

12. 关于思想文化领域领导权问题

邓小平对思想文化领域领导权问题高度重视。他对当时思想理论战线的领导软弱涣散的状况有许多描述，这些状况至今一定程度也有所表现。比如，“在思想理论战线上是软弱的，丧失了阵地，对于资产阶级自由化是个放任的态度，好人得不到支持，坏人猖狂得很。好人没有勇气讲话，好像自己输了理似的”。⑧ 比如，“有些同志对精神污染不闻不问，采取自由主义的态度，甚至认为是生动活泼，是‘双百’方针的体现。有些

① 《邓小平文选》第 3 卷，人民出版社 1993 年版，第 257 页。

② 同上书，第 176 页。

③ 同上书，第 341—342 页。

④ 同上书，第 240 页。

⑤ 同上书，第 256 页。

⑥ 《邓小平文选》第 2 卷，人民出版社 1994 年版，第 170—171 页。

⑦ 《邓小平文选》第 3 卷，人民出版社 1993 年版，第 213 页。

⑧ 同上书，第 195 页。

同志明知不对，但是不愿或不敢进行批评，怕伤了和气”。[①] 比如，“现在有些同志对于西方各种哲学的、经济学的、社会政治的和文学艺术的思潮，不分析、不鉴别、不批判，而是一窝蜂地盲目推崇”。[②] 等等。

邓小平指出，开展批评和自我批评是解决思想领域混乱情况的主要方法，他说，“解决思想战线混乱问题的主要方法，仍然是开展批评和自我批评。我们应当承认，在理论界和文艺界对一些错误倾向是进行了一些马克思主义的批评的，只是效果不够显著。一则批评本身的质量和分量不够，二则抵抗批评的气势很盛。批评不多，却常被称为‘围攻’，被说成是‘打棍子’。其实倒是批评者被围攻，而被批评者却往往受到同情和保护。一定要彻底扭转这种不正常的局面，使马克思主义的和社会主义、共产主义的宣传，特别是在一切重大理论性、原则性问题上的正确观点，在思想界真正发挥主导作用。现在有些错误观点自称是马克思主义的，有的则公然向马克思主义挑战。对此，马克思主义者应当站出来讲话”。[③]

针对一些人对“双百”方针的曲解，邓小平尖锐地批评说，“有些人把‘双百’方针理解为鸣放绝对自由，甚至只让错误的东西放，不让马克思主义争。这还叫什么百家争鸣？这就把‘双百’方针这个无产阶级的马克思主义的方针，歪曲为资产阶级的自由主义的方针了”。[④]

克服思想领域软弱涣散状况，共产党员特别是各级领导干部要旗帜鲜明，敢于亮剑。邓小平说，“思想战线的共产党员，特别是这方面担负领导责任的和有影响的共产党员，必须站在斗争的前列。如果自己有错误，就要进行认真的自我批评，并且切实改正。谁要是坚持错误不肯改正，就不能担负思想工作的领导责任。所有共产党员都要增强党性，遵守党的章程和纪律。不管是什么专家、学者、作家、艺术家，只要是党员，都不允许自视特殊，认为自己在政治上比党高明，可以自行其是。……只要我们党真正加强马克思主义的领导，坚决克服软弱涣散的状态和自由主义态度，认真开展积极的思想斗争，思想战线的上述种种问题都可以解决，也不难解决”。[⑤]

邓小平同志离开我们已经17年了，但他在开创中国特色社会主义道路过程中形成的一系列重要思想和观点是我们需要长期遵循的宝贵财富。今天纪念小平同志诞辰110周年，重温小平同志一系列重要论述，铭记小平同志的谆谆告诫，用以指导我们的各项工作，是对小平同志最好的纪念。

（原载《38位著名学者纵论邓小平理论》，中国社会科学出版社2014年版）

---

① 《邓小平文选》第3卷，人民出版社1993年版，第45页。

② 同上书，第44页。

③ 同上书，第46页。

④ 同上书，第47页。

⑤ 同上书，第46页。

论马克思主义的整体性发展

张雷声

张雷声，中国人民大学马克思主义学院教授，博士生导师。

马克思主义作为人类社会发展中来自实践、适应实践发展要求产生并能指导实践发展的科学的思想理论体系，作为人类思想史上全面突破思想文化中的“地域性思维方式”的科学思想理论体系，具有完整性和严密性。从共时性和历时性相统一的角度，从理论、历史、实践相统一的角度，以及从马克思主义理论整体性发展与马克思主义史整体性发展相统一的角度，理解和把握马克思主义整体性发展，对我们科学地看待马克思主义、深入地研究中国特色社会主义理论具有重要的意义。

一　马克思思想的整体性发展

理解和把握马克思主义的整体性发展，首先必须从整体性角度理解和把握马克思思想发展的逻辑进程。在马克思一生的研究中，从大学期间对法律的研究开始，到转向哲学和历史的研究，再到他退出《莱茵报》的工作回到书房从事政治经济学的研究，以及他对共产主义学说的科学阐述和晚年对古代社会、东方社会的研究等，基本反映了他在批判资本主义私有制度的基础上，围绕着追求无产阶级自身的解放并最终解放全人类和揭示人类社会发展客观规律所表现出的思想的整体发展。马克思思想的整体性发展主要体现在四个维度上：

第一，唯物史观、剩余价值理论、共产主义学说三者构成的整体性发展。马克思剩余价值理论的确立和科学共产主义学说的形成，与他创立和完善唯物史观并论证其科学性是交互建构的，三者的相互贯通使马克思思想呈现出整体性的发展。当马克思 1843 年退出社会舞台回到书房研究政治经济学时，他首先搞清楚了国家与市民社会的关系，并打算进一步去解剖市民社会。这一想法，使他走上了创立唯物史观的道路。《1844 年经济学哲学手稿》是马克思的第一部经济学著作，体现了他把哲学研究同政治经济学研究结合起来的特征。在这部手稿中，他关于异化劳动和私有财产的分析已经有了唯物史观的萌芽。但是，由于马克思当时还正处于思想转变时期，所接受的是当时已经存在的经济学发展的现实和经济发展的事实，因而他是不赞成劳动价值论甚至是反对劳动价值论的。从《1844 年经济学哲学手稿》到 1847 年完成的《哲学的贫困》，马克思经历了从否定劳动价值论到赞同劳动价值论的转变。1846 年，《德意志意识形态》关于历史唯物主义基本原理的系统阐述，标志着唯物史观的形成，从而使马克思对政治经济学的研究有了科学的基础。在《哲学的贫困》中，马克思关于经济范畴客观性、历史性的分析，以及劳动时间决定价值观点的提出，反映了劳动价值论与唯物史观的结合。1847 年底完成的《雇佣劳动与资本》和 1848 年发表的《共产党宣言》，更是处处贯穿并渗透着唯物史观的思想。

在《1857—1858 年经济学手稿》《1861—1863 年经济学手稿》和《资本论》的写作中，马克思把唯物史观运用于对资本主义生产方式的分析，“彻底弄清了资本和劳动的关系”，[①] 关于剩余价值的产生、生产、实现、分配等问题的深入而系统的论述，揭开了现代资本主义社会内部资产阶级对无产阶级剥削的秘密，“发现了现代资本主义生产方式和它所产生的资产阶级社会的特殊的运动规律”。[②] 剩余价值理论的形成，马克思对他和恩格斯共同创立的唯物史观有了更加深刻而丰富的发展。以唯物史观与剩余价值理论为基础，社会主义从空想发展为科学。在《资本论》中，马克思明确地指出：“生产资料的集中和劳动的社会化，达到了同它们的资本主义外壳不能相容的地步。这个外壳就要炸毁了。资本主义私有制的丧钟就要响了。剥夺者就要被剥夺了”，[③] 而未来社会则是全面的自由个性的发展的“自由人联合体”。[④] 1875 年，马克思在《哥达纲领批判》中又创造性地提出了过渡时期和共产主义发展两个阶段的理论，并对共产主义第一阶段的特征作出了科学表述。可见，唯物史观和剩余价值理论是共产主义学说的理论前提和基础，共产主义学说不仅仅是关于未来社会的理论描述，更重要的是，它肩负着改变世界这一特殊的实践任务，共产主义是消灭现存状况的现实的运动和制度。

第二，政治经济学理论体系构建与《资本论》创作构成的整体性发展。马克思大约花了 20 年的时间对构建政治经济学理论体系作了系统探讨，然后开始转向《资本论》的写作。这个过程实际上就是《资本论》的创作过程。它从方法的整体性和逻辑的整体性方面体现了马克思思想的整体发展。

《1844 年经济学哲学手稿》虽然是研究异化劳动和私有财产问题的，但是，马克思在这里也对政治经济学理论体系做了最初构想，即从“整体的联系”上来把握政治经济学理论体系。马克思认为，先可以连续用不同的、独立的小册子批判资产阶级的法、道德、政治等，然后再用一本专著来说明“整体的联系、各部分的关系”。[⑤] 所谓“整体的联系”，也即把单独的批判性部分作为对资产阶级社会整体批判的有机组成部分。而

---

① 《马克思恩格斯文集》第 3 卷，人民出版社 2009 年版，第 460 页。

② 同上书，第 601 页。

③ 《马克思恩格斯文集》第 5 卷，人民出版社 2009 年版，第 874 页。

④ 同上书，第 96 页。

⑤ 《马克思恩格斯文集》第 1 卷，人民出版社 2009 年版，第 111 页。

1847年的《哲学的贫困》，于经济范畴的历史性、客观性的分析，以及经济范畴与经济关系之间关系的考察，为马克思构建政治经济学理论体系奠定了科学的基础，使马克思在《1857—1858年经济学手稿》中能够提出政治经济学的“五篇计划”，即：（1）一般的抽象的规定；（2）资本、雇佣劳动、土地所有制；（3）资产阶级社会在国家形式上的概括；（4）生产的国际关系；（5）世界市场和危机。[①]

随后，在马克思出版的《政治经济学批判》第一分册的序言中，马克思进一步提出了政治经济学的“六册计划”：（1）资本；（2）土地所有制；（3）雇佣劳动；（4）国家；（5）对外贸易；（6）世界市场。[②]“六册计划”对“五篇计划”做了一些局部性的变动，即把“五篇计划”中的第一篇“一般的抽象的规定”，放入了“六册计划”第一册“资本”中，同时也对“五篇计划”中的第二篇作了扩展，把资本、雇佣劳动、土地所有制扩展为“六册计划”前三册内容。我们看到，在政治经济学理论体系的演化中，“六册计划”是对“五篇计划”的整体性拓展，即一方面表现为唯物史观与资本主义生产关系各要素的内在逻辑联系，另一方面表现为唯物辩证法在构建政治经济学理论体系中的运用。后来，由于多方面的原因，马克思在《1861—1863年经济学手稿》和《1863—1865年经济学手稿》的写作过程中，形成了《资本论》“四卷结构”的写作计划。从“五篇计划”到“六册计划”，再到“四卷结构”，这一过程基本印证了马克思思想的整体性发展。

第三，《资本论》的研究与《资本论》的叙述构成的整体性发展。《资本论》的研究与《资本论》的叙述所构成的整体性发展，主要体现在从“生动的整体”到“思维具体的整体”的发展过程上，即在运用抽象法对“生动的整体”进行分析、揭示出“有决定意义的抽象的一般的关系”之后，通过综合达到“思维具体的整体”，即“抽象的规定在思维行程中导致具体的再现”的过程。[③]在《资本论》中，马克思以资本主义社会生产关系为研究对象，并把它放在了资本主义制度这样一个既是庞大、复杂的，又是“一个混沌的表象”整体中进行研究。资本主义制度整体存在着多种的社会关系，如生产关系、分配关系、交换关系、消费关系等，而在每一种社会关系中又存在着前资本主义的社会关系、资本主义的社会关系、混合的社会关系等，《资本论》所要研究的资本主义社会生产关系，正是所有这些社会关系中居于主导地位的社会关系。如果不是这样，对资本主义社会生产关系的研究就没有意义。正如马克思所说：“比如资本，如果没有雇佣劳动、价值、货币、价格等等，它就什么也不是。”因此，“从表象中的具体达到越来越稀薄的抽象，直到我达到一些最简单的规定”，[④]即找出具有决定意义的抽象的一般的关系。

研究得出的理论观点要通过构建理论体系叙述出来，就需要运用抽象上升到具体的方法，而这一过程呈现在读者面前就是“思维具体的整体”。《资本论》的理论体系构建正是以商品为逻辑起点，经历了货币、资本、剩余价值、利润、平均利润、利息、地租等一系列经济范畴不断地从抽象上升到具体、从简单上升到复杂的辩证转化。我们看

① 《马克思恩格斯文集》第8卷，人民出版社2009年版，第32页。

② 《马克思恩格斯文集》第2卷，人民出版社2009年版，第588页。

③ 《马克思恩格斯文集》第8卷，人民出版社2009年版，第25页。

④ 同上书，第24页。

到，从起点范畴“商品”到终点范畴“地租”，在反映价值规律及其作用形式的逻辑进程的同时，体现了资本主义社会生产关系的整体。在经济范畴辩证转化的基础上，构建起的以劳动价值论为基石的理论大厦，包括了资本积累理论、资本有机构成理论、社会资本再生产理论、资本主义经济危机理论等在内的剩余价值理论，是对资本主义社会生产关系的完整分析。这些分析再现了资本主义一切现实矛盾运动。马克思关于商品内外在矛盾、资本矛盾、资本主义生产过程矛盾、资本主义基本矛盾等的分析，既展现了资本主义社会经济运动的整体现实状况，也通过揭示资本主义生产方式的运动规律，在人们面前呈现出了一幅完整的资本主义经济矛盾交织运动“资本论”图景。显然，研究是叙述的前提，叙述反映了研究的成果，二者的统一才构成人们对问题的切实把握。

第四，马克思晚年的研究与之前的研究构成整体性发展。19 世纪 70 年代中期以后，马克思面对资本主义世界的变化，开始关注古代社会、东方社会问题的研究。关于古代社会问题，马克思在认真研读文献的基础上，摘录了摩尔根等人关于古代社会的研究成果，写下了大量的、内容丰富的读书笔记，对自己在 19 世纪 70 年代以前形成的一些理论作出了论证和反思。以摩尔根为代表的学者对史前社会的科学研究和文化人类学的重大发展，在历史科学领域内产生了划时代影响。这些成果不仅深刻解剖了史前社会的内部结构，探寻到原始社会组织的奥秘，而且由此也揭示了史前社会进化的过程及其一般规律。这些重要发现充分证实了马克思唯物史观关于人类社会发展的一系列基本观点，并且为唯物史观的进一步发展提供了重要的理论来源。同时，马克思也对以往的一些理论观点作了修正。例如，《共产党宣言》关于“至今一切社会的历史都是阶级斗争的历史”的判断。[①] 恩格斯 1888 年在《共产党宣言》再版时以注释的形式做了说明：“这是指有文字记载的全部历史。在 1847 年，社会的史前史、成文史以前的社会组织，几乎还没有人知道。”[②] 这实际上反映了马克思思想的整体性发展。

关于东方社会问题，马克思认为，从 18 世纪中期到 19 世纪中期，西欧资本主义发展的历史已充分证明：资本主义既具有推进社会生产力发展和人类文明进步的巨大功绩，也明显暴露出一些难以避免的弊端，给人类社会的进步带来了一系列灾难性后果。怎样才能在既保留住资本主义社会发展给人类文明带来的成果的同时，又能避免资本主义带来的灾难性后果，这是经济文化比较落后国家在选择自己的发展道路时必须思考的问题。在对俄国农村公社所有制的研究中，马克思提出了经济文化比较落后国家可以跨越资本主义制度“卡夫丁峡谷”的特殊道路。这一时期，马克思的思想发生了重大变化，他在肯定世界历史有其统一性的同时，也从社会发展多样性角度，说明了世界历史发展有其极大的差异性。到 1881 年，经过 10 多年的思考，马克思开始意识到，由于社会和历史条件的差异，世界各国都会有自己独特的发展道路。马克思晚年的这一思想一方面是对他在《德意志意识形态》《共产党宣言》中所论述的世界历史理论的发展，另一方面也是对他在《资本论》第 1 卷德文第 1 版序言中所谈到的“工业较发达的国家向工业较不发达的国家所显示的，只是后者未来的景象”问题的进一步补充。[③] 由此可见，我们必须从马克思晚年的研究与之前的研究所构成的整体性角度来理解马克思的思想及其发展。

---

① 《马克思恩格斯文集》第 2 卷，人民出版社 2009 年版，第 31 页。

② 同上。

③ 《马克思恩格斯文集》第 5 卷，人民出版社 2009 年版，第 8 页。

二 中国特色社会主义的整体性发展

中国特色社会主义是当代中国的马克思主义，是在中国发展了的马克思主义，体现的是马克思主义科学社会主义理论逻辑与当代中国社会发展历史逻辑的辩证统一。马克思主义的整体性发展，不仅是马克思思想的整体性发展，而且更是在马克思主义发展史中中国特色社会主义的整体性发展。中国特色社会主义的整体性发展是多层次的，从其形成和发展角度看，表现为理论体系建构上的整体性发展；从其基本内容角度看，表现为理论内容的整体性发展；从其内涵上看，表现为道路、理论体系、制度的整体性发展；从其总布局角度看，表现为经济建设、政治建设、文化建设、社会建设、生态文明建设的整体性发展。

第一，中国特色社会主义理论体系建构上的整体性发展。中国特色社会主义理论体系关于邓小平理论、“三个代表”重要思想、科学发展观这三大理论成果有着发展的连续性，也就是说，这三大理论成果之间既一脉相承、与时俱进，又相互交融、渗透。尽管它们是在不同的历史条件下形成的，有各自的研究主题，在每一时期回答问题的侧重点有所不同，但是，中华民族的伟大复兴这一共同主题却将这三大理论成果紧密联系在一起，反映了它们之间的内在逻辑关系，说明了这三大理论成果在思想路线、发展道路、发展阶段、发展战略、根本任务、发展动力等重大问题上的一脉相承、与时俱进和相互交融、渗透。

中国特色社会主义理论体系的形成和发展也反映其整体性发展。从邓小平理论与中国特色社会主义理论体系的关系来看，邓小平理论对中国特色社会主义理论体系基本框架的构建，使其成为中国特色社会主义理论体系的基石，没有邓小平理论，就不可能有中国特色社会主义理论体系。从“三个代表”重要思想与中国特色社会主义理论体系的关系来看，“三个代表”重要思想对加强执政党建设的研究，使人们对中国特色社会主义的认识趋于深化。再从科学发展观与中国特色社会主义理论体系的关系上来看，科学发展观关于以人为本、社会主义核心价值体系、社会和谐、科学发展等方面的研究，使中国特色社会主义理论体系的研究主题趋于深化，从而也使中国特色社会主义理论体系的价值取向更趋于明确。

中国特色社会主义理论体系与毛泽东思想有着紧密的联系。毛泽东思想作为马克思主义整体性发展中的一个部分或一个阶段，是马克思列宁主义在中国的运用和发展，是被实践证明了的关于中国革命和建设的理论原则及经验总结。毛泽东思想关于社会主义建设规律的理论探索，以及毛泽东领导中国人民为寻求一条符合中国情况的社会主义建设道路的实践探索，都为中国特色社会主义理论体系的形成奠定了重要的思想基础和实践基础。从这个意义上说，毛泽东思想中关于社会主义建设问题的探索构成了中国特色社会主义理论体系的起点和开端，它为中国特色社会主义理论体系的形成以及新时期改革开放和现代化建设事业，提供了宝贵的精神财富和重要的历史借鉴。毛泽东思想和中国特色社会主义理论体系，对共产党执政规律、社会主义建设规律和人类社会发展规律的把握，推进了马克思主义的整体性发展。

第二，中国特色社会主义理论内容上的整体性发展。中国特色社会主义理论体系是基于马克思主义中国化的历史进程、改革开放的历史背景而形成的，反映了马克思主义与中国具体实际的结合，并以一系列新的理论观点、重大战略思想，继承并发展了马克思主义。这些丰硕的研究成果表现为一系列紧密联系、相互贯通的新思想、新观点、新论断，如社会主义本质、社会主义初级阶段、社会主义改革开放等。一方面，这些新思想、新观点、新论断把握了马克思主义整体性发展的基点即唯物辩证法和唯物史观，体现了马克思主义世界观、方法论及其运用，以及将马克思主义世界观、方法论融会贯通其中；另一方面，它也是对马克思主义整体性发展的理论逻辑的把握，从而使马克思主义哲学、政治经济学、科学社会主义三个主要组成部分之间相互联系着的理论与中国特色社会主义的伟大实践紧密结合，表现为整体性发展。

第三，中国特色社会主义道路、理论体系、制度的整体性发展。“中国特色社会主义道路，中国特色社会主义理论体系，中国特色社会主义制度，是党和人民九十多年奋斗、创造、积累的根本成就”,[①] 它们的整体性发展表现为，“中国特色社会主义道路是实现途径，中国特色社会主义理论体系是行动指南，中国特色社会主义制度是根本保障，三者统一于中国特色社会主义伟大实践”。[②] 这是关于中国特色社会主义道路、理论体系、制度整体性发展的深刻而精辟的概括。

就中国特色社会主义道路而言，道路的探索有助于理论体系的不断发展；道路的开辟有助于制度的不断完善。中国特色社会主义理论体系的形成与道路的开辟紧密相连。对中国特色社会主义道路的探索离不开中国特色社会主义理论体系的指导，但对中国特色社会主义道路的探索又有助于中国特色社会主义理论体系的不断发展。新中国成立之初，社会主义制度的确立有利于中国特色社会主义道路的探索，而坚定不移地走我们自己选择的中国特色社会主义道路，实现中国发展的目标，又会不断促进社会主义制度的完善。就中国特色社会主义理论体系而言，理论体系规定了道路的内涵；理论体系是进一步完善制度的行动指南。中国特色社会主义理论体系关于当代中国发展进步的理论阐释，明确规定了中国特色社会主义道路的本质要求和价值目标，成为我们走中国特色社会主义道路必须坚持的指导思想，与此同时，也成为我们进一步完善中国特色社会主义制度的行动指南。就中国特色社会主义制度而言，制度是理论体系、道路完善和发展的载体；离开这一载体，中国特色社会主义就没有意义。可以认为，不以社会主义制度为载体的中国特色社会主义的理论体系和道路在现实中是不存在的，脱离中国特色社会主义理论体系和道路的社会主义制度在现实中也是不存在的。抛开了中国特色社会主义制度，中国特色社会主义理论体系也就失去了它存在的意义，我们也将一无所获[③]。

中国特色社会主义道路、理论体系、制度的整体性发展，是世界社会主义发展500年历史、马克思主义中国化发展90多年历史、中国特色社会主义发展60多年历史的深刻反映，是在总结这“三个历史”发展的经验教训的基础上推进的。

第四，中国特色社会主义“五位一体”的整体性发展。中国特色社会主义经济建设、政治建设、文化建设、社会建设、生态文明建设“五位一体”的总布局，是中国共

---

① 胡锦涛：《坚定不移地沿着中国特色社会主义道路前进　为全面建成小康社会而奋斗》，人民出版社2012年版，第11页。

② 同上书，第12页。

③ 参见本人发表在《高校理论战线》2013年第1期上的论文：《论中国特色社会主义道路、理论体系、制度的统一》。

产党在领导中国人民建设中国特色社会主义的实践中认识不断深化的结果。改革开放以来，在邓小平提出的物质文明、精神文明“两个文明”建设的基础上，经历了经济建设、政治建设、文化建设“三位一体”的整体性发展。随着中国特色社会主义的发展，科学发展和社会和谐的重大课题提上议事日程，以改善民生为重点的社会建设，和经济建设、政治建设、文化建设相并列，成为中国特色社会主义整体性发展的重要任务。在我国必须把生态文明建设放在突出地位的情况下，党的十八大又进一步将生态文明建设与经济建设、政治建设、文化建设、社会建设相并列，构成了“五位一体”的新布局。总布局的“五大建设”表现为一个相互联系、相互影响的有机整体，以经济建设为中心，政治建设、文化建设、社会建设、生态文明建设共同推进，缺少任何一个方面的建设，中国特色社会主义的发展都不可能趋于完善。因此，在中国特色社会主义的伟大实践中，“五大建设”既不能“顾此失彼”，也不能“单兵突进”，必须协调推进，整体发展。

在中国特色社会主义“五位一体”总布局中，“五大建设”作为一个相互联系、相互影响的有机整体，具有整体性发展的特点。也就是说，在中国特色社会主义发展的今天，要求“五大建设”整体发展，但是，随着实践的变化，还可能要求“六大建设”或“七大建设”等的整体发展。在“五位一体”之外，党的建设在中国特色社会主义发展中同样至关重要。中国共产党只有首先加强自身的建设，不断提高科学执政、民主执政、依法执政的水平，才能推进“五大建设”的整体发展。否则，中国特色社会主义的整体发展就有可能流产。苏联解体在这方面的教训是非常深刻的，也是需要我们牢牢记取的。

三　从马克思到中国特色社会主义的整体性发展

马克思主义的整体性发展是一个历史的整体性发展过程，也可称之为马克思主义史的整体性发展。如果我们把马克思思想在历史发展过程中的连续性、总体性称之为内在的整体性发展，那么，从马克思到中国特色社会主义的整体性发展则可称之为外在的整体性发展。内在的整体性发展与外在的整体性发展相统一，就是马克思主义史的整体性发展。在马克思主义史的整体性发展中，马克思主义理论的逻辑继承和逻辑发展又表现为马克思主义理论的整体性发展。

第一，马克思主义发展史是一部整体性发展史。从马克思到中国特色社会主义的整体性发展不仅经历了列宁主义、毛泽东思想的发展，经历了马克思主义与非马克思主义、反马克思主义的交锋式发展，而且也经历了国外马克思主义对马克思主义理论的研究，经历了苏东剧变之后马克思主义研究在世界范围的蓬勃展开，经历了中国特色社会主义对马克思主义的发展。

在马克思主义创立时期，马克思主义还只是当时存在的众多的社会主义派别和思潮之一。但是，随着世界各国工人运动的深入开展，马克思主义在与工人运动的密切结合中，在与工人运动中各种理论流派和思潮的反复较量中，逐渐为世界各国工人运动所接受，成为指导国际共产主义运动和世界社会主义事业的最有影响的理论。在19世纪末20世纪初资本主义由自由竞争向垄断过渡的情况下，列宁从俄国的具体实际出发，对马克思主义的辩证唯物主义和历史唯物主义、无产阶级革命和国家学说，以及帝国主义理论作了阐释。十月革命前后，在俄国社会主义革命和建设的实践中，列宁关于经济建设、政治建设、思想文化建设，以及执政党建设等方面的实践和理论探讨，开创了20

世纪以来经济文化落后国家社会主义发展的新道路，极大地丰富和发展了马克思主义理论。“十月革命一声炮响，给我们送来了马克思列宁主义。”[①] 马克思列宁主义与中国具体实际的结合，必然会使中国革命和建设的面貌为之一新。毛泽东思想就是在中国革命和建设的过程中形成的，经历了同中国革命历史上存在的“左”、右倾机会主义的斗争，经历了把马克思主义基本原理与中国革命的具体实际结合的过程，也经历了在经济文化落后的大国建立社会主义制度的过程，经历了全面建设社会主义的10年。毛泽东思想为后人探索中国特色社会主义道路奠定了坚实的理论基础。

在马克思主义自它创立后所经历的第一个世纪之交，资本主义时代的新变化，使它面临着新的挑战。资本主义垄断组织的出现、资本主义和平时期存在的“合法斗争”等，产生了资本主义似乎已演变成“有组织的”经济制度的假象，淡化了无产阶级的革命意识，模糊了人们对运用无产阶级革命手段取得社会主义革命胜利的必然性的认识，从而马克思主义关于资本主义经济危机的理论、资本主义积累的历史趋势的理论，以及关于阶级斗争、无产阶级革命和无产阶级政党的理论，都似乎已成为一种“过时的假说”。与此同时，德国社会民主党的理论家伯恩施坦对马克思主义理论也作了全面“修正”，提出了一整套修正主义的理论纲领与策略。这些理论纲领与策略，严重地侵蚀了国际共产主义运动的科学基础，扼制了国际工人运动的健康发展。在这个重大历史关头，卢森堡、拉法格等一大批马克思主义理论家站了出来，旗帜鲜明地对修正主义的理论纲领与策略进行了批判，为捍卫和坚持马克思主义作出了重大贡献。马克思主义正是在不断经受挑战中发展的，是在同非马克思主义、反马克思主义的较量中发展的。

苏东剧变后，马克思主义在受到种种反马克思主义思潮冲击的同时，也在世界社会主义的实践和资本主义的弊端频频显现中得到进一步发展。20世纪90年代以来，资本主义金融危机不断爆发，在这种情况下，西方国家兴起了“马克思热”“《资本论》热”“马克思的复兴”“马克思的回归”。年轻一代面对资本主义的弊端，开始有了了解这位一百多年前的伟大思想家所阐述的思想，领略他的理论逻辑力量、科学精神和研究问题的方法的更大的兴趣。苏东剧变后，世界上社会主义国家数目锐减，但是保留下来的国家一直坚守社会主义制度，并在实践上和理论上进行了探索，取得了成效。其中，中国的成就最为突出。中国特色社会主义的发展使处于低潮的世界社会主义焕发出了生机和活力，从而使马克思主义的发展有了新的前景。

第二，马克思主义的整体性发展展现为一个完整的理论体系。马克思主义是一个严密的整体，即“它完备而严密，它给人们提供了……完整的世界观”。[②] 对马克思主义整体性发展的讨论，归根到底是要理解马克思主义史的整体性，而对马克思主义史的整体性发展的理解，则需要进一步构建起马克思主义整体性发展的理论体系。

马克思主义整体性发展所展现的完整的理论体系，首先表现在这个完整的理论体系是有层次性的。它是由不同层次的理论构建起来的，第一层次的理论即如物质与意识、社会存在和社会意识、认识与实践、真理与价值、人的本质与人的价值、人的发展与社会进步等等；第二层次的理论即如生产力和生产关系的辩证关系、经济基础和上层建筑

---

① 《毛泽东选集》第4卷，人民出版社1991年版，第1471页。

② 《列宁专题文集·论马克思主义》，人民出版社2009年版，第67页。

的辩证关系、社会再生产的四个环节及其辩证关系等等；第三层次的理论即如资本积累理论、资本主义基本矛盾理论、社会主义本质理论、社会主义主要矛盾理论、“两个必然”理论等等。其次表现在这些不同层次的理论之间存在着逻辑的整体性，它们相互联系、内在统一，反映着理论的整体性发展。这些不同层次的理论之所以能够有着逻辑的整体性，根本在于它是世界观、方法论本身，以及世界观、方法论在理论与人类社会发展实践的结合中的运用，还在于它是认识世界与改造世界的统一。此外，这些不同层次理论之间的逻辑整体性是与方法整体性相统一的。唯物辩证法和唯物史观作为方法的整体性，在马克思主义整体性发展的理论体系构建中，具体化为理论原理、理论运用和理论发展三者相统一的方法。运用这一方法构建理论体系，实际上就是在理论原理运用于人类社会发展的实践过程中，与实践相结合而形成新的理论，也即理论发展。理论原理、理论运用和理论发展三者相统一，实际上就表现为马克思主义整体性发展的理论体系的形成过程。

处于这个理论体系中的马克思主义理论，反映了马克思主义的精神实质，反映了人民群众认识社会、改造世界、完善自身的能力，反映了无产阶级人民大众的利益，体现了理论联系实际原则，具有鲜明的理论特色、实践特色、民族特色、时代特色，是抓住了事物的最根本性质的理论，是最彻底的理论，也是最朴实的、大众化的理论。

第三，中国特色社会主义对马克思主义的整体性发展表现为“一脉相承、与时俱进”。中国特色社会主义对马克思主义的整体性发展是一个历史的整体性过程，但这个历史整体性过程是通过逻辑整体性和方法整体性表现出来的，因此，马克思主义史的整体性发展与马克思主义理论的整体性发展是纵横交织运动，正如列宁所说：“马克思主义的全部精神，它的整个体系，要求人们对每一个原理都要（α）历史地，（β）都要同其他原理联系起来，（γ）都要同具体的历史经验联系起来加以考察。”① 随着时代和实践的发展，马克思主义的全部精神，它的整个体系，还要求人们要正确地看待马克思主义的发展性和开放性，这就是要不断研究社会经济现实的发展变化，要密切关注现代科学技术突飞猛进的发展和自然科学领域所取得的新成果。中国特色社会主义对马克思列宁主义、毛泽东思想的整体性发展，不仅使其成为一个与马克思列宁主义、毛泽东思想“既一脉相承又与时俱进”的科学理论体系，而且也充分体现了马克思主义史的整体性发展和马克思主义理论整体性发展的统一。

中国特色社会主义是马克思主义科学社会主义理论逻辑与当代中国社会发展历史逻辑的辩证统一。这不仅概括了中国特色社会主义对马克思主义科学社会主义的科学内涵、精神实质和基本原则的继承和发展，而且也说明了这种继承和发展是以当代中国社会发展的实际为基础的。中国特色社会主义正是在当代中国社会发展的土壤中继承并发展了马克思主义科学社会主义的科学内涵、精神实质和基本原则，结出了社会主义初级阶段、社会主义本质、社会主义市场经济、社会主义基本经济制度、社会主义科学发展、社会主义生态文明等等理论硕果，而由这些理论硕果构成的中国特色社会主义理论体系的伟大成果，其核心就是“一脉相承、与时俱进”。“一脉相承、与时俱进”是我们理解马克思主义整体性发展的关键所在。

（原载《教学与研究》2014 年第 1 期）

---

① 《列宁专题文集·论马克思主义》，人民出版社 2009 年版，第 163 页。

马克思主义是发展着的理论

赵家祥

赵家祥，北京大学哲学系教授，博士研究生导师，现任北京大学哲学系学术委员会主任。

恩格斯晚年针对当时一些人对马克思主义的教条主义理解，反复强调他们的理论是发展着的理论，而不是一经形成就永不改变的僵死的教条。在致美国社会主义者弗洛伦斯·凯利—威涅威茨基夫人的信中，恩格斯多次指出："我们的理论不是教条，而是对包含着一连串互相衔接的阶段的发展过程的阐明。"① "我们的理论是发展着的理论，而不是必须背得烂熟并机械地加以重复的教条。"② 马克思主义既然不是教条，都是在特定的历史条件下、针对当时需要回答的特定问题讲的，因而都具有相对性，都只在一定条件下和一定范围内适用，不能把它们看作在一切条件下和一切范围内都适用的绝对真理，看作一经形成就永恒不变的僵死教条。恩格斯在评论法国社会主义者加布里埃尔·杰维尔写的《卡尔·马克思的〈资本论〉》一书时精辟地说明了这个道理。他指出："杰维尔在许多地方把马克思的个别论点绝对化了，而马克思提出这些论点时，只是把它们看作相对的，只有在一定条件下和一定的范围内才是正确的。"③ 我们知道，《资本论》是马克思用毕生精力、呕心沥血写成的一部最为成熟的理论著作。就是对于这部著作中的理论观点，恩格斯也认为不能把它们绝对化，而应该把它们看作相对的。这充分说明，在恩格斯看来，任何理论都是时代的产物，都具有时代的特点，因而也具有时代的局限性。马克思主义也不例外。马克思、恩格斯是与时俱进的典范，他们总是根据时代

---

① 《马克思恩格斯选集》第4卷，人民出版社1995年版，第680页。

② 同上书，第681页。

③ 《马克思恩格斯全集》第39卷，人民出版社1974年版，第79—80页。

和实践的变化、社会的发展、科技的进步反思自己提出的理论，克服自己理论的时代局限性和历史局限性，不断把自己的理论推向前进。下面我们从马克思、恩格斯对资本主义社会的发展规律、俄国社会发展道路和人的本质三个问题的理论认识上的发展变化，具体说明马克思主义是发展着的理论。

一 对资本主义发展规律认识的发展变化

马克思、恩格斯在19世纪40年代中后期就在《神圣家族》《德意志意识形态》《哲学的贫困》等著作中，深刻地分析了资本主义的内在矛盾及其必然灭亡的发展趋势，并在1848年2月发表的标志马克思主义公开问世的《共产党宣言》中，精辟地概括了资本主义必然灭亡、社会主义必然胜利的客观规律，向全世界宣告“资产阶级的灭亡和无产阶级的胜利是同样不可避免的”①。这就是著名的“两个必然”或“两个不可避免”的原理。但在当时，马克思、恩格斯尚未认识到社会主义代替资本主义是一个长期的、曲折的历史过程，而是认为社会主义的胜利近在咫尺，很快就可以实现。在1848年欧洲革命刚刚过去的时候，马克思、恩格斯认为，欧洲革命很快又会爆发。马克思在1849年6月7日致恩格斯的信中说：“巴黎是一片阴沉气氛。而且霍乱异常猖獗。尽管如此，革命火山口的大爆发从来没有象现在的巴黎这样逼近。”② 当时，马克思、恩格斯确实把资本主义的寿命估计得过于短暂了，对无产阶级革命的胜利看得过于容易、过于乐观了。但是，他们的思想并不是凝固不变的，他们总是不断地在自我批判中把自己的理论推向前进。随着资本主义制度的自我完善和自我调节功能的增强，他们对资本主义发展规律的认识也不断深化，不断改变对资本主义寿命的看法，纠正自己对资本主义寿命估计过短的历史局限性。

1848年欧洲革命失败后，英、法等国的资本主义出现了普遍繁荣的景象。鉴于这种情况，马克思在1850年底写成的总结1848年欧洲革命经验的长文《1848年至1850年的法兰西阶级斗争》中指出：“在这种普遍繁荣的情况下，即在资产阶级社会的生产力正以在整个资产阶级关系范围内所能达到的速度蓬勃发展的时候，也就谈不到什么真正的革命。”③ 马克思还认为，当时资产阶级社会关系的基础还相当巩固，腐朽没落的封建主阶级“一切想阻止资产阶级发展的反动企图都会像民主派的一切道义上的愤懑和热情的宣言一样，必然会被这个基础碰得粉碎”。④ 这段话明确说明，在欧洲，1848年推翻资产阶级的无产阶级革命的条件尚未成熟。虽然如此，马克思对革命并没有丧失信心。他说：“新的革命，只有在新的危机之后才可能发生。但它正如新的危机一样肯定会来临。”⑤ 在这里，我们看到了马克思思想上的一个内在矛盾：他一方面看到资产阶级生产关系还适合生产力的发展，认为无产阶级革命只有在现代生产力和资产阶级生产方式这两个要素尖锐矛盾的时候才能发生。另一方面，他又急切地希望这个矛盾尽快地

---

① 《马克思恩格斯选集》第1卷，人民出版社1995年版，第284页。

② 《马克思恩格斯全集》第27卷，人民出版社1972年版，第154页。

③ 《马克思恩格斯选集》第1卷，人民出版社1995年版，第470页。

④ 同上书，第471页。

⑤ 同上。

尖锐化，希望新的危机尽快来临，希望新的革命早日发生并取得胜利。

这个矛盾，此后在马克思思想的发展中不断地表现出来。1857 年爆发了席卷欧美的世界性经济危机。马克思当时正在撰写《1857—1858 年经济学手稿》。他在与恩格斯和拉萨尔等人关于撰写这个手稿的通信中，也表现出对这次危机的估计过于严重和对其后果的预想过于乐观的心理和情绪。马克思多次指出："我现在发狂似地通宵总结我的经济学研究，为的是在洪水之前至少把一些基本问题搞清楚。"① "我预感到，在我进行了十五年研究工作以后的今天，当我能够动笔的时候，也许会受到外部暴风雨般的运动的妨碍。这没有关系。如果我完成得太晚，以致世界不再关心这类东西，那显然是我自己的过错。"② "总的说来，目前是一个不坏的时期，历史显然将会出现新的起点，到处可以看到土崩瓦解征兆，这使一切不愿意保持现状的人感到欢欣鼓舞。"③ 出乎马克思的意料，直到 1859 年 1 月马克思写作《〈政治经济学批判〉序言》的时候，欧洲仍然没有爆发无产阶级革命。马克思对革命的预期没有变成现实，这促使马克思更加冷静地看待经济危机与无产阶级革命的形势以及二者之间的关系，提出了著名的"两个决不会"原理，即"无论哪一个社会形态，在它所能容纳的全部生产力发挥出来以前，是决不会灭亡的；而新的更高的生产关系，在它的物质存在条件在旧社会的胎胞里成熟以前，是决不会出现的。"④

马克思提出"两个决不会"的原理以后，在思想上虽然有时还表现出类似 19 世纪 40 年代中后期至形成"两个决不会"的原理以前那样的矛盾，如在 1867 年发表的《资本论》第 1 卷中，马克思仍然认为资本主义"这个外壳就要炸毁了。资本主义私有制的丧钟就要响了。剥夺者就要被剥夺了"。⑤ 但总的说来，从马克思、恩格斯思想演变的基本趋势和内在逻辑来看，是以"两个决不会"这个历史唯物主义基本原理为指导，结合资本主义的新变化和工人运动的新情况，深入探讨资本主义的发展规律，客观地估计革命形势及其变化，指导工人阶级采取符合实际的战略和策略。他们认为，资本主义的本质和内在矛盾虽然没有改变，但资产阶级和资本主义制度还具有一定的自我调节能力，资本主义制度还有一定的生命力和扩展能力，资本主义在短时期内还不会寿终正寝。

恩格斯在 1875 年写的《论俄国的社会问题》中，批判俄国民粹派理论家特卡乔夫关于因为俄国既没有城市无产阶级，也没有资产阶级，所以比西欧要容易得多地实现社会革命的荒谬观点时指出："现代社会主义力图实现的变革，简言之就是无产阶级战胜资产阶级，以及通过消灭一切阶级差别来建立新的社会组织。为此不但需要有能实现这个变革的无产阶级，而且还需要有使社会生产力发展到能够彻底消灭阶级差别的资产阶级。"⑥ "只有在生产力发展到一定程度，发展到甚至对我们现代条件来说也是很高的程度，才有可能把生产提高到这样的水平，以致使得阶级差别的消除成为真正的进步，使

① 《马克思恩格斯全集》第 29 卷，人民出版社 1972 年版，第 219 页。

② 同上书，第 532 页。

③ 同上书，第 541 页。

④ 《马克思恩格斯选集》第 2 卷，人民出版社 1995 年版，第 33 页。

⑤ 同上书，第 269 页。

⑥ 《马克思恩格斯选集》第 3 卷，人民出版社 1995 年版，第 272 页。

得这种消除可以持续下去，并且不致在社会的生产方式中引起停滞甚至倒退。”[①] 这就是说，恩格斯认为当时欧洲的生产力仍然没有发展到能够消灭阶级差别、建立社会主义新制度的程度。如果在这样的情况下，人为地去强行消灭阶级差别，并不是“真正的进步”，也不可能“持续下去”，而且会引起生产力的“停滞甚至倒退”。

马克思在1879年4月10日致俄国民粹派理论家、《资本论》俄文版的译者尼·弗·丹尼尔逊的信中指出：“目前形势（指1873年的世界经济危机——引者注）的特点之一是，正如您所知道的，在苏格兰以及在英格兰的一些郡，主要是西部各郡（康沃尔和威尔士），出现了银行倒闭。然而金融市场的真正中心（不仅是联合王国的，而且是世界的）伦敦直到现在仅仅受到些微的影响。与此相反，除了少数例外，那些大股份银行，如英格兰银行，至今还只是从普遍停滞中获取利润。”[②] 马克思认为，这种现象是从来没有过的，需要认真研究。他说：“不论这次危机可能怎样发展……它总会像以前的各次一样地过去，并且会开始一个具有繁荣等等各个不同阶段的新的‘工业周期’。”[③] 我们知道，1873年开始的世界性经济危机，是相当严重的一次经济危机。但马克思当时已经认识到，即使如此严重的世界性经济危机，也尚不足以导致资本主义制度的灭亡。经济危机过后，资本主义还会出现新的繁荣，并且会周期性地、正常地运转下去。

恩格斯在《英国工人阶级状况》1892年德文版序言中指出：“在本书中我把工业大危机的周期算成了五年。这个关于周期长短的结论，显然是从1825年到1842年间的事变进程中得出来的。但是1842年到1868年的工业历史证明，实际周期是十年，中间危机只具有次要的性质，而且在1842年以后日趋消失。”[④] 恩格斯又说：1848年欧洲革命以后，“对英国来说，工业资本家的这种统治的影响一开始是惊人的。……诚然，这个进步和以前一样被每十年一次的危机所中断：1857年有一次危机，1866年又有一次；但是危机的这些反复发作现在已经被看成是一种自然的、不可避免的事情，这种事情是命中注定的遭遇，但最后总是又走上正轨”。[⑤] 恩格斯的论述表明，他当时已经非常清楚地认识到，资本主义制度具有较强的自我调节功能。经济危机虽然仍然是不可避免的，但在当时它还不足以导致资本主义制度的灭亡，危机过后资本主义的发展又会走上正轨。这说明，恩格斯这时已经不仅把经济危机看作最终导致资本主义灭亡的因素，而且开始把它看作资本主义制度的自我调节机制。

恩格斯在逝世前夕，即1895年2—3月间，为马克思的《1848年至1850年的法兰西阶级斗争》写了长篇导言，总结了1848年和1871年革命的经验教训。在总结1848年革命的经验教训时恩格斯指出：“历史表明我们也曾经错了，暴露出我们当时的看法只是一个幻想。历史走得更远：它不仅打破了我们当时的错误看法，并且还完全改变了无产阶级借以进行斗争的条件。1848年的斗争方法，今天在一切方面都已经过时了。”[⑥]

---

① 《马克思恩格斯选集》第3卷，人民出版社1995年版，第273页。

② 《马克思恩格斯选集》第4卷，人民出版社1995年版，第633页。

③ 同上书，第634页。

④ 同上书，第424页。

⑤ 同上书，第427页。

⑥ 同上书，第510页。

又说："历史表明，我们以及所有和我们有同样想法的人，都是不对的。历史清楚地表明，当时欧洲大陆经济发展的状况还远没有成熟到可以铲除资本主义生产的程度；历史用经济革命证明了这一点……"[①] "在 1848 年要以一次简单的突然袭击来实现社会改造，是多么不可能的事情。"[②] 不仅 1848 年推翻资本主义是不可能的事情，就是到了 1871 年，推翻资本主义仍然是不可能的事情。恩格斯在总结 1871 年巴黎公社失败的经验教训时指出：1871 年"工人阶级的这种统治还是多么不可能。一方面，法国让巴黎听天由命地观望着它在麦克马洪的炮弹下流血；另一方面，布朗基派（多数）和蒲鲁东派（少数）使公社本身发生分裂，其中哪一派都不知道应该干什么，彼此进行着没有结果的斗争，致使公社精力疲惫。1871 年的送上来的胜利，也和 1848 年的突然袭击一样，都没有什么成果"。[③] 恩格斯通过对欧洲 1848 年革命和 1871 年革命的经验教训的总结，更为全面地阐明了资本主义的发展规律，既指出了资本主义的种种弊端和自身不能最终克服的固有矛盾，又肯定其推动生产力发展和社会进步的积极作用，肯定其当时还具有生命力和扩展能力，社会还没有发展到导致资本主义灭亡的程度。

可以看出，马克思、恩格斯对资本主义发展规律和资本主义寿命的看法与资本主义客观的发展进程是同步的。他们总是根据资本主义客观的发展进程，不断深化对资本主义发展规律的认识，克服自己对资本主义社会寿命估计过于短暂的历史局限性。长期以来，我国从事马克思主义理论研究和教学的学者，由于忽视或缺乏对马克思、恩格斯关于资本主义发展规律和资本主义寿命的认识的历史演变的考察和研究，把他们在 19 世纪 40 年代中后期至 50 年代中后期对资本主义寿命估计过短的认识，当作正确的观点加以宣传和在课堂上给学生讲授，而没有指明马克思、恩格斯后来对这种认识的历史局限性的反思、修改和纠正，造成了较为普遍的认为马克思、恩格斯对资本主义寿命估计过短的片面认识，甚至导致一些人对马克思主义的怀疑和动摇。近一二十年来，不少学者认识到了马克思在《〈政治经济学批判〉序言》中提出著名的"两个决不会"的原理以后不断反思和纠正对资本主义寿命估计过短的认识的历史局限性，这是一种十分可喜的现象。但是，多数人也只是提到了恩格斯 1895 年为《1848 年至 1850 年的法兰西阶级斗争》一文所写的导言中的有关观点，而很少提及恩格斯 1875 年写的《论俄国的社会问题》、马克思在 1879 年致丹尼尔逊的信、恩格斯写的《英国工人阶级状况》1892 年德文版序言中的有关论述。就是对恩格斯 1895 年写的《1848 年至 1850 年的法兰西阶级斗争》的导言，也只是谈及恩格斯对 1848 年的革命经验教训的总结，而很少有人谈及他对 1871 年巴黎公社革命经验教训的总结。由此可见，我国理论工作者对马克思、恩格斯关于资本主义发展规律和资本主义寿命的历史演变的研究，尚需进一步加强和深化。

二　对俄国社会发展道路认识的发展变化

马克思、恩格斯对俄国社会发展道路的认识，也是随着俄国社会和俄国革命发展的

① 《马克思恩格斯选集》第 4 卷，人民出版社 1995 年版，第 512 页。

② 同上书，第 513 页。

③ 同上书，第 514 页。

客观进程的变化而发展变化的。在1870年左右，马克思就认为俄国农村公社发展有两种可能性：一种是农村公社土地公有制解体，变成个体土地所有制，进而发展到资本主义的土地所有制；另一种是农村公社得以保存，并在条件具备时不经过资本主义发展阶段而直接过渡到社会主义社会。马克思当时倾向于第一种可能性的实现。这一点从伊·鲁·托马诺夫斯卡娅1871年1月7日致马克思的信中可以看出。信中说："至于您在有关俄国公社土地所有制的命运问题上所预见的二者必择其一，那么，遗憾的是，它的解体和转为小私有制是十分可能的。政府的一切措施——骇人听闻而不相称地提高赋税和增加徭役——，其唯一目的就是用废除连环保的方法来建立个体所有制。"① 托马诺夫斯卡娅作为一位民粹主义者，对俄国农村公社土地所有制解体变为个体土地所有制而感到遗憾，这是完全可以理解的。但马克思对俄国农村公社土地所有制并不持乐观主义态度。马克思在1870年3月24日写的国际工人协会总委员会致日内瓦的俄国支部委员会委员的信中说："几个月以前，我接到从彼得堡寄来的一部弗列罗夫斯基的著作《俄国工人阶级的状况》。这对于欧洲来说是一个真正的发现。在大陆上甚至被一些所谓革命家散布的俄国乐观主义，在这部著作里被无情地揭露了。"② 1870年2月10日马克思在致恩格斯的信中又说："弗列罗夫斯基的书我看过开头的一百五十页（这些篇幅是论述西伯利亚、俄罗斯北部和阿斯特拉罕的）。这是第一部说出俄国经济状况真相的著作。这个人是他所谓的'俄罗斯乐观主义'的死敌。对于这种共产主义的黄金国，我从来不抱乐观主义的看法。"③ 马克思在1870年3月5日致劳拉·拉法格和保尔·拉法格的信中说："弗列罗夫斯基的书《俄国工人阶级的状况》是一部卓越的著作。……这本书里第一次充分地描述了俄国的经济状况。这是一部非常认真的著作。作者在十五年中周游全国，从西部边境到西伯利亚东部，从白海到里海，唯一目的是研究事实，揭露传统的谎言。当然，他对俄罗斯民族的'无限完善的能力'和俄国形式的公社所有制的天意性质还抱有一些幻想。"④ 这封信对弗列罗夫斯基的观点的评价与前几封信有所不同。前几封信中说他无情地揭露了一些人散布的"俄国乐观主义"，是"俄罗斯乐观主义"的死敌。这封信中却批评他对俄罗斯民族的"无限完善的能力"和公社土地所有制的天意性质抱有幻想。马克思对弗列罗夫斯基观点的评价为什么发生这样的变化呢？这是因为马克思在写前几封信时，还没有读完弗列罗夫斯基的书，因而对他关于俄国农村公社及其土地公有制的观点和态度发生了误解。弗列罗夫斯基作为一位民粹派理论家，不可能是"俄罗斯乐观主义"的死敌。而在写致拉法格的信时，马克思已经读完了弗列罗夫斯基这本书，所以对他关于俄国农村公社及其土地公有制的观点和态度作出了符合实际的评价。恩格斯在这时也和马克思一样，对俄国农村公社及其土地公有制这种所谓的"共产主义的黄金国"不抱乐观态度。

到19世纪70年代中期，马克思、恩格斯的观点发生了变化。之所以发生这种变化，是因为俄国是当时欧洲的最后一个反动堡垒，这个反动堡垒的存在，极其严重地阻碍着欧洲革命的发展。只要在欧洲近旁存在着这个反动堡垒，欧洲的一切革命都会被它

---

① 《马克思恩格斯与俄国政治活动家通信集》，人民出版社1987年版，第69页。

② 同上书，第51页。

③ 《马克思恩格斯全集》第32卷，人民出版社1975年版，第421页。

④ 同上书，第646页。

镇压下去。而当时俄国民粹派和民意党人反对沙皇政府的斗争日益高涨，推翻沙皇政府似乎指日可待。所以马克思、恩格斯支持俄国民粹派和民意党人反对沙皇政府的斗争，对民粹派关于俄国公社及其土地所有制的观点采取了十分慎重的态度，不公开批评他们的错误，并在明确表达俄国农村公社及其土地所有制面临着解体的严重危险的同时，指出它的发展还有另一种可能性，即不经过西欧那样的资本主义发展阶段而直接过渡到社会主义社会。

恩格斯在 1875 年写的《论俄国的社会问题》一文中，在批判民粹派理论家特卡乔夫美化俄国的村社制度，指出村社制度和劳动组合的原始性、野蛮性、落后性，否认俄国农村公社自身能长出社会主义的同时，认为在特定的历史条件下，俄国的农村公社有可能不经过资本主义发展阶段，直接过渡到社会主义社会。他说："俄国的公社所有制早已度过了它的繁荣时代，看样子正在趋于解体。但是也不可否认有可能使这一社会形式转变为高级形式，只要它能够保留到条件已经成熟到可以这样做的时候，只要它显示出能够在农民不再分开而是集体耕作的方式下向前发展；就是说，有可能实现这种向高级形式的过渡，而俄国农民无须经过资产阶级的小土地所有制的中间阶段。然而这只有在下述情况下才会发生，即西欧在这种公社所有制彻底解体以前就胜利地完成无产阶级革命并给俄国农民提供实现这种过渡的必要条件，特别是提供在整个农业制度中实行必然与此相联系的变革所必需的物资条件。"① 这就是说，恩格斯认为，如果俄国农村公社能够保存到西欧无产阶级革命胜利以后，并且得到西欧进入社会主义的国家提供的物资条件的援助，它就可能不经过资本主义的发展阶段直接过渡到社会主义社会。恩格斯在这里虽然没有使用后来所说的"不通过资本主义制度的卡夫丁峡谷"这个提法，但却明确表达了这个思想。

马克思在 1877 年写的《给〈祖国纪事〉杂志编辑部的信》中指出，他在《资本论》中关于资本主义起源的历史概述，只适用于西欧由一种私有制形式转变为另一种私有制形式的情况，不适用于俄国公社这种没有土地私有制的农村公社制度，米海洛夫斯基把他关于西欧资本主义起源的历史概述彻底变成一般发展道路的历史哲学理论，认为一切民族不管它们所处的历史环境如何，都注定要走这条道路，"他这样做，会给我过多的荣誉，同时也会给我过多的侮辱"。② 马克思的意思是说，俄国社会的发展不一定走和西欧社会发展完全相同的道路。他认为，俄国农村公社有两种发展前途：第一种前途是摧毁农村公社过渡到资本主义制度；第二种前途是在保存农村公社的前提下，取得资本主义制度的全部积极成果，而又不经受资本主义制度的苦难直接过渡到社会主义社会。③

马克思在 1881 年致俄国民粹派女作家维·伊·查苏利奇的复信及其草稿中，一方面批判了俄国农村公社的原始性、野蛮性、落后性、封闭性，指出它遭到从各个方面来的破坏因素的摧残，正面临着解体的危险。另一方面又指出，它是与资本主义同时代的东西，并且欧美的资本主义制度已经危机四伏，正在走向没落和衰亡。如果它能保持到美欧资本主义灭亡的时候，"它有可能不通过资本主义制度的卡夫丁峡谷，而占有资本

---

① 《马克思恩格斯选集》第 3 卷，人民出版社 1995 年版，第 282 页。

② 同上书，第 342 页。

③ 同上书，第 340 页。

主义制度所创造的一切积极的成果”。[①] 意思是说，俄国农村公社在欧美资本主义制度走向没落和衰亡的历史条件下，可以在欧美无产阶级社会主义革命胜利以后，不遭受资本主义制度的苦难，而利用它创造的一切积极成果，实现由农村公社直接向社会主义社会的过渡。

马克思、恩格斯在1882年合写的《共产党宣言》俄文第二版序言中，指出当时的俄国，除了迅速盛行起来的资本主义狂热和刚刚开始发展的资产阶级土地所有制外，大半土地仍归农民公共占有。在这种情况下，“俄国公社，这一固然已经大遭破坏的原始土地公共占有形式，是能够直接过渡到高级的共产主义的公共占有形式呢？或者相反，它还必须先经历西方的历史发展所经历的那个瓦解过程呢？”[②] 马克思、恩格斯对这个问题的回答十分谨慎，既没有作肯定的回答，也没有作否定的回答，只是提出了一种设想：“假如俄国革命将成为西方无产阶级革命的信号而双方互相补充的话，那么现今的俄国土地公有制便能成为共产主义发展的起点。”[③]

从以上历史考察可以看出，马克思、恩格斯在1875年至1882年这段时间内，都认为俄国农村公社及其土地所有制有两种发展前途：一种可能是农村公社及其土地所有制瓦解，走上资本主义发展道路；另一种可能是农村公社及其土地所有制得以保留，并在西欧无产阶级社会主义革命胜利以后，利用资本主义创造的一切积极成果，不经过资本主义发展阶段而直接过渡到社会主义社会。但此后俄国及其农村公社和西欧的社会都发生了变化：一是俄国民粹派、民意党人推翻沙皇政府的斗争遭到失败，二是俄国农村公社及其土地所有制进一步瓦解，三是西欧的无产阶级社会主义革命迟迟没有爆发。前两个变化属于俄国国内情况的变化，第三个变化属于国际形势的变化。在这种情况下，马克思、恩格斯认为，俄国公社“不通过资本主义制度的卡夫丁峡谷”直接过渡到社会主义社会的可能性已经不复存在，俄国公社发展的唯一前途就是走上资本主义的发展道路。

关于由于国内情况的变化而导致俄国公社“不通过资本主义制度的卡夫丁峡谷”直接过渡到社会主义社会的可能性丧失，恩格斯在1894年写的《〈论俄国的社会问题〉跋》中作了说明。他指出：马克思在1877年写的《给〈祖国纪事〉杂志编辑部的信》中之所以认为俄国公社有可能不经过资本主义发展阶段而直接过渡到社会主义社会，是因为“那时候俄国有两个政府：沙皇政府和恐怖主义密谋家的秘密执行委员会的政府。这个秘密的并列政府的势力日益壮大。推翻沙皇制度似乎指日可待；俄国的革命一定会使欧洲的一切反动势力失去它的最有力的支柱，失去它的强大的后备军，从而也一定会给西方的政治运动一个新的有力的推动，并且为它创造无比顺利的斗争条件。马克思在他的信里劝告俄国人不必急急忙忙地跳进资本主义，是不奇怪的”。[④] 但是，“俄国的革命没有发生。沙皇政府战胜了恐怖主义，后者在当时甚至把一切‘喜欢秩序’的有产阶级都推到了沙皇制度的怀抱里。在马克思写了那封信以后的17年间在俄国，无论是资

① 《马克思恩格斯选集》第3卷，人民出版社1995年版，第769页。

② 《马克思恩格斯选集》第1卷，人民出版社1995年版，第251页。

③ 同上。

④ 《马克思恩格斯选集》第4卷，人民出版社1995年版，第447页。

本主义的发展还是农民公社的解体都大有进展”。[①] 这些论述告诉我们，由于从1877年到1894年这17年间，俄国公社状况和俄国革命形势的变化，使俄国公社“不通过资本主义制度的卡夫丁峡谷”的可能性大大减弱以致丧失。

关于由于国际形势的变化而导致俄国公社“不通过资本主义制度的卡夫丁峡谷”直接过渡到社会主义社会的可能性逐年减少以至丧失，恩格斯在1893年2月24日致尼·弗·丹尼尔逊的信中讲得十分透彻。他指出：“毫无疑问，公社，在某种程度上还有劳动组合，都包含了某些萌芽，它们在一定条件下可以发展起来，使俄国不必经受资本主义制度的苦难。”[②] 但是，“实现这一点的第一个条件，是外部的推动，即西欧经济制度的变革，资本主义在最先产生它的那些国家中被消灭”。[③] “如果在西方，我们在自己的经济发展中走得更快些，如果我们在10年或20年以前能够推翻资本主义制度，那么，俄国也许还来得及避开它自己向资本主义发展的趋势。遗憾的是，我们的进展太慢，那些必然使资本主义制度达到临界点的经济后果，目前在我们周围的各个国家只是刚刚开始发展……而在这期间你们那里的公社却在衰败，我们只能希望我们这里向更好的制度的过渡尽快发生，以挽救，至少是在你们国家一些较边远的地区，挽救那些在这种情况下负有使命实现伟大未来的制度。但事实终究是事实，我们不应当忘记，这种机会正在逐年减少。”[④]

令人十分遗憾的是，我国一些研究俄国社会发展道路的学者，由于不了解马克思、恩格斯思想演变的历史过程，在马克思、恩格斯认为俄国公社“不通过资本主义制度的卡夫丁峡谷”而直接过渡到社会主义社会的可能性已经丧失以后，依然认为马克思、恩格斯在1875年至1882年讲的俄国公社有可能“不通过资本主义制度的卡夫丁峡谷”而直接过渡到社会主义社会的设想具有可以实现的现实可能性，并认为十月革命的胜利就是对马克思、恩格斯这种设想的实现的证实和实践的检验。他们还指责认为马克思的设想没有实现的观点是背离了马克思主义。[⑤] 这种认识令人匪夷所思。我们知道，“不通过资本主义制度的卡夫丁峡谷”的国家，必定是前资本主义国家；已经成为资本主义的国家，根本不存在通过还是不通过“资本主义制度的卡夫丁峡谷”的问题。这是不言自明的道理。那么十月革命胜利以前，俄国是什么性质的社会呢？恩格斯在其逝世前夕，已经明确讲过：“俄国在短短的时间里就奠定了资本主义生产方式的全部基础”，“在这样的情况下，年轻的俄国资产阶级就把国家完全掌握在自己的手中。国家在所有重要的经济问题上都不得不屈从于它”，“俄国越来越快地转变为资本主义工业国，很大一部分农民越来越快地无产阶级化，旧的共产主义公社也越来越快地崩溃”。[⑥] 到20世纪初，列宁更是多次明确肯定俄国已经是一个资本主义国家。他在1895年底至1899年1月写了《俄国资本主义的发展》一书，具体论述了俄国资本主义产生和发展的过程。这是大家都知道的，无须赘述。既然俄国在十月革命胜利以前已经是资本主义性质的国家，当

---

① 《马克思恩格斯选集》第4卷，人民出版社1995年版，第447页。

② 同上书，第724页。

③ 同上。

④ 同上。

⑤ 谢霖：《东方社会之路》，中国社会科学出版社1992年版，第223—247页。

⑥ 《马克思恩格斯选集》第4卷，人民出版社1995年版，第448—450页。

然也就不存在通过还是不通过“资本主义制度的卡夫丁峡谷”的问题了。

三 对人的本质认识的发展变化

作为马克思主义的重要组成部分的马克思关于人的本质的理论，同整个马克思主义一样，也有一个孕育、形成和发展变化的过程，这个过程具有由不成熟到逐步成熟的特点。

马克思在1840—1841年写的博士论文《德谟克利特的自然哲学和伊壁鸠鲁的自然哲学的差别》（以下简称《博士论文》）中，由于受到当时青年黑格尔派布鲁诺·鲍威尔等人的自我意识哲学的影响，认为自我意识是人的本质。他在批判对神（上帝）的存在的本体论证明时说：“对神的存在的证明不外是对人的本质的自我意识存在的证明，对自我意识存在的逻辑说明，例如，本体论的证明。当我们思索‘存在’的时候，什么存在是直接的呢？自我意识。”[①] 马克思与青年黑格尔派一些人的观点一样，把自我意识看成人的本质、本性，认为人高于神，人性高于神性。马克思强调自我意识的重要作用，把宗教的神（上帝）看成是人类的自我意识的异化，把自我意识看成是人的本质，这无疑是一种历史唯心主义观点。但是他通过强调人类的自我意识的作用，把人看作能动的主体，高扬人的主体性和能动性，比起18世纪的法国唯物主义片面强调人的客体性和受动性，把人看成像钟表和机器一样，更容易通向历史唯物主义。

马克思在《莱茵报》时期，对于人的本质的基本看法，仍然没有超出黑格尔唯心主义的范围，即仍然是在人的精神领域内寻找人的本质。与《博士论文》时期不同的是，他不再把自我意识看作人的本质，而是把理性和自由看作人的本质。对当时的马克思来说，说理性是人的本质和说自由是人的本质是一个意思，因为他认为自由是“合乎理性的本质。”[②] 但马克思突出强调理性是自由的，明确把自由规定为人的本质。他认为，因为自由“是全部人类精神的类本质”，“因为对人说来只有体现自由的东西才是好的”,[③] “没有自由对人说来就是一种真正的致命的危险”。[④] 马克思把理性和自由看作人的本质，无疑持的仍然是历史唯心主义观点，但他与黑格尔和青年黑格尔派的观点已经有所区别。他没有把自由看成孤立的主体的内在特性，没有把自由与社会现实割裂开来，而且他把自由的矛头指向普鲁士的封建专制制度，特别是普鲁士政府的书报检查制度，无情地痛斥这个制度。这些区别是促使马克思离开黑格尔和青年黑格尔派、由唯心主义历史观转向唯物主义历史观的重要因素。

1843年马克思开始研究政治经济学，注重对市民社会的解剖，写了批判黑格尔法哲学的第一部著作《黑格尔法哲学批判》。在这部著作中，马克思提出了“不是国家决定家庭和市民社会，而是家庭和市民社会决定国家”的重要论断，开辟了通向历史唯物主义的道路。与此相应，马克思对人的本质的看法也发生了重大改变，他不再在人的精神范围内寻找人的本质，而是认为人的本质具有社会性，是人的社会特质。马克思认为

---

① 《马克思恩格斯全集》第40卷，人民出版社1982年版，第285页。

② 《马克思恩格斯全集》第1卷，人民出版社1956年版，第101页。

③ 同上书，第67页。

④ 同上书，第74页。

人有两种特质，即自然的肉体特质和社会特质或政治特质。他指出："国家的各种职能和活动同个人发生联系（国家只有通过各个人才能发生作用），但不同作为肉体的个人，而是同作为政治的个人发生联系，同个人的政治特质发生联系。"所以，"'特殊的人格'的本质不是它的胡子、它的血液、它的抽象的肉体，而是它的社会特质，而国家的职能等等只不过是人的社会特质的存在方式和活动方式"。① 马克思的这个思想既比把人的本质看成人类的自我意识或理性和自由等精神因素的黑格尔和青年黑格尔派的思想前进了一步，又比费尔巴哈过分强调人的自然肉体组织而忽视人的社会性、政治性的人本主义思想前进了一步。这种观点是马克思离开黑格尔转向费尔巴哈、又离开费尔巴哈转向历史唯物主义的一个重要环节。

马克思 1844 年 2 月发表在《德法年鉴》上的《〈黑格尔法哲学批判〉导言》（以下简称《导言》），在向历史唯物主义转变的过程中占有十分重要的地位。但在关于人的本质的问题上，尚未摆脱费尔巴哈人本主义的影响。首先，《导言》中提出了类似《黑格尔法哲学批判》中关于人的本质具有社会性的观点："人不是抽象的蛰居于世界之外的存在物。人就是人的世界，就是国家，社会。……宗教是人的本质在幻想中的实现，因为人的本质不具有真正的现实性。"② 这些论述带有明显的费尔巴哈人本主义的痕迹。其次，《导言》中提出的"人的根本就是人本身""人是人的最高本质"③ 这两个命题，依然是费尔巴哈人本主义的命题。在"人的根本就是人本身"这个命题中，第一个"人"，是指个体的人，第二个"人"是指作为整体的人的"类"，是说"类"是个体的人的根本。在"人是人的最高本质"这个命题中，第一个"人"，是指作为整体的人的"类"，第二个"人"是指个体的人，是说"类"是个体的人的最高本质。这显然是费尔巴哈的观点。再次，《导言》关于人的解放的思想，是以费尔巴哈的人本主义为指导的，例如他说："德国惟一实际可能的解放是以宣布人是人的最高本质这个理论为立足点的解放。"④

马克思写的《1844 年经济学哲学手稿》（以下简称《手稿》），是历史唯物主义形成过程中的一部重要著作。在这部著作中，马克思批判地吸取了黑格尔辩证法中的否定性思想，认为黑格尔辩证法的否定性思想的伟大功绩，就在于猜测到了劳动是人类的创造性活动，人的生活是与这种活动分不开的，只有通过这种活动，人才能充分发挥它所固有的普遍本性。马克思由此得出了作为"自由的有意识的活动"的劳动是人的本质的观点。他说："劳动这种生命活动、这种生产生活本身""就是类生活。这是生产生命的生活。一个种的整体特性、种的类特性就在于生命活动的性质，而自由的有意识的活动恰恰就是人的类特性。"⑤ 马克思所说的作为"自由的有意识的活动"的劳动是人的本质，这种本质并不是现实的人的本质，而是设定的理想化的人的本质。把这种理想化的人的本质作为前提和衡量社会制度的进步与否的标准，就形成了用人的本质——人的本质的异化——人的本质的复归的公式揭示人类历史发展过程的逻辑。这种观点不仅带有费尔

---

① 《马克思恩格斯全集》第 3 卷，人民出版社 2002 年版，第 29 页。

② 同上书，第 199 页。

③ 同上书，第 207 页。

④ 同上书，第 214 页。

⑤ 同上书，第 273 页。

巴哈人本主义的痕迹，而且也未完全克服掉18世纪法国唯物主义者和19世纪空想社会主义者把人的理性作为衡量社会制度进步与否的标准的历史唯心主义色彩。

1845年春天，马克思写了《关于费尔巴哈的提纲》（以下简称《提纲》）。接着，马克思、恩格斯在1845年秋至大约1846年5月，又合写了《德意志意识形态》（以下简称《形态》）一书。这两部著作是标志历史唯物主义基本形成的著作。与此相应，马克思关于人的本质的理论也臻于成熟。在这两部著作以及此后的其他著作中，马克思、恩格斯对人的本质作了三个界定，即人的本质在其现实性上是一切社会关系的总和、物质生产劳动是人的本质、人的需要是人的本质。

关于第一个界定，马克思在《提纲》中说："人的本质不是单个人所固有的抽象物，在其现实性上，它是一切社会关系的总和。"① 马克思批判了费尔巴哈在人的本质问题上的两个主要错误：第一，"撇开历史的进程，把宗教感情固定为独立的东西，并假定有一种抽象的——孤立的——人的个体。"② 第二，"本质只能被理解为'类'，理解为一种内在的、无声的、把许多个人自然地联系起来的普遍性。"③ 马克思关于人的本质的这一看法，已经建立在历史唯物主义的基础之上，既与唯心主义的人的本质观彻底划清了界限，又与费尔巴哈的人本主义的人的本质观彻底划清了界限。

关于第二个界定，马克思、恩格斯在《形态》中指出："这些个人把自己和动物区别开来的第一个历史行动不在于他们有思想，而在于他们开始生产自己的生活资料。"④"个人怎样表现自己的生活，他们自己就是怎样。因此，他们是什么样的，这同他们的生产是一致的——既和他们生产什么一致，又和他们怎样生产一致。因而，个人是什么样的，这取决于他们进行生产的物质条件。"⑤ 马克思、恩格斯的这些论述是从人与动物相区别的根本标志方面说明的。人与动物有很多区别，如人有自我意识，动物没有自我意识；人有宗教信仰，动物没有宗教信仰；人使用文字符号，动物不会使用文字符号；等等。但这些都不是人区别于动物的根本标志。人区别于动物的根本标志是能制造并使用生产工具从事物质生产劳动，以获取自己所必需的物质生活资料。

关于第三个界定，马克思、恩格斯在《形态》中指出："在任何情况下，个人总是'从自己出发的'，但由于从他们彼此不需要发生任何联系这个意义上来说他们不是唯一的，由于他们的需要即他们的本性，以及他们求得满足的方式，把他们联系起来（两性关系、交换、分工），所以他们必然要发生相互关系。"⑥ 简单地说，就是人的需要即人的本质（本性）。马克思、恩格斯以文艺复兴时代意大利的伟大现实主义画家拉斐尔为例，说明人的需要受社会条件制约的情况："和其他任何一个艺术家一样，拉斐尔也受到他以前的艺术所达到的技术成就、社会组织、当地的分工以及与当地有交往的世界各国的分工等条件的制约。像拉斐尔这样的个人是否能顺利地发展他的天才，这就完全取

① 《马克思恩格斯选集》第1卷，人民出版社1995年版，第56页。

② 同上。

③ 同上。

④ 同上书，第67页。

⑤ 同上书，第67—68页。

⑥ 《马克思恩格斯全集》第3卷，人民出版社1960年版，第514页。

决于需要，而这种需要又取决于分工以及由分工产生的人们所受教育的条件。"① 马克思、恩格斯还把人的需要与现实的人的规定、使命、任务联系起来说明人的需要即人的本质。他们指出："作为确定的人，现实的人，你就有规定，就有使命，就有任务，至于你是否意识到这一点，那都是无所谓的。这个任务是由于你的需要及其与现存世界的联系而产生的。"②

马克思在《资本论》第一卷第二十二章，把人的本质区分为一般本质和特殊本质两个方面。他说："假如我们想知道什么东西对狗有用，我们就必须探究狗的本性。这种本性本身是不能从'效用原则'中虚构出来的。如果我们想把这一原则运用到人身上来，想根据效用原则来评价人的一切行为、运动和关系等等，就首先要研究人的一般本性，然后要研究在每个时代历史地发生了变化的人的本性。"③ 我们撇开"效用原则"不谈，马克思在这里所说的"人的一般本性"，是指一切人所共有的本性，是指人区别于动物的根本标志，我们把它称之为人的一般本质；马克思在这里所说的"在每个时代历史地发生了变化的人的本性"，是指不同历史时期的人和同一历史时期处于不同社会地位的人各自具有的特殊本性，我们把它称之为人的具体本质。上述关于人的本质的第二个界定，即劳动是人的本质，属于人的一般本质；上述关于人的本质的第一和第三个界定，即人的本质在其现实性上是一切社会关系的总和、人的需要即人的本质，属于人的具体本质。

我国理论界从事马克思主义理论研究和教学的学者，有些人忽视或不太了解马克思、恩格斯关于人的本质的理论的发展变化过程，往往自觉或不自觉地把他们在《提纲》和《形态》以前关于人的本质的界定，如人的本质是自我意识、人的本质是理性和自由、人的根本就是人本身、人是人的最高本质等等，当作马克思、恩格斯关于人的本质的成熟理论，与《提纲》和《形态》以后关于人的本质的界定并列在一起，加以宣传和在课堂上讲授。这使人们在对马克思主义关于人的本质的理论的认识上产生了一定的混乱、曲解和误解。

四　几点有益的启示

通过以上三个问题的历史考察以及对理论界一些学者在这三个问题上产生的曲解和误解的分析，可以得出以下一些有益的启示。

第一，要用发展的观点对待马克思主义。

马克思主义既然是发展着的理论，我们就要用发展的观点对待它。整个马克思主义以及它的每一个基本概念和基本原理，都不是一经形成就凝固不变、停滞不前的，而是随着时代的变化、实践的发展和科学的进步不断发展变化、与时俱进的。2004 年 4 月 27 日，李长春在中央实施马克思主义理论研究和建设工程工作会议上的讲话中指出："要深入研究和准确阐述马克思主义经典著作中的基本观点，帮助人们分清哪些是必须长期坚持的马克思主义基本原理，哪些是需要结合新的实际加以丰富发展的理论判断，

① 《马克思恩格斯全集》第 3 卷，人民出版社 1960 年版，第 459 页。

② 同上书，第 328—329 页。

③ 《资本论》第 1 卷，人民出版社 2004 年版，第 704 页。

哪些是必须破除的对马克思主义的教条式的理解，哪些是必须澄清的附加在马克思主义名下的错误观点。用科学的态度对待马克思主义，用发展着的马克思主义指导新的实践。”① 这段论述被理论界简称为“四个分清”。一些从事马克思主义理论研究和教学的学者，对“四个分清”产生了一些误解。首先，有人认为只有那些“需要结合新的实际加以丰富和发展的理论判断”，才是需要随着时代的变化、实践的发展和科学的进步不断发展变化的理论，而那些“必须长期坚持的马克思主义基本原理”则是一经形成就永不变化的。实际上，即使是马克思主义的最基本的原理，也要随着时代的变化、实践的发展和科学的进步不断改变自己的形式，充实自己的内容。其次，有人认为，“四个分清”就是把马克思主义的基本原理分成四种类型，它们分别属于“四个分清”中的某一种，马克思主义理论研究和建设工程的一些课题组在写“四个分清”的总结报告时，大都是这样做的。这是过于机械的理解。实际上，每一条“必须长期坚持的马克思主义基本原理”，也同时都是“需要结合新的实际加以丰富和发展的理论判断”，都有可能在马克思主义名义下被附加上错误观点，都有可能被教条式地加以理解。再次，现在理论界有些人在讨论什么是马克思主义基本原理、哪些是马克思主义基本原理这个问题。我认为，什么是马克思主义基本原理是可以在原则上加以界定的，而哪些是马克思主义基本原理则是很难说清的。马克思、恩格斯的著作卷帙浩繁，有很多基本概念和基本原理，这些基本概念和基本原理又可以按其在马克思主义理论体系中的地位，分成不同的层次，谁能一一列出哪些是马克思主义的最基本的原理，哪些是马克思主义次一级的基本原理呢？我想即使是最熟读、精通马克思主义经典著作的学者，也很难做得到。我们编写的各种马克思主义基本原理的教材，也只是阐述了马克思主义最重要的一些基本原理，而不是全部马克思主义基本原理。任何一部教材，都不可能穷尽对马克思主义基本原理的阐述。哪些是马克思主义的基本原理这个问题完全是一个无解的问题，讨论这个问题没有任何实际意义。

第二，要用开放包容的态度对待马克思主义。

列宁指出：“哲学史和社会科学史都十分清楚地表明：马克思主义同‘宗派主义’毫无相似之处，它绝不是离开世界文明发展大道而产生的一种故步自封、僵化不变的学说。恰恰相反，马克思的全部天才正是在于他回答了人类先进思想已经提出的种种问题。他的学说的产生正是哲学、政治经济学和社会主义极伟大的代表人物的学说的直接继续。”② 我国一些从事马克思主义理论研究和教学的学者“唯我独马”，认为只有中国马克思主义者讲的马克思主义才是真正的马克思主义，甚至认为只有自己理解的马克思主义才是真正的马克思主义，苏联的马克思主义是教条主义的马克思主义，“西方马克思学”和“西方马克思主义”都是对马克思、恩格斯思想的歪曲和背离，甚至有人对“西方马克思主义”这个名称都提出质疑，认为“西方马克思主义”不姓“马”，即根本不是马克思主义。我并不否认，“西方马克思学”和“西方马克思主义”对马克思主义的理解与我国马克思主义者对马克思主义的理解有很大的差别，他们的有些理解确实有意无意地歪曲和误解了马克思、恩格斯的思想，对于他们的这些曲解、误解应该予以澄清，这是毫无疑义的。同时也应该看到，他们对马克思主义的理解也有不少独到和合理

① 《十六大以来重要文件选编》（中），中央文献出版社 2006 年版，第 54 页。

② 《列宁选集》第 2 卷，人民出版社 1995 年版，第 309 页。

之处，吸取它们的合理思想，对我们坚持和发展马克思主义不仅是必要的，而且是不可缺少的。

第三，在马克思主义的教学和研究中要把“史”、“论”、“著”有机结合起来。

“史”是指马克思主义发展史，“论”是指马克思主义基本原理，“著”是指马克思主义经典著作。以马克思主义哲学为例，我国高校大多数哲学院系，设马克思主义哲学原理、马克思主义哲学史、马克思主义哲学经典著作选读三门主干基础课。这三门主干基础课分别由不同的教师讲授。这种课程设置的弊端在于把统一的马克思主义哲学分割为三门不同的课程，而讲授马克思主义哲学原理的教师又往往不太重视马克思主义哲学史和马克思主义哲学经典著作的研究，讲授马克思主义哲学史的教师也不重视马克思主义哲学原理和马克思主义哲学经典著作的研究，讲授某一本或某几本马克思主义哲学经典著作的教师又不重视对马克思主义哲学原理、马克思主义哲学史和其他马克思主义哲学经典著作的研究。这种肢解统一的马克思主义哲学的做法，很难全面、准确地理解马克思主义哲学思想，甚至会对它造成各种曲解和误解。我建议我国高校的哲学院系，把马克思主义哲学这三门课合并为一门，以讲授马克思主义主要的哲学经典著作为重点，使学生通过学习和研读马克思主义哲学经典著作，掌握马克思主义哲学原理和马克思主义发展史，全面、准确、深入、系统地掌握马克思主义哲学思想。

第四，要撰写一批马克思主义专题史。

我国已经出版了一批马克思主义哲学史、马克思主义经济学说史、马克思主义政治学说史、国际共产主义运动史、科学社会主义发展史等等。这些都可以称为“通史”。我国还很少见就马克思主义的某一个基本原理的发展史，我把这种发展史称为“专题史”。只有“通史”，而没有“专题史”，对马克思主义的教学和研究有很大的局限性。例如在我国高校哲学院系，在本科生阶段讲授“马克思主义哲学史”通史，在硕士研究生阶段仍然讲授这种通史，这在深度和广度上只能有量的扩张，而不可能有质的飞跃。所以硕士研究生对于听“马克思主义哲学史”课程的兴趣不高。我建议高校哲学院系，要编写一批马克思主义哲学专题史，如唯物主义各种形态的演变史，辩证法各种形态的演变史，哲学基本问题的发展史，历史（社会）与自然的关系理论的发展史，社会基本矛盾理论发展史，“两个必然”和“两个决不会”及其相互关系的理论发展史，社会发展“合力论”和“交互作用论”的理论发展史，阶级和阶级斗争理论发展史，国家与革命理论发展史，无产阶级专政理论发展史，人类解放和无产阶级解放理论发展史，亚细亚生产方式理论发展史，俄国社会发展道路理论发展史，人的本质理论发展史等等。在本科生阶段讲授马克思主义发展史“通史”，在硕士研究生阶段讲授马克思主义发展史“专题史”，使教学由浅入深、由通到专，不断拓展和深化。

第五，要编好马克思主义经典著作导读。

为了帮助学生和党员干部学好马克思主义经典著作，就需要编好马克思主义经典著作导读。近些年来，我国编写出版了一批马克思主义经典著作导读，这是十分可喜的。但是，我发现不少导读有一个通病，就是简单地用马克思主义的基本原理教材中的概念和观点，说明和解释马克思主义经典著作中的相关概念和理论阐述。这种做法有很大的局限性，不利于学生和干部深入学好马克思主义经典著作。首先，这种做法容易把马克思主义基本概念和基本原理简单化、教条化、凝固化。因为在马克思、恩格斯的不同著作中，对同一个概念和同一条基本原理的阐释往往不完全相同，用马克思主义基本原理教材中的同一种解释取代不同经典著作中的不同的阐释，势必造成对马克思主义基本概念和基本原理简单化、教条化、凝固化的理解。其次，这种做法离开经典作家个人的特点、风格和气派，离开经典作家论述基本概念和基本原理的时代的具体历史背景、学术背景和语境，难以准确地把握作者的原意，容易出现对作者思想的偏离、误解。再次，某一部经典著作或这一部经典著作的某些篇章，本来是用一系列马克思主义基本观点一环扣一环地阐明马克思主义某一重要的基本原理的，有些导读却把这些基本观点分隔开来、孤立起来加以论述，使读者看不出经典作家论述的内在逻辑联系。例如，恩格斯的《路德维希·费尔巴哈和德国古典哲学的终结》第四章，本来是用一系列历史唯物主义的基本观点系统地说明物质生产的生产方式在社会发展中起决定作用这一极其重要的基本原理的，有的导读却把这一系统说明分割为揭示了人类社会发展的客观规律、指出了人民群众是历史的创造者、阐述了阶级斗争的作用和根源、论述了经济基础对上层建筑的决定作用四个历史唯物主义观点，使读者很难深入系统地理解恩格斯的逻辑性极强的阐述。最后，经典著作中有一些概念和观点，具有较大的难度，马克思主义基本原理教科书很难涉及和解释清楚这些难点，达不到释疑解惑的作用，这个任务应该由马克思主义经典著作导读承担。现在出版的一些马克思主义经典著作导读，只注重归纳、概括经典著作中的基本原理，而且这些概括和归纳又往往是从马克思主义基本原理教科书中移植过来的，而不注重对经典著作中难点的释疑解惑。例如，有人写的马克思《〈黑格尔法哲学批判〉导言》的导读，不指明马克思所说的“人的根本就是人本身”“人是人的最高本质”这两个命题仍然是费尔巴哈人本主义的命题。有人写的马克思、恩格斯合著的《德意志意识形态》一书的导读，对于“交往形式”和“生产关系”这两个概念之间的异同，不作任何解释，甚至把二者视作完全相同的概念。有人写的马克思的《哥达纲领批判》一书的导读，对马克思所说的“未来共产主义社会的国家制度”① 是指未来社会哪一发展阶段上的什么性质的国家制度只字不提，有意无意地回避了对这个概念的解释。有人写的列宁的《国家与革命》一书的导读，对列宁所说的“正在消亡的国家在它消亡的一定阶段，可以叫作非政治国家”② “在共产主义下，在一定的时期内，不仅会保留资产阶级权利，甚至还会保留资产阶级国家，——但没有资产阶级”③ 中的国家究竟是什么性质的国家以及这种国家与马克思所说的“未来共产主义社会的国家制度”的关系如何，也是只字不提。这样的导读对学习马克思主义经典著作帮助不大，忽略了学习马克思主义基本原理和学习马克思主义经典著作之间的差别。因此，从事马克思主义教学和研究的学者，需要改进写作马克思主义经典著作导读的指导思想和写作方法，写出一批高质量的马克思主义经典著作导读，以帮助学生和党员干部学好马克思主义经典著作和马克思主义基本原理。

（原载《西南大学学报》2014 年第 9 期）

---

① 《马克思恩格斯选集》第 3 卷，人民出版社 1995 年，第 314 页。

② 《列宁选集》第 3 卷，人民出版社 1995 年版，第 166 页。

③ 同上书，第 200 页。

试论马克思主义发展规律系统

梁树发

梁树发，中国人民大学马克思主义学院教授（二级），马克思主义哲学专业博士生导师，享受国务院特殊津贴专家。

马克思主义发展规律研究是个大课题，15 年来我没有放弃对这个问题的关注，本文发表的一些意见是我对这个问题思考的继续。本文明确提出了马克思主义发展规律是一个系统的观点，对规律做了分析和分类，把马克思主义发展规律与马克思主义发展中的规律区分开来。

一 马克思主义发展规律类型

马克思主义发展规律是一个系统，一个规律群。它包括马克思主义发展的规律、基本规律和马克思主义发展中的规律性现象三个部分。基本规律高于规律。按照规律得以形成的条件、表现形式、表现特征等，本文把马克思主义发展规律划分为以下类型。

1. 基础条件型规律

这是一定条件与马克思主义发展的关系方面的规律。马克思主义发展需要各种条件，不同条件对于马克思主义发展有不同的意义。规律就是马克思主义发展的趋势与可能总是取决于一定的客观历史条件。这个条件是生产力的一定发展水平、生产力与生产关系的矛盾运动状况以及由此决定的阶级斗争状况和社会政治形势。这些条件决定了马克思主义的历史任务，并一起构成马克思主义发展的基础性条件。列宁在《论马克思主义历史发展中的几个特点》一文中，阐述了这个基础性条件与马克思主义发展之间的本质联系。列宁明确指出：“因为具体的社会政治形势改变了，迫切的直接行动的任务也有了极大的改变，因此，马克思主义这一活的学说的各个不同方面也就不能不分别提到首要地位。”① 列宁揭示了马克思主义发展主题得以确立的规律。

在《马克思主义的三个来源和三个组成部分》一文中，列宁还谈到马克思主义的产生与人类文明的关系。他指出：“哲学史和社会科学史都十分清楚地表明：马克思主义同‘宗派主义’毫无相似之处，它绝不是离开世界文明发展大道而产生的一种故步自封、僵化不变的学说。恰恰相反，马克思的全部天才正是在于他回答了人类先进思想已经提出的种种问题。他的学说的产生正是哲学、政治经济学和社会主义极伟大的代表人物的学说的直接继续。”② 这里谈的是马克思主义产生的科学基础和思想基础。这同样适合于我们对马克思主义发展的基础的认识。列宁揭示了马克思主义的产生和发展同样离不开历史上产生的一切先进思想的规律。

2. 实现条件型规律

马克思主义作为无产阶级解放的科学，它的发展不可能不经历各种形式的斗争，总的来讲是无产阶级反对资产阶级的斗争，具体形式是政治斗争、经济斗争和思想斗争。政治斗争造成决定马克思主义发展的政治形势，它是马克思主义发展的基础条件。由于阶级斗争需要一定的思想条件、一定的理论与之相适应，所以阶级斗争总要表现为思想斗争。马克思主义是思想形态的东西，是无产阶级的意识形态，思想斗争、意识形态斗争对于马克思主义发展具有直接的意义，它是马克思主义发展的实现条件。它对于马克思主义发展的意义同前面提到的作为马克思主义发展的基础条件出现的“世界文明”的不同在于，后者是历史的，而它则是现时的，因而能够成为马克思主义发展的实现条件。列宁在谈到理论斗争对于俄国社会民主主义运动的意义时，曾引用恩格斯 1874 年在《德法农民战争》序言中谈到的理论在社会民主主义运动中的意义。恩格斯指出，社会民主党的伟大斗争并不是有政治的和经济的两种形式，而是三种形式，同这两种斗争并列的还有理论的斗争。德国工人由于同欧洲其他各国工人比较起来具有的理论方面的优势，而使自己处于无产阶级斗争的前列。德国工人只要还占据这个地位并且能履行在这个地位所应尽的职责，“就必须在斗争和鼓动的各个方面都加倍努力。特别是领袖们有责任越来越透彻地理解种种理论问题，越来越彻底地摆脱那些属于旧世界观的传统言辞的影响，并且时刻注意到：社会主义自从成为科学以来，就要求人们把它当做科学来对待，就是说，要求人们去研究它。”③ 后来，毛泽东深化了恩格斯、列宁的上述思想。他没有停留在思想斗争、理论斗争对于工人运动的一般意义上，而是把这种斗争形式做了具体阐述并把它提高到真理发展和马克思主义发展规律的高度。根据马克思主义发展的历史经验和社会主义国家思想斗争的现实，毛泽东指出：“马克思主义必须在斗争中才能发展，不但过去是这样，现在是这样，将来也必然还是这样。正确的东西总是在同错误的东西作斗争的过程中发展起来的。真的、善的、美的东西总是在同假的、恶的、丑的东西相比较而存在，相斗争而发展的。当着某一种错误的东西被人类普遍地抛弃，某一种真理被人类普遍地接受的时候，更加新的真理又在同新的错误意见作斗争。这种

① 《列宁专题文集·论马克思主义》，人民出版社 2009 年版，第 158 页。

② 同上书，第 66—67 页。

③ 《马克思恩格斯文集》第 2 卷，人民出版社 2009 年版，第 219 页。

斗争永远不会完结。这是真理发展的规律，当然也是马克思主义发展的规律。”①

以上是从人的一定活动对于马克思主义发展的意义来谈马克思主义发展规律，马克思主义发展还与对待马克思主义的态度有密切的关系。正确对待马克思主义的态度是，在坚持马克思主义的基础上发展马克思主义，在发展马克思主义中坚持马克思主义。我们要坚持的马克思主义是发展了的马克思主义，而不是马克思主义中过时了的结论。马克思主义发展史证明了这样一条规律，即马克思主义总是在坚持与发展的统一中得到发展。同样道理，马克思主义也是在继承与创新的统一中发展。

马克思主义是普遍性的科学的道理，它在特殊的具体的历史条件中生成，它的发展则在普遍性与特殊性的统一中实现。马克思主义的普遍性与特殊性的统一、共性与个性的统一，就是马克思主义与实际的结合，这个实际既是不同国家、不同地区的，又是不同时期的。马克思主义与实际相结合，就是普遍性的马克思主义的具体化。例如，马克思主义中国化和马克思主义时代化。正是由于马克思主义与中国实际的有机结合，产生了马克思主义中国化的两大理论成果——毛泽东思想和中国特色社会主义理论体系。它们是马克思主义在中国的发展的理论形态，为马克思主义在普遍性与特殊性的统一中发展的规律提供了证明。

3. 阶段发展型规律

马克思主义发展是一个过程，这个过程表现了马克思主义的阶段发展型规律。虽然理论家们在马克思主义发展阶段划分上存在分歧，但并不否认马克思主义发展的阶段性事实。自创立以来，马克思主义经历了列宁主义、毛泽东思想和中国特色社会主义理论体系等阶段，这是就马克思主义发展的大的阶段而言。在各个不同的大的发展阶段中还包含若干小的阶段。马克思主义发展的大的阶段与马克思主义发展的基本理论形态是同一的。由于决定马克思主义发展的大的阶段或基本理论形态的是马克思主义面对的重大实践主题，因此要求从时代变化及马克思主义重大实践主题来认识马克思主义发展的阶段。例如，正是帝国主义这一客观历史条件和无产阶级革命的时代性质及其决定的无产阶级的历史任务，决定了列宁主义的产生及其对于马克思主义发展的阶段性意义。毛泽东思想是沿着列宁主义开辟的道路前进的，意义在于它结合中国革命和建设的实际发展了马克思主义和列宁主义，特别是发展了列宁开辟的经济文化相对落后国家革命和建设的理论。中国特色社会主义理论体系直接地继承和发展了毛泽东思想，它的阶段性意义在于不仅在一般性上继续回答经济文化相对落后国家的社会主义发展道路问题，而且特别是回答了处于社会主义初级阶段的中国的发展道路问题，这个道路总的来讲是中国特色社会主义道路。它的理论形态是中国特色社会主义理论体系。它是当代中国的马克思主义，是反映了时代主题的当代主流的马克思主义。由毛泽东思想和中国特色社会主义理论体系构成的中国马克思主义是继列宁主义之后的马克思主义发展阶段和马克思主义理论新形态。

4. 多态发展型规律

这与阶段发展型规律有一定联系。阶段发展型规律着眼于马克思主义发展的纵向联系和大的发展阶段，多态发展型规律着眼于马克思主义发展的横向联系和大的发展阶段中的小的发展阶段及其关系。马克思主义发展的一定阶段就是马克思主义发展的一定理

---

① 《毛泽东文集》第7卷，人民出版社1999年版，第230—231页。

论形态，这是多态发展型规律与阶段发展型规律一致的地方。而马克思主义发展的一定阶段内的一定形态不一定具有马克思主义发展的阶段性意义，这是二者不同的地方。马克思主义发展的一定阶段或者说具有阶段性意义的马克思主义理论形态，一般是马克思主义发展的主流。只有主流趋势的马克思主义发展形态才能成为马克思主义发展的阶段性的标志。马克思主义的多态性发展不同于所谓“多元性”发展。作为“元”存在的马克思主义只有一个，不能是多个，“多元马克思主义”是不存在的。马克思主义的存在和发展不是“多元”而是“一源多流”，“源”就是“元”，“流”就是“态”，“一源多流”就是一个原本马克思主义在发展中呈现的多种多样的流派。“一元多态”“一源多流”是马克思主义发展中的事实，也是它的规律。坚持马克思主义发展的多态性观点、承认马克思主义多态发展型规律的意义在于，使研究者注意到马克思主义发展过程的复杂性，既要关注马克思主义发展中的主流，也要关注发展中的非主流，看到马克思主义发展是一个非单线过程。

5. 曲折发展型规律

科学发展、思想发展都要经历斗争和曲折，这是科学史、思想史证明了的。本文前面引用过的毛泽东关于马克思主义在斗争中发展的论述，就是用这个一般道理说明马克思主义发展的这个规律。马克思主义是无产阶级的思想体系，一种特殊的意识形态，它的发展要经历斗争和曲折，这是毫不奇怪的事情。马克思主义一方面要同外部的敌对阶级的思想、理论进行斗争，一方面要同内部的错误思想、错误理论进行斗争。已出版的马克思主义发展史著作一般都反映了马克思主义发展经历过的大的思想、理论斗争。但是，对以下两点则缺乏深入思考：一是马克思主义发展过程中经历过的斗争事实能否完全说明发展中的曲折？二是如何看待马克思主义发展的曲折。包括本人在内，我们以往习惯从斗争事实本身理解曲折，较少联系斗争发展的趋向和结果。其实，曲折在于斗争结果，而不在于斗争本身。斗争是常态，是马克思主义在其发展中不得不经历的过程和不得不面对的生存环境。马克思主义发展中的曲折不是这个意义上的。一个时期马克思主义经历的斗争结果假若不是马克思主义的思想、理论战胜错误的、反动的思想、理论，而是相反，错误的、反动的思想、理论占了上风，这就是马克思主义的发展出现了曲折，如在马克思主义发展史和社会主义发展史上，一定时期，德国社会民主党内拉萨尔主义的统治、俄国社会民主工党内部孟什维克对《火星报》的控制、日丹诺夫主义对苏联科学和文化发展的影响、“文化大革命”十年“无产阶级专政条件下继续革命理论”对我们党和国家生活的错误指导等。问题的实质不在于是否承认发展中曲折的存在，而在于如何对待曲折。马克思主义发展进程中的具体的曲折虽然时间有长有短，但终归是暂时的，马克思主义总会战胜曲折而取得发展。辩证地看，曲折不仅是马克思主义发展中的常态，而且是马克思主义发展的动力。在每一次经受了挑战和曲折的考验和洗礼后，通过总结经验教训，马克思主义总会有新的发展。我们所谈的马克思主义发展中的曲折，在部分“西方马克思主义”者和国外马克思主义研究者那里，就是所谓“马克思主义危机”问题。以往这个提法总是同马克思主义“过时论”联系在一起。现在，他们谈论这个问题谨慎得多了，一方面，他们不轻易把马克思主义的“危机”解释为马克思主义面临“死亡”的威胁；另一方面，他们也尽量不把“危机”作为对马克思主义命运的一般看法。他们要在马克思主义本身的“危机”与它的个别结论、具体理论内容的“危机”之间作出区分。

6. 复合主体型规律

马克思主义发展有其客观条件，也有其主观条件。主观条件除作为基础的科学和先进的思想外，还包括实现马克思主义发展的主体。这个主体一般地说是无产阶级，具体地说，是无产阶级大众和无产阶级政治家与理论家，而在无产阶级政治家和理论家中还包括那部分具有政治家和理论家双重身份和品格的主体，他们或者是政治—理论家或者是理论—政治家。就马克思主义发展规律来说，实质性的问题主要在于以下两点：无产阶级大众与无产阶级政治家和理论家群体对于马克思主义发展的作用；政治家、理论家与集政治和理论于一身的政治—理论家或理论—政治家对于马克思主义发展的作用。

就无产阶级大众与无产阶级政治家和理论家群体对于马克思主义发展的作用研究，必须坚持正确的方法，即不能把二者割裂开来，在无产阶级大众与政治家、理论家群体之间进行比较。也就是说，关于无产阶级大众与政治家、理论家群体对于马克思主义发展哪个作用更大的问题是不存在的，问题本身是不真实的。原因在于，政治家、理论家本身就属于无产阶级大众。对于马克思主义发展，他们之间的区分不在于哪个作用大，而在于作用的方式。无产阶级大众是马克思主义发展的基础性主体，亦即阶级主体；政治家、理论家是马克思主义发展的实现主体。就其表现来说，前者是隐蔽的主体，后者是显现的主体。政治家、理论家在马克思主义发展中的作用代表了或表现了无产阶级大众的作用，而不是离开这个作用。

政治家、理论家与集政治和理论于一身的政治—理论家或理论—政治家对于马克思主义发展的作用的比较，已经成为马克思主义发展研究的主题。在这里，政治家、理论家和政治—理论家、理论—政治家既指个人也指群体。但是，有意义的或可比较的同样不是政治家和理论家之间在马克思主义发展中哪个作用大的问题，而是作用方式问题。政治家的作用与马克思主义发展的实践基础相联系，特别是与政治实践相联系；理论家的作用在于实践基础上理论成就的形成与表达。无产阶级实践基础上的理论成就属于无产阶级总体，属于包含在其中的政治家、理论家群体。但是无产阶级的实践经验，无产阶级政治家的实践经验、智慧、意志的理论形式一般通过阶级的理论家总结、发挥和表达出来。可以拿来比较的是政治家或理论家（个人或群体）与政治—理论家或理论—政治家（个人与群体）的作用。对于马克思主义发展的实现，一般来说，单纯的政治家和单纯的理论家其素质、作用都不及具有政治家和理论家双重身份和品格的政治—理论家或理论—政治家。因为，马克思主义理论创新既需要政治家长于的实践经验，也需要理论家长于的理论素养，而单纯的政治家和单纯的理论家一般不具备这两方面的素养。就马克思主义发展中的政治—理论家和理论—政治家的作用来说，政治—理论家的作用可能更突出一些，政治—理论家的优势在于其首先是政治家的身份，因而首先在于其与实践之间的联系和作为理论基础的丰富政治经验，在于马克思主义理论创新往往由政治—理论家主导。理论—政治家也是实践中的和具有一定政治经验的理论家，不能认为他们是一群脱离实际的人，他们只是在这一方面同政治—理论家比较不具明显优势而已。但他们比起政治—理论家来，则有一个明显的优势，即他们的理论敏感性（正如政治—理论家的突出的政治敏感性一样）、理论能力，因而使之能够把政治—理论家主导的理论创新在正确理解的基础上以系统的理论形式表达出来。但是，应该说，政治—理论家与理论—政治家正如他们的身份区分差异是很小的一样，他们在马克思主义创新、发展中的作用差异也是很小的。

以上的分析不是纯粹的逻辑推论，而是基于对无产阶级事业发展和马克思主义发展的经验观察。总的来说，在马克思主义发展实现主体中，能够把政治家和理论家的素质、品格集于一身的复合型主体的优势是明显的。

二 马克思主义发展基本规律

本文从规律区分出基本规律，基本规律是规律的集中表现，基本规律统摄规律。规律是在事物矛盾运动中表现出来的。把握事物运动的基本规律首先要把握事物运动的基本矛盾。根据马克思主义发展的经验和对上述各种规律的分析，本文把马克思主义发展的基本矛盾理解为理论与实践的关系，把理论与实践的统一理解为马克思主义发展的基本规律[①]。马克思主义发展过程是充满矛盾的。从前面关于马克思主义发展的规律分析看，马克思主义在发展中面对和经历的矛盾有以下方面：马克思主义与历史发展的客观形势和实践发展的矛盾、马克思主义与传统的和现实的科学和文化的矛盾、马克思主义与各种思潮和错误思想的矛盾、马克思主义发展与主体发展的矛盾等。而作为理论的马克思主义与无产阶级实践之间的矛盾则是其中的基本矛盾。其他一切矛盾都是这一矛盾的具体化，都以不同形式表现着理论与实践的矛盾。理论与实践的矛盾之所以是马克思主义发展中的基本矛盾，原因既在于实践的性质与意义，也在于马克思主义理论的性质与意义。实践的特殊性质在于它把改变现实世界和实现人类解放作为自己一切活动的总体的最终的目标，它需要科学的进步的理论与之相适应。这个理论不是别的什么理论，而是马克思主义；马克思主义是适应无产阶级的伟大实践而产生的科学理论，自产生之日起它一刻也没有离开过这个实践，它为这个实践提供科学指导，并在其中发展自己。历史经验一再证明了的道理是：马克思主义离不开无产阶级实践，无产阶级实践也离不开马克思主义。只有把二者有机地结合起来、统一起来，无产阶级实践才能取得成功，马克思主义才能存在和发展。

理论怎样与实践统一起来并表现为马克思主义发展的基本规律？除适应时代和实践的要求这个一般原则外，基本路径是马克思主义具体化。这就是马克思主义的本土化（民族化）、时代化和大众化。本土化（民族化）是马克思主义的空间意义的具体化，时代化是马克思主义时间意义的具体化，大众化是马克思主义发展主体方面的具体化。马克思主义之所以要本土化（民族化）、时代化和大众化，原因在于实践总是本土化（民族化）、时代化和大众化的。本土化（民族化）、时代化、大众化既是马克思主义具体化的形式，也是无产阶级实践的具体化形式。没有这些形式，马克思主义和无产阶级实践就是一个空洞的抽象，而不是现实。有人可能认为马克思主义具体化的本土化（民族化）、时代化形式还好理解，但大众化的具体化形式就不太好理解。大众化作为马克思主义的具体化形式，首先是指马克思主义发展主体（主要决定力量）的具体化，即把大

---

① 笔者在1998年撰写的《试论马克思主义发展的基本规律》一文中，曾经提出“理论与实践的统一，马克思主义在与无产阶级实践的结合中发展是马克思主义发展的基本规律”的观点，并做了初步论证（参见北京大学党委宣传部、社会科学处、邓小平理论研究中心编《马克思主义与当代中国》，第150页，北京大学出版社1999年版）。对把握马克思主义发展规律基础的矛盾体系的分析与1998年的这篇文章比较，本文有了新的思考角度。

众不仅理解为马克思主义的受众，还把它看作推动马克思主义发展的强大主体。大众作为马克思主义的群众基础，身份是双重的：它首先是实现马克思主义发展的主体，通过实践创造的物质条件和一切社会条件构成马克思主义发展的物质基础和社会基础；其次才是马克思主义的受众，群众通过接受马克思主义理论教育，提高对自己的事业的自觉，提高运用马克思主义理论指导行动的能力与自觉。但是，为群众接受并被运用于实践的马克思主义，不应该是僵死的教条，脱离生活实际的生硬的说教，而应该是用大众听得懂的，从感情和理智上愿意接近和接受的道理。把马克思主义大众化的要求仅仅从马克思主义的受众方面理解是片面的。这个要求在于，既使政治家、理论家理解到，也使大众自己理解到；大众既是马克思主义的积极的受众，又是推动马克思主义发展的积极的主体。

马克思主义具体化就是马克思主义理论与实践的结合，马克思主义是在它的具体化中实现理论与实践的有机结合的。马克思主义具体化要求的意义是双重的，它既是一个理论的要求，又是一个实践的要求，特别是关于二者有机联系和统一的要求。马克思主义具体化是理论与实践的统一这一基本规律的实现形式。

三 马克思主义发展中的规律性现象

本文把马克思主义（本身）发展规律与马克思主义发展中的规律区分开来。以上所谈规律和基本规律都是马克思主义发展规律，主体是马克思主义。马克思主义发展中的规律是指与马克思主义发展密切相关并影响其发展的一些现象的规律。这些现象构成马克思主义发展的一般理论环境。为了与马克思主义本身的发展规律区别开来，本文把马克思主义发展过程中作为其发展的一般理论环境存在的规律表现，称为“马克思主义发展中的规律性现象”。这种规律性现象实际是关于马克思主义认识和研究中的现象，一种马克思主义的“副现象”。主体不是马克思主义而是马克思主义的研究者及其他相关者。由于其对马克思主义发展具有内在的实际的影响，它被纳入马克思主义发展规律系统。

考察发现，马克思主义发展史上发生的“什么是马克思主义”的提问和马克思“周年纪念性话语”，是两种比较典型的马克思主义发展中的规律性现象。

从“什么是马克思主义”的提问（the question “what is Marxism”）形式上讲，“什么是马克思主义”的提问最早发生于马克思自己说的“我只知道我自己不是马克思主义者”的时候。这是马克思在19世纪70年代末对着法国“马克思派”的两位领袖茹尔·盖得和拉法格说的，他们都是马克思的坚定追随者。马克思在听了他们关于法国工人运动的情况和对于他的理论的认识时，发现他们对他的理论的理解并不准确，并且带有教条主义和宗派主义的倾向。马克思正是利用上述这种不寻常的说法以批评和拒绝他们对于他的理论的片面认识和不正确态度。恩格斯在其晚年曾经不下三次引用马克思的这句话以批评当时德国社会民主党内的“青年派”对马克思主义的同样的认识与态度。[①②] 马克思的这句话经常遭到人们的误读，特别是一些西方资产阶级学者和“马克

① 《马克思恩格斯文集》第10卷，人民出版社2009年版，第586、590页。

② 《马克思恩格斯选集》第4卷，人民出版社1995年版，第398页。

思学”家把它解释为“马克思反对马克思主义”，马克思“不把”自己的思想看作马克思主义，并以此攻击马克思主义者，攻击社会主义国家用以指导自己行动的马克思主义是“背离”马克思的。考察马克思主义学术史，还发现曾经发生过至少四次大的关于“什么是马克思主义”的提问：19世纪末至20世纪初，在革命马克思主义者反对以伯恩施坦为代表的修正主义者的斗争中，为了把马克思主义与修正主义区分开来而发生的提问；第一次世界大战中，在发生了以考茨基为代表的第二国际领袖们支持本国关于大战军事拨款即实际是支持这场战争的时候，以列宁、卢森堡为代表的革命马克思主义者在与考茨基等机会主义的斗争中发生的提问；第二次世界大战结束后，西方近代以来存在的人道主义和科学主义两大思潮影响到马克思主义，在“人道主义的马克思主义”和“科学主义的马克思主义”的对立中发生的提问；20世纪80年代末90年代初苏联东欧各国社会主义制度解体后，在对国际共产主义运动和这些国家社会主义失败原因的反思中发生的提问。上述这些提问的发生是有规律可循的，即凡是在发生重大政治转折和重大理论争论的时候，都可能发生“什么是马克思主义”的提问。实际上，这个提问是马克思主义发展进程中的常态，除发展中可能遇到的重大政治转折和理论“危机”外，对社会发展中重大问题尚未获得确定的认识和提出妥善处理的方案时，以下两方面的提问都是可能发生的：一是关于对象的本质的提问，一是对于我们认识的伟大工具——马克思主义的提问。[①]

马克思“周年纪念性话语”（discourse in the anniversaries of Karl Marx）研究发现，在马克思诞辰、逝世周年的时候，马克思主义理论家和马克思主义研究者会举行一定的纪念活动。其实，不只是在马克思周年的时候，在许多无产阶级革命领袖和重要马克思主义理论家周年的时候，马克思主义理论家和马克思主义研究者都可能举行一定的纪念仪式，以追思他们的业绩、贡献、思想和精神，表达继承他们遗志的决心。在这些活动中，发言人有一个始终离不开的话语：马克思主义的历史命运。在追思他们的事业、活动、著作、思想对于人类解放事业的巨大贡献后，理论家们总要谈到他们事业的共同理论基础——马克思主义的过去、现在和未来。他们甚至不回避马克思主义经历过的曲折和当下遇到的挑战和所谓“危机”，他们一般能够正确认识马克思主义发展中的曲折、挑战和“危机”，并且得出马克思主义不仅是对的，而且是必需的和不会过时的结论。作者把理论家们在纪念活动中关于马克思主义命运的话语：曲折、挑战、“危机”、发展等称为“周年纪念性话语”，并把它理解为马克思主义发展中的规律性现象。透过这些活动和话语可以看到马克思主义理论家和研究者在一定程度上对马克思主义发展的经验和规律的认识，对问题与挑战的冷静分析与思考以及对未来发展的正确判断。它实际已经成为马克思主义发展的一个重要的精神动力。[②]

（原载《教学与研究》2014年第1期）

① 梁树发：《关于“什么是马克思主义”的提问》，《中国人民大学学报》2000年第4期。

② 梁树发：《马克思逝世周年纪念性话语及其启示》，《中国人民大学学报》2008年第8期。

世界革命视阈下共产国际的实践逻辑

林建华

林建华，北方工业大学思想政治理论教研部教授。

国际共产主义运动是人类历史进程中崭新的社会政治运动。19 世纪末 20 世纪初以后，世界主要资本主义国家进入帝国主义阶段，各种社会矛盾日益尖锐化，先后爆发了两次世界大战，无产阶级革命重心逐渐从西欧发达国家转移到经济文化相对落后的东方国家，战争与革命成为时代主题。从 1919 年 3 月建立到 1943 年 6 月解散，共产国际在反映这一时期世界历史多维性的同时，丰富了国际共产主义运动的时代内涵，国际共产主义运动的范围也从欧洲和美洲扩展至亚洲和非洲乃至全世界。“国际共产主义运动”①概念是 1920 年列宁在《共产主义运动中的“左派”幼稚病》一书中第一次明确提出，并通过共产国际广泛使用和传播的。“世界革命论”是共产国际建立的理论基础，共产国际是统一的“世界共产党”的组织载体。但是，由于指导思想和组织制度等方面的失误与错误，共产国际也曾给一些国家的革命造成了重大损失。与其他国际组织一样，共产国际带有深刻的时代烙印。当今世界各主要国家的共产党，大都是在共产国际指导、帮助下建立并开展活动的；当今时代诸多重大理论和实践问题的渊源，几乎都可溯及共产国际。因此，以共产国际的基本问题作为考察对象，辨识国际共产主义运动历史的发展逻辑、国际共产主义运动中主要国际性组织的运行逻辑，通过构建宏观维度与微观维度相结合的框架正确分析共产国际的历史功过，是关系到 21 世纪中国特色社会主义未来发展与世界社会主义前途命运的一项重大理论课题。以史为鉴，有助于在全球化时代实现中华民族伟大复兴中进一步彰显中国特色社会主义的现实依据和时代价值。

一

共产国际是国际共产主义运动历史上影响深远的“世界共产党”组织，因此，共产国际研究虽因时因地而异，却经久不衰。

在共产国际时期，《共产国际》和《国际新闻通讯》等刊载的文献、列宁等人发表的文章，都从不同侧面论证了共产国际存在的必要性和重要性。共产国际执委会书记处甚至提出要“加工整理好”“有关共产国际史”的文字资料。②

---

① 《列宁选集》第 4 卷，人民出版社 1995 年版，第 210 页。

② 沈志华执行总主编：《苏联历史档案选编》第 15 卷，社会科学文献出版社 2002 年版，第 495 页。

共产国际解散后，这一领域研究更趋活跃。主要成果有：《国际史》[①]《三个国际的历史》[②]《共产国际概观》[③]《共产主义运动：从共产国际到共产党情报局》[④]《苏联大百科全书选译：共产国际》[⑤]《共产国际史纲》[⑥]《共产国际政策的转变》[⑦]《列宁和共产国际——国际共产主义运动理论和策略制定史》[⑧]《列宁以后的第三国际》[⑨]《第三国际兴亡史》[⑩]，以及《共产国际文件》[⑪]、《共产国际文件汇编（1919—1932）》[⑫]和《共产国际人物传记辞典》[⑬]等。由于立场、视角和方法不同，研究者对共产国际的分析和结论也有所不同，甚至大相径庭。

共产国际成立之前，李大钊就关注到共产国际筹建的动向。1919年共产国际成立后，李大钊、毛泽东、蔡和森、瞿秋白、张太雷、周恩来、李立三等人积极宣传共产国际。中国共产党的刊物《共产党》月刊、《新青年》《先驱》和《向导》周刊等，主要介绍了共产国际的性质、宗旨及政策、策略。此外，《晨报》《民国报》《东方杂志》等也对共产国际进行了大量报道，并译载了大量文献。1922年4月，成则人编译的《第三国际议案及宣言》由广州人民出版社出版，这是我国现存最早的共产国际文献汇编。[⑭]1943年共产国际解散后，我们党始终重视对共产国际与中国革命、中国共产党之间关系经验教训的总结。1945年，毛泽东在中共六届七中全会上指出："共产国际现在不存在了，我们也不把责任推给共产国际。共产国际对中国革命总的来说是功大过小，……没有共产国际的成立和帮助，中国无产阶级的政党是不能有今天的。"[⑮] 1960年7月，

---

① 尤里乌斯·布劳恩塔尔：《国际史》第1卷，杨寿国等译，上海译文出版社1985年版；《国际史》第2卷，杨寿国等译，上海译文出版社1986年版；《国际史》第3卷，杨寿国等译，上海译文出版社1992年版。

② 威廉·福斯特：《三个国际的历史：1848年至1955年的国际社会主义和共产主义运动》，李潞等译，三联书店1961年版。

③ 萨尔维多：《共产国际概观》，殷海光译，"国立"台湾大学出版中心2009年版。

④ 费尔南多·克劳丁：《共产主义运动：从共产国际到共产党情报局》上下册，中共中央党校外文组译，求实出版社1982年版。

⑤ 波诺马勒夫：《苏联大百科全书选译：共产国际》，祝璜、凌治彬译，人民出版社1954年版。

⑥ 索波列夫等：《共产国际史纲》，吴道弘等译，人民出版社1985年版。

⑦ Б.М. 莱布索恩、K.K. 希里尼亚：《共产国际政策的转变》，齐春子等译，求实出版社1983年版。

⑧ 弗·维·亚历山大罗夫：《列宁和共产国际——国际共产主义运动理论和策略制定史》，郑异凡等译，求实出版社1984年版。

⑨ 列夫·托洛茨基：《列宁以后的第三国际》，吴继淦、李潞译，生活·读书·新知三联书店1965年版。

⑩ 郑学稼：《第三国际兴亡史》，胜利出版社1943年版。

⑪ 珍妮·德格拉斯选编：《共产国际文件》第1卷，北京编译社译，世界知识出版社1963年版；《共产国际文件》第2卷，北京编译社译，世界知识出版社1964年版。

⑫ 贝拉·库恩：《共产国际文件汇编（1919—1932）》第1—3册，中国人民大学编译室译，生活·读书·新知三联书店1965年版。

⑬ 布兰科·拉兹齐、米洛拉得·M. 德拉克维奇编著：《共产国际人物传记辞典》，北京大学《共产国际人物传记辞典》翻译组译，陕西人民出版社1986年版。

⑭ 李景治主编：《国际共运史学百年》，北京出版社1999年版，第61—65页。

⑮ 《毛泽东文集》第3卷，人民出版社1996年版，第283页。

周恩来在《共产国际和中国共产党》一文中指出："共产国际从成立到解散共存在二十四年（一九一九——九四三），三个八年。毛泽东同志说它是两头好，中间差。两头好，也有一些问题。中间差，也不是一无是处。"[①] 毛泽东、周恩来等中国共产党人着眼于共产国际历史进程的阶段特性，侧重于对共产国际功过评价的基本肯定方面作出了重要结论。中国人民大学编印的校内用书《第三国际》[②] 等论著，大都遵循了这一基本思路。

1978年党的十一届三中全会后，我国学术界对共产国际的研究既坚持思想解放又力求实事求是，视阈进一步拓宽，内容进一步深化。主要成果有：《共产国际历史新编》[③]、《共产国际若干问题探析》[④]《共产国际专题系列讲座》[⑤]《共产国际的经验教训——纪念共产国际成立七十周年学术论文集》[⑥]《共产国际大事记（1914—1943）》[⑦]、《国际共产主义运动中的党际关系史（1848—1988）》[⑧] 等，以及先后出版了不同版本的《国际共产主义运动史》教材。2002年《苏联历史档案选编》[⑨] 和2011—2013年《国际共产主义运动历史文献》"共产国际文献部分"[⑩] 的出版，全景式呈现了包括共产国际在内的国际共产主义运动历史原貌，为深化共产国际研究提供了弥足珍贵的历史文献支撑。

共产国际与中国共产党和中国革命之间的关系问题，是中国共产党和中国学者关注、研究的热点。1981年6月，党的十一届六中全会通过的《关于建国以来党的若干历史问题的决议》指出，主要在20世纪20年代后期和30年代前期，在国际共产主义运动中和我们党内盛行的把马克思主义教条化、把共产国际决议和苏联经验神圣化的错误倾向，曾使中国革命几乎陷于绝境；毛泽东思想就是在同这种错误倾向作斗争并深刻总结这方面的历史经验的过程中逐渐形成和发展起来的。[⑪] 胡乔木指出："确实，共产国际在世界共产主义运动中也帮了正忙，但是，恐怕帮的倒忙比帮的正忙要大得多。"

---

① 《周恩来选集》下卷，人民出版社1984年版，第300页。

② 中国人民大学马克思主义列宁主义研究室编：《第三国际》（校内用书），中国人民大学1958年版。

③ 王礼训等编著：《共产国际历史新编》，山东人民出版社1988年版。

④ 张新萍：《共产国际若干问题探析》，中国工人出版社2002年版。

⑤ 宋洪训、孟全生主编：《共产国际专题系列讲座》，北京师范大学出版社1989年版。

⑥ 宋洪训、张中云主编：《共产国际的经验教训——纪念共产国际成立七十周年学术论文集》，人民出版社1989年版。

⑦ 中共中央编译局国际共运史研究所编：《共产国际大事记（1914—1943）》，黑龙江人民出版社1989年版。

⑧ 姜琦、张月明主编：《国际共产主义运动中的党际关系史（1848—1988）》，华东师范大学出版社1991年版。

⑨ 沈志华执行总主编：《苏联历史档案选编》（总计34卷），社会科学文献出版社2002年版。

⑩ 王学东总主编：《国际共产主义运动历史文献》，其中第四部分是"共产国际文献部分"，包括共产国际历次代表大会文献（总第29—32卷、第34—35卷、第37—39卷、第45—48卷、第57—58卷，共15卷），共产国际历次执行委员会全会（扩大全会）文献（总第33卷、第36卷、第40—44卷、第49—55卷，共14卷），第七次代表大会前的共产国际文献（总第56卷，共1卷），中央编译出版社2011—2013年出版。

⑪ 参见《关于建国以来党的若干历史问题的决议》，《人民日报》1981年7月1日。

"我们并不要把我们的错误推给人家，把我们的责任推给人家，但是，客观的历史的影响是不能否认的。"① 这充分说明，党是从战略高度对共产国际作出历史评价的，重在总结推进马克思主义中国化、探索走自己的路的经验教训。有关共产国际与中国革命关系的研究，则成果更加丰富。

关于共产国际与中国革命关系的整体性研究，主要成果有：《共产国际和中国革命》②《共产国际和中国革命》③《共产国际与中国革命关系简史》④《共产国际与中国革命关系史纲》⑤《共产国际和中国革命关系史稿》⑥《共产国际与中国革命关系史略》⑦《共产国际与中国革命关系史》⑧《共产国际和中国革命关系研究》⑨《共产国际和中国革命的关系》⑩《共产国际与中国革命研究述评》⑪《共产国际与中国革命史研究荟萃》⑫《共产国际与中国革命：苏联学者论文选译》⑬《指令与自主：共产国际·苏联·中国革命》⑭《苏联、共产国际与中国革命的关系新探》⑮《苏俄、共产国际与中国革命(1919—1923)》⑯《共产国际、苏联与中国革命关系研究述评》⑰《共产国际、联共（布）密档与中国革命史新论》（论文集）⑱《"共产国际、联共（布）与中国革命"国际学术研讨会论文集》⑲ 等，以及《共产国际与中国革命资料选辑》、⑳《共产国际有关中国革

① 《胡乔木传》编写组编：《胡乔木谈中共党史》，人民出版社1999年版，第122页。

② 陈再凡：《共产国际和中国革命》，华中师范大学出版社1987年版。

③ 杨云若、杨奎松：《共产国际和中国革命》，上海人民出版社1988年版。

④ 张庆瑰：《共产国际与中国革命关系简史》，辽宁教育出版社1988年版。

⑤ 孙武霞：《共产国际与中国革命关系史纲》，河南人民出版社1988年版。

⑥ 向青：《共产国际和中国革命关系史稿》，北京大学出版社1988年版。

⑦ 朱铃、张先智主编：《共产国际与中国革命关系史略》，西南交通大学出版社1988年版。

⑧ 黄修荣：《共产国际与中国革命关系史》，中共中央党校出版社1989年版。

⑨ 杜文焕、刘德喜：《共产国际和中国革命关系研究》，江苏人民出版社1991年版。

⑩ 马红霞、马熙敏：《共产国际和中国革命的关系》，陕西人民出版社2004年版。

⑪ 王廷科：《共产国际与中国革命研究述评》，四川省社会科学院出版社1988年版。

⑫ 翟作君主编：《共产国际与中国革命史研究荟萃》，复旦大学出版社1990年版。

⑬ 格鲁宁等：《共产国际与中国革命：苏联学者论文选译》，徐正明、许俊基译，四川人民出版社1987年版。

⑭ 孙武霞等：《指令与自主：共产国际·苏联·中国革命》，上海社会科学院出版社1990年版。

⑮ 黄修荣主编：《苏联、共产国际与中国革命的关系新探》，中共党史出版社1995年版。

⑯ 何云庵等：《苏俄、共产国际与中国革命（1919—1923)》，社会科学文献出版社2009年版。

⑰ 郭德宏主编：《共产国际、苏联与中国革命关系研究述评》，中共党史出版社1996年版。

⑱ 中共中央党史研究室第一研究部、中国中共党史学会共产国际与中国革命研究专业委员会编：《共产国际、联共（布）密档与中国革命史新论》第1集，中共党史出版社2004年版。

⑲ 中共中央党史研究室第一研究部编：《"共产国际、联共（布）与中国革命"国际学术研讨会论文集》，中共党史出版社2006年版。

⑳ 孙武霞、许俊基选编：《共产国际与中国革命资料选辑（1919—1924)》，人民出版社1985年版；孙武霞、许俊基选编：《共产国际与中国革命资料选辑（1925—1927)》，人民出版社1985年版；许俊基、孙武霞选编：《共产国际与中国革命资料选辑（1928—1943)》，人民出版社1988年版。

命的文献资料》[①] 等。

关于共产国际与中国革命关系的专题性研究，主要成果有：《特殊而复杂的课题——共产国际、苏联和中国共产党关系编年史（1919—1991）》[②]《中国共产党与共产国际关系史研究》[③]《共产国际与中共早期历史》[④]《马克思主义中国化与共产国际：马克思主义中国化历史经验研究》[⑤]《共产国际、联共（布）与马克思主义中国化研究（1919—1943）》[⑥]《毛泽东思想与共产国际关系研究》[⑦]《共产国际与毛泽东思想的形成和发展史》[⑧]《联共、共产国际与中国（1920—1925）》第1卷[⑨]《共产国际、联共（布）与中国大革命》[⑩]《共产国际与中国革命：1924—1927年中国共产党和国民党统一战线》[⑪]《变奏：共产国际对中国革命的影响（1926—1935）》[⑫]《共产国际与朱毛红军（1927—1934文献资料选编）》[⑬]《国民党与共产国际（1919—1927）》[⑭]《共产国际与广州国民政府关系史》[⑮]《中共对国民党政策的三次转变与共产国际》[⑯]《共产国际顾问在中国》[⑰]《共产国际中的中共代表》[⑱]《毛泽东与共产国际》[⑲]《巧解矛盾：周恩来与共产

---

① 中国社会科学院近代史研究所翻译室编译：《共产国际有关中国革命的文献资料（1919—1928）》，中国社会科学出版社1981年版；《共产国际有关中国革命的文献资料（1929—1936）》，中国社会科学出版社1982年版；《共产国际有关中国革命的文献资料（1936—1943）、（1921—1936补编）》，中国社会科学出版社1990年版。

② 周文祺、褚良如：《特殊而复杂的课题——共产国际、苏联和中国共产党关系编年史（1919—1991）》，湖北人民出版社1993年版。

③ 曹军：《中国共产党与共产国际关系史研究》，陕西人民出版社2001年版。

④ 李颖：《共产国际与中共早期历史》，中共党史出版社2012年版。

⑤ 张喜德：《马克思主义中国化与共产国际：马克思主义中国化历史经验研究》，中共中央党校出版社2009年版。

⑥ 王占仁：《共产国际、联共（布）与马克思主义中国化研究（1919—1943）》，中央文献出版社2010年版。

⑦ 曹军：《毛泽东思想与共产国际关系研究》，陕西人民出版社1996年版。

⑧ 罗重一：《共产国际与毛泽东思想的形成和发展史》，武汉大学出版社2005年版。

⑨ 郭恒钰、M. L. 基塔连科等编：《联共、共产国际与中国（1920—1925）》第1卷，李玉贞译，东大图书股份有限公司1997年版。

⑩ 姚金果等：《共产国际、联共（布）与中国大革命》，福建人民出版社2002年版。

⑪ 郭恒钰：《共产国际与中国革命：1924—1927年中国共产党和国民党统一战线》，李逵六译，生活·读书·新知三联书店1985年版。

⑫ 张玲：《变奏：共产国际对中国革命的影响（1926—1935）》，上海交通大学出版社2007年版。

⑬ 姚金果、陈胜华编著：《共产国际与朱毛红军（1927—1934文献资料选编）》，中央文献出版社2006年版。

⑭ 李玉贞：《国民党与共产国际（1919—1927）》，人民出版社2012年版。

⑮ 罗重一：《共产国际与广州国民政府关系史》，中国社会科学出版社2013年版。

⑯ 张喜德：《中共对国民党政策的三次转变与共产国际》，中共中央党校出版社2000年版。

⑰ 翟作君：《共产国际顾问在中国》，上海社会科学院出版社1989年版。

⑱ 张文亮、李玉荣主编：《共产国际中的中共代表》，天津人民出版社1994年版。

⑲ 申长友：《毛泽东与共产国际》，党建读物出版社1994年版。

国际》[①]《陈独秀与共产国际》[②]《陈独秀与共产国际》[③]《瞿秋白与共产国际》[④]《孙中山与共产国际》[⑤] 等。《共产国际、联共（布）与中国革命档案资料丛书》[⑥]《建党以来重要文献选编（1921—1949）》[⑦] 等。上述专题研究多侧面地展示了共产国际和联共（布）不同时期对中国各政治、军事集团及其重要人物的态度和策略，更深入地把握了对华政策的目标、重点及其嬗变。

总体来看，共产国际活动的机理主要表现为两个基本问题，即世界革命理论的实践策略与世界共产党组织的国别化革命运动。在共产国际的视野里，"世界革命论"是关键词；统一的"世界共产党"是主动脉。但是，共产国际推进的世界革命与各国发生的革命运动之间的关系也不是平列的关系，而是主题与副题、原生与派生的关系。马克思曾指出："对人类生活形式的思索，从而对这些形式的科学分析，总是采取同实际发展相反的道路。这种思索是从事后开始的，就是说，是从发展过程的完成的结果开始的。"[⑧] 在共产国际解散 71 年后的今天，检视共产国际的运行逻辑可聚焦于："世界革命论"是共产国际建立的理论基础，但它存在着对世界革命进程长期性的低估；共产国际是统一的"世界共产党"的组织载体，但它存在着对共产国际与各国共产党之间、各国共产党相互之间、共产党与社会民主党之间关系复杂性的低估；窥斑可知豹，作为典型个案，共产国际与中国共产党之间建立起了紧密的关系，但它存在着对中国革命特殊性的低估。由此，共产国际的历史功过可进一步概括为：大功有成，彪炳史册；过失亦深，足资鉴戒。

二

在国际共产主义运动的实践中，"革命"是基本命题之一。在马克思和恩格斯的论域中，革命的主题是解决资本与雇佣劳动的矛盾，革命的主体是无产阶级，革命的作用是牵引历史前进的火车头，革命的秘密是"无产阶级的解放"。[⑨] 对此，列宁认为，针对资产阶级国家的暴力革命不可避免的学说是"马克思和恩格斯全部学说的基础"。[⑩]

---

① 姜爱凤：《巧解矛盾：周恩来与共产国际》，重庆出版社 1998 年版。

② 唐宝林主编：《陈独秀与共产国际》，新苗文化事业有限公司 2000 年版。

③ 李颖：《陈独秀与共产国际》，湖南人民出版社 2005 年版。

④ 张秋实：《瞿秋白与共产国际》，中共党史出版社 2004 年版。

⑤ 李玉贞：《孙中山与共产国际》，台北"中央研究院"近代史研究所 1996 年版。

⑥ 黄修荣主编：《共产国际、联共（布）与中国革命档案资料丛书》第 1—6 卷，北京图书馆出版社 1997 年版；《共产国际、联共（布）与中国革命档案资料丛书》第 7—12 卷，中央文献出版社 1999 年版；《共产国际、联共（布）与中国革命档案资料丛书》第 13—17 卷，中共党史出版社 2007 年版；《共产国际、联共（布）与中国革命档案资料丛书》第 18—21 卷，中共党史出版社 2012 年版。该丛书共收入文件档案 1000 多件，共约 800 多万字。

⑦ 中共中央文献研究室、中央档案馆编：《建党以来重要文献选编（1921—1949）》（总计 26 册），中央文献出版社 2011 年版。

⑧ 《马克思恩格斯文集》第 5 卷，人民出版社 2009 年版，第 93 页。

⑨ 《马克思恩格斯文集》第 2 卷，人民出版社 2009 年版，第 99 页。

⑩ 《列宁专题文集·论马克思主义》，人民出版社 2009 年版，第 194 页。

同时，在思考自由资本主义时代革命的世界性问题时，马克思和恩格斯指出："如果不就内容而就形式来说，无产阶级反对资产阶级的斗争首先是一国范围内的斗争。"[①] 但是，"共产主义革命将不是仅仅一个国家的革命，而是将在一切文明国家里，至少在英国、美国、法国、德国同时发生的革命"。[②] 他们还密切关注中国革命、俄国革命与欧洲革命甚至世界革命的互动性征。他们认为，紧接着中国革命"而来的将是欧洲大陆的政治革命"，[③] 而俄国革命将会"成为全世界社会革命的开端"。[④] 就其实质来说，无产阶级反对资产阶级的斗争将是世界性的革命，并将有世界性的活动场所。[⑤] 直到晚年，恩格斯还强调："无论是法国人、德国人，还是英国人，都不能单独赢得消灭资本主义的光荣。""无产阶级的解放只能是国际的事业。"[⑥]

列宁继承并发展了马克思、恩格斯关于世界革命的思想。列宁的"世界革命论"不仅是共产国际创立的重要理论基础，而且催生了共产国际和世界上第一批共产党，并推进了世界革命和各国革命的实际运动，功莫大焉。但是，"世界革命论"也存在着对世界革命进程长期性的低估，过失亦深，留下了诸多教训。

十月革命之前，列宁揭示了帝国主义时代资本主义经济政治发展不平衡的规律，分析了这一规律和社会主义革命之间的联系。列宁指出，社会主义"将首先在一个或者几个国家内获得胜利"，[⑦] 而"开始革命的巨大光荣落到了俄国无产阶级的头上"。[⑧] 第一次世界大战之后，国际秩序亟待重建，世界工人运动进一步分化，这成为列宁思考时代问题和世界革命问题的出发点。一方面，列宁认为，帝国主义是垄断的、寄生的或腐朽的、垂死的资本主义，是"无产阶级社会革命的前夜"，而且"从 1917 年起，这已经在全世界范围内得到了证实"。[⑨] 面对无产阶级革命这一共同的威胁，帝国主义也会与各种反动势力结成联盟，"把消灭世界布尔什维主义、摧毁它的主要根据地俄罗斯苏维埃共和国当成他们的主要任务"。[⑩] 另一方面，列宁认为，在帝国主义时代，只有无产阶级社会主义革命才能把人类从帝国主义战争所造成的绝境中解救出来。以 1917—1919 年芬兰、德国和匈牙利等国革命为起点的欧洲革命运动和工人运动呈现出普遍高涨的态势，无产阶级社会主义世界革命的条件"异常迅速地成熟起来了"。[⑪] 这使得列宁和共产国际的创建者认为，各国革命者的当前任务和政治目标，就是从各方面直接训练无产阶级去夺取政权，同世界资本主义进行"最终决战"。[⑫] 他们认为，俄国革命是欧洲革

---

① 《马克思恩格斯文集》第 2 卷，人民出版社 2009 年版，第 43 页。

② 《马克思恩格斯文集》第 1 卷，人民出版社 2009 年版，第 687 页。

③ 《马克思恩格斯文集》第 2 卷，人民出版社 2009 年版，第 612 页。

④ 《马克思恩格斯文集》第 10 卷，人民出版社 2009 年版，第 568 页。

⑤ 《马克思恩格斯文集》第 1 卷，人民出版社 2009 年版，第 687 页。

⑥ 《马克思恩格斯文集》第 10 卷，人民出版社 2009 年版，第 655—656 页。

⑦ 《列宁专题文集·论社会主义》，人民出版社 2009 年版，第 8 页。

⑧ 《列宁全集》第 29 卷，人民出版社 1985 年版，第 339 页。

⑨ 《列宁专题文集·论资本主义》，人民出版社 2009 年版，第 105 页。

⑩ 《列宁全集》第 35 卷，人民出版社 1985 年版，第 159—160 页。

⑪ 同上书，第 442 页。

⑫ 《国际共产主义运动史文献》编辑委员会编译：《共产国际第一次代表大会文件》，中国人民大学出版社 1988 年版，第 312 页。

命的前奏，西欧也将走上一条战争发展为革命并一举取得世界革命胜利至少是欧洲革命胜利的“明确的、径直的和最容易走的路”；① 民族殖民地革命是无产阶级世界革命的组成部分，且已成为西方革命的“酵母、霉菌”。② 这就要求各国革命左派把发达资本主义国家的社会主义革命、殖民地被压迫民族和人民的反抗斗争、苏维埃政权的巩固联结在一起；尽可能快地建立共产党，并在国际范围内团结起来，其最终目的是通过推进世界革命，建立国际苏维埃共和国。十月革命后的形势则暂时把俄国置于领导世界革命的重要地位，俄国布尔什维克历史性地站在了“世界无产阶级革命的前阶”。③ 于是，1919 年 1 月《共产国际第一次代表大会的邀请信》便发出号召，代表大会应“使各国运动的利益服从世界革命的共同利益”。④ “第三国际即共产国际的成立是国际苏维埃共和国即将诞生的前兆，是共产主义即将在国际范围内取得胜利的前兆。”⑤

实际上，这涉及三个相互影响、相互制约的问题，即：(1) 共产国际的“世界革命论”与共产国际作为统一的“世界共产党”组织之间的关系问题；(2) 世界革命的理论与世界革命的实践之间的关系问题：(3) 领导、帮助世界各国共产党发动、推进世界革命与通过各国共产党引导各国人民共同拥护和保卫在资本主义列强包围下俄国革命成果之间的关系问题。

1919 年 3 月，共产国际“一大”通过的《共产国际行动纲领》提出，共产国际必须是一个统一的“世界共产党”。共产国际成立后，它始终把自己视为“各兄弟共产党及其司令部”“国际共产主义运动的战斗中心”“全世界劳动者的联盟”。⑥ 共产国际认为，它是马克思和恩格斯早在 19 世纪 40 年代提出的关于无产阶级国际联合、共同斗争思想的全面、完美的体现者；它既是共产主义者同盟、第一国际的真正继承者，也是第二国际优良传统的发扬者。为此，列宁在《第三国际及其在历史上的地位》一文中明确指出：“第三国际即共产国际的世界历史意义在于，它已开始实现马克思的一个最伟大的口号，这个口号总结了社会主义和工人运动历来的发展，表现这个口号的概念就是无产阶级专政。”⑦

共产国际成立之初，一方面，苏俄正处于帝国主义包围封锁和国内战争酷烈进行之中，共产国际难以“把各国无产者的斗争集中领导起来”，⑧ 保持其行动上的协调一致，于是，1920 年共产国际“二大”提出：“共产国际实质上应成为一个真正统一的世界性的共产党，在各国进行活动的党是它的各个支部”；⑨ 另一方面，共产国际和俄共（布）

---

① 《列宁全集》第 42 卷，人民出版社 1987 年版，第 321 页。

② 《列宁全集》第 28 卷，人民出版社 1990 年版，第 54 页。

③ 《列宁全集》第 32 卷，人民出版社 1985 年版，第 268 页。

④ 《国际共产主义运动史文献》编辑委员会编译：《共产国际第一次代表大会文件》，中国人民大学出版社 1988 年版，第 10 页。

⑤ 《列宁全集》第 35 卷，人民出版社 1985 年版，第 506 页。

⑥ 沈志华执行总主编：《苏联历史档案选编》第 15 卷，社会科学文献出版社 2002 年版，第 342—343 页。

⑦ 《列宁选集》第 3 卷，人民出版社 1995 年版，第 791 页。

⑧ 《国际共产主义运动史文献》编辑委员会编译：《共产国际第二次代表大会文件》，中国人民大学出版社 1988 年版，第 827 页。

⑨ 同上书，第 760 页。

的领导者们又乐观地估计，共产国际很有可能会在未来几个月里从世界革命的推动中心变为各苏维埃共和国之间的协调者，其组织形式也会做出相应调整和改变。共产国际在1919年《五一宣言》中甚至高呼“让伟大的国际苏维埃共和国在1920年诞生吧!”[①] 因此，共产国际“二大”强调，共产国际的任务就是组织和领导世界革命，“利用一切手段（包括武装斗争）为推翻国际资产阶级、为建立国际苏维埃共和国（它是完全消灭国家的过渡阶段）而斗争”。[②]

经过近三年的浴血奋战，苏俄彻底粉碎了外国帝国主义和国内反革命势力的武装干涉。列宁认为：“我们谁也没有想到……无论俄罗斯苏维埃共和国还是整个资本主义世界都没有获得胜利，也没有遭到失败。”“即使全世界的社会主义革命推迟爆发，无产阶级政权和苏维埃共和国也能够存在下去。”[③] 事实上，从1921年起，在俄国十月革命影响和共产国际“世界革命论”推动下出现的欧洲革命高潮已经渐趋平息，西欧的罢工运动明显减弱，中东欧各国的民族民主革命相继完成，在苏俄之外建立的4个无产阶级政权先后覆亡。[④] 基于对世界上第一个社会主义政权独立生存能力增强的判断，共产国际关于社会主义革命必然是一种世界性进程和目标的认识开始有所弱化。但是，共产国际和各国共产党人又不愿承认欧洲还不具备无产阶级取得政权的主客观条件，不愿承认革命浪潮的回落，他们在资产阶级统治的腹地一次次发动起义，又一次次遭到失败。到1922年共产国际“四大”，列宁在以《俄国革命的五年和世界革命的前途》为题的报告中仍然断言：“世界革命的前途不但是美好的，而且是非常美好的。”[⑤] 1923年9月保加利亚反法西斯专政武装起义、10月德国萨克森工人政府的建立和汉堡起义、11月波兰克拉科夫工人起义，则成为这次欧洲革命高潮的尾声。直到这时，共产国际的领导者们才认识到革命低潮已经来临，从而对世界革命进程的估计逐渐趋于谨慎。于是，列宁指出：“世界革命的第一个浪潮已经平息了。第二个浪潮还没有兴起，如果我们对它抱有幻想，那是危险的。”[⑥] 尽管各国革命者不应放过任何革命的机会，也不排除特殊情况下革命会出现迅速胜利的可能性，但是，从总体上来看，世界革命的进程绝非是无产阶级不断进攻的单一过程，而是充满着冲突和战争、进攻和退却、胜利和失败的复杂过程。

对世界革命形势和“世界革命论”重新审视的结果，便是形成了斯大林的“一国建成社会主义”理论。这一理论具有多重内涵：其一，“在苏联建成社会主义的问题是战胜本‘民族的’资产阶级的问题。”[⑦] 其二，“社会主义的最终胜利问题是战胜世界资产

---

① 珍妮·德格拉斯选编：《共产国际文件》第1卷，北京编译社译，世界知识出版社1963年版，第66页。

② 《国际共产主义运动史文献》编辑委员会编译：《共产国际第二次代表大会文件》，中国人民大学出版社1988年版，第759页。

③ 《列宁全集》第40卷，人民出版社1986年版，第22页。

④ 斯洛伐克苏维埃共和国存在了14天，巴伐利亚苏维埃共和国存在了23天，芬兰社会主义工人共和国存在了不到100天，匈牙利苏维埃共和国存在了133天。

⑤ 《列宁选集》第4卷，人民出版社1995年版，第729页。

⑥ 克拉拉·蔡特金：《回忆列宁》第5卷，侯焕闳译，人民出版社1982年版，第21页。

⑦ 《斯大林选集》上卷，人民出版社1979年版，第512页。

阶级的问题。”[①] 其三，对于其他各国共产党人来说，即使不能很快地推翻资本主义世界的旧秩序，只要继续充当反对帝国主义在苏俄复辟阴谋的堡垒，继续充当苏俄的守护者、捍卫者，就是履行了无产阶级国际主义义务。

既然不依靠大多数资本主义国家和殖民地国家革命的胜利，在苏联单独一个国家也能建成社会主义，那么世界革命对于联共（布）和苏联[②]社会主义建设就具有了相对独立性，相应地，共产国际作为统一的“世界共产党”的组织形式也需要重新建构，并承认各国共产党的相对独立性。但是，作为统一的“世界共产党”组织，共产国际的特质不仅没有弱化，反而不断强化。共产国际认为，正因为世界革命是一个十分漫长的进程，共产国际作为统一的“世界共产党”组织的存在才显得尤为必要和重要。1921 年，共产国际“三大”强调，任何试图规定各国革命具体目标的做法都被认为是不合适的。但是，它又强调，各国无产阶级进行阶级斗争“所具有的共同因素对国际共产主义运动却具有重大的意义”。[③] 1928 年，共产国际“六大”提出“第三时期”理论，进一步夸大了资本主义的危机和世界革命的形势，并据此制定了一系列“左”的行动纲领和革命策略。

“世界革命论”所赖以确立的前提，是共产国际的创建者对所处时代基本特征的判断，即“帝国主义体系正在土崩瓦解”，“一个新的时代，即资本主义解体的时代，资本主义内部崩溃的时代，无产阶级共产主义革命的时代已经开始了”。[④] 以这种基本认知为核心形成的“世界革命论”最终被共产国际以纲领的形式确定下来。“世界革命论”的具体观点虽时隐时现，但基本理念却贯穿于共产国际的始终。历史地看，这一理论具有鲜明的革命实践性，教育和影响了几代无产阶级革命者为夺取政权和巩固政权前赴后继，这是巨大历史功绩。但是，共产国际也内蕴含着一系列缺陷：其一，它在总体上低估了资本主义的生命力，否定了资本主义崩溃的过程性、漫长性；其二，它在总体上把列宁关于垄断资本主义“寄生性”“腐朽性”“垂死性”的观点绝对化、教条化，并使它成为否定资本主义具有相对稳定性和应变性的代名词；其三，它在总体上过高估计了无产阶级世界革命条件成熟的程度，总是把某一国家或地区出现的特殊革命形势视为世界革命总发动的信号，从而低估了世界革命进程的多样性、长期性。

共产国际的历史进程和发展方向，实际上受到诸种社会历史条件所形成的“合力”的制约，诸如资本主义生产方式矛盾运动的制约、社会主义发展状况的制约、国际政治关系变迁的制约等。其中，在十月革命后资本主义危机和世界革命浪潮中，由于存在一

---

① 《斯大林选集》上卷，人民出版社 1979 年版，第 512 页。

② 1903 年 7 月，俄国社会民主工党分裂为布尔什维克派和孟什维克派。1912 年 1 月布尔什维克在组织上同孟什维克决裂后改称俄国社会民主工党（布尔什维克）。1918 年 3 月党的“七大”召开，改称俄国共产党（布尔什维克），简称俄共（布）。1925 年 12 月俄共（布）“十四大”上改称全联盟共产党（布尔什维克），简称联共（布）。1952 年 10 月联共（布）“十九大”决议改名苏联共产党，简称苏共。在此期间，1922 年经过 10 月俄共（布）中央全会决议，12 月 30 日俄罗斯联邦、乌克兰、白俄罗斯及南高加索联邦签署联盟条约，正式成立苏维埃社会主义共和国联盟，简称苏联。

③ 《国际共产主义运动史文献》编辑委员会编译：《共产国际第三次代表大会文件》，中国人民大学出版社 1988 年版，第 1017 页。

④ 《国际共产主义运动史文献》编辑委员会编译：《共产国际第一次代表大会文件》，中国人民大学出版社 1988 年版，第 270 页。

定程度上对资本主义、社会主义以及国际政治关系等所处历史方位的定位偏失，既决定了创建共产国际的实际行动并赋予其统一的“世界共产党”组织的特征，同时也使这个国际性组织呈现出对世界革命同质性思维、单一性思维的特征，并且从一开始就打上了对世界革命热切期待、急于求成的过激烙印。共产国际这种“左”的错误，在很大程度上不仅延缓了国际共产主义运动成熟的进程，而且成为第二次世界大战后国际共产主义运动中一度出现的新的“世界革命”理论和实践的渊薮，以及各社会主义国家、各国共产党“左”的痼疾长期存在的症结。总结国际共产主义运动、中国共产党建设以及中国革命、建设和改革的历史经验，邓小平指出：“右可以葬送社会主义，‘左’也可以葬送社会主义。中国要警惕右，但主要是防‘左’。”“我们必须保持清醒的头脑，这样就不会犯大错误，出现问题也容易纠正和改正。”[①] 邓小平的结论可谓一语中的。

三

以马克思主义为指导的无产阶级政党或共产主义政党及其国际联合的存在，是国际共产主义运动区别于其他所有社会运动的主要标志。恩格斯认为：“无产阶级要在决定关头强大到足以取得胜利，就必须（马克思和我从 1847 年以来就坚持这种立场）组成一个不同于其他所有政党并与它们对立的特殊政党，一个自觉的阶级政党。”[②] 但是，马克思恩格斯也曾两次解散亲自创建、指导的无产阶级政党组织和国际性工人运动组织，1852 年解散了共产主义者同盟，1876 年解散了第一国际。

列宁领导创建的共产国际并非是对共产主义者同盟、第一国际等组织的简单模仿。在更直接的意义上，共产国际既是对第二国际破产教训的总结，也是对第二国际组织制度的矫枉过正。列宁认为，第二国际组织结构的松散性是它的一大弱点和缺点，新的国际“应当比第二国际组织得更加集中”。[③] 同时，革命不再是“单一的行动”，而是“比较激烈的爆发和比较沉寂的平静的若干次迅速交替的过程”，[④] 无产阶级政党也不再是一种随着阶级斗争和革命的高潮或低潮而出现或消失的间歇性形式，而应是长期存在的战略组织。因此，各国共产党并没有随着共产国际的解散而停止活动或解散，有的甚至成为执政党，焕发出新的生机与活力。就此而言，共产国际功莫大焉。但是，作为“世界共产党”组织，共产国际低估了工人运动中党际关系的独特性、复杂性，并具体表现为忽视了各国共产党独立自主的诉求和愿望，漠视了社会民主党所曾呈现出来的工人阶级特性、举足轻重的地位和一定程度的有益作用，则过失亦深。对共产国际的功过分析，实际上涉及另外两个相互影响、相互制约的问题：一是共产国际作为统一的“世界共产党”与各国共产党之间、各国共产党相互之间的关系问题；二是共产国际和各国共产党与社会民主党之间的关系问题。

恩格斯逝世后，社会民主党逐渐分化、分裂。以列宁为代表的左派认为，社会民主党内左、右派之间的根本分歧，已不仅限于对帝国主义世界大战的不同态度和对策，更

① 《邓小平文选》第 3 卷，人民出版社 1993 年版，第 375 页。

② 《马克思恩格斯文集》第 10 卷，人民出版社 2009 年版，第 578 页。

③ 《列宁专题文集·论无产阶级政党》，人民出版社 2009 年版，第 274 页。

④ 《列宁选集》第 1 卷，人民出版社 1995 年版，第 453 页。

在于对当时世界革命形势的估计和道路的选择。因此，社会民主党左派必须与右派在组织上实行彻底决裂，“恢复共产党人这个原先的马克思主义称号”。[①]《共产国际第一次代表大会的邀请信》指出：“代表大会应以选举方式建立一个战斗总部即共产国际的中心，以保持经常的联系和对运动实行有计划的领导。”[②] 共产国际“二大”制定了《共产国际章程》和《加入共产国际的条件》等文件，核心内容是：加入共产国际的各国共产党都是共产国际的一个支部；各国共产党都必须全力支持每一个苏维埃共和国同反革命势力进行的斗争；共产国际代表大会及其执行委员会的一切决定，所有加入共产国际的党都必须执行。[③] 这种高度集中的组织制度，曾受到各国革命者的普遍欢迎，对各国共产党的建设、各国革命运动的发展起到了巨大的推进作用。

共产国际指导、帮助、推动了各国共产党的创建和发展。共产国际始终把在各国建立布尔什维克式的共产党作为推进世界革命的最重要任务，诸如指导分散的共产主义派别联合起来，组成统一的共产党；敦促社会民主党中的左派同右派实行分裂，建立独立的共产党；派出代表直接帮助东方落后国家的无产阶级先进分子，建立崭新的共产党，等等。共产国际还创办了各种学校，对各国共产党的领导工作人员进行党务方面的政治培训。[④] 共产国际创建时，正式以“共产党”命名的政党只有 13 个，到共产国际解散时，全世界已有 68 个共产党，300 多万共产党员。共产国际揭开了各国共产主义运动的新序幕。

共产国际卓有成效地传播了马克思列宁主义。共产国际“一大”宣告，共产国际是《共产党宣言》宣布的共产主义事业的继承者和执行者。对于战争、和平、民主、反法西斯主义、民族解放运动、社会主义革命道路、党的建设等一系列重大问题，共产国际都力求作出马克思主义的回答，并指导各国党制定相应的纲领、路线、方针和政策。共产国际通过召开代表大会、执委会全会、各种专门会议以及报刊、书籍、无线电广播、学校、培训班等各种途径，帮助各国共产党确立并坚持马克思列宁主义的指导思想地位。

共产国际指导、支援了资本主义国家的工人运动和殖民地、半殖民地国家的民族解放运动，促进了这些国家人民大众的觉醒。共产国际认为，它的任务就是动员全世界一切真正革命的无产阶级政党的力量，推进世界共产主义革命并取得最终胜利。同时，从成立之日起，共产国际就强调国际主义的重要性，对资本主义国家的工人运动和殖民地、半殖民地国家的民族解放运动进行道义上的声援和物质上的帮助，并力促这两大力量的团结和统一。

共产国际组织开展了反战、反法西斯的斗争。共产国际和各国共产党最早揭露法西斯主义的反动性和危害性，并号召广大人民群众起来与法西斯主义进行斗争，积极推动建立反帝统一战线和反法西斯人民阵线。

---

① 《列宁全集》第 26 卷，人民出版社 1988 年版，第 97 页。

② 《国际共产主义运动史文献》编辑委员会编译：《共产国际第一次代表大会文件》，中国人民大学出版社 1988 年版，第 10 页。

③ 《列宁专题文集·论无产阶级政党》，人民出版社 2009 年版，第 273—274 页。

④ 沈志华执行总主编：《苏联历史档案选编》第 15 卷，社会科学文献出版社 2002 年版，第 477 页。

但是，作为统一的“世界共产党”组织的强化也导致了共产国际的集权化，并随着联共（布）在国内执政地位的巩固、苏联社会主义建设成就的扩大而逐渐地演变为联共（布）地位和苏联利益的特殊化，即共产国际的“苏联化”。1925 年 3 月，斯大林指出：“共产国际是无产阶级的战斗组织，它和工人运动有着千丝万缕的联系，它不能不干预各国党的事务。”① 譬如，在 1929—1933 年资本主义世界经济大危机中，共产国际认为，“在苏联，这是社会主义猛烈上升与胜利的时期；在资本主义各国，则是急滚直落的时期”，“也就是资本主义总危机加剧的时期”。② 这是借助苏联的力量发动世界无产阶级革命的有利时机。各国共产党人也大都认为，不仅保卫苏联是压倒一切的任务，而且迫切需要一个统一的指挥中心领导和组织之下的大联合，唯有苏联才能担当这一重任。由此，联共（布）作为榜样党甚至领导党的作用愈益凸显。

与此同时，随着各国共产党的不断成熟，他们渴望独立自主的内在要求、摆脱共产国际和苏联限制与禁锢的呼声愈加强烈。在共产国际“七大”上，季米特洛夫指出，各国共产党应该越来越自主，并且在任何时候决定自己的政策和策略，以及自己的有效领导；③ 无产阶级国际主义必须在每个国家“适应本地的气候”，“在本地种下自己的深根”。④ 但是，由于历史的惯性，共产国际的组织制度在“七大”后并没有发生根本性的变化，也“没有改变联共（布）在共产国际中的特殊地位和斯大林的至尊作用，联共（布）的政策共产国际必须遵守，斯大林的指示被共产国际视为不容置疑的最高真理。实际上，当时的共产国际已经失去了思想上和政治上的独立性，成为斯大林和联共（布）政策的工具”。⑤ 譬如，在 1939 年 8 月 23 日《苏德互不侵犯条约》签订后，共产国际不再以是否反对法西斯作为划分敌友的界限，要求各国共产党集中火力反对本国的资产阶级政府、无情揭露社会民主党，⑥ 从而使处境和任务不同的各国共产党陷入两难困境。这种状况一直持续到 1941 年 6 月 22 日苏德战争爆发，共产国际才又重新提起反法西斯问题。

共产国际高度集中的组织制度，决定了共产国际与已经成熟了的各国共产党和已经发展了的各国革命运动之间矛盾的不可避免性，并决定了共产国际的历史终结。在国际共产主义运动中，国际联合是必要的、重要的，但是应采取多种形式，至于采取何种形式，只能审时度势、因势利导。列宁指出，各国共产党人在解决本国革命任务时，“都必须查明、弄清、找到、揣摩出和把握住民族的特点和特征”，把马克思主义的基本原则正确地运用于本国的具体条件。⑦ 列宁也曾批评共产国际最初几年里俄国党扮演指挥党的问题，告诫大家要防止这种倾向的发展。共产国际过于强调国际联合与统一，而忽

① 《斯大林全集》第 7 卷，人民出版社 1958 年版，第 57—58 页。

② 中国人民大学科学社会主义系编：《国际共产主义运动史文献史料选编》第 5 卷，中国人民大学出版社 1986 年版，第 331 页。

③ 索波列夫等：《共产国际史纲》，吴道弘等译，人民出版社 1985 年版，第 411 页。

④ 解放社编：《季米特洛夫文集》，解放社 1950 年版，第 148 页。

⑤ 沈志华执行总主编：《苏联历史档案选编》第 15 卷，社会科学文献出版社 2002 年版，第 340 页。

⑥ 同上书，第 57 页。

⑦ 《列宁专题文集·论无产阶级政党》，人民出版社 2009 年版，第 256—257 页。

视各国共产党的独立自主；它过于强调共同规律，而忽视各国国情和无产阶级运动的实际状况。共产国际解散之后，苏联共产党以及1947—1956年间存在的共产党与工人党情报局，仍然在很大程度上承袭了共产国际的错误做法，在处理党际关系问题上留下了诸多教训。在总结包括共产国际在内的国际共产主义运动经验教训的基础上，中国共产党在实践中逐步形成了独立自主、完全平等、互相尊重、互不干涉内部事务的党际关系四项原则。[①] 2013年3月23日，习近平主席在莫斯科国际关系学院的演讲中再次强调："'鞋子合不合脚，自己穿了才知道。'一个国家的发展道路合不合适，只有这个国家的人民才最有发言权。"[②] 中国共产党人清醒地认识到，把中国的事情做好，本身就是中国对国际共产主义运动的最大贡献。

共产党与社会民主党之间的关系问题，是共产国际必须面对的又一重要问题。第一次世界大战结束后，社会民主党的左派、右派、中派先后创建和复活自己的国际组织。1923年5月，各国社会民主党的右派和中派合并成立了社会主义工人国际。社会主义工人国际章程规定，已参加社会主义工人国际的政党，不得参加其他任何国际政治组织。共产国际"二大"通过的《加入共产国际的条件》也指出："必须使每一个普通的劳动者都十分清楚共产党同那些背叛了工人阶级旗帜的旧的正式的'社会民主'党或'社会'党之间的区别。"[③] 共产党和社会民主党之间关系演化的重要节点，是威胁整个人类的法西斯势力的日益崛起，特别是1933年1月法西斯希特勒在德国的上台。但是，共产国际在强调法西斯主义严重危险性、确立反法西斯统一战线策略的同时，仍然坚持社会民主党是资产阶级的主要社会支柱、社会民主党与法西斯主义是"双兄弟"的观点，并一再重申斯大林的论断："不结束工人运动中的社会民主主义，就不可能结束资本主义。"[④] 社会主义工人国际在揭露法西斯主义的侵略实质、强调法西斯侵略对整个人类和平之命运危险性的同时，又要求共产国际放弃自己在意识形态上的立场。与此形

---

① 1982年9月，党的十二大报告正式提出："我们党坚持在马克思主义的基础上，按照独立自主、完全平等、互相尊重、互不干涉内部事务的原则，发展同各国共产党和其他工人阶级政党的关系。"（中共中央文献研究室编：《十二大以来重要文献选编》上册，人民出版社1986年版，第45页）随着改革开放的逐步深入，我们党同其他国家政党联系范围进一步扩大。1987年10月，党的十三大报告不再将"在马克思主义的基础上"作为发展政党关系的前提，同时扩充了"四项原则"的适用范围，具体表述为："按照独立自主、完全平等、互相尊重、互不干涉内部事务的原则，发展同外国共产党和其他政党的关系。"（中共中央文献研究室编：《十三大以来重要文献选编》上册，人民出版社1991年版，第56页）1992年10月，党的十四大报告提出："我们将继续按照独立自主、完全平等、互相尊重、互不干涉内部事务的原则，同各国政党建立和发展友好关系，本着求同存异的精神，增进相互了解和合作。"（中共中央文献研究室编：《十四大以来重要文献选编》上册，人民出版社1996年版，第37页）至此，我们党在对外交往中，不再区分"外国共产党和其他政党"，而平等地表述为"各国政党"。

② 习近平：《顺应时代前进潮流　促进世界和平发展——在莫斯科国际关系学院的演讲》，《人民日报》2013年3月24日第2版。

③ 《国际共产主义运动史文献》编辑委员会编译：《共产国际第二次代表大会文件》，中国人民大学出版社1988年版，第45页。

④ 沈志华执行总主编：《苏联历史档案选编》第15卷，社会科学文献出版社2002年版，第408页。

成对照的是，各国共产党人与社会民主党人总结世界工人运动分裂的教训，率先冲破共产国际和社会主义工人国际的禁令，改变斗争的策略，向对方发出缓和关系的信号，共同进行反法西斯斗争。

正是由于各国共产党、共产国际是在同社会民主党右派、中派的组织分化、分裂中建立的，因此，对于双方来说，思想认同、组织统一、行动联合都不是一件易事。于是，共产党开展的国际共产主义运动和社会民主党开展的国际社会主义运动或国际社会民主主义运动成为世界工人运动的两大主要流派。这种状况直接影响到共产国际解散之后世界社会主义共产主义运动的政治生态。

认识和处理共产党与社会民主党之间的关系，关键在于如何判定社会民主党的性质、地位和作用。马克思和恩格斯在《共产党宣言》中指出："共产党人不是同其他工人政党相对立的特殊政党。""在实践方面，共产党人是各国工人政党中最坚决的、始终起推动作用的部分；在理论方面，他们胜过其余无产阶级群众的地方在于他们了解无产阶级运动的条件、进程和一般结果。"① 列宁也认为，"党是阶级的先进部队，是阶级的领导者和组织者"，② 绝不能"把作为工人阶级先进部队的党同整个阶级混淆起来"。③ 这就是说，政党是阶级的政治组织，但这并不意味着一个阶级只能有一个政党；在不同历史时期存在多个政党对同一阶级或阶层的利益作出完全不同的阐释，是符合政党政治运动规律的现象。从世界工人运动的视角来看，相对于共产党而言，社会民主党是右翼力量；从世界政党政治的视角来看，相对于资产阶级政党而言，社会民主党是左翼力量。在同包括西方社会民主党在内的其他不同类型政党的联系和交往中，中国共产党提出奉行"超越意识形态的差异，谋求相互了解和合作"的方针，其要义在于，差异是客观存在的，但不能阻碍合作；合作是客观的需要，但不能泯灭差异。正如 2014 年 3 月 29 日习近平总书记在会见德国社会民主党主席加布里尔时所指出的，中国共产党高度重视在平等和相互尊重基础上同德国社会民主党发展关系，增进相互了解。有了了解，才能理解；有了理解，才能合作。这充分体现了马克思主义的实事求是的态度。

四

第一次世界大战的爆发和俄国十月革命的胜利，既在帝国主义统治的链条上打开了一个大缺口，也在帝国主义殖民体系中打开了一个大缺口，从而在东西方之间架起一座桥梁。而在民族殖民地国家中，"不仅是因为可以理解的地缘政治原因，中国的半殖民地地位使它成了国家间尖锐矛盾的焦点，而且还由于中国日益加剧的内部纷争孕育着对苏维埃政权有潜在好处的大规模革命"，中国开始"处在苏联领导人注意的中心"，④ 从而成为共产国际关注的焦点。因此，共产国际与中国共产党、中国革命的关系具有典型性特征。

---

① 《马克思恩格斯文集》第 2 卷，人民出版社 2009 年版，第 44 页。

② 《列宁专题文集·论无产阶级政党》，人民出版社 2009 年版，第 337 页。

③ 同上书，第 104 页。

④ 中共中央党史研究室第一研究部译：《联共（布）、共产国际与中国国民革命运动（1920—1925）》，北京图书馆出版社 1997 年版，第 1 页。

共产国际对中国共产党和中国革命的指导和政策，深刻地影响着中国共产党和中国革命的进程与方向。共产国际帮助了中国共产党的创建，推进了中国革命，并确立了紧密的领导与被领导的关系，使得中国共产党在国际共产主义运动的宏观背景下不断地发展、壮大，这一历史功绩是共产国际与中国革命关系的主要方面。同时，共产国际对中国国情和中国革命的认知也存在着偏失，从而低估了中国革命的特殊性，使中国革命、中国共产党自主性成长的内在逻辑及其与外部的互动性受到遮蔽，并付出了惨重的代价。实际上，这就涉及两个相互影响、相互制约的问题：一是共产国际基于民族殖民地问题理论对中国共产党的指导作用；二是共产国际对中国革命特殊性低估的影响作用，并具体体现在共产国际与中国共产党及中国革命之间关系的曲折演进和重大命题上。

中国共产党是在马克思列宁主义与中国工人运动相结合的进程中应运而生的，是近现代中国历史发展的必然产物，是中国人民在救亡图存斗争中顽强求索的必然产物。[①]这是历史的基本结论。对中国共产党创建的指导，对中国共产党初期活动的直接领导、组织和帮助，是共产国际、俄共（布）工作的主要方面之一。这也是历史的基本事实。共产国际“二大”确立了共产国际的组织制度、组织形式和组织路线，规定了殖民地、半殖民地国家进行民族革命的方针政策和基本任务，对中国共产党早期组织建党思想的形成、政党名称的确定以及宣传工作等产生了直接的重要影响，从源头上为中国共产党成为布尔什维克式的无产阶级革命政党奠定了基础。中共“一大”通过的《中国共产党第一个纲领》决定中国共产党“联合第三国际”。[②]《中国共产党第一个决议》指出：“党中央委员会应每月向第三国际报告工作。”[③]中共“二大”决定，中国共产党作为其支部正式加入共产国际。但是，由于中国共产党最初的思想理论准备和干部准备不充分，对马克思主义与中国具体实际相结合缺少深层次的、创造性的思考，使中国共产党主要领导人与共产国际、俄共（布）代表对建党的依靠对象、党的领导体制与工作机制、共产国际的援助等问题的认识不尽一致，甚至存在着矛盾和冲突。

共产国际既犯有“左”的错误，也犯有右的错误。1923—1925年间，共产国际提出了国共两党党内合作的方针，即中共党员“以个人身份加入国民党，同时保存共产党，后者对于在国民党内的工作发出指示并领导工会的组织工作”。[④]但是，共产国际过低估计中国共产党和无产阶级力量，过高估计国民党的力量，在对二者的帮助方面形成了明显的反差。1925年秋，由于国际形势的变化，共产国际开始实行右倾退让的路线，一味依赖国民党甚至蒋介石个人，蒋介石甚至被选为共产国际执委会主席团名誉委员。共产国际要求中国共产党全面放弃独立性和领导权。国民党则一再提出加入共产国际的申请。鉴于在每个国家只能有一个支部，因此共产国际没有批准国民党的请求。1927年4月12日，蒋介石在上海发动了反革命政变。同年7月15日，汪精卫在武汉发动了反革命政变。整个大革命期间，凡是涉及军事、政治、党的建设、重要会议、政

① 胡锦涛：《在庆祝中国共产党成立90周年大会上的讲话》，人民出版社2011年版，中共中央党校出版社1989年版，第3页。

② 中央档案馆编：《中共中央文件选集》第1册，中共中央党校出版社1989年版，第3页。

③ 同上书，第8页。

④ 中共中央党史研究室第一研究部编：《共产国际、联共（布）与中国革命文献资料选辑（1917—1925）》，北京图书馆出版社1997年版，第332页。

策策略的制定等方面，都是在联共（布）政治局和共产国际的直接指导和控制下进行的，其最高标准是以苏联国家利益为转移的，因此有不少脱离中国实际的错误指挥。这是共产国际与中国大革命关系的根本症结所在。

大革命失败后，共产国际方针、政策的调整和正确的指导，促进了中国共产党组织的恢复与发展，为中国革命走出低潮提供了重要条件。但是，党的三次“左”倾错误也都是在共产国际的直接指示和影响下发生的，特别是第三次“左”倾错误，机械地照搬俄国十月革命的做法，把共产国际决议神圣化，并依恃共产国际对中国共产党的组织约束力持续 4 年之久，几乎葬送了中国革命。1934 年 5 月，共产国际肯定了红军主力在中央苏区第五次反“围剿”失败的情况下进行战略转移的方案。1936 年春，《共产国际》杂志还发表了陈云以“施平”署名的文章《英勇的西征》，[①] 在宣传红军长征等方面发挥了积极作用。

抗日战争期间，共产国际对中国抗战胜利作出了积极贡献，但与中国共产党也存在着严重分歧。共产国际“七大”之后，共产国际调整了对华政策，力促中国共产党与国民党实现第二次合作。共产国际认为：“中国共产党的政治路线是正确的。中国共产党在复杂和困难条件之下，灵活地转到抗日民族统一战线的政策之结果，已建立起国共两党的新的合作，团结起民族的力量，去反对日本的侵略。”[②] 1939 年，“为了阐明中国人民的解放斗争和日本帝国主义侵略的后果问题”，共产国际还编辑出版了专门的简报，即《东方简报》。[③] 在苏德战争期间，共产国际和联共（布）所关心的主要问题，也是如何维持国共两党统一战线，确保中国继续抗日，使苏联免受德、日两面夹击。但是，在这一时期，共产国际依然存在着高估国民党、低估共产党及其领导下的人民力量的错误。

独立自主是共产国际与中国共产党之间关系的重大命题。在建党之初，中国共产党就具有了独立自主意识。但是，由于特殊的历史原因，从 1921 年中国共产党成立到 20 世纪 30 年代中期，共产国际一直在中国派驻有自己的组织机构，并在中共中央派有代表，以协助贯彻落实共产国际的各项指示。中共“六大”的各项政策文件、中华苏维埃共和国的各项政策、法律文件，甚至直接就是由联共（布）组织撰写并直接译成中文的。随着农村革命根据地的开辟和中国工农红军力量的发展壮大，中国共产党最终走出了一条农村包围城市、武装夺取政权的革命道路，从而解决了在特殊的社会历史条件下如何把中国革命引向胜利这一根本问题。

马克思主义中国化是共产国际与中国共产党之间关系的又一重大命题。中国共产党人对马克思主义中国化的认识，经历了由建党初期少数人的认识，到 1935 年遵义会议之后中共中央的认识，再到 1942 年开始的延安整风运动之后全党的共识这样曲折的过程。1935 年共产国际“七大”关于改变领导方法、工作方法和灵活具体地运用马克思列宁主义等原则精神，对中国共产党起到了重要的思想解放的作用。因此，在马克思主

---

① 施平：《英勇的西征》，《共产国际》1936 年第 1—2 期合刊。

② 中共中央文献研究室、中央档案馆编：《建党以来重要文献选编（1921—1949）》第 15 册，中央文献出版社 2011 年版，第 338 页。

③ 沈志华执行总主编：《苏联历史档案选编》第 15 卷，社会科学文献出版社 2002 年版，第 444 页。

义中国化的进程中，既要强调毛泽东思想的独创性，也要肯定毛泽东思想与共产国际的渊源关系。在1938年中共六届六中全会上，毛泽东正式提出并系统阐述了“马克思主义中国化”[①] 的科学命题。1942年，毛泽东指出：“我们要把马、恩、列、斯的方法用到中国来，在中国创造出一些新的东西。只有一般的理论，不用于中国的实际，打不得敌人。但如果把理论用到实际上去，用马克思主义的立场、方法来解决中国问题，创造些新的东西，这样就用得了。”[②] “解决中国问题”和“创造些新的东西”是马克思主义中国化的基本内容。

历史是最好的教科书。“历史从哪里开始，思想进程也应当从哪里开始，而思想进程的进一步发展不过是历史过程在抽象的、理论上前后一贯的形式上的反映；这种反映是经过修正的，然而是按照现实的历史过程本身的规律修正的。”[③] 历史发展进程不允许任意臆造，但是，我们可以用反映“历史过程本身的规律”的认识来总结历史的经验教训。为了更好地认识历史发展规律，对共产国际的基本问题进行再认识、对共产国际的历史功过进行再评价，具有重要历史意义和现实意义。习近平总书记指出：“中国特色社会主义，是科学社会主义理论逻辑和中国社会发展历史逻辑的辩证统一，是根植于中国大地、反映中国人民意愿、适应中国和时代发展进步要求的科学社会主义，是全面建成小康社会、加快推进社会主义现代化、实现中华民族伟大复兴的必由之路。”[④] 历史和现实的逻辑是，国际共产主义运动和马克思主义是马克思主义中国化、时代化、大众化的基因和酵母，俄国十月革命和列宁主义是马克思主义中国化、时代化、大众化的中介和桥梁，中国共产主义运动和毛泽东思想、中国特色社会主义理论体系是马克思主义中国化、时代化、大众化的土壤和果实。因此，只有把中国特色社会主义放到整个国际共产主义运动，特别是与中国共产党有着直接渊源关系的共产国际的历史长河去观察，中国特色社会主义的时代价值、实践价值和理论价值才会愈加彰显；只有深入研究包括共产国际在内的整个国际共产主义运动的历史进程、历史经验、历史规律，才能切实把握中国共产主义运动特别是中国特色社会主义的真谛。

（原载《中国社会科学》2014年第8期）

① 中共中央文献研究室、中央档案馆编：《建党以来重要文献选编（1921—1949）》第15册，中央文献出版社2011年版，第651页。

② 《毛泽东文集》第2卷，人民出版社1993年版，第408页。

③ 《马克思恩格斯文集》第2卷，人民出版社2009年版，第603页。

④ 李章军：《毫不动摇坚持和发展中国特色社会主义 在实践中不断有所发现有所创造有所前进》，《人民日报》2013年1月6日第1版。

热话题与冷思考

——世界左翼力量和社会主义运动的形势及面临的主要问题

林德山　王　瑾

林德山，中央编译局马克思主义研究部研究员；王瑾，中央编译局马克思主义研究部副编审。

［编者按］自苏东剧变以来，世界社会主义运动一直处于低谷。进入21世纪后，尤其是2007年发端于美国并于2008年蔓延到全世界的资本主义金融和经济危机的爆发，给全球左翼的发展转型和力量整合带来了机遇，也给世界社会主义运动的发展提供了契机。从资本主义社会矛盾的空前激化、欧美罢工运动的此起彼伏、共产主义力量的重整旗鼓、社会主义国家地位的上升和全球各种政治力量的博弈等诸多因素中可见世界社会主义振兴的端倪。然而，世界社会主义的重振仍面临诸多挑战。那么，这场危机对世界社会主义的振兴和未来走势意味着什么？以社会民主党为代表的传统左翼力量能否如人们所期望的那样成为取代新自由主义的主导力量？世界左翼及社会主义力量自身的构成特征、社会基础以及政治战略中存在哪些问题，这些问题是否限制了其发展空间？针对这些问题，本刊特约请中央编译局马克思主义研究部研究员、中国国际共运史学会秘书长林德山对相关问题进行了深入分析。

进入21世纪后世界左翼力量及社会主义的基本形势

▲学界一般是从两种意义上讨论世界社会主义的：资本主义世界中的各种社会主义组织和运动，以及现实社会主义国家的发展。在此，我们主要从前者意义上讨论在资本主义世界，尤其是欧美发达资本主义国家的左翼和社会主义运动。不过，这一意义上的社会主义运动内涵及对象并不确定。泛义的世界社会主义运动应指所有承诺“社会主义”或者说反资本主义力量的活动。可不同力量所承诺的“社会主义”或者说它所针对的“资本主义”意义出入很大。您怎么看这个问题？

●我们大致可以区分三类情况。首先是以欧洲社会民主党为典型代表的社会民主主义力量。从历史渊源和自我承诺来看，欧洲社会民主主义是欧洲社会主义运动史中的一支重要力量。但二战后的欧洲社会民主党所承诺的“民主社会主义”实际上已经将自己纳入到了既有的资本主义民主制框架之中，其“社会主义”突出一种伦理价值，社会民主党人寻求用它来改变资本主义，使其变得更为人道。其政治主张代表了一种当代人所指称的传统左翼政治模式，它主要基于国家的需求控制政策和社会团结政策。从政治主张和社会基础来看，这种意义的社会主义力量很大程度上是与“左翼政治”重叠的。正因为如此，在美国，新政后的民主党人自称为“自由主义者”，但其政治主张常常被保守主义者攻击为“社会主义”。同样，在目前的拉美，一些被归为温和左翼的力量，其情形也与此类似。其次是站在上述温和左翼以左的其他激进进步力量。我们可以统称其“激进左翼”。与上述温和左翼相比，它们对既有的资本主义持更为批判性的态度，承诺一种不同于既有资本主义的社会主义。除了有组织的政治力量之外，泛义的世界社会主义运动还应该考虑到各种反资本主义的社会抗议运动。它们往往是由众多的社会力量围绕着某一个具体问题而展开的，往往并没有系统的政治原则和目标，也没有明确的“社会主义”承诺，但从对既有资本主义秩序和原则提出挑战的意义上说，它们往往与一些社会主义的左翼力量尤其是激进左翼的政治活动重叠，后者也往往是这种社会抗议运动的重要的组织者和参与者。而这种抗议活动往往会在一个特定的时期尤其是社会转型时期发挥特殊作用。金融危机以来，这种社会抗议运动的影响力显著增强。

▲上述三种力量现在的发展情况如何，影响其发展的原因又是怎样的？

●进入 21 世纪后，上述三种力量的表现各不相同。在拉丁美洲，左翼力量迅速崛起并表现稳定。而在欧美，激进左翼表现活跃，社会抗议活动风起云涌，但作为传统左翼主体力量的社会民主党却处境尴尬，其转型陷入迷茫状态。而决定这种表现差异的一个重要因素是新自由主义在资本主义世界的主导地位变化以及不同力量对它的不同反应。

进入 21 世纪后欧洲社会民主党的总体表现不佳，金融危机以来的表现更是差强人意。其主要问题在于此前社会民主党既已开始的转型遇到了问题。20 世纪 70 年代开始的经济危机使欧洲社会民主党所代表的传统左翼政治模式受到挑战，而随着新右派的崛起，新自由主义政策方式逐渐主导了欧美政治议程。80 年代末 90 年代初，面对原苏东地区现实社会主义体制崩溃、“历史终结论”在欧美甚嚣尘上的压力，一种强烈的危机感笼罩着社会民主党，它不仅来自社会民主党政治上的低落，更来自一种信念危机，一种对全球化时代社会民主主义的价值意义的怀疑。在此背景下，欧洲各国的社会民主党在不同程度上经历了一种转型。其主要特征是：淡化传统的社会主义意识形态色彩；在社会经济政策方面试图对市场作出更灵活的反应，并改变社会民主党传统的大政府形象；政治基础上则试图改变传统的以产业工人为基础的阶级联盟，寻求建立一种以社会中间阶级为核心的新的社会联盟。一些激进的改革者把这种改革趋向称之为社会民主主义的现代化，并将以这种改革为取向的新政治议程称为“第三条道路”。其政治上的主要代表是 20 世纪 90 年代布莱尔领导下的英国新工党和施罗德领导下的德国社会民主党的“新中间”。不过，尽管这种改革短期的政治收益明显——90 年代中后期，欧洲社会民主党出现了一股政治复兴之势，一度出现社会民主党在欧盟 15 国中的 13 个国家执政或参与执政的盛况——可不同的社会民主党之间以及各党内部的不同力量之间对这种改革趋向始终存在分歧。一些欧洲大陆社会民主党人表示“第三条道路”只是一个英国人的用词，而在这种改革最典型的英国工党和德国社会民主党内部，一些传统力量认为改革对资本的妥协过大，而社会民主党之外的其他激进左翼则直言社会民主党已经新自由主义化了。伴随这种改革的是社会民主党传统支持结构的分化。由此不难理解，当 2008 年金融危机开始席卷欧美、新自由主义成为众矢之的、人们认为左翼政治应该有更大的空间之时，欧洲社会民主党政治上的表现却令人失望，尤其是在2009年的欧洲议会选举受挫后，欧洲大多数社会民主党在其国内选举中也遭受重挫。显然，虽然新自由主义方式备受指责，但人们对右翼所渲染的大政府恶果同样心有余悸，而且人们也将新自由主义在欧洲的泛滥同样归咎于社会民主党。2010年后，随着紧缩政策的转向，社会民主党陷入新的尴尬状态。少数执政的社会民主党承受了巨大的压力，而一些非执政的社会民主党则通过反紧缩口号赢得了政治回报，如2012年法国社会党在总统选举和国民议会选举中的胜利。但无论是否执政，在持续的经济低迷状态下，对于作为主流政党的社会民主党来说，紧缩似乎是无奈的选择，其政治战略也不可能真正回到传统的道路上。这种尴尬使得从20世纪末开始的社会民主党的转型陷入迷茫。

与欧洲社会民主党表现不佳形成对照的是拉美左翼的崛起和稳定发展。20世纪80年代的拉美盛行新自由主义改革，但其政策泛滥的恶果在90年代已经显现。在此背景下，拉美一些原较为激进的左翼政党改变策略，积极参与国内的选举政治，并取得突破。1998年查韦斯当选委内瑞拉总统是拉美左翼崛起的历史开端。此后，巴西、厄瓜多尔、乌拉圭、玻利维亚、智利、阿根廷、尼加拉瓜等国的左翼政党纷纷执政。它们在各自国家推出了一系列矫正新自由主义的社会改革。金融危机以来，在十多个拉美国家执政的左翼政党大多数成功地应对了国际金融危机的冲击，巩固了自己的政治地位。与上述欧美左翼相比，拉美左翼政治境遇不同的一个重要因素是政治环境的不同。这主要与拉美左翼政治的两个重要特征性因素，即反新自由主义和民族主义因素有关。在欧美国家，新自由主义政策方式是在二战后社会发展模式遇到困境的前提下兴起的，而后者在更大程度上打上了传统左翼政治的烙印。因而，新自由主义政策方式问题的暴露并不简单意味着人们对左翼政治的接受。而拉美则不然。此前的拉美左翼对现实政治的影响非常有限，而执政后的各国左翼推行的社会改革也得到了大众的拥护。拉美左翼的另一个明显政治特征是其民族主义，即主张摆脱美国的控制。这与美国对拉美地区的长期控制有关。一些激进左翼反美主张能够在社会中下层得到共鸣。不过，拉美左翼本身的构成并不单一，它们主要与三种历史潮流有关。一是与传统的社会主义和共产主义运动有关的左翼力量，它们更接近于欧美的激进左翼；二是与欧美社会民主主义接近的力量；三是根植于带有民粹主义因素的“人民民族主义”运动力量。这些不同渊源的左翼力量在政治态度上有明显的差异，人们一般把它们分为温和左翼和激进左翼，前者在巴西、智利、乌拉圭占统治地位，而后者在委内瑞拉、玻利维亚、厄瓜多尔等国占主导。两者在上述两个问题上的态度并不一致。温和左翼并不完全否认此前的发展模式，只是更为强调经济和社会的协调发展，也并不把反美作为其外交政策的主要取向，而激进左翼则主张替代性自由主义的改革，并体现出明显的民族主义的特征。两者的差异直接体现在了对拉美后新自由主义发展道路的理解上。

与欧洲社会民主党的低落形成对照的还有欧美的激进左翼尤其是欧洲的激进左翼。欧洲激进左翼构成复杂，主要由三种力量构成。一是由共产党或由前共产党演变而来，它们大多有较长的历史，目前一些党依然保留了共产党称号，一些则改名或重组。二是由一些社会民主党左翼力量分化出来的组织，如法国左翼党和挪威社会主义左翼党。第三类则是由一些传统左翼力量与随新社会运动发展起来的新的激进团体联合而成，它们大多是在20世纪80年代后成立，如芬兰的左翼联盟、丹麦的红绿联盟、冰岛左翼绿色运动、英国的Respect党、葡萄牙左翼集团、希腊的激进左翼联盟等。受原苏东地区现实社会主义体系崩溃的影响，一些前共产党组织陷入困境甚至面临生存危机。进入21世纪后，虽然一些力量尤其是一些保留共产党称号的组织继续下滑，但欧洲激进左翼总体上进入了一个相对稳定的时期，在一些国家，其力量明显得到恢复。金融危机爆发后，激进左翼表现活跃，尤其是在反紧缩政策方面，相对于社会民主党的政策尴尬，旗帜鲜明的激进左翼在社会中的影响力明显提高，最突出的无疑是2012年希腊大选中的激进左翼联盟，它成为议会第二大党。不过，激进左翼的表现并不稳定，存在很大的变数。

金融危机以来，以反对现行政策体系为目的的社会抗议运动的风起云涌成为欧美激进主义发展的一个重要特征。在欧洲，希腊、西班牙、英国、德国、意大利等国都发生了大规模的罢工和游行示威活动，而美国民众抗议运动及“占领华尔街”运动吸引了美国民众乃至世界的关注。这些抗议运动由广泛的社会力量尤其是那些被现行政策所忽视的群体构成，工会及一些激进左翼组织是其重要的组织者和参与者。新的社会抗议运动中的两个倾向值得人们关注。一是它们往往直接诉诸民众的直接行动，在参与对象及所诉诸的手段等方面带有不同程度的民粹主义倾向。这一倾向显示了大众对现行政策体系本身尤其是对作为该政策体系主导力量的主流政党的不满。它突出了目前欧美社会分化的特征。二是带有全球性，一些国家发生的社会抗议运动引起全球关注，得到其他国家的声援。如美国的“占领华尔街”运动在北美以及欧洲、拉美、亚洲等地得到响应和声援。

影响左翼及社会主义运动未来的几个主要问题

▲历史经验表明，资本主义自身的危机和动荡意味着社会主义运动更大的空间。19世纪末20世纪初资本主义世界的动荡是20世纪上半叶世界社会主义大发展的重要前提。那么，进入21世纪后资本主义世界的危机和动荡是否意味着一个新的社会主义时代的来临？

●目前的形势并不容乐观。对于资本主义世界的各种社会主义力量来说，一系列由转型社会引发的问题冲击到了其社会组织基础、理论基础和政治基础。具体来说，以下几个方面的问题直接影响到了资本主义世界社会主义运动的未来发展空间：一是左翼及社会主义力量本身的结构性问题；二是左翼政治议程的不确定性；三是如何重建社会团结。

▲左翼及社会主义力量本身的结构性问题，应该是和社会转型问题分不开的。您怎么看待这个问题？

●对比20世纪初和21世纪初的历史，人们可以强烈感受到不同时代的社会转型对不同政治力量的影响差异。社会主义运动的传统基础在于工人阶级及其有组织的发展，而19世纪末20世纪初欧美资本主义世界的工业化进程以及大众政治的发展无疑是各种社会主义力量发展的重要社会政治基础。可在过去几十年，这一基础受到西方国家新的社会转型的强烈冲击。缺乏稳定的社会基础是目前各种社会主义力量发展面临的主要问题之一。

西方国家新的社会转型主要受到两大变化因素的影响，而它们都对左翼及社会主义力量的传统社会基础产生了更大的冲击。一是从传统工业社会向后工业社会的转变。它在社会结构方面表现为传统产业工人的萎缩和中间阶级的日趋庞大。这一转变对以传统产业工人为主要社会基础的各种社会主义力量的冲击显然更大。二是全球化的新发展。其突出表现是资本流动的加速，它在加剧全球竞争的同时，也促进了发达资本主义国家的产业结构调整。这种调整对不同产业的劳动队伍的影响不同。一部分新技术领域的被雇佣者是这一进程的受益者，而另一部分传统产业队伍在该进程中被进一步边缘化。这种劳动队伍的分化显然不利于左翼及社会主义力量。20 世纪 80 年代瑞典团结工资制度的破裂即起源于这种劳动队伍的分化，力量逐渐强大的白领工会不愿继续基于行业平均工资的政策谈判模式。目前，左翼及社会主义中的温和左翼与激进左翼之间政治上的分裂往往反映的是其不同力量基础之间对这种社会转型的态度差异。此外，更重要的是，在全球化进程中，资本权力的显著加强导致了劳动与资本间关系的新的失衡，并强烈冲击到了二战后的福利国家体制，这两者都意味着对左翼力量的更大冲击。

▲在此背景下，左翼力量如何调整自己的战略，它们采取了哪些应对措施？

●左翼阵营中的各种力量在不同程度地调整自己的政治战略，包括自身的定位。其核心是如何适应变化的社会结构，扩大社会基础。总的趋向是社会民主党日益中间化，而其他激进左翼也在相应调整自己的政治定位。寻求中间化战略最典型的代表无疑是 20 世纪 90 年代英国工党和德国社会民主党的转型改革，它们都寻求建立一个以社会中间阶级为核心的新的社会联盟，甚至为此而有意识地疏远了以工会为代表的传统的支持力量。其他社会民主党虽没有这么明显，但也在不同程度上调整了其政治定位。社会民主党的这一调整导致了左翼政治光谱中的空间变化。社会民主党的一部分传统支持队伍在分化，尤其是那些被边缘化的产业工人队伍。对于那些站在社会民主党左边的激进左翼来说，这意味着新的空间。过去 20 年欧洲激进左翼的变化表明，许多政党变得更为温和，其政治主张实质上更贴近于曾经由二战后社会民主党所高举的民主社会主义。德国左翼党是这方面做得较为成功的，在过去十年里，通过与西部地区一些从社会民主党支持阵营中分裂出来的传统左翼的联合，它成功地使自己由一个带有前东德痕迹的激进左翼变成了目前具有全国意义的左翼政党，并在 2013 年的大选中跃居第三。同时，激进左翼也寻求在新的中间阶级中发展自己的支持力量。为此它们在政治主张上强调红绿结合，即将传统左翼思想（社会主义）与新激进主义结合起来，其目的在于在保持传统产业队伍中的支持力量的同时，在中间队伍中发展左翼激进主义的支持力量。这种现象在北欧国家的激进左翼中表现得更为明显，如挪威社会主义左翼党、芬兰左翼联盟、冰岛左翼绿色运动、丹麦红绿联盟。一些激进左翼甚至变成了以中间阶级为主的政党，如丹麦的社会主义人民党（SF）目前的主要社会基础是城市和大的市镇中具有较高教育水平的中产阶级，而在挪威则出现了激进的社会主义左翼党（SV）主要支持者来自公共部门雇员，而工党的选民队伍以蓝领工人为主的特殊现象。

▲您对左翼力量的结构调整作何评价？

●不同左翼力量的结构调整中成功与失败是并存的，都存在一个结构性问题。对于社会民主党来说，虽然在一个时期里，建立以新中间阶级为主的阶级联盟的政治战略为其带来了政治回报，但它是不稳定的。相对于产业工人，新中间阶级远非一个同质化的群体，其价值观中包含了更为多元的成分，更容易受一些非物质因素的影响，其政治认同感更为易变。因而，它难以成为社会民主党稳定的支持者。更为重要的是，这种中间化战略是以疏远传统的产业工人队伍为代价的。由于新的中间阶级在社会地位、价值观念以及政治认同等方面与传统产业工人的差异，尤其是他们对后者主要关注的传统政治事务——主要围绕物质生产领域的再分配——并不那么关切，所以在追求中间化战略的过程中，一些历史上曾经与工会关系十分密切的社会民主党如英国工党、德国社会民主党和瑞典社会民主党，都通过组织改革和政策议程的调整疏远了与工会的关系。这种调整可能在短期内收到政治回报，但从长远来看，它有使社会民主党失去稳定基础的风险。金融危机以来这些党的表现也突出反映了这一点。传统产业工人中一部分左翼支持力量由于对社会民主党的不满而开始寻求新的政治依托，包括激进左翼甚至右翼民粹主义。正是鉴于这种现实，2010 年后英国工党、德国社会民主党的新领导层都在一定程度上显示了向传统方向回调政策的趋向，如英国工党新领袖米利班德对“蓝工党”的关注。不过，这并不意味着它们因此就能回到传统的道路上，毕竟新的中间阶级在更大程度上决定了政府的归属。所以，社会民主党内部实际上围绕着三种选择战略在争论，一是继续中间化战略，把中产阶级作为主要支持基础；二是退回到传统的工人阶级和工会道路上，为此它需要通过抵制市场对公共领域的渗透来重新赢得传统选民的支持；三是重建工人阶级与中产阶级的联盟。对于大多数欧洲社会民主党来说，第三种战略虽然是理想的战略，但存在着如何通过政策议程实现和保持的问题。这些不同力量间的竞争将是一个持续性的因素。这正是令目前的社会民主党迷茫和尴尬之处。而且这种矛盾并不只是体现在社会民主党中间，也体现在一些寻求在新的中间阶级中发展力量的激进左翼中，它们同样面临着如何在政治上将传统支持力量与新支持力量融合的问题。

▲您还谈到了左翼政治议程的不确定性，这具体指的是什么呢？

●缺少被社会大众认可的左翼政治议程是目前左翼及社会主义运动面临的最大挑战。虽然危机与动荡直接引发了人们对新自由主义政策泛滥的谴责和对市场规制的强烈要求，但在欧美国家，左翼未能提供有信服力的替代议程，而目前各国（包括一部分左翼执政国家）应对危机的普遍政策也被认为是在强化新自由主义政策范式。

这首先涉及对左翼政治目标的理解。罗伯特·雷加拉多在《拉丁美洲：进步左翼政府急需战略规划》中提出了一个有关左翼政治目标的问题：它们是在朝向建立一个新社会而努力，抑或只是在使资本主义变得更为成熟？前者需要一种新范式，目前可以看到这种新范式吗？这其实也是整个社会主义运动发展史上的一个长期争议的问题：究竟是追求一种全新的制度抑或只是追求一种不同于某种既定资本主义模式的政策范式。在不同的历史时期，不同的左翼力量的立场在变化。历史上的激进左翼大多坚持前者，而温和左翼（在欧洲主要是战后社会民主党）大多主张后者。福利国家制度构建曾是二战后奉行民主社会主义的社会民主党人所追求的政策范式的典型表达。不过，苏东剧变后，前者在发达资本主义世界的影响力急剧下降，许多激进左翼的立场变得温和，由于社会民主党的中间化，一些曾经指责社会民主党利用福利国家腐蚀工人阶级的激进左翼政党转而成了传统福利国家的捍卫者。这样，目前欧美国家的大多数左翼的政治目标是一种政策范式而非制度范式，尽管内容不一，但都旨在用某种进步主义的价值观念改造资本主义，主要针对目标是新自由主义政策。在此次金融危机中，一些激进左翼虽然在辞令上是谴责“资本主义”，但其内容实质是在谴责新自由主义的资本主义。即使是在拉美，虽然如查韦斯这样的激进左翼提出了“21世纪社会主义”概念，意在表达一种新范式，但在我看来，它也只是针对欧美资本主义模式的一种激进范式。

由此意义理解，虽然新自由主义问题的暴露为左翼政治的崛起提供了有利条件——在拉美，人们也的确看到了这种形势——但在欧美国家，人们并没有因为新自由主义政策问题的暴露而简单转向认可左翼政治。传统左翼在人们心目中的阴影——这既包括了历史上激进左翼与现实社会主义间的关联而留下的阴影，也包括了以社会民主党为代表的传统左翼的大政府形象留下的阴影——显然并未消除。更重要的是，左翼未能提供被社会大众认可的、能够将左翼政治的特征与时代的变化结合起来的替代性议程。

▲那么，在您看来，左翼应该如何构建自己的替代性议程呢？

●这种替代性议程必须处理好以下三个方面的问题。

第一，如何在新的时代背景下保持左翼政治的特质。

现实竞争的需要促使激进左翼和温和左翼调整了自己的政治战略。除了定位方面的上述调整外，在政策方面，欧洲社会民主党力图适应全球化的发展，寻求更为灵活的经济政策，同时在“积极的福利国家”概念下，寻求福利改革之路。而激进左翼中除了少数依然坚持对资本主义的不妥协立场的力量外，大部分力量政治立场变得更为温和，把主要的斗争目标对着新自由主义，反对新自由主义的全球化、保护工人利益、捍卫福利国家，这些成为其政治活动的主要内容。它们代表了两种左翼议程，也体现了对待左翼政治传统和对待时代变化包括对待新自由主义政策议程的两种态度：一种试图超越传统左翼政治，在吸纳新自由主义的合理因素的基础上发展新的激进主义政治议程，而另一种则试图捍卫传统左翼政治的诉求，包括坚持凯恩斯主义政策方式和捍卫福利国家，为此对全球化、新自由主义持全面的抵制态度。

两种战略选择体现了温和左翼和激进左翼定位上的差异，也都带有实用主义的因素，并有其合理的依据。但它们都存在一个共同的问题，即如何在新的时代条件下保持和体现左翼的政治特质。在现时代的背景下，左翼政治的特质应从两个方面体现出来。一是在政策方面不同于右翼政策议程的特征。具体来说，强调市场之外的公共领域的作用，强调社会公平和社会团结的价值观及政策，这是不同左翼之间共同的立场，也是左翼政治在社会经济政策方面的主要特征。二是批判性与建设性的结合。对资本主义的批判精神曾经是所有社会主义力量在政治意识方面的共同特征，也是驱动它们寻求不断的社会改革的动力。但从政策范式而非制度范式理解的左翼议程不能只是寄希望于未来，也应该是一种现实的议程。批判性与现实性的统一曾经是二战后社会民主主义政治模式的一个成功之处。可是在探寻“第三条道路”的过程中，社会民主党显然对市场作了过多妥协，同时弱化了在社会公平和社会团结方面的政策，给人的印象更多的是屈从于新自由主义的霸权而非超越新自由主义政策议程；另一方面，在承认资本主义是唯一选择并遵循实用主义路线的前提下，也越来越失去了其传统左翼的社会批判精神。因而在一些传统左翼看来，社会民主党越来越失去了“左”的特征。金融危机爆发后，许多社会民主党人在反思问题之源时，认为“第三条道路”使社会民主党失去了方向和公共信任。一些研究者也指出，现在的社会民主党既没有得到普遍认可的领导核心，也没有形成一种新的范式，缺乏清晰的纲领性政策导向。与之相比，目前的激进左翼在保持其对资本主义的批判精神的同时，也在更大程度上继承了传统的左翼议程。但问题是，这种传统左翼议程不足以成为新自由主义的替代议程。此外，批判性有余而建设性不足是激进左翼中的一个普遍问题。

目前，社会民主党人也在反思这些问题，并试图基于对时代特征的分析重新确立社会民主主义的目标。他们强调，社会民主党欲成为新的政治塑造力量，需要消除目前人们的三重不确定感，即社会不确定感（一部分公民担心自己会失去现在的社会地位）、文化不确定感（对犯罪问题和移民问题的担忧）及政治不确定感（对民主机制的信任感下降）。为此，社会民主主义需要一种新的意识形态重建。它要考虑社会民主主义的三个关联的目标：团结与平等、生态发展、民主。目前，社会民主党缺少的是能够实现这些目标的、令人信服的具体政策议程。社会民主党强调了一些政策，如教育和社会投资，但它们未能如传统左翼政治议程那样有一个明确的框架和主线，而且社会民主党也明显缺乏重构社会团结的政策手段。而对于激进左翼来说，它们在试图保护传统工人阶级利益的同时，也存在如何在保护社会弱势与重建社会团结之间取得平衡的问题。

第二，如何重构全球化时代的国家与市场关系。

传统左翼政治议程实际上是由温和左翼，在欧洲主要是由社会民主党人代表的。其核心在于国家的积极职能，主要表现为国家通过宏观经济政策对经济的调控、通过法律和其他政治手段对劳动市场的干预、通过福利国家等方式进行的对社会收入的再分配以及其他的支持社会团结的政策。这种方式是建立在国家对社会政治和经济事务的有效控制能力以及二战后经济的高速增长基础上的。20 世纪 70 年代后的社会经济环境变化尤其是全球化的发展对这种模式提出了挑战。新右派攻击社会民主主义议程在全球化时代失去了意义，他们着重强调了两种逻辑。一是市场的逻辑，强调在全球化的背景下，市场规则极大地限制了民主选择的范围，迫使各民族国家实行资本利润最优化的政策。资本逃逸的威胁使民族国家成为某种“虚构”，从而使社会民主主义的政治和政策手段失去了依据。二是社会的分化以及社会意识的变化使得社会民主党失去了社会和意识形态的基础。社会民主党人在反击新右派时强调，自由主义者夸大了全球化中的市场逻辑，同时低估了社会民主党的反应能力。他们强调无论从经济上还是从政治上来看，社会民主主义都是有可能发展的。20 世纪 90 年代的“第三条道路”的确也显示了社会民主党人重构国家与市场关系的意图。如吉登斯所言，它试图从两个方向来解决矛盾：一是权力的上移，即加强全球治理；二是权力的下放，即向地方和公民社会下放。但在目前的国家体系中，前者是一个艰难的进程，而后者则未必能真正突出左翼政治或者如吉登斯所言的激进主义政治的特征。至少，社会民主党的“第三条道路”未能在市场规制方面作出有意义的建树，甚至被人们认为不是抑制而是助长了新自由主义政策的泛滥。

国家问题无疑是左右翼政治分野的一个关键问题。但在此问题上人们往往会有一些简单化的理解，即以是否认可国家的作用来区别两者。因而，当金融危机席卷全球、国际社会要求加入金融监管和国际合作的呼声渐高之时，人们会当然地认为这是对左翼议程认可的表示，一些左翼议程的主政者也是这么论证的。的确，作为资本利益代表的新右派当初是以抵制“大政府”的形象出现的，“使国家退回”是其标志性的口号。不过，实际上资产者并不反对国家。正如英格·索尔提所指出的，在应对金融危机的过程中，国家（政府）恰恰被目前的当权者用以保护大资本，并重塑新自由主义。杰瑞·哈里斯在讨论资本的跨国流动对左翼的新挑战时，也强调了跨国资本家阶级与国家结盟，以保护和扩张其利益的事实。其实，关于资产者与国家的相互利用关系甚至可以追溯到资本主义制度建立之初。英国学者艾德里安·帕布斯特在讨论市场国家时指出，现代资本主义体系建立的过程实际就是市场与国家结合，从而形成“市场国家”的过程，至少它可以追溯到19世纪下半叶土地和金融利益的结合。该作者同时强调，不要将新自由主义与放任自由的市场原教旨主义混为一谈。由撒切尔和里根在20世纪80年代开启的时代事实上并没有减少国家在经济中的分量。此次金融危机中的一些现象使得人们对此有了更深的体会。对新自由主义的指责早期更多集中在放松管制上，但无论是从逻辑还是从历史经验来看，强化国家对金融的管制未必就是对新自由主义根基的摧毁。在此次危机中，实际上左翼既没有在观念上也没有在政策上主导政治进程。在危机的根源问题上，左派和右派各执一端。持内生论的左派强调危机是由资本主义内在的“动力法则”造成的，而持外生论的右派则认为它是政府的不良政策所致。而从危机期间的各种抗议运动中可以看到，两种观念在社会的不同的阶层中都不乏响应者。而从应对危机的政策来看，深陷危机中的各国都加大了政策控制，国际社会也在共同应对危机的问题上频频作出表示，但无论是国家的救市政策还是国际社会的共同努力，重点都在于避免既有金融体系的崩溃。尤其是紧缩政策的转向突出了一种印象，即危机要由危机的受害者而非制造者买单。在激进左翼看来，这些都是在强化新自由主义的全球秩序。其结果是，与20世纪30年代的大萧条不同，危机并没有导致以国家为中心的传统左翼政策方式的复兴，所谓的全球治理也并不自然表现为一种超越新自由主义的新范式。

在国家的问题上，左右翼分野并不简单在于是否需要国家（或政府），而在于它们各自的着眼点不同。右翼强调的是保护竞争性，而左翼强调的是保护社会性。在全球化时代，国家并非无所作为，只是国家更多地强调了竞争性而弱化了其社会性。而对竞争性的强调正是新自由主义政策方式在各地畅行无阻的最大的依托。因此，左翼重构全球化时代的国家与市场关系的重点即在于实现竞争性与社会性的平衡。为此，国家必须成为全球市场秩序的塑造者而非简单的适应者。

第三，如何重建社会团结。

强调社会团结是左翼政治的一个重要特质。而在目前的发达资本主义世界，社会的分化日趋明显。它是由多重因素导致的，社会产业结构的变化是其客观的前提，而新自由主义政策加剧了社会的失衡。矫正这种社会失衡、重建新的社会团结，这既是左翼议程的一个重要目标，也是一个难点。难点之一在于政治战略上如何将不同的力量融合起来。这是目前激进左翼和温和左翼的转型共同面临的一个问题。难点之二在于在国家治理的层面上，既缺乏必要的社会组织基础，也缺少政策手段。在欧洲许多国家，传统的社会团结有赖于社会的高度组织化以及国家拥有的政策手段，包括平衡劳动与资本关系、通过福利等手段进行收入再分配等。如今，一些原有的社会基础被削弱了，国家的政策手段也越来越难以简单有效。例如，不同群体间围绕社会福利和收入再分配政策的分歧已经成为传统政策手段难以简单有效的一个重要因素。难点之三在于一些新的社会变化趋势侵蚀了一些传统的社会团结机制，重建社会团结需要有新的沟通和联系方式。现在，越来越多的年轻人的集体信念已被侵蚀，而媒体社会的发展以及政治的媒体化也导致一些传统的协商对话机制被边缘化。尤其是后者，它导致大众更容易受狭隘的诉求驱使，而政治力量也往往为了狭隘的政治目的而迎合这类诉求。民粹主义在欧美国家的发展突出表明了这一点。面对这些长期的变化趋势，为了推动新的社会共同体、促进社会的凝聚，激进力量必须发展新的沟通和联系方式。

▲不同社会主义力量间的分化是社会主义运动史上的一个长期的历史现象，也是直接影响世界社会主义运动未来前景的一个重要因素。对此您怎么看？

●在欧美国家，这种分化在多个层次上表现出来。首先是社会民主主义力量与激进左翼间的分化。由于后者大多与共产党组织有渊源关系，这种分化可以追溯到 20 世纪 20 年代。两者间除了意识形态方面的差异外，目前在全球化和在欧盟问题上的立场对立较为明显。不过，在一些国家，社会民主党和曾经的共产党几经转型，相互间的界限变得模糊了。尤其是在苏东剧变后，一些过去的共产党转向了民主社会主义，因而在政治意识形态方面与社会民主党有重叠之处。有些政党之间由于历史的原因相互之间的芥蒂较深，如葡萄牙共产党长期拒绝与社会党联盟，德国社会民主党对德国左翼党的成见也较深。其次是不同激进左翼之间的分化。如上所述，目前的欧洲激进左翼主要由三种力量构成，这三种力量本身的差异就很大，尤其是在极端左翼与激进左翼之间。对于相互之间的关系，一些党抱着较为宽厚的态度，希望能够超越政治意识形态的分歧加强相互间的联合，但一些极端左翼的立场较为强硬，难以与其他激进左翼联合。第三是非正式的社会运动与正式的政党组织间的分化。金融危机以来，社会抗议运动活跃。但在不同的国家和地区，社会抗议活动对社会主义运动的影响不同。例如在拉美，它促进了拉美政治的“左转”，一些激进左翼还成为国家的执政力量。但在欧美，虽然一些社会抗议活动促进了少数激进左翼的发展，但却并未导致一种整体的政治“左转”。一个重要的原因是这些抗议活动的组织者恰恰是对主流政党（包括左翼）持怀疑态度的力量。因而，一些抗议活动事实上造成了左翼主流政党与社会大众之间新的隔阂。如何使这种激进的抗议活动能够与有组织的社会主义力量更有效地结合是社会主义运动的一个重要课题。不同社会主义运动力量间的分化导致左翼之间难以形成一种合力。

▲您可否就左翼力量及社会主义运动发展的特点作一个总体的概括？

●当然。进入 21 世纪以来，左翼力量及社会主义运动发展的明显特点就是不均衡，这不仅只是指地区发展的不均衡，也是指左翼力量及社会主义运动在不同层次间的发展不均衡。在欧美国家，社会主义运动的未来前景取决于多重因素：从社会基础来看，它取决于中下层阶级间的联合；从政治结构来看，它取决于不同左翼及社会主义力量间是否能够以及如何加强联合；更重要的是，左翼必须发展能够适应时代变化并真正成为新自由主义替代议程的激进主义政治议程。

（原载《当代世界与社会主义》2014 年第 4 期）

没有执政的共产党探索争取社会主义的新途径

徐崇温

徐崇温，中国社会科学院荣誉学部委员，哲学所研究员，博士生导师。

从社会主义代替资本主义的视角来看，在地球上存在着资本主义和社会主义两种社会制度的当代，世界社会主义运动面临两项根本任务：一是资本主义国家中没有执政的共产党，要找到用社会主义取代资本主义的成功办法；二是社会主义国家要把生产力和科学技术搞上去，把物质文明建设和精神文明建设搞上去，证明社会主义制度优于资本主义制度。

一

社会主义取代资本主义的成功道路，在20世纪初是通过俄国的十月革命开辟的。中国革命的道路，即农村包围城市、武装夺取政权、用战争解决问题的道路，也是类似于俄国十月革命的道路，只是在形式上表现为从自己的实际出发，首先建立农村革命根据地，再以农村包围城市，最终夺取全国政权。

十月革命以后，俄国作为胜利的榜样，极大地鼓舞了世界上的共产党。第二次世界大战结束以后，中国革命的胜利极大地鼓舞了发展中国家的共产党。它们虽然纷纷效仿中国，但是没有一个获得完全的成功。究其原因，是因为现在的条件和过去不一样了，这种不一样的条件表现在以下几个方面。

首先，时代主题由战争与革命转为和平与发展，这种转换在国际形势上引起的最重要变化便是对抗逐渐转为对话。在社会主义取代资本主义的问题上，没有执政的共产党若采用武装夺取政权的道路，便会遭遇重重困难，举步维艰。

其次，新的科技革命的发生和发展引起社会结构的巨大变化，传统产业工人在数量上急剧减少，而中产阶级或中间阶层逐渐成为社会中的多数。

再次，发达资本主义国家福利制度的建设使工人阶级有了普遍的福利保障，这淡化了其阶级意识；消费主义意识的蔓延，则瓦解了工人阶级的革命诉求；发展中国家的现代化进程提高了工人阶级的绝对生活水平。除此之外，再加上在东欧剧变和苏联解体中社会主义国家的缺陷和弊端的暴露，西方资产阶级对社会主义国家和共产党人的丑化和妖魔化很容易使社会主义在人们心目中的形象蒙上一层迷雾、阴影。

由于条件的发展和变化，不仅没有执政的共产党再走十月革命的道路变得举步维艰，而且即使在2008年的国际金融危机中，当资本主义遭到多种冲击和重创时，西方国家的社会主义运动仍然没有趁机振兴起来，以至于人们在声讨资本主义弊端时，社会主义在广大群众中甚至没有被当作一种可供选择的解决问题的替代方案而提上议事日程。然而，资本主义唯利是图、不断扩大两极分化毕竟是事实，资本主义没有能力解决自己所面对的问题和没有未来也是事实，这些事实不断地促使着发达资本主义国家和发展中国家的没有执政的共产党在走出东欧剧变和苏联解体造成的困境的基础上反思过去、面向未来，进而重新探索争取社会主义的新途径。

这种争取社会主义的新途径的一个最主要的特征便是强调要在“现有社会结构内部”和在资产阶级宪法范围内，通过民主的方式“超越资本主义”。近年，除了希腊共产党仍然主张通过社会主义革命夺取政权和建立无产阶级专政以外，欧洲其他国家的共产党，都在不同程度上从发达资本主义国家的现实条件出发，主张通过民主的道路、通过对资本主义制度的辩证否定和超越来变革和改造资本主义制度，从而达到为实现社会主义而斗争的目的。

例如，法国共产党就主张要改变过去那种消灭资本主义社会秩序的观念，强调要实行“超越资本主义”的战略。法国共产党认为，“超越资本主义”是一种崭新的革命观念，因为超越既不是放弃向另一种社会过渡的目标，也不是通过颁布法令突然消灭资本主义。超越是一种关于社会变革进程的观念，它不是要将现存社会打个落花流水，因为人类活动和文明运动要采取的方式不是先打破一切而后再建设新的东西，而是要一边建设新世界，一边消灭旧世界。所以，“超越资本主义”是一种以成功地废除资本主义制度为目的而进行社会斗争和政治斗争的民主运动。法国共产党在强调“超越资本主义”战略的同时坚持共产主义的奋斗目标，认为这就是所谓的在资本主义的框架内实现深刻社会变革的体现。2006 年，法国共产党第三十三次代表大会强调，“超越资本主义”是一个渐进的变革过程，在这一过程中，既要吸取人类文明发展中最积极的因素，又要利用资本主义社会中最有效的成分，因而应同历史上的共产主义中央集权制原则决裂，争取实现国家的民主化和公民的监督。法国共产党认为，“超越资本主义”意味着超越它的一切，特别是超越它对社会和人的统治形式，而超越的方式就是通过斗争和选举来实现对资本主义的取代。法国共产党认为，“超越资本主义”既不是适应，也不是消灭，而是对一个社会进行改造的过程，这不同于社会民主党所主张的“调节”和“限制”资本主义某些方面的发展的道路，这是一种依靠人民运动和民主力量、在新型变革的道路上推动时代发展的革命，是人道的、民主的、互助的革命。

美国共产党认为，美国的社会主义有可能通过和平的方式实现，因为美国人逐渐认识到资本主义已经过时、社会主义具有光明前景的事实。在保卫美国民主的斗争中，美国有可能通过选举走上社会主义道路。美国共产党认为，和平过渡不仅要争取议会的多数，而且必须在议会外开展强大的群众运动，在政治、经济、文化等各个领域逐步占领并扩大阵地，形成工人阶级及其同盟军在社会各个领域的优势。与此同时，美国共产党不排除工人阶级在实现社会变革时使用革命手段以及对反抗的资产阶级实行暴力镇压的必要性。美国共产党主席萨姆·韦伯认为，在向社会主义过渡的过程中，目前存在的政治结构不会被拆除，社会主义不会迫使《权利法案》《独立宣言》以及对集中的政治权力进行核查和牵制的制度消失，它们需要被扩大、深化、修正，因为重要的不是这些制度的形式，而是这些制度的阶级内容的转变。

日本共产党在 2004 年的第二十三次代表大会上认为要在“资本主义框架内进行民主改革”，强调“通过市场经济迈向社会主义，是适合日本条件的发展方向”，主张以此建立一个“民主富裕的社会主义日本”。此外，西班牙共产党也认为，不应等到夺取政权以后再进行变革，而应从现在起就团结社会的大多数，对政权机构和社会进行变革，通过政治和社会运动实现对现有社会的取代，进而以和平方式组建一个新社会。

对于在资本主义体制内参政的共产党来说，这种争取社会主义的新途径表现在它不再提出制度性的替代要求，而是注重以下两个方面的变革和发展：在经济领域里，要求实现机会均等，促进经济增长，保障就业，扩大公众的经济参与权，实现经济的可持续发展；在社会领域里，不再追求绝对公平，主张通过社会政策调节分配，兼顾公平与效率，保障公众最基本的权利和劳动权益，防止贫富差距拉大和两极分化，注重解决民众最关心的公共福利、医疗、就业、男女平等、种族歧视和环境保护等问题。

例如，南非共产党在和非国大、南非工会大会结成联盟，并于 1994 年在非国大的旗帜下参选获胜以后，就由反对党变为南非的参政党。它在 1995 年的南非共产党第九次代表大会上提出了“未来属于社会主义，建设从今日开始”的战略性口号，认为南非在现阶段应以深化民族民主革命为主要任务，但这又不意味着要把建设社会主义的事业推迟到遥远的第二阶段，因为民族民主革命不仅是一场民族斗争，而且是一场阶级斗争和社会主义斗争，只有把南非建设成为一个社会主义社会，才能全面完成民族民主革命的任务，而深化民族民主革命又是通往社会主义的直接道路，虽然目前的斗争不是直接意义上的社会主义斗争，但是不能将其同社会主义斗争割裂开来。南非共产党提出“未来属于社会主义，建设从今日开始”的口号，也意味着南非共产党主张在资本主义体制下建设社会主义，即从“现在”开始增加社会主义的成分、能力和势头。南非共产党认为，南非的资本主义是可以改变的，而且在这一改变的过程中不用推翻原有的体系，而是要使之更符合广大人民的利益。2003 年，南非共产党通过的党的中期目标文件提出，要在 10 年后，即 2014 年保证工人阶级的理想和力量深入到国家、社会、工厂、意识形态等各个方面，把南非建设成为全面发展的国家。

那么，资本主义国家中没有执政的共产党所实行的这种争取社会主义的新途径，都取得了哪些成效呢？应该说，最耀眼的成效就是在当前世界社会主义运动处于低潮的情况下，有三个国家的共产党通过议会选举实现了上台执政。

第一个是摩尔多瓦共产党人党。该党是在苏联解体后成立的。成立之初，该党就宣称坚持马克思列宁主义，坚持社会主义方向，严厉批判戈尔巴乔夫打着“改革”的旗号改旗易帜以及最终导致苏联解体的行为，并在深刻吸取东欧剧变和苏联解体的教训的基础上系统地提出了符合本国实际的社会主义理论。该党认为，摩尔多瓦将通过“泛民主主义阶段”和“复兴社会主义阶段”建立“形式上更新的、符合当代生产力条件的、生态安全的社会主义”。2001 年，该党通过议会选举上台执政，成为前苏东地区第一个通过合法选举上台执政的共产党。2005 年，摩尔多瓦共产党人党又在大选中获胜，继续执政。

第二个是塞浦路斯劳动人民进步党。2008 年 2 月，塞浦路斯劳动人民进步党中央总书记季米特里斯·赫里斯托菲亚斯在该国总统选举中以 53.36%的选票当选为总统。作为塞浦路斯工人阶级和劳动者先锋的政党，劳动人民进步党以共产党为前身，接受马克思列宁主义世界观的指引，坚持社会主义方向，以建设民主的和人道的社会主义为最高目标。该党与民主党、社会民主运动党一起组建联合政府，成为欧盟成员国中唯一一个以共产党人为国家元首的国家。

第三个是尼泊尔共产党（毛主义）。尼泊尔共产党（毛主义）在2008年4月尼泊尔第一次制宪大会上经过大选成为尼泊尔的第一大党，并被授权组织以普拉昌达为总理的尼泊尔联邦民主共和国第一届政府，尼泊尔共产党（毛主义）处于执政地位。

二

对于一些还没有执政的共产党所采取的这种争取社会主义的新途径，应该怎样评价？从思想理论政策的角度来说，对于这种争取社会主义新途径的评价，在不同国家的共产党人之间是有分歧的，这些分歧突出地表现在希腊共产党同美国共产党主席萨姆·韦伯之间的辩论上。

2011年2月3日，美国共产党主席萨姆·韦伯在美共《政治事务》网站上发表了一篇题为《21世纪的社会主义政党应该是什么样的?》的文章。韦伯所列的29项特征包括要以马克思主义代替马克思列宁主义作为党的指导思想等观念。此文发表以后，2011年4月，希腊共产党中央国际关系部发表文章，对韦伯的观点予以驳斥。同年7月，德国共产党领导人汉斯·彼得·布伦纳也撰文加以驳斥。他们都认为，韦伯的很多提法，都是机会主义的翻版。

韦伯认为，马克思、恩格斯、列宁的理论都包含强大的分析力量，是指导当前实践的有力的思想武器，但马克思列宁主义是斯大林时期对马克思主义的正统解释，这一解释简化了马克思主义，是一种苏联式的教条。苏联据此垄断了对马克思主义的解释权，也禁锢了美国共产党人的批判眼光，使之过于简单化，也使之对马克思主义之外的思想（例如社会民主主义）不屑一顾。因此，他建议用马克思主义代替马克思列宁主义作为21世纪社会主义的正确指导思想。希腊共产党则认为，韦伯的这个提议是在用折中的“大杂烩理论”去代替社会主义政党的理论基础——马克思列宁主义，韦伯关于斯大林曲解了马克思主义、马克思列宁主义是反民主的等论调是机会主义的陈词滥调，它让社会主义政党丧失了理论武器。

在社会主义的实现路径上，韦伯提出，21世纪的社会主义政党应制定阶段性战略目标，根据对每一阶段政治和社会力量对比状况的评价来寻找合适的联盟对象，并设计相应的战略战术。在当前，相对于激进的革命，韦伯更倾向于渐进的改革，认为在现存资本主义政权内，争取进步的和民主的斗争（医保改革、环保运动、争取平等教育权的斗争等）与推翻资本主义的斗争同样重要，甚至更为重要，故而不能因为这种斗争是在资本主义宪政的议会民主框架内展开的而贬低其意义。事实上，正是前人争取民主的斗争成果为今天的美国共产党提供了斗争空间和斗争权利。所以，这类改革既是手段，也是目标，它们是迈向未来激进变革的铺路石。对此，希腊共产党认为，韦伯这是完全摒弃了革命斗争，转而主张永无止境的阶段改革论。在韦伯那里，联盟的基准不是工人阶级的利益，而是其所称的“全体国民的利益”，这与之前希腊共产党内受戈尔巴乔夫影响的人所提出的改革论调惊人地相似。这种观点否认了党作为工人阶级先锋队应该发挥的作用，把重点放在资本主义制度框架内的修修补补上，甚至直接把帝国主义内部的改革斗争视为党的目标，使工人阶级陷入阶段改革论的陷阱中。然而，在现实中，各类社会民主党和中左政府已经进行了数十年的改革试验，结果如何呢？资本主义体系内的改革到底在什么时候消灭过人对人的剥削呢？

从思想理论政策的角度来说，这种分歧在2013年11月8日至10日于葡萄牙里斯本举行的第十五次共产党和工人党国际会议上也有所表现。由于希腊共产党和与会的其他国家的共产党之间存在意见分歧，会议最终未能通过《共同声明》。在这次国际会议召开前的讨论《共同声明》草案的工作会议上，希腊共产党就作出“特别表态”，认为《共同声明》草案把斗争指向了错误的方向，将会导致斗争被资本主义制度同化，会阻碍将共产主义的战略调整到为社会主义进行阶级斗争的进程的发展。为此，希腊共产党认为，如果《共同声明》草案的内容没有实质性的变化，那么就毫无讨论的基础。由于希腊提交的一个关于《共同声明》的基本建议没有被采纳，因此希腊共产党对第十五次共产党和工人党国际会议发表《共同声明》一事采取了完全否定的态度，声称“在里斯本召开的第十五次共产党和工人党国际会议不可能形成《共同声明》，因为在许多特别严肃的问题上存在着不同的态度。由于众说纷纭，有可能把水搅混，并歪曲事实”。那么，希腊共产党和其他与会的共产党在《共同声明》上的主要分歧究竟在哪里呢？根据希腊共产党中央政治局委员马里诺斯在2013年12月15日发表的文章可以看出，分歧之一涉及在资本主义框架内进行改革的问题。希腊共产党表示，将继续为自己国家的工人阶级的利益而斗争，如在争取自由、公共教育体制、医疗保健、增加薪水和养老金等问题上的斗争。然而，希腊共产党强调，“如果把这些斗争同推进社会的激进改革、建立工人阶级政权以及实行垄断的社会化等问题直接联系起来，那就可能播下在资本主义框架内可以通过改革来‘纠正’这一剥削制度的假象”。

人们通常说，无产阶级或者通过议会斗争道路、和平发展道路上台执政，或者通过武装斗争道路、暴力革命道路上台执政，因此，有人认为摩尔多瓦共产党人党、塞浦路斯劳动人民进步党、尼泊尔共产党（毛主义）通过和平发展道路上台执政的途径应该是世界社会主义运动的一个新的起点、新的亮点，应该成为世界社会主义运动研究的新的基点和新的焦点。但是事实上，这两条道路所带来的结果有很大的区别。从实践的角度来说，二者之间的一个根本不同点在于：武装斗争、暴力革命的道路由于从根本上推翻了资本主义的社会框架，因而会随着斗争的胜利带来从资本主义到社会主义或以社会主义为取向的社会的过渡；议会斗争、和平发展道路，由于是在资本主义社会框架内推进的，因而随着斗争的胜利而带来的将是共产党人在资本主义框架内的执政、施政，这并不意味着社会制度的更迭，也不意味着社会从资本主义向社会主义的过渡。要想实现制度的更迭，无产阶级、共产党人还必须打破资本主义的社会框架，采取进一步的社会主义改造措施，而这是议会斗争、和平发展道路所不包含的。

这里，以摩尔多瓦作为实例来进行考察。摩尔多瓦是一个位于罗马尼亚和乌克兰之间、领土3万多平方公里、人口不到360万的东欧小国。在政治体制上，它是一个议会民主制国家。根据1994年议会通过的宪法，它坚持多元化的民主政治，实行“三权分立”。目前，它有大小合法政党24个。在经济体制上，它实行多种所有制形式并存的自由市场经济。在外交方面，它宣布永久中立，不允许本国领土上有外国军队。摩尔多瓦共产党人党是一个多党体制下的合法政党。在摩尔多瓦，自1991年8月其独立到2000年，一直执政的是亲西方国家的中右翼政党。该党实行全盘私有化、自由化市场经济，结果在1991年至2000年使摩尔多瓦的GDP下降50%，农业、农工综合体发展倒退了35—40年，外债增加到15亿美元，居民平均收入只有20—25美元。但是，自共产党人党于2001年经过选举上台执政以后，情况就出现了反方向的变化。共产党人党虽然在党章上规定最终的奋斗目标是共产主义，但在大选中的竞选口号却是提高人民生活水平，执政以后更把发展经济、提高福利、消灭贫穷放在最重要的位置，提出要把摩尔多瓦建设成为一个国家富足、人民安康的新社会，努力实现社会生活民主化、经济现代化和与欧洲的一体化。正因如此，选民才把选票投给了它。2009 年，摩尔多瓦举行独立以来的第五次议会大选，2001 年以来一直执政的摩尔多瓦共产党人党在这次大选中再次获胜，在议会 101 个议席中获得了 61 席。一些参选的反对党对此十分不满，声称共产党人党在大选中舞弊，不仅进行示威抗议，还暴力冲击总统府和议会大楼，造成近百人受伤和大量财产损失。危机结束以后，摩尔多瓦共产党人党虽然仍是第一大党，但其在议会中的席位明显减少。自由民主党、自由党、民主党、“我们的摩尔多瓦”联盟，组成了“欧洲一体化联盟”，并在 2010 年 11 月议会大选后上台执政，摩尔多瓦共产党人党通过议会斗争上台执政的阶段就此结束。

再来看南亚的尼泊尔。尼泊尔是一个拥有人口约 2700 万、面积 14.7 万平方公里的国家。尼泊尔国内活跃着 10 多个共产党，其中实力最强的有两个：一个是尼泊尔共产党（联合马列），它坚持“议会斗争为主、街头政治为辅”的斗争方针和策略，主张通过多党民主制度发展革命民主和社会主义民主；另一个是尼泊尔共产党（毛主义），它坚持在武装斗争的同时不排除多党竞选和议会道路。1996 年 2 月，由于当时的尼泊尔德乌帕政府没有满足尼泊尔共产党（毛主义）提出的“取消王室特权”和“颁布一部新宪法”等的要求，尼泊尔共产党（毛主义）就宣布脱离议会民主制，并到西部等贫穷落后地区去开展“人民战争”，走武装斗争的道路。由于它提出的“实行彻底的土地改革”“让人民当家做主”“反对社会歧视”等口号及其实践得到了广大农民的支持，因而其力量发展很快。尼泊尔共产党（毛主义）在 2005 年 2 月与走议会斗争道路的“七党联盟”摒弃不和，以武装斗争的形式策应“七党联盟”发动人民运动，迫使尼泊尔王室交权；在 2006 年又与尼泊尔政府签署全面和平协议，宣告内战结束，重回议会民主道路；在 2008 年 4 月尼泊尔制宪会议选举中大获全胜，成为尼泊尔议会中的第一大党，组成以普拉昌达为总理的政府，上台执政。十分明显，尼泊尔共产党（毛主义）成为议会第一大党的根本原因就在于人民战争和人民解放军这些威慑力量的存在。但是，由于国内封建势力并没有肃清，也没有进行相应的社会主义改造，再加上自我限制武力，因而尼泊尔共产党（毛主义）的执政基础并不稳固，普拉昌达只当了 8 个月的总理就被迫辞职下台。接着，尼泊尔共产党（联合马列）的前总书记马达夫・库马尔・内帕尔、尼泊尔共产党（联合马列）主席卡纳尔以及尼泊尔大会党的柯伊拉腊先后当选为总理，尼泊尔共产党（毛主义）失去了执政地位。尼泊尔共产党（毛主义）内部一直存在着改良派和革命派的矛盾斗争。2011 年 11 月，由于以普拉昌达为首的改良派在议会其他政党的压力之下突破了党内斗争底线，单方面交出武器库的钥匙，遣散和整编尼泊尔人民解放军，归还在战争时期“侵占”的土地，导致 2012 年 6 月尼泊尔共产党（毛主义）党内的大分裂。党内的革命派决定重新组党，带走了党内约 1/3 的力量，再加上美国和印度势力对尼泊尔大选的干预，最终导致尼泊尔共产党（毛主义）在 2013 年 11 月 19 日尼泊尔第二次制宪会议大选中的大失败。在 2008 年的大选中，尼泊尔共产党（毛主义）获得了议会中的 220 个议席并成为第一大党，第二大党尼泊尔大会党获得 110 席，尼泊尔共产党（联合马列）仅仅获得 103 席，作为第一大党的尼泊尔共产党（毛主义）所获得的议席超过了第二大党、第三大党两党所获议席的总和。但是，在 2003 年 11 月的大选中，尼泊尔大会党获得196席，尼泊尔共产党（联合马列）获得175席，而尼泊尔共产党（毛主义）仅仅获得80席，还不到前两个政党分别所获议席的半数，可见数量相差甚远。

摩尔多瓦、尼泊尔两国没有执政的共产党通过选举上台执政的经历清楚地说明，在资本主义国家，共产党及其领导通过议会选举上台执政，并不等于该国社会制度的更迭。原因主要有两点：一是因为它们上台后，尽管注意改善民生和提高人民生活水平，但是终究只能在资产阶级宪法范围内活动和施政，并没有触及社会制度的变更；二是因为资产阶级的右翼政党和势力随时随地都在伺机把它们拉下马和边缘化，甚至使之陷入更坏的境地。资本主义国家没有执政的共产党，从通过选举上台执政，到实现由资本主义向社会主义的过渡，有一段很长的路要走，而且这两者之间没有必然的联系。所以，对于资本主义国家没有执政的共产党通过议会选举上台执政这一途径的评价，应采取实事求是的态度，既把它看作一个可喜的成果，又不宜过早地将其同社会主义对资本主义的取代联系起来。从总体上看，它还没有改变世界社会主义运动，也尚未找到超越俄国十月革命、中国所走的革命道路的新的成熟观点和成功办法。在这方面，世界社会主义运动的发展任重而道远，还需要人们继续探索。

（原载《学习与探索》2014年第9期）

“欧洲激进左翼”探析

李其庆

李其庆，中央编译局原副局长、研究员。

20 世纪 90 年代初，苏东剧变，欧洲左翼遭到重创。但在反对新自由主义的斗争中，欧洲左翼进行了改组和整合，形成了新的左翼，即激进左翼。2008 年国际金融危机和随后爆发的欧债危机推动了欧洲激进左翼的发展，目前它已成为活跃于欧洲政坛的一支政治力量。本文拟对欧洲激进左翼的本质特征、形成发展、社会基础、政策主张、社会影响、它所面临的挑战以及发展趋势做一探析。

(1)何谓欧洲激进左翼?

激进左翼的本质规定是什么，这个问题十分重要，我们只有弄清这个问题，才能知道它是什么性质的政治力量。目前还没有关于激进左翼的完备的定义，这一方面是因为它尚处在形成过程之中，有些本质特征还没有充分显现出来；另一方面是由于它与其他左翼派别的界限本来就模糊不清。

西方政治制度的核心是政党制度。各政党的本质，就其现实表现来说，是政党关系的总和，因此我们可以通过分析激进左翼同其他政党的关系来确定它的边界。

西方社会大体有五种政治力量：极右派、右派或保守派、左派、激进左翼、极左翼(包括托派和毛派)。以法国为例，与其相对应的政党分别是：国民阵线、人民运动联盟和民主联盟、社会党和绿党、左翼阵线、工人斗争和革命共产主义同盟以及新反资本主义政党。

激进左翼同右派或保守派是对立的关系，其政治分野可谓泾渭分明。激进左翼认为，这些政党是大垄断资产阶级的政治代表，它们实行的是新自由主义，必须与之作坚决的斗争。

激进左翼认为社会民主主义是机会主义和改良主义派别，它具有两重性和摇摆性，一旦掌权便右倾化。社会民主主义已不把资本主义当作自己的敌人，它要改变的只是资本主义的分配制度。[①] 激进左翼虽然也赞成通过改良改善工人的生活和劳动条件。但最终目标是消灭资本主义，它主张一方面通过议会和选举，即“公民革命”,[②] 和平地夺

---

① Jean-Numa Ducange, Philippe Marlière and Louis Weber, *La gauche radicale en Europe*, Edition du Croquant, 2013, p. 93.

② Entretienavec Philippe Marlière Co—auteur de *La gaucheradicale* en Europe. *Les.*

取政权，另一方面通过在企业实行民主制或参与制，扩大工人的权利，实行工人自治，自下而上地实现社会主义。

激进左翼同极左翼的区别在于，虽然它们都是反对资本主义的政党，它们的目的相同，但手段不同，极左翼主张通过非议会和革命的手段实现共产主义。

激进左翼与社会民主主义和极左翼在理论上是既联合又斗争的关系，但在实践中它们之间的界限往往模糊不清。

资本主义社会各政党代表各自阶级和阶层的政治和经济利益。它们通过政治博弈达到权力的平衡。当然从力量对比来说，统治阶级，即大垄断资产阶级始终占主导地位。但是为了维护资本主义社会的长治久安，各政党之间需要制衡，以实现社会的稳定。

从以上分析，我们可以得出这样的结论：激进左翼是一支反对资本主义的政治力量。它具有合法性，在资本主义社会中处于在野党和反对党的地位，它采取各种合法斗争的方式反对资本主义。它认为资本主义社会需要变革，甚至剧烈的变革，它力求用创新的手段追求激烈的进步，故称为“激进”。

所谓“欧洲激进左翼”就是欧洲各国激进左翼势力的联合。《欧洲激进左翼》一书的作者指出，欧洲大约有 60 多个政党和组织可以算作欧洲激进左翼。[①] 欧洲激进左翼虽然冠之以“欧洲”，但它的中坚力量在西欧，特别是最早的欧盟 17 国，当然，随着欧盟东扩，欧洲激进左翼也开始吸收原东欧国家作为其新成员，但远未覆盖整个欧洲，而欧洲激进左翼的长远目标则是要覆盖整个欧洲。

最后需要指出的是，“欧洲激进左翼”是这支政治力量的自定义，是他们的身份认同。过去他们同托派一起被称作“极左翼”，这是他们不能接受的。当然，“激进”二字也不够理想，因此，他们也曾考虑过“新左翼”、“左翼中的左翼”和“另一个左翼”等名称，但相对来说，“激进左翼”要好些，所以确定了这个名称。[②]

(2)“欧洲激进左翼”的形成与发展

欧洲激进左翼产生于 20 世纪 90 年代，形成于 21 世纪初，它的产生和形成有着深刻的政治背景和特殊的历史条件：一、苏东剧变，“现实社会主义”垮台，“历史终结论”甚嚣尘上。右翼宣称除了资本主义，任何其他的社会组织形式都是不可设想的，提出欧洲左翼也应该同“苏维埃主义”一起被埋葬掉。欧洲激进左翼就是在迎击这股历史逆流中应运而生的。二、新自由主义主导的全球化的负面作用逐渐显露。欧洲左翼最初发起了反全球化运动，后来又调整了斗争策略，提出“替代全球化”和“另一个世界是可能的”口号。可以说，欧洲激进左翼就是在反对新自由主义的斗争中发展起来的。三、随着欧洲一体化的深入，欧洲各国经济发展不平衡以及欧洲社会内部的结构性矛盾暴露出来。这些矛盾导致失业、贫富差距加大、治安状况恶化等大量社会问题。极右民粹主义抬头。欧洲激进左翼一方面同极右势力作斗争，另一方面提出自己的欧洲建构方案。四、冷战结束，资本主义世界外部压力消除，社会民主主义右倾化，从而造成内部

---

① Birgit Daiber，Cornelia Hildebrandt，Anna Striethorst（Ed.），*From Revolution to Coalition-Radical Left Parties in Europe*，Manuskripte，Rosa Luxemburg Stiftung，Berlin，2012.

② Entretienavec Philippe Marlière Co—auteur de *La gaucheradicale* en Europe. *Les.*

分裂，部分左翼人士转向激进左翼。五、欧债危机爆发。欧洲激进左翼认为，资本主义经济制度和资本的逐利本性是金融危机的根本原因，反对用紧缩和削减工人福利的措施来克服危机，主张坚决捍卫工人的利益。

欧洲激进左翼形成的标志是欧洲左翼党的成立。2004 年 1 月 11 日，19 个欧洲左翼政党在柏林通过了欧洲左翼党建党倡议书，确定了欧洲左翼党的政治目标。欧洲左翼党是 13 个欧洲层面的政党之一，得到了欧洲议会的承认，具有合法性并享受欧盟的资助，它符合欧盟议会关于“欧盟各政党应有助于培养欧洲公民意识并表达公民意志”的规定。①

目前欧洲左翼党的正式成员党有奥地利共产党、比利时共产党、捷克民主社会主义党、白俄罗斯共产党、立陶宛左翼党、法国左翼阵线、德国左翼党、希腊左翼与生态运动联盟、匈牙利共产主义工人党、意大利重建共产党、卢森堡左翼党、葡萄牙左翼阵营、罗马尼亚社会主义联盟党、摩尔多瓦共产党人党、圣马力诺重建共产党、西班牙联合左翼、西班牙加泰罗尼亚联合与选择左翼、西班牙共产党、瑞士工党、土耳其团结与自由党。在欧洲左翼党中拥有观察员地位的政党有：比利时左翼选择、希腊红绿联盟、芬兰共产党、德国共产党、意大利共产党人党、斯洛伐克共产党、波兰社会主义青年党等政党。

激进左翼在欧洲发展是不平衡的。在卢森堡、苏格兰、英国以及东欧国家比较弱，在北欧斯堪的纳维亚国家，例如，芬兰、丹麦、瑞典比较强，在某些南欧国家，如葡萄牙、西班牙、意大利、希腊则非常强，在德国和法国这两个欧洲大国也比较强。这种强弱的差别同这些国家历史文化传统和工人运动发展的状况有关。

(3)欧洲激进左翼的社会基础

任何政治力量都必然有自己的社会基础。欧洲激进左翼的社会基础主要是资本主义社会的中下阶层。马克思在论述资本主义社会的本质时，把资本主义社会简化为两大阶级，即资本家阶级和工人阶级的对立。但是我们在具体研究资本主义社会的阶级结构时，还必须把马克思抽象掉的东西还原回来。有学者根据西方所谓中产阶级社会的理论来否定马克思的阶级结构理论，这是对马克思的误解。其实马克思关于资本主义社会中产阶级或中间阶层有着极其深刻和精彩的论述。马克思认为，中产阶级对大资产阶级的统治起着保护层的作用。中产阶级具有中间性、两面性和摇摆性的特点。这与它的社会经济地位有关。随着资本主义的发展，中间阶层必然会发生分化，少数人上升为大资产阶级，大多数人会降落到工人阶级的队伍中来。中间阶层是变动最激烈、最频繁的社会阶级。马克思的论断也符合当今的现实，特别是在经济全球化条件下，激烈的国内和国际竞争和去工业化，使发达国家的蓝领阶层和白领阶层，甚至中间阶层劳动者的地位受到冲击。这种状况造成了部分中间阶层政治态度的激进化。他们对资本主义制度产生不满，渴望改变现实。根据法国 2007 年总统大选前所作的一项社会调查，法国绝大多数新中间阶层分布在城市，特别是巴黎、里昂这样的大城市，他们主要从事第三产业工

---

① Jean-Numa Ducange, Philippe Marlière, Louis Weber, *La gauche radicale en Europe*, Edition du Croquant, 2013, p. 16

作，其中包括大部分公务员。他们是法国左翼政党的社会基础。[①]

产业工人的情况比较复杂。激进左翼坚称代表工人阶级利益，但产业工人也是极右翼争夺的对象。由于产业工人在全球化和欧洲一体化中受到的冲击最大，极右翼以民粹主义口号吸引工人选民。在2014年5月25日的欧洲议会选举中，法国83%的工人投了极右翼政党国民阵线的票。

(4)激进左翼的政策主张

在欧洲激进左翼政党中，只有塞浦路斯劳动人民进步党[②]是执政党。其他政党目前都处于反对派的地位，甚至没有进入国家议会。在欧盟之外，目前有摩尔多瓦、挪威和爱尔兰的左翼政党是执政党，并且大多是和社民党联合执政。因此它们不可能提出全面、系统的政策主张。在这种情况下，我们只能在一些重大问题上，考察这些政党的政策倾向。

在全球化问题上，欧洲激进左翼反对新自由主义的"华盛顿共识"，反对扩大私有化，反对贸易（包括服务贸易）、投资的自由化。反对金融资本在全球范围内的掠夺和剥削，主张加强工会的力量，保护弱势群体等等。

在欧洲一体化问题上，欧洲激进左翼对欧盟持保留态度，质疑《罗马条约》《马斯特里赫特条约》和《里斯本条约》，认为欧盟的建构是反民主的，限制了各国自主的权利，欧盟加剧了"自由竞争"，增加了雇主的利润，减少了工人的福利，剥夺了工人几十年来已经取得的成果，造成了就业的不稳定和失业，助长了排外主义、种族主义和法西斯主义。欧洲激进左翼主张建立一个和平的、社会的、民主的欧洲。

在社会政策方面，欧洲左翼党要求捍卫现有的社会保障和医疗体系，建立全欧范围的最低生活标准，扩大妇女权利，保护生态环境，反对削减福利等。

在对外政策上，欧洲左翼党反对美国的霸权主义，反对北约。谴责美国和北约发动的科索沃战争、伊拉克战争和阿富汗战争。反对美国和欧洲干涉叙利亚内政和乌克兰事务，反对美国在东欧部署反导武器和建立军事基地，反对美国在委内瑞拉、玻利维亚等拉美左派执政的国家煽动内乱。

(5)欧洲激进左翼的社会作用和影响

这里首先要说明的是评价标准问题。西方政治学的传统观点是按照选举的结果来判断一个政党社会作用和影响的大小。例如是否执政党、参政党或议会党，获得议席的多少等等。《欧洲激进左翼》一书的作者也接受了这一标准。他们用大量篇幅叙述了每个

① Atlas électoral présidentielle 2007，sous la direction de Pascal Perrineau，Presse de la Fondation des Sciences politiques，2007，Paris.

② 塞浦路斯执政党，塞浦路斯第二大党，也是目前欧盟国家中唯一的执政共产党。塞浦路斯劳动人民进步党成立于1926年8月15日，当时称塞浦路斯共产党，1941年4月14日改为现名。

欧洲激进左翼政党在历年的国内和欧洲层面的选举中所取得的成果和参政情况。[①] 他们得出的结论是，绝大多数左翼党的支持率都不超过10%。法国的左翼阵线是一个成功的例子。法共在2007年总统大选中的支持率只有1.3%，而在2010年同社会党中的左翼结成左翼阵线以后，选民基础扩大，在2013年总统大选中，支持率提升到11.1%。

法国左翼学者雅克·比岱不赞成这种标准。他认为，沿用这样的标准就等于承认资本主义政治制度的合法性。这种标准没有把工会和各种社会运动日常进行的大量斗争和取得的成果反映出来。他认为没有日积月累的斗争，西方社会远不是今天这个样子。而且他认为，工人阶级同过去相比更容易取得资本的让步，这也反映了力量对比的变化。法国社会主义学者托尼·安德烈阿尼认为，当代资本主义社会是阶级斗争发展日趋完备的社会形态，工人阶级反对资产阶级斗争的经济、政治、思想三种基本形式都有所发展，随着工人阶级阶级意识的加强和政治上日臻成熟，工人阶级与资产阶级在政治、思想和文化方面展开激烈的斗争。在这场斗争中，激进左翼发挥了制造舆论，教育和动员群众的作用。这种作用是不能用选举结果来衡量的。2005年法国全民公投反对欧洲宪法条约草案以及2006年法国爆发了声势浩大的反对“首次雇佣合同”法案的斗争并取得全面胜利都是激进左翼发挥强大社会作用的例证。

当然，我们也必须看到激进左翼政党的局限性，这种局限性从客观方面来说，主要是因为它们受到欧盟政治生态的限制。

欧洲层面政党的建立必须遵守欧盟的有约束力的规则，它们都是根据《马斯特里赫特条约》建立起来的，必须得到欧洲议会的承认。欧洲议会有权利取缔不遵守欧盟原则的党。没有欧洲议会的允许，欧洲左翼党无权改变自己的章程和纲领。它必须遵守这一原则，而这个原则正是欧洲激进左翼力量发展的障碍。

欧洲激进左翼没有执政经验，在总体上处于防御地位。他们的具体政治斗争，无论是国家层面的，还是欧盟层面的，其结果经常是赢得了欧盟决策层的一些让步，但并不能对欧洲一体化产生实质性影响。他们能够代表公众提出一些批评意见，能够根据劳动人民和社会弱势群体福祉的要求组织抗议活动。但是他们无法提出完整、系统并且得到多数人拥护的解决欧盟一体化问题的方案。

(6)欧洲激进左翼面临的挑战

欧洲激进左翼面临着诸多限制其发展的挑战，这些挑战来自内外两个方面。

从外部因素来说，首先它要防止自己沦为资本主义政党斗争的工具，因为资本主义政党斗争的最终目的是要维护、巩固和加强资本主义制度。当前已经出现了《欧洲激进左翼》一书所说的“选举卡特尔”现象，[②] 即欧洲激进左翼仅仅为选举而联合，忘记了自己的使命和根本的奋斗目标，终日忙碌于各种选举，忧心于选举结果，落入了“精英政治”的陷阱，脱离了日常的和基层的斗争，成为现代的“议会迷”。欧洲激进左翼中

---

① Jean-Numa Ducange, Philippe Marlière, Louis Weber, *La gauche radicale en Europe*, Edition du Croquant, 2013, pp. 28－47.

② Jean-Numa Ducange, Philippe Marlière, Louis Weber, *La gauche radicale en Europe*, Edition du Croquant, 2013, p. 103.

的有识之士已经意识到这种危险，他们认为这种“选举游戏”到头来只会加强他们所反对的制度。此外，欧洲政治冷淡主义日盛，选举的弃权率越来越高，把赌注押在选举上，势必削弱了激进左翼政党的战斗作用。

其次，欧洲激进左翼必须真正从纲领、路线、理论和实践上划清同社会党、极左翼政党乃至极右翼政党的原则界限。在 2014 年 5 月 25 日的欧洲议会选举中，极右翼政党势力大增，在法国取得了全国性胜利，成为第一大党，引起了欧洲激进左翼的反思。欧洲激进左翼对欧盟的“激进”立场被极右势力利用，助长了“反欧盟、反欧元、反移民”的民粹主义气焰，损害了自身的形象。在这里，我们看到，极左和极右有时是相通的，“左”是右的影子。

从内部因素来说，主要是团结问题。欧洲左翼党自成立之日起就纷争不断。造成这种状况有四个原因：一、社会原因。如前所述，欧洲激进左翼的社会基础是中下阶层。而当代资本主义社会的中间阶级出现了多层次化现象。各阶层利益的多元化导致内部分歧严重。二、历史原因。欧洲激进左翼是欧洲社会主义运动和工人运动发展的产物。但对许多历史事件和历史人物的看法不一，分歧严重。三、为了削弱左翼的力量，右翼不断地做分化工作。四、绝大多数激进左翼政党在组织路线方面废除了民主集中制，在思想路线方面则推行所谓“意识形态多元化”，其意识形态涵盖马克思主义、欧洲共产主义、共和主义、生态主义、女权主义、托洛茨基主义、毛主义等等。马克思主义的主导地位取消了，共产党的地位下降了，因此很难形成统一的纲领、路线、理论、战略和策略，也很难形成统一的意志和统一的行动。

从某种意义上说，欧洲激进左翼面临的内部挑战比外部挑战更为严峻。

(7)欧洲激进左翼的发展趋势

欧洲激进左翼的发展首先取决于欧洲的政治格局，即欧洲各派政治力量的对比。当前欧洲面临的主要矛盾是，如何使自己适应经济全球化的挑战。这个挑战主要来自两个方面：一是新自由主义。自 20 世纪 70 年代末 80 年代初以来，盎格鲁—撒克逊的新自由主义发展模式主导全球，直接威胁到欧洲大陆的莱茵发展模式。欧洲大陆具有深厚的社会民主主义传统，它本能地排斥这种发展模式。挑战的另一方面来自新兴国家的崛起，它使欧洲产生了“竞争力危机”，动摇了欧洲的高福利制度。面对严峻的挑战，欧洲一体化不失为一个摆脱危机的办法，因为从长远看，它可以优化欧洲的资源配置，提高欧洲的竞争力。但是欧洲一体化的道路是不平坦的，它首先遇到的障碍是欧盟内部经济发展的不平衡，而这种不平衡由于欧盟的东扩更加剧了。正是这个矛盾激起了“反欧”“疑欧”的民族主义和民粹主义。但是欧洲一体化的历史趋势是不可逆转的，这是世界市场规律使然，是不以人们的主观意志为转移的。在这种情况下，能够顺应历史潮流的政党和政治力量，就能够成为主导的力量。这个论断已经被今年的欧洲议会选举结果所证实。在这次选举中，中右翼的人民党获 213 个席位，占第一位，中左翼的社会党获 191 个席位，占第二位，本届欧洲议会选举就是在上述两党联盟的态势下进行的，由于两大党均支持欧洲一体化，因此，它们的主流地位难以撼动。虽然反欧的右翼势力空前强劲，但它不可能占据主导地位。这次右翼政党的“逆袭”引起了欧洲和法国政坛的地震。欧洲激进左翼被进一步边缘化。根据历史经验，左翼绝不甘心，一场反击战正在酝酿之中，很可能形成左翼势力的反弹。《欧洲激进左翼》一书的作者之一，路易·韦伯 2014 年 5 月 31 日发表的博客文章的标题就是：左翼阵线的重建与再出发。[①]

影响欧洲激进左翼发展的还有主观因素，即它的理论和实践活动。欧洲激进左翼目前还没有一个明确的、成熟的政治纲领。它的政治目标的定位是模糊的。欧洲激进左翼受欧洲共产主义理论传统的影响，同时也为了同“现实社会主义”相区分，提出了实现共产主义的口号。这里涉及一个重大问题，就是发达国家向社会主义过渡的条件问题。而这个问题，激进左翼政党并没有完全想清楚。

欧洲激进左翼旗帜鲜明地提出了制度替代的问题，并以此作为自己同社会民主主义的本质区别，这一点是难能可贵的，同时，这也表明它的历史大方向是正确的。

欧洲激进左翼也提出了由资本主义向社会主义或共产主义过渡的途径问题。他们主张采用议会斗争和工人运动相结合的手段。这是他们对当代资本主义条件下的马克思主义和社会主义的探索。但是如何在资本主义制度规定的合法性条件下，把议会斗争同群众斗争有机地结合起来，并为实现工人阶级自身的目标服务，这个问题他们还没有很好地解决。

欧洲激进左翼旗帜鲜明地同全球化和欧洲一体化的负面影响作斗争并坚决捍卫中下阶层特别是弱势群体的利益，使它赢得了这部分群众的支持。但是它的全球化观中包含的民族主义和保护主义，又使它陷于被动，落后于时代潮流。

欧洲激进左翼的力量十分弱小，在斗争策略上它必须实行同社会党的联合，但是在这种联合中又必须注意保持自身的独立性。欧洲激进左翼还没有完全把握好这个“度”。

欧洲激进左翼同极左翼划清界限是十分明智的，[②] 但它还做不到彻底的决裂，这使它自身的形象受到损害。

欧洲激进左翼坚持国际主义，但是由于他们不能处理好工人阶级眼前利益和长远利益以及发达国家工人利益与发展中国家工人利益的关系，这就使他们的国际主义变成了空洞的口号。而实际上，他们只同拉美激进左翼“相互一致”。

由于上述主客观因素的制约，欧洲激进左翼的发展道路将是艰难曲折的。欧洲激进左翼在许多方面还只是自在的政党，而不是自为的政党。它必须经历长期和反复的斗争，才能成为成熟的政党。

（原载《当代世界与社会主义》2014 年第 4 期）

---

① http：//blogs. mediapart. fr/blog/louis-weber/310514/front-de-gauche-refondation-nouveau-depart.

② 欧洲激进左翼同极左翼的关系问题，学界有不同看法。本文的根据是，《欧洲激进左翼》作者之一菲利浦·马利埃尔（Philippe Marlière）在 2013 年发表的一篇介绍该书的访谈中强调的新左翼与极左翼的区别。也有学者认为，极左翼只是激进左翼的一个派别［见林德山《欧洲激进左翼政党现状及变化评介》（载于《马克思主义研究》2014 年第 5 期）和李凯旋《西欧激进左翼力量三大派之间的分歧》（载于《世界社会主义研究动态》2014 年第 5 期）］。

以习近平总书记系列重要讲话统领党史工作

曲青山

曲青山，中共中央党史研究室主任。

党的十八大以来，习近平总书记发表的一系列重要讲话，站在时代发展和全局的高度，深刻阐述了事关党和国家发展的一系列重大理论和实践问题，是我们全面建成小康社会、加快推进社会主义现代化，实现“两个一百年”奋斗目标，实现中华民族伟大复兴中国梦的强大思想武器和行动指南。党史工作的根本任务是以史鉴今、资政育人。党史工作者既是已经过去的党的历史的研究者、考证者，又是正在发生和即将发生的党的历史的记录者、见证者和参与者、实践者。深入学习贯彻习近平总书记系列重要讲话精神，强化理论武装，对做好新形势下的党史工作具有十分重要的意义。

一　习近平总书记系列重要讲话精神，是推动党史工作和党史工作者奋勇前进的强大精神动力

据不完全统计，党的十八大以来，习近平总书记已经发表130多篇重要讲话，这些讲话涉及改革发展稳定、内政外交国防、治党治国治军等一系列重大问题，提出了许多治国理政的新思想新观点新论断。这些讲话是党的十八大精神的深化和拓展，是对中国特色社会主义理论体系的丰富和发展，是对党的十八届二中、三中全会精神的权威解读。习近平总书记发表的系列重要讲话，是我们党在新的形势和历史条件下对党和国家发展面临的许多重大理论和实践问题，提出的新认识、新思想，作出的新判断、新结论。

深入学习贯彻习近平总书记系列重要讲话精神，意义极其重要。从政治意义上讲，这是在思想上政治上行动上同以习近平同志为总书记的党中央保持高度一致的根本前提；从理论意义上讲，这是不断推进理论创新和进一步推进全党理论武装的根本要求；从实践意义上讲，这是在新的历史起点上更好地推进党和国家各项工作顺利发展的重要保证；从方法论意义上讲，这是增强党员干部特别是领导干部工作能力和领导能力的重要途径；从精神激励意义上讲，这是焕发全党全国人民奋勇前进和创造热情的强大动力。习近平总书记系列重要讲话，气势磅礴，博大精深，内容丰富，思想深刻，讲话以理论的力量、事实的力量、数据的力量、逻辑的力量、文献的力量、经典的力量、历史的力量、情感的力量，说服人、启迪人、教育人、引导人、警示人、感染人、激励人。讲话是推动党史工作和党史工作者奋勇前进的强大精神动力，能够给我们信心，给我们智慧，给我们思想，给我们力量。

二 深刻把握贯穿习近平总书记系列重要讲话之中的立场观点方法，不断提高党史工作者的理论素养和研究能力

学习贯彻习近平总书记系列重要讲话精神，既要把握全面，又要突出重点。要在全面学习的基础上，着力领会讲话精神的基本内涵，要抓要点，抓要义，抓灵魂，抓精髓，抓核心，抓本质，抓根本，着重领会讲话蕴含的新思想新观点新论断。对党史工作者来说，我们应深入学习领会以下重要论述：关于坚持和发展中国特色社会主义的重要论述，关于实现中华民族伟大复兴的中国梦的重要论述，关于全面深化改革的重要论述，关于推动科学发展的重要论述，关于社会主义民主政治和依法治国的重要论述，关于宣传思想工作的重要论述，关于国际关系和我国外交战略的重要论述，关于党的建设的重要论述，关于党史工作的重要论述等等。

学习中我们要学懂弄通讲话精神，把握精髓和要义，必须坚持马克思主义的优良学风，在把握好立场观点方法上下功夫。这是我们党的一个重要经验，也是我们党的一个特点和优势。坚持马克思主义的立场观点方法，就要深刻把握好讲话贯穿的坚定理想信念和鲜明政治立场，解决好世界观、人生观、价值观的问题。这是一个根本性的问题，如果这个问题不解决，学习得再好也是没有用的。

坚持马克思主义的立场观点方法，就要深刻把握好讲话贯穿的历史担当意识，增强忧患意识、使命意识、进取意识，解决好历史责任问题。历史给了我们机遇，也给了我们责任，并向我们提出了挑战。我们每个人都是历史链条中的一个节和一个点，一代人有一代人的历史责任。我们现在在记载着历史、评价着历史，历史也将记载我们、评价我们。我们要学习讲话中“舍我其谁”的牺牲精神，以“功成不必在我”的宽广胸襟，埋头干好我们应该干、有条件干、能够干的事。不辜负历史的重托，不辜负党的期望，不辜负人民的期待。

坚持马克思主义的立场观点方法，就要深刻把握好讲话贯穿的真挚深厚的为民情怀，坚持“以人为本、以民为本”的根本立场，解决好“为了谁、依靠谁、我是谁”的问题。作为党史工作者，要站在党和人民的立场上记史、留史、存史、写史，既写党怎么说，又写党怎么做；既写党的领袖人物，也要写人民群众。

坚持马克思主义的立场观点方法，就要深刻把握好讲话贯穿的务实思想作风，切实认识到“空谈误国、实干兴邦”的道理，解决好形式主义和假大空的问题。党史著作和党史读物要使人们爱读爱看，就要倡导简约朴实的文风。党史工作要做好，也要坚决反对和摈弃“四风”，接地气、察实情、出实招、求实效，这样才能有所作为，善做善成。

坚持马克思主义的立场观点方法，就要深刻把握好讲话贯穿的科学思想方法，在工作中坚持科学全面、唯物辩证、历史具体的观点和方法，解决好形而上学和片面性的问题。党史工作者尤其是党史工作领导者，要以战略的眼光观察形势，以辩证的方法分析事物，以前瞻的意识思考问题，以系统的观念谋划全局。党史的规划和课题的设计，要从大处着眼，从小处入手，先易后难，先小后大，不断滚动推进，积小胜为大胜，积跬步以至千里。

学习贯彻习近平总书记系列重要讲话精神是我们当前和今后一个时期的一项重要政治任务。学习要取得一点实效，获得一点进步，增长一点本领，是一件很不容易的事。

要真学真懂，真信真用，不断把学习贯彻引向深入。要在学习原文、精心研读上下功夫，做到真学。要逐字逐句逐篇认真阅读讲话原文，还应交叉阅读、比较阅读，精读细研，努力把讲话的要义学深学透。要在全面准确、融会贯通上下功夫，做到真懂。应把讲话作为一个完整的科学体系来对待，在学习原文的基础上，通过系统学习、专题研究、深入思考，努力把零散变为系统、把孤立变为联系、把粗浅变为精深、把感性变为理性，准确把握讲话中一系列紧密联系、相互贯通的新思想新观点新论断，全面理解讲话的时代背景、科学内涵、精神实质和重大意义。要在带着感情、转变思想观念上下功夫，做到真信。学习中应有群众观点和为民情怀，强化党的宗旨意识，坚信讲话的实践性、时代性和人民性、科学性。要在联系实际、解决问题上下功夫，做到真用。我们要用讲话精神武装头脑，并将之外化为行动，把学到的思想理论、形成的观念认识付诸具体的实践，切切实实地解决问题，推动党史工作科学发展。积极做主动的学习者，自觉的实践者，模范的贯彻者，不断提高党史工作者的理论素质和水平。

三　努力学习和运用习近平总书记系列重要讲话精神，进一步提高党史工作科学化水平

习近平总书记系列重要讲话精神，对党和国家的全局有着重要的指导意义，对党史工作和党史研究更有着直接特殊的重要指导意义。

第一，“党史姓党”决定了习近平总书记系列重要讲话对党史工作所具有的特殊重要性。中央党史研究室是中央的党史研究部门，也是中央主管党史业务的工作部门。党史部门是为党修史立传的，是为党修“红色家谱”的。党史工作的根本任务是以史鉴今、资政育人。党史工作者如何立信史，存真史？党史部门如何按照中央和各级党委的要求编写好党史，发挥好党史工作的作用？这就需要解决好几个相关的重大政治问题，比如理想信念问题、政治立场问题、发展思路问题、目标任务问题、前进方向问题以及研究规划和材料布局问题等等。习近平总书记系列重要讲话提出的一系列新思想新观点新论断，给了我们这些问题以全面系统、科学正确的回答。

第二，习近平总书记系列重要讲话体现的历史观，是党史工作者研究党史所要学习和掌握的科学方法。如何研究党史？世界观的问题、方法论的问题，至关重要。用马克思主义去指导研究历史形成的基本观点，就是科学的历史观。学习习近平总书记系列重要讲话，我们可以感受到，他首先坚持了科学的思维方法，比如战略思维、辩证思维、系统思维、创新思维、底线思维，等等，他运用这些科学的思维方法去认识和分析问题，去评价历史事件及历史人物。他在阐述许多重大理论和实际问题时，始终坚持辩证唯物主义和历史唯物主义的基本观点，将历史事件和历史人物放在当时当地的历史背景及其条件下去对待去把握。他的讲话打通了过去、现在和未来，连贯了历史、现实和将来，以坚定的信仰看历史，以人民的情怀看历史，以历史的发展看历史，以责任的担当看历史，以民族的使命看历史，以未来的前景看历史。学习掌握了科学的方法，研究党史就会事半功倍。研究方法不当，就会事倍功半，就会得出与历史事实大相径庭，甚至是完全错误的判断和结论。

第三，习近平总书记系列重要讲话对党史重大问题、重要历史人物所作出的结论、所提出的新的科学论断，为党史工作者进一步深入研究党史提供了新的基本遵循。研究

编写党史我们有党的两个历史决议作基本遵循，还有改革开放新时期以来，历次党的全国代表大会报告、中央全会决定，党的其他重要会议决议以及中央主要领导同志重要讲话等等。从党的历史看，我们党已经走过90多年的光辉历程，党史的基本著作已经编写出版了《中国共产党历史》第一卷、第二卷，时间从1921年至1978年。1978年以后党史第三卷的编写现在已经启动。随着社会的前进，历史的发展，形势的变化，研究的深入，对党史问题以及历史人物的评价，也在不断深入和不断发生变化。习近平总书记系列重要讲话中，对现实和历史上许多重大理论和实践问题有新的论述，这些新表述、新评价、新结论、新论断是很多的，这给我们深入研究党史提供了新的遵循。比如，习近平总书记在纪念毛泽东同志诞辰120周年座谈会上的讲话中，对毛泽东同志的评价就有新的表述、新的评价。毛泽东同志是“马克思主义中国化的伟大开拓者”，这个表述和评价以前在中央文件和中央主要领导人的讲话中是从来没有出现过的，这就是一个新评价，诸如此类，等等。这些新表述、新评价、新结论、新论断，为我们研究编写党史、修订党史提供了新的依据。

第四，习近平总书记系列重要讲话强调党史应积极发挥其功能作用的问题，对党史工作者提出了新任务新要求。党的十八大以来，习近平总书记发表的一系列重要讲话，许多内容直接涉及党史研究和党史工作。他在讲话中多次提出和强调了学习党史的重要性和发挥好党史工作的重要作用的问题。比如，他指出：“历史是最好的教科书”“中国革命历史是最好的营养剂”“学习党史、国史，是坚持和发展中国特色社会主义、把党和国家各项事业推向前进的必修课”“这门功课不仅必修，而且必须修好。”这些讲话和论述，向党史工作和党史工作者提出了新的任务和要求。要学习党史，我们党史部门和党史工作者就要大力宣传好党史，就要为全党全社会提供大量的科学严谨、史实准确、生动流畅的党史读物和著作。而我们党史工作者要发挥好党史工作以史鉴今、资政育人的作用，及时跟进历史的步伐，就要真实、客观、准确地记载好历史，接通好中国历史文化的发展文脉，接续和接力好党的伟大事业，这是我们义不容辞的崇高职责和使命担当。

（原载《光明日报》2014年3月19日）

“党员不能信教”原则不可动摇

朱维群

朱维群，全国政协民族和宗教委员会主任。

据人民网报道，中央巡视组在向2014年第二轮巡视的各省区市、单位反馈意见中，批评一些地方少数党员信仰宗教、参与宗教活动。这是一个很重要的动向，它表明，少数党员背离党的辩证唯物主义世界观转而投向宗教的问题，已经引起中央有关方面重视，并纳入纪律工作的视野。

共产党员不能信仰宗教，本来是我们党从建立之初起就一贯坚持的重要思想原则和组织原则，是没有任何疑义的。但是近年这一原则屡屡遭到质疑和否定，其中一个重要原因，是有一些“学者”在故意搅浑水。

政治纲领和世界观高度一致是我们党的政治优势

一个常听到的论点是，说共产党不能信仰宗教，是将政治信仰与宗教信仰混为一谈，是对信仰认识的专制与僵化。事实上，世界各国政党在政治主张与宗教信仰的关系问题上情况十分复杂，并无普遍适用之规。有的政党只对其成员的政治主张有所规定而不要求世界观一致；有的政党完全建立在相同宗教信仰的基础上，甚至明确打着宗教旗号；也有的政党只着眼一时选票，既没有长远的政治纲领，也没有完整的组织系统，当然更没有党内世界观的认同。

而中国共产党的一个鲜明特征，是政治纲领和世界观高度一致，党的全部理论、思想和行动都建立在马克思主义的辩证唯物主义世界观基础之上。正是由于拥有科学的世界观，我们党才能领导人民依靠自己长期、艰苦的探索和奋斗，一步一步夺取革命事业的胜利和实现初步富裕，而不是引领人民把希望寄托于神灵和祈祷，去追求虚幻的天国和来世；才能通过亿万人民的实践不断探索和深化对中国革命和建设的客观规律的认识，而不是乞灵于神灵的启示和主观主义的臆想；也才能从世界观上为党保持统一的、严格的组织性和纪律性奠定坚固的基础，而不是把党搞成党员各信各的神灵，为眼前一时利益而聚散的松散团体。

政治纲领和世界观高度一致是我们党的政治优势，也是我们实现全党团结的组织优势。没有这一世界观基础，党的全部思想、理论、组织大厦就要坍塌，我们就不叫“中国共产党”。笔者认为，如果有人把这也叫做“专制和僵化”，那么他离开这个党就是了，而不应一边挖党的墙角，一边又声称这是为了党好。

他国政党的政策不能作为改变中共政策的依据

还有一个常听到的论点是，现在越南共产党、古巴共产党和俄罗斯共产党都允许党员信教了，中国共产党应当学习他们。事实上，以上几个党所处社会的宗教问题的历史和现状都非常复杂，党的政治纲领、指导思想和社会作用与我们党相比都存在相当大差别。经历“共产主义阵营”解体之后，人们早都认识到各国政党有权选择自己的道路，制定自己的各项政策，没有哪一个党的政策天然可以成为其他党必须共同遵循的模式。

时至今日，还有人企图把他国政党的政策拿来作为改变中国共产党政策的依据，使人仿佛看到历史的倒退。我们不否定以上政党依据本国国情制定自己宗教政策的探索，也不排斥借鉴他们的有益经验，但客观地说，中国社会主义建设事业整体发展并不比他们差，中国执政党宗教政策的整体效果也不比他们差，还需要抛弃我们自己成功的经验去照搬别人那一套吗？更何况别人那里宗教领域混乱、头痛的事并不比我们少。在有些“学者”那里，对越共、古共、俄共等从来是不屑一顾的，而唯独在“党员可以信教”这一点上，鼓吹、推介不遗余力，这种怪象不应当引起思索吗？

把社会道德水准下降归咎于无神论，是谬说

还有一种影响较广的认识误区是：宗教信仰缺失导致当前中国社会道德沦丧，有那么多的党员、干部在金钱、美色、权力面前倒下，就是因为缺少宗教道德约束。其实，把社会道德水准下降归咎于无神论，是一种相当古老的谬说。

笔者认为，在某种意义上，中国人的道德规范可以分为世俗道德和宗教道德两类。由于中国传统哲学的人本主义精神作用，世俗道德一直是中国人道德建设的主要支撑，比如中国传统的“忠孝节义”“孝悌忠信礼义廉耻”乃至今天倡导的社会主义核心价值观等，都属于世俗道德，我们民族历史上仁人志士，大多数是在世俗道德熏陶下长成的。宗教道德的作用则是第二位的，而其之所以能够对社会生活起到一定积极作用，是因为其有益内容同样是从世俗生活中产生并与世俗道德相契合，只不过加上了神灵的光环。因此，说信教人数不够多导致中国人道德缺失是完全不成立的。

我们党的任务是引领宗教界在社会道德建设中发挥积极作用，而不是帮助他们把社会更多的人乃至共产党员变成宗教徒。改革开放以来，中国人总体道德水平是上升了还是下降了，这个问题有待专门分析。而我们在实际生活中看到的是，有些人所谓“世风日下”，与这些年社会信教人数不正常增长、宗教活动过热同时发生；世界范围内宗教团体（如梵蒂冈）道德危机频繁出现，并不比世俗社会少、世界上大量暴力、流血冲突甚至战争发生在相同或不同宗教背景的国家、人群之间，与无神论并无关系。就我们党内产生的腐败分子来说，固然其中有不信仰宗教者，但是也不乏丛福奎、韩桂芝、刘志军、李春城等诸多宗教狂热分子。

一个社会道德的提升是多种因素起作用的结果，其中包括宗教在一定条件下的道德约束作用，但如果认为宗教越强大，社会道德水平就越高，那么中世纪梵蒂冈影响下的欧洲应当是人类道德的黄金时代了，而文艺复兴则是多余的了；达赖统治下的全民信教、政教合一、封建农奴制的旧西藏应当是理想中的“香巴拉”了，而民主改革则是多

余的了。

有人想向中国共产党"传教"

顺便指出，现在有的极力宣传"党员可以信教"的"学者"，实际上早已皈依基督教，这种宣传已带有向共产党"传教"的性质。笔者希望这样的人有勇气以虔诚基督徒身份同笔者讨论问题，而不要刻意装扮出纯客观、无立场的模样。

2014 年 9 月召开的中央民族工作会议上，习近平同志再次指出，党员要坚决执行不信仰宗教、不参加宗教活动的规定，在思想上同宗教信仰划清界限，同时尊重和适当随顺民族风俗习惯，以利于更好联系信教群众，把他们紧紧团结在党和政府的周围。这再次表明，"党员不能信教"原则在毛泽东、邓小平、江泽民、胡锦涛和习近平等党的主要领导同志有关论述中是一以贯之的。我们党政治上的正确和组织上的巩固，只能建立在辩证唯物主义世界观基础之上，不可能有其他选项。

（原载《环球时报》2014 年 11 月 14 日）

不宜用个人认识中的“宗教”和从事的“宗教研究”强加于人

杜继文

杜继文，中国社会科学院荣誉学部委员，世界宗教研究所研究员，博士生导师，中国无神论学会副理事长。

听说鄙作《是什么“宗教观”、“宗教学”？兼论“学术神学”》（以下略称“鄙作”，见《马克思主义研究》2014 年第 3 期）有了回应的文章《正确认识宗教　善待宗教研究》（下称“回应”，见 2014 年第 7 期《马克思主义研究》），粗读一遍，受教不浅：“讨论、争鸣和批评”“必须持有客观、公正、平等、全面的基本态度”，“对不同观点的回应也理应全面、准确”。我认为很好。按照这个标准，《马克思主义研究》是做到了“客观”。因为它刊载了“鄙作”，也毫不迟疑地准备刊登“回应”，并通知了本人。反观《中国××报》宗教专栏，就与“公平、平等”背向而行了。因为“鄙作”原是针对该报专栏所刊《科学研究马克思主义宗教观　发展中国宗教学》（下称《宗教观》）而发的，也算是一种回应吧，鄙人恭敬地专发给该报。然而最后通过他人我才知道他们拒发，而且没有直接通知我的意思。所以不得已只好再请《马克思主义研究》来发——为此，就应该对《马克思主义研究》表示敬意。

至于《宗教观》一文，有多少“客观、公平、平等”？不妨复述一些该文甩出来的词句：“有人并没有系统研究马克思主义关于宗教的学说及观点，却对这种马克思主义宗教观的专门研究说三道四”，“其境界之低、思想之狭隘则明显可见”，“根本不懂”，“历史的无知”，“望文生义、信口开河的学术幼稚”，最后警告：“不要沦为对宗教学研究的找茬挑刺、上纲上线，变成学术界无权‘执法’的‘城管临时工’。”正是针对这种话语，我表达了这样的感受：“平日给人以谦谦君子的表象，怎么骤然会变成这副模样?”（此句见网络版文章）——这是副什么模样，作者或许有点自省，所以在这次“回应”中有了“赞成该文‘关于学术问题，我以为对任何人、任何观点都可以提出质疑’以及不能‘进行人身攻击或人格侮辱’”的表述。不过顺便指出，“人格侮辱”不是我的原话，因为鄙人以为此类话语，对我的人格无所损伤，倒是把话语者本人钟爱的“灵性”“神圣”“超越”掀开了一角，所以我也有了“才”会变“愚”的感慨。

一　关于马克思主义宗教观的研究

这包含三个问题。

(1) 提法问题。我的原意是，“马克思主义宗教观”是我们学习和研究，以至根据个人的理解去实际贯彻的问题，但不可以作为“指导”，取代在宗教领域中的“马克思主义指导”。原因很简单，“观”是观者对马克思主义文献中有关宗教问题观点或观念的摘录或提炼，不能等同马克思主义本身。就像“文化大革命”期间的《毛主席语录》，它代表不了“毛泽东思想”。

1982 年，中共中央印发《关于我国社会主义时期宗教问题的基本观点和基本政策》（简称 19 号文件），严格讲，也是一种“马克思主义宗教观”，但却从来没有要求以这个文件的基本观点作“指导”，相反，文件要求的是“用马克思主义立场、观点、方法对宗教问题进行科学研究”。这次“回应”原原本本地复述了作者的老话，却没有回答为什么不用 19 号文件的提法，非要改用马克思主义宗教观“是我们宗教工作和宗教研究的指导思想”不可？“鄙作”曾引用作者所言，中国学术界“应更多坚持宗教学的立场和方法”，试图回答这个问题，即更多的“立场、方法”让他们的宗教学占去了，还能留多少给马克思主义？至少依鄙人的解读，其所以对“指导思想”的主语作出变更，是要用个人“规划”的“马克思主义宗教观”取代“马克思主义”。

此说还有别的根据吗？有。“鄙作”也引过作者另外的原话：其“坚持和发展‘马克思主义宗教观’的目的，是‘为加强和改进新形势下的宗教工作提供思想基础、方法基础和决策基础’”。另引其之前的话：“宗教研究在当代中国应该有‘理论研究’和‘应用研究’的并重与互补……但从总体来看，‘理论研究’应……为应用研究提供理论指导、方法支撑和视阈范围。”

这个“理论研究”是属于作者或其一帮的，“应用研究”则指党政和宗教管理部门。这两段话，表达的都是“提供”：提供思想基础、方法基础、决策基础；提供理论指导、方法支持和视阈范围——人有这样的雄心壮志，无可厚非，但关系过大了，不能不引起人们进一步的探究。这个“马克思主义宗教观”或宗教的“理论研究”，是个什么宝器，竟然连“应用研究”的“视阈”都要它来划定范围？“鄙作”探究的初步结果，就与作者在建的“中国宗教学”连接起来了。

（2）独占问题。“回应”说：“我们从来没有像该文所说的那样主张‘马克思主义宗教观’的研究只能由某些人独占”——“鄙作”并没有说你们“主张”独占，而是本人认定你们在独占。原话是在作者喻我为“无权‘执法’的‘城管临时工’”时讲的——以作者的身份而剥夺他人就其个人观点质疑，这权力哪里来的？找不到答案，只能用“独占”以描述之，同时给自己找了条法律依据：“言论自由。”

（3）繁荣景象问题。“回应”列举了一些事实，说明“这些年来”由作者主持的马克思主义宗教观研究达到了何等的繁荣景象，“鄙作”是给予肯定的：“这表明风向有了变化，是件好事。”鄙人从始至终都在强调“研究”同“指导”有原则的不同。对“研究”，各抒已见，百家争鸣，举双手赞成；企图充当“指导思想”，肯定反对。不过既已提到了“繁荣”，不妨看一看作者的繁荣：“笔者本人开展的相关课题研究先后曾被审稿三次，每次都由包括我院领导的五位专家审定，笔者的相关研究专著也先后通过了国家宗教局、中央宣传部理论局和中宣部领导的审阅。上述研究受到有关部门和学术界许多学者的好评”——这样看的结果是一头雾水：“相关研究专著”是什么？对作为“回应”对象的“鄙作”展示出来的只是那么多的“专家”，权力部门的“领导”，“有关部门和学术界许多学者”。什么意思？——鄙人以为就文论文，文责自负，不需要拉那么多部门、职务、职称来帮忙。

此外还需要回答“在其看来究竟有没有马克思主义宗教观？如果没有，那么马克思主义关于宗教的论述是什么？”至于，“如果该文认为有、而且不能被某些人独占，则应该让人们认识如何来系统、科学地阐述马克思主义宗教观？”这里不妨再重复一句：只是不能把自以为“系统、科学地阐述马克思主义宗教观”充当“指导思想”。

二 关于宗教学的研究

（1）争论的关键。“回应”的篇幅很长，但并没有回应鄙人的关键性质疑，即不可以用“宗教学研究”取代“宗教研究”。现在仍然需要强调这个关键性议题。

“宗教研究”是个中立词，不含有研究者是谁，站在什么立场、用什么方法的问题。“世界宗教研究所”用的就是“宗教研究”，并无排他性含义，在法律限定范围内，是自由的，没有禁忌；但作为一个由执政党领导、国家所有制的“研究所”，它的指导思想必须是马克思主义的，目标是为中国特色社会主义服务的，既不能成为反宗教的，也不能成为宣教和神学的——这些特性，是由“机构”的性质决定的，不是“宗教研究”决定的。“宗教学研究”不同，“宗教学”是各种宗教研究中的一个派别，按作者的解释，它有其产生和延续发展的历史，而且还有它特定的立场和方法，因而也就有排他的性质。“鄙作”曾经引过作者的界定：“宗教学研究只是客观研究宗教的历史事实。是描写性、分析性的，而不是价值判断性、主观取舍性的。这种研究并不去评说‘宗教’及其‘神学’的真伪、实虚问题，更不以‘认信’为前提或目的——其研究原则乃是其客观性、合理性、科学性。”

作者的研究是否“客观”，只限于“描述性”，不作“价值判断”，没有“主观取舍性”？此处不讨论。但是，要求“研究”而“不去评说‘宗教’及其‘神学’的真伪、虚实问题”，就是“霸王条款”；至于规定“更不以‘认信’为前提或目的”，也很霸道，“宗教研究”概念中就没有规定“研究”的“前提或目的”，为什么“认信”就得“更不”？举例来说，缪勒的“比较宗教学”我以为就是一种“宗教研究”，而他的“信仰”是明确而清楚的，尽管人们可以不同意它的方法和结论。另一位是中国人罗冠宗主编的《前事不忘　后事之师》一书，鄙人以为也是“宗教研究”的产物，主编的“信仰”人所共知，此书给出的知识提供了另一类“视阈”，连带对此书所表达的“信仰”也令人起敬。我建议，中国基督徒和有关学者、官员，都应该读读这本书。

就是说，作者笔下的“宗教学”，并非那么“客观”，对于“认信”的公开排斥，也不是真的没有作者的“认信”。事实可能完全相反，倒是“立场和方法”异常的鲜明。作者不止一次说过这样的话：“中国学术界的基督教研究，是学术、学问、学院和学者型的研究，应更多坚持宗教学的立场和方法。”——为什么“应更多坚持宗教学的立场和方法”，而非“马克思主义的立场和方法”？主观取舍如此，就是“认信”所在，“客观”在哪里？

（2）宗教学与神学的关系。“回应”说：“笔者不同意该文把宗教学视为基督教神学和主张宗教信仰的学科，而强调要发展具有中国特色的宗教学。在学术立场、观点、方法上已与神学有了本质区别。”这说得也很明确：作者要发展“中国特色的宗教学”，而且确有其自己的“学术立场、观点、方法”，只是“与神学有了本质区别”，而已。对此，又有了一个“证据”：作者的确是把“学术立场、观点、方法”都给了自己要发展的中国特色宗教学了，繁荣“马克思主义宗教观”不就成了一句空话？同时又增添了一份质疑：作者的“宗教学”与“神学有了本质区别”，是事实吗？

“当代中国的宗教研究乃基于其宗教学的发展，它随之也使中国学术界的‘神学’研究成为可能。”这话是作者自己写的，“鄙文”已经引过，“回应”似乎没有见到。

（3）“引文”的“错误”问题。“回应”，又“以《宗教观》的相关表述来补充该文对之有所错误的引文及其进行的评说”，就是说，“鄙文”对其质疑中的“引文”和“评说”是“错误”的。错误之一：“宗教学作为学科体系却有其限定，并非该文所论‘信者、学者、官员’的有关言论和行为都能进宗教学的。”真遗憾，鄙人只好做个提醒：“广义‘宗教学’，即对宗教的各种研究，包括不同身份主体的宗教研究，如信者、学者、官员等不同出发点或目的的研究。”[①] 这是“鄙作”的“编造”吗？

（4）宗教学不是某人所专属。“回应”对我的“错误”继续教正：“宗教学是一个开放性体系，可以有不同学派，却绝没有也不可能为某人所专属。”——“专属”与上文的“独占”意思大体相同，但又有所不同。“专属”有没有？从不断强调“宗教学”有其独特的立场、观点、方法而言，当然该有。至于具体指的是什么？从作者的学术背景猜测，可能属于“系统神学”；从实际运用看，当是宗教现象学或宗教诠释学，以及二者的混合——在鄙人看来，这二者都属于新康德主义的末流，更与马克思主义风马牛不相及。

（5）缪勒的宗教学不是神学。“回应”指出我的又一个“错误”，与“西方宗教学”的性质有关。但它只复述了《宗教观》的“原话”，并没有回答我的质疑。我的质疑很明确，麦克斯·缪勒的宗教学属于基督教神学，《宗教观》则肯定缪勒宗教学的产生，标志“西方宗教学从此发展为与基督教神学分道扬镳的新兴学科”。鄙人以为这不符合史实，也与作者的早年观点相悖，并引用了他的早期观点。“回应”没有否认引文的真实性，但话题一转，说“鄙作”省略了他的补充说明：“然而在现实发展中，这种‘宗教学’却越来越远离教会的考量，其学术研究的‘独立性’亦越来越强。”然而，这样“然而”的结果，“鄙作”本是对缪勒宗教学的定性，如今就用与缪勒毫无关系的“在现实发展中”的宗教学驳倒了，并成了对其“有所错误的引文”的例证——这是牛头对马嘴，把缪勒的话题安到“现实发展中”了。

（6）不能用缪勒的宗教学统摄西方多样性的宗教研究。缪勒的学术成就是多方面的，只就他获得“东方学家”的称号就值得尊重，仅仅把他归结为宗教学家，并不准确。他是第一个使用“宗教学”这个名称的人，但不能因此把西方基督教研究统统归在他的宗教学名下。

事实上，文艺复兴，特别是启蒙运动以来，科学精神和人本主义高扬，责难和批判基督教的学者辈出；西方世界的历史巨变，促使基督教文化日趋没落。而当时的“宗教研究”热则是这一巨变中的一朵小花。即以德国而言，青年黑格尔派对基督教的研究，就比缪勒深入扎实，不但没有“无限”的神学基础，更加客观，而且年代更早。像大家熟知的费尔巴哈、鲍威尔、施特劳斯等，足可以视为西方宗教研究的另一个系列。当然，还可以举出另外一些系列。研究宗教只提“宗教学”一个系列，并力图将其他宗教研究也网罗到这个系统，并不“科学”。

---

① 金泽、邱永辉主编：《中国宗教报告（2008）》，社会科学文献出版社2008年版，第13页。

（7）宗教学与马克思主义是对立的两码事。“回应”有这样的表达：“在中国宗教学每年年会中，笔者都反复强调中国宗教学发展的如下原则：一是坚持马克思主义的指导，二是坚持客观、中立、科学的研究方法。”绝不含糊，是两个“原则”、两个“坚持”。一个叫“指导”，但没有“科学”，是否因为它有明确的立场、观点？一个叫“方法”，但是“科学”，是否因为它“客观、中立”，没有“立场、观点”？这只要对“宗教学”的前后论述做个简单的对照，就会一目了然。一人而担负两个角色，与一个人有两种信仰，可能是一致的。

三 关于“学术神学”

这个问题是作者在《中国××报》发文痛斥最力，并令我对其相关文章“仔细研读”的部分，所以“鄙作”遵教用了全文一多半的篇幅重点阐述。这次“回应”说，“鄙作”对“笔者提出的‘学术神学’加以了专门批评，语气很重、指向明确”。诚然如此。但纵观“回应”的辩护虽然颇长，仍没有正面回应我的质疑。“鄙作”的质疑有四个。

（1）构建神学即是批判神学，行吗？“访谈”中说，按毛泽东同志批示，成立“世界宗教研究所”有两个任务，其一即是“批判神学”，但作者反其道而行之，是全力“构建神学”。《宗教观》对此做了辩解，“鄙作”依据这一辩解的逻辑推出：“批判神学”等于“研究神学”，“研究神学”又等于“弘扬神学”，直到“成立神学”。话说到了这种地步，若再辩下去，说“神学研究”是如何进行“学术的、客观的、科学的研究，而不是‘教界’的、‘认信的’，更不是‘宣教的’探究”，近乎无聊了。因为鄙人以为构建或成立神学，应该是教会和神学院的事情，错置在国家科研机构和高教系统属于违宪，违背国家《教育法》，与是否是“教界的、认信的”没有关系。如果再辩称这种构建和成立等同于毛主席要求的批判，至少令人感到滑稽了。即使如此，为了使读者了解这种神学离开“教界和认信”有多远，再次重述一遍作者自己设定的命题：“在‘系统神学’的体系框架和知识意义上，‘学术神学’有着对其相关‘神学’命题的专门研究。”大体是：“神论”（即上帝论）“基督论”“圣灵论”“人性论”，即“询问人的‘罪感’，人对自我‘相对性’的体察和自责”“救赎论”“创世论”“末世论”“教会论”“圣事论”。

这次“回应”中有了更进一步表白：“笔者借用柏拉图关于‘神学’的表述——只是说明‘神学’本来就不是基督教的专利，由此则完全可以在基督教的信仰范围之外来思考‘学术神学’的问题。”干脆，“学术神学”不仅与“教会”和“认信”无关，而且同“基督教的信仰”也撇清了关系。这可能吗？“学术神学”对上述“神学的知识体系”要做出“‘观察性’、‘同情性’、‘理解性’、‘诠释性’的考察”，离开了“基督教的信仰范围”吗？

（2）关于对胡锦涛同志的引文，“回应”说：该文指责笔者引用的胡锦涛同志的话与后面所“演绎出‘积极弘扬’”没有“因果关系”、纳闷“这属哪门子逻辑？”那么，笔者在此将这一段内容全文引出，请大家看看究竟有无因果和逻辑关系：“胡锦涛同志曾明确地要求我们‘积极弘扬宗教教义中扬善抑恶、平等宽容、扶贫济困等与社会主义社会道德要求贴近的积极内容’。神学就是对其宗教教义的系统阐述，由此而论其中亦有积极内容，故而不可全盘否定，却可相应地积极弘扬。”“这里面的逻辑关系非常简单、明晰，为什么就看不明白呢？”

是啊，鄙人“为什么就看不明白呢？”简言之，是因为作者对引文做了加工。第一，引文说的是“宗教教义中”，即教义中的“积极内容”部分，而非“宗教教义”全部。作者在发挥中去掉了一个“中”字，特称判断变成了全称判断。第二，引文中有“宗教教义”字眼，作者就引申出他的“神学就是对其宗教教义的系统阐述”；引文中有“积极内容”的字眼，于是他的神学也就有了“积极内容”——试问，“宗教教义”可以与“对其宗教教义的系统阐述”画等号吗？作为对教义一种阐释的神学可以与作为教义本源的《圣经》画等号吗？这是移花接木，把胡锦涛同志指谓的“积极内容”接到自己的头上了。第三，作者继续推论：从“其（神学）中亦有积极内容”，推出“不可全盘否定”，再从“不可全盘否定”推出“可相应地积极弘扬”，于是他的神学就应该从“构建”转向“积极弘扬”——这个“第三”是建立在前两个逻辑错误上的，前提就不能成立；而“第三”本身也不能成立：不全盘否定就得积极弘扬？对于犯罪者，不可全盘否定，就得积极弘扬——“这属哪门子逻辑？”

（3）神存在吗？“回应”对我在“访谈”中指其宣示他的“学术神学”避谈“神存在吗”和“信仰真伪”问题，据此构建以“神”为主体的学术，以“神”名立义的命题，是“伪学术”“假命题”（注：为了避免重复，请参阅拙文。见《马克思主义研究》2014 年第 3 期，第 138 页）作了驳斥，但没有新意，唯一可以回答的是这样一种论点：“要想弄清楚某物究竟是否存在，首先必须弄清楚该物究竟是什么，这是自然逻辑。讨论‘有神’、‘无神’，如果不说明、不交流各自所言之‘神’是什么，各自对之所言的理解为何，而简单地宣称其‘有’、‘无’，岂不是无的放矢、纯为空谈？而说清了各自所理解、所表达的‘神’是什么，其是否存在、其‘有’与‘无’的问题也就自明了，无须去‘证明’了。”

这个“自然逻辑”很怪异。首先，“鄙作”质疑的是作者构建的“学术神学”为什么要声明不谈“神存在吗”的问题、“不辨认信仰的真伪”，“回应”却变成了“鄙作”是要弄清楚神是否存在，与之“讨论‘有神’、‘无神’”问题。鄙人以为这是转移话题。鄙人从来没有与人讨论过“神”是什么的问题，只有对别人宣称的“神”表达质疑。作者“研究神学”“构建神学”20 多年，迄今还没有“弄清楚该物究竟是什么”，以至于无法回答“神存在吗”的问题，鄙人以为是过谦了，否则，“上帝、终极之在”是个什么“物”？建立在“该物”的基础上的“神论”“基督论”等系列“学术”，又是怎么冒出来的？至于说，“要想弄清楚某物究竟是否存在，首先必须弄清楚该物究竟是什么”，与我们世俗的认识方式不同。一般认识过程，得先有某物的存在，才能有对某物“究竟是什么”的思考：如果某物根本不存在，如何追问其“究竟是什么”？有个寓言说，三个近视眼比视力，匾还没有挂出来呢，就争论匾上写的究竟是什么字——这种奇特的认识模式来自何处，说来话长，只要知道作者“神学”命题中为什么没有“本体论”，神学家宗谱中没有安瑟伦就够了。鄙人以为，谈学术而不谈学术主体的有无，设命题而不辨命题的真伪，就是伪学术、假命题。如果作者认为这种“学术”就是“真善美”，体现着“理想主义和唯美主义”，那是价值趋向问题，距辨是非的“学术”理性远矣。

（4）霸气，气质性格，上线上纲这三组词，第一个是“鄙作”针对作者在《中国 xx 报》所刊《宗教观》的气势而发，第二个是“鄙作”针对作者承认“学问入于性格”

的引申，第三个是作者不止一次对“鄙作”的定性。事实上这三组词讲的是一个问题，所以在此一并作答。

实话实说。鄙人对作者“霸气”的感受，由来已久，印象最深的，是2007年作者主编的《马克思主义宗教观研究》收进了鄙人在《国际儒学研究》第15辑刊登的文章《关于我国宗教学的马克思主义研究》，事前并没有通知我，这也罢了，翻开一看，更加诧异：有三段我以为颇为重要的文字，被不露痕迹地删掉了——给我的第一印象就是霸气。其中两段不提了，被删的另一段文字，却需要再复述一遍，即“最近看到一位自称是中国人的先生向美国总统献策，其中有言：‘里根总统因为埋葬了苏联东欧的共产制度而成为美国历史上最伟大的总统之一。帮助中国发生这种变化，也许是上帝给总统先生的历史使命。’”

为什么要美国总统帮助中国完成这样的“历史使命”？这位先生说：因为这“既符合上帝的公义，也符合美国的国家安全”。如果事先不知道说话人的国籍，很可能把他误解为美国中央情报局的官员；如果他仍然是中国国籍，按照中国人历来的道德标准，那他只能自归于汪精卫一流，尽管我不了解“上帝的公义”是否如此，更不知道上帝是否已经把颠覆他国的“历史使命”赋予了美国总统——不过，顺便指出，这样的“历史使命”似乎并没有完成得像那位中国人那么兴高采烈。最近俄罗斯总统就发话了：“我国并不想参加任何十字军的圣战”，“我们当然不想拥有像在伊拉克那样的民主。”这也算是判断世界政治局势、判断文化多样性局势的一条信息吧。

文中所指的那位先生，是小有名气的余杰，他是作为“家庭教会”的代表被小布什召见的。在某些圈内，这不是秘密，但对读者，包括多数媒体或许还不了解——那么转载时为什么要删掉呢？始终得不到说明。出于无奈，只好在《科学与无神论》上全文重刊了一次。据说再后来此文又在这同一主编的《宗教观》中又“全文”发表了一次，鄙人同样一无所知，致使“霸道”的印象特别深刻。然而就删去的内容看，却平添了鄙人的不解：究竟是不同意我按中国人历来的道德标准将余杰之流的行为纳入汪精卫行列，还是不愿读者了解，在当代中国宣传基督教还负有“埋葬”我们现行社会制度的“历史使命”，而上帝、“上帝的公义”与“美国的国家安全”结合得如此紧密？或者，那么强硬的“家庭教会”原来还有这么强硬的政治后台？——如此种种，因为不解，所以有时难免会从“纲”和“线”上留心。

去年有幸又读到两篇大作，一篇是在上海发的《信仰中国》，一篇是在北京发的《渤海倡议》，南北两地先后发出同一种声音，既勾起了鄙人的一点历史回忆，也联想到了今天的现实，感到十分困惑，于是在《科学与无神论》(2013年第1期）上发了《让什么主宰中国命运：是鬼神信仰还是科学理性?》一文，“回忆”的是民国初年在京沪两地先后出现的灵学思潮，各自的口号是：“鬼神之说不张，国家之命遂促”“藉神道之糟粕，挽末流之颓靡”。事情已经过去近百年了，今天的现实如何?《信仰中国》提出，只要把全国的各色宗教资源集中起来，打造成一个宗教中国，就可以朋友遍天下，国家安全就有了保障；前提是纠正“一百多年来，中国以‘富强’（分别对应了经济与军事实力）为依归的国家发展目标”；《渤海倡议》建言，为“使宗教作为政治力量”，要“开放探讨宗教信仰在中国社会的认知与认同，对宗教信仰知识的通识教育”，需要放弃对“科学技术精神的过度推崇”。事实上，西方想方设法向我们输出的是宗教，与此并行的是竭力对我国实行高科技封锁；而今连我们一些党员学者和党政干部也加入对鬼神信仰的推崇行列，同样地伴以轻蔑科学、反对科学、加罪科学。这算是什么现象？是同气相应，内外呼应吗？我的上述言论，大概是“鄙作”被定性为“上纲上线”的原因。至于“回应”屡屡提到“鄙作”在制造“莫须有”，那么究竟如何，文字俱在，不想作辩，只要得不到合理的解惑，想改变此等看法很难。

最后也算是一种劝告吧，“富强”居社会主义“核心价值观”的首位，它“承载着一个民族，一个国家的精神追求”；“科技兴，则民族兴，科技强，则国家强”，这是时代的声音。用繁荣宗教转移、抵制甚或反对国家富强、发展科学技术，背离了民族的追求和时代的召唤。西方近三百年的历史表明，社会一直在从宗教国家走向世俗国家，宗教信仰从一种社会政治的存在，不断地退回私人自由选择的领域；现在要求当代中国构筑“信仰中国”，“使宗教作为政治力量”，是逆历史的发展方向而动，鄙人以为是没有出路的。

四　余论

只能简答如下：鄙人之所以对基督教神学“说三道四”，既不是反对基督教，更不是反对基督教研究。对有近两千年历史、影响如此巨大的宗教，用反对或反感二字以对之，那是情绪，不是理性；作为学者，那是轻浮，不是研究。恩格斯指出，早期基督教有“与现代工人运动相同之点”。太平天国运动打的旗号就是基督教，“宗教改革”不仅激励了中国的维新派，也影响了民主革命派。作为革命先行者的孙中山虔信基督教，鄙人服膺的两位大文豪，一位是冰心，毕业于教会主办的燕京大学；一位是鲁迅，其提倡的“以牙还牙，以眼还眼”来自《圣经》。毛泽东提出研究世界三大宗教的重责，基督教三居其一。鄙人何时何处以何凭证表示要与基督教为敌，“或将之推到我们的对立面”以及“对基督教研究视为大逆不道”？——问题可能又出在用特称代全称上，将个人当作全世界“近22亿信徒”和“研究”全体的代表了。

至于对“鄙作”所引，即“‘全球化’带来了‘普世信仰’，即基督教信仰，‘必然’要淡化‘爱教’，架空或放弃‘爱国’”，“回应”表示“真不知是从何说起?”在此不得不再重述一遍它的来处：(1)“在‘全球化’政治、经济、文化大潮的冲击下，‘中国人’的身份认同日趋复杂和多元。一方面，‘全球化’大变革实际上已造成了许多民族国家传统意义上‘国界’的淡化及‘主权’的弱化，当今中国在不少领域同样不可能避免这种变化。”(2)“在全球化发展的态势中，海外华人‘皈信’基督教，表面上看似乎‘少’了‘中国人’，但实际上也可从积极意义上发现有更多的中国人成为‘世界主义者’或‘世界公民’，有着‘普世’意识和‘世界性’参与，而这种‘意识’和‘参与’乃充满‘现代性’、并有其必然性和必要性。此即当代时代发展的呼唤和要求，它可能让‘更多’的中国人投身于其中。”(3)“‘爱国爱教’且‘爱国’在先、‘爱教’在后乃成为中国内地几十年来宗教存在与发展的一种定式。在今天‘全球化’宗教跨国际、跨民族、跨地域的普世性诉求中，虽然不少国家和地区仍会靠其宗教来维系、保护其‘国’之生存和发展，但同样也有不少国家和地区出现了以‘普世信仰’支撑的‘爱教’淡化、架空或放弃‘爱国’的迹象和动向。”

关于这三段的文字及其表达的混乱和逻辑矛盾，“鄙作”在引用时已略有分析，是否符合“事实”，还是莫须有的“编造”，留给读者评判吧。

而关于无神论研究，“回应”反复“建议”，“要提高‘无神’之论的理论深度和学术蕴涵”，“注意无神论研究的理论及学术水平的提高”。这是应该表示谢意的。然而“无神”理论之深浅，“研究”水平之高低，鄙人以为是受“神学”的深浅高低制约的，如果“神学”就是那个样子，要“无神”高起来、深下去，岂不是脱离实际，强加给神学的宣示者了？

“回应”还认为，“批评中国当代宗教学并不是无神论研究的主要任务，期望其多有自己系统、正面的专题研究成果，不辜负大家对无神论系统研究的期望”。这话有点无的放矢。我们无神论研究什么时候在什么地方批评过“中国当代宗教学”？鄙人写过一篇文章，标题就是《关于我国宗教学的马克思主义研究》，但这个“宗教学”是作为宗教学科来使用的，与作为坚持有特定立场、方法的“宗教学”不是一个概念。揭示沿袭缪勒宗教学的神学性质，就是“批评中国当代宗教学”了？这又是把自己当成“中国当代宗教学”的代表了。至于对无神论的“期望”，诚然不错。但在“有神论有人讲，无神论无人讲”的条件下，连生存都成了问题，哪里来的“系统、正面的专题研究”？鄙人以为，有志于基督教神学的构建和弘扬，那是个人的自由，他人无权干涉。但必须依法行事。国家教育系统和科研机构，不是为宗教设置的，不论是哪种宗教或教派，都不允许侵入，正像无神论的构建和宣传不能侵入宗教场所一样。鄙人还以为，不愿做中国人，乐于加入外国籍或作世界公民，也是个人的自由，但也须依法行事。

（原载《马克思主义研究》2014 年第 7 期）

第三篇

学科建设

马克思主义基本原理

一 研究概况

（一）学科学术交流活动活跃丰富

2014年度，马克思主义基本原理学科界学术会议、学术交流活动较往年更活跃，内容亦更丰富。2014年1月13日由中国社会科学院马研院主办的第二届“全国马克思主义基本原理学科学术年会”在北京召开，来自中国社会科学院、北京大学、中国人民大学、武汉大学、浙江大学和辽宁大学、河北省社会科学院、湖北省社会科学院等全国20多所高校和科研机构的专家学者90余人参加了会议，会议就“马克思主义整体性”“马克思主义基本原理”研究及学科建设相关问题展开了深入研讨。

成立于2008年的“全国高校马克思主义理论学科研究会”一直致力于推进马克思主义理论体系发展，搭建各种形式的学术交流平台，本年度召开多次学术会议，如2014年10月18日，“第九届全国高校马克思主义理论学科博导论坛”在湖北大学举行，来自全国70余所高校近200位知名专家学者参会，本届博导论坛为迎接党的十八届四中全会而召开，会议围绕“全面深化改革与推进马克思主义理论发展”的主题，就“马克思主义基本原理与马克思主义理论学科”理论研究与学科建设等问题进行了广泛研讨。再如2014年9月20日至22日，“全国高校马克思主义理论学科研究会第17次学科论坛暨马克思主义与当代中国经济社会发展学术研讨会”在江西财经大学召开，来自全国各高校和研究机构的60多位专家学者参加了会议，会议围绕“马克思主义与当代中国经济社会发展”这一主题，就马克思主义生态文明理论、人民主体地位与协商民主、国家治理体系和政府与市场关系、中国特色社会主义总布局、保障和改善民生等问题展开了深入研讨。

2014年8月15日至17日，由中南大学马克思主义学院主办的“第9届全国马克思主义基本原理（暨第32届马克思主义哲学）教学与学术研讨会”在兰州举行，来自全国60多所高校的专家学者参加了会议，与会者就马克思主义教学、教材等问题进行了深入探讨，为高校马克思主义基本原理教学和学术研究提供了更广阔的思路和视野。

2014年11月24日，首届“全国高校马克思主义学院院长高端论坛”在清华大学召开，清华大学、中国人民大学、北京师范大学、复旦大学、武汉大学、东北师范大学、南开大学、中山大学等高校马克思主义学院院长在会上发言，就高校马克思主义学院建设及马克思主义理论学科发展的目标、成绩、不足与对策等进行深入研讨。在会上，还就马克思主义学院院长高端论坛长效机制问题进行了讨论，决定将“全国高校马克思主义学院院长高端论坛”秘书处设在清华大学，作为教育部社科司的工作平台，“全国高校马克思主义学院院长高端论坛”每年将召开年会，并分专题召开各类研讨会。

此外，关于《资本论》研究，中国《资本论》研究会于2014年10月17日在重庆召开了第17次学术研讨会，参加研讨会的有来自全国各地高校和科研院所的100多位专家学者，会议围绕着马克思主义政治经济学基本理论研究，就当代市场经济中政府与市场关系、完善社会主义基本经济制度与增进人民福祉、马克思主义经济学与西方经济学的比较等展开热烈讨论。全国高等财经院校《资本论》研究会于2014年7月26日至30日在山西大学召开了第31届学术年会，来自全国20多个省市的100多名代表参加会议，本次学术年会的主题是贯彻十八大三中全会精神，运用《资本论》的相关原理，探讨全面深化改革的方式、路线及重点、难点问题。

关于历史唯物主义研究，中国历史唯物主义学会2014年7月26日至27日在北京召开了“全国历史唯物主义与全面深化改革理论研讨会暨中国历史唯物主义学会第七届会员代表大会”，中国人民大学等70余所院校和科研单位的专家学者以及《人民日报》《光明日报》和《马克思主义研究》等媒体代表150余人出席了本次研讨会，会议讨论围绕着学习、运用历史唯物主义基本原理和方法论，研究中国新问题、新情况，为全面深化改革提供理论支持，促进历史唯物主义原理的实践运用和发展。2014年6月21日至22日中国高等教育学会马克思主义研究分会与《红旗文稿》编辑部联合主办的“历史唯物主义与全面深化改革”研讨会在福州召开，来自全国各地高校和科研单位的专家学者90余人参加了会议，会议围绕“历史唯物主义与全面深化改革”的主题，就历史唯物主义与全面深化改革，坚持群众观点、群众路线与全面深化改革，坚持历史唯物主义、抵制历史虚无主义思潮，全面深化改革与中国梦的实现等问题展开了深入而热烈的研讨。

上述与马克思主义基本原理研究相关的系列论坛、研讨会、学术年会，对促进马克思主义基本原理学科建设和学术交流，推进全国马克思主义理论学科建设和发展，进一步开辟马克思主义原理中国化新境界，产生了积极而深远的影响。

（二）基本原理概论教学与课程建设深入推进

马克思主义基本原理教学实践、课程与教材建设是学科建设的一个非常重要的内容，也是本年度学科建设讨论的重要话题。当前马克思主义基本原理课难教，这是教师们的普遍感受。2014年度，教师们就难教的症结何在、如何增强教学实效等问题进行了更深入的探讨。

关于基本原理概论难教的症结，学者们普遍强调：关键在于老师自身，尤其在于老师对理论联系实际原则的把握和运用。基本原理课难教，原因既在于一些原理课授课教师知识结构不合理，停留在以往分科教学的水平上，缺乏马克思主义整体性理论的培训和学习，整体性教学能力不强，同时还在于教学内容上，一些原理课教师对理论与现实的冲突没有很好地解释清楚，对现实提出的难题没有能力从基本原理层面给以科学分析和解决。正如教育部社会科学委员会委员、武汉大学顾海良教授所分析的那样：在“原理”课教学中，面对当代世界和中国的新情况新问题，授课教师在不同程度上存在着习惯于用老思路、老套路来应对的现象，存在着马克思主义基本原理和主要理论与当代中国和世界变化的实际相脱节的现象，也存在着同大学生生活实际、思想实际、学习实际和成才实际相分离的现象。有些教师原来拥有的“看家本领”，在新的教学过程中有陷于“本领恐慌”的地步。这一“本领恐慌”，不是我们掌握的马克思主义基本原理和主要理论“不灵了”，而是我们把科学理论运用于实际、在与实际的结合和联系上“不灵了”；也不是我们的教学对象与马克思主义基本原理和主要理论“疏远了”，而是我们的教学与大学生生活、思想、学习和成才的实际“疏远了”。[①] 在原理课上，原理课教师需要直面解答哪些理论与现实的冲突问题呢？贵州大学马克思主义学院潘海涛副教授将此类问题归纳后具体描述为：马克思主义理论宣传的政治性与科学性之间的“冲突”问题、阶级斗争理论与当前中国建构和谐社会之间的“冲突”问题、集体主义价值观与市场经济中追求个人利益合理性之间的“冲突”问题、“两个必然”与当今资本主义发展现实的“冲突”问题、剩余价值理论中的“剥削”问题与社会主义市场经济条件下按生产要素分配合理性之间的“冲突”问题、无产阶级政党理论与当前党内腐败问题之间的“冲突”问题、社会主义优越性与当前群众总结的“社会二十多现象”的“冲突”问题等七个方面。[②]

如何增强教学实效性，促进教材体系向教学体系转化？2014 年度，学者们从两个方面深入探讨了这个问题。一是在教学内容上要加强马克思主义价值性教学和研究，要充分彰显马克思主义的魅力和价值。马克思主义是科学性与价值性辩证统一的整体，但一直以来，原理课教学偏重于马克思主义的科学性和真理性知识讲授，相较而言在马克思主义以人为本的价值性研究及科学性与价值性辩证统一等研究和教授方面一直偏弱。这无疑导致把马克思主义原理知识化、教条化，强行灌输给学生，导致学生的反感。因此，在教学中正如河海大学马克思主义学院黄明理教授指出的，“应当真正克服旧唯物主义的自然本体论，使理论重心由单一的社会规律论转变为人的解放和人的自由全面发展的价值论，以把握社会发展规律为前提，以认知人的本质和人性完善发展为直接理论旨归”。[③] 结合当前社会主义核心价值体系建设，很多学者都强调，基本原理课要加强信仰教育。如武汉工程大学邮电与信息工程学院罗琼认为，针对当前大学生出现的理想信念淡薄、政治态度冷漠、思想认识缺位、认知行为偏移等信仰危机，高校则应予以充分重视并进行深入的分析研究，为信仰教育破除思想障碍。[④]

二是要改进教学方式和方法，这是教师们关注和讨论最多的一个问题。2014 年度教师们结合新的教研实践，又总结了一系列教学体会和方法，例如，研读原著与引导式教学法，分类教学模式，案例教学与专题式教学相结合等等，都很有启发。总体来说，本年度教师们强调较多的，一是实践教学法，安徽师范大学政治学院房玫讨论了“学生自讲互评的实践教学活动”[⑤]，首都师范大学马克思主义教育学院王洪波提出：“马恩原著读书小组”这一校内实践教学形式在引领学生深化理论认识、增强认同感、锻炼分析

---

① 顾海良：《“马克思主义基本原理概论”课课程建设的新境域——学习习近平总书记系列重要讲话的有关论述》，《思想理论教育导刊》2014 年第 11 期。

② 潘海涛：《〈马克思主义基本原理概论〉理论与现实冲突研究》，《学理论》2014 年第 32 期。

③ 黄明理：《论马克思主义以人为本的人文价值开掘——以马克思主义基本原理为解读对象》，《江苏师范大学学报》（哲学社会科学版）2014 年第 2 期。

④ 罗琼：《论〈马克思主义基本原理概论〉教学中的大学生信仰教育》，《湖北经济学院学报》（人文社会科学版）2014 年第 3 期。

⑤ 房玫：《学生自讲互评：“马克思主义基本原理概论”课实践教学的有益形式》，《思想理论教育导刊》2014 年第 12 期。

和解决问题的能力等方面具有重要参考价值。[①] 东北大学马克思主义学院教授秦书生等认为，要充分发挥任课教师在实践教学中的主导性作用，通过专题讨论、课堂演讲、辩论等方式强化课内实践教学。[②] 二是专题教学，专题教学是高校思想政治理论课实现从教材体系向教学体系转化的有效形式，这一教学模式已经得到专家和一线教师的普遍认可和广泛运用。沈阳体育学院唐宝志认为，这种教学模式重在对教材的把握上，即在教材体系转化成教学体系的过程中要首先专注于内容的科学性；难在问题的选用上，即在专题内容与大学生思想热点问题的衔接中更要关注问题的针对性；贵在教学实施上，即在时间和空间上充分利用教学资源和教学方法以求实效性。[③] 此外，案例教学、分类教学等方法，亦有很多学者关注和讨论。这些教学方式方法对提高基本原理教学实效性都具有重要启发。

（三）学科建设与理论研究继续推进

经过 9 年时间的学科建设，基本原理学科在制度框架、内在结构等方面日益成熟起来，当然也还存在一些问题，有些问题属于深层次问题，其中队伍素质仍然是核心问题，已经成为原理学科进一步发展的瓶颈。2014 年度，关于如何进一步推进马克思主义基本原理学科建设，学者们重点关注和强调了学科教研人才队伍建设问题，特别是教学和科研队伍的理论素质提高问题。如何加强教研队伍建设、提高队伍整体素质？2013 年 6 月，教育部印发了《普通高等学校思想政治理论课教师队伍培养规划（2013—2017 年）》的通知，提出要“进一步完善教育部、地方、高校三级既分工负责又相互衔接的思想政治理论课教师培养培训体系，以加强师德建设和提高教师业务水平为中心，以提高理论素养为基础，以创新方法为载体，以强化科研能力为支撑，以完善制度措施为保障，以提高教育教学质量为目的，通过全员培训、骨干研修、在职攻读学位、国内考察、国外研修、以项目选人和选人给项目等多种途径”，来培养学科学术带头人和专业化教师队伍。由此，本年度学者们也就提高教研队伍素质提出了一系列措施方法，如通过搭建平台、促进交流，研读经典，重视理论研究，科研与教学相互促进等等，全面提高教研队伍的整体素质。

关于如何提高教师的马克思主义理论素养，喀什师范学院思政部孙月红、郭彩星认为，除了教师自身要加强专业知识的学习，深化对马克思主义理论的科学研究，学校还要加大对“原理”课教师的培训力度，创造条件鼓励教师多参加各层次的“原理”课培训、研讨活动，增加教师外出考察学习的机会。可邀请国内知名学者和专家做讲座，让教师掌握该学科前沿动态。邀请教学名师进行观摩教学或交流，以提高教师整体性教学的意识和能力。[④] 福建师范大学马克思主义学院杨小霞认为：教师不仅要通过阅读经典

---

① 王洪波：《“马克思主义基本原理概论”课校内实践教学及其操作程序初探——以“马恩原著读书小组”为例》，《思想理论教育导刊》2014 年第 11 期。

② 秦书生、于洪波、张雷：《在强化实践教学中提高“马克思主义基本原理概论”课教学实效性》，《辽宁教育行政学院学报》2014 年第 5 期。

③ 唐宝志：《浅析高校思想政治理论课专题教学的基本向度——以“马克思主义基本原理概论”课为例》，《经济研究导刊》2014 年第 33 期。

④ 孙月红、郭彩星：《“马克思主义基本原理概论”课整体性教学改进对策》，《思想理论教育导刊》2014 年第 5 期。

原著，钻研教材来提升自身对于马克思主义理论整体性的认识，同时还要善于在工作中加强教学综合技能的训练与提高；要求教师要有敏捷的逻辑思维能力、清晰的思路和较强的语言驾驭能力，要具备熟练的信息处理能力；密切关注社会热点，积极回应学生的疑点。[①]

二　重大问题研究进展

2014 年马克思主义基本原理学科在以往理论研究的基础上，在基础理论研究、重要原理研究、原理应用研究等方面继续推进，取得重要进展。

（一）基础理论研究

1. 关于马克思主义基本原理研究

关于“什么是马克思主义基本原理”及其内容如何概括等是自学科设立以来的热点问题，是学科基础理论问题。2014 年度学者们就这些问题作了进一步探讨，同时对如何认识、理解和构建马克思主义基本原理体系等问题也作了更深思考。

关于如何认识和把握马克思主义基本原理，武汉大学马克思主义学院教授石云霞认为，准确把握马克思主义基本原理，需要弄清马克思主义经典作家和领袖人物在这个问题上的基本思想，掌握准确把握马克思主义基本原理的方法论原则，全面理解马克思主义基本原理的体系内容。关于准确把握马克思主义基本原理的方法论，作者提出，马克思主义基本原理属世界观层面，是关于一般规律的结论；对于马克思主义基本原理的把握和区分具有相对性和层次性，注意把握问题的参考系，区分层次性和相对性，不能混淆不同层次的基本原理；必须准确把握马克思主义基本原理的本质特征；要弄清马克思主义的立场观点方法与马克思主义基本原理的关系；对马克思主义基本原理要立足整体性，注重宏观把握。[②] 关于如何理解马克思主义基本原理的理论特质，哈尔滨商业大学马克思主义学院丁东宇、中央编译局马克思主义研究部季正聚认为，马克思主义基本原理具有时代性，是对马克思那时就已经开始的资产阶级社会所开创的时代问题的回答；马克思主义基本原理具有批判性，是一种基于人自身价值对现实的批判，是一种批判性知识；马克思主义基本原理具有总体性，既体现在理论对现实总体性的把握上，是经过分析的综合，又体现在变革现实的总体性革命上，是把人从自然界的束缚和社会关系的束缚中解放出来的革命；马克思主义基本原理具有历史性，马克思主义基本原理中的任何一个要素都不仅是共时性整体结构的部分，而且是历史性过程的部分，即马克思主义基本原理中任何一个方面都是其先前发展的结果和其后来发展的环节。[③]

关于如何认识、理解和构建马克思主义基本原理体系，武汉大学马克思主义学院教授石云霞提出，马克思主义唯物论原理，是马克思主义理论中最具有基础性的内容，科学回答了世界的本质“是什么”的问题；马克思主义认识论原理，阐明了辩证唯物主义

① 杨小霞：《论“整体性”视阈下高校思政课教师队伍的建设问题——以〈马克思主义基本原理概论〉课程为例》，《福建教育学院学报》2014 年第 1 期。

② 石云霞：《关于准确把握马克思主义基本原理的几个问题》，《思想理论教育》2014 年第 1 期。

③ 丁东宇、季正聚：《马克思主义基本原理研究中实证化问题探析》，《马克思主义与现实》2014 年第 4 期。

认识论是以科学的社会实践为特征的能动的反映论；马克思主义唯物史观原理，从社会存在决定社会意识的根本前提出发，科学揭示了人类社会发展的一般规律，阐明了生产力和生产关系的矛盾、经济基础和上层建筑的矛盾，是人类社会的基本矛盾；马克思创立的劳动价值论，是马克思主义政治经济学的理论基础；科学社会主义亦即科学共产主义原理，是马克思主义的核心，是无产阶级解放运动的理论表现，是关于无产阶级解放斗争的性质、条件和一般目的的学说①。吉首大学马克思主义学院教授肖映胜，提出了马克思主义基本原理重构的三个维度，即本体论维度（唯物观是科学把握基本原理体系的逻辑起点）、认识论维度（实践观是科学把握基本原理体系的中心线索）、价值论维度（人本观是科学把握基本原理体系的目标取向）②。中国人民大学马克思主义学院教授郝立新等主张从层次性角度把握马克思主义原理体系，他们认为，马克思主义理论体系的内在逻辑本身也是一个包含不同层次、不同方面的整体。第一层次是世界观、方法论层面的，列宁称之为“逻辑”（Logic），即关于一切物质的、自然的和精神的事物的发展规律的学说；第二层次是社会历史层面的，即由社会基本矛盾理论、社会形态理论、社会发展动力理论等唯物史观基本规律构成的整体；第三层次是具体的社会形态层面，即资本主义社会发展的规律和社会主义社会发展的规律，其中包括被列宁誉为“《资本论》的逻辑”的政治经济学基本原理和科学社会主义原理。这三个层次不是孤立分散的，而是相互联系、内在统一的。③ 内蒙古民族大学马克思主义学院包国祥教授认为，马克思主义基本原理科学体系的核心理念是“无产阶级和人类解放的学说”。马克思主义基本原理科学体系的有机结构则是通过自然关系（包括宗教关系、等级关系）的解放，实现人与自然的和谐发展；通过社会关系的解放（政治解放），实现人与社会的和谐发展；通过资本的克服（资本主义生产关系的解放），实现人与社会的和谐发展；通过人类的解放，实现人与自身的和谐发展。马克思主义基本原理科学体系建构应坚持贯彻逻辑学、辩证法、认识论三者同一原则。④

值得一提的是，2014 年度本学科的另一个重大问题受到普遍关注，即如何普及马克思主义基本原理。近年来，习近平总书记强调：领导干部要把系统掌握马克思主义基本理论作为看家本领，而如何普及、如何使人们系统掌握马克思主义基本原理便成为一个关键问题。广州大学马克思主义学院副教授王敏认为，目前马克思主义基本原理普及、教育虽然方式、方法多种多样，但其最终价值向度都不外乎是文本阐释向度或理性反思向度。两种向度的价值轴心仍是理论阐释与灌输，是现代的“刻舟求剑”。只有“实践向度”才是提高受众理论兴趣，收到普及实效的唯一出路。⑤ 学科界普遍认为，直面理论与现实之间的冲突，将基本原理与现实问题结合起来，对现实矛盾问题给以马克思主义基本原理的分析和科学回答才是最重要的。

---

① 石云霞：《关于准确把握马克思主义基本原理的几个问题》，《思想理论教育》2014 年第 1 期。

② 肖映胜：《论马克思主义基本原理体系重构的三个维度》，《天府新论》2014 年第 2 期

③ 郝立新、张晓华：《在“原理”课教学中贯彻整体性原则》，《思想理论教育导刊》2014 年第 5 期。

④ 包国祥：《关于马克思主义基本原理学科体系的建构》，《民族高等教育研究》2014 年第 5 期。

⑤ 王敏：《普及马克思主义基本原理实践向度探析——以高校“马克思主义基本原理概论”课教学为例》，《山西高等学校社会科学学报》2014 年第 9 期。

2. 马克思主义整体性研究

2014 年度，马克思主义整体性研究继续拓展视阈、深化理论，取得了重要成果。首先，学界研究了马克思主义整体性的形成问题。以往学界对马克思主义整体性研究的意义、整体性内涵及研究路径等问题作了较多研究，但是关于马克思主义整体性的形成问题关注较少。本年度，有学者对马克思主义整体性的形成作了深入探讨，如山东商业职业技术学院张云芳提出，马克思主义整体性是主客观条件共同作用的结果：马克思主义整体性形成的客观条件主要包括两个方面，即时代条件和人类实践的整体性，其中人类实践的整体性特征是马克思主义理论整体性特征的根本原因，实践的普遍性、广泛性决定了马克思主义理论横向上的整体性和广泛性；实践的具体性历史性特点，决定了马克思主义理论成为纵向上前后相继的整体性。马克思主义整体性的形成同时也离不开马克思、恩格斯本人的主观努力，理论家的叛逆、同情、勇敢、求真的个性特点，理论家的方法论和渊博的知识背景，是马克思主义整体性形成的重要条件。①

其次，关于马克思主义整体性的内涵，本年度有很多学者从发展史、内容结构等角度进行了重新提炼和概括，在已有的关于这个问题的研究基础上又进行了深度思考和挖掘。如东北师范大学马克思主义学部胡海波、伊犁师范学院法政学院热合木江·巴拉提论述了马克思和恩格斯关于马克思主义自身整体性的观点，指出从内容上看马克思主义是关于“一切关系同时存在而又相互依存的社会机体”的发展规律的理论科学，是哲学、政治经济学、科学社会主义等方面内容内在的逻辑统一；从过程性视阈看，是以无产阶级解放为价值旨归，随着社会实践的变化、发展而不断丰富和发展的理论学说。②中国人民大学马克思主义学院教授张雷声指出：马克思主义的整体性发展是指马克思主义史的整体性发展，当然也包括马克思主义理论的整体性发展，表现为马克思主义史的整体性发展与马克思主义理论的整体性发展的纵横交织运动。理解马克思主义的整体性发展，必须在理解马克思思想的整体性发展和中国特色社会主义的整体性发展的基础上，理解从马克思到中国特色社会主义的整体性发展，而“一脉相承、与时俱进”则是我们理解马克思主义整体性发展的关键。③

再次，关于如何认识和理解马克思主义整体性，本年度很多学者又开拓了新的视角，给人很多启示。中国社会科学院马研院研究员李崇富提出以科学社会主义为主线理解马克思主义整体性：作为其三个基本组成部分的哲学、政治经济学和科学社会主义并不是三足鼎立的，而是可以主要地理解为以其哲学世界观和政治经济学作为两大理论支柱所支撑的社会主义学说，即用以指导无产阶级和社会主义建设事业，直至最终实现共产主义社会的统一的科学体系。应当以科学社会主义作为“核心”和“中轴”来领会和把握马克思主义的“整体性”。④ 中国社会科学院马研院研究员刘志明从理论特征、社会理想、政治立场和理论品质辩证统一角度探讨了马克思主义整体性：这四个方面之间

---

① 张云芳：《马克思主义整体性的形成条件》，《科学社会主义》2014 年第 6 期。

② 胡海波、热合木江·巴拉提：《马克思恩格斯关于马克思主义自身整体性的基本观点及其现实意义》，《思想理论教育导刊》2014 年第 1 期。

③ 张雷声：《论马克思主义的整体性发展》，《教学与研究》2014 年第 1 期。

④ 李崇富：《论从科学社会主义视角把握马克思主义的“整体性”》，《马克思主义研究》2014 年第 5 期。

本身就天然存在有机的统一的联系。真正坚持辩证唯物主义和历史唯物主义的世界观和方法论，往往就会坚信共产主义社会是人类社会发展的必然趋势，就会坚定共产主义的崇高理想。而具有坚定共产主义理想并致力于实现共产主义的马克思主义政党，它就一定会旗帜鲜明地表明自己为“消灭私有制”这一攸关最广大人民的根本利益而努力不懈奋斗的政治立场。真正致力于实现最广大人民根本利益的马克思主义政党和真正的马克思主义者，则一定会深刻懂得马克思主义最重要的理论品质在于它提供了认识、检验和发展真理的科学方法，而不是它提供的许多可以随着实践的发展而发展的具体的真理本身，因而也一定会自觉地与教条主义和经验主义划清界限，坚定站在最广大人民的立场去认识世界，并一定能够正确、完整地把握住辩证唯物主义和历史唯物主义的世界观和方法论。① 南京师范大学泰州学院刘永安从事实与价值相统一的角度重新审视了马克思主义的整体性：马克思主义不仅从事实的层面揭示了历史发展的必然性和规律性，而且还具有明确清醒的道德立场和价值判断，但与道德说教和乌托邦空想不同的是，马克思主义将道德的理想、价值的诉求建立在科学认知的理性基础之上。因此，马克思主义认识论意义上的科学性只有与存在论意义上的道义性相结合才不至于破坏马克思主义的整体性，马克思主义完全可以从事实与价值统一的角度得到整体性的理解。②

2014 年度，仍有很多学者主张从文本角度深化整体性研究，如辽宁师范大学政治与行政学院隋秀英教授探讨了文本视阈下研究马克思主义整体性的理论意义、现实意义和历史意义，强调只有对马克思主义经典文本的产生背景、文本结构、文本蕴含的重要思想等主要方面进行历史性考察和实证性解读，才能从历史承继关系入手，对马克思主义文本所蕴含的理论精髓和时代价值予以客观定位和正确运用，才能真正回答和解决好重大理论问题和实践问题。确立和坚持文本视阈下的马克思主义整体观，有助于澄清和批判在现实生活中对马克思主义科学体系及其理论观点本身存在的形形色色的模糊认识，不仅可以进一步确证马克思主义理论的科学性，而且可以深化对马克思主义立足实践、与时俱进发展规律的认识。③ 此外，还有学者通过经典作家著作来研究马克思主义整体性问题，如有学者认为《1844 年经济学哲学手稿》是马克思主义整体性的雏形，有学者认为《黑格尔法哲学批判》为整体性马克思主义的形成做了重要奠基。

3. 经典作家和经典著作研读

研读经典著作是掌握马克思主义基本原理、深化马克思主义研究的一个重要途径，2014 年度，各大高校及科研机构都加强了这一基础性工作，很多教学和科研单位都组织了“原著读书小组”，定期研读经典著作；相关部门还组织经典著作研读培训班，组织相关人员集中学习经典原著。实践证明，“读书小组”这种传统的学习马列著作的形式对于人们掌握基本原理、锻炼分析和解决问题的能力具有重要作用。同时，学界也编写了大量原著学习的教材资料，介绍原著教学与研究的方法。如中国人民大学经济学院

---

① 刘志明：《马克思主义的整体性探讨——以理论特征 社会理想 政治立场和理论品质为视角》，《社会科学辑刊》2014 年第 1 期。

② 刘永安：《“事实”与“价值”的统一——马克思主义整体性理解的一个视角》，《河海大学学报》（哲学社会科学版）2014 年第 2 期。

③ 隋秀英：《确立文本视阈马克思主义整体性的意义研究》，《辽宁师范大学学报》（社会科学版）2014 年第 3 期。

卫兴华教授在说明如何讲授和解读《资本论》时指出：第一，要力求准确地按原意讲解《资本论》的内容，不能偏离原意；第二，要重视在一般经济学教材和论著中容易被忽视的重要理论观点；第三，不回避疑难理论问题，力求阐述其真义，等等。[①] 与此相应，本年度理论界也推出了一系列高质量的经典著作研读成果。

关于经典名篇研读，2014 年《资本论》仍然是最受关注的著作。从内容看，本年度从经济危机角度研读《资本论》的热潮已经过去，关于《资本论》的研读涉及经济、社会、文化生活的各个方面，从科学社会主义一般原理到具体理论如分工理论、地租理论、劳动时间理论、剥削观、城市观等都有涉及，成果质量也很高。《资本论》犹如一座思想宝库，人们随意从一个角度入手都会很有收获。2014 年度的《资本论》研究可以大致归纳总结为如下几个方面。

一是关于《资本论》研究的理论与现实意义，学者们进行了深入探讨。如吉林大学哲学基础理论研究中心教授孙正聿指出，研究和阐释马克思主义哲学，必须诉诸马克思毕生研究的伟大成果《资本论》。《资本论》是马克思主义的“关于现实的人及其历史发展的科学”，是马克思主义的关于人类解放的“新世界观”。《资本论》在对资本主义的政治经济及其政治经济学的双重批判中，揭示了人类历史的发展规律和资本主义的特殊的运动规律，不仅反映和表达了我们时代的时代精神，而且塑造和引导了新的时代精神，因而《资本论》既是“时代精神的精华”，又是“文明的活的灵魂”。[②] 西安交通大学经济与金融学院何元锋、李香菊通过对《资本论》序和跋的研究梳理，比较中国社会主义市场经济实践和《资本论》的相关论述，认为《资本论》深刻揭示了市场经济的基本规律和共性问题，是关于资本主义和市场经济的经典理论，对发展社会主义市场经济具有重大的现实指导意义，是在新的历史条件下建设中国特色社会主义的重要指针。[③]

二是关于《资本论》中基本原理的挖掘与阐释。学者们结合时代发展和现实需要，就《资本论》中蕴涵的丰富思想、原理进行了深入挖掘和梳理。如北京大学哲学系教授仰海峰就《资本论》的最基本范畴“商品”展开深入研究指出，马克思一开始就将现实社会存在的“物”抽象为“商品”，并以此作为整个思考的起点。马克思将自己的哲学深入到了历史的维度中。正是在这种理论视阈中，才能将人们的日常生活及社会运动过程与形而上学的建构过程作为一个整体来看待，思想才能摆脱传统哲学所具有的纯粹逻辑的特性。[④] 清华大学马克思主义学院教授王峰明探讨了《资本论》及其手稿中的生产方式范畴，指出在不同的语境中，生产方式范畴具有不同的规定。这些规定或者源自物质生产中的“物”的方面即生产资料，或者源自其中的“人”的方面即劳动本身；在后者，又或者源自人的“技术的”社会关系，或者源自人的“权力的”社会关系；最后，还可以源自这些不同方面的综合作用。生产方式范畴侧重于物质生产过程的具体“式样”或“模式”，考察的是这一过程“如何进行”的问题。比之于生产力和生产关系，

---

① 卫兴华：《准确解读〈资本论〉的原理和方法》，《当代经济研究》2014 年第 6 期。

② 孙正聿：《〈资本论〉与马克思主义哲学》，《学习与探索》2014 年第 1 期。

③ 何元锋、李香菊：《〈资本论〉在当代中国的现实意义和重要价值》，《甘肃社会科学》2014 年第 1 期。

④ 仰海峰：《商品：一个哲学的分析》，《哲学研究》2014 年第 7 期。

这一范畴所包含的内容更为丰富、更为具体。[①]

三是运用《资本论》中的基本原理解释和解决现实问题，这是2014年度《资本论》研究的一个主题内容。复旦大学当代国外马克思主义研究中心教授陈学明指出，马克思的《资本论》对建立和完善社会主义市场经济有取之不尽、用之不竭的理论资源。《资本论》对资本主义的批判，能使我们树立共产主义信念；对未来社会主义和共产主义基本原则的阐明，为我们的社会主义革命和建设指明了方向；揭示的劳动与资本的关系为我们认识和解决日益严重的两极分化问题提供了思想武器；阐述的“属于一切时代”和“几个时代共有”的经济规律、资本主义的特殊规律，对建立和完善社会主义市场经济具有启迪意义。[②] 厦门大学经济学院教授许经勇指出，马克思在《资本论》这部巨著中，深刻揭示了农业扩大再生产的重要标志、基本形式以及如何提高农业经营的集约度，对于促进我国传统农业向现代农业转变，实现工业化、信息化、城镇化和农业现代化同步推进，具有重要理论意义和现实意义。[③]

2014年是《1844年经济学哲学手稿》写作170周年，2014年度马克思早期思想研究受到学者们更多关注。马克思早期思想研究一直存在很多争议。清华大学哲学系教授韩立新不同意传统的将《德意志意识形态》视为马克思思想从早期到成熟期的转折点的做法，而是将这一转折点提前到“巴黎手稿”，并提出这一转变的实质是马克思的思想框架从孤立的个人到社会关系的转变；倡导以社会关系范畴作为解释马克思思想本质的新坐标，提出不是费尔巴哈而是黑格尔的异化概念才是马克思走向历史唯物主义的真实中介，并希望通过“交往异化”这一新型的异化理论，来提升“巴黎手稿”及其核心异化概念在马克思思想史上的地位，改变中国学界早期马克思研究的传统格局和既有现状。[④] 中国社会科学院马研院研究员张建云认为，马克思、恩格斯早期思想是其科学世界观和方法论形成的重要内容，表现为把抽象的自由自觉的劳动具体化为物质生产活动并由此出发解释和解决现实问题、从而确立唯物史观的过程。自由自觉的劳动虽然不再是解释和解决现实问题的出发点，但它仍然是马克思主义理论的出发点，即是价值理想和目标，是关系到人类“从何处来”“往何处去”的重大问题。可以说早期思想体现了从不成熟到成熟的过程，但是不存在科学与不科学、正确与不正确的区别。马克思、恩格斯早期思想与其后来的思想是一个完整统一的整体，需要我们从思想史整体角度来全面理解和把握。[⑤] 清华大学哲学系彭宏伟认为，马克思创立异化劳动观，围绕现实的工人劳动问题，提出了具有新性质的劳动观，这些新观点分散于文本之中而未形成完整的理论体系。异化劳动观与这些新观点构成了递进和发展的关系。以这种连续的劳动观为基础，马克思在对斯密、费尔巴哈和黑格尔等人的多重批判中实现了批判的统一。[⑥]

---

① 王峰明：《马克思“生产方式”范畴考释——以〈资本论〉及其手稿为语境》，《马克思主义与现实》2014年第4期。

② 陈学明：《〈资本论〉对当今中国的意义》，《南京政治学院学报》2014年第3期。

③ 许经勇：《〈资本论〉如何揭示农业扩大再生产的特殊规律性》，《湖湘论坛》2014年第6期。

④ 韩立新：《“巴黎手稿”：马克思思想从早期到成熟期的转折点》，《哲学动态》2014年第7期。

⑤ 张建云：《全面准确理解马克思、恩格斯早期思想——〈马克思恩格斯文集〉第一卷研读笔记》，《思想政治教育研究》2014年第4期。

⑥ 彭宏伟：《〈1844年经济学哲学手稿〉中多重批判的统一性》，《哲学动态》2014年第7期。

（二）重要原理研究

1. 历史唯物主义原理研究

作为马克思主义最重要的原理之一，历史唯物主义研究范式在2014年度较以往有了比较明显的转变，少了很多宏大叙事，多了很多具体务实。2014年度，唯物史观研究仍沿着两个向度展开，具体来说：

一是对历史唯物主义原理的新解读，既包括解读视角的新变化，也包括对具体原理的新阐释。首先，研究视角的新探索。学界在以往思想史视角、整体性视角、方法论视角以及理论前沿视角等的研究基础上，进行了深入探讨。例如，以空间理论为视角解读历史唯物主义是近几年历史唯物主义研究的一个亮点，亦取得了不小的成绩。2014年度，学者们进一步肯定了空间理论对开拓历史唯物主义研究视阈的意义。广州大学马克思主义学院教授胡潇指出，从物质运动与其空间形式的一般关系原理出发，遵循物质事件相互作用的接触律和能量守恒转化定律，去展开生产关系建构的地理学叙事，对于在全球化空间意义凸显条件下深化唯物史观的研究，是完全可能的和十分必要的。① 华东师范大学哲学系教授陈立新也认为，当今学术界所热议的空间和空间生产问题，实为现代文明发展所造就，无疑属于现代性谱系中的一个问题。列斐伏尔等人强调社会空间生产在当代生活中的核心地位，彰显了具有重大意义的本体论事实，在理论和实践两方面给历史唯物主义注入了一种新的活力。② 苏州大学政治与公共管理学院车玉玲指出，20世纪60年代历史地理唯物主义的生成与建构在一定程度上是马克思主义的发展壮大，不仅促使历史唯物主义发生了空间转向，而且使社会批判理论转向了“空间生产批判”，并指出空间资本化的内在悖论预示着晚期资本主义全球化的界限，最终与马克思的解放政治目标一致，是当代马克思主义自我丰富的体现。③

关于历史唯物主义具体原理的研究是每年学科相关研究中最重要的部分。2014年度，具体原理的新阐释包括生产力、生产关系理论，社会、分工、消费、现实个人理论，以及劳动、自由、人的本质等思想。例如，西安交通大学人文社会科学学院马文保强调，要在现实的生产活动中理解生产力，这样不仅能够抓住生产力的本质，而且还可以准确把握生产力发展的着力点；生产力是实现了的可能的潜在力量和新的共生力量之合力，如何使潜在力量充分地转化为现实的生产力，如何使生产要素的结合更加有效以利于产生更大的新的共生力量，就应该如何发展生产。④ 福建省委党校哲学部李永杰指出，共同体与个体是马克思观察人类历史的一对重要范畴，由此得出：前资本主义社会是强共同体、弱个体的社会；资本主义社会则是强个体、弱共同体的社会，但个体主义的极端发展导致了资本主义的虚假共同体；未来的自由人联合体则扬弃了前两种社会状态，既充分保留了二者的优点，又否弃了二者的不足。⑤ 北京大学哲学系教授赵家祥提

---

① 胡潇：《生产关系的地理学叙事——当代唯物史观空间解释的张力》，《广东社会科学》2014年第6期。

② 陈立新：《空间生产的历史唯物主义解读》，《武汉大学学报》（人文科学版）2014年第6期。

③ 车玉玲：《历史唯物主义的空间转向与当代启示》，《马克思主义与现实》2014年第1期。

④ 马文保：《重新理解马克思的生产力思想》，《哲学研究》2014年第5期。

⑤ 李永杰：《共同体与个体：马克思观察人类历史的一对重要范畴》，《马克思主义与现实》2014年第5期。

出，资本主义的分工是自发分工发展的最完备的形态，自发分工只是社会分工发展的一个阶段，它将被未来社会主义社会和共产主义社会的自觉分工所取代。① 南京大学哲学系唐正东认为，马克思把消费当作资本主义生产过程的一个要素来看待，进而从生产方式的历史发展的角度来谈论资本主义消费问题。马克思在消费问题上的解读，不仅对于我们准确地评价西方马克思主义的消费观，而且对于我们深入地分析我们自身所遭遇的消费困境都是很有帮助的。②

二是在唯物史观视角下解读当前经济社会发展新情况、新问题，既包括如中国道路、中国梦、时代精神、中国国情等比较大的现实问题，也包括民生问题、生态建设、社会风险问题、城乡关系、群众路线等相对具体的问题。在当前中国改革进入到矛盾突出的新历史阶段条件下，2014 年度学界特别强调了以历史唯物主义原理为指导深化改革的重要意义。例如，北京大学马克思主义学院教授李士坤提出，必须以历史唯物主义去研究分析全面深化改革中的矛盾和问题，其中特别是贫富悬殊、官员贪腐和生态环境三个方面的问题。这三个方面的问题是全面深化改革中的“深水区”“难啃的硬骨头”。要有“壮士断腕的决心”和“背水一战的气概”，方能夺取全面深化改革的伟大胜利。③ 中央党校哲学教研部边立新教授认为，历史唯物主义揭示了人类社会发展的基本规律，指明了人类社会发展的价值目标，是马克思主义的理论基础，也是全面深化改革的根本指导思想。全面深化改革必须树立强烈的问题意识。全面深化改革必须注重改革的整体性。全面深化改革必须坚持改革的人民性。④ 中国人民大学教授周新城强调，探讨改革问题必须从我国社会的实际出发，因为社会存在决定社会意识，而不是相反；要运用生产力与生产关系、经济基础与上层建筑的矛盾运动的观点来分析改革的问题；在改革的方法上，必须尊重群众的实践经验，把群众路线同顶层设计结合起来，这样的改革方法才符合历史唯物主义的原理，才能保证我国的改革健康、顺利地开展。⑤

总体来说，历史唯物主义原理研究坚持两个向度展开无疑是正确的方向，但是从当前研究现况看，如何运用历史唯物主义原理解释和解决现实问题，如何将学术性与实践性结合起来仍是一个需要继续努力的方面。恩格斯多次强调历史唯物主义是研究方法，而不是套语，中国人民大学教授陈先达指出：运用是分析，套语是标签。分析，是以历史唯物主义作为方法论指导，对具体历史过程、事件或人物进行具体分析；而标签，则是对具体历史过程、事件或人物，不加分析塞进既成的历史唯物主义基本原理、范畴或概念的框架中。可以说，一个是从事实出发，以历史唯物主义为指导分析事实；一个是从原则出发，以原则来套用事实。⑥ 深圳大学社会科学学院张守奎认为，未来的历史唯

---

① 赵家祥：《〈资本论〉及其手稿中的分工理论——基于历史唯物主义的视阈》，《学习与探索》2014 年第 7 期。

② 唐正东：《马克思历史唯物主义消费观的生成路径及理论特质》，《哲学研究》2014 年第 5 期。

③ 李士坤：《历史唯物主义是全面深化改革的理论基础》，《中共福建省委党校学报》2014 年第 4 期。

④ 边立新：《历史唯物主义与全面深化改革》，《理论视野》2014 年第 5 期。

⑤ 周新城：《必须用历史唯物主义来指导我国的改革——学习习近平 2013 年 12 月 4 日讲话的体会》，《毛泽东邓小平理论研究》2014 年第 4 期。

⑥ 本刊记者：《谈谈历史唯物主义的方法论问题——访中国人民大学一级教授陈先达》，《马克思主义研究》2014 年第 6 期。

物主义研究，应该从过去的“宏观研究”范式向“微观研究”范式调整，复原并凸显出历史唯物主义的“批判性”和“实践性”品格，在注重其时代现实性和加强介入社会现实问题能力的同时，强化其学术性。[①]

2. 劳动价值论研究

劳动价值论的研究既需要理论的深化又需要与实践密切结合，既要从马克思原意出发对有关劳动价值论的不同观点做出正确解读，又要在正确坚持马克思劳动价值论的基础上进行创新发展。如对外经济贸易大学副教授胡若痴、中国人民大学荣誉一级教授卫兴华从分析方法、系统性和整体性上把握劳动价值论的拓展性和科学性，指出对马克思的劳动价值论的正确理解与把握，必须弄清马克思价值理论由抽象到具体的分析方法，在三卷《资本论》中，劳动价值论是经历不断拓展和具体化的过程，必须从系统性和整体性把握其真谛，进而辨析了超额价值、国际价值等相关争论[②]。中国科学院理论物理研究所研究员何祚庥从当代科学技术巨大发展的现实出发，提出必须将“科技×劳动”创造使用价值的思想引入新劳动价值论的探索和研究，并围绕科学技术在劳动价值论中的理论地位、使用价值的可计量性问题、均衡价格如何确定的问题三个重要问题进行了阐释。[③] 但是，针对何祚庥教授的这种观点，吉林财经大学马克思主义经济学研究中心教授丁堡骏、北京理工大学人文社会科学学院经济系于馨佳认为，所谓的必须将“科技×劳动”创造使用价值的思想引入新劳动价值论的“发展”是对马克思科学的劳动价值论的背离和庸俗化，指出何教授在具体论证这一观点时，试图通过“使用价值等于交换价值”和“使用价值量等于交换价值量乘以一个所谓的劳动生产率效率因子”这样两个命题来完成，然而这两个命题不仅互相之间是矛盾的，而且单独看每个命题也都不能成立。“科技×劳动”共同创造价值的新劳动价值论不仅不是对马克思的劳动价值论的丰富和发展，而是相反，它背离和庸俗化了马克思科学的劳动价值论。[④]

劳动价值论既要加强理论研究，也要增强现实运用。中国社会科学院马克思主义研究院研究员余斌强调要认识抽象劳动、复杂劳动及简单劳动之间的关系。要从抽象劳动的意义上认识复杂劳动和简单劳动的通约，复杂劳动与简单劳动都有很多具体的形式，显然，复杂劳动与简单劳动的通约只能是在抽象劳动上而不能是在具体劳动上。伴随人类劳动力的发展和社会进步，简单劳动的内涵会有所提高；复杂劳动也必然日益向简单劳动转化。[⑤] 郑志国认为揭示了商品价值的可公度、可转移、可增值性质的劳动价值论构成了国民经济核算的价值论基础。他认为劳动质量的变化影响商品价值，经折算后的标准质量劳动与价值总量变化是一致的。劳动结果有正效应和负效应之分，通过评价劳动负效应可以进行环境核算。在此基础上改进国民经济核算体系（SNA）可建立更加

---

① 张守奎：《历史唯物主义研究范式的反思与调整》，《中共浙江省委党校学报》2014 年第 2 期。

② 胡若痴、卫兴华：《从马克思的分析方法把握劳动价值论的拓展性和科学性——兼对某些相关争论问题的辨析》，《学术月刊》2014 年第 10 期。

③ 何祚庥：《必须将“科技×劳动”创造使用价值的思想引入新劳动价值论的探索和研究》，《政治经济学评论》2014 年第 1 期。

④ 丁堡骏、于馨佳：《究竟是发展，还是背离和庸俗化了马克思科学的劳动价值论？——评何祚庥对马克思劳动价值论的“发展”》，《政治经济学评论》2014 年第 2 期。

⑤ 余斌：《抽象劳动、简单劳动与复杂劳动》，《河北经贸大学学报》2014 年第 3 期。

完善的 SNA。[①] 曲阜师范大学管理学院讲师丁涛从马克思揭示出的国际分工的剥削本质出发，指出按照马克思的研究思路，在“资本家的手”的推动下，资本主义剥削关系经由国际分工和全球价值链转变为发达国家对发展中国家的剥削关系。全球价值链的本质是资本主义国家精心打造的经济霸权体系，此体系的关键在于流通环节，其作为价值的实现过程决定了财富由发展中国家流向发达国家。[②]

3. 科学社会主义原理研究

关于科学社会主义基本理论，2014 年度学者们围绕科学社会主义的研究对象、学科性质、逻辑起点、基本原则和学科体系等一系列学科基本问题进行了深入探讨。中央党校李道中教授梳理了马克思和恩格斯的有关论述，提出科学社会主义研究对象是社会演化，其学科性质属于社会演化学，其逻辑起点是生产，其理论体系是以历史唯物论为基本理论框架，以对社会的经济、政治、文化、家庭的演化的考察为基本内容，以社会主义为指向。[③] 中央党校王怀超教授和牛先锋教授回顾和总结了 1978 年以来科学社会主义的学科体系建设，他们把我国理论界对科学社会主义原理学科体系的研究历程分为三个时期：在尝试时期学科体系更多的是以经典作家科学社会主义基本原理为专题进行设计的；在初步确立时期学科体系中增加了中国特色社会主义理论的基本内容和国外社会主义理论与实践的内容；在丰富和发展时期学科体系建设肯定了此前两个时期的成果，结合当代中国和当代世界的新情况，又有所突破。他们总结了各个阶段的特点，认为在这三个时期，专家学者们在学科体系建设方面有共识，也存在着认识上的差异。[④] 河北师范大学刘玉芝副教授研究了马克思、恩格斯对巴黎公社制度实践的经验总结与理论反思，认为马克思和恩格斯基于“人的解放”的社会主义制度价值阐释了社会主义制度真正的民主、真实的平等、实质的正义和政治统一的原则。[⑤] 苏州大学石镇平副教授等人基于马克思主义创始人的科学社会主义学说，把科学社会主义的基本原则概括为：社会主义必然代替资本主义，共产主义第一阶段的基本特征，无产阶级必须组织成为政党，暴力革命是无产阶级革命的一般规律，在资本主义和共产主义第一阶段之间有一个过渡时期，过渡时期必须强调阶级斗争和无产阶级专政，消灭私有制和消灭一切阶级，必须加强无产阶级国际主义联合。[⑥] 上海社会科学院成素梅研究员分析了科技革命对科学社会主义理论的诞生与发展所起的推动作用，提出科技革命是科学社会主义理论的重要基础。[⑦]

---

① 郑志国：《基于劳动价值论的国民经济核算——兼析 SNA 的指标和方法问题》，《江汉论坛》2014 年第 1 期。

② 丁涛：《全球价值链的霸权性质——基于马克思劳动价值论的研究视角》，《马克思主义研究》2014 年第 3 期。

③ 李道中：《科学社会主义的研究对象、学科性质、逻辑起点和理论体系》，《科学社会主义》2014 年第 4 期。

④ 王怀超、牛先锋：《科学社会主义的学科体系》，《科学社会主义》2014 年第 4 期。

⑤ 刘玉芝：《试论科学社会主义制度基本原则———马克思恩格斯对巴黎公社制度实践的经验总结与理论反思》，《科学社会主义》2014 年第 4 期。

⑥ 石镇平、黄静：《科学社会主义的基本原则不能丢》，《马克思主义研究》2014 年第 4 期。

⑦ 成素梅：《科技革命是科学社会主义理论的重要基础》，《毛泽东邓小平理论研究》2014 年第 10 期。

关于科学社会主义理论在实践中的发展研究，2014 年度进展如下：

第一，学者们研究了列宁在实践中对社会主义平等原则和党内民主理论的发展。南京师范大学王进芬教授研究了列宁关于社会主义平等的理论阐释和实践探索，她指出，列宁认为社会主义平等是指社会地位的平等，是政治权利平等和经济地位平等的统一。列宁在实践中确立了实现社会主义平等的制度前提、大力发展经济和教育以及制定了促进工农平等、男女平等和民族平等的政策等。[①] 中央党校博士生樊欣系统梳理了列宁的党内民主理论，认为列宁党内民主理论内容宽泛，并从党内民主的基本内涵、显著特征、基本功能等方面概括了列宁党内民主理论的主要内容。[②]

第二，学者们全面阐述了毛泽东在实践中对科学社会主义的创新发展。《求是》杂志社社长李捷研究员系统地总结了毛泽东对科学社会主义创新发展的历史贡献，指出毛泽东对科学社会主义的创新发展具体体现在五个方面：第一，创造性地探索出具有中国特点的社会主义改造道路，成功地在一个经济文化落后的东方大国确立起社会主义基本制度；第二，在国际共产主义运动出现混乱之际，正确评价斯大林的是非功过，科学总结苏联社会主义建设的经验教训，捍卫了社会主义阵营的根本利益，开启了“以苏为鉴”的思想解放运动；第三，率先开启了对中国社会主义建设道路的独立探索，并先后产生了两篇（《论十大关系》和《关于正确处理人民内部矛盾的问题》）划时代的科学社会主义文献；第四，在认真纠正和反思“大跃进”错误中继续探索，阐明中国社会主义建设必须遵循的若干原则；第五，在初步总结中国社会主义建设的规律性认识的基础上，逐步形成中国社会主义现代化建设的完整设想。[③] 原北京大学副校长梁柱教授考察了毛泽东在科学社会主义发展史上的历史性贡献，他认为，毛泽东的贡献主要体现在：创造性地在理论和实践上解决了资产阶级性质的民主革命与社会主义相连接的问题；提出进行马列主义同中国实际的第二次结合的历史性任务，努力探索一条适合中国国情的社会主义建设道路；从更加广阔、更加深刻的基础上论述了社会主义制度建立之后如何防止被损害、被复辟的问题。[④]

第三，学者们继续探讨科学社会主义与中国特色社会主义的关系。中国社会科学院院长王伟光教授指出，在当代中国坚持和发展中国特色社会主义就是坚持和发展科学社会主义。他提出与此相关的三大基本问题并作了回答：一是建设中国特色社会主义为什么必须要坚持科学社会主义，这是因为坚持科学社会主义是历史的选择，是人民的选择；是中国特色社会主义的内在要求，是解决中国现实问题的必然要求；是应对当今复杂多变的国际局势的要求。二是建设中国特色社会主义要坚持科学社会主义的哪些基本原则，他认为建设中国特色社会主义必须坚持科学社会主义的两大基石即唯物史观和剩余价值理论；必须坚持科学社会主义的“两个必然”“两个决不会”“两个决裂”的辩证统一；必须坚持科学社会主义的阶段论；必须坚持科学社会主义的阶级分析方法。三是

---

① 王进芬：《列宁关于社会主义平等的理论阐释和实践探索及其启示》，《马克思主义研究》2014 年第 2 期。

② 樊欣：《列宁论党内民主内涵、特点与功能》，《科学社会主义》2014 年第 5 期。

③ 李捷：《毛泽东对科学社会主义创新发展的历史贡献》，《毛泽东思想研究》2014 年第 3 期。

④ 梁柱：《毛泽东思想是对科学社会主义理论的丰富和发展》，《思想理论教育导刊》2014 年第 2 期。

建设中国特色社会主义应如何坚持好和发展好科学社会主义，他认为第一不要忘记我们的老祖宗，多读读老祖宗的书；第二要靠理想信念，坚定共产主义的远大理想；第三要坚持推进改革开放，用新的实践创新、理论创新丰富科学社会主义的思想宝库；第四要靠人民群众的实践，用人民群众的首创精神、能动作用谱写科学社会主义的新篇章；第五要靠党的正确领导，在党的领导下办好中国的事情。① 原中国社会科学院副院长李慎明研究员认为，经过新民主主义革命和社会主义革命、建设与改革开放，中国化的马克思主义理论先后形成了毛泽东思想和中国特色社会主义理论体系两大理论成果，这两大理论成果从本质内涵上又可以表现这样两种具体形态，即表现为党的新民主主义革命理论和我们党在新中国执政后的执政党的建设理论。②

（三）现实问题研究

1. 公平正义理论研究

马克思公平正义观是近年来理论界持续关注的一个重点理论问题。2014 年学者们在这个问题上的研究主要取得如下进展：

第一，对马克思正义观基本内容的深度挖掘。《中国社会科学》2014 年第 3 期以《马克思思想资源中的社会正义》为总标题，刊登了 3 篇研究马克思主义正义观的学术论文。武汉大学李佃来教授指出，马克思是在总体性视阈内，是在批判私有财产制度和资本主义生产关系的前提下，是在阐发市民社会与人类社会辩证关系的维度中，介入正义论题并厘定正义思想的。这一独特的正义运思语境和理路，决定了马克思所讲的正义是一个包含了多层内涵的规范概念。究其原因，是因为马克思对资本主义的批判，本身就是在物质、文化、精神等多个层面上展开的，同时涉及现在与未来、现实与理想等不同位阶之价值的排序。基于此，马克思在革命和批判的语境中厘定的正义思想，呈现为一个包括“个人所有权”“分配正义”以及“人的自我实现”在内的自下而上、层层递进的立体性结构，因而也就包含了这三重既不同又相关的意蕴。③ 三亚学院谌林研究员认为，只有在整体性原则的视阈中才能科学地理解马克思的正义思想。批判性话语和建构性话语共同构成了马克思正义思想的整体，即通过对资本主义应得正义的制度前提——资本主义财产私有制、剥削以及资本主义历史暂时性的批判，建构了共产主义制度下的正义观。④ 中国人民大学张文喜教授强调，应该在超越伦理学的意义上理解马克思的正义观。国内外学者将马克思正义观伦理化的根本缺陷在于以形式的康德主义来理解马克思。在本质上，马克思的正义观并非源于道德律令，而是源于感性的人类活动，是基于人类行为的存在论意义上的历史性的实践活动并指向共产主义的正义观。⑤ 南开大学王新生教授对马克思正义观的基本逻辑、内容结构等问题进行了全面阐述。他指出，马克思关于正义问题的讨论是通过批判“国民经济学”完成的，这是由他的理论任务所规定的。不是用公平、正义的政治法律概念解释分配关系，而是用生产关系来解释分配

① 王伟光：《当代中国坚持和发展科学社会主义的三大基本问题》，《马克思主义研究》2014 年第 8 期。

② 李慎明：《科学社会主义在中国的实践与发展》，《毛泽东思想研究》2014 年第 2 期。

③ 李佃来：《马克思正义思想的三重意蕴》，《中国社会科学》2014 年第 3 期。

④ 谌林：《马克思对正义观的制度前提批判》，《中国社会科学》2014 年第 3 期。

⑤ 张文喜：《马克思对“伦理的正义”概念的批判》，《中国社会科学》2014 年第 3 期。

关系，用生产劳动解释生产关系，用经济基础解释上层建筑。这是马克思正义理论的基本逻辑。在马克思关于正义的解释逻辑中，生产劳动是出发点，人们为了进行生产而发生的联系和关系是最基本的社会关系，只有在生产关系的基础上才能合理地解释其他社会关系。马克思正义理论的目标是落实于经济利益的实质上的平等，因而不可能不追究实现实质平等所需的经济条件。从对古典政治经济学批判出发而不是直接从政治批判出发，成为马克思正义理论的特殊选择。他进一步认为，马克思的正义准则分为两个不同的层面：马克思立足于“人类社会或社会化的人类”对“市民社会”进行批判，其依据是“人类社会或社会化的人类”所要求的正义准则；马克思立足于“市民社会”自身对“市民社会”进行批判，其依据是“市民社会”自身的正义准则。与此相对应，马克思的正义理论是一个具有双层结构的理论：超越性正义理论和应得正义理论。与自由主义等当代西方政治哲学的正义概念相比，马克思的正义概念是一个含义更广的高阶概念。马克思的高阶正义概念从“人类社会或社会化的人类”出发，以“自由人”之间有机的社会合作为基础，刻画出人类社会可能具有的最高正义原则。[①] 南京大学吴翠丽副教授等人提出马克思社会正义思想的理论逻辑：通过批判旧世界来发现新世界，即基于批判资产阶级抽象的社会正义观，重新找到唯物史观视阈下解决正义问题的现实道路，最终实现对旧正义观的超越，建立新型的共产主义社会。[②]

第二，关于马克思分配正义思想的具体研究。湖南科技大学朱春晖教授指出，马克思从政治经济学、伦理学、法理学等学科视角来评述资本主义分配的正义性。从政治经济学的角度来看，他认为资本主义分配制度合乎经济规律，具有客观必然性，是正义的；从伦理学的角度来看，他认为资本主义分配是非正义的；从法理学的角度来看，他认为资本主义分配正义具有片面性、虚伪性，自由、平等体现的是资产阶级的阶级利益。尽管马克思的分配正义思想存在着一定的内在张力，但从辩证逻辑上看，其理论具有内在的统一性。[③] 上海工程技术大学杨娟博士指出，从经济哲学的视角深入理解马克思对资本主义的批判，可以发现马克思并非简单地反对分配正义，而是在深刻剖析资本主义内在矛盾的基础上，对作为资本主义意识形态的分配正义进行反驳，由此揭示，货币化生存世界中资本的逻辑越是展开，分配正义越是陷入矛盾境地。[④]

2. 中国特色社会主义经济学理论与实践研究

马克思主义经济学的理论、观点与方法是构建发展中国特色社会主义经济学的基础，这既要求加大对马克思主义经济学的研究与创新，又要以此为指导，结合国情创新发展中国特色的社会主义经济学。对于马克思主义经济学的创新发展，武汉大学经济与管理学院教授简新华指出，真正切实有效创新和发展马克思主义经济学，必须解决三个问题，这三大问题现在存在三大忧虑，即创什么？面临现代资本主义经济、现实社会主义经济、当代世界经济的新情况和现代西方经济学四个方面的挑战，必须应对挑战，与时俱进地深入研究这些新情况、新变化、新特点，说明和解决新问题；靠谁创？后继乏

---

① 王新生：《马克思正义理论的四重辩护》，《中国社会科学》2014 年第 4 期。

② 吴翠丽、李佳：《基于批判的超越：马克思社会正义思想的理论逻辑》，《马克思主义研究》2014 年第 2 期。

③ 朱春晖：《马克思评资本主义分配的正义性》，《国外社会科学》2014 年第 1 期。

④ 杨娟：《分配正义：马克思主义经济哲学的追问》，《马克思主义研究》2014 年第 4 期。

力，必须加强马克思主义经济学的教育，大力培养现代马克思主义经济学家；怎么创？存在过分强调国际化、轻思想重技术甚至玩方法、技巧、模型的两种偏差，必须国际化与中国化并重、思想性与技术性结合。① 加强马克思主义经济学的研究既要注重研究方法又要注重研究范式。河北大学政法学院教授宫敬才认为，在马克思的政治经济学研究中确实存在独具特色的研究方法，但更有内容丰富得多的研究范式，正是此种研究范式使马克思的政治经济学成为自身。在比较的意义上说，马克思政治经济学的研究范式与西方主流经济学的研究范式形成鲜明对照，前者更科学合理和更具有人情味，探究符合社会历史和当下经验事实的规律时效率更高，马克思政治经济学的研究范式是与西方主流经济学的研究范式双峰并峙因而独树一帜的研究传统。② 此外，进行马克思主义经济学研究首先要明确的是马克思主义经济的核心范畴，对此河南财经政法大学经济伦理研究中心助理研究员张新宁提出，判断一个观点和主张是否属于马克思主义经济学的范畴应当坚持辩证唯物主义和历史唯物主义的观点，着重分析其观点是否坚持劳动价值论、是否坚持消灭私有制批判资本主义弊端、是否坚持运用阶级观点和阶级分析方法、是否赞成资本主义必然被共产主义所代替的历史趋势，并进一步以此判断评析了美国马克思主义经济学六大研究流派。③

构建发展中国特色社会主义经济学既需要已有经验的总结又需要不断创新。西南财经大学经济学院教授蒋南平、西华大学汤子琼系统梳理、总结了改革开放以来马克思主义经济学在中国的运用及经验，指出这一时期我们对马克思主义经济学的运用主要体现在经济理论运用模式的选择、中国经济学理论框架的建立、形成中国特色社会主义经济实践成果方面，并且围绕计划经济时期建立什么样的社会主义生产关系、分配关系等四个问题进行的正确反思是改革开放以后马克思主义经济学指导实践取得成功的经验。④ 有学者认为习近平的经济思想为中国特色社会主义经济学掀开了新篇章，对此，武汉大学教授顾海良指出，习近平经济思想注重运用从“国民经济的事实”出发到“问题意识”，再从“问题意识”到“问题倒逼”的方法，注重从历史、现实与未来内在联系的视阈上揭示经济改革和发展理论的真谛。习近平经济思想在社会主义市场经济体制改革和完善理论上，在对社会主义初级阶段经济制度、经济体制和运行过程的总体探讨上，形成了一系列创新性的观念和理论成就。⑤ 有学者在学习党的十八届三中全会决定整体经济学感悟中，认为中国特色社会主义系统治理实现了创新，如河南财经政法大学教授杨承训认为党的十八届三中全会提出全面深化改革的总目标是完善和发展中国特色社会主义制度，推进国家治理体系和治理能力现代化，必须更加注重改革的系统性、整体

---

① 简新华：《马克思主义经济学创新和发展的若干问题》，《马克思主义研究》2014 年第 2 期。

② 宫敬才：《比较视阈中马克思政治经济学的研究范式论纲（一）》，《河北经贸大学学报》2014 年第 4 期。

③ 张新宁：《试论马克思主义经济学的核心范畴——兼评美国马克思主义经济学六大研究流派》，《毛泽东邓小平理论研究》2014 年第 7 期。

④ 蒋南平、汤子琼：《改革开放以来马克思主义经济学在中国的运用及经验》，《经济学动态》2014 年第 1 期。

⑤ 顾海良：《中国特色社会主义经济学的新篇章——习近平系列重要讲话中阐发的经济思想》，《毛泽东邓小平理论研究》2014 年第 4 期。

性、协同性，这是马克思主义中国化的创新。其子系统是“整体经济学”，应当从纵、横、深三个维度研究全面深化经济改革：纵向研究改革发展的全程，区分为大历史阶段（社会主义初级阶段）、小的阶段特征、现实的具体问题；横向研究与经济发展相关因素的关联性，如上层建筑对经济的影响、生态环境的重要作用；深度研究各类经济运行职能的协同优化，重点是市场与政府的职能协同。①此外，云南师范大学经济学院教授周文、上海财经大学孙懿在梳理经济学发展趋势后，强调了中国经济学新建构的客观现实，这主要因为当今中国改革与崛起的客观现实对主流经济学理论的解释力产生了强烈冲击，更具解释力的“中国经济学”将不仅是研究特定地区、特定时代或融合了特定文化的经济学，而且是顺应经济学趋势，推动经济学更具创新性的理论力量。②

3. 公有制主体地位和国有企业效率综合评判问题

改革开放以来，公有制主体地位以及如何量化、国有企业效率问题一直是理论界研究的重点问题，也是存在争论的核心问题，这其中有关国有企业效率的研究近来出现了综合评判的发展趋势，不断突破了国企经济效率研究的视角。针对公有制主体地位量化问题，中国社会科学院经济研究所研究员裴长洪对中国公有制主体地位进行了估算并描述了其发展趋势。他以不同生产资料所有制的经营性资产价值量作为衡量主次地位的边界标准，估算了第一产业公有制与非公有制的资产规模及其比重变化，并在前人估算的基础上，延伸估算第二和第三产业两种所有制的资产规模及其比重变化。研究结果发现：截至2012年，中国三次产业经营性总资产中公有制经济的资产规模占53%；第二、三产业非公有制经济占增加值和就业规模的比重分别为67.59%和75.20%。这表明，公有制资产仍占主体，非公有制经济贡献占优，中国社会主义基本经济制度充满活力，从而为我国社会主义初级阶段的所有制改革和坚持“两个毫不动摇”的政策提供了理论依据。③此外，判定公有制的主体地位还要从国有经济的控制力状况入手，中国社会科学院工业经济研究所李钢副研究员、美国北卡罗来纳大学教堂山分校何然基于工业数据测度了我国国有经济的行业分布与控制力，研究表明我国国有经济对国民经济的整体影响能力和控制能力并未显著下降，甚至在一些行业内，国有企业的控制力反而有所提升，进而提出全面评估国有经济对我国经济社会发展的意义。④

针对国有企业效率问题的争论，武汉大学战略决策研究中心教授龙斧、武汉大学经济发展研究中心教授王今朝强调，国有企业效率效益低下是中国长期存在的一个经济学理论误区，这与西方经济学封闭系统方法论的效率效益决定不无关系，基于整体主义方法论等进行分析，国企效率效益低下无疑是一个具有伪科学性本质的命题。⑤清华大学马克思主义学院副教授朱安东认为，现有的关于国有企业效率问题的实证分析主要集中

---

① 杨承训：《中国特色社会主义系统治理的创新——学习党的十八届三中全会决定整体经济学感悟》，《毛泽东邓小平理论研究》2014年第1期。

② 周文、孙懿：《经济学发展趋势与中国经济学的新建构》，《经济学动态》2014年第11期。

③ 裴长洪：《中国公有制主体地位的量化估算及其发展趋势》，《中国社会科学》2014年第1期。

④ 李钢、何然：《国有经济的行业分布与控制力提升：由工业数据测度》，《改革》2014年第1期。

⑤ 龙斧、王今朝：《消除“国有企业效率效益低下”的理论误区——整体主义方法论下1949年—1980年中国国有企业的效率效益衡量》，《马克思主义研究》2014年第4期。

于其微观（企业）或者中观（行业）层面，而少有宏观层面的分析，因此他通过对全球60多个混合经济国家的国有企业部门的储蓄—投资缺口、盈利、与政府之间的资金往来、在国内外信用市场中角色等的实证分析，说明了那种认为国有企业在宏观层面没有效率、增加了政府财政赤字和通货膨胀压力、在国内市场吸取贷款太多从而挤占了私人借贷以及增加了外债负担等的论断缺乏事实依据。这些数据证伪了国有企业天生缺乏效率的论断。由此提出，至少从宏观层面上看，私有化不应成为解决国有企业问题的方向。① 中国人民大学经济学院讲师张晨则针对利润率是否能作为国有企业效率的“充分信息指标”这一问题进行了研究，他认为在社会主义市场经济中国有企业在历史条件、行业技术特征、税收负担、市场地位、劳动制度等方面与其他所有制企业存在多重差异，其中大多差异来自于国有企业功能的特殊性，而非市场化不彻底，体现了国有企业所有制属性的内在要求。因此，利润率显然不能作为评价国有企业效率的“充分信息指标”，进而提出了探索和完善“以功能评价效率”和“以功能决定布局”的国有企业监管思路。②

三　总体述评

（一）从理论研究上看，经过九年的发展，学科理论研究已经进入攻坚阶段，制约学科理论研究发展的难题需要攻克。未来基本原理研究有三个方面需要努力。

第一，深化马克思主义基本原理理论体系研究，推进整体性研究走向深入。

马克思主义基本原理学科的设立从制度、从学科体系上打破了马克思主义哲学、政治经济学和科学社会主义分属于哲学、经济学和政治学等不同学科的旧体系，使得马克思主义三个组成部分之间实现了形式上的统一，但是，学科的整体性必须要有理论整体性的支撑。揭示马克思主义三个组成部分之间的内在关系，构建、阐明马克思主义基本原理理论体系，这是学科发展的必然要求。

学科理论研究初期通过对基础问题的讨论，如关于什么是马克思主义基本原理及其内涵概括、关于马克思主义整体性研究等，取得了重要成绩。但是随着研究的深入，整体性研究“停留在表面，难以深入”，存在着表面化、简单化和形式化的现象，在总体上还流于一般性的议论，缺乏那种普遍公认、广为信服的精品力作。整体性研究现在需要突破的难题是：如何认识、理解和构建马克思主义基本原理理论体系。这既是对什么是马克思主义基本原理问题的深层回答，也是马克思主义基本原理整体性研究的逻辑发展的内在要求。

如何从理论体系的整体高度把握马克思主义基本原理？有些学者主张从马克思主义哲学、政治经济学、科学社会主义三者辩证统一的角度来把握，但是如何提示三者之间的辩证关系，确是一个难题。由此，有些学者主张从总体性范畴、逻辑主线或中心线索的角度来构建和把握，但对具体范畴或主线的理解很不相同，有学者认为是实践和人类解放，有学者认为是人的解放和自由全面发展，等等。有些学者主张从“立场、观点、

① 朱安东：《破除国有企业低效论——来自混合经济体的证据》，《政治经济学评论》2014年第4期。

② 张晨：《利润率能作为国有企业效率的充分信息指标吗?》，《教学与研究》2014年第5期。

方法”辩证统一角度来构建，有些学者主张从真理观与价值观统一的角度来构建马克思主义基本原理的理论体系，等等。应该说，当前学界对马克思主义基本原理理论体系的研究尚处于初期，学者们对当前研究状况也并不很满意。多角度、多方面研究马克思主义基本原理体系是需要的，但缺少共识，缺少普遍信服的结论，对当前马克思主义基本原理的普及非常不利，容易引起人们对“什么是马克思主义”认识上的误解，造成茫然和混乱。

总之，关于如何科学理解和构建马克思主义基本原理理论体系的研究并没有形成普遍认可的成果，这个问题是一个难点问题，也将是今后很长时间内马克思主义基本原理理论研究的一个重要课题。

第二，避免马克思主义原理研究的实证化、知识化，大力加强马克思主义价值性研究。

马克思主义是科学性与价值性辩证统一的整体，一直以来，我国学界对于马克思主义的科学性和真理性认识深刻，研究深入，成果丰富，但相较而言对于马克思主义以人为本的价值性研究及科学性与价值性辩证统一等研究方面一直偏弱。在以往教学和研究过程中，马克思主义理论更多地被解读成知识体系、方法论体系，而马克思主义的价值体系仅仅被简单地解读为无产阶级认识世界和改造世界的意识形态的社会功能，解读为无产阶级的理论武器。尽管一些学者就马克思主义价值哲学、文化哲学、实践哲学、政治哲学、生存哲学、生态哲学等进行了深入探讨，也取得了重要成果，但是并没有引起人们普遍关注和深刻反思。总体来说，马克思主义价值性研究及成果均相对薄弱。

马克思主义的价值性不仅体现在它从现实个人及其需要出发，尊重人、理解人、满足人，推崇自由个性发展，体现在它鲜明的政治立场、社会主义目标和共产主义理想，而且还体现在它致力于引导、提高人的精神境界，超越自然、功利的目标，确立正确的人生信仰。马克思主义不仅是一个知识体，而且也是一个艺术品；不仅是认识和改造社会的理论武器，而且也是人生信仰和价值理想，是社会主义价值体系的核心和魂灵。宗教信仰超越的力量来自于神，是一种纯粹精神的洗礼；而马克思主义信仰超越的力量来自于人自身的本质力量，是传承历史、开创未来的现实运动。

缺少对马克思主义价值维度的深入研究和思考，缺少将价值性与真理性辩证统一的艺术，无疑会妨碍人们完整全面地认识马克思主义，不能更好地领会马克思主义真正的理论魅力。同时，更现实的问题是，缺乏对马克思主义价值维度的研究，就缺乏公正地处理不同阶层、不同利益群众之间矛盾的能力，不能很好地满足人民群众关于自由、平等、公正的权利要求，社会制度设计就缺乏合理的理论指导。应该说，当前我国社会存在的道德滑坡、信仰失落、精神家园荒芜等，与马克思主义价值性研究不足有深远的关系。并且，遮蔽马克思主义价值性、片面强调马克思主义知识性，马克思主义就被当成了教条，被强行灌输、强制统一思想，这无疑损害了马克思主义的威信和声誉，疏远了无产阶级和劳动人民对马克思主义的情感，久而久之，人民就会对马克思主义产生怀疑。

因此，未来学科理论研究的重点就是要大力加强马克思主义价值性研究，要让人们认识到马克思主义对提升人的精神境界、改造人的主观世界的巨大作用，要展示出马克思主义的艺术性和精神引领力。

第三，提高理论与实际、学术性与现实性相结合的能力。

运用马克思主义基本原理解释和解决现实问题，既是马克思主义理论使命，也是马克思主义原理生命力和创造力的源泉。熟练驾驭马克思主义基本原理深入分析和解决现实问题，这是一个马克思主义理论家应该具有的品质。但是，从当前学科研究现状看，将学术性与现实性具体地、事实地结合起来的能力还很差，或者局限于马克思主义经典作家的论述，或者热衷于宏大叙事，马克思主义研究理论性与现实性的统一更多表现为理论上的抽象统一，缺少具体现实统一，学术性研究与现实性研究事实上脱节，存在着“两张皮”现象。

马克思主义整体性是马克思主义理论性与实践性、理想性与现实性、价值性与真理性、科学性与政治性的辩证统一，马克思主义整体性研究要体现出二者统一的内在机理和关系，学术性研究的成就应当体现为解释和解决现实问题的力度。例如，如何运用马克思、恩格斯的城乡理论解释和解决当前农村城市化问题？如何运用马克思主义阶级和阶层理论解释和解决社会矛盾冲突问题？等等。当前整体性研究较多停留在宏大叙事、隔空对话状态，较少有真正体现学术性与现实性有机统一的精品力作。可以说，在现实问题上，实践的发展远远走在理论研究的前面，理论研究没有体现出应有的作用和力量。而且研究方式陈旧，创新能力较差，没有完全适应时代发展的要求，这使得马克思主义原理研究的学术影响和社会影响都与其理论地位不相匹配，与马克思主义理论自身具有的高度和力量相比更不相称。

提高理论与实际、学术性与现实性相结合的能力，这是基本原理学科建设和未来发展一个最重要的方向。学术性与现实性更高层次的统一体现在：一方面，学术研究有更多思想性，不是从概念到概念的堆积和从理论到理论的空谈，而是具有时代性和创造性的深刻反思，是沿着前人的思路用自己的话语体悟出来的道理；另一方面，现实研究有更多针对性，不是套用原理、硬说现实，而是在精通基本原理精神的基础上，对现实问题的准确分析和实际解决。

（二）从学科建设上看，学科教研队伍整体素质亟须全面提高。

当前学科发展已经到了瓶颈期，绕不开的难题需要攻坚，没有高水平、高素质的人才是不能完成这样的任务的。正如很多学者所关注和强调的，教研人才队伍整体素质提高问题已经成为当前学科发展的核心问题。

这个问题之所以如此急迫，主要是因为基本原理学科的特殊历史背景造成的。在学科设立之前，作为整体的马克思主义基本原理分散在马克思主义哲学、政治经济学和科学社会主义等学科之中，无论是知识讲授、课题研究、人才教养、理论积累等都是按照分学科的模式进行的。因此，学科设立后，有能力从整体角度讲授和研究马克思主义原理的学科专业人才是很少的，大部分教师和学者都是从分学科的知识背景下转型而来，有人擅长哲学，有人擅长经济学，有人擅长科学社会主义理论。虽然经过九年的发展，大部分学者都在努力适应学科建设的新要求，努力提高整体性研究和教学的水平；各单位也为提高学科队伍的整体性素质做了很多工作，但是，人才队伍整体素质问题随着学科的迅速发展而日益突出，已经成为制约学科发展的重大问题。马克思主义基本原理学科必须要培养自己的专业研究人才，这是马克思主义基本原理学科健康发展的根本保证。没有一支理论功底扎实、理论视野宽阔、富有创造力的学科队伍是不可能完成学科健康发展任务的，学科队伍的素质决定着推进学科建设的内容、质量和方式。

2014 年度，有很多学者、很多单位都关注到了人才队伍的培养问题，提出了一系列的措施、办法，但是应该承认人才培养是一个不断积累的过程，不是一蹴而就的事，培养人才要遵循人才成长的规律。结合目前学科总体状况，要尽快培养学科专业人才，有两个方面的工作重点：一方面，要切实提高青年学者的马克思主义理论素养。通过经典著作研读会、各种专题报告会等，为青年学者学习马克思主义基本原理、领会马克思主义根本精神创造条件、搭建平台，要通过制定规范，增加学习的压力和动力，提高学习效率。另一方面，要努力培养学科优秀人才。学科队伍整体素质的提升有赖于高水平者的带动和影响，优秀人才多了，彼此互相切磋，互相提高，学科整体科研水平才能提高。要创造条件，使那些理论功底深厚、有创新思想的学者有机会发挥自己的才能，也要给予适当压力，使他们尽快成长起来。同时，以此为基础，着力打造学术创新团队，培养一批高素质的后备人才。

（供稿：张建云、彭五堂、杨静）

马克思主义中国化

一　学科概况

（一）全国“马克思主义中国化研究”学科建设概况

2005 年 12 月，国务院学位委员会和教育部联合下发的《关于调整增设马克思主义理论一级学科及所属二级学科的通知》对学科建设做了原则性规定，对“马克思主义中国化研究”学科的研究对象、内容、主线、主题、重点和研究方法等作了比较明确的框定和阐述。经过各相关部门和学术界九年多的共同努力，无论是学科机构、学科体系、研究队伍，还是制度化、规范化建设方面都不断发展完善，学科建设呈良好发展态势。

1. 学科建设进展情况

2014 年，学科建设的关注点更多集中在学科研究的基本问题、学科研究的方法、学科研究的话语权等方面。

关于“马克思主义中国化研究”的基本问题。作为一门新兴学科，“马克思主义中国化研究”必须要明确研究的边界，要区分它与传统马克思主义哲学、政治经济学、科学社会主义、党史党建等学科，以及马克思主义理论一级学科下设其他 5 个二级学科的关系。学者们认为，构成“马克思主义中国化研究”的基本问题大致有六个方面：一是要求回答什么是马克思主义；二是马克思主义为什么需要中国化；三是马克思主义为什么能够中国化；四是马克思主义是怎样中国化的；五是怎样推进马克思主义中国化最新成果的研究；六是如何继续推进马克思主义中国化。

关于“马克思主义中国化研究”的话语权问题。所谓话语权就是指影响力、定义权、解释权、主导权及其被倾听。“马克思主义中国化研究”作为一个新学科，应该吸取其他学科在构建自己话语体系过程中的成功经验和失败教训。作为学科的重点内容，中国特色社会主义理论体系的国内话语权主要体现在三个层面上：一是政治层面上的，是指党的指导思想、党治国理政的理论基础等；二是学术层面上的，是指学术阐述、理论自洽、逻辑架构等；三是大众层面上的，是指大众接受、民众理解、贴近生活等。中国特色社会主义理论体系的国际话语权主要表现在六个方面：一是坚实的话语基础——有实力；二是科学的话语体系——有思想；三是有效的言说表述（包括话语表述和言说方式等）——有感染力；四是坚定的理论自信——有主动性；五是现代的传播方式——有效性；六是拥有国际话语——有影响力。提升了中国特色社会主义理论体系的国内外话语权，就提升了马克思主义中国化的新境界，增强了马克思主义理论的国内外影响力。

关于“马克思主义中国化研究”的方法问题。学者们普遍认为，需要开阔视野、多维度思考、多种研究方法综合运用。有学者认为，提高“马克思主义中国化研究”学科的学术性和研究的学术性需要从四个维度出发：一是文本维度，二是认识论维度，三是价值论维度，四是实践维度。在四个维度的研究中，文本维度是前提，认识维度是基础，价值维度是核心，实践维度是关键。有学者认为，“马克思主义中国化研究”需要在三个维度上下功夫：事实的维度，理论的维度，历史进程的维度。还有学者提出，“马克思主义中国化研究”要树立四种思维：历史思维、哲学思维、实践思维、政治思维。“马克思主义中国化研究”需要强调史、论、原著、方法的统一；“马克思主义中国化研究”要突出政治性、意识形态性与实际问题的密切结合；要积极改进文风，提升“马克思主义中国化研究”的魅力和感染力。“马克思主义中国化研究”必须树立问题意识。当然，强调以问题为中心并不是不要学科，学科的基本精神是不能超越的；反过来，强调学科也不是不要问题，关键是对问题的所思所想究竟采取一种什么样的方式；既不能强调问题而淡化了学科，也不能强调学科而重新设置学科壁垒。

2. 学术成果

2014 年，学术界围绕马克思主义中国化历史起点、内涵和实质、规律和经验、研究方法、研究主体等基本问题，尤其是围绕邓小平与马克思主义中国化、中国传统文化与马克思主义中国化、中国梦与马克思主义中国化等方面进行了较深入的讨论，提出了许多重要的理论观点，发表出版了一批有价值的代表作品。

经中国知网检索，截至 2014 年 12 月，本年度国内期刊发表的论文（包括博硕士论文）中，以“马克思主义中国化”为主题的文献数量为 1206 篇；以“中国特色社会主义”为主题的文献共有 4868 篇；篇名含“毛泽东”的论文共计 2988 篇；篇名含有“中国特色社会主义理论体系”的有 722 篇；含有“邓小平理论”的有 97 篇；含有“‘三个代表’重要思想”的有 6 篇；含有“科学发展观”的有 744 篇；含有“中国梦”的有 6013 篇。

经国家图书馆中文普通图书检索，截至 2014 年 12 月，本年度国内出版的图书中，正题名中含有“马克思主义中国化”一词的约有 40 种，含有“中国特色社会主义”一词的有 129 种，含有“毛泽东”一词的有 248 种，含有“邓小平”一词的有 71 种，含有“江泽民”一词的有 4 种，含有“胡锦涛”一词的有 12 种，含有“习近平”一词的有 39 种。

如果将那些篇名、主题和题名没有体现但具体内容有所涉及的研究成果以及其他学科领域的相关研究考虑在内，则实际研究内容会更加丰富，文献数量也会更多。总体看，更多成果集中于对毛泽东思想、邓小平理论和中国梦的研究，直接对“三个代表”重要思想和科学发展观进行研究的成果比前几年有所减少。

2014 年 5 月，经国家新闻出版广电总局批准，湖南省社会科学院主管主办的学术刊物《毛泽东研究》（双月刊）正式创刊。

3. 学术活动

2014 年，国内学术界举办了多次理论研讨会，其中代表性的有：

——1 月 2 日，北京市委宣传部、北京市中国特色社会主义理论体系研究中心、北京市社会科学界联合会共同举办“首都理论界培育和践行社会主义核心价值观研讨会”。与会专家围绕积极培育和践行社会主义核心价值观，实现中华民族伟大复兴的中国梦，提升每个国民的幸福感等问题进行深入研讨。

——4 月 12 日，由中国社会科学院马克思主义理论学科建设与理论研究工作领导小组主办、中国社会科学院马克思主义研究院和当代中国研究所承办的“中国社会科学院第一届毛泽东思想论坛”在北京召开。论坛主题是“毛泽东·毛泽东思想与当代中国”。中国社会科学院副院长、当代中国研究所所长、中国社会科学院毛泽东思想论坛主席李捷（现任中共中央《求是》杂志社社长）作了题为“毛泽东对科学社会主义创新发展的历史贡献”的主题报告。

——4月29日，由全国邓小平理论研究会和深圳社会主义学院联合主办的“全国邓小平理论研究会2014年年会暨十八届三中全会对邓小平理论的继承和发展理论研讨会”在深圳社会主义学院举行。与会专家学者围绕邓小平理论在新时期的发展等问题展开研讨。

——6月22日，由中央党校马克思主义理论教研部和中共广东省委党校共同主办，中央党校马克思主义理论教研部马克思主义中国化研究教研室与广东省委党校中国特色社会主义研究所联合承办的“全国党校系统‘马克思主义中国化研究暨学科建设’理论研讨会”在广东召开。

——7月3日，由中国社会科学院、《光明日报》编辑部、上海社会科学院联合主办的“全国社会科学院系统中国特色社会主义理论体系研究中心第十九届年会暨改革开放与三中全会学术研讨会”在上海召开。来自中国社会科学院以及全国各省、直辖市、自治区社会科学院代表120余人参加会议。与会代表围绕邓小平与中国改革开放，理想、信念与中国梦，中国特色社会主义理论建设与改革再出发，中国特色社会主义研究的世界维度，理论自信、道路自信与制度自信等重要理论问题进行研讨。

——8月2日至3日，“中国科学社会主义学会2014年会暨‘十八大以来中国特色社会主义的新发展——深入学习和研究习近平总书记系列讲话精神’研讨会”在青海省委党校召开。与会代表围绕深入学习研究习近平总书记系列讲话精神，从经济、政治、社会、文化、生态、党建、国防、科技等各方面推动中国特色社会主义新发展进行深入研讨。

——8月8日，“全国毛泽东哲学思想研究会第21次年会暨‘改革开放与中国道路’学术研讨会”在济南召开。

——8月20日至22日，由中宣部、中央党校、中央文献研究室、中央党史研究室、教育部、中国社会科学院、解放军总政治部联合举办的“全国纪念邓小平同志诞辰110周年学术研讨会”在北京召开。来自全国各地的150多位专家学者在会上进行了学术交流。会议入选论文100余篇，集中反映了近年来有关邓小平生平和邓小平理论的研究成果。

——10月15日至17日，由中国社会科学院世界社会主义研究中心、湖南省毛泽东研究中心与湖南科技大学马克思主义学院共同主办的“‘毛泽东与群众路线’国际学术研讨会”在湖南湘潭召开。来自俄、美、英、法、德、意、印、古、阿、巴（西）10个国家的16名外国共产党领导人、著名学者与会。

——10月17日至19日，中国社会科学院马克思主义研究院、珠海市社会科学界联合会和北京理工大学珠海学院联合举办的“第五届马克思主义中国化学术论坛：深入学习邓小平理论，在新的历史起点上全面深化改革学术研讨会”在珠海召开。来自中国社会科学院、中共中央党校、中国人民大学、广西师范大学出版社等单位的80多位专家学者参加会议。与会学者从邓小平战略思想、政治经济改革思想、文化建设思想、社会治理思想、对外开放思想、“一国两制”思想，以及习近平总书记对邓小平理论的继承和发展、邓小平理论与中国梦、邓小平理论与全面深化改革等角度做了专题发言和分组讨论，发表了许多马克思主义中国化研究领域的新观点、新成果。

——10 月 18 日，“中国毛泽东诗词研究会第 14 届年会暨‘毛泽东诗词与中华古典诗词的文化历史渊源及深远影响’学术研讨会”在北京召开。

——12 月 20 日至 21 日，湘潭大学毛泽东思想研究中心与湖南省韶山管理局韶山毛泽东同志纪念馆联合主办的第七届全国“毛泽东论坛”在毛泽东家乡韶山召开，专家学者深入评析毛泽东研究中的历史虚无主义观点。

——12 月 26 日，毛泽东思想生平研究会在北京召开“毛泽东与中国道路”学术研讨会，进一步学习习近平总书记在纪念毛泽东诞辰 120 周年座谈会上的重要讲话精神。会议期间还召开了毛泽东思想生平研究会会员代表大会和理事会议，选举出新一届毛泽东思想生平研究会领导机构，陈晋当选为毛泽东思想生平研究会会长。

（二）中国社会科学院“马克思主义中国化研究”重点学科建设情况

2014 年，由中国社会科学院马克思主义研究院马克思主义中国化部组织领导，在学科带头人赵智奎研究员、金民卿研究员的带领下，“马克思主义中国化研究”学科在学术研究、科研队伍建设、人才培养、学术交流等方面做了大量工作。

1. 参与创新工程及完成课题情况。2014 年度，学科有 13 人参与中国社会科学院创新工程项目。赵智奎为首席研究员的“社会主义核心价值体系引领社会思潮”项目，完成 11 卷本总计约 350 万字的资料汇编。金民卿为首席研究员的“马克思主义中国化思想通史”项目，完成了马克思主义中国化建国之前的资料汇编收集整理工作和提纲的写作修改工作，并进入初稿写作阶段。龚云为首席研究员的“坚持改革的社会主义方向”项目，发表内参 11 篇（其中 2 篇得到习近平总书记批示）。此外，学科成员承担及参与国家社科基金青年课题和一般课题 5 项，参与国家社科基金重大课题 1 项，承担中国社会科学院重大课题 1 项和重点课题 1 项，参与社会科学院国情调研课题和委托课题 4 项。其中，赵智奎研究员主持的中国社会科学院重大课题“马克思主义中国化的基本经验及规律性认识”、金民卿研究员主持的中国社会科学院重点课题“马克思主义中国化的逻辑进程分析”、贺新元副研究员主持的国家社科基金重大特别委托项目子课题“和平解放以来民族政策在西藏的实践绩效研究”等项目顺利结项。

2. 举办大型学术研讨会，努力扩大学科的影响。4 月 12 日，马克思主义中国化研究部和“马克思主义中国化研究”学科负责承办了“中国社会科学院第一届毛泽东思想论坛”，在国内外产生了积极的影响，《马克思主义研究》《马克思主义文摘》等刊物和国内许多网站都对此予以报道。9 月 4 日，在北京举办第三届中日社会主义学者论坛：“中国力量及其国际影响”；10 月 17—18 日，在珠海举办第五届马克思主义中国化学术论坛：“深入学习邓小平理论，在新的历史起点上全面深化改革”。2014 年度学科出版了两部会议论文集。《人民日报》《光明日报》《中国社会科学报》、人民网、光明网等媒体作了相关报道。此外，学科成员积极参加各种国内外学术会议，提交论文和会议发言。

3. 支持学科成员作学术报告，搭建学科青年人才培养的平台。学科在平时课题研究中，安排老、中、青学者结合，鼓励青年学者积极参与各种课题研究。将青年学者学习经典著作和举办学术讲座制度化，加快青年科研人员成长的步伐。2014 年度，学科成员先后作了“毛泽东人民观及其当代意义研究”“坚持改革的正确方向”“历史维度下的中国道路”“当前‘混合所有制’之争若干问题辨析”等方面的学术报告。学科成员还先后应约为北京市的党政机关、高校等单位作党的十八大精神、全国两会精神和党的十八届三中全会精神等方面的学术辅导报告。

4. 继续推进学科建设“走下去、走出去”，参与国情调研和国际学术交流。学科成员赴德国、意大利参加首届中国道路欧洲论坛；赴香港考察、交流，了解近年来香港在推动男女平等领域取得的新进展和面临的主要问题；赴海南参加党史党建专题研究调研活动。学科成员还接受了光明网、中国社会科学网、《法制日报》、越南之声广播电台等媒体采访。

5. 发表高质量研究成果，发挥好思想库和智囊团作用。2014 年，学科共有 9 部专著出版，包括赵智奎的《永恒的丰碑——邓小平理论与中国特色社会主义》，贺新元的《西藏跨越式发展与长治久安的前沿问题研究》和《中国道路——不一样的现代化道路》、龚云的《中国道路》（中英文版）、《毛泽东与人民》和《中国梦的由来》、李建国的《凝聚法治正能量——树立正确的法治观》、王永浩的《毛泽东道德思想及道德建设研究》、于晓雷的《实现中国梦的生态环境——中国特色生态文明建设之路》。还出版了郑萍、王永浩共同担任执行主编的《马克思主义中国化研究报告 No. 7》。此外，学科成员参与著作多部。在《光明日报》《北京日报》《马克思主义研究》《红旗文稿》《中国行政管理》《毛泽东邓小平理论研究》《前线》等有较大影响的刊物上发表论文 40 多篇，另有调研报告、访谈文章、学术资料 30 余篇（卷）。其中多篇文章被《人大复印报刊资料》《马克思主义文摘》等转载。金民卿在《光明日报》发表的《大力加强网络文化的价值引领》、龚云在《马克思主义研究》发表的《谁是真正的历史虚无主义者》，陈亚联在《毛泽东邓小平理论研究》发表的《毛泽东和邓小平如何看待“左”、右的问题》等，在网络上广泛转载，影响较大。此外，学科成员在中国社科院要报《思想理论动态》等发表多篇文章。

二　重大问题研究进展

2014 年，国内理论界继续围绕马克思主义中国化这个主线，从不同角度和视野深入研究党的几代领导集体不断推进马克思主义中国化的历史进程和基本经验，深化对马克思主义中国化两大理论成果的主要内容和精神实质的研究，在揭示马克思主义中国化和中国化的马克思主义不断发展的基本规律方面，取得一些新进展。

（一）马克思主义中国化基本问题

马克思主义中国化的历史起点问题，是马克思主义中国化研究中最先遇到的问题之一，学术界对这一问题争论颇多。从已有研究成果看，主要有“传入之日说”“李大钊说”“中共成立说”“中共二大说”四种比较多见的说法，还有“《反对本本主义》说”“八七会议说”“井冈山道路说”等。湖北大学教授徐方平等认为：学界对“中国化”起点之所以产生分歧，主要原因在于对“中国化”标准缺乏共识。制定“中国化”标准首先要弄清楚它的概念。所谓“中国化”的衡量标准指的是马克思主义与中国革命实践相结合的科学成果，作为早期马克思主义中国化必须具备四项条件：理论传播、中共创立、实践活动和具有中国特色的理论形态。中共二大具备了这四项条件，因此，成为早期马克思主义中国化的历史起点。①

关于马克思主义中国化的内涵和实质，北京师范大学教授杨耕认为，马克思主义同中国具体实际相结合必然包含着同中国传统文化相结合的内涵，但马克思主义中国化绝不是使马克思主义去迎合中国传统文化；马克思主义中国化必须立足中国的具体实际，而不是立足中国的传统文化。马克思主义中国化的实质，是使马克思主义与中国面临的实际问题相结合，并用中国式的问题及其科学解答丰富和发展马克思主义。② 中国社会科学院研究员欧阳英从现代解释学所提出的视阈概念出发，通过范畴、经验、指导方针、方法论、理论以及世界性的视阈六个方面重新分析了马克思主义中国化不同界说的由来及本质，论述了马克思主义中国化本质的多重性，帮助人们更好地区分马克思主义中国化多重本质。最后，作者认为：马克思主义中国化是多重本质的统一：它既是命题，又是经验；既是指导方针，又是行动方法；既是理论，又是事实；既是中国的，又是世界的。③

关于马克思主义中国化研究中的立场问题，中央党校教授贾建芳认为，马克思主义中国化研究的特点是政治性与学术性的有机统一。其政治性主要表现为学科设立和发展的官方主导性、研究内容的政治性和研究问题的意识形态性；其学术性主要表现为研究对象和方法、研究队伍、人才培养目标和要求的专业性和规范性。马克思主义中国化研究的责任和使命，就是要为党的理论创新和理论武装提供扎实的学术支撑。④ 扬州大学副教授周斌认为，马克思主义中国化发展史研究应当以人民的价值取向为价值取向，以人民的立场为研究立场。坚持以人民的立场研究马克思主义中国化发展史的主要路径包括：深入到人民群众中调查研究、多收集有关人民群众的历史资料、以人民的立场认真分析资料、注重研究成果的大众化表达、坚持党的立场与人民的立场相统一等。⑤

要科学研究马克思主义中国化的理论与实践，必须从马克思主义中国化自身的逻辑出发，坚持正确的立场，掌握科学的方法，才能真正把研究引向深入。福建师范大学陈一收认为，坚持和发展马克思主义，反对主观主义，是马克思主义中国化的逻辑前提；把握中国国情和化解中国问题，反对无的放矢，是马克思主义中国化的逻辑主线；继承前人又突破陈规，反对故步自封，是马克思主义中国化实践的逻辑进路；尊重人民群众的主体性地位，反对脱离群众，是马克思主义中国化的逻辑基础。只有多层面厘清马克思主义中国化的真谛、要义和内涵，才能更好地体现时代性，把握规律性，富于创造性，不断开拓马克思主义中国化的新境界。⑥ 四川大学教授王国敏等认为，马克思主义中国化“何以可能”“目的为何”“如何实现”三个问题构成了认识马克思主义中国化的

① 徐方平、曾银慧：《中共二大：早期马克思主义中国化的历史起点》，《湖北大学学报》（哲学社会科学版）2014 年第 2 期。

② 杨耕：《当前马克思主义研究中的五大问题》，《南京大学学报》（哲学社会科学版）2014 年第 4 期。

③ 欧阳英：《从视阈差异看马克思主义中国化》，《毛泽东思想邓小平理论研究》2014 年第 2 期。

④ 贾建芳：《马克思主义中国化研究的特点和使命》，《理论视野》2014 年第 7 期。

⑤ 周斌：《马克思主义中国化发展史研究的立场问题》，《理论月刊》2014 年第 3 期。

⑥ 陈一收：《马克思主义中国化的逻辑法则研究》，《理论月刊》2014 年第 6 期。

逻辑出发点，围绕着这三个问题生成了马克思主义中国化的“理论逻辑”“主题逻辑”“过程逻辑”三大逻辑，它们之间紧密联系、相互支撑，是一个有机的统一整体，共同承载起了马克思主义中国化的内在逻辑架构。① 中共重庆市委党校副教授张健认为，要科学研究马克思主义中国化的理论与实践，必须科学把握三个关系：第一，马克思主义科学原理作为理论指南，是实现马克思主义中国化的理论前提和基础；第二，中国共产党领导的中国革命、建设、改革实践，是马克思主义在中国的运用，是推动马克思主义中国化的重要动力；第三，有着几千年社会历史积淀的中国传统文化，作为马克思主义中国化的桥梁和纽带，是承载中国化马克思主义理论的重要载体。② 东南大学博士生孙全胜认为，中国化马克思主义的实践创新存在着实然、或然与应然的三重维度。中国化马克思主义实践创新的实然维度展示的是从实践得出感性认识，再将感性认识提升为理性认识的“解释世界”的过程，中国化马克思主义实践创新的应然维度表明的是用真理性认识更好地指导实践，并接受实践检验的“改造世界”的过程，而介于其实然维度与应然维度当中，还存在着“解释世界”和“改造世界”疏离与结合的或然维度。中国化马克思主义实践创新的三重维度蕴涵了中国化马克思主义理论形态的创新路径：认识和实践相结合，解释世界和改造世界相统一。③

研究马克思主义中国化绕不开中国传统文化，如何处理传统文化与中国化的关系仍是学术界 2014 年度研究的热点问题。中国社会科学院马克思主义研究院研究员金民卿认为，中国传统文化历来高度重视人格完善和道德养成，把至高目标与现实路径相结合，标准教化与自律慎独相结合，环境熏陶与虚心涵泳相结合，形成了富有特色的道德养成路径。这种路径对于社会主义核心价值观的培育、弘扬和践行具有重要的方法借鉴意义。在社会主义核心价值观的培育、构建和弘扬过程中，当代中国人既不能全盘西化也不能全盘古化，而是要立足和继承民族优秀文化传统，发掘和弘扬其思想精华并赋予其时代价值，吸收人类文明发展的各种优秀成果并使之同中华优秀传统文化实现有机结合，实现中国文化的创造性转化和创新性发展，为当代中国人提供合理的价值观支撑。④ 北京大学马克思主义学院教授程美东认为，在马克思主义中国化的进程中，刘少奇作为党的第一代中央领导集体的重要成员，作出了重要贡献。这与他刻苦学习马列主义理论密不可分，也与他对于中国文化有着精深的把握密不可分。中国传统文化与刘少奇马克思主义中国化的实践具有以下关联：中国传统文化的浸淫和新式文化的熏陶共同作用，为刘少奇形成以中国传统文化为根基的复合型知识结构奠定了基础；刘少奇对马克思主义信仰的选择，本质源头是中国传统文化中家国天下的责任意识，直接体现则是中国传统文化中经世致用学风的复兴；刘少奇在中国传统文化滋养下所形成的个性特征与工作作风，使其马克思主义中国化的实践具有理性取向与务实风格。⑤

2014 年是邓小平诞辰 110 周年，中共中央举行纪念邓小平同志诞辰 110 周年座谈

---

① 王国敏、陈加飞：《论马克思主义中国化的内在逻辑》，《理论学刊》2014 年第 5 期。

② 张健：《科学把握马克思主义中国化的三个关系》，《科学社会主义》2014 年第 4 期。

③ 孙全胜：《中国化马克思主义实践创新的三重维度》，《华北电力大学学报》（社会科学版）2014 年第 2 期。

④ 金民卿：《传统文化中的道德养成路径及其当代价值》，《中国文化研究》2014 年第 4 期。

⑤ 程美东：《中国传统文化与刘少奇马克思主义中国化的实践》，《党的文献》2014 年第 3 期。

会，习近平总书记发表重要讲话。关于邓小平与马克思主义中国化关系问题，中共中央党校常务副校长何毅亭认为，邓小平同志作为我国改革开放和社会主义现代化建设的总设计师，对实现马克思主义中国化第二次历史性飞跃作出了重大贡献：一是在中国面临何去何从的重大历史关头，把思想路线的拨乱反正作为突破口，科学评价毛泽东同志和毛泽东思想，使马克思主义中国化得以继续推进。二是围绕“什么是社会主义，怎样建设社会主义”这个首要的基本问题，把马克思主义基本原理同当代中国实际和时代特征相结合，创立了邓小平理论这一当代中国的马克思主义。三是在推进马克思主义中国化过程中体现出的鲜明品格和崇高风范，为中国共产党人坚持和发展中国特色社会主义提供了世界观和方法论指导。① 中共辽宁省委党校教授胡延风、姚黎君从马克思主义中国化实践探索方法论的角度论述了邓小平的新贡献。他们认为，邓小平在改革开放新时期丰富和发展了马克思主义中国化实践探索的方法论：一是抓主要矛盾，一心一意把生产力搞上去；二是波浪式发展，让一部分地区、一部分人先富起来，先富带动和帮助后富；三是全面改革，对内搞活和对外开放；四是依法治国，推进执政党国家治理的现代化。②

马克思主义阶级斗争理论的当代价值问题，是马克思主义中国化过程中一个不容回避的重要问题。中国社会科学院院长王伟光在《红旗文稿》2014 年第 18 期上发表《坚持人民民主专政，并不输理》一文，引发了理论界的一场大争论。此后，理论界围绕“阶级斗争理论是否过时、要不要坚持阶级斗争理论”进行了比较激烈的争论。教育部高等学校社会科学发展研究中心研究员田心铭认为，从马克思主义发展史看，阶级斗争理论是历史唯物主义的重要组成部分；从马克思主义理论的逻辑构成看，阶级斗争理论是历史唯物主义中不可缺少的重要逻辑环节，否定阶级斗争理论就损毁了历史唯物主义的理论逻辑和科学体系。阶级斗争理论和阶级分析方法没有过时。正确认识社会历史、当代世界、当代中国，都离不开阶级分析。认为马克思主义阶级斗争理论和阶级分析方法已经过时的观点，必然导致否定或改变中华人民共和国国体和中国共产党性质的错误发生。③ 清华大学马克思主义学院教授刘书林认为，阶级斗争已经不再是我国社会主要矛盾，并不是说阶级斗争在一定范围内不存在了，更不能说国际阶级斗争不存在了。新时期，阶级斗争的存在仍然是一个现实。因而，正如邓小平指出的，为了保卫社会主义制度，人民民主专政不但要讲，而且要用。马克思关于阶级斗争和无产阶级专政的学说 160 多年来一直指导着世界无产阶级及其政党的斗争，它永远不会过时。习近平总书记多次重要讲话也反复强调了阶级立场和阶级分析的基本观点，并认为党在新时期对阶级斗争问题的认识一直是明确的。④

中国梦是马克思主义中国化的又一理论贡献，开辟了马克思主义中国化的最新境界，体现了马克思主义中国化的理论品格和思想实质。理论界对中国梦与马克思主义中

---

① 何毅亭：《邓小平对马克思主义中国化的重大贡献》，《学习时报》2014 年 8 月 25 日。

② 胡延风、姚黎君：《邓小平对马克思主义中国化实践探索方法论的新贡献》，《中共福建省委党校学报》2014 年第 10 期。

③ 田心铭：《论阶级斗争理论在历史唯物主义中的地位和当代价值》，《马克思主义研究》2014 年第 11 期。

④ 刘书林：《马克思主义的阶级斗争学说没有过时》，《思想理论教育导刊》2014 年第 11 期。

国化之间的关系形成基本认识：中国梦的执政理念和战略构想，将中国道路、中国精神和中国力量相连相融，是马克思主义中国化的最新生动写照，丰富与发展了马克思主义中国化的理论成果。不断推进的马克思主义中国化及其成果是实现中国梦的理论基础与前提，中国梦的实现是马克思主义中国化的必然结果。

中国社会科学院研究员金民卿从中国特色社会主义的新论断、党的群众路线的新发展、意识形态和宣传工作的新探索三个方面对创新性的新观点进行了初步的归纳和整理。① 湖南省社会科学院院长刘建武认为，中国梦站在历史和时代的高度，把马克思主义的基本原理与现阶段基本国情紧密结合，科学回答了新形势下如何坚持和发展中国特色社会主义的一系列重大问题，为马克思主义中国化的最新成果——中国特色社会主义理论体系注入了新的科学内涵。其内涵包括：中国梦把国家、民族的整体利益与每个人的具体利益紧密联系在一起，进一步深化了对中国特色社会主义本质属性和根本原则的认识；中国梦把国家富强、民族振兴和人民幸福紧密地联系在一起，进一步深化了对中国特色社会主义建设总任务、总布局和总目标的认识；中国梦把中国道路、中国精神和中国力量紧密联系在一起，进一步深化了对中国特色社会主义发展规律和根本要求的认识；中国梦把中国过去、现在和未来的探索紧密地联系在一起，进一步深化了对中国特色社会主义历史渊源、现实基础和光明前景的认识。② 中共河南省委党校副教授涂小雨认为，中国梦的提出是今后一个时期推进理论创新、实践创新、制度创新的全面引领。在实践探索上，中国梦在马克思主义中国化“三个三十年”的历史进程中占有重要地位，体现了对持续推进马克思主义中国化进程的清醒和自觉；在理论定位上，中国梦是对科学发展观的坚持、继承、发展和创新，是中国特色社会主义理论体系的重要组成部分，是马克思主义中国化的最新理论成果。③

马克思主义中国化时代化大众化研究是思想理论界长盛不衰的热点。近年来学者们围绕马克思主义中国化时代化大众化的科学内涵、历史必然性、起点和进程、彼此之间的关系、主要经验以及中国共产党人推进马克思主义中国化时代化大众化的历史贡献等问题进行了深入的探讨。中国社会科学院冯颜利研究员认为，中国梦是马克思主义中国化、时代化大众化的精神旗帜。中国梦这个重大战略思想，彰显了中国道路、中国精神、中国力量，把握了时代需要、时代难题、时代精神，契合了大众生活、大众思想、大众表达，是马克思主义基本原理与中国国情和经济全球化时代特征相结合的最新理论成果，是中国特色社会主义共同理想和远大理想话语转换的新形式，是马克思主义中国化时代化大众化的新话语、新凝练和新结晶。中国梦的重大战略思想不仅始终以马克思主义为基础，不仅一刻也没有脱离马克思主义，而且是马克思主义中国化时代化大众化的理论典范、时代精华和精神旗帜。④ 马克思主义中国化时代化大众化还有大量的学术

---

① 金民卿：《马克思主义中国化理论创新进展》，《人民论坛》2014 年 2 月（上）。

② 湖南省中国特色社会主义理论体系研究中心：《中国梦与马克思主义中国化的新境界》，《红旗文稿》2014 年第 8 期。

③ 涂小雨：《中国梦与马克思主义中国化的历史进程》，《山西师范大学学报》（社会科学版）2014 年第 5 期。

④ 冯颜利：《中国梦是马克思主义中国化时代化大众化的精神旗帜》，《中共贵州省委党校学报》2014 年第 5 期。

生长点需要去开发和培育。

马克思主义中国化主体是马克思主义中国化研究中的基本问题之一。东北电力大学副教授岳强认为，中国共产党是马克思主义中国化的真正主体，中国共产党内不同层级主体共同推动了马克思主义中国化的历史进程。毛泽东是马克思主义中国化的奠基人，党的中央组织及主要领导人是马克思主义中国化的领导核心，党的地方组织及主要领导干部是马克思主义中国化的基本领导力量，党的基层组织与党员群众是马克思主义中国化的基本实践者，党的理论工作者是马克思主义中国化的研究者和教育者，人民群众是马克思主义中国化的基本依靠力量。[①] 马克思主义中国化主体研究，仍然存在着对马克思主义中国化的单个主体在马克思主义中国化过程中的作用研究较多，而忽视了对不同主体在马克思主义中国化过程中的相互作用的研究，需要有更具创新性的研究成果。

（二）毛泽东思想研究

学习、研究和宣传习近平同志在纪念毛泽东同志诞辰 120 周年座谈会上的重要讲话。习近平总书记的重要讲话，全面科学地评价了毛泽东同志和毛泽东思想的历史功绩和历史地位，系统论述了毛泽东思想活的灵魂的基本内涵和时代要求，科学阐明了如何正确对待毛泽东同志和党的领袖人物、正确对待党的历史的重大问题，突出强调了毛泽东思想的当代价值，鲜明回答了当前国际国内的重大关切，通篇贯穿着辩证唯物主义和历史唯物主义的立场、观点和方法，是继《关于建国以来党的若干历史问题的决议》之后，又一篇对毛泽东同志的思想、生平和业绩作出全面、系统、客观评价的马克思主义经典文献。对这篇讲话重要精神的学习、研究和宣传，成为毛泽东思想研究界最重要的理论任务，也成为年度理论热点，党报党刊等媒体发表了一系列重头文章。如冷溶的（中共中央文献研究室主任）的《坚持全面正确的历史观　科学评价毛泽东和党的历史》[②]，欧阳淞（时任中共中央党史研究室主任）的《科学对待历史的马克思主义重要文献》[③]，中共中央党校中国特色社会主义理论体系研究中心的《坚持唯物史观　科学评价党的领袖人物》[④]，唐洲雁（山东社会科学院院长、全国毛泽东哲学思想研究会会长）的《宽广的历史视野　深邃的历史眼光》[⑤]，曲青山（时任中共中央党史研究室副主任）的《马克思主义政党对待历史和领袖人物的郑重态度》[⑥]，何毅亭（中共中央党校常务副校长）的《正确对待历史　正确评价历史》[⑦]，杨胜群（时任中共中央文献研究室常务副主任）的《坚持和运用好毛泽东思想活的灵魂》[⑧] 等等。

毛泽东研究中的历史虚无主义。近年来，历史虚无主义在党史研究、国史研究，特别是毛泽东思想研究中，提出了种种错误观点。其主要特点是：或以偏概全、攻其一点

---

① 岳强：《马克思主义中国化主体论析》，《毛泽东思想研究》2014 年第 1 期。

② 《人民日报》2014 年 1 月 7 日。

③ 《人民日报》2014 年 1 月 8 日。

④ 《人民日报》2014 年 2 月 11 日。

⑤ 《人民日报》2014 年 2 月 12 日。

⑥ 《光明日报》2014 年 1 月 6 日。

⑦ 《求是》2014 年第 2 期。

⑧ 《求是》2014 年第 3 期。

不及其余，或刻意歪曲、以揭秘之名行曲解之实，或颠倒黑白、通过无限上纲达到全盘否定的目的。坚持历史唯物主义方法论的学者针对种种谬误展开说理和斗争。在《还历史的本原》[①] 一书中，党史、国史研究者们有针对性地选取了若干错误论点，从历史事实出发，用历史唯物主义的立场和方法，摆事实讲道理，有理有论有据地加以澄清。2014 年 12 月 20 日—21 日，湘潭大学毛泽东思想研究中心与湖南省韶山管理局韶山毛泽东同志纪念馆联合主办的第七届全国“毛泽东论坛”，主题就是“深入评析毛泽东研究中的历史虚无主义观点”。

《中国社会科学报》继续刊发旗帜鲜明的论战或争鸣文章。如欧阳雪梅的《毛泽东对新中国文化建设的贡献不能抹杀》[②]，汪亭友的《毛泽东关于“宪政”到底说了什么?》[③]，龙剑宇的《驳对毛泽东生活起居的质疑》[④]，迟方旭的《毛泽东是典型的慎刑主义者》[⑤] 和《毛泽东没有阻碍民法典的编纂和颁布》[⑥]，尚庆飞的《毛泽东晚年错误岂可归咎于“两论”》[⑦]，殷国安的《毛泽东是否说过“死 3 亿人没关系”》[⑧]，陈晋的《毛泽东与“西学”》[⑨]，姜迎春的《在毛泽东评价问题上的几种错误倾向评析》[⑩]，胡新民的《梁漱溟和毛泽东争辩的真相》[⑪]，韦磊的《海外毛泽东研究中的历史虚无主义》[⑫] 以及张宇的《毛泽东对社会主义政治经济学的探索及其当代意义》[⑬] 等，也都是具有针对性的文论。

“新古田会议”与古田会议精神再认识。福建省龙岩市古田镇是中国共产党确立思想建党、政治建军原则的地方，是中国人民解放军政治工作奠基的地方，是新型人民军队定型的地方。1929 年 12 月，中国共产党红军第四军第九次代表大会在古田举行，毛泽东为大会写了决议的第一部分，即《关于纠正党内的错误思想》。这个决议使红军肃清旧式军队的影响，完全建立在马克思列宁主义的基础上，成为真正的人民军队。古田会议决议第一次提出并初步地解决党的思想建设问题的基本方法，是中国共产党加强党的建设特别是思想建设，使之成为马克思主义政党的第一个纲领性文献。2014 年 10 月，中央军委主席习近平亲率全军高级干部重回古田，召开了全军政治工作会议，具有标志性意义。会议昭示了我军传承红色基因、发展特有优势的鲜明态度，彰显了坚持党对军队绝对领导、坚定不移走中国特色强军之路的坚定决心，对党和军队事业将产生重大而深远影响，必将成为我党我军历史上又一个重要里程碑。

---

① 李慎明、李捷主编：《还历史的本原》，中国社会科学出版社 2014 年版。
② 《中国社会科学报》2014 年 1 月 6 日。
③ 《中国社会科学报》2014 年 4 月 30 日。
④ 《中国社会科学报》2014 年 5 月 26 日。
⑤ 《中国社会科学报》2014 年 5 月 13 日。
⑥ 《中国社会科学报》2014 年 8 月 18 日。
⑦ 《中国社会科学报》2014 年 7 月 7 日。
⑧ 《中国社会科学报》2014 年 8 月 25 日。
⑨ 《党的文献》2014 年第 6 期。
⑩ 《红旗文稿》2014 年第 2 期。
⑪ 《党史博采》2014 年第 5 期。
⑫ 《马克思主义研究》2014 年第 6 期。
⑬ 《光明日报》2014 年 2 月 26 日。

“新古田会议”的召开激发了学界对古田会议精神和毛泽东建党建军思想的研究热潮，国内主要媒体发表了一批重要文章。如肖冬松的《古田会议决议的文化底色》[①]，傅柒生的《古田会议之于思想政治工作的历史贡献和时代取向》[②]，罗援的《破解军队建设的“五大迷思”》[③]，李吟、蒋勇的《弘扬古田会议精神，奋力实现强军目标》[④]，国防大学中国特色社会主义理论体系研究中心赵周贤等人的《两次古田会议对中国和平发展的意义》[⑤]，中共福建省委党史研究室的《古田会议精神的历史意义与当代价值——纪念古田会议召开85周年》[⑥]，石仲泉的《古田会议决议与党的建设》[⑦]，等等。

学习习近平总书记在文艺工作座谈会上的讲话，深化毛泽东诗词的学术研究。2014年10月15日，习近平总书记在京主持召开文艺工作座谈会并发表重要讲话。他在讲话中指出：“要把满足人民精神文化需求作为文艺和文艺工作的出发点和落脚点，把人民作为文艺表现的主体，把人民作为文艺审美的鉴赏家和评判者，把为人民服务作为文艺工作者的天职。”这篇重要讲话激发了人们对毛泽东文艺思想再认识的热情，2014年10月18日，中国毛泽东诗词研究会和中华诗词学会以习近平总书记讲话精神为指导，在北京联合举办“毛泽东诗词与中华古典诗词的文化历史渊源及深远影响”学术研讨会暨中国毛诗会第十四届年会，深化了毛泽东诗词的学术研究，推动了毛泽东诗词的宣传和普及。

北京大学原副校长梁柱教授在中国社会科学院第一届毛泽东思想论坛上指出，毛泽东把警惕党内特别是党的高层领导出现修正主义作为防止“和平演变”、防止资本主义制度复辟的一个战略思想，作为一个重大的理论问题和实际问题提出来，是很有预见的。毛泽东晚年发动“文化大革命”，就其出发点来说，是希望亿万群众得到锻炼，增强识别真假马克思主义的能力，防止人民江山改变颜色。他对此始终保持清醒的认识和高度的警觉，以及他提出的一系列具有深远意义的防止“和平演变”的战略设想，永远是党和人民宝贵的精神财富。

中共中央党校许全兴教授认为，毛泽东晚年对阶级斗争和整个社会状况的估计严重脱离了实际，以阶级斗争为纲的指导思想是错误的，但他提出的要防止资产阶级糖衣炮弹，防止出贵族阶层，防止党内出资产阶级，防止“和平演变”的基本精神仍然值得全体党员、全国人民，尤其是理论工作者们重视和深思。我们在纠正“继续革命理论”的错误时不要把其中合理的因素也否定掉。习近平同志讲，我们决不当李自成，1949年进城时的考试没有完，还在进行中，要总结吸取苏共垮台的教训。这是对毛泽东、邓小平防止“和平演变”、防止资本主义复辟思想的继承。

湘潭大学毛泽东思想研究中心主任李佑新教授在第七届“毛泽东论坛”的发言中指出，毛泽东研究中历史虚无主义有如下特征：以学术研究为形式，以实证史学为标榜，

---

① 《解放军报》2014年10月21日。

② 《光明日报》2014年10月29日。

③ 《环球时报》2014年11月3日。

④ 《人民日报》2014年11月13日。

⑤ 《光明日报》2014年12月24日。

⑥ 《福建日报》2014年12月29日。

⑦ 《福建日报》2014年12月31日。

以历史细节考证为内容，将细处错误扩大为整体，虚无化了毛泽东乃至整个中国共产党的历史。历史虚无主义所揭示的历史细节并不都是真实的，真实的历史细节需从具体的历史环境中去说明，细节的真实性并不等于历史的真实性，应该正确把握历史的本质与评价毛泽东的历史功过，研究毛泽东应具有正确的价值立场。①

山东省社会科学院院长唐洲雁研究员在第七届“毛泽东论坛”上指出，历史虚无主义观点并不是孤立的，它实际上是为其他错误的社会思潮提供一个理论依据，并提供所谓的史料依据，它们公开标榜以历史的观点进行研究，实际上是以否定的方式来达到解构真正的历史的目的。评析毛泽东研究中出现的历史虚无主义，要好好地研究毛泽东关于历史的观点。②

中国人民大学马克思主义学院副教授汪亭友的《毛泽东关于“宪政”到底说了什么?》（《中国社会科学报》2014 年 4 月 30 日）认为，毛泽东 1940 年发表的“新民主主义的宪政”的演说，今天被一些人当作中国走“宪政”道路主张的重要思想依据。但毛泽东没有抽象地谈论“宪政”。他既阐明了宪政背后的阶级实质，同时也指出了“新民主主义宪政”的特点和内涵，并将它同欧美式的宪政、苏联无产阶级专政的民主政治、全世界“将来都要实行社会主义的民主”区分开来。毛泽东的着眼点在于，在当时的历史条件下，中国应该实行的是“新民主主义的宪政”。一些人抽象地理解了毛泽东在这篇演讲中所说的“宪政是什么呢? 就是民主的政治”，把“宪政”简单地等同于“民主的政治”，而丝毫不顾及背后的实质性差异。有人认为，毛泽东在这次演说中，赞成实施宪政，但新中国成立后又否定、放弃宪政，前后存在极大反差。准确地说，毛泽东赞成实施“新民主主义的宪政”。在毛泽东的论述中，并没有一个适用于一切社会的抽象的“宪政”。这也是一些人不能理解毛泽东为什么在新民主主义社会（主要是抗战时期）肯定“宪政”，而在新中国成立后放弃“宪政”的原因。要理解毛泽东对“宪政”态度前后存在极大反差的缘由，除了要了解他发表《新民主主义的宪政》的背景及我们党的斗争意图外，还要联系新民主主义社会的性质加以认识。

南京大学哲学系教授尚庆飞在《毛泽东晚年错误岂可归咎于“两论”》（《中国社会科学报》2014 年 7 月 7 日）一文中指出，有人将毛泽东晚年错误归咎于“两论”，认为“两论”是正确与错误思想的“合体”，甚至错误成分占据主流，并据此以“分割操作法”认为正确成分保证毛泽东革命战争时期的成功、错误成分导致晚年的失误。这种理论存在逻辑层面的重大缺陷，在本质上陷入了“还原主义”思维方式的窠臼，是线性思维发展观的体现。这种“还原主义”思维在以往攻击、否定毛泽东的传统路径中并不鲜见。例如，西方学者运用心理分析范式研究毛泽东尤其是其晚年错误，并将其无限还原为早期的情感经历及其所形塑的性格命运等感性因素，等等。认为“两论”中过分强调阶级分析方法是毛泽东晚年走向阶级斗争扩大化失误根源的理论判断，一方面歪曲了马克思主义阶级理论的特殊规定性——资本主义社会阶级对立呈现明朗化趋势下的理论必然性和“两论”写作的具体历史情境——中国近现代革命斗争具体发展过程内在决定了

① 王成奇、吴璇：《专家学者深入评析毛泽东研究中的历史虚无主义观点》，《湘潭大学学报》2014 年 12 月 23 日。

② 王成奇、吴璇：《专家学者深入评析毛泽东研究中的历史虚无主义观点》，《湘潭大学学报》2014 年 12 月 23 日。

运用阶级分析方法的必然性；另一方面也遮蔽了毛泽东晚年在主观心理上过分依赖革命战争年代经验，以及在中国社会主义建设面临挫折的大背景下对国际形势错误判断等客观因素相互交织导致阶级斗争扩大化的深刻原因。

中共中央文献研究室副主任、研究员陈晋在《党的文献》2014 年第 6 期发表《毛泽东与“西学”》一文指出，社会上有一种印象，觉得毛泽东喜欢钻中国古书，不大愿意读西方著述，对西学不了解。毛泽东读中国古代文史著述确实比读西方著述要多，而且兴趣更大。但不能说他对西学不了解，或不愿意读。毛泽东喜欢钻中国古书，也对西方著述怀有兴趣，所读在他那个时代并不算少。自青年时代起，毛泽东自觉地接触西学。读西学著述，在毛泽东青年时代的思想探索中产生过不小影响；五四运动前后，他更加注重阅读译介新思想、新文化、新思潮的书刊；从延安时期开始，大量阅读马克思主义著作，成为他了解西学的一个重要途径；新中国成立后，他读谈西学，比较从容和宽泛。毛泽东读西学著述，较感兴趣、较为注重和读得较多的，是西方哲学、西方近代史、西方自然科学这三类。关于西方哲学，毛泽东说，“它是我们的先生”；关于西方近代历史，毛泽东说，“要搞革命，需要了解几个国家的革命史”；关于西方自然科学，毛泽东说，在这方面“东方人要向西方学习”。

中国战略文化促进会常务副会长兼秘书长罗援 2014 年 11 月 3 日在《环球时报》发表文章《破解军队建设的五大迷思》指出，全军政治工作会议破解了近期困扰军队建设的“五非”迷思，即“非毛化”“非红化”“非党化”“非战化”和“非政治化”，起到了正本清源、拨乱反正的作用。其一是对毛泽东历史功绩的评价问题。一段时间以来，一些人对我党我军的历史采取虚无主义态度，甚至恶意抹黑，试图在军队建设中“去毛化”“非毛化”和“妖毛化”。这次政工会议充分肯定了毛泽东同志在我军建设上的丰功伟绩，向我军的伟大缔造者毛泽东同志表达了全军指战员的敬仰和缅怀。马克思列宁主义、毛泽东思想、邓小平理论、“三个代表”重要思想、科学发展观始终是我军一脉相承、一以贯之的力量源泉和行动指南，毛泽东军事思想及其精髓仍然是指引我军打胜仗的不二法宝。其二是对红色基因的传承问题。现在有一些人认为军队的光荣传统已经过时，“谈红色变”，企图在军队建设上“去红化”、中性化。习主席则亲力亲为，带头践行我军光荣传统。他心系老区，心系老红军、心系老革命和军烈属，与老区人民促膝而谈，嘘寒问暖。这种春风化雨般的温暖必将转化为巨大的动力，激励全国人民与党同心同德，踏着革命先烈们的足迹前进。其三是军队的性质问题。当前某些人极力鼓吹“军队非党化”和“军队国家化”。这次政工会议选在古田会议旧址召开，有其特殊的意义。就是要弘扬古田会议精神，铸牢强军之魂，确保党对军队的绝对领导。其四是军队的职能问题。现在一些人不再提马列主义的战争观，而是大谈和平时期建“和平军”，军队建设“非战化”。反对一切战争，混淆正义战争和非正义战争、反侵略战争和侵略战争的本质区别，在社会上和军队内部造成一些思想混乱。其五是军队的生命线问题。现在一些人试图淡化、削弱，甚至取消军队的政治思想工作，使军队建设“非政治化”。徐才厚案件给我们敲响了警钟，军队思想政治工作非但不能取消，而且要强化。习主席一针见血地指出，出现这些问题原因是多方面的，最根本的还是理想信念、党性原则、革命精神、组织纪律、思想作风等方面出了问题。好在我党及时拨乱反正，以刮骨疗毒的气魄在军内反腐肃贪，拨正了军队政治工作的航向。

（三）中国特色社会主义理论体系研究

2014 年 8 月 22 日是中国特色社会主义理论创立者邓小平同志诞辰 110 周年的纪念日。8 月 20 日，中共中央在人民大会堂举行“纪念邓小平同志诞辰 110 周年座谈会”。中共中央总书记、国家主席、中央军委主席习近平发表重要讲话，高度评价了邓小平同志和邓小平理论的历史地位和历史功绩，深刻阐述了邓小平同志的崇高精神风范。同月，经中央批准，由中共中央文献研究室编辑的《邓小平文集（1949—1974）》和撰写的《邓小平传（1904—1974）》，分别由人民出版社和中央文献出版社出版。

理论界围绕邓小平及邓小平理论的伟大历史地位、历史功绩等重大问题提出了一些重要理论观点。研究的重点除了继续全面深入挖掘和阐发邓小平的历史地位、历史功绩以及邓小平理论本身的内涵、意义、历史地位等基本理论问题，更是将研究视角延伸到邓小平（或邓小平理论）与中国道路、全面深化改革、国家治理现代化、中国梦等当下中国特色社会主义实践提出的一系列重大问题。

关于邓小平与中国特色社会主义的关系，中国社会科学院院长王伟光提出，不论从历史发展、实践探索还是从理论创新、制度变迁上说，邓小平都不愧为改革开放和现代化建设的总设计师，不愧为中国特色社会主义道路、理论体系、制度的创建者。[①]《求是》杂志社社长李捷认为，邓小平同志为改革开放和中国特色社会主义作出的历史贡献集中体现在：冲破“左”的指导思想的长期羁绊，依靠实事求是和改革开放这两大动力，不断推动实践创新，开创中国特色社会主义正确道路；不断推进实践基础上的理论创新，创立了中国特色社会主义理论体系的第一个成果——邓小平理论；科学判断时代主题和时代特征，开启了沿着和平发展道路实现中华民族伟大复兴的伟大历程；科学总结现代化建设的经验教训，通过规划现代化建设总目标和“三步走”发展战略，开启了全面建成小康社会进而实现社会主义现代化的伟大历程；强调党要管党，全面加强执政党建设。[②] 中共中央文献研究室主任冷溶认为，开创中国特色社会主义，是邓小平的伟大贡献；之所以能够成功开创新道路，很重要的就是做到始终坚持解放思想、实事求是的思想路线，反映人民群众的强烈愿望，正确评价毛泽东和毛泽东思想，顺应时代潮流，充分调动各方面积极性。[③]

关于邓小平理论的历史地位，学者们普遍认为邓小平理论在整个中国特色社会主义理论体系中处于奠基地位。中共中央党校教授宋福范认为，邓小平理论之所以成为中国特色社会主义理论体系的奠基之作，在于它是以邓小平为代表的中国共产党人对其开创的中国特色社会主义道路的系统解释和说明，是中国共产党立足于改革开放初期我国生产力水平极端落后的生存型阶段实际，对经济文化落后的中国实现社会主义现代化、实现民族复兴的目标路径问题作出的开创性阐明。由于中国特色社会主义道路随时代的发展不断拓展，作为对其系统解释和说明的中国特色社会主义理论体系，必然由邓小平理论进一步发展到“三个代表”重要思想和科学发展观等。[④]

---

① 王伟光：《邓小平是中国特色社会主义的创建者》，《中国社会科学报》2014 年 8 月 20 日。

② 李捷：《邓小平对中国特色社会主义的历史贡献》，《人民日报》2014 年 8 月 29 日。

③ 冷溶：《邓小平开创中国特色社会主义道路的伟大贡献》，《党的文献》2014 年第 5 期。

④ 宋福范：《邓小平理论为什么是奠基之作》，《学习时报》2014 年 2 月 24 日。

关于邓小平的伟大历史功绩，学者们普遍认为，邓小平之所以能改变中国、影响世界，就在于他开启了改革开放的历程，开创了中国特色社会主义。清华大学教授肖贵清认为，邓小平作为改革开放的总设计师，为新时期中国特色社会主义的制度设计、制度创新做出了历史性的贡献。邓小平从制度层面深刻反思“文革”教训，恢复和创新社会主义制度；坚持制度建设的社会主义基本原则，以全面改革为动力推动制度创新；把“发展生产力、改善人民生活”作为评判制度优劣的标准，在“南方谈话”中，系统总结制度建设经验，科学规划了中国特色社会主义制度建设的时间表和路线图。①

关于邓小平与国家治理现代化的关系，中共中央党史研究室原副主任石仲泉认为，尽管邓小平没有提出国家治理现代化理念，但他对中国特色社会主义道路、理论和制度的开拓，为推进国家治理体系和治理能力现代化奠定了根本性的历史基础。②

关于邓小平与当前全面深化改革的关系，中共中央党校原副校长李君如认为，以习近平为总书记的党中央提出的全面深化改革是对邓小平改革思想的坚持和发展。发展，就是在邓小平改革思想指导下实现“两个一百年”奋斗目标；就是以全面深化改革的新思想解决当代中国面临的挑战；要在坚持和发展邓小平改革思想的过程中深化对改革的认识。③ 中国社会科学院研究员赵智奎认为，邓小平“两个飞跃”思想的核心内容是规模化经营和发展集体经济。“两个飞跃”思想，是邓小平根据我国国情和广大农村的实际情况，对我国农村改革和发展步骤进行深入思考而得出的重大理论成果。这一重要思想，对我国农村改革和发展具有深远的指导意义。④

关于邓小平与中国梦的关系，有学者指出，开辟改革开放的中国特色社会主义道路，为实现民族复兴中国梦奠定了正确发展方向的历史基础；创立中国特色社会主义理论体系之基的邓小平理论，为实现民族复兴中国梦奠定了正确指导思想的历史基础；始终坚持和发展中国特色社会主义制度，为实现民族复兴中国梦奠定了根本制度的历史基础；规划未来中国发展宏伟愿景，为实现民族复兴中国梦奠定了正确战略目标的历史基础。⑤

学者们从世界观、方法论角度探求邓小平所成就的世界历史贡献及其现实启示。中国社会科学院马克思主义研究院副研究员贺新元认为，应该以全球史观，从全球发展格局来考量邓小平改革开放的思想。这样才能跳出中国视野的局限、超脱意识形态樊篱，站在新的历史起点上，全面深化改革开放。⑥ 中共辽宁省委党校教授王桂泉认为，30 多年来，我国在经济、政治、文化、社会建设等方面取得的巨大历史性成就，创造的中国发展“奇迹”，最重要的原因之一就是坚持以中国化马克思主义为指导，在实践基础上形成和贯彻了邓小平改革开放的方法论，并在思想、价值、实践等层面提出一系列紧密

---

① 肖贵清：《邓小平与中国特色社会主义制度的确立》，《中国特色社会主义研究》2014 年第 5 期。

② 石仲泉：《邓小平与国家治理现代化的伟大开启》，《中共中央党校学报》2014 年第 4 期。

③ 李君如：《新一轮改革是对邓小平改革思想的坚持和发展》，《理论学刊》2014 年第 8 期。

④ 赵智奎：《论邓小平“两个飞跃”思想的现实意义》，《行政管理改革》2014 年第 8 期。

⑤ 石仲泉：《邓小平与民族复兴中国梦》，《湘潮》2014 年第 8 期。

⑥ 贺新元：《全球史观——邓小平改革开放思想的方法论》，《前线》2014 年第 8 期。

相连、相互贯通的科学方法。① 福建师范大学马克思主义方法学研究所所长郑又贤认为，邓小平的思想方法对全面深化改革的启迪意义体现在：坚持解放思想与实事求是辩证统一的思想方法，要求改革以解放思想开道，以实事求是规范和校正，实现二者的长效互动；坚持矛盾的普遍性与特殊性辩证统一的思想方法，要求改革既发展市场经济，又充分发挥“中国特色社会主义”的特殊优势；坚持突出重点和统筹兼顾辩证统一的思想方法，要求改革既尊重市场对资源配置的“决定性”作用，又“更好发挥”政府的作用；坚持主动应变与保持相对稳定辩证统一的思想方法，要求改革既善于主动应变，又重视优化的平稳推进，在二者的有机结合中实现持续健康发展。②

长期以来，海外学者、人士从各个不同角度、不同方面对邓小平及其理论进行了广泛的研究，其中一些成果研究视野独特，观点也较独到。2014 年以来，有学者对海外邓小平理论研究进行了介绍和再研究。暨南大学社会科学部教授陶季邑分析说，1978 年以来，美国学者运用了多种多样的方法，在邓小平研究方面陆续提出了一系列大体上符合实际的观点，研究领域逐渐开阔，分析深度有所增加，学术性不断增强。③ 中共广东省委党校中国特色社会主义研究所教授成龙分析说，进入 21 世纪以来，国外邓小平理论研究的特点表现在：一是从中外改革结果的对比、以往研究的反思、近代以来中国历史的演变、中国未来发展的预测等多视角研究邓小平，研究的系统性、整体性在增强；二是通过对“中国道路”“中国模式”的研究，进一步展现邓小平的历史贡献；三是虽然更加理性地看待中国改革开放，但“中国道路”“中国模式”的性质依然是争论的焦点。④

2014 年是全面深化改革的元年，也是中共中央全面推进依法治国的关键一年。理论界的思想交锋和论战直接反映了中国特色社会主义实践的这些重大发展和变化。中国社会科学院院长王伟光从马克思主义基本原理出发，对社会主义的国家制度、国家治理体系、民主与专政及其实现形式等重大问题进行了有理有据的分析和阐释，提出无产阶级专政是作为统治阶级的无产阶级实行阶级统治的工具，是新型的国家，是由剥削阶级国家到消灭阶级、消灭国家的必经阶段；人民民主专政是中国特色的无产阶级专政，这是中国人民在中国共产党领导下，根据中国具体国情，对新中国国家本质及其形式的唯一正确的政治选择，是中国共产党领导的新型国家的主要经验，也是中国特色社会主义须臾不可离开的法宝。因此，在当前这个仍然存在着社会主义与资本主义两个前途、两条道路、两种命运、两大力量生死博弈的时代，人民民主专政是万万不可取消的，而且还必须坚持，必须巩固，必须强大。⑤

中国特色社会主义的整体性研究仍然是思想界、学术界关注的重点问题。关于中国特色社会主义的整体特征和世界意义，中国社会科学院马克思主义研究院党委书记、院长邓纯东认为，中国特色社会主义道路的成功探索，丰富了发展中国家实现现代化的方

---

① 王桂泉、贺长余：《论邓小平改革开放的方法论及其现实意义》，《社会主义研究》2014 年第 4 期。

② 郑又贤：《邓小平的思想方法及其对全面深化改革的重要启迪》，《马克思主义与现实》2014 年第 5 期。

③ 陶季邑：《美国邓小平研究述评》，《党的文献》2014 年第 4 期。

④ 成龙：《新世纪国外邓小平研究特点分析》，《中共党史研究》2014 年第 8 期。

⑤ 王伟光：《坚持人民民主专政，并不输理》，《红旗文稿》2014 年第 18 期。

式和路径；中国特色社会主义理论体系的坚持和发展，彰显了马克思主义在当代的强大生命力；中国特色社会主义制度的比较优势，引发了西方的制度反思和改革呼吁。[①]

（四）习近平总书记系列讲话研究

党的十八大以来，面对世情国情党情的深刻变化，习近平总书记把握时代和实践的新要求，把握人民群众的新期待，结合多年从事党政工作的实践总结和理论思考，以及对当前国际国内形势的科学分析研判，以巨大的理论勇气和政治智慧，围绕改革发展稳定、治党治国治军、内政外交国防等发表了一系列重要讲话。习近平总书记系列讲话是“马克思主义中国化研究”学科研究的重要组成部分。2014 年以来，学者们继续热切关注和及时跟踪学习、宣传和研究习近平总书记系列讲话精神。

1. 中国梦研究

2014 年，学者们主要围绕中国梦的哲学基础、内涵和特征、提出背景和意义以及实现途径等基本问题来展开探讨，研究有了进一步深化。中国社会科学院院长王伟光认为，习近平同志关于中国梦的重要论述，在运用和发展唯物史观的基础上，进一步揭示了中华民族的历史命运和当代中国的发展走向，为中国特色社会主义注入了新的内涵，指明了前进方向。实现中国梦不仅是中国近现代历史发展的必然趋势，而且是中国共产党领导人民做出的正确选择；中国梦，贯穿着中国的昨天、今天和明天的历史主轴，连接着国家、民族与个人的前途命运，蕴含着国家富强、民族振兴、人民幸福的丰富内涵。实现中华民族伟大复兴的中国梦，必须在新的历史起点上全面深化改革，不断增强中国特色社会主义道路自信、理论自信、制度自信，中国特色社会主义是实现中国梦的必由之路。[②] 关于中国梦的理论创新意义，中共中央党史研究室主任曲青山认为，习近平总书记提出的中国梦，之所以成为党的理论创新的最新成果，是因为中国梦实现了命题、范畴、概念的同一，是中华民族伟大复兴的形象表达、生动表述；实现了历史、现实、未来的贯通，是近代以来中华民族的夙愿和最伟大梦想；实现了国家、民族、个人的融合，中国梦归根到底是人民的梦，是每一个中国人的梦；实现了道路、精神、力量的契合，实现中国梦要坚持和遵循“三个必须”，即必须走中国道路，必须弘扬中国精神，必须凝聚中国力量；实现了中国、邻国、世界的连接，中国梦是和平、发展、合作、共赢的梦。[③] 关于中国梦的实现途径，中国社会科学院当代中国研究所研究员武力认为，在人均资源如此匮乏、生态环境如此脆弱的条件下，在“人口红利”和“全球化红利”正在消失的条件下，我们正处于经济发展速度的“换挡期”、产业结构调整的“阵痛期”、前一个阶段刺激政策的“消化期”叠加阶段，促进发展方式转变、实现中国梦最有效的办法就是全面深化改革。[④]

2. 全面深化改革研究

2013 年 11 月召开的十八届三中全会审议通过《中共中央关于全面深化改革若干重

---

① 邓纯东：《中国特色社会主义的鲜明特质和世界意义》，《人民日报》2014 年 12 月 21 日。

② 王伟光：《唯物史观视野下的中国梦》，《求是》2014 年第 7 期。

③ 曲青山：《论中国梦的理论创新意义——学习习近平总书记关于中国梦的重要论述》，《中共党史研究》2014 年第 7 期。

④ 武力：《工业化视角下的中国道路与中国梦》，《前线》2014 年第 9 期。

大问题的决定》，吹响全面深化改革的号角。2014 年，学术界继续围绕“全面深化改革”这一问题展开研究，对全面深化改革的必要性、方向和特征、内容和方法等进行了探讨。

关于全面深化改革的必要性，学者们普遍认为，改革开放开创和发展了中国特色社会主义，是当代中国发展进步的活力之源，是我们党和人民大踏步赶上时代前进步伐的重要法宝。中共中央党校副校长徐伟新认为，当前改革进入攻坚期和深水区，发展面临思想观念的束缚、利益固化的樊篱、体制机制的弊端等诸多因素的限制。而随着改革的深入推进，各个领域、各个环节的关联性、互动性明显增强，碎片化改革显然已不能适应新一轮发展的要求，在新的历史起点上全面推进现代化进程必须全面深化改革。①

关于全面深化改革的性质和方向，中国社会科学院马克思主义研究院研究员金民卿认为，全面深化改革必须牢牢坚持中国特色社会主义的正确方向，完善和发展中国特色社会主义制度的总目标，坚持社会主义市场经济的改革方向，以促进社会公平正义、增进人民福祉为出发点和落脚点，加强和完善党的领导。② 浙江省社会科学界联合会研究员雷云认为，这场发轫于中国大地的全面深化改革是以马克思主义科学理论为根本指导、以中国特色社会主义正确道路为唯一遵循、以发展社会主义市场经济为基本取向、以经济体制改革为重点牵引、以人为本、尊重人民主体地位、紧紧依靠人民力量。③

关于全面深化改革的方法论，中国社会科学院马克思主义研究学部主任程恩富认为，在全面深化改革的过程中，必须以马列主义及其中国化理论的方法论为指引，坚持总体与局部相结合的系统方法、准确与依法相结合的科学方法、幸福与富强相结合的统筹方法、市场与政府相结合的双重方法、自主与开放相结合的互促方法。④ 中国人民大学马克思主义学院教授周新城认为，用历史唯物主义指导改革必须做到：从我国社会的实际出发探讨问题，运用生产力与生产关系、经济基础与上层建筑的矛盾运动的观点分析问题，尊重群众的实践经验，把群众路线同顶层设计结合起来。⑤

3. 全面依法治国研究

2014 年 10 月，十八届四中全会通过《中共中央关于全面推进依法治国若干重大问题的决定》，习近平在《决定》说明中对依法治国的重要意义进行深刻阐述，引发了学术界对依法治国的热烈讨论。在众多的研究中，依法治国的重要意义，如何处理依法治国与党的领导、人民当家作主等关系，如何推进依法治国等问题是讨论的热点。

学者们把依法治国放在关系党执政兴国、人民幸福安康、党和国家长治久安的高度加以理解和认同，认为要实现中国社会在深刻变革中既生机勃勃又井然有序、良性健康

---

① 徐伟新：《以坚定的制度自信推进全面深化改革——学习习近平总书记关于全面深化改革的重要论述》，《光明日报》2014 年 8 月 11 日。

② 金民卿：《全面深化改革必须牢牢坚持中国特色社会主义的正确方向》，《马克思主义研究》2014 年第 1 期。

③ 雷云：《进行什么样的改革、怎样改革——学习习近平系列讲话精神和党的十八届三中全会〈决定〉的体会》，《毛泽东邓小平理论研究》2014 年第 6 期。

④ 程恩富：《改革的五大思维和工作方法》，《人民论坛》2014 年第 4 月下期。

⑤ 周新城：《必须用历史唯物主义来指导我国的改革——学习习近平 2013 年 12 月 4 日讲话的体会》，《毛泽东邓小平理论研究》2014 年第 4 期。

持续发展，要实现完善和发展中国特色社会主义制度、推进国家治理体系和治理能力现代化，必须依法治国、建设社会主义法治国家。

国家行政学院许耀桐教授强调，执政党没有超越法律的特权，依法治国方略的提出解决了何者为大的问题，在当今时代，只有强调依法治国的法治精神、法治意识、法治思维，使党的各级干部和党员牢固树立法治理念并自觉地加以实践，才能真正体现共产党和共产党人的光辉伟大。[①] 中国社会科学院马克思主义研究院研究员辛向阳认为，党的领导、人民当家作主、依法治国三者有机统一，党的领导是人民当家作主和依法治国的根本保证，人民当家作主是社会主义民主政治的本质要求，依法治国是党领导人民治理国家的基本方略。实现三者有机统一需要进一步推进政治体制改革，既要自觉抵制“宪政民主”“公民社会”的理论误区，又要不断完善根本政治制度和基本政治制度，把全国人大的立法过程变成是吸收民意、体现民意的过程，完善中国共产党领导的多党合作和政治协商制度、民族区域自治制度和基层群众自治制度。加强对权力的制约和监督，提高各级领导干部运用法治思维和法治方式深化改革、推动发展、化解矛盾、维护稳定的能力，形成办事依法、遇事找法、解决问题用法、化解矛盾靠法的良好法治环境，在法制轨道上推动各项工作。[②] 北京大学教授徐晓冬梳理出依法治国十个方面的协同匹配关系，包括目标模式与顶层设计的关系、转型升级与法治建设的关系、依法治国与以德治国的关系、中国特色与国际经验的关系、立法适应与深化改革的关系、法律数量与法律质量的关系、法治政府与法治社会的关系、反腐实践与法治执行的关系、成文法系与判例法系的关系、人类行为与法治权威的关系。[③]

中国政法大学终身教授应松年认为，要全面推进依法治国，首先要依宪治国，依宪治国是依法治国的统领；依法行政是依法治国的关键，推进依法行政要依法全面履行政府职能、依法决策、深化行政执法体制改革、公正文明执法、强化对行政权力的制约和监督、全面推进政务公开等；在全面推进依法治国过程中，公正是司法改革的核心追求，法治工作队伍建设是依法治国的组织和人才保障。[④] 清华大学教授肖贵清认为，落实依法治国基本方略，加快建设社会主义法治国家，必须全面推进科学立法、严格执法、公正司法、全民守法进程。完善和发展中国特色社会主义制度，为法治中国建设提供制度保障。[⑤]

4. 从严治党、反腐倡廉研究

十八大以来，习近平在从严治党和反腐倡廉建设方面提出了一系列新思想，采取了一系列新措施，党建和反腐工作出现了新气象。

学者们普遍认为，从严治党、反腐倡廉、取信于民是习近平主政以来的最大亮点之一。当前，国内外局势的新发展新变化使得党执政面临的挑战更加严峻，日益增长的物

---

① 许耀桐：《依法治国必须解决的首要问题》，《社会观察》2014 年第 10 期。

② 辛向阳：《坚持党的领导、人民当家作主、依法治国有机统一》，《思想理论教育导刊》2014 年第 1 期。

③ 徐晓冬：《依法治国要处理好十大协同关系——对当前依法治国有关讨论的思考》，《人民论坛》2014 年第 30 期。

④ 应松年：《论全面推进依法治国的若干重点问题》，《学术前沿》2014 年第 22 期。

⑤ 肖贵清：《依法治国与完善和发展中国特色社会主义制度》，《科学社会主义》2014 年第 5 期。

质文化需求使得人民群众对党的作风要求更加迫切，全面深化改革各项任务的不断落实使得从严治党的任务更加繁重。打铁还需自身硬。历史使命越光荣，奋斗目标越宏伟，执政环境越复杂，越要增强忧患意识，越要从严治党。[①] 腐败对国家公务人员具有极大的腐蚀性，对党的事业具有极大的破坏性，对社会主义民主法治建设具有极大挑战性，对人民的利益具有极大的危害性，是人民群众最为深恶痛绝的社会现象，对党同人民群众的血肉联系最具杀伤力。[②]

国防大学中国特色社会主义理论体系研究中心研究员马占魁等认为，推动形成从严治党新常态，是一个具有重大现实意义和深远历史意义的战略命题。它是实现中华民族伟大复兴中国梦、巩固党的执政地位、全面深化改革取得实质性突破、推进新的伟大斗争的必然要求。从严治党的新常态的时代特征主要表现在以下几个方面：突出重点、聚焦问题，领导带头、以上率下，以知促行、以行促知，严字当头、务求实效，层层压紧、上下互动，相信群众、敞开大门。要把聚精会神抓党建与一心一意谋发展结合起来，把思想建党与制度治党结合起来，把严肃党内政治生活与发挥人民监督作用结合起来，把攻坚战与持久战统一起来。[③]

党的作风建设永远在路上。关于党的作风建设，中国社会科学院原副院长李慎明认为，解决"四风"问题要从思想根子上抓起，"四风"问题的思想根子是享乐主义，理想信念是预防"四风"的防腐剂，克服"四风"的核心是"治病"，远离"四风"关键是树立正确的世界观，在"为民、务实、清廉"中，"为民"是目的，"务实"是行动，"清廉"是作风。"三位一体"都是为保持与人民群众的血肉联系，保持党的性质的纯洁性。要达到这一要求，就必须通过联系实际，认真学习马克思主义，在改造客观世界的同时，改造主观世界，克服享乐主义，树立正确的理想信念，确立正确的世界观、人生观和价值观。[④] 中国社会科学院马克思主义研究院研究员陈志刚认为，习近平作风建设的突出特点是"抓早抓小论"。主要内容表现在：以党的作风建设为切入点，推进党的全面建设；聚焦"四风"问题，开展党的群众路线教育实践活动；作风问题必须抓早抓小；作风建设具有反弹性，必须常抓不懈，立长效机制；公私问题是作风问题的要害。[⑤]

中国社会科学院马克思主义研究院研究员吕薇洲认为，党的十八大以来，党反对腐败呈现出许多新亮点。坚持把加强党的作风建设作为切入点，把严厉惩治腐败作为着力点，把完善体制制度强化权力监督作为关键点，把群众路线作为立足点和落脚点。在理论和实践两个层面，将中国特色社会主义反腐倡廉建设进一步推向了纵深。[⑥] 中国社会

---

① 张伯里：《不断探索新形势下从严治党的特点和规律——学习习近平总书记在党的群众路线教育实践活动总结大会上的讲话》，《光明日报》2014 年 10 月 18 日。

② 周庆平：《反腐败的高压态势与硬环境建构》，《国家检察官学院学报》2014 年第 3 期。

③ 马占魁、赵周贤、刘光明：《推动形成从严治党新常态——学习领会习近平总书记在党的群众路线教育实践活动总结大会上的重要讲话》，《求是》2014 年第 21 期。

④ 李慎明：《解决"四风"问题要从思想根子上抓起》，《中国井冈山干部学院学报》2014 年第 5 期。

⑤ 陈志刚：《习近平党的建设思想六论》，《理论探索》2014 年第 6 期。

⑥ 吕薇洲、吴成林：《十八大以来中国共产党防治腐败的新举措新成效》，《郑州大学学报》（哲学社会科学版）2014 年第 6 期。

科学院马克思主义研究院副研究员孙应帅认为，实践上强调要更多地依靠制度和法律建设推进反腐倡廉建设，更好地完善全方位反腐倡廉体系，更快回应人民的反腐败要求。推进巡视制度，试行官员财产申报公开制度，通过网络微博等新媒体率先发力、引起网民热议监督、纪委迅速回应查处等新方式，加速形成党内党外、体制内和体制外的全方位联动反腐机制。①

中国社会科学院中国廉政研究中心副秘书长高波认为，纪律防线和法律底线是打造反腐机制的“双保险”，党纪与国法须“无缝衔接”，加大违纪违法成本，既以问题导向补齐法治“短板”，又把行之有效的纪律上升为法律。② 河北省人民检察院副检察长周庆平认为，要确保反腐高压态势的持久性，必须营造反腐败斗争硬环境，出重拳、用重典、聚众力、重纲纪，加大对贪污受贿等腐败行为的打击力度。同时，强化反腐败的机制建设，构建铁腕惩戒机制、创新监督制约机制、廉政自律机制和规范权力运行保障机制，并不断创新反腐败的新路径。③

5. 纪念邓小平同志诞辰 110 周年座谈会上的讲话

2014 年 8 月，习近平在纪念邓小平同志诞辰 110 周年座谈会上的讲话，对邓小平的历史功绩和邓小平理论的历史地位作出科学评价，学术界围绕这个讲话开展了学习、讨论和研究。

学者们普遍认同习近平关于邓小平崇高风范的六个方面概括，认为实现中国梦是对邓小平同志最好的纪念。中共中央文献研究室主任冷溶认为，信念坚定、热爱人民、实事求是、开拓创新、战略思维、坦荡无私是邓小平精神的高度凝练和集中反映，一下子把邓小平伟人形象立了起来。信念坚定是邓小平一生最鲜明的政治品格。④ 中共中央组织部原部长张全景认为，对邓小平同志最好的纪念是坚持由他亲自主持制定的党的基本路线，为实现伟大的中国梦而奋斗。当前国际国内形势错综复杂，国际敌对势力加紧对我推行“和平演变”策略，扶植国内“精英”和民族分裂分子、邪教组织，鼓吹“新自由主义”“民主社会主义”“民主立宪”等种种谬论，制造事端，破坏安定团结的大好局面，干扰社会主义现代化建设，我们务必予以高度重视，坚定不移地同各种错误思潮和邪恶势力进行斗争。⑤

有学者把本次讲话与去年习近平在纪念毛泽东同志诞辰 120 周年座谈会上的讲话结合起来研究。北京大学教授李玲认为，毛泽东与邓小平有共同理想信念、共同远大目标，都坚持独立自主地走中国道路，坚持走社会主义道路、走群众路线、实现共同富裕，他们的区别是由所处的历史环境不同、阶段性目标不同、工作重点不同和外部约束不同而导致的具体路径区别。坚持中国道路是对邓小平最好的纪念。习近平纪念邓小平

---

① 孙应帅：《十八大以来新一届中央领导集体反腐倡廉的理论与实践》，《沈阳工业大学学报》（社会科学版）2015 年第 1 期。

② 高波：《反腐需纪律与法律“无缝衔接”》，《中国党政干部论坛》2014 年第 7 期。

③ 周庆平：《反腐败的高压态势与硬环境建构》，《国家检察官学院学报》2014 年第 3 期。

④ 冷溶：《邓小平同志的革命风范激励我们实现中国梦——学习习近平总书记在纪念邓小平同志诞辰 110 周年座谈会上的讲话》，《求是》2014 年第 18 期。

⑤ 张全景：《坚持党的基本路线　为实现伟大的中国梦而奋斗》，《当代中国史研究》2014 年第 5 期。

的讲话，旗帜鲜明地反对历史虚无主义，在关键时刻为改革开放再次把关定向，使借助纪念邓小平推动中国“西化”“新自由主义化”的愿望落空。①

三 学科建设有待进一步发展的几个问题

“马克思主义中国化研究”学科设立至今九年多来，学科建设成果不可谓不丰富。无论是学科机构设置、还是研究人员和成果数量都十分庞大。但从整体看，本学科仍然还是一门新兴学科。

1. 要处理好学术性与政治性、民族性和世界性、文本研究与现实研究的关系。这是整个哲学社会科学研究中需要注意的普遍问题，对“马克思主义中国化研究”这门以解决中国现实问题为己任的新兴学科来说，显得尤为重要。本学科是以马克思主义中国化为主线，以中国化的马克思主义为主题，重点是研究中国特色社会主义的理论和实践。马克思主义中国化的理论成果是一门科学，同时也是中国共产党指导思想的重要组成部分，这决定了它既具有学术性又具有意识形态性（政治性）。在学科建设过程中，要把政治性和学术性统一起来，不能使之相互对立或相互抵消。马克思主义是世界性和民族性统一的开放体系，马克思主义中国化的理论成果首先是民族的，同时也是世界的，要把它的民族性和世界性统一起来。此外，马克思主义中国化研究过程“钻文本”的现象比较普遍，须知文本研究要旨不是学术规范和文本本身，更多的是现实需要，是从中总结历史的经验和规律。在马克思主义中国化过程中，一直存在真“本本主义”和“反对本本主义”的较量，而且每次重大实践和理论进展都是在突破文本的“条条框框”中实现的。在学科建设过程中，我们既要重视文本研究，更要关注重大现实问题研究。

2. 要注重马克思主义理论与中国实践、中国历史和中国文化的“深相结合”问题。马克思主义理论与中国实践、中国历史和中国文化“深相结合”，是中国共产党长期倡导和坚持的重要思想。1943年5月26日，在毛泽东主持起草、经中共中央政治局通过的《中国共产党中央委员会关于共产国际执委主席团提议解散共产国际的决定》中指出：“中国共产党近年来所进行的反主观主义、反宗派主义、反党八股的整风运动，就是要使马克思列宁主义这一革命科学更进一步地和中国革命实践、中国历史、中国文化深相结合起来。”② 马克思主义中国化，就是把马克思主义的基本原理应用于中国的具体环境，并在这一过程中形成中国自己的马克思主义。实现这一历史使命，要求马克思主义不仅要与中国实践“深相结合”，还要与中国的历史和文化进行“深相结合”。这一思想对“马克思主义中国化研究”学科建设更具针对性的启示是“深”和“相”二字，这种结合不是外在、肤浅、单向的，而是内在、深刻、双向的。这种“深相结合”要求马克思主义中国化研究者也必须深入实际、深入学习中国历史和中国文化。

3. 研究方法须多样化，视野须更开阔。方法和视野是学科健康发展和取得突破的一个关键点。“马克思主义中国化研究”学科建设，同样要注意方法的研究和运用。从已有学术成果看，学术界更多侧重运用历史与逻辑相结合的研究方法，尤其习惯从历史

---

① 李玲、江宇：《坚持中国道路是对邓小平最好的纪念——学习习近平同志在纪念邓小平诞辰110周年座谈会上的讲话》，《经济导刊》2014年第11期。

② 《毛泽东文集》第3卷，人民出版社1996年版，第23页。

活动中去考察马克思主义中国化的历史经验、基本规律和理论成果，试图从历史和逻辑统一的起点建构起内容丰富、结构严谨、条理清晰、特色优势明显的学科体系。这无疑是正确的路子，但不应该仅限于此。今后要更多地运用系统分析、跨学科、比较研究等方法。“马克思主义中国化研究”具有整体性特点，学科建设是一个系统工程，只有把研究视角上升到系统性、整体性、综合性的高度，才能把握学科建设的科学内涵和体系。同时，“马克思主义中国化研究”涉及哲学、政治学、经济学、文化学、社会学、历史学等多个学科领域的多个相关方面，需要从跨学科的角度，综合运用多种学科的相关理论、方法和成果，全面把握马克思主义中国化的理论成果及其内在关系。为此，还要处理好与马克思主义一级学科下的其他二级学科的关系。马克思主义中国化，说到底是马克思主义这一国际性学说民族化、本土化问题。要对各国马克思主义民族化、本土化问题做比较研究，总结社会主义国家把马克思主义民族化、本土化的经验和基本规律。此外，马克思主义民族化、本土化过程中的曲折和失误同样也是非常宝贵的财富，由于种种原因，目前学术界对此还未能开展深入研究。

（执笔：陈亚联、王宜秋、贾可卿、彭海红、于晓雷、孙晓霞）

马克思主义发展史

一　学科概况

（一）马克思主义发展史理论研究与学科建设的研究热点和主要学术成果

1. 马克思主义历史文献研究

《马克思恩格斯全集》历史考证版（MEGA2）的研究。2014 年，北京大学哲学系聂锦芳教授及其合作者的四部著述《异化的探寻与扬弃——“巴黎手稿”再研究》《资本总体性——关于马克思资本哲学的新探索》《马克思〈资本论〉研究读本》《〈资本论〉及其手稿再研究：文献、思想与当代性》分别由中国人民大学出版社、人民出版社、中央编译出版社、经济科学出版社出版。南京大学哲学系张一兵教授的《回到马克思：经济学语境中的哲学话语》也在 2014 年出版了第 3 版。人们重视文本研究并不是简单重复马克思的话，而是为了最大限度地还原马克思的思想，更好地理解马克思。2014 年度，有学者已经开始对文本研究本身进行反思，北京航空航天大学思想政治学院王代月副教授撰文《准确定位〈马克思恩格斯全集〉历史考证版》认为，以发生的先后顺序完整再现文本的形成过程，对于恢复马克思恩格斯原始著作的本然面目非常重要，但同时

（国际最具权威的《马克思恩格斯全集》“历史考证版”（MARX/ENGELS GESAMTAUSGABE）第二部分“《资本论》及其手稿卷”刚刚出齐，由北京大学马克思主义文献研究中心、哲学系主办的“《资本论》及其手稿再研究：文献、思想与当代性”学术研讨会于 2012 年 12 月 31 日在北京大学召开。2014 年，北京大学哲学系聂锦芳教授及其合作者的著述《〈资本论〉及其手稿再研究：文献、思想与当代性》由经济科学出版社出版。）

又将有价值的文本与无价值或是价值不大的文本混淆，这就有可能取消了某些真正有价值文献的重要性。[①]

2. 马克思主义发展史几个重大理论问题研究

2014 年度，关于意识形态与话语权问题的争鸣与探讨成为马克思主义发展史研究的重大问题之一。关于马克思主义国家学说观点的碰撞已经折射出对意识形态阵地的占领和话语权争夺的问题。2013 年，习近平在全国宣传工作会议上明确指出，在集中精力进行经济建设的同时，必须一刻也不放松和削弱意识形态工作，把意识形态工作领导权和话语权牢牢掌握在手中。2014 年，在加强和改进意识形态工作、掌握话语权，推进具有中国特色的哲学社会科学话语体系建设方面，取得大量研究成果。中国社会科学院马克思主义研究院侯惠勤教授撰写多篇文章阐述关于意识形态领导权和话语权、学术话语权问题的观点。他在《意识形态话语权初探》[②] 一文中提出，话语权是意识形态思想领导权的实现方式，包括提问权、论断权、解释权和批判权等。争夺话语权，既要关注主题、分析框架、论证方式、叙事方式等根本性话语，也要关注一些细小但关键的语言使用；在《论马克思主义学术话语的方法论基础》[③] 一文中阐明，哲学社会科学学术话语权是当代意识形态话语权的重要组成部分。面对西方试图通过割裂意识形态和学术的密切联系来消解马克思主义学术话语权的方式，必须对现有学科进行前提性批判，确定学科研究对象；确立哲学社会科学学术判断的客观坐标，建立相应的核心学术话语；把价值评价建立在科学论证的基础上，确立哲学社会科学学术研究的基本方法和学术评价标准。中央党校副教育长、马克思主义理论教研部韩庆祥教授、王海滨博士发表《提升中国哲学社会科学的话语权和影响力——以“理论的命运”为例》[④] 一文，提出中国哲学社会科学要拥有经久不衰的话语权及影响力，取决于以下要素：创立者要创造“真经”，传播者要“真懂”，实践者要“真用”，接受者要“真信”，在解决时代问题和掌握人民群众上要“真灵”。其中，理论创立者创造出真正的经典（简称“真经”），是决定一种理论之发展前途且拥有话语权的命根。韩庆祥教授在《全球化背景下“中国话语体系”建设与“中国话语权”》[⑤] 一文中指出，“有底气、有思想、有自信、有感染力、有影响、有主导权”是中国话语权的六个要素，这六个要素互相制约、相辅相成，缺少哪一个要素，都会影响中国话语权。哈尔滨师范大学政治与行政学院王秀敏副教授和张国启教授发表《中国特色社会主义意识形态话语权提升的多维审视》[⑥] 一文，认为提升中国特色社会主义意识形态话语权，必须大力培育和践行社会主义核心价值观，自觉抵制各种错误思潮的影响和侵蚀。

---

① 王代月：《准确定位〈马克思恩格斯全集〉历史考证版》，《中国社会科学报》2014 年 1 月 13 日。

② 侯惠勤：《意识形态话语权初探》，《马克思主义研究》2014 年第 12 期。

③ 侯惠勤：《论马克思主义学术话语的方法论基础》，《安徽大学学报》（哲学社会科学版）2014 年第 6 期。

④ 韩庆祥、王海滨：《提升中国哲学社会科学的话语权和影响力——以“理论的命运”为例》，《中国特色社会主义理论》2014 年第 3 期。

⑤ 韩庆祥：《全球化背景下“中国话语体系”建设与“中国话语权”》，《中共中央党校学报》2014 年第 5 期。

⑥ 王秀敏、张国启：《中国特色社会主义意识形态话语权提升的多维审视》，《湖北社会科学》2014 年第 11 期。

3. 重新考证和梳理“马克思主义”术语起源、马克思主义的诞生起点、社会主义的起源等问题。

淮北师范大学思想政治理论教育教学与研究中心讲师孙宜晓、淮北师范大学教授郝文清撰文《“马克思主义”术语起源略考》①，认为“马克思主义”这一术语从起源到最后被认可为指称马克思和恩格斯所创立的伟大理论的名称，经历了复杂的过程。这一术语是在马克思主义传播与发展过程中，在马克思主义同来自内部与外部的各种形形色色的机会主义、小资产阶级改良主义、无政府主义以及宗派主义斗争的语境下产生的。起初，由于使用这一概念的是反马克思主义的派别和工人运动内部的宗派主义者，“马克思主义”成为一个具有贬义内涵的称谓，因此，马克思、恩格斯拒绝承认自己是“马克思主义者”。随着马克思主义逐渐战胜各种资产阶级的错误思潮、工人阶级内部的教条主义和宗派主义并在国际工人运动中取得领导地位，恩格斯对这一术语的态度发生变化，逐渐认同和接受了用“马克思主义”指称马克思和他共同创立的理论，笼罩在“马克思主义”术语上的贬义性质渐渐消失，“马克思主义”成为一个正面的术语。随着与修正主义斗争取得的胜利以及俄国十月革命的影响，“马克思主义”成为一个让全世界无产阶级和劳动人民真心向往、令资产阶级反动派发抖的革命理论的正式称谓。

中国社会科学院原副院长、学部委员江流撰文《马克思主义是什么时候诞生的——经典著作的论述》②，认为马克思主义的诞生即社会主义从空想成为科学的开始，是社会主义发展史特别是科学社会主义即马克思主义发展史上的重要日子，应该以马克思、恩格斯、列宁、毛泽东的经典著作为依据确定马克思主义的诞生。按照毛泽东在党的七大上所作报告的结论，1843 年马克思创造了马克思主义；列宁在《马克思学说的历史命运》一文中指出“马克思首次提出这个学说是在 1844 年”；恩格斯在 1892 年《英国工人阶级状况》德文第二版序言中也认为 1844 年是科学社会主义的开端。

中国社会科学院研究生院马克思主义研究系博士生颜玫琳在《托马斯·莫尔：从天主教圣徒到空想社会主义鼻祖》③ 一文中，对托马斯·莫尔为什么会成为空想社会主义第一人，托马斯·莫尔撰写的《乌托邦》为什么会成为空想社会主义第一书进行了考证。文章认为，在莫尔生活的 16 世纪“社会主义”一词并未出现，资本主义生产方式也在襁褓之中。并且莫尔在去世后的数百年间，一直是以天主教徒的身份被人尊崇。那么是谁把莫尔推为空想社会主义的鼻祖呢？在马克思、恩格斯的著作中，莫尔的地位只是“最初研究政治经济学”的代表人物。但是在 1886 年，莫尔去世 300 多年后被罗马天主教会的教皇册封为圣徒。1887 年，随着马克思主义理论权威考茨基的著作《莫尔及其乌托邦》的出版，莫尔及其《乌托邦》的历史价值得到重新评价。在考茨基的助推下，莫尔从天主教圣徒转身为“第一位伟大的空想社会主义者”。

（二）马克思主义发展史理论研究与学科建设的重要学术活动

1. 2014 年 4 月 12 日，由北京大学马克思主义哲学研究中心、文献研究中心、人学

① 孙宜晓、郝文清：《“马克思主义”术语起源略考》，《科学社会主义》2014 年第 2 期。

② 江流：《马克思主义是什么时候诞生的——经典著作的论述》，《马克思主义研究》2014 年第 8 期。

③ 颜玫琳：《托马斯·莫尔：从天主教圣徒到空想社会主义鼻祖》，《红岩春秋》2014 年第 9 期。

研究中心、青年哲学论坛、马克思学论坛共同举办的纪念“巴黎手稿”写作170周年暨“马克思人学思想的当代理解”学术研讨会在北京大学举行，30余位学者对关涉这一文本的文献、思想、历史地位和当代影响等问题进行了深入讨论。

2.2014年7月26日至27日，“全国历史唯物主义与全面深化改革理论研讨会暨中国历史唯物主义学会第七届会员代表大会”在首都师范大学国际文化大厦召开。中共北京市委宣传部副部长崔耀中、首都师范大学党委书记张雪出席开幕式，首都师范大学纪委书记潘亮主持会议。中国历史唯物主义学会会长、中国社会科学院李崇富教授出席会议，来自中国社会科学院、中央党校、北京大学、清华大学、中国人民大学、复旦大学、南京大学、武汉大学、南开大学、华东师范大学、北京师范大学和首都师范大学等科研单位和院校的专家学者以及人民日报、光明日报、农民日报、中国社会科学网和《马克思主义研究》杂志社等媒体记者、编辑150余人出席了本次研讨会。中国历史唯物主义学会常务副会长、中国社会科学院侯惠勤教授，首都师范大学杨生平教授和武汉大学袁银传教授分别作了《用唯物史观指导全面深化改革》《以双维视角的统一，进一步推进中国特色社会主义理论创新》《评当代资本主义核心价值观》的主题发言。三位报告人立足中国全面深化改革的社会实践，从不同视角解读了历史唯物主义的思想内涵和精神实质，阐述了在“全面深化改革”这一时代背景下学习和研究历史唯物主义的重大理论和现实意义。与会学者围绕进一步深入学习贯彻党的十八届三中全会精神和习近平总书记系列重要讲话精神，围绕如何用历史唯物主义指导全面深化改革以及如何在全面深化改革中发展历史唯物主义等议题进行了深入研讨。

（2014年7月26日至27日，“全国历史唯物主义与全面深化改革理论研讨会暨中国历史唯物主义学会第七届会员代表大会”在首都师范大学国际文化大厦召开。）

会议期间，历史唯物主义学会召开了第七届会员代表大会，顺利完成了换届工作。中国社会科学院侯惠勤教授当选为新一届学会会长，首都师范大学杨生平等多位教授当选为新一届学会副会长，中国社会科学院马克思主义研究院金民卿研究员当选为新一届学会秘书长。

3.2014 年 9 月 2 日，由中共中央文献研究室、中国中共文献研究会联合主办的“纪念邓小平同志诞辰 110 周年学术研讨会”在北京召开。百余位专家学者深入学习研讨习近平总书记在纪念邓小平同志诞辰 110 周年座谈会上的重要讲话，从各个方面探讨了邓小平同志的历史功绩和邓小平理论的历史地位。

4.2014 年 10 月 25 日至 26 日，由中国历史唯物主义学会、解放军南京政治学院主办，解放军南京政治学院马克思主义学院承办的“党的十八大以来我国意识形态建设新进展理论研讨会”在解放军南京政治学院举行。百余位专家与会，就习近平总书记系列重要讲话精神、十八大以来我国意识形态建设的进展、十八届四中全会精神等主题展开研讨。

5.2014 年 11 月 27 日，纪念中国人民大学马列主义发展史研究所成立 50 周年主题论坛“马克思主义发展的历史、现实和未来”在中国人民大学举行。中国人民大学马列主义发展史研究所是在周恩来同志的直接关怀下建立的，1964 年 6 月由原高等教育部根据中央决定批准正式成立。1996 年，马列所与马克思主义理论教育研究所合并成立马克思主义学院。

中国人民大学校长陈雨露，全国人大教科文卫委员会委员、教育部社会科学委员会副主任顾海良，人民出版社社长黄书元，中央政策研究室《学习与研究》杂志社社长石太林，教育部社会科学司副司长徐艳国，中国人民大学党委副书记吴付来，中国人民大学教授庄福龄、陈先达、梁树发，中国社会科学院学部委员靳辉明，中国人民大学原党委书记马绍孟，教育部社会科学司原司长杨瑞森、奚广庆，中国驻澳大利亚使馆教育处原公使衔参赞李忠尚等致辞和发言，与会人士对马列所成立 50 周年表示祝贺。大家表示，中国人民大学马列所为马克思主义在中国的研究、传播和普及作出了重要贡献，培养了一大批优秀人才，希望马克思主义学院继承优良传统、全面深化改革、推动理论创新，为中国特色社会主义理论体系贡献新的智慧和力量。

主论坛由中国人民大学校长助理、马克思主义学院院长郝立新和《教学与研究》主编秦宣主持。论坛回顾了马克思主义在中国的传播和发展，就加强马克思主义理论学科建设，推进马克思主义中国化、时代化、大众化，坚持和丰富中国特色社会主义理论体系进行了研讨。围绕“马克思主义发展的历史、现实和未来”这一主题，分论坛就“马克思主义发展史的哲学维度”“马克思主义经济学说史研究的现状与前瞻”“依法治国与国家治理现代化研究”等议题展开交流。

6.2014 年 12 月 4 日，由中国社会科学院马克思主义理论学科建设与理论研究工作领导小组主办，中国社会科学院马克思主义研究院承办的“中国社会科学院第二届科学社会主义论坛”在北京召开，主题是“习近平总书记系列重要讲话与科学社会主义”，50 余位专家学者参与研讨，促进了科学社会主义、中国特色社会主义的学习、研究和宣传。

（2014 年 11 月 27 日，纪念中国人民大学马列主义发展史研究所成立 50 周年主题论坛“马克思主义发展的历史、现实和未来”在中国人民大学举行。）

7. 2014 年 12 月 27 日至 28 日，《马克思主义发展史》（多卷本）编写讨论会在京召开。以中国人民大学马克思主义学院为主体的 20 余位专家学者参加了会议。《多卷本》编委会主任、中国人民大学党委书记靳诺表示全力支持《马克思主义发展史》（多卷本）编写工作，为编写工作顺利开展提供坚实保障。《多卷本》主编、著名马克思主义史研究专家、马克思主义学院教授庄福龄因病未能参会，委托《多卷本》编委会秘书长、马克思主义学院副院长侯衍社转达了他专门为《多卷本》编写工作提出的建议：突出富有新意和时代感的内容；把历史活动与主要人物活动联系起来；处理好“西方马克思主义”的相关内容和篇幅；把编写工作和大事记结合起来，使二者良性互动；关注海外观点并认真研究、慎重对待；认真听取各方面意见，包括反对意见，在此基础上修改完善。《多卷本》主编、教育部社科司原司长杨瑞森、中国人民大学马克思主义学院教授梁树发也表示要全力打造出一套高水平的精品力作。郇中建编审表示人民出版社对中国人民大学马克思主义学院充满信心，一定会全力支持这项重要工作如期完成。《多卷本》主编、中国人民大学校长助理兼马克思主义学院院长郝立新教授、副院长侯衍社教授分别主持了为期两天的编写工作讨论会。

二 重大问题研究进展

2014 年马克思主义发展史研究在一些问题上出现了观点交锋和碰撞。

（一）关于《马克思恩格斯全集》历史考证版（MEGA2）研究价值和意义的再探讨

2012 年，《马克思恩格斯全集》“历史考证版”第二部分“《资本论》及其手稿卷”

出齐，聂锦芳教授在北京大学主持召开了“《资本论》及其手稿再研究：文献、思想与当代性”学术研讨会。北京大学的马克思主义文本考证团队为此做了许多工作。2014年，聂锦芳教授及其合作者的四部著述《异化的探寻与扬弃——“巴黎手稿”再研究》（中国人民大学出版社）、《资本总体性——关于马克思资本哲学的新探索》（人民出版社）、《马克思〈资本论〉研究读本》（中央编译出版社）、《〈资本论〉及其手稿再研究：文献、思想与当代性》（经济科学出版社）陆续问世。

《异化的探寻与扬弃——“巴黎手稿”再研究》根据《马克思恩格斯全集》“历史考证版”及大量权威资料，将“巴黎手稿”作为一个文本个案进行了深度研究，从文献疏证、内容解读、思想阐释、逻辑论证等多个方面一一给予悉心的探讨，力求再现这一著述的原始面貌、深邃意蕴和思想史价值。

有学者认为文本研究有意回避现实问题，难以体现马克思思想的当代性。聂锦芳教授持不同看法，他认为“并非只有当代的甚至目前的问题才是‘现实问题’，重要的思潮和理论动向也属于‘现实问题’”。聂锦芳认为，“只强调马克思的当代性而又不‘回到马克思’，那么马克思的当代性就只能是虚妄的”。①

南京大学哲学系张一兵教授在2014年的新著《回到马克思——经济学语境中的哲学话语》（第3版）中，提到他自身的哲学研究也经历了一个从偏信苏联教科书到回归马克思、恩格斯文本的过程。“直到很晚我才明白，原来苏联和中国的哲学教科书只是马克思主义哲学新视界在特定历史条件下的特定产物（我将其称为‘传统哲学解释框架’）。它的形成和存在自有它一定的历史合理性，可是一旦这历史的合理性僭越被奉为永恒真理时，它的使命也就终结了。”② 张一兵教授强调，回归到文本并非刻意要去打碎“传统哲学解释框架”，完全否定传统的马克思主义哲学，而是不得不历史地回到马克思，正本清源，目的不是为了就文本而文本，继续重复马克思的话，而这也是很多文本研究者容易陷入的误区。在张一兵教授看来，回到历史考证版，回到原本的马克思，是为了我们更好的理解马克思主义的起点，从而更好地与现实结合，更好的推进马克思主义中国化。

北京师范大学哲学与社会学学院鲁克俭教授认为，“文本研究（经典著作研究）无疑属于学院派的研究，但它并非‘钻故纸堆’的学术游戏，而具有强烈的现实关怀和问题意识”。③ 因为MEGA2的每一卷次都包括正文卷和附属资料卷，其中附属资料卷包含了大量的文献学信息，体现了最新的文献学研究成果。按照鲁克俭教授的说法，中国学者传统的“经典著作研究”强调对经典文本进行字斟句酌的反复阅读，不太注重文本的文献学问题（或者说没有文献学的问题意识）。随着21世纪MEGA2受到中国马克思文本研究者的普遍重视，对MEGA2附属资料卷所包含的文献学信息和成果进行系统清理和研究（可称之为MEGA研究），已成为马克思文本研究的重要内容之一。因此，他提出“马克思文献学研究（MEGA研究）对于推动马克思思想解读和马克思主义哲学史研究，对于马哲史教材的书写以及《马克思恩格斯全集》中文第二版的编辑，都具

---

① 王珽：《聂锦芳：在文本中走近马克思》，《光明日报》2014年8月4日。

② 张一兵：《回到马克思——经济学语境中的哲学话语》（第3版），江苏人民出版社2014年版，第765页。

③ 鲁克俭：《马克思文本研究的价值和意义》，《光明日报》2014年3月19日。

有基础性的重大价值和意义”。[①]

MEGA2 给学术研究带来新的视角和思路，也给研究者带来了复杂性和多面性的挑战。北京航空航天大学思想政治学院王代月副教授认为：“以发生的先后顺序完整再现文本的形成过程，对写作提纲、初稿、修改稿以及经授权的各个版本同等对待，赋予同样的价值，不区分马克思、恩格斯对它们态度的变化，甚至将被马克思、恩格斯删除的内容也收入，这虽然恢复了一个完整的马克思、恩格斯原始著作的本然面目，但同时又将有价值的文本与无价值或是价值不大的文本混淆，就可能取消了某些真正有价值文献的重要性。”[②]

比如说，历史性建构起来的文本群可能有悖于马克思、恩格斯的原意。根据 MEGA2 的编辑原则，MEGA2 所收入的内容也包括了并非由马克思、恩格斯亲笔所写成，但有证据表明是在他们的促动下写成的文稿、手稿或刊印稿。《马克思恩格斯年鉴》2003 年辑所刊出的《德意志意识形态》暂定版中，魏德迈成为作者之一，根据它的“前言”，赫斯同样也是作者，假如按照这种方案出版《德意志意识形态》MEGA2 版，它将变为马克思、恩格斯、赫斯和魏德迈等人的著作集。这样就造成了一个尴尬的结果：MEGA2 最终产生的著作却与马克思、恩格斯本人所署名的著作有出入。

（二）关于《资本论》与马克思主义哲学的内在联系问题

复旦大学哲学系孙承叔教授认为：“《资本论》不是传统意义的经济学著作，也不是传统意义的哲学著作，而是马克思意义上的真正的‘历史科学’，它通过资本与财富的运动与发展，全方位地揭示了人与人之间关系的变化和发展，揭示了现代社会的运动发展规律。它的真正的思想核心是马克思的现代史观。”北京大学哲学系赵常林教授认为：《资本论》因为将马克思主义哲学、政治经济学、科学社会主义等主要科学理论融于一体，加上“马克思生前没有来得及写一本纯哲学著作”，因此，“马克思的哲学思想在《资本论》中表现得更丰富、更深刻、更全面”。武汉大学马克思主义学院梅荣政教授等认为：“《资本论》不仅是一部伟大的经济学著作和科学社会主义著作，而且是一部伟大的哲学著作。作为一部伟大的哲学著作，它对马克思主义哲学的重大贡献是多方面的”，对唯物主义历史观的科学论证，是《资本论》对马克思主义哲学作出的重大贡献之一。法国哲学家阿尔都塞认为：“马克思的哲学主要体现在《资本论》中，只有在《资本论》中，才可以读到马克思真正的哲学。”2014 年理论界对《资本论》与马克思主义哲学关系问题的研究主要体现出以下三点：

第一，运用马克思主义哲学来学习研究《资本论》。

习近平总书记在 2013 年全国宣传思想工作会议上强调：领导干部特别是高级干部，要把系统掌握马克思主义基本理论作为看家本领，老老实实、原原本本学习基本理论。在中共中央政治局第十一次集体学习时，习近平总书记强调，要推动全党学习和掌握历史唯物主义，更好地认识规律，更加能动地推进工作。在 2015 年第一次中央政治局集体学习时，党中央再度学习马克思主义哲学理论，并请吉林大学马克思主义哲学家孙正聿教授专题讲解“辩证唯物主义”。由于党中央带头垂范学习马克思主义哲学理论，国

---

① 鲁克俭：《马克思文本研究的价值和意义》，《光明日报》2014 年 3 月 19 日。

② 王代月：《准确定位〈马克思恩格斯全集〉历史考证版》，《中国社会科学报》2014 年 1 月 13 日。

内关于《资本论》的理论文章明显增多，即使是经济学界的专家学者撰写的理论文章，也都充分肯定了《资本论》与马克思主义哲学有着必然的内在联系。

南京财经大学经济学院何干强教授认为："马克思主义基本理论中最主要的经典著作就是《资本论》，《资本论》以唯物史观为指导，深刻地揭示了目前仍然在全球占主导地位的资本主义社会的经济运动和发展的基本规律，为人类指明了走向共产主义的必然趋势。"何干强特别强调："全面准确地阐释《资本论》的创作背景，将特别有利于深刻认识和理解经典著作，同时也能起到十分有效的教育作用。"①

徐州医学院社会科学部时统君教授认为："整体性是马克思主义作为一门科学存在的合理性与合法性的最终依据，必须坚持辩证唯物主义系统论和整体观，克服当前哲学、政治经济学或科学社会主义各个学科分科分家的研究状况，最大限度地避免拘泥于某一个具体学科和领域，只关注马克思主义'知识碎片'的现象。"②

孙承叔教授指出："学习研究《资本论》，最主要的是把握马克思观察、分析现代社会的立场、观点、方法。"过去我们学习《资本论》，重心放在《资本论》前三卷上是有一定道理的，但从今天的眼光看，这是很不够的，因为在某种意义上讲，《资本论》是一部未完成的著作，要真正了解马克思的现代史观和完整的世界观，还必须同时深入到《资本论》总体计划的后三卷中，因为《资本论》后三卷，即国家理论、对外贸易、世界市场等内容，在当今具有特别重大的意义。《资本论》前三卷主要揭示资本与劳动在一国之内的对立，这一矛盾如何必然地演化为关于国家权力的斗争，进而如何必然地演化为世界范围的斗争，则是后三卷的任务。这是马克思总体的、完整的世界观。在后三卷手稿中，马克思深刻揭示了资本主义为什么还有生命力，为什么无产阶级争取解放的斗争必然要上升为政治斗争，在一国之内建设社会主义为什么十分艰难，市场经济为什么是一个非常长期的发展过程，等等。一句话，研究资本不能局限于经济，不能局限于一国之内，必须拓展到政治，拓展到整个世界。孙承叔教授还特别强调："《1857—1858年经济学手稿》是一部真正的经济学哲学手稿，是马克思的历史唯物主义与经济思想相结合的最经典的表述，它的明晰度要远远超过《资本论》正版和以后的马克思著作，是我们研究马克思不可多得的经典文本。用马克思自己的话讲，'它是十五年的，即我一生的黄金时代的研究成果'。《资本论》的三大手稿从本质上讲都具有这种性质，它们虽然从经济问题入手，却都具有哲学的视野和高度。《资本论》后三卷手稿和前三卷整体构成了马克思主义现代史观，它们不仅是历史唯物主义的重要组成部分，也是历史唯物主义在当代的最高表现形式。因此说，《资本论》及其手稿中的哲学思想才是马克思哲学的真正制高点。"③

第二，《资本论》与历史唯物主义的深入研究。

孙承叔教授认为："中国道路如果用一句简单的话来概括，那就是市场经济条件下

① 何干强：《结合当代现实深入研究〈资本论〉——评胡世祯教授的〈资本论〉研读》，《政治经济学评论》2014 年第 4 期。

② 时统君：《论马克思主义的当代魅力——以〈资本论〉为视角》，《中共云南省委党校学报》2012 年第 5 期。

③ 孙承叔：《中国道路与马克思主义哲学研究重心的第二次转向》，《马克思主义与现实》2014 年第 1 期。

的社会主义道路，这就意味着马克思主义哲学研究的重心必须移向现代，移向中国特色的社会主义。”他还认为：中国马克思主义哲学研究存在一个主要问题，就是脱离时代，脱离马克思主义哲学的精髓。哲学是时代精神的精华，然而我们长期追求的是普遍规律，最初追求的是贯穿于自然、历史、人类思维中的普遍规律，改革开放后追求的是贯穿于人类历史始终的普遍规律。普遍规律当然重要，但是它并不是马克思主义哲学的最高表现。正如马克思在《资本论》第2版跋中指出的：真正辩证的方法，不是停留于揭示一般的普遍规律，而是揭示不同历史阶段的特殊规律，这正是历史唯物主义“历史”二字的真正含义。“马克思主义哲学研究必须与时俱进，去揭示现代社会的特殊本质与特殊规律。离开了这种特殊本质和特殊规律就没有马克思主义哲学的时代性。”①

上海财经大学人文学院卜祥记教授等认为：“《资本论》绝非一般而言地包含了一定的哲学思想，而是它本身就是哲学思想的体系。”“当我们把《资本论》研究课题的源起回溯到《1844年经济学哲学手稿》，作为《德意志意识形态》的理论聚焦点并在《哲学的贫困》和《共产党宣言》中获得关键性的公开宣示时，《资本论》就决定性地成为一个贯通马克思思想演进的早期与后期，哲学与经济学的重要事实，成为马克思唯物史观全程建构中的一个核心事件。据此，我们才可以有充分的根据给出如下基本判断，即《资本论》并不简单地是一个单纯的经济学作品，而是一个同时具有哲学性质的，甚至主要地或本质地表现为唯物史观禀赋的哲学巨著，是浓缩版的唯物史观。”②

有学者认为，我国马克思主义哲学研究从改革开放以来有过两次重心转向。第一次转向是从马克思主义的自然观、物质观的本体论、认识论转向历史唯物主义，从自然辩证法转向历史辩证法；当今的第二次转向是从一般的历史唯物主义转向马克思的现代史观和发展理论，即从把握一般的历史规律转向特殊的历史规律——现代社会的规律，从而也意味着对马克思哲学思想的研究重心从马克思的早期转向以《资本论》为核心的中晚期。推动马克思主义哲学研究重心转移的根本动力是中国社会现实，即中国已经走上了以市场经济为基础的发展道路，走上了以人对物的依赖性为特征的第二大社会形态。推动这一转向的理论逻辑正是《资本论》所蕴含的现代史观，马克思的现代史观不仅是历史唯物主义的重要组成部分，而且也是历史唯物主义的最高表现形态。

第三，《资本论》与马克思主义哲学关系的深入发掘。

研究和阐释马克思主义哲学，须借助马克思主义百科全书《资本论》。以往的相关理解和阐释都是以认定《资本论》是“马克思毕生研究政治经济学的伟大成果”为前提，就有了“马克思在这部著作中运用辩证唯物主义和历史唯物主义的世界观和方法论”创立了马克思主义政治经济学的“公认”观点和说法。针对这种观点和说法，吉林大学哲学社会学院孙正聿教授认为，由于认定《资本论》是“运用”而不是“构建”了马克思主义哲学，长期以来不少人或者离开《资本论》而阐释马克思主义哲学，或者把《资本论》的哲学思想限定为如何“运用”了马克思主义哲学。“其直接后果不只是影响到对《资本论》哲学思想的阐释，而且深刻地影响到对马克思主义哲学的理解。”他认为，“《资本论》就是马克思主义的‘新世界观’”，因此，应当在马克思主义哲学与《资

① 孙承叔：《中国道路与马克思主义哲学研究重心的第二次转向》，《马克思主义与现实》2014年第1期。

② 卜祥记、周巧：《马克思〈资本论〉研究的理论前史探源》，《学习与探索》2014年第1期。

本论》的"互释"中，来认识二者的内在联系。这样既科学阐释了"资本论"的哲学思想，又重新理解了马克思主义哲学。孙正聿教授借阿尔都塞之口指出："正如恩格斯所说的那样：'我们这一世界观，首先在马克思的《哲学的贫困》和《共产党宣言》中问世，经过了二十余年的潜伏时间，直到《资本论》出版以后'"，"我们可以读到马克思真正哲学的地方是他的主要著作《资本论》。"这表明，不是《资本论》"运用"了马克思主义哲学，而是《资本论》以研究"现实的历史"为实质内容，"构建"了关于人类解放的"新世界观"即马克思主义哲学。[①]

卜祥记教授等也提出了与孙正聿相近的观点："当我们试图把《资本论》看作一本哲学巨著时，本质地说来，这并不仅仅由于它内在地蕴含了丰富的哲学思想，更在于它本身既是马克思唯物史观创立与发展进程中的关键性环节，也是发端于并始终伴随着马克思构建与完善其唯物史观理论的全过程。这就决定了《资本论》的哲学性质绝非一般而言的所谓包含了一定的哲学思想，而是它本身就是马克思哲学思想的体系或体系化的哲学思想，只不过采取了经济学的表达语言而已。"[②]

孙承叔教授也提出了相似的理论观点："马克思的历史唯物主义是在研究资本主义社会的历史过程中形成的，它的最高表现就是马克思的现代史观，因而现代史观不是外在于历史唯物主义，而是历史唯物主义的重要组成部分。从这个层面讲，《资本论》及其手稿就是最高最活的历史唯物主义，是马克思唯物史观的最高表现。"[③]

中国人民大学经济学院张宇教授在《〈资本论〉的当代意义》一文中也表达了这样的观点："马克思主义的哲学特别是唯物史观正是在对政治经济学进行深入研究的过程中形成和发展起来的，并在《资本论》中得到了充分的体现。"[④]

《资本论》是一部百科全书式的科学巨著，研究《资本论》与马克思主义哲学的内在关系问题必将促进全社会和理论界深刻认识《资本论》的科学价值和马克思主义哲学的重大意义，有利于马克思主义发展史研究水平的进一步提高。

（三）关于马克思主义国家学说的争论

党的十八届三中全会明确提出全面深化改革的总目标是完善和发展中国特色社会主义制度，推进国家治理体系和治理能力现代化，这涉及社会主义国家制度、国家治理体系、民主与专政及其实现形式等重大问题。就此一系列重大问题，中国社会科学院院长、学部委员王伟光认为要重温马克思主义的国家和无产阶级专政学说，在经典中寻找答案，并旗帜鲜明地提出"坚持人民民主专政，并不输理"。[⑤] 该观点一经提出，得到了党报的极力推崇，在头版转载刊登，获得了主流意识形态的肯定与支持。然而同时，也受到了一些不同观点的质疑甚至于非理性的"围剿"。这一方面反映了我国当代意识形态领域多样化思潮导致的混乱状况，另一方面也提醒我们分析这种情况出现的原因，鞭策我们马克思主义理论工作者高度重视马克思主义国家与政权学说对当今中国国家建

---

① 孙正聿：《〈资本论〉与马克思主义哲学》，《学习与探索》2014 年第 1 期。

② 卜祥记、周巧：《马克思〈资本论〉研究的理论前史探源》，《学习与探索》2014 年第 1 期。

③ 孙承叔：《中国道路与马克思主义哲学研究重心的第二次转向》，《马克思主义与现实》2014 年第 1 期。

④ 张宇：《〈资本论〉的当代意义》，宁夏宣讲网 2013 年 5 月 16 日（nxjst. nxnews. net）。

⑤ 王伟光：《坚持人民民主专政，并不输理》，《红旗文稿》2014 年第 18 期。

设的重大意义。

如王伟光院长所说的那样，无论国家确立什么样的制度，国家走什么样的道路，以什么样的方式构建治理体系，归根到底都围绕着一个核心问题：政权由谁掌握，以什么样的方式掌握。无论我们社会主义国家的制度与体系如何进行深化改革和全面推进，人民民主专政的国体始终不能变，一旦变化，社会主义的国家性质将无从谈起。正是基于这种基本认识，王伟光院长引用了邓小平的话："运用人民民主专政的力量，巩固人民的政权，是正义的事情，没有什么输理的地方。"在社会主义国家里，坚持四项基本原则，坚持人民民主专政，不涉及个人爱好，而是国家统治的需要，是国家政权维护的必须，这在马克思的国家与政权学说里都能找到明确的答案。因此，针对西方所谓的"民主是好的""专政是坏的"的烟幕弹，王伟光院长提醒道，这是"别有用心的人打着反对专政的幌子，把一切专政都说成是坏的，根本不提还有资产阶级专政，只讲资产阶级民主，把资产阶级民主粉饰为'至善至美'的反专制、反一党制、超阶级、超历史的普世的民主，其实质是反对社会主义制度的无产阶级专政（在我国是人民民主专政）"。[①]

无产阶级专政是新型的国家，这使得我们的社会主义中国区别于以往任何一个社会形态而具有丰富的活力与先进性。王伟光院长重申无产阶级专政"是新型民主与新型专政的统一体，即对无产阶级和广大劳动人民实行最广泛的民主；对一切反动阶级、敌对分子实行专政。无产阶级专政的核心问题是无产阶级通过它的先进组织——共产党，掌握国家政权"。这就回答了如何坚持无产阶级专政的方式，即只有对人民广泛的民主，才能做到对敌人彻底的专政，同理，只有对敌人毫不留情的专政，才能将对人民广泛的民主落到实处。

王伟光院长提出，坚持人民民主专政是我党的一条基本经验，无论是革命战争年代还是社会主义建设时期，人民民主专政须臾不可放松，这是我国社会主义国家政权的实质和主要内容，坚持人民民主专政是我国社会主义制度的基本保障，是中国特色社会主义必须坚持的一个基本原则。

在近年来的马克思主义理论研究中，以"人民民主专政"与"无产阶级专政"为题的论文并不多见，或许在很多人眼里，这些讨论已经过时。因此，王伟光院长理直气壮地宣传"坚持人民民主专政，并不输理"，让很多理论工作者在经历了短暂的诧异之后，立刻有了"既见君子，云胡不喜"的欣慰，而某些派别，某些势力感到非常不舒服，认为现在重提阶级斗争，不合时宜，是对"文化大革命"的复辟。

对此，知名人士司马南、孔庆东等人在微博上为王伟光辩护，左翼知识分子"秋石客"更撰写长文指出，"王伟光抓住了中国光明与黑暗的命门。王伟光等于告诉人们，阶级斗争，一抓就灵，共产党人如果不讲道路斗争，不搞阶级斗争和人民民主专政，必然亡党亡国"。王伟光的这篇文章遭到了右派舆论的"围剿"。孙立平、吴稼祥、张鸣、老榕等网络名人指责王伟光的文章是重新召唤阶级斗争的幽灵，变相为"文化大革命"翻案。[②]

9月28日，中央党校《学习时报》刊发华东师范大学历史系教授韩钢的署名文章，

---

① 王伟光：《坚持人民民主专政，并不输理》，《红旗文稿》2014年第18期。

② 于泽远：《中共十八届四中全会召开前夕"法治"与"专政"之争再起波澜》，《联合早报》2014年10月14日。

题为《最根本的拨乱反正：否定“以阶级斗争为纲”》①。文章表示，否定“以阶级斗争为纲”，才解除了长期阻滞党和国家重心转向现代化建设的理论和思想桎梏，才消解了干部、群众对发展生产力和不断满足人民物质和精神生活需要问题上的种种困惑、疑虑甚至恐惧。思想的闸门打开后，社会迸发出无限的活力和创造力，中国迈入改革开放和社会主义现代化建设的新的历史时期，三十多年的改革开放和现代化建设取得了漫长的中国历史上任何一个时期都不能比拟的巨大成就。

韩钢文章刊发翌日，9 月 29 日，中国社会科学院主办的中国社会科学网即刊登题为《“以阶级斗争为纲”的标签不能乱贴》的文章。文章表示，不能把关于阶级问题的研究说成是“以阶级斗争为纲”，明确指出：“无产阶级专政，在中国的提法是人民民主专政，是马克思主义的核心要义，是社会主义中国的国体。这一方面一旦动摇，社会主义中国自然就‘国将不国’了。这样一条最基本、最明显的道理，现在反倒被搞糊涂了。好像一提坚持人民民主专政，就是要搞‘独裁’，搞‘镇压’，就是‘压制自由’，就是‘反对人权’，就是‘抗拒宪政民主的世界潮流’。”②

紧接着，全国人大内务司法委员会副主任委员、中国社会科学院原副院长李慎明在《人民日报》撰文，题为《毫不动摇坚持并与时俱进完善人民代表大会制度——学习习近平同志在庆祝全国人民代表大会成立 60 周年大会上的讲话》。文章明确表示：“人民民主专政是我国的国体，同时又是最高层次的制度。”③

之后，《红旗文稿》又在 2014 年第 19 期上连发两文声援王伟光院长，分别是《求是》杂志原副总编辑、中国红色文化研究会会长刘润为的《依法治国与坚持人民民主专政》，北京大学原副校长、北大校务委员会副主任梁柱的《人民民主专政不可须臾离开》。刘润为在文章中明确提出，中共要“切实把人民民主专政落到实处，而不是用法治来代替人民民主专政。如果用法治来否定、代替人民民主专政，就上了‘普世价值’的当”。④ 梁柱则强调：“坚持人民民主专政，坚持马克思主义的阶级斗争理论和阶级分析方法，并不输理；如果放弃了，淡忘了，那就会真正输理”。⑤

与此相呼应，10 月 3—6 日，中国社会科学院网站又陆续发表《邓小平：“没有人民民主专政，党的领导怎么实现啊？”》⑥《人民民主专政是我们的“主要经验”》⑦《坚持人民民主专政是正义的事业》⑧ 等文章，支持“人民民主专政”。

一种观点能激起讨论，即使有些讨论具有非理性的色彩，至少也说明这种观点是接地气的，是值得重视的，是有重大现实意义的。对于如何看待“坚持人民民主专政，并不输理”这一问题，马克思主义发展史学科应该进行细致深入的研究。

---

① 韩钢：《最根本的拨乱反正：否定“以阶级斗争为纲”》，《学习时报》2014 年 9 月 28 日。

② 夏夕烟：《“以阶级斗争为纲”的标签不能乱贴》，中国社会科学网 2014 年 9 月 29 日。

③ 李慎明：《毫不动摇坚持并与时俱进完善人民代表大会制度——学习习近平同志在庆祝全国人民代表大会成立 60 周年大会上的讲话》，《人民日报》2014 年 9 月 30 日。

④ 刘润为：《依法治国与坚持人民民主专政》，《红旗文稿》2014 年第 19 期。

⑤ 梁柱：《人民民主专政不可须臾离开》，《红旗文稿》2014 年第 19 期。

⑥ 薛良柱：《邓小平：“没有人民民主专政，党的领导怎么实现啊?”》，中国社会科学网 2014 年 10 月 3 日。

⑦ 张乾元：《人民民主专政是我们的“主要经验”》，中国社会科学网 2014 年 10 月 5 日。

⑧ 刘其仁：《坚持人民民主专政是正义的事业》，中国社会科学网 2014 年 10 月 6 日。

首先要厘清概念。韩钢的文章中，有意无意将王伟光提出的阶级斗争不可熄灭等同于“文化大革命”时期的话语“以阶级斗争为纲”，在一定程度上利用了人们对“文化大革命”的抵触来煽动对正常理论问题的反感，混淆了是非，具有很强的迷惑性，应该仔细加以辨别。

另一方面，王伟光在文末提到了阶级斗争没有熄灭，但这不是对“文化大革命”话语的重复使用，而是有着深刻的国际国内复杂背景的。“今天，我们中国特色社会主义国家仍然处于马克思主义经典作家所判定的历史时代，即社会主义与资本主义两个前途、两条道路、两种命运、两大力量生死博弈的时代，这个时代仍贯穿着无产阶级与资产阶级、社会主义与资本主义阶级斗争的主线索，这就决定了国际领域内的阶级斗争是不可能熄灭的，国内的阶级斗争也是不可能熄灭的。在这样的国际国内背景下，人民民主专政是万万不可取消的，必须坚持，必须巩固，必须强大。否则，不足以抵制国外反动势力对我西化、分化、私有化、资本主义化的图谋，不足以压制国内敌对力量里应外合的破坏作用。”① 这种分析是基于中国现在所面临的具体的世情国情而提出来的非常客观的对策建议，并不是简单的对某种历史话语的重复。

我们要从这股强大的争论风潮中看到我们意识形态建设面临的严峻考验。表面上看是学者之间的观点碰撞，其实质是马克思主义与非马克思主义、反马克思主义思潮之间的论战，深刻地反映出马克思主义思想界部分学术话语权丧失。无论是“阶级斗争”还是“无产阶级专政”、“人民民主专政”，都是马克思主义学术话语体系中的重要语汇，并不是王伟光的发明创造。这些话语之所以一经提出就遭人质疑，反映出马克思主义学术话语体系的分裂和话语权的丧失。理论上，话语权的丧失是政权遭受挑战的晴雨表，如何正确应对这个重大问题，是当代中国意识形态建设的重中之重。

（四）关于马克思主义意识形态与话语权问题

在我国经济社会急剧转型过程中，多种社会思潮兴起，非马克思主义、反马克思主义思潮借助新媒体等新型传播媒介，对我国马克思主义意识形态产生一定冲击。马克思主义意识形态与话语权问题引起学者们高度关注。意识形态安全、文化霸权、文化领导权、软实力、话语权等问题都是在探讨这个问题。探讨主要围绕着以下几个方面展开：领袖人物关于意识形态领导权的思考、我国意识形态话语权问题、新媒体对意识形态话语权的挑战、我国主流意识形态的国际话语权问题。

在国际共产主义运动中，无产阶级不仅在经济政治上处于被压迫地位，在文化上也处于被压迫地位，如何清除资产阶级影响，建立无产阶级意识形态领导权，是维护社会主义政权的战略任务。在不同的历史时期，革命领袖都进行过深刻的思考，对今天仍有重要的意义。山东大学马克思主义学院张士海副教授提出，列宁高度重视无产阶级意识形态领导权，认为要保持无产阶级政党的历史使命，就不能向其他思想让步。一方面，要清除和批判错误思想，另一方面，要学习、研究、宣传马克思主义。在学习研究中，不能把马克思主义视为一成不变的，而是要随着时代发展，不断本国化、时代化，要最高限度地通俗化、大众化。在这个过程中，要把自上而下的教育和工人群众的自觉相结合。② 湘潭大学毛泽东思想研究协同创新中心李雅兴研究员、韩贤胜硕士认为，毛泽东

① 刘其仁：《坚持人民民主专政是正义的事业》，中国社会科学网2014年10月6日。

② 张士海：《列宁关于无产阶级政党文化领导权思想及其启示》，《科学社会主义》2014年第2期。

文化领导权思想主要包括：无产阶级必须夺取文化领导权；文化领导权必须为人民大众服务；吸收和改造知识分子，建立文化大军；建立文化统一战线，实现文化领导权；采取多种途径建设文化领导权等。这些对推进中国特色社会主义文化建设具有深远的现实意义。① 山东社会科学院哲学研究所郝立忠研究员研究了邓小平的文化领导权思想在革命、社会主义基本制度和改革开放三个时期的发展。他认为，在革命战争时期，邓小平坚持阶级分析法，区分代表帝国主义利益的买办文化、代表反共顽固派的封建文化和代表民主派的新民主主义文化。在社会主义建设中，新民主主义文化发展为社会主义文化，而另外两种文化并没有消失，而是以各种形式出现。改革开放以来，邓小平加强社会主义文化的领导权，坚持正确的文化方向，提出社会主义文化的标准是是否有利于人民、是否有利于现代化建设，知识分子是社会主义的建设者和社会主义意识形态的捍卫者，要歌颂人民，鼓舞人民，歌颂社会主义制度，宣传社会主义道德。同时，邓小平坚决肃清封建主义和资产阶级思想。郝立忠研究员认为，邓小平的阶级分析法和人民立场是其文化领导权思想的根本，是我们党坚持文化领导权的必胜法宝。②

很多学者从不同的角度指出，当代马克思主义意识形态的话语权和生命力，就在于既反映时代发展的趋势，满足实现国家富强、民族振兴和人民幸福的需要，又要进行真正的理论创新。中央党校韩庆祥教授、王海滨博士提出，哲学社会科学的话语权取决于以下五个基本因素，即创立者要创造“真经”、传播者要“真懂”、实践者要“真用”、接受者要“真信”，在解决时代问题和掌握人民群众上“真灵”。而“真经”是理论拥有话语权的基石，就是说要创立真正的经典。“所谓经典，就是反映时代趋势、国家需求、实践要求和民众诉求，开辟了新的研究领域，运用了新的分析框架，提出并解决了新的问题，提出了体现‘时代精神精华’的原创性理论或核心理念，引领着时代的发展。”③ 马克思主义意识形态要为人民群众所掌握，其大众化过程就是话语权确立的过程。天津师范大学冯宏良副教授认为，马克思主义大众化的理论传播与接受过程，实质意义上是信仰确立与传递的过程，最终表现为社会主义核心价值体系的广泛社会认同。社会文化领域主流意识形态话语权的确立是信仰与认同的互动演进的内在逻辑结果。马克思主义理论传播转化为政治信仰的传递，不仅因为马克思主义具有科学而严密的理论逻辑，更因为其无产者的立场、以平等为核心的价值观和实现理想社会制度的政治承诺。马克思主义大众化要求制度建构、政治运行与政治价值三者之间的高度协调。④ 针对各种形式的反马克思主义思潮，中国社会科学院马克思主义研究院侯惠勤教授认为，制造意识形态和学术的割裂，用“细小叙事”消解“宏大叙事”，用个人生存意义的“生活界”否定以生产方式为基础的历史客观规律，是西方消解马克思主义学术话语权的主要方式。

---

① 李雅兴、韩贤胜：《新民主主义革命时期毛泽东文化领导权思想》，《井冈山大学学报》（社会科学版）2014 年第 2 期。

② 郝立忠：《邓小平关于意识形态和文化领导权思想及其现实价值》，《理论学刊》2014 年第 12 期。

③ 韩庆祥、王海滨：《提升中国哲学社会科学的话语权和影响力——以“理论的命运”为例》，《中国特色社会主义理论》2014 年第 3 期。

④ 冯宏良：《信仰、认同与话语权——马克思主义大众化研究的三个维度》，《教学与研究》2014 年第 6 期。

因此，必须对现有学科进行前提性批判，确定学科研究对象；确立哲学社会科学学术判断的客观坐标，建立相应的核心学术话语；把价值评价建立在科学论证的基础上，确立哲学社会科学学术研究的基本方法和学术评价标准。这既是马克思开拓的学术话语权之路，也是我们今天重建哲学社会科学学术话语权应当遵循的基本原则。[①]

传播是意识形态话语权的重要环节。以微信、微博等为代表的新媒体迅速兴起，已经演变为最迅捷的公众信息流动平台，对我国传统意识形态宣传教育体制产生巨大冲击，成为学者关注的热点。新媒体的广泛使用，使信息传播由媒介中心转向表述中心，受众具有了一定的话语权，个人成为信息的发布者，个人话语在公共空间的表达已成为一种常态，并拥有了极大影响力。新媒体不仅大大地挤压传统媒体的传播空间，而且转移受众的信任度。这实质上就是话语权的转移，引发话语权社会分配的调整。新媒体的应用者存在城市化、年轻化、小资化的特征，舆论的核心群体一般是中高收入者。话语权分配并不均衡。更重要的是，出于利益需要，网络操盘手制造虚假舆情，绑架公众立场和意见。因此，要建立相应话语分配机制和对话机制，防止话语权被某个阶层垄断。[②] 在市场经济中，资本的力量是巨大的，它可以通过操纵新媒体话语权控制社会舆论的导向，冲击主流意识形态。有学者指出，微博运营平台的私有化，可能存在着威胁国家意识形态安全的巨大风险。据 2014 年 4 月的统计数据，在拥有 1.29 亿月活跃注册用户数量的新浪微博股权结构中，民企和外资背景的新浪公司持股占比 59.8%，外资控股的阿里巴巴公司占比 32%，而且已经在美国纳斯达克挂牌上市。微博平台的这种发展趋势值得高度重视。[③] 限制资本对新媒体话语权的控制，是维护马克思主义意识形态话语权的重要物质前提。

中国的文化软实力问题，实际上是国际领域马克思主义意识形态话语权问题。韩庆祥教授提出，马克思主义哲学社会科学不仅在国内要讲，在国际上也要讲。为了提升文化软实力，要建设中国哲学社会科学话语体系，它主要是针对全球化背景下西方的话语霸权而造成的话语冲突和话语陷阱。所谓中国的国际话语权，就是中国哲学社会科学话语体系在国际上有影响力、传播力、解释力和主导力。它包括六个要素：一是坚实的话语基础，有底气；二是科学的话语体系，有思想；三是坚定的话语自信，有自信；四是有效的话语（言说）方式，有感染力；五是较强的国际传播能力，有影响；六是被认同的国际话语权，有主导权。在构建这个体系中，非常重要的一点就是，应破除对单一发展道路的迷信，坚持走自己的路。[④] 有学者指出，智库是“思想生产者”，在国际领域，它可以凭借其国际影响力和话语权引领国际思潮，制定理论范式，将全球主流思想归拢到自己的框架中来，使自己成为全球思想的主导者。中国智库需要努力走上国际化的道路，要敢于进入到国际智库的大盘子中去，开阔视野，吸收人才，加强交流合作，进行

---

① 侯惠勤：《论马克思主义学术话语的方法论基础》，《安徽大学学报》（哲学社会科学版）2014 年第 6 期。

② 陈伟球：《新媒体时代话语权社会分配的调整》，《国际新闻界》2014 年第 5 期。

③ 李艳艳：《维护微博意识形态安全必须纠正的几种倾向》，《红旗文稿》2014 年第 23 期。

④ 韩庆祥：《全球化背景下“中国话语体系”建设与“中国话语权”》，《中共中央党校学报》2014 年第 5 期。

议题的碰撞和交锋，形成国际大视野和大胸怀。[①] 马克思主义学者走出去，这也是提升马克思主义意识形态话语权的重要途径。

（五）关于邓小平在中国特色社会主义发展史上的地位问题

2014 年，是邓小平同志诞辰 110 周年。本年度，邓小平生平和邓小平理论研究取得了一些重要成果。特别是关于邓小平在中国特色社会主义发展史上的地位研究，有了一些新的进展。

1. 纪念邓小平同志诞辰 110 周年系列活动，推动了有关研究的进展

2014 年 8 月 20 日，中共中央在北京人民大会堂举行纪念邓小平同志诞辰 110 周年座谈会。习近平总书记在座谈会上发表重要讲话：邓小平同志是全党全军全国各族人民公认的享有崇高威望的卓越领导人，伟大的马克思主义者，伟大的无产阶级革命家、政治家、军事家、外交家，久经考验的共产主义战士，中国社会主义改革开放和现代化建设的总设计师，中国特色社会主义道路的开创者，邓小平理论的主要创立者。邓小平同志留给我们的最重要的思想和政治遗产，就是他带领党和人民开创的中国特色社会主义，就是他创立的邓小平理论。习近平总书记的重要讲话，为我们进一步学习和研究邓小平理论指明了方向。

为纪念邓小平同志诞辰 110 周年，由中共中央文献研究室编辑的《邓小平文集（1949—1974 年）》和撰写的《邓小平传（1904—1974）》，分别由人民出版社和中央文献出版社出版。《邓小平文集（1949—1974 年）》，集中反映了该时期邓小平同志关于新中国经济、政治、文化建设和民族、统战及党的建设等方面的重要思想，是对《邓小平文选》的重要补充。《邓小平传（1904—1974）》，全面记叙了邓小平同志从少年时代到“文化大革命”中被打倒后复出工作 70 年间的主要经历。另外，中央宣传部、中央党校、中央文献研究室、中央党史研究室、教育部、中国社会科学院、解放军总政治部联合举办了“全国纪念邓小平同志诞辰 110 周年学术研讨会”。会议入选论文 100 余篇，集中反映了近年来邓小平生平和邓小平理论研究成果。各地区、各部门也开展了很多纪念活动。

2. 邓小平坚持和发展了马克思列宁主义、毛泽东思想

邓小平理论是对马克思主义的继承和发展。北京大学哲学系赵家祥教授认为，马克思、列宁关于无产阶级夺取政权以后社会发展阶段划分的理论，是邓小平社会主义初级阶段理论最重要的思想渊源；列宁关于经济文化落后的国家向社会主义过渡的特点的思想，是邓小平社会主义初级阶段理论的直接理论来源。[②] 中共中央文献研究室龙平平研究员认为，邓小平理论从根本上回答了在中国这样一个经济文化相对落后的东方大国怎样建设社会主义的问题。[③] 中共中央党校马克思主义理论教研部贾建芳教授认为，邓小平理论实现了马克思主义中国化的第二次飞跃，开启了马克思主义中国化的新觉醒。[④]

---

① 吕正韬、赵书文：《提升中国智库的国际影响力和话语权》，《对外传播》2014 年第 5 期。

② 赵家祥：《社会主义初级阶段理论的理论来源——纪念邓小平同志诞辰 110 周年》，《观察与思考》2014 年第 9 期。

③ 龙平平：《论邓小平确定的中国特色社会主义基本思路和基本原则》，《东岳论丛》2014 年第 6 期。

④ 贾建芳：《邓小平开启了马克思主义中国化的新觉醒》，《马克思主义与现实》2014 年第 5 期。

中共中央党校科学社会主义教研部常务副主任秦刚教授认为，邓小平所提出的一系列独创性的理论观点，开拓了马克思主义新境界，形成了关于社会主义问题的中国见解，创立了关于社会主义问题的中国话语体系。① 中国社会科学院荣誉学部委员徐崇温研究员认为，世界社会主义运动处在低潮谷底的时候，邓小平坚定不移地重申社会主义代替资本主义是历史发展不可逆转的总趋势，坚持和发展中国特色社会主义。② 南京大学哲学系刘林元教授认为，邓小平以社会主义初级阶段论、社会主义社会基本矛盾论与国际社会和平与发展主题论作理论根据，在理论和实践上对科学社会主义作出了里程碑式的重大贡献。③ 上述成果，比较全面、深入地总结了邓小平理论在马克思主义发展史上的重要历史地位。

邓小平关于社会主义本质的论述，是邓小平理论的重要内容，是对科学社会主义的重要发展。中国政法大学终身教授李德顺认为，邓小平关于社会主义本质的规定，不仅科学地体现了对社会主义历史必然性在条件和过程方面的认识，同时也旗帜鲜明地阐述了社会主义的核心价值，体现了真理与价值统一的全新社会主义观。④ 济南大学政治与公共管理学院院长包心鉴教授认为，邓小平关于社会主义本质的精辟论述，既是中国特色社会主义理论体系的重要构成部分，又是马克思主义基本原理的重大创新发展。⑤ 关于社会主义本质的认识，还需要我们在邓小平理论的基础上继续深化。

邓小平理论与毛泽东思想是不可分割的。中央文献研究室主任冷溶强调，从毛泽东到邓小平，再到今天，我们党的历史是一个连续的、不断发展的整体。习近平总书记在纪念毛泽东同志诞辰 120 周年座谈会上的重要讲话、在纪念邓小平同志诞辰 110 周年座谈会上的重要讲话，对统一全党思想、凝聚共识起到重要作用。⑥ 南京大学哲学系尚庆飞教授认为，邓小平为中国特色社会主义事业的成功开辟与顺利发展作出了伟大贡献：一是通过科学评价毛泽东与历史问题，为中国特色社会主义事业的成功开启奠定了坚实的政治前提；二是坚持和继承马克思主义基本原理，夯实了中国特色社会主义事业发展的理论基础；三是科学把握改革开放，为中国特色社会主义事业的发展设计了基本路径。⑦ 中国社会科学院当代中国研究所钟瑛研究员认为，毛泽东对中国社会主义建设道路的探索，为邓小平理论的形成起到了理论奠基和经验准备的作用。⑧ 邓小平科学评价毛泽东同志的历史地位和毛泽东思想的科学体系，确立了中国社会主义现代化建设的正确道路，这是伟大的历史功绩。

3. 邓小平在中国特色社会主义发展史上的作用

---

① 秦刚：《邓小平与中国特色社会主义的开创》，《中国特色社会主义研究》2014 年第 4 期。

② 徐崇温：《邓小平关于社会主义必然代替资本主义的创造性论述》，《中国特色社会主义研究》2014 年第 4 期。

③ 刘林元：《论邓小平和邓小平理论的历史地位——纪念邓小平诞辰 110 周年》，《南京工程学院学报》（社会科学版）2014 年第 2 期。

④ 李德顺：《邓小平论社会主义的本质与核心价值》，《中共中央党校学报》2014 年第 5 期。

⑤ 包心鉴：《近十年来邓小平社会主义本质思想研究述评》，《江淮论坛》2014 年第 2 期。

⑥ 冷溶：《邓小平同志的革命风范激励我们实现中国梦——学习习近平总书记在纪念邓小平同志诞辰 110 周年座谈会上的讲话》，《求是》2014 年第 18 期。

⑦ 尚庆飞：《邓小平对中国特色社会主义的三大历史性贡献》，《南京大学学报》2014 年第 5 期。

⑧ 钟瑛：《邓小平理论对毛泽东社会主义建设思想的创新发展》，《当代中国史研究》2014 年第 5 期。

邓小平是中国特色社会主义道路的开创者，邓小平理论的主要创立者。中国社会科学院院长王伟光认为，邓小平是中国特色社会主义道路、理论体系、制度的创建者。他开辟中国特色社会主义道路，找到当代中国发展进步的根本方向和实现途径；创立邓小平理论，为中国特色社会主义奠定理论基础和行动指南；坚持和完善中国特色社会主义制度，为中国特色社会主义提供制度基础和根本保障。①《求是》杂志社社长李捷认为，邓小平为改革开放和中国特色社会主义作出的历史贡献集中体现在：开创中国特色社会主义正确道路；创立了中国特色社会主义理论体系的第一个成果——邓小平理论；开启了沿着和平发展道路实现中华民族伟大复兴的伟大历程；开启了全面建成小康社会进而实现社会主义现代化的伟大历程；强调党要管党，全面加强执政党建设。② 邓小平在中国特色社会主义发展中的历史作用和历史地位，不容否定，也不可能被否定。

在社会主义革命和建设时期，邓小平同志为胜利完成社会主义革命、探索中国社会主义建设道路作出了杰出贡献。中央文献研究室闫建琪研究员认为，《邓小平文集》展示了邓小平为中国社会主义制度的基本建立和社会主义建设全面展开作出的重要贡献。③ 中央文献研究室杨胜群研究员认为，1956 至 1965 年，邓小平对中国社会主义建设的许多重大问题作了务实、深入的思考和探索，为他后来领导党和人民开创中国特色社会主义作了思想和理论上的准备。④ 邓小平在社会主义革命和建设时期的历史贡献，还值得我们深入研究。

在改革开放新时期，邓小平同志成为党的第二代中央领导集体的核心，为开创中国特色社会主义作出了历史性贡献。北京大学马克思主义学院仝华教授认为，党的十一届三中全会的召开，正式揭开了改革开放的序幕。邓小平作为中国社会主义改革开放和现代化建设的总设计师，为这一序幕的揭开做出了多方面的重要贡献。⑤ 中央文献研究室原主任逄先知认为，从党的十一届三中全会到党的十四大，是中华人民共和国历史上极其重要的一个阶段。作为改革开放和社会主义现代化建设总设计师的邓小平，在这段历史的进程中起着关键的作用。⑥ 清华大学马克思主义学院肖贵清教授认为，邓小平坚持社会主义基本原则，以全面改革为动力推动制度创新，为新时期中国特色社会主义的制度设计、制度创新做出了历史性贡献。⑦ 东北师范大学当代中国马克思主义研究中心主任田克勤教授认为，邓小平理论在中国特色社会主义理论体系中居于基础性地位。邓小平理论在形成发展的背景条件、哲学基础、核心概念、逻辑前提和基本框架等方面，都为中国特色社会主义理论体系提供了重要前提和基础。⑧ 中央文献研究室副主任陈晋认

---

① 王伟光：《邓小平是中国特色社会主义的创建者》，《中国社会科学报》2014 年 8 月 20 日。

② 李捷：《邓小平对中国特色社会主义的历史贡献》，《人民日报》2014 年 8 月 29 日。

③ 闫建琪：《邓小平探索社会主义建设道路的创造性思考——〈邓小平文集（1949—1974 年）〉述要》，《党的文献》2014 年第 6 期。

④ 杨胜群：《全面建设时期邓小平探索社会主义的思想认识成果》，《党的文献》2014 年第 5 期。

⑤ 仝华：《邓小平与改革开放序幕的揭开》，《党史文汇》2014 年第 8 期。

⑥ 逄先知：《邓小平与中国社会主义的命运——为纪念邓小平诞辰 110 周年而作》，《求是》2014 年第 15 期。

⑦ 肖贵清：《邓小平与中国特色社会主义制度的确立》，《江西社会科学》2014 年第 7 期。

⑧ 田克勤：《论邓小平理论与中国特色社会主义理论体系的内在逻辑关系》，《思想理论教育》2014 年第 7 期。

为，我们今天坚持和发展的中国特色社会主义道路是邓小平领导党和人民开创的，这是邓小平最伟大的历史贡献。[①] 在新的历史条件下，坚持和发展邓小平理论，就是坚持和发展中国特色社会主义。

（六）关于习近平的治国理政思想与马克思主义哲学的关系问题

党的十八届三中全会以来，在习近平总书记系列重要讲话中，特别是关于治国理政的讲话中，闪耀着马克思主义哲学的光芒，内聚着马克思主义与哲学的真功夫。在推进国家治理中提出了很多重要的观点和创见，既升华了我们党对中国特色社会主义规律的认识，丰富发展了马克思主义科学理论，也在推进国家治理能力和治理体系现代化建设中夯实了哲学基础和理论根基。学者们认为习近平的治国理政思想与马克思主义哲学具有内在的紧密关系。这些关系具体体现在以下几个方面：

第一，国家治理观是对马克思主义国家观的坚持和运用。中国特色社会主义制度下的国家治理，选择什么样的体系和建设什么样的能力，是现实社会经济关系和政治关系发展的结果，习近平总书记指出："一个国家选择什么样的治理体系，是由这个国家的历史传承、文化传统、经济社会发展水平决定的，是由这个国家的人民决定的。我国今天的国家治理体系，是在我国历史传承、文化传统、经济社会发展的基础上长期发展、渐进改进、内生性演化的结果。"在习近平的治国理政思想中，毫不动摇地坚持马克思主义的人民民主专政理论，践行中国特色的无产阶级专政。习近平总书记特别强调："必须完整理解和把握全面深化改革的总目标，这是两句话组成的一个整体，即完善和发展中国特色社会主义制度、推进国家治理体系和治理能力现代化。我们的方向就是中国特色社会主义道路。"习近平的主张，隐含着马克思主义历史观和辩证法。一方面，一个国家的制度选择离不开它的历史、它的文化、它的民族传承和它的历史基础，中国特色社会主义道路下的国家治理路径，是基于中国人民和中国现实而做出的符合中国人民利益的选择，这就是马克思主义的历史观。同样，在这种治理观中，必然隐含着马克思主义的辩证法，正如中央党校教授辛鸣在《历史观、辩证法、价值观的高度统一——习近平同志关于国家治理重要讲话中的哲学思想》[②] 一文中所指出的那样："对于中国社会来说，国家治理体系是有确定内容的，这就是中国特色社会主义制度。所以国家治理体系现代化说到底就是中国特色社会主义制度的现代化，舍此无他。固然中国特色社会主义制度尚未成熟定型，依然也必须做进一步的改革，而且是全方位、深层次、系统性改革，不能停留于零敲碎打的调整和碎片化修补上。但是改革是对中国特色社会主义制度的完善，不是全盘否定，不是另起炉灶。"这就是习近平治国理政的辩证观，要现代化，但"决不能在根本性问题上出现颠覆性错误"，要发展，但不能折腾，一旦折腾出问题，就无法挽回、无法弥补。有道路自信，就不会在进行国家治理的过程中迷失了正确的方向；有制度自信，就不会在体制改革的设计中，出现低级的颠覆性错误；有理论自信，就不会在治国理政中定力不足，摇摆不定，要全面推进依法治国，但绝对不同于西方的宪政民主和西方的法治观。这些主张中都隐含着马克思主义的辩证法。

第二，治理观中蕴含着马克思主义的价值观。当前，在价值观的争鸣中，一直有

---

① 陈晋：《邓小平与道路自信》，《毛泽东邓小平理论研究》2014 年第 8 期。

② 辛鸣：《历史观、辩证法、价值观的高度统一——习近平同志关于国家治理重要讲话中的哲学思想》，《学习月刊》2014 年第 8 期。

“普世价值”和我们所主张的中国特色的社会主义核心价值观之间的紧张和冲突。习近平总书记强调：“推进国家治理体系和治理能力现代化，要大力培育和弘扬社会主义核心价值体系和核心价值观，加快构建充分反映中国特色、民族特性、时代特征的价值体系。”要求我们要讲清楚：“每个国家和民族的历史传统、文化积淀、基本国情不同，其发展道路必然有着自己的特色；讲清楚中华文化积淀着中华民族最深沉的精神追求，是中华民族生生不息、发展壮大的丰厚滋养；讲清楚中华优秀传统文化是中华民族的突出优势，是我们最深厚的文化软实力；讲清楚中国特色社会主义植根于中华文化沃土、反映中国人民意愿、适应中国和时代发展进步要求，有着深厚历史渊源和广泛现实基础。”正是这种独特的文化传统，独特的历史命运，独特的基本国情，注定了我们必然要走适合自己特点的发展道路。对待中外一切人类文明成果，都要“经过科学的扬弃后使之为我所用”，既不媚外，也不复古，基于中国的现实境遇选择好我们的核心价值观，传播好我们的核心文化。

第三，国家治理观的实践本质上是马克思主义方法论的实际运用。中国人民解放军后勤指挥学院曲跃厚教授、李步前讲师在《习近平系列讲话的哲学底蕴》[①] 一文中指出，习近平同志治国理政思想的“唯物论底蕴是实事求是，辩证法底蕴是对立统一，认识论底蕴是实践第一，历史观底蕴是群众史观”。文章认为，习近平同志注重“脚踏实地”，“把情况搞清楚”，习近平同志看重的实际就是：第一，中国是有着悠久文明的国家；第二，中国是经历了深重苦难的国家；第三，中国是实行中国特色社会主义的国家；第四，中国是世界上最大的发展中国家。实事求是、辩证分析、实践第一、群众路线教育实践活动，都体现了马克思主义的方法论。浙江省委党校陈立旭教授在《习近平系列重要讲话理论体系初探》[②] 一文中认为：习近平总书记系列重要讲话，初步形成了自己的治国理政的理论体系，其逻辑起点就是实事求是的五要素：一是实际。想问题、作决策、办事情必须从实际出发，而不能从本本出发。二是实践。理论从实践中产生，理论要接受实践检验并要在实践中得到丰富和发展；理论只有“接地气”，付诸实践，才能发挥对实践的指导作用，实现自身的价值和意义。三是群众路线。群众路线同党的实事求是的思想路线是相辅相成，在本质要求上是完全统一的。四是解放思想。解放思想与实事求是是辩证的统一。我们的思想认识符合客观实际，冲破落后的传统观念和主观偏见的束缚，改变因循守旧、不接受新事物的精神状态，才能与时俱进地把我们的事业和各项工作不断推向前进。五是领导干部做表率。

三 简要评论

2014 年值得关注的是，以中国人民大学马克思主义学院为主体的多位专家学者，在北京召开了《马克思主义发展史》（多卷本）编写讨论会，意味着马克思主义发展史学科又将出版一部新的《马克思主义发展史》著作。

在马克思主义发展史研究机构和队伍建设方面，近年刚成立了中央党校马克思主义理论教研部，承担与马克思主义理论学科有关的教学、研究、学位研究生培养和教材建

---

① 曲跃厚、李步前：《习近平系列讲话的哲学底蕴》，《中国特色社会主义研究》2014 年第 5 期。

② 陈立旭：《习近平系列重要讲话理论体系初探》，《党政研究》2014 年第 3 期。

设等工作，下设 5 个研究室，马克思主义发展史教研室是其中之一，邱耕田教授担任该研究室主任；马克思主义发展史是中国人民大学马克思主义学院下属的十二个学科点之一，设有相应的马克思主义发展史教研室；清华大学马克思主义学院院长艾四林教授是中央马工程首席专家之一，他主编的丛书中与马克思主义发展史直接相关的有《清华马克思主义发展史研究系列丛书》，他主编的马克思主义理论研究和建设工程重点教材《马克思主义发展史》，2013 年已由人民出版社出版。

总体来看，2014 年马克思主义发展史理论研究与学科建设取得了一些进展，一些大学或研究机构的中青年学者在老一辈专家的传帮带下已经成长为马克思主义发展史领域的专家，能够承担比较重大的项目和科研任务。但是学科力量发展不太平衡，有些大学或研究机构的科研力量比较强，积累比较深厚，有些则比较薄弱，学术力量分散。各大学或研究机构的马克思主义发展史研究都分头进行，缺乏组织集体攻关马克思主义发展史的重大问题，容易导致研究的简单、重复。

（供稿：任洁、夏一璞、陈东、梁孝、陈建波、刘须宽）

国外马克思主义

一 研究概况

2014年国外马克思主义研究学科综述仍然主要分国外共产党研究、西方马克思主义研究和国外左翼思想研究三大部分进行。国外共产党研究的关注点主要集中在资本主义制度的批判和社会主义基本理论问题的新认识上；西方马克思主义研究把马克思主义当作一个开放的体系，重新思考马克思主义基础理论，探讨当代资本主义世界的危机与正义问题；国外左翼思想研究既有老话题的继续深入，也有新问题、新状况、新特点的重点揭示，新老问题的交织与互接构成了热点问题的现实性与多样性。

（一）国外共产党研究概况

世界各国共产党继续沿袭马克思主义的基本理念，对资本主义制度进行批判，并根据新情况、新现实，对社会主义的一些基本理论问题提出新认识、新看法。2014年国内外学界对国外共产党研究的关注也主要集中于这两个领域。

在国外，各国共产党的网站、期刊、网络电台等大众传媒紧密跟踪报道其动态和理论调整。此外，在一些左翼学者组织主办的期刊和杂志①上，常常会对具有重大理论研究价值的共产党的实践活动和理论创新案例进行介绍和分析。俄刊《马克思主义与现实》（*Марксизм и современность*）、《共产党人》（*Коммунист*）、《政治教育》

---

① 国外共产党和工人党的主要报纸、杂志和期刊网站有：http：//www. nuestrapropuesta. org. ar；http：//www. granma. cu/index. html；http：//www. go. to/voz/；http：//english. people. com. cn/；http：//www. communist-party. ca/english/PV/pv. htm；http：//www. communist-party. org. uk/index. php? file = review；http：//www. morningstaronline. co. uk；http：//www. cpa. org. au/guardian/guardian. html；http：//www. plenglish. com；http：//www. prensa-latinaenglish. com；http：//www. haravgi. com. cy；http：//www. humanite. presse. fr；http：//le. manifeste. free. fr；http：//www. unsere-zeit. de；http：//www. rizospastis. gr；http：//www. gazeta-pravda. ru/；http：//www. sovross. ru/；http：//pd. cpim. org/；http：//www. ganashakti. com/；http：//www. lernesto. it；http：//www. liberazione. it；http：//www. larinascita. net；http：//www. cpnuml. org/newera/；http：//www. zminijietna. org；http：//www. pcp. pt/avante/avante. html；http：//www. kss. jaso. sk/index. php? z=111；http：//www. sacp. org. za/ac；http：//www. sacp. org. za/umsebenzi；http：//www. evrensel. net；http：//www. sol. org. tr/；http：//www. pww. org；http：//www. politicalaffairs. net；http：//www. debateabierto. net/；http：//es. geocities. com/comcomgallo/；http：//www. nhandan. org. vn；http：//www. tapchicongsan. org. vn/index _ e. pl。

（*Политическое просвещение*）等对国外共产党的动态都有及时的报道，并进行深入的理论分析。比如，俄罗斯联邦共产党的《政治教育》[①] 杂志发表了《法国共产党争取左翼、爱国主义和反法西斯力量统一的斗争》[②]《社会主义在苏联遭遇暂时失败的原因》[③]《论兄弟党的宝贵经验》[④] 等文章。此外，意大利共产党人党书记处书记法乌斯托·索里尼在《欧洲共产党的新发展》中对包括苏联地区在内的整个欧洲的共产党和左翼的状况进行了系统的梳理和介绍，并提出了一些全新观点。他认为，俄罗斯、白俄罗斯以及乌克兰的"政治力量不仅不拒绝社会主义集团和 20 世纪的苏联经验，而且其政治、经济和国际环境在很多方面与共产主义运动国家（比如中国）类似，尽管它们并不自称为共产主义者"[⑤]，诸如此类的观点值得我们关注和研究。此外，一些探讨共产主义和左翼激进主义的著作相继出版，比如《印度的左翼激进主义》（*Left Radicalism in India*，Routledge 2014）、《塞浦路斯共产党的历史》（*The History of the Communist Party in Cyprus：Colonialism，Class and the Cypriot Left*，2014）、《英国共产党人：不为人知的故事》（*Britain's Communists：the Untold Story*，2014），等等。

在国内，国外共产党理论研究学科经过多年的积累，形成了以中国社会科学院马克思主义研究院国外马克思主义研究部国外共产党研究室、中国社会科学院世界社会主义研究中心、中央编译局政党研究中心、华中师范大学国外马克思主义政党研究中心和上海社会科学院国外社会主义研究中心为依托的国外共产党学科研究队伍。此外，一些"单打独斗"的高校教师和大量的博士生也为这一学科的发展提供了有力的学术支撑和补充。以中国社会科学院《社会主义黄皮书》《马克思主义研究》《当代世界与社会主义》《社会主义研究》《学术前沿》《拉丁美洲研究》、中国国际共运史学会等系列书籍、期刊、学术社团为媒介，把国外共产党理论与实践研究的最新成果引入国内学界。除了大量的学术论文外，还有《探索与变革：资本主义国家共产党的历史、理论与现状》（社会科学文献出版社 2014 年版）、《法国共产党新变化研究》（中共中央党校出版社 2014 年版）等专著出版[⑥]。

此外，一些此前几乎从未涉及的共产党在本年度被学界关注到，并引介到国内，比如菲律宾共产党[⑦]、格鲁吉亚、亚美尼亚和阿塞拜疆三国的共产党[⑧]，这使国外共产党

---

① http：//www. politpros. com.

② В. Н. Попов：Французская коммунистическая партия в борьбе за единство левых，патриотических и антифашистских сил，политическое просвещение № 2. 2014г. См. http：//www. politpros. com/journal/read/？ID＝3175&journal－160.

③ Г. К. Крючиков：О причинах временного поражения социализма в СССР，политическое просвещение № 5. 2014г. См. http：//www. politpros. com/journal/read/？ID＝3783&journal＝167.

④ В. В. Трушков：О ценном опыте братских партий，политическое просвещение № 6. 2014г. См. http：//www. politpros. com/journal/read/？ID＝3998&journal＝169.

⑤ ［意］法乌斯托·索里尼：《欧洲共产党的新发展》，《当代世界与社会主义》2014 年第 3 期。

⑥ 参见闫志民：《研究当代资本主义国家共产党的力作》，《当代世界与社会主义》2014 年第 5 期。

⑦ 袁群、黄家远：《菲律宾共产党的历史、理论与现状》，《当代世界与社会主义》2014 年第 4 期。

⑧ 陈爱茹：《格鲁吉亚、亚美尼亚、阿塞拜疆三国共产主义运动评析》，《当代世界与社会主义》2014 年第 4 期。

研究的谱系更加宽泛，更为全面。

（二）西方马克思主义研究概况

20世纪下半叶以来，西方世界呈现出多样化发展趋势，西方马克思主义研究领域也出现了各种各样的新派别。与此同时，马克思主义理论研究也呈现出某种复兴态势，把马克思主义当作一个开放的体系，重新思考马克思主义基础理论，构想新的社会运动，探讨当代资本主义世界的危机与正义问题是其主要表现，这也体现在2014年的西方马克思主义研究中。

从国外学者出版的主要著作看，以下几个方面值得关注：1. 关于主体的反思。西方马克思主义左派代表人物巴迪欧在《雅克·拉康：过去与未来：一个对话》中把拉康的主体理论与一种反思意识结合起来，不但反思了自己过去对主体的理解，而且指出在当下资本主义盛行、许多方面令人失望的世界，重新认识拉康，构建一种"新主体"是必要的。① 2. 关于资本主义危机的反思。本杰明·昆克的《乌托邦或者大萧条：走出当前危机的一条路径》以马克思对资本主义社会危机的剖析为工具，讨论了资本主义正在经历的危机，提出相关策略，包括全面就业、化解债务危机、重视集体主义和福利制度、国民经济基础和金融机构的公有制等。② 3. 构想新的社会运动。劳伦斯·考克斯和阿尔夫·格伦瓦尔德·尼尔森在《我们创造自己的历史：马克思主义，社会运动和新自由主义的危机》一书中指出，新自由主义已经接近黄昏，全球各地民众的反抗浪潮使"一个更好的可能世界"的呼声更加高涨。该书提出了新社会运动的构想，在这种构想中，马克思主义被赋予新面貌，成为充满活力的、指导人们解决地方与全球性冲突的有力工具。③ 4. 探讨全球正义。布鲁克斯编辑的《全球正义中的新浪潮》一书考察了全球正义研究中的诸多主题，包括能力、公民身份、气候变化、后代、全球哲学、人权、移民、义战和人道主义干涉、文化多元主义与极度贫困等。④

2014年国内出版的国外马克思主义研究著作主要包括：2013年底出版的冯颜利等著的《亚太与拉美社会主义研究》⑤，该书按照越南、老挝、朝鲜、古巴、南美洲诸国、美国、加拿大、日本、澳大利亚九个部分设计章节框架，创新之点是将资料性、学术性与理论性相结合；王雨辰等著《伦理批判与道德乌托邦——西方马克思主义伦理思想研究》(国外马克思主义哲学研究丛书)⑥，这本书把西方马克思主义伦理思想分为社会伦理和应用伦理两大部分，并对它们展开了系统的论述和理论分析，在此基础上总结了西方马克思主义伦理思想的理论得失与当代意义；夏莹著的《拜物教的幽灵：当代西方马

---

① Alain Badiou & Elisabeth Roudinesco, *Jacques Lacan, Past and Present: A Dialogue*, (trans.) Jason E. Smith, Columbia University Press, 2014.

② Benjamin Kunkel, *Utopia or Bust: A Guide to the Present Crisis*, Verso, 2014.

③ Laurence Cox & Alf Gunvald Nilsen, *We Make Our Own History: Marxism, Social Movements and the Crisis of Neoliberalism*, Pluto Press, 2014.

④ Thom Brooks: *New Waves in Global Justice*, Palgrave Macmillan, 2014.

⑤ 冯颜利等：《亚太与拉美社会主义研究》，中国社会科学出版社2013年版。

⑥ 王雨辰等：《伦理批判与道德乌托邦——西方马克思主义伦理思想研究》，人民出版社2014年版。

克思主义社会批判的隐性逻辑》以拜物教研究为切入点，从人类学、哲学、心理学等多个角度对作为一种理论形态的拜物教作出了系统梳理，并着重以文本解读的方式对鲍德里亚和齐泽克的拜物教思想给予了详尽阐发，考察了当代西方马克思主义中的社会批判方法及其相关内容的嬗变过程。[①] 翻译著作主要包括伦纳德·维塞尔的《普罗米修斯的束缚》，该书视野独特，作者主张马克思的科学思想不仅仅有着现代自然科学的表面特征，其关键结构的生成和整体的实质，依然深受古典思想中神话传统的影响。[②] 凯·尼尔森的《马克思主义与道德观念》讨论的是坚定的马克思主义者们如何论述道德的社会功能，如何说明道德评论的范围，以及如何表达自由、平等与正义，其中包括整个社会结构的正义。[③]

总的来说，2014 年的国外马克思主义研究稳步推进，辩证法的马克思主义、分析的马克思主义、激进左翼、后马克思主义等流派，以及卢森堡、赫勒、阿甘本、本雅明、阿尔都塞、鲍德里亚等人物的研究等有所涉猎。从西方马克思主义研究领域取得进展的重要问题看，2014 年主要包括："一体两翼"学科研究方法的提出；马克思主义政治经济学研究不断丰富；公平正义问题研究取得较大进展。此外，马克思主义文化问题研究、生态问题研究、国外对中国特色社会主义研究等方面也有不同进展。

（三）国外左翼思想研究概况

2014 年度，世界左翼各类论坛、集会如期召开，对金融经济危机、世界和平发展、缩小贫富差距等重大问题进行深入广泛的讨论。一些论坛已成规模、具有规律性和主旨化，通过的决议和声明富有建设性和实践性，显示了左翼力量的强劲发展前景。2014 年 5 月，全球"左翼论坛"在美国纽约举行。论坛主题为"改革与（或）革命——构想一个有转型正义的世界"。[④] 2014 年 8 月，以"战胜贫困和反击帝国主义的反攻，争取和平、融入国际社会及美洲的美好生活"为主题的圣保罗论坛第 20 次会议在玻利维亚召开。2014 年 10 月，以"社会主义是人类必然归宿"为主题的第五届世界社会主义论坛在北京开幕。[⑤] 2014 年 11 月第 16 次共产党和工人党国际会议在厄瓜多尔举行。会议主题为："共产党和工人党在反对帝国主义和资本主义剥削中的角色；导致危机和战争的法西斯主义和反动势力；实行社会主义是工人和人民的权利、是对国家和社会的解放。"世界各左翼论坛集会讨论和关注的议题直指人类如何摆脱困境、发展与进步的重大问题。左翼学者以深远的思想、广博的视角、前瞻的预警、批判的精神和理性的审视

---

① 夏莹：《拜物教的幽灵：当代西方马克思主义社会批判的隐性逻辑》，江苏人民出版社 2014 年版。

② ［美］伦纳德·维塞尔：《普罗米修斯的束缚：马克思科学思想的神话结构》，李昀、万益译，华东师范大学出版社 2014 年版。

③ ［加］凯·尼尔森：《马克思主义与道德观念——道德、意识形态与历史唯物主义》，李义天译，人民出版社 2014 年版。

④ 林进平：《为一个正义的世界而奋斗——2014 年全球"左翼论坛"综述》，《当代世界与社会主义》2014 年第 4 期。

⑤ 光明网 2014 年 10 月 13 日。

揭露资本主义，有力推动了世界社会主义运动的复兴。

2014年度，一些重要著作相继出版，促进了学科的发展。李慎明等主编的《世界社会主义和左翼思潮：现状与发展趋势》（社会科学文献出版社），对当今世界范围内的社会主义思潮、理论、运动与制度做了多视角、深层次的讨论，反映了世界社会主义研究领域的最新发展动态。《世界社会主义黄皮书：世界社会主义跟踪研究报告（2013—2014）》（社会科学文献出版社）选取了2013—2014年度世界社会主义研究中前沿性和代表性的研究成果集结而成。反映了世界社会主义领域，尤其是亚洲、欧洲、美洲地区社会主义发展和研究的最新动态。

在《资本主义还有未来吗？》一书中，伊曼纽尔·沃勒斯坦、兰德尔·柯林斯、迈克尔·曼、格奥吉·杰尔卢吉扬和克雷格·卡尔霍恩通过调查当下的全球图景，就“资本主义体系是否还能生存下去？”这一关键问题做了深入阐述。[①] 在《无情的革命：资本主义的历史》一书中，乔伊斯·阿普尔比探查了资本主义制度如何改变了政治，同时在习俗的约束下又如何改变了社会的主流行为、思想、价值观理想。通过欧洲、美洲和亚洲的成功与挫折、令人反感的殖民经历、世界性的战争等方面对资本主义全球发展史做了精彩的介绍。[②] 在《资本主义大变形》一书中，戴维·斯托克曼向读者展示了权贵资本主义政治给美国带来的重大危害。作者指出，东亚和波斯湾地区的某些国家把天赋的自然资源和人力资源用于无休止地换取美元债务，它们所追求的商业发展模式是有缺陷的增长和繁荣。这也是大变形之一，是现代全球经济的危险所在。[③]

在金融经济危机大背景下，2014年国内外对国外左翼思想、思潮及运动的研究涉猎广泛，成绩斐然。世界社会主义运动的前景、机遇、挑战、策略；生态社会主义理论观点及局限性、积极意义、启示；社会民主党、民主社会主义理论现状、问题、机遇、挑战及其对中国的影响等均纳入学界的视野。苏东剧变、金融经济危机、资本主义危机研究、拉美社会主义运动、激进左翼研究等也得到学界的密切关注。

二　重大问题研究进展

（一）国外共产党研究进展

2014年国内学界的国外共产党研究主要涉及如下几个方面的问题：

1. 国外共产党执政经验和亡党教训的历史研究

2014年度，对苏联共产党执政经验和亡党教训的总结共发表了近40篇文章，涵盖

① ［美］伊曼纽尔·沃勒斯坦、兰德尔·柯林斯、迈克尔·曼、格奥吉·杰尔卢吉扬、克雷格·卡尔霍恩：《资本主义还有未来吗？》，徐曦白译，社会科学文献出版社2014年版。

② ［美］乔伊斯·阿普尔比：《无情的革命：资本主义的历史》，宋非译，社会科学文献出版社2014年版。

③ ［美］戴维·斯托克曼：《资本主义大变形》，张建敏译，中信出版社2014年版。

了非常广泛的内容，探讨了党群关系①、文化建设②、政党建设③、预防官僚特权、苏联解体原因④等诸多问题。比如唐静、李鹏的《官僚特权异化与制度变迁——苏联亡党的历史反思》指出：苏共执政时期，官僚阶层从出现到逐步形成和固化，其特点是成员等级化、利益集团化、交往内部化。当官僚阶层和特权扭结在一起，苏共从官僚主义发展到特权享受、特权腐败和特权繁衍，以至于执政末期出现了官僚特权异化，通过特权异化实现制度变迁，同时通过深度政治参与延续和扩大制度变迁收益。苏共的亡党在很大程度上是苏共官僚集团为了既得利益的合法延续，主观上放弃了社会主义，实现自我转轨。官僚集团的自我转变成为压垮苏共的最后一根稻草。⑤ 宁波市海曙区委党史办公室副研究员董瑛在《苏共权力结构模式演变的历史考察》中指出，一部苏共党史在一定程度上也是一部权力结构演变史。苏共执政 74 年间，列宁初创并适时否定了“议行合一”的战时权力结构，继而开创了无产阶级执政党第一个“议行监分开”的等腰三角形权力结构，成为推进国家治理和权力结构现代化的典范。但是，斯大林抛弃了列宁的顶层原则和伟大实践，创制并固化了决策权、执行权和监督权高度重合的“议行监合一”权力结构模式。对苏共国家治理体系中的这一领导制度，赫鲁晓夫在局部反思和枝节改良中反弹和回归，勃列日涅夫在维稳抑变中固化和极化，痛失苏共推进国家治理和权力结构现代化的最佳时机，戈尔巴乔夫则在急进式、跨越式的改革中破产和国家解体。⑥ 对诸如此类问题的研讨，给执政的共产党提供了苏联共产党曾取得突出历史成就的成功经验和苏联共产党亡党的深刻教训。

---

① 苑秀丽：《党群关系与苏联剧变》，《兵团党校学报》2014 年第 1 期；李航：《苏共党群关系嬗变对当下践行党的群众路线启示》，《经济研究导刊》2014 年第 27 期；谷建国：《论群众教育实践活动的历史镜鉴》，《社会科学研究》2014 年第 6 期。

② 倪稼民：《苏共的领导权为何脆弱》，《社会科学研究》2014 年第 6 期；张士海：《列宁关于无产阶级政党文化领导权思想及其启示》，《科学社会主义》2014 年第 2 期；汤志华：《〈联共（布）党史简明教程〉与马克思主义大众化探索》，《理论学刊》2014 年第 1 期。

③ 何克祥、丁俊萍：《党内生活科学化视野下的苏共亡党原因探析》，《三峡大学学报》（人文社会科学版）2014 年第 1 期；赵雪、刘国华：《刍论列宁对“民主的集中制”的典范的践行》，《黑龙江史志》2014 年第 11 期；崔海智、郎浴日：《苏联“亡党亡国”的历史启示：基于史料和俄国学者研究的认识——兼与汪亭友先生商榷》，《探索与争鸣》2014 年第 1 期；赖先进：《改进和创新党的执政方式，提升国家治理绩效》，《中国党政干部论坛》2014 年第 4 期；赵付科、季正聚：《“四自能力”视阈下苏共执政能力建设的经验教训及启示》，《理论学刊》2014 年第 4 期；孔寒冰：《从小事做起，莫让谶言变现实》，《探索与争鸣》2014 年第 3 期；麻秀荣：《抵御执政风险与执政党建设》，《黑龙江社会科学》2014 年第 5 期；李东明：《基于党内民主的视角探悉苏共亡党》，《济南学院学报》2014 年第 1 期。

④ 周新城：《社会主义国家改革走上改旗易帜邪路的一个典型——评戈尔巴乔夫推行人道的民主社会主义的典型》，《中共石家庄市委党校学报》2014 年第 5 期；［俄］格拉奇戈夫：《一张党证和一个苏联共产党员的自白》，高媛、张树华译，《红旗文稿》2014 年第 9 期。

⑤ 唐静、李鹏：《官僚特权异化与制度变迁——苏联亡党的历史反思》，《当代世界与社会主义》2014 年第 6 期。

⑥ 董瑛：《苏共权力结构模式演变的历史考察》，《中共党史研究》2014 年第 10 期。

对苏联共产党以外的国外共产党历史的研究也有一些文章。[①] 广西民族大学讲师杨静林在《上世纪40至60年代菲律宾共产主义运动与华人社会变迁》中指出，战后菲律宾共产主义运动蓬勃发展，马尼拉当局视菲共与华人为菲律宾国家安全的重要威胁。菲律宾政府为此采取高压政策，镇压菲律宾共产党的同时推行排华政策，台湾国民党也得以乘机控制菲律宾华人社会，致使20世纪50年代菲律宾共产主义运动再度沉寂，菲律宾华人左翼衰落，这加剧了菲律宾华人社会的动摇，延缓了战后菲律宾华侨华人融入主流社会的进程。[②] 河南大学外语学院副教授张博在《战后初期日本共产党的兴衰与“和平革命论”》中指出，1945年日本战败以后，政治犯开始获得释放，日本共产党重新成为合法政党，开启了革命的新篇章。但是日共领导人并未审时度势制定适合本国国情的方针路线，以野坂参三为首的一批领导者忽略了美国单独占领日本的危险性，采取了“和平革命论”等一系列错误方针，直接导致了战后日本共产党由盛转衰。[③] 河北师范大学教授王军等在《亚洲和大洋洲近百年来共产主义政党和组织资料汇总》（连载三）中指出，从1919年至今亚洲和大洋洲共34个国家出现过共产主义政党和组织，近百年来这两个地区先后共出现过500余个共产主义政党和组织，占整个世界自1847年第一个共产党——共产主义者同盟——成立以来共产主义政党和组织总数的1/3，且至今仍在活动的共产主义政党和组织的数量仍超过200个，文章对其进行了逐一的梳理和介绍。[④] 武汉理工大学讲师程光德的《种族主义制度废除后南非共产党对社会主义的新探索》从南非共产党的历史、理论、实践三个维度，通过梳理南非共产党90多年的发展历史，以种族主义制度废除后南非共产党探索社会主义的理论与实践为主线，对种族主义制度废除后南非共产党对社会主义的新探索进行研究。[⑤] 全书共分为导论、南非共产党的斗争历程、南非共产党对社会主义发展道路的探索、南非共产党关于未来社会主义社会的理论、南非共产党争取民主与社会主义的实践、南非共产党加强党的建设的理论与实践及结语等七个部分。导论主要阐明选题缘由及意义、研究现状、研究思路与方法以及研究的创新之处。第一章梳理了南非共产党的斗争历程。第二章主要阐述了南非共产党对社会主义发展道路的探索。第三章阐明了南非共产党关于未来社会主义社会的理论。第四章以南非共产党争取民主与社会主义的实践为主线，主要阐述了南非共产党在取得民主突破的胜利后开展了积极的工作。第五章以南非共产党加强党的建设的理论与实践为内容。第六章主要论述了南非共产党的基本特点，分析了南非共产党在新的历史

---

① 杨静林：《上世纪40至60年代菲律宾共产主义运动与华人社会变迁》，《当代世界社会主义问题》2014年第2期；张博：《战后初期日本共产党的兴衰与“和平革命论”》，《华北水利水电大学学报》（社会科学版）2014年第2期；王军、周清荣：《亚洲和大洋洲近百年来共产主义政党和组织资料汇总》（连载三），《高校社科动态》2014年第2期。

② 杨静林：《上世纪40至60年代菲律宾共产主义运动与华人社会变迁》，《当代世界社会主义问题》2014年第2期。

③ 张博：《战后初期日本共产党的兴衰与“和平革命论”》，《华北水利水电大学学报》（社会科学版）2014年第2期。

④ 王军、周清荣：《亚洲和大洋洲近百年来共产主义政党和组织资料汇总》（连载三），《高校社科动态》2014年第2期。

⑤ 程光德：《种族主义制度废除后南非共产党对社会主义的新探索》，中国社会科学出版社2013年版。

条件下探索社会主义道路难得的机遇与面临的挑战。

2. 当代国外共产党的现状与发展趋势跟踪研究

对当代国外共产党的状况、理论、实践和发展趋势的跟踪研究，主要可以划分为发达资本主义国家共产党、发展中国家共产党、转轨国家共产党①和执政国家共产党等几个部分。此外，还有一些文章跟踪研究 2014 年召开的世界共产党和工人党代表大会。

关于发达资本主义国家共产党的研究主要包括：《美国共产党曲折发展的原因及对中共未来执政发展的启示》②《加拿大共产党关于资本主义新变化的思考与判断》③《试析北欧左翼政党的"绿色转向"》④《从政党理论角度分析英国共产党衰落原因》⑤《希腊共产党探索世界社会主义国际联合的理论与对策》⑥《从政党理论角度分析芬兰共产党边缘化的原因》⑦《日本侵华时期日本共产党领导的人民反战斗争》⑧《对日本共产党政党适应性的实证分析》⑨《在艰难中前行的日本左翼势力》⑩《从日本共产党生存状态的转变看其两次反对〈美日安保条约〉的影响》⑪ 和《日本共产党对"日本式社会主义"的新探索》⑫，等等。在聂运麟、商文斌和余维海编的《探索与变革——资本主义国家共产党的历史理论与现状》一书中，各位作者对 18 个资本主义国家的共产党（具体包括印度共产党（马克思主义）、尼泊尔联合共产党（毛主义）、日本共产党、印度共产党（毛主义）、土耳其共产党、俄罗斯联邦共产党、英国共产党、法国共产党、希腊共产党、西班牙共产党、塞浦路斯劳动人民进步党、葡萄牙共产党、意大利共产党、巴西共产党、美国共产党、加拿大共产党、南非共产党和澳大利亚共产党）的历史、理论与现状逐个进行深入剖析，全面展现了当代资本主义国家共产党从低潮中奋进的历史与现实。华中师范大学教授聂运麟指出，多数资本主义国家的共产党和工人党认为，社会主

---

① 陆铁之：《世界的未来属于社会主义——俄罗斯联邦共产党第十五次代表大会政治报告简介》，《社会科学论坛》2014 年第 3 期；刘洪霞：《苏东剧变后中东欧左翼政党发展特点及新动向》，《湖北行政学院学报》2014 年第 2 期。

② 周天：《美国共产党曲折发展的原因及对中共未来执政发展的启示》，《延安党校学报》2014 年第 2 期。

③ 刘卫卫：《加拿大共产党关于资本主义新变化的思考与判断》，《上海党史与党建》2014 年第 1 期。

④ 王聪聪：《试析北欧左翼政党的"绿色转向"》，《欧洲研究》2014 年第 2 期。

⑤ 刘健：《从政党理论角度分析英国共产党衰落原因》，《中共宁波市委党校学报》2014 年第 1 期。

⑥ 王喜满：《希腊共产党探索世界社会主义国际联合的理论与对策》，《科学社会主义》2014 年第 3 期。

⑦ 刘健：《从政党理论角度分析芬兰共产党边缘化的原因》，《广西社会主义学院学报》2014 年第 12 期。

⑧ 郭栩：《日本侵华时期日本共产党领导的人民反战斗争》，《洛阳师范学院学报》2014 年第 10 期。

⑨ 刘健：《对日本共产党政党适应性的实证分析》，《日本研究》2014 年第 3 期。

⑩ 朱艳圣：《在艰难中前行的日本左翼势力》，《当代世界》2014 年第 5 期。

⑪ 薛丹夏：《从日本共产党生存状态的转变看其两次反对〈美日安保条约〉的影响》，《黑龙江史志》2014 年第 15 期。

⑫ 王一凡：《日本共产党对"日本式社会主义"的新探索》，《前沿》2014 年第 ZB 期。

义是人类历史发展的必然，20 世纪社会主义对世界文明和人类的进步做出了卓越的贡献。苏东剧变的原因是由于复杂的内部和外部的、主观和客观的、历史和现实的以及政治的、经济的、文化的、思想的、社会的多方面综合因素造成的，其中最重要的是以下三个方面的因素：传统社会主义体制的僵化、执政党的蜕化变质、帝国主义的干涉和颠覆。苏东剧变说明：社会主义是一个长期发展的历史过程、不存在统一的社会主义发展模式，不存在一条直接过渡到社会主义的路径和方法，建设社会主义必须进行反对两种倾向的斗争，社会主义改革中应该警惕两种“危险”。[①] 中国社会科学院马克思主义研究院共产主义运动研究部主任吕薇洲研究员指出，国际金融危机爆发以来，资本主义国家共产党围绕社会主义的实现形式发生过多次论争。论争的核心依旧是应当选择暴力革命还是和平过渡的方式实现社会主义。论争不仅影响了资本主义各国共产党之间的团结，而且削弱了一些国家共产党的力量并导致其在谋求执政过程中的挫败。为了实现社会主义的复兴，各国共产党人应停止无谓论争，包容差异。在选择社会主义实现形式问题上，只需遵循一些共同的原则，即共产党人的首要任务是夺取政权，共产党人的最终目标是消灭阶级剥削和阶级压迫，各国具体夺取政权的途径和方式可根据本国的具体情况自主选择。[②] 聂运麟指出，资本主义国家共产党认为，当代工人阶级已经发生重大而深刻的变化，其主要表现是工人阶级内部结构的多样化和分层化加剧：科技革命和生产力的新发展是工人阶级变化的基本动因；新自由主义及其主导的经济全球化对工人阶级新变化起到了推波助澜的作用。尽管工人阶级已经发生结构性的变化，但大企业的工人仍然是工人阶级的核心和最先进的部分，工人阶级仍然是当今社会主义事业的领导核心和起决定性作用的力量。[③] 在《澳大利亚共产党的社会主义理论与实践研究》一书中，温州大学马克思主义学院杨成果重点对澳大利亚共产党的社会主义理论与实践进行了系统阐述和理论评析。该书具体包括：澳大利亚共产党艰难曲折的发展历程、苏东剧变以来澳大利亚共产党对资本主义和社会主义的再认识、澳大利亚共产党对社会主义发展道路的探索、澳大利亚共产党加强党的建设、澳大利亚共产党的实践活动、澳共（马列）的理论与实践以及战后澳大利亚社会主义运动衰落的原因分析与前景展望等。

有关发展中国家共产党的研究论文主要有：《巴西共产党的现状、理论政策及面临问题》[④]《新自由主义的危害与拉美左翼运动的崛起》[⑤]《拉美左翼缘何兴起》[⑥]《委内瑞

---

① 聂运麟：《资本主义国家共产党党纲对苏东剧变的分析》，《中国特色社会主义研究》2014 年第 2 期。

② 吕薇洲：《资本主义国家共产党关于社会主义实现形式的论争》，《马克思主义研究》2014 年第 11 期。

③ 聂运麟：《资本主义国家共产党视阈中的工人阶级新变化——以资本主义国家共产党的纲领和章程为蓝本》，《马克思主义研究》2014 年第 11 期。

④ 王建礼、成亚林：《巴西共产党的现状、理论政策及面临问题》，《当代世界社会主义问题》2014 年第 3 期。

⑤ 靳辉明：《新自由主义的危害与拉美左翼运动的崛起》，《江汉论坛》2014 年第 2 期。

⑥ ［美］卢茨·布兰科、罗宾·格里尔德克：《拉美左翼缘何兴起》，《国外理论动态》2014 年第 5 期。

拉共产党对社会主义的探索》[①]《中国与东南亚共产党关系的正常化及其影响——兼论中共从革命党向执政党身份转换的完成》[②]《菲律宾共产党的历史、理论与现状》[③]《21世纪初印度共产党（毛派）的发展趋势及其影响》[④]《印度共产党（毛派）崛起的原因探析》[⑤]《“国际红色走廊”上“毛主义”共产党的发展与变化》[⑥]《尼泊尔共产党（联合马列）九大述评》[⑦]《尼泊尔联合共产党（毛主义）的崛起及其面临的挑战》[⑧]《马来亚共产党与马来亚华侨抗战史的研究述评》[⑨]《尼联共（毛）2013年大选失利评析》[⑩]《从新党章看南非共产党的新变化》[⑪]，等等。关于发展中国家共产党的研究涉及的范围非常广泛，从南美、拉美到东南亚、南亚、非洲。

有关转轨国家共产党的学术文章主要有：《捷克左翼政党的发展演变探析》[⑫]《当前东欧左翼政党面临的问题及其前景分析——以波兰、匈牙利、捷克为主要分析对象》[⑬]《浅谈俄罗斯共产党称谓的演变》[⑭]《社会转型中的俄罗斯联邦共产党》[⑮]《苏联解体后乌克兰共产党理论与实践的新发展》[⑯]《当代乌克兰共产党的主要政策主张》[⑰]《乌克兰共产党理论与实践的新发展》[⑱]《白俄罗斯共产党与政权建设性合作原因剖析》[⑲]，等等。

---

① 刘春元：《委内瑞拉共产党对社会主义的探索》，《江西师范大学学报》（哲学社会科学版）2014年第4期。

② 李亚男：《中国与东南亚共产党关系的正常化及其影响——兼论中共从革命党向执政党身份转换的完成》，《攀登》2014年第3期。

③ 袁群、黄家远：《菲律宾共产党的历史、理论与现状》，《当代世界与社会主义》2014年第4期。

④ 张世均：《21世纪初印度共产党（毛派）的发展趋势及其影响》，《西南民族大学学报》（人文社会科学版）2014年第7期。

⑤ 张世均：《印度共产党（毛派）崛起的原因探析》，《云南社会科学》2014年第4期。

⑥ 韩冰、刘静：《“国际红色走廊”上“毛主义”共产党的发展与变化》，《当代世界与社会主义》2014年第5期。

⑦ 刘春元：《尼泊尔共产党（联合马列）九大述评》，《当代世界与社会主义》2014年第5期。

⑧ 马迎晨：《尼泊尔联合共产党（毛主义）的崛起及其面临的挑战》，《国际研究参考》2014年第7期。

⑨ 宋少军：《马来亚共产党与马来亚华侨抗战史的研究述评》，《桂林师范高等专科学校学报》2014年第2期。

⑩ 王静：《尼联共（毛）2013年大选失利评析》，《中国矿业大学学报》（社会科学版）2014年第1期。

⑪ 王建礼：《从新党章看南非共产党的新变化》，《社会主义研究》2014年第4期。

⑫ 陈弘、王庆超：《捷克左翼政党的发展演变探析》，《社会主义研究》2014年第3期。

⑬ 姬文刚：《当前东欧左翼政党面临的问题及其前景分析——以波兰、匈牙利、捷克为主要分析对象》，《当代世界与社会主义》2014年第5期。

⑭ 张晓玲：《浅谈俄罗斯共产党称谓的演变》，《传承》2014年第3期。

⑮ 郑蓓蓓：《社会转型中的俄罗斯联邦共产党》，《山东农业工程学院学报》2014年第2期。

⑯ 杨萍：《苏联解体后乌克兰共产党理论与实践的新发展》，《西伯利亚研究》2014年第4期。

⑰ 丁军、李世辉：《当代乌克兰共产党的主要政策主张》，《中共贵州省委党校学报》2014年第1期。

⑱ 杨萍：《乌克兰共产党理论与实践的新发展》，《延边党校学报》2014年第4期。

⑲ 李世辉：《白俄罗斯共产党与政权建设性合作原因剖析》，《当代世界》2014年第10期。

有关转轨国家共产党的研究对于中国特色社会主义建设具有重大的理论和现实意义。一方面，转轨国家在苏联解体、东欧剧变前夕都曾搞过社会主义建设，共产党曾是执政党，所以转轨国家共产党对社会主义建设、对执政共产党在社会建设中应该做什么、党自身如何发展和建设等问题，都有独到的见解，对曾经经历的失败有深刻的反思，这些对于中国共产党而言，都是宝贵的历史经验；另一方面，绝大多数转轨国家都发生了社会制度的变更，这就让转轨国家的共产党有机会比较两种社会制度建设的利弊得失，转轨国家共产党在这方面形成的理论思想和理论成果也是一笔宝贵的思想财富。

有关中国以外的其他国家的执政共产党的学术论文主要有：《从越共政治变革看改革的终极意义——中国共产党如何始终保持清醒与坚定》[①]《越南共产党党内民主发展的政治文化论析》[②]《越南共产党党内基层民主制度建设探析》[③]《越南共产党处理党群关系的做法和经验》[④]《论革新开放以来越南共产党党内民主制度建设》[⑤]《越南共产党党内民主建设及启示》[⑥]《越南共产党密切党群关系的探索与创新》[⑦]《越南共产党执政能力建设的理解》[⑧]《2013 年越南共产党党情：防治“内寇”与抵御“外敌”并举》[⑨]《越南共产党党规党纪建设态势和经验》[⑩]《越南共产党如何密切党群关系》[⑪]《越共的“人民主体”思想及其实现机制》[⑫]《越南革新开放以来新闻传媒的发展历程及对社会主义新闻事业的启示》[⑬]《马克思主义越南本土化的胡志明思想成果探究》[⑭]《老挝人民革

① 潘金娥：《从越共政治变革看改革的终极意义——中国共产党如何始终保持清醒与坚定》，《人民论坛·学术前沿》2014 年第 1 期。

② 陈元中、唐晓凤：《越南共产党党内民主发展的政治文化论析》，《当代世界与社会主义》2014 年第 3 期。

③ 陈元中、税光辉：《越南共产党党内基层民主制度建设探析》，《广西社会科学》2014 年第 8 期。

④ 罗会德、季正矩：《越南共产党处理党群关系的做法和经验》，《当代世界与社会主义》2014 年第 6 期。

⑤ 陈元中、税光辉、陈映雪：《论革新开放以来越南共产党党内民主制度建设》，《广西民族大学学报》（哲学社会科学版）2014 年 6 期。

⑥ 何聪聪：《越南共产党党内民主建设及启示》，《中共济南市委党校学报》2014 年第 4 期。

⑦ 杨柳：《越南共产党密切党群关系的探索与创新》，《中共山西省直机关党校学报》2014 年第 2 期。

⑧ 郑娜：《越南共产党执政能力建设的理解》，《学理论》2014 年第 27 期。

⑨ 潘金娥：《2013 年越南共产党党情：防治“内寇”与抵御“外敌”并举》，《当代世界》2014 年第 2 期。

⑩ 崔桂田：《越南共产党党规党纪建设态势和经验》，《人民论坛》2014 年第 35 期。

⑪ 赵绪生：《越南共产党如何密切党群关系》，《领导科学论坛》2014 年第 4 期。

⑫ 邹焕梅、崔桂田：《越共的“人民主体”思想及其实现机制》，《当代世界社会主义问题》2014 年第 1 期。

⑬ 易文：《越南革新开放以来新闻传媒的发展历程及对社会主义新闻事业的启示》，《东南亚纵横》2014 年第 4 期。

⑭ 韦国善、李艳：《马克思主义越南本土化的胡志明思想成果探究》，《广西民族师范学院学报》2014 年第 2 期。

命党的理论与实践》[①]《朝鲜式社会主义制度分析》[②]《朝鲜内外政策的调整及其走向》[③]，等等。对执政共产党的研究，主要集中在对越南共产党的研究上，一是因为越南共产党在改革方面有比较积极的举措，所以引起了学界的关注；二是越南是我国的近邻，这也不可避免地强化了我国学者的研究兴趣。对共产党执政国家的研究，一方面可以为我们提供这些国家政党和社会生活的基本情况；另一方面可以为我国的外交政策和国际关系处理方式提供理论支撑。朝鲜也是国外执政共产党研究中的重点国家之一，研究者的观点和视角不同，对该国政治制度的评价也存在比较大的争议。比如，南京政治学院马克思主义学院教授卢继元等人认为，“朝鲜的主体思想经历了由形成到发展巩固的历史过程，国际形势急剧变化后，先后形成了红旗思想和先军政治及金正恩新时期思想。在主体思想指导下，形成了独具特色的朝鲜式社会主义。在历史的重要关头，朝鲜式社会主义制度也需要在机遇与挑战面前采取新的发展战略和对策以便实现进一步的发展和完善”。[④] 亦有文章从东北亚地区安全的格局着眼研究朝鲜，比如吉林大学副教授郭锐等人指出，“后金正日时代”的朝鲜内政外交路向何方、政出何门，是国际社会关注的焦点议题。当前，金正恩政权内政外交的总体思路是在继承“遗训”的基础上，确保政治稳定，谋求国家安全，促进经济发展。在内政经济方面，朝鲜将继续固守“先军政治”的基本路线不动摇，同时适时、审慎地推进相关经济调整和改革措施。在国家安全方面，金正恩政权的核政策在短时间内不会发生明显变化。朝鲜对华依赖性会进一步增大，美朝关系、朝鲜半岛南北关系、朝日关系可能发生更加微妙的变化。[⑤]

3. 国外共产党理论与实践的专题研究

2014 年度还有一些学术论文以某一主题为依托，将国外共产党对这一主题的观点、认识和分析进行专题性研究。[⑥] 有些文章是针对我们当前面临的亟待解决的现实性问题，比如中共北京市委党校党史党建教研部讲师孙宁在《近年来国外共产党扩大党员参与的做法与启示》一文中指出，党员对党内事务的参与是指党员依据党章赋予的权利和义务，通过一定的途径和方式向党组织表达自己的意愿、要求乃至诉求，从而影响党内决策和党内生活的一种活动和行为。党员对党内事务的参与是党内民主的基本内容，是党员主体地位的重要表现形式。近年来国外共产党在扩大党员对党内事务的参与度方面

---

① 曹慧滢：《老挝人民革命党的理论与实践》，《学理论》2014 年第 27 期。

② 卢继元、吴冬冬：《朝鲜式社会主义制度分析》，《延边大学学报》（社会科学版）2014 年第 2 期。

③ 郭锐、刘梦宇：《朝鲜内外政策的调整及其走向》，《东北亚学刊》2014 年第 2 期。

④ 卢继元、吴冬冬：《朝鲜式社会主义制度分析》，《延边大学学报》（社会科学版）2014 年第 2 期。

⑤ 郭锐、刘梦宇：《朝鲜内外政策的调整及其走向》，《东北亚学刊》2014 年第 2 期。

⑥ 余维海、李从娜：《共产党和工人党国际会议对当代帝国主义的分析》，《社会主义研究》2014 年第 5 期；刘春元：《国外共产党对新自由主义的分析和批判》，《上海党史与党建》2014 年第 10 期；柴尚金：《国外共产党是如何利用民主参与密切党群关系的》，《当代世界》2014 年第 4 期；徐崇温：《没有执政的共产党探索争取社会主义的新途径》，《学习论坛》2014 年第 9 期；林建华：《世界革命视阈下共产国际的实践逻辑》，《中国社会科学》2014 年第 8 期；王喜满、李长学、王晶晶：《第十五次共产党和工人党国际会议的共识与分歧》，《当代世界与社会主义》2014 年第 2 期；余维海：《论共产党和工人党党际交往中的协商民主——从第 15 次共产党和工人党国际会议谈起》，《党政研究》2014 年第 6 期；林进平：《为一个正义的世界而奋斗——2014 年全球“左翼论坛”综述》，《当代世界与社会主义》2014 年第 4 期。

进行了不少有益的尝试，包括培育民主意识，提高民主素养；完善选举制度，进行民主选举；增加决策透明度，进行民主决策；扩大党务公开范围，进行民主监督；创新活动方式，释放参与热情。这些措施启示我们：扩大党员对党内事务的参与，理论上的更新是基础，制度上的完善是保障，同时还要注重从本国本党实际出发。①

当代世界研究中心研究员柴尚金在《国外共产党是如何利用民主参与密切党群关系的》一文中指出，“在追寻民主与民生的时代潮流中，发扬民主是政党对民众的一种尊重，改善民生是民众对政党的热切期望。国外一些共产党积极回应民众的民主诉求，扩大和完善政治参与渠道，进一步密切了党群关系”。以党内民主推动社会民主参与。在民主参与中，实现人民当家作主，利用民主渠道表达和整合群众利益。比如俄罗斯共产党吸取了苏共脱离群众、亡党亡国的教训，通过网上互动、见面会等民主渠道切实加强了同民众的紧密联系，提升了党的凝聚力和战斗力。

聂运麟在《国外非执政共产党类型及其理论分野》一文中阐述和分析了发达国家、中等发展中国家和较低水平发展中国家共产党对社会主义发展道路问题所持的不同立场和观点，指出发达国家共产党多承认多党民主制，主张在多党民主制下，渐进式地实现对资本主义社会的革命性改造，即在政治上采取了比较温和的策略。这些国家的共产党“在理论上比较推崇马克思主义的理论与策略，而难于接受列宁主义的某些理论和策略”。中等偏上发展中国家大多数是在20世纪50至70年代才逐步废除君主制和摆脱殖民统治，其政治民主虽有很大的发展，但还远达不到发达国家的水平，人民的物质和文化生活水平有一定的提高，但两极分化严重，因而社会基本矛盾具有很大的尖锐性。在这些国家里，非执政的共产党在理论上既承认马克思主义，也承认列宁主义对自己国家具有指导意义，宣称赞成多党民主制度，愿意在这一体制下渐进式地实现社会主义。同时，它们对资产阶级民主制度所固有的阶级性质仍然保持一定的警惕性。发展水平较低的国家，国内的经济政治发展的不平衡特别严重，虽然少数大中城市有较高的经济政治发展水平，但农村和边远地区却长期处于落后和贫困的状态，封建土地所有制、宗法制度、种姓制度等严重阻碍了社会的发展，不少劳动群众长期在贫困线下生活，甚至在死亡线上挣扎，社会基本矛盾尖锐而复杂。在这些国家里，非执政的共产党不仅承认马克思主义和列宁主义是其指导思想的理论基础，而且承认毛泽东主义也是其指导思想的理论基础。它们不相信多党民主制，主张走中国式的革命发展道路。②

4. “泛社会主义”问题的研究

在中国国际共运史学会2014年年会暨学术研讨会上，有学者提出了“泛社会主义”概念，指出泛社会主义是一种客观现象。判断一个国家是否是社会主义，不应该只看其制度层面，还要观其价值理念。在这方面应避免两种情况：一是以我画线，似乎只有中国特色社会主义才是社会主义；二是认为只有科学社会主义才是社会主义，其他都不是社会主义。对当今泛社会主义现象应理性认识，应坚持尊重差异、寻找最大公约数原则。目前，理论界对以下几点有普遍共识：未来社会主义绝不是苏联社会主义模式；资本主义仍有较强的自我调整和修正能力；社会主义没有统一模式；各国对社会主义的探索必须由本国政党领导本国人民独立完成；社会主义事业是一个循序渐进的过程，是对

① 孙宁：《近年来国外共产党扩大党员参与的做法与启示》，《新视野》2014年第1期。

② 聂运麟：《国外非执政共产党类型及其理论分野》，《当代世界与社会主义》2014年第4期。

资本主义的替代和超越。[①]

中国人民大学马克思主义学院一级教授周新城发表了《关于坚持中国特色社会主义的几个重要理论问题》和《关于中国特色社会主义的性质和历史地位的几点认识》，指出“中国特色社会主义是科学社会主义基本原则与当代中国具体实际相结合的产物。把科学社会主义基本原则同它的具体实现形式区分开来，是理解中国特色社会主义的重要方法论。只有坚持科学社会主义基本原则，才能牢牢掌握中国特色社会主义的本质。中国特色社会主义同历史上的社会主义实践是一脉相承的继承和发展的关系，不能把两者对立起来，不能说中国特色社会主义是一种‘全新的社会主义’。必须把践行中国特色社会主义与坚定共产主义理想统一起来”。[②]“中国特色社会主义是科学社会主义发展历程中的一个‘时间段’。把科学社会主义基本原则同它的具体实现形式区分开来，是理解中国特色社会主义的重要方法论。中国特色社会主义同历史上的社会主义实践是一脉相承的继承和发展的关系，不能把两者对立起来。”[③]

5. 共产党国际联合问题研究

如何进行共产党间以及共产党与其他左翼力量的地区性、国际性联系与合作？这是近年国外共产党在实践发展过程中出现的新问题和新考验。2014 年度国内学界对该问题表现出极大兴趣。《共产党和工人党国际会议中的分歧与我们的应对》[④]《论后冷战时期共产党国际团结的转型及其原因》[⑤]《希腊共产党探索世界社会主义国际联合的理论与对策》[⑥]《第十五次共产党和工人党国际会议的共识与分歧》[⑦] 等，从不同角度对当前国外共产党国际联合的理论、实践及其面临的问题和困境进行了分析和考察，大多认为共产党的国际团结是世界社会主义运动面临的重要问题，当前的共产党国际团结与联合，与历史上相比已经发生重要转型。共产党有效的国际联合，应摒弃“一个中心，一个模式”的传统思维，坚持从独立自主要求出发的多样化团结方式，方能从思想、方式和行动等方面自由开展双边和多边的合作与联合。在《共产党和工人党国际会议中的分歧与我们的应对》一文中，华中师范大学教授聂运麟、副教授余维海考察了共产党和工人党国际会议的发展历史，指出：“从历史记录看，第一次和第二次共产党和工人党国际会议并没有发表《共同声明》，这说明最初的两次会议并没有形成各国共产党之间的

---

① 田瑞兰：《中国国际共运史学会 2014 年年会暨学术研讨会综述》，《当代世界与社会主义》2014 年第 5 期。

② 周新城：《关于坚持中国特色社会主义的几个重要的理论问题》，《思想理论教育导刊》2014 年第 6 期。

③ 周新城：《关于中国特色社会主义的性质和历史地位的几点认识》，《学习论坛》2014 年第 4 期。

④ 聂运麟、余维海：《共产党和工人党国际会议中的分歧与我们的应对》，《马克思主义研究》2014 年第 3 期。

⑤ 吴国富：《论后冷战时期共产党国际团结的转型及其原因》，《江西师范大学学报》2014 年第 4 期。

⑥ 王喜满：《希腊共产党探索世界社会主义国际联合的理论与对策》，《科学社会主义》2014 年第 3 期。

⑦ 王喜满：《第十五次共产党和工人党国际会议的共识与分歧》，《当代世界与社会主义》2014 年第 2 期。

政治共识。以第三次共产党和工人党国际会议为开端，此后的历次共产党和工人党国际会议逐渐形成了一个传统的工作程序——发表《共同声明》。由此可见，第十五次共产党和工人党国际会议突然中断了发表《共同声明》的传统，表明参加会议的各国共产党之间没有形成有效的政治共识，已经出现了比较严重的分歧。在国际共产主义运动中，有关历史、理论和革命实践问题的观点存在分歧，第十五次共产党和工人党国际会议暴露出的分歧涉及非常广泛的领域。以希腊共产党为代表的一方与其他国家共产党为另一方的分歧集中在三个方面：有关资本主义的理论与策略，有关社会主义革命和社会主义建设的理论与策略，有关各国共产党之间以及共产党和其他左翼政党之间相互关系的理论与策略。概括地讲就是有关世界社会主义运动的理论与策略问题的分歧。”① 辽宁大学马克思主义学院讲师王喜满等人在《第十五次共产党和工人党国际会议的共识与分歧》一文中指出，“共产党和工人党国际会议的原则是相互平等、互相尊重、互不干涉内政、团结互助”，“其进程不应该是一个僵化的模式，也不应服从任何同质化的尝试，毫无疑问，它是促进国际合作的一个重要工具。它是一个我们应当并且能够改善的一个过程”。这段话说明，会议具有言论自由、比较松散、非结盟性、组织不是十分严密的特点，因此出现分歧是必然的。同时，由于历史的原因，当前的共产党和工人党国际会议不会再走过去僵化的老路，即类似以前共产党工人党国际组织的发展模式，因此，一旦出现会议同质化的倾向，必然会遇到阻力。这符合苏东剧变后比较宽松的没有一个大党挥舞大棒的世界社会主义环境。同时，虽然社会主义国家执政党都参加了会议，但并没有在会上主动承担主导作用，会议还是以资本主义国家共产党为主导的国际代表大会。因此，由于每个资本主义国家的政治、经济和社会现实情况各不相同，各个共产党工人党面临的任务、走的道路自然也会不同，其理论也就呈现不同的特色。②

（二）西方马克思主义研究进展

1. “一体两翼”的学科研究方法

怎样才能深化我国的国外马克思主义研究，提升我国在国外马克思主义研究领域的话语权？中国社会科学院马克思主义研究院国外马克思主义研究部主任冯颜利研究员提出了“一体两翼”的研究理念和方法，这一方法对推进国外马克思主义研究具有重要意义。所谓“一体”指的是必须牢牢抓住“国外马克思主义基础理论研究”这个主体和根本。其中既包括必须下大功夫、系统深入研究国外马克思主义研究的经典作家和经典著作，吃透其精神实质；又包括必须十分重视、及时追踪和掌握国外马克思主义研究的最新动态和资料。无论是对某一流派的研究，还是对某一人物的研究，都要把这两个方面结合起来，这样才能较系统、全面、深入地了解其思想变化发展的历程。所谓“两翼”，其一是指“马克思主义基础理论研究”。要加强对马克思主义经典作家和经典著作特别是对马克思本人及其著作的研究，重点是要从整体上领会马克思主义的精神实质；其二是指“中国现实问题研究”。这里的现实问题必须是“真问题”而不是“假问题”，即必

---

① 聂运麟、余维海：《共产党和工人党国际会议中的分歧与我们的应对》，《马克思主义研究》2014 年第 3 期。

② 王喜满：《第十五次共产党和工人党国际会议的共识与分歧》，《当代世界与社会主义》2014 年第 2 期。

须是切实关系到国家、民族的根本利益和长远发展，切实关系到广大人民群众的切身利益和日常生活，为大多数人所关注、并具有迫切性和现实性的问题。“一体”和“两翼”的地位和意义是不同的。由于我们谈的是如何深化国外马克思主义研究，所以加强对国外马克思主义经典作家、经典著作和最新动态的研究是“体”，这是最主要、最根本的。此外，国外马克思主义研究不能孤立地进行，必须要有马克思主义基础理论的研究和对我国现实问题的研究作支撑才能创新发展。所以，对马克思主义经典作家、经典著作的研究和对我国社会现实问题、热点问题的研究是“两翼”。其中，前者保证国外马克思主义研究不至于迷失方向；后者保证国外马克思主义研究不至于丧失动力、不至于为研究而研究。“体”是“翼”之本、之源，我们是为了不断深化国外马克思主义研究，才引申、生发出“两翼”作为配合、辅助和支撑的；“翼”为“体”而生、而动，对马克思主义基础理论和我国现实问题的研究，目的是为了不断深化国外马克思主义研究，而深化国外马克思主义研究的目的在于继承、发展、繁荣马克思主义，特别是中国特色社会主义理论体系。①

2. 公平正义问题研究

冯颜利等的论文《哈贝马斯的正义观与当代价值——兼论哈贝马斯与罗尔斯正义观的主要异同》② 提出，哈贝马斯在与罗尔斯的争辩中发展和完善了自己的正义思想。与罗尔斯以“原初状态”为前提、以政治正义为本质、以自由平等为核心的正义理论不同，哈贝马斯立足于理想的市民社会和生活世界之背景，以社会交往和主体间性学说为理论基础，提出和论证了以“理想语境”为前提、以“程序正义”为本质、以“合法性”为核心内容的正义学说，期冀通过人们之间的理性商谈这种合理程序来促进社会公平正义的实现。鉴于我国社会目前亟须解决的社会不公问题，该文对哈贝马斯正义理论的研究可为我国政治、法律和社会制度建设以及整个中国特色社会主义建设事业提供重要启示和借鉴。当然，哈贝马斯的正义理论也存在像罗尔斯所指证的某些问题，例如公共领域和交往辩谈的抽象性、理想性等。况且，哈贝马斯的正义思想毕竟是西方资本主义社会背景下的一种理论探索和主张，因而不可能完全照搬到我国改革和建设的理论与实践中来。

冯颜利还研究了塞耶斯的公正思想。《塞耶斯的公正思想及其启示》③ 一文提出，在公正问题上，有的国外马克思主义研究学者认为马克思没有批判资本主义不公正，有的认为马克思从公正出发批判了资本主义不公正，英国肯特大学塞耶斯教授认为马克思的确批判了资本主义不公正，但马克思不是从公正的绝对标准出发，而是从实践出发，并认为马克思的公正思想是历史的、现实的。透过塞耶斯对马克思关于公正的研究，冯颜利将塞耶斯的公正思想与以柯亨、伍德、格拉斯等为代表的分析马克思主义者的主张相区别，有助于把握马克思公正思想的实质并厘清学界的一些误解，对发展中国特色社会主义有重要意义。

---

① 冯颜利、张朋光：《“一体两翼”不断深化国外马克思主义研究——中国社会科学院博士生导师冯颜利教授访谈》，《社会科学家》2014 年第 5 期。

② 冯颜利、张朋光：《哈贝马斯的正义观与当代价值——兼论哈贝马斯与罗尔斯正义观的主要异同》，《华中师范大学学报》（人文社会科学版）2013 年第 6 期。

③ 冯颜利：《塞耶斯的公正思想及其启示》，《社会科学家》2014 年第 5 期。

中国政法大学教授文兵在《分配冲突：基于现实的生产条件还是主观的价值评价？——“批判的承认理论”之批判》[①] 中指出，不论霍耐特与弗雷泽要建构一个“一元的”还是“二元的”理论，似乎都是要建立一个总体性的理论，但都是从观念出发来统摄现实。“参与平等”或“谋求承认”不外是一种政治的或伦理的观念而已。文兵教授深刻地指出，现实与观念之间的关系是不能颠倒的。人们的现实斗争当然是在一定的观念的支配下的，现实的种种不公当然也是通过人的内心而感受到的，但这些并不能说明现实的斗争或现实的不公皆是人们从观念中生发出来的，更不可能仅仅通过改变人们的观念或感受而得以解决。

3. 西方马克思主义文化研究

对西方马克思主义文化理论的研究是近年来的一个热点。国内学者的相关研究主要集中在伊格尔顿的文化辩证法、伯明翰学派的大众文化、詹姆逊的文化研究等。

中国社会科学院马克思主义研究院国外部西方马克思主义研究室主任陈慧平在《伊格尔顿的文化辩证法探要》[②] 中对伊格尔顿文化辩证法进行了深入探讨。在伊格尔顿看来，人们目前拥有的人文价值世界并非像看起来那样天经地义、牢不可破。由于文化承载着人类的过去，也预示着人类的未来，文化本身就是人类的命运，因此，文化理论最大的困境最终体现在人自身上，突破困境的关键也最终落在那个著名的斯芬克斯之谜上：人，认识你自己！如果说伊格尔顿与后现代主义思想家，如海德格尔、利奥塔、福柯、德里达等人有什么共同之处，那就是对人类自我认同的挑战。我们认为，对浸透在传统文化的中国学者来说，这一点多少令人感到隔阂和困惑，但这种感觉正是文化或哲学创新需要付出的一种代价。

陈慧平的论文《伯明翰学派大众文化的三大特征及其借鉴意义》[③] 很有现实意义。从近年来国内对伯明翰学派的研究成果看，还存在整体上把握不够深入，概念上笼统而模糊的问题，尤其是对伯明翰学派的理论内核——“大众文化”缺乏系统性理解，由此甚至导致两种非此即彼的对立态度，“大众文化”或被理解为积极的左翼政治的承载物，具有革命性潜能，或被理解为消极的右翼政治的寄生物，表征着庸俗文化的泛滥。该文认为，文化从来都不是孤立的事物，伯明翰学派的“大众文化”也是如此。从社会系统的环境因素着眼，“大众文化”的产生与发展具有情境性特征；从社会系统的运行方式着眼，“大众文化”的内涵与外延具有辩证性特征；从社会系统的结构着眼，“大众文化”的呈现方式与发展趋势具有开放性特征。这三大特征从根本上拒绝非此即彼的简单化理解，且无一不反映出文化发展的复杂性，及其与社会历史、人类命运的紧密关联，无一不启示人们从现实出发，反思旧文化，创造新文化。

中国人民大学哲学院副教授罗骞在《乌托邦精神与总体性意识——詹姆逊文化政治批判的思想基础》[④] 中认为，詹姆逊将政治的理解引入文化观念的阐释当中，将文化批

---

① 文兵：《分配冲突：基于现实的生产条件还是主观的价值评价？——“批判的承认理论”之批判》，《哲学研究》2014 年第 6 期。

② 陈慧平：《伊格尔顿的文化辩证法探要》，《哲学动态》2013 年第 11 期。

③ 陈慧平：《伯明翰学派大众文化的三大特征及其借鉴意义》，《国外社会科学》2014 年第 3 期。

④ 罗骞：《乌托邦精神与总体性意识——詹姆逊文化政治批判的思想基础》，《教学与研究》2014 年第 1 期。

判看成是一项政治革命，政治实践也就成了一种文化革命，而文化批判也就是一种理论的政治实践形式。詹姆逊总是穿越种种形式的、美学的问题而最终达至政治的判断，他试图在文化批判与政治的本质关联中找到历史唯物主义的理论基础。在詹姆逊看来，作为政治事业的文化批判就是将乌托邦精神视为为时代提供总体性的认知图绘。罗骞进一步指出：詹姆逊的文化政治批判是对马克思政治经济批判的拓展和有力补充，是时代变化在思想领域中的一种辩证的回响。

4. 生态马克思主义研究

2014年的生态马克思主义以反思和深化为主。有学者认为，一些西方生态马克思主义者把生态危机与经济危机割裂开来是片面的，并把这说成是马克思的做法更是错误的。既然生态危机是资本主义内在的、根本性的危机，那么，滋生生态危机的原因与形成经济危机的原因是同一的，马克思并没有、也不可能在分析资本主义的经济危机之外单独探究什么生态危机。吉林大学哲学社会学院博士、黑龙江八一农垦大学副教授王传玲在《"两个必然"的另一种论证——评生态马克思主义的生态危机理论》[①] 中提出：在马克思的理论体系中，不存在长期未被人们"发现"的、单纯论述生态危机的"新大陆"。这一"新大陆"是西方生态马克思主义"虚构"出来的。西方生态马克思主义认为，在原先人们熟知的马克思论证"两个必然"的路径之外，还存在着马克思说明"两个必然"的另一路径，也是不成立的。此外，西方生态马克思主义只是看到马克思有关资本与生态相对立的分析，无视马克思有关资本功能的其他论述，从而不能全面认识资本与生态的相互关系。在马克思那里，资本是社会范畴又是历史范畴。随着历史的发展，资本统治的正效应与负效应之间的比例正在发生变化，即正效应日益下降、负效应不断增加。但是，资本的历史使命尚未完成。只要它给人类带来"文明化趋势"的功能尚存，就不可能人为地被取消。显然，现时代还未到应该完全取消资本的时候。西方马克思主义没有全面地理解马克思关于资本的论述，只是看到马克思关于资本与生态相对立的相关论述，必然得出为了保护生态环境必须立刻、彻底与资本相决裂的结论。这既有违于马克思的原意，也不符合当下的实际情况。另外，西方生态马克思主义强调保护生态环境的最佳选择是走社会主义道路，却没有具体说明和严格论证他们所说的社会主义。他们的结论因此缺乏说服力。只要受制于经济理性，则不管是用计划调节还是用市场调节，不管是挂着资本主义招牌还是打着社会主义旗号，都不会消除生态危机。看来，西方生态马克思主义愤怒抨击资本主义破坏生态危机，反复说明生态危机"内生于"资本主义，并没有深入地、富有说服力地研究真正的社会主义何以能够消除生态危机，以及生态危机对于社会主义来说，何以是"外在的"而不具有必然性。这就使西方生态马克思主义理论在现实性上要打折扣。

福建师范大学讲师叶登耀的《高兹与克沃尔生态社会主义思想之比较》[②] 从细节方面深入研究了高兹和克沃尔的生态社会主义思想。作者认为，1970年以来，随着资本主义社会经济科技的高速发展，全球范围内生态环境的恶化也日益突出。这个时期，西方马克思主义流派当中的生态学马克思主义对此进行了生态学的思考和分析，提出了生

① 王传玲：《"两个必然"的另一种论证——评生态马克思主义的生态危机理论》，《中共中央党校学报》2014年第2期。

② 叶登耀：《高兹与克沃尔生态社会主义思想之比较》，《哈尔滨工业大学学报》2014年第2期。

态社会主义思想。法国生态学马克思主义者安德烈·高兹和美国生态学马克思主义者约珥·克沃尔也提出了各具特色的生态社会主义思想。他们对全球生态危机产生的原因，对未来理想社会的构想，以及如何实现生态社会主义等都提出了一系列较为合理的见解和主张，进而丰富和发展了生态社会主义相关理论和思想。

5. 国外对中国特色社会主义的研究

清华大学教授肖贵清等学者认为，近年来国外学者对于中国特色社会主义制度尤其关注，主要集中在中国特色社会主义制度的发展、性质、特色、优缺点、发展前景等问题上。大部分国外学者认为，中国特色社会主义制度并不是改革开放以后才开始逐步形成的，而是以新中国成立后中国共产党人的探索为基础，在改革开放实践的推动下不断发展并得以确立的。这主要体现在：毛泽东的理论与实践探索是中国特色社会主义制度形成的重要基础，邓小平在此基础之上开辟了中国特色社会主义制度发展的新阶段。他们对于中国特色社会主义制度基本属性的认识主要有基于社会主义制度的“协商式列宁主义”和基于资本主义制度的“中国特色新威权主义”两大类。分析和研究国外学者的观点，有助于我们进一步加强中国特色社会主义制度研究的国际视野，为构建具有中国特色的学术话语体系提供借鉴和参考。①

2014 年是邓小平诞辰 110 周年，国外邓小平理论研究成了今年的一个新的热点。广东省委党校教授成龙在《理论视野》上发表的《国外学者高度评价邓小平的历史贡献》一文中指出，国外学者对于邓小平的理论贡献主要集中在以下几个方面，一是邓小平提出的改革哲学完全不同于“华盛顿共识”，二是中国特色社会主义具有“超越资本主义视界的前景”，三是中国的持续发展改变了“全球发展理念”，因此，不少国外学者认为，邓小平完成了过去 150 年里中国所有领导人都没有完成的使命，即找到了一条富民强国的道路。② 北京联合大学副教授刘晓云等学者认为，国外学者大都肯定邓小平的改革开放政策对中国发展所起到的关键作用，强调邓小平遗产对当代中国发展所产生的深远影响。他们重点关注了国外学者对邓小平与党的其他领导人治国方略的比较性研究，主要是和毛泽东、陈云之间的比较研究。③

中国社会科学院副研究员范春燕在《海外学者关于中国收入和财富分配不平等问题的研究综述》④ 一文中认为，海外学者的相关研究具有以下几个突出的特点：一是强调历史的连续性，把改革开放前的社会主义建设时期，甚至是新中国成立前的土地改革时期纳入考察范围，而不是仅仅局限于对改革后 30 年的分析；二是注重横向的比较性研究，以其他国家为参照系来研究中国的不平等发展（20 世纪七八十年代的参照系常常是苏联和东欧，九十年代是亚洲诸国，21 世纪以来是美、日、澳等发达国家），从而找出一些具有共性的特征和中国的独特之处；三是注重数据分析，试图通过引入多种分析模型和数据处理方法来弥补数据源的限制和不足。范春燕进一步指出：我们应该认识

① 肖贵清、郑云天：《国外中国特色社会主义制度研究论析》，《中共中央党校学报》2014 年第 2 期。

② 成龙：《国外学者高度评价邓小平的历史贡献》，《理论视野》2014 年第 8 期。

③ 刘晓云、梁怡：《新世纪以来国外邓小平研究概况》，《党的文献》2014 年 S1 期。

④ 范春燕：《海外学者关于中国收入和财富分配不平等问题的研究综述》，《改革与战略》2014 年第 10 期。

到，海外学者的研究也存在一些难以逾越的障碍，如信息和数据获取上的先天劣势，以及理论分析模型对于中国案例的谬用。

（三）国外左翼思想研究进展

1. 世界社会主义运动研究

中国人民大学国际关系学院教授李景治回顾世界社会主义运动史总结道，能否把握住国际形势变化，制定正确的路线和方针政策，是革命成败的关键。列宁在帝国主义危机加剧、世界大战爆发的形势下，领导人民取得了十月革命的胜利。二战中，各国共产党人正确处理民族矛盾和阶级矛盾，推动了世界社会主义运动的发展。冷战时期，由于对国际形势和国际力量对比判断不够准确，对当代资本主义发展缺乏全面认识，致使社会主义运动遭受重大挫折。[①] 中共中央对外联络部副部长、当代世界研究中心理事会主席于洪君认为，社会主义和资本主义国家都需要深层次的调整和改革。在和平与发展长期作为时代主题的历史条件下，谁调整得更快更好，谁取得了调整中的比较优势，谁就能处于进步发展的领先地位，就能在错综复杂的历史较量中处于不败之地。[②]

中央编译局研究员林德山等人指出，直接影响资本主义世界社会主义运动未来发展空间的：一是左翼及社会主义力量本身的结构性问题；二是目前左翼面临的最大挑战是缺少被社会大众认可的左翼政治议程；三是在新的时代背景下解决“保持左翼政治的特质、重构全球化时代的国家与市场关系、重建社会团结”等重大问题，是成功应对挑战的关键。[③]

一些学者研究了世界各国的社会主义运动。天津师范大学教授余金成认为，世界社会主义流派与中国特色社会主义共同构成了当代社会主义运动。社会主义与资本主义两种制度都与市场经济体制联手，但二者的区别已经深化至价值观层面。[④] 中共中央党校教授常欣欣等认为，越南、老挝、古巴、朝鲜等能否立足国情，独立自主地思考出路，采取有效措施深化改革，将决定其社会主义事业的成败。[⑤] 山东大学当代社会主义研究所研究员奚广庆认为，美国有没有社会主义的讨论关涉在不同时代、不同地区如何认识、继承和发展科学社会主义的重要问题。美国不是没有社会主义，而是没有西欧式的社会主义。近代以来在美国，有自己特色的社会主义思潮和运动前赴后继、连绵不断、从未绝迹。[⑥]

德国基础理论研究所研究员英格·索尔提指出，此次金融危机中，尽管在欧美出现了一些反危机的抗议活动，但这些表面壮观的事件隐瞒了一个事实：在美国以及在几乎所有的西欧国家，工人的战斗性降至低点。而在欧洲和北美，右翼民粹主义的兴起则主

---

① 李景治：《国际大视野中的世界社会主义运动》，《当代世界与社会主义》2014 年第 4 期。

② 于洪君：《全球化时代的社会主义与资本主义》，《红旗文稿》2014 年第 1 期。

③ 林德山、王瑾：《热话题与冷思考——世界左翼力量和社会主义运动的形势及面临的主要问题》，《当代世界与社会主义》2014 年第 3 期。

④ 余金成：《关于世界社会主义流派研究的若干思考》，《社会主义研究》2014 年第 1 期。

⑤ 常欣欣、张丽琴：《金融危机后越南、老挝、古巴、朝鲜社会主义发展态势分析》，《中共福建省委党校学报》2014 年第 4 期。

⑥ 奚广庆：《从美国有没有社会主义的讨论说起》，《理论视野》2014 年第 2 期。

导了全球危机的政治话语表达。抵抗运动的时空不平衡发展和工人阶级经济、政治、社会以及意识形态的断裂是对世界社会主义未来的两大挑战。①

2. 生态社会主义理论研究

我国对生态社会主义的研究主要基于两个方面，一是介绍、评析国外生态社会主义的观点、方法和成果。二是通过分析和借鉴，提出对于中国特色社会主义生态文明建设有益的理论和对策建议。近年来，这方面的研究持续不衰，形成了一批理论成果。

中共中央党校马克思主义理论教研部博士生邬巧飞指出，生态社会主义从制度层面分析了生态危机产生的根源，阐明人与自然关系异化的深层原因，并提出了生态社会主义社会人与自然和谐发展的基本构想，对中国生态文明建设具有重要的启示。② 苏州大学教授方世南指出，生态社会主义的社会正义价值观，虽然在一定程度上继承了马克思主义的公平正义理论，对认识生态问题的成因以及有效解决生态危机具有积极意义，但是其内在的理论缺陷，注定其与科学社会主义还相距甚远。③

一些学者介绍了生态社会主义代表人物的观点并进行了分析。合肥工业大学副教授张才国等人评价，戴维·佩珀提出资本主义制度是生态危机的深层根源，生态社会主义是解决生态危机的正确途径，尽管其理论有浓厚的乌托邦色彩，但他运用马克思主义的分析方法来分析生态问题，意义不容忽视。④ 湖南师范大学讲师李兆前指出，雷蒙德·威廉斯的社会主义的生态主要解释未来社会应该具备的生态特征，生态社会主义主要从未来社会主义结构模式、人与自然的关系、各社会元素之间的关系等方面阐明新社会范型。他的生态社会主义已经具备了理论意义与实践价值，值得学习和借鉴。⑤ 中共中央党校博士生李媛媛指出，詹姆斯·奥康纳的生态社会主义理论以制度批判为视角，剖析了资本主义与社会主义生态危机产生的根本原因，阐明了只有将社会主义与生态学相结合，最终走生态社会主义的道路，才能从根本上摆脱生态危机。⑥

3. 社会民主党与民主社会主义的理论和实践研究

社会民主党作为主张民主社会主义的、世界上影响最大的政党国际组织，当今资本主义世界的主要政治力量之一，是我国学界长期关注和研究的重点。随着经济全球化进程的不断加快，西方的社会民主主义思潮对当代中国也产生了深远影响。我国的社会主义观被拓宽，中国特色社会主义有了更多可借鉴的正反面经验。⑦ 社会民主主义在中国经历了被全盘否定、批判借鉴和影响不断扩展的过程。但社会民主主义道路无论是过去

---

① ［德］英格·索尔提：《全球资本主义第四次机体危机背景下左翼和世界社会主义的未来》，《当代世界与社会主义》2014 年第 3 期。

② 邬巧飞：《生态社会主义的理论建构及对中国生态文明建设的启示——基于人与自然关系的视角》，《理论月刊》2014 年第 6 期。

③ 方世南：《社会正义观：生态社会主义的核心价值观》，《阅江学刊》2014 年第 4 期。

④ 张才国、张昊：《戴维·佩珀论生态危机的资本主义根源及其消解》，《长江论坛》2014 年第 1 期。

⑤ 李兆前：《雷蒙德·威廉斯的生态社会主义思想》，《理论月刊》2014 年第 5 期。

⑥ 李媛媛：《论奥康纳的生态社会主义对中国特色社会主义生态文明建设的启示》，《改革与战略》2014 年第 2 期。

⑦ 孙雅云：《西方社会民主主义思潮对当代中国的影响》，《人民论坛》2014 年第 4 期。

还是现在，在中国都走不通，其根本原因就在于其不适合中国的国情。[①] 从发展的眼光看，无论作为意识形态还是社会改良模式，民主社会主义都已经没落了。面对波澜壮阔的中国特色社会主义实践，民主社会主义思潮不可能撼动中国特色社会主义制度自信、理论自信和道路自信。[②]

中共中央对外联络部研究室副主任周余云指出，从社会党的价值观上看，社会党认为民主社会主义作为一种社会政治经济模式，是建立在“自由、公正、团结互助”等基本价值基础之上。基本价值是社会党“政策的伦理学砥柱”和“行动的道德驱动力”。[③] 中央编译局博士后、云南大学马克思主义学院副教授袁群指出，2012 年二十四大以来，社会党国际在理论纲领上主张发展新型民主、新的国际主义和团结一致的新文化，在经济政策上提出应对金融危机的新方案，在组织机制上注重机构内部的民主化建设，在社会基础和对外联系上进一步向社会开放。[④] 中共北京市委党校副研究员秦德占认为，各国社会党在对纲领、理论进行变革的基础上，对党的组织进行了变革，积极探寻发挥党员和基层组织活力的新路径、新方法，并取得了显著成效。[⑤]

也有学者持不同观点。清华大学教授史志钦认为社会民主党的变革和转型虽然一度使欧洲社会民主主义出现复兴，但也造成一系列严重问题和后果。社会民主党人已经陷入意识形态的茫然状态，而社会民主党则陷入组织危机、执政联盟危机和执政危机中。[⑥] 美国俄勒冈大学社会学教授约翰·贝拉米·福斯特指出，“停滞—金融化陷阱”也使社会民主主义遭遇危机。社会民主主义再也无法指望会促进经济增长，重新分配经济增长带来的好处。在这种情况下，社会民主党必须进行重新改造，与传统的支持渠道重建联系。[⑦]

一些学者还关注了各国民主社会主义理论和实践状况。

德国左翼党自 2007 年正式成立至今，取得了令人鼓舞的成绩。但由于其历史、利益追逐、现实考量等方面的原因，面临着党内意见不统一、力量难整合、其他党不愿意与之合作等问题。[⑧] 自公正俄罗斯党成立以后，俄罗斯社会民主主义政党开始慢慢崛起。未来公正俄罗斯党将成为俄罗斯社会民主主义运动的“领头羊”，但其依旧无法动摇统一俄罗斯党“一党独大”的地位。[⑨] 作为捷克转型以来活跃于政治舞台的政治力量，左翼政党成为捷克议会两极政党格局中的一极，在捷克社会发展过程中发挥着不可替代的作用。但左翼阵营内部两种不同声音，成为制约捷克左翼政党进一步发展的不利

---

① 常欣欣、王彦伟：《西方社会民主主义思潮在中国的影响分析》，《当代世界与社会主义》2014 年第 5 期。

② 曾瑞明：《民主社会主义的异化逻辑与运动结果》，《教学与研究》2014 年第 7 期。

③ 周余云：《社会党的基本价值论》，《当代世界》2014 年第 6 期。

④ 袁群、丁玮：《金融危机背景下社会党国际的新变化》，《当代世界》2014 年第 1 期。

⑤ 秦德占：《冷战结束以来多国社会党基层组织的变革与启示》，《新视野》2014 年第 1 期。

⑥ 史志钦：《欧洲社会民主党的转型与困境》，《新华月报》2014 年第 5 期。

⑦ 比尔·布莱克沃特：《社会民主主义的危机——对话约翰·贝拉米·福斯特》，韩红军译，《红旗文稿》2014 年第 10 期。

⑧ 刘慧：《德国左翼党的历史、现状及未来》，《党政研究》2014 年第 3 期。

⑨ 方婷婷：《从国家杜马选举看俄罗斯社会民主主义政党的发展轨迹》，《科学社会主义》2014 年第 1 期。

因素，也直接影响着捷克政党政治的发展走向。[①]

日本社民党（其前身为日本社会党）、日本共产党是日本左翼势力的主要代表。目前日本共产党在众议院、参议院还分别有8个、11个议席，地方议员2694名；日本社民党在众议院、参议院分别有2个、3个议席。日本左翼仍然是牵制保守势力特别是右翼势力的主要力量。[②]

法国社会党的经验教训直接影响了其发展进程。一是理论方面长期纠结于革命与改良的关系，二是如何维护党的统一和处理与其他左翼政党的关系。如何处理好这两方面的关系，是社会党在不同时期的政治战略的出发点。[③] 社会民主主义价值观在瑞典得到广泛认同在于：民众利益得到切实关切是现实基础，价值观的学校教育是主体渠道，推崇“文化民主”是重要途径，强化社会融合是社会基础，推进理论创新是理论基础，加强制度建设是根本保障。[④]

二战后英国新左派以伦理向度的社会主义取代了工党的修正主义，并对社会主义进行了重新定位。在以“丰裕社会”为主题的论战中，新左派围绕资本主义特性、公有制问题、丰裕工人的表现和消费主义的普及等四个方面展开了激烈的争论，对资本主义和工党的修正主义进行了共产主义和民主主义的批判，对社会变迁的文化和意识形态内涵作了深入的阐释。[⑤]

4. 金融危机与资本主义危机研究

金融危机时期备受关注的危机理论有：体制危机论、福利国家危机论和资本主义总体性危机论。西方学者不再从单一视角出发研究资本主义危机，不再将资本主义危机单纯理解为经济危机，而是趋向多元化的理解。[⑥] 学者们从环境、制度、经济发展、贫富分化、公平正义等不同领域和视角，批判和揭露了资本主义危机之下的各类危机。美国《新闻周刊》国际版主编法里德·扎卡里亚则称：“这是一场金融危机、民主危机、全球化危机，从根本上说是道德危机。”[⑦]

法国巴黎第十三大学讲师弗雷德里克·博卡拉认为，当代资本主义的信息革命、货币革命、生态革命和人口革命极大地激化了系统矛盾及系统性危机。目前对金融赢利进行简单限制，并不能真正解决危机问题，应当采取替代方案促进资源的全球共享，将投资在金融领域的资金更多地用于发展就业和公共服务领域。[⑧]

---

① 陈弘、王庆超：《捷克左翼政党的发展演变探析》，《社会主义研究》2014年第3期。

② 朱艳圣：《在艰难中前行的日本左翼势力》，《当代世界》2014年第5期。

③ 林德山：《从“回避权力”到“争取权力”——法国社会党百年发展经验与教训》，《当代世界》2014年第2期。

④ 邹升平：《瑞典社会民主主义价值观的认同路径探析》，《理论月刊》2014年第1期。

⑤ 玛德琳·戴维斯：《资本主义新变化与新左派的“丰裕社会”之争论——英国新左派在社会主义论战中的思想贡献》，《南京大学学报》（哲学人文社科版）2014年第1期。

⑥ 雷晓欢：《国际金融危机背景下西方学者的资本主义危机理论及启示》，《经济研究导刊》2014年第24期。

⑦ 沈永福、王茜：《金融危机引发西方学者对个人主义的深刻反思》，《红旗文稿》2014年第7期。

⑧ 弗雷德里克·博卡拉、赵超：《对当前资本主义危机的马克思主义分析》，《国外理论动态》2014年第3期。

美国纽约市立大学研究中心杰出教授大卫·哈维在其《资本主义的 17 个矛盾及其终结》一书中，剖析了资本如何造就一个不平等的、危机四伏的系统，以及目前资本主义世界内在逻辑的谬误，提出应该把革命性的人道主义与基于宗教信仰的人道主义结合起来，对抗各种形式的异化，从根本上将世界从如今盛行的资本主义方式中纠正过来。[①]

萨米尔·阿明（Samir Amin，1931—　，新马克思主义理论家，第三世界论坛理事长、另立世界论坛主席）在其《当代资本主义的崩溃》一文中认为，当代资本主义的变化通过阶级、阶级斗争、政治党派、社会运动和思想形态在其社会转型中表达出来。现实表明，资本主义系统是不可行的，它的崩溃不可避免。人类能否奋起应对，建设更加人性化的、远离资本矛盾的全球秩序，仍待观察。[②]

复旦大学教授汪行福指出，国外马克思主义研究者们从金融资本主义、债务资本主义、技术资本主义、灾难资本主义和文化资本主义等多个视角对当代资本主义进行了批判，但这些批判理论包含着明显的弱点，与争取"另一个世界"的现实政治仍然是脱节的。[③]

5. 拉美社会主义运动研究

2014 年，拉美地区智利、萨尔瓦多、哥斯达黎加、巴拿马、哥伦比亚、玻利维亚、巴西和乌拉圭等 8 国举行大选，除了哥伦比亚和巴拿马依然是中右政党获胜外，左翼执政党赢得 6 场大选。拉美政坛左翼占优的局面继续保持。[④] 中国社会科学院拉丁美洲研究所副研究员方旭飞认为，政治民主化为拉美左派创造了全新的政治环境，既提供了合法生存和发展的政治空间，也为其战略选择设置了限制因素。以巴西劳工党、乌拉圭广泛阵线和智利社会党为代表的一些左派政党根据民主化的要求进行了调整，建立了多元的政治联盟，扩大了社会基础，从而为其在 21 世纪初的崛起奠定了基础。[⑤]

中国社会科学院国家文化安全研究中心副主任朱继东撰文纪念委内瑞拉已故总统查韦斯，认为其不仅有着"拉美红星""卡斯特罗第二""反美旗手"等众多美誉，而且在大力倡导和成功推行"21 世纪社会主义"的过程中，将毛泽东思想作为"21 世纪社会主义"的指导思想，带领民众学习马列著作，扩大马克思主义的影响，敢于反对西方霸权主义，向全世界普及社会主义思想，加强了委内瑞拉的意识形态建设。[⑥] 中国社会科学院拉丁美洲研究所研究员袁东振注意到，目前委内瑞拉统一社会主义党执政难度加大，已经提出加强执政能力建设的新举措；反对派则利用查韦斯去世遗留的政治"空

---

① 黎文编译：《小修小补已经修复不了资本主义》，《文汇报》2014 年 5 月 19 日。

② Samir Amin："The Implosion of Contemporary Capitalism"，Jun 5th，2014，http：//monthlyreview. org/press/books/pb4208/.

③ 汪行福：《当代资本主义批判——国外马克思主义的新思考》，《国外理论动态》2014 年第 1 期。

④ 叶书宏、赵燕燕：《分析：社会转型对拉美政治选举格局影响深远》，新华网 2014 年 12 月 4 日。

⑤ 方旭飞：《政治民主化与拉美左派政党的变化与调整》，《拉丁美洲研究》2013 年第 5 期。

⑥ 朱继东：《查韦斯强化意识形态建设的做法及启示》，《理论探索》2014 年第 1 期。

间”，积极扩大政治影响力，给执政党造成前所未有的冲击。[①]

美国佩波戴恩大学卢莎·布兰科、俄克拉荷马大学罗宾·格里尔等就拉美左翼缘何兴起提出了自己的观点。他们认为：第一，农产品、矿产品、石油产品的丰富与一国出现来自中间偏左政党的总统呈显著的正相关。第二，过去的政治歧视和政府危机也与向左转呈显著的正相关。第三，当右翼总统任期出现政府危机时，在紧随而至的任期内出现左翼总统的可能性将大大增加。[②] 这种微观方法和具体分析结论，对于理解拉美左翼的兴起与发展，也是一个重要的视角。总之，学者们普遍认为，拉美左翼运动的兴起，是拉美国家尖锐的社会矛盾造成的，也同新自由主义在拉美国家的推行及其失败有着直接的关系。从拉美左派的政治理念、政策主张和实践活动来看，可以将拉美的左翼运动看成是世界社会主义运动的一个组成部分，其兴起使人们在国际共产主义运动低潮时期看到了世界社会主义复兴的希望。

6. 激进左翼研究

激进左翼是一支反对资本主义的政治力量，它认为资本主义社会需要剧烈的变革，并力求用创新的手段追求激烈的进步，故称为“激进”。近年来，激进左翼的思想和理论逐渐引起了我国学界的关注。2014 年 7 月在河北保定召开了“国际共产主义运动：变动世界中的国外激进左翼”学术研讨会，就激进左翼的概念、现状与分类，激进左翼面临的挑战与问题，激进左翼对社会主义与资本主义的理解，国外左翼的执政党发展动态等问题展开了交流和研讨。[③]

国际金融危机和欧债危机推动了欧洲激进左翼的发展。西方激进左翼提出了一系列摆脱危机的新主张，欧洲的社会主义者还将退出欧元区作为一种反制新自由主义的措施。显然，激进左翼所要解决的不仅是经济问题，而是要把更彻底地促进社会民主、公平和正义与摆脱危机的措施相结合，以扭转 20 世纪 80 年代以来新自由主义对国家政治和经济制度的主导作用。[④] 美国左翼学者运用马克思主义等相关理论，结合新的时代特征，全面解析了与之相关的“新自由主义”、“金融化”等问题，并就摆脱危机的出路提出了应对之策。[⑤] 属于欧洲激进左翼的约 60 多个政党和组织面临的挑战：一是要防止沦为资本主义政党斗争的工具；二是必须真正从纲领、路线、理论和实践上划清同社会党、极左政党及极右政党的原则界限；三是要加强团结，避免纷争，努力成为成熟的政党。[⑥]

中央编译局研究员林德山分析，激进左翼在政治上的表现并不像人们所想象得那样大。激进左翼构成复杂，有信仰传统的马列主义、坚持传统的民主社会主义的成分，还

---

① 袁东振：《当代世界：“后查韦斯时代”委内瑞拉政党新变化》，人民网——国际频道 2014 年 2 月 25 日。

② 卢莎·布兰科、罗宾·格里尔、德克：《拉美左翼缘何兴起》，《国外理论动态》2014 年第 5 期。

③ 邢文增：《“国际共产主义运动：变动世界中的国外激进左翼”学术研讨会综述》，《马克思主义研究》2014 年第 8 期。

④ G. 阿尔博、唐科、刘耀辉：《经济危机与替代方案》，《马克思主义与现实》2014 年第 4 期。

⑤ 孙来斌、郑伟宇：《美国左翼关于当前国际金融危机的研究及启示》，《探索与争鸣》2014 年第 1 期。

⑥ 李其庆：《“欧洲激进左翼”探析》，《当代世界与社会主义》2014 年第 4 期。

有新激进主义即与新社会运动相关的一些激进主义观念，包括生态主义、女权主义、和平主义等。不同激进左翼之间难以在政治战略和政策方面协调一致，在意识形态以及在一些重要政治问题上的立场差异很大，缺乏可替代性的建设性纲领，这些都妨碍了它作为一支整体性力量发挥作用。①

三　学科发展应注意的若干问题

（一）国外共产党研究方面

2014 年我国的国外共产党研究取得了丰硕的成果，但依然存在一些问题，这些问题需要我们在今后的研究过程中给予关注。

一是国外共产党研究亟待采用普遍联系的方法。当前的国外共产党研究，多是就某个党的具体状况、理论和实践的梳理及对其发展前景的预测，或者就某一主题进行研究和探讨，但大多数研究仅是就研究而研究，而没有放在大的历史和现实发展背景下，采用普遍联系的方法进行梳理和总结，这是国外共产党研究中的不足之一。

二是国外共产党研究中亟待增加比较研究的比重。在国外共产党的研究中，不仅可以把历史上的共产党和现实中的共产党进行对比研究，还可以将不同国家、不同地区的共产党进行比较研究。通过比较，可以透过现象看清本质，深刻把握各个共产党理论形成和实践活动的现实背景，其出现理论差异和分歧的历史和现实原因。此外，还可以把共产党、工人党和其他各种类型的政党之间理论、实践、发展目标等方面的异同进行比较研究，通过这类比较研究，可以凸显共产党、工人党具体在哪里不同于其他政党，可以让研究成果的受众一目了然地辨别出孰优孰劣。因此，比较研究是今后国外共产党研究中应该着重注意的问题。

三是国外共产党研究亟待拓宽研究视阈。国外共产党研究过于注重政党的研究，而当前的国外共产党，不乏优秀的共产党人，他们有理论，有实践，引领本国共产党进行争取社会主义和共产主义社会的斗争。所以，加强对国外共产党中优秀领导人物的研究，是国外共产党研究中亟待弥补的一个不足。当然，对优秀共产党人进行人物研究，应该在介绍其生平的基础上，更着重于提炼其思想成果，以便发展马克思主义理论，关注并发现马克思主义在当代的与时俱进和理论的发展演进。

四是国外共产党研究亟待打造专业的学科队伍。国外共产党是当今国际社会生活中不容忽视的一支力量，包括苏联共产党在内的原社会主义国家共产党曾经在世界上建立了多个社会主义国家，形成了遏制资本主义的社会主义阵营，并推动了全世界的受压迫、受剥削的亚非拉国家的民族解放运动。不管是从历史的视角，还是从现实的视角，国外共产党都是世界上不可小觑的力量，因为共产党是工人阶级的先锋队，它引领人类对未来公平、正义生活的不懈追求。但是，不管是对原来苏联和东欧的社会主义国家，还是对当今的国外共产党，都存在研究人员匮乏，研究力量不足的问题。尤其是苏联解体之后，伴随着新自由主义的推行，资本主义世界更是对共产主义意识形态进行无情、严酷的打压，在这种背景下，研究国外共产党成为一个并不“吃香”，甚至遭受歧视的行业，仅从学科的角度考察，原来各个高校中设立的“国际共产主义运动史”专业大都

① 林德山：《欧洲激进左翼思潮影响有限》，《人民论坛》2014 年第 4 期。

被取消，专业队伍的培养中断，国外共产党研究的学科专业队伍面临危机。因此，如何采取有效的措施，扩大“国际共产主义运动史”等与马克思主义、共产主义事业相关的学科的发展，是国外共产党研究学科亟待解决的问题之一。

（二）西方马克思主义研究方面

纵观 2014 年的西方马克思主义研究，以下两个方面的问题尤其值得反思。

1. 现实意识增强，但从经济的视角切入研究仍有待深入。从面向现实出发，马克思的政治经济学批判成为西方马克思主义研究领域在 2014 年的一个关注点。学者们已经认识到，政治经济学批判是马克思的真精神，是马克思思想的核心部分，是马克思、恩格斯留给我们最重要的遗产，对西方马克思主义的文化、社会批判理论的反思，特别是对这个理论的实际社会效应的考量，到了逐步摆脱西方马克思主义的束缚，复归马克思政治经济学批判的时刻。的确，西方马克思文化批判、意识形态哲学批判，虽不能说没有积极意义，但总的来说，消极的方面要大于积极的方面。现实无情地告诉我们，单纯从事文化和意识形态批判，而不把这种批判与政治经济学批判结合在一起，或者说不把这种批判推进到政治经济学的层面，这种批判往往会干预我们对社会真正弊端的深刻认识。然而，应该怎样推进马克思主义的政治经济学批判？从现有的探讨看，很多政治经济学话语还只是表层的，或者说用的是政治经济学话语，但实质仍然是文化和意识形态的。其实，文化和意识形态本身并无过错，但它要切中现实问题，必须与时俱进。如果说西方马克思主义研究对文化和意识形态批判问题缺乏深刻认识，那么，面向现实，从政治经济层面改造与更新文化和意识形态这一思维框架，这是中国的马克思主义研究者应该承担的重任。

2. 学科自觉意识增强，但在如何推进学科发展上还未达成共识。随着西方马克思主义研究的逐步深入，需要重新寻找参照系以对西方马克思主义进行深入研究。为此，有学者提出，不仅要揭示国外马克思主义发展过程中的内在逻辑，加强对重要人物和重要流派的研究，还要重新规划国外马克思主义研究的参照系。这参照系应该包括马克思的思想、西方重要思潮以及特定的社会历史情境这三个坐标，只有在这三个坐标形成的参照系的基础上，才能从总体上把握国外马克思主义的逻辑脉络，也才能从思想逻辑与历史情境的互动中揭示国外马克思主义的发展进程。也有学者指出，要根据理论逻辑和社会现实的变化对西方马克思主义进行新的图绘，一个主要线索就是经典马克思主义的现代性辩证法，从这个线索出发，可以将西方马克思主义的整个发展区分为四种类型，即现代主义的马克思主义与后现代主义的马克思主义、现代性的马克思主义与后现代性的马克思主义。应该承认，上述观点都有一定道理，但逻辑思路不同，得出的结论也就不同，从学科总体发展的角度看，面对海量的国外马克思主义研究资料，如何提升学术的敏感性，深化国外马克思主义研究，在方法论上仍未达成共识。

（三）国外左翼思想研究方面

纵观 2014 年度国内国外左翼思想研究，虽取得了有目共睹的成绩，但也存在深化研究需要更加注意的一些问题。

1. 坚持马克思主义为指导。国外左翼思想纷繁复杂，历史悠久，多元性特点突出，新思想、新观点层出不穷，有些反马克思主义的观点在表述中有着很强的隐蔽性。只有坚定马克思主义立场、观点和方法，提出的结论才经得起实践和时间的检验。

2. 社会主义运动是世界的，无小流难以为江海，独木不能成森林。虽然学界关注国外左翼运动的视角十分广泛，但是对于西欧发达国家与落后国家于世界社会主义运动的推动作用尚没有做出清晰的分析。另外，学界可能还存在忽视一些弱小国家的社会主义运动的现象。纵览学界的研究成果，人们对于非洲、中亚、南亚包括前东欧等国家的左翼运动关注也很少。东欧、中亚曾经实行过社会主义制度，那里的左翼思想应该是有历史基础的，也是世界社会主义研究应该长期考察的重要地域。

3. 国外左翼思想研究领域还存在着从自我角度进行评判，甚至自说自话的现象。世界大事的是非曲直，长短评说，有自身立场、主观特色是需要的，但是多元化世界的交流和互动必须有共同的平台和对话方式，因此，我们还需要将研究置于生动的、直观的、具体的国家和民族活动中，需要进一步打破东西方社会主义思想、思潮研究的各种壁垒，使对话的语境日益趋近，使问题意识逐渐趋同，并突破不同学派的学术戒律、学术语言的隔阂而相互认同，以推动世界左翼力量在更高层面、更深意义、更广范围的交流、互动和联合。

（供稿：冯颜利、李瑞琴、于海青、陈慧平、刘曙辉）

国际共产主义运动

一　研究概况

2014 年，“国际共产主义运动”学科继续深化对国际共产主义运动重大历史事件、重要组织、重要理论和经典著作的研究，同时，加强了对当代资本主义制度调整的实质和趋势以及世界社会主义运动的现状和前景的研讨，形成了一系列有一定深度和价值的著述和观点。

（一）学术交流活跃，会议议题深刻而广泛

2014 年，学界围绕国际共产主义运动学科涵盖的主要研究领域，举办了形式多样的学术交流活动，对学科发展起到了直接的推动作用。

1. 各国共产党和左翼的发展状况仍是国内外各种学术会议关注的热点。2014 年 7 月 5 日，由中国社会科学院马克思主义研究院和中共中央编译局政党研究中心共同主办，河北大学和中国社会科学院马研院共运部承办的“国际共产主义运动：变动世界中的国外激进左翼”学术研讨会上，与会学者围绕激进左翼的概念、现状与分类，激进左翼面临的挑战与问题，激进左翼对社会主义与资本主义的理解，国外左翼执政党发展动态等问题展开了交流与研讨。

8 月 25—29 日在玻利维亚召开的圣保罗论坛第 20 次会议，来自世界 52 个国家 180 个左翼政党和拉丁美洲社会组织的 500 名代表围绕会议主题“战胜贫困和反击帝国主义的反攻，争取和平、融入国际社会及美洲的美好生活”进行了研讨。11 月 13—15 日在厄瓜多尔举行了主题为“共产党和工人党在与引发战争和危机、助长种族主义、反动势力的帝国主义和资本剥削斗争中的作用”的第 16 次世界共产党和工人党国际会议。此外，2014 年 5 月 29 日—6 月 1 日在美国纽约城市大学举行了全球“左翼论坛”，这次论坛表现得更为激进和具有反思性，激进突出表现在肯定革命的作用和寻求通过革命改变世界的主张上；反思性既体现在本届论坛“改革与（或）革命——构想一个有转型正义的世界”的主题上，也体现在本届论坛的很多议题上，比如对占领运动的思考，对“左翼存在吗?”[①] 等左翼本身发展问题的思考。

2. 国内外学界围绕金融危机背景下世界社会主义的历史、现实与发展前景召开了多次会议。2014 年 9 月 26—28 日，主题为“世界社会主义的新形势、新内容、新特点”的中国国际共运史学会 2014 年年会暨学术研讨会在河北保定召开，与会学者围绕

---

① 林进平：《为一个正义的世界而奋斗——2014 年全球“左翼论坛”简介》，《当代世界与社会主义》2014 年第 4 期。

第一次世界大战与世界社会主义、全面深化改革中的中国与世界、后金融危机时代世界社会主义面临的新形势与新问题、资本主义世界中左翼政党的新发展与新问题、转型国家社会主义运动的发展特点、社会主义国家的发展变化等问题展开了深入讨论。10月13—14日，由中国社会科学院世界社会主义研究中心和中联部当代世界研究中心联合举办的“第五届世界社会主义论坛：社会主义是人类历史发展的必然归宿暨世界社会主义研究中心成立二十周年”国际学术研讨会在京举行，来自五大洲15个国家的150多位代表围绕社会主义是人类发展的历史必然、金融资本垄断时代的阶级压迫和阶级剥夺、世界左翼运动和思潮等议题进行了广泛深入的探讨。与会者指出，21世纪将是社会主义在曲折中走向复兴的世纪；中国是社会主义的旗帜；发展中国家出现社会主义新浪潮并形成新亮点；发达国家共产党和社会主义运动也在总结历史经验基础上有了新进展。

3. 结合当代资本主义研究世界社会主义的趋势更为明显，资本主义危机的后续影响以及资本主义的发展态势成为国内外各大论坛关注的焦点。2014年1月22—25日，在瑞士召开的主题为“重塑世界格局对政治、商业和社会的影响”的冬季达沃斯论坛，发达经济体的复苏前景、金砖国家的发展、中国议题等成为热议话题。4月由中共中央党校与德国罗莎·卢森堡基金会联合主办“金融危机与欧债危机对资本主义发展的影响”国际学术研讨会，与会者就国际金融危机与资本主义新变化、当代资本主义的发展态势、欧洲债务危机的本质及未来预防、欧盟未来发展前景等议题进行了充分的研讨和交流，并达成多个共识。2014年的全球“左翼论坛”延续了左翼论坛一贯的论题，着重探讨广泛存在于世界各地（特别是美国、欧洲、拉美、加勒比地区、中国和印度、东南亚等地区）的不平等，认为不平等已经渗透到生态环境、媒体、家庭、性别、劳作、教育和卫生等广泛领域，世界已由大集团和富人所支配。本届论坛试图以左翼的各种理论资源分析、诊断当下资本主义世界体系的诸多症候和病根，并试图探讨走出当下资本主义困境，谋求一个充满活力与正义的世界。①

上述论坛和会议的召开，为加强研究人员之间的交流提供了平台，对于国际共产主义运动学科的发展起到了极大的促进作用。

（二）研究重点和主要成果

2014年，学界对国际共产主义运动重大历史和现实问题进行了全面研究，取得了一些成果。

1. 继续拓展和深化对国际共产主义运动史重大理论和现实问题的研究

2014年度学界围绕国际共产主义运动重大历史事件、国际组织、经典著作等进行深入探讨和分析。总体来看，本年度的研究在以下几个方面有所拓展：

一是注重对经典著作本身含义的深刻挖掘，同时结合资本主义金融危机以及中国特色社会主义实践，充分阐释了经典著作的当代价值。譬如，学界围绕《共产党宣言》发表了一系列著述：刘丽萍的《私有与私有制之辨——基于〈共产党宣言〉的文本分析》、程广云的《〈共产党宣言〉的修辞和逻辑——从文本学研究到文体学研究》、刘孝阳的

---

① 林进平：《为一个正义的世界而奋斗——2014年全球“左翼论坛”简介》，《当代世界与社会主义》2014年第4期。

《〈共产党宣言〉的文风及其当代价值》、王婷的《“危机”与“救赎”二难困境中的资本主义——对〈共产党宣言〉当代价值的解读》、张红锋的《〈共产党宣言〉的时代性分析及其当代价值》、杨广平的《〈共产党宣言〉对中国特色社会主义建设的现实意义》、张群的《〈共产党宣言〉的现代意义——浅论共产党人的政治品格》、沙季超的《重温〈共产党宣言〉基本理论坚定不移走中国特色社会主义道路》、平措等的《〈共产党宣言〉与中国共产党人的历史使命》。

二是加强对十月革命、苏东剧变等国际共产主义运动史上一些重大历史事件的反思性研究和持续考察。2014 年度学界结合第一次世界大战爆发 100 周年，对一战与世界社会主义运动的关系尤其是与十月革命的关系进行了深入探讨。尤其是对于苏东剧变这一历史事件的考察时间跨度大，研究角度新颖，研究方法也有所创新。比如有学者在回顾苏东剧变历史进程的基础上，将苏东剧变原因归结为长期教条地对待马克思主义等六个方面①。在研究方法上，中联部研究室原副主任肖枫在研究苏联解体原因时强调，必须坚持“论从史出”的原则。华中师范大学国外马克思主义政党研究中心主任聂运麟从资本主义国家共产党党纲中分析苏东剧变的成因。此外，马超的《前车之鉴，后事之师——基于“社会主义维度”论苏东剧变的原因和教训》、宋燕的《苏东剧变对中国西南边疆民族地区文化安全的启示》、刘洋的《前苏东国家与中国经济体制转轨模式的比较研究》、卢文忠的《马克思的复仇与马克思主义的解放——苏东剧变 25 周年的历史反思与未来展望》、江秋丽的《一部俄罗斯问题的百科全书——读〈苏东剧变之后对 119 个问题的思考〉》等，从不同角度探讨了苏东剧变的原因、影响及启示。

三是对国际共产主义运动一些重要的国际组织进行了深入研究。很多学者对第一国际和第二国际以及共产国际在世界社会主义运动史上的地位和作用进行了探讨，并对第二国际进行了批判和反思。这类论文主要有：中国人民大学国际关系学院高放教授的《国际共产主义运动史纲（从 19 世纪中叶到 21 世纪初）（连载之四）第一个政党性的国际工人组织——第一国际光芒四射》和《第一个社会主义政党的国际组织第二国际功败垂成》、北方工业大学林建华的《世界革命视阈下共产国际的实践逻辑》、南京政治学院马克思主义学院徐军的《第二国际主要理论家旧世界观改造的思想史分析与反思》和《第二国际理论家历史唯物主义观的理论总问题探析》、河南大学马克思主义学院石峰可的《19 世纪中后期西欧民族国家的建构与第二国际的变迁》、南京政治学院马克思主义学院申一青等的《早期西方马克思主义者对第二国际马克思主义理论的反思与批判》等。

四是强化了对现实问题的研究。这类论文主要有：刘斌的《论 1950 年代后期中国共产党的国际共运观》、高放的《中共是国际共产主义运动的后起之秀和中流砥柱》、王泽壮和郗慧的《十月革命对埃及早期共产主义运动的影响》以及郑凯旋的《论中国特色社会主义道路的当代价值——基于国际共产主义运动的视角》、中央编译局李其庆的《“欧洲激进左翼”探析》、林德山的《欧洲激进左翼政党现状及变化评介》等。

2. 加强对当代资本主义和世界社会主义发展动态的跟踪研究

一是密切关注资本主义民主政治的制度性困境与民主化陷阱。“西式民主”既是一

---

① 中央宣传部理论局：《世界社会主义五百年》（党员干部读本），学习出版社、党建读物出版社 2014 年版。

种意识形态，也是一种政治制度。学者们认为：西方民主政治的危机根源在于资本主义私有制，价值根源就在于个人主义和自由主义；民主徒有形式、行政效率低下、社会分化对立、利益集团操纵等是资本主义民主的制度性困境；西式民主走向衰落，带来的是资本主义制度本身的危机。还有学者强调，实行西式民主需要一定的社会条件，如果发展中国家盲目推行西式民主化进程，在丧失自己的政治经济自主性的同时，会加剧社会对抗甚至国家分裂，掉进美欧设计的“民主化陷阱”之中。学习出版社推出的《西式民主怎么了》《西式民主怎么了——西方人士评西方民主制度》两部论文集，以及中国社会科学院马克思主义研究院院长邓纯东的《梦醒西式民主》、新加坡国立大学东亚研究所所长郑永年的《西方如何看待当代民主危机》等文章，集中反映了国内外学者对该问题的关注情况和主要观点。

二是深入剖析了资本主义社会的贫富分化与中产阶级的衰落状况。金融危机以来，贫富分化加剧，各个资本主义国家的中产阶级都受到不同程度的冲击。学者们普遍认为：金融危机的一个重要原因是资本主义的财富分配制度的不公正；现代资本主义经济已演化成一种“现代世袭制”，由于资本回报率长期高于经济增长率，全球世袭资本主义造成了严重的财富收入不平等；美国社会中占人口绝大多数的“中产阶级”与极少数上层阶级之间的财富收入不平等正在加剧，越来越多的中产阶级滑向贫困线；由于中产阶级在经济地位上的敏感性、道德文化上的放纵性和对政治的冷漠性，与马克思主义经典作家那里的工人阶级相比，不是一个具有同等意义的实体。主要著述有：中央政策研究室原副主任卫建林的《2013 年土耳其、埃及、巴西等“6 月事件”和所谓“中产阶级”》、复旦大学哲学院教授汪行福的《当代资本主义批判——国外马克思主义的新思考》、英国赫特福德大学商学院经济学系简·哈迪、约瑟夫·库拉纳的《新自由主义与英国工人阶级》、法国经济学家托马斯·皮凯蒂的《21 世纪资本论》、李莹的《从〈兔子富了〉看美国中产阶级危机》、美国著名学者伊曼纽尔·沃勒斯坦等人的《资本主义还有未来吗?》等。

三是继续关注资本主义的社会运动与互联网社交媒体。金融危机以来，资本主义的社会问题淤积难解，各种矛盾激化，社会运动和恶性事件层出不穷。大部分学者认为：西方社会运动的诉求各式各样，不能简单地归结为社会主义运动，但大部分运动仍然具有积极意义；互联网社交媒体具有受众多、覆盖广、速度快、无国界等特点，已经成为信息传播和人际交流的重要渠道，也是西方价值观渗透的重要工具；人们运用互联网社交媒体这种新型平台来组织社会运动，以松散的形式替代了传统的机构化组织；互联网社交媒体在一定程度上推动了线下的社会运动，但革命活动并不是由社交媒体引发的。主要著述有：刘晖等的《新媒体技术在国外社会运动中的作用三论》和《社交网络技术在国外社会运动中的作用案例分析》、白阳的《青年抗议中的网络考量——以中东“街头政治”为例》、张伦的《受众、内容与效果：社会化媒体公共舆论传播的国际研究》、田玉成的《社会运动动员零成本：互联网的尖锐挑战》、吴鼎铭的《西方新闻传播学关于新媒体与社会运动的研究现状——兼论“Twitter 革命”》、劳伦·朗格曼的《作为身份认同的全球正义：为一个更美好的世界而动员》等。

四是继续关注各社会主义国家的发展现状及其改革举措。除对中国特色社会主义的发展持续关注外，学界对越南、古巴、老挝和朝鲜的发展尤其是其改革举措给予了高度重视。2014 年，越南、古巴、朝鲜、老挝四个社会主义国家在坚持社会主义道路的前提下，创新求变，继续探索符合本国国情的社会主义道路。改革和发展依然是共同课题，四国都在积极谋求变革：越南理论界总结革新实践，与错误思潮作斗争；古巴不断深化经济模式更新，古美关系有望破冰；朝鲜继续推行核武力建设与经济建设并举路线，进一步改善社会主义经济管理；老挝继续推进革新开放事业，通过建立社保体系、反对腐败等增进社会团结共识。这类著述主要有：中国社科院马研院研究员潘金娥的《2013年越南共产党党情：防治“内寇”与抵御“外敌”并举》，罗会德和季正矩的《越南共产党处理党群关系的做法和经验》，中国社科院拉美所研究员宋晓平的《关于古巴经济模式更新：体制变革的视角》，杨建民的《古巴“更新”社会主义经济模式与中古关系》，方浩范的《浅谈马克思主义朝鲜化发展轨迹》，卢继元和吴冬冬的《朝鲜式社会主义制度分析》，韦健锋、董晓光的《大国参与下的老挝发展及大国博弈》，朱仁显、杜达万的《老挝对外开放的环境分析》等。

3. 持续关注资本主义经济发展的阶段性与世界社会主义面临的挑战

当前资本主义仍未完全走出泥潭，经济增长动力不足，尚处于继续调整之中。国内外学者的探讨主要集中在当代资本主义的新阶段和新发展、复苏经济的政策及效果、资本主义的历史走向等方面。学者们基本认同：当前资本主义处在国际垄断资本主义阶段，此次全球经济金融危机是开始向新阶段转变的标志；国际金融资本为了摄取超额利润在全球范围内持续扩张；资本主义经济因掉入发展陷阱而导致反危机的调控效果欠佳，反危机举措成为转嫁危机的重要方式；危机后的资本主义还有一定的发展和调整空间，但资本主义必然灭亡的历史命运并未改变。这类著述包括：中国社会科学院学部委员程恩富的《当前美国金融垄断资本主义的若干新变化》、刘元琪的《金融资本的新发展与当代资本主义经济的金融化》、刘卫卫的《加拿大共产党关于资本主义新变化的思考与判断》、齐兰的《当今垄断资本主义的新变化及其发展态势》、朱安东的《国际金融经济危机与资本主义的走向：阶级分析的视角》、于洪君的《全球化时代的社会主义与资本主义》、戴维·斯托克的《资本主义大变形》、乔伊斯·阿普尔比的《无情的革命——资本主义的历史》等。

在肯定世界社会主义发展前景的基础上，学界也对资本主义国家共产党的发展状况以及国际联合问题做了深入研究。此类著述包括：聂运麟主编的《新时期新探索新征程——当代资本主义国家共产党的理论与实践研究》一书及其撰写的《国外非执政共产党的类型及其理论分野》、中国社会科学院马克思主义研究院吕薇洲研究员的《资本主义国家共产党关于社会主义实现形式的论证》、辽宁大学马克思主义学院王喜满的《希腊共产党探索世界社会主义国际联合的理论与对策》等。

（三）2014年度研究的特色突出，成效显著

2014年度国际共产主义运动学科在研究过程中，更为注重理论与现实相联系、深度解读与广泛传播相结合，从而更加凸显了该学科研究的现实针对性以及重要的理论和实践价值。

1. 更加重视历史与现实相结合

2014年度，国际共产主义运动学科呈现出的一个突出特点就是，既注重对国际共产主义运动历史文献和事实材料的深入研究，又注重对重大现实问题的探讨，从而在历史与现实相结合的基础上提出世界社会主义运动的发展策略。譬如，由中央宣传部理论

局组织马克思主义理论研究和建设工程专家编写的《世界社会主义五百年》（党员干部读本）的出版，有助于帮助广大党员干部深入学习领会习近平总书记系列讲话精神，学习社会主义发展史，进一步增强中国特色社会主义道路自信、理论自信、制度自信。

2. 注重将理论的深度解读与广泛传播相结合

理论研究不仅要注重深入系统的分析和阐释，更要通过各种方式使理论深入群众，并在这一过程中对理论进行丰富和发展。2014 年度，国际共产主义运动学科更为注重将理论的深度解读与广泛传播相结合，不仅推出了一系列有分量的研究成果，还使社会主义更加深入人心。在理论的深度解读方面，《世界社会主义和左翼思潮：现状与发展趋势》《当代社会主义的历史走向》《世界社会主义跟踪研究报告（2013—2014）——且听低谷新潮声（之十）》《世界社会主义研究年鉴（2013）》《新时期新探索新征程——当代资本主义国家共产党的理论与实践研究》等一系列著述，对当今世界范围内的社会主义思潮、理论、运动与制度做了多视角、深层次的讨论，揭示了全球化视野下社会主义与资本主义的互动与影响，反映了世界社会主义研究领域的最新发展动态。在理论的广泛传播方面，电视成为人们更易理解和接受社会主义理论的宣传媒介：中央电视台纪录频道 2014 年 4 月 23 日开始连续播出的纪录片《寻访马克思》，是世界上第一部系统介绍马克思生平的传记类电影作品。该片沿着马克思生活、学习、工作过的足迹，完成了德国、法国、比利时、荷兰、捷克、英国等 6 个国家 20 多个城市的摄制。通过寻访以及对近百名嘉宾的采访，人们不仅可以看到马克思当年生活的现场，可以感受他的际遇、风采和情怀，还可以感受马克思在今天的地位和影响。此外，各种社会主义图书的发布会、宣传片、小丛书等多种方式的运用，加深了人们对国际共产主义运动的理解和认知，增强了人们对社会主义的信心。

二 重大问题研究进展

2014 年度国际共产主义运动学科既能跟踪研究一些重大现实理论问题，又能立足于中国国情，兼具国际视野，理论与实际相结合，为中国特色社会主义建设实践提供理论支持。

（一）国际共产主义运动史重大理论和事件研究

1. 《共产党宣言》及其当代价值研究

2014 年度学界对《共产党宣言》的关注度颇高，不仅注重对这一经典著作自身内容的挖掘，也注重对其当代价值的阐释，包括对中国特色社会主义的启示及其对当代西方社会的影响。

一方面，学者们就《共产党宣言》的内容和写作风格进行了充分阐释。中国传媒大学南广学院副教授庞红付对其核心思想进行反思和深挖，将其核心思想归结为十个方面：第一，社会存在决定社会意识观点；第二，阶级斗争的观点；第三，全球化思想；第四，“两个绝大多数”思想；第五，“两个必然”思想；第六，无产阶级政党思想；第七，“消灭私有制”和“两个决裂”思想；第八，无产阶级革命和无产阶级专政思想；第九，人的全面发展思想；第十，无产者联合思想。在此基础上，创新性地从主观能动性的维度提出了“两个改造”思想，并将其核心思想与中国当下具体实际相结合，意义十分深远。[①] 南开大学马克思主义教育学院博士研究生刘孝阳探讨了《共产党宣言》的文风，认为其以批判与自我批判和娴熟的语言运用艺术展示了无产阶级政党的优良文风，研究《宣言》的文风，有助于我们党改善党风政风。[②] 华侨大学公共管理学院博士研究生余昌颖阐述了《共产党宣言》的全球化思想，认为《共产党宣言》通过论述经济、政治、文化的发展变化，对“全球化”趋势作出了解读。全球化使封闭、狭隘的民族历史进入到开放、广阔的世界历史，推动了人类社会的发展，与此同时，也存在着某些消极影响。他进一步指出，处于全球化浪潮中的我国，不仅要发展本国经济，又应抵御全球化带来的消极影响，保持独立自主。[③]

另一方面，很多学者结合国内外实际充分阐释了《共产党宣言》的当代价值，尤其是《共产党宣言》对中国特色社会主义的启示。甘肃陇东学院政法学院讲师漆调兰考察了《共产党宣言》同“三个自信”（道路自信、理论自信、制度自信）之间的关系，认为《共产党宣言》中的“两个必然”理论是“三个自信”的理论基础，人的自由而全面发展是“三个自信”的必然追求。[④] 中共中央党校马克思主义理论研究部博士研究生张红锋分析了《共产党宣言》诞生以来的时代特征，认为从全球范围来看，当今时代仍然处于由资本主义向社会主义演进的时期，没有超越《共产党宣言》所揭示的社会发展方向。这一时代特征的分析有助于观察和分析当代局势，有助于看清当代资本主义和社会主义两种力量的较量，有助于正确分析当代中国社会面临的复杂矛盾，有助于解决人们的信仰危机问题。[⑤]

2. 苏东剧变原因研究

对于苏东剧变原因的持续考察仍是本年度国内学界研究的重点之一。有注重宏观研究和把握的，有强调方法论研究的，也有注重具体地区考察的。由于学者们占有的历史史料不同和对史料使用的方法不同以及持有的基本立场不同，得出的结论也存有差异。中央宣传部理论局组织马克思主义理论研究和建设工程专家编写的《世界社会主义五百年》（党员干部读本），在回顾苏东剧变历史进程的基础上，将苏东剧变原因概括为以下六个方面：一是长期教条地对待马克思主义；二是长期僵化地对待社会主义；三是长期忽视人民生活水平的提高；四是长期缺乏社会主义民主和法制；五是长期不能正确处理民族关系和民族矛盾；六是长期放松执政党自身建设。并强调一定要把苏东剧变作为历史镜鉴。[⑥]

在研究方法上，有学者主张用“系统论”方法进行研究。例如中联部研究室原副主任肖枫在研究苏联解体原因时强调，必须坚持“论从史出”的原则。认为对苏联解体的

---

① 庞红付：《〈共产党宣言〉核心思想深犁》，《太原师范学院学报》（社会科学版）2014 年第 7 期。

② 刘孝阳：《〈共产党宣言〉的文风及其当代价值》，《聊城大学学报》（社会科学版）2014 年第 3 期。

③ 余昌颖：《〈共产党宣言〉的全球化思想及其现实反思》，《福建论坛》（人文社会科学版）2014 年第 3 期。

④ 漆调兰：《〈共产党宣言〉视阈下的“三个自信”》，《学理论》2014 年第 9 期。

⑤ 张红锋：《〈共产党宣言〉的时代性分析及其当代价值》，《长春大学学报》2014 年第 1 期。

⑥ 中央宣传部理论局：《世界社会主义五百年》（党员干部读本），学习出版社、党建读物出版社 2014 年版。

研究，虽然政治性很强，但它首先是“史论”而不是“政论”，不能脱离历史事实去空发议论，更不能按自己“立场、观点”的需要去对历史事实进行裁剪。强调苏联解体是多重因素综合作用的结果，要坚持“合力论”与“重点论”相统一的原则。他认为，对苏联解体的研究应按系统论的要求，从整体上把握，统筹考虑各方面的因素，而不要孤立片面地抓住某一方面，犯盲人摸象的错误。他还提出一个分析苏联解体原因的公式：合力论＋重点论＝内外远近因＋党与体制问题。也就是说，分析苏联解体的原因，要坚持“合力论”与“重点论”相统一；而“合力论”与“重点论”相统一，就是指“内、外、远、近”因素的综合作用，加上“党”与“体制”这两个重点。①

华中师范大学国外马克思主义政党研究中心主任聂运麟从资本主义国家共产党党纲中分析苏东剧变的成因。他指出，资本主义国家共产党和工人党都认为，苏东国家剧变的原因是由于复杂的内部和外部的、主观和客观的、历史的和现实的以及政治的、经济的、文化的、思想的、社会的多方面综合因素造成的，其中最重要的是以下三方面的因素。首先，传统社会主义体制的僵化是苏东剧变的基础性因素；其次，执政党的蜕化变质是苏东剧变的关键性因素；最后，帝国主义的干涉和颠覆是苏东剧变的重要因素。②

（二）国际共产主义运动重要组织及国际共产主义运动与现实问题研究

1. 国际共产主义运动史重要组织研究

2014 年恰逢第一个国际工人阶级的联合组织——第一国际成立 150 周年，有学者在接受记者采访时，就第一国际成立的历史情况、马克思是如何草拟第一国际的纲领和章程、如何理解和把握第一国际的纲领和章程的精神实质和精髓奥秘、第一国际在存在的 12 年间具体开展的主要活动和取得的重大成就、如何认识第一国际的历史功绩和历史地位，以及对于我国执政党来说重温第一国际的历史可以获得哪些深刻的现实启示等问题进行了详细阐述。③

有学者结合世界史民族国家的建构，来谈对国际共产主义运动的影响。例如，河南大学马克思主义学院讲师石峰可通过分析 19 世纪中后期西欧民族国家的建构及其发展历程，来证明这一时期无产阶级对民族和阶级之间的关系认识发生了很大变化，进而对第二国际的变迁产生了重大影响。④

华中师范大学政治学研究院博士研究生吴国富考察了后冷战时期共产党国际团结的转型及其原因。认为后冷战时期共产党国际团结与联合，与历史上相比已经发生重要转型，逐渐走向一种“新型联合”，即回归对马克思主义的尊重，适应后冷战时期国际共运面临的形势与要求，从在传统的“一个中心、一条道路、一种模式”思想极力强调组织联合，变为新型的坚持从独立自主要求出发的多样化团结方式，从思想、方式和行动等方面自由开展双边和多边的合作与联合。究其原因，既有对马克思主义的反思和理性

---

① 肖枫：《从整体上把握苏联兴亡的经验教训》，《北京日报》2014 年 3 月 7 日。

② 聂运麟：《资本主义国家共产党党纲对苏东剧变的分析》，《中国特色社会主义研究》2014 年第 2 期。

③ 林一岚：《第一国际在世界社会主义运动史上的贡献》，《上海党史与党建》2014 年第 11 期。

④ 石峰可：《19 世纪中后期西欧民族国家的建构与第二国际的变迁》，《社会主义研究》2014 年第 2 期。

回归，也有对后冷战时期国际共运转型与变化的调适，同时中国共产党为其转型做出了一定的贡献。并由此得出了世界各共产党的国际团结和联合是历史必然，当代世界社会主义运动的国际联合仍处于向“新型联合”方向转型进程的结论。①

2. 国际共产主义运动与现实问题研究

2014 年度国内学界对国际共产主义运动的综合研究从两方面展开。一是侧重于已发生历史事件同国际共产主义运动发展之间关系的考察；二是侧重于结合某一流派对国际共产主义运动发展趋势影响的考察。

就前者而言，山东师范大学国际关系与政治学院讲师刘斌介绍了 20 世纪 50 年代后期国际共产主义运动进入“内部的分化及分裂”时期，中共借鉴苏联社会主义发展的经验教训，探索适合中国国情的社会主义发展模式的过程。他认为中共从策略上分析了社会主义与资本主义国家或合作或斗争的关系，分析了资本主义国家及亚非拉国家（地区）向社会主义过渡的现实可能性。这些经验和教训对当代国际共产主义运动有着重大的借鉴和警示意义。② 中国人民大学教授高放对中共在国际共产主义运动发展中所起的作用进行了考察，强调中共是当前国际共产主义运动的后起之秀和中流砥柱。③ 安徽大学社会与政治学院副教授王泽壮与山西师范大学历史与旅游文化学院硕士研究生郗慧重新梳理了十月革命对埃及早期共产主义运动的影响，认为俄国无产阶级革命思想，开阔了广大人民的眼界，使得埃及人民反对英国殖民统治的民族主义运动注入了共产主义因素。一批具有进步思想的知识分子逐渐从民族主义者转变成共产主义者，为随后埃及工人运动的高涨、埃及社会党的成立以及埃及共产党的诞生提供了思想基础和组织条件。埃及共产主义运动一度呈现出蓬勃发展的态势，成为 20 世纪国际共产主义运动的重要篇章。④

就后者而言，2014 年度最引人注意的是国外激进左翼的发展状况及其影响。国内学者围绕激进左翼的概念、现状与分类，激进左翼面临的挑战与问题，激进左翼对社会主义与资本主义的理解，国外左翼执政党发展动态等问题展开研究。中央编译局研究员李其庆集中探讨了欧洲激进左翼的本质特征、形成发展、社会基础、政策主张、社会影响、面临的挑战以及发展趋势等问题。他认为，欧洲激进左翼涉及了发达国家向社会主义过渡的条件问题。由于他们不能处理好工人阶级眼前利益和长远利益以及发达国家工人利益与发展中国家工人利益的关系，使他们的国际主义变成了空洞的口号。⑤ 中央编译局研究员林德山对欧洲激进左翼政党现状及变化进行了评介，认为进入 21 世纪后，欧洲激进左翼力量有所恢复，尤其是金融危机以来表现活跃。但欧洲激进左翼本身构成复杂，在现实政治生活中的影响力不等，且起伏较大。其意识形态的构成体现出多样性的特点，包括了共产主义、形形色色的社会主义以及新激进主义思潮。一些激进左翼政

---

① 吴国富，《论后冷战时期共产党国际团结的转型及其原因》，《江西师范大学学报》（哲学社会科学版）2014 年第 4 期。

② 刘斌：《论 1950 年代后期中国共产党的国际共运观》，《河南师范大学学报》（哲学社会科学版）2014 年第 2 期。

③ 高放：《中共是国际共产主义运动的后起之秀和中流砥柱》，《中共党史研究》2014 年第 1 期。

④ 王泽壮、郗慧：《十月革命对埃及早期共产主义运动的影响》，《安徽史学》2014 年第 4 期。

⑤ 李其庆：《“欧洲激进左翼”探析》，《当代世界与社会主义》2014 年第 4 期。

党的社会支持结构也在经历从传统产业工人到新激进主义力量的转变。政治上，激进左翼力量之间在对待资本主义问题上的不同态度、党内纷争、对左翼联合的态度不一以及在欧盟问题上的立场分歧限制了欧洲激进左翼作为一个整体发挥政治作用，同时也意味着其发展的不确定性。[①]

（三）世界社会主义运动发展态势及理论与实践探索研究

当前国际关系呈现大发展、大变革、大调整的局面，世界多极化、经济全球化、社会信息化加速发展，世界社会主义运动也出现了很多新现象、新特点。为及时把握这一动向，2014 年度学界对世界社会主义运动发展态势的研究和分析更加深入，对世界社会主义运动理论与实践探索的研究也积极展开。

1. 世界社会主义运动呈现复苏景象，但资强社弱态势仍将长期存在

世界社会主义运动继续复苏是学界对世界社会主义运动现状的一个基本判断。学界普遍认为，垄断资本主义呈衰落趋势，证明资本主义并非天然合理、永世长存的好制度；中国和其他社会主义国家取得的成就向世界展示了社会主义制度的优越性。中共中央对外联络部原副部长于洪君认为，当前世界社会主义历史进程呈现出在反思中调整、在复苏中再兴的趋势。[②] 中央编译局研究员林德山、副研究员王瑾认为，近年来资本主义社会矛盾空前激化，欧美罢工运动此起彼伏，共产主义力量重整旗鼓，社会主义国家地位上升，全球各种政治力量博弈。总体来说，世界社会主义运动已经走出低谷，逐步得到恢复和发展。[③] 对于世界社会主义复苏的表现，学界进行了探讨，认为这种复苏在不同地区呈现出不同的特点和不同的发展水平。中共中央党校教授王怀超认为，当今世界社会主义呈现出的新的发展趋势和总体状况是：世界社会主义运动开始复苏，在某些区域发展势头强劲，并表现出鲜明的地域特点，呈现出多样性和多元化发展趋势。[④] 中共中央党校教授赵曜认为，21 世纪世界社会主义的趋势和走向是从回升到复兴，顺序依次是：社会主义国家、发展中国家、发达资本主义国家，这是大势所趋和历史必然。[⑤]

现实中的“资强社弱”和两种社会制度将在很长时期内并存，也是学界研究世界社会主义发展状况得出的一个判断。学界普遍认为，社会主义和资本主义两种制度、两条道路的矛盾是当今世界的主要矛盾之一，它们之间的较量和竞赛将决定世界未来的前途。社会主义和资本主义既相互矛盾和对立又相互联系和借鉴，两种文明制度都在借鉴和吸收对方的文明成果和精华。国家教育行政学院原院长顾海良指出，两种不同社会制度之间存在时间继起性，也存在空间并存性，社会主义和资本主义的并存，并没有也不可能改变资本主义的历史命运。[⑥] 于洪君指出：整体上看，“一球两制多种模式、资强

---

① 林德山：《欧洲激进左翼政党现状及变化评介》，《马克思主义研究》2014 年第 5 期。

② 于洪君：《全球化时代的社会主义与资本主义》，《红旗文稿》2014 年第 1 期。

③ 林德山、王瑾：《热话题与冷思考——世界左翼力量和社会主义运动的形势及面临的主要问题》，《当代世界与社会主义》2014 年第 3 期。

④ 王怀超：《当代世界社会主义的发展态势》，《当代世界与社会主义》2014 年第 5 期。

⑤ 赵曜：《21 世纪世界社会主义将走向何处》，《党建》2014 年第 1 期。

⑥ 顾海良：《社会主义代替资本主义是历史总趋势》，《求是》2014 年第 10 期。

社弱竞相消长”仍将是今后相当长一个时期内世界格局的基本特征，世界社会主义进程只能在这样的格局下迂回曲折地向前发展。[①] 中国社科院学部委员汝信强调，在展望21世纪世界社会主义发展的前景时，不可能去具体预测社会主义何时将有怎样的发展，而只能从当代世界的现实出发，客观地分析社会发展趋势，提出一个在现实条件下可能实现的目标作为全力争取完成的任务。[②] 王怀超认为，资本主义和社会主义的关系，不是此消彼长那么简单，在很多情况下是一种共生关系。在21世纪，资本主义的全球扩张必将导致社会主义的全球发展，全世界的社会主义者应超越民族国家范畴，从全球视野思考社会主义运动，深刻认识、准确把握全球化时代的社会发展趋势，创新社会主义理论和实践，共同推进世界社会主义运动。[③]

2. 世界社会主义运动的理论发展与实践探索不断向前

学界对世界社会主义运动理论发展与实践探索的研究集中在三个方面。

第一，对社会主义国家马克思主义本土化取得进展进行了探讨。当前世界各社会主义国家都注重进一步加强马克思主义理论与本国实际的结合，继续探索符合本国国情的社会主义道路。与此相呼应，对社会主义国家马克思主义本土化问题的研究成为世界社会主义研究领域的一个热点，相关研究逐步深入。中国社会科学院马克思主义研究院把《马克思主义本土化的国际经验与启示》列为创新工程的课题，分国别进行了深入探究。中国社科院马研院潘西华对马克思主义本土化的相关概念进行了梳理和阐释，强调马克思主义“本土化”这个概念具备与时空俱进的特点，它包括两个基本方面：一方面是从理论到实践，是把马克思主义的理论应用于各国的具体实际，即用马克思主义的立场、观点和方法分析、回答和解决各国社会主义革命、建设和改革实践进程中的问题，形成各国独具特色的实践模式。如越南的社会主义定向的市场经济，老挝的人民民主制度，古巴在社会主义的制度建设、经济建设和党的建设方面正在进行的改革与创新，朝鲜的主体社会主义制度等。另一方面是从实践到理论，即按照马克思主义的立场、观点和方法总结本国传统文化的优秀思想和马克思主义政党的实践经验，使其上升为科学理论，形成各国独具特色的马克思主义理论。如越南共产党明确将马列主义和胡志明思想作为党的思想基础和行动指南，古巴共产党将马蒂的思想同马列主义并列作为党的指导思想，老挝人民革命党将马克思列宁主义和党的经验作为党的思想基础，朝鲜劳动党将金日成—金正日主义作为党的指导思想。[④] 海南省社科联党组书记赵康太等对马克思主义在不同国度的本土化、民族化的过程及其规律展开比较研究，分析比较了各具本国特色的马克思主义的理论异同与社会主义道路探索的实践得失。[⑤]

作为马克思主义本土化的重要成果和世界社会主义的一个重要组成部分，中国特色社会主义开辟了世界社会主义实践发展的新道路，确立了世界社会主义理论发展的新形

---

① 于洪君：《全球化时代的社会主义与资本主义》，《红旗文稿》2014年第1期。

② 汝信：《两条道路　两种前景》，《光明日报》2014年1月8日。

③ 王怀超：《当代世界社会主义的发展态势》，《当代世界与社会主义》2014年第5期。

④ 潘西华：《马克思主义本土化的基本概念及相关问题》，《长江论坛》2014年第1期。

⑤ 赵康太等：《马克思主义本土化民族化比较研究》，中国社会科学出版社2014年版。

态，成为代表世界社会主义运动发展最新水平和未来走向的标志性参照系。[①]

第二，对资本主义国家共产党的发展现状和前景、发展战略和策略等进行了探讨。学界认为，各资本主义国家的共产党组织及其活动是世界社会主义运动的重要组成部分。目前发展中国家的共产党组织面临如何适应环境、调整政策、探索新的发展道路的问题，而发达国家的共产党组织面临坚持政治主流地位、防止被边缘化的问题。[②] 各资本主义国家共产党立足本国实际，积极探索社会主义发展道路，并积极寻求解决现实问题的方法和途径。近20年来，资本主义国家的共产党提出了很多新的理论和主张，如印共（马）的“人民民主革命”理论，日本共产党的“日本式社会主义”理论，法国共产党的“新共产主义”理论，希腊共产党的“反帝、反垄断的社会主义革命”理论，巴西共产党的“建设具有巴西特色的新型社会主义”理论，南非共产党的向社会主义过渡的“四个支柱”基本纲领，尼泊尔联合共产党（毛主义）的“新民主主义革命”理论等。华中师范大学教授聂运麟等认为，西方国家马克思主义工人政党的发展经历了群众性政党一先锋队政党一现代群众性政党三个历史形态，现在这些国家的共产党实现了或者正在实现由先锋队政党向现代群众性政党的转变。这种新形态的马克思主义政党既继承了先锋队政党政治、理论和组织上的优良传统，又具有群众性、开放性、透明性、民主性、独立自主性等鲜明特点。[③]

学界认为，由于每个国家的政治、经济和社会现实情况各不相同，各国共产党、工人党面临的任务、走的道路自然也不同，其理论就呈现出不同的特色。王喜满等对第十五次共产党和工人党国际会议进行分析指出，与会的各国共产党和工人党代表在资本主义经济危机、帝国主义新表现、社会主义发展路径、共产党和工人党的任务和行动以及会议的未来等方面取得了一系列共识，但针对会议的性质和未来发展趋势、帝国主义概念、国际共产主义运动战略等问题呈现出公开的分歧。会议采取了“搁置争议、共同行动”的路线，会后各国共产党、工人党也并没有扩大争论。[④] 聂运麟指出，尽管当代世界社会主义运动表现出多样性的特征，资本主义国家共产党还表现出具有不同类型的特点，但是各国共产党的根本利益一致性是不可抹杀的。他们都以马克思主义的科学社会主义理论为指导，视马克思主义政党为工人阶级改造旧社会和建设新社会的工具，以彻底变革资本主义为己任，以建设社会主义和共产主义为其奋斗目标，等等。所有这些根本性的共同点，是他们团结与合作的基础。世界社会主义运动的团结与合作要依据“在坚持马克思主义的基础上，按照独立自主，完全平等，互相尊重，互不干涉内部事务的原则”，坚持共产党和工人党国际会议业已形成的作为多边交流平台的性质，坚持实践

---

① 姜辉：《中国特色社会主义对世界社会主义的贡献》，《中共贵州省委党校学报》2014年第4期。

② 李景治：《冷战后世界社会主义运动的发展及其面临的挑战》，《社会主义研究》2013年第6期。

③ 聂运麟主编：《新时期新探索新征程——当代资本主义国家共产党的理论与实践研究》，经济科学出版社2014年版。

④ 王喜满、李长学、王晶晶：《第十五次共产党和工人党国际会议的共识与分歧》，《当代世界与社会主义》2014年第2期。

是检验党的理论与策略是否正确的唯一标准，不搞无谓的争论和辩论。[①] 在促进世界社会主义的国际联合方面，希腊共产党已经做出了多方面的探索，王喜满总结其经验认为：要加强世界社会主义力量之间的交流、对话与合作，需进行理论上的创新，提出一种能够为世界各国共产党和工人党都认可的合作原则和理念，不能走过去那种统一中心的老路子；不仅注重马克思主义工人政党之间的合作，还要加强马克思主义工人政党群众组织之间的交流与合作；应开辟不同性质政党之间的交流、对话与合作的新方式、新内容。[②] 就各社会主义国家的情况看，各国之间也存在国家利益、对社会主义和马克思主义的认识等方面的差异，尚未形成应有的团结。总而言之，世界社会主义力量之间的合作，是众望所归，也是大势所趋，要充满信心，逐步推进，既不能好高骛远，也不能裹足不前。

（四）现有社会主义国家研究

2014 年，越南、古巴、朝鲜、老挝四个社会主义国家在坚持社会主义道路的前提下，创新求变，继续探索符合本国国情的社会主义道路。改革和发展依然是共同课题，但各国面临的国内外形势差异较大。可以预见的是，今后各社会主义国家将继续依据本国的特点走具有本国特色的社会主义道路，社会主义发展道路呈多样性特点将更加明显。

1. 越南理论界总结革新实践，与错误思潮作斗争，为越共十二大做思想理论准备

2014 年，越南学者对越南社会主义的研究动态主要包括三方面内容：一是对越南过去 10 年和革新 30 年来的实践和理论进行总结，为 2016 年召开的越共十二大提供理论支撑；二是结合当前关注的热点问题，从政治、经济、外交、文化、党建等各个方面继续挖掘和丰富胡志明思想，以期在十二大上提出以胡志明思想为主体的越南社会主义革新理论体系；三是驳斥错误的思想言论，防止和平演变。其中，防止“和平演变”尤为突出。近年来，越南理论界正为即将于 2016 年召开的越共十二大做理论准备，在越南思想界再次出现了激烈的斗争。越共中央政治局委员、中央理论委员会主席丁世兄在《要分辨敌对观点和那些与党的观点和路线不同的意见》一文中指出，与各种错误和敌对观点作斗争是当前越共思想理论工作的一项重要任务，目的是要挫败敌对势力的阴谋和“和平演变”以及党内的“自我转化”，巩固党内思想的统一和社会的共识。越共中央理论委员会副主席武文贤撰文《错误和敌对观点的各种形态》，列举了当前敌对势力攻击越南思想领域的各种途径[③]。越共机关杂志《共产主义》刊登了该社总编辑武文福的文章，驳斥了“马列主义外来且来源于西方所以不再适合越南”的错误观点。[④]

我国学者 2014 年对越南社会主义问题的研究集中在两个方面：一是介绍近年来越南共产党面临的问题及其应对举措。代表性成果和观点有潘金娥的《2013 年越南共产

---

① 聂运麟：《国外非执政共产党的类型及其理论分野》，《当代世界与社会主义》2014 年第 4 期。

② 王喜满：《希腊共产党探索世界社会主义国际联合的理论与对策》，《科学社会主义》2014 年第 3 期。

③ ［越］武文贤：《错误和敌对观点的各种形态》，越南信息网 2013 年 12 月 13 日。

④ ［越］武文福：《马列主义是否“外来且来源于西方的所以不再符合越南”?》，《共产主义》2014 年 1 月第 855 期。

党党情：防治“内寇”与抵御“外敌”并举》[①] 和《当前越南共产党面临的问题与挑战》[②]，上海立信会计学院副教授罗会德、中央编译局教授季正矩的《越南共产党处理党群关系的做法和经验》[③] 等。二是对越南政治体制及其改革进行跟踪研究。代表性成果和观点有：郑州大学越南研究所所长于向东的《近期越南政治发展变化的若干问题》[④]、潘金娥的《从越共政治变革看改革的终极意义——中国共产党如何始终保持清醒与坚定》[⑤]、广西民族大学教授陈元中等的《越南共产党党内民主发展的政治文化论析》[⑥] 以及山东建筑大学副教授邹焕梅、山东大学教授崔桂田的《越共的“人民主体”思想及其实现机制》[⑦] 等。上述研究从不同角度表明：越共十一大以来，越南共产党面临诸多挑战；为了化解风险，越南共产党从加强基层民主、人民民主等方面进行改革；越南政治体制在按照民主化方向推进。总之，越南共产党面临的问题和革新动向值得我们关注。

2. 古巴不断深化经济模式更新，古美关系有望破冰

2014 年，古巴继续推进经济模式更新，颁布了新《劳动法》和《外商投资法》。未来古巴政府将通过提高生产效率、振兴制造业等生产性行业、增进能源利用率、加大基础设施及物资生产投入、保障医疗和教育等公共基础服务，落实六大批准的《党和革命经济社会政策纲要》。古巴外交取得突破性进展，数次主办地区多边领导人会晤，加强了与地区及世界各国的关系。年末，美古双方就恢复外交关系进行了表态，但美古关系破冰仍需经历法律、制度和美国利益集团等层层阻隔和考验。

2014 年，学界对古巴社会主义的研究仍以古巴经济模式更新为焦点。代表性成果包括宋晓平的《关于古巴经济模式更新：体制变革的视角》[⑧]、中国社科院拉美所副研究员杨建民的《古巴“更新”社会主义经济模式与中古关系》[⑨]、中国社科院马研院贺钦的《古巴经济模式更新的历史路径与现实挑战》[⑩]、广西大学研究员王承就等的《劳

---

① 潘金娥：《2013 年越南共产党党情：防治“内寇”与抵御“外敌”并举》，《当代世界》2014 年第 2 期。

② 潘金娥：《当前越南共产党面临的问题与挑战》，《当代世界与社会主义》2014 年第 6 期。

③ 罗会德、季正矩：《越南共产党处理党群关系的做法和经验》，《当代世界与社会主义》2014 年第 6 期。

④ 于向东：《近期越南政治发展变化的若干问题》，《东南亚纵横》2014 年第 4 期。

⑤ 潘金娥：《从越共政治变革看改革的终极意义——中国共产党如何始终保持清醒与坚定》，《人民论坛·学术前沿》2014 年第 1 月上期。

⑥ 陈元中、唐晓凤：《越南共产党党内民主发展的政治文化论析》，《当代世界与社会主义》2014 年第 3 期。

⑦ 邹焕梅、崔桂田：《越共的“人民主体”思想及其实现机制》，《当代世界社会主义问题》2014 年第 1 期。

⑧ 宋晓平：《关于古巴经济模式更新：体制变革的视角》，《当代世界与社会主义》2014 年第 1 期。

⑨ 杨建民：《古巴“更新”社会主义经济模式与中古关系》，《拉丁美洲研究》2014 年第 4 期。

⑩ 贺钦：《古巴经济模式更新的历史路径与现实挑战》，《改革与战略》2014 年第 8 期。

尔·卡斯特罗公平与效率思想主导的古巴改革》[①] 等。宋晓平认为，古巴经济模式更新的特点包括深入思想观念变革、破除心理障碍，加强党的领导和政治建设，稳中求进、坚持依靠民众参与，夯实社会基础、防范社会动荡，借鉴他国经验、反对照抄照搬。中国社科院马研院贺钦认为，古巴社会主义模式更新既是半个世纪以来古巴社会主义建设内在逻辑的历史延续，也是古巴社会主义为应对经济全球化挑战作出的时代选择；面对经济模式更新大刀阔斧的调整和改革，古巴社会在渴求重生的同时，更承受着巨大的张力和考验；能否在理想与现实之间求得公平与效率的统一，将成为决定古巴经济模式更新成败的重要标尺。此外，还有学者对古巴生态文明建设问题进行了探讨，如刘贺的《古巴社会主义生态文明建设的实践与启示》[②]。

3. 朝鲜继续推行核武力建设与经济建设并举路线，进一步改善社会主义经济管理

2014 年，朝鲜继续推行核武力建设与经济建设并举的路线：一方面继续加强国防力量，力图实现国防工业主体化、现代化、信息化，继续进行核武力建设；另一方面进一步推动社会主义经济强国建设，强调依靠科学技术，强调革新，强调改善社会主义经济管理方法，通过发展经济体现社会主义优越性。金正恩发表了关于改善社会主义经济管理、夺取最大经济实利的讲话，经济管理权力下放范围有所扩大。全社会掀起“马息岭速度”“朝鲜速度”运动，最大限度动员群众投身经济建设；改组成立对外经济省，增设经济开发区，显示出构建对外开放新格局的努力；召开朝鲜劳动党第八次思想工作者大会，巩固和加强党军民的一心团结。

2014 年度关于朝鲜社会主义的研究成果聚焦于朝鲜社会主义的指导思想、朝鲜马克思主义本土化问题以及朝鲜在坚持社会主义原则的前提下对内外政策的调整等方面。延边大学马克思主义学院院长方浩范认为，马克思主义朝鲜化的路径是从接受马克思列宁主义逐渐过渡到具有朝鲜特色的主体思想、进一步发展为主体思想与先军思想相结合、最终发展为金日成—金正日主义，其中主体思想是其标志，先军思想是其发展，金日成—金正日主义是其升华。[③] 南京政治学院马克思主义学院教授卢继元等对朝鲜社会主义的指导思想形成的历史脉络，即从主体思想到红旗思想和先军政治及金正恩新时期思想的过程进行了阐释，认为朝鲜式社会主义的主要特点包括以人为中心的主导思想，先军政治的理念，严守公有制底线，保障制度完善，坚持有核战略等。[④] 中国学者普遍认为，金正恩执政以来的确对国内外政策进行了一些调整，但并未作出根本性改变，其

---

① 王承就、王莹瑛：《劳尔·卡斯特罗公平与效率思想主导的古巴改革》，《改革与战略》2014 年第 8 期。

② 刘贺：《古巴社会主义生态文明建设的实践与启示》，《重庆社会主义学院学报》2014 年第 3 期。

③ 方浩范：《浅谈马克思主义朝鲜化发展轨迹》，《延边大学学报》（社会科学版）2014 年第 6 期。

④ 卢继元、吴冬冬：《朝鲜式社会主义制度分析》，《延边大学学报》（社会科学版）2014 年第 2 期。

前景仍面临重重挑战。郭锐、刘梦宇[①]，刘红、陈思瀚[②]，曹世功[③]等分别做了相关研究。

4. 老挝继续推进革新开放事业，通过建立社保体系、反对腐败等增进社会团结共识

2014年，老挝人民革命党领导全党全国人民全面贯彻党的九大决议精神，巩固党内团结，维护国内安定，推动经济持续增长，社会主义事业取得长足发展。老挝将党建工作的重点放在纪检工作上，为加强反腐工作，老挝党和政府出台了一系列规章制度，如中央委员会关于新时期加强纪检工作和预防打击腐败的决议、中央政治局关于领导干部政治责任的规定、党员禁令、反腐战略、监察法、反腐败法等。自2014年2月起，老挝开始执行国家公职人员财产申报制度。

2014年度关于老挝社会主义的研究成果聚焦于老挝人民革命党领导下的革新开放。老挝于1986年提出革新开放路线，但直到进入21世纪才真正落实其全方位外交政策，此后，在国际社会参与国家建设和东盟一体化进程的推动下，老挝全方位外交格局逐步成形并渐入佳境。[④] 厦门大学公共事务学院教授朱仁显等指出，对外开放政策的实施是老挝政治、经济、社会变化的结果，也与老挝人民革命党审时度势的政治态度、与时俱进的政治理念和政治决策密切相关。[⑤] 广西大学中国—东盟研究院老挝研究所所长李好认为，老挝在吸引外资方面，一方面具有自然资源丰富、宏观经济稳定、尊重并保护私有权等诸多吸引外资的优势条件，另一方面也存在政府管理体制不完善、法律法规执行力度较差、市场规模小、基础设施水平落后等影响投资者预期收益的劣势条件，但总体来讲是一个极具投资潜力的新兴市场。[⑥] 另外，苏州大学任珂瑶、钮菊生对佛教在老挝的传播和发展进行了梳理，认为老挝人民革命党借助佛教宣传解释党的政策方针、化解社会矛盾、抵御外部和平演变、维护社会稳定，以期在弘扬传统佛教思想文化的基础上，走出一条有老挝特色的社会主义道路。[⑦]

（五）关于资本主义的调整变化和发展趋势研究

当前资本主义仍未完全走出泥潭，经济增长动力不足。资本主义国家虽然采取了多种反危机举措，但是这些以维护垄断资本利益为出发点的调整并不能从根本上解决资本主义的基本矛盾，也没能改变金融资本与实体经济脱节的现状，反而进一步加剧了社会不平等，并引发了一系列社会冲突。在这种情况下，学界围绕资本主义调整的实质及其引起的变化，以及在这种调整下资本主义发展趋势等问题进行了深入的分析和讨论。

---

① 郭锐、刘梦宇：《朝鲜内外政策的调整及其走向》，《东北亚学刊》2014年第2期。

② 刘红、陈思瀚：《朝鲜新一轮经济改革评析》，《东北亚学刊》2014年第4期。

③ 曹世功：《关于朝鲜参与、融入国际经济合作问题的辨析与思考》，《东北亚学刊》2014年第1期。

④ 韦健锋、董晓光：《大国参与下的老挝发展及大国博弈》，《和平与发展》2014年第5期。

⑤ 朱仁显、［老挝］杜达万：《老挝对外开放的环境分析》，《东南亚纵横》2014年第5期。

⑥ 李好：《未来几年老挝投资环境及投资建议》，《广西大学学报》（哲学社会科学版）2014年第3期。

⑦ 任珂瑶、钮菊生：《佛教在老挝的传播和发展》，《苏州教育学院学报》2014年第1期。

1. 危机爆发后资本主义国家进行的调整并未解决其基本矛盾

对于资本主义在危机后实施的刺激经济、救助垄断资本、紧缩公共开支、加强金融监管等调整措施，学者们肯定了其在稳定经济方面的积极作用，但更多的是对其本质和负面影响进行了批判。批判主要从以下三个层面展开。

（1）反危机的举措成为转嫁危机的重要方式。学者们普遍认为，资本主义的反危机举措从本质上看是将危机转嫁给普通民众，它并未解决生产社会化和生产资料私有制之间的矛盾。承受危机的依然是普通劳动者，而不是财富精英和权力阶层。许多学者都对这种反危机政策和举措持否定和批判态度。如清华大学马克思主义学院副教授朱安东等人认为，危机刚爆发时，各国政府纷纷出手“救市”，挽救了以大型金融企业为主的一大批公司，在短期内避免了国际金融体系的崩溃并阻止了经济的下滑，但同时却把西方主要国家的公共债务水平从一个高位推高到了一个无法持续的水平。而且，如果把危机爆发时政府用公共财政“救市”和之后削减社会福利支出结合起来看，可以认为这是又一轮的“劫贫济富”，其实质是利用公共财政资金挽救了以金融资本为首的国际垄断资本，即导致本轮危机的肇事者。[①] 不少学者指出：尽管资本主义政府的反危机措施在很大程度上缓解了金融危机带来的经济萧条、失业率上升、社会恐慌等，但由于资本追逐剩余价值的本性没有改变，资本和劳动的对立没有改变，私有制基础上商品经济的基本矛盾没有改变，资本主义的基本矛盾没有改变，因此，经济危机难以从根本上克服。[②] 也就是说，只要资本主义的国家干预不能消除生产过剩，也就不可能消除生产过剩的经济危机。

（2）金融资本并未从根本上被限制和削弱，金融资本家并未遭受实质性打击，相反，他们借助政府的救市措施以及包括减税计划在内的财政货币政策度过危机并进一步壮大。这是因为，在垄断集团的控制下，资本累积要持续，唯一选择是把这些过剩的剩余用作金融投资，因此，受垄断资本控制的资产阶级政府尽管会采取一些措施对金融资本进行监管，但不会从根本上对其发展进行限制，相反会运用政府权力为其提供更有利的运行环境。在这种政策下，金融资本的力量并不会从根本上得到限制和削弱，反而会进一步得到巩固。对于资本主义加强金融监管、实施再工业化的战略，有学者认为，“在金融化方面，垄断资本过度金融化现象有所遏制，金融化与再工业化及经济实体化同时并存”，而且会“促使金融资本与产业资本相互融合、相互支撑，以实现美国经济转向可持续增长模式”[③]。但也有学者认为，以“货币宽松”为主的扩张性货币政策尽管给市场注入了大量的流动性，但并未给实体经济带来所期望的影响。[④] 此外，学者们对金融资本的新变化也进行了分析。程恩富等人认为，当前美国金融寡头通过有意识操控政府和中央银行，影响财政、货币、市场规则、舆论导向等政策杠杆，获得了一定程

① 朱安东、蔡万焕：《国际金融经济危机与资本主义的走向：阶级分析的视角》，《当代世界与社会主义》2014年第1期。

② 赵汇、许晓丽：《从资本主义本质论视角分析国际金融危机》，《求实》2014年第3期。

③ 齐兰、曹剑飞：《当今垄断资本主义的新变化及其发展态势》，《政治经济学评论》2014年第2期。

④ 朱安东、蔡万焕：《国际金融经济危机与资本主义的走向：阶级分析的视角》，《当代世界与社会主义》2014年第1期。

度上人为操控危机进程的能力，并且已将危机作为获得巨大利益的金融战争武器，大规模掠夺社会各个阶层财富，并打击国际竞争对手。而美欧政府和中央银行挽救金融垄断财团的各种计划，本质上是金融垄断财团挟持公众银行存款和养老金等财富为人质，为不断获取超额利润而进行的一种新的剥削形式的创新，是以挽救危机为借口发动的掠夺全球民众财富的新型金融战争。①

(3) 两极分化和收入不平等日趋严重。危机发生后，西方国家所推行的调整政策使资本主义国家的两极分化和不平等进一步加剧。对此，就连美国总统奥巴马都不得不承认，日益恶化的收入不平等及其所造成的机会不平等是美国所面临的主要挑战。② 不少国外学者都以美国为例，对资本主义国家日趋严重的两极分化和不平等状况进行了分析。弗里达·吉蒂斯认为，“美国经济正从大衰退中逐渐复苏，但不平等仍呈扩大趋势。在经济复苏的头两年，底层93%民众的资本净值在持续缩水；顶层7%富豪的财富则在不断增加。这是美国富豪们自1928年以来在全国收入中占据的最大份额。日益加剧的不平等被证明是稳定的敌人”。③ 普林斯顿大学历史学教授哈罗德·詹姆斯也指出，“2008年后，金融危机前即已呈上升态势的不平等现象已经大幅加剧，而这主要是由那些经常被赞誉为防止大萧条再次爆发的措施造成的”。④ 巴黎经济学院教授、法国社会科学高等研究院研究主任托马斯·皮凯蒂指出，由于资本收入永远大于经济增长率，社会贫富差距必然日益拉大。而在危机后，西方国家尤其是美国贫富不平等的程度重新上升到一个世纪以来的最高的水平。⑤ 还有学者认为，当代资本主义经济金融化的本质是将更多的人卷入金融游戏，使金融社会化，但是社会化中的收益由垄断资本获得，而将风险转嫁给社会。被卷入的全世界民众大多不可能理解金融操纵内幕，危机发生后，那些大资本及其代理人早已经赚得盆满钵满，而大量的普通人却失去了家园、工作和养老金。由于金融化，民众更深地卷入资本体系，更普遍、更经常地受害。⑥

2. 当代资本主义的发展趋势和未来前景

随着西方国家的缓慢复苏，也随着资本主义的调整举措所造成的一系列负面影响持续显现，学界对资本主义的发展前景和历史命运的认识更加明朗。

(1) 资本主义还有一定的调整空间

学界普遍认为，危机后资本主义的调整和缓慢复苏表明，此次危机并不会导致资本主义立刻走向灭亡，资本主义还有一定的发展和调整空间。

迈克尔·曼认为，到了21世纪中叶，资本主义将会进入低增长、高失业阶段，那时如果能出现社会民主主义的改良来对社会财富进行分配，那么资本主义是可以以一种比现在更好的形式维系下去的，即便出现危机，也有可能通过政治方法来加以解决。伦

---

① 程恩富、杨斌：《当前美国金融垄断资本主义的若干新变化》，《当代世界与社会主义》2014年第1期。

② ［美］劳拉·泰森：《收入不平等困扰奥巴马》，《中国报道》2014年第2期。

③ ［美］弗里达·吉蒂斯：《不平等对于富人的威胁》，《中国民政》2014年第3期。

④ ［美］哈罗德·詹姆斯：《新的不平等》，《第一财经日报》2014年1月29日。

⑤ 《专访〈21世纪资本论〉作者：资本主义庇护社会不平等》，新浪网2014年7月18日。

⑥ 刘元琪：《金融资本的新发展与当代资本主义经济的金融化》，《当代世界与社会主义》2014年第1期。

敦政治经济学院校长克雷格·卡尔霍恩认为，资本主义虽然面临各种威胁，但不足以使资本主义崩溃，而且认为，即使资本主义衰退也将会是一个漫长的过程，既有可能出现改良的资本主义，也有可能出现新的替代制度。①

有学者指出了在这种发展空间背后的不确定因素，认为“尽管发达资本主义国家经济发展的潜力依然很大，自我修复的能力还在生长，创新能力在许多方面还有所增强，有些国家的经济已经开始缓慢复苏，但经济持续向好、社会持续稳定、政治更加开明的走势并不十分明显。世界资本主义的未来发展，不确定和不可测的因素依然很多”。②

还有学者强调了资本主义的自我调整和改良与马克思主义的关系，认为尽管在可预见的时间范围内，资本主义不会自行退出历史舞台，社会主义与资本主义共存，将是一个基本事实，但“当代发达资本主义国家制度框架内的局部调整和自我改良，在一定意义上可以说，是由于资本主义国家客观上‘遵循’了《资本论》中关于社会化大生产条件下人类社会普遍适用经济运动规律才得以实现的”。③

（2）资本主义必然灭亡的历史命运并未改变

尽管资本主义仍然有一定的调整空间，但从其发展前景来看，资本主义必然灭亡的历史命运并未改变。

美国耶鲁大学高级研究员沃勒斯坦断言，资本主义的“康德拉季耶夫周期”和“霸权周期”这两种机制在未来的三四十年中将难以维系，资产阶级获取资本和利润的难度将越来越大，当最终无法继续获利时，资本主义体系就将面临解体。④

还有学者对资本主义灭亡的方式进行了论述，认为，“美国还会不断发生危机，但不会自行土崩瓦解，也不会引发无产阶级暴力革命、不断革命和世界革命。……被新科技革命全副武装的当代发达资本主义只能通过和平改良、不断改良和世界改良逐步把其推进到社会主义，而难以通过暴力革命、不断革命和世界革命去打倒它、推翻它、消灭它。”⑤

（六）关于中产阶级的被挤压和社会运动的新变化

金融危机以来，贫富分化加剧，社会运动和恶性事件层出不穷，中产阶级也受到不同程度的冲击。国内外学者对中产阶级的发展趋势与革命性、互联网时代下的社会运动等问题进行了深入探讨，有争论但也达成了一些基本共识。

1. 中产阶级的社会属性与发展趋势

（1）中产阶级是不同于传统工人阶级的社会主体

国内大部分学者认为当代发达资本主义国家的社会结构发生了重大变化，存在一个数量庞大的中产阶级或中间阶层，但是这个阶级与马克思主义经典意义上的工人阶级相

---

① 伊曼纽尔·沃勒斯坦等：《资本主义还有未来吗?》，社会科学文献出版社 2014 年版。

② 于洪君：《全球化时代的社会主义与资本主义》，《红旗文稿》2014 年第 1 期。

③ 王韶兴等：《资本主义发展趋势与“两制”关系的科学把握》，《中国社会科学报》2014 年 1 月 24 日。

④ 伊曼纽尔·沃勒斯坦等：《资本主义还有未来吗?》，社会科学文献出版社 2014 年版。

⑤ 高放：《科学社会主义面临当代发达资本主义的挑战》，《中共天津市委党校学报》2014 年第 3 期。

比，不是一个具有同等意义的实体。

国外有学者认为，中产阶级在全世界范围内的兴起和壮大成为后工业社会的一个重要现象。新式中产阶级以白领为主体，他们在收入上处于中间地位，与一般劳动者一样并没有独立经营的财产。中产阶级内部结构的变化使他们与无产阶级拥有更多的相似性，这种趋势对增强无产阶级的力量具有重要意义。①

著名左翼学者内格里、齐泽克等人认为，当今资本主义的非物质的智力劳动产生了一个新兴的工薪资产阶级，改变了资本主义社会的阶级结构。工薪资产阶级虽然出卖自己的劳动力，但分享着新技术带来的工资和特权。在他们看来，资本主义的问题不在于其收入和财富的不平等制度，而在于其经济体系的不稳定。②

还有人认为中产阶级并不存在，中产阶级只是西方舆论的时髦术语，“被中产阶级”和自封“中产阶级”的人群，是国际垄断资产阶级拿来洗刷自己历史罪孽的清洁剂。因为资本主义是导致人类分裂的社会形态，国际垄断资产阶级创造了从未有过的两极分化。一个空前两极化、持续两极化的世界摆在人类面前。③

（2）有关中产阶级的软弱性与革命性的讨论

很多学者认为，白领工人的社会意义和影响突出，领导着资本主义社会的价值观和生活方式的改变。但是有更多的学者关注中产阶级本身存在的缺陷与不足。

有学者认为，中产阶级是工业社会的产物，也是现代社会的一个基本象征，但中产阶级不是罗宾汉式英雄。譬如在英国，由于价值规律的驱动，资本主义的动态本质及其不断的重组，常常塑造并重塑着生产商品和服务的方式和地点，也因此改变着工人阶级的结构。在战后很长一个时期内，英国工人阶级结构的变化导致集体意识的降低和组织性、反抗力的下降。④

冷漠性和利己性是美国中产阶级的政治生活态度。他们虽然背后经常抨击政府的弊病，但只是作为茶余饭后的谈资，从未从实际行动上反对当局，他们从来只打算通过金钱而不是权利和名声来获得满足感。在中产阶级看来，个人日常生活和遥远的政治世界发生的事情之间有一定差距，正如美国社会学家米尔斯所说：“在美国这样一个以个人和金钱为标准，为个人和金钱而活动占据统治地位的社会里，对政治漠不关心倒应该是一个意料之中的心理现象。”⑤

但是，也有学者认可中产阶级是一个具有革命倾向的阶级。美国的中产阶级随着财富增加并没有减少他们的负担，并没有让他们呼吸到自由的气息，却带来了更多的危机感。他们缺乏安全感，必须在理想和现实之间挣扎，力求不脱离这个阶层。这是资本主义发展到一定时期，中产阶级必须面对的无奈和困境。亨廷顿曾经指出，在现代社会，

① 国虹：《福山论资本主义与社会主义》，《新疆社会科学》2014年第3期。

② 汪行福：《当代资本主义批判——国外马克思主义的新思考》，《国外理论动态》2014年第1期。

③ 卫建林：《2013年土耳其、埃及、巴西等“6月事件”和所谓“中产阶级”》，《世界社会主义研究动态》2014年1月2日。

④ ［英］简·哈迪、约瑟夫·库拉纳：《新自由主义与英国工人阶级》，《国外理论动态》2014年第6期。

⑤ 李莹：《从〈兔子富了〉看美国中产阶级危机》，《青年文学家》2014年第23期。

中产阶级在经济地位上相当脆弱敏感，是比产业无产者、游民无产者更具有革命倾向的阶级，他们往往是革命的领导者和发起者。①

(3) 财富收入不平等使中产阶级不断受到挤压

大部分学者认为，当代资本主义国家的社会流动性不断退化，尤其在金融危机的打击下，社会贫富分化加剧，越来越多的中产阶级滑向贫困线，面临不断萎缩的发展趋势。

国内学者认为，金融垄断资本主义使少数资产阶级通过金融手段消灭所谓的中产阶级于无形。世界资本主义体系的金融经济危机使资本主义宣传的“中产阶级”人群大跨度地分化和坠落，“中产化社会”的谎言遂告破灭。无论是西方国家内部，还是世界体系中间，贫富和社会地位的两极化，都在不可遏制地加剧。②

美国宾夕法尼亚大学社会学教授兰德尔·柯林斯讨论了资本主义面临的一个长期结构性问题，即科技对中产阶级工种的取代。很多从事白领工作的中间管理阶层和中等收入阶层将被计算机所取代，就像当年机器曾取代并在继续取代很多从事蓝领工作的体力劳动者一样。现代科技的发展，最终将导致50%—70%的劳动力失业，其中主要是从事中产阶级工作的那些劳动力，到那时，资本主义将难以维系。③ 托马斯·皮凯蒂则认为，现代资本主义经济已演化成一种“现代世袭制”，这种全球世袭资本主义造成了严重的财富收入不平等，使越来越多的中产阶级滑向贫困线。④

2. 互联网时代下的社会运动新变化

互联网社交媒体已经成为组织各种社会运动的新平台。国内外学者认为，互联网社交媒体在一定程度上推动了线下的社会运动，但革命活动并不是由社交媒体引发的。

(1) 西方社会运动的表现形式与积极意义

从近几年媒体报道和学者关注的热点来看，西方的社会运动主要集中在占领运动、反紧缩运动、颜色革命、反全球化运动和反种族歧视运动等方面。虽然这些运动的社会诉求各种各样，但大部分运动仍然具有积极意义。

有学者认为，当前西方社会运动的表现形式是“街头斗争”。民众选择街头斗争而非正常的、制度化的途径（例如参加选举）有很多原因，主要的原因是民众不再相信这些既定的制度参与途径仍然具有能力解决民主所面临的问题，不能满足社会的需求，所以要另辟蹊径。同时在越来越多的国家和地区，民主或者已经失去了其进步的动力，或者沦落为政客操纵的民粹主义。⑤

还有学者认为，占领华尔街运动体现了左翼平民主义传统。缺乏新意的口号，模糊的目标，虚弱松散的组织和行动，表明当今的平民主义已蜕化为一种宣泄不满、释放压力的社会行动，至多能为两党轮换和体制内微调制造一些社会氛围，不可能有更大的作为。⑥

---

① 国虹：《福山论资本主义与社会主义》，《新疆社会科学》2014年第3期。

② 邓纯东、贺新元：《梦醒西式民主》，《光明日报》2014年7月16日。

③ 伊曼纽尔·沃勒斯坦等：《资本主义还有未来吗?》，社会科学文献出版社2014年版。

④ [法] 托马斯·皮凯蒂：《21世纪资本论》，巴曙松等译，中信出版社2014年版。

⑤ 郑永年：《西方如何看待当代民主危机》，《经济导刊》2014年第6期。

⑥ 安然：《从平民主义的兴衰看美国社会矛盾的化解》，《史学月刊》2014年第2期。

齐泽克认为，不仅占领华尔街运动，而且中东和其他地区的社会反抗运动，实际上都是工薪资产阶级（即中产阶级）对资本主义经济的不稳定和危机的抗议，而非工薪无产阶级对资本主义制度本身的抗议。[①] 国内有学者对此持反对意见，认为无处不在的抗议、造反、起义、革命不是虚构的“中产阶级”的行动，而是以工人阶级为主体的广大被压迫人民、被压迫民族的行动。[②]

（2）互联网社交媒体推动社会运动发展

很多学者赞同，互联网社交媒体被用作征集运动资源的平台，而且一定程度上推动了线下的社会运动。互联网上的社会运动在对全球正义运动的认同过程中能够起到招募与协调作用，同时也能够使之进一步社会化，从而对政府及其政策产生重大影响。[③]

许多西方学者过多强调社交媒介的作用，将其作用神秘化。他们认为，数字媒体始终是解释制度的脆弱性及社会运动的成功最重要、最有效以及最必要的条件之一。有人持反对意见，所谓的“Twitter 革命”“Facebook 革命”等称谓都过于急切地简化社会运动产生的真正原因，将其根源归于某个单一的社会因素，因而也就无法认识社会运动的本质。新媒体平台所建构出的“虚拟社会”在一定程度上衍生于且寄生于现实社会，它所呈现出的自由与平等的幻象很容易遮蔽了表象之下传播与权力之间的激烈博弈。[④]

实际上，传播媒介只是一种景观和表象，网络的政治作用和潜在力量被普遍高估，“革命传播模式和社交媒体使用模式并没有关系，革命活动并不是由社交媒体引发的”。社交媒体在组织抗议方面的威力是有限的，并且也无益于政权推翻后建立一个稳定的政府。[⑤]

三　学科发展需要注意改进的问题

从总体上看，国际共运学科目前仍处于恢复和发展阶段。2014 年度，学界不仅对国际共产主义运动重大历史事件和组织进行了研究，而且结合国际金融危机背景下资本主义的制度缺陷、历史命运，对世界社会主义运动的发展现状、策略和前景进行了广泛探讨和深入研究，推动国际共产主义运动学科取得了比较大的发展。但是，国际共产主义运动学科依然存在不少需要改进的地方。尤其是，作为一门历史性和现实性都很强、兼具理论性与实践性、综合性与专题性等特点的学科，国际共产主义运动学科需要进一步加强综合整体研究，同时也需要加强创新性研究。

---

① 汪行福：《当代资本主义批判——国外马克思主义的新思考》，《国外理论动态》2014 年第 1 期。

② 卫建林：《2013 年土耳其、埃及、巴西等“6 月事件”和所谓“中产阶级”》，《世界社会主义研究动态》2014 年 1 月 2 日。

③ ［美］劳伦·朗格曼：《作为身份认同的全球正义：为一个更美好的世界而动员》，《国外理论动态》2014 年第 4 期。

④ 吴鼎铭：《西方新闻传播学关于新媒体与社会运动的研究现状——兼论“Twitter 革命”》，《福建师范大学学报》2013 年第 4 期。

⑤ 刘晖、王星：《新媒体技术在国外社会运动中的作用三论》，《中国信息安全》2014 年第 1 期。

（一）进一步加强对国际共产主义运动学科的整体性研究

国际共产主义运动学科涵盖的内容非常广泛，国际共产主义运动史（包括国际共产主义运动发展史上的重大事件、重要组织和人物）、当代世界社会主义运动（其中既包括现有社会主义国家的理论与实践，也包括资本主义国家共产党的发展状况与发展策略，还包括资本主义国家各种工人运动和社会运动以及资本主义国家各种社会主义思潮流派）等都应该纳入本学科的研究范畴。

虽然2014年度国际共产主义运动学科的研究范围和视野进一步扩大了，包括曾被排除在国际共产主义运动学科之外的各种国外社会主义思潮也愈益受到学界的高度重视，并正在得到系统研究，比如聂运麟正在主持研究的教育部重大委托项目“当代世界社会主义主要流派的历史演进研究”、吕薇洲主持完成正在结项的国家社科基金项目“世界社会主义运动视阈中的国外社会主义流派研究”等，都表现出学界开始从世界社会主义运动的视角，将社会主义主要流派置于世界社会主义运动的宏大历史视野中进行研究。但从总体上看，国际共产主义运动学科依然缺少科学的、相对稳定的基本理论体系，缺乏整体的研究视野。主要表现为学科研究中“厚今薄古”、“重动态介绍轻理论分析和规律探寻”的现象还比较突出。近年来出版的为数不多的国际共产主义运动方面的教材和著述，大都将重点放在对当代世界社会主义运动尤其是苏东剧变甚至国际金融危机以来世界社会主义运动的研究方面。尽管也有一些对历史事件、历史人物和组织的研究，但基本上处于碎片化研究状态，很少能有对国际共产主义运动全部历史进行系统整体研究的著述。似乎历史问题过时了，距离我们很远，殊不知，很多现实、热点问题都能从历史中找到根源，找到借鉴和启示。因此，应当结合近年来各种文献史料，尤其是中央编译出版社的《国际共产主义运动历史文献》、中国社会科学院世界社会主义研究中心近年来连续推出的《世界社会主义黄皮书：世界社会主义跟踪研究报告》等，加强对国际共产主义运动历史、理论与现实的长时段、整体性、系统性研究。2014年3月28日习近平总书记在德国科尔伯基金会的演讲中指出：“历史是最好的老师，它忠实记录下每一个国家走过的足迹，也给每一个国家未来的发展提供启示。”这一论述说明了历史研究的重要性，我们不仅要认真学习和研究党史、国史，也要系统学习和研究国际共产主义运动史，从历史中寻求规律和借鉴。

（二）进一步加强对国际共产主义运动的创新性研究

2014年，国际共产主义运动继续呈现出“低潮中奋进”的态势，“反思资本主义制度的弊病”“思考社会主义发展的未来”“探讨国外共产党和左翼的发展现状和前景”仍然是国际国内各种论坛和学术交流会议的共同主题。上述主题都是国际共产主义运动学科涵盖的内容，对这些问题的探讨有力推动了学科发展。

但是，尽管不少论坛规模不断扩大，人数不断增多，但由于参会人员背景多元，会议议题分散，致使一些问题不能得到深入探讨，甚至引发了一些争论，削弱了会议的影响力，甚至影响到国际共产主义运动的发展，这一点在国际论坛上表现得尤其突出。[①]

---

① 王喜满等：《第十五次共产党工人党国际会议的共识与分歧》，《当代世界与社会主义》2014年第2期。

国内相关论坛也存在为了包容更多的与会者，将主题定得比较泛，很难针对某一问题进行充分讨论和深入研究。相应地，在研究中也很难形成有创新性的成果。目前，国际共产主义运动学科学术成果不少，但是低水平重复、浅层面介绍的成果比较多，能够真正从历史与现实相结合、理论与实践相联系的角度，对一些国际共产主义运动重大理论和实践问题做出创新性探索的成果不多。正如有学者提出的：当前，国际共运学科亟待形成适应时代发展的新命题，在基础文献和跨学科综合研究等方面，存在理论创新力度不够问题。亟待推出有影响力的创新性成果。

（三）进一步深化对中国道路与国际共产主义运动双重互动的研究

推进国际共产主义运动学科研究的一个重要原因，是要为坚持和发展中国特色社会主义提供学理支撑。因此，对于中国道路的研究，尤其是对于中国道路与国际共产主义运动双重互动影响的研究，也是本学科研究的一个重要内容。

特别是当前，中国特色社会主义的发展，改变了当今世界社会主义与资本主义力量对比关系严重失衡的局面，优化了世界社会主义运动发展的国际环境，对于推动世界社会主义运动的复兴无疑具有非常重大的意义。“当今国际共运的一个重大成果就是中国特色社会主义道路的成功开辟，重构了社会主义与资本主义之间的关系。”[①] 学界围绕中国特色社会主义对国际共产主义运动的历史贡献和意义等，进行了比较深入的阐发。但是，对于当代世界社会主义运动对中国的影响，对于国际共产主义运动史重大事件和理论对中国的启示等问题的相关研究却显得有些薄弱。要本着深化对社会主义发展乃至人类社会发展的认识，本着为中国特色社会主义道路提供经验启示的目的，深化对中国道路与国际共产主义运动双重互动的研究。

（供稿：吕薇洲、刘海霞、遇荟、荀寿潇、刘向阳）

① 陈叶军：《中国道路拓展国际共运研究新境界》，《中国社会科学报》2014 年 7 月 23 日。

中国近现代史基本问题*

一 研究概况

（一）研究方向和特点

2014 年，全国党建学界紧紧抓住坚持和发展中国特色社会主义这个主题，牢牢把握党建研究的正确方向，加强对党的建设全局性、基础性、现实性问题的研究，深化对新形势下党的建设的规律性认识，以党建研究的新成果为全面提高党的建设科学化水平作出了新贡献。

一方面，对习近平党建思想的研究不断深入。结合学习习近平总书记一系列重要讲话精神，党建学者和理论界发表了许多关于习近平党建思想的研究成果。另一方面，对党建现实问题的研究不断深化。特别是围绕推进党的建设制度改革的新实践新要求，2014 年全国党建研究会确定的重点研究课题有“国家治理体系和治理能力现代化与深化党的建设制度改革研究”“深入整顿用人上的不正之风研究”“党的群众路线教育实践活动经验和健全改进作风常态化制度研究”3 项。同时，还列出了自选研究课题 70 个，这些课题涉及党的建设的方方面面，突出了当前迫切需要研究的重点、难点和热点问题。

2014 年，从中共党史来说，是一个纪念众多的年份：邓小平诞辰 110 周年，任弼时诞辰 110 周年，五四运动爆发 95 周年，古田会议召开 85 周年，红军长征出发 80 周年，新中国成立 65 周年，1954 年宪法通过 60 周年，等等。习近平总书记发表了一系列对党史研究具有重要指导意义的讲话。在邓小平诞辰 110 周年座谈会上的讲话、在庆祝人民政协成立 65 周年会议上的讲话、在卢沟桥事变爆发 77 周年纪念活动上的讲话、在纪念中国人民抗日战争暨世界反法西斯战争胜利 69 周年座谈会上的讲话、在第一个国家公祭日上的讲话，等等，对推进中共党史研究具有重要指导意义。党史学界围绕今年的纪念事件和人物进行了深入研究，如出版了《邓小平传（1904—1974）》，展开了党史宣传教育，如电视片《历史转折中的邓小平》，党史学科更好地发挥了资政育人的作用。

2014 年，党史学科发展具有四个新的特点。

第一，党史学界更加重视探讨党史研究的理论和方法，重视党史学科体系的探讨。党史学界学习了习近平总书记在纪念毛泽东同志诞辰 120 周年讲话对党史研究的理论指导与方法论意义，国家社科基金重大课题专门研究党史学科体系，《中共党史研究》等单位专门召开了中共党史学理论与方法研讨会。中共中央党史研究室原主任欧阳淞出版

---

* 本报告主要关注党建党史学科问题的研究。

了《党史学基本问题研究》。著名党史专家金冲及在《一本书的历史》中回忆了在编写《中国共产党的七十年》一书过程中胡乔木、胡绳两位党史大家的内部讲话对推进中共党史学科发展的指导意义。

第二，党史学界更加重视党史资料的整理、出版、鉴别。在纪念邓小平同志诞辰110周年之际，中央文献研究室编辑出版了《邓小平文集》；搜集出版中共早期领导人遗著，人民出版社出版了长达近300万字的《恽代英全集》；搜集散见海外的中共党史资料；围绕注重党史资料的考证、鉴别，发表了一些研究文章，如中国社会科学院当代中国研究所王爱云在《党的文献》2014年第6期发表的《如何正确运用中国当代史料刍议》。

第三，重视对党史研究成果的评价。党史研究评论有助于党史学科的健康发展。特别是国外的党史研究著作，长期以来学术界引进得多，学理性的分析评价少。今年这种状况有所改变。中共中央党史研究室主任曲青山在《中共党史研究》2014年第1期发表长篇文章《〈邓小平时代〉若干史实及其文字考订》，分析了美国学者傅高义的《邓小平时代》，更正了书中的一些史实错误。

第四，更加重视批判党史研究中的历史虚无主义。长期以来，中共党史一直是历史虚无主义思潮的重灾区。党史学界针对党史研究中历史虚无主义思潮的新变化，如认为中共党史研究的指导思想马克思主义是历史虚无主义，马克思主义指导下的历史认识是最大的历史虚无主义等错误观点，从理论上进行驳斥，如中国社会科学院马克思主义研究院龚云研究员发表了长篇商榷文章①；同时，学界还运用大量史实，从具体的历史个案中进行驳斥，李慎明、李捷主编的《还原历史的本原》就是这方面的代表性成果。

（二）主要活动

2014年，中央和学术界围绕学习研究习近平重要讲话，以及邓小平诞辰110周年等重要纪念活动，开展了众多的活动和学术研讨。主要的活动有：

1.2014年6月12日，中央党史研究室宣教局、《中共党史研究》杂志社在京召开了“中共党史学理论与方法研讨会”，会议探讨了党史研究理论和方法的重要性及加强党史研究理论和方法的途径。

2.2014年7月29日，中央党史研究室、中国中共党史学会、中国中共党史人物研究会在北京联合召开“全国党史界纪念邓小平同志诞辰110周年学术研讨会”。会议围绕“邓小平与中国特色社会主义”这一主题，从不同角度阐释了邓小平的卓越贡献。

3.2014年8月20日，中共中央召开了纪念邓小平同志诞辰110周年座谈会。习近平总书记发表了重要讲话，高度评价了邓小平的丰功伟绩，阐述了邓小平的革命风范。

4.2014年8月19日至22日，全国纪念邓小平同志诞辰110周年学术研讨会在北京召开。刘云山发表了重要讲话，提出了深入研究邓小平理论的重要指导意见。

5.2014年9月21日，庆祝中国人民政治协商会议成立65周年大会在北京召开，习近平发表了重要讲话。

6.2014年9月25日，主题为“正确认识改革开放前后两个历史时期的关系”的纪

① 龚云：《谁是真正的历史虚无主义者——与〈炎黄春秋〉作者商榷》，《马克思主义研究》2014年第9期。

念新中国成立65周年座谈会在京召开。会议由中华人民共和国国史学会、中国延安精神研究会和中国社会科学院马克思主义史学理论论坛共同主办。会议围绕改革开放前后两个历史时期的关系问题，用鲜明的观点和铁的事实，充分论述了新中国65年是一个光辉的有机整体的道理，有力驳斥了否定新中国成就的历史虚无主义谬论，深刻阐明了坚定中国特色社会主义道路自信、制度自信、理论自信的依据。

7.2014年9月28日，甘肃省举行纪念陕甘边区苏维埃政府成立80周年座谈会。会议认为，陕甘边区苏维埃政府的成立是陕甘边革命斗争史上具有重要意义的一件大事，标志着陕甘边的革命斗争达到了一个新高潮。

8.2014年10月8日，中央党的群众路线教育实践活动总结大会以电视电话会议形式召开。习近平出席会议并发表重要讲话，对党的群众路线教育实践活动进行总结，并对巩固和拓展教育实践活动成果、加强党的作风建设、全面推进从严治党进行部署。

9.2014年12月19日，全国组织部长会议在京召开。刘云山出席会议并讲话，强调要突出全面从严治党这个主线，坚持思想教育从严、干部管理从严、作风要求从严、组织建设从严、制度执行从严，统筹推进党的建设和组织工作各项任务，为全面建成小康社会、全面深化改革、全面推进依法治国提供坚强组织保证。

（三）中国社会科学院党建党史学科建设状况

中国社会科学院党建党史学科在学科带头人金民卿带领下，依托党建党史研究室，开展了丰富多彩的学术活动。

学术会议。2014年11月15日至16日，由中国社会科学院马克思主义研究院主办的首届“执政党建设理论与实践论坛”在广西临桂县举行。围绕“习近平总书记党建思想与当代中国党建实践”这一主题。来自全国20多个省市区的80多位专家学者进行了热烈的讨论。

课题调研。邓纯东主持“中国梦与浙江实践（党建卷）”课题，率领课题组成员金民卿、戴立兴等先后于2014年5月、8月、10月赴浙江杭州、绍兴、台州、温州等地进行调研和参加课题提纲讨论、稿件修改工作。9月和11月，陈志刚率领“沂蒙精神研究”课题组在临沂进行了调研。

创新工程。金民卿主持的“马克思主义中国化思想通史”，陈志刚主持的“习近平党建思想研究”创新工程课题，龚云主持的“坚持改革的社会主义方向”顺利推进，发表了一系列阶段性成果，完成了预期目标。

要报撰写。围绕着混合所有制、意识形态、教材安全等问题出谋划策，撰写要报近20篇，其中2篇得到中央重要领导的批示。

学术成果：学科4位成员本年度发表论文30余篇。其中主要有：《全面深化改革必须牢牢坚持中国特色社会主义的正确方向》（金民卿，《马克思主义研究》2014年第1期）；《习近平党的建设思想六论》（陈志刚，《理论探索》2014年第6期）；《习近平管党治党新思想研究》（戴立兴，《探索》2014年第6期）；《谁是真正的历史虚无主义者——与〈炎黄春秋〉作者商榷》（龚云，《马克思主义研究》2014年第9期）。

二　党建党史学科若干重大问题研究

（一）习近平党的建设新思想新观点研究

党的十八大以来，习近平同志围绕党的建设，提出了许多新思想、新观点、新论断、新举措，深刻回答了党的建设的重大理论和实践问题，深化了对执政党规律的认识，丰富发展了马克思主义建党学说，为全面提高党的建设科学化水平提供了新的重要理论指导。学术界围绕其创新思想从各个方面进行了讨论。

1. 党建创新思想的主要内容。中国社科院马克思主义研究院陈志刚研究员把习近平党的建设的思想最主要的创新内容概括为“六论”：治党理念“打铁论”，表明了新一届党中央从严治党的理念和承诺；理想信念“补钙论”，表明了新一届党中央对党内种种问题的根源的诊断；组织建设“优化论”，体现了党中央对党员和干部队伍政治素质优化的新要求；作风建设“抓早抓小论”，表明了习近平以党的作风为切入点推进党的建设的新思路，以及注重抓早抓小的辩证思维；反腐败“零容忍论”，体现了我们党惩治腐败的高度自觉和新策略；制度建设“笼子论”，反映了加强制度严密性和提高制度执行力的新要求。①

2. 党建创新思想之间的逻辑关系。习近平党建思想是一个逻辑严密的科学体系。中央党校叶笃初教授指出，“中国梦”是习近平党建思想的战略出发点。习近平总书记提出的“中国梦”战略目标，对党的建设具有重要的指导意义，是党的建设的提神之笔。② 福建省委党校靳志强博士还指出，党的“五项建设”是习近平党建思想的主要内容；“党的群众路线教育实践活动”是习近平党建思想的实践环节。③

3. 党建创新思想的核心问题。新世纪新阶段，国内国际形势发生了新变化新挑战，使党要管党、从严治党面临的问题更加突出。习近平围绕这个问题作了很多思考。在2014年10月8日的群众路线教育实践活动总结大会上，习近平总结了从严治党的八点经验：第一，落实从严治党责任；第二，坚持思想建党和制度治党紧密结合；第三，严肃党内政治生活；第四，坚持从严管理干部；第五，持续深入改进作风；第六，严明党的纪律；第七，发挥人民监督作用；第八，深入把握从严治党规律。因此，中国延安干部学院兼职教授姚桓认为，习近平总书记党建思想的中心思想是“党要管党，从严治党”，围绕这一中心，对党的建设的主线和整体布局提出了新的要求。④ 全面从严治党是习近平总书记党建思想的最大特色。

4. 党建创新思想的特点。习近平党建创新思想内涵丰富，无论是思想内容，思维方式还是语言风格，都有一些新特点。湖北省委党校党史党建教研部主任任大立认为，习近平总书记党建思想在内容上有六个特点：第一，贯穿一个“严”字，强调从严治

---

① 陈志刚：《习近平党的建设思想六论》，《理论探索》2014年第6期。

② 叶笃初：《习近平总书记党建战略思想》，《人民论坛》2014年第38期。

③ 靳志强：《论习近平党建思想的科学体系、特征和意义》，《福建省社会主义学院学报》2014年第4期。

④ 姚恒：《党要管党，从严治党——习近平执政党建设讲话的中心思想》，《理论探索》2014年第5期。

党，把从严治党贯穿到党的建设的各个方面；第二，强调一个根本，以党章为本，把党章作为治党管党的总依据；第三，突出一个重点，强调领导示范，把领导干部作为重点；第四，坚持问题导向，把解决党内存在的突出问题作为加强党的建设的突破口，有鲜明的实践风格；第五，重视制度建设，注重用具体的规章制度规范党员干部的行为；第六，着力一个“新”字，坚持以改革创新精神推进党的建设制度改革。①

中国社会科学院马克思主义研究院马克思主义中国化部主任金民卿研究员认为，习近平关于党的建设的重要讲话处处充满着辩证法。第一，毫不动摇地坚持主义，脚踏实地地解决问题，把坚持中国特色社会主义方向同解决当前党建领域的重大问题有机统一起来。第二，依靠学习走向未来，通过调查研究奠定谋事之基，把学习和坚持马克思主义基本理论同坚持从人民群众的社会实践中集中智慧有机统一起来。第三，坚定理想信念，站稳人民立场，把共产主义的远大理想同为人民服务的根本宗旨有机统一起来。第四，树立辩证思维，处理重大关系，把马克思主义的科学方法和从严治党的具体行动有机统一起来。第五，贯通历史现实未来，超越陈规开拓创新，把历史主义、现实主义和理想主义有机统一起来。②

习近平关于党的建设的重要讲话在语言上也有其新风格。中国人民大学马克思主义学院副院长杨凤城教授指出，其突出特征有：一是善用民间反映生活智慧、生活经验的谚语、俗语，形象、准确、深刻；二是善用传统文章辞赋、儒学经典中凝结着历史经验和生命智慧的名言。③

另外，学界还就习近平总书记关于党的建设的各个具体方面的创新思想进行了阐述。

（二）加强理想信念问题的研究

理想信念是共产党人安身立命的根本。党的十八大以来，习近平总书记就新形势下“培育什么样的理想信念、如何培育理想信念”这个“总开关”问题作出了新部署，推动了中国特色社会主义理想信念新体系的构建。

关于共产主义理想信念的价值认识问题。空军大连通信士官学校杨雁飞教授认为，“共产主义理想信念的理论价值是对人类社会发展历史及其规律的认识和掌握；其现实价值在于坚持中国特色社会主义共同理想；其实践价值在于把共产主义理想信念融入中国梦。”④

关于共产主义理想信念的内涵、特性问题。复旦大学马克思主义学院副院长、副教授李冉提出：“在习近平的论述中，共产党人的信仰是指马克思主义，共产党人的理想（习近平有时称之为‘远大理想’或者‘崇高理想’）指的是共产主义，共产党人的信念指的是社会主义，全社会的共同理想指的是中国特色社会主义，‘24 个字’核心价值观

---

① 任大立：《习近平党建思想的主要特点》，《政策》2014 年第 4 期。

② 2014 年 11 月 15 日，金民卿在广西临桂召开的“首届执政党建设理论与实践论坛”上的发言。

③ 2014 年 11 月 15 日，杨凤城在广西临桂召开的“首届执政党建设理论与实践论坛”上的发言。

④ 杨雁飞：《共产主义理想信念价值再认识》，《人民论坛》2014 年第 11 期。

是国家、社会、个人层面上的最大公约数。”[①] 总之，在习近平的论述中，理想信念是一个完整的理论形态。青岛科技大学经济与管理学院助教李雯雯则认为，“新时期党员理想信念的内涵，指的就是共产主义理想和中国特色社会主义信念。中共党员理想信念具有理想与信念、组织与个人、目标与过程的统一性三个显著特性”。[②]

关于党员干部共产主义理想信念的信仰问题。中共福清市委党校教授陈融梅认为，当前存在的主要问题有：一是部分党员干部入党动机不纯，功利化倾向明显；二是部分党员干部信仰动摇、信仰多元、信仰缺失；三是部分党员干部进取精神弱化，宗旨观念淡薄。[③] 鞍山师范学院杨晓光博士认为，理想信念缺失，是多种因素共同作用造成的，既有在国际层面、我国历史文化层面和我国社会正在经历着转型期原因，也有干部个人主观上的思想懈怠和党的监督机制不健全因素。[④] 厦门市委党校讲师杨正武提出，党员干部坚定的理想信念是实现中国梦的核心动力，理想信念教育是坚定理想信念的根本途径。加强党员干部理想信念教育的时代路径在于：“以与时俱进的精神全面提升理想信念教育工作效果，重在坚持传承与创新，突出理想信念教育的实效性；注重内容分解，增强理想信念教育的渗透性；科学区分对象，提高理想信念教育的针对性；抓住新兴媒体，体现理想信念教育的时代性。”[⑤]

（三）关于作风建设的研究

当前，我国社会处在社会转型期和改革矛盾凸显的关键时期，加强作风建设对于巩固党的执政地位意义深远。

对于健全改进作风常态化制度问题，理论界一致认为很重要。中共上海市委党校教授刘红凛提出：“新时期建立健全党的作风建设常态机制，必须正确认识党的作风问题的主观与客观根源，对症下药；党员干部必须自觉加强思想、理论、道德、纪律、政治等党性修养；必须建立与完善领导干部以身作则的制度与机制，因为领导干部以身作则是党风建设的关键；必须从严治党，建立与完善作风建设制度体系，为此，必须深化党的建设制度改革，改革与完善领导体制、领导方式，建立完善与作风建设相关的体制机制，其中，最为关键的是选人用人机制、决策机制、权力监督制约机制与简政放权。”[⑥] 中央组织部党建研究所副所长彭立兵提出，建立健全党的作风建设常态机制，重点应做好以下六个方面：一要加强党员干部党性教育和锻炼，建立健全党的作风建设固本机制；二要严格要求党员干部，建立健全党的作风建设日常管理机制；三要聚焦“四风”问题，建立健全党的作风建设防控机制；四要从领导机关和领导干部抓起，建立健全党

---

① 李冉：《高举理想信念的旗帜，坚守共产党人的精神追求》，《毛泽东邓小平理论研究》2014年第10期。

② 李雯雯：《中共党员理想信念内涵及特性探究》，《胜利油田党校学报》2014年第4期。

③ 陈融梅：《新形势下推进党员理想信念建设的思考》，《湖南行政学院学报》2014年第5期。

④ 杨晓光：《共产党员理想信念缺失的原因探析》，《辽宁行政学院学报》2014年第8期。

⑤ 杨正武：《论加强党员干部理想信念教育的时代路径》，《中共福建省委党校学报》2014年第10期。

⑥ 刘红凛：《建立健全党的作风建设常态机制的调查与思考》，《中共中央党校学报》2014年第2期。

作风建设领导示范机制；五要直接联系群众、服务群众，建立健全党的作风建设实践活动机制；六要以群众满意为本，建立健全党的作风建设考核测评机制。①

而对党员干部作风做出科学、准确的评价，关键在于要找出党员干部作风表现的途径及影响其进程的主要因素，必须要有一个科学性的指标体系，又力求体现一定的先进性和可操作性。针对于此，国家统计局厦门调查队李子才提出，要重点建立思想作风建设评价指标体系、学风建设评价指标体系、工作作风建设评价指标体系、生活作风建设评价指标体系。②

华东政法大学副教授李卫华从法治视角对作风建设进行审视。他提出："以法治思维法治方式抓作风建设，既要遵循社会主义法治理念，实现党性观念与法治理念的时代统一；更要用法治思维来分析作风建设常态化体制机制，注重作风建设工程、体制、具体制度与行为规范的系统性、整体性、全局性；还必须努力学会用法治方法抓作风建设，致力于作风建设模式从传统向现代的转变。这将有助于建立作风建设的长效机制、实现党的作风建设的制度化规范化常态化。"③

（四）党内民主问题的研究

2014 年以来，学者对党内民主的研究不断深入，关注点主要集中在如下几个方面：

其一，积极探讨了党内民主发展的经验。兰州大学教授刘先春等提出："发展党内民主要坚持党的领导有序稳步推进；坚持党内民主制度化建设的基本方向；坚持党员的民主权利是党内民主建设的中心内容这一基本价值取向；要进一步规范和约束党内权力，促进党内权力与党员权利的有序和谐；要进一步明确党内民主文化建设的重要性和紧迫性，增强党员的民主素养，切实优化党内民主环境；要坚持党内基层民主建设的基础性地位，鼓励、支持、引导基层民主实践，积极探索有效的民主形式；发展党内民主要辩证看待党内民主，正确处理好党内民主的诸种关系；发展党内民主要坚持从实际出发走自己的路，同时要不断学习和借鉴人类政治文明的有益成果。"④

其二，积极探讨了民主集中制问题。中国延安干部学院教授肖纯柏认为，"民主与集中不是简单的对应关系、机械组合关系和决策的先后顺序关系。民主与集中互为前提与目的，相互依存与保障，组成相互作用的有机体。民主到集中的过程，是思想层面的集中、利益层面的集中和组织行动层面的集中过程，也是发挥民主集中制的整体功能和制度优势的过程"。⑤ 河南省社会科学院研究员闫德民提出，"党的民主集中制在贯彻执行过程中往往容易发生集中制畸变为个人专断的'家长制'、集体领导畸变为集体领导外表掩盖下的个人专断、民主集中制畸变为以权谋私工具等变异现象"。⑥ 为此，中共

① 彭立兵：《建立健全党的作风建设常态机制》，《共产党员》2014 年第 15 期。

② 李子才：《党员干部作风建设评价指标体系构建初探》，《中共福建省委党校学报》2014 年第 6 期。

③ 李卫华：《法治视阈中的作风建设》，《中共中央党校学报》2014 年第 3 期。

④ 刘先春、杨安：《成长逻辑：中国共产党党内民主建设的几点启示》，《理论探讨》2014 年第 1 期。

⑤ 肖纯柏：《民主集中制是我们党最大的制度优势》，《党的文献》2014 年第 3 期。

⑥ 闫德民：《党内民主集中制变异现象及其防治》，《中州学刊》2014 年第 9 期。

湖南省委党校教授肖湘提出，要坚持以改革创新精神健全党内民主制度体系，必须把握好健全党内民主制度体系的基本思路与着力点。“基本思路是：健全党内民主制度体系的目标和原则、统筹和重点以及执行和评估。着力点是：以落实党员‘四权’为着力点健全党员权利保障制度，以实行党代会代表提案制为着力点完善党的代表大会制度，以规范差额提名、差额选举为着力点完善党内选举制度，以强化全委会决策和监督作用为着力点完善党委议事决策制度，以扩大党内基层民主为着力点完善党内基层民主制度。”①

其三，积极探讨了以党内民主推进社会民主问题。西华师范大学副教授尹学朋提出，“社会治理既包括自上而下的管理，又包括自下而上的自治。党内民主要带动人民民主发展，人民民主要促进党内民主的发展，就必须建立两者之间良好的互动机制，而社会治理则在这一互动机制中发挥重要作用，这需要提高社会治理水平以促进党内民主和人民民主之间开展良好的互动”。② 总之，推进国家治理体系和治理能力现代化，必须紧密结合中国民主政治实际，善于运用制度和法律治理国家，促进党内民主与人民民主的有机衔接和良性互动，把各方面制度优势转化为治理国家的效能，提高党的科学执政、民主执政、依法执政水平。

（五）党的建设制度改革的研究

“深化党的建设制度改革”，是党的十八届三中全会通过的《中共中央关于全面深化改革若干重大问题的决定》提出的重大命题和任务，其目标是：紧紧围绕提高科学执政、民主执政、依法执政水平深化党的建设制度改革，加强民主集中制建设，完善党的领导体制和执政方式，保持党的先进性和纯洁性，提高党的领导水平和执政能力。十八届三中全会以来，党的建设制度改革迈出坚实步伐。2014 年还通过了《深化党的建设制度改革实施方案》，全面阐述了党的建设制度改革的总体要求和基本目标，明确了重点内容和责任分工，规划了推进各项任务的时间表、路线图，体现了深化党的建设制度改革的顶层设计。党的建设制度改革，在 2014 年备受学界关注。

1. 党的建设制度改革的内涵。党的建设制度改革，与党的制度建设具有不同的内涵。党的制度建设根据党的建设的需要而制定完善相关制度、强化制度执行的问题，包括完善制度执行的体制机制、能力水平成效等内容。党的建设制度改革则侧重以改革实现党的制度的自我完善，以党的建设制度改革促进党领导的改革事业。党的建设制度改革体现了党对当前制度建设中存在问题的清醒认识，也体现了对党的建设规律的深刻把握。因此，党的制度建设是党的建设制度改革的基础和前提，党的建设制度改革是当前加强党的制度建设的现实选择，从建设提升到改革层面，开拓了健全完善党的制度的新路径，也开辟了党的制度建设的新领域、新境界。③

2. 推进党的建设制度改革的必要性。中央政策研究室副主任江金权从党的建设制度改革与全面深化改革的密切关系方面分析指出，党的建设制度改革既是全面深化改革

---

① 肖湘：《健全党内民主制度体系的基本思路与着力点》，《中国井冈山干部学院学报》2014 年第 2 期。

② 尹学朋：《社会治理视阈下党内民主与人民民主互动机制探究》，《理论探讨》2014 年第 4 期。

③ 韩强：《论深化党的制度建设改革》，《理论学刊》2014 年第 1 期。

的重要内容，也是实现全面深化改革目标的重要保证。一方面，确保全面深化改革取得成功，关键是各级党委要始终坚持正确改革方向。能否在各种思潮相互激荡面前牢牢把握全面深化改革的正确方向，是对各级党委的重大考验。另一方面，确保全面深化改革取得成功，还需要各级党委提高领导改革的水平。所有这些都与党的建设制度改革密切相关。[①] 北京联合大学韩强教授从党的制度建设的不足阐述了深化党的建设制度改革的必要性和紧迫性。第一，党的制度建设虽然取得明显进展，但有的制度规定还不适应对外开放和市场经济的要求。第二，党的制度建设的规范化、程序化有所改进，但科学化水平仍有待提高。第三，党的制度建设注重发挥政治和制度保障作用，但与改革的协同性还需要加强。[②]

3. 党的建设制度改革的路径和重点任务。中央政策研究室副主任江金权从四个方面进行了分析。第一，加强民主集中制建设，完善党的领导体制和执政方式。要完善决策机制，提高决策水平；完善各级党委、政府的运行机制；进一步形成科学有效的权力制约和协调机制。第二，要深化干部人事制度改革，为造就高素质干部队伍、人才队伍提供制度保障。要完善干部选拔任用相关制度；改革和完善干部考核评价制度；完善干部管理相关制度；建立集聚人才体制机制。第三，要健全改进作风常态化制度，以优良作风为全面深化改革保驾护航。要完善领导干部直接联系群众和服务群众制度，健全领导干部带头改进作风、深入基层调查研究机制；健全改进文风会风制度；完善艰苦奋斗勤俭节约制度，健全严格的财务预算、核准和审计制度；健全选人用人制度，完善选人用人专项检查和责任追究制度；改革政绩考核机制；规范并严格执行领导干部工作生活保障制度；健全反对特权相关制度。第四，要加强反腐败体制机制创新和制度保障，努力实现干部清正、政府清廉、政治清明。要落实党风廉政建设责任制，改革党的纪律检查体制，健全反腐倡廉法规制度体系。[③]

4. 党的建设制度改革的特点。四川省委党校副校长裴泽庆教授从五个方面分析指出：第一，从执政党和领导党的双重政治定位看，党的建设制度改革具有顶层性，必须传导出自身的价值性、政治的方向性、党的人民性。第二，从深度融入全球化背景下执政党应有的国际视野看，党的建设制度改革具有全局性。全球化的深度发展给我们党的执政能力既注入了新内涵更提出了新课题。第三，从全面深化改革的总目标看，党的建设制度改革具有系统性。党的建设制度改革包含着党的领导体制、执政方式的改进和完善，党的建设制度化成果是国家治理现代化成果的基础。第四，从新一届中央领导集体的历史担当和执政风格看，党的建设制度改革具有开拓性；第五，从党的建设制度改革的相关性问题看，党的建设制度改革具有关联性。[④] 四川省委党校李锡炎教授指出，党的建设制度改革必须从“六大体制改革”的总体布局中把握其时代定位，从国家治理体

---

① 江金权：《深化党的建设制度改革，为全面深化改革提供坚强保证》，《党建》2013 年第 12 期。

② 韩强：《论深化党的制度建设改革》，《理论学刊》2014 年第 1 期。

③ 江金权：《深化党的建设制度改革，为全面深化改革提供坚强保证》，《党建》2013 年第 12 期。

④ 裴泽庆：《五维观察：党的建设制度改革的特点和意义》，《中国井冈山干部学院学报》2014 年第 5 期。

系和治理能力现代性这一总目标下把握其精髓要义，从完善党的领导体制和执政方式上把握其中心环节。①

5. 深化党的建设制度改革的原则。中共中央党校党建教研部张晓燕教授指出，深化党的建设制度改革，其定位是为实现国家治理体系和治理能力现代化的全面深化改革总目标提供政治保障，其总的原则应该与全面深化改革坚持的原则相一致，并体现党的建设制度自身的特点。一是坚持和改善党的领导；二是坚持顶层设计和实践创新相结合；三是注重总体设计和统筹协调；四是要把党内法规作为党的建设制度顶层设计的主要载体和实现形式，注重党内法规的综合性，提高党内法规制度的集成性；五是坚持党的建设制度改革与国家法治建设相衔接。②

总体上说，党的建设制度改革是一个系统工程，虽然学者们的研究涉及深化干部制度改革的若干主要方面，但这些研究还是初步的，大多也是原则性的，并没有触及制度改革的深层次问题，许多具体问题也没有涉及，对策措施的操作性也不够强。学者对于党内制度的科学体系如何构建，党内领导体制应该如何理顺等等，都缺乏更具体、深刻的思考。只有真正回答和解决了这些问题，党的制度建设的科学化水平才能提高，党的建设制度改革才能真正深化。③

（六）关于党史研究理论和方法的探讨

2014年党史研究的一个鲜明特点是注重对党史研究的理论与方法的探讨。中央党史研究室召集了专门的研讨会。党史学界围绕下面两个问题进行了探讨：

第一，关于党史研究理论的重要性。北京师范大学党委副书记王炳林教授认为，中共党史学的理论问题之所以重要，是因为历史研究离不开理论指导。史学是客观历史的主观反映。所以，史学的核心内容是历史观。人们对于复杂的历史现象总会做出自己的评价，这种对历史的根本看法就是历史观。中国人民大学马克思主义学院副院长杨凤城教授认为，讨论中共党史的理论与方法有两个问题有特殊的意义：一个是如何看待历史学的规范、方法与社会科学方法的关系问题，一个是如何看待唯物史观与其他人文社会科学方法的关系问题。

第二，如何加强党史研究理论与方法，学者们提出了不少建议。

必须坚持马克思主义指导。中共党史学是一门具有鲜明党性的历史学科，必须以马克思主义为指导。中共中央党史研究室原主任欧阳淞在2014年出版的《党史学基本问题研究》一书中指出，只有坚持马克思主义立场观点方法，才能解决党史研究的根本问题：一是坚定党史研究的立场，牢牢站稳党和人民的立场；二是端正党史研究的观点，包括世界普遍联系永恒发展的观点、社会存在决定社会意识的观点、人民群众是历史创造者的观点，等等；三是丰富党史研究的方法，包括透过现象看本质的方法、阶级分析的方法、具体问题具体分析的方法，等等。

必须提高党史研究者的专业素养。欧阳淞从三个方面论述了关于加强党史研究者专业修养的重要性问题：第一，史学研究者要走向成功，应当提高专业修养；第二，史学

---

① 李锡炎：《深化党的建设制度改革的新思维与大方略》，《党政研究》2014年第2期。

② 张晓燕：《深化党的建设制度改革顶层设计的思考》，《理论学刊》2014年第1期。

③ 韩强：《深化党的建设制度改革的几个问题》，《中国浦东干部学院学报》2014年第5期。

研究者要提高专业修养，应当借鉴中国传统史学“史家四长”的思想；第三，党史研究者要借鉴“史家四长”，应当注重研究党史学基本问题。①

应该推进党史学术史反思，避免党史学理论研究流于一般化。北京市委党史研究室主任谢荫明认为，任何事物的演进都有一个变化的过程，都有其历史。要使党史研究深入，应当注意党史学自身发展的历史，即中共党史学史。学习和研究中共党史学史，益处良多，主要表现为：(1) 可以深入了解党史学科从简约到繁荣的既往；(2) 可以发现党史研究的缺口，知道前人已经做了什么，才能集中力量，少走弯路，以最有效的方式，投入大量人力，攻克党史研究中的重点和难点，连接起中共党史学科发展的链条；(3) 便于新旧资料的比较和使用，得出正确观点；(4) 可以总结前人研究的经验，更容易提炼出规律，丰富中国史学史和人类的认识史；(5) 可以看到前辈的足迹，发现他们的高尚情操、优秀品格和科学的精神。中央党校中共党史教研部主任谢春涛教授也认为，党史工作者应注重向党史研究方面的大师名家学习。在大家所公认的取得杰出成就的胡绳、胡华、龚育之等人身上，至少体现了四个方面的能力和素养：一是丰厚的史料积累。研究党史要有丰厚的史料积累，观点见解都应有充足的史实依据。只有这样，研究成果才会得到别人的尊重。二是扎实的理论功底。研究党史要掌握历史唯物论，了解相关学科的理论和方法。只有这样，才能从浩瀚的史料当中总结提炼出有用的东西，才能提出有深度和启发意义的见解。三是深入的现实思考。党史工作者必须了解现实，而且对现实问题应有深入的思考。只有这样，才能把握历史同现实的联系，才能发挥党史学的社会功能。四是生动可读的表达。党史学成果应该好听、好看，富有感染力、影响力。

需要辩证视角。中央文献研究室外宣办副主任、《党的文献》常务副主编杨明伟认为，党史研究要做到注意“细节”与抓住“大节”的辩证统一；理论思维与史实考据的辩证统一；党史研究的党性与科学性的辩证统一。

加强中共党史研究的理论与方法创新。扬州大学马克思主义学院周一平教授认为，中共党史研究的理论创新有三种类型：一是提出突破前人的理论，提出前人没有提出过的理论，即进行理论的原创。这是高层次的理论创新。这方面的工作国内似乎还没有人在做，应该是今后追求的目标；二是运用新理论。运用他人提出的新理论、运用其他学科的理论来研究中共党史，即运用党史研究中尚未运用过的理论进行研究；三是进行新的理论分析，提出新的理论观点，即进行前人没有进行过的理论分析，提出前人没有提出过的理论观点。中共党史研究的方法创新也有三种类型：一是创造新的研究方法或叙述方法、编纂方法，进行方法的原创。在数十年中共党史研究的发展过程中，几乎没有研究方法的创新，这对于中共党史研究的发展、繁荣是不利的。二是运用新的研究方法或叙述方法、编纂方法。如运用他人新创造的方法来研究中共党史，运用其他学科的方法来研究中共党史。运用新方法研究中共党史是相对滞后的，需要多一点鼓励。三是在运用已有的方法中实现创新，运用新方法体现出新意。运用新理论、进行跨学科研究，是实现新方法运用的有效途径。运用新方法要注意以历史唯物主义作指导。

---

① 欧阳淞：《在党史研究理论与方法研讨会上的讲话》，《中共党史研究》2014年第9期。

（七）历史虚无主义思潮的新变化

历史虚无主义思潮是20世纪90年代中期以来出现的一种政治思潮。这种思潮否定以马克思主义为指导形成的全部历史认识体系，否定中国人民的进步史和中国共产党领导的革命、建设和改革史，达到否定四项基本原则，进而乱史灭国的目的。伴随着国内外形势的变化，其表现形态也呈现出新特点。2014年历史虚无主义思潮的新特点：从理论上重新解释历史虚无主义的内涵，争夺反对历史虚无主义话语权，直接指向中国共产党的指导思想，将马克思主义称为历史虚无主义，把马克思主义历史认识体系特别是党史认识体系称为教条主义历史虚无主义，把反对历史虚无主义者称为最大的历史虚无主义者，制造思想混乱，呈现出赤裸裸的政治性。

《炎黄春秋》2014年第5期发表了尹保云、马龙闪、郭世佑的三篇文章，试图重新阐述历史虚无主义思潮的内涵、来龙去脉和表现，重新界定历史虚无主义，抢夺批判历史虚无主义的旗帜。这些文章的核心观点，颠覆了人们对历史虚无主义的认识，提出马克思主义就是历史虚无主义，把马克思主义指导的历史认识体系，作为教条主义历史虚无主义来批判。

针对历史虚无主义思潮的这种新动向，中国社会科学院张海鹏研究员等发表文章进行反驳①，指出：第一，批判历史虚无主义已经不再是单纯的学理探讨，这些学者目标明确地挑战中国共产党的指导思想和中华人民共和国的主流意识形态，否认中国革命史和新中国的建国史，这已经威胁到中国共产党的执政安全和新中国的意识形态安全，暴露出这些学者的政治意图。在当前，反对历史虚无主义思潮有着特殊的紧迫的现实政治意义。第二，说马克思主义终结历史是一种毫无根据的攻击。马克思主义是在欧洲资本主义发展旺盛的时候产生的，是人类思想发展的总结。《共产党宣言》没有宣布历史终结于共产主义，共产主义也是要发展的，马克思高度评价了资本主义对人类社会的贡献。从历史发展规律说，资本主义被共产主义取代，这种取代是否定之否定，不是简单否定，不是历史虚无主义。这正如资本主义代替了封建主义社会，封建主义社会代替了奴隶社会一样，既是基本的历史发展轨迹，也代表人类历史进步的方向，是历史前进的基本规律。第三，历史发展是有规律可循的。人类历史发展是有规律的，历史进程受内在一般规律支配。唯物史观的目的就是要发现那些作为支配规律在人类社会的历史上起作用的一般运动规律。

三　关于党建党史学科建设需要深入研究的若干问题

关于党建研究。第一，要进一步加强对习近平总书记党的建设新思想新观点的研究。十八大以来，习近平总书记在党的建设各个方面，都提出了一些新思想新观点。从严管党治党，是习近平党建思想的最突出特点，对习近平党建思想的研究必须在实践中进一步加强。第二，需要加强对党的建设总体布局的研究，全面提高党的建设科学化水平。十八届三中全会对全面改革作出了设计，在关系到党的建设的制度和体制上，有必要深入探讨各种制度之间的整体性、协调性。第三，把握党建研究的正确方向，坚持唯

---

① 张海鹏、龚云：《马克思主义是历史虚无主义吗?》，《红旗文稿》2014年第16期。

物史观，把历史作为最好的教科书，着眼马克思主义理论的运用，着眼对实际问题的理论思考，使党建研究在新的历史起点上有所建树。要从世界执政党的经验教训中拓宽研究视野。在比较中鉴别优劣、在鉴别中明白得失，为作好中国特色社会主义这篇大文章出计献策。第四，加大对党的建设重大现实问题的研究。

党史学科建设面临的一个重要问题就是创新不足，这也是党史研究不能适应新形势需要的一个重要缘由。党史研究本质上是一项创新工作。为了加强党史学科创新，当前需要做到下面两个方面。

第一，加强问题意识，回应学科发展和人民群众关注的热点、难点问题。诚如中央党史研究室原主任欧阳淞在《关于党史研究的理论借鉴问题》一文中所说："当前，党史研究的一个突出问题恰恰在于缺乏问题意识。大量的党史研究成果中，叙述史实多，研究问题少；历史描述和资料堆积多，理论剖析少。问题意识淡薄、针对性和实效性不强，成为深化党史研究亟待解决的问题。"①

第二，加强实证研究、个案研究。中共党史学科的繁荣与进一步深化，有待实证研究的更广泛开展。从具体的党史研究来看，进行中共党史学科中的实证研究需要做到：一是实证研究要有清醒的"问题意识"，"问题意识"的生成是开展实证研究的基本前提与最终目标，但必须防止盲目追新求变，出现"伪问题意识"；二是实证研究不能排斥"理论视角"，拒斥思想的"实证"研究只能在无意义的方向上将中共党史研究复杂化。实证研究在任何时间都离不开理论，离不开思想；三是档案与文件的使用，不能奉行"拿来主义"，更不能拘泥于"文本主义"；四是进行个案实证研究时需有大学术视野，将个案史料所反映的客观事实放在历史发展的大环境、大背景下进行考察，对其开展对比、比较和评价。深化党史研究，必须多做些个案研究，不通过个案研究的切实体会，就很难矫正党史学中不当的"宏大叙事"的困扰，就很难增强党史教育的效果，因为过于理论化的说教效力有限，通过多样性的地方知识及鲜活生动的历史让人产生感悟，感悟了才是"育人"，就可以让读者在身临其境中激活文献知识中有关历史场景的信息，也就是说通过个案研究来感悟历史、体验历史。

（供稿：陈志刚、龚云、戴立兴）

---

① 欧阳淞：《关于党史研究的理论借鉴问题》，《中共党史研究》2013年第5期。

思想政治教育

一　研究概况

2014年度，学界开展了多种学术活动，对思想政治教育学科30年的发展进行了回顾与展望，继续深入贯彻落实党的十八大、十八届三中四中全会精神和习近平总书记系列重要讲话精神，进一步推进思想政治教育学科建设，深化对思想政治教育重大理论与现实问题研究，取得了一些新的进展。

（一）纪念思想政治教育学科成立30周年

2014年恰逢思想政治教育学科设立30周年。教育部思想政治工作司、全国高校思想政治教育研究会从年初发出通知，部署了包括学术会议、优秀成果评奖等一系列纪念活动。

1. 以纪念思想政治教育学科创立30周年为主题的学术交流活动。主要会议有：2014年4月8日至9日，教育部思想政治工作司、中国人民大学马克思主义学院和中国特色社会主义理论体系研究中心在京联合举办了“思想政治教育学科设立30周年学术研讨会”暨“2014年思想政治教育专业博导、博士生学术论坛”；4月26日至27日，首都师范大学政法学院举办了“2014思想政治教育高端论坛——回顾与展望：思想政治教育学科发展30年”；9月20日至21日，武汉大学马克思主义学院、马克思主义理论与中国实践协同创新中心在武汉举办了“纪念思想政治教育学科创立30周年·全国思想政治教育前沿问题高端论坛”；11月27日至28日，由教育部思想政治工作司主办、全国高校思想政治教育研究会承办的“纪念思想政治教育学科设立30周年暨高校思想政治教育创新发展论坛”在北京师范大学举行。

2. 思想政治教育类专业学术期刊设立“纪念思想政治教育学科设立30周年”的专栏，总结学科发展成绩和经验。目前，思想政治教育类专业学术期刊主要有：《思想政治工作研究》《思想教育研究》《思想理论教育导刊》《思想理论教育》《思想政治教育研究》《学校党建与思想教育》等。2014年这些期刊都设立了专门的栏目，从不同角度总结和梳理学科设立30年的成绩和经验，围绕思想政治教育历史发展、基础理论、学科建设、人才培养、实践创新等问题展开了热烈讨论，对学科发展存在的问题进行了深入分析，对于如何全面提升高校思想政治教育质量进行了交流和探讨。

3. 思想政治教育学科队伍建设取得显著成就。30年来，思想政治教育人才培养的规格、层次、目标等不断完善和拓展，已形成了各学位层次的人才培养体系。到目前为止，全国思想政治教育专业学科已经有博士点75个、硕士点282个、本科办学点271个，共招收培养硕士生5.9万人、博士生7900多人，学科领域涵盖了学士、第二学士、硕士、博士等各学位层次的人才培养体系。同时，作为思想政治教育工作最前沿的是高校辅导员队伍，目前全国有12余万名高校辅导员，高校辅导员作为学生的人生导师和知心朋友，表现出了良好的政治素质、业务能力、工作作风，成为一支受学生欢迎的育人队伍，促进学生健康成才。[①]

4. 思想政治教育学术研究取得丰硕成果。在教育部思想政治工作司指导下，全国高等学校思想政治教育研究会开展了纪念思想政治教育学科设立30周年优秀著作、论文和研究报告的评选工作。全国高校思想政治教育研究会在各单位初评和推荐的基础上，研究会学术委员会组织专家进行最终评审，分别评出优秀著作65项、优秀论文103项、优秀研究报告23项，并予以表彰。其中，优秀著作包括：一等奖有清华大学林泰、冯虞章的《问道：改革开放以来的社会思潮和青年思想政治教育研究》（中国社会科学出版社2013年版）等11项；二等奖有广西师范学院曾令辉的《虚拟社会人的发展研究》（人民出版社2009年版）等18项；三等奖有云南师范大学刘丽琼的《思想政治理论课教学接受论》（人民出版社2009年版）等25项；优秀奖有华中师范大学王茂盛的《思想政治教育评价论》（中国社会科学出版社2006年版）等11项。论文类中，一等奖有华东师范大学邱伟光的《学校诚信道德建设的问题和方法》（《思想理论教育》2002年第2期）等16项；二等奖有西南大学邹绍清的《论意识形态主导话语权的变革——科学发展观统领思想政治教育话语体系创新的方法论阈》（《马克思主义研究》2013年第3期）等28项；三等奖有湘潭大学王文兵的《毛泽东思想与中国特色社会主义理论体系的同构性》（《湖南社会科学》2013年第2期）等45项；优秀奖有北京邮电大学梁刚的《论网络时代的意识形态领导权问题》等14项。

（二）学术交流活动方面

2014年度，思想政治教育学界围绕全面总结学科设立30年的成绩和经验、深入贯彻党的十八大和十八届三中四中全会精神和习近平总书记系列重要讲话精神、加强思想政治教育学科建设、深化思想政治教育理论研究、促进思想政治教育工作专业人才培养及进一步提高思想政治教育质量等诸多议题，举办了一系列学术会议、交流活动。主要有：

——2月27日—28日，2014年全国大学生思想政治教育工作研讨会在哈尔滨召开，会议由全国高校辅导员工作研究会主办。会议深入学习贯彻党的十八大、十八届三中全会精神和习近平总书记系列重要讲话精神，总结交流大学生思想政治教育创新发展的经验和成果，探讨了提升大学生思想政治教育的针对性和实效性问题，研究部署了新形势下大学生思想政治教育有关工作。教育部直属高校、部分部委直属高校、部分省属高校党委学工部、研工部等有关负责人参加了会议。

① 杜冰、吕治国：《三十而立 任重道远——写在思想政治教育学科设立30年之际》，《光明日报》2014年4月6日。

（2014 年全国大学生思想教育工作研讨会会场）

——5 月 24 日，全国高校思想政治教育研究会会刊《思想教育研究》编辑部和中国计量学院共同主办的全国高校思想政治教育实践育人研讨会在浙江杭州召开，会议以“实践育人”为研讨主题，与会代表专家现场围绕高校实践育人的概念展开了讨论，重点探讨了大学生社会实践的方式方法与组织管理、高校实践育人诸形式的协同配合等问题。

（2014 年全国思想政治教育实践育人研讨会会场）

——6 月 7 日—8 日，2014 年全国思想政治教育学术研讨会在成都举行。本次研讨会由中国社会科学院马克思主义研究院和四川大学联合举办。与会代表围绕正确认识核心价值观对思想政治教育的引领作用、如何培育和践行社会主义核心价值观等进行了研讨。

（2014 年全国思想政治教育学术研讨会会议现场）

——7 月 29 日，社会主义核心价值观教育与思想政治教育学科发展专题研讨会暨纪念思想政治教育学科创立 30 周年研讨会在上海召开，会议由华东师范大学和上海市学生德育发展中心主办，重点对思想政治教育学科发展历程进行了回顾，深入研讨了思想政治教育学科发展面临的难点、思想政治教育学科发展与社会主义核心价值观教育的关联性等问题。

（社会主义核心价值观教育与思想政治教育学科发展专题研讨会暨纪念思想政治教育学科创立 30 周年研讨会会议现场）

——8 月 11 日—14 日，东北师范大学马克思主义学部举办思想政治教育学科 30 周年暨“思想政治教育何以触动人的灵魂”暑期研究生学术论坛，论坛以围绕思想政治教育何以触动人的灵魂为主题，探讨了如何加强思想政治学科建设、提高思想政治教育效果等问题。

——11 月 5 日—7 日，中国电子教育学会思想政治教育分会 2014 年年会在四川成都召开，会议由成都信息工程学院承办，电子科技大学、成都学院协办。会议主题为“依法治校与高校党建思想政治教育创新”。

——11 月 27 日—28 日，全国高校思想政治教育研究会和北京师范大学在北京联合召开纪念思想政治教育学科设立 30 周年大会暨第二届全国高等学校思想政治教育创新发展论坛。论坛总结了思想政治教育学科 30 年发展的成绩和经验，针对新形势下进一步推动思想政治教育学科的创新和发展等问题进行了深入研讨。

——2014 年 12 月 13 日，中央党校马克思主义理论教研部举办“马克思主义意识形态理论与思想政治教育”学术研讨会。会议探讨了马克思主义意识形态基本理论、执政党意识形态建设的逻辑、马克思主义中国化与传统文化的关系，以及思想政治教育的有效性等问题。会议提出，当前意识形态安全已成为一个迫在眉睫的议题，必须加强党的意识形态建设和思想政治教育，其中最根本的是坚持马克思主义的指导地位。

（三）学术研究方面

在学科建设和基础理论研究方面。2014 年度，思想政治教育基础理论在思想政治教育的本质属性、范畴概括、研究范式、话语权体系构建、比较研究、思想政治教育发展史等方面的研究继续推进。特别是对思想政治教育学科的话语指向、话语功能和话语体系转换以及核心价值观在思想政治教育理论中的重要地位等问题，作了进一步探究。如关于思想政治教育本质问题，南开大学马克思主义教育学院院长武东生教授运用唯物史观的理论和方法，提出思想政治教育作为一种特殊的社会现象，其发生、变化和发展以现实的社会历史条件为基础，表现着人们精神生产和消费的社会联系，在有阶级存在的社会中实质是进行“阶级的教育”。在思想政治教育学科话语体系转换问题上，河海大学马克思主义学院唐芳云博士认为，必须有助于增强思想政治教育的马克思主义学科属性；必须有助于阐释思想政治教育的基本规律；必须有助于引导人们树立科学的世界观、人生观、价值观。哈尔滨师范大学政法学院张国启教授则提出，只有系统理解和把握思想政治教育学科话语发展的学理逻辑、历史逻辑和生活逻辑，才能真正增强马克思主义的话语权。

2014 年是近年来我国思想理论领域争论最为激烈的年份之一。“历史虚无主义”“阶级斗争与人民民主专政”“高校意识形态”，构成 2014 年思想理论领域三次重大争论。其中，王伟光《坚持人民民主专政，并不输理》文章引发的争论，是 2014 年意识形态领域最为激烈的一次交锋。针对右翼学者、公知们断章取义，一口咬定王伟光要“复辟以阶级斗争为纲”，众多学者进行了批驳。刘书林指出，阶级斗争已经不再是我国社会主要矛盾，并不是说阶级斗争在一定范围内不存在了，更不能说国际阶级斗争不存在了。新时期，阶级斗争的存在仍然是一个现实。因而，正如邓小平指出的，为了保卫社会主义制度，人民民主专政不但要讲，而且要用。[①] 有学者强调，阶级斗争具有不同的表现形式。当前，“意识形态领域的斗争”恰恰表明阶级斗争的客观存在。学者们指出，这场争论说明，国内意识形态形势已经十分严峻。右翼学者、公知们的反社会主义的手法也更加公开化，他们从最开始把学术问题与政治问题混为一谈，利用个别事件以偏概全全盘否定社会主义，发展到现在的大张旗鼓、公然反对和围剿正确言论，气焰更加嚣张。对此，必须进行坚决有力的回击。

（四）学术研究成果方面

在理论宣传读物方面，2014 年度中宣部等组织编写了一系列宣传十八大、习近平总书记系列重要讲话精神、中国梦的普及性读物。为深化党的十八届三中全会精神的学习宣传贯彻，深入回答干部群众普遍关注的热点难点问题，帮助人们更好地理解和把握改革举措，中宣部理论局组织有关部门和专家学者撰写了通俗理论读物《改革热点面对面》（学习出版社、人民出版社）。该书紧密联系全面深化改革和干部群众思想实际，对广大群众关注的十个改革话题，进行了深入浅出、通俗易懂的解读阐释，既讲是什么又讲为什么，既讲怎么看又讲怎么办，观点权威准确，文风清新简洁，是干部群众、青年学生进行理论学习和开展形势政策教育的重要辅导读物。吉林大学教授孙正聿的《理想信念的理论支撑》（吉林人民出版社）一书，是一本运用马克思主义哲学原理阐述关于理想信念与人生哲学的通俗理论读物。该书以马克思主义基本理论为基石，以理想信念为主线，以精练的语言、优美的文笔，以群众容易接受的话语，深入浅出地阐述人的精神家园、人的社会生活、人的价值追求和“中国梦”等抽象的理论问题，回应广大干部群众思想需求，为广大干部群众坚定理想信念提供理论支撑和精神之“钙”，对帮助广大干部群众培育和践行社会主义核心价值观具有重要意义。

由中国社科院马克思主义研究院院长邓纯东主编的两部丛书也是本年度比较重要的理论通俗读物。其中，《中国梦与中国特色社会主义研究丛书》（红旗出版社），从实现中国梦的物质基础、制度保障、精神支柱、领导力量等方面，全面阐述了中国特色社会主义的经济建设、政治建设、文化建设、社会建设、生态文明建设、党的建设，对于宣传解读中国梦具有积极作用。另一部丛书《社会主义核心价值观观念丛书》（红旗出版社），则阐述了社会主义民主观、自由观、法治观、道德观、文明观、幸福观、金钱观、劳动观等一系列观念，对于澄清一些模糊观念，培育和践行社会主义核心价值观具有积极作用。

2014 年度，一些学者围绕思想政治教育学科的建设和发展出版了一些新著作。其中，代表性的著作有：《思想政治教育学科 30 年发展研究报告》（冯刚、郑永廷，光明日报出版社）、《思想政治教育的马克思主义理论基础研究》（白显良，人民出版社）、《高校思想政治理论课教育教学质量监测体系研究》（张耀灿等，经济科学出版社）、《延安时期党的思想政治教育研究》（钟佩君，社会科学文献出版社），《当代中国大学生思想政治教育立法问题研究》（闫立超，人民出版社）、《马克思主义人学视阈中的思想政治教育范式转换研究》（万光侠，山东人民出版社）。

为深入学习贯彻党的十八大精神，落实立德树人根本任务，研究总结大学生思想政

① 刘书林：《马克思主义的阶级斗争学说没有过时》，《思想理论教育导刊》2014 年第 11 期。

治教育理论成果和实践经验，推动成果的转化和应用，提升大学生思想政治教育工作质量，2013 年教育部思想政治工作司启动了培育建设《思想政治教育研究文库》（人民出版社、文史出版社）出版资助计划。2014 年是第二批资助，由人民出版社出版的主要有：《改革开放以来大学生思想政治教育论纲》（黄蓉生等），《高校网络思想政治教育发展与创新研究》（张瑜等）、《意识形态价值论》（郭鹏飞），《当代教师核心价值观研究》（管向群）；由文史出版社出版的主要有：《思想政治教育学理论的形成和发展研究》（罗洪铁、周琪），《网络境遇中当代中国马克思主义大众化传播问题研究》（刘基、苏星鸿），《立德树人实践论》（李旭炎），《知识与信仰：当代大学生精神世界研究》（张艳涛），《思想政治教育公众参与研究》（吕艳华），《网络意见领袖研究：基于思想政治教育视阈》（王嘉），《大学生危机管理研究》（李景升），等等。

二　重大问题研究进展

（一）学科建设与基础理论研究

1. 学科成立以来的成就、存在的问题及发展方向

思想政治教育学科成立 30 年来，经历了一个从建立、发展到深化、繁荣的过程，取得了明显成效，积累了重要经验，呈现出新的发展趋势。在纪念学科成立 30 年之际，学界认真总结了思想政治教育学科建设取得的成就，并针对学科建设中存在的问题和挑战，提出了进一步推进思想政治教育学科建设的思路。

在对思想政治教育学科发展的回顾中，一些学者将学科发展历程划分为三个阶段，即创建阶段（1984—1995 年）、发展阶段（1996—2005 年）、繁荣阶段（2006 年至今）。在这一过程中，思想政治教育的学科建设由半独立走向独立，由非重点学科走向重点学科，由低层次走向高层次，取得了重要的进展和成就，目前已经发展成为学科结构比较合理、学科层次逐步提升的新兴学科，为提高思想政治教育的科学含量、促进思想政治教育实践的科学化提供了重要的学科支撑。①

学界总结了思想政治教育学科专业建设取得的成就。一些学者指出，目前我国思想政治教育学科专业体系已形成，并初步建立起独具特色的话语体系、知识结构和研究框架，为思想政治教育科学化研究、学科建设和专门人才的正规化培养提供了依托平台、制度保障与合法性依据。思想政治教育专业的创建和发展，培养了大批思想政治教育的专门人才，促进了马克思主义理论一级学科的增设、马克思主义整体性研究的加强和高校思想政治理论课改革，也为文化传承创新作出了独特贡献。特别重要的是，思想政治教育学科专业的建设和发展，为巩固马克思主义在意识形态领域的指导地位和道德领域突出问题的教育治理提供了重要支撑。

思想政治教育学科建设中存在的问题也受到学界的关注。一些学者认为，当前制约学科发展的因素仍然存在，主要表现在：思想政治教育专业发展不平衡，马克思主义理论课程有弱化现象，改革创新亟待加强；思想政治教育学科理论体系尚不够成熟完善，元问题研究及其学术交流亟待加强；“依托与支撑”二者均有一定差距，如何从制度建

---

①　冯刚、骆郁廷：《思想政治教育学科发展 30 年的回顾与展望》，《思想理论教育导刊》2014 年第 7 期。

设上妥善解决，亟待深入探索；思想政治教育专业的研究生培养尚未建立“专业学位”制度。也有一些学者认为，目前其他学科对思想政治教育的接纳性还较弱，虽然思想政治教育得以逐步发展与完善，但学科发展仍滞后于社会发展和人民需求。学科在发展中不同程度、不同范围地存在着“杂、散、疑、平、虚”，以及学科定位与归属认识不清，专业方向缺乏明确性、稳定性，课程设置缺乏专业性，从业人员层次不一，招生人数扩大，社会态度冷淡等问题。

学界在总结学科建设经验的基础上，提出了进一步推动学科发展的方向和思路。教育部思政司司长冯刚提出：要着力完善学科架构，对学科建设与发展进行整体设计和系统规划；着力建设协同创新平台，推进学科建设与思想政治教育工作实践的有机结合；着力优化学科建设环境，发挥学科阵地、学术平台的导向和引领功能；着力提升学科发展质量，正确处理思想政治教育相关学科的互动关系。① 教育部社科司副司长徐艳国提出：随着教育现代化进程加快，应对思想政治教育学科建设作出现代化的审视。在学科定位上，应该服务好学生日常思想政治教育科学化，服务好思想政治理论课建设，服务好党的思想政治工作科学发展。在学科人才培养上，要注重引导学生加强马克思主义经典著作学习，注意贴近日常思想政治教育的工作实际，注意体现出相应的针对性，同时还要注重学科人才培养的整体设计。在学科研究和成果推介上，要把握好学科研究的前沿问题，加强对思想政治教育学科研究成果的宣传推广。②

2. 思想政治教育的本质问题

思想政治教育的本质问题，是思想政治教育学的基本问题。从总体上说，学界关于思想政治教育本质的研究，取得了一定的进展，研究视野渐趋开阔、研究内容不断深入、研究方法日益多样，但是也存在着不足。如中国人民大学马克思主义学院张苗苗博士提出：思想政治教育的本质、属性、特点之间相互混淆不清，造成其本质内涵难以厘清；缺少与其他学科、其他社会活动、其他国家的同类教育之间的比较；研究思路和研究方法相对陈旧和局限，使得在思想政治教育的本质研究中，凸显出“个体”与“社会”、“政治”与“教育”之间的矛盾，继而得出“非此即彼”的片面性结论。③

关于思想政治教育本质的规定，西南大学马克思主义理论研究中心副教授靳玉军把思想政治教育的本质概括为基于人的发展、促进人的思想转化、推动人的政治社会化的实践活动。人的发展、思想转化、政治社会化，这三者的逻辑演化过程，是思想政治教育多层本质辩证统一、整体呈现的过程。在实践中把握和运用思想政治教育本质，应处理好政治服务与人的发展、意识形态灌输与真理价值彰显、现实与超越等之间的关系。④

从文化视角探讨思想政治教育的本质及其属性。南京理工大学马研部朱国芬副教授认为，思想政治教育作为人类社会的一种文化样式，其本质是人类社会的一种精神实践

① 冯刚：《不断探索思想政治教育学科建设与发展的科学路径》，《思想理论教育导刊》2014年第4期。

② 任蕾：《纪念思想政治教育学科设立30周年》，《思想理论教育导刊》2014年第4期。

③ 张苗苗：《关于思想政治教育本质的思考》，《理论与改革》2014年第4期。

④ 靳玉军：《论思想政治教育的本质及其实践把握》，《西南大学学报》（社会科学版）2014年第6期。

活动。它既有在人类历史发展过程中所表现出的历时态属性，又有在人类某一特定社会历史时期中所表现出的共时态属性。因此，学界要加强和深化思想政治教育本质及其属性的研究，尤其是加强对思想政治教育相对独立性的研究，这也是新时期强调文化自觉的应有之义。① 也有学者提出，从价值观及其教育的角度去揭示思想政治教育的本质，具有很强的启发性。但仅仅将思想政治教育的本质归结为价值观教育还不够，还应进一步聚焦于核心价值观教育，并得出思想政治教育的本质就是核心价值观教育的明确结论。张苗苗认为，思想政治教育作为一种特殊的社会现象，其发生、变化和发展以现实的社会历史条件为基础，表现着人们精神生产和消费的社会联系，在有阶级存在的社会中究其实质是进行"阶级的教育"。马克思主义政党和社会主义国家开展的思想政治教育，在追求目标、教育内容和实现方式上与以往阶级社会的思想政治教育有着根本的区别：马克思主义的思想政治教育是一种自觉开展的工作，马克思主义的思想政治教育不需要隐讳自己的阶级属性，共产党人不是凌驾于社会之上的教育者。②

3. 思想政治教育学科的话语体系问题

思想政治教育是一门具有强烈意识形态性的应用学科，其话语体系对于实现思想政治教育的价值很重要。武东生认为，思想政治教育学作为一门独立的现代人文社会科学还经常受到质疑，一个非常重要的原因是思想政治教育学还没有形成自己独立的学科话语体系，还存在着学科话语危机。随着马克思主义一级学科的设立以及我国改革开放进程的深入推进，传统的思想政治教育话语体系越来越不适应人与社会的发展需求，加强思想政治教育学科的话语体系研究逐渐被提上日程。③

关于思想政治教育学科话语的建构。张国启认为，思想政治教育学科发展的重要任务就是构建其自身的学科话语体系。思想政治教育学科话语建构，应理顺学术自治组织与学术行政管理组织之间的关系、厘清思想政治教育理论与实践关系和明确应用性研究与学科基础理论研究之间的关系。在具体路径上，思想政治教育学科话语建构，应进行精准的学科定位，明确学科边界，科学界定学科范畴为核心任务，以相对独立的学科自觉意识作为学科话语建构的精神条件。④

关于思想政治教育学科话语的发展逻辑。河海大学马克思主义学院唐芳云博士指出，只有系统理解和把握思想政治教育学科话语发展的学理逻辑、历史逻辑和生活逻辑，才能真正增强马克思主义的话语权。从学理逻辑来看，思想政治教育学科话语的言说内容要始终保持意识形态性与科学性之间的应有张力，既体现马克思主义的真理性、科学性，也要符合大学生健康成长的实际需要，利用真理的力量引导大学生的思想和行为，使其学科话语更有说服力、吸引力和战斗力。从思想政治教育学科话语发展的历史逻辑来看，我们要善于根据时代主题的要求不断创新话语，消除对中国特色社会主义指责的谎言，不断增强理论自信、道路自信、制度自信。坚持思想政治教育学科话语发展的生活逻辑，就是要求思想政治教育话语的发展要真正反映人民群众的现实生活要求，

① 朱国芬：《文化视野下思想政治教育本质属性探析》，《求实》2014 年第 8 期。

② 张苗苗：《思想政治教育的本质是核心价值观教育》，《教学与研究》2014 年第 10 期。

③ 武东生：《马克思主义理论关于思想政治教育本质的基本观念》，《教学与研究》2014 年第 2 期。

④ 张国启：《论思想政治教育学科话语的发展逻辑》，《思想教育研究》2014 年第 1 期。

倾听人民群众的诉求；同时，思想政治教育学科话语的发展应当有助于在社会生活中规范人们的思想和行为，不断优化人们的生活方式，使之与社会发展的客观要求相协调、与人的自由全面发展的内在要求相一致。①

关于思想政治教育学科的话语体系转换问题。张国启等提出，思想政治教育学科的话语体系转换，要关注中国特色社会主义的话语思维，要体现促进人的自由全面发展的话语指向，要体现思想政治教育学科独特的话语功能。思想政治教育学科话语体系的转换思路，必须有助于增强思想政治教育的马克思主义学科属性，必须有助于阐释思想政治教育的基本规律，必须有助于引导人们树立科学的世界观、人生观、价值观。②

4. 比较思想政治教育学科建设与发展问题

“比较思想政治教育学”，自 1988 年正式确定名称以来，在 20 多年的研究和建设过程中，取得了长足的发展。近年来，东北师范大学的比较思想政治教育研究尤为引人关注。2014 年度，在思想政治教育学科成立 30 年的大背景之下，对比较思想政治教育学科建设进行梳理和总结的研究成果也比往年集中，主要围绕思想政治教育学科存在的问题以及未来发展展开探讨。研究普遍认为，自思想政治教育学科成立以来，比较思想政治教育不断明确学科内涵、聚焦时代问题、研究不同民族国家的理论和实践，为思想政治教育学科的现代发展作出了建设性贡献。但同时，在学科存在根据、学科性质、学科定位、学科理论体系建构、学科话语体系建设等方面都还亟待深化研究。

关于比较思想政治教育学科产生和发展。改革开放以来，我国比较思想政治教育研究经历了萌芽、初探和深化三个发展阶段；在比较思想政治教育学基础理论、域外思想政治教育的理论与实践、中外思想政治教育比较研究等方面进行了积极探索。东北师范大学思想政治教育研究中心讲师栾天认为，比较思想政治教育研究始终与国家意识形态发展、社会转型和文化变迁紧密相关：一是在“他者论域”和“本土困境”的冲突中产生了“自我意识”的强烈彰显；二是采用“归纳的理论化方法”构建了比较思想政治教育的理论体系；三是在“实践导向”的影响下发生了由“实证”到“批判”的思维转向。③ 武汉大学马克思主义学院教授上官莉娜等通过对《思想理论教育导刊》《思想教育研究》《思想理论教育》《思想政治教育研究》四本专业学术期刊（1994—2013 年）关于比较思想政治教育研究成果的梳理和数据分析，勾勒出比较思想政治教育研究发展的历程，概括出其主要议题：一是思想政治教育（大德育）、服务与管理教育、道德教育、公民教育、价值观教育等是比较思想政治教育研究关注的热点。二是国别（地区）研究成果较为丰富，主要集中在美国、日本、苏联、新加坡、英国、德国、法国和韩国等国家（地区）。三是“启示”“借鉴”类文章在数量上占据较大优势。进一步推进比较思想政治教育研究的发展，应注重实现研究方法的多元整合，超越单纯的批判借鉴，重视整体研究，并在此基础上对比较思想政治教育研究的发展做出前瞻性预测：一是从混合研究到多元整合研究，创新比较思想政治教育研究方法；二是从借鉴到理解，实现比

① 唐芳云：《论思想政治教育学科话语的建构》，《湖南社会科学》2014 年第 5 期。

② 张国启、王忠桥：《论思想政治教育学科的话语体系及其转换维度》，《学校党建与思想教育》2014 年第 1 期。

③ 栾天：《我国比较思想政治教育研究的回顾与反思》，《东北师范大学学报》（哲学社会科学版）2014 年第 2 期。

较思想政治教育研究目的的转型；三是增强学科自我反思意识，加强比较思想政治教育的整体研究。[①]

关于比较思想政治教育学科性质问题。比较思想政治教育的学科性质问题，既是确立学科意识的前提，同时也将推动比较思想政治教育领域中问题意识与研究方式的重大转换。东北师范大学思想政治教育研究中心副教授曲波从三个向度来阐释比较思想政治教育学科性质问题。第一，内涵澄明，立足于“元理论”层面敞开比较思想政治教育的自我理解、自我反思和自我批判。第二，历史梳理，检视比较思想政治教育学科自成立以来关于学科性质问题研究的知识谱系及其演进历程。第三，当代建构，从实践根据、思想立场和方法原则三重维度探讨比较思想政治教育的应然形象。比较思想政治教育领域的研究取向，呈现为从“知识引介”到“经验借鉴”再到“时空在场”的研究意识转换，彰显出研究者的主体意识与理论自觉，以及比较思想政治教育的时代观念与现实关切。比较思想政治教育的当代建构应积极转换思维，在视阈融合中寻求多元价值理念的深层认同，确立新型的比较思想政治教育观。[②]

关于比较思想政治教育学科存在的依据问题。东北师范大学党委书记、思想政治教育研究中心教授杨晓慧从比较思想政治教育学科的历史使命角度阐释了自身存在的价值：为社会主义文化强国建设提供思想理论支持，为思想政治教育学科发展提供新视阈、新思路、新境界，为思想政治教育实践创新提供科学、有效的依据和参照。积极践行历史使命，应抓住比较思想政治教育学科建设的关键环节，从学科意识、研究范式、发展路径和支撑体系等方面探索、加强学科建设的有效路径。当前，比较思想政治教育学科仍处于起步初创时期，要着力破解学科建设在理论基础、基本概念、研究对象等方面面临的突出问题，为学科发展奠定必要的理论前提。[③] 曲波则认为，当前应对思想政治教育学科赖以存在的深层根据进行反思：我们是在何种境遇下开始比较思想政治教育研究的？这是一个彰显比较思想政治教育时代性的问题；我们何以必须对思想政治教育进行比较研究？这是一个关乎比较思想政治教育价值性的问题；我们究竟应该对思想政治教育的哪些内容进行比较研究？这是一个体现比较思想政治教育实践性的问题。并在此基础上建构了比较思想政治教育可通约性、历史性、中介性的方法论原则，彰显比较思想政治教育视阈融合、启示借鉴、彰显自信的当代意义。[④]

关于比较思想政治教育研究的对象问题。明确比较思想政治教育研究的对象，是加强比较思想政治教育研究和学科建设的重要基本理论问题。东北师范大学政治学院康秀云教授指出，在比较思想政治教育研究和学科建设中存在概念使用模糊的问题，她进一步澄清了“比较思想政治教育”“比较德育”“比较公民教育”三个基本概念的含义和关

---

① 上官莉娜、王晓霞：《比较思想政治教育研究：历程、议题与发展》，《思想理论教育》2014年第8期。

② 曲波：《比较思想政治教育学科性质探析》，《东北师范大学学报》（哲学社会科学版）2014年第2期。

③ 杨晓慧：《关于加强比较思想政治教育学科建设的几个问题》，《社会科学战线》2014年第6期。

④ 曲波：《关于比较思想政治教育学科意识的思考》，《思想理论教育》2014年第6期。

系。[①] 东北师范大学思想政治教育研究中心教授李艳提出，比较思想政治教育研究首先是一种“学科”意义上的研究，在学理上存在着三个维度的内在规定：本质维度的内在规定、文化维度的内在规定和比较维度的内在规定。这就在范式上形成了三个理性自觉：在研究的本质上坚持意识形态的自觉，在研究的类型上实现文化形态的自觉，在研究的机理上生成视阈融合的自觉。[②]

关于比较思想政治教育学科理论体系的建构。东北师范大学思想政治教育研究中心副主任高地副教授指出，现有的学科体系建设面临着基础研究之上主干学科发展的结构性不平衡问题，即原理研究、历史研究、方法研究发展较好，在支撑学科发展时呈现“三足鼎立”的局面，但比较研究因其产生时间较晚，理论体系不完善等原因而发展相对缺弱。为此，迫切需要着力推动学科理论体系从“三足鼎立”走向“四分天下”。有研究认为，比较思想政治教育研究还处于学科初创时期的“问题取向”阶段，还只是一个具有特殊研究对象的问题领域。要真正成为名副其实的主干学科，比较思想政治教育必须从“问题”走向“体系”，加快形成完善的学科理论体系。正确处理“问题”与“体系”的关系，应坚持体系优先、问题嵌入的建设原则；准确把握比较思想政治教育知识类型的综合性与知识对象的复杂性特质，坚持确定性与模糊性相结合的知识论立场；着眼于理论体系建构规律与人类思维规律及客观世界规律的同一，合理运用分析与综合相结合的方法理路。[③]

（二）思想理论领域重大问题和热点问题研究

马克思主义思想政治教育的本质在于“用科学理论掌握群众”。这既包括对人们进行正确思想的灌输，也包括对模糊认识的纠正、对错误思想的回击与批判。当前，国际国内形势复杂多变，经济全球化、政治多极化深入发展，各种思想文化的交流、交融、交锋愈加频繁。这些现象必然反映在思想理论领域，从而形成一系列事关重大的热点和焦点问题。这些问题具有前沿性和挑战性。思想政治教育只有增强问题意识，以马克思主义的立场、观点和方法为指导，紧紧跟踪和深入研究这些问题，纠正和防止思想理论领域的偏差和失误，才能切实提高思想政治教育的针对性和实效性。

2014 年，意识形态斗争更加表面化和激烈化。历史虚无主义思潮以新的表现手法再度活跃。特别是《炎黄春秋》2014 年第 5 期发表了三篇有关“历史虚无主义”的笔谈，在理论界引发激烈争论；王伟光的一篇题为《坚持人民民主专政，并不输理》的文章，引发各路主张“自由”“民主”的右翼公知、网络大 V 们纷纷跳出来对作者进行围剿，他们断章取义、人格污蔑，一片铺天盖地的讨伐声；《辽宁日报》刊发的《老师，请不要这样讲中国》公开信再次引爆舆论，除了报刊、媒体，甚至很多高校在职教师也加入了这场论战，公开反对《辽宁日报》的说法和做法，争取所谓的“学术自由”“思想自由”。可以说，这些事件表明我国意识形态斗争已进入“新常态”阶段。

1. 关于当前意识形态工作问题的研究

① 康秀云：《比较思想政治教育研究的基本概念辨析》，《社会科学战线》2014 年第 6 期。

② 李艳：《比较思想政治教育研究的问题、规定及范式》，《社会科学战线》2014 年第 6 期。

③ 高地：《比较思想政治教育学科理论体系建构的前提性思考》，《社会科学战线》2014 年第 6 期。

在全面深化改革的历史阶段，意识形态工作对于坚持社会主义改革的方向具有重要意义。一年来，思想理论界围绕加强意识形态工作进行了深入研究，针对意识形态工作面临的形势、任务和工作重点提出了一些有针对性的观点。学界普遍认为，进一步加强党对意识形态工作的领导权和管理权，紧紧掌握意识形态的话语权，是全面深化改革、避免改革走老路和邪路的重要保证。

关于重视意识形态工作的领导权、管理权和话语权。《求是》杂志发表署名秋石的文章指出：做好意识形态工作，首先，要解决领导权问题。当前意识形态领域斗争是尖锐复杂的，取胜的关键是我们党要亮明自己的旗帜，在众声喧哗中唱响主旋律，引导社会思潮。其次，与领导权紧密关联的是管理权。党要管媒体、管导向、管队伍、管干部，强化主管主办和属地管理职责，让主流思想舆论牢牢占领意识形态阵地。再次，要以话语权赢得主动权。对中国的发展道路，我们自己在不断总结，但也有人作出别样的解读和评说，并且竭力同我们党争夺话语权和影响力。这些年，思想理论领域很热闹，有些问题引起很大争论。有争论并不是坏事，真理总是越辩越明，重要的是必须牢牢掌握话语权。①

关于如何占领互联网这一意识形态交锋的主阵地。习近平总书记强调，要把网上舆论工作作为宣传思想工作的重中之重来抓。学界认为，网络及新媒体使舆论生态的结构发生了纷繁复杂的变化，给意识形态工作带来了极大的挑战。中国社会科学院院长王伟光指出，哲学社会科学的传播正向网络新媒体转移，与此同时，意识形态领域斗争的主战场也在向网络新媒体转移。如果我们不抓紧应对，就有可能进一步拉大我国与西方国家在国际传播领域的话语权差距。其原因在于，一是互联网上中西信息量不对等。目前互联网上英文信息约占90%，中文信息不足1%，中文网络媒体在域名数量、网站信息量、用户活跃度等指标上均落后于西方发达国家。二是西方传媒历史相对悠久、经验丰富、实力雄厚。西方传媒将其固有的语言优势、影响力优势、议程设置等能力转移到网络上，通过网络推销其所谓的“普世价值”，其影响力不可小视。②

关于正确认识“意识形态工作”及其“极端重要性”。对意识形态工作作用的认识，需要从其地位和功能来理解。中国社会科学院马克思主义研究院原理部副主任李春华研究员提出，“意识形态工作”泛指一切与意识形态相关的工作，包括宣传工作、文艺工作、教育工作、新闻工作、理论工作，等等称谓。在不同的历史时期，中国共产党曾分别使用“宣传工作”“政治宣传”“教育宣传”“鼓动工作”“宣传鼓动工作”等称谓。这些称谓都是同一系列的概念，具有基本相同的含义。我们党对宣传思想工作或意识形态工作的重要地位和作用一直用“生命线”一词来概括和表述。这是一种形象的比喻和凝练性表达，其含义是强调宣传思想工作对经济工作和其他一切工作所起的保证作用，包含着政治支持、思想引导、服务保证、精神动力等含义。③

意识形态工作的重要地位，是中国特色社会主义建设实践的历史逻辑和现实使命决

---

① 秋石：《意识形态工作要紧紧抓在手上》，《求是》2014年第7期。

② 王伟光：《当前意识形态领域斗争的主战场向网络新媒体转移》，《人民日报》2014年4月17日。

③ 李春华：《深化对意识形态工作“极端重要性”的认识》，《思想政治教育研究》2014年第2期。

定的。习近平总书记的讲话强调："经济建设是党的中心工作，意识形态工作是党的一项极端重要的工作。""中心工作"和"极端重要工作"是相互联系的，在理论研究和工作实践中需要摆正和处理好两者之间的关系。李春华指出，这是对党的中心工作与意识形态工作的新定位。所谓意识形态工作的"极端重要性"，就是进一步增强"重要"的程度。也可以理解为：党的意识形态工作或宣传思想工作，是党的整个事业中带有根本性、战略性、全局性、关键性的工作。这项工作事关党和国家前途命运，事关中国特色社会主义事业的成功，事关广大人民的幸福安康。从"生命线"到"极端重要性"是对意识形态工作或宣传思想工作重要地位和作用的新表达、新概括、新论断，表明了我们党对这项工作认识上的升华和理论上的创新。关于意识形态工作的"极端重要性"，除学界普遍从"三个事关"的角度来论述之外，有学者认为，应从物质层面和精神层面探讨意识形态工作的"极端重要性"。从根上说，意识形态反映并服务于特定阶级的利益，社会主义意识形态是无产阶级和最广大人民群众的根本利益和整体要求的反映和体现。从精神层面来看，意识形态工作的"极端重要性"在于巩固我们党执政的"精神基础"。坚实的精神文化基础，具有凝心聚气、强基固本的作用，可以增强人民群众对中国共产党执政的价值认同感，可以为中国特色社会主义建设事业提供精神动力和智力支持。因此，巩固党的群众基础和执政基础，包括物质和精神两方面。①

关于如何做好新形势下的网络意识形态工作。中国社会科学院院长王伟光指出，面对新形势，我国哲学社会科学工作者和国家有关部门要有"守土有责、守土负责、守土尽责"的政治意识和时代担当，积极适应新变革，善于运用新媒体，借力网络新媒体传播哲学社会科学的最新研究成果。切实转变观念，充分认识网络新媒体对哲学社会科学发展的重大作用。当此之时，有志于"立言"者岂能将网络学术平台拱手相让？哲学社会科学工作者一定要有现代学者的敏锐感，要有阵地意识，努力占领网络学术媒体这块阵地，掌握网络学术话语权，为人民做学问，弘扬主旋律，传播正能量，从而使"立言"转化为"立德""立功"。②

2. 关于正确宣传解读中国梦的若干问题

"中国梦"作为引领人们前进的理想和目标，需要通过各类新闻媒体和传播渠道进行广泛而深入的宣传思想教育，引发大众的广泛共鸣，并进一步内化为百姓的价值追求。可以肯定，当前对中国梦的宣传阐释、教育导引、认知内化取得了显著成效。但是，在这一过程中，也出现了一些亟待澄清的问题和值得注意的倾向。主要表现一是将中国梦过度解读、无限拔高；二是泛化、庸俗化甚至丑化和歪曲中国梦。对此，一方面，需要进一步加强对"中国梦"的正面宣传和解读，深入阐释"中国梦"的精神实质；另一方面，需要在深入研究的基础上，解释好"梦想与现实""理论与实践""集体

---

① 李春华：《深化对意识形态工作"极端重要性"的认识》，《思想政治教育研究》2014年第2期。

② 王伟光：《当前意识形态领域斗争的主战场向网络新媒体转移》，《人民日报》2014年4月17日。

与个人”等一系列辩证关系，澄清对中国梦的误读和曲解。①

学界绝大多数研究者认为，中国梦有其深厚的历史根源和坚实的现实基础，同时又是高于现实、引领现实的理想和目标。《求是》杂志社社长李捷指出，中国梦从中国近代的屈辱和抗争中走来，从新中国接力探索中走来，深情描绘了近代以来中华民族生生不息、不断求索、不懈奋斗的历史，形象表达了中国共产党领导中国人民实现两个一百年奋斗目标的理想追求。② 无锡商业职业技术学院杨建新教授指出，中国梦不是凭空臆想，而是有着极其深厚的历史和现实基础。中国梦的立足点在于近代中华民族的屈辱史和中国的现实国情；中国梦的实现途径就是要坚持走中国特色社会主义道路；而中国梦的最终落脚点正是实现最广大人民群众的根本利益。③

中国梦是科学社会主义，而不是空想社会主义。大型电视系列片《正道沧桑——社会主义500年》，以500年来社会主义发展的历史脉络为叙述骨架，展示了社会主义从空想到科学、从理论到实践的历史进程。电视片播出后，引起了人们的广泛关注和强烈共鸣。然而，一些人却片面地认为，“从空想社会主义到中国梦”“从空想到梦想”，这使科学社会主义又变成了“梦想社会主义”，成了空想的社会主义，因而中国梦是一种“乌托邦”。也就是说，中国梦缺乏马克思主义的科学基础，中国梦与科学社会主义缺乏内在联系。

中国梦不仅有其历史根源和现实基础，而且有其坚实的理论基础。中宣部政研所副研究员张朋智认为，中国梦是意识形态的另一种表达，而不是对意识形态的淡化。中国梦包含中华民族复兴之梦，更包含每个人、每个阶层不同的梦想。中国梦具有广泛的包容性、兼容性和宽容性。应该说，中国梦的提出，对我国的意识形态建设具有促进作用。它“有利于我国意识形态建设实现现实性和超越性、整体性和个体性、先进性和包容性、独特性和普遍性的四大统一”。④ 中国梦所强调的争取最大共识和寻求最大“公约数”，是在坚持马克思主义指导地位和社会主义道路基础上的，中国梦的包容性并不意味着中国梦意识形态性的弱化。

学界主流认为，中国梦是中国特色社会主义的“发展梦”，以马克思主义为指导，走中国特色社会主义道路是它的基本前提。作为一种理想，它当然与其他有着美好期许的梦想存在相通之处，但是，包容性并不表示意识形态的终结。中国梦的提出本身就是一种意识形态话语的表达。无论中国梦的表达如何生活化、通俗化，也无论其内容如何多层次性和具有包容性，都无法抹去它在当今社会状态下的一个本质性特征，即意识形态性。杨建新认为，中国梦在吸收人类文明成果的基础上，将科学社会主义的基本原则体现于现阶段的中国特色社会主义的伟大实践之中，增强了社会主义意识形态的吸引力和凝聚力，并以思想和价值观发挥着重要作用，它的提出本身就是一种意识形态话语体系的表达。以中国梦为内核重组意识形态话语，突出以国家认同为核心的意识形态，既

① 张书林的《认知中国梦应规避“五种倾向”》（《思想政治工作研究》2014年第4期）、钟君的《要警惕对民族复兴中国梦的误导和曲解》（《红旗文稿》2014年第10期）等，对误读“中国梦”的几种主要观点和思潮进行了较全面的阐述。

② 李捷：《从中国近现代历史看中国梦》，《中共党史研究》2014年第6期。

③ 杨建新：《“中国梦”的思想根基与意识形态价值》，《马克思主义研究》2014年第10期。

④ 张朋智：《“中国梦”对我国意识形态建设的启示》，《思想政治工作研究》2014年第4期。

强调突出国家的整体利益原则和求真务实、与时俱进的执政理念，又展现出鲜明的中国特色和价值立场，具有鲜明的意识形态民本思想和价值取向。① 有学者提出，在新形势下做好意识形态工作对于实现中华民族伟大复兴的中国梦意义重大：一是做好意识形态工作是走中国道路的必然要求，二是做好意识形态工作是弘扬中国精神的必然要求，三是做好意识形态工作是凝聚中国力量的必然要求，四是做好意识形态工作是连通中国梦与世界梦的必然要求。②

中国梦在坚持马克思主义意识形态基础上，推进了马克思主义意识形态的话语创新。西北工业大学人文与经法学院郝保权副教授认为，我国的社会主义意识形态是以马克思主义为内核，同时吸收古今中外先进思想内容和文化因素所构成的话语体系。中国梦的提出是我国社会主义意识形态话语的创新和重大发展。在当今的全球化、市场化和信息化背景之下，对于社会主义意识形态话语的创新和转换，中国梦实现了理性话语与感性话语、集团性话语与个体性话语、政治性话语与生活性话语的结合与统一。③

中国梦与意识形态间的统一性，对我国完善社会主义制度和规范社会行为提出了更高的要求。北京建筑大学文法学院教授常宗耀认为，中国梦从结构上来说，应该是一个由中国梦意识、中国梦制度和中国梦行为构成的协调有序的系统。其中，中国梦意识是中国梦的内在灵魂，中国梦制度是中国梦的规范要求，中国梦行为是中国梦的外在表现。中国梦就是由这三个部分构成的完整体系。④

推动实现中国梦，需要增强党的意识形态包容性。中共桂林市委党校讲师雷青松认为，新形势下，党的意识形态包容性主要应体现为理论创新适时性、执政基础广泛性、执政理念务实性。中国梦语境下加强党的意识形态包容性建设，必须坚持和巩固马克思主义一元化指导地位，与时俱进推动意识形态调适创新，积极回应民众对公平正义的期待，建设廉洁政治以反腐倡廉实效取信于民，理性智慧地处理国际复杂事务，毫不动摇地坚持以经济建设为中心。⑤

“中国梦”概念的宣传、传播和发挥精神凝聚作用，与新时期下加强意识形态治理工作是密切相关的。中南大学马克思主义学院胡凯教授认为，“意识形态治理”是指或归属或依附于一定社会统治阶级的治理主体，运用正式和非正式制度以及多样治理方式整合意识形态领域内外资源，通力协作地实现共同目标的动态过程。社会主义意识形态治理工作极端重要；治理根本目标是要巩固马克思主义在意识形态领域的指导地位，使广大人民群众凝聚在中国特色社会主义和中国梦的伟大旗帜之下；治理的基本原则方针是坚持一元性与多样性的统一、党性与人民性的统一、建设性与斗争性的统一、继承性与创新性的统一；治理的重点是推动主流意识形态的与时俱进、抓好重点群体的队伍建

① 杨建新：《“中国梦”的思想根基与意识形态价值》，《马克思主义研究》2014年第10期。

② 袁新涛：《新形势下的意识形态工作与中华民族伟大复兴的中国梦》，《太原理工大学学报》（社会科学版）2014年第6期。

③ 郝保权：《中国梦的意识形态话语创新》，《中共中央党校学报》2014年第5期。

④ 常宗耀：《中国梦是意识、制度和行为的统一》，《学习论坛》2014年第12期。

⑤ 雷青松：《中国梦语境下加强党的意识形态包容性建设析论》，《理论导刊》2014年第7期。

设、加强网络虚拟社会的意识形态治理、转变对外宣传方式塑造话语权威。①

中国梦是每个人梦的集合体，但不是个人梦的简单相加。习近平总书记指出，“中国梦是民族的梦，也是每个中国人的梦”，生活在我们伟大祖国和伟大时代的中国人民，共同享有人生出彩的机会，共同享有梦想成真的机会，共同享有同祖国和时代一起成长与进步的机会。在中国梦的宣传解读中，最引人关注的核心的话题，应属“中国梦是民族的梦，也是每个中国人的梦”。但也有人认为，“中国梦”是一种集体想象，表面上是国家梦、民族梦和人民梦，实质是政党梦，与个人梦是割裂对立的。这种误读将个人梦、政党梦、国家梦和民族梦割裂开来、对立起来是错误的。中国梦与个人梦的关系是普遍性与特殊性、共性与个性的关系。没有个人梦，就没有中国梦。但是，个人梦却并不等于中国梦，中国梦也绝不是个人梦的简单相加。中国梦虽然是与个人梦联系在一起的，但中国梦是国家富强、民族振兴、人民幸福之梦，它集合了国家、民族、人民三个层面的核心要求。因此，中国梦不是个人梦的简单算术加法，而是对13亿中国人个人梦的高度凝练、概括与升华，是13亿个人梦中对国家、民族、人民发展理想诉求的普遍性、共性要求之体现。正因为如此，习近平总书记提出“中国梦归根到底是人民的梦，必须紧紧依靠人民来实现，必须不断为人民造福”。在中国梦的实现过程中，既要强调整体利益高于个体利益，也要防止假借集体主义的名义对社会成员的个人利益和个性发展的否定和压抑，从而使个人与集体利益实现良性互动、共同发展。不能简单地将什么都等同于中国梦，使中国梦被庸俗化。

中国梦是和平的梦，而不是威胁的梦、称霸的梦。中国梦的提出无疑具有世界意义。南开大学马克思主义教育学院唐伟锋博士认为，中国梦是中国提出的最重要的国家话语，恰当地传播中国梦将有助于提升中国的国家形象，从而改变国际舆论对中国议题的认知和态度。多数国外学者认为，中国梦不仅仅是中国一个国家的梦想，还应该包含对世界的责任和担当，即中国梦对其他国家和人民意味着什么。中国在阐述自己梦想的时候，也关系到参与全球治理的方式。中国梦具有世界性，与世界紧密相关。②

但是，威胁论、霸权论等论调正在成为笼罩中国梦的阴影。在现有的国际话语体系下，对于中国梦话语势必产生若干政治误读。因为按照现行的话语逻辑来看，任何一个国家崛起之后必然要不断扩大影响力，不断对外扩张势力，按照自己的思路去影响和改造其他国家和地区。西方舆论看中国梦的实现途径，往往基于近年来中国在海外贸易、交流、投资等方面的增多，从而认为唯有采取对外扩张的国策才能达到。更为严重的歪曲是，通过为中国戴上扩张国家的帽子，可以抹杀中国一切试图捍卫自身海洋利益、参与国际空间开发的行为，让中国人民的“海洋梦”“登月梦”等一个个梦想都成为其话语打击的靶子。吉林大学哲学基础理论研究中心副主任孙利天等认为，对中国梦的歪读误解，使得向海外正确解释中国梦具有必要性和紧迫性。因此，“我们要讲好中国故事，传播好中国声音，让世界理解中国梦，用文化中国、伦理世界等新概念来表达中国梦内含的国际政治思维方式”。③ 武汉大学梅荣政教授指出，由于中国特殊的地理位置和历

---

① 胡凯、杨竞雄：《习近平社会主义意识形态治理思想探析》，《思想政治教育研究》2014年第6期。

② 唐伟锋：《国外“中国梦”研究评析》，《理论导刊》2014年第6期。

③ 孙利天、张岩磊：《“中国梦”的民族特点和世界意义》，《长白学刊》2014年第2期。

史文化背景，中国的梦想关系着世界的命运。在欧洲梦、美国梦破灭后，中国梦承载着人民的真正梦想，走文明和平发展之路，它创造的是人类文明的一种崭新形态。实现中国梦是社会历史发展规律的体现，它必然影响着世界社会主义的发展。①

3. 培育和践行社会主义核心价值观问题

2013年底，中共中央办公厅印发了《关于培育和践行社会主义核心价值观的意见》，从国家、社会、个人三个层面讲“富强、民主、文明、和谐；自由、平等、公正、法治；爱国、敬业、诚信、友善”24个字，确定为社会主义核心价值观的基本内容，从而为培育和践行社会主义核心价值观提供了基本遵循。一年多来，关于“社会主义核心价值观”的研究成为学术界、理论界和舆论界的一个热点。

一些学者指出，从理论层面对社会主义核心价值观进行深入探索，是在实践层面培育和践行社会主义核心价值观的前提。清华大学人文社会科学学院教授刘书林认为，我们必须把与社会主义核心价值观相关的五大重要问题的关系弄清楚，形成一定的共识，才能更加有效的推进社会主义核心价值观的培育和践行。即社会主义核心价值观与中华优秀传统文化的关系，社会主义核心价值观与积极借鉴外国文化成果积极成分的关系，社会主义核心价值观与马克思主义、科学社会主义的关系，社会主义核心价值观与社会主义核心价值体系的关系，社会主义核心价值观与社会主义三大主旋律的关系。② 哈尔滨师范大学马克思主义学院徐海峰博士认为，研究社会主义核心价值观需要深入探讨的几个问题，一是建立科学的研究范式。要在反思和检视目前主要研究范式得失基础之上，确立社会主义核心价值观的理论研究与实践研究范式的基本规定，给予社会主义核心价值观研究以科学的规范和方法。二是深化对核心价值观内在统一逻辑的人的主体根据意义的理解。社会主义核心价值观归根结底可以“还原”为人的价值观维度，人的价值观根本在于人本身，在当代中国语境下，人的价值观的人本身内涵恰当定位是利己与利他的统一，在此意义上，社会主义核心价值观的内在逻辑得以真正融通。三是置于中国梦视阈之中。中国梦是民族复兴梦，也是世界梦，社会主义核心价值观要在与中国梦有机融合、相互贯通和共同推进中，对内集聚中国精神、凝聚中国力量，对外走向世界、占领价值观制高点。③

更多的人集中关注和研究社会主义核心价值观“如何落地”，即“如何践行和培育”的问题。武汉大学马克思主义学院倪愫襄教授认为，培育和践行社会主义核心价值观是一项系统工程，需要从各个方面入手，具体包括党委领导与政府主导的结合、理论指导与公众倡导的融合、制度督导与教育疏导的互补、舆论引导与榜样先导的兼并等，只有多途径齐抓共管，才能在实践中更好地培育和践行社会主义核心价值观。④ 南京中医药大学中医文化研究中心殷忠勇提出，价值观的培育是一个涵养的过程，因此，社会主义核心价值观的培育和践行，必须与中华优秀传统文化相结合。社会主义核心价值观根植

① 梅荣政：《中国梦与世界社会主义》，《重庆邮电大学学报》（社会科学版）2014年第1期。

② 刘书林：《论社会主义核心价值观的几个重要关系》，《思想理论教育导刊》2014年第9期。

③ 徐海峰：《社会主义核心价值观研究需要深入探讨的几个问题》，《社会主义研究》2014年第4期。

④ 倪愫襄：《论培育和践行社会主义核心价值观的基本路径》，《思想理论教育》2014年第12期。

于中国优秀传统文化，其社会功能发扬了中国优秀传统文化的精神，社会主义核心价值观承载了中国优秀传统文化的精髓。培育和践行社会主义核心价值观必须立足于中国优秀传统文化，从中汲取力量、获得涵养。[①] 培育和践行社会主义核心价值观，需要与国民教育相结合，并融入国民教育的全过程。对此，清华大学高校德育研究中心副主任吴潜涛教授提出要抓住几个关键环节：一要适应青少年身心特点和成长规律；二要构建大中小学校德育课程之间的有效衔接；三要创新大中小学德育课教育教学，推进社会主义核心价值观进教材、进课堂、进学生头脑。[②]

习近平总书记在北京大学师生座谈会上指出，青年的价值取向决定了未来整个社会的价值取向，而青年又处在价值观形成和确立的时期，抓好这一时期的价值观养成十分重要。青年要在勤学、修德、明辨、笃实四件事情上下功夫。[③] 更多的研究集中在大学生社会主义核心价值观的培育和践行上。北京师范大学本科生工作处隋璐璐提出，大学生培育社会主义核心价值观要抓住四个着力点：一是加强宣传教育，夯实培育和践行社会主义核心价值观的内化起点；二是实践养成，优化培育和践行社会主义核心价值观的外化途径；三是创新管理服务，确保培育和践行社会主义核心价值观的全程贯穿；四是加强组织领导，落实大学生践行社会主义核心价值观的制度保障。[④]

三　学科发展与学术研究需注意的几个问题

2014 年学界在思想政治教育基础理论研究、学科建设研究、比较研究、话语体系构建、中国梦和核心价值观宣传解读等方面都取得了积极进展，成绩不菲。不过，要使思想政治教育适应形势的发展要求，使教育质量再上台阶，思想政治教育理论研究和学科发展还需要围绕以下方面做进一步努力。

第一，思想政治教育理论研究需要坚持“问题导向”和“立场导向”的统一。问题导向是适应形势要求和提高思想政治教育效果的基础，是使理论具有现实针对性和提高其说服力的关键。不过，在思想政治教育理论研究中突出问题导向意识，并不意味着理论研究可以被问题牵着走，更不意味着研究者的研究立场无关紧要。相反，正确的研究立场才是思想政治教育理论研究工作的出发点。在我国强调立场导向，就是要用马克思主义的立场和方法来分析思想政治教育中的现象和问题。马克思主义在意识形态的指导地位，是思想政治教育学科发展必须坚持的重要原则。马克思主义之所以能够成为我国哲学社会科学研究的指导思想，是其劳动人民的立场和科学的方法决定的。

用上述观点来分析思想政治教育理论研究中的问题，就可以发现一些学术问题的讨论与实践的要求脱节的原因。如，在关于思想政治教育本质问题上的“个体”与“社

---

① 殷忠勇：《社会主义核心价值观与中国优秀传统文化》，《思想理论教育导刊》2014 年第 9 期。

② 本刊记者：《积极培育和践行社会主义核心价值观的若干问题——访清华大学高校德育研究中心副主任吴潜涛教授》，《思想理论教育导刊》2014 年第 11 期。

③ 习近平：《青年要自觉践行社会主义核心价值观——在北京大学师生座谈会上的讲话》，《人民日报》2014 年 5 月 5 日。

④ 隋璐璐、王洛忠：《在大学生中培育和践行社会主义核心价值观的路径探析》，《思想教育研究》2014 年第 2 期。

会”的矛盾之说、“一元论”与“多元论”的分歧，等等，都是脱离了马克思主义关于人的本质学说的产物，是西方自由主义思想输入和影响的表现。又如，将思想政治教育的功能界定，人为划分为“政治说”和“教育说”两种不同主张等，也是对社会意识进行主观的和机械的理解所导致的。在学术研究上，我们固然可以从类的属性、特有属性和根本属性等方面，对政治教育的本质进行不同的界定，但如果坚持马克思主义的立场和方法，就不能在坚持思想政治教育本质的“一元论”的同时，过多地强调其多元表现形式，相反，更应该使后者的分析服务于前者。这样，才能使理论研究得出的观点和结论自洽于马克思主义的立场和分析方法，从而坚持马克思主义的革命性和科学性的统一。

第二，在坚持马克思主义基本理论的基础上推动学术创新。思想政治教育的理论创新是中国特色社会主义事业发展的需要，也是理论本身生命力的体现。不过，这种理论创新只有建立在系统掌握马克思主义基本理论基础上，才能体现出其学术价值和理论意义，才不会使理论研究的成果过于迎合短时期的世俗需要，才能真正发挥其教育、引导功能。例如，在现实研究中将思想政治教育功能与文化引导功能相混淆，过于强调文化对思想政治教育的影响，这种学术创新处理得不好，就易于削弱思想政治教育的核心作用。又如，推动思想政治教育的创新，需要汲取中国传统文化中的精华部分，但过于强调后者，又会在无形中冲淡我国社会主义国家思想政治教育在凝聚社会共识方面的积极作用，不利于社会主义价值观的确立和传播。此外，在思想政治教育的理论研究和教学工作中，出于各种需要而回避马克思主义的核心命题，也不利于在思想政治教育中确立马克思主义的指导地位，反而易引起思想理论领域的混乱。例如，2014 年关于坚持人民民主专政问题的讨论，就反映出当前社会思想斗争中的复杂性，也反映出思想政治教育领域在马克思主义“阶级斗争”这一核心命题上长期失语的严重后果。因此，思想政治领域的创新必须是在坚持马克思主义基本理论下的创新，而非背离马克思主义核心命题上的创新。这种创新的要义是：一方面，对于现实生活中的新情况、新问题，需要用马克思主义的立场和方法做出新的解释，提高思想政治理论成果的说服力；另一方面，也需要借鉴新的经验、新的理论研究方法和其他学科的研究成果，对其作出新的分析，提高人民的理论认识水平和政治辨别力。

第三，思想政治教育学科发展需要重视话语权体系。话语权是思想政治教育工作成效的外在体现，也是检验思想政治教育学科发展的试金石。话语权危机一方面来源于理论滞后于现实，另一方面来源于外部话语权的侵蚀。过度强调相对独立的学科自觉意识，反而不利于学科话语体系的建构，使学科话语失于贫乏和无力。相反，从生动的社会主义改革发展实践中不断汲取营养，从横向的世界话语体系和纵向的历史话语体系中突显中国特色的学科话语，从各门学科间的交叉和比较中发掘思想政治教育的话语素材，才能使话语体系建设有坚实的基础。例如，在宣传中国梦的过程中，中国梦的概念既需要对比于美国梦、日本梦和旧中国的强国梦，又需要对照于现实情境下的中国发展现实。又如，社会主流意识形态固然区别于个体意识，在实践中需要内化为社会成员的个体意识，但对社会主流意识形态的研究和宣传，还需要更紧密地与个体的直接经验相结合，这样才能有效消除个体话语和社会意识形态话语之间的张力，从而提高思想政治教育研究的现实价值。特别重要的是，思想政治教育学科话语体系的转换，不能采取拿来主义的态度，不能以西方资产阶级思想体系中的舶来品作为依托，而要以马克思主义的意识形态理论作为基础，在此基础上体现其与现实生活间的应有关联性。此外，构建学科话语范畴，建立文化对话的话语路径和问题导向的话语方式。这样，才能使马克思主义的真理性和科学性也符合大学生健康成长的实际需要，利用真理的力量引导大学生的思想和行为，使其学科话语更有说服力、吸引力和战斗力。

第四，立足现实开展学术争鸣和学术批判。对旧事物、旧观念的批判是马克思主义发展的固有逻辑。在学术问题上特别是重大理论研究上缺乏批判精神，不用批判思维去看待和鉴别原有的理论研究成果，就会导致重复研究和创新观点不足。开展学术批判需要增强批判能力，而这不能单纯地通过引经据典来实现，也不能通过扣帽子、打棍子的办法来达到。正确的方法，是开展理性的学术争鸣，立足现实，使学术争论具有现实针对性和时效性。现实生活是复杂的、变化的，只有根据不断发展的现实，及时掌握学术研究的相关前沿成果，紧紧地跟踪学术发展动态，才能在大量学术信息与资源中发现问题和得到启发，才能使学术批判言之有据、言之有物、言之有力。理性的学术批判，应当成为今后我国思想政治教育学科发展的常态。

（供稿：侯为民、朱亦一、朱燕、梁海峰、李春华）

科学无神论

科学无神论的研究和宣传教育工作，是中国共产党意识形态工作的重要组成部分。党的十八大以来，习近平总书记提出巩固马克思主义在意识形态领域的指导地位。随着马克思主义理论学科建设与研究工程的推进，被列为濒危学科的科学无神论，依托马克思主义研究的大平台，已经迈出坚实的步伐，科学无神论学科建设进入第五年。

一　科学无神论学科发展概况

（一）学术活动与学术交流

中国社会科学院科学与无神论研究中心与中国无神论学会联合召开一系列学术研讨会和工作座谈会，持续推动科学无神论学科的建设。

1. 中国无神论学会召开工作会议

2014 年 3 月 15 日，中国无神论学会在中国藏学研究中心召开工作会议，部分在京理事出席。朱晓明理事长传达国务院副总理刘延东同志对中国无神论学会工作的批示，总结 2013 年 8 月至 2014 年 3 月学会工作。与会学者分析当前学科建设面临的任务和挑战，积极献计献策。

2. “抵御宗教极端主义，维护民族团结”学术研讨会在北京召开

2014 年 5 月 22 日，“抵御宗教极端主义，维护民族团结”学术研讨会在北京召开。此次研讨会由中央民族干部学院、《中国民族报》社联合主办，中国无神论学会领导参与策划，并积极撰写论文。全国政协民族和宗教委员会朱维群主任、中国无神论学会理事长朱晓明研究员、副理事长兼秘书长习五一研究员、副理事长左鹏教授、副秘书长王珍副教授，提交论文并在大会上发言。他们指出：宗教极端主义与暴力恐怖主义和民族分裂主义相结合，制造暴力恐怖活动，漠视基本人权、践踏人道正义，挑战的是人类文明共同的底线。

3. 中国无神论学会理事长工作会议

2014 年 7 月 31 日，中国无神论学会在中央社会主义学院召开理事长工作会议。朱晓明理事长通报近期工作情况，提出成立中国无神论学会南方研究中心的建议。与会学者通报各自的科研工作进展，商议学会年会的学术主题和组织工作。

4. 第二届科学无神论论坛在京举行

2014 年 10 月 25—26 日，第二届科学无神论论坛在京举行。此次论坛由中国社科院科学与无神论研究中心和中国无神论学会联合举办。论坛的主题是“社会主义核心价值观与科学无神论”。来自中国社科院、教育部、全国多所高校以及研究机构的 40 多位专家学者与会研讨。全国政协民族和宗教委员会主任朱维群同志出席会议，并发表重要

讲话。

中国社科院荣誉学部委员、《科学与无神论》杂志社主编杜继文教授指出，科学无神论要做社会主义核心价值观的模范。近些年有神论泛滥成灾，特别表现在邪教和宗教极端主义的猖狂上，这显然是对核心价值观的全面反动。邪教和宗教极端主义不是宗教，要在政策界限上严格划清，打击犯罪，维护宗教信仰自由。纵观世界三大宗教的发展历史，可以知道：任何宗教都不是自古就占据某个特定地区的；任何一个民族也不是天生就信仰某个宗教的；宗教内部从来不是一成不变的。因此，宗教与民族并非一体。民族或部族的形成和发展要远远早于对这三大宗教的接受，这个时间差足以驳倒任何"教族同体"谬说。民族是先天稳定的共同体，而宗教是后天附加给民族的信仰体系或者成为文化形式，不属于民族的骨肉血脉，是既可以接受也可以遗弃的成分。"教族一体"的危害性，在不断发生的暴恐血案中充分显示出来。这些事件不仅败坏相关宗教的声誉，也败坏相关民族的声望。我们从事科学无神论的研究和宣传教育，理应让近些年非正常的宗教热冷下来，让社会主义核心价值观占据舆论的主流。

中国无神论学会理事长朱晓明研究员表示，社会主义核心价值观是我国跨民族政治认同的意识形态基础。社会主义核心价值观的提出，为重构政治认同的意识形态基础提供了新的历史机遇。因为它超越民族、宗教的差异，提炼出体现共同性的"最大公约数"，既是共同的价值观基础，也是正确的价值观导向。这对于做好新的历史条件下的涉藏工作及民族、宗教工作，是一个难得的机遇。

中国无神论学会副理事长、教育部高校社会科学研究中心田心铭教授认为，在宗教研究中坚持实事求是，必须从宗教有神论在社会生活中存在、而神在世界上不存在这个矛盾着的基本事实出发。离开世上无神的基本事实去看宗教现象，拒绝评说宗教有神论的真伪实虚，就离开了马克思主义的立场、观点和方法，不可能实现客观地研究宗教的历史事实。宗教研究应该求出其固有的规律而不能臆造规律。宗教必须同社会相适应，这是从历史实际中求得的客观规律，积极引导宗教与社会主义社会相适应是对这一规律的自觉运用。社会好则宗教好，这是一种主观臆造的联系，偏离了实事求是的科学精神。

中国无神论学会副理事长、上海师范大学李申教授强调，应当"防止（中国共产党党员）在封建迷信和宗教的影响下失去自我"。中国共产党党员的自我，就是中国共产党党纲、党章上对于党员的要求。原则上，每一个党员都必须坚持唯物主义的世界观，必须是一个无神论者。如果相信鬼神，搞封建迷信活动，或者受宗教观念影响，遇事问计于神，就是丧失自我。这一现象的原因有：党员在政治思想上腐败，对共产主义事业丧失信心；看到在改革开放中某些人发了财，自己也忍不住心动神往；认识、思想上愚昧、糊涂。党员丧失自我之后危害的首先是党的事业、人民和国家的利益。因此，党员必须加强政治思想教育，坚定马克思主义的信念和共产主义的理想，同时要进行科学无神论的思想教育。

中国社科院科学与无神论研究中心主任习五一研究员指出，科学无神论是社会主义核心价值观的应有之义。党的十八大以来，加强社会主义核心价值体系建设，成为当代中国社会的主旋律。科学无神论作为马克思主义世界观的出发点和基石，在加强社会主义核心价值体系建设中具有重要作用。她从"富强与科教兴国"以及"文明与人本主义"这两个角度，论述科学无神论是社会主义核心价值观的应有之义，科学无神论研究和宣传教育是提高中华民族思想素质的必要环节。

5. 中国无神论学会 2014 年学术年会在珠海召开

2014 年 12 月 13—14 日，由中国无神论学会、《科学与无神论》杂志社、中国社科院科学与无神论研究中心、珠海市哲学学会共同主办的“中国无神论学会 2014 年学术年会”在北京师范大学珠海分校国际交流中心举行。会议主题是“科学无神论的基本理论与当前任务”。来自全国 10 省市的 20 多家科研机构、高等院校、学术团体的哲学社会科学和自然科学界专家学者 50 余人参加会议。专家学者围绕科学无神论与社会主义核心价值体系、科学无神论理论学科建设、科学无神论与宗教研究、科学无神论的宣传教育等议题展开热烈的讨论。

朱晓明理事长向大会报告中国无神论学会承担的国家社科基金委托课题“科学无神论基本理论问题”进展情况。2013 年 11 月，国家社科基金办委托中国无神论学会承担此课题。课题成果设计为两项：一项是撰写专著《科学无神论原理》，由中国无神论学会副理事长、上海师范大学教授李申担任主笔；另一项是由朱晓明主编《科学无神论基本理论问题》论文集。

习五一教授发表大会主题报告，题为《2013—2014 年科学无神论学科建设研究报告》。她概括综述了一年来科学无神论理论和学科建设方面取得的丰硕成果。

杜继文教授提交书面发言，题为《什么是“宗教信仰自由”？——学习四中全会“全面推进依法治国若干重大问题的决议”》。他指出：在我们观察、研究和处理宗教问题时，一般要遵循两个原则，一个是以马克思主义的立场观点和方法为指导，不应该用“马克思主义宗教观”或“宗教学的立场观点和方法”作指导；一个是贯彻和实行宗教信仰自由，不应该促使“宗教服务社会”，或要求宗教去“发挥积极作用”。前者是坚持马克思主义的辩证唯物主义和历史唯物主义，不能用什么“宗教观”“宗教学”抽掉它的无神论前提和基石，也不能只限于唯物史观，只讲宗教在社会历史中的地位和作用，而无视或忽视宗教对世界观、人生观、价值观以至伦理道德的侵蚀；后者坚持“依法治国”，让宗教信仰回归到《宪法》规定的“自由”上，既保护公民个人充分享受这一“自由”的权利，也防止宗教被利用于从事社会政治、渗入文化教育领域，甚至蜕变为邪教和暴恐势力的现实可能性。

应珠海市哲学学会的请求，中国无神论学会批准建立“中国无神论学会南方研究中心”。珠海市哲学学会执行会长黄永康担任该中心主任，朱晓明理事长和珠海市委宣传部副部长王小勤为中心揭牌。

6. 民间科学无神论活动日益活跃

2014 年 7 月 26—27 日，由科普网站科学公园主办、广东网友义工承办的“第三届科学公园无神论论坛”在广州市举行，共有 170 多位无神论者参会。著名科普作家方舟子，科普作家、物理学教授太蔟，基因农业网负责人、资深科学编辑方玄昌，医务工作者“棒棒医生”等嘉宾发表精彩演讲。民间科学无神论者的影响正在逐渐扩大。

（二）2014 年科学无神论重点科研项目

2014 年 6 月 15 日，经国家社科基金评审组评审，科学无神论专业有两个项目获准立项，即：中国社科院马研院习五一研究员申报的“马克思主义无神论中国化研究”和北京科技大学左鹏教授申报的“马克思主义无神论与抵御境外宗教渗透研究”。

习五一研究员负责的“马克思主义无神论中国化研究”，其研究重点包括：马克思主义无神论和马克思主义宗教观；马克思主义无神论与社会主义核心价值体系；科学无神论是抵御境外宗教渗透的重要思想武器。该课题将从理论上系统探讨科学无神论在马克思主义理论大厦中的基石地位，强调科学无神论是辩证唯物主义与历史唯物主义的理论基石和逻辑起点。要成为马克思主义者，必须首先具备科学无神论的世界观。无神论、唯物主义的世界观，是共产党人言论和行为的最基本根据。马克思主义政党关于无神论的理论、政策，是关于宗教理论、政策的基石。在社会主义核心价值体系中，科学无神论的唯物世界观和积极人生观占有重要的地位。党中央一再指出：要巩固马克思主义的指导地位，要增强社会主义意识形态的吸引力和凝聚力，科学无神论的作用不容忽视。近些年来，有一种舆论，力图把科学无神论从社会主义核心价值体系中剔除出去，这是危险的，既不符合人类历史的发展规律和当代社会的世俗化潮流，也与中国的人本主义传统相悖。以美国《国际宗教自由法案》为核心，揭示冷战后境外宗教渗透所蕴含的神权政治意识形态。科学无神论是抵御境外宗教渗透的重要思想武器。

左鹏教授负责的“马克思主义无神论与抵御境外宗教渗透研究”，其主要内容包括：马克思主义无神论的理论蕴含和实践指向；境外宗教渗透的新特点和抵御境外宗教渗透的用力方向；加强马克思主义无神论研究和宣传教育，构筑抵御境外宗教渗透基础性工程的基本策略。马克思主义无神论是科学无神论发展的高级形态，它超越了单纯的“无神”论证而揭示了宗教的本质及其产生、发展、消亡的客观规律，超越宗教批判而进入社会批判，超越思想领域而进入社会实践领域。宗教渗透一直是境外敌对势力图谋改变我国社会制度和意识形态的重要手段，在大学生和“知识精英”中发展教徒、面向社会宣扬“基督教文化”便是其突出表现。构筑抵御境外宗教渗透的基础性工程，首要任务是开展马克思主义无神论研究：从本体论上论证世界上从来没有神，从认识论上澄清人为什么会信神，从方法论上指导人应该怎么对待神。构筑抵御境外宗教渗透的基础性工程，重点是进一步加强马克思主义无神论宣传教育，创新其机制、内容和方法，务求取得工作实效。

（三）科研成果出版概况

《科学与无神论文集》作为中国社科院学部委员专题文集之一，由中国社会科学出版社于2014年5月出版。本文集的作者杜继文教授长期担任《科学与无神论》杂志的主编。本书由作者自选42篇论文和随笔汇编成集。其主要内容包括：对邪教的揭露和对人体特异功能的批评，弘扬科学精神；对“文化传教”的审视和“宗教渗透”的关切以及相关的法律法规问题；以科学无神论与宗教信仰自由为核心的马克思主义宗教理论和宗教问题的探讨。作者指出：“将无神论作为一个独立的学科构建成型，是我们当前这个国家和这个时代的特殊需要，是必须担当的社会责任。”[①] 无神论是劳动和人性自觉的产物，是人类文明和思考的成果。中国的人文主义传统和无神论精神源远流长。在社会文化生活中，不是神为本，而是人为本；在社会政治生活中，君为轻，民为贵。中国的人本主义理念成为中华民族生生不息的内在原动力。科学无神论不仅是一种世界观和思维方式，而且也是一种人生态度和生活方式。科学无神论是马克思主义宗教理论的

① 杜继文：《自序》，《科学与无神论文集》，中国社会科学出版社2014年版，第3页。

基石和起点，与科学社会主义运动密切相关。坚持科学无神论不能不分析、批评有神论，这是坚持马克思主义的题中之意。近现代世界发展的历史表明："宗教信仰从一种社会政治的存在，不断地退回私人自由选择的领域。"当前宗教研究领域中某些权威人士，提出在当代中国构筑"信仰中国"，"使宗教作为政治力量"，是逆历史发展的方向而动。"富强"居社会主义"核心价值观"的首位，它承载着中华民族的精神追求。"科技兴，则民族兴；科技强，则国家强"，这是人类社会历史发展的大趋势。

《中国无神论史论丛》（第一辑）于 2014 年 3 月由江苏人民出版社出版。该论丛由王友三、徐小跃主编，包括六本著作，分别为：王友三著《中国无神论史论集》，徐长安、刘光育著《儒学与中国无神论》，王月清、梁徐宁著《无神论与中国佛学》，陈林著《中国无神论与政治》，苏南著《王友三与中国无神论研究》，丁郁著《中西无神论比较研究》。这些著作探讨中国无神论思想的概念、范畴和命题，中国无神论史的对象和任务，无神论与有神论斗争的中心、发展阶段和起伏消长的变化规律，以及无神论反神学斗争的优良传统和基本经验等，从各个方面审视、发掘中国无神论思想的意义和价值。作者认为："只有确证和阐明中国无神论思想是整个中国传统文化精华的表征，才能使中国无神论彰显其自身的意义和价值。中国传统文化重'明心性'的价值取向和主'一天人'的思维方式皆是以'无神'为其本质特征的。"① 中国无神论所昭示的诸多精神亦是中国传统文化的优秀精神。"无神"是符合人性地对待且是幸福的生活方式，这是中国传统文化、马克思主义和中国特色社会主义所欲共同昭示的精神。无神论最终指向的乃是——"真善美"。客观地评价，作者楬橥的理念，即："构成中国传统文化主体的儒道佛，就其思想实质皆是取向'无神'"，颇具争议。然而，面对当今"宗教热"、"国学热"等潮流，论丛作者们撰写出中国无神论研究的系列专著，值得推荐。

理查德·道金斯（Richard Dawkins）② 著、王道还译《盲眼钟表匠》于 2014 年由中信出版社出版。该书是这位当代西方无神论学者继其名作《自私的基因》之后最为经典的作品，曾获得英国皇家文学学会非小说类最佳书奖与美国《洛杉矶时报》文学奖。书名中的"钟表"一词是生物的隐喻，强调生物的构造与功能机制既复杂又巧妙，而"盲眼钟表匠"则喻指无意识的自然选择。作者通过大量生物学例证，完整全面地揭示达尔文进化论准确内涵，澄清对进化论的种种误解与歪曲。他指出，生物进化绝不是完全随机的"单步骤"选择，而是"累计"的非随机选择。复杂优美的生物源自一个累积的渐变过程，这个过程的每一步骤相对于前一步骤都非常简单，跨出去全凭机缘，但是整串连续步骤却不是随机过程。决定这个"累计"选择过程的就是物种间生存的"军备竞赛"与"性择"等自然选择因素。除了"任何能增进生存机会的条件"外，自然选择没有任何目标，也没有最终的完美模样作为标准。作者有力回击了来自拉马克理论、中性论、突变论特别是创造论的种种责难，令人信服地说明："缓慢、渐进、累积的天择是我们存在的终极解释"，达尔文演化论为生物存在提供唯一令人满意的解释，是科学发现中"不仅空前，而且绝后"的自然真理。作为正宗的进化论入门书，该书为准确理解演化论的内涵与意义提供很好的起点。特别是在"智能设计论"被国内某些学者重新

① 王友三、徐小跃：《无神：中国传统文化的重要特征》，《中国无神论史论丛》序言，江苏人民出版社 2014 年版，第 38 页。

② 英国皇家科学院院士、牛津大学教授，当代著名无神论者，生物学家。

抬出的情况下，本书的重译出版尤具现实意义。

二　重大问题研究进展

2014 年，科学无神论学科的研究成果可以归纳为六个专题，即：科学无神论理论研究；科学无神论与宗教研究；抵御宗教渗透，遏制宗教极端思想；科学与宗教研究；破坏性膜拜团体（邪教）研究；科学无神论宣传教育工作。

（一）科学无神论理论研究

1. 马克思主义无神论研究

马克思主义无神论是科学无神论的高级形态，加强马克思主义无神论研究是建设中国特色的科学无神论理论体系的基础性工作。

田心铭研究员指出，马克思主义的宗教观是彻底无神论的宗教观，坚持无神论即是坚持马克思主义宗教观的题中应有之义。马克思主义宗教研究的真理性和价值是高度统一的。在宗教研究中坚持真理，必须坚持无神论。共产党人既尊重宗教徒和信教群众信仰宗教的自由，又坚守无神论的思想阵地，面向广大的不信教群众宣传无神论，这正是以实事求是的科学态度维护中国最广大人民的根本利益。①

新疆师范大学李建生教授指出，无神论是马克思主义宗教观的内在属性和必然结论，马克思主义宗教观教育与科学无神论教育有着内在的一致性。当前做好群众工作；处理好国内以及国际关系问题；提高全民族素质，抵御各种错误思潮、腐朽思想的渗透和影响；选拔高素质的少数民族干部；学习和写好历史；做好新时期新阶段的宗教工作，构建和谐社会。这些都需要加强马克思主义宗教观和科学无神论教育。在具体工作中，我们要坚持为中心工作服务、说服教育、与具体实际相结合这三项原则。②

北京大学聂锦芳教授通过对马克思早期作品《歌之书》中的“精灵”意象进行解读后指出，“成熟时期”的马克思是一个无神论者，但他的无神论不是天生或者传承的，而是经过认真的思考和探索，从有神论转化、发展而来的。在《歌之书》中，马克思借助对爱的探究对人一神关系进行了思考，并对“精灵”意象进行了极其广泛的描摹。在马克思的理解和叙述中，“精灵”所指尽管是相当杂多、随意、迷蒙、混沌乃至矛盾的，但最终却逻辑地促使马克思得出结论：神是不存在的，神的户籍在人间。③

浙江师范大学岑孝清讲师认为，马克思的宗教观经历自我意识辩证唯心主义宗教观、劳动异化人本主义宗教观和历史唯物主义宗教观这三个阶段。马克思在《资本论》和晚年的科学研究中，深化并发展了历史唯物主义宗教观，其宗教观的唯物辩证法特征日益明显。“宗教是人类掌握世界的一种方式”这一命题，虽然出自马克思的《〈政治经

---

① 田心铭：《马克思主义的宗教研究必须坚持无神论立场——纪念毛泽东关于加强宗教问题研究的批示 50 周年》，《马克思主义研究》2014 年第 3 期。

② 李建生：《中国共产党关于马克思主义宗教观教育的论述及现实意义（上）、（下）》，连载于《科学与无神论》2014 年第 1、2 期。

③ 聂锦芳：《神的户籍在人间——马克思早期作品〈歌之书〉中的“精灵”意象解读》，《学术月刊》2014 年第 10 期。

济学批判〉导言》，但是它并不能作为马克思宗教观的基本命题，也不是历史唯物主义宗教观的科学命题。很多学者对此命题进行阐释，要么夸大，要么歪曲，或者将当代概念套用到其中，这都不符合马克思宗教观的原义。[①]

中国社科院马研院韩琪助理研究员指出，恩格斯从青少年时期的信仰，到成年后的怀疑、挣扎乃至接受泛神论，进而发展到历史唯物主义的无神论，思想上经历了巨大的转变。他晚年结合共产国际工人运动的实践，对早期基督教的历史给予独特的关注和阐释。这位科学社会主义理论体系的"第二创始人"对宗教的认知和态度，可以作为我们当前审慎地认识和处理宗教问题的重要的理论参考。[②]

河北师范大学法政学院赵德勇副教授等探讨了马克思主义无神论的中国化。作者认为，马克思主义无神论在解释和应对中国有神论时面临新的挑战；马克思主义宗教观及其中国化成果在应对中国的宗教现象、宗教问题和宗教信仰时面临困境；马克思主义无神论的中国化没有取得应有的优势，各种宗教发展势头十分强劲，对马克思主义的指导地位构成了一定的威胁和挑战。要客观分析和高度重视中国文化和现实中无神论资源的建设性作用，要充分认识中国文化和现实中有神论的复杂特性和社会作用，推进马克思主义宗教理论的发展。[③]

2. 科学无神论的当代价值

杜继文教授指出，对我国目前宗教形势的判断有几种流行的说法，如"信仰危机"或"信仰荒漠"论，此类论者，多有基督教的背景，后来也有新儒家类的跟进；"宗教融贯"论，即中国的传统文化需要引进基督教进行根本的改造；"信仰中国"论，即要挖掘中国丰富的宗教资源，组织起来构成一个宗教大国，从而凝聚全球各个国家、民族的所有宗教力量于一身；还有"宗教反弹"说、"抑制邪教"说、"与时俱进"说，等等。所有这些论调都没有指明其"宗教"具体内涵和外延是什么；朦胧模糊地兜售而又不敢直言，这是一种我们特别需要警惕的趋向。我国除了社会转型带来的问题促使宗教显得兴旺之外，还有一个重要的外因，即西方对我们实行的立体式的宗教渗透，其中基督教渗透首当其冲，它所承载的西方价值观和政治趋向的宗教观更具有欺骗性。然而，党中央在坚持和发展中国特色社会主义的方向上始终是明确的，并一贯支持无神论的研究和宣传教育。之所以会有以上混乱的认识产生，是因为国家《宪法》没有得到严格遵循，党的"19号文件"[④] 被淡出指导地位。这样就会要求宗教超越信仰本位而发挥社会公共作用，显示出宗教政治化的倾向。因此，对国家而言，宗教不完全是私人的事情，要提高国家掌握主导和管理宗教活动的能力。只有宗教回归其信仰本位，不论信教和不信教的全体公民都达到国家认同、宪法认同、法律平等，才能调动各方力量发展生产

① 岑孝清：《关于马克思的历史唯物主义宗教观之我见——兼评"宗教是人类掌握世界的一种方式"》，《科学与无神论》2014年第4期。

② 韩琪：《恩格斯宗教批判思想的演进》，《科学与无神论》2014年第4期。

③ 赵德勇、姚洪越：《马克思主义无神论中国化初探》，《当代世界与社会主义》2014年第4期。

④ "19号文件"的全称中共中央《关于我国社会主义时期宗教问题的基本观点和基本政策》的通知（1982年3月31日，中发［1982］19号）。

力，促进民族团结，为实现中华民族复兴的中国梦创造条件。①

习五一教授指出，毛泽东关于《加强宗教问题的研究》的重要批示从国际战略角度提出研究宗教问题的重要性。任继愈将毛泽东的批示精神概括为“研究宗教、批判神学”，从而成为当代中国马克思主义宗教学的奠基者。坚持这一学术范式对于我们当前发展马克思主义宗教学具有战略性的指导意义，即宗教研究要掌握在马克思主义者手中，要坚持用历史唯物主义为指导研究宗教，研究宗教要批判宗教神学。然而，近些年来，宗教研究领域提出的“学术神学”范式形成了对“批判神学”范式的鲜明挑战。某些号称研究马克思主义宗教观的学者，更是绝口不提科学无神论。这是一种危险的倾向。科学无神论是马克思主义理论大厦最底层的基石，其唯物主义世界观和积极的人生观更在社会主义核心价值体系中占有重要的地位。加强科学无神论的学科建设，更是当前抵御境外宗教渗透和防范校园传教工作的重要组成部分。作为马克思主义宗教理论和社会主义意识形态的重要组成部分，科学无神论的作用不可忽视。②

李申教授总结中国无神论学会成立至今35年的历程：从1978年底学会初创到80年代初期“无神论无人讲”这是第一个阶段；第二个阶段是从“无神论无人讲”到法轮功肆虐；而目前正处于第三个阶段，即“无神论有人讲”但声音微弱。党和国家最高领导人曾批示，要把科学无神论纳入国家科学研究的总体规划中，锲而不舍的进行下去，宣传科学无神论和执行宗教信仰自由的政策并不矛盾。如今，随着伪科学、特异功能问题的降温，传统有神论的问题日益凸显出来。国外敌对势力也借助宗教渗透企图颠覆我国的社会主义政权。在当前的形势下，学会一方面要直面有神论的发展和进攻，另一方面要面对一些举着马克思主义宗教观旗帜、实则以宣扬有神论为目的的宗教学家的宣传。这无疑给本就非常困难的无神论宣传事业又增加了新的重担。③

3. 国际无神论思想研究

研究西方无神论思想是科学无神论学科建设中重要的领域。目前，国内学术界已经开始投入精力翻译介绍重要的西方无神论学者的论著，关注国际社会无神论思潮和无神论者发展趋势。

韩琪指出，无神论可以分为积极的无神论和消极的无神论。通过回顾西方无神论的发展历史，可以发现，古典时代的自然主义哲学传统是无神论思想的“源头活水”。无神论思想在不同的时代有着不同的表现，内容丰富。今天，我们应当厘清无神论与自然神论、泛神论以及不可知论之间的关系，要将各种丰富的非信仰现象联系起来进行研究。中国历史上的无神论思想主要以反天命、无鬼神、反对世俗迷信为主要内容，它与西方无神论思想在内涵以及外延上都存在较大的差异。我们今天从事科学无神论的研究，既要考虑西方传统，又要兼顾中国文化中无神论思想的特色。④

中央社会主义学院王珍副教授介绍19世纪德国青年黑格尔派的主要代表哲学家麦

① 杜继文：《毛泽东关于〈加强宗教问题的研究〉的战略意义》，《科学与无神论》2014年第2期。

② 习五一：《毛泽东关于〈加强宗教问题的研究〉的当代价值》，《科学与无神论》2014年第6期。

③ 李申：《中国无神论学会三十五年》，《科学与无神论》2014年第3期。

④ 韩琪：《西方无神论思想发展的启示》，《科学与无神论》2014年第6期。

克斯·施蒂纳的《唯一者及其所有物》的无神论思想。施蒂纳的主要著作就是《唯一者及其所有物》。他不仅批判黑格尔的思辨哲学，批判基督教，还把批判矛头对准作为思辨哲学批判者的费尔巴哈、布·鲍威尔等人，提出独树一帜的哲学和社会思想体系。他说，费尔巴哈努力达到的解放仍然是神学意义上的解放；然而在人面前，神沉没了。①

中国社科院马研院杨俊峰助理研究员介绍加文·海曼的无神论思想。海曼论述无神论在现代历史与思想中的产生与发展，分析现代无神论所针对的上帝概念，以及现代无神论与有神论形态的关系。现代无神论与现代性天然相关，命运相连。现代性似乎必定在无神论中达到顶峰。那么，在“现代性的终结”被广为宣告的今天，无神论不会丝毫不受影响。②

王珍在《中国民族报》上连续撰文，介绍多种西方无神论思想。其中，包括启蒙运动时期的哲学家比埃尔·培尔的思想。培尔认为，只有宗教才对怀疑论有所畏惧，怀疑论只是对神学有害，对科学和社会没有什么害处。异教徒和无神论者也可以组成一个秩序和谐、道德高尚的社会。以遥远的中国为例，说明世界上实际存在着这样一个无神论的社会。培尔认为中国人有高尚的伦理道德生活，但并无欧洲人的基督教信仰，印证了宗教信仰并不一定能保证人的伦理道德。因为基督教徒也会粗野下流，而无神论者也可以正直和勇敢，从而证明道德可以独立于信仰，伦理与宗教可以相分离。马克思认为，培尔证明了“由清一色的无神论者所组成的社会是可能存在的，无神论者能够成为可敬的人，玷辱人的尊严的不是无神论，而是迷信和偶像崇拜”，“并从而宣告了注定要立即开始存在的无神论社会的来临”。③

天津师范大学研究生王琪等介绍18世纪法国的第一个无神论者梅叶的唯物论世界观和无神论思想。梅叶的无神论思想体现在对宗教的批判中。梅叶认为，宗教是“反自然的世界观”，一切宗教都是谬误、幻觉和欺骗。他列举了很多论据，详细地剖析宗教的教义，系统而深刻地揭露宗教的虚妄性。作者指出，梅叶虽然看到了宗教教义的荒谬，揭露了宗教作为封建统治者压迫人民的工具作用，主张消灭一切宗教和迷信，可是他并不懂得宗教产生和传播的社会阶级根源。④

石河子大学龙群副教授等分析国内外研究人神关系的研究成果，梳理中西方形成不同人神关系的原因。作者指出，从古希腊时期到启蒙运动时期，尽管西方的人神关系在经历文艺复兴和启蒙运动后出现了泛神论—自然神论—无神论的思潮，但西方以“神”为中心的人神关系仍占据重要地位。关于中国历史上人神关系的思想，作者指出，我国古代虽然也有过“神性至尊”的思想观念，但这并不是主流思想。自从人本文化确立以后，我国的主流思想一直是以“人”为主的人神关系。⑤

保罗·库尔茨（Paul Kurtz）主编的《科学与宗教：它们可以调和吗?》是一部专

---

① 王珍：《麦克斯·施蒂纳〈唯一者及其所有物〉》，《科学与无神论》2014年第6期。

② 加文·海曼：《现代历史中的无神论》，杨俊峰译，《科学与无神论》2014年第1期。

③ 王珍：《无神的社会是存在的》，《中国民族报》2014年5月6日。

④ 王琪、郎琦：《试析梅叶的唯物论和无神论》，《长春工程学院学报》（社会科学版）2014年第4期。

⑤ 龙群、王立娟：《中西方人神关系问题研究综述》，《西北民族大学学报》（哲学社会科学版）2014年第4期。

题论文集，论文选自国际探索中心的杂志《怀疑的探索者》（*Skeptical Inquirier*）。库尔茨在序言中指出，科学与宗教的关系存在冲突，应当对宗教进行科学探索与质疑。该书讨论的议题有：宇宙与上帝的关系问题、“智能设计论”、科学与宗教的冲突关系、科学与道德、对超自然现象的科学调查以及人们为什么信仰宗教等。宇宙科学家否定现代宇宙学为上帝存在提供证据说。美国科学界主流也对“智能设计论”持否定态度，认为它不是科学而是一种宗教信仰。关于科学与道德，冲突论者认为，道德观念并非专属于宗教领域，道德判断的基础也应该是事实真相而非依靠宗教教条或戒律；科学揭示真相，因而能够为道德判断提供可靠的依据。现代流行的几种典型的“超自然”现象，如“后世沟通”“濒死体验”“祈祷效果”“都灵裹尸布”“灵魂存在”等，它们不仅背离作为科学基础的自然主义，而且也违背基本的科学方法和知识。科学完全能够检验精神领域或宗教领域的事情。“唯灵论”的回归显示出科学理性的宣传仍然任重道远。而对于人们为什么信仰或不信仰宗教，该书运用自然科学和社会科学知识，从认识论、社会文化进化论、社会生物论、心理学、神经学等多个学科角度，对宗教信仰的渊源、种种表现及其作用进行分析和解释，表明科学应该和能够对宗教信仰问题进行考察，从而告诫人们对宗教信仰可以采取科学理性的态度，不必盲从轻信。①

埃及多数民众信仰伊斯兰教。目前埃及到底有多少无神论者并没有准确的数据和相关的研究，然而，无论是无神论者还是穆斯林都认为，埃及的无神论者正在日益增多。虽然从法律上讲，无神论者是可以在埃及合法存在的，但在现实中，却不被大多数埃及人理解和容忍，他们在生活和工作中会被“另眼相待”。这些无神论者通过建立社区，呼吁新宪法尊重人们的信仰自由，保护无神论者。②

《参考消息》引述英国广播公司网站的报道称，美国的无神论者在2014年聚集在俄亥俄州首府哥伦布，参加美国第一个无神论电视台开播庆祝活动，对坚持无神论信仰的人表示支持。许多发言者表明，在美国，许多无神论者公开自己的信仰仍然困难重重。更加令人惊讶的现象是，皮尤研究中心一项民意调查的结果称，美国的受访者认为无神论者比强奸犯更不值得信任。③ 据《基督邮报》报道，一名在过去四年运作聋人网络教会（Virtual Deaf Church）的贾斯汀·福尔马尔（Justin Vollmar）牧师，向他的跟随者们宣布了一个惊人的消息：他已经成了一名无神论者，因为“没有上帝”，基督教是“无稽之谈”。他在Youtube视频中解释自己得出此结论经历了“长期和强烈的争战”。④

（二）科学无神论与宗教研究

1. 马克思主义宗教学研究

杜继文教授在接受《马克思主义研究》采访时指出，“研究宗教”亟须拨乱反正，

---

① 孙倩：《谁该成为现代文明的基石和主导——〈科学与宗教：它们可以调和吗?〉评述（一）、（二）、（三）、（四上）、（四下）、（五）、（六上）、（六下）、（七上）、（七下）》，连载于《科学与无神论》2013年第2期、第3期、第4期、第5期、第6期、2014年第1期、第2期、第3期、第5期、第6期。

② 蒋生元：《埃及“无神论者”的心路历程》，《世界知识》2014年第4期。

③ 《BBC：美国无神论者公开信仰阻力重重》，参考消息网2014年8月16日。

④ Leonardo Blair：《前聋人网络宣教士成无神论 说因为“没有上帝”》，《基督邮报》（中文简体版）2014年2月11日。

“批判神学”必须开展补课。随后，中国社科院世界宗教研究所所长卓新平撰文批判该访谈的观点。对此，杜继文撰文回应指出，总体而论，毛泽东批示的“研究宗教”，研究领域的主流做到了，逆流则把“研究”改成了“宣传”，所以要“拨乱反正”，以恢复宗教研究的本来面貌；而对于毛泽东批示的“批判神学”则基本没有做，相反，“构建神学”大行其道，所以“必须开展补课”，以维护科学理性的主导。我们不能把宗教信仰自由解释成宗教无政府主义。不能以“马克思主义宗教观”的指导代替马克思主义的指导，这种替代是危险的，不但割裂马克思主义的完整性，而且容易在实践上转移方向，干扰甚至阻挠党和国家的大局。“宗教学研究”应当运用马克思主义的立场、观点、方法对宗教问题进行科学研究，而不是完全沿用西方“宗教学”的方法。关于毛主席的“批判神学”，有人将之理解为与“研究神学”同义，这是完全不同的。对于“学术神学”，首先根本就不存在“无神论”的神学，其次汉语神学或学术神学不谈“神是否存在”以及拒绝辨认对神信仰的“真伪”，这是很怪异的；认为需要在当代中国构建“学术神学”的理由是站不住脚的，而学术神学的“教外”特性则令人怀疑。近 20 年来，在我国“宗教学”领域兴起一股颇为强大的霸权势力，无神论遭到全面围堵；对于其中的“权威”“专家”，是不能持有不同意见的，否则就是不共戴天，反击的手段多种多样，很可怕。①

金宜久教授通过重读恩格斯 1853 年 5 月致马克思的信函，结合当前的伊斯兰复兴，对伊斯兰教提出新的理解。从穆罕默德创教活动的整个过程来看，他公然谴责富商、贵族背叛古老习俗，沿袭游牧民袭击商队、获取战利品的做法，反对偶像崇拜、号召重返祖辈一神信仰等“托古”手段，“穆罕默德的宗教革命”“伊斯兰教革命”，完全是在创教活动过程中借助相关经文而完成的社会变革，宗教革命和社会变革互为表里，相辅而行。作者肯定恩格斯关于伊斯兰教革命不过是“表面上的反动”“虚假的复古和反朴”这一科学论断的正确性。当前的伊斯兰复兴不过是“复古和返朴”吁求的再现；“托古改制”的吁求仍是伊斯兰复兴的基本手段；伊斯兰复兴的发展必然导致伊斯兰政治化，即从政治角度阐释宗教问题；政教一体观念在当代仍然支配着一些人的思想和行为。②

天津商业大学马克思主义学院张静副教授等指出，列宁在看待宗教问题时，不仅坚持宗教与社会主义对立而不与宗教结合的基本态度，而且明确宗教与社会主义在意识形态上对立，但在政治上、行为上不与宗教对立，不能向宗教宣战，而应该通过无神论宣传和无产阶级斗争使宗教走向消亡，同时还要把握与宗教斗争要服从于无产阶级斗争的根本原则。关于宗教与国家和宗教与无产阶级政党的关系：对于国家来说，宗教是私人的事情；但对于无产阶级政党，则是整个政党的事情。这些看法对于我们今天处理宗教问题仍然具有重要的指导意义。③

李申教授研究中国马克思主义宗教学的开创者和奠基人任继愈先生的贡献指出，从出版《汉唐佛教思想论集》到提出“不仅要脱贫，而且要脱愚”的主张，任继愈先生为中国的宗教学研究开辟了新的马克思主义的方向，奠定了坚实而丰厚的学术基础。由他

---

① 杜继文：《是什么“宗教观”、“宗教学”？兼论“学术神学”——答〈科学研究马克思主义宗教观发展中国宗教学〉》，《马克思主义研究》2014 年第 3 期。

② 金宜久：《重读恩格斯〈致马克思〉书信笔记》，《科学与无神论》2014 年第 3 期。

③ 张静、王欢：《列宁如何看待宗教问题》，《前沿》2014 年第 11 期。

主编或指导的宗教学著作，已经成为中国马克思主义宗教学的基础性著作，为中国马克思主义宗教学作出了重要贡献。具体表现在：第一，任继愈自觉将马克思主义宗教学的基本原则应用于宗教学研究，以自己的著作提供用马克思主义指导研究宗教问题的范例；第二，创建中国马克思主义宗教学机构，规划宗教学实施方案；第三，具体指导宗教学研究，为宗教学的繁荣；进行资料和理论准备；第四，正确认识中国传统文化性质，提出“儒教是教”说；第五，坚持科学无神论立场，把“批判神学”作为马克思主义宗教学重要任务之一；第六，提出“不仅要脱贫，而且要脱愚”的主张，坚持马克思主义宗教学的目标。①

武汉工业学院艺术与传媒学院白虹副教授研究苏联解体的宗教因素指出，苏联解体过程中，宗教因素产生极大的破坏性作用。作者认为，不仅要深刻认识宗教的基本属性，全面把握宗教与社会主义社会的关系，而且还要努力提升无神论教育的层次和水平，正确处理裹挟于政治和民族问题之中的宗教问题。苏联解体的惨痛教训告诉我们，对于境外敌对势力所进行的“宗教渗透”活动不进行有力打击确实是会危及我们社会主义意识形态安全，乃至社会主义国家政权稳固的。②

2. 无神论、宗教与道德

朱维群主任再次强调指出，党员不能信教原则不能动摇。他指出，有一种影响较广的认识误区是：宗教信仰缺失导致当前中国社会道德沦丧，有那么多的党员、干部在金钱、美色、权力面前倒下，就是因为缺少宗教道德约束。把社会道德水准下降归咎于无神论，是一种相当古老的谬说。中国的历史和现实表明，说信教人数不够多导致中国人道德缺失是完全不成立的。就我们党内产生的腐败分子来说，固然其中有不信仰宗教者，但是也不乏诸多宗教狂热分子。他明确指出，我们党的任务是引领宗教界在社会道德建设中发挥积极作用，而不是帮助他们把社会更多的人乃至共产党员变成宗教徒。③

北京市委统战部原副部长周伯琦同志指出，固然宗教在道德教化中具备一定的正功能，但其负面作用也非常明显。其表现为：各宗教体系的经典及教义中充斥着违反伦理道德的内容；不同宗教（教派）之间无伦理道德可言；宗教道德中存在着很多违反人类伦理道德的东西。从根本上来说，必须厘清宗教与道德的某些内在联系。首先，是否因为有了宗教人们才有道德，没有宗教人们就没有道德吗？其次，道德源自宗教吗？再次，是否只有基督徒是有伦理道德的，无神论者就不道德？把世界上最伟大的人，比如爱因斯坦，说成宗教信仰者；把世界上最坏的人，比如希特勒，说成是无神论者；这些其实都是泼脏水的把戏。④

关于道德和宗教的问题，《环球时报》上连续刊登文章进行讨论。文化学者刘仰指出，中国需要的是世俗道德，而不是宗教。当前很多人被流行舆论牵着鼻子走，认为中

---

① 李申：《任继愈——中国马克思主义宗教学的开创者和奠基人》，《上海师范大学学报》（哲学社会科学版）2014年第1期。

② 白虹：《前苏联处理社会主义社会宗教问题的历史启示——以苏联解体过程中的宗教因素为视角》，《暨南学报》（哲学社会科学版）2014年第8期。

③ 朱维群：《“党员不能信教”原则不可动摇》，《环球时报》2014年11月14日。

④ 周伯琦：《试析宗教在道德教化中的作用（上）、（下）》，连载于《科学与无神论》2013年第6期、2014年第1期。

国社会之所以会出现道德滑坡的现象，是因为中国缺乏宗教。这一随波逐流的应和判断，实在是鼠目寸光。事实上，西方社会之所以能有今天这样先进和强大，绝对离不开文艺复兴和启蒙运动。这场思想解放运动的核心是以人为本，而摆脱宗教的束缚，特别是宗教道德和律令对人们思想和行为上的束缚。启蒙运动之后，欧美进入现代社会，世俗道德才逐渐建立起来。中国近百年的崇洋媚外之风将自己的传统丢弃。在社会道德出现滑坡之时，反受人蛊惑，要去捡西方的垃圾当解药。我们要实现中国梦，首先要重新认识优秀传统文化的价值，在此基础上，去粗取精、去伪存真，发展真正适合现代中国的道德价值体系，这才是正路。而非用西方早已失效的药方来治理中国。①

也有不同的声音。如中央社会主义学院常务副院长叶小文认为，固然中国需要建设世俗道德，但不必因此就将宗教作为世俗道德的对立面或“西方的枷锁”加以贬斥。西方近代的人本主义由于过于强调个体的自由、权利与本能欲望，在催生经济迅猛发展的同时，也带来了人与自然、人与社会、人与人关系的一系列危机。我们对人本主义要在否定之否定的意义上进行继承和发扬，这就需要在“多元一体”的包容中熔炼融合，在“各美其美、美美与共”的合作中交流和交锋。中国不可能靠宗教解决诸多问题，但对宗教“要采取特别慎重、十分严谨和周密考虑的态度”。我国有上亿信教群众，他们是建设中国特色社会主义事业的积极力量，不能把信仰差异等同于政治上的对立，更不能把他们当成异己。当今中国的主流是践行社会主义核心价值观，但并非因此就要在“世俗道德和宗教”中去做选择。中国需要的是和谐合作，不是非此即彼。②

对于这种调和“世俗道德和宗教”的论点，中央社会主义学院沈桂萍教授指出，宗教支撑不起现代社会价值。当代中国社会，各种制假售假、贪污腐败、社会冷漠等负面现象频出，各种民族宗教纷争、分裂活动和暴力恐怖事件时隐时现。这一切在冲击经济健康发展、社会和谐稳定乃至国家安全的同时，也给人们带来心理困惑、道德危机甚而信仰迷失。一些人期望利用宗教信仰、宗教敬畏来化解社会问题，甚而希望从宗教中寻求价值支撑，推动文化昌明、政治和谐和国家长治久安。然而，纵观历史，宗教既可以成为推动社会稳定和谐的积极力量，也可以是导致分离族群、愚化民智、妨碍革新的消极力量。尤其是在一个深刻变革、快速转型的社会中，宗教的这种双刃剑作用表现尤为突出。过去我们曾经长期迷失在对宗教的简单化否定中，今天我们也不能陷入对宗教过分推崇的新误读中。当代社会承认宗教价值观对一部分公民的特殊价值导向作用，但不意味着把宗教看作人类文明的支撑、国家和社会发展的核心价值而弘扬倡导。在当前复杂的环境下，执政党对宗教社会作用的把握必须头脑清醒，意志坚定，行动有力。③

科普作家方舟子指出，无神论者的道德水平并不比信神的人低。无神论的道德是一种高尚的道德观。无神论的道德观是理性的道德观，而不是一种非理性的、盲目的道德观。无神论的道德观对那些传承下来的道德观有取舍，甚至应该树立新的道德，其标准应该是建立在科学基础上的。④

---

① 刘仰：《中国需要的是世俗道德，不是宗教》，《环球时报》2014 年 1 月 3 日。

② 叶小文：《世俗道德与宗教不是非此即彼》，《环球时报》2014 年 1 月 15 日。

③ 沈桂萍：《宗教支撑不起现代社会价值》，《环球时报》2014 年 1 月 23 日。

④ 方舟子：《无神论的道德观——2014 年 7 月 26 日在第三届科学公园无神论论坛上的演讲》，2014 年 9 月 1 日（http：//www. scipark. net/archives/20274）。

3. 宗教研究与宗教工作

朱晓明研究员指出，社会主义核心价值观是我国跨民族政治认同的意识形态基础。从历史经验看，马克思主义阶级观点和阶级分析的方法曾经是跨民族政治认同的意识形态基础。但是阶级分析的方法有其适用范围，在全社会来说，还需要能够超越民族差异、宗教差异，能够凝聚人心的共同价值观。“后冷战时代”国际政治的特点是“碎片化”，由此形成了政治意识形态的真空，这使得民粹主义、宗教极端思想等意识形态以反霸权主义的姿态浮现出来。这对中国有很大影响。此时，社会主义核心价值观的提出，为重构政治认同的意识形态基础提供了新的机遇。我们在民族、宗教工作中，要抓住突出问题，在尊重差异中扩大社会认同，在包容多样中形成思想共识。当前的形势下，反对宗教极端思想是一项紧迫任务，也是一个长期斗争。严重的暴恐事件、自焚事件，已经触犯了法律，其性质已不是民族问题、宗教问题了。因此我们要从政治上、法律上把宗教极端思想与特定的民族、宗教区分开来，以最广泛地团结各民族各宗教爱国力量，形成反对宗教极端思想的最广泛的爱国统一战线。①

加润国研究员指出，宗教既是一种社会实体，又是一种意识形态，因此宗教工作既是重要的管理服务工作，又是重要的意识形态工作。做好新形势下的宗教工作，既要加强宗教事务管理，又要加强科学无神论宣传教育。他建议宣传部和教育部设置专门机构，谋划指导宣传教育系统开展“研究宗教、批判神学”的工作。要通过开展科学持久的无神论宣传教育，遏制宗教过快发展和持续扩大影响的势头，发挥科学思想和先进文化在抵御境外利用宗教进行渗透方面的基础性工作。②

华中科技大学中国乡村治理研究中心课题组在“西方宗教在中国农村的传播现状”这一课题报告中认为，以基督教为主体的西方宗教（包括以圣经为基本教义的宗教：天主教、基督教和基督教异端组织，即本土邪教组织，如东方闪电、三赎基督等）经过近30年的发展，已经完全取代传统宗教和民间信仰形式，成为我国农村主导性的宗教，这一过程还在加速进行。近30年农村社会经历着巨大的社会变革和结构性转换，出现了诸多个人、家庭和社会问题。基督教恰在20世纪80年代初的宗教开放政策后“巧遇”农村社会的需求，并给予及时的回应，借此迅速占领了农村的信仰空间。在这些西方宗教中，基督教占据着独大的角色。在我国认定的五大宗教中，基督教信众在农村占95%以上；地下基督教（家庭教会和邪教）近年发展速度惊人，占基督教的70%左右。就区域而言，北方农村传统信仰形式已接近衰靡，西方宗教的各种形态在这里遍地开花、结果，迅速蔓延，其中基督教信众已占其总人口的10%到15%，且呈急速增长趋势。而南方农村以祖先崇拜为中心的信仰体系尚保存完整，它构成了对西方宗教的抗体，使后者无法顺利进入，但调查表明，南方信仰体系亦正在走向瓦解。相对来说，北方农村对基督教认识深刻一些，普通教徒和民众能够清醒区分“政府允许”的基督教和“邪门歪道”的基督教；而南方农村由于正规基督教发展缓慢，积极传播的往往是基督邪教，人们也没有正邪的概念，无法分辨。此外，基督教“三自”教会、家庭教会与基督邪教三者关系微妙，不容忽视。“三自”教会与家庭教会的交流十分频繁，特别是新

① 朱晓明：《社会主义核心价值观是跨民族政治认同的意识形态基础》，《科学与无神论》2014年第5期。

② 加润国：《完善宗教工作格局　全面做好宗教工作》，《科学与无神论》2014年第5期。

一代的神职人员和教会管理者几乎没有二者的身份区隔，在对中国近代史、海外教会、基金会等的认识上几乎一致，“三自”教会甚至通过家庭教会从海外募得大量资金。而本土基督邪教组织则直接产生于家庭教会。基督教在我国农村的传播过程中具有极端不宽容性的特点。综上所述，基督教在中国农村的传播并非经济发展程度的问题，根本上是农村自身传统文化和价值主体性的强弱问题。①

杨华研究员指出，近年来，非法宗教在农村迅猛发展，造成恶劣的政治社会后果。非法宗教是指没有在政府登记注册或不承认政府领导的西方宗教，主要包括基督教家庭教会等。根据在全国多地农村的调查发现，非法宗教以家庭为载体进行传播，要求其信徒退出原有人际关系网络，摒弃村庄的道德、价值评判，导致家庭成员间的矛盾、纠纷乃至分裂。随着非法宗教在农村的蔓延和壮大，其内部开始以基督教历史观来解读中国近现代史，将后者歪曲为基督教反抗异教和政权压迫、逐步获得自由发展的历史。农村非法宗教否认中华文明、排斥农村传统信仰，肢解农村传统文化和价值的主体性，在许多地区介入村庄政治社会事务，参与村民委员会和人大代表选举，挑动村庄派系斗争，与党和政府争夺在农村的领导权。这些问题与三十多年来农村出现的治理困境、伦理危机、价值失落、精神空虚等一系列问题一脉相连。因此，治理农村非法宗教，首先应加强党在农村的组织建设，增强党领导农村的能力。加大对农村基础设施、公共服务、公益事业的建设和投入，为农民提供一个便捷舒适、能够安居乐业的社会和自然环境。要加强对家庭教会的监管，乃至取缔。在全国各地“大张旗鼓”地打击从家庭教会中分化出来的邪教组织，只有这样才能既威慑潜在的邪教犯罪分子，又教育大多数普通农民。②

浙江省开展“三改一拆”工作，在拆除违法宗教建筑时遇到困难。《浙江日报》社论指出，打着宗教旗号的违法乱建者利用外界对党的宗教政策的信息缺失和不解误解，蛊惑舆论，颠倒黑白，抹黑“三改一拆”妨碍宗教信仰自由。然而，即便在标榜宗教“最为自由”的美国，其宗教事务管理条例也实行“信仰绝对自由，实践有限自由”的原则，通过大量的司法判例对宗教活动进行约束管制。现代法治国家不允许任何个人或组织凌驾于法律之上，宗教及宗教人士也概莫能外。一些别有用心者故意混淆“宗教信仰”与“宗教事务”这两个完全不同的概念，将拆除违法宗教建筑与限制宗教信仰自由混为一谈，以乱视听，继而又企图以“宗教信仰自由”为外衣，掩盖其违法私搭乱建、蚕食公共利益之私利，以此裹挟舆论，甚至企图告“洋状”，挟“洋”与政府叫板，达到其不可告人的目的。我们要坚守公正公平底线，以合法与非法为唯一衡量标准，认清违法宗教建筑的实质，识破披上宗教外衣的手法，在涉及宗教问题的“三改一拆”中头脑清醒，理直气壮，勇于担当，敢于碰硬。③

新疆社会科学院李晓霞研究员指出，“保护合法、制止非法、遏制极端、抵御渗透、打击犯罪”，是我国处理宗教问题的基本要旨，也是新疆做好宗教工作的原则。长期以来，涉及非法宗教活动在法律规定或实际操作中界定难、处置难，最主要表现为宗教活

① 董磊明、杨华：《西方宗教在中国农村的传播现状——修远基金会研究报告》，《文化纵横杂志》2014 年 6 月 5 日。

② 杨华：《给农村抵御非法宗教注入“抗体”》，《环球时报》2014 年 6 月 16 日。

③ 本报评论员：《“三改一拆”妨碍宗教信仰自由吗?》，《浙江日报》2014 年 6 月 30 日。

动与民族风俗习惯的区别难。新疆对宗教活动的管理工作不仅关系到信教群众，而且极大地影响着民族关系与社会稳定。作者认为宗教事务管理必须适度而行。①

内蒙古工业大学王奇昌讲师等指出，宗教是人类社会中一种历史悠久的复杂现象，具有两面性。宗教信仰一方面能够慰藉信徒心理，另一方面也是引发冲突的重要原因。宗教崇拜行为固然会有一定的正面作用，但也颇多让人非议之处。宗教组织和制度可以起到社会纽带的作用，但这之中也存在腐化和糜烂现象，而且宗教所谓的群体维系更多的时候会造成对更大的团体团结的破坏。因此，宗教批评就成为宗教研究的重要组成部分。无神论者不仅可以研究宗教，而且在承认宗教的长期性、平等对待各种宗教的前提下，无神论者更能够比较客观的研究宗教的流变及其负面作用，在研究特定宗教信徒与周围群体的关系中做出独特的贡献。在当代中国，宗教批评也是积极引导宗教与社会主义社会相适应的应有之义，与发挥宗教的积极功能并不矛盾。改革开放之后中国宗教有了很大发展，但是宗教界的乱象也较多，“僧不僧、庙不庙”的情况并非个案，伊斯兰教门宦制度在西北地区也还有一定影响。宗教与社会主义社会仍然有一定的张力。而且随着国际局势的变化，宗教极端主义也对我国产生了一定的影响。所以，宗教积极作用的真正发挥离不开社会各界对其问题的批评和建议。②

（三）抵御宗教渗透，遏制宗教极端思想

1. 抵御宗教渗透，坚持教育与宗教相分离

习五一研究员指出，基督教新保守主义的全球扩张战略成为美国霸权主义的工具。美国国会通过《1998年国际宗教自由法案》，这是以国家力量进行基督教全球战略扩张。中国已经成为国际宗教右翼势力传播基督教福音的重点地区。境外宗教渗透成为威胁我国安全的最重要因素之一，其战略意图是要改变中国的意识形态和政治制度。我们应当重视境外基督教右翼势力的“合法渗透”。境外右翼势力推动基督教在我国传播，实质上是一种文化殖民和意识形态渗透。西方宗教右翼势力特别善于利用合法渠道，深入我国文化教育和学术研究阵地，培植力量，宣传他们的世界观、价值观和政治观，与我国主流意识形态相对立。为从思想文化上提供抵御境外宗教神学渗透的理论武器，应当大力加强科学无神论的学科建设。③

抵御和防范宗教极端思想在新疆地区进行校园渗透，是我们与境内外敌对势力围绕“培养什么人、怎样培养人”展开的一场长期的较量和斗争，是关系国家长治久安和巩固党的执政地位的严肃政治问题。中华全国总工会副主席、新疆维吾尔自治区总工会主席尔肯江·吐拉洪指出，教育引导广大师生正确认识和对待宗教，认清宗教极端主义的真实面目，认清宗教极端势力分裂国家、破坏稳定、损害各族人民共同利益等罪恶行径，认清宗教极端思想反人类、反文明、反社会的反动本性，认清宗教极端分子是各族人民共同的敌人，认清宗教极端思想是毒害青少年健康成长的最大危险，坚定自觉地抵御和防范宗教极端思想渗透，是一项十分紧迫而重要的政治任务。要增强忧患意识，做

---

① 李晓霞：《新疆制止非法宗教活动政策及实践分析》，《新疆社会科学》2014年第4期。

② 王奇昌、田雨、李士珍：《宗教研究与宗教批评关系再讨论》，《科学与无神论》2014年第5期。

③ 习五一：《科学无神论是抵御境外宗教渗透的思想武器》，《科学与无神论》2014年第3期。

到居安思危，同时要深化思想认识，坚持底线思维，筑牢抵御和防范宗教极端思想向校园渗透的坚强思想防线。① 值得注意的是，今年新疆喀什师范学院思想政治教育专业的两篇硕士论文均与南疆高校抵御宗教极端势力相关。②

华南理工大学莫岳云教授等指出，改革开放以来，尤其是苏东剧变以来，高校成为境外敌对势力意识形态渗透的主阵地，宗教渗透形势尤为严峻。境外势力利用宗教对我国高校的渗透加剧正是近年来大学生信教人数增长的一个主要原因。宗教渗透的具体渠道有：通过专职人员亲自传教；通过传输宗教读物对大学生进行传教；通过互联网传教；利用高校的“文化交流”“学术研究”等活动进行传教；利用广播电视进行“空中传教”。这种宗教渗透对我国主流价值观在高校的传播造成严重的冲击和挑战，而其根本目的并非传播宗教，而是进行价值观的植入。我们要把抵御境外对高校的宗教渗透提高到国家意识形态安全战略的层面来认识；开展马克思主义宗教观教育；按照宗教活动管理法规，严格校园宗教活动管理；构建抵制境外宗教渗透的联动机制；特别要加强网络监管，构建网络信息安全的技术平台。③

大连民族学院王晓华教授等指出，互联网的发展引发了当代宗教发展的变革。网络不仅改变了宗教的传播方式，进一步消解了传统宗教权威的支配地位，赋予个人更多的选择权，也加剧了宗教信息的混乱，造成了实际监管的困难。境外敌对势力更是利用互联网对我国高校进行宗教渗透。网络资源的可重复利用性、共享性、信息传递的即时性和无地域限制性，极大降低了境外宗教渗透的资金、时间和人力成本，从而可以更大的扩张渗透活动。网络巩固了宗教势力的主体，增加了我们反渗透工作的难度；网络渗透具有隐蔽性，使得网络监管难度增大；网络渗透更是开启了高校宗教渗透的“私人定制”时代；宗教暴力恐怖思想也有可能借助网络向高校渗透。因此，我们要发挥党员学生的主动性，加强反网络宗教渗透队伍建设；加强思想政治理论教育，营造高校网络生态文明；多方合作，加强高校校园网络监管；提供优质网络文化资源，主动占据网络；加强校园文化建设，丰富学生业余生活。④

2. 遏制宗教极端思想，反对暴力恐怖主义

2014 年“3·01”昆明暴恐事件发生后，全国政协民族和宗教委员会主任朱维群接受凤凰网的采访时提出，处理暴恐事件要从民族宗教问题中脱敏。他认为，新疆暴恐事件的发生，是历史根源、国际环境、宗教极端主义和南疆地区经济上的落后多重因素相互作用的结果。目前暴恐事件并没有改变新疆社会稳定和民族团结的大局，反暴恐至少有几方面工作需要加强，包括提高情报工作水平，专业反恐队伍与人民战争相结合，建立全民性的思想工作和宣传教育体系，加强国际反恐合作。当前，我们应更多强调中华民族的一致性和共同性。他提议，涉及民族宗教的因素突发事件，要从民族宗教问题中

---

① 尔肯江·吐拉洪：《宗教极端思想是毒害青少年健康成长的最大危险》，《求是》2014 年第 14 期。

② 孙云飞：《抵御和防范宗教向南疆高校渗透的对策研究》；李岩：《宗教氛围对南疆少数民族大学生的影响研究》，喀什师范学院 2014 年硕士论文。

③ 莫岳云、李娜：《境外宗教对我国高校的渗透无孔不入》，《湖湘论坛》2014 年第 2 期。

④ 王晓华、伦玉敏：《构建高校抵御宗教势力网络渗透的长效机制研究》，《科学与无神论》2014 年第 5 期。

脱敏，一切以法律为准绳。也就是说，是指在处理此类事件时严格依法办事，不要轻易同民族宗教问题搅在一起，更不能随意把它上升为民族宗教问题。①

2014 年 5 月 22 日，新疆乌鲁木齐发生暴力恐怖事件，造成大量无辜平民死伤。这是近年来暴恐分子在中国制造的最血腥的事件之一。朱维群再次指出，宗教极端主义是用宗教外衣包装起来的违法犯罪、危害社会的思想行为；反对宗教极端主义，单打一不行，要从实际出发，调动各方力量，综合施策。当前打击的重点是以分裂国家为目的、以暴力恐怖为手段的宗教极端主义。除了在新疆利用宗教极端主义的“东突”势力之外，我国还有另一股宗教极端主义，即煽动他人自焚的十四世达赖集团，他们同样直接使用暴力恐怖手段，其目的则是对中国政府施压、分裂国家。事实上，各色宗教极端主义是从境外伴随着帝国主义分裂中国的图谋来到中国的。比如“东突”思想并不是产生于新疆，而是来自 19 世纪末俄国鞑靼知识分子中的泛突厥主义和没落奥斯曼帝国的泛伊斯兰主义。这“两泛”随着帝国主义的侵略影响到中国的新疆。因此，它们一开始就是为外国势力分化、瓦解中国服务的。而现代宗教极端主义在西亚、中亚一带的泛滥，则与以美国为首的西方对这一带国家的侵略和欺凌有关。西方的霸权主义行径激发起当地民众的反抗，宗教极端主义则成为反抗的思想武器和手段。近几十年来，境外一些国家的宗教极端主义势力，极力对中国特别是西部地区进行渗透，一些地方出现社会生活泛宗教化、宗教去中国化的倾向，比如鼓动妇女穿“黑袍”等。虽然我们不能把宗教去中国化倾向等同于宗教极端主义，但这种倾向确实可以使我们的信众失去辨别力，丧失对外来宗教极端主义的警惕。此外，宗教极端主义还与一些地方经济欠发达、文教事业欠发展，以及思想相对封闭有关。唯有开放、开化才能从根本上消除宗教极端主义。总之，当前最直接、产生效果最快、最紧迫的还是严厉打击宗教极端思想的传播团伙，切断传播渠道，转化“地下讲经点”。同时，扩大产业领域，发展新的生产力，把对新疆的经济支持更多放在那些能够增加就业的行业。坚持整个社会生活的世俗化取向，特别要提高偏远地区农牧民的科学文化水平，增加对宗教极端主义的鉴别能力。反对宗教极端主义要全国一盘棋，各地区、各领域相互配合，才有可能从根本上把这一祸害整治住。②

习五一研究员指出，宗教极端主义是打着宗教旗帜的极端主义思潮，它往往是宗教极端教派蜕变的产物。2001 年美国“9・11 恐怖袭击事件”使得伊斯兰极端主义成为世界关注的焦点。各种原教旨主义教派滋生的宗教极端主义，与暴力恐怖主义和民族分裂主义相结合，给国际秩序和地区稳定带来巨大的安全威胁。国际伊斯兰极端势力的一个重要使命就是在新疆建立“东突厥斯坦伊斯兰国”。近期，“东突”的暴力恐怖活动更呈升级态势。从 2013 年“10・28”天安门金水桥恐怖袭击事件、2014 年“3・01”云南昆明火车站暴力恐怖案件到“5・22”乌鲁木齐暴恐案，暴力恐怖事件已经由边疆蔓延至内地，其活动频率加速，而且其活动目的从“民族分裂”发展为“宗教建国”，严重践踏人权、威胁国家安全。宗教极端主义是暴力恐怖活动的精神支柱。它有两种形式，一种是暴力恐怖形式，一种是非暴力形式，即极端的思想观念和生活方式。信仰偏执、不容异己是宗教极端主义的重要特征之一。“9・11”之后，以本・拉登的“圣战令”为

① 朱维群：《处理暴恐事件要从民族宗教问题中脱敏》，凤凰网 2014 年 4 月 2 日。

② 朱维群：《反对宗教极端主义要综合施策》，《中国民族报》2014 年 5 月 27 日。

代表的“瓦哈比主义”在全球迅速传播。该意识形态以反对阿拉伯民族主义、共产主义、世俗主义和无神论为主要特征。如今，“瓦哈比主义”在中国新疆等地蔓延，喀什、沙甸、义乌等地穆斯林群体中深厚的苏菲主义传统逐渐被取代。境外宗教势力利用宗教极端思想，煽动一些涉世不深的青少年盲目追随，甚至走上从事暴恐活动的不归路，成为其政治图谋的牺牲品；他们迷惑、引诱信教群众以自杀袭击等残暴方式发动“圣战”，鼓吹神权政治论，唆使信教群众抵制政府管理，鼓吹异教徒论，孤立不信教群众、党员干部和爱国宗教人士，鼓吹宗教至上论，排斥传承已久的民族风俗习惯和传统文化，强迫年轻人留大胡须，妇女穿蒙面罩袍等。由于宗教极端主义布道宣教的主要对象是原有宗教的信仰者。因此，爱国宗教界人士在抵御境外宗教极端主义的工作中，负有特殊重要的使命。①

中国人民公安大学研究生赵庆浩指出，纵向上看，从 1990 年 4 月 5 日发生在南疆的巴仁乡暴乱到 2014 年昆明“3·01”事件，时间跨度 24 年，恐怖活动总体上呈上升趋势。横向上看，暴恐活动的发生地域从南疆到北疆，从疆内到疆外，不断蔓延。其袭击日标体现显著的政治意图，具有重要政治、经济和文化意义的目标成为恐怖势力攻击的首选。暴恐袭击方式以冷兵器为主。恐怖分子中男多女少，文化水平较低，以青壮年为主。新疆恐怖活动的产生有深刻复杂的社会政治经济文化背景。经济发展相对滞后为分裂活动提供了一定的社会基础。宗教极端主义和民族分裂主义是分裂活动的主要思想基础。国际恐怖主义和反华势力是新疆分裂势力的重要后盾。现代网络技术为“东突”恐怖活动提供了新的途径和趋势。因此，打击“东突”恐怖活动首先就要进一步改善民生，稳步推进新疆经济社会建设。做好民族团结工作，压缩分裂活动的空间。加强国际多边合作，铲除滋生恐怖主义的土壤。增强反恐情报信息的“打—防”功能，提高反恐预警效率。②

（四）破坏性膜拜团体（邪教）研究

2014 年 5 月 28 日，山东省招远市麦当劳餐厅发生“全能神”邪教人员残杀无辜群众事件，全国震惊。“全能神”，又名“东方闪电”“实际神”，其教义是引用和曲解基督教《圣经》而来，主要借“基督教”名义从事非法活动。它于 1993 年从河南兴起，其最核心的宣传内容是“神以一个东方女性的形象第二次道成肉身，降临中国拯救世人”，即所谓的“女基督”。当前中国的乡村凋敝和精神贫瘠，为“全能神”邪教的发展提供了社会土壤。③

刘锐研究员指出，邪教的传播，与地下教会的蔓延密不可分。它虽不完全等同于邪教，但往往带有偏邪教色彩，其蔓延值得全社会警惕。地下教会具有秘密性、邪教性、

---

① 习五一：《宗教极端主义挑战人类文明底线》，2014 年 5 月 22 日在中央民族干部学院和中国民族报联合举办的“抵御宗教极端主义 维护民族团结”研讨会上的发言。《中国民族报》2014 年 5 月 27 日刊发该文摘要，并将题目修改为《抵御宗教极端主义，爱国宗教界人士负有特殊重要的使命》。

② 赵庆浩：《“东突”恐怖主义实证性研究——基于纵向与横向的比较分析》，《科学与无神论》2014 年第 5 期。

③ 张庆宁：《乡村凋敝和精神贫瘠——“全能神”的社会土壤》，经济观察网 2014 年 6 月 1 日。

封建性三个典型特点。地下教会多在家庭聚集，其聚会和传道显得极其秘密；其聚会活动带有偏邪教色彩，教会传播内容源于圣经，开始多是引经据典，后来在理念上进行“创造”；地下教会以能治病消灾、信教则能升天堂、不信教有报应等方式来宣传好处。地下教会往往通过日常生活、通过亲缘关系，以及通过宗教性（即教义、仪式、聚居地和宗教体验）来传播。与其组织能力、传教能力和扩张动力相比，传统文化信仰显得很无力。目前中国农村公共文化建设流于形式，农民需要精神寄托和公共文化生活，地下教会正利用了农村结构变迁与价值变迁的缝隙，迅速渗透和传播。①

华中科技大学吕德文副教授指出，田野调研显示，地下教会和邪教传播极为迅速，尤其在华北和中部地区，形势严峻。地下教会和邪教的传播主要依靠血缘、亲缘关系进行，具有较强的稳固性。传播策略极为讲究，党员干部和老弱病残是传教的重点目标，因为党员干部信教在熟人社会中具有极强的示范性，而老弱病残最容易信教。地下教会和邪教都致力于建立严密的基层组织网络。未备案的非“三自”教会在乡村广泛存在，地方宗教部门一般不会强力予以清除，这无疑给极端宗教思想和邪教的传播提供了生存土壤，诸如“全能神”之类混迹其中，鱼目混珠，老百姓也难以识别。近年来基层治理能力严重蜕化。因此，对信仰的治理，应该疏堵结合，坚决打击邪教，对民间宗教则有效引导；坚决打击首恶分子，对一般信众则加强教育。同时应该加大农村文化建设，尤其是加强基层治理能力建设，尽最大可能压缩地下教会和邪教的生存空间。②

公安大学戴继诚副教授指出，“全能神”邪教组织之所以如此猖狂，除了其成员被洗脑、彻底失去基本的法制观念之外，还有以下直接原因，即该邪教封闭的组织体系助长了部分信徒虚幻的狂妄意识，带有黑社会色彩的“传福音”手段造成部分群众的心理恐慌，而国外反华势力的怂恿支持更助长了邪教首领对抗国家治理的欲望。“全能神”以欺骗、灌输和恐吓等手段来控制信徒，它的产生与发展也从一个侧面反映了我国部分群众在社会转型期间的迷茫与失措。当前，我们防范和打击邪教犯罪，要坚持“脱贫”与“脱愚”并行，在发展农村经济、提高农民生活水平的同时，培育健康积极的现代文明，完善农村医疗保险制度，这才是治理邪教的根本之策。③

中国无神论学会副理事长张新鹰研究员指出，邪教和宗教极端主义不是宗教，不能采用宗教信仰自由权利为其辩护。即便将其从学理角度划入“宗教”的范畴，也并不代表需要保护对它们的“信仰自由”，因为它们否定和践踏了与信仰权利对等的一系列法定义务，国家有权依法限制对它们的“信仰选择”和“信仰表达”。在现代法治社会，任何权利都不能无限度享有，作为公民权利的宗教信仰自由也应有其边际和界限。招远血案和宗教极端势力制造的一系列暴恐事件表明，在当今中国的复杂现实面前，国家通过法律法规划定宗教信仰自由的权利边际是必要的，由政府认定合法宗教及其组织实体的范围是必要的，专门机构对邪教和宗教极端组织进行甄别判定并对其活动采取防范性而不仅仅是追惩性措施也是必要的。习总书记提出处理宗教问题的基本原则，即“保护合法、制止非法、遏制极端、抵御渗透、打击犯罪”。我们在涉及宗教问题的工作领域

① 刘锐：《乡村地下教会蔓延　“全能神”式邪教相伴》，观察者网2014年5月31日。

② 吕德文：《党员干部是邪教传教的重点目标》，《环球时报》2014年6月3日。

③ 戴继诚：《我国当前邪教组织危害社会的内在机制分析——以全能神邪教组织为例》，《科学与无神论》2014年第5期。

仍面临着不容松懈的局面。①

武汉大学副教授方永指出，有教主崇拜的宗教并不必然都是邪教，因此，邪教并不能与教主崇拜画等号，但是绝大部分邪教都具有教主崇拜这一根本特征。而且，将教主崇拜与邪教紧密联系起来的关键因素正是末世论。邪教的末世论具有特殊之处，首先，其基本倾向是以族群性的末世论作为合法性的基础。其次，不以人的现实生活为基本的立足点和对象，反而极力强调尽可能迅速地摆脱现世的束缚而进入自由快乐之来世，而且强调只有极少数人掌握着快捷的进入来世乐园的方便法门，这就直接强化教主崇拜。再次，以对灾难的神秘化为基本着力点，将教主神秘化，从而使教主崇拜发展到要求信徒唯命是从，这就使得教主在教中可以毫无阻力地为所欲为。②

（五）科学与宗教研究

2014 年，国内不少科技哲学和科学史领域的学者关注科学和宗教的关系。中国科学院《自然辩证法通讯》杂志社李醒民教授分析学者们对科学与宗教关系的观点，将其归结为相互冲突、相得益彰、完全分立、和平共处加对话互补四种模式③。持相互冲突观点的不仅包括罗素和怀特海这样的哲学家，也有科学社会学家本·戴维、科学家薛定谔，还有宗教领袖路德和加尔文等。其冲突的原因如下：基本理念和本质属性的尖锐对立、神学家和教士顽固地坚持过时的教义和教条、崇拜权威与尊重事实造成矛盾、科学或宗教各自跨越自己管辖的界限、科学的发展壮大在某些方面损害了宗教或教士的利益。关于科学和宗教是相得益彰关系的观点也有不少科学家和科学史家认同，尽管这些科学家谈论的上帝不是人格化的上帝。这种观点认为宗教对科学存在正面作用，主要包括：为科学提供思想资源或科学预设，促使前科学萌发和近代科学诞生；有助于产生科学的理智态度和基本的方法论，特别是重视理性和经验的态度和方法；激发或启迪科学发现或科学发明的灵感和进路；形成容纳或接纳科学的契合的价值观念和良好的社会氛围；为科学提供研究动机、动力和道德基础。持完全分离观点的有不少科学史家和科学社会学家，如萨顿和默顿。美国科学家正是基于这一原则在 1972 年拒绝在教科书中把“神创论”与“进化论”同等对待的要求。有人对上述三种观点均不满意，而选择和平共处到对话共补的观点。有不少神学家力图证明这种观点。

李醒民教授分析科学与宗教关系的未来前景，认为有两大进路：一是传统进路，即在和平共处加对话互补的基础上，促进科学与宗教携手合作；二是新进路，即废除传统的有神论宗教，创立新宗教或寻找另外的替代物。新进路包括三个走向。其一是，倡导或创立没有人格化的神的“宗教”，爱因斯坦所谓的“宇宙宗教感情”走的就是这一途径。其二是，在坚持无神论立场的基础上，以科学或美育或伦理或其他置换物代替现有的传统宗教。其三是，不能在科学的成就上倒退，而应该借助新的价值坐标和人生观的确立，作为人类的信念的基础和感情的家园。作者指出，基于科学现有的知识和成就向前进，人们完全可以树立无神论的价值坐标和人生观作为自己的安身立命之所，如对真

---

① 张新鹰：《浅议宗教信仰自由权利的边际问题——从“招远事件”说起》，《科学与无神论》2014 年第 4 期。

② 方永：《邪教的末世论与教主崇拜》，《科学与无神论》2014 年第 4 期。

③ 李醒民：《论科学与宗教的关系》（上、下），《理论研究》2014 年第 4、5 期。

善美的追求，对自由的向往，对三不朽（立德、立功、立言）的信念，等等。[①]

中央民族大学于祺明教授深入分析“科学家信仰宗教”问题，考察科学家信仰宗教的三种类型：泛神论者、宗教信徒但也是自然神论者、宗教信徒并宣扬宗教神学者。结果表明，自然科学家的科研活动与其宗教信仰无关。作者指出，科学研究方法中所说的直觉、灵感，与宗教的“启示经验”有着根本区别。“以为科学的发现仅是既有知识的推理”当然是片面的，科学发现还要研究形象思维、模型化方法、思想实验和直觉、灵感等，还需要将传统推理扩充为包括创造性推理的复杂形式。这些都与“宗教及其神学”毫不相干。[②] 李醒民教授分析历史上许多科学家的宗教信仰状况，得出的结论同样是，科学家信仰还是不信仰宗教，信仰什么宗教，这完全是其个人私人的事情，而与其从事科学职业无关。[③]

于祺明教授指出，作为传统的天主教徒，孟德尔发现遗传定律常被一些人拿来作为宗教推动科学研究的证据。孟德尔长期担任修道院修士，后来任修道院院长十几年。然而，如果追根溯源深入探究我们就会发现，正是孟德尔的科学思想和科学素养，即坚持观察和试验、长期辛勤研究才使得他取得科学成就，他的宗教信仰和宗教活动与此是相互分离的。[④]

据西班牙《世界报》网站 9 月 21 日报道，英国天体物理学家霍金表示自己是无神论者，他不相信世界上有神的存在。在回答记者的提问时，霍金明确表示，“在过去我们了解科学之前，通常人们都认为上帝创造了宇宙，但是现在科学给了我们更令人信服的解释，我想要表达的意思是如果存在上帝，我们可以理解一切上帝所理解的东西。但世界上并不存在神，我是无神论者，宗教相信奇迹，但是奇迹不能和科学并存”。[⑤]

（六）科学无神论宣传教育工作

朱晓明研究员指出，要加强对党员干部科学无神论的宣传教育。长期以来，在思想理论和实际工作中存在一些思想障碍，使得本来处于社会主义意识形态主导地位的科学无神论话语日渐式微。我们需要破除五个方面的思想障碍：第一，要全面理解和贯彻宗教工作基本方针政策。第二，不能以一般的马克思主义教育代替无神论教育。第三，认为无神论思想简单浅薄的观点是错误的。第四，加强无神论宣传教育与落实宗教信仰自由政策、团结宗教界人士和信教群众并不矛盾。第五，政治行动上与宗教界结成爱国统一战线不等于赞成唯心论。[⑥]

习五一教授指出，目前宗教在高等院校的传教活动逐渐由秘密转向公开，特别是基督教汉语神学运动，进入大学讲堂和国家研究机构。校园基督教传播的隐性方式是进入教学领域，进行文化宣教。宗教因素在教学领域中的渗透，表现为课堂教学中的宗教倾向，甚至宣讲神学，出版神学著作。一个重要标志是宗教相关学位论文数量不断攀升，

---

① 李醒民：《科学与宗教关系的未来前景》，《学术界》2014 年第 3 期。

② 于祺明：《怎样看待自然科学家的宗教信仰》，《科普研究》2014 年第 2 期。

③ 李醒民：《科学与宗教异同论》，《社会科学论坛》2014 年第 3 期。

④ 于祺明：《孟德尔为什么能发现遗传定律》，《科学与无神论》2014 年第 4 期。

⑤ 周子莹：《霍金称自己是无神论者　不相信世界上有神的存在》，中国网 2014 年 9 月 22 日。

⑥ 朱晓明：《加强对党员干部科学无神论的宣传教育》，《红旗文稿》2014 年第 4 期。

不少论文表现出弘扬宗教倾向。有大学教授竟向中央主管部门建议，开放国家重点大学，与神学院合作，培养神职人员。习五一明确提出，公立世俗大学没有上帝和神灵的位置。我们反对宗教信仰向教育领域渗透，是贯彻依法治国的精神，是落实“教育与宗教相分离”的国家法律，不是对宗教信仰者的敌视。①

戴继诚副教授指出，当前坚持和巩固马克思主义在意识形态领域中的指导地位，抵制与批判各种反马克思主义思潮，是思想宣传领域中一项紧迫工作。科学无神论是马克思主义世界观的基石与逻辑起点，宣传科学无神论对维护我国的意识形态安全、对坚定党员干部的共产主义信念具有重大现实意义。②

加润国研究员指出，自改革开放以来，我国信教人口持续增长，境外势力加紧宗教渗透活动，青少年受宗教的影响越来越大。因此，思想政治教育必须充分认识宗教问题的重要性。通过分析批判宗教中的唯心论、有神论来加强对青年学生的唯物论、无神论教育，以此作为理想信念教育和科学“三观”教育的着力点。③

中国社科院马研院黄艳红副研究员指出，对人民群众尤其是青少年进行无神论教育是坚持马克思主义的应有之义。党中央已经下发一系列文件，要求在大学加强科学无神论教育。当前我国大学校园中有神论发展迅猛，而大学教育中科学无神论教育则十分匮乏。具体表现为宗教知识通识课不足，有的还缺乏无神论的立场；思想政治理论课程相关内容太少且收效甚微；科学文化类课程基本无相关内容，无神论教育难以凸显；校园文化充斥大量有神论内容，难觅科学无神论的踪影。因此，要在大学加强科学无神论的教育，首先应发挥课堂教学的主导作用，包括开设专门的科学无神论课程，在已有的课程中增加相应的内容，开设专题讲座，等等。此外，还应该拓展多种途径，包括在校园文化建设和思想政治工作中体现和增强科学无神论思想等。④

喀什师范学院玉提库尔·达吾提副教授指出，科学无神论教育在消除学生思想意识中各种有神论影响，帮助他们打开接受现代科学文化知识的门路，树立科学世界观、人生观、价值观的过程中具有不可替代的作用。我们应当从师资培养、课程设计、加强思想政治工作和堵截社会宗教气氛对校园的冲击这四个方面做好基础性工作。⑤

北京联合大学刘福军讲师指出，大学生马克思主义宗教观教育的主要内容，既包括马克思主义关于宗教本质特征、产生根源、发展规律和社会作用的理论观点，也包括马克思主义关于宗教与社会主义国家和政党之间关系的理论观点；既包括党的宗教工作方针政策，也包括科学无神论。开展马克思主义宗教观教育，有利于大学生牢固树立科学的世界观、人生观、价值观，树立科学无神论思想和坚定理想信念，自觉认清和抵制宗教渗透与邪教组织。⑥

阿克苏地委党校买买提·阿克木讲师对新疆塔里木大学的大学生信教状况进行调

---

① 习五一：《公立世俗大学没有上帝和神灵的位置》，《中国社会科学报》2014年12月26日。

② 戴继诚：《宣传科学无神论　维护意识形态安全》，《科学与无神论》2014年第1期。

③ 加润国：《思想政治教育要高度重视宗教问题》，《科学与无神论》2014年第3期。

④ 黄艳红：《试论当前大学中的科学无神论教育》，《科学与无神论》2014年第6期。

⑤ 玉提库尔·达吾提：《对高校科学无神论教育的几点思考——以新疆和内地部分高校为例》，《科学与无神论》2014年第2期。

⑥ 刘福军：《大学生马克思主义宗教观教育主要内容研究》，《学理论》2014年第11期。

研，调查显示，有21.8%的大学生信教。汉族学生中有5.5%的学生信仰宗教，少数民族学生中有48.6%的学生信仰宗教。很多信仰伊斯兰教的同学未读过什么经书，对伊斯兰教义理也知之不多，其信仰完全出于家庭和民族原因。他提出，要通过大力宣传科学无神论思想、建立科学的思想政治教育教学模式等来引导和帮助学生树立正确的宗教观。要建立坚决抵制宗教渗透的预警机制，绝不允许宗教布道者和宗教宣传资料进入校园，取缔非法的宗教集会和宗教宣传材料进入校园。①

关于军队的无神论教育问题，解放军南京政治学院汪维钧教授等指出，我们要清醒地认识军营无神论教育面临的挑战：一是虽然信教现象在军营极其有限，但部分官兵对宗教、迷信的认知困惑比较突出；二是多数官兵对不信教、不参与宗教组织活动有明确的规范意识，但也存在一定的认知模糊，导致防范抵御能力偏弱。要准确把握军营无神论教育要解决的问题，大力加强马克思主义宗教观和科学无神论的教育，弘扬科学精神，提高部队官兵抵制有神论思想侵蚀的能力。②

《火箭兵报》社何亮编辑指出，近年来，某些学者、教授对所谓的“科学迷信”多有抨击。他们无视科学给人类文明带来的巨大福祉和科学精神对促进心智自由建立开放社会的不可或缺性，而抓住科学技术被不当应用带来的环境、伦理等方面的问题大做文章，归咎于科学和科学家群体，喊出“警惕科学，警惕科学家”的口号。这是一种反科学思潮。事实上，出问题的是体制，是人性，我们不应当将污水泼在科学头上。当今中国，更应当警惕的正是愚昧和反科学思潮。我们应高举启蒙旗帜，用科学精神来祛除社会生活中的各种愚昧现象。③

黄艳红以耶鲁大学为例，介绍美国的大学课堂是如何进行无神论教育的。从《旧约全书导论》《新约历史及文学导论》《1871年后的法国》和《早期中世纪史（公元284—1000年）》这四门课的内容来看，其特点之一是去神圣化、去神秘化。这些课程客观分析宗教的历史根源和历史作用，用批评的角度来看待宗教现象。作者认为，耶鲁大学贯彻政教分离原则，涉及有关宗教现象和问题时，其无神论立场比较鲜明，基本没有宗教神学倾向。④

三　思考与建议

党的十八大以来，党中央大力加强意识形态工作。习近平总书记从理想信念是否坚定、政治上是否可靠的高度，对有的干部不信马列信鬼神，从封建迷信中寻找精神寄托，热衷于算命看相、烧香拜佛，遇事“问计于神”，提出尖锐批评；要求强化和落实意识形态工作的领导责任，确保主流思想和舆论占领意识形态阵地。随着社会主义意识形态领域建设的不断加强，科学无神论的声音在社会中逐步抬头，科学无神论的话语在

① 买买提·阿克木：《新疆高校大学生宗教信仰的现状、原因及对策——以塔里木大学为个例研究》，《商》2014年第21期。

② 汪维钧、张强：《关于加强军营无神论教育的几点思考》，《科学与无神论》2014年第2期。

③ 何亮：《该“警惕科学”了吗？还是继续祛除愚昧？——就田松〈警惕科学家〉一文为科学辩诬》，《科学与无神论》2014年第4期。

④ 黄艳红：《美国的大学课堂教学是如何进行无神论教育的》，《科学与无神论》2014年第2期。

学术研究领域逐步增多。回顾以往，从 2010 年到 2013 年，本学科研究综述的论文，有将近 70%来自《科学与无神论》一种刊物，这是本学科唯一的专业学术刊物。在今年的学科综述中，来自《科学与无神论》刊物以外的论文约占 60%。在学术研究领域，科学无神论的声音越来越多。第二届科学无神论论坛的成功举办，进一步推动了科学无神论的学科建设。中国无神论学会南方研究中心的成立，也为宣传科学无神论提供了新的社会平台。

展望 2015 年，科学无神论学科须在以下三个方面努力推动学科建设。

第一，人才队伍建设仍是关键环节。作为中国社科院马工程重点建设学科，目前科学无神论的专业研究人才仍然非常稀缺，新生力量严重不足。要将科学无神论的研究推向深入，仍然需要大力进行人才队伍建设。值得庆贺的是，中国社科院研究生院马克思主义学院 2014 年“马克思主义理论骨干人才计划”，聘请《科学与无神论》杂志主编杜继文教授担任博士生导师，在马克思主义宗教理论专业中已经招收两位博士生，培养方向是马克思主义无神论。2015 年，该院继续招收马克思主义无神论专业的博士生，招生范围从青年高校教师扩大到党政相关部门。同时，中国社科院马研院将继续招聘马克思主义无神论的专业人才，为马克思主义无神论研究室增加青年骨干。

第二，国家社科基金项目在 2014 年度课题指南发布 9 项关于科学无神论的课题。这些课题分布在“马克思主义·科学社会主义”“党史·党建”“哲学”“民族问题研究”“宗教学”五个学科中。目前，无神论研究是宗教学下的分支学科，在全国高等院校宗教学研究机构中没有设置一个培养无神论专业的研究生机制。

第三，推动学会期刊的专业化。根据南京大学发布的消息，《科学与无神论》杂志被列为中文社会科学引文索引（CSSCI）扩展版来源期刊。《科学与无神论》2014 年第 1 期已经改版，增加“马克思主义无神论研究”等栏目。我们将继续推动学会刊物的专业化进程。

（执笔：习五一、韩琪、黄艳红）

第四篇

热点聚焦

关于政府与市场关系的讨论

自十八届三中全会对政府和市场关系进行新的定位以来，有关如何认识两者的作用、关系的讨论就成为学界研究的热点问题，对此形成两种不同的代表性观点：一种主要是从西方市场经济理论和新自由主义观点出发，主张“去政府干预”，推行市场化、自由化；另一种主要是运用马克思主义经济学理论，结合社会主义经济制度，强调既要在部分领域发挥市场对资源配置的决定性作用又要更好地发挥政府的作用。

要以马克思主义经济学理论指导实践，强调政府和市场的双重作用，对此中国社科院学部委员刘国光、程恩富指出，社会主义经济下决定资源配置的是有计划按比例发展规律，要将市场决定性作用和更好发挥政府作用看作一个有机的整体，既要用市场调节的优良功能去抑制“国家调节失灵”，又要用国家调节的优良功能来纠正“市场调节失灵”，从而形成高效市场即强市场和高效政府也即强政府的“双高”或“双强”格局。① 中国社科院学部委员程恩富等强调，中国特色社会主义“市场决定性作用论”与资本主义市场经济中以及新自由主义中的“市场决定性作用论”存在多方面的本质差别，是受到国家宏观和微观双重调节的，要努力完善的是市场作用与政府作用这种双重调节体系。②③④ 中国人民大学荣誉一级教授胡钧指出，不存在抽象的、一般的政府与市场的关系，不同的生产资料所有制关系决定二者在经济运行中作用的不同定位。因此，应从中国特色社会主义制度出发，阐明社会主义制度下政府的性质和作用与市场主体的特殊构成和特点，在此基础上揭示二者的科学定位和特殊结合方式。⑤ 中国社科院经济研究所研究员钱津认为，政府是市场不可或缺的主体，其作为市场主体，必须规范地发挥自身通过生产要素市场配置资源的作用，在这方面政府与市场是一种市场主体与市场契约交易的关系。⑥ 中国人民大学经济学院教授张宇认为，正确认识社会主义市场经济中的政府

① 刘国光、程恩富：《全面准确理解市场与政府的关系》，《毛泽东邓小平理论研究》2014 年第 2 期。

② 程恩富、孙秋鹏：《论资源配置中的市场调节作用与国家调节作用——两种不同的“市场决定性作用论”》，《学术研究》2014 年第 4 期。

③ 程恩富、高建昆：《论市场在资源配置中的决定性作用——兼论中国特色社会主义的双重调节论》，《中国特色社会主义研究》2014 年第 1 期。

④ 程恩富：《完善双重调节体系：市场决定性作用与政府作用》，《中国高校社会科学》2014 年第 6 期。

⑤ 胡钧：《科学定位：处理好政府与市场的关系》，《经济纵横》2014 年第 7 期。

⑥ 钱津：《政府是市场不可或缺的主体》，《经济纵横》2014 年第 7 期。

和市场关系在于市场在微观经济领域的有效，党政在社会发展和宏观经济层面的有为，根基牢固。[①] 中国人民大学马克思主义学院教授张旭强调，在当前我国全面深化改革的背景下，必须正确理解有关政府和市场关系的历史逻辑和理论逻辑，这是平衡政府和市场职能的关键。[②] 中国社科院马克思主义研究院教授胡乐明、曲阜师范大学经济学院副教授刘刚认为，如果忽略契约精神的公平原则，把市场经济一切自愿交易的结果都视为“合理”，就会放纵资本强势，阻碍包容性增长，不利于中国经济转型升级和社会主义市场经济的健康发展。[③]

（供稿：杨静）

① 张宇：《市场有效，党政有为，根基牢固——正确认识社会主义市场经济中的政府和市场关系》，《红旗文稿》2014 年第 8 期。

② 张旭：《“政府和市场的关系”与政府职能转变》，《经济纵横》2014 年第 7 期。

③ 胡乐明、刘刚：《如何维护社会主义契约精神的公平原则》，《红旗文稿》2014 年第 11 期。

关于混合所有制改革的讨论

自十八届三中全会提出“积极发展混合所有制经济”以来，学界就与之相关的混合所有制的理论基础、政策取向等问题进行了广泛的讨论，其中从不同的立场出发形成了两种不同的代表性观点：一种主要是运用西方经济学理论，从微观企业的效率层面，提出大力发展私营与外资经济控股的混合经济，主张“去国有企业化”“去公有制主体化”，主张推行私有化；另一种主要是运用马克思主义经济学理论，强调既要从宏观层面大力发展国有经济控股的混合经济，以巩固公有制的主体地位和社会主义基本经济制度，又要从微观层面强调国有资本、集体资本与非公有资本等交叉持股，实现双向或多向的相互融合。

大力发展混合所有制经济必须要坚持公有制的主体地位，坚持社会主义的改革方向，以此来推进国有企业的改革。对此中国社科院研究员项启源、南京财经大学经济学院教授何干强指出，不能搬用新自由主义和“趋同论”来解读混合所有制经济；采取混合所有制经济形式来推进国企改革，必须坚持用马克思主义基本原理来理解国有企业，必须科学地理解混合所有制经济范畴；在实践中要坚持整体与个别相结合，从整体上做大做强国有资本、从个体上搞活每个国有企业。① 中国人民大学马克思主义学院教授周新城分析指出，十八届三中全会提出积极发展混合所有制经济，是为了巩固公有制的主体地位、加强国有经济主导作用，这就为今后发展混合所有制经济指明了方向：我国发展混合所有制经济是为了更好地建设中国特色社会主义。② 首都经贸大学经济学院教授丁冰则强调，要警惕有人故意曲解“混合所有制”，故意曲解党的十八届三中全会精神的目的是要把“混合所有制”改革引向全面私有化。③ 南开大学经济学院教授何自力强调了混合所有制经济的性质、目的与根本方向，他认为，混合所有制体现什么样的社会属性，归根结底取决于基本经济制度的性质。当前的基础性工作是要加强制度建设，应以法律的形式将各项产权的边界和相互关系界定清楚，使混合所有制经济能够以最低的成本运行，切实达到壮大而不是削弱国有经济的影响力、控制力和竞争力，维护而不是破坏中国特色社会主义的基本经济制度，提升而不是降低国家竞争力的目的。④ 中国人民大学经济学院邱海平认为，“两个毫不动摇”是积极发展混合所有制的根本原则，必须坚持

---

① 项启源、何干强：《科学理解和积极发展混合所有制经济——关于改革和加强国有企业的对话》，《马克思主义研究》2014 年第 7 期。

② 周新城：《怎样理解混合所有制》，《红旗文稿》2014 年第 7 期。

③ 丁冰：《警惕有人故意曲解“混合所有制”》，《国企》2014 年第 9 期。

④ 何自力：《混合所有制经济：性质、目的与根本方向》，《学术前沿》2014 年第 5 期（上）。

和贯彻分类改革的原则，根据国有企业所在行业的性质和特点，区分出国有企业占主体和主导地位的和可以大力发展混合所有制的行业与业务领域。①

（供稿：杨静）

① 邱海平：《论混合所有制若干原则性问题》，《学术前沿》2014年第3期（下）。

关于依宪执政和对西方宪政民主思潮的批判

中共十八届四中全会审议通过《中共中央关于全面推进依法治国若干重大问题的决定》，对全面推进依法治国做出了一系列战略部署，提出：坚持依法治国首先要依宪治国，坚持依法执政首先要依宪执政。围绕依宪执政，学术界产生了激烈的思想论争。

中国社会科学院法学所李步云研究员把“依宪治国”“依宪执政”和宪政等同起来，认为依法治国就是要实行宪政，主张走中国特色宪政之路，并认为高举社会主义宪政旗帜，是继承与发扬党的优良革命和建设传统所必需，是我国取得经济发展奇迹和精神文明、社会文明、生态文明进步的重要条件。[①]

更多学者则认为，“宪政”作为一个特定概念，其本质内涵在西方国家是有共识的。中国人民大学马克思主义学院汪亭友副教授指出，西方宪政民主之“宪”，是按照以“三权分立”为核心的资产阶级宪法来进行统治，用西方的政治制度和政治模式来管理国家，以达到维护和巩固资产阶级统治这一根本目的。有学者指出，宪政其实就是“资本主义制度的代名词”，是“资产阶级专政的社会制度”换了一种形式的表述。[②] 中国社会科学院法学所副所长莫纪宏研究员指出，我国的依宪执政绝不是西方资本主义的宪政，两者在“领导力量”“权力分享能力”“权力行使方式”“具体历史条件”等方面存在着根本区别。简单地将我国依宪执政类比于西方资本主义国家的宪政，在法理上是站不住脚的，在民主政治的实践中也没有任何现实意义。[③] 与西方所谓的“宪政”只保障少数资产阶级利益不同，我国坚持一切权力属于人民的宪法理念，人民依法通过各级人民代表大会行使国家权力，成为社会的主人。用宪政替代人民民主，不但不能提升宪法的地位和作用，而可能得到相反的结局。

坚持党的领导是依法治国、依宪执政的根本要求。对此，绝大多数学者给予充分肯定和高度认同。但也有极少数人持质疑或否定态度，诘问“党大还是法大”，认为强调党的领导就会损害依法治国、依宪执政。对此，中共中央党校中共党史教研部主任谢春涛教授分析指出，宪法法律是党领导人民制定的，但党要带头执行，带头遵守，不存在谁比谁大的问题。[④] “党大还是法大”的问题把党的领导和依法治国对立起来，有可能导向否定党的领导和社会主义制度。

武汉大学梅荣政教授强调，以复杂和模糊的概念对一些政治问题进行学术理论

---

① 李步云：《走中国特色的社会主义宪政之路》，《人民论坛》2014 年第 2 期。

② 汪亭友：《对西方宪政论的评析》，《思想理论教育导刊》2014 年第 3 期。

③ 莫纪宏：《“依宪执政”为何不能简称“宪政”》，《人民日报》2014 年 12 月 3 日。

④ 谢春涛：《“党大”还是“法大”是伪命题、陷阱》，《理论参考》2014 年第 12 期。

包装后再行推销，是一些敌对势力进行意识形态渗透的基本手段。对一些西方大国宪政民主旗号背后的战略意图，我们一定要有十分清醒的认识。[①] 中国人民大学副教授汪亭友还从经验层面指出，西方宪政模式不但存在着金钱政治、集团政治、政治腐败等痼疾，而且用于其他国家（如亚洲、非洲和拉丁美洲的很多国家）并不见得有效，甚至会走向反面。苏联的戈尔巴乔夫正是按照西方的宪政民主推进改革，取消苏共的领导地位，政治上推行多党制、议会民主、三权分立等西方宪政制度，结果导致苏联解体的悲剧。[②] 总之，对于西方好的东西要积极吸收借鉴，但是，学习和借鉴不等于简单“拿来”，必须坚持以我为主、为我所用，认真鉴别、合理吸收，既不因噎废食，也决不照抄照搬。

（供稿：贾可卿）

① 梅荣政：《谈谈宪政问题》，《求是》2014 年第 5 期。

② 汪亭友：《对西方宪政论的评析》，《思想理论教育导刊》2014 年第 3 期。

关于传统文化与马克思主义中国化

习近平总书记在多个场合多次表达对中华优秀传统文化的重视，并于2014年9月24日出席纪念孔子诞辰2565周年国际学术研讨会。怎样认识社会主义核心价值观与中华优秀传统文化的关系，成为2014年思想理论界讨论的热点之一。

一些媒体对习近平关于中国传统文化的论述进行歪曲性解说，认为习近平表现出了“对儒家文化异乎寻常的浓厚兴趣”，“习近平尊孔崇儒无疑具有深远的政治和社会动员意义①”，“中国社会尊孔崇儒的时代已掀开序幕②”。人民网发文《国际社会对“习大大谈孔子”的几大猜想》，谈到习近平以国家主席的身份出席孔子诞辰2565周年国际学术研讨会，在国际社会看来，这释放出中国社会尊孔敬儒的强烈信号。③ 等等。2014年12月，一些活跃多年的大陆新儒家代表人物如陈明、朱汉民、秋风等还召开座谈会，以“习大大尊儒，儒门如何评估应对”为主题，郑重其事地商讨对策。④ 其实，习近平的相关讲话始终强调要坚持马克思主义在意识形态领域的指导地位，始终强调要对传统文化进行科学分析，对有益的东西、好的东西予以继承和发扬，对负面的、不好的东西加以抵御和克服，取其精华去其糟粕，而不能采取全盘接受或者全盘抛弃的绝对主义态度。

很多学者在这方面进行了积极的理论阐述工作。中共中央党校许全兴教授指出，中国马克思主义者首先是中华民族的一分子，中国马克思主义者是中华民族优秀文化的继承者和弘扬者。倘若丢掉了中国自己的“老祖宗”，就等于中断了中国历史和中华文明，同样要亡党亡国。⑤ 但同时，要警惕一些人故意曲解，打着弘扬中华传统文化的旗号，宣扬文化复古主义思潮，与马克思主义争夺阵地，欲图实现其“儒化共产党”“儒化中国”“儒化社会”的政治主张。中央社会主义学院王珍副教授认为：中国优秀传统文化和马克思主义在唯物思想、人文思想、自然思想、无神论思想等方面具有某些共通性，而马克思主义中的科学、民主等精神很大程度上是中国传统文化所欠缺的。这为我们弘

① 《港媒评红色新儒家习近平：孔府“点赞”语被印上图书腰封》，大公网，http：//news.takungpao.com/mainland/focus/2014－05/2487701.html。

② 林永福：《尊孔崇儒　习近平开启新时代》，中时电子报，http：//www.chinatimes.com/newspapers/20140926001098－260301。

③ 《国际社会对“习大大谈孔子”的几大猜想》，人民网，http：//world.people.com.cn/n/2014/0926/c1002－25745272.html。

④ 陈明、朱汉民、秋风等：《习大大尊儒，儒门如何评估应对》，共识网，http：//www.21ccom.net/articles/thought/bianyan/20141223117948.html。

⑤ 许全兴：《马克思主义与中国传统文化相结合二题》，《光明日报》2014年7月16日。

扬中国优秀传统文化、更好地推进马克思主义中国化提供了重要的思想资源。①

学者们普遍认为：社会主义核心价值观与中华优秀传统文化二者之间是“流”与“源”的关系，后者为前者提供丰厚滋养，前者是对后者的传承与超越。要正确处理“继往”和“开来”的关系，特别要注重做好创造性转化和创新性发展；正确处理“守本”与“外来”的关系，既要继承和弘扬中国传统文化精华，又要广泛借鉴世界先进文明成果，在多元中立主导、在多样中谋共识。

（供稿：贾可卿）

① 王珍：《马克思主义视阈中的中国传统文化资源》，《中国民族报》2014年6月27日。

历史唯物主义的学科归属之争

历史唯物主义的学科归属问题，即历史唯物主义究竟是哲学还是实证科学，成为近几年马克思主义理论界关注的热点问题。早在2009年，复旦大学哲学学院的俞吾金教授（2014年10月因病去世）在《历史唯物主义是哲学而不是科学——兼答段忠桥教授》[①] 一文中提出：历史唯物主义不是实证科学，而是“伟大的哲学理论”。他认为实证科学以存在者为研究对象，哲学以存在为研究对象，而历史唯物主义以存在尤其是社会存在为自己的研究对象。《中国人民大学学报》主编、中国人民大学哲学院段忠桥教授在《历史唯物主义：“哲学”还是“真正的实证科学”——答俞吾金教授》[②] 一文中则指出：尽管他个人倾向于把历史唯物主义视为“马克思主义的历史哲学”，但马克思和恩格斯在《德意志意识形态》中确曾把历史唯物主义称为“真正的实证科学”，而不是“哲学”。张廷国、梅景辉在《历史唯物主义是什么意义上的“实证科学”——由俞吾金教授与段忠桥教授之争所想到的》[③] 一文中认为历史唯物主义是一种“具有哲学意义的实证科学”，试图在俞吾金教授与段忠桥教授之间寻求折中调和。中国人民大学一级教授陈先达在《历史唯物主义：是什么　为什么　怎么用——访中国社会科学院马克思主义研究院特聘研究员陈先达教授》[④] 一文中，明确阐发了历史唯物主义的本质是哲学而不是实证科学或历史科学的观点。马克思和恩格斯在《德意志意识形态》中有这样一段话：“在思辨终止的地方，在现实生活面前，正是描述人们实践活动和实际发展过程的真正实证科学开始的地方。”陈先达教授认为，这段话的真正意义是指明了思辨历史哲学和历史唯物主义的根本区别。思辨历史哲学即马克思和恩格斯批评的“独立的哲学”是非实证的，因为它是在历史现实之外、把它们关于历史的观念强加于历史之中。它们的出发点是抽象的观念或者抽象的人。而历史唯物主义是实证的，因为它作为出发点的现实的人和他们的生产活动，是通过“经验可以观察到的”，“是可以用纯粹经验的方法来确认的”。此处所谓实证科学是对思辨哲学而言的，而不是说历史唯物主义是实证科学。离开了与思辨历史哲学相对比的意

---

① 俞吾金：《历史唯物主义是哲学而不是实证科学——兼答段忠桥教授》，《学术月刊》2009年第10期。

② 段忠桥：《历史唯物主义：哲学还是“真正的实证科学”——答俞吾金教授》，《学术月刊》2010年第2期。

③ 张廷国、梅景辉：《历史唯物主义是什么意义上的“实证科学”——由俞吾金教授与段忠桥教授之争所想到的》，《学术月刊》2010年第2期。

④ 陈先达：《历史唯物主义：是什么　为什么　怎么用——访中国社会科学院马克思主义研究院特聘研究员陈先达教授》，《马克思主义研究》2010年第7期。

义，容易造成对历史唯物主义性质的误解，以为它不是哲学而是实证科学。华中科技大学哲学系王晓升教授在《哲学或实证科学？——历史唯物主义理论性质的热讨论之后的冷思考》① 一文中重申了历史唯物主义是一种历史哲学的观点，他认为当马克思在《德意志意识形态》中把“哲学”和“实证科学”对立起来时，实际上是把从意识出发的思辨唯心主义哲学和从感性的现实出发的唯物主义哲学对立起来。马克思在这里所说的“实证科学”是一种哲学，即唯物主义历史观，而不是现代意义上的实证科学，但这并不意味着马克思的历史观中并不包含实证的要素。

2014 年度，关于历史唯物主义理论性质的争论仍在继续，湖南大学马克思主义学院舒远招教授在《也谈历史唯物主义的学科归属问题——基于〈德意志意识形态〉的文本解读》② 一文中认为，在《德意志意识形态》中，马克思和恩格斯并没有简单地把自己创立的历史唯物主义叫做“真正的实证科学”，而是将之称为“从对人类历史发展的考察中抽象出来的最一般的结果的概括”。这是一种直接取代“独立的哲学”的哲学理论即唯物主义的历史观。历史唯物主义是一种以“真正的实证科学”为“生存环境”同时又反过来为后者提供有助于排除其研究困难的现实前提的哲学理论，它虽然与马克思恩格斯所说的“真正的实证科学”密切相关，但两者毕竟分属于实证科学与哲学，具有相对的区别。因此，尽管我们要充分肯定“真正的实证科学”的建立对于马克思恩格斯创立历史唯物主义的重大意义，却不能简单地认为它就是马克思恩格斯心目中对历史唯物主义的称谓。

（供稿：任洁）

① 王晓升：《哲学或实证科学？——历史唯物主义理论性质的热讨论之后的冷思考》，《哲学动态》2011 年第 6 期。

② 舒远招：《也谈历史唯物主义的学科归属问题——基于〈德意志意识形态〉的文本解读》，《马克思主义与现实》2014 年第 4 期。

关于分配正义的争论

近年来，随着社会对贫富差距与和谐社会建设的关注，公平正义逐渐成为学术界关注的热点之一。国内学术界对当代西方正义理论的研究，取得了不少成果。吉林大学哲学基础理论研究中心暨哲学社会学院教授姚大志着眼当代中国社会分配领域存在的问题，试图从政治哲学的视角思考解决这一问题的方法。他提出，分配正义的实质是社会通过正义的制度和政策来分配收入、机会和各种资源，以帮助那些迫切需要帮助的人。在分配正义问题上，人们抱有两个基本目的：一个是希望得到平等的对待，另一个是希望自己的福利能够得到不断改善。一种分配方式只有得到弱势群体的同意，它才能是正义的；分配正义的原则应该把弱势群体的利益放在第一位，以最大限度地提高其成员的福利；虽然这种分配正义原则有利于弱势群体，但是也能够得到其他群体的赞同。①

针对姚大志教授关于分配正义的论述，中国人民大学哲学院教授段忠桥提出质疑，认为分配正义只涉及如何在人们中间分配财富、机会和资源，而不涉及人们在福利上得到不断改善；正义的分配是平等主义的分配，不平等的分配不能被看做是正义的；分配正义原则是判断分配正义与否的原则，而不是确定平等与福利的平衡点的原则。②

针对段忠桥的质疑，姚大志教授进行了阐释和回应，认为分配正义是一种制度设计，而提出这种政治哲学的问题源于现实的困境。政治哲学是实践取向的。不同的人持有不同的正义观，不同的正义观导致不同的制度设计。不存在某种外在的（或客观的）分配正义观念，以致我们一旦发现了这种分配正义观念，只要按照它的要求去做就行了；分配正义观念也不需要建立在某种外在的（或客观的）权威上面，无论它是神法还是自然法。对于段忠桥教授的质疑，他认为：（1）分配正义的原则与改善弱势群体的福利处境，乃是一枚钱币的两面。西方政治哲学家和他本人提出分配正义原则，都是为了改善弱势群体的福利处境。更重要的地方还在于，改善弱势群体的福利处境实际上是分配正义所要达到的目的。（2）平等的分配是不公平的，不平等的分配能被看做是正义的。在两种基本的平等观念中，他赞同“机会的平等”，不赞成“结果的平等”；在“机会的平等”中，他赞同“实质的机会平等”，不赞成“形式的机会平等”；在“实质的机会平等”中，他赞同“资源平等”，不赞成“福利平等”和“优势平等”。（3）“应得”不能作为分配正义的原则。“应得”最多只能当作“初次分配”的原则，而分配正义所涉及的主要是“再分配”。

---

① 姚大志：《分配正义：从弱势群体的观点看》，《哲学研究》2011 年第 3 期。

② 段忠桥：《关于分配正义的三个问题——与姚大志教授商榷》，《中国人民大学学报》2012 年第 1 期。

对姚大志的回应，段忠桥教授再次提出三点不同意见，认为人们的平等主义的分配正义观念不是源于“现实的困境”，而是源于他们信奉的平等主义观念；人们同意还是不同意一种不平等的分配往往不是只基于对正义的考虑，而且还基于种种其他的考虑；分配正义讲的是给每个人以其应得，但人们对什么是应得往往存在不同的理解。[①] 段忠桥还在《何为分配正义？——与姚大志教授商榷》一文中认为，姚大志教授关于分配正义的五个观点，即（1）分配制度的设计应基于对正义的思考；（2）正义的分配必须是可能的；（3）分配正义解决的不平等只是作为结果的不平等；（4）分配正义的目的是提高弱势群体的福利水平；（5）被所有相关者接受的分配方案就是正义的，都是不成立的。[②]

武汉大学熊建生教授等人提出，根据马克思主义分配正义理论，解决社会的分配问题根源在于生产资料所有制，关键在于分配方式和分配原则。按照马克思主义的要求，在现实中我们必须把握好发展生产力和实现社会公平的统一性这个重大历史任务。[③] 中央党校吴忠民教授研究了中国共产党公平正义观的形成及基本内容，认为当前公平正义问题是解决中国改革发展所面临的重大矛盾问题的关键，是推动改革开放和实现社会安全运行和健康发展的关键。[④]

（供稿：刘志昌、彭五堂）

① 段忠桥：《也谈分配正义、平等和应得——答姚大志教授》，《吉林大学社会科学学报》2013年第4期。

② 段忠桥：《何为分配正义？——与姚大志教授商榷》，《哲学研究》2014年第7期。

③ 熊建生、张振华：《马克思的分配正义观及其现实启示》，《马克思主义研究》2014年第5期。

④ 吴忠民：《公平正义是改革发展的出发点和落脚点——中国共产党公平正义观的形成及基本内容》，《当代世界与社会主义》2014年第2期。

激进左翼政党研究

激进左翼政党是近年国外欧洲政党和左翼政治研究领域一个新兴的主题。这一主题的凸显，很大程度上源于20世纪90年代以来传统左翼政党面临的发展困境，尤其是社会民主主义政党的右转以及共产主义政党的衰落，以及一些难以归于传统左翼政治框架的政党的崛起，需要人们对欧洲左翼政党家族进行重新分解和组合。激进左翼政党就是在左翼政治谱系的再定位和划分争论中形成的新概念。

国内的激进左翼政党研究起步较晚。2013年开始出现相关提法，2014年国内激进左翼政党研究的代表性著作有：中央编译局林德山研究员的《欧洲激进左翼政党现状及变化评介》（《马克思主义研究》2014年第5期）一文，在简要介绍欧洲主要国家激进左翼政党现状的基础上，从政治意识形态分布、社会支持结构以及影响其发展的重要问题的角度，分析了欧洲激进左翼政治上不确定性的深层原因；李其庆的论文《欧洲激进左翼探析》（《当代世界与社会主义》2014年第4期）和访谈《“欧洲激进左翼”：一支活跃在欧洲政坛的新生政治力量——访中共中央编译局研究员李其庆》（《马克思主义研究》2014年第10期）等，也对欧洲激进左翼的历史、现状、构成及面临的问题和挑战进行了考察和分析，认为欧洲激进左翼的发展道路将是艰难曲折的。它们在许多方面还只是自在的政党，而不是自为的政党，必须经历长期和反复的斗争，才能成为成熟的政党。

国内研究进一步深入的另一表现是相关理论研讨会的召开。2014年7月5日，由中国社科院马研院和中央编译局等主办的“变动中的国外激进左翼”学术研讨会在河北保定召开，全国60多位专家学者与会。会议围绕激进左翼的概念、现状与分类，激进左翼面临的挑战与问题，激进左翼对社会主义与资本主义的理解等问题进行了充分的交流与研讨。与会学者一致认为，激进左翼政党是政治光谱上站在社会民主党左边的政治力量，研究激进左翼不仅可以加深我们对当代资本主义和当代社会主义的认识，也可以加深我们对三大规律以及马克思主义与当代政治思潮的认识。

此外，该领域国外学界的代表作《欧洲激进左翼政党》（于海青、王静译，社会科学文献出版社2014年版）2014年度被引入国内。该著作是英语文献中一部系统、全面审视苏东剧变后整个欧洲激进左翼政党发展演变的重要著作，采用一种泛欧洲视角，对当前欧洲激进左翼政党的生存状态进行了全面解读，为比较政治、政党政治、激进政治等领域研究提供了一部重要参考资料。

总之，国外共产党、左翼政党在实践基础上对激进左翼政党不断进行新思考和新论证，为国内相关研究与国际接轨及其继续推进作出了重要贡献。

（供稿：于海青）

《21 世纪资本论》引发理论震荡

2014 年国外左翼最引人注目的莫过于法国经济学家托马斯·皮凯蒂（Thomas Piketty）的《21 世纪资本论》（*Capital in the Twenty－First Century*）所引发的理论震荡。[①] 该书英文版 2014 年 3 月面世，一个月就售出八万本，连续数周雄踞亚马逊图书排行榜第一名。该书通过翔实数据证明，现代资本主义制度只会让富人更富，穷人更穷[②]；世界正在倒退回“承袭制资本主义”年代；福利社会不能有效地解决分配问题，只有通过征收资本税和最高收入人群所得税等，才有可能抑制分配不公的继续恶化。

该书的结论让资产阶级右翼陷入严重“恐慌”，它击垮了长期以来后者对社会财富分配模式及后果的自信，来自右翼的反击之声屡见报端。[③] 有的愤怒指责该书“对金融资本赚取回报的概念抱有中世纪式的敌意”，有的对书中预测的未来经济不平等的“可怕”程度表示怀疑。诺奖得主保罗·克鲁格曼则连续发表三篇书评，认为该书将成为这个 10 年最重要的一本经济学著作。

《21 世纪资本论》一出版，就在西方受到热议和热捧，被西方媒体称为“过去几十年经济学领域最好的一本著作”，并“往往被视作卡尔·马克思那本 19 世纪同名著作在 21 世纪的替代物”。托马斯·皮凯蒂则也被视为“马克思主义者”。

但是，托马斯·皮凯蒂本人并不这样认为。他本人明确表示：“我不是很赞同马克思《资本论》中因资本收入率下降，‘资产阶级最终会自掘坟墓’的理论。”其次，他认为，资本主义制度能够有效进行资源配置，资本主义的私有制度也给人提供最基本的自由。正如他所说的，“我们需要私有财产和市场制度，不只是为了经济效率，而且是为了个人自由”。而在马克思主义那里，私有财产和资本主义制度最终要被人类抛弃。只有在共产主义社会，全体社会成员才能获得最大程度的自由。

国外左翼学者在肯定该书的同时也不乏质疑。大卫·哈维指出，该书把“资本”理解为一种物，而没有理解为一种运动或过程。尽管冠之以“资本论”，书中也引用了马克思著作的一些内容，但作者自己也表示这本著作和马克思没有任何关系。[④] 皮凯蒂的数据富有价值，但他对于不平等和寡头化趋势出现的解释则有着严

---

① Thomas Piketty，*Capital in the Twenty－First Century*，（trans.）Arthur Goldhammer，The Belknap Press of Harvard University Press，2014.

② 《畅销书〈21 世纪资本论〉中文版将出，巴曙松担纲翻译》，新华悦读 2014 年 6 月 3 日，http：//news. xinhuanet. com/book/2014－06/03/c_126575832. htm。

③ 史泽华：《〈21 世纪资本论〉打击了美国右翼的哪些自信?》，《红旗文稿》2015 年第 2 期。

④ 张开：《评托马斯·皮凯蒂的〈21 世纪资本论〉》，《中国社会科学报》2014 年 6 月 25 日。

重缺陷。他关于补救不平等状况的建议，没有为21世纪的资本提供出有效模型。①

这本书在中国学界也产生极大反响，认为该书的成功在于，一方面指出由于经济危机使人们越来越多地关注社会不平等与贫富差距扩大问题；另一方面提出这种不平等深植于资本主义制度，如果不加限制只会进一步恶化。② 学者们在肯定皮凯蒂的研究打击了西方右翼的理论自信、对中国特色社会主义提出有益借鉴的同时，也指出，民主和社会公正需要其本身的社会机制，而不是依靠市场机制来实现，甚至不能仅仅通过议会或其他民主机构来实现。皮凯蒂在这一点上是对的。但他坚持要在资本主义制度下寻找这样的社会机制，则是找错门了。③

该书引起热议的根本原因在于全球金融与经济危机之后，社会思潮出现巨大转折，西方学界对资本主义、新自由主义的反思愈益深入，危机鲜活地呈现了资本主义内部矛盾的不可克服性，深刻展现了资本主义两极分化和深重的不平等。该书无意中证明了马克思关于资本主义的阶级分化将不断加深的断言，但该书并未达到马克思《资本论》所提出的只有以生产资料公有制取代私人占有制才能彻底解决两极分化问题的理论高度。

（供稿：宋丽丹、刘志明）

---

① 《大卫·哈维：对皮凯蒂“资本论”的读后思考》，http：//news. m4. cn/2014－06/1233858. shtml.

② ［法］托马斯·皮凯蒂：《21世纪资本论》，巴曙松等译，中信出版社2014年版，第Ⅺ－Ⅻ页。

③ 余斌：《小资产者的哀怨、无知和偏见——评皮凯蒂的〈21世纪资本论〉》，马克思主义研究网2015年3月2日，http：//myy. cass. cn/news/749474. htm。

西方马克思主义辩证法的新探讨

通过对辩证法的批判与反思来重构马克思主义，这是西方马克思主义的一条重要理论进路，但其中也存在很多问题，并且是新旧交织，如何正确理解西方马克思主义辩证法成为2014年西方马克思主义研究领域一个颇受关注的热点问题。与以往研究相比，无论肯定还是否定性结论在理性分析上都增加了新的内容。

有的学者认为，西方马克思主义辩证法从总体上看并没有摆脱唯心主义的窠臼。白文杰、刘同舫在近年来研究成果的基础上，对西方马克思主义辩证法所凸显的理论特色、内部理论分歧及其所反映的理论局限进行了整体性归纳，指出西方马克思主义辩证法具有自身的理论特色：拒斥自然辩证法、捍卫革命性和批判性、强化总体性原则。他们认为西方马克思主义辩证法存在唯心主义、形而上学以及乌托邦的重大局限，并强调西方马克思主义者极力强调意识能动性，进而把主观意识看做历史过程的根本动力，最终走向唯心主义。表面看来，这是受客观历史环境的影响甚至“逼迫”，但从更深层次上分析，是形而上学的方法论导致了唯心主义的错误：片面突出意识能动性，忽视物质关系的决定作用，并从根本上颠倒二者之间的辩证关系，把主观意识凌驾于客观存在之上，从而滑进了唯心主义的沼泽。① 桑明旭则指出，自卢卡奇开始的整个西方马克思主义思潮，一直对恩格斯自然辩证法持否定和批判立场，其批判的本质目的是为了否定马克思主义哲学的一般自然观或物质本体论。由于这一批判没有真正进入恩格斯自然辩证法的理论语境，其批判逻辑是异轨的，批评方式是错误的，批判结果是无效的。②

也有学者认为，西方马克思主义辩证法值得学习和借鉴，尤其是萨特和梅洛—庞蒂运用存在主义—现象学走出传统唯物辩证法的理论努力有很大启发意义。唯物辩证法不应当是高悬于真实经验之上、隐匿于社会生活背后的真理，将唯物辩证法打造成适用于一切领域的客观规律的做法，要么是向旧形而上学的一种回归，要么成为彻底僵化的意识形态。存在主义的马克思主义告诉我们，辩证法有其界限，其界限就是通过人们在具体历史条件下的实践活动所建构起来的社会历史生活本身。不应轻易地宣称真理的终结，而应当在历史的总体化过程中不断捕捉和重建辩证法，因为我们只能在主体的历史性—在世性生存中重构辩证法。但文章也借助于

① 白文杰、刘同舫：《西方马克思主义辩证法的理论特色及其局限》，《华南师范大学学报》（社会科学版）2014年第6期。

② 桑明旭：《批判逻辑的异轨与理论事实的遮蔽——西方马克思主义对恩格斯自然辩证法的错误批判》，《山西师大学报》（社会科学版）2014年第6期。

阿尔都塞的理论逻辑，指出存在主义的马克思主义所建构的辩证法并没有从根本上摆脱人本学和主体哲学的地基，因而无法从根本上拯救辩证法。[①]

（供稿：陈慧平）

① 陈硕：《主体的历史性—在世性生存与辩证法的限度——论存在主义的马克思主义对唯物辩证法的批评与改造》，《山东社会科学》2014 年第 10 期。

关于“西式民主”的热议

2008年金融危机发生后，资本主义国家内部的政治与社会问题日益凸显，特别是发达资本主义国家所标榜的“西式民主”制度，不仅在其内部面临政治极化趋势、精英脱离群众、政客不负责任的承诺、选民投票率下降等问题，而且按照西方模式进行政治改革的国家也出现了政局动荡、社会分裂乃至国无宁日的局面。鉴于此，近年来国内外学者针对“民主退化论”集中展开了讨论与分析。尤其是2014年，围绕资本主义民主尤其是西式民主危机问题，国内外学界发表了大量著述。

不少学者认为，西方民主在20世纪晚期的“扩张势头”在21世纪终止了，西式民主日趋失灵、退化已是不争的事实正在成为分析者的共识。[①] 但在具体原因的分析上存在着较大分歧。

以英美为例，弗朗西斯·福山指出，美国政治文化的三个主要的结构性特征当前都出了问题，即司法和立法部门在美国政府中的影响力过大，而受损的是行政部门；利益集团和游说团体的影响力在增加，这不仅扭曲了民主进程，也侵蚀了政府有效运作的能力；由于联邦政府管理结构在意识形态上出现两极分化，美国的制衡制度也就变成了否决制。这些因素使美国很多政治制度日渐衰败。[②] 斯特恩·雷根判断，英美民主可能已经到了重蹈雅典民主覆灭的“临界点”：权力相互牵制形成了僵局，整个国家得不到亟须的良好治理。[③] 理查德·沃尔夫认为，美国和欧洲的经济动荡应被理解为资本主义的制度危机，而这场制度危机背后的价值根源就在于个人主义。[④] 保罗·法雷尔指出，“我们最大的问题是急功近利的思想文化”，没有道德指南，没有未来眼光，看不到短视的后果，这三种威胁可能“导致资本主义和美国一起垮台”。[⑤]

上海社科院世界中国学研究所所长张维为则认为，西方民主模式的最大问题是它的三个基本假设，即人是理性的、权利是绝对的、程序是万能的，出了问题。[⑥] 首都师范大学副教授沈永福等认为，西方经济个人主义过于崇拜自己追求利益的唯一正当性，笃信自由放任的经济制度是最好的制度；政治个人主义过于看重自我的权利和自由，政府的目的在于使个人的利

---

① 田文林：《西式民主为何日渐失灵》，《人民日报》（海外版）2014年5月28日。

② ［美］弗朗西斯·福山：《美国政治制度的衰败》，《参考消息》2014年4月8日。

③ ［英］斯特恩·雷根：《没有发展，民主会被历史湮没》，《环球时报》2014年5月4日。

④ 转引自沈永福、沈茜《金融危机引发西方学者对个人主义的深刻反思》，《红旗文稿》2014年第7期。

⑤ 同上。

⑥ 张维为：《西方民主的三大“基因缺陷”》，《中国社会科学报》2014年4月15日。

益得到实现，个人的权益得到保障，把国家看作一种不可避免的弊病。[①] 也有人认为，西式民主政治制度建立前提的理想化，是导致其在发展过程中不断与现实问题发生碰撞的重要原因之一。[②]

面对西式民主的失灵，越来越多的人认识到西式民主不是唯一的选择。“在一个多元的世界，不同的国家必须根据自身的情况来探索自己独特的民主道路，必然要求不同民主理念和民主制度并存。只有在多元化的民主选择得到世界的共同尊重，民主作为人类社会的进步价值，才能在国家政治生活中展现出强大的生命力。”[③] 在很多分析者已经认为西式民主在理论与现实的双重维度上日趋失灵、式微的情况下，仍有部分群体在现实中竭力主张照搬“西式民主”，其目标均指向中国特色社会主义，其目的不言而喻。对此，我们应当予以高度重视。

（供稿：遇荟）

---

① 沈永福、沈茜：《金融危机引发西方学者对个人主义的深刻反思》，《红旗文稿》2014 年第 7 期。

② 张聪、蔡文成：《选举民主！政治合法性的建构及其困境》，《理论与改革》2014 年第 5 期。

③ 刘杰：《西式民主扩张失灵的内在动因》，《思想理论教育导刊》2014 年第 8 期。

学界热议中国道路在世界社会主义中的历史地位和影响

作为世界社会主义的重要组成部分，中国特色社会主义道路的坚守与创新对处于低谷中的当代世界社会主义运动而言意义重大。

学界普遍认为，中国特色社会主义是马克思主义中国化的一大成果，具有不可替代的世界历史意义。不少学者研究了中国道路的历史必然性、历史贡献和历史意义，阐发了中国特色社会主义的历史地位和影响。中央社会主义学院讲师冯海波认为，中国特色社会主义道路是世界历史深入发展的必然结果，为世界社会主义的发展指明了方向，为人类世界提供了一种全新的发展范式，也充分彰显了社会主义的比较优势。[①] 复旦大学当代国外马克思主义研究中心教授、博士生导师陈学明等认为，中国特色社会主义道路对世界社会主义运动的贡献具体表现在：引领世界社会主义运动走出低谷，破解世界社会主义运动的难题，重塑社会主义与资本主义的关系，创新和发展科学社会主义理论等。[②] 中国社会科学院信息情报研究院党委书记兼副院长姜辉认为，中国特色社会主义是世界社会主义发展的新阶段，对 21 世纪世界社会主义的振兴具有里程碑意义：一是开辟了世界社会主义实践发展的新道路，成功回答了经济文化比较落后的国家如何建设和发展社会主义的历史课题；二是确立了世界社会主义理论发展的新形态，中国特色社会主义理论体系也是世界范围内社会主义实践经验的理论总结和升华，代表了当今时代科学社会主义理论发展的最新水平；三是中国特色社会主义成为世界社会主义走向振兴的中流砥柱，成为代表世界社会主义运动发展最新水平和未来走向的标志性参照系。[③]

也有不同观点认为，中国道路的历史经验只是值得发展中国家关注和借鉴，并不具有普适性，中国特色社会主义尚面临着国际国内的诸多考验和不确定性，应审慎评价中国道路在世界社会主义中的历史地位和影响，不应夸大中国道路对世界社会主义的引领作用。比如，在中国模式的性质判断上，西方学者有中国特色资本主义模式说、新自由主义模式说、儒家资本主义模式说、国家资本主义模式说、第三条道路说、威权社会主义模式说、市场社

---

① 冯海波：《中国特色社会主义道路的世界历史意义》，《中央社会主义学院学报》2014 年第 3 期。

② 陈学明、陈悦：《论中国道路对世界社会主义运动的意义》，《毛泽东邓小平理论研究》2014 年第 1 期。

③ 姜辉：《中国特色社会主义对世界社会主义的贡献》，《中共贵州省委党校学报》2014 年第 4 期。

会主义模式说、后社会主义模式说等等。[①]《中国道路：资本主义和帝国》的作者米歇尔·阿格列塔就认为中国的制度是一种“独特的资本主义”，该制度通过官僚权力进行调控。[②] 相比传统社会主义模式或经典社会主义标准，中国道路似乎已经“异化”“变质”；相比西方社会的发展模式，中国道路是个“异类”，其未来要么与其“趋同”，要么成为其“威胁”。[③]

面对西方学者的意识形态偏见，理论界亟须建构中国道路的马克思主义学术话语体系，通过讲好改革开放三十余年的中国故事，更加深入地阐释中国道路的历史本质、时代趋势和世界意义，从而更加坚定道路自信、理论自信、制度自信。

（供稿：贺钦）

---

① 陈曙光：《中国道路：西方话语的另类解读》，《江汉论坛》2014 年第 8 期。

② ［法］托尼·安德烈阿尼、雷米·艾莱拉：《中国是否是民主社会主义模式——评米歇尔·阿格列塔〈中国道路：资本主义和帝国〉》，张春颖编译，《当代世界与社会主义》2014 年第 5 期。

③ 轩传树：《从制度手段到价值目标——中国道路研究的视角与范式》，《学术月刊》2014 年第 9 期。

关于金融危机背景下中产阶级发展现状与前景的讨论

金融危机使每个资本主义国家的中产阶级都受到不同程度的冲击。国内外学者对中产阶级的阶级属性、发展趋势与革命性等问题进行了深入探讨，虽达成了一些基本共识，但也在一些问题上存在激烈争论。

1. 中产阶级与传统的工人阶级相比，是否具有同等意义？

有学者认为，新式中产阶级以白领为主体，他们在收入上处于中间地位，与一般劳动者一样并没有独立经营的财产。中产阶级内部结构的变化使他们与无产阶级拥有更多的相似性。① 有学者认为，当今资本主义的非物质的智力劳动产生了一个新兴的工薪资产阶级，他们虽然出卖自己的劳动力，但分享着新技术带来的工资和特权。在他们看来，资本主义的问题不在于其收入和财富的不平等制度，而在于其经济体系的不稳定。② 还有人认为并不存在中产阶级。中产阶级只是西方舆论的时髦术语，“被中产阶级”和自封“中产阶级”的人群，是国际垄断资产阶级拿来洗刷自己历史罪孽的清洁剂。③

2. 中产阶级具有革命倾向还是存在先天缺陷？

很多学者认可白领工人的社会意义和突出影响，领导着资本主义社会的价值观和生活方式的改变。比如国外有学者认为，中产阶级是一个具有革命倾向的阶级。亨廷顿就曾经指出，中产阶级在经济地位上相当脆弱敏感，是比产业无产者、游民无产者更具有革命倾向的阶级，他们往往是革命的领导者和发起者。但是也有很多学者关注中产阶级本身存在的缺陷与不足。有学者认为，中产阶级不是罗宾汉式的英雄。在二战后很长一个时期内，英国工人阶级结构的变化导致集体意识的降低和组织性、反抗力的下降。④ 由于中产阶级在经济地位上的敏感性、道德文化上的放纵性和政治生活上的冷漠性，他们并未从实际行动上反对当局。⑤

3. 1%与99%之间的较量：中产阶级在哪儿？

大部分学者认为，由于社会流动性不断退化，尤其在金融危机的打击下，中产阶级面临不断萎缩的发展趋势。国内有学

---

① 国虹：《福山论资本主义与社会主义》，《新疆社会科学》2014年第3期。

② 汪行福：《当代资本主义批判——国外马克思主义的新思考》，《国外理论动态》2014年第1期。

③ 卫建林：《2013年土耳其、埃及、巴西等“6月事件”和所谓“中产阶级”》，《世界社会主义研究动态》2014年1月2日。

④ ［英］简·哈迪、约瑟夫·库拉纳：《新自由主义与英国工人阶级》，《国外理论动态》2014年第6期。

⑤ 李莹：《从〈兔子富了〉看美国中产阶级危机》，《青年文学家》2014年第23期。

者指出，金融垄断资本主义使少数资产阶级通过金融手段消灭所谓的中产阶级于无形。金融经济危机使资本主义宣传的“中产阶级”人群大跨度地分化和坠落，“中产化社会”的谎言遂告破灭。[①] 美国宾夕法尼亚大学社会学教授兰德尔·柯林斯则分析了资本主义面临的一个长期结构性问题，即科技对中产阶级工种的取代。现代科技的发展最终将导致50%—70%的劳动力失业，其中主要是从事中产阶级工作的那些劳动力，到那时，资本主义将难以维系。[②] 巴黎经济学院教授托马斯·皮凯蒂认为，现代资本主义经济已演化成一种“现代世袭制”，全球世袭资本主义造成了严重的财富收入不平等，越来越多的中产阶级滑向贫困线。[③]

金融危机虽使中产阶级受到挤压，但是其仍然是西方社会的主体人群。如果从资本与劳动对立的关系来看，中产阶级中的绝大部分就是工人阶级，它的出现并没有改变资本主义的社会本质与阶级结构。作为社会活动的主要参与者和社会财富的主要创造者，中产阶级的发展变化还会继续引起人们的关注。

（供稿：刘向阳）

① 邓纯东、贺新元：《梦醒西式民主》，《光明日报》2014年7月16日。

② ［美］伊曼纽尔·沃勒斯坦等：《资本主义还有未来吗?》，徐曦白译，社会科学文献出版社2014年版。

③ ［法］托马斯·皮凯蒂：《21世纪资本论》，巴曙松等译，中信出版社2014年版。

党大还是法大？

关于“党大”还是“法大”的问题，历来争议不断。有人把党的领导和依法治国割裂开来，甚至对立起来。其实，党的领导和社会主义法治是一致的。

一方面，社会主义法治必须坚持党的领导。党的领导与依法治国之间本质上是一种动态的平衡关系。北京大学教授强世功提出：“一方面党作为社会价值规范的提供者为宪法和法治提供了规范价值基础，另一方面宪法和法治约束了党的行为方式，使其服从于宪法和法律。”①

针对一些人借“宪政民主”问题进行炒作，对中国特色社会主义法治理论、法治道路进行攻击。一些人用所谓“宪政梦”曲解民族复兴中国梦，鼓吹“宪政是中国唯一的出路”；宣称只要不放弃中国共产党的领导，就不承认中国是法治国家，就认为中国还没有真正的宪法，还要“制宪”；宣扬“以宪政方向推动政改”，搞“三权分立”，取消人民代表大会制度，实行“两院制”，取消政法委，搞“司法独立”，等等。中国社科院研究员辛向阳一针见血指出：“在一些人那里，‘宪政民主’被认为是消解中国共产党领导地位和中国特色社会主义政治制度的有效手段。他们认为，只有用‘宪政民主’悬空了共产党，才能实现所谓的‘还政于民’。这是一个极大的陷阱。‘宪政民主’的直接针对性，就是把坚持党的领导和维护人民主体地位及依法治国对立起来，从根本上修改我国宪法，取消中国共产党的领导地位和马克思主义的指导地位。对试图取消共产党领导的西方‘宪政民主’论，我们要自觉予以抵制。”② “一些人所鼓吹的‘宪政’，就是要用西方的法治理念和法治模式否定我国宪法及其确立的制度和原则，其要害在于把党的领导与宪法和法律实施对立起来，目的就是企图从法治问题上打开缺口，进而否定中国共产党的领导和社会主义制度。”③

总之，正如中共陕西省委书记、省人大常委会主任赵正永所说，“如果照搬西方政治制度，放弃共产党的领导，社会主义法治建设只能是死路一条”。④

另一方面，党的领导必须依靠社会主义法治。关于这一点，学术界认识比较统一。比如，北京大学教授姜明安认为，“在治理现代化的条件下，作为执政党其执政和行使国家公权力必须以法治为基础；中国共产党带领人民实行人民民主，并在党内实行党内民主，都必须以法治为保障；中国共产党是不断推进改革开放以

---

① 强世功：《白轲论中国的党国宪政体制》，《开放时代》2014年第2期。

② 辛向阳：《坚持党的领导、人民当家作主、依法治国有机统一》，《思想理论教育导刊》2014年第1期。

③ 王曾：《依法治国、依宪执政与“宪政”是两码事》，《光明日报》2014年11月17日。

④ 赵正永：《党的领导是社会主义法治最根本的保证》，《求是》2014年第22期。

实现中华民族伟大复兴中国梦的党。这一伟大事业必须在法治的指引下进行；中国共产党是坚持政治文明，坚决反对腐败，反对滥用权力的党。反腐败和扼制滥用权力都必须以法治作为基本手段和基本路径；历史经验告诫我们，党必须依靠法治执政，必须依靠法治领导”。①

基于以上分析，中央党校谢春涛教授提出：“所谓‘党大’还是‘法大’其实是一个伪命题，甚至是一个陷阱。如果说党比法大，那就是承认法治、依法治国都是虚假的了，法就不存在了；如果说法比党大，那好像党的领导又出了问题，难以实施了。事实上，我认为不存在这样的对立关系，宪法法律是党领导人民制定的，但是我们也强调党要带头执行，带头遵守，所以我认为不存在谁比谁大的问题。”②

（供稿：戴立兴）

① 姜明安：《论“党的领导必须依靠社会主义法治”》，《北京日报》2014年12月22日。

② 转引自徐祥临《“法比党大”的论断谬在何处》，求是网2014年12月22日，http：//www.qstheory.cn/wp/2014－12/22/c_1113737216.htm。

纪念邓小平诞辰 110 周年

2014 年是邓小平同志诞辰 110 周年。8 月 20 日，习近平总书记在中共中央召开的纪念邓小平同志诞辰座谈会上发表了重要讲话，高度评价了邓小平的丰功伟绩，概括了邓小平的崇高革命风范，要求全党学习邓小平对共产主义远大理想和中国特色社会主义信念无比坚定的崇高品格，对人民无比热爱的伟大情怀，始终坚持实事求是的理论品质，不断开拓创新的政治勇气，高瞻远瞩的战略思维，坦荡无私的博大胸襟。

全国召开了一系列学术研讨会。8 月 20 日至 22 日，中共中央文献研究室等部门召开了全国纪念邓小平诞辰 110 周年学术研讨会。刘云山在研讨会上发表了重要讲话，对深化邓小平理论研究提出了新要求：第一，要紧紧围绕中国特色社会主义这个主题，进一步坚定实现中华民族伟大复兴的中国梦的信念信心；第二，要始终坚持党的思想路线，不断推进实践基础上的理论创新；第三，要深入总结改革开放的成功实践和宝贵经验，坚定不移把改革开放伟大事业推向前进；第四，要着眼于巩固全党全国各族人民团结奋斗的共同思想基础，推动全社会大力培育和弘扬社会主义核心价值观；第五，要深入研究把握马克思主义执政党建设规律，全面推进党的建设新的伟大工程。

学术界从各个角度研究了邓小平的伟大贡献。

有的从宏观角度研究了邓小平的伟大贡献，从邓小平是中国特色社会主义道路的伟大开辟者，是中国特色社会主义理论体系的伟大开启者，是中国特色社会主义制度的伟大开发者等三个方面论述了“邓小平是中国特色社会主义的伟大开创者”这一主题。

有的侧重从某一个方面论述邓小平的重要历史贡献。有的学者考察了邓小平的文化建设思想的时代特征与价值，认为邓小平通过关注文化与社会思潮，通过反倾向斗争，掌控思想文化发展的社会主义方向。有的学者认为，邓小平金融思想是邓小平理论的重要组成部分，是邓小平治国理政方略在金融领域的具体体现。有的学者认为，邓小平以唯物辩证法为指导，对执政和改革开放条件下党的建设问题作了成功探索，形成了具有鲜明特色的执政党建设思想。有的学者对邓小平提出的“农业的发展一靠政策，二靠科学”的重大论断进行了论述，认为邓小平十分关注我国农业发展问题，为我们解决“三农”问题，提供了很重要的战略思路。有的学者从邓小平防止精神懈怠思想展开论述，认为学习和探讨邓小平的防止精神懈怠思想，既具有重要的理论价值，又具有重要的现实意义。有的学者分析了邓小平关于社会整合功能的思想及其初步实践，指出其在中国现代化建设中产生了深远的社会影响，具有重要的指导作用和启迪意义。有的学者论述了邓小平对建立领导干部退休制度的贡献，突出表现了伟人的人格魅力和高贵品格。

有的结合邓小平在当地工作的经历，

论述邓小平的历史贡献，具有很强的地方特色。有的学者认为主持中原局工作是邓小平政治生涯的重要阶段，经略中原是中国新民主主义革命的重要环节，丰富了新民主主义革命的理论，是邓小平理论形成的重要历史阶段。有的学者从“用什么治、治什么、怎么治”三个层次论述了邓小平主政西南时，以政治家的胆识与智慧，紧紧依靠党和人民开展国家治理的实践，并对邓小平主政西南的历史功绩和经验进行了概括和总结。有的学者通过梳理邓小平七次视察黑龙江过程中所作的决策指示，总结了他在践行党的群众路线中所体现的优良作风和高瞻远瞩的伟人风范。有的学者论述了 1983 年邓小平在苏州的调研活动与小康理论形成的关系，认为邓小平的苏州之行对小康社会构想的形成产生了深远的影响。

（供稿：龚云）

围绕阶级斗争观点与坚持人民民主专政的争论

王伟光《坚持人民民主专政，并不输理》一文提出的“国际领域内的阶级斗争是不可能熄灭的，国内的阶级斗争也是不可能熄灭的”，“阶级斗争不是主要矛盾”，现阶段加强人民民主专政是为了“抵制国外反动势力对我西化、分化、私有化、资本主义化的图谋”，是为了“压制国内敌对力量里应外合的破坏作用”等观点，客观来说并不是突发奇想的新论述，更多的是对马克思恩格斯国家学说、党的有关历史决议和国家领导人既有发言和讲话的再次陈述和说明。这样一篇理论梳理性的文章，却在国内一些学者和公知间引起激烈的反应，客观上反映出当前意识形态斗争的尖锐性、复杂性和艰巨性。俗语说无利不起早，右翼公知们叫嚣得越凶，反扑得越猛，越说明这篇文章点出了问题的关键。在他们为裹挟所有力量形成“反攻浪潮”洋洋自得的同时，殊不知也正好将他们的“阿喀琉斯之踵”暴露无遗。他们正是主张西化、分化、私有化、资本主义化群体的代表，也正是人民民主专政的主要对象。

右翼学者公知攻击王伟光是要以“阶级斗争为纲”，否定“邓小平理论和基本路线”，“开历史的倒车”，是想要中国回到“文化大革命”……这些指控的依据是对王伟光文章原意的恣意曲解。他们要么故意扣大帽子，要么随意引申发挥、无中生有，完全缺乏基本的阅读理解能力。更多的学者支持作者关于阶级斗争、无产阶级专政的相关论述，张全景指出，“社会主义国家意识形态领域的斗争，归根到底是阶级斗争、两条道路的斗争。我们要认识这种斗争的长期性、严重性。如果在思想上放松了这根弦，就等于自己解除了武装，那样迟早是要失败的”。①

学者们指出，如何正确理解现阶段的阶级斗争和人民民主专政问题，马克思主义作家的经典论述给我们提供了依据。恩格斯曾指出，国家不是从来就有的，它是人类生产力发展到一定阶段，出现了私有制和阶级分裂，是阶级斗争的产物。国家随着阶级的产生而产生，只有当国家发展到无产阶级专政以后，国家才会向更高形态发展，才会随着阶级斗争的消失而消亡。而在目前阶段，人民民主专政是我们对抗国际资本主义的围攻和国内敌对势力的破坏、维护人民根本利益的保证。邓小平曾指出，运用人民民主专政的力量，巩固人民的政权，是正义的事情。

同时，这场争论说明，国内意识形态形势已经十分严峻。右翼学者公知们的反

---

① 张全景：《弘扬红色文化，掌握意识形态工作主动权》，《红旗文稿》2014 年第 22 期。

社会主义、资本主义化的手法也更加公开化，他们从最开始把学术问题与政治问题混为一谈，利用个别事件以偏概全全盘否定社会主义，发展到现在的大张旗鼓、公然反对和围剿正确言论，气焰更加嚣张。对此我们必须进行坚决有力的回击。

（供稿：梁海峰、彭五堂）

关于马克思主义是否是历史虚无主义的争论

历史虚无主义思潮是一种借否定人民历史和中国共产党的历史而否定中国共产党的领导、马克思主义指导思想、社会主义道路和人民民主专政的政治思潮。很长时间以来，这一思潮大多表现为对我们党已有明确定论的一些历史人物、历史事件、历史结论进行质疑、攻击和颠覆性解读，但很少对其进行理论上的考察。2014年这一表现依然存在，如对三年自然灾害期间饿死人数的谣言、对狼牙山五壮士英雄的质疑、对革命先烈和开国领袖的丑化和贬损等，但又出现一个更值得注意的特点，就是从理论上对历史虚无主义思潮进行“阐述”。

北京一家杂志在2014年第5期上发表了三篇文章，对历史虚无主义的内涵、来龙去脉和表现进行“重新解释”和“系统梳理”。中国社科院马学轲指出，这三篇文章的核心观点是把马克思主义称为历史虚无主义，把马克思主义的历史认识体系称为教条主义历史虚无主义，把反对历史虚无主义者称为最大的历史虚无主义者。[①] 其中一文认为：“马克思的历史图示与基督教历史图示的确十分相似。这样的历史图示……是用两头否定中间，并把历史终结在一个设想的未来阶段。”“在这个理论体系中，它把一个不存在的、仅仅是想象中的共产主义作为评判事物的唯一标准，不仅否定了奴隶社会、封建社会、资本主义社会这个漫长的人类历史，也否定了现实世界中的文明榜样。”“他虽然肯定了资本主义的成就，也认为资本主义是目前世界文明高峰，但他最终还是以一个设想中的未来生活阶段把资本主义的历史否定了。”“资本主义无论取得了怎样的成就也是异化的，它的政治制度、经济制度、社会制度与道德观念等等都将要被彻底抛弃。这显然脱离了启蒙的思想路线，陷入历史虚无主义了。”[②]

马克思主义是认识客观世界的科学理论，也是认识客观历史事实的有效工具。因此，必须坚持马克思主义全面的、发展的、联系的、矛盾的观点来认识客观历史进程。对此，中国社会科学院龚云研究员指出，认为马克思主义终结历史，这是对马克思主义的严重歪曲。马克思主义通过探究人类社会发展的规律，认为人类社会是在不断发展进步的，是在否定之否定中不断向前螺旋式发展的。人类即使到了共产主义社会，也还是要不断发展的。[③] 中国社会科学院史学理论研究中心主任于沛从三个方面证明马克思主义具有严谨的科学性：马克思主义的创立是对启蒙运动以来人类文明精华汲取的产物，马克思的社会经济形态理论揭示了人类社会发展的普遍规律，马克思对未来社会预测的审慎态

① 马学轲：《2014年意识形态领域十个热点问题》，《马克思主义研究》2015年第2期。

② 尹保云：《要警惕什么样的历史虚无主义》，《炎黄春秋》2014年第5期。

③ 龚云：《谁是真正的历史虚无主义者》，《马克思主义研究》2014年第9期。

度。因此，马克思主义绝不是像有些人所指责的那样是什么历史虚无主义。①

历史虚无主义思潮的这一特点，不仅公开挑战我们党的指导思想——马克思主义，公开挑战中华人民共和国的主流意识形态，而且欲图从“理论制高点上”篡夺历史虚无主义的解释权、夺取批判历史虚无主义的话语权。这意味着我们与历史虚无主义思潮的斗争进入了一个新的领域。

（供稿：李春华）

① 于沛：《马克思主义是历史与逻辑相统一的科学》，《中国社会科学报》2014年10月22日。

关于“辽报事件”与高校意识形态安全问题

2014年11月，《辽宁日报》记者在对20多所高校进行深入调研的基础上，反映一些高校教师在课堂上存在的“呲必中国”“赞必西方”现象，发表了一篇题为《老师，请不要这样讲中国》的公开信，呼吁广大高校教师，特别是从事人文、社会科学教育的高校教师不要乱讲中国，应本着对学生、对事业、国家负责的态度，履行好自己教书育人的职责。然而，这篇以反映客观事实为内容、以委婉温和口吻进行的善意呼吁，却犹如捅了马蜂窝一样，遭到很多人的尖锐批评。《辽宁日报》因此被推上2014年舆论的风口浪尖，成为被围攻的又一对象。这场争论主要反映了以下两个问题。

一是反映了“呲必中国”是一些高校课堂的实态甚至是某些课堂的常态。众多学者指出，公开信中反映“呲必中国”的现象一定程度存在，有的还很严重。多年来，高校一些教师以“学术自由”“言论自由”为名，在课堂上口无遮拦、牢骚满腹，公开说中国“坏话”；随意抹黑和嘲讽中国社会、质疑党和国家的方针政策、丑化历史和领袖人物等。而且，这些人不为中国的发展和进步点赞，一心以歪曲、抹黑中国为荣，以哗众取宠为时尚。对此，众多学者认为，课堂上可以有问题意识，可以提批评意见，但是不能恶意抹黑。中国人民大学陈先达教授指出，“教员，尤其是思想政治课教员，面对社会的各种问题，应该以马克思主义为指导直面现实的热点、难点问题，发表意见，提出批评和建议。不能以一己之偏见‘骂堂’，以获取一些缺少生活经验和辨别力的学生的掌声。如果这样，是在害人，而不是育人”。[①] 众多学者强调，“公开信”折射出高校教师思想政治素质和师德方面的问题。一些高校教师不仅没有履行思想政治教育的重要职责，相反却正在不断削弱我们在意识形态领域所取得的战果，不仅不建设，还不断在破坏。一些教师不断传播反党反共的言论，却安然在高校岗位上发散“瘴气”，“吃共产党的饭，砸共产党的锅”已经到了肆无忌惮的地步。因此，必须引起教育界的警觉和重视，尽快采取有效措施加强教师队伍建设，提高其思想政治素质。

二是表明高校已成为意识形态斗争的重要领域。《辽宁日报》“公开信”引发的这场舆论风波，不仅仅是揭露“呲必中国”成为一些大学课堂的实态，更重要的是这封“公开信”引起的巨大反响：为什么出于媒体人的社会责任感将多年来在大学课堂存在的现象公之于众却成为攻击的对象。“公开信”发布后，右翼学者和教授们立刻轮番炮轰、联手围攻《辽宁日报》。在他们看来，高校需要“思想自由”“言论自由”；以《辽宁日报》为代表的官媒是在剥夺教师的批判权和思想自由；教

① 陈先达：《批评、抹黑及其他》，《光明日报》2014年12月3日。

师们对现实是善意批判，是在行使监督权；《辽宁日报》进入班级暗访的做法不够光明磊落，等等。对此，众多学者进行了反驳。学者们指出，“思想自由”“言论自由”都必须以客观、公正为边界。目前我国高校教育中存在的某些随意抹黑中国、随意灌输各类不负责任的言论，已经突破了言论自由的边界。从行使监督权的角度看，高校讲台也需要监督。因此，《辽宁日报》也拥有对高校的监督权。学者们认为，对《辽宁日报》的围攻是我国意识形态领域斗争的一个反映，表明高校是意识形态斗争的重要领域，必须尽快采取有效措施加强这一阵地建设。在事关国家举什么旗，走什么路的问题上，高校绝不能成为“法外之地”“自由高地”。

（供稿：李春华、梁海峰）

“研究宗教是否应批判神学”引发热议

毛泽东同志曾在《加强宗教问题的研究》批示中指出：“不批判神学就不能写好哲学史，也不能写好文学史或世界史”，新中国的宗教研究工作即由此正式展开。近年来，随着“宗教热”的不断升温，研究宗教是否应该批判神学问题引起学界的热议。

中国社会科学院宗教所所长、研究员卓新平认为，“神学”有广、狭之分，广义的“神学”是对“神”这一问题的探讨及其学问，即“学术神学”。“学术神学”是尝试以宗教学“悬置”信仰的立场，用客观的、科学的、哲学与解释学态度来描述分析“神是什么”的问题，绝不是“认信”与“宣教”的。只有弄清楚所论的是什么“神”，才可以判定其“有”或“无”。[①②] 中央民族大学教授牟钟鉴认为，不应加剧和渲染有神论与无神论的争论，马克思主义宗教观是“温和的无神论”，而尊重宗教是无神论的新高度。[③]

针对以上观点，中国社会科学院研究员、荣誉学部委员杜继文指出，毛泽东同志关于“研究宗教”“批判神学”的批示确定了我国宗教研究的基本方向。[④] 作为某些公民的信仰，神灵问题无须论证，人们也不能直接干预；但对于非信仰的宗教研究而言，避谈神灵存在与否，也不辨其真伪，那就只能是伪学术，所有命题都是假命题。学术神学背离了马克思主义，其构建场合放置在国家教育和科研系统，也违背了“教育与宗教相分离”的国家法律。[⑤]

教育部高校社会科学研究中心研究员田心铭认为，宗教研究面对两个层次的客观实际。第一，宗教的有神论观念。作为一种社会意识现象，在社会的历史和现实中真实地存在并发挥影响。我们必须从这个实际出发，认真地研究和对待它。第二，宗教观念所认定的“超人间的力量”并不存在，这更是我们在研究宗教时不可忘记的客观事实。宗教研究只有全面反映这两个层次的客观实际，才能成为科学。如果仅仅满足于弄清宗教观念本身的思想

---

① 卓新平：《研究世界宗教 促进人类和平——世界宗教研究所建所50周年感言》，《世界宗教研究》2014年第3期。

② 卓新平：《正确认识宗教 善待宗教研究——回应〈是什么“宗教观”、“宗教学”？兼论“学术神学”〉》，《马克思主义研究》2014年第7期。

③ 牟钟鉴：《尊重宗教是无神论的新高度——温和无神论述要》，《中国民族报》2014年1月14日。

④ 杜继文：《毛泽东关于〈加强宗教问题的研究〉的战略意义》，《科学与无神论》2014年第2期。

⑤ 杜继文：《是什么“宗教观”、“宗教学”？兼论“学术神学”——答〈科学研究马克思主义宗教观 发展中国宗教学〉》，《马克思主义研究》2014年第3期。

内容，而不去研究宗教观念与客观实际是否一致，这样的认识是肤浅的，不能成为真正的科学。无神论立场对于全部宗教研究来说，都是追求真理、成为科学所不可缺少的条件。[①②]

中国无神论学会副理事长、研究员李申认为，讲马克思主义宗教观而不讲无神论，从事马克思主义宗教学而不批判神学，那就是阉割了马克思主义宗教学最本质的东西，就不是马克思主义宗教学。因此，以马克思主义的世界观研究神学问题，本身就是对神学的批判，这是无法回避的事实。[③]

国家宗教事务局研究中心副主任、研究员加润国认为，开展无神论研究和宣传教育的关键是“研究宗教、批判神学”。批判神学，是为了破除某种关于世界的错误认识，帮助人们了解事物的真相，正确地认识和改造世界，以有效的方式谋取真实幸福，而不是要笼统地反对宗教，更不是反对信教群众。[④]

（供稿：杨俊峰）

---

① 田心铭：《马克思主义的宗教研究必须坚持无神论立场——纪念毛泽东关于加强宗教问题研究的批示50周年》，《马克思主义研究》2014年第3期。

② 田心铭：《宗教研究怎样才能做到实事求是》，《思想理论教育导刊》2014年第11期。

③ 李申：《任继愈——中国马克思主义宗教学的开创者和奠基人》，《上海师范大学学报》（哲学社会科学版）2014年第1期。

④ 加润国：《思想政治教育要高度重视宗教问题》，《科学与无神论》2014年第3期。

科学无神论学者重视批判宗教极端主义

近年来，宗教极端主义思潮在全球范围内逐渐兴起，对国际秩序和地区稳定都产生了重要影响。特别是在我国新疆地区，宗教极端主义与民族分裂势力、暴力恐怖势力紧密勾结在一起，严重威胁到我国的边疆安全与人民正常的生活秩序。遏制和打击宗教极端主义问题引起了科学无神论学界的普遍关注。

全国政协民族和宗教委员会主任朱维群认为，宗教极端主义不是宗教，而是用宗教外衣包装起来的违法犯罪、危害社会的思想行为。宗教极端主义有不同的表现方式和不同的来源，对社会形成不同层次的危害，因此，反对宗教极端主义，单打一不行，要从实际出发，调动各方力量，综合施策。当前打击的重点是以分裂国家为目的、以暴力恐怖为手段的宗教极端主义。①

中国藏学研究中心原党组书记、中国无神论学会理事长朱晓明认为，宗教极端主义的基本特征是“极端性”“蛊惑性”“暴力性”和“政治性”。目前在我国，宗教极端主义的突出表现主要有两个：一是疆独分子制造的暴恐事件，一是藏独分子制造的自焚事件。宗教极端主义是思想根源，暴力恐怖主义是行动手段，民族分裂主义是政治目的，“三股势力”实际上是同一股势力。全面正确地贯彻宗教信仰自由政策与旗帜鲜明地反对宗教极端主义是一致的，而反对宗教极端主义是一个长期的任务。②

中国社会科学院科学与无神论研究中心主任习五一研究员认为，客观地分析世界各种宗教，都存在着极端主义现象。这类现象分两种形式：其一是暴力恐怖形式，其二是非暴力形式。如果某种宗教极端思想广泛传播，渗入社会政治生活领域，形成挑战现存社会制度的势力，就意味着其不管采取哪一种形式，都超出了单纯的宗教信仰领域。一般传教事业的传播对象是其他宗教信仰者或不信仰宗教的人士，而宗教极端主义的宣教，主要传播对象是原有母体宗教的信仰者。这说明，爱国宗教界人士在抵御境外宗教极端主义的工作中负有特殊重要的使命。③

北京科技大学马克思主义学院教授左鹏认为，面对今天新疆等地接连发生的暴恐事件，我们既要揭批宗教极端主义反社会、反人类的本质，更要反思一下宗教极端主义滋蔓的土壤。要使更丰富的经济社会发展成果为各民族群众共同享有，从而铲除宗教极端主义滋蔓的社会土壤。④

---

① 朱维群：《反对宗教极端主义要综合施策》，《中国民族报》2014年5月27日。

② 朱晓明：《深化对宗教极端主义的认识》，《中国民族报》2014年5月27日。

③ 习五一：《抵御宗教极端主义，爱国宗教界人士负有特殊重要的使命》，《中国民族报》2014年5月27日。

④ 左鹏：《铲除宗教极端主义滋蔓的社会土壤》，《中国民族报》2014年6月3日。

中共新疆维吾尔自治区委员会政策研究室社会发展处处长顾华祥认为，宗教极端势力的社会危害性极大，坚持依法打击和遏制是根本。宗教极端势力严重践踏国家法制安全，健全打击和遏制的法治措施是关键。有效应对反分裂斗争，强化合力打击和遏制宗教极端势力的法制机制是核心。①

（供稿：杨俊峰）

① 顾华祥：《依法打击宗教极端的法治路径探讨》，《科学与无神论》2014年第5期。

第五篇

论文荟萃

马克思主义基本原理

【当代中国坚持和发展科学社会主义的三大基本问题】

王伟光*，《马克思主义研究》2014年第8期

近来，科学社会主义与中国特色社会主义的关系成为学术界热议的问题，作者就这个主题谈了三个问题：一是为什么必须要坚持科学社会主义，二是我们要坚持的科学社会主义有哪些基本原则，三是如何坚持好和发展好科学社会主义。

坚持科学社会主义，是近代以来中国人民付出了最大牺牲而作出的正确选择。中国人民认识和掌握了科学社会主义之后，才能够真正掌握自己的命运，坚持科学社会主义是中国人民的自觉选择。坚持科学社会主义是中国特色社会主义的内在要求，是解决中国现实问题的必然要求。中国特色社会主义，是科学社会主义理论逻辑和中国社会发展历史逻辑的辩证统一，是根植于中国大地、反映中国人民意愿、适应中国和时代发展进步要求的科学社会主义。坚持科学社会主义是应对当今复杂多变的国际局势的要求。

建设中国特色社会主义必须坚持科学社会主义的两大基石，即唯物史观和剩余价值理论。由于马克思的唯物主义观和剩余价值理论这两大发现，社会主义才由空想变成科学。正是在两大科学的理论基石上，马克思、恩格斯才建构起了科学社会主义的理论大厦。建设中国特色社会主义必须坚持科学社会主义的“两个必然”“两个决不会”“两个决裂”的辩证统一。建设中国特色社会主义必须坚持科学社会主义的阶段论。建设中国特色社会主义必须坚持科学社会主义的阶级分析方法。国际国内的环境条件决定了在我国，一方面人民内部矛盾更加凸显，另一方面仍然存在一定范围内的阶级斗争。在主要矛盾不是阶级斗争而是人民内部矛盾，但存在一定范围的敌我矛盾和阶级斗争，且又突出表现为西方势力在意识形态上的渗透和演变的情况下，我们一方面必须坚决反对以阶级斗争为纲、搞阶级斗争扩大化的“极左”做法，另一方面又要坚持马克思主义阶级分析的观点，认清敌对势力渗透、演变、西化、分化我们的战略意图，牢牢把握意识形态斗争的主动权、管理权和话语权，坚持党的正确的路线方针政策，推动中国特色社会主义事业不断向前发展。

建设中国特色社会主义如何坚持和发展科学社会主义？第一，不要忘记我们的老祖宗，多读读老祖宗的书；第二，要靠理想信念，坚定共产主义的远大理想；第三，要坚持推进改革开放，用新的实践创新、理论创新丰富科学社会主义的思想宝库；第四，要靠人民群众的实践，用人民群众的首创精神、能动作用谱写科学社会主义的新篇章；第五，要靠党的正确领

* 王伟光：中国社会科学院党组书记、院长，学部委员。

导，在党的领导下办好中国的事情。

（供稿：彭五堂）

【马克思主义基本原理研究中实证化问题探析】

丁东宇、季正聚*，《马克思主义与现实》2014年第4期

一、马克思主义基本原理研究中的实证化倾向

大体说来，马克思主义基本原理研究中的实证化是这样的一种研究方式或样态，即把马克思主义理论看成是既定的知识，脱离时代地、脱离历史地从经典著作中抽象出基本原理，然后工具化地用于满足各自利益的实际中。这主要表现在以下几种倾向中。

倾向之一：马克思主义基本原理永恒化，即为了凸显马克思主义基本原理的价值和意义，首先把它当成超越时空的理论。倾向之二：马克思主义基本原理被抽象化为单纯的知识，即从马克思主义经典文本中抽象出基本原理，把这些基本原理看成是既定的知识。倾向之三：削弱马克思主义基本原理的批判性和革命性，即为了使马克思主义理论适应当前某种需要，有些人倒置无产阶级解放和人类解放的关系，用单纯的发展经济取代马克思的社会革命，从而窄化和矮化了马克思主义基本原理。倾向之四：马克思主义基本原理工具化。当马克思主义基本原理成为单纯的知识后，它也就立即被工具化了，即它成了一种应用的手段。

二、马克思主义基本原理研究中实证化问题产生的理论根源

从历史上看，20世纪以来马克思主义基本原理研究一直受到以下因素的决定性影响：一是那些带来新技术、新材料、新能源和新管理的科学技术知识的加速增长；二是代表后现代主义成果的强调文本理解交互性、多元性的解释学的流行；三是现代社会发展中原有利益集团分化、新利益集团形成所造成的相应的意识形态和政治表达出现了活跃的局面。这些是导致马克思主义基本原理研究实证化问题的理论和现实根源。首先，技术合理性的片面发展是产生马克思主义基本原理研究实证化倾向的精神氛围。其次，马克思主义基本原理研究中面临另一个障碍性理论因素就是现代解释学的滥用。最后，马克思主义基本原理研究的实证化倾向也与社会现实状况密切相关。

三、马克思主义基本原理的理论特质

第一，马克思主义基本原理具有时代性。马克思主义是时代的产物，是马克思那时就已经开始的资产阶级社会所开创的时代。马克思主义就是对这个时代问题的回答。

第二，马克思主义基本原理具有批判性。马克思所有主要著作都是以多年积累的各种材料和确定的事实为根据的，但他的理论既不是从赤裸裸的经验事实出发，也没有满足于对它们归纳概括，而始终是一种基于人自身价值对现实的批判，是一种批判性知识。

第三，马克思主义基本原理具有总体性。一方面从理论上讲，马克思主义基本原理的总体性体现在理论对现实总体性的把握上。这种总体性不是一种纯粹综合，也不是混沌状态，而是经过分析的综合。马克思知道要直接把握一个整体，事先不采取分析性的中间步骤，任何理论就总是带有虚构的性质。

第四，马克思主义基本原理具有历史

* 丁东宇：哈尔滨商业大学马克思主义学院副教授；季正聚：中央编译局马克思主义研究部研究员。

性。马克思主义基本原理中的任何一个要素都不仅是共时性整体结构的部分，而且是历史性过程的部分，即马克思主义基本原理中任何一个方面都是其先前的发展结果和其后来发展的环节。离开了历史性，总体性就不可能得到阐明和理解。

（供稿：张建云）

【关于准确把握马克思主义基本原理的几个问题】

石云霞[*]，《思想理论教育》2014 年第 1 期

马克思主义基本原理，是马克思主义科学理论体系的一系列原理中最根本、最具有普遍性的指导意义的部分。准确把握马克思主义基本原理，需要弄清马克思主义经典作家和领袖人物在这个问题上的基本思想，掌握准确把握马克思主义基本原理的方法论原则，全面理解马克思主义基本原理的体系内容。这是我们进行马克思主义基本原理教学和研究需要进一步解决的理论和实践问题。

一、马克思主义经典作家和领袖人物关于基本原理的思想

在马克思主义发展史上，把马克思主义明确区分为基本原理和个别结论两个方面的，首先还是马克思主义的创始人马克思、恩格斯自己。在马克思、恩格斯看来，基本原理是他们思想体系中最具有普遍意义、长期起作用的部分，而个别结论只是对具体问题的具体阐述，因时因地而异，随着时间的推移和条件的变化，是会失去时效性的。在恩格斯看来，马克思主义的基本原理主要是指：唯物史观、剩余价值学说、科学社会主义。列宁强调马克思主义是马克思的观点和学说的体系，他把马克思主义的基本原理概括为四个方面，即“马克思的学说”“马克思的经济学说”“社会主义”“无产阶级阶级斗争策略”。这里，“马克思的学说”指的就是马克思的“整个世界观”，包括“哲学唯物主义”“辩证法”“唯物主义历史观”“阶级斗争”四个部分。“马克思的经济学说”又包括“价值”“剩余价值”两个部分。很显然，列宁这里是对关于马克思主义三个主要组成部分思想的进一步阐发，这也就是列宁视野中的马克思主义基本原理。以对立统一规律为核心内容的马克思主义唯物辩证法原理，以实践论为核心内容的马克思主义认识论原理，以社会基本矛盾为核心内容的唯物史观的原理。这些原理，就是毛泽东视野中的马克思主义基本原理。

二、关于准确把握马克思主义基本原理的方法论思考

第一，马克思主义基本原理属世界观层面，是关于一般规律的结论。

第二，对于马克思主义基本原理的把握和区分具有相对性和层次性。就是要注意把握问题的参考系，区分层次性和相对性，不能混淆不同层次的基本原理。

第三，必须准确把握马克思主义基本原理的本质特征。

第四，要弄清马克思主义的立场观点方法与马克思主义基本原理的关系。

第五，对马克思主义基本原理要立足整体性，注重宏观把握。

三、马克思主义基本原理体系概述

马克思主义唯物论原理，是马克思主义理论中最具有基础性的内容，科学回答了世界的本质“是什么”的问题。

马克思主义认识论原理，阐明了辩证唯物主义认识论是以科学的社会实践为特征的能动的反映论。

---

* 石云霞：武汉大学马克思主义学院教授。

马克思主义唯物史观原理，从社会存在决定社会意识的根本前提出发，科学揭示了人类社会发展的一般规律，阐明了生产力和生产关系的矛盾、经济基础和上层建筑的矛盾，是人类社会的基本矛盾。

马克思创立的劳动价值论，是马克思主义政治经济学的理论基础。

马克思创立的剩余价值论，是马克思主义经济理论的基石。

列宁创立的垄断资本主义理论是对马克思主义经济学说的重大发展。这一科学理论，阐明了垄断的形成和实质，即自由竞争引起生产集中和资本集中，生产集中和资本集中发展到一定阶段必然引起垄断。

科学社会主义亦即科学共产主义原理，是马克思主义的核心，是无产阶级解放运动的理论表现，是关于无产阶级解放斗争的性质、条件和一般目的的学说。

（供稿：张建云）

【商品：一个哲学的分析】

仰海峰*，《哲学研究》2014 年第 7 期

一、为什么不是物而是商品成为马克思哲学审视的对象？

以“商品”作为哲学的起点，本身就是一个“历史事件”。根据黑格尔的讨论，开端体现了最为根本的抽象，商品就体现了现代社会生活中最根本的抽象。这种抽象能够成立，一个重要的前提就是商品成为一种普遍化的存在，成为统摄一切社会生活领域的力量。这意味着当马克思将商品作为资本主义社会的细胞时，一个重要的历史分期出现了：商品经济的普遍化将现代社会与传统社会区别开来。但当商品交换普遍化后，交换价值成为交换的目的，这时“物”的物性不再重要了，重要的是作为商品的物的交换价值，如果说在前资本主义时代，我们遭遇的对象是“物”的话，那么在资本主义社会，我们遭遇的是“商品”，或者说是作为商品的物。也只有在商品交换普遍化的时代，从商品开始进行哲学思考，才有意义。

二、商品：从质到量的转变

任何一种物（商品）都可以从质和量两个角度来考察。表面看来，质非常重要，但实际上质并不重要，重要的是量，因为只有在量的规定中，物与物之间的关系才得到直观的表现，特别是当物成为商品时，这一点就非常明显地表现出来。作为质的商品是无法比较的，这决定了物与物之间无法交换，物与物之所以能够交换，恰恰是因为它们以各自的量的规定性为基础并发生关系，只有量是可以比较的。在商品交换还局限于某些区域时，量的支配性地位还不具有普遍的意义，人们的交换也还是为了直接获得物的有用性；在量的支配地位普遍化的时代，人们的交换只是为了获得更多的价值，即一种量的增长，这时质只是量的载体，物质的内容被量的多少所取代。虽然在物的规定性中，量是外在于物的存在的，但在商品普遍化的社会中，交换价值却是商品所固有的、内在的“本质”规定，这是一个重要的翻转，外在的东西（交换价值）变成了内在的东西，内在的东西（使用价值）反而变成了外在的东西。这不只是物的本质或者说其属性的变化，而是由于物的社会存在方式发生了变化，即前资本主义社会的物（虽然那时也有商品）变成了资本主义社会的商品，社会生活中重要的是形式化的量。在商品社会，如果我们拘泥于商品的质，我们反而无法接近商品了。

* 仰海峰：北京大学哲学系教授。

三、抽象劳动与商品世界的形式化

在生产商品的劳动中，存在着劳动的二重性：一是生产使用价值的具体劳动，二是抽象劳动。具体劳动与抽象劳动的这种颠倒，不仅是劳动属性上的颠倒，而且也是社会存在论上的颠倒。从人类生存的基本条件来说，具体劳动才是社会存在的本质规定，但对商品生产的社会来说，抽象劳动才是社会存在的关键。

通过对劳动二重性的讨论，我们可以看到，在商品从质到量的转变中，存在着一个抽象的形式化过程，这种形式化就是抽象的人类劳动及其普遍化，这种普遍化成为商品存在以及商品交换关系的根据。商品之间的关系，首先表现为交换价值间的数量关系，其次体现了人与人之间的抽象劳动关系。商品的世界实际上是一个形式化的世界，在这个形式化的世界中，物的有用性这一“质”的规定，只是商品世界的一个借口。商品交换的过程，就是进入到形式化的世界中，不管是商品持有者还是购买者，都成为形式化世界的表演者。这表明，资本主义的社会存在，是一种形式化的存在。这个形式化的社会存在如何展开，根据马克思后来的讨论，实际上表现为一个结构化的过程。正是在这一展开过程中，我们才能进入资本逻辑的领域，洞察资本主义社会的拜物教，展现马克思思想的根本理念。这是需要我们进一步探索的问题。

（供稿：张建云）

【马克思正义理论的四重辩护】

王新生*，《中国社会科学》2014 年第 4 期

在关于马克思正义理论的讨论中，一个被质疑最多而又无法回避的问题是：马克思本人是否赞成从正义与非正义的角度讨论资本主义与社会主义之间的差异？进一步说，以道义合理性为根据论证社会主义应当取代资本主义是否与以历史必然性为核心的唯物史观相冲突？这些争论导出一个更为基本的问题：马克思主义是否有一种正义理论？

马克思主义理论的最高目标是消灭私有制。这首先意味着，如果马克思有一种正义理论，那么它已经对应得正义理论的前提进行了彻底颠覆和翻转。马克思通过否定私有制和私有财产，颠覆了应得正义理论的立论前提，也就从根本上否定了私有者与私有财产之间的应得关系的正义性。马克思关于正义问题的讨论只能是通过批判“国民经济学”完成，这是由他的理论任务所规定的。不是用公平、正义的政治法律概念解释分配关系，而是用生产关系来解释分配关系，用生产劳动解释生产关系，用经济基础解释上层建筑。这是马克思正义理论的基本逻辑。在马克思关于正义的解释逻辑中，生产劳动是出发点，人们为了进行生产而发生的联系和关系是最基本的社会关系，只有在生产关系的基础上才能合理地解释其他社会关系。

马克思从对古典政治经济学的批判出发对整个资产阶级意识形态的批判，在两个不同层面上展开。马克思立足于“人类社会或社会化的人类”对“市民社会”进行批判，其依据是“人类社会或社会化的人类”所要求的正义准则；马克思立足于“市民社会”自身对“市民社会”进行批判，其依据是“市民社会”自身的正义准则。不区分这两个层面，就无法清晰地说明马克思的正义理论。

在马克思将共产主义理解为理想社会，将市民社会理解为被超越对象时，它

* 王新生：南开大学哲学院教授。

内含的假定是：市民社会的正义原则是一种有局限性的正义原则，即只是特定限度内的正义原则，最终将会被超越于这一限度的更高正义原则所替代。当市民社会是社会的基本存在形式时，人们仍需要用应得的正义原则调节社会生活。这为我们理解马克思与其他现代政治哲学的正义概念之间的“公约数”提供了楔入点。这同时意味着，马克思的正义理论是一个具有双层结构的理论：超越性正义理论和应得正义理论。

在“平等”的高阶含义上，马克思与自由主义等现代政治哲学一致，当涉及平等的具体解释时它们产生了分歧：自由主义等现代政治哲学将平等的终极根据理解为权利的平等，并据此将平等的其他维度看作是派生的，从而缩减了平等的内涵；马克思寻求更为广泛的平等，因此他的平等概念突破了权利平等对实质平等的限制，将平等的理想从政治权利层面推进到社会合作层面，将平等的最终实现寄托于超越了权利观念的自由人之间的社会合作，而这种社会合作机制（自由人的联合体）便成为应当追求的目标。

（供稿：彭五堂）

【论宏观资源配置与微观资源配置的不同性质——兼论市场“决定性作用”的含义和范围】

卫兴华、闫盼*，《政治经济学评论》2014 年第 4 期

十八届三中全会决定中提出的一个重要理论观点：“使市场在资源配置中起决定性作用和更好发挥政府作用。”而且明确说明：“市场决定资源配置是市场经济的一般规律，健全社会主义市场经济体制必须遵循这条规律。”对此，先要对几种流行提法进行是非辨析：一是怎样理解和把握“基础性”作用和“决定性”作用的本意。过去讲市场在资源配置中起基础性作用，并不排斥决定性作用。因此，有的理论宣传声称：由基础性改为决定性是理论上的新突破，是质的提升，是创新和发展等。这是否存在理论逻辑上的矛盾？习近平同志的提法是“一个重大的理论观点”，这样讲更科学。二是市场决定资源配置的市场经济规律在我国已起作用。只要从理论和实践的结合上实地考察一下，我国的微观经济运行，其资源配置已由市场机制决定了。三是分清政府的正当干预与不正当干预。正当干预不存在“干预过多”问题；不正当干预再少也不应有。因此，抽象地批评政府干预过多，是“闲不住的手”，无助于问题的解决，反会带来负面效应。

另外，从政府职能和宏观调控在微观和宏观经济中内容的不同，探讨资源配置理论的发展。发挥政府作用，政府就要伸手，伸手就要到位。“更好发挥政府作用”含义有两层意思：一是政府伸手要伸得好，而且要伸得“更好”；二是不要乱伸手、错伸手。在社会主义市场经济中，政府的职能应在三个大的方面起作用：

一是有效调控、监管市场，包括建立和完善现代市场体系，建立公平开放的市场规则，维护市场秩序，消除价格垄断，打破地方市场割据，保障公平竞争，保障商品消费安全，保护生态环境等，应对市场失灵。这个方面的政府职能，也属于宏观调控范围。宏观调控既调控宏观经济，也调控微观经济。对市场和微观经济的宏观调控，是指政府居于宏观层次的调控，可称政府调控。

二是建立和发展包括国有经济和集体

* 卫兴华：中国人民大学荣誉一级教授；闫盼：中国人民大学经济学院博士生。

经济在内的公有制经济，根据宪法规定，国家保障国有经济的巩固和发展；建立新型高科技产业，扩大和完善基础设施建设，搞好国防军事建设，保证国家经济、政治、国防的安全；着力于创新事业，有效应对国际竞争，融入并力求引领新的产业革命；发展和完善社会主义初级阶段的基本经济制度。这方面的政府职能与西方不完全相同。

三是对宏观经济进行宏观调控。我国作为社会主义国家的宏观经济政策或宏观调控目标，要多于和高于资本主义国家。但西方的目标只是经济增长与发展的目标，不涉及经济关系和经济制度。我国实行的社会主义市场经济，是以社会主义制度的存在和发展为前提的。西方经济学讲市场配置资源只是微观经济中的事情。他们的宏观经济政策目标是属于政府的职能，但不等于政府在宏观经济领域配置资源。关于资源配置的理论需要发展，不应照搬西方的理论。社会主义国家的资源配置与西方国家相比，既有共性也有特性。市场配置资源只限于微观经济领域，宏观经济领域的资源配置应是由政府决定或主导。

总之，资源配置理论需要发展与创新，应摆脱传统资源配置理论的束缚。在社会主义市场经济中，市场决定资源配置只限于微观经济领域。在宏观经济领域，社会主义与资本主义相比，增添了新的社会经济内容，不只有经济增长与发展的内容，还有社会主义生产关系即经济制度的内容。宏观经济领域的资源配置不是像在微观经济领域那样由市场决定，而是由政府决定或由政府参与决定。

（供稿：杨静）

【正确认识政府作用和市场作用的关系】

胡钧[*]，《政治经济学评论》2014 年第 3 期

政府和市场的关系是我国经济体制改革的核心问题，它在建立和完善市场的资源配置功能、更好发挥政府作用的社会主义市场经济体制中起决定性作用。在资源配置中，市场作用和政府作用二者是有机统一的，不是相互否定的。不存在抽象的政府与市场关系，不同的社会经济制度产生不同的政府和市场的关系。在社会主义制度下，坚持党的领导，发挥党总揽全局的领导核心作用，是我国社会主义市场经济体制的重要特征。党和在党的领导下的政府是市场的“驾驭”者，应成为善于驾驭的行家里手。具体来看：

社会主义与市场经济的有机结合，具体体现在政府作用与市场作用的结合关系上。由于社会制度不同，政府性质、作用不同，市场的地位、市场主体的构成不同，政府与市场的关系也就不同。在中国特色社会主义制度下，政府不再是资产阶级的统治工具，为资本家企业主追逐利润服务，社会主义国家的中央政府是共产党领导下的全体社会成员整体利益的代表，它一切活动的出发点和落脚点只能是以人为本、最大限度地满足全体社会成员不断增长的物质文化需要和他们的全面发展，是为了满足其所必需的国民经济的全面高速可持续的发展。社会制度的本质区别决定的政府性质和市场主体构成的差别，决定着不同社会中政府与市场二者的地位和关系的不同。

很明显，不存在抽象的、一般的政府与市场的关系，不同的社会经济制度下有不同的政府与市场关系。当然，从经济运行角度看，政府对市场的作用也有共同的

---

* 胡钧：中国人民大学荣誉一级教授。

方面，譬如通过宏观调控保持经济总量平衡、加强市场监管、创造公平竞争环境、实现经济的持续发展等；但从本质上看，生产资料公有制决定了社会主义国家的中央政府具有资本主义国家的政府所没有的、由社会主义制度所赋予的更多方面的特有的作用和职能，这主要包括制定国家经济的长期发展目标和规划，并通过各种手段引导市场实现政府的发展战略目标。在资本主义社会里，没有整个国民经济战略目标的制定，那是由自发的市场主体的竞争所决定，政府在经济发展上只起辅助性的作用，其任务是弥补市场失灵、创建正常的市场竞争环境，以保证各个私人市场主体盈利目标的实现。

所以，从研究方法上说，应避免抽象地探讨政府与市场的关系，应从现实的社会经济制度出发，弄清该社会制度的所有制关系和它的生产的根本目的，以及由此决定的政府和市场这两个不同方面的作用的特殊性。在讨论我们国家政府与市场的结合关系问题时，应先了解在中国特色社会主义制度下政府机构与市场经济各自的本质和特征。

（供稿：杨静）

【完善双重调节体系：市场决定性作用与政府作用】

程恩富*，《中国高校社会科学》2014 年第 6 期

党的十八届三中全会通过决议提出，要使市场在资源配置中起决定性作用和更好发挥政府作用。我们对市场与政府作用的认识是逐步深化的。作为经济调节方式，市场调节和政府调节各有其功能强弱点及不同特点。因此，我们要充分发挥市场在资源配置中的决定性作用，完善要素市场体系，建立公平、开放、透明的市场规则，完善主要由市场决定价格的机制；要更好地发挥政府作用，健全宏观调控和微观规制体系，全面正确履行政府职能，优化政府组织结构，努力完善市场作用与政府作用这种双重调节体系。具体来看：

关于逐步深化对市场与政府作用的认识问题。实践是检验真理的唯一标准，马克思主义科学理论是在实践中不断发展的。社会主义市场经济理论也是如此，我国对经济调节方式的探索也是逐步深化的。经过 20 多年实践，我国社会主义市场经济体制已经初步建立并得到一定的完善，但仍然存在不少束缚市场主体活力、阻碍市场和价值规律充分发挥作用的弊端。这表明，我国政府调节的缺位、越位和错位亦大量存在。是否需要发挥市场在资源配置中的决定性作用和更好发挥政府作用的问题，就空前突出出来，成为当前解决经济社会发展中各种矛盾的一个总枢纽。

关于市场调节及其功能强弱点问题。市场调节功能会随着国民经济社会化程度和经济外向化程度的提高而不断增强，客观上要求在更大范围内和更大程度上重视价值规律及其表现方式即市场调节的作用。不过，市场调节也存在着自身难以克服的功能弱点：易偏离宏观经济目标；调节领域易受限；易导致贫富分化；产业协调难度较大；现实交易成本较大。

关于政府调节及其功能强弱点问题。政府调节，就是政府运用经济、法律、行政、劝导等手段调节各类经济主体的经济行为，以实现经济社会发展的整体和长远目标。在宏观层面，政府科学调节功能的优势，在于制定和实现经济社会发展总体目标。在中观层面，政府科学调节功能的

---

* 程恩富：中国社会科学院学部委员，马克思主义研究学部主任，教授。

优势，在于能够化解经济发展中产业结构和区域经济的发展不平衡问题。在微观层面，政府科学调节的功能优势，在于其必要的规制或监管的效能。政府调节同样存在着失灵现象。就政府调节功能的劣势和不足而言，主要是与政府偏好的主观性、调节方向的转换机制、部门间的协调和调节承担者的动力机制有关。

关于市场与政府调节的不同特点问题。一是在宏、微观的不同层次上，中国特色社会主义“市场决定性作用论”强调，要采用国家的宏观调控和微观规制，来共同矫正某些“市场决定性作用”。二是在“市场决定性作用”的物质资源范围上，正确含义是市场对一般资源的短期配置，与政府对地藏资源和基础设施等特殊资源的直接配置和政府对不少一般资源的长期配置相结合。此外，还需要从另外三个方面来分析市场与政府双重调节作用的特点：一是关于在教育、文化和医疗卫生等非物质生产领域资源配置方面市场与政府的作用问题。二是关于资源配置所涉及的市场与政府关系问题。三是关于在分配领域市场与政府作用的特点问题。

关于深化改革要完善市场体系问题。市场的作用是通过市场体系来发挥的，应将构建完善的市场体系放在基础性地位。完善市场体系需要做到：完善要素市场体系；建立公平开放透明的市场规则；完善主要由市场决定价格的机制。

关于如何更好地发挥政府作用问题。它应是一个健全宏观调控体系、全面正确履行政府职能、优化政府组织结构的系统工程，其核心是建设民主高效的法治政府和服务型政府。当下尤其应注重以下改革发展：健全宏观调控和微观规制体系；全面正确履行政府职能；优化政府组织结构。

关于市场与政府作用的功能互补问题。市场与政府二者是层次、领域和功能不尽一致的经济调节方式和机制。今后需要将市场决定性作用和更好发挥政府作用看作一个有机整体，而不是此消彼长的截然对立关系。既要用市场调节的优良功能去抑制“政府调节失灵”，又要用政府调节的优良功能来纠正“市场调节失灵”，从而形成作用较大的高效市场即强市场、作用较大的高效政府即强政府这一“双高”“双强”格局。

（供稿：杨静）

马克思主义中国化

【邓小平理论与毛泽东思想和中国特色社会主义理论体系——纪念邓小平诞辰110周年】

石仲泉*，《毛泽东思想研究》2014年第3期

邓小平理论对毛泽东思想的坚持和继承。怎样解读邓小平理论与毛泽东思想的继承关系？即是说它们之间的连续性和共同点是什么？就宏观言，至少表现在三个方面：一是理论思路的连续性。二是理论性格的连续性。三是理论内容的连续性。

邓小平理论对毛泽东思想的创造性发展。在辩证地看待邓小平理论与毛泽东思想的继承关系时，实际上已经包含了邓小平理论对毛泽东思想发展的认识。邓小平理论与毛泽东思想的继承关系，如同有种属关系的生物体存在某种“遗传因素”一样，邓小平理论的许多观点与毛泽东思想的相关思想之间也存在某种“遗传因子”或“继承因子”。这种“继承因子”在新的环境下吸收营养发生“变异”，成为具有新质规定的新的思想观点，这就是发展。邓小平理论对毛泽东思想的发展，有不少是这种情况。党的十五大指出：建设有中国特色社会主义理论的主要创立者是邓小平，我们党把它称为邓小平理论。邓小平理论坚持用宽广眼界观察世界，开拓了马克思主义的新境界，把对社会主义的认识提高到新的科学水平，形成了新的科学体系，是马克思主义在中国发展的新阶段。在当代中国，只有邓小平理论，而没有别的理论能够解决社会主义的前途和命运问题。对邓小平理论作出这么高评价，在党的历史上是罕见的。这样，邓小平理论从对毛泽东思想的坚持和继承出发，最后发展到同毛泽东思想具有同样理论高度、社会影响和历史地位的马克思主义中国化的又一个伟大科学理论。

邓小平理论奠定了中国特色社会主义理论体系的坚固基石。第一，就中国特色社会主义理论体系的缘起而言，邓小平理论与中国特色社会主义理论原本是同一个理论。第二，就中国特色社会主义理论体系的内涵而言，它所包括的三大创新理论——邓小平理论与“三个代表”重要思想和科学发展观是一以贯之的关系。第三，就中国特色社会主义理论体系的未来增量而言，新增添的创新理论也将与邓小平理论等党的指导思想理论一以贯之，是对邓小平理论等的继承和发展。

邓小平理论将是实现中华民族伟大复兴指导思想的历史基础。这是因为邓小平坚定不移地认为党的十一届三中全会以来的基本路线、基本方针政策不会改变。这个思想一直贯穿他的著作始终。邓小平理论是中国共产党必须长期坚持的指导思想。只要这个指导思想不变，那么邓小平理论不仅将继续改变和影响着中国，而且

---

* 石仲泉：中共中央党史研究室原副主任，研究员。

作为实现中华民族伟大复兴正确指导思想的历史基础也就不会改变。

（供稿：王永浩）

【正确评价毛泽东是邓小平一大历史功绩】

梁柱*，《毛泽东邓小平理论研究》2014 年第 7 期

1978 年召开的十一届三中全会，实现了党的历史的转折，开启了改革开放和现代化建设的新的历史时期。在这样的一个历史时期，如何正确地评价毛泽东和毛泽东思想的历史地位，保证党的历史的延续性，是关系到凝聚党心民心、团结一致向前看的大问题。面对严峻而复杂的形势，邓小平沉着应对，始终站在历史的高度，实事求是地引导全党审慎而全面地评价毛泽东，使中国共产党成功地经受住了这场历史的考验。邓小平力排来自“左”的特别是右的方面的干扰，以历史事实为根据，正确地评价毛泽东和毛泽东思想的历史地位，正确地对待毛泽东晚年的错误，为国际共产主义运动树立了正确对待和评价无产阶级领袖人物的一个范例。

邓小平主持起草并经党的十一届六中全会通过的《关于建国以来党的若干历史问题的决议》（以下简称《历史决议》），以历史决议的方式，集中反映了中国共产党对自己的领袖毛泽东功过是非的评价，《历史决议》进一步肯定了毛泽东思想的指导地位。这不但为正确对待历史提供了范例，而且对我们正确总结历史经验具有方法论的指导意义。首先，从党的事业和对历史负责的高度，指明写《历史决议》最核心的问题、第一位的问题，就是要确立毛泽东思想的历史地位，确立毛泽东的历史地位；不仅指当前，而且是以后，都要高举毛泽东思想的旗帜。其次，指明对待历史、评价历史人物，要坚持实事求是、恰如其分的原则。再次，在《历史决议》的起草过程中，贯彻党的群众路线，充分发扬民主，集中了群众的智慧。最后，邓小平认为，正确评价毛泽东的历史地位，是为了更好地继承和发展毛泽东思想，这是我们总结历史经验的目的所在。

邓小平领导全党正确评价毛泽东和毛泽东思想的历史地位，并通过《历史决议》的形式加以肯定，具有深远的历史意义。邓小平主持起草的第二个《历史决议》，作出了经得起长期历史检验的科学结论，从而为统一全党认识，维护全党团结，稳定新时期的政治大局，奠定了思想基础，起到了极其重要的作用。我们党在评价毛泽东的过程中，本着总结过去、探索未来的精神，认真总结了党领导社会主义建设的成功经验，认真吸取其中的失误和挫折的教训，从而使我们对社会主义建设客观规律的认识获得了新的飞跃。邓小平正确评价毛泽东的重要思想及其主持制定的《历史决议》，是我们坚持党的领导和社会主义制度，抵制各种错误思潮特别是历史虚无主义思潮的有力武器。

（供稿：王永浩）

【如何理解毛泽东留给我们的思想、道路、制度遗产】

杨胜群**，《党的文献》2014 年第 1 期

关于毛泽东在道路问题上的遗产和贡献。中国特色社会主义道路，从一定意义上讲，就是中国特色社会主义现代化道路。这条道路，是党领导人民在新时期走出来的，也是在前人开辟的社会主义现代

---

* 梁柱：北京大学原副校长，北京大学中国特色社会主义理论研究中心教授。

** 杨胜群：中共中央文献研究室常务副主任，研究员。

化道路的基础上走出来的。毛泽东是中国社会主义现代化道路的开辟者。毛泽东创立新民主主义理论，成功地指导中国新民主主义革命取得胜利，并且正确回答、解决了中国这样一个经济、文化落后的农业国家民主革命胜利后进行现代化建设的一系列根本性问题，确立了中国社会主义现代化的方向，使中国社会主义现代化由空想变为现实。

关于毛泽东在思想理论上的遗产与中国特色社会主义理论体系的关系。中国特色社会主义理论体系，不是无本之木、无源之水，它的本和源是马列主义、毛泽东思想。中国特色社会主义理论体系的开创者邓小平曾经说过："三中全会以后，我们就是恢复毛泽东同志的那些正确的东西嘛，就是准确地、完整地学习和运用毛泽东思想嘛。基本点还是那些。"从理论主题和历史逻辑来说，中国特色社会主义，是马克思主义中国化过程中代代相承的一"脉"。因此，我们总结、研究毛泽东的思想、理论遗产，要全面、深入地发掘毛泽东关于中国社会主义建设的具体的正确的思想、观点和理论主张。

关于毛泽东与中国特色社会主义制度的关系。中国特色社会主义制度是一个包含社会主义根本政治制度、基本政治制度、法律体系、基本经济制度和政治体制、经济体制、文化体制、社会体制等多项具体制度在内的体系。在这个制度体系中，最重要的是以公有制为主体的社会主义基本经济制度、人民代表大会的根本政治制度和中国共产党领导的多党合作和政治协商及民族区域自治等基本政治制度。以毛泽东为核心的党的第一代中央领导集体，构建起了基本经济制度、根本政治制度和基本政治制度的框架，并且在以宪法为核心的社会主义法律体系和政治体制、文化体制、社会体制等方面也创造和积累了许多制度性成果。这些都为新时期党和人民建立和发展中国特色社会主义制度打下了基础。

总之，中国特色社会主义道路、中国特色社会主义理论体系和中国特色社会主义制度的形成发展，都与毛泽东和以毛泽东为核心的党的第一代中央领导集体领导社会主义建设的先期探索和历史积累分不开，都与毛泽东和以毛泽东为核心的党的第一代中央领导集体给党和人民留下的多方面遗产分不开。揭示这一点，丝毫不会影响中国特色社会主义道路、中国特色社会主义理论体系和中国特色社会主义制度的历史地位，而只会更好地反映其深刻的历史渊源和历史逻辑，增强人们对其科学性的认识，只会更好地帮助人们从现实和历史的结合上增强三个"自信"。

（供稿：王永浩）

【毛泽东思想是对科学社会主义理论的丰富和发展】

梁柱*，《思想理论教育导刊》2014年第2期

在科学社会主义发展史上，毛泽东的历史性贡献，是在一个东方半殖民地半封建的大国，成功地在理论和实践上解决了资产阶级性质的民主革命与社会主义相连接的问题，并在基本条件具备的情况下，使之成为现实的社会制度。这是社会主义的思想理论和实际运动的一个伟大创举。首先，毛泽东确立的新民主主义理论，科学地解决了中国革命两步走的连接点问题；其次，20世纪50年代中期，在毛泽东领导下，通过社会主义改造实现了中国基本经济制度的伟大变革，从此确立了中

* 梁柱：北京大学原副校长，北京大学中国特色社会主义理论研究中心教授。

国的社会主义制度；再次，毛泽东领导建立了与社会主义基本经济制度相适应的三大基本政治制度，为中国社会主义大厦奠定了坚实的基础。

社会主义制度在中国建立后，毛泽东以苏共二十大为契机，提出进行马列主义同中国实际的第二次结合的历史性任务，努力探索一条适合中国国情的社会主义建设道路。就其独创性的理论成果来说，确是丰富和发展了科学社会主义学说。

毛泽东关于社会主义基本矛盾的学说，是对马克思主义的唯物史观和国家学说的丰富和发展，是对科学社会主义理论的重要贡献。

对社会主义发展阶段的认识，是毛泽东探索适合中国国情的社会主义建设道路的重要组成部分，它也经历了一个曲折的过程。但就其探索的意义及所取得的理论成果来说，具有开创性的作用。

在毛泽东的经济思想中，也同样反映了对它认识的曲折性，但其中确有许多有价值的思想，是对马克思主义经济理论的丰富和发展。他肯定社会主义社会不但不能禁止而且要大力发展商品生产，提出了“商品生产和社会主义相联系，是社会主义商品生产”的正确命题。

毛泽东还强调了在社会主义条件下价值规律的作用。毛泽东对斯大林认为价值规律只在流通领域而不在生产领域起作用的观点表示异议，认为它在生产领域同样发生作用，生产资料也是商品。

毛泽东在读苏联《政治经济学教科书》的谈话中，提出了一个重要观点：“所有制问题基本解决以后，最重要的问题是管理问题”，“这也就是人与人的关系问题”。这个观点，是对马克思主义经济学特别是所有制理论的重要发展，对实践中的社会主义有重要的指导意义。

毛泽东关于社会主义时期的阶级和阶级斗争的理论，既有严重失误的方面，又有正确和基本正确的方面。就后者来说，仍然是闪耀着马克思主义的思想光辉，有的则是对科学社会主义学说作了重要的发展，因而必须加以审慎的区分。

（供稿：彭五堂）

马克思主义发展史

【邓小平对中国特色社会主义作出的历史贡献】

李捷[*]《中国社会科学报》2014 年 8 月 6 日

邓小平同志是全党、全军、全国各族人民公认的享有崇高威望的卓越领导人，伟大的马克思主义者，伟大的无产阶级革命家、政治家、军事家、外交家，久经考验的共产主义战士，中国社会主义改革开放和现代化建设的总设计师，邓小平理论的创立者。他为改革开放和中国特色社会主义作出的历史性贡献，集中体现在以下五个方面。

第一，冲破“左”的指导思想的长期羁绊，依靠实事求是和改革开放这两大动力，不断推动实践创新，开创中国特色社会主义正确道路。邓小平依靠解放思想、实事求是激发出来的思想理论动力，依靠改革开放激发出来的社会生产力和社会活力，冲破了“左”的思想禁锢，开创了中国特色社会主义道路。

第二，高度警惕“左”的思想长期影响，坚决抵制放弃党的领导、放弃马列主义毛泽东思想的各种错误思潮，不断推进实践创新基础上的理论创新，创立了中国特色社会主义理论体系的第一个成果——邓小平理论。在拨乱反正的过程中，在改革开放的过程中，需要不断排除各种错误思潮的干扰。在改革开放过程中，要不断克服“左”的思想长期影响，而纠“左”容易出右，这已成为一条不以人的意志为转移的客观规律。

第三，科学判断时代主题和时代特征，开启了沿着和平发展道路实现中华民族伟大复兴的伟大历程。邓小平经过反复研究和慎重观察，于 80 年代中期提出关于时代主题的判断，即和平与发展是当今世界的两大问题。

第四，科学总结现代化建设的成功经验和教训，通过规划现代化建设总目标和三步走发展战略，开启了全面建成小康社会进而实现社会主义现代化的伟大历程。邓小平所说的“翻两番”“小康社会”“中国式的现代化”等核心概念，都是他对中国社会主义现代化发展战略的独特贡献。不仅如此，邓小平还为实现中国式的现代化提出了“三步走”战略。

第五，从毫不动摇地贯彻执行党在社会主义初级阶段总路线的要求出发，提出从严治党、党要管党，全面加强执政党建设。在改革开放和现代化建设条件下，继续强调群众路线和实事求是不动摇。邓小平指出：培养好的风气，最主要的是走群众路线和实事求是这两条。

邓小平领导改革开放和现代化建设给我们的启示，一是必须实事求是、一切从实际出发，寻找切实可行的道路和解决方案，既不能搞教条主义、理想主义，更不能毕其功于一役；二是必须坚

---

[*] 李捷：《求是》杂志社社长，研究员。

持发展是硬道理的战略思想，毫不动摇地坚持以经济建设为中心；三是必须始终坚持共产主义理想，志存高远，又必须从社会主义初级阶段这个基本国情出发，脚踏实地。

（供稿：孟庆友）

【人民民主专政不可须臾离开】

梁柱[*]，《红旗文稿》2014 年第 19 期

新中国诞生前夕，毛泽东就明确指出，人民民主专政“对于胜利了的人民，这是如同布帛菽粟一样地不可须臾离开的东西。这是一个好东西，是一个护身的法宝，是一个传家的法宝，直到国外的帝国主义和国内的阶级被彻底地干净地消灭之日，这个法宝是万万不可以弃置不用的”。在新的历史时期，邓小平也指出，运用人民民主专政的力量，巩固人民的政权，是正义的事情，没有什么输理的地方。虽然他们针对的情况有别，但讲的是同一个思想，同一个道理。之所以如此强调坚持人民民主专政的重要性，是因为它是人民共和国的国体，是人民当家作主这一历史地位变化的标志和保证，所以它“是正义的事情，没有什么输理的地方”。

一、我国人民民主专政的政权基础是十分广泛的，广大人民享有法定的民主权利。所以，社会主义民主越发展、越完善，我们政权的基础就会越巩固。当然，为了保证人民的民主权利，为了顺利进行社会主义建设，必须不断加强专政的工具。对社会主义的敌对分子、破坏分子的专政是强制性的，但在我们这样人民民主的国家，在实行专政的过程中，又包含教育与改造的过程，争取把他们当中的一些人改造成为新人。人民的范围会越来越扩大，专政对象的范围会越来越缩小，这将是我们国家发展的趋势，也是社会主义制度的优越性所在。

二、包括坚持人民民主专政在内的四项基本原则，已成为党在社会主义初级阶段基本路线的重要内容，它对于现代化建设和改革开放所要求的正确发展方向、稳定的政治局面和有效地调动全国人民建设社会主义的积极性，起了重要的保证作用。邓小平在南方谈话中语重心长地指出，不坚持社会主义，不改革开放，不发展经济，不改善人民生活，只能是死路一条。基本路线要管一百年，动摇不得。这对我们是极其重要的政治交代。

三、当社会主义制度在我国确立之后，周恩来提出“专政要继续，民主要扩大”的重要思想，正确反映了社会主义社会的需要。社会主义社会之所以专政还要继续，不仅因为外部还存在敌视社会主义中国的势力，而且也同国内还存在一定范围的阶级斗争紧密相关。这正如邓小平指出的，没有无产阶级专政，我们就不可能保卫从而也不可能建设社会主义。

今天，一些人否定人民民主专政的必要性，往往是同否认社会主义社会一定范围的阶级斗争的存在相联系的，或者说，一些人是通过否定阶级和阶级斗争的理论，企图改变人民民主专政的国家制度。这是值得我们重视并加以辨析的。

（供稿：孟庆友）

【《资本论》与马克思主义哲学】

孙正聿[**]，《学习与探索》2014 年第 1 期

研究和阐释马克思主义哲学，必须诉诸马克思毕生研究的伟大成果《资本论》。

---

* 梁柱：北京大学原副校长，北京大学中国特色社会主义理论研究中心教授。

** 孙正聿：吉林大学教授。

《资本论》是马克思主义的“关于现实的人及其历史发展的科学”，是马克思主义的关于人类解放的“新世界观”。

一、《资本论》是关于人类解放的“新世界观”

马克思说：“哲学家们以不同的方式解释世界，而问题在于改变世界”；恩格斯说，马克思和他所创建的哲学“已经根本不再是哲学，而只是世界观”。这两个论断的令人警醒之处，在于马克思和恩格斯都断言他们的哲学已经不再是“哲学”；这两个论断的振聋发聩之处，在于马克思和恩格斯都对他们的哲学作出最为明确的指认：马克思说他们的哲学是“改变世界”，恩格斯说他们的哲学只是“世界观”。这两个论断告诉我们并要求我们，已经不再是“哲学”的“改变世界”的“世界观”是马克思主义的哲学革命，因此我们必须以“哲学革命”去理解马克思主义哲学，并以“哲学革命”去阐释《资本论》的哲学思想。

二、《资本论》是“关于现实的人及其历史发展的科学”

马克思主义的“世界观”与以往的全部“哲学”的根本性区别就在于，作为“世界观”的马克思主义哲学是以“实际活动的人”为自己的出发点的，而以往的“哲学”则是以“想象出来的人”为出发点。

三、《资本论》是对资本主义的政治经济及其政治经济学的双重批判

马克思的“政治经济学批判”，则通过揭露“政治经济学”的“形而上学”，深刻地揭示了“物和物的关系”掩盖的“人和人的关系”，从而创建了“关于现实的人及其历史发展的科学”。这深刻地显示了马克思的“抽象力”即其“理论思维”在“政治经济学批判”中的巨大作用，也深刻地表明了以“理论思维”去把握《资本论》的重大意义。

四、《资本论》是“时代精神的精华”和“文明的活的灵魂”

关于“哲学”，马克思在自己的青年时代就提出“任何真正的哲学都是自己时代的精神上的精华”，都是“文明的活的灵魂”；真正的哲学是“自己的时代、自己的人民的产物，人民的最美好、最珍贵、最隐蔽的精髓都汇集在哲学思想里”。马克思所期待的“真正的哲学”，就是他所创建的“关于现实的人及其历史发展的科学”，就是他“毕生研究”的“伟大成果”《资本论》。

（供稿：孟庆友）

【把哲学自觉作为看家本领——新一届中央领导集体哲学思维启示】

韩庆祥*，《人民论坛》2014 年第 6 期

谈到思想的力量，想起习近平总书记在中央政治局第十一次集体学习时强调，各级领导干部特别是高级干部，要学哲学、用哲学，要努力把马克思主义哲学作为自己的看家本领。当前中国，尤其是新一届中央领导集体，不仅在理念上具有哲学的自觉，注重思想的力量，而且在实践上更有身体力行的主动性。

一、为什么重视哲学

新一届中央领导集体之所以重视哲学，首先源于他们对哲学和思想，尤其是对哲学、思想与领导者的关系——“哲学王”理念有深刻的体认。

二、重视哲学的什么

掌握马克思主义哲学的基本“方法”和“思想方法”或“思维方式”。中央要求领导干部要学哲学的“思想方法”，善

* 韩庆祥：中共中央党校教授。

于运用“理论思维”。为什么？因为哲学是方法论，是专门研究方法的学问，这种研究方法的“专门性”决定了哲学思想和哲学思维的卓越。哲学用“顶层思维”看世界，体现为哲学看问题很有高度、很全面、很系统。

三、“把思想方法搞正确”

习近平总书记提出四种思维方式，即“战略思维”“系统思维”“创新思维”“底线思维”。它们以改革为核心，分为三个层次，即“战略思维→系统思维和创新思维→底线思维”。他充分认识到了思想的力量。

四、如何重视哲学

新一届中央领导集体反复强调和督促领导干部要“学哲学、用哲学”。习近平总书记更是把学哲学上升到执政党建设的高度。他强调，“学哲学、用哲学，是我们党的一个好传统”，要“坚持用马克思主义哲学教育和武装全党”，注重从思想上建党，各级领导干部要努力把掌握马克思主义哲学（思想）作为看家本领。

总书记身体力行，反复强调“辩证思维”，更多地体现的是其现实针对性。例如，对看问题要一分为二这一方法，习近平总书记强调，领导干部要辩证地看待改革和发展中面临的问题，既看到有利的一面，又看到困难的一面；既看到其中的机遇，又看到其中的风险；既要摸着石头过河，又要注重顶层设计。对抓工作要分清主次这一方法，习近平总书记指出，搞改革要具有强烈的问题意识，以重大问题为导向，抓住重大问题、关键问题进一步研究思考，找出答案。对透过表象找规律这一方法，习近平总书记强调，摸着石头过河就是摸规律，就是从实践中获得真知；同样，顶层设计也是找规律，是更加自觉地把握改革开放的规律性。今天，随着改革走向全面和深入，我们面临的问题和矛盾越来越复杂，越来越深层次化。总之，无论是一分为二，还是分清主次、透过现象看本质，都来源于哲学的矛盾分析框架。

（供稿：孟庆友）

【当前马克思主义研究中的五个重大问题】

杨耕*，《南京大学学报》（哲学·人文科学·社会科学）2014 年第 4 期

在当前的马克思主义研究中，有五个问题值得我们关注。一是重新认识马克思主义哲学的理论主题。马克思主义哲学的创立，使哲学的主题由“世界何以可能”转向“人类解放何以可能”。为了解答这一问题，马克思主义哲学又使哲学的聚焦点从宇宙本体转向人的生存本体、从解释世界转向改变世界。二是如何看待和理解辩证唯物主义与历史唯物主义，这一问题直接涉及马克思主义哲学的理论特征。以辩证唯物主义和历史唯物主义的二分结构来建构马克思主义哲学体系未必科学，马克思主义哲学的理论特征是实践的、辩证的和历史的唯物主义。三是重新认识马克思的哲学批判与资本批判的关系。马克思的哲学批判不仅与意识形态批判，而且与资本批判密切相关、融为一体。马克思以商品为起点范畴、以资本为核心范畴展开的对资本主义的批判，本质上是一种存在论意义上的批判。四是深刻把握科学社会主义的科学所在。科学社会主义以历史规律为前提，但它不是仅仅基于历史规律的推导，而是直接建立在资本批判的基础之上，由于深刻把握了资本主义社会的运动规律及其发展趋势，科学社会主义因此成为一门“科学”。以人类社会发展的一般规

* 杨耕：北京师范大学教授。

律为前提，以资本主义社会的基本规律和社会主义社会的基本规定为内容，这是科学社会主义的“科学”所在。五是深刻理解马克思主义中国化的实质。马克思主义要在不同的民族、国家生根发芽，就必然产生一个民族化的问题。马克思主义同中国具体实际相结合必然包含着同中国传统文化相结合的内涵，但马克思主义中国化绝不是使马克思主义去迎合中国传统文化；马克思主义中国化必须立足中国的具体实际，而不是立足中国的传统文化。马克思主义中国化的实质，是使马克思主义与中国面临的实际问题相结合，并用中国式的问题及其科学解答丰富和发展马克思主义。

实践唯物主义、辩证唯物主义、历史唯物主义也不是三个主义，而是同一个主义，也就是新唯物主义的三个基本理论特征。其中，实践唯物主义是本质特征或根本特征，辩证唯物主义、历史唯物主义这两个基本特征都是从实践唯物主义这一本质特征引申出来的，是这一本质特征必然展开的内在逻辑和理论表现。实践唯物主义、辩证唯物主义、历史唯物主义又是对新唯物主义的三个不同表述，是对马克思主义哲学的不同称谓。用“实践唯物主义”称谓马克思主义哲学，是为了凸显马克思主义哲学所内含的实践维度及其首要性和基本性，因为以往的哲学家只是用不同的方式解释世界，问题在于改变世界，而“对实践的唯物主义者即共产主义者来说，全部问题都在于使现存世界革命化，实际地反对并改变现存的事物”。

（供稿：孟庆友）

【马克思主义的时尚化与马克思主义的危机】

王晓升*，《江海学刊》2014 年第 5 期

当社会经济发展到一定水平时，当符号得到解放时，时尚就开始出现。时尚表现为形式的死亡和形式的复活。当马克思主义从最初的压迫和控制中解放出来的时候，当马克思主义在苏联和中国等国家得到大规模发展的时候，马克思主义也面临着时尚化的风险。这时马克思主义的解放和建设功能弱化，形式化的问题凸显。当马克思主义形式化的时候，它成为一种形式化的“外衣”，而缺乏实质性的功能。马克思主义的指导地位在形式化的繁荣背后面临着被掏空和动摇的危险，这是需要我们警惕的。

马克思主义时尚化的一个重要趋势就表现在马克思主义使用范围的无限扩大上。本来，马克思主义是批判资本主义制度的，是用于社会主义制度建设的，但是，当马克思主义时尚化的时候，马克思主义就被人们随意地用于各个领域。在“文化大革命”时期，马克思主义也成为自然科学的指导思想。人们似乎要努力建立“马克思主义的物理学”“马克思主义的生物学”等。而在人文社会科学领域里，人们更是随便套用马克思主义的方法来分析各种现象。历史学家简单地套用马克思关于社会阶段划分的思想，一旦社会历史阶段没有按照马克思的思路区分为五个阶段，那么就是违背了马克思主义，于是，亚细亚生产方式的问题困扰了无数的马克思主义者。马克思主义的普适性被极端地扩大了，甚至有人说，马克思主义是万能的，适用于任何一个社会生活领域。在那样的情况下，一个人不管所写的文章与马克思主义是否有关，都必须援引马克思的话，不管这句话是否能够论证文章思想。

* 王晓升：华中科技大学教授。

时尚具有表演的性质。红地毯上的某些女星的衣服是时尚，这种时尚的衣服是表演性质的，表演的衣服就是要吸引眼球，产生社会性的轰动效果。时尚所追求的就是这种粗陋的、直接的社会性。马克思主义的时尚化也追求表演化，追求粗陋的、直接的社会性。现在少数马克思主义的课堂就开始追求这种表演性质。我们现在评价马克思主义课程质量最主要的标准就是看课堂效果，而评价课堂效果的尺度就是学生的满意度。这就如同时尚表演必须具有的一定的收视率一样。现在马克思主义的宣传教育特别注重“效果”。为了达到效果，马克思主义不是用它的内容和有效性来打动人，而是用它的新的形式、新的刺激来吸引眼球，这些招式都是时尚中常见的（比如女星的透视装）。如果说时尚中的表演还有观众和粉丝，那么马克思主义的时尚化表演中，情况就不同了。某些授课者所进行的这场“时尚”表演，在很大程度上是没有观众的“时尚”表演，学生并不欣赏，社会上的其他人不欣赏也没有兴趣，但是，圈子内的人却自我陶醉、自我欣赏。他们在进行着一场马克思主义的舞台剧，不过与其他舞台剧不同，这部剧中没有观众，是超级现实主义的舞台剧，是按照马克思主义再生产模式所安排的舞台剧，一些马克思主义研究者、宣传者参与到这场表演中。我们也可以把这场表演称为“受诱导的自恋”。

（供稿：孟庆友）

【从劳动概念看无政府主义思想在中国马克思主义中的渗透】

刘森林*，《学术研究》2014 年第 10 期

中国马克思主义与中国无政府主义虽然都高度肯定“劳动”精神，但无政府主义理解的“劳动”是没有强权和强制、高度自觉自决、无拘无束的；传统农业劳动更符合中国无政府主义的理想；另外，无政府主义理解的“劳动”不仅具有生产性，而且具有道德意义以及审美意义。对现代大工业生产的拒斥，对脱离社会的个人自由的极端理解，特别是，意味着社会生产关系基于效率、公平的提高而向自动化、专门化、标准化、程序化、精确化方向不断进步的“物象化”“物化”，一直被视为是损害自由、敌视人的东西，这些都是至今仍以各种形式残留于中国马克思主义理论中的无政府主义思想。鉴于某些当代西方左派、后现代派所持无政府主义思想对当代中国的影响，清理无政府主义的渗透，依然是我们没有完成的任务。

一、什么样的劳动：中国无政府主义与马克思主义的论争

中国无政府主义提倡“劳动神圣”、劳动与互助，以及劳动与知识分子的结合，把“劳动”视为除“互助”之外的另一个人类天赋。作为人天生具备的自然禀赋，“劳动”被无政府主义者看做是以独立自主为前提的。只有在此基础上，互助作为另一个自然禀赋才是可以理解的。但这样的“劳动”与马克思主义那种迈向社会化的“劳动”具有显然之别。社会化的系统势必被无政府主义者看做对每个劳动者自我的压抑和强制。像施蒂纳所说的，那只是一种社会强给的职业，完成后尽快摆脱的任务。没有与游戏、闲散协调在一起。但这与社会化愈来愈强的现代发展趋向恰好相反。马克思主义者也高度赞美劳动，认为劳动是推动社会历史发展的基础，是揭开一切历史之谜的钥匙，但马克思主义主张的“劳动”与无政府主义者主

* 刘森林：中山大学教授。

张的“劳动”具有明显的区别。

二、理想化的劳动：从无政府主义到李大钊

1923 年 9 月 7 日在上海大学所做的“社会主义释疑”的演讲中，针对有人声言社会主义条件下的劳动仍然不愉快、很辛苦，是苦事的言论，李大钊强调，劳动能使精神愉快，从中能获得工作的喜悦。显然，自我实现意义上的审美是他解释“劳动”的内涵之一。他举例说，莫里斯赞美欧洲 14 世纪的艺术品，而鄙视现代艺术品，是“因为十四世纪的艺术品，都是那时代能感觉着‘工作的喜悦’的工匠作出来的。艺术家最希望发表的是特殊的个性的艺术美，而最忌的是平凡”。李大钊认为，社会主义能保存艺术的个性发展，“免除工作的苦痛，发扬工作的喜悦的，那里有像现在劳动的劳苦，有怠工的现象发生!”可见，李大钊对基于提升效率（生产力）与合理化的物象化过程缺乏必要的认知。即使不能说这是未摆脱无政府主义影响的理想化设想，而是或出于宣传、吸引人的需要，或展望未来远景的应景之论，起码也可以说，他对现代工业生产基于效率和公平而日益严密化、合理化，对社会化大生产中蕴含的强迫性、齐一化认识不足。马克思的提醒他不会想到，即使劳动成为积极的、富有乐趣的、创造性的活动，也不会表现为消遣、轻松、随意的东西。相反，“真正自由的劳动，例如作曲，同时也是非常严肃，极其紧张的事情”。

考虑到中国无政府主义兴盛时，国人所理解的“自由”多是无拘无束，就可以理解以劳动来改变懒散传统，以劳动救中国的急迫性主张多么合理。而这种以劳动为根基的自由论跟传统经验状态上的无拘无束自由论相比，显然是一种进步。但是，这种对劳动的设想过于理想化，寄予劳动来承担和实现的美好价值太多了，超出了它的所能。

三、进一步的结论

在当今西方左派主张的无政府主义思想仍在以各种形式传入中国并向中国当代马克思主义渗透时，这个问题尤其值得我们重视。当代西方新无政府主义思想通过左派、后现代主义等方式在当代中国受到某种“欢迎”的情况，使得我们重新思索和清理中国马克思主义传入时无政府主义的渗透和侵扰，更富有理论价值和现实意义。

（供稿：孟庆友）

【什么不是马克思主义——教条主义话语还是马克思主义核心观点的辨析】

陈锡喜*，《探索与争鸣》2014 年第 9 期

现行马克思主义理论和思想政治理论课教材中，还残留着把某些教条主义话语当作马克思主义核心观点的现象，这损害了马克思主义的信誉。我们可以从“马克思没说过什么，说过什么，反对过什么”，“这一教条主义话语的来源是什么”，“这一话语带来的理论和实践的困境是什么”三个方面，厘清什么不是马克思主义：马克思主义不是以“物质决定意识”为逻辑起点而演绎出来的世界观和方法论；不是从“关于整个物质世界科学图景和一般规律”中推演出社会历史规律，从辩证唯物主义推演出历史唯物主义；没有说过“原始社会、奴隶社会、封建社会、资本主义社会、社会主义和共产主义社会”线性的依次更替，是一切民族都必须经历的人类历史发展的普遍规律。

---

* 陈锡喜：上海交通大学特聘教授。

把“物质”作为马克思主义的基本立场，可能造成的危害，恩格斯在《费尔巴哈和德国古典哲学的终结》中已经提出警告，那就是把对理想、道德和历史进步的追求，统统抛给唯心主义，而把唯物主义解释成只讲物质，甚至只追求物欲。近些年，那些基于“物质”而不是“群众实践”来谈论马克思主义的人，追求的就是唯GDP论。更有些信奉“彻底的唯物主义者无所畏惧”的人，在其追求“物质享受”和“敬畏鬼神”之间自由“跃迁”，心中唯独没有“群众实践”，而一旦“物质”帮不了他的时候，他就只能通过敬“鬼神”而寻求精神依托了。

把历史规律解释成自然规律的推演，还否认了历史发展的偶然性。如果在历史领域，一切都是被“设定”好的，那还需要阶级和政党的历史主动性吗？历史发展到每一个关口，因各种历史的和现实的、经济政治的和文化的、国内的和国际的、主观的和客观的等因素的影响，其前途和路径总有多种选择。如果说规律指的是必然性的话，那么偶然性就是机遇。十月革命是抓住了第一次世界大战的机遇；中国特色社会主义道路的开辟，也是抓住了世界的开放和全球化的机遇。否认了历史发展是必然性和偶然性的统一，便无法理解中国共产党领导的革命和改革，甚至无法理解邓小平为何一直强调要“抓住机遇”。

坚持五种社会形态的更替是任何国家和民族都不可抗拒的规律，本意可能是想为中国走社会主义道路的历史合理性做辩护，但事实上其意识形态作用适得其反，因为它在逻辑上的推导是：既然五种社会形态的更替是不可抗拒的规律，那么，由于中国没有搞过资本主义，因此应先搞资本主义，再搞社会主义，从而否定了社会主义是中国近现代历史的必然选择；或者今天搞改革开放，就是在“补资本主义的课”，搞的是名为“中国特色社会主义”而实则是“中国特色资本主义”，从而否定了改革开放。

（供稿：孟庆友）

国外马克思主义

【欧洲共产党的新发展】

［意］法乌斯托·索里尼*，《当代世界与社会主义》2014年第3期

该文拟在厘清“欧洲共产党”概念意义的基础上，着重分析欧洲共产党的现状及其政治影响，以及欧洲共产党在国际机构中的存在及影响。

一、“欧洲共产党”意味着什么？

在苏联体系崩溃之后，欧洲共产主义运动对我们意味着什么？对此库尼亚尔以雄辩而有力的方式回答说，共产党的概念不是必需的，但是对当下的工人阶级、劳动者及大众而言，却是不可或缺或不可替代的。

在当前的复杂形势下，给“共产主义运动”下定义容易给正在进行的相关重组和重新释义带来困惑，比如苏联体系崩溃后的20世纪共产主义运动危机。我们有必要关注政治文化项目、革命的参考理论以及如何组织各方力量，而不是关注象征性的名称的问题。我们必须思考在当前历史和政治环境下的共产主义运动界限，从而与那些自认为是共产主义的力量进行区分。

如果我们分析大多数欧洲共产党，包括那些名义上自称的共产党的政治方向、政治文化和政治理论，就会发现它们彼此之间的理论差异很大。比如，一些名义上的共产党，如法国共产党甚至包括欧洲左翼党中的其他共产党，它们在核心问题上的立场更接近德国左翼党的政治文化，而非希腊、塞浦路斯的共产党政策。

二、欧洲共产党的现状及其政治影响力

在欧洲49个国家中，我们至少可以找出33个国家存在共产党或在社会生活的某些方面发挥着最低限度及深层次影响的共产党组织，尽管它们在国家议会中并不总是有代表。如果依据党员数量、战斗力、得票率、组织机构、社会存在以及工会影响力等标准，共产党（或有着类似目标的力量）在欧洲的势力及影响主要存在于14个国家。在一些情形下，这些力量曾经，或短期内曾经在一些对欧洲大陆经济、政治、军事平衡具有重要影响力的国家政治生活中起关键作用。

三、欧洲共产党在国际机构中的存在及影响

欧洲共产党力量在一些重要政治机构、欧洲或全球机构中担负了一定角色并拥有一定影响力，比如欧洲议会左翼联盟和北欧左翼绿党党团、欧洲理事会内部的联合左翼议会党团、欧洲左翼党、独立国家联合体的内部协调机构、世界工会大会、世界民主青年联盟、世界和平理事会等。

四、结束语

那些认为在苏联和苏联体制崩溃之

---

* 法乌斯托·索里尼：意大利共产党人党书记处书记、国际部部长。

后，共产党在世界特别是欧洲将注定走向历史和政治衰落，以及共产主义运动走向终结的看法是不合适的。那些致力于促进社会主义事业的力量，不管意图如何、作何定义，都会将马克思主义原则作为基本参考。

现在的核心问题是，如何保持这些国家的社会主义发展势头，并使其成为可行的选择，当然何种形式的社会主义也是一个问题。

（供稿：于海青）

【“国际红色走廊”上“毛主义”共产党的发展与变化】

韩冰、刘静*，《当代世界与社会主义》2014 年第 5 期

20 世纪 90 年代以后南亚地区毛主义共产党发展迅速，成为该地区不可忽视的一支力量。目前除马尔代夫外，各国均有毛主义共产党，有的国家还出现了几个毛主义共产党。近年来，毛主义共产党的活动范围不断扩大，现在俨然已经形成了一个以印度为中心，以尼泊尔、不丹、孟加拉国为弧线，北起尼泊尔，南到印度安得拉邦的国际红色走廊。

一、尼泊尔毛主义共产党发生转型

在尼泊尔，目前有数个共产党组织。尼泊尔共产党（毛主义）是 1994 年从尼共（团结中心）分离出来的激进共产党组织，自称以“马列主义、毛泽东思想”为指导思想，要求在尼泊尔建立“人民共和国”。1996 年 2 月，尼共（毛）开始实施“武装夺取政权”政策。2007 年 1 月，尼共（毛）加入临时议会，融入主流政治。随后，尼共（毛）先后与尼共（团结中心——火炬）、尼共（统一）合并，成立新的尼泊尔联合共产党（毛主义）。但是，新党并没有扭转之前出现的困境。2013 年 11 月，在第二届制宪会议选举中，尼联共（毛）已从第一大党沦为第三大党。

二、印度毛主义共产党发展迅速

目前，印度影响较大的共产党有印共、印共（马）、印共（马列）和印共（毛）。2004 年 9 月 21 日，“印度毛主义行动中心”与“印度共产党（马列）［人民战争］”这两个最强大的毛派组织联合组成新的毛派组织，简称“印共（毛）”。印共（毛）主张走农村包围城市的道路，目前掌握着数万名武装游击队员。

三、不丹毛主义共产党逐渐崛起

在不丹，目前有两个力量较大的毛主义共产党组织——不丹共产党（马列毛）与不丹共产党（毛主义）。

四、孟加拉国毛主义共产党仍在分化

孟加拉国的毛主义共产党组织与印度、巴基斯坦有着千丝万缕的联系。孟加拉国虽然是 1971 年建立的年轻国家，但国内毛主义共产党的历史却可以追溯到 20 世纪 20 年代。孟共（马列毛）以马克思主义、列宁主义和毛泽东思想为指导，主张重新建立革命根据地，发展人民战争。

五、印、尼、不、孟四国毛主义共产党发展的启示

近年来，南亚红色走廊地区的毛主义政党组织发展迅速，并有联合之势。这种变化与南亚地区的地理特点、经济发展不均衡的现实状况有密切联系，也与这些毛主义共产党的政策调整息息相关。21 世纪，世界社会主义运动仍在低潮中奋进，但已经呈现出新的特点，南亚毛主义共产党在世界社会主义与国际共运面临严峻形势的情况下，没有逐渐消亡，却有新的发展，这给我们以若干启示。

（一）共产党呈多样化发展，在独立

---

* 韩冰：中华女子学院思想政治理论教学部；刘静：西安交通大学人文社会科学学院。

自主的基础上加强联合。

（二）全球化浪潮汹涌澎湃，毛主义共产党适时调整政策。

（三）世界形势发生变化，社会主义革命仍处于长期发展的进程中。

（供稿：于海青）

【国外共产党是如何利用民主参与密切党群关系的】

柴尚金*，《当代世界》2014 年第 4 期

在追寻民主与民生的时代潮流中，发扬民主是政党对民众的一种尊重，改善民生是民众对政党的热切期望。国外一些共产党积极回应民众的民主诉求，扩大和完善政治参与渠道，进一步密切了党群关系。当前我们开展群众路线教育实践活动，不仅是弘扬依靠群众的光荣传统，而且是在新形势下倡导一种民主参与意识，让亿万人民都有人生出彩的机会，共同实现中国梦。

一、以党内民主推动社会民主参与

多数共产党在党章中都把代表大会、集体领导、民主选举、民主决策、民主监督等作为党内民主的制度形式，强调党员在党内生活中享有对党的事务的参与、决策与管理的民主权利。一是在上下级关系上，突出党员主体作用和基层党组织作用，确保党员民主权利真正实现。二是在党内重大事项决策方面，尊重和听取党员意见，赋予党员更多参与民主决策的权利。三是在集体与个人关系上，以发挥集体领导和监督作用为重点，保障党内权力良性运行。

二、在民主参与中实现人民当家作主

在信息网络高度发达的条件下满足日益膨胀的民主诉求，建立起民主的利益表达机制与整合机制，不断提升党的凝聚力和战斗力，这是国外许多共产党面临的难题和挑战。许多党都认识到，“拥有选票的选民是政党的生命”，党的群众工作谋求的“不是权力，而是人民赋予党的力量”。在新形势下，仅仅满足人民群众的物质需求还不足以维持良好的党群关系，还必须快速有效地回应民众的政治参与诉求，扩大和完善民众政治参与渠道。要以党内民主推动群众参与民主，不断密切共产党同人民群众的关系。

三、利用民主渠道表达和整合群众利益

国外一些共产党根据社会结构和利益多样化、参政渠道多元化的现实，注重通过各种民主渠道及时准确表达和整合民众利益。除采取传统的面对面、走街串户形式外，还利用社交网站、网络论坛等新媒体平台，围绕重大问题和热点问题与民众沟通，反映社情民意，及时表达民众利益诉求。

中国改革开放后，多元经济成分衍生出多元利益群体，不同利益间的博弈已成为社会常态。如何发挥人民群众积极性、主动性、创造性，实现人民群众有序的民主参与？首先，要根据经济社会生活的新变化和群众工作的新特点，把解决群众关心的热点和难点问题作为我们群众工作的重点，从人民群众热切盼望的具体事情做起。其次，要建立起公正高效的社会参与机制。为此，要建立和完善社会参与机制，重视与群众及社会团体的直接交流，了解群众的所思所想，切实整合和表达人民群众利益。社区、社会团体、行业协会、民间组织、中介组织等是表达群众意志和利益的一个重要渠道，应以法律化和制度化的方式发挥其桥梁作用，积极化解利益矛盾和社会冲突。

（供稿：陈爱茹）

* 柴尚金：中共中央对外联络部研究室参赞，研究员。

【格鲁吉亚、亚美尼亚、阿塞拜疆三国共产主义运动评析】

陈爱茹*，《当代世界与社会主义》2014年第5期

一、弱、小、分裂是格鲁吉亚、亚美尼亚、阿塞拜疆三国共产党的现状

（一）格鲁吉亚统一共产党：在政治打压下由强变弱

萨卡什维利政权持续8年对格鲁吉亚统一共产党政治打压，格鲁吉亚统一共产党由一个拥有党员人数82000人的大党萎缩成为一个成员仅有3000人的小党。

（二）亚美尼亚共产主义运动：弱中有强，有限联合

在亚美尼亚，现在有3个共产党在开展活动：亚美尼亚共产党、亚美尼亚进步联合共产党和自称为当局的“建设性反对派”的亚美尼亚联合共产党。其中影响相对较大的是亚美尼亚共产党。亚美尼亚进步联合共产党也一直呼吁要与亚美尼亚共产党联合起来，但除了联合参加选举或者在街头抗议活动中有一些联合活动外，未见有其他实质性联合举措。

（三）阿塞拜疆共产主义运动：不断分裂，派系众多

当前，在阿塞拜疆开展活动的有3个共产党：阿塞拜疆共产党、阿塞拜疆“新生代”共产党和阿塞拜疆共产党联盟，影响力十分有限。

二、格鲁吉亚、亚美尼亚、阿塞拜疆三国共产主义运动陷入日益势微的原因分析

苏联解体之后，广大民众所期盼的“像西方一样富裕、民主、现代化的生活方式”并未如期而至。在此背景下，原苏联地区出现了一次短暂的共产主义思想回潮。正是在这一轮共产主义思想的回潮中，三国共产党纷纷恢复、重建或者创建。

遏制共产主义思潮的因素主要有如下几个方面。

1. 新自由主义思潮风起云涌，使共产主义思潮受到打压和遏制。

2. 在世界金融和经济危机背景下，为什么共产主义思潮没有出现回潮？一是现实社会主义在一定程度上损毁了社会主义所代表的公正、平等、民主、自由在民众心目中的形象；二是因具体国家、具体领导人对社会主义和共产主义思想的误读，社会主义被与贫穷、落后、愚昧、极权等联系在一起；三是苏联解体后，这些国家的共产党理论大多还是沿袭为主，欠缺前瞻性的、有深度的、符合时代精神的理论创新。

三、格鲁吉亚、亚美尼亚、阿塞拜疆三国共产主义运动发展前景堪忧

三国的共产主义运动的未来发展前景不容乐观。对于三国的共产党而言，苏联解体让其遭受了第一次重创；21世纪初新自由主义在三国的大力推行，以及亲西方的执政当局对共产党执行遏制、打压政策，让三国的共产党的群众基础不断丧失，党员人数急剧缩减，党的影响力急剧下降，党的活动空间不断被压缩。

（供稿：于海青）

【左翼理论家们的阿基里斯之踵——以对拉克劳思想的剖析为例】

俞吾金**，《探索与争鸣》2014年第1期

该文从自发性和自觉性、合法性和非法性、组织状态和非组织状态、革命的条件和无条件的革命这四组关系，批判地考

* 陈爱茹：中国社会科学院马克思主义研究院副研究员。

** 俞吾金（1948—2014）：复旦大学哲学系教授。

察了拉克劳的政治哲学思想，认为他们追求的所谓“激进的多元民主政治”完全背离了马克思主义、列宁主义的基本理论和策略思想，已嬗变为书斋里的清谈。

自发性和自觉性：列宁全面地阐述了自发性与自觉性之间的辩证关系。然而，拉克劳却完全无视列宁在这方面留下的宝贵历史经验，他不但没有把“自发/自觉”这对概念作为未来社会主义策略中的重要问题提出来，只是附带地提到了自发性的问题，而且完全站在为自发性辩护的立场上。拉克劳认为，像“阶级主体”这样的概念，尤其是视“工人阶级”为特权性的本体的传统观念，都应该列入被解构的范围之内。由此，其知识分子代表把革命思想自觉地灌输到工人阶级队伍中去的方式也就完全失去了它的意义。不难看出，左翼理论家们对自发性的肯定和对政党工作中的自觉性的回避，在思想上只可能导致取消主义的结果。

合法性和非法性：以拉克劳为代表的当代左翼理论家们完全迷恋于合法性范围内的斗争，即使在话语上也很少涉及非法性的领域。它启示我们，当代左翼理论家们实际上早已把马克思主义、列宁主义的革命精神篡改为咖啡馆里的清谈或大学报告厅里的高头讲章。按照列宁的看法，1918—1920 年间欧洲部分国家革命失败的一个重要原因是，这些国家社会民主党的左翼在策略上并不懂得如何把合法的斗争与非法的斗争紧密地结合起来。既然在以拉克劳为代表的当代左翼理论家们的著作中，“非法斗争”已经完全从社会主义策略中被排除了，这就表明，他们所说的“社会主义”不过是一个虚假的社会主义概念，归根到底，这种激进的多元民主政治是从属于资产阶级的意识形态的。

组织状态和非组织状态：列宁、卢卡奇、葛兰西等都认为必须高度重视组织问题在理论与实践之间的中介作用。在拉克劳那里，尽管“社会主义的策略”是一个核心的话题，但由于他强调激进的多元民主政治是通过领导权对异质的新社会运动的“连接”而形成的，而领导权作为“漂浮的能指”并不关涉到确定的主体。事实上，当他把社会主义革命理解为单纯话语上对资本主义的“批判”活动时，这种只依赖新的、碎片式的主体，而完全不依赖于任何组织（如工会，尤其是政党）的所谓“革命”不过是左翼理论家们的白日梦而已。

革命的条件和无条件的革命：在列宁看来，革命并不是随时随地都会爆发的，只有具备了一定的条件，革命才可能发生。应该用复杂性的眼光来看待革命与权力集中之间的关系问题，以便对历史经验做出合理的总结，而不是采取简单化的做法，干脆把传统意义上的革命概念加以贬损和否定。事实上，拉克劳已经从根本上否弃了传统的革命概念，代之以激进的多元民主的不断增殖，从而从根本上抹杀了革命和非革命状态的质的区别。换言之，从根本上取消了革命。

（供稿：沈阳）

【西方社会“中产阶级危机”的真相】

宋丽丹*，《当代世界与社会主义》2014 年第 5 期

在资产阶级文献中，“中产阶级”这个概念使用“阶级”来代表一个用收入水平、消费标准和文化特征来界定的群体。西方的、也是当代语境中的“中产阶级”是指那些收入和生活水平在一国社会中处于中间水平的蓝领、白领工人及小资产阶级甚至部分中等资产阶级，其主体为占人

* 宋丽丹：中国社会科学院马克思主义研究院助理研究员。

口多数的工人阶级。它和马克思主义的阶级概念不同，后者的阶级概念所指的是在生产中处于同样关系、具有同样利益分配关系的群体。20 世纪 80 年代以来，随着新自由主义成为西方政治实践的理论核心，曾经保障“中产阶级”壮大的“阶级和解”的制度安排已经名存实亡。此外，随着生产力的进步，尤其是以计算机和网络为代表的信息技术的大规模应用，不仅加速了资本的积累，也使资本的有机构成迅速提高，大大减少了活劳动的应用，这一变化导致从前的中等技能的工作数量明显下滑。再加上 20 世纪下半叶后，西方制造业纷纷向第三世界国家转移，这也造成那些能提供工人较高收入的工作向第三世界国家转移，使西方社会“中产阶级”的主体呈现萎缩态势——其实就是较高收入水平工人群体的萎缩。剩下的“中产阶级”则面临收入停滞或下降、生活负担加重、生活水平下降等困境。在 2008 年资本主义经济危机“大衰退”来临后，“上层阶级”的财富不降反升，而“中产阶级”则大量破产。“被挤压的中产阶级”与资本主义一道进入了“大衰退”（The Great Recession）危机。有关“中产阶级危机”“拯救中产阶级”的呼声在西方社会尤其是美国不绝于耳。资本积累通过高涨、危机、萧条和复苏的过程，不过是使少数人尤其是金融寡头积累了巨额财富，而使“中产阶级”和“下层阶级”变得更穷。不占有生产资料的工人，无论是否拥有“中产阶级”身份，逃脱不了“被剥夺了劳动资料和生活资料的劳动能力是绝对贫困本身”的阶级宿命。“中产阶级危机”暴露了“中产阶级”的大部分成员其实是无产阶级的事实，这一危机不过是表明，资本积累的逻辑必然导致资本主义日益分裂为两大直接对立的阶级：无产阶级与资产阶级，要从根本上解决“中产阶级危机”就是要消除无产阶级贫困的根源：资本主义制度。资本主义必然灭亡、共产主义必然胜利的历史发展趋势没有改变。

（供稿：沈阳）

【西方左翼社会思潮与马克思主义的时代化】

吴茜*，《理论探讨》2014 年第 4 期

文章分析了后现代马克思主义、女权主义、后殖民主义、生态社会主义理论以及激进政治经济学派与马克思主义之间的辩证关系，探索“话语权”“种族”“性别”“生态”和“金融全球化”等理论维度如何与马克思主义相结合的具体途径。其中，后马克思主义对马克思主义起了推进与解构的双重作用；女性主义拓展了马克思主义性别批判的维度；后殖民主义增添了马克思主义话语霸权批判视角；生态马克思主义对马克思异化理论进行新诠释；激进政治经济学派关于国家垄断资本主义“滞胀”根源和“金融垄断帝国主义”崛起的分析，推进了马克思主义政治经济学在当代的发展。因此，只有将马克思主义置于与当代西方左翼社会思潮的对话和辩论中，积极吸收、借鉴它们新的理论解释框架和多维的研究视角，才能增强马克思主义对当代资本主义病症的批判力度，保持马克思主义鲜活的生命力。

与此同时，我们应当看到，在后现代主义成为一种研究立场、文化氛围、一种学术时尚的当前西方理论界，各种西方左翼思潮、学派都注重把对资本主义社会的思想文化批判作为自己的理论定位和价值取向，提倡主观革命、差异政治和身份认同政治，在思想文化意识形态领域反对资

* 吴茜：厦门大学马克思主义学院副教授。

本主义制度，回避阶级政治，而不对西方主流意识形态做资本主义经济基础和社会结构的考察，并在很大程度上放弃了阶级斗争分析维度，从而也就失去了批判当代资本主义以及推动人类社会发展进步的能力。例如，后马克思主义对马克思主义的基本理论范畴、观点和方法进行解构，特别是否定了历史唯物主义、辩证唯物主义等马克思主义精髓，它实际上已经偏离了马克思主义的主旨。后现代女性主义在进一步解构性别本质论，不断深化和扩展差异性正义诉求、以身体政治代替身份认同政治的同时，却面临退守文化批判和话语政治，从而丧失其解放潜能的危险。后殖民理论家回避对资本主义政治经济制度的批判，没有认识到不彻底推翻和消灭资本主义经济基础，就无法消除帝国主义的经济霸权、军事霸权和文化霸权统治。而生态社会主义理论试图通过控制现代科学技术、限制人类生产力的发展来解决生态问题，违背生产力向上发展的历史规律，沾染了乌托邦幻觉的色彩，等等。因此，我们在与当代西方左翼社会思潮的对话和交流中发展马克思主义时，既要吸收西方左翼思潮批判当代金融垄断资本主义的激进政治潜能，又要正确地剖析这些社会思潮存在的理论偏颇和不足。

（供稿：沈阳）

【塞耶斯的公正思想及其启示】

冯颜利*，《社会科学家》2014 年第 5 期

国外马克思主义学者在公正问题的研究上，有的认为马克思没有批判资本主义不公正，有的认为马克思从公正出发批判了资本主义不公正。英国肯特大学塞耶斯教授认为，马克思的确批判了资本主义不公正，但马克思不是从公正的绝对标准出发的，他是从实践出发的，并认为马克思的公正思想是历史的、现实的。塞耶斯认为，分析马克思主义强调哲学分析而拒斥辩证法的做法，使得马克思陷于自我冲突之中。尽管在马克思的文本中，马克思批判甚至拒斥道德或正义的论辩，但这并不意味着马克思认为道德或正义是过时的语言垃圾。马克思虽然没有集中论述公正问题的著作，但在对资本主义的批判和对共产主义的设想的基础上，形成了自己的公正思想。正如列宁所言："马克思恰恰是把他一生的很大一部分时间、很大一部分著作和很大一部分科学研究用来嘲笑自由、平等、多数人的意志，嘲笑把这一切说得天花乱坠的各种边沁分子，用来证明这些词句掩盖着被用来压迫劳动群众的商品所有者的自由、资本的自由。"这篇文章的意义在于，透过塞耶斯对马克思关于公正的研究，将塞耶斯的公正思想与以柯亨、伍德、格拉斯等为代表的分析马克思主义者的主张相区别，有助于把握马克思公正思想的实质并厘清学界的一些误解，对发展中国特色社会主义有重要意义。

（供稿：陈慧平）

【从赤裸生命到荣耀政治——浅论阿甘本 homo sacer 思想的发展谱系】

蓝江**，《黑龙江社会科学》2014 年第 4 期

近年来，国内学者对阿甘本的研究不断深入，并挖掘出一些深刻内涵，如蓝江的《从赤裸生命到荣耀政治——浅论阿甘本 homo sacer 思想的发展谱系》。文章指出，阿甘本的立场并不是在福柯意义上来

* 冯颜利：中国社会科学院马克思主义研究院研究员。

** 蓝江：南京大学哲学系教授。

说的，阿甘本并没有像福柯一样强调理性与非理性，文明与疯癫的对抗，以及前者对后者的禁闭和隔绝。实际上，阿甘本是从完全不同的角度提出了这个问题，即homo sacer，一种以赤裸生命生存的个体，实际上并非是疯癫和非理性的，他们的生命成为人法和神法的双重例外，不在于他的疯癫，而在于他的例外（exceptio）。准确地说，阿甘本的结论比福柯更为恐怖，福柯假定了只有那些不符合标准的非理性的不正常的人才会被隔绝，成为监禁的对象。阿甘本实际上在说，我们每一个人，只要条件符合，都有可能成为社会中的homo sacer，其条件并不取决于我们正常与否。那么，福柯的框架在刹那间，被阿甘本的模式所消化。也就是说，理性与非理性，文明与疯癫，正常与病态之间的区分，正是隔绝和摒弃homo sacer的一种现代方式，而这种隔绝与摒弃homo sacer的方式自远古时代就存在着，而且一直会在未来一段时间里存在。这样，随着条件的变化，我们实际上无法把握我们是否会变成下一个homo sacer。因为，人法和神法的光芒并不是一开始，或者永远照射在我们身上，我们才有具体的权利的保障。而一旦在某种情况下，我们对于生命的法律与宗教来说，变成了一种例外的存在，我们立即变成了只剩下赤裸生命的homo sacer。它是一种与动物生命难分彼此的生命状态，在阿甘本看来，这种赤裸生命状态，比起那种天赋人权的状态，更为自然。

（供稿：陈慧平）

【罗莎·卢森堡的危机理论——重读《资本积累论》】

何萍[*]，《北京大学学报》（哲学社会科学版）2014年第2期

2013年是罗莎·卢森堡的《资本积累论》发表100周年。在这100年间，《资本积累论》经历了一个从被否定到被肯定的过程。1913年是这部著作的出版年。就在这一年，德国社会民主党的中央日报——《前进报》发表了十分严厉的批评文章，并对那些持肯定态度的观点进行了打压。这是罗莎·卢森堡始料不及的。对此，她非常沮丧，不得不感叹这部著作是“小书命薄”。为了回击这些批评，也是为了让人们更清楚地了解《资本积累论》的思想，罗莎·卢森堡于1915年写了《资本积累——一个反批判》，以更加简洁、清晰的笔调阐发了她的资本积累理论，但这一努力并没能挽回《资本积累论》的厄运，反而招致了更多、更严厉的批评，甚至连这部著作的研究者都要受到种种攻击和人身迫害。直到20世纪90年代，人们才在新一轮的全球化运动中领悟到了这部著作的价值，开始从肯定的角度发掘这部著作的思想内容，评价这部著作的当代意义。何萍在这篇文章中提出，我们在思考金融危机的世界格局时，不能再用“资本主义与非资本主义”这样的用语了，因为经过一个世纪的资本化过程，罗莎·卢森堡曾经考察过的前资本主义社会的原始自然经济已经不再存在了，罗莎·卢森堡看到的“资本主义与非资本主义”的对立也已经转化为“发达资本主义国家与欠发达国家”的对立。但是，罗莎·卢森堡提出的“资本主义与非资本主义”二元对立的基本构架，强调资本主义国家在资本积累中的主导地位的观点，坚持从资本积累的历史环境和资本积累的极限来考察资本积累运动的基本思路，揭示资本积累与危机的辩证法，对于我们认识正在发

[*] 何萍：武汉大学哲学学院教授，武汉大学西方马克思主义哲学研究所所长。

生的世界金融危机的实质，寻找欠发达国家摆脱危机的道路是极其有益的。在这个意义上，可以说，《资本积累论》是罗莎·卢森堡留给我们的一份珍贵的思想遗产。

（供稿：陈慧平）

【施特劳斯·罗尔斯·马克思：政治哲学的谱系及其内在关系】

李佃来*，《中国人民大学学报》2014 年第 4 期

翻检中西思想史可知，政治哲学几乎是人类自开始智识活动以来形成的最具有影响力和最为悠久的学术支脉之一，我们只要一提到那些彪炳千古的哲学大家，如柏拉图、亚里士多德、西塞罗、洛克及黑格尔等，往往首先想到他们在政治哲学上的贡献以及各极其致的政治哲学观点。就此而言，我们在今天似乎已完全没有必要提出并讨论“何为政治哲学”这样的初始性学术问题，因为直觉大致告诉我们，几千年的政治哲学历史早已给出了这一问题的明确答案，而若要在这一问题上继续纠缠下去，就有些倒行逆施甚至是离经叛道的意味了。但真实的情形显然远非如此：政治哲学在今天中国学术界不断走向复兴，并逐渐成为当仁不让的显学，并不是几千年的政治哲学脉络延伸至今的结果，而是当下中国市场化改革的历史进程在理论上激起的回响。故此，政治哲学之于中国学术界，基本上还是一个有待澄明的全新学术领域，而“何为政治哲学”也仍是一个需要深入检思的全新学术话题。进而论之，在当下实践语境中凸显出来的这样一个全新学术话题，从学术史与现实诉求的双重维度来看，则应当转换为描述意义上“我们现在面对哪些政治哲学传统”和规范意义上“我们需要何种政治哲学资源”的问题。而要检思这两个既相互粘连又彼此分殊的问题，有必要将其植入施特劳斯、罗尔斯及马克思所代表的政治哲学谱系中，通过盘点他们的政治哲学话语来进行，这倒不是因为他们在政治哲学史上代表了三个最伟大的理论轴心，而是因为他们所确立起来的政治哲学“总问题”，成为目前许多政治哲学研究者或显在或隐在的立论前提，研究者们即便探讨其他政治哲学家的思想，往往也会自觉不自觉地参照这三位政治哲学家所建构的理论坐标。据此而论，对施特劳斯、罗尔斯、马克思所代表的政治哲学谱系及其内在关系予以梳理与考辨，会比较真实地将“何为政治哲学”的质询推向实质性的理论层面，也有助于我们开辟政治哲学研究的可能性路径，而这也正是这篇文章的意义之所在。

（供稿：陈慧平）

* 李佃来：武汉大学哲学学院教授。

国际共产主义运动

【马克思恩格斯对国际工人运动的整体指导——从三部党纲的制定和两部党纲的批判说起】

房广顺*，《马克思主义研究》2014年第7期

党纲是工人阶级政党成长成熟的标志，也是国际工人运动的理论基础和行动指南。马克思恩格斯通过撰写和批判党纲，不仅全面完整地阐述了马克思主义基本原理和国际工人运动的策略原则，而且树立了以科学社会主义为核心并反映工人阶级政党性质与特征的党纲规范。

纲领是党公开树立起来并接受评判的一面旗帜。第一，以科学理论为基础整体指导国际工人运动的党纲是使工人阶级成为阶级力量的重要标志。第二，工人阶级政党的纲领只有详细和完备地阐述党的理论和策略原则，才能使之成为理论和实践相统一的党纲，才能担负起整体指导国际工人运动的使命。第三，党纲是党的理论和路线的原则表达，党纲基本原则的坚定性是坚持党的性质、维护党的纯洁的根本前提，在原则问题上必须保持高度清醒。第四，工人阶级政党的纲领要坚持党的最高纲领和最低纲领的统一，工人阶级为现阶段的目的和利益而斗争，同时“在无产阶级和资产阶级的斗争所经历的各个发展阶段上”，“始终代表整个运动的利益”。

消灭私有制是共产党的最高纲领和最终目标。马克思恩格斯在制定工人阶级政党纲领时始终把最高纲领放到最重要、最突出之处，并把最高纲领作为党纲的最高原则加以坚持，这是决定党的性质、宗旨和最终目的的根本问题。第一，深入剖析资本主义发展规律和资本主义制度本质，是认清和坚持消灭私有制这一根本原则的重要前提；第二，消灭私有制是工人阶级历史使命的最高概括，国际工人运动在自身发展中、在反对资产阶级统治的一切运动中，“都强调所有制问题是运动的基本问题，不管这个问题的发展程度怎样”；第三，消灭私有制归根到底是一个实践问题，党纲在理论和实践上的价值及其所具有的生命力，就在于指导工人阶级为消灭资本主义私有制而斗争；第四，消灭私有制和规划新的所有制形式，是国际工人运动一项任务的两个方面，对未来社会主义和共产主义社会所有制关系的论述，是马克思恩格斯通过党纲指导工人运动的重要组成部分。

工人阶级掌握政权是实现党的最高纲领的根本途径。围绕这一根本问题，马克思恩格斯在党的不同时期的纲领中，根据当时的具体情况全面深刻地论述了工人阶级夺取政权的理论原则和策略主张。第一，工人阶级的政治解放是经济解放的前提条件，工人阶级的政治斗争是经济斗争的最高形式，工人阶级政党必须始终把政

* 房广顺：辽宁大学马克思主义学院院长，教授、博士生导师。

权问题放到首要地位；第二，工人阶级的政治解放是阶级斗争的必然产物，是符合社会历史发展趋势的规律性现象；第三，党纲清晰阐明无产阶级政权的性质和职能，教育工人阶级在复杂阶级斗争中保持清醒头脑，在激烈斗争中坚持正确发展方向；第四，夺取政权的方法是两种方法、两种策略，既要坚持暴力革命的原则，又要重视“和平长入”社会主义的可能，实行什么样的方法和策略要由革命所处的历史条件来决定。

把工人阶级从空想社会主义和形形色色机会主义的影响下争取过来，把工人阶级的斗争引导到正确的轨道，是马克思恩格斯撰写并评析党纲的主要任务。马克思恩格斯用科学社会主义指导国际工人运动，揭露和剖析空想社会主义和各种机会主义的本质和危害，划清科学社会主义与空想社会主义的界限，阐明了工人阶级政党正确处理同非马克思主义之间的关系的原则，为工人阶级政党的党纲树立了光辉的典范。

马克思恩格斯通过党纲对国际工人运动进行整体指导的实践表明，工人阶级政党党纲必须按照马克思主义政党的原则要求约束党的各级组织和全体党员。同时，党章要按照与时俱进的精神反映和体现马克思主义理论发展的最新成果，反映和体现革命、建设、改革所处历史阶段的具体情况和具体要求，体现马克思主义与本国实际和时代特征相结合的根本原则。

（供稿：遇荟）

【“晚年恩格斯放弃共产主义”？——“马恩晚年转变”辨正之三】

张光明[*]，《当代世界社会主义问题》2014 年第 2 期

该文是与“民主社会主义救国论”商榷的系列文章的第四篇。要考察的是“马恩晚年转变”说的第三个“论据”——“恩格斯晚年放弃共产主义”说。它源于对恩格斯一段论述的曲解，只需具有一般的阅读能力，把原话拿来稍一对照，真伪立现。

事情起于“转变论”的一位主要倡导者辛子陵先生的如下看法：“从《共产党宣言》起到《哥达纲领批判》，马克思恩格斯是宣传共产主义的。马克思于 1883 年去世。到了 1886 年，恩格斯宣布放弃共产主义理论。……把关于无产阶级革命和无产阶级专政的理论否定了，把整个共产主义理论体系否定了。”

辛先生引用的该论述分别见于恩格斯 1886 年为他的《英国工人阶级状况》一书美国版所写的附录、1892 年为英国版所写的导言以及德文第二版序言等处。恩格斯写《英国工人阶级状况》一书时不过 24 岁，正处在向共产主义学说转变的未成熟时期，在往后的年代里，他在思想上发生了重大变化。当他已届晚年时，他便借《英国工人阶级状况》重版之际，对自己青年时代的若干观点进行了检讨。

很遗憾，我们的“转变论”者无暇深察，为自己的需要而寻章摘句，让一段话变成孤零零的“93 个字”，从而作出恩格斯放弃了“共产主义理念”的解释，然后就把这个与恩格斯原意截然相反的“恩格斯晚年思想”糊里糊涂地推荐给读者了。晚年恩格斯放弃的明明是自己年轻时未加区分地向一切阶级呼吁共同解放的“抽象共产主义”，转而主张的是“转变论”者们最不喜欢的工人阶级革命，换句话说，是更加激烈的共产主义主张，“转变论”者们却把它解释成晚年恩格斯放弃了共产

---

* 张光明：山东大学社会主义研究所研究员，北京大学国际关系学院教授。

主义本身。

以认真的态度研究历史文献，从来应该有两件工作要做。一是解读文献，二是对其做出评价。进行前一项工作，必须严格地以文献本身所表述的意思为依据，原原本本地揭示出文献本来要传达给人们的思想。而后一项工作只能以文献之外的“现实生活过程”以及在此基础上不断丰富着的精神成果为参照，本着尽可能客观、历史的态度去评价文献。前一项工作是“走进去”，后一项工作是“走出来”。“马恩晚年思想转变论”的倡导者们的根本缺陷，正在于既没有“走进去”，也不能“走出来”。他们主观上想为改革寻找理论依据，但手段却是完全不可取的。他们既没有耐心稍稍认真地读一读马克思恩格斯的文字，也没有兴趣去了解马克思恩格斯学说的真实逻辑，而只是一厢情愿地先行设定马克思恩格斯晚年应该有一个大“转变”，然后信手抓起几本文献急匆匆地浏览一过，穿凿附会，断章取义，迅速抽出若干自认为有用的话，就立即大声宣布自己的惊人理论发现。此谓之没有“走进去”。至于说他们不能“走出来”，则是因为他们不是把现实历史的运动理解为历史本身的现实运动，而是把这一运动理解为遵循还是违背某些“语录”的结果，于是他们用曲解文本的儿戏般的小打小闹来替换对复杂深刻的实际矛盾的独立探究。在这两种情况下，“转变论”对于真正的思想探求都是无益的。

想把问题搞清楚，只有另寻出路。以马克思的唯物史观方法去解决马克思主义自身历史以及我们现实中的矛盾。

（供稿：遇荟）

【19世纪中后期西欧民族国家的建构与第二国际的变迁】

石峰可[*]，《社会主义研究》2014年第2期

在第二国际之前的理论研究中，马克思和恩格斯从分析资本主义的基本矛盾出发，阐明了无产阶级和资产阶级超越民族国家的阶级性特征，并预言随着阶级剥削与压迫的加重和无产阶级革命意识的增强，两大对立阶级之间必然会有一场历史性的“阶级大决战”。第二国际之前的历史发展在很大程度上证实了马克思和恩格斯的分析和预测。一方面，无产阶级的革命意识大大提高。另一方面，无产阶级的革命运动趋于高涨。正是在这样的时代背景和阶级条件下，无产阶级的阶级话语在很大程度上消解了其民族话语，最终的“阶级大决战”似乎也指日可待了。然而，这种情况到了19世纪中后期却发生了重大的变化，历史的发展在很大程度上由于西欧民族国家的建构而偏离了马克思和恩格斯的理论预设，进而对第二国际时期的无产阶级革命运动产生了重要影响。

该文所谓的民族国家的建构是指，19世纪中后期，为了扫清资本主义发展的障碍，缓和尖锐的阶级矛盾，维护资产阶级的统治，西欧主要的民族和国家所采取的一系列在客观上促进人民对民族国家认同感的政策和措施，主要包括民族国家的统一、民主政治的发展和国家职能的扩展这三个方面。

19世纪中后期西欧民族国家的建构对第二国际时期的无产阶级革命运动产生了三个方面的重要影响：（一）西欧民族

---

* 石峰可：河南大学马克思主义学院讲师，华中师范大学历史文化学院博士研究生。

国家的建构对阶级关系的影响表现为：其一，缓和了无产阶级同资产阶级之间尖锐的阶级矛盾；其二，降低了无产阶级的革命性。（二）西欧民族国家的建构对无产阶级斗争方式的影响表现为：其一，令许多原来的无产阶级革命者产生了主张和平过渡、反对暴力革命的思想；其二，使各国社会主义政党中的部分成员幻想通过逐步的改良从资本主义中自然生长社会主义。（三）西欧民族国家的建构对国际关系的影响表现为：其一，增强了西欧各国人民对民族国家的认同；其二，对无产阶级的国际团结思想产生了冲击。

在第二国际之前，由于阶级矛盾的激化和马克思主义的传播，各国无产阶级的阶级认同明显增强，而民族认同则大打折扣，无产阶级加强国际团结以反对资产阶级的跨国联合的世界革命运动也随之风生水起，这正是第二国际成立的一个重要的历史背景。到了19世纪中后期，由于西欧民族国家的建构，各国无产阶级的民族认同大大增强，而阶级认同则受到冲击，这就为第二国际的最终破产埋下了伏笔。可以说，19世纪中后期西欧民族国家的建构，在很大程度上改变了无产阶级对于民族和阶级之间的关系的认识，进而对第二国际的变迁产生了重要的影响。

（供稿：遇荟）

【2013年度世界社会主义研究报告】

徐觉哉*，《毛泽东邓小平理论研究》2014年第2、3期

社会主义在西方主导的世界经济体系中进行的科技创新、体制改革、社会建设、精神文化发展与价值观探索，是同资本主义开展的历史性博弈。而世界多极化、经济全球化、文化多样化、社会信息化又将使这种博弈更加广阔、更加深刻、更加激烈。从总体上看，世界社会主义包括实行社会主义制度的国家、争取社会主义的运动，以及社会主义意识形态和价值观念等，正朝着积极的、前进的方向变化。它正在社会主义和共产主义政党、独立的社会主义学者对于理论和实践的积极探索中，在社会主义国家的改革创新中再次显现出活力。但也应该看到，在西方资本，特别是那些跨国大鳄主导的世界经济体系中，社会主义如何同跨国资本开展复杂竞争，维护自身权益，增强实力；如何抵御思想文化帝国主义的渗透与扩张，建设精神文化家园，锻造软实力；如何同霸权主义、新干涉主义进行有力斗争，维护和创造有利于保障国家安全和发展的国际环境等，都面临着巨大挑战和严峻考验。该文将在科学社会主义经典文献的深度解读、资本主义或成明日黄花、世界左翼运动发展态势和斗争方式探索、深化对社会主义前沿问题的研究、各国政党的变革与创新、社会主义思想史新探、社会主义在中国早期传播资料的新发现、寻求解读中国道路的理论框架、解密的文献档案披露历史真实内幕等9个方面，综合各国学者的研究成果，形成2013年度世界社会主义研究报告。

在对社会形态演进规律的研究中，学界关注的重点是马克思晚年对东方社会发展道路的探索。如何厘清共产主义（社会主义）与人本主义（人道主义）的关系，这是理解经典马克思主义复杂内涵及其思想演变的重要维度。国家学说是科学社会主义的重要组成部分，但在社会主义不同发展阶段国家性质的理解上，学界一度意见纷呈。建立新的共产国际已逐渐成为党际讨论的焦点。如何看待当今的世界社会

* 徐觉哉：上海社会科学院国外社会主义研究中心研究员、博士生导师。

主义运动关系到中国的战略策略和前途命运。2011—2012年，反抗资本主义的社会运动在很多国家和地区此起彼伏，而左翼的革命力量却遭受了空前的边缘化。在对科学社会主义前沿问题的研究中，研究当代世界社会主义的发展趋势成了学界重要的关注点。随着新兴中产阶级的兴起，对21世纪全球阶级发展前景的评估和展望成了国内外学界的热门话题。对修正主义的评价始终是马克思主义发展史和社会主义理论中难以回避的问题。随着社会主义国家新一轮改革实践的不断深化，什么是社会主义、如何建设社会主义的历史命题已成为社会主义国家亟待解答与创新的时代工程。近年来，社会主义在中国早期传播史的研究已经取得了很大的成绩，2013年又有新的发现和突破，尤其是在科学社会主义方面。中国改革开放以来，西方学界对中国特色社会主义进行了较为深入的研究，形成了海外“中国社会主义研究”这一重要研究领域和学科。

（供稿：贺钦）

【从越共政治变革看改革的终极意义——中国共产党如何始终保持清醒与坚定】

潘金娥*，《学术前沿》2014年第1期

越南国家权力的代表是由党的总书记、国家主席、政府总理和国会主席组成的“四驾马车”，而越共中央政治局是越南政治的核心机构。中央政治局成员的构成，实际上就是越南最高权力结构的安排。越南宪法、越南共产党党章以及越共大会的政治报告实际上规定了越南政权机构的性质、构架和发展方向。而在实际运行中，越南的政治和权力结构具有一些明显的特点。权力构建：“民主”与“集中”的巧妙利用是越南共产党的制胜法宝。权力结构：从“相对集中”到相互制衡的“集体领导制”。权力分割：从“南北党”之分到利益集团的悄然助力。权力轮换：从集体磋商向民主公开、灵活机动过渡。

越南政治体制改革的目标是建立越南社会主义法权国家，这是越南共产党在“民主”与“集中”之间找到的一个新的契合点。建立越南社会主义法权国家的主要内容就是把越南共产党对国家和社会的领导权力用法律框架来加以约束，从而实现“法治”而非“人治”。为了实现社会主义法权国家的目标，越南进行了行政改革、国会的改革、司法改革和党的自我革新等几个方面的政治系统革新。除了以上四个方面之外，越南政治的民主化、透明化也是政治系统革新的一项重要内容，而且越来越得到体现。越南政治变革的目标和红线：解决的是“如何坐江山”而非“谁来坐江山”的问题。越南政治革新的路径：越南共产党自上而下的自我变革。

越南政治的革新是越南共产党主动采取的自上而下的自我变革。这种自我变革的特点是有预设方案，即做好顶层设计，设定好变革的目标，并在维持基本的政治制度和权力结构不变的条件下，在可控范围内做一些边际调整。

越南共产党的自我革新，得到了越南民众和国际社会的广泛认同，我国媒体也称其为“可控的民主”和“大胆的社会主义”。然而，这种变革最终是否能够维持在“可控的范围”内，继续保持越南共产党执政地位和政权的稳定，还有待时间来检验。当前面临的各种困难和挑战不可小觑。

越南的政治发展道路与中国既有相同点也有不同点。越南共产党与中国共产党

---

* 潘金娥：中国社会科学院马克思主义研究院研究员。

都是本国唯一的执政党，在不存在反对党的条件下执政，需要保持清醒的头脑，必须走群众路线，接受群众监督，听取群众意见并坚持自我整顿、自我批评、自我教育和自我提高，强调居安思危，才能够保持革命的动力和政权的稳定，巩固社会主义制度。

（供稿：贺钦）

【21 世纪世界社会主义将走向何处】

赵曜*，《党建》2014 年第 1 期

社会主义理念是人们对社会主义的理性认识和规律把握。通过对 20 世纪社会主义胜利和挫折历史经验的总结，21 世纪社会主义新理念将更加客观和实际。

社会主义新理念主要表现在五个方面：探索性和开拓性、长期性和曲折性、世界性和民族性、一元性和多元性、规定性和开放性。当前，探索的最大课题有两个：一是在西方发达资本主义国家无产阶级和劳动者怎样夺取政权这个世纪性的重大课题；二是经济文化落后国家走上社会主义道路以后怎样更好地建设、巩固和发展社会主义的一系列问题。对多元的社会主义流派，我们一方面要旗帜鲜明地与其划清界限，以保持思想理论的纯洁性；另一方面又不能唯我独社，要在求同存异和党际关系四项原则的基础上建立和发展同这些左翼社会主义政党的关系。社会主义和资本主义既相互矛盾和对立，又相互联系和借鉴。两种文明制度都在借鉴和吸收对方的文明成果和精华。

目前，全世界共有 130 多个共产党，总人数大约一亿，其中的社会主义国家，中国 8500 万，朝鲜 400 万，越南 300 万，古巴 100 万，老挝 10 多万，总计约 9300 万；资本主义国家有 120 多个共产党，总人数约 800 万。被称为“一大四小”的社会主义国家中，“四小”的越南、老挝、朝鲜、古巴都站稳了阵脚，通过改革和革新，巩固和发展了社会主义。“一大”的中国在近 20 年中发展最快，已成为世界第二大经济体。中国站在历史的新起点上，既有机遇又有挑战。总起来说，机遇大于挑战。社会主义中国在 21 世纪和平崛起是任何力量也阻挡不住的，中华民族必将实现伟大复兴，中国梦必将成真。

继社会主义国家之后，21 世纪社会主义最有希望的地区：印度、拉美、南非和俄罗斯。“三南”是南亚的印度、拉美和南非。“一北”就是俄罗斯。“三南一北”中的印度、俄罗斯如今都是“金砖国家”，它们在世界社会主义运动中将发挥重要的作用。

这次金融危机，对欧美发达资本主义国家的打击最大。在危机期间出现两个引人注目的现象：一个是沉寂已久的群众运动再次在欧美各国兴起；另一个是“马克思热”。从这次金融和经济危机看，发达国家的资本主义基本矛盾已经激化，但是，那里仍然没有出现革命形势和社会变革的危机。发达国家的社会主义要取得重大突破，需要出现杰出的社会主义理论家和实践家。

21 世纪世界社会主义的走向是：从回升到复兴。依次是：社会主义国家、发展中国家、发达资本主义国家。但全球社会主义代替资本主义是一整个历史时代的问题，需要许多代人前赴后继、共同努力才能完成。

（供稿：贺钦）

---

* 赵曜：中央党校科社教研部教授、博士生导师。

【资本主义国家共产党关于社会主义实现形式的论争】

吕薇洲*，《马克思主义研究》2014年第11期

社会主义的实现形式是各国共产党人及左翼力量探索的现实课题，也是马克思主义者同各种机会主义者、共产党同其他政治派别、各国共产党之间以及一国共产党内部争论的焦点问题。

金融危机爆发以来，围绕社会主义的实现形式，在资本主义各国共产党之间发生过多次论争，其中比较重大的论争有两次。一次是2011年2月发生在美国共产党与希腊共产党高层领导之间的论争。美共主席强调议会民主斗争既是手段，也是目标，是迈向未来激进变革的铺路石。希共坚持认为共产党人不应该把重点放在资本主义制度框架内的修修补补。另一次发生在2013年11月召开的共产党工人党第十五次国际代表大会上，论争的双方分别是希腊共产党和以葡萄牙为主的其他国家共产党。希共以欧洲共产主义为例，论证了共产党通过议会民主改革资本主义的局限性。葡共等则着力于论证当前群众运动的不足，反对随意改变和轻易放弃议会民主的道路。

围绕社会主义实现形式的论争不仅发生在资本主义各国共产党之间，而且还广泛存在于资本主义国家一些共产党内部。

近年来资本主义国家共产党围绕社会主义实现形式之所以频繁发生论争，一是因为一些通过议会民主方式获得执政或参政地位的共产党相继遭遇挫折甚至挫败，使议会道路的局限性凸显出来；二是由于资本主义国家频繁爆发的工人罢工和民众抗议运动，使群众斗争和暴力革命重新受到一些共产党的青睐。

这些争论的发生，不仅阻碍了资本主义各国共产党之间的团结与合作，而且削弱了一些国家共产党的力量，并导致了其在谋求执政过程中的挫败。

资本主义国家共产党围绕社会主义实现形式的论争，归结为一点，是究竟选择暴力革命还是和平过渡方式更为恰当？依据马克思恩格斯的思想，资本主义各国共产党应从共产党人的首要任务和最终目标两个层面来思考当下实现社会主义的方式。1. 共产党人的首要任务是夺取政权，实现由资本主义向社会主义的过渡，不管运用何种方式，能够夺取政权就是好方式。2. 共产党人的最终目标是消灭阶级剥削和阶级压迫，最终实现共产主义，夺权后的共产党一定要致力于巩固统治。

在当前形势下，资本主义国家共产党在确定本国社会主义实现形式时应考虑以下三点：1. 尽快停止只会导致内耗的各层级之间的无谓论争，包容差异，尊重各国共产党自己的选择，这是正确选择社会主义实现形式的重要前提。2. 积极加强马克思主义和社会主义的宣传教育，提高工人阶级和广大民众的阶级意识与阶级觉悟，这是正确选择社会主义实现形式的根本保证。3. 努力探讨如何在资本主义制度下，更好地把议会民主同群众斗争有机地结合起来，这是顺利完成社会主义替代资本主义历史使命的有效途径。

（供稿：刘海霞）

【国际金融经济危机与资本主义的走向：阶级分析的视角】

朱安东、蔡万焕**，《当代世界与社

---

* 吕薇洲：中国社会科学院马克思主义研究院国际共运部主任，研究员、博士生导师。

** 朱安东：清华大学马克思主义学院党委副书记，副教授；蔡万焕：清华大学马克思主义学院助理研究员。

会主义》2014 年第 1 期

阶级分析是正确认识资本主义社会问题的重要视角。西方发达资本主义国家危机前的阶级结构是：以金融资本家为代表的资本家阶级力量膨胀，劳工力量被削弱，中产阶级被挤压；危机后的阶级结构是：金融资本家未受实质性打击，力量继续膨胀，中产阶级继续萎缩，民众在觉醒，劳工力量在壮大，但是没有形成实质性的挑战资本的力量。

危机后的西方国家阶级结构的新变化使得资本主义的发展趋势呈现出三个特点：

一是短期内不会走二战后的社会民主主义之路。在应对这次国际金融经济危机中，美国除了实行很有限的带有社会民主主义措施的政策外，还实行了很多有利于大资本的政策，但是结果很不如人意。欧洲的右翼将矛头指向欧洲的福利国家制度，认为过高的福利水平导致经济发展缺乏动力并使政府背上沉重的债务负担，因此削减福利开支的呼声不断响起。面对右翼的进攻，在欧美当前资强劳弱的大背景下，发达资本主义国家可能在危机后又一次走上“劫贫济富”的道路，从而为以后资本主义基本矛盾又一次更大规模地爆发埋下伏笔。

二是大资本正进一步右转。当前，资本主义国家政府出现了这样的趋势：在国内事务上，右翼分子不仅要求缩减政府规模，还要求去监管化、削减社会公共支出、减税；对外，右翼分子则推行单边主义，渲染他国威胁论和恐怖主义威胁，借此推销战争，以战争带动国内军火工业并转移国内矛盾的焦点。这两条政策都是大资本主导的，代表了大资本的利益。

三是“橄榄”型社会向“沙漏”型社会的转变。从危机前后工人阶级的力量变化来看，信息技术革命极大地提高了生产力，但也导致工人“去技能化”。劳动对资本的隶属程度进一步加深，劳动力受剥削程度也进一步加深，相对贫困化趋势更加明显。危机后中产阶级被挤压滑落为工人阶级，意味着阶级结构的两极都在不断壮大和阶级矛盾的不断尖锐化，只要工人阶级意识觉醒，由自在阶级成长为自为阶级，资本主义向社会主义的转变就会成为现实，超越资本主义就成为历史的大趋势。

（供稿：刘向阳）

【当代资本主义政治危机与社会主义民主政治的发展】

张金霞*，《广西社会科学》2014 年第 9 期

由于金融危机不断爆发和加深，当代资本主义民主政治面临合理性与合法性危机。

经济危机一再发生引发当代资本主义合理性和合法性危机问题。哈贝马斯认为晚期资本主义已陷入全面危机之中，经济危机是次要和可控的危机，资本主义政治和文化危机才是最主要的。晚期资本主义国家尤其行政机关由于其结构障碍而无法作出合理的决策，总是陷入诸如“提高税率还是减少福利”“社会福利国家与大众民主”之类的困境中。“公民私己主义”文化与国家干预的困境，都使当代资本主义合理性与合法化危机成为不可避免。

当代资本主义民主政治不能解决全球两极分化和不公正现象。新自由主义力量背后是国家政权、垄断资本和跨国公司，以带给全球民主、自由、和平、富裕的谎言，极力反对社会主义、贸易保护主义、

* 张金霞：中国计量学院马克思主义学院副教授。

环境保护主义，实则为垄断资本搜刮外国财富开道，这些都是民主的障碍。西方民主不是在纠正市场失灵，而是演变成垄断资本家、金融资本家、军火商操控的发财工具。为少数大资本家、金融寡头、军火商服务的资本主义政治经济体制，除带给全球灾难性的危机外，自身也面临着被解构、被颠覆的危险。

资本主义民主对新自由主义引发的全球金融危机至今无应对良方。经济全球化和信息化以来，自由经济超越民族国家政治和法律限制，民主沦为资本主义经济全球化的附庸。为了短暂利益，垄断资本和民主共同搜刮人民，造成全球政治乱象、局部战争不断、全球性金融灾难不断，国家自我调节能力不断下降。民主在全球治理中的无力和失灵日益明显，至今在全球金融治理上都无有效措施。

自由市场与民主日益相背离，民主与资本主义渐行渐远。由于资本主义存在少数人主宰的多头政治和垄断集团特权化，民主最终沦为钱权的婢女。爱德华·路特瓦克把经济自由主义视为一部公众利益和民主的绞肉机，在经济全球化的力量下出现一种“涡轮资本主义”，并且正在征服全球。资本淹没民主的资本主义变为损害人民利益、视金钱为宗教的失控的资本主义社会。

还原西方民主政治尤其是美国民主的本来面目，坚持世界多元化的政治模式。民主是历史的产物，在实践中没有统一模式，要在实践中发展和进步。西方民主长期以来的僵化正变为破坏经济繁荣、阻碍社会进步、奴役弱势民众和国家的樊篱。经济全球化时代，资本主义民主没有跟上时代潮流。

（供稿：刘向阳）

【当代资本主义批判——国外马克思主义的新思考】

汪行福*，《国外理论动态》2014 年第 1 期

金融化是由资本主义积累危机带来的，新自由主义体制解除了对金融资本、劳动市场、工资和物价的社会管理，形成了有利于金融资本主义的条件，阶级结构和力量的变化成为金融资本主义产生的根源。金融资本主义是灾难性的，它依赖于短期记忆以及不计后果的投机和消费，其影响有两个方面：一是社会不平等，二是出现了新的剥削形式。金融资本主义除剥削生产工人外也剥削消费者，使消费者成为金融机构债务的人质。

资本主义的发展始终有赖于灾难作为其积累条件，制造灾难和利用灾难是资本主义自身再生产过程的一部分。“灾难资本主义”在现实生活中的表现是多样的。当今资本主义是一个内在对抗的社会，其中的生态灾难、知识财富的私有化、私人资本对新技术特别是生物技术的操纵以及被包容者与被排斥者的隔离是四种主要的对抗形式。

债务经济使资本以更险恶和更广泛的形式介入到人们的生活之中，因而构成了资本主义批判的新对象。“租金资本主义”表明，剥削的主要方式已从对劳动时间的剩余价值榨取转换为对知识产权的私有化或对其他资源的垄断带来的对租金的占有，因而当代资本主义比以往的资本主义具有更大的寄生性。

技术资本主义不同于工业资本主义，它主要不是依赖对原材料和生产工具的占有，而是依赖科技创新和无形资产。技术资本主义不仅意味着资本主义生产的技术

* 汪行福：复旦大学哲学院教授。

条件的变化，而且意味着新的社会不平等和全球统治形式。

新资本主义精神的特征是：以适合网络时代资本积累的方式将反资本主义的批判能量结合到自身的体制之中，从而既为新资本主义体制提供了合法性辩护，也消除了其潜在的颠覆性能量。马克斯·哈文明确把金融资本主义理解为一种特殊的文化和想象体制。他认为，金融资本不仅是一种经济形式，而且是一种社会的想象形式，对资本主义不仅需要政治经济学的批判，而且需要想象政治学的批判。

金融资本主义和债务资本主义批判揭示了资本主义矛盾的当代表现形式，表明社会依赖关系进一步发展为日益抽象化和符号化的金融媒介和债务关系，为未来丰富的、全面的和新的社会依赖关系创造了条件。灾难资本主义和文化资本主义的批判则指向了另一个方向。这些理论比传统的政治经济学批判更为深刻地揭露了资本主义的破坏性及其给人类造成的灾难性后果。灾难资本主义概念表明，资本主义不仅破坏了人类合理生活所需要的合作和团结的条件，而且正在摧毁着人类个体和整体的生存前提和基础，因而，资本主义不仅是反文明的，而且是反自然的。文化资本主义批判并揭示了资本主义不仅是对工人创造的剩余价值的剥削，而且是对人的欲望和想象力的剥削，因而，人类的解放不仅是政治和经济体制的解放，而且是创造性、想象力、艺术和文化的解放。

（供稿：刘向阳）

中国近现代史基本问题

【坚持全面正确的历史观　科学评价毛泽东和党的历史】

冷溶*，《人民日报》2014 年 1 月 7 日

习近平同志在纪念毛泽东同志诞辰 120 周年座谈会上的重要讲话，对毛泽东同志和毛泽东思想作了高度评价，强调我们将永远高举毛泽东思想的旗帜前进。这是新一届中央领导集体作出的明确宣示，再次表明中国共产党坚定的政治立场和鲜明的政治态度。

对于毛泽东同志的历史功过，我们党在 1981 年作《历史决议》的时候作出过明确的结论。但是，由于种种原因，这个问题今天仍然很受关注，还有一些噪音杂音；又由于这个问题事关政治大局，所以，迫切需要进一步从理论上进行说明，讲清道理，以统一全党思想。

习近平同志直面问题，提出了正确评价历史人物的基本原则和科学态度。有这样几个重要思想观点。

一是，从历史发展的一般规律，从一切正义事业发展的历史逻辑的高度，说明人世间没有一帆风顺的事业，越是伟大的成功其过程越是充满艰辛。历史本来就是在曲折中发展的，失败为成功之母。“我们的事业之所以伟大，就在于经历世所罕见的艰难而不断取得成功。”这正是毛泽东同志所说的“人间正道是沧桑”。

二是，毛泽东同志晚年犯错误，有其主观因素和个人责任，也有复杂的国内国际的社会历史原因，应该全面、历史、辩证地看待和分析。“在中国这样的社会历史条件下建设社会主义，没有先例，犹如攀登一座人迹未至的高山，一切攀登者都要披荆斩棘、开通道路。”我们要注意从这个方面去认识和分析毛泽东同志犯错误的原因，客观公正地、全面正确地认识错误、吸取教训。

三是，评价历史人物应该放在其所处时代和社会的历史条件下去分析，做到“六个不能”，即：不能离开对历史条件、历史过程的全面认识和对历史规律的科学把握，不能忽略历史必然性和历史偶然性的关系；不能把历史顺境中的成功简单归功于个人，也不能把历史逆境中的挫折简单归咎于个人；不能用今天的时代条件、发展水平、认识水平去衡量和要求前人，不能苛求前人干出只有后人才能干出的业绩来。

四是，革命领袖是人不是神，他们的认识和行动也要受时代条件限制。因此，对待他们所犯的错误，要做到“两个不能”。一个是“不能因为他们伟大就把他们像神那样顶礼膜拜，不容许提出并纠正他们的失误和错误”；另一个是“也不能因为他们有失误和错误就全盘否定，抹杀他们的历史功绩，陷入虚无主义的泥潭”。

---

* 冷溶：中共中央文献研究室主任，中国社会科学院学部委员，教授、博士生导师。

五是，能否正确对待自己所犯的错误，是衡量一个马克思主义政党是否真正对人民负责任、是否郑重的一个最重要最可靠的尺度。提出对错误采取郑重态度的标准：“一是敢于承认，二是正确分析，三是坚决纠正，从而使失误和错误连同党的成功经验一起成为宝贵的历史教材。”这是对列宁在《共产主义运动中的“左派”幼稚病》中提出的重要理论观点的进一步阐发。我们党对自己包括领袖人物的失误和错误历来采取这样的郑重态度。毛泽东同志说，我们党的“主动权来自实事求是”。邓小平同志说，我们党所以是一个好的党，总是能从错误中走出来取得更大成功，一个重要原因就是一贯采取这样的态度。

六是，总结和吸取历史教训，目的是以史为鉴、更好前进。习近平同志的讲话指出：一个民族的历史是一个民族安身立命的基础。不论发生过什么波折和曲折，不论出现过什么苦难和困难，中华民族5000多年的文明史，中国人民近代以来170多年的斗争史，中国共产党90多年的奋斗史，中华人民共和国60多年的发展史，都是人民书写的历史。这就是说，我们要尊重自己的历史、珍惜自己的历史，着眼未来，把我们的全部历史作为向前发展的宝贵财富。

习近平同志的讲话提出的基本原则和科学态度，是对《历史决议》有关内容的丰富和发展，是在今天的认识基础上阐述中国共产党自己的历史观。

（供稿：龚云）

【中国共产党是全民族抗战的中流砥柱】

中共中央党史研究室，《人民日报》2014年9月3日

代表着中国人民根本利益的中国共产党，秉持民族大义，肩负历史重任，以自己的政治主张、钢铁意志和模范行动，一直战斗在抗日战争最前列，在全民族抗战中发挥了中流砥柱的作用。

第一，最早抗战：中国共产党最早高举全民族抗战旗帜，最早组织东北抗日游击战争，以局部抗战揭开世界反法西斯战争的序幕。中国共产党最早发起全民族抗战号召，最早组织开展抗日游击战争，最早参与全国其他抗日活动。中国共产党关于全民族团结抗战的宣言和抗日行动，唤醒了全国民众的爱国热情，激励更多中华儿女奋起抗战。

第二，组织抗战：中国共产党积极倡导、诚心维护抗日民族统一战线，凝聚了中华民族的抗日力量。中国共产党倡导建立最广泛的抗日民族统一战线，推动建立各种形式的抗日统一战线，主导建立以国共合作为基础的抗日民族统一战线，始终维护抗日民族统一战线。中国共产党提出的抗日民族统一战线策略和政策的贯彻执行，广泛地团结了中华民族一切可能团结的抗日力量，铸成了全民族抗战的坚固长城，使全国团结抗战的局面得以坚持和发展，直至取得全民族抗战胜利。

第三，领导抗战：中国共产党提出全面抗战路线、持久战战略总方针、游击战争的战略战术，为全民族抗战指引了胜利方向。中国共产党提出全面抗战路线，提出持久战战略总方针，提出基本的是游击战，但不放松有利条件下运动战的方针。中国共产党提出实施的全面抗战路线、持久战的战略总方针和独立自主游击战的战略战术，指明了争取抗战胜利的正确道路，从思想上武装了中国共产党领导下的广大抗日军民，进而坚定了全国军民争取抗战胜利的信心和决心，指引全民族抗战一步步走向胜利。

第四，艰苦抗战：中国共产党领导抗日军民在敌后战场与日本侵略者浴血奋战，为抗战胜利作出巨大贡献。中国共产党领导的抗日军民在战略防御阶段配合正

面战场开辟敌后战场，领导的敌后战场是相持阶段的主战场，领导的抗日军民是全民族抗战的中坚力量，领导的抗日军民承担着对日全面反攻的主要任务。

第五，胜利抗战：中国共产党领导抗日军民对抗日战争胜利发挥了决定性的作用，写下了壮丽的历史篇章。中国共产党领导的抗日军民取得辉煌战果，力量空前壮大，树立了英勇抗战的楷模，创造了伟大的抗战精神。历史雄辩地证明，中国共产党确确实实是全民族抗战的中流砥柱。

历史雄辩地证明，抗日战争的胜利，是人民战争的胜利，是中国人民的胜利。中国人民是抗战胜利的决定因素。中国共产党确确实实是全民族抗战的中流砥柱。中国共产党之所以成为全民族抗战的中流砥柱，主要因为中国共产党已经成长为先进成熟的马克思主义政党。

（供稿：龚云）

【邓小平改革思想及其现实意义】

曲青山*，《人民日报》2014 年 8 月 19 日

邓小平同志作为中国社会主义改革开放和现代化建设的总设计师，以巨大的政治勇气和理论勇气，对中国改革作出了一系列精辟论述，形成一个完整思想体系，成为邓小平理论的重要组成部分，为开创中国特色社会主义作出了重大贡献。

邓小平改革思想在历史反思、实践探索中萌发和产生。习近平同志在中央政治局第二次集体学习时回顾我国改革开放历程说，20 世纪 70 年代末，我们党和国家作出改革开放的历史性决策，有三个主要原因：一是对“文化大革命”的深刻反思；二是对中国发展落后的深刻反思；三是对国际形势的深刻反思。邓小平改革思想就是在这三个深刻反思中萌发、形成和发展起来的。邓小平改革思想就是在这样一个历史反思、实践探索中萌发和产生的，并随着我国改革开放实践的逐步深入而不断发展。回溯和探寻邓小平改革思想发展的脉络和轨迹，其思想的逻辑和历史的逻辑是一致的。

邓小平改革思想内涵丰富、博大精深。邓小平改革思想是由改革的目的、改革的性质、改革的内容和范围、改革的政治保障、改革的领导力量、改革的依靠力量、改革的方法和步骤、改革的得失成败评价标准、改革与开放的关系等构成的完整思想体系，是全面系统的改革观，最终回答了“什么是我国的社会主义改革、怎样进行我国的社会主义改革”等重大理论和实践问题。

邓小平改革思想成功指导了我国改革开放的伟大实践。邓小平改革思想指导着我国改革开放和社会主义现代化建设事业，并且在实践中取得了巨大成功。改革开放是我们党在新的历史条件下的伟大实践和探索，具有鲜明的中国特色。可以说，如果没有邓小平改革思想，中国人民就不可能有今天的新生活，中国就不可能有今天改革开放的新局面和社会主义现代化的光明前景。

邓小平改革思想对全面深化改革的现实意义。今天，我国全面深化改革所面临的形势和任务，与 20 世纪七八十年代相比已有很大不同，但改革的历史进程是连续的，邓小平改革思想对于当前更加深刻地认识改革的历史必然性，更加自觉地把握改革的规律，更加坚定地肩负起全面深化改革的重大责任，具有重要的现实意义。

（供稿：龚云）

* 曲青山：中共中央党史研究室主任。

【群众路线教育实践活动要坚持“三个成果”一起要】

虞云耀*，《上海党史与党建》2014年第1期

习近平总书记指出，这次教育实践活动“既要立足当前、切实解决群众反映强烈的突出问题，又要着眼长远、建立健全促进党员、干部坚持为民务实清廉的长效机制”。这就要求我们下大气力、下真功夫，努力取得丰硕的实践成果、制度成果和理论成果，把党的作风建设提高到一个新水平。

一、努力取得人民群众满意的实践成果。能否取得人民群众满意的实践成果，是衡量这次教育实践活动成效的首要标准。检验实践成果，就要看是否达到了这次教育实践活动的目标要求，就是要落实到解决“四风”问题的成效上，落实到做好群众工作能力的提升上。第一，着力解决思想认识问题，牢固树立宗旨意识、群众观点，增强贯彻党的群众路线的自觉性。第二，切实解决形式主义、官僚主义、享乐主义和奢靡之风等突出问题，以改进作风的新成效新气象取信于民。第三，党员、干部深入群众、深入基层、为群众办实事解难事，提高新形势下做群众工作的能力和本领。第四，拿起批评和自我批评的武器，提高解决自身矛盾的能力，自我净化、自我完善、自我革新、自我提高的自觉性增强。

二、努力取得能够长期起作用的制度成果。实践证明，作风问题具有反复性和顽固性，解决起来不可能毕其功于一役，必须依靠制度建设，建立行为规范和有力约束，真正形成长效机制。正如邓小平同志指出的，制度问题不解决，思想作风问题也解决不了。能否形成能够长期起作用的制度成果，是评价这次群众路线教育实践活动成效的重要标准。从实际情况看，“四风”的背后既有根深蒂固的陈旧观念，也有习以为常的“潜规则”，还有错综复杂的利益纠结。解决“四风”背后的深层次问题，必须建立健全切实有效的理想信念和党性教育机制，严密管用的监督制约机制。只有把中央要求、实际需要和新鲜经验结合起来，建立切实管用的制度机制，才能从根本上消除“四风”，使群众路线的贯彻常态化，使优良作风不断得到弘扬，不良作风及时得到纠正。第一，用制度固化成果。第二，提高制度的执行力。第三，用法治思维解决作风问题。

三、努力取得深化规律性认识的理论成果。能否形成深化规律性认识的理论成果，是衡量这次群众路线教育实践活动成效的重要标准。在教育实践活动中，我们形成了许多管党治党和党的作风建设的新认识、新经验、新启示，这些都需要认真总结提炼，归纳升华，形成理论成果。第一，要深刻认识马克思主义群众观和党的群众路线新的时代内涵。第二，要充分认识在长期执政和改革开放、发展社会主义市场经济条件下贯彻党的群众路线的新要求新任务。第三，要深入研究新形势下贯彻群众路线、密切党群关系遇到的新情况、新问题、新挑战。

（供稿：陈志刚）

【毛泽东关于党的群众路线思想的形成和发展】

艾四林、康沛竹**，《马克思主义研究》2014年第2期

---

* 虞云耀：全国党建研究会会长。

** 艾四林：清华大学马克思主义学院院长，教授、博士生导师；康沛竹：北京大学马克思主义学院教授、博士生导师。

群众路线是我们党的传家宝。毛泽东无疑是这一路线的主要创立者。

建党初期、大革命和土地革命时期是毛泽东群众路线思想的孕育和形成时期。在这一时期，围绕着党和革命的依靠力量、党和军队的性质以及党的工作方法等重大问题，毛泽东提出了一系列关于群众和群众工作的观点。

毛泽东对这一问题的思考研究，始于1925年年底撰写的《中国社会各阶级的分析》，分析了中国革命要团结依靠谁、到何处寻找力量，到何处去取得广大的同盟军的问题，并指出中国无产阶级最广大和最忠实的同盟军就是占人口绝大多数的农民。在《湖南农民运动考察报告》中总结了湖南农民运动的经验，看到了农民运动的力量。上了井冈山后，毛泽东总结攻打茶陵后一直没有做群众工作的教训，明确提出工农革命军应当担负三大任务：第一，打仗消灭敌人；第二，打土豪，筹款子；第三，做群众工作。在红军第四军第九次代表大会的决议中，毛泽东指出，红军除了打仗消灭敌人军事力量之外，还要宣传组织群众，帮助群众建立政权。在《反对本本主义》中进一步指出，党的正确的斗争策略是在群众斗争中形成的。1934年1月，在《关心群众生活，注意工作方法》的报告中指出："一切这些群众生活上的问题，都应该把它提到自己的议事日程上。应该讨论，应该决定，应该实行，应该检查。要使广大群众认识我们是代表他们的利益的，是和他们呼吸相通的。"

抗日战争时期，毛泽东群众路线思想不断完善和成熟，创造性地运用马克思主义认识论，提出并系统地阐发了"从群众中来，到群众中去"的根本方法。在1938年的《论持久战》中，毛泽东明确提出"兵民是胜利之本"，"战争的伟力之最深厚的根源，存在于民众之中"。动员群众，依靠群众，组织和武装群众，是毛泽东抗日游击战争的核心思想。在1938年的《中国共产党在民族战争中的地位》中，毛泽东把党群关系比喻为学生和先生的关系。此外，他还把党和群众的关系比做鱼水关系，土地和种子的关系，强调要虚心向群众学习。在1942年的《经济问题与财政问题》中，毛泽东说："一切空话都是无用的，必须给人民看得见的物质福利。"1943年6月，毛泽东在《关于领导方法的若干问题》中明确提出了"从群众中来，到群众中去"的根本方法，并深刻地揭示了这一工作方法的马克思主义认识论基础。1945年4月，毛泽东在《论联合政府》中指出，密切联系群众、全心全意为人民服务，是中国共产党区别于其他政党的一个显著的标志，是党的三大优良作风之一，这就使我们党对群众路线的认识进一步提到了一个新的高度。

毛泽东群众路线思想在新中国成立后得到进一步发展。这主要表现在以下几个方面。第一，毛泽东深刻阐述了党的群众路线在政治、经济和社会等领域的表现形式。在政治领域，毛泽东强调，民主集中制和群众路线之间的紧密联系。在经济领域，毛泽东把党的群众路线和生产实践中的技术革新、技术革命紧密结合起来，形成了"两参一改三结合"的管理思想。在社会领域，毛泽东深刻揭示了正确处理人民内部矛盾和践行群众路线之间的一致性。第二，毛泽东对党员干部在党执政后滋生的脱离群众的现象进行了猛烈的批评。对于形式主义，毛泽东深刻指出，其实质就是主观主义。要克服各种形式主义，领导干部要走出办公室，实现"三同""五包"。

1981年党的十一届六中全会通过的《关于建国以来党的若干历史问题的决议》明确而完整地将群众路线表述为"一切为了群众，一切依靠群众，从群众中来，到群众中去”，并将其确定为毛泽东思想活的灵魂之一。

（供稿：陈志刚）

【关于“党性和人民性从来都是一致的、统一的”理论梳理】

尹韵公*，《安徽大学学报》（哲学社会科学版）2014 年第 1 期

毛泽东在《在延安文艺座谈会上的讲话》中首先强调文艺工作者的立场问题，指出：“我们是站在无产阶级的和人民大众的立场。对于共产党员来说，也就是要站在党的立场，站在党性和党的政策的立场。”显然“人民大众的立场”和“党性和党的政策的立场”是合二为一的。“人民性”概念的明确使用是 1958 年，毛泽东在审阅修改陆定一的《教育必须与生产劳动相结合》一文时补充写道：“中国教育史有人民性的一面。”

将新闻学的党性概念同文学的人民性概念巧妙而精致地融合在一起，是我党的重大理论创新。1947 年 1 月 11 日，《新华日报》发表编辑部文章明确指出：“《新华日报》是一张党报，也就是一张人民的报，《新华日报》的党性，也就是它的人民性。《新华日报》的最高度的党性，就是它应该最大限度地反映人民的生活和斗争，最大限度地反映人民的呼吸和感情、思想和行动。”这段论述是“党性和人民性是一致的、统一的”这一经典观念的逻辑起点和历史起点。

20 世纪 80 年代前后，有人以反思“文革”为由，认为“党有时也会犯错误”，人民永远正确，因此人民性高于党性；提出用人民性来制衡、制约党性，等等。针对当时新闻界出现的理论混乱和实践迷茫，邓小平在 1983 年 10 月 12 日掷地有声地指出：这是“在党性和人民性的问题上提出违反马克思主义的说法”。江泽民同志也曾经旗帜鲜明地指出：“我们党是工人阶级的先锋队，代表工人阶级和最广大人民群众的根本利益，除了工人阶级和人民群众的根本利益以外，没有自己的任何私利。坚持党性原则，也就是坚持工人阶级和人民群众的根本利益的原则，两者是完全一致的。提出‘人民性’高于党性，实质就是要否定和摆脱党对新闻事业的领导”；“坚持党性原则，就要求新闻工作者必须同人民群众保持最广泛最深刻的联系，从群众的实践中吸取智慧和力量。”

党犯错误与否与人民性没有任何关系。一个真正伟大的政党就在于它不仅能够认识到自身错误，而且还能够迅速改正自身错误。我们不能因为党犯下错误就斥责党性，怀疑党的领导。

以抬高“人民性”来压倒党性，在现实社会中是不可取的。“群众是真正的英雄”，“人民群众是推动历史发展的真正动力”，主要是指主流而言，大势而言。细察中外历史，人民群众在具体时间、具体地点、具体事件中也是犯下不少错误的。德国历史学家就说过，选举希特勒上台，就是德意志人民铸成的大错。所以，说“人民性高于党性”实在没有任何意义。

关于党性与人民性相互制衡、相互制约问题。这个提法更为荒唐可笑，我们可以把党性与人民性作为一个有机关系看待，但绝不可以把党性与人民性当作一对矛盾范畴处理。人民性早已存在，党性后来才有；党性终究会消亡，人民性却永恒。用人民性来制衡和制约党性的观点，在学术层面是极其荒谬的，在逻辑层面也是站不住脚的。

---

* 尹韵公：中国社会科学院中国特色社会主义理论体系研究中心研究员、博士生导师。

从本质上讲，坚持党性就是坚持人民性，坚持人民性就是坚持党性，党性寓于人民性之中，没有脱离人民性的党性，也没有脱离党性的人民性。

（供稿：陈志刚）

【我国依宪执政不同于西方资本主义宪政】

莫纪宏*，《人民日报》2014 年 11 月 13 日

坚持依法治国首先要坚持依宪执政，是我们党领导人民长期探索治国之道历史经验的科学总结，是对共产党执政规律认识的科学总结。依宪执政的提出反映了我们党对依宪执政在全面推进依法执政中重要作用的深刻认识和对推进依法执政各项政策走向的准确把握，体现了我们党对宪法权威在法治建设中重要地位的认识达到新高度。

我国依宪执政与西方资本主义宪政民主存在本质区别。

首先，领导力量不同。西方资本主义宪政民主似乎超越于政党制度，其实不然。无论两党制还是多党制或其他形式，资产阶级政党从来没有超然于法治之外，都极力通过竞选、大选谋取议席来控制法治机关和法治运作，以实现自身利益最大化。而坚持中国共产党的领导，是中国特色社会主义最本质的特征，也是中国特色社会主义法治最基本的特征，是全面推进依法治国、建设社会主义法治国家最根本的保证。我们所强调的依宪执政，是在坚持党的领导这个基本原则不动摇前提下，通过尊重宪法权威、维护宪法尊严、推进宪法实施、加强宪法监督来实现党治国理政和管党治党的各项政策目标的。

其次，权力分享能力不同。西方资本主义宪政民主存在着民主形式与民主实质相脱节的问题。从表面上看，基于“普遍平等”“一人一票”原则进行的民主选举体现了每一个社会成员的意志。但是，真正起决定作用的还是各种资本力量、特殊的利益集团或少数精英群体，民主所要决定的涉及国家生活和社会生活的重大事项则是普通民众自身无法控制的，普通选民手中的选票只能简单地体现社会公众的“认同度”，但无法真正有效地反映选民的真实意愿。而我国宪法庄严宣告，中华人民共和国的一切权力属于人民。人民代表大会制度是按照民主集中制原则，由选民直接或间接选举代表组成人民代表大会作为国家权力机关，统一管理国家事务的政治制度。它有利于保证国家权力体现人民的意志。

再次，权力行使方式不同。西方资本主义国家的宪政民主的价值核心在于所谓“民主”，其“宪政”的主要功能就是基于宪法规定通过“分权”方式来限制选举中获胜的多数人滥用自身的权利侵犯少数人利益，并且通过在选举中获胜的政党每隔几年上台轮流执政来实现不同政党各自执政理念和主张，实行的是立法权、司法权、行政权三权分立，互相制衡。而我国宪法规定：国家行政机关、审判机关、检察机关都由人民代表大会产生，对它负责，受它监督。这一制度保证中央和地方的国家权力统一，确保国家权力掌握在人民手中，符合人民当家作主的宗旨，适合我国的国情。

最后，具体历史条件不同。宪政民主的民主机制的形成有其自身政治、经济、文化和社会的因素。在传统欧美国家，宪政民主有着自身合理存在的具体历史文化条件，在世界上其他国家和地区则很难有效地实现。我们所强调的依宪执政是中国

* 莫纪宏：中国社会科学院法学研究所副所长。

特色社会主义实践的产物，是基于中国特色社会主义民主政治理论和中国特色社会主义法治理论而存在，在制度实践中有效运行。实践证明，这种民主模式基于中国土壤，适合中国民主政治发展，与全面推进依法治国各项要求相适应，因此具有旺盛生命力。

实际上，鉴于传统宪政民主存在的先天价值缺陷，西方资本主义国家近年来也在探索以“协商民主”“对话民主”等新的民主形式来修正传统意义上的多党轮流执政的宪政民主。对这一点，我们一定要清醒坚定，保持应有的道路自信、理论自信和制度自信。

（供稿：陈志刚）

【论提高党内法规建设的科学化水平】

韩强*，《求实》2014 年第 7 期

在党的十八大提出的“全面提高党的建设科学化水平”的任务面前，着力提高党内法规建设的科学化水平无疑具有基础性意义。

提高党内法规的规范化水平。所谓规范化是指党内法规是否合乎法律规范的要求。党内法规虽然不同于国家法律或者说一般法律，但是在规范性要求上要尽可能向法律看齐。相对法律的严密、规范，党内法规在这方面就存在明显的不足，比如，党内法规习惯于使用“不准”“不许”“严禁”“禁止”等一类用语，而对于相应行为的处罚则规定不够具体，这无疑是党内法规的执行难以到位的一个很重要的原因。依法律意义的时效概念审视党内法规，我们会发现党内法规在时效规定中存在着明显不足，这种不足也成为制约党内法规实施并发挥效力的重要方面。第一，党内法规缺乏明确时效性规定或规定不细致的情形还随处可见。第二，党内法规对约束的行为普遍缺乏明确的时效规定。党内法规缺乏时效性规定或者时效规定不细致、不完善，其危害是显著的，其造成的最大危害是容易翻历史旧账，一旦发生政治风波，容易造成人人自危，影响党内团结和谐氛围。

提高整体党内法规的系统化水平。现有党内法规的系统化水平也存在明显不足。第一，党内法规缺位的现象仍较多存在。《中央党内法规制定工作五年规划纲要（2013—2017 年）》列出了今后 6 个大类共 37 个方面需要完善的党内法规。其中有的需要立法，有的需要修改立法。第二，不同党内法规之间的关系需要理顺。党内法规依党的建设的基本构成形成了若干大类，每一个大类中都不是一个法律能够解决问题的，需要出台一系列上下衔接、前后相继、左右配合的法规。第三，不同类型党内法规之间的关系需要理顺。党内法规 6 个大类之间的关系如何理顺无疑是一个非常复杂的问题，目前看，其整体性系统性亦有不足之处。

提高党内法规与国家法律的协同化水平。从概念上讲，党内法规与国家法律是两个不同范畴的概念，有各自的调整对象、范围、行为准则和方式。党内法规的调整对象是党组织工作活动和党员行为，对全体党组织和党员具有约束力，其强制力来源于党组织和党员的自觉认同、党内的纪律、党组织和党员的权利利益。国家法律法规则是由国家制定或认可的、以国家强制力保证实施的、对全体社会成员具有普遍约束力的行为规则，其强制力和处罚措施比党内法规要强大得多。但由于党员领导干部既是党员又是公民，这就使得党内法规和国家法律在某些方面都要涉及

---

* 韩强：北京联合大学人文社科部主任，教授。

同一个对象、同一种行为，如果不能衔接好党内法规和国家法律，就会造成矛盾和混乱。因此，必须处理好党内法规与国家法律的关系，使两者协同起来，为社会主义民主政治建设和其他建设提供有力的保障。

从总体上看，党内法规和国家法规都体现了党的领导、人民当家作主和依法治国的统一，都是社会主义民主法制建设的重要内容。但是，在具体规定的衔接上，由于立法主体、规范对象的差异，还存在一定的不足。以反腐败的国家法律和党内法规为例。当前如何处理好这方面的国家立法和党内法规的关系是一个重大的理论问题和现实问题，其中迫切需要回答和解决如下几个问题：党内法规与国家法律各自的范畴、范围、关系是怎样的；违纪违法谁评判，谁说了算；违纪后先执行纪律还是法律。

（供稿：陈志刚）

【国家治理体系现代化与反腐倡廉建设】

高新民*，《中共党史研究》2014 年第 2 期

国家治理体系涵盖了经济、政治、文化、社会、生态、党建等多方面内容，是从本源上建设廉洁政治的国家发展战略，具有从源头治理腐败的重要意义。

第一，反腐败、廉政建设与国家权力运行状态紧密相关。无论各国对腐败行为的法定释义如何，以权谋私是所有腐败行为的本质特征。腐败现象产生的社会历史根源大致有二：一是私有制的出现，使得把有限的公共资源用以维系个人或小集团利益有了源源不断的动机和不绝的土壤。二是权力掌握在少数人手中又没有制约，权力本身就成为政治和社会生活的稀缺物而被用以交换。权力的运行状态是科学合理、既相互监督制约又能够有效运转，还是缺少监督制约或效率低下，是衡量国家治理水平的重要参数。

无论是社会层面对财富占有方式的调整、社会对公共权力的监督，还是国家政治体系对权力的制约，都属于国家治理的重要内容。一个国家、一个政党是否先进，也表现为国家治理水平、廉政建设水平的高低。反腐败和廉政建设蕴含在国家治理体系之中。

第二，国家治理体系现代化的基本价值和核心要素与反腐败、廉政建设的基本要素高度重合。

国家治理不同于传统管理的主要区别：一是治理主体多元，政府、社会组织、公民在治理结构中的作用不同，但都是主体之一；而管理主体相对单一，一般以行政权力机关为主。二是治理的运行向度既有自上而下的管理，也有自下而上的参与；而管理向度一般是自上而下运行。治理的基本价值趋向、核心要素就是合法性（指社会秩序和权威被自觉认可和服从的性质和状态）、信息透明、责任、法治、有效等。上述价值和内容无一不是反腐败、建设廉政体系的基本要素和条件。解决腐败问题，不仅仅是领导者个体价值观、道德观问题，更重要的是需要从改革领导者插手微观经济领域的经济体制、行政管理体制、政治领域的干部人事制度入手，加强对权力的监督制约，以法治、责任、公开透明、有效的价值取向贯穿于经济、政治、文化、社会和党的建设之中，这恰恰就是国家治理体系的现代化问题。

第三，腐败高发领域的梯次转移与改革开放的领域拓展、经济建设布局的变化紧密相连，迫切需要全面而系统地提高国

* 高新民：中共中央党校党建教研部教授、博士生导师。

家治理水平。

当改革深入某一领域，而该领域改革不到位、监管没跟上时，该领域往往成为腐败高发领域，这已经成为规律。如果不从源头上解决问题，那么我们的反腐倡廉就永远是被动地追随腐败形式的变换而治标，惩治和预防腐败体系就带有根本性缺陷。这是伴随社会转型而出现的、带有转型时期浓郁特点的规律。面对新的特点，我们的反腐败在一段时间内沿用传统方式——思想教育加严厉惩罚，但效果有限。唯有把反腐败和廉政建设融入国家治理体系之中，才有真正的源头治理。

真正从源头建立反腐倡廉的体制机制，从根本上讲，一是市场经济规范化法治化，二是政治生活民主化法治化，二者缺一不可。这是当代中国国家治理的根本任务，权力制约和监督蕴含在这一国家治理体系之中。第一，要建设法治政府和服务型政府，减少权力寻租机会。第二，要发展民主，强化权力制约和监督。第三，要以改革统领反腐败体制机制创新与制度保障。

（供稿：陈志刚）

【转型期中国的政党治理：生成、资源与框架】

罗峰[*]，《毛泽东邓小平理论研究》2014 年第 5 期

作为国家治理体系的核心构件，政党治理的好坏直接关涉国家治理能力的高低；在当下的中国，没有政党治理的现代化，就谈不上国家的治理体系和治理能力的现代化。

政党治理并不是一个与政党相伴随的概念。在高度政治化的年代，政治系统与社会系统高度一体化，缺乏治理理论生成的政治基础。随着中国改革开放的深度推进，全能政治逐步瓦解，社会日益分化，特别是随着社会流动资源的增加和人们自由活动空间的拓展，政党治理的政治基础、社会基础和价值基础日臻厚实，它们是中国政党治理生成的基础性要素。

在新的时代背景下，党的领导不是向其他国家机关和社会主体直接发号施令，而主要是政治领导，即政治原则、政治方向、重大决策以及向国家机关推荐重要干部，并且这种领导遵循着法治化的逻辑。执政党对其领导权的这种政治性界定和执政权的法治化定位，使党际关系、党政关系和党社（政党与社会）关系等逐步走向制度化，这不仅为其他组织主体的发育、成长创造了政治条件，也为以执政党为核心的政党治理体系的运转奠定了政治基础。

治理或善治追求的是多元主体间的互动、交流和对话，而不是其中某一超强主体的强力整合，因而，其他主体的存在和运作是治理机制创立的前提条件。谈论政党治理的基础性条件时，社会的支撑至关重要。在现阶段，社会组织发展的良好态势说明了政党治理具有日益厚实的社会基础。

从理念上说，治理理论强调公共事务处理与解决过程多元治理主体的合作、各利益相关者的协同，这与执政党在现代化过程中要调动各方面的积极性有很高的契合度。从功能上说，政府、市场与社会这三大主体积极作用的发挥是保证社会正常运转的重要条件，这三大主体在功能上互补、在行动中协调，这是社会需要公共治理架构的深层原因。多元的公共治理框架有助于执政党回应社会诉求、解决各种失灵问题。

---

[*] 罗峰：上海市委党校研究生部主任，教授。

在中国，执政党的治理资源除了其执政地位以外，还有其在政党文化、组织网络、人事制度等方面的特色与优势，它们构成了政党治理的重要资源。

由于政党的作用场域不一样，即政党内、政党间以及政党外，因而可将政党治理分为党内治理、党际治理和党外治理这三种不同的类型。不同类型的政党治理遵循着不同的运作逻辑，每一场域的政党治理所面临的问题也各不相同，对这些问题的治理构成了一定时期的政党治理框架。

新时期党内治理是以制度建设为抓手，以有效性为标准，以提高执政党自组织力为目的。在中国的党际治理实践中，特别是在政治协商、民主监督等方面，离党际治理的协调性还有一定的距离，是新时期党际治理需要着力解决的问题。

在转型期，党外治理所活动的场域不同于党组织内部，任务环境中组织主体的性质、功能也相异于党组织，因此党外治理的有效性不仅取决于执政党自身，也要考虑其他组织核心功能的开发，这些都要求执政党在与这些组织互动时要遵循理性化的逻辑，注重行为的规范性。社会生产与政党治理关系密切，它催生、培育了政党治理所依托的社会组织力量。面对日益成长的社会领域，政党治理的有效性体现在双方互动关系的规范性上：一方面，体现在对和谐社会构建目标的认同上；另一方面，体现在执政党、社会力量之于社会治理框架的认可上，后者是构建和谐社会的基本路径。

（供稿：陈志刚）

思想政治教育

【马克思主义经典作家关于“灌输”的论述及其启示】

余斌*，《思想政治教育研究》2014年第1期

思想政治教育的原则应当是说服，而“灌输”则是思想政治教育的方法。作为思想政治教育的方法，“灌输”本身也是思想政治教育这门学科的研究内容，是这门学科独立性的标志之一。要对各种灌输形式的针对性、有效性、时间性、所需要的条件和实施步骤及其反馈，以及灌输与反灌输等进行系统的研究。

在马克思恩格斯的著作和书信中，多次提到“灌输”这个词。这首先是因为，尽管“统治阶级的思想在每一时代都是占统治地位的思想”，但这种思想能够占统治地位即为广大被统治阶级所顺从，靠的主要是“灌输”这个手段。为了保证灌输的实施，统治者还在现实生活中采取了种种措施。另一方面，灌输并不是统治阶级独享的专利。当然，“灌输”其实是一个中性词，灌输的东西并不都是不好的、错误的东西，而马克思恩格斯本人也进行灌输，不过马克思恩格斯对灌输也存在着清醒的认识，认为“即使掌握了从一个大民族本身的生活条件中产生出来的出色理论，并拥有比社会主义工人党所拥有的还要高明的教员，要用空谈理论和教条主义的方法把某种东西灌输给该民族，也并不是那样简单的事情”。

关于“灌输”，列宁有一个著名论断，成为后来马克思主义思想政治教育灌输理论的肇始：“工人本来也不可能有社会民主主义的意识。这种意识只能从外面灌输进去，各国的历史都证明：工人阶级单靠自己本身的力量，只能形成工联主义的意识，即确信必须结成工会，必须同厂主斗争，必须向政府争取颁布对工人是必要的某些法律，如此等等。”列宁这个观点源自考茨基。列宁也曾提到，不能说工人不参加创立思想体系的工作。

总之，马克思和恩格斯并不认为他们在社会主义意识方面对工人阶级进行了灌输，他们也一再强调工人阶级的解放是工人阶级自己的事。当然，列宁主张从外面把社会民主主义即现代社会主义意识灌输给工人阶级，尤其是相对落后国家的工人阶级，也没有错。毕竟，要让工人阶级自发地产生这些意识，需要经过漫长的岁月和付出不断遭受挫折的巨大代价。既然马克思主义经典作家已经发现了人类历史发展的规律，就要利用这个发现推动历史的进步，加速工人阶级的社会主义意识的形成，就像如今学校的课堂上会讲授科学知识和灌输科学意识，而不是等着学生们自己去重新发现人类花费了上千年的时间早已发现了的科学道理并自发地产生科学意识一样。

（供稿：朱亦一）

* 余斌：中国社会科学院马克思主义研究院马克思主义原理研究部主任，研究员、博士生导师。

【谈谈宪政问题】

梅荣政*，《求是》2014 年第 5 期

在宪政问题域中，既有学术研究层面的争论，也有意识形态的分歧，我们不能脱离历史与现实的实践维度来论述。

西方宪政的实质，从理论基础看，是以私有财产神圣不可侵犯和个人主义价值观为根基的；从产生过程看，是近代资产阶级革命的政治成果；从其代表的阶级利益看，其维护的是资产阶级的根本利益和意志。

在这个基础上，我国近年来围绕宪政问题的争论分为以下几种：第一种观点，被称为西方宪政观。认为西方宪政是“普世价值”，只有实行宪政，才有民主和自由，宪政民主是中国的唯一出路。强调社会主义制度只能导致集权、专制，必须对中国的国体和政体进行整体宪政改造，促进中国实现宪政转型。第二种观点，被称为“伪社会主义宪政观”。认为只有实行宪政，才有民主和自由，但认为直接提西方宪政，不易被当政者接受，因此主张“渐进”改革，先提“社会主义宪政”或“宪政社会主义”等概念，引导当局逐渐走入西方宪政的轨道。第三种观点，被称为“真诚的社会主义宪政观”。他们也主张我国应实行“社会主义宪政”，认为既然可以有社会主义民主、社会主义人权、社会主义市场经济，那么也可以提“社会主义宪政”。由于宪政问题以及相关概念的复杂性和模糊性，有关宪政问题的争论也陷入混乱使人不解。所以，新中国成立以来，中国就实行了人民民主制度，在这个国体和政体框架内，宪法的地位和作用是确定无疑的：宪法是国家的根本的大法，是治国安邦的总章程；依法治国首先是依宪治国，任何组织和个人都必须以宪法为根本活动准则。而“宪政”作为一个特定概念，其本质内涵在西方国家是有共识的。用宪政替代人民民主，如果是为了提升现行宪法的地位和作用，那可能得到的是相反的结局。因为改用争议很大的“宪政”概念体系取代人民民主概念体系，容易使党和人民实践多年、在理论上经过反复论证、在实践上已取得丰富经验、在语言表述上十分明确又为干部群众所熟知的社会主义人民民主制度，产生严重歧义和混乱，造成对坚持人民民主制度的动摇，造成对中国特色社会主义制度的不自信，反而不利于统一全党全国人民的思想。人民民主制度是历史的选择、人民的选择，又取得了如此了不起的成就，我们没有任何理由不坚持和完善这个好制度，没有任何理由改弦易辙效仿西方宪政模式。

（供稿：朱亦一）

【历史虚无主义思潮的表现及其思维方法】

刘书林**，《思想理论教育》2014 年第 11 期

对资本主义进行批判的思潮，一旦被引进社会主义国家，就变异成对社会主义的实践历史和领袖人物的批判。历史虚无主义思潮被引进中国也是走了这样的道路。

历史虚无主义思潮的原始版本是西方学者批评资本主义的一种思潮。历史虚无主义思潮出现在 19 世纪 20 世纪之交，资本主义进入帝国主义的初期。随着 20 世纪 60 年代西方新社会运动的高涨和随之而来的低落，这种思潮就变成了无规律兴衰起落的潮汐。

历史虚无主义思潮自从 20 世纪 50 年

* 梅荣政：武汉大学马克思主义学院教授、博士生导师。

** 刘书林：清华大学高校德育研究中心教授、博士生导师。

代进入苏联，便变异为否定社会主义制度的舆论催化剂。它曾经滥觞于苏联赫鲁晓夫执政时期，后来借戈尔巴乔夫的改革，在苏联大肆泛滥起来。这是历史虚无主义思潮的苏联版本。

历史虚无主义思潮在中国的改革中几经起落，但万变不离其宗。人们对这一思潮的认识已经比较清楚了：历史虚无主义以“重新评价”为名，歪曲党的历史和新中国历史。主要表现为：否定革命，称中国共产党领导的革命“只起破坏性作用”；否定中国选择社会主义道路的历史必然性，称是“误入歧路”，党的历史和新中国历史是“一系列错误的延续”；否定已有定论的历史事件和历史人物，贬损革命前辈，诋毁党的领袖。一些人借毛泽东诞辰 120 周年之际，否认毛泽东思想的科学价值和指导作用。一些人将改革开放前后两个历史时期割裂甚至对立起来，或用改革开放后的历史时期否定改革开放前的历史时期，或用改革开放前的历史时期否定改革开放后的历史时期。

历史虚无主义思潮在当代世界的这三种版本，内容和作用各不相同。历史虚无主义思潮的第一种版本即原始版本以批判资本主义为主，无论存在什么个性和偏颇，毕竟起到了警醒世人的作用。第二种版本即苏联版本，却成为否定十月革命和社会主义制度的工具，从思想上和舆论上瓦解了一个强大的社会主义国家。历史虚无主义思潮的第三种版本即中国版本，虽然几经鼓吹，气势汹汹，但到头来被人们彻底看穿了它的真面目：历史虚无主义为达到歪曲历史的目的，其手法往往是“戏说”“恶搞”历史，抹黑推动历史前进的英雄模范人物；打着“还原历史”的幌子，大作翻案的文章，颠倒黑白；刻意编造和扩大社会主义实践中出现的曲折和错误，否定和歪曲革命与建设的历史；妄图以细节代替历史主流和主线；等等。我们要充分了解历史虚无主义思潮在改革开放中的几种主要表现。历史虚无主义的危害在于，企图通过否定中国共产党的历史和新中国的历史，从根本上否定中国共产党的历史地位和作用，进而否定中国共产党长期执政的合法性。

（供稿：朱亦一）

【《反杜林论》中的思想政治教育论断及其现代意义】

刘建军*，《教学与研究》2014 年第 6 期

恩格斯的《反杜林论》具有丰富的思想政治教育思想，该文重点选取其中四个有代表性的论断加以分析，即：没有任何一种力量能够强制每一个健康清醒的人接受某种思想；平等观念在现代社会主义运动中仍具有巨大的鼓动价值；每一次革命的胜利都带来道德上和精神上的巨大跃进；现代社会主义必胜的信心来源于社会发展中可感触的物质事实。这些论断包含着丰富的思想政治教育内容，并对当前加强和改进思想政治教育具有重要的启示意义。

恩格斯强调了共产主义必胜信心的客观基础，认为现代社会主义者应自觉地把自己的信念和信心建立在社会发展的客观规律的基础上，这是完全正确的。是否可以同时也发挥道义理由对增强人们社会主义必胜信心的作用呢？回答是肯定的。恩格斯反对的是仅仅从道义上获取社会主义必胜的信心，而不是反对将道义作为必胜信心的来源之一。

---

* 刘建军：中国人民大学马克思主义学院教授、博士生导师，思想政治教育国家重点学科学术带头人。

对于在坚持从历史发展规律去对社会主义必然性做科学论证的基础上，为进一步增强必胜信心而从道义方面去吸取灵感和力量的做法，恩格斯并不反对也没有理由反对。利用历史上的社会主义传统来增添现代社会主义运动的力量当然是必要的，道义也是一种巨大力量，利用道义和正义的观念来为现代社会主义增添力量，也是必要的。以前我们仅仅从客观规律及其必然性上去做理想信念教育的工作，尽管从理论上说是完全正确的，但忽视了人的道义和正义感的方面，忽略了人的价值观和价值理念对信念和信心的积极作用，是不够全面的，而且效果并不理想。在这样的情况下，从现实需要和条件出发，从历史发展规律和正义必胜信念两个源泉汲取力量，共同增强我们推进中国特色社会主义事业和最终实现共产主义的必胜信心，无疑是很必要的。恩格斯的论述中还包含着一层意思，用历史规律来增强人们的社会主义信心时，不要仅仅从书本上和逻辑上去讲历史规律及其必然性，而是要寻找现实生活中那些能够体现历史规律性的物质事实，并发挥这种事实的教育作用。历史规律虽然是客观的，但它不是直观地呈现在人们面前的，而是需要人们从理智上去思考和把握的。因此，从历史规律上去进行社会主义信念教育时，往往容易流于理论化，把客观规律变为对客观规律的理论认识。恩格斯在这里的论述也是从历史规律性上讲的，但他是从历史规律的现实表现和物质事实入手的，是用人们可感的物质事实来体现客观规律的，这是非常深刻的思想。

（供稿：朱亦一）

【对深化思想政治教育学科建设的几点思考】

杨晓慧*，《思想政治教育研究》2014 年第 1 期

对思想政治教育学科而言，随着它作为一门独立的二级学科被纳入马克思主义理论一级学科之中，其学科定位的理论逻辑应该说已经得到基本厘清，人们关于该学科的根本隶属关系也达成了广泛共识，然而对思想政治教育学科边界、性质特点、功能使命等基本问题的认识还存在较大争议。

明确新时期思想政治教育学科的定位，应聚焦我国社会环境的新变化，以及十八大以来中央提出的全面深化改革的新部署和关于宣传思想工作的新要求，把握下述三个方面的实践性基准：（一）聚焦社会环境新变化，在经济全球化、科技信息化和社会主义市场经济建设的背景下把握思想政治教育学科的定位。（二）聚焦全面深化改革的总体部署，在完善发展中国特色社会主义制度、推进国家治理体系和治理能力现代化进程中把握思想政治教育学科的定位：一是思想引领定位。二是制度建设定位。充分发挥自身的导向功能、保证功能和育人功能，将确保制度建设的社会主义方向，保证人民在制度建设中思想行为的一致性，培育党员干部按制度办事、依法办事的意识和能力，作为学科自身的基本定位。三是风险化解与共识凝聚使命，将化解改革风险、凝聚改革共识作为自身的建设定位，探索在利益高度分化又深度融合的复杂背景下，巩固马克思主义指导地位和人民团结奋斗的思想基础，进行思想引领和行为规范的规律和方式。（三）聚焦党和国家对宣传思想工作新要求，在不断创新中把握思想政治教育

* 杨晓慧：东北师范大学党委书记，思想政治教育研究中心主任，教授、博士生导师。

学科的定位。

思想政治教育学科性质必须在坚持根本性质规范不变的前提下，着力彰显如下新的时代内涵：一是更加彰显主导性。思想政治教育学科应在指导理论、根本目标、内容结构等方面着力彰显主导性。在指导理论上，要坚持马克思主义及其中国化成果的指导地位，将马克思主义基本立场、观点和方法贯穿在学科建设的方方面面，确保思想政治教育学科始终成为马克思主义理论宣传教育的有力支撑。在内容结构上，要坚持社会主义意识形态的主导地位，在世界文化的交融交锋交汇中体现民族文化鲜明特征，在各种性质意识形态碰撞中增强社会主义意识形态主导作用，在多样化价值观念交织中夯实社会主义核心价值体系的思想基础。二是更加突出发展性。发展是当今时代的主题之一和当代中国的第一要务，更是现代人文社会科学的核心范畴。思想政治教育学科应在坚持根本性质规范的前提下，警惕西方意识形态将社会发展与个人发展对立起来的理论"陷阱"，切实把人与社会的和谐发展作为新时期思想政治教育的根本目标，努力以社会发展带动整合个人全面发展，以个人发展推动促进社会的发展。三是更加富有综合性。

促进学科发展应统筹思想政治教育学科的知识形态、活动形态和组织形态，实现思想政治教育学科整体跃进而非局部突破、深层创新而非表面改善、持续发展而非短期繁荣。促进学科知识形态发展，关键在于完善学科布局及其顶层设计。促进学科活动形态发展关键在于创新研究活动形式。促进学科组织形态发展应该抓住观念、规则和结构三个关键建设环节。

（供稿：朱亦一）

【大学生代际特征对思想政治教育的影响及发展趋向】

佘双好*，《思想教育研究》2014 年第 9 期

大学生代际特征是指不同年代大学生在思想观念和行为方式等方面表现的差异性特征。根据改革开放 30 多年来不同年代大学生群体进入大学的情况，我们可以把改革开放以后进入大学校园的大学生自然分成四个时段，具体情况如表 1 所示：

表 1　改革开放以来成长起来的四代大学生代际特征

分类	标志性生活事件	代际特点
1978—1989 年的大学生（"60 后"）	恢复高考，改革开放，西方文化涌入，积极社会肯定，学潮	积极张扬，个性发展
1990—1999 年的大学生（"70 后"）	"89 政治风波"后的社会排斥，社会主义市场经济确立，高校收费改革，1996《中国可以说不》的出版	消极内向，个性压抑
2000—2008 年的大学生（"80 后"）	银河号事件，中美撞机，申奥成功，互联网的普及，社会对"80 后"的批判，奥运会成功	整合矛盾，挣扎苦闷
2009 年以后的大学生（"90 后"）	经历"5·12"大地震、北京奥运会等大事件的洗礼，中国经济总量超越日本，中日钓鱼岛事件，中东北非事件，伦敦骚乱和占领华尔街运动，党的十八大	理性务实，折中整合

* 佘双好：武汉大学马克思主义学院院长，教授、博士生导师。

如表 1 所示，改革开放以后进入大学的大学生，尽管他们进入大学的年龄具有较大的相似性，都是在 18—22 岁左右，并且在大学期间形成各自的价值观念，但是由于时代背景和在大学期间发生的标志性生活事件的不同，其性格特点具有不同的特点，由此也形成他们思想政治观念发展的代际特征。

在对“90 后”做的专门调查中，调查问卷设计了一些两极对立的价值观念让大学生选择，大学生的选择情况如表 2 所示：

表 2 大学生价值观念选择的倾向性（表中数据为百分比）

	非常赞同	比较赞同	居中	比较赞同	非常赞同	
个人利益	5.5	12.8	54.3	18.6	8.8	集体利益
集体利益	4.5	10.9	37.1	26.7	20.9	国家利益
个人发展有利	7.5	18.5	44.1	19.4	10.4	集体国家有利
理想目标	6.3	13.1	33.1	30.1	17.3	现实目标
精神价值	11.8	18.8	42.8	18.8	7.8	物质价值
个人观点	8.5	24.9	51.2	12.0	3.4	周围他人意见
绝对标准	3.3	8.6	47.8	29.0	11.3	相对标准
宏观视角	7.5	17.1	60.9	11.0	3.6	微观视角
外部因素	3.8	9.6	58.0	21.5	7.0	内部因素
解决问题	13.0	26.8	40.3	15.3	4.6	缓解情绪
争取获胜	14.0	29.3	40.0	12.2	4.4	避免麻烦
积极乐观	29.4	32.7	30.5	5.8	1.6	消极最坏

调查显示，大学生价值观念从总体上呈现出折中整合的发展趋势，但从总体发展情况来看，更偏重于社会价值观念。大学生价值观念总体发展倾向于积极、宏观、内控、理想和注重精神生活，但依然表现出两者选择的矛盾性。大学生处理涉及国家、个人、集体利益时，仍然是顾全大局，能够从国家、集体角度考虑问题，但也有相当一部分大学生更加关注个人生活领域、个人利益和个人发展，有更多的个人利益因素的权衡。在处理理想与现实的关系时，更倾向于寻求现实的目标，更加注重对现实具体问题的解决。与 20 世纪八九十年代相比，“90 后”大学生成长过程中也存在着和“80 后”类似的问题，比如：习惯于具体实务问题，对抽象理论问题关注兴趣较少；崇尚自然主义自发倾向，不愿意进行理论和观点的提升；较关注日常生活的感悟，不愿意对问题进行理性思考；更习惯于从个体角度出发思考问题，较少考虑个人与社会的互动；更关注个体性活动，而对群体性活动的兴趣较低。

从上述对改革开放 30 多年来四代大学生价值观念发展的分析来看，我们可以把改革开放以后进入大学校园的大学生分为两个不同代际特征的大学生：一是“60 后”“70 后”大学生，他们是改革开放以前出生的人，即出生在物质比较匮乏的时代的人，也即物质主义的一代或现代性的一代，在经历过经济匮乏和人身安全受到威胁的个体成长过程中容易把经济和人身安全等作为优先的价值观，比较积极追求成就和个人成功，是现存社会制度的积极维护者，主张通过个人努力获得成功。二是“80后”“90后”大学生，他们是改革开放以后出生的一代，是在物质相对充裕社会开放程度更高、流动性更快的环境下成长起来的一代，具有明显的代际转换的特征。这种富裕环境和安全需要得到满足的一代，把经济和人身安全放在次要位置，更关注自主、自我表现和生活质量等，是“后物质主义”或“后现代主义”的一代。

（供稿：朱亦一）

【正确把握思想政治教育本科专业的学科支撑】

石书臣*，《中国高等教育》2014年第8期

正确把握思想政治教育本科专业的学科支撑，就是要正确把握思想政治教育专业与思想政治教育学科二者之间的关系，避免和纠正把思想政治教育本科专业“窄化”“泛化”“通识化”“替代化”等倾向；要正确把握思想政治教育本科专业的学科支撑特点，主要体现在边界性、意识形态性、整体性、综合性等方面；要从核心学科、主干学科、相关学科等三个层次上理解和建构思想政治教育本科专业的学科支撑体系。2012年《高等院校本科专业目录介绍》中对思想政治教育本科专业的最新定位和要求，为我们认识这一问题指明了方向，思想政治教育本科专业的建设及其与思想政治教育学科的关系，应该根据新的要求进行调整和深化。思想政治教育本科专业的支撑学科不是单一的学科，而是一个具有核心学科、主干学科和相关学科的层次性学科结构体系。首先，思想政治教育本科专业的核心学科和依托学科是马克思主义理论学科。从专业发展来看，思想政治教育专业的前身是政治教育专业。1987年，思想政治教育专业列入马克思主义理论、思想政治教育类。马克思主义理论一级学科设立后，2012年，思想政治教育专业正式列入作为一级学科的马克思主义理论类，授予学位是马克思主义理论学科所在的法学门类的法学学士学位。因而，根据马克思主义理论类思想政治教育专业的新要求，必须把马克思主义理论学科作为思想政治教育本科专业的核心支撑学科，这是思想政治教育本科专业建设的本质要求，不能再把思想政治教育专业理解为过去的师范性的教育学类专业，也不能办成哲学、政治学、法学、经济学等其他类别的专业。不能因人设岗、因人设课。在思想政治教育本科专业基础上设立的研究生层次的课程与教学论（思政方向）和教育硕士（思政方向），由于不属于马克思主义理论学科而属于教育学学科，所以很难体现思想政治教育学科专业的特殊性和本质要求。因而，在研究生层面的专业学位中，应增设思想政治教育专业硕士，以区别于教育硕士中的思政方向。其次，思想政治教育本科专业的主干学科是马克思主义理论、政治学、教育学。三个主干学科从不同角度体现了思想政治教育本科专业的建设和发展要求，马克思主义理论学科为其提供科学的理论基础，政治学科为其明确人才培养的目标和方向，教育学科为其培养人才提供教育教学方法和技能。最后，思想政治教育本科专业建设需要借鉴相关学科的理论和方法。从思想政治教育本科专业的课程设置可以看出，思想政治教育的相关学科涉及哲学（特别是伦理学）、经济学、法学、社会学、历史学、管理学、心理学等学科。相关学科的理论为思想政治教育专业

* 石书臣：上海师范大学马克思主义学院副院长，教授、博士生导师。

和学科的发展充实了内容，开阔了视野，提供了理论和方法借鉴。

（供稿：朱亦一）

【“中国梦”对我国意识形态建设的启示】

张朋智*，《思想政治工作研究》2014 年第 4 期

从意识形态角度看，中国梦对改进我国主流意识形态建设也提供了有益启示，主要体现于“四个统一”：现实性和超越性的统一，整体性与个体性的统一，先进性与包容性的统一，独特性与普遍性的统一，这为加强和改进新形势下我国主流意识形态建设开拓了新的思路。现实性和超越性的统一。中国梦，具有强烈的现实性，即全面深入推进改革开放，扎扎实实搞好经济、政治、文化、社会、生态文明和党的建设，实现“两个一百年”的奋斗目标，这是相当明确、可感知、可客观度量的目标。同时，中华民族伟大复兴本不是一个新提法，对其冠以“中国梦”，而成为一个相对高远、超脱的奋斗目标，目标的时间维度拉长，而染上更鲜明的超越性色彩，具有更加深远的感召力，有利于在一个相当长的时期内唤起人们的心理期待。

整体性和个体性的统一。习近平总书记用“三个共同”生动描绘了中国梦的愿景：“共同享有人生出彩的机会，共同享有梦想成真的机会，共同享有同祖国和时代一起成长与进步的机会”，强调中国梦归根结底是人民的梦，必须紧紧依靠人民来实现，即它是全体中华儿女作为一个命运共同体而拥有的美好愿景；同时，是每个民族成员个人的梦、家庭的梦，民族复兴最终要落实到每个人身上，体现到每个人人生命运的变化上，转化为每个人所追求的理想，需要把每个人积极努力圆个人梦、家庭梦的微小力量汇聚成共同实现中国梦的强大合力。

先进性和包容性的统一。实现中国梦，是对中国共产党人提出的神圣使命和光荣职责。作为无产阶级的先锋队，带领人民群众实现国家富强、民族振兴、人民幸福，是我们党义不容辞的责任。实现中国梦首先是对 8500 多万共产党员发出的“动员令”。中国梦之所以具有强大的号召力，正在于其对不同类型梦想的包容性。实现中国梦首先要发挥共产党员的先锋模范作用和奉献精神，更离不开不同社会阶层不同群体不同个体的共同奋斗。

独特性和普遍性的统一。人皆有梦。梦是不分民族、种族的。中国梦指向的是中华民族的伟大复兴，其实也反映了世界上不同民族对自身发展的普遍性追求。中华民族自古以来从不缺少对理想社会的憧憬：从《礼记·礼运》所描绘的“天下为公”的大同理想起，到田园诗人陶渊明描绘的“世外桃源”，一直到危机重重的近代，从未放弃对大同理想的执着追求，康有为提出大同观，孙中山用大同理想阐释三民主义，等等，带有鲜明的民族特色，但和理想国、乌托邦等终归是相通的，反映了人类对于美好生活境界的共同追求。中国梦在国际上之所以也引起很大反响，说明对于梦想的这种追求更易于和世界对接共通，为不同文化背景的受众所认同。

（供稿：朱亦一）

【关于思想政治教育价值认识的哲学审视】

李合亮**，《教学与研究》2014 年第 3 期

* 张朋智：中共中央宣传部思想政治工作研究所副研究员。

** 李合亮：聊城大学政治与公共管理学院教授、法学博士。

价值认识是对一事物存在意义的哲学追问，是对其地位与作用的抽象与概括，它直接关系到该事物存在的正当性。长期以来，人们在对思想政治教育的本性及相关问题进行知识性认识的同时，也对思想政治教育的存在意义进行着价值认识。经不懈努力，学界在思想政治教育价值认识方面取得了一定成绩，但认识的进度尚较缓慢且突破性进展不大，已有认识不仅没有达成一致，相反争论更甚。

无论是对思想政治教育地位的哲学追问，还是直观疑惑；无论是扩大思想政治教育作用的"万能论"，还是否定思想政治教育作用的"无用论"，甚或是以调节"万能论"与"无用论"身份出现实则以他种意识形态（或儒学或资产阶级理论）替代思想政治教育的"改造论"，它们虽存有这样或那样的问题，有的甚至是错误的，但却都是对思想政治教育的一种价值认识，只不过这种认识的出发点与预设之目标不同罢了。

虽然学界在思想政治教育价值认识方面取得了很大成就，但是这些认识还存在许多有待深化之处：

其一，成熟的思想政治教育价值论体系尚未形成，而现有的认识往往站在思想政治教育对社会进步和人的发展效用的宏观视角，存在着宏大叙事的泛论之嫌，其独特价值缺乏深入挖掘。现有的关于思想政治教育价值的一些认识，虽意识到了思想政治教育对社会与个人发展的效用，但只是从宏观角度进行表象式归纳，没有从思想政治教育、人的发展、社会发展三者有机统一的角度剖析思想政治教育价值、人的价值、社会价值间的关系。思想政治教育对人与社会的哪一方面产生作用却是目前学界普遍欠缺的共性问题，基本上还是在社会的政治价值、经济价值、文化价值、生态价值，以及人的全面发展的框架内游走。

其二，将哲学之价值、教育之价值生搬硬套至思想政治教育。要对思想政治教育进行价值认识，其中一个重要的方法指导就是进行哲学认识，即运用哲学中的价值理论观察认识思想政治教育。但是，以哲学为指导对思想政治教育进行价值认识并不意味着哲学中的价值理论完全适用于思想政治教育。

其三，在对思想政治教育进行价值认识的过程中习惯剑走偏锋。在对思想政治教育进行价值认识的过程中，人们往往容易步入误区，具体而言就是过于强调思想政治教育对阶级统治、国家稳定、社会和谐的价值与意义，把思想政治教育这一活生生的有机体异化为政治斗争的装饰品，从而阉割了思想政治教育对其价值主体生命意义的追求与实现，为其价值的本身蒙上一层灰暗的阴霾，而对其对人的需求的满足、对人的精神境界的提升则予以完全忽略。

（供稿：朱亦一）

【高校社会主义核心价值体系教育应注意的几个问题】

王易*，《学校党建与思想教育》2014年第3期

社会主义核心价值体系是兴国之魂，也是引领当代大学生成长成才的根本指针。当前高校加强社会主义核心价值体系教育应注意几个问题：

不能脱离文化思想多元化的时代背景进行马克思主义指导思想的教育。在当前多样多元文化格局的背景下，衍射出的是当代中国多样多元的社会价值观。以往的

* 王易：中国人民大学马克思主义学院思想政治教育教研部主任，教授、博士生导师。

马克思主义理论教育往往采取唯我独尊的姿态、硬性灌输的形式，这样一种把复杂问题简单化的教育方式，忽略了多元文化背景的社会现实，也没有考虑大学生的实际特点，往往让马克思主义理论教育陷入尴尬的境地，甚至产生了教育的所谓负效果——越是教育要求的，越是学生怀疑和反对的。加强马克思主义的宣传不等于排斥其他思想的存在，加强马克思主义的教育也不等于否定其他理论的价值和意义。

不能脱离个人理想进行社会共同理想的教育。以往我们在进行中国特色社会主义共同理想教育时，往往是从高处着眼、大处用力，更多强调社会理想（共同理想）、长远理想和崇高理想，而对个人理想（包括职业理想和生活理想）、近期理想和一般理想却关注不足，把理想的目标与实现理想的过程割裂开来，造成理想教育过于高远而不切实际，不仅没有起到指引奋斗目标、提供前进动力、提高精神境界的教育效果，反而造成人们的逆反和抵触心理。相当一部分人对当前大学生的务实和现实主义的倾向持批评态度，认为这是大学生把理想功利化，只关注自我、目光短浅、缺乏社会责任感、丧失崇高理想的表现。我们应当逐步调整这种试图“以大带小”教育思路，引导学生逐步“由小入大”，用小的理想推动大的理想的实现。

不能脱离中国精神的传承性与统一性来进行民族精神和时代精神教育。以爱国主义为核心的民族精神和以改革创新为核心的时代精神，是社会主义核心价值体系的精髓，也是中国精神的主要内容。继承和发展中国精神，既要弘扬中国古代的民族精神，弘扬近代以来中国人民在争取民族独立和人民解放的历史进程中形成的伟大民族精神，更要弘扬中国共产党在领导人民进行革命、建设和改革的伟大实践中培育出的井冈山精神、长征精神、延安精神、抗战精神、西柏坡精神、雷锋精神、“两弹一星”精神、大庆精神、抗洪精神、抗击“非典”精神、载人航天精神、抗震救灾精神、北京奥运精神等。

不能脱离大学生思想政治教育目标的整体性进行社会主义荣辱观的教育。应该清醒地认识到，伴随着经济全球化进程的日益深入，各种文化思潮和价值观念冲击着大学生的思想，某些腐朽落后的生活方式也侵蚀着大学生的心灵，相当一部分大学生不同程度地存在政治信仰迷茫、理想信念模糊、价值取向扭曲、诚信意识淡薄、社会责任感缺乏、艰苦奋斗精神淡化、团结协作观念较差、心理素质欠佳等问题。

（供稿：朱亦一）

科学无神论

【毛泽东关于《加强宗教问题的研究》的战略意义】

杜继文*，《科学与无神论》2014 年第 2 期

自毛泽东《加强宗教问题的研究》的批示下达以来的 50 年里，宗教在世界社会政治变动中发生如此强大的作用，在国内则成为关系社会稳定、发展方向而争论最多的问题之一，这已经显示出这一批示的战略意义，需要我们更加努力地去实行。

一、《批示》提出要研究宗教，批判神学，由此确定了我国宗教研究的基本方向。

二、《批示》突出的是对世界三大宗教的认识，现在研究的学者不少，但层次不齐，扭曲史实和现实的现象明显增多。

三、在对我们国家宗教形势的判断的多种说法中，都没有指明当前的语境下的“宗教”为何物。宗教这一概念被抽象化到几乎连内涵和外延都没有了，肯定有不健全的因素在作怪。而借其朦胧模糊兜售那些不敢直言的货色，则是一种特别需要警惕的趋向。

四、宗教在全世界复兴是一种假象，因为在整个西方世界世俗化的步子并没有停下来，而且非宗教和反宗教的声音还在持续上涨；即使在大部分宗教国家，世俗化力量与宗教保守主义的斗争依旧存在，而且一直十分激烈。造成这种假象的原因，最重要的有两条，一条是宗教的急剧政治化和极端化，致使其成为世界新闻关注的焦点；一条是科学社会主义运动遭受挫折，并带动民族解放运动的衰微。

五、30 多年来，毛泽东关于《加强宗教问题的研究》的批示，逐渐被弘扬宗教、传播神学所取代，作为个人信仰的和意识形态的宗教，合情合法地进入了公共领域，尤其是国家出版、教育系统和科研机构，掀起了又一波的“宗教热”，造就了中国宗教大发展的假象。

六、党的十八届三中全会进一步规划了一系列政策和措施，明确、坚定而有力，这无疑为解决中国宗教问题，提供了最现实也最有效的社会政治基础，也在全世界树立起科学社会主义运动可以取得胜利的榜样，对寄希望于宗教和沉湎于宗教的国家与人民将给予生动的启迪。

七、导致近 20 多年来出现上述宗教问题还有个认识理论上的原因，即国家《宪法》没有得到严格的遵循，党的《19 号文件》被淡出指导地位。此二者互相关联，集中表现在超越了宗教的信仰本位而要求宗教去发挥社会公共作用。要求宗教发挥社会积极作用，为社会服务，与《宪法》和《19 号文件》关于宗教信仰自由的规定不符，也与马克思主义和党的传统以及文明发展的进程相悖。

---

* 杜继文：中国社会科学院世界宗教研究所原所长、研究员、荣誉学部委员。

八、毛泽东关于《加强宗教问题研究》的批示精神指明，宗教对共产党执政的国家而言，既是公民的私事，又是国家的公事。既要把信仰问题作为思想认识问题看待，又要提高国家掌握主导和管理宗教活动的能力。

九、对毛泽东突出宗教“研究机构”需要由“马克思主义者领导”而非一般宗教学者或神学家领导，用“历史唯物主义的观点”研究写文章，而非用一般“宗教学”或神学的观点研究写文章，绝对不能等闲视之。这在我们对《批示》的认识上，更体会出其在方向性、指导性和现实性上的意义。

（供稿：杨俊峰）

【加强对党员干部科学无神论的宣传教育】

朱晓明*，《红旗文稿》2014 年第 4 期

长期以来，在思想理论和实际工作中，存在着一些思想障碍，使本来应该天经地义、理直气壮地处于社会主义意识形态主导地位和话语的科学无神论，日渐式微。改变这种状况，首先要破除影响科学无神论研究和宣传教育的思想障碍，破除这些障碍主要有五个方面。

1. 要全面理解和贯彻宗教工作基本方针、基本政策。“宗教信仰自由”是一项基本政策。它的内涵是，公民既有信仰宗教的自由，也有不信仰宗教的自由。“宗教信仰自由”的实质，就是要把信仰宗教和不信仰宗教，作为公民个人自由选择的“私事”。贯彻宗教信仰自由政策，要与全面贯彻党的宗教工作基本方针联系起来，要与共产党人在宗教问题上的目标和价值追求联系起来。

2. 不能以一般的马克思主义教育代替无神论教育。无神论是马克思主义的基础和前提，也是马克思主义的重要内容。有的同志认为，我们天天在讲马克思主义，没有必要再讲无神论。这是一种误解。

3. 认为无神论思想简单浅薄的观点是错误的。只有既熟练掌握辩证唯物主义和历史唯物主义以及多种现代科学知识而又全面透彻了解古今中外各种宗教神学理论的学问家、思想家、理论家，才能对宗教神学的社会历史根源和思想逻辑错误作出有理有据的科学解析，从而成为自觉的无神论者和真正的无神论专家。

4. 加强无神论宣传教育与落实宗教信仰自由政策、团结宗教界人士和信教群众并不矛盾。开展无神论研究和宣传教育与贯彻宗教信仰自由政策，无论从法律依据、理论基础和根本出发点来说都是统一的，而不是相互排斥的。批判神学、宣传无神论，绝不是反对合法的宗教组织和正常的宗教活动，同政治上尊重信教公民的宗教信仰自由、团结信教和不信教的群众、维护每个公民的合法权利和根本利益是并行不悖、相互统一的。只要讲究方式方法、避免伤害宗教感情，无神论宣传教育是完全正当和绝对必要的。

5. 政治行动上与宗教界结成爱国统一战线不等于赞成唯心论。党和政府做统战、宗教工作的干部，都应该明确，一是要站在马克思主义和科学无神论的立场做宗教工作，而不是站在宗教的立场，更不是站在某一个宗教的立场做宗教工作；二是要站在国家大局、站在包括不信教群众在内的全局来做宗教工作，而不是仅仅面对宗教界人士和信教群众来做宗教工作，从而团结信教和不信教群众为全面建成小康社会，为实现中华民族伟大复兴的“中

* 朱晓明：中国藏学研究中心原党组书记，中国无神论学会理事长。

国梦”共同奋斗。

无神论，尤其是其中的人本精神、科学精神，是社会主义核心价值体系的题中应有之义，是国家文化软实力的重要方面，符合社会主义先进文化的前进方向。我们学习和贯彻十八届三中全会精神，必须把它与我们正在做的事情相联系、相结合，用十八届三中全会精神指导和推动科学无神论研究和宣传教育。

（供稿：杨俊峰）

【马克思主义的宗教研究必须坚持无神论立场——纪念毛泽东关于加强宗教问题研究的批示 50 周年】

田心铭[*]，《马克思主义研究》2014 年第 3 期

研究宗教问题如果不坚持无神论，不批判神学，就离开了马克思主义，就不是马克思主义的宗教研究。

马克思主义根本排除了任何超自然神秘力量对自然界与人类社会生活的影响和主宰，是彻底唯物主义和无神论的世界观。马克思主义宗教观作为它回答“什么是宗教、怎样对待宗教”问题的根本观点，是马克思主义完整世界观的有机构成部分，是彻底无神论的宗教观。在马克思恩格斯的著作中，论“神”多、论“无神”少是一种表面现象，始终如一地坚持无神论才是实质。马克思主义揭示了自然界与人类社会固有的本质和规律，这是对世上“无神”的最有力的论证。无神论是马克思主义理论大厦的基石，是马克思主义其他一切理论的前提。否定马克思主义的无神论，就从根本上否定了马克思主义。

实事求是是马克思主义的根本原则，也是科学研究的根本原则。宗教研究有其自身特定的客观对象，这使它有可能获得真理性认识而成为科学。宗教研究面对两个层次的客观实际。第一，宗教的有神论观念。作为一种社会意识现象，在社会的历史和现实中真实地存在并发挥影响。我们必须从这个实际出发，认真地研究和对待它。第二，宗教观念所认定的“超人间的力量”并不存在，这更是我们在研究宗教时不可忘记的客观事实。宗教研究只有全面反映这两个层次的客观实际，才能成为科学。如果仅仅满足于弄清宗教观念本身的思想内容，而不去研究宗教观念与客观实际是否一致，这样的认识虽然因其能记载或梳理思想观念而具有一定的学术价值，但毕竟还是肤浅的，不能成为真正的科学。无神论立场对于全部宗教研究来说，都是追求真理、成为科学所不可缺少的条件。

在宗教研究中坚持无神论，既是为了坚持真理，又是为了维护最广大人民的根本利益。马克思主义的宗教研究必须始终站在维护最广大人民根本利益的立场上，联系具体条件来分析无神论和有神论同人民利益的关系。在宗教研究中坚持无神论的马克思主义宗教观，是巩固全国人民团结奋斗共同思想基础的必然要求，因而符合包括信教群众在内的全中国人民的根本利益。在宗教研究中放弃无神论，必然导致侵蚀马克思主义的思想阵地，搞乱人们的思想，危害人民团结奋斗的共同思想基础，危害包括信教群众在内的全国人民的根本利益。

坚持马克思主义无神论，是深入研究、正确解读、全面贯彻党的宗教工作基本方针所不可缺少的条件。站在马克思主义无神论的立场上，把宗教信仰自由政策的两个方面统一起来，才能兼顾信教群众

---

* 田心铭：教育部高校社会科学研究中心研究员，中国无神论学会副理事长。

与不信教群众的利益，促进信教群众与不信教群众之间的和谐、宗教与社会的和谐，引导宗教与社会主义社会相适应，从而维护最广大人民的根本利益。

（供稿：杨俊峰）

【宗教研究怎样才能做到实事求是】

田心铭*，《思想理论教育导刊》2014 年第 11 期

在宗教研究中坚持马克思主义的立场、观点、方法，从全面的事实出发，最重要的是，必须看到宗教有神论在社会生活中存在和神在世界上根本不存在这两个方面的基本事实。忽视或否认其中的某一个方面，都会离开实事求是的科学精神。宗教研究所面对的，就是根本没有什么神而又确实存在着虚幻的有神论观念的现实世界。只有从这个矛盾着的基本事实出发，才能求出宗教产生、发展和消亡的规律，作为我们正确认识和处理各种宗教问题的向导，才能做到实事求是。这里需要看到两个方面。第一，只看见物质世界中无神，看不见意识领域有神，社会生活中有宗教，是片面的、主观的。第二，只强调宗教有神论存在的必然性和长期性，无视世上无神这一基本事实，也不能从客观实际出发正确地认识和处理宗教问题。在世界观的层面，马克思主义的信仰与一切宗教信仰是根本对立的。坚定马克思主义的信仰，同时就意味着摒弃一切唯心主义的世界观和宗教信仰。

宗教的产生、发展和消亡有其自身的规律。坚持实事求是，必须求出事物固有的规律。只有揭示了客观规律的科学理论，才能正确地指导实践。第一，关于宗教的长期性。我们必须深刻理解并自觉遵循宗教所具有的长期性规律，尊重信教群众的宗教信仰、宗教感情，重视发挥他们在建设中国特色社会主义中的积极作用，正确引导宗教，管理好宗教事务。任何强制性地消灭宗教的企图都是违背客观规律的，是完全错误的。另一方面，宗教存在的长期性并不是宗教的永恒性。离开宗教终将消亡去讲宗教的长期性，就把它永恒化了，是对宗教长期性规律的片面性解读。这也是主观性的一种表现。

第二，关于宗教同社会的关系。处于社会主义中国的宗教，只有同社会主义社会相适应才能存在和延续；而引导宗教同社会主义社会相适应，对于构建社会主义和谐社会，团结全国人民的力量共同建设中国特色社会主义，是十分有益和必不可少的。在宗教与社会的相互作用中，归根到底是社会决定宗教，而不是宗教决定社会。因此，只能是宗教适应社会改变自己，而不能有意无意地企图让社会去适应宗教。从社会存在决定社会意识推导出社会好则宗教好、批评宗教的消极作用就是指责好社会的结论，是对马克思主义基本原理的曲解。这种曲解，是由研究者主张“悬置宗教信仰”，不问有神论、无神论是否合乎客观实际的立场决定的。最好的社会并不是为“好宗教”的发展提供了条件，恰恰相反，是为宗教走向消亡创造了前提。

（供稿：杨俊峰）

【科学无神论是抵御境外宗教渗透的思想武器】

习五一**，《科学与无神论》2014 年第 3 期

当代世界，国家安全早已经从传统的

---

* 田心铭：教育部高校社会科学研究中心研究员，中国无神论学会副理事长。

** 习五一：中国社会科学院科学与无神论研究中心主任，中国无神论学会副理事长兼秘书长，研究员。

军事安全扩展到非传统安全领域。而非传统安全的研究，属于高难度的系统工程，需要多学科的攻关。其中，宗教就是当今影响国家安全的重要因素之一。宗教有神论被某些国家和某些利益集团，当作谋取政治势力和经济利益的手段。从科学无神论的视角考察，这种现象是历史发展进程中的曲折，急需我们进行研究，提出对应战略。

冷战结束以来，国际战略格局最重要的变化是，美国新保守主义势力企图建立独霸全球的单极时代。当代西方列强的核心话语，已经转向“以宗教自由为基石”的人权。基督教的“普世价值”不断被抽象化，成为西式民主制度的图腾。这种符号化的“普世价值”，企图将社会核心价值体系，从各国基本的社会关系中剥离出来，成为国际舞台上“新干涉主义”的武器。这种宗教意识形态化的倾向，影响了国际社会文化多元化的发展，造成世界的动荡不安。打着宗教旗号制造事端，在我国的西藏问题、新疆问题上已是有目共睹，而对我国潜在威胁最大的，乃是美国基督教新基要主义的全球扩张战略。美国学者多数主张积极扩大基督教在中国的影响，以利于西方文化“和平演变”中国。同时，他们又通过各种手段和途径，不遗余力地在我国培植和扶植宗教势力，抵制政府依法管理，抗衡爱国宗教组织，使他们培植的宗教势力成为改变中国社会制度最重要的民间“民主”力量。海外基督教势力的“合法渗透”，主要形式是“文化交流”“学术研究”。他们通过教育系统和研究机构，在青年知识分子中宣传基督教优秀论，将西方近现代文明归功于宗教信仰，诋毁中国的传统文化，贬低社会主义价值观。

科学无神论是马克思主义哲学和宗教理论的重要基础。这个学科的建设不仅关系着实施“科教兴国”战略、提高全民族素质，还关系着抵御境外极端宗教势力渗透、国家文化安全的问题。近些年来，贬斥无神论，反对研究和宣传无神论一时形成强大的舆论氛围。无神论研究在某种程度上成为研究禁区，败坏了无神论的声誉，挤压了无神论的影响空间。这种情况不仅严重影响了科学无神论的研究和宣传教育，而且对马克思主义理论研究和建设构成了相当威胁。为应对当前国内外严峻的形势，开展科学无神论学科的建设，势在必行。科学无神论学科的建设，将影响全国有关领域的思想趋势和学术结构向良性转变，而且将推动社会主义核心价值体系的建设，对社会主义先进文化的建设和民族素质的提高产生积极作用，并将提供有针对性的抵御宗教渗透的思想理论武器。从思想文化上提供抵御境外宗教神学渗透的理论武器，才能确保我国文化和意识形态安全。

（供稿：杨俊峰）

【任继愈——中国马克思主义宗教学的开创者和奠基人】

李申*，《上海师范大学学报》（哲学社会科学版）2014 年第 1 期

社会存在决定社会意识，用历史说明宗教，是马克思主义宗教学的基本原则。任继愈先生自觉而准确地把这个原则应用于宗教学研究，用他自己的著作，给研究者提供了范例和榜样。他创建了中国马克思主义宗教学研究机构——世界宗教研究所，“文化大革命”之后又领导宗教所努力聚集和培养宗教研究人才，制订宗教研究规划，并亲自领导和实施宗教研究项

* 李申：中国无神论学会副理事长，研究员。

目，组织编纂了一系列宗教学著作，奠定了中国马克思主义宗教学的基础。

“儒教是宗教”这一论断的提出，表现了任先生深厚的宗教学素养、对中国传统文化性质的深刻理解以及高度的马克思主义理论水平。时至今日，承认儒教是宗教的学者成倍地增多起来。这个判断得到中国学术界的全面承认，只是个时间问题。

任先生指出，“马克思主义宗教学本质上是一种科学无神论”。讲马克思主义宗教观而不讲无神论，从事马克思主义宗教学而不批判神学，那就是阉割了马克思主义宗教学最本质的东西，就不是马克思主义宗教学。宗教学和其他学科不同。其他学科虽然也难以完全避免主观性，毕竟有达到客观的可能和条件。但是宗教学学科，在事实的认定方面，宗教信仰者和无神论者也可能达到一致，在神祇存在还是不存在这个问题上，无神论者和宗教信仰者之间，永远也不会有共同的语言。在这个问题上，即使要纯粹描述现象，也不可避免地会显露作者的倾向。因此，以马克思主义的世界观研究神学问题，本身就是对神学的批判。同样，站在宗教信仰者的立场上研究神学问题，同时也是对无神论的批判。这是无法回避的事实。问题仅仅在于，批判是严肃的学术争论，还是仅仅流于抨击。从接受马克思主义开始，任先生就把批判神学贯彻到自己的研究之中。他坚持科学无神论立场，始终把“批判神学”作为马克思主义宗教学重要任务之一。

针对20世纪末流行的所谓“特异功能”现象，任先生指出，一个国家，不仅落后要挨打，愚昧也要挨打。在愚昧的基础上，也难以真正摆脱贫困和落后。要摆脱愚昧，重要举措之一，就是进行科学无神论世界观的宣传和教育。马克思主义者对于有神论的愚昧，如同对待贫困一样，不是简单地否定和反对，而是帮助不幸者“摆脱”。进行科学无神论的宣传和教育，就是帮助人们摆脱有神论观念的重要举措。

从《汉唐佛教思想论集》的出版到“不仅要脱贫，而且要脱愚”主张的提出，任先生在宗教研究方面所做的工作，为中国的宗教学研究开辟了新的、马克思主义的方向，奠定了坚实而丰厚的学术基础。

（供稿：杨俊峰）

【思想政治教育要高度重视宗教问题】

加润国*，《科学与无神论》2014年第3期

改革开放以来，我国信教人口持续增长，境外势力加紧利用宗教对我进行渗透活动，宗教对青少年的影响越来越大，而我们的思想政治教育却长期忽视宗教问题。高度重视宗教问题，通过分析批判宗教中的唯心论、有神论来加强对青年学生的唯物论、无神论教育，作为加强理想信念教育和科学“三观”教育的着力点，应成为新形势下加强思想政治教育的一项重要措施和紧迫任务。

一、共产党对待宗教的基本态度是：全面实行宗教信仰自由政策，努力使宗教信仰成为公民个人的私事；同时，要坚持进行无神论宣传教育，帮助人们特别是青少年树立正确的世界观、人生观、价值观，努力使他们成为坚定的马克思主义者、共产主义者和社会主义事业的接班人。

二、改革开放以来的贯彻情况：宗教信仰自由得到全面保障，无神论宣传教育

* 加润国：国家宗教事务局研究中心副主任，研究员。

却有气无力。改革开放 30 多年来，我们党关于"保障宗教信仰自由"和"坚持无神论宣传教育"的政策没有任何改变。但是，实际工作中这两个方面政策的贯彻落实却出现了严重失衡。一方面，保障宗教信仰自由的工作不断加强。国家出台了一系列加强宗教工作的文件和法规，保障公民的宗教信仰自由权利，维护宗教领域的团结稳定，发挥宗教界人士和信教群众在促进经济社会发展中的积极作用。另一方面，无神论宣传教育工作却被不断削弱。中央没有及时出台专门部署无神论宣传教育的文件，宣传教育部门没有专门研究应对宗教问题的机构和人员，中国无神论学会成立不久就停止了活动，后来虽然恢复了活动却因为没有得到有关部门的有力支持和坚强领导而处于不得不为自己争取生存权的困境之中。

开展无神论研究和宣传教育的关键是"研究宗教、批判神学"。宗教与神学有联系也有区别：宗教是以鬼神信仰和崇拜为核心的社会文化体系，内容很丰富，神学只是其中的超自然观念或鬼神论。批判神学，是为了破除某种关于世界的错误认识，帮助人们了解事物的真相，正确地认识和改造世界，以有效的方式谋取真实幸福，而不是要笼统地反对宗教，更不是反对信教群众。令人遗憾的是，20 世纪 90 年代以来我国的宗教研究机构如雨后春笋般出现，而旗帜鲜明地坚持以马克思主义为指导研究宗教、批判神学的研究机构却"凤毛麟角"。

三、思想政治教育的重要课题：高度重视宗教问题，采取措施加强无神论的研究宣传教育。在宗教影响越来越大的新形势下，思想政治教育工作必须高度重视宗教问题，及时采取有力措施加以应对。1. 充分认识宗教问题的重要性，高度重视宗教问题。2. 宣传教育部门设立专门机构，研究应对宗教问题。3. 哲学教科书增加无神论内容，以加强世界观教育。4. 在有关专业开设马克思主义宗教观和宗教学原理课程，树立马克思主义宗教观。5. 坚持以马克思主义为指导，加强对宗教学教学科研工作的领导。

（供稿：杨俊峰）

【中国共产党关于马克思主义宗教观教育特点和原则的论述及现实意义】

李建生*，《党的文献》2014 年第 3 期

中国共产党在革命、建设和改革的长期实践中，始终坚持继承和发展马克思主义宗教观教育理论，围绕不同历史时期的中心任务，开展对广大党员、干部和群众的思想宣传和教育，并结合实践对马克思主义宗教观教育的重要性、特点、原则和方法等进行了深刻阐述。

关于进行马克思主义宗教观教育特点的论述包括：1. 群众性。宗教在我国具有群众性，马克思主义宗教观教育面对的不是个别人的问题，而是一个具有群众性的思想认识问题。在无神论教育中坚持不懈地普及这些与群众日常生活密切相关的科学知识，是由马克思主义宗教观教育的群众性决定的。2. 长期性。宗教在我国的存在是长期的，对广大群众进行马克思主义宗教观和科学无神论的教育，逐步改造头脑中存在着的鬼神迷信观念，必然是一个长期的过程，不能一蹴而就，必须常抓不懈。3. 艰巨性。进行马克思主义宗教观和科学无神论教育，不仅是一个长期的过程，而且是一个艰巨的过程。马克思主义宗教观教育的艰巨性，除了来自解决

---

* 李建生：新疆师范大学法经学院教授。

思想认识问题本身的特殊性外，更重要的还来自消除宗教存在的各种现实条件的长期性和艰巨性。

关于进行马克思主义宗教观教育原则的论述包括：1. 为中心工作服务原则。为党和国家的中心工作服务，是进行马克思主义宗教观教育的首要原则。马克思主义宗教观的宣传教育必须正确处理马克思主义宗教观教育与社会主义经济建设的关系。2. 说服教育原则。宗教信仰问题是人民内部的思想认识问题、是非的辨别问题，不可以用强制的方法去解决。企图用行政命令的方法，用强制的方法解决思想问题，是有害的。3. 与具体实际相结合原则。进行马克思主义宗教观教育也必须结合中国的国情，结合具体的实践需要。

学习党关于进行马克思主义宗教观教育理论具有重要的现实意义：（一）掌握马克思主义宗教观教育的特点和原则，遵循教育规律，做好宣传教育工作。马克思主义宗教观教育最根本的是群众性。马克思主义宗教观教育的为中心工作服务原则、说服教育原则和与实际相结合原则，是马克思主义宗教观教育规律性和教育科学性的直接体现。（二）正确处理进行马克思主义宗教观教育过程中的一系列辩证关系，提高教育艺术，确保教育的科学性和实效性。党的关于马克思主义宗教观教育的论述不仅包括教育的重要性、特点和原则，而且要求要正确处理好一系列辩证关系。

（供稿：杨俊峰）

第六篇

著作选介

马克思主义基本原理

【完善社会主义市场经济体制暨刘国光经济思想研讨会文集】

程恩富*主编，中国社会科学出版社2014年版

刘国光是首届世界马克思经济学奖和中国经济学杰出贡献奖获得者，是一位坚定和创新的马克思主义者，对国家和人民怀有强烈的责任感，把追求真理作为自己毕生的追求，是当代中国最有影响力的杰出经济学家之一。2013年11月26日，由中国经济规律研究会、中华外国经济学说研究会和中国社科院经济社会发展研究中心联合主办的“庆贺刘国光九十华诞暨完善社会主义市场经济体制”研讨会在中国社会科学院学术报告厅隆重召开，来自全国30余家单位的约百名专家学者欢聚一堂，共同庆祝德高望重的经济学大师、中国社科院学部委员刘国光九十华诞，并结合“完善社会主义市场经济体制”这一主题，对其学术思想、理论贡献、高尚师德等进行了深入研讨。程恩富主编，侯为民、张福军副主编的《完善社会主义市场经济体制暨刘国光经济思想研讨会文集》即是本次会议论文汇编，共收录专家学者文章二十余篇，回顾和总结了刘国光在我国经济改革与发展进程中的主要贡献。

（供稿：李建国）

【世界历史理论的当代构建】

叶险明**著，社会科学文献出版社2014年版

《世界历史理论的当代构建》共分上下两篇，即“挖掘”和“开拓”“挖掘”即是对马克思给我们留下的世界历史理论的宝贵遗产从时代高度进行新的诠释；“开拓”即是从时代高度构筑马克思主义世界历史理论的新的理论环节。上篇：昭示了马克思世界历史理论形成的文化逻辑，从问题学的角度考察了马克思世界历史理论的发展逻辑，对“历史向世界历史的转变”的复杂性、“世界历史性个人”与“人的自由而全面的发展”间关系等马克思世界理论的重要问题作了新的阐释，并对马克思世界历史理论与“现代世界体系”理论作了比较性研究。下篇：基于对当代世界和中国的重大历史与现实问题的反思，明确提出和系统论证了世界历史理论的基本问题及其意义、世界历史理论的“世界历史时间”原理及其意义和“世界历史”双重结构原理及其意义，勾勒了作为世界历史理论构成部分的民族观和时代观的基本轮廓，对“全球化”及其发展作了世界历史理论的批判，并从主客体相统一的视阈阐释了超越“西方中心论”的逻辑和方法，从而为马克思主义世界历史理论当代形态的构建提供了一条可供选择的思路。

---

* 程恩富：中国社会科学院学部委员、马克思主义研究学部主任。

** 叶险明：浙江师范大学教授。

"世界历史理论的当代构建"是一个跨学科的重大课题，其方法论意义涵盖整个人文社会科学，其内容涉及人文社会科学学术研究的各个领域。该书是对马克思主义世界历史理论在当代的丰富和发展。

（供稿：张建云）

【回到马克思：经济学语境中的哲学话语（第三版）】

张一兵*著，江苏人民出版社2014年版

该书有效利用了MEGA2的最新文献，把对一大批马克思早期经济学笔记的解读与哲学理论分析联结起来，对马克思早期思想形成的历史背景和发展的具体脉络进行了深入系统地梳理，形成了一个独特的学术创新点。马克思哲学的历史语境将因之从一种全新的理论视阈中呈现出来。全书正文共分九章，第一章是青年马克思初次面对经济学的支援背景，研究了马克思成长时期的社会思想背景，重点分析了当时的经济学与哲学的相互渗透，包括古典政治经济学隐含的哲学前提、黑格尔哲学对古典经济学的认同和超越，以及马克思同时代学者的经济哲学思想；第二章是经济学语境中哲学话语的沉默与凸显，研究了从克罗茨纳赫到巴黎时期马克思思想的演变发展过程；第三章是人本学劳动异化史观与走向客观经济现实的复调语境，重点研究了《1844年经济学哲学手稿》的经济哲学思想；第四章是马克思主义哲学革命前夜的实验性文本，集中研究了布鲁塞尔时期马克思的笔记摘录和几篇文章中所反映出来的思想变化；第五章是马克思哲学新视阈建构的重要理论参照系，分析了马克思第二次研究经济学的成果以及《唯一者及其所有物》出版带来的影响；第六章是马克思科学世界观的理论建构，研究了《德意志意识形态》的文本结构和思想突破；第七章是马克思主义哲学革命的最后视阈，主要研究了马克思致安年科夫的信以及《哲学的贫困》中历史唯物主义世界观与政治经济学的初步结合；第八章是《1857—1858年经济学手稿》与历史唯物主义，分析了马克思19世纪50年代经济学研究中新世界观的深化；第九章是经济学语境中的历史现象学，主要研究了马克思对资本主义经济批判分析过程中蕴含的哲学逻辑。

（供稿：彭五堂）

【马克思主义与西方新制度经济理论比较研究】

顾钰民**著，复旦大学出版社2014年版

马克思主义制度经济理论和西方新制度经济理论，虽然都以经济制度为主要研究对象，但二者在理论框架、分析方法、前提假设和主要观点等方面既有相同或相似之处，更有本质区别。《马克思主义与西方新制度经济理论比较研究》对马克思主义制度经济理论与西方新制度经济理论进行了系统的梳理和比较研究。全书共分七章，其中前四章是对两种制度经济学总体特征的比较研究，包括理论框架体系的比较研究、分析方法的比较研究、制度范畴的比较研究、假设前提的比较研究，后三章是具体内容的比较研究，包括产权理论的比较研究、企业理论的比较研究，以及制度变迁的比较研究。产权理论、企业理论、制度变迁理论是制度经济学的主要内容，马克思主义制度经济理论和西方新制度经济理论对这些问题的分析和论述是比

* 张一兵：南京大学党委书记，哲学系教授。

** 顾钰民：复旦大学马克思主义学院教授。

较充分的，也具有比较研究的价值，并能够基本反映马克思主义制度经济理论与西方新制度经济理论不同的理论观点。该书研究的内容结构是，每一部分都首先对马克思主义制度经济学与西方新制度经济学的相关特点或内容分别进行系统的梳理研究，在此基础上进行二者的比较研究，在比较研究的基础上，深入认识和把握两种制度经济学理论各自的科学内涵和需要进一步完善的内容。

（供稿：彭五堂）

【《资本论》正义——怎样理解资本主义】

余斌*著，广西人民出版社2014年版

专著《〈资本论〉正义——怎样理解资本主义》以《资本论》在当今学术界所引起的争议问题为切入点，通过对于马克思主义经济思想的理解，对于《资本论》核心原理的掌握，对于西方资本主义的了解，以及通过六个争议主题的"擂台赛"，驳斥了当前学术界对于《资本论》的不当解读，基本上解决了当今《资本论》在学术界的争议，为我们还原了一部真实的《资本论》，是马克思《资本论》最恰切的注脚。全书共分为六章，第一章是"价值决定经济增长"，重点研究了围绕马克思劳动价值理论所产生的几个有争议的问题，如抽象劳动、简单劳动和负债劳动的关系，关于社会必要劳动时间含义的讨论，以及对生产资料优先增长规律的讨论，等等；第二章是"'成正比'问题"，该章就单位商品价值量与劳动生产率的关系进行理论深入研究，澄清了这一问题上的一些模糊认识，批判了个别错误观点；第三章是"价值转形"，第四章是"对价值转形的责难及其错误"，这两章对价值转形这一政治经济学的历史性难题进行了深入分析；第五章是"平均利润率"，第六章是"西方伪马克思主义经济学批判"。全书主题突出，分析深入。阅读该书，可以在最短的时间了解和掌握国内马克思主义经济学研究前沿的主要争议问题。

（供稿：彭五堂）

【创新发展与科学扬弃——马克思主义政治经济学与现代西方经济学的几个带根本性的理论分歧】

胡钧**著，言实出版社2014年版

书中主要思想是论证划清马克思主义政治经济学与现代西方经济学的根本区别和界限的重要性，一方面从指导研究的根本方法是历史唯物主义和确立政治经济学的研究对象是社会生产关系等方面，树立马克思主义政治经济学在经济学领域的指导地位，另一方面在几个重大理论和现实问题上阐明二者的对立性，必须划清二者界限。只有划清界限，才能对现代西方经济学做到弃其意识形态糟粕，吸取其有用部分。书中对包括股份制、社会主义市场经济的理论以及怎样用马克思主义基本理论正确阐释我国提出的生产要素按贡献参与分配的分配原则等问题作了深入的阐述。此外，还有经济危机、公共产品、经济学国际化等问题。这些同样都是为了坚持马克思主义政治经济学的基本原理，与西方经济学的错误理论划清界限。不在这样一些重大理论问题上明辨是非，坚持马克思主义在意识形态方面的指导地位就会大打折扣。

（供稿：杨静）

---

* 余斌：中国社会科学院马克思主义研究院马克思主义原理部主任，研究员。

** 胡钧：中国人民大学荣誉一级教授。

马克思主义中国化

【邓小平文集（1949—1974）（共 3 卷）】

中共中央文献研究室编，福建人民出版社 2014 年版

该书是继《邓小平文选》之后，邓小平同志最为重要的著作。文集分为三卷，共 406 篇、80 余万字。上卷编入的是邓小平同志 1949 年 10 月至 1952 年 8 月上旬主政西南时期的文稿，中卷和下卷编入的是邓小平同志在中央领导岗位工作期间的文稿。文集反映了邓小平同志为巩固新生的人民政权、恢复国民经济、建设社会主义制度、进行社会主义革命和建设、加强党的建设所做出的重要贡献；特别反映了邓小平同志作为以毛泽东同志为核心的党的第一代中央领导集体的重要成员，在参与一系列重大决策的制定与实施过程中，对于中国社会主义建设道路的思考和探索；反映了他坚持独立思考，从实际出发，理论联系实际，密切联系群众的思想和工作作风。文集为全党学习和研究改革开放前我们党形成的重要理论成果，学习和总结这一时期党治国理政的历史经验，了解和研究中国特色社会主义道路的探索历程，提供了重要的读本；对于广大干部群众深入学习研究邓小平理论，深入了解邓小平同志开创中国特色社会主义的历史渊源，学习理解邓小平理论与毛泽东思想一脉相承、继承发展的关系，增强中国特色社会主义的道路、理论、制度自信，具有重要的意义。

（供稿：郑萍）

【新大众哲学（1—7 册）】

王伟光*主编，中国社会科学出版社 2014 年版

《新大众哲学》继承了《大众哲学》解释、解答新的时代问题的方式，努力回应当代国内外流行的各种哲学社会思潮，剖析令人民迷惘、困惑、辨不清是非、找不到理想和方向的错误思想，向世人证明马克思主义哲学始终是人民群众认识和改造世界、追寻幸福最强有力的理论武器。《新大众哲学》篇幅较大，全书共 7 册，分为总论篇、唯物论篇、认识论篇、历史观篇、价值论篇和人生观篇。

《新大众哲学》立足马克思主义哲学的本真精神，围绕时代问题展开哲学诠释，力求将重大理论与现实问题提升到马克思主义哲学世界观方法论的高度加以分析与阐明，在回答重大理论与现实问题的进程中，力争推进马克思主义哲学的时代化、中国化和大众化。这是历史赋予马克思主义哲学义不容辞的责任，也是《新大众哲学》应当担当的历史重任和奋力实现的目标。

以王伟光为主编的丛书课题组，弘扬艾思奇《大众哲学》的思想风格，针对现

* 王伟光：中国社会科学院院长、党组书记、教授。

实中的突出问题，很好地阐释了习近平总书记的系列重要讲话精神，同时直面问题找答案，剖析矛盾见智慧，明白晓畅，豁然开朗，给读者增添力量。这套书不单是哲学著作，还融通了文学、史学、法学、政治学、管理学、社会学、伦理学等知识，结合人们身边熟悉的事例进行论证分析，体现了“为大众而写、让大众能懂、供大众所用”的学风和文风，讲清了当前读者渴望知道的一些基本理论和答案。

（供稿：孟庆友）

【还历史的本原】

李慎明[*]、李捷[**]主编，中国社会科学出版社 2014 年版

本书由中国社会科学院原副院长李慎明、中国社会科学院副院长李捷主编。收入的论文分为两个部分。第一部分收录文章 29 篇，其中一些是作者为本书新撰写的，还有一些是已经发表的文章。第二部分收录文章 27 篇，是在《中国社会科学报》“学术思潮述评系列”“历史评论系列”等栏目刊发的文章。如《1928 年是在误传杨开慧已牺牲的情况下毛泽东与贺子珍联姻的》《谈谈高华论肃 AB 团与富田事变的学术硬伤》《关于抗美援朝战争几个问题的认识》《毛泽东没有在“五一口号”中加写“毛主席万岁”》《“鲁迅活着会怎样?”》《毛泽东为什么批判电影〈武训传〉》《那些年，苏联确实“逼了债”》《〈墓碑〉一书“中国饿死 3600 万”的结论非常荒谬》《我读〈晚年周恩来〉》《中国抗战史真的需要重写吗》《毛泽东不是闭关锁国论者》《毛泽东不是独裁者》等。这些文章，针对近年来历史虚无主义在党史研究、国史研究和毛泽东思想研究中提出的种种错误观点，由党史、国史研究者们有针对性地选取若干错误论点，从历史事实出发，用历史唯物主义的立场和方法，摆事实讲道理，有理有论有据地加以澄清。目的不仅是为了给历史虚无主义以必要的回击，也是为了对大家普遍关心的党史、国史重要问题给予解答，起到解疑释惑、明辨是非的作用。

（供稿：郑萍）

【33 位著名学者纵论毛泽东思想】

中国社会科学院马克思主义研究学部编，中国社会科学出版社 2014 年版

毛泽东同志是中国共产党、中国人民解放军和中华人民共和国的主要缔造者，是伟大的马克思主义者，伟大的无产阶级革命家、战略家和理论家，是近代以来中国伟大的爱国者和民族英雄，是领导中国人民彻底改变自己命运和国家面貌的一代伟人。当前，党内外、国内外对毛泽东、毛泽东思想和毛泽东时代政绩的评价褒贬不一，各种思潮纷纭呈现、激烈交锋，有人把改革开放前后两个历史时期进行割裂甚至对立起来，不是用前者否定后者，就是用后者否定前者。各种极端思潮严重地影响到对伟人的历史地位与历史贡献的评价，进而对人们的思想造成混乱。2013 年是毛泽东同志诞辰 120 周年，为了坚持和发展伟人的科学思想，回应和澄清某些错误言论，根据党的十八大精神和习近平总书记的讲话精神，中国社会科学院马克思主义学部组织中国社会科学院著名学者专家王伟光、李慎明、朱佳木、程恩富、李崇富、侯惠勤、邓纯东，以及院外著名学者专家冷溶、徐光春、卫建林、李捷、卫兴华、周新城、沙建孙、田心铭等，结

[*] 李慎明：中国社会科学院原副院长，研究员。

[**] 李捷：中国社会科学院原副院长，现《求是》杂志社社长。

合改革开放 30 多年的实践，从经济、政治、文化、社会等多领域，多视角地对毛泽东、毛泽东思想和毛泽东时代以及与当代相关的国内外问题，进行了研究阐发。该书共分四篇：社会主义思想篇、经济思想篇、哲学文化思想篇、历史地位和贡献篇，对于更准确地理解马列主义及其中国化理论，理解党史和国史，均具有重要意义。该书是中国社会科学院马克思主义研究学部与中国社会科学出版社组织编写和出版的“马克思主义研究学部纵论丛书”第 5 本。

（供稿：李建国）

【“毛泽东研究三部曲”（修订再版）】

李君如[*]著，福建人民出版社 2014 年版

“毛泽东研究三部曲”包括《毛泽东与近代中国》（主要论述新民主主义时期毛泽东思想——新民主主义理论）、《毛泽东与当代中国》（重点研究毛泽东建立和建设社会主义中国的思想）、《毛泽东与毛泽东后的当代中国》（主要研究毛泽东与邓小平之间思想联系），20 世纪 90 年代陆续出版后，在学术界产生了广泛影响。全套著作在展现中华民族实现伟大复兴中国梦的奋斗历程的过程中，烘托出毛泽东作为近代以来中国伟大的民族英雄、马克思主义中国化的伟大开拓者、领导中国人民彻底改变自己命运和国家面貌的一代伟人的独特历史地位，写出了毛泽东与毛泽东思想对近代以来的中国历史以及对世界历史的影响。既写了功绩，也写了失误及其背后的原因。全书运用历史唯物主义观点和方法，以毛泽东生平和思想研究为切入点，论述了 19 世纪末到 20 世纪末百年间的思想发展史，阐明了马克思主义中国化的历程，以及中国化的马克思主义两大理论成果之间的内在关系。此次修订再版，突出了“马克思主义中国化”这条贯穿全书的主线，补充了作者关于毛泽东思想研究的一些新思考、新见解；对于在新的历史条件下深化毛泽东思想生平研究，加深对中国特色社会主义理论体系与毛泽东思想既一脉相承又与时俱进关系的认识，正确把握改革开放前后两个三十年的关系，都会产生积极意义。

（供稿：郑萍）

【永恒的丰碑——邓小平理论与中国特色社会主义】

赵智奎[**]著，青岛出版社 2014 年版

该书是中国社会科学院马克思主义研究院赵智奎研究员为纪念邓小平诞辰 110 周年推出的一本理论著作。全书分 15 章，结合改革开放 35 年来中国取得举世瞩目的巨大成就以及当前存在的某些问题，重点阐述了邓小平理论的主题，邓小平与社会主义市场经济理论，邓小平社会主义民主法治理论，邓小平“两个飞跃”思想的现实意义，邓小平“一国两制”的社会主义等重大理论问题；阐述了中国特色社会主义旗帜、道路、理论体系，中国特色社会主义制度的特点和优势，中国特色社会主义与世界资本主义的关系，等等。作者认为邓小平理论是世界社会主义运动和马克思主义发展史上又一座永恒的丰碑。该书立场、观点鲜明。在一些重大理论问题上，为邓小平“正名”，驳斥了对邓小平和邓小平理论的某些非议和贬损。例如，澄清了“猫论”的真正来源，论证了“猫论”的真实含义。对邓小平关于中国农业

---

* 李君如：中共中央党校原副校长，研究员。

** 赵智奎：中国社会科学院马克思主义研究院研究员、博士生导师。

改革与发展“两个飞跃”的思想，再一次做出了分析，阐述了当前特别是在全面小康社会的建设中，第二个飞跃即走集体经济发展道路、实行规模化经营的迫切性及其现实意义。该书还对邓小平关于共同富裕的理论进行了阐释和“辩护”。此外，书中还对当今中国的社会思潮进行了分析，阐述了中国特色社会主义和各种社会思潮的关系，明确指出中国特色社会主义绝不是国家资本主义，也不是民主社会主义，进一步论证了只有中国特色社会主义才能发展中国、富强中国。

（供稿：郑萍）

【中国道路——不一样的现代化道路】

贺新元[*]著，福建人民出版社2014年版

全书分三篇15章。上篇：“中国道路”的历史演进；中篇：“中国道路”的辩证解读；下篇：“中国道路”的文明意义。全书揭示“中国道路”是人的自觉过程和历史的自然过程的统一。“中国道路”是中国人民自觉奋斗过程的反映，也是中国历史在全球大历史中自然演变的结果。揭示“中国道路”的精髓在于人民。国家、民族和人民三者成为一个彼此规定、互相推进的有机整体；这个有机整体的历史推进轨迹就是“中国道路”。揭示“中国道路”的源流之间的“共通性”。考察“中国道路”，自然不能割断历史的源流，不能损坏历史的“完形”。我们不仅不应将新旧两个民主革命截然分开，而且不可把改革开放前后两个时期分开。揭示“道路自信”完全是基于世界历史和中国历史发展的实践与发展规律。道路自信，是来自伟大的实践。揭示中国人民在探索中国道路寻求科学理论作指导的艰辛过程中，是如何找到并自觉地选择中国共产党和马克思列宁主义，又是如何坚定不移地坚持中国共产党的领导与在坚持中发展创新马克思主义，使马克思主义不断中国化，并产生两大中国化马克思主义理论成果，即毛泽东思想和中国特色社会主义理论体系。揭示“中国道路”的文明意义，它如何使中国由传统文明走向现代文明，它又如何以自身文明来影响世界文明。

（供稿：郑萍）

[*] 贺新元：中国社会科学院马克思主义研究院中国特色社会主义理论体系研究室主任，副研究员。

马克思主义发展史

【中国哲学社会科学发展历程回忆·马克思主义卷】

程恩富、傅青元主编，樊建新*副主编，中国社会科学出版社2014年版

《中国哲学社会科学发展历程回忆》分八卷出版，《马克思主义卷》是其中的一卷，所收集的主要是马克思列宁主义毛泽东思想研究所和继而成立的马克思主义研究院的专家学者以及所聘请的顾问、特聘研究员的回忆文章。主要内容包括：改革开放30年中国马克思主义理论发展最具影响力的30件大事、中国马克思主义理论研究60年、在坚持与发展马克思主义的道路上探索前进、在改革开放的伟大实践中创造性运用和发展深化历史唯物主义、新中国主流意识形态建设的基本经验、研究和批判新自由主义坚持和发展马克思主义——关于研究批判新自由主义的对话、拓展与深化当代资本主义理论研究等。全书分为三个板块：一是对当代国内外重大现实问题进行马克思主义研究的历史回顾；二是对马克思主义理论一级学科和二级学科构建和研究的回顾；三是对从马列所到马研院重大活动和学术事件的回顾。该书对读者理解用马克思主义理论的立场、观点和方法研究当代国内外重大现实问题，马克思主义理论学科建设问题，以及马克思主义研究在我国的发展历程等问题均具有重要的意义。

（供稿：李建国）

【如何改变世界——马克思和马克思主义的传奇】

［英］埃里克·霍布斯鲍姆著**，吕增奎译，中央编译出版社2014年版

这是与俄国十月革命同龄的世纪老人（1917—2012年）生前出版的一部马克思主义发展史简论。霍布斯鲍姆是英国著名历史学家之一，其漫长的生命历程覆盖了20世纪诸多重大事件，笔触内容主要是帝国主义、法西斯主义、共产主义的历史。这本书的主要看点在于，霍布斯鲍姆以其渊博的历史知识，对马克思主义发展史娓娓道来，就像是一幅鸟瞰式的《清明上河图》，信手拈来，细节中包含很多信息。他对西方左翼政党分化、工人运动、社会民主党兴衰历史一清二楚，甚至连《资本论》有多少个印地语、孟加拉语和马拉地语译本，都如数家珍。

这本书分为两大部分。第一部分是对

---

* 程恩富：中国社会科学院学部委员、马克思主义研究学部主任；傅青元：中国社会科学院马列主义毛泽东思想研究所原党委书记、所长，研究员；樊建新：中国社会科学院马克思主义研究院副院长，研究员。

** ［英］埃里克·霍布斯鲍姆（Eric Hobsbawm）：马克思主义史学家、英国科学院院士、美国艺术和科学院外籍院士。

马克思恩格斯重要著作的研究，追述了马克思主义的多种来源，聊备一家之言。第二部分是评价马克思主义在20世纪的实践活动，即回应书名提出的“如何改变世界”。显然，马克思是对20世纪最有影响力的思想家。这个书名就是借用了马克思《关于费尔巴哈的提纲》中的那句名言，它至少包含两重深意：第一，作为历史学家，作者担当的是解文释义的工作，然而，他书写的又是改变世界的人物思想事迹。第二，不言而喻地，这个书名同时契合了作者的雄心，即志在改变周围人们对马克思主义的傲慢与偏见。

这本书自2011年在西方出版之后备受追捧，与几年前（2008年）发生的金融危机有关。在西方，与其说是重新发现马克思，还不如说重新发现经济危机。自1945年至20世纪70年代，资本主义的经济危机已经大为缓解，甚至暂时消失了。苏东剧变之后，资本主义的警钟也完全解除了，其最危险的对手已轰然倒下。而这一次的金融危机，使资本主义世界的商业领袖、政要、资本家、精英人士突然意识到马克思所下的结论并没有过时，资本主义自掘坟墓的本质并没有被改变，只不过又一次以新的面目出现。霍布斯鲍姆这本书的主要价值，就在于阐述了“为何说资本主义自掘坟墓”和“马克思被重新发现”这两方面内容。

（供稿：桁林）

【21世纪资本论】

［法］托马斯·皮凯蒂*著，巴曙松等译，中信出版社2014年版

皮凯蒂的《21世纪资本论》在西方取得巨大反响，超过了以往任何一本讲述公平分配或两极分化的著作。这一方面归功于它在挖掘数据上所取得的新成就，即充分地利用了英国的居民纳税记录和法国的房地产交易记录，从而能够将研究触角进一步伸向工业化早期阶段。这些数据之所以是有效的，就在于彼时市场开始独立，隐性收入大为减少。如果换作中世纪，那些数据就不足为凭了，因为货币性收支不是大头，政府也不可能有这类完备的记录。另一方面，它指出财产性分配比收入分配的“两极分化”现象更严重。当然，这个观念已是老生常谈，并非第一次出现，也不是一人在谈，很多学者都在研究，但这些声音都淹没在全球化的浪潮底下。要不是2008年席卷全球的金融危机带来灾难性后果，很难想象这本书能够如此迅速地俘获人心。

人们应该还记得金融危机爆发那年《资本论》在西方脱销这件事。这个时候揭露资本主义软肋能够取得事半功倍的效果。这两本书都讲到劳资对立、贫富差距，二者都深刻地打着阶级烙印，皮凯蒂有意效仿《资本论》。但是，马克思揭示的是资本利润率下降规律，而皮凯蒂揭示的是资本回报率高于经济增长率。之所以会有如此不同的现象，在于全球化改变了历史进程。现在的高额资本利润率是拼资源、拼人力、拼土地、拼环境的结果。如果考虑治污、环境、环保等成本，资本利润率只是表面虚高。除了全球化的影响，还有宏观调控的影响。财政刺激、量化宽松等政策也被越来越频繁地使用，通货膨胀对于工资收入水平的不利影响要比财产性收入水平的影响大得多。

如果一个社会中财产分配比收入分配更为重要，那么，“好好干就会有出息”就成了一句空话，那还谈什么美国梦？新

* ［法］托马斯·皮凯蒂（Thomas Piketty）：法国著名经济学家，巴黎经济学院教授、法国社会科学高等研究院研究主任。

大陆跟老欧洲何分伯仲？这才是要害所在。因而贫富问题重新成为西方世界的主题。皮凯蒂改变了西方人讨论经济问题的议程。

（供稿：桁林）

国外马克思主义

【探索与变革：资本主义国家共产党的历史、理论与现状】

聂运麟*主编，社会科学文献出版社2014年版

《探索与变革：资本主义国家共产党的历史、理论与现状》对1991年苏联东欧剧变后印度共产党（马克思主义）、印度共产党（毛主义）、尼泊尔联合共产党（毛主义）、日本共产党、土耳其共产党、俄罗斯联邦共产党、英国共产党、法国共产党、希腊共产党、西班牙共产党、塞浦路斯劳动人民进步党、葡萄牙共产党、意大利共产党、巴西共产党、美国共产党、南非共产党、加拿大共产党、澳大利亚共产党等18个资本主义国家共产党的历史、理论和发展现状、面临的挑战与发展前景逐个进行深入剖析，全面展现了1991年苏东剧变后在社会主义事业遭受沉重打击并陷入极端困难境地的情况下，资本主义各国共产党在逆境和困难中顶住反共反社会主义的强大逆流，奋力克服各种艰难险阻，坚持高举马克思主义的大旗，面对新的世界形势，勇敢进行新的探索与变革，从低潮中奋进的客观现实。该书有助于人们认识和掌握当代资本主义国家共产党的最新发展动态，对推动国外社会主义运动和思潮的研究具有积极意义。

（供稿：于海青）

【法国共产党的新变化研究】

胡振良、李其庆**著，中共中央党校出版社2014年版

《法国共产党的新变化研究》以马克思主义为指导，从新的角度对发达资本主义国家具有代表性的共产主义政党——法国共产党新变化进行系统性、分析性、综合性的研究，也进而探讨了发达资本主义国家社会主义和共产主义政党建设的基本问题。该书既有历史追溯和考察，比如对1944—1947年法国共产党战略、策略的分析；有对宏观性理论问题的思考，比如对“欧洲共产主义”“法国色彩社会主义”“新共产主义”的比较分析，对法共理论研究与理论创新的梳理；有对议会选举的深度解读，比如对法国大选、法共和法国民主制度的解读；有对法共地方执政经验和教训的总结，比如对法共基层市政执政理论的实践；有对政党组织原则和实践的透视，比如对法共党内民主发展的思考；也有对具体事件的阐释和解读，比如法共与法国电力公司和法国天然气公司改制法案，等等。该书具有前沿性、创新性，对认识人类社会规律、社会主义发展规律和共产主义政党建设规律，对思考和认识我们自己面临的问题有一定的理论价值和学术意义。

（供稿：于海青）

---

* 聂运麟：华中师范大学国外马克思主义政党研究中心主任，教授。

** 胡振良：中共中央党校教授；李其庆：中央编译局原副局长，研究员。

【西方左翼对当代资本主义的研究】

孟鑫[*]著，中共中央党校出版社2014年版

《西方左翼对当代资本主义的研究》一书主要研究西方左翼学者20世纪80、90年代后的理论观点。这些理论观点在研究内容、研究方法和研究视角上与以前的理论观点相比都有新进展。该书主要介绍了西方左翼的发展与构成，当代资本主义的基本特点和新变化，以及西方左翼学者关于当代资本主义的研究概况。该书共分为八章。前七章分别介绍了西方左翼学者在当代资本主义与社会结构、经济模式与市场机制、文化体制与文明冲突、社会管理与民主体制、生态危机与环境保护、性别差异与性别平等、全球化与世界体系等方面研究的新观点。通过西方左翼学者对当代资本主义的研究，该书认为可以得出以下理论启示：阶级和社会结构变化并没有改变阶级对立本质；市场经济并不能解决资本主义的全部问题；资本主义民主政治制度不值得全世界效仿；生态危机和性别平等问题无法真正解决；全球化无法改变资本主义未来；当代资本主义的历史发展趋势未变。

（供稿：周淼）

【民主社会主义与中国特色社会主义本质比较】

沈阳[**]著，社会科学文献出版社2014年版

《民主社会主义与中国特色社会主义本质比较》旨在对民主社会主义与中国特色社会主义的本质层面进行比较研究，揭示民主社会主义的实质，凸显中国特色社会主义在现阶段中国改革和发展过程中的正确性和科学性。该书的主体研究内容如下：对民主社会主义和中国特色社会主义的理论起源、形成、发展等进行具体梳理，以求对民主社会主义与中国特色社会主义的来龙去脉进行概括总结，揭示民主社会主义的实质，在二者的对比中坚持中国特色社会主义、发展和完善中国特色社会主义。在认清民主社会主义真实面目的基础上，对民主社会主义与中国特色社会主义两大理论体系中的三个本质层面进行比较。具体来说，是对民主社会主义与中国特色社会主义的指导思想、经济观点、政治观点等三个方面进行比较。最后，结束语部分得出如下结论：民主社会主义是坚持指导思想的多元化、主张混合经济、企图通过多党竞争和民主选举取得政权并实施自己的政治主张的资产阶级改良主义。民主社会主义道路在中国是走不通的。中国特色社会主义是坚持以一元化的马克思主义中国化最新成果为指导思想、通过以公有制为主体多种所有制经济共同发展达到共同富裕、人民民主制度化的社会主义。中国特色社会主义道路在中国会越走越宽广。

（供稿：周淼）

---

[*] 孟鑫：中共中央党校科学社会主义教研部教授。

[**] 沈阳：中国社会科学院马克思主义研究院助理研究员。

国际共产主义运动

【世界社会主义黄皮书：世界社会主义跟踪研究报告（2013—2014）——且听低谷新潮声】

李慎明*主编，社会科学文献出版社2014年版

该书收录了中国社会科学院世界社会主义研究中心2013—2014年度最具权威性、前沿性和代表性的89篇文章。这些文章多视角、深层次地研究与探讨了当今世界社会主义思潮、理论、运动与制度的发展状况，反映了世界社会主义领域，尤其是亚洲、欧洲、美洲地区社会主义发展和研究的最新动态。

全书分为上下两册，包括总论和七个专题。

在总论部分，中国社会科学院院长王伟光教授和中国社会科学院世界社会主义研究中心主任李慎明研究员分别就“坚持和发展毛泽东思想，坚定不移地推进中国特色社会主义”和“科学社会主义理论与实践的现状、发展趋势及相关思考”进行了深入阐述。

上册包括“高举中国特色社会主义理论旗帜”“洞悉资本主义新特征、把握斗争主动权”“驳斥历史虚无主义，澄清几个历史问题”“认清‘普世价值’的本质，绝不放松意识形态斗争”四个主题。下册包括“苏联历史中的热点追踪”“世界共产党最新动态”“波澜起伏的全球社会主义思想及左翼运动”三个专题。其中，“波澜起伏的全球社会主义思想及左翼运动”聚焦亚洲、中东地区、美洲和欧洲地区，对世界社会主义进行了由点及面的全景式分析。

（供稿：贺钦）

【东南亚社会主义的历史、现状及发展趋势】

靳昆萍**等著，社会科学文献出版社2014年版

该书在广泛收集和掌握一手材料的基础上，对东南亚社会主义的历史、现状及发展趋势进行了全面、系统和深入的考察。东南亚地区是世界社会主义运动的一个重要区域，科学社会主义、民主社会主义和民族社会主义都曾在这一地区传播和实践，许多东南亚国家的政党从不同角度对什么是社会主义和怎样建设社会主义的问题进行过解答和探索，其中既有成功的案例，也有沉痛的教训，值得深入研究和反思。

该书由“执政共产党的社会主义理论与实践”“非执政共产党对社会主义的探索和实践”“东南亚的民主社会主义和民族社会主义”三大篇组成。第一篇对革新前后的越南社会主义和老挝社会主义理论

---

* 李慎明：中国社会科学院世界社会主义研究中心主任，研究员、博士生导师。

** 靳昆萍：云南省社会科学界联合会副主席。

与实践进行了回顾与总结。第二篇重点论述了柬埔寨共产党红色高棉的发展历程及失败原因、印度尼西亚共产党的兴衰史、马来西亚共产主义运动的兴起与失败原因、泰国社会主义运动简史和泰国共产党的失败原因、菲律宾共产主义运动与和平进程的推进、缅甸共产党兴衰历史与实现问题。第三篇集中探讨了新加坡社会主义左翼和人民行动党的发展、演变及趋势，马来西亚民主行动党的兴衰史，柬埔寨人民党历史现状与发展趋势，吴努时期和奈温时期的缅甸民族社会主义实践等。

（供稿：贺钦）

【新帝国主义：理论、现实与发展趋势】

邢文增* 著，中国社会科学出版社 2014 年版

该书运用马克思主义的立场、观点和方法，尤其是列宁“帝国主义论”的基本原理，系统分析了帝国主义在 20 世纪后期以来的发展变化和发展趋势。

该书首先全面梳理了帝国主义理论的发展脉络，重点介绍了列宁“帝国主义论”的基本内容和意义。在此基础上，对新帝国主义兴起的历史背景、西方右翼所鼓吹的“新帝国主义论”的主要观点进行了阐释，分析了新帝国主义的本质特征，指出在新的时代背景下，帝国主义除继续保有并强化了一些列宁所论述的基本特征，如生产集中和垄断的加剧、金融资本的重要性日益增加、资本输出通过跨国公司的对外投资和金融资本的对外扩张这两种主要形式而使得其规模愈加扩大等，还表现出了一些新的特点，如文化帝国主义、全球化成为发达国家维系旧的国际分工的重要手段等。最后，该书探讨了新帝国主义的形成对当代资本主义和世界社会主义的影响，以及新帝国主义的历史命运。指出，新帝国主义是传统殖民帝国主义的继续与发展，帝国主义的经济实质并没有改变，资本主义的基本矛盾也并未克服，因此，帝国主义向新帝国主义的演进并不能使其摆脱最终被社会主义取代的历史命运。

（供稿：刘向阳）

---

* 邢文增：中国社会科学院马克思主义研究院助理研究员。

中国近现代史基本问题

【十八大以来重要文献选编（上册）】

中共中央文献研究室编，中央文献出版社 2014 年版

《十八大以来重要文献选编》（上册），收入自 2012 年 11 月党的十八大至 2014 年 3 月十二届全国人大二次会议这段时间内的重要文献，共 70 篇，约 55 万字。其中，中共中央、全国人大、国务院、中央军委作出的决议、决定等 25 篇，中央领导同志的报告、讲话等 45 篇。有 17 篇重要文献是第一次公开发表。这部重要文献选编，真实记录了以习近平同志为总书记的党中央，在新的历史起点上，全面贯彻落实党的十八大精神，坚持稳中求进工作总基调，沉着应对各种风险和挑战，着力开创新局面、营造新风气，奋力推进中国特色社会主义各项建设的历史进程，提出的重要思想、作出的重大决策、取得的显著成就和创造的新鲜经验。《十八大以来重要文献选编》（上册）的出版，为全党深入学习习近平总书记系列重要讲话精神，掌握中国共产党理论创新的最新成果提供了基本教材，对于进一步统一思想，振奋精神，为实现“两个一百年”奋斗目标和中华民族伟大复兴的中国梦而奋斗，努力开创中国特色社会主义事业新局面，具有重要意义。

（供稿：龚云）

【恽代英全集】

李良明*编，人民出版社 2014 年版

《恽代英全集》共 9 卷，290.4 万字，收录了恽代英 1914—1930 年间所写的文章、日记、通信、报告、演说等共 600 余篇（部/册）。书稿按写作和发表的时间顺序先后编排。1914—1917 年的编为第一卷，1918 年、1919 年的编为第二、第三卷，1920—1921 年的编为第四卷，1922—1923 年的编为第五卷，1924 年、1925 年、1926 年的编为第六、第七、第八卷，1927—1930 年的编为第九卷。《恽代英全集》全面系统地反映了恽代英的思想体系，收录的文章具有以下特点：第一，具有强烈的感召力和影响力；第二，具有极强的批判性和战斗力；第三，具有极强的前瞻性。例如，早在 1922 年，恽代英就提出了“纸老虎”和“真老虎”的概念。恽代英（1895—1931）是中国共产党早期著名理论家、中国青年杰出领袖。《恽代英全集》的出版，在中共党史研究与文献出版方面具有重要意义，是党史资政育人的重要材料。它不仅填补了党的文献研究领域中的诸多空白，极大地丰富了中国共产党的精神宝库，而且对于深入推进马克思主义中国化、时代化、大众化，培育和践行社会主义核心价值观，都具有十分重要的意义。它的出版，必将深化党史研究，推进党史人物研究。

（供稿：龚云）

---

* 李良明：华中师范大学政法学院教授、博士生导师。

【群众路线是党的生命线——新形势下的群众工作怎么做】

张荣臣*著，中共中央党校出版社2014年版

该书首先考察了“群众”概念的历史变化，深刻地分析、比较了中国共产党的“群众观点”“群众路线”“党群关系”的内涵和区别。该书指出，党的群众观点有七层内涵，即人民群众是历史的创造者的观点；向人民群众学习的观点；全心全意为人民服务的观点；权为民所赋，权为民所用的观点；党要依靠群众又要教育和引导群众的观点；群众利益无小事的观点；人民群众对美好生活的向往就是我们的奋斗目标的观点。群众路线可以简洁地概括为“一切为了群众、一切依靠群众，从群众来、到群众中去”。而党的性质和历史使命决定了党要密切联系群众，在思想上，在实践工作中，在制度上要落实党的群众路线。在梳理党的群众工作的历史发展的基础上，该书着重分析了为什么群众工作是党的生命线的重要原因，剖析了中国社会阶层的新分化及其带来的做好群众工作的新问题，并从理论和实践的结合上阐述了新形势下基层党员干部做好群众工作的重要原则，即联系群众是做好群众工作的基本前提，宣传群众是重要基础，组织群众是根本要求，服务群众是关键所在，团结群众是重要途径。该书还深刻地阐述了以下几个问题：群众工作的本质是密切党群关系，核心是正确处理人民内部矛盾，主题是反对“四风”，目标是不断增强党的创造力、凝聚力、战斗力。该书共分10章，条理清晰，通俗易懂，对于我们全面地了解党的群众路线，很有裨益。

（供稿：陈志刚）

【中国共产党怎样解决作风建设问题】

夏春涛**著，江西人民出版社2014年版

该书清晰梳理了中国共产党90多年加强作风建设的历史。分别从新民主主义革命时期、社会主义革命和建设时期、改革开放和社会主义现代化建设时期四个大的历史阶段，剖析了中国共产党如何围绕党的宗旨和性质，形成了理论联系实际、密切联系群众、批评与自我批评，以及谦虚谨慎、不骄不躁和艰苦奋斗的优秀作风，同时，又是怎样通过整风运动等行之有效的形式，反对官僚主义、教条主义、形式主义以及腐败行为，净化和保持党的优良作风。该书坚持史论结合，以史为主，围绕各个历史时期党在作风建设上遇到的突出问题，分析探讨了各个时期在这个问题上的认识和实践成效，探讨了作风建设内涵在不同历史时期的延续性和连贯性，以及不同时期不同阶段的各有侧重和新的时代内容。该书对毛泽东、邓小平、江泽民、胡锦涛、习近平关于党的作风建设的重要论述，均列有专门的章节。该书指出，90多年的光辉历程充分证明，中国共产党对作风建设始终高度重视，态度是主动而不是被动的，是积极而不是消极的，是认真而不是敷衍的。要用科学的标尺来衡量党风状况和干部队伍的主流，高度警惕某些心怀叵测的人把中国共产党和党的整个干部队伍“妖魔化”的倾向。该书史料翔实，观点公允，条理清楚。该书是国家“十八大主题出版重点图书”，深受广大读者喜爱。

（供稿：陈志刚）

---

* 张荣臣：中共中央党校教授。

** 夏春涛：中国社会科学院中国特色社会主义理论体系研究中心研究员。

思想政治教育

【思想政治教育学科30年发展研究报告】

冯刚、郑永廷[*]著，光明日报出版社2014年版

2014年是思想政治教育学科从设立到繁荣发展的30年节点。思想政治教育学科已经成为我国哲学社会科学一个富有特色和充满活力的重要新兴学科。在思想政治教育学科创办30周年之际，由教育部思想政治工作司组织实施，全国高校三十余名思想政治教育学科的专家参与编撰了此书。该书系统回顾了学科建设的发展历程，全面汇集了学科建设的理论成果，深入总结了学科建设的宝贵经验，科学研判了学科建设的发展趋势。论著内容按概论、四篇二十四章编排，分为思想政治教育学科基础理论研究、思想政治教育要素结构研究、思想政治教育方法与政策研究、思想政治教育重要领域研究四大部分，覆盖了思想政治教育的内涵与外延，追述了学科发展的阶段与环节，展现了30年来学科发展的面貌、成就、作用与贡献。论著资料充实，内容丰富，时代特征突出，文化蕴涵深刻。该书有利于增强学科自尊和自信，有利于激发学科建设的动力与创新，有利于推进思想政治教育及学科建设的发展，有利于建设富有中国特色、中国风格、中国气派的思想政治教育学科。对于提高思想政治教育的科学化水平，推进思想政治教育学科建设与发展具有重要意义。

（供稿：朱亦一）

【高校思想政治理论课教育教学质量监测体系研究】

张耀灿[**]等著，经济科学出版社2014年版

该书系教育部哲学社会科学研究重大课题攻关项目，系上、下篇结构，即高校思想政治理论课及测评理论与实践发展篇和高校思想政治理论课教育教学质量监测篇。上篇在阐明马克思主义的思想政治理论课是社会主义高等教育的本质特征，是大学生思想政治教育的主渠道、主阵地，是培养一代又一代社会主义合格建设者和可靠接班人的重要保证的基础上，解释了思想政治理论课教育教学测评是高校思想政治理论课不可或缺的重要组成部分，而开展高校思想政治理论课教育教学测评体系研究，必须立足于、服务于高校思想政治理论课建设与发展的全局的基础上，具体阐明了新中国成立以来高校思想政治理论课建设与发展，高校思想政治理论课教育教学测评的理论基础与知识借鉴，高校思想政治理论课“05方案”的实施及其测评实践和高校思想政治理论课教育教学测

---

* 冯刚：教育部思想政治工作司司长，北京大学兼职教授、博士生导师；郑永廷，中山大学教授、博士生导师。

** 张耀灿：华中师范大学政法学院教授、博士生导师。

评模式及其发展四个章节。下篇则具体讨论了《马克思主义基本原理概论》教育教学质量监测，《毛泽东思想和中国特色社会主义理论体系概论》教育教学质量监测，《中国近现代史纲要》教育教学质量监测，《思想道德修养与法律基础》教育教学质量监测等具体问题，篇尾则就如何建立高校思想政治理论课教育教学质量监测的长效机制展开讨论，并初步介绍了高校思想政治理论课教育教学质量监测系统的使用情况及方法。

（供稿：朱亦一）

【思想政治教育的马克思主义理论基础研究】

白显良*著，人民出版社 2014 年版

马克思主义理论与思想政治教育的关系问题是马克思主义理论一级学科的学科建设所面对的基本问题。针对此问题，作者认为，该问题呈现出研究地位的基础性、研究现状的薄弱性、研究要求的紧迫性和研究意义上的重大性等特征。该书以思想政治教育的马克思主义理论基础为切入点，具体从思想政治教育的马克思主义理论基础的要义把握（即从把握思想政治教育的实践、学科和事业维度，思想政治教育理论基础的科学内涵和思想政治教育的马克思主义理论基础的核心要义）的角度、思想政治教育与马克思主义的内在关联（即从思想政治教育具有马克思主义的根本学科属性、思想政治教育担负着马克思主义理论宣传与教育的学科使命和马克思主义的传播、发展及价值实现都离不开思想政治教育的角度）、思想政治教育的马克思主义世界观和方法论、思想政治教育的马克思主义基本原理、思想政治教育的马克思主义论述和论断、思想政治教育的马克思主义理论基础的实践支持等角度较为详细地展开了论述，捍卫了思想政治教育的马克思主义性质。

（供稿：朱亦一）

【延安时期党的思想政治教育研究】

钟佩君**著，社会科学文献出版社 2014 年版

作者提出了在异常落后的 20 世纪的中国农村（以延安为例），中国共产党如何成功地使马克思主义理论适合中国的问题。该书以延安时期党的思想政治教育为切入点，并将其植入马克思主义中国化的历史进程中进行历史和具体分析，这是通过将马克思主义发展史作为研究延安时期党的思想政治教育的背景来实现的。在初步阐释了延安时期党的思想政治教育的形成和发展的理论渊源、实践基础的基础上，具体阐明了该历史进程。作者将延安时期党的思想政治教育分为三个阶段：艰难开局阶段（1935 年 10 月至 1938 年 9 月）、走向成熟阶段（1938 年 10 月至 1945 年 7 月）和丰富发展阶段（1945 年 8 月至 1948 年 3 月）。在此基础上，该书对延安时期党的思想政治教育的内在价值作出总结，认为延安时期中国共产党思想政治教育的基本经验在于：努力坚持党的思想政治教育的不断深化与马克思主义中国化的良性互动、紧紧围绕党的中心任务开展思想政治教育、党的思想政治教育在批判错误思潮的过程中能不断发展、坚持系统学习马克思主义理论、能针对不同对象和层次有效推进思想政治教育、鲜明的主题教育和丰富多样的方式互相结合。

（供稿：朱亦一）

---

* 白显良：西南大学马克思主义学院院长，教授、硕士生导师、法学博士。

** 钟佩君：湖南第一师范学院马克思主义学院副院长，副教授、法学博士。

【当代中国大学生思想政治教育立法问题研究】

闫立超*著，人民出版社2014年版

该书从大学生思想政治教育立法的定义和特征出发，讨论了大学生思想政治教育立法的必要性与可行性，通过借鉴美国、英国、德国和日本等国家大学生公民教育、政治教育和道德教育立法的做法，尤其是香港大学生通识教育和台湾地区公民教育立法的实践，从而提出和展望了当代中国大学生思想政治教育的立法体系：涵盖中国大学生思想政治教育的宪法保障，相关法律和行政法规，相关部委规章，地方法规、地方政府规章和自治条例（以甘肃省为例）以及中国大学生思想政治教育立法体系中的若干缺陷与不足等角度。在中国大学生思想政治教育的政策体系中，作者从中共中央下发的大学生思想政治教育的政策性文件、中共中央联合其他部门下发批转的有关政策性文件、教育纲领性政策文件中的有关规定、中宣部联合其他部门下发的有关政策性文件、团中央及其联合其他部门下发的有关政策性文件、教育部联合其他部门下发的有关政策性文件、教育部党组及其联合其他部门下发的有关政策性文件出发，结合其他（含地方性政策等）政策性文件向读者展示了中国大学生思想政治教育的政策体系。以此为据，作者初步讨论了中国大学生思想政治教育立法的科学建构问题。

（供稿：朱亦一）

【思想政治教育研究文库】

教育部思想政治工作司组编，人民出版社/文史出版社2014年版

从2013年开始，教育部思想政治工作司启动了培育建设《思想政治教育研究文库》出版资助计划。该文库的推出，旨在鼓励和引导广大思想政治教育理论研究和实际工作者把握思想政治教育的时代特征、聚焦思想政治教育的前沿问题、推动理论与实践的相互促进。2014年资助的文库，立足高等院校思想政治教育的理论研究与现实工作实践，以大学生与社会主义核心价值观、大学生思想政治教育思维模式、改革开放以来大学生思想政治教育模式、当代大学生主题教育、社会主义核心价值体系统领大学生思想政治教育、知识与信仰、当代大学生精神世界、国际化视野下大学生思想政治教育创新发展，以及开放环境下的选择教育、高校网络思想政治教育发展与创新、思想政治教育公众参与研究等为选题，向读者展示了近年来从事思想政治教育研究与工作的中青年学者关于该问题的新成果。

（供稿：朱亦一）

* 闫立超：河南师范大学马克思主义学院副教授、法学博士。

科学无神论

【科学与无神论文集】

杜继文[*]著，中国社会科学出版社2014年版

该书是中国社会科学院学部委员专题文集之一。作者长期担任《科学与无神论》杂志主编，该书即由其自选的42篇论文和随笔汇编而成。该书主要内容包括：弘扬科学精神，批判和揭露邪教与人体特异功能；对“文化传教”的审视与对“宗教渗透”以及相关法律法规的关切；以科学无神论与宗教信仰自由为核心、对马克思主义宗教理论与宗教问题的探讨等。作者指出，“将无神论作为一个独立的学科构建成型，是我们当前这个国家和这个时代的特殊需要，是必须担当的社会责任”。坚持科学无神论不能不分析和批判有神论，这是坚持马克思主义的题中应有之义。当前宗教研究领域中的某些权威人士，提出在当代构筑“信仰中国”，“使宗教作为政治力量”，这是逆历史发展的方向而动。加强科学无神论学科建设与坚持中国特色社会主义道路高度一致，对于推动“科教兴国”战略的实施，维护公民宗教信仰自由，提高全民族科学文化素质，都具有非常重大的意义。该书汇集了作者近些年在科学与无神论研究中最新成果，不仅体现了他对社会现实问题的敏锐观察和深厚的理论学养，更体现了一位优秀知识分子的社会历史担当。

（供稿：杨俊峰）

【马克思主义宗教观教育的理论与实践研究】

李建生[**]著，中国社会科学出版社2013年版

该书是教育部人文社会科学研究2009年资助项目的研究成果，由中国无神论学会资助出版。该书在对新疆地区高校马克思主义宗教观教育现状进行广泛调研和深入研究的基础上，较为系统地探讨和梳理了马克思主义宗教观教育的理论与内容，并密切结合现实，对高校应如何抵制宗教渗透、更好地开展马克思主义宗教观教育提出了切实可行的对策和建议。作者认为，马克思主义无神论是严整形态或典型形态的科学无神论，科学性是这种无神论最显著的特征之一。同时，作为与旧无神论的重要区别，马克思主义无神论还具有鲜明的战斗性和明确的目的性特征。我们开展无神论宣传教育的目的：一是培养科学精神，为人们认识和改造世界提供正确的出发点；二是教育不信教群众要正确地对待宗教，正确地理解和贯彻党的宗教信仰自由政策，自觉地团结宗教人士和广大信教群众，共同建设社会主义。在高校进行马克思主义宗教观和科学无神论教

---

* 杜继文：中国社会科学院世界宗教研究所原所长，研究员、荣誉学部委员。

** 李建生：新疆师范大学政治与公共管理学院教授。

育就是为了帮助大学生更好地树立科学精神，用科学的态度正确对待宗教和一切有神论，自觉地抵制宗教有神论的侵蚀和影响。该书旨在为建立马克思主义宗教观教育的理论体系做必要的资料准备，也为在高校深入开展马克思主义宗教观和科学无神论教育提供教学参考和研究资料，应该说填补了目前相关领域的空白，具有开拓意义。

（供稿：杨俊峰）

【中国无神论史论丛（第一辑）】

王友三、徐小跃*主编，江苏人民出版社 2014 年版

该丛书包括六部著作，分别为王友三著《中国无神论史论集》，徐长安、刘光育著《儒学与中国无神论》，王月清、梁徐宁著《无神论与中国佛学》，陈林著《中国无神论与政治》，苏南著《王友三与中国无神论研究》，丁郁著《中西无神论比较研究》。这些著作探讨了中国无神论思想的概念、范畴和命题，中国无神论史的对象和任务，无神论与有神论斗争的中心、发展阶段和起伏消长的变化规律，以及无神论反神学斗争的优良传统和基本经验等，从各个方面审视、发掘中国无神论思想的意义和价值。该丛书的作者们认为，中国无神论所昭示的诸多精神亦是中国传统文化的精华。“无神”是符合人性且幸福的生活方式，这是中国传统文化、马克思主义和中国特色社会主义所欲共同昭示的精神。无神论最终指向的乃是“真善美”。客观而言，该丛书所楬櫫的理念，即：“构成中国传统文化主体的儒道佛，就其思想实质皆是取向‘无神’”，颇具争议。然而，面对当今“宗教热”的持续升温与无神论话语权的缺失，该丛书作者们能够撰写出中国无神论研究方面的系列专著，无疑为无神论学科建设发展做出了贡献，值得引起学界的重视。

（供稿：杨俊峰）

【盲眼钟表匠】

［英］理查德·道金斯**著，王道还译，中信出版社 2014 年版

该书是作者继其名作《自私的基因》之后最为经典的作品，曾获得英国皇家文学学会非小说类最佳书奖与美国《洛杉矶时报》文学奖。书名中的“钟表”一词是生物的隐喻，强调生物的构造与功能机制既复杂又巧妙，而“盲眼钟表匠”则喻指无意识的自然选择。作者通过大量生物学例证，完整全面地揭示了达尔文进化论准确内涵，澄清了很多人对进化论的种种误解与歪曲。他指出，生物进化绝不是完全随机的“单步骤”选择，而是“累计”的非随机选择。复杂优美的生物源自一个累积的渐变过程，这个过程的每一步骤相对于前一步骤都非常简单，跨出去全凭机缘，但是整串连续步骤却不是个随机过程。决定这个“累计”选择过程的就是物种间生存的“军备竞赛”与“性择”等自然选择因素。除了“任何能增进生存机会的条件”外，自然选择没有任何目标，也没有最终的完美模样作为标准。作者有力回击了来自拉马克理论、中性论、突变论特别是创造论的种种责难，令人信服地说明：“缓慢、渐进、累积的天择是我们存在的终极解释”，达尔文演化论为生物存在提供了唯一令人满意的解释，是科学发现中“不仅空前，而且绝后”的自然真理。作为正宗的进化论入门书，该书为准

---

* 王友三：南京大学原哲学系教授；徐小跃：南京图书馆馆长，教授。

** 理查德·道金斯：英国皇家科学院院士，牛津大学教授，当代著名无神论者，生物学家。

确理解演化论的内涵与意义提供了很好的起点。特别是在“智能设计论”被国内某些学者重新抬出的情况下，该书的重译出版尤具现实意义。

（供稿：杨俊峰）

第七篇

课题概览

2014年度国家哲学社会科学基金课题简介（部分）

【社会主义核心价值观的深度凝练与传播、认同对策研究（重点项目）】

江苏师范大学法律政治学院　陈延斌

研究意义：（1）立足"三个倡导"和《意见》精神，深度提炼内涵丰富深邃、形象鲜明生动、文字易记易循的表述方案，以便形成彰显国家与制度精髓、具有中国风格气派、得到国民最大共识的科学表述，成为凝聚全国人民为实现民族复兴共同奋斗而高扬的旗帜。（2）形成我国价值观对外传播对策方案，"传播好中国声音"（习近平），使之与中国道路影响力力相辅相成、相得益彰；同时增强中国文化软实力，更好应对西方价值观渗透。（3）培育和践行的重点是认知认同（刘云山）。研究本课题有利于促进国民价值观认知，提高国民认同程度，转化为国民的自觉追求。

研究内容：（1）当前社会主义核心价值观凝练及认同的成就、问题与原因分析。通过问卷、征集、文献、网络调查和访谈等搜集整理社会各界对深度凝练和认同的意见，同时在国外和对在华外国人士进行上述调查，广泛征求对社会主义核心价值观概述语表述方案，为在现有三层面表述指导下深化凝练最优方案奠定基础。（2）国外社会核心价值观提炼、表达与传播经验研究。该研究包括：国外核心价值观构成要素与提炼依据研究；国外核心价值观的表述特色比较研究；国外核心价值观的传播经验借鉴等。（3）深度凝练社会主义核心价值观原则、依据与路径方法研究。此研究在"三个倡导"基础上进一步深层凝练社会主义核心价值观的前提。该问题将着重研究：国家制度最高层次价值观的应有内涵；凝练的原则、依据和程序、步骤等。（4）彰显国家与制度精髓的社会主义核心价值观概述语表述方案研究。在现有"三个倡导"基础上，提炼出内涵深邃、融通中外、易记易循、便于传播的方案，为国家制度层面的科学表述提供依据和数据支撑。具体包括：深度凝练的表述方案及其阐释；方案在相关部门、专家、各阶层民众中的认同度调查与分析。（5）促进社会主义核心价值观国内外传播的路径与载体等研究。该问题旨在运用传播学相关理论进行系列研究，包括：传播体系构建研究；政府引导核心价值观传播途径研究；"三个倡导"融入文化产品的市场化传播研究等。（6）增强国民核心价值观认同基本途径与实效性对策研究。认同是培育践行的前提。一定要在增强认知认同上下功夫（刘云山）。

研究创新：（1）在"三个倡导"基础上深度凝练出理念深邃形象、内涵融通中外、文字易于记循的表述方案；并通过各阶层的广泛调研、专家咨询论证、网络调查等，尽可能使方案设计具有数据支撑，以形成全社会最大共识，为在国家与制度最高层面凝练中国风格、中国气派的概述语提供科学化、最优化的决策参考。使之真正成为社会主义的精神象征，成为激励和引领人民为实现民族复兴共同奋斗的旗帜。(2) 针对我国核心价值观国外传播的"短板"，研究形成价值观"中国立场、国际表达"的具体传播战略，将"传播好中国声音"落在实处，使价值观认同与"中国道路"影响力相得益彰。(3) 统筹设计价值观国民认知认同的实用对策，以切实改变目前教育中渗透、融入不够、成效不高的现状，助推公民核心价值观的培育和践行。

【毛泽东研究中的历史虚无主义观点评析(重点项目)】

湘潭大学毛泽东思想研究中心　李佑新

研究意义：当代中国历史虚无主义的突出表现就是对毛泽东和毛泽东思想的虚无化"研究"与"重新评价"。其显著特征是以学术研究为形式，以实证史学为标榜，专门挑拣毛泽东宏伟生平中的某些失误或错误进行"历史细节"的"考证"，并将这些"历史细节"扩大为整体，以"还原历史的真相"。在对毛泽东的这种"重新评价"中，毛泽东的伟大历史功绩完全不见了，剩下的只有错误或"罪恶"，从而虚无化了毛泽东乃至整个中国共产党的历史。从学术上对这种历史虚无主义观点进行有力的批评性回应，具有重大意义：一是有利于维护当代中国政治与社会发展方向的历史根基和合法性基础，从而有利于坚持发展中国特色社会主义；二是有利于科学评价毛泽东，还毛泽东以清白与公道；三是有利于深化毛泽东和毛泽东思想研究。

研究内容：据不完全统计，毛泽东研究中的历史虚无主义观点有40余个。本课题主要是从史料考证、方法论、历史观与价值观等方面评析其中的一些主要观点。主要研究内容和基本观点如下：(1) 历史虚无主义观点的"历史细节"并不都是真实的。他们有些论点所依据的"历史细节"或史料是不可靠的，有些是编造的，有些是论者肆意发挥的。(2) 真实的"历史细节"需要从具体的历史环境中去理解。历史虚无主义者的某些观点、史料或"历史细节"具有某种意义上的真实性，但他们却孤立地、抽象地理解了这些史料和历史细节，而没有考察这些事件发生的复杂原因，忽视了这些事件在当时历史环境中发生的某种必然性或积极作用。(3) "历史细节"的真实性不等于真实的历史。史料细节并不等于历史的整体画面，但历史虚无主义者对毛泽东宏伟生平进行碎片化研究，将毛泽东的某些错误放大为整体，以追求所谓"历史细节"真实性的方式背离了真实的历史，完全抹黑了毛泽东。(4) 正确把握历史的本质与评价毛泽东的历史功过。历史虚无主义者或者不愿意去把握历史的本质，或者错误地理解中国近现代历史的本质，从而错误地评价毛泽东的历史地位和历史功过。(5) 研究毛泽东应有的价值立场。毛泽东研究中的历史虚无主义者以实证史学为标榜，否认价值立场的介入。但问题不在于党史研究是否有价值立场的介入，而在于所持的价值立场与党史研究的客观性是否相一致。

研究创新：有别于一般性批评历史虚无主义，也有别于个别性回应某个历史虚无主义观点，本课题的特色在于从历史观、价值立场、方法论及史料考证等各个方面揭示毛泽东研究中历史虚无主义观点的错谬所在。

【基于最新文献的马克思重要文本再研究(重点项目)】

北京大学哲学系　聂锦芳

研究原则：由于马克思一生撰写的文本、文献也是卷帙浩繁的，要对其著述一一进行解读并不可能。本课题拟从中选取出那些最能表征马克思思想特质、内涵以及发展历程的重要篇章，作为重点研究的对象，选取的原则：一是马克思写作这些著述或手稿是经过精心考虑的，同时花费了他比较大的精力和比较多的时间；二是这些作品的篇幅一般比较大；三是其中的有些著述虽然不完整、不系统，但它们提出或触及的问题涉及马克思主义基本理论的主题，在马克思漫长的思想创构过程中，对这些问题具体内涵的理解和解释可能有反思、变化甚至修正，但这些主题被揭示或提了出来，这昭示了这些作品永久的思想史价值；四是对有些著作虽然过去有所研究，但现在看来或者存在资料不完整、不权威甚至错误的问题，或者解读方式、观点概括有偏差，等等。

研究内容：根据上述原则，本课题拟对马克思如下的文本、文献及其思想展开深入研究：第一卷，通过对“中学文献”“大学习作”与“博士论文”及其笔记的研究，探讨马克思思想起源中的启蒙背景、浪漫情怀与自我意识；第二卷，通过对“《莱茵报》—《德法年鉴》时期”重要文本的研究，探讨马克思思想转变中所产生的“苦恼的疑问”以及他对现实解放之路的寻求；第三卷，以“犹太人问题”为中心，重新考察马克思与青年黑格尔派思想传承、决裂的过程；第四卷，通过对“巴黎手稿”的再研究，分析马克思的异化理论及其扬弃异化的思路；第五卷，以《神圣家族》为中心，重新考察马克思对青年黑格尔派的批判和思想的建构过程；第六卷，通过对《德意志意识形态》的研究，分析马克思在批判中所重构的“新哲学”的构架、体系及其特征；第七卷，通过对《哲学的贫困》与《贫困的哲学》的比较研究，探究马克思“政治经济学的形而上学”基础；第八卷，通过对 1848—1852 年间一批“真正文献”的研究，重新审视马克思的阶级理论、政党学说和革命方略；第九卷，通过对“1857—1858 年手稿”的研究，厘清劳动、货币与资本理论的复杂内涵及其论证逻辑；第十卷，通过对“1861—1863 年手稿”的研究，甄别马克思经济学对古典政治经济学的批判与超越；第十一卷，通过对《资本论》第一卷不同版本的比较研究，阐释马克思的资本理论及对资本的逻辑的批判；第十二卷，通过对“人类学笔记”与“历史学笔记”的研究，概括和分析马克思晚年对东方、古代社会发展道路的探索。

研究创新：本课题力图从文本、文献个案出发对马克思思想重新进行梳理、阐释和评论，尽可能把版本考证、文本解读、思想阐释与现实意义重估紧密结合起来，以矫正长期以来存在的误读和曲解。

【第二国际马克思主义哲学重大问题论争研究（重点项目）】

安徽大学马克思主义研究院　吴家华

研究意义：为研究解决“什么是马克思主义、怎样对待马克思主义”的重大问题提供历史借鉴和理论启迪。第二国际理论家的哲学论争将马克思主义理论内部的种种张力集中而尖锐地表现出来，他们在论争中对马克思主义哲学的阐释，既有合理和创新之处，也有许多不足甚至错误。全面梳理、剖析、总结第二国际哲学论争，对于全面准确把握马克思主义精神实质和理论精髓、更好地推进马克思主义哲学创新、更有效地回应和批判新自由主义、民主社会主义等社会思潮，具有重要意义。

研究内容：（1）论争的缘起与演变。内容包括：哲学论争的时代背景；恩格斯晚年的理论遗产及其争论；《爱尔福特纲领》的理论原则与实践策略之间的张力；德国社会民主党与国会党团、工会关系的变化对理论与策略的影响；伯恩施坦修正主义的提出和系统化所引起的实现社会主义的战略和策略的论争；第二国际内部“正统派”与“修正派”关于马克思主义的哲学基础的论争；哲学论争与列宁主义哲学的形成和西方马克思主义哲学的产生。(2) 论争的派别与问题。派别：马克思主义、新康德主义、实证主义、马赫主义、折中主义、自然科学唯物主义、“青年派”的半无政府主义、社会达尔文主义、列宁主义、合法马克思主义、俄国经济派等。问题类型：一般哲学问题，部门哲学问题（经济哲学、政治哲学等），实践战略和策略中的哲学问题，马克思主义理论中的元问题。重大问题：理论与实践的关系；马克思主义的哲学基础；唯物辩证法的实质；历史唯物主义的科学性与价值性；历史决定论；社会历史发展的客观规律性与主体能动性关系；社会主义的科学性与空想性；政治哲学问题（革命与改良、政党与群众、集中与民主、自发与自觉、运动与最终目的、国家与革命、战争与革命关系）；马克思主义发展中的继承与创新、民族性与世界性关系，等等。(3) 论争的观点与特点。观点：马克思主义哲学是辩证唯物主义；马克思主义没有哲学；社会主义不可能成为科学；修正主义坚持的是理论与实践的统一；历史唯物主义是方法；社会主义以康德伦理学为基础；马克思主义是与价值无涉的科学；运动就是一切；最终目的就是一切，等等。特点：马克思主义内部的论争；围绕坚持和实现社会主义的主题；以理论与实践关系为主线；以关于伯恩斯坦修正主义的论争为切入点；以论证实现社会主义的战略和策略为直接目标，等等。(4) 论争的效应与影响。第二国际破产与列宁主义哲学、西方马克思主义的产生；关于十月革命的哲学论争；关于第二国际正统马克思主义哲学与恩格斯晚年哲学思想关系的讨论，关于恩格斯晚年哲学思想与伯恩斯坦修正主义关系的争论；关于马克思与恩格斯哲学思想关系的争论；关于第二国际马克思主义哲学与列宁主义、西方马克思主义关系的争论；关于第二国际马克思主义哲学地位的讨论。(5) 论争的经验教训与当代启示。要完整准确把握马克思主义；应重视哲学、把握辩证法；应辨明政治立场与哲学立场关系；理论应该回应时代课题；应辩证理解理论与实践的统一；应深入研究和正确处理马克思主义及其哲学的科学性与价值性、世界性与民族性、继承性与创新性、世界观与方法论关系；应以第二国际哲学论争为借鉴回应和批驳新自由主义、民主社会主义等错误思潮。

研究创新：(1) 选题创新。第二国际马克思主义哲学的整体研究是目前马克思主义哲学史研究的薄弱环节，至今没有一部从整体上专门研究第二国际马克思主义哲学的专著，现有的研究大多注重阐述第二国际理论家的哲学观点的内容，而以问题为中心，对哲学论争、论争中的哲学问题和观点、哲学论争的历史效应与当代影响等的系统研究暂时还是有待填补的空缺。课题在系统梳理国内外关于第二国际马克思主义哲学及其论争的已有成果基础上，对第二国际重大哲学问题论争进行系统梳理和评价，并分析论争的历史影响和当代启示，这具有较鲜明的特色和新意。(2) 观点创新。第二国际的哲学论争围绕坚持和实现社会主义的主题和“理论与实践关系”的主线、以论证实现社会主义的战略和策略为直接目标的关于马克思主义的哲学基础的论争，是关于如何理解马克思、恩格斯哲学思想的论争，凸显了马克思主义哲学与科学社会主义的紧密联系。论争发源于《爱尔福特纲领》中的理论原则与实践策略之间的张力，激发于伯恩斯坦修正主义问题的争论。理论与实践关系、唯物辩证法的实质、历史唯物主义的科学性与价值性、社会历史发展的动力、社会历史发展的基本性质、社会主义的科学性与空想性、政治哲学问题、马克思主义发展中的继承与创新、民族性与世界性关系等，构成第二国际哲学论争的主要问题。忽视辩证法是第二国际马克思主义的重大缺陷。唯物辩证法是正确回答马克思主义和社会主义发展中的重大问题的科学方法论。(3) 方法创新。本课题以问题为中心、以第二国际理论家的文本解读为基础，以推进第二国际马克思主义哲学研究、深化马克思主义哲学的理解为目标，围绕坚持和实现社会主义的主题，发掘、梳理第二国际理论论争中的重大哲学问题，并予以当代的阐释和评价，为当代中国马克思主义哲学研究与创新提供历史的借鉴和理论的启迪。在实际研究中，遵循理论与实践相统一的原则、逻辑分析与历史考察相结合的方法论，注重在文本研究基础上进行比较研究。

【所有权与正义——走向马克思政治哲学(重点项目)】

中国人民大学哲学院　张文喜

研究意义：国内既有的相关研究往往仅仅从法律或经济学的角度来承认产权正义，并将其化约为“矫正正义”或“分配正义”。所有权正义及好多社会问题是在法律表达或经济的实际应用中展开的。这也意味着，如何表达所有权，特别是私有财产所有权问题之于中国学者，能说什么、想说什么，与马克思对所有权正义问题所涉及的主题及概念理解完全无关。比较而言，西方学者在不同思想脉络中，呈现出多重语境。

特定的生产关系包含着特定的权利结构。对马克思所有权理论的思考，政治经济学批判是一种不可或缺的方法，但同时也产生了政治哲学批判之必要。马克思对政治经济学进行的激进批判，可以理解为对私有财产权的政治哲学批判以及形成自己关于“价值”的具体思想。这项研究极具开拓性。可以上升到这些研究所依凭的公与私等概念之马克思政治哲学区分的基本原则，提升对个人自由与社会和谐、对任何消解私人和公共生活的紧张局势所不能忽略的所有权正义的基础研究。从世界的角度看，当今中国社会必然应该顺应为争取机会平等和从法权上肯定所有权保护的社会改革而非均贫富的实践要求。

研究内容：所有权涉及任何物的、可以对所有法律规则提出的富有意义的那个问题是：谁是它的所有者？马克思认为，此问题的答案须从人类生存条件的变化中得出，而私人所有权、私有制作为一种历史现象，这只是一种事实。马克思的所有权正义理论，以共产主义学说为其依归。在这个意义上，后者在前者中被展开。它是一个包含各种不同规定的课题。我们首先须对这个主题作出规定，并指明这一主题在自身中包括哪些由传统产生的累加影响预先给它确定下来的问题。然后我们方能对阐明这个主题起着关键作用的方法，获得一个具有特征的描述。我们以马克思对“好的”社会界说为根据。对马克思来说，一个好社会的标准须看社会劳动整体方式是否基于遵循每一个人的自由发展的实现。因此，符合马克思主义的所有权正义与不正义概念，并不是得到关于什么自然的知识，而是增进关于人类能力与力量方面更高的概念。

研究创新：众所周知，在马克思的总体学术规划中，曾打算批判法、道德和政治等，但他的政治哲学始终没有写出来。我们将根据马克思的文本之当代阐释和他没有说的东西中建构马克思的政治哲学。在这个意义上，马克思所欠缺的，是把所有权看作社会不公的根源的那种像晚期乌托邦思想中出现的概念之明确界说或证明，或者说这样的界说和证明以一种或模糊或矛盾的方式在其著作中呈现。我们将精炼此中多样性发散的或隐藏在细节中的隐含之意，使之明晰，并赋予此传统问题以新的形式。但我们不认为明晰就够了，不能像分析马克思主义那样，毋宁说，关于所有权正义之正确性规定必然意味着有关形式与内容、存在与应当、历史与逻辑的统一概念。而对这一概念的阐明正是我们的创新过程。

【自然主义哲学与唯物主义的当代形态（重点项目）】

武汉大学哲学学院　朱志方

研究背景：自然主义哲学是一个全面的哲学纲领，在本体论上，它主张凡是存在的，都存在于自然界，没有超自然的存在物；在认识论上，主张自然科学的知识是最好的知识，科学的方法具有普遍性。

研究内容：当代西方自然主义哲学可以大致地归入三个类型。第一类是用自然科学取代哲学，如蒯因提倡主张用心理学来取代认识论。第二类是心灵哲学中的物理主义或唯物主义。还原论的物理主义有心脑同一性理论，主张心理过程等同于一种物理过程。非还原的物理主义主要有依附论和功能主义。取消论的唯物主义根本否认意识的存在，因为心理状态概念是民间心理学的设定。第三类思路力图对价值、规范、数学对象做自然的说明，例如把规范看作可由经验检验的假言命令句。

马克思是最早宣示自然主义的思想家之一，他在《1844 年经济学哲学手稿》中把“完成了的自然主义”“共产主义”和“人道主义”看作同一种理论，这种理论在马克思主义哲学体系中就是辩证唯物主义。当代西方自然主义的一大缺点是把唯物主义等同于物理主义，把唯物主义看作自然主义的一个子类，这就必然遭遇一些不可克服的难题，如感觉质、意向性、规范、价值、数学概念和模态，都不能还原为物理属性。

研究创新：我们的基本观点是（1）马克思主义的唯物主义是自然主义而不是物理主义，它肯定意识的实在性，但强调意识依赖于物质而存在；社会过程是一个自然历史过程。自然主义排除上帝、绝对精神、先验观念、抽象对象的存在，但原则上承认意识、意志、社会事实的存在。（2）科学说明不必是物理还原。心理事实是基本的或朴素的事实，所有的基本事实都是不可还原的，如大小与重量之间不可还原。但所有的基本事实可以得到说明，从而得到理解。(3)因果封闭原则不成立。罗素认为因果律只是过去哲学的遗迹，现代科学所揭示的是物理变量之间的稳定关系。取消因果封闭原则和排除原则，许多困难就消失了。心理状态与物理系统之间有各种关系，其中有些关系是稳定的，而不只有反映（表征）关系。（4）人类社会中存在着制度事实，由此不难说明价值和规范也处于自然属性或自然关系的领域。（5）逻辑与数学有着根本的区别。逻辑命题只表达推理关系，因此并不存在所谓的逻辑事实；而数学命题表达自然中存在的量和关系。（6）自然科学的方法是获得知识的主要方法，也是哲学论证的主要方法。哲学论题必须有经验事实来支持。因此，我们反对哲学中流行的“虚构论证”，这些虚构只有逻辑上的可能性，而没有经验上的可能性。

【以政府职能转变促进经济发展方式转换研究（重点项目）】

中国社会科学院经济研究所　胡家勇

研究意义：转变经济发展方式是实现我国经济健康、可持续和高质量增长的必由之路，由于环境资源的压力，其迫切性已愈益凸显。转变经济发展方式虽然早已提出，但实际效果并不明显。相反地，经济粗放式增长的特征却日益强化。如何扭转这一局面已成为摆在我们面前严峻且棘手的现实问题。从理论上展开分析，找到可行性的解决办法和对策，具有重大的现实意义。把政府职能转变作为从根本上解决该问题的一个重要突破口，具有重要的研究价值。从学术界研究现状来看，将政府职能转变与经济发展方式转换紧密结合起来的研究较少，亟待丰富，尤其是就实证分析两者之间的关系、对各种改革方案的效果进行定量比较而言，具有较高的学术价值。

研究内容：本课题将集中研究以下理论和实践问题：(1) 对我国经济增长方式的现行特征予以剖析，给出我国经济发展阶段的理论判断；(2) 对政府职能转变予以全方位的分析，包括政府治理能力的提升、政府机构设置的优化、合理政府规模的界定、政府间分工的优化、政绩考核制度改革、审批制度改革、国有企业及国有资产管理体制改革、市场监管能力的提升等；(3) 探讨政府职能转变与经济发展方式转换的内在联系，以及如何通过政府职能的转变来实现经济发展方式的转换，为政策建议的提出和改革方案的设计奠定必要的理论基础。

研究思路：本课题将沿以下思路进行探讨：(1) 转变政府职能，弱化政府微观资源配置功能，减少政府实际支配的资源，将行政主导的资源配置方式转变为市场起决定性作用的资源配置方式，是实现我国经济发展方式转换的关键；(2) 政府职能的顺利转变，根本上要依靠制度设计的完善，一方面，要建立与公益性目标相适应的科学的官员考核体系和奖励机制；另一方面，要加强社会监督和内部监督，建立健全问责制和追责制，实现权责的统一；(3) 将政府规模作为一种要素投入纳入生产函数，测算其对经济社会的影响，来获得对其职能履行合理程度的定量测度。

【马克思宏观经济数理模型的系统构建(重点项目)】

北京师范大学经济与工商管理学院
白暴力

研究意义：现代西方宏观经济数理模型，以总需求（消费需求与投资需求）为主要研究契机，研究国民收入、就业、价格总水平上涨、经济周期和经济增长；然而，由于缺乏科学的基础，存在一系列无法解决的困难，例如，宏观经济学的微观基础、失业形成的有效机制、价格总水平上涨的微观机制、经济危机和经济周期的形成机制，等等。因此，在对现实经济的分析中，存在着不可克服的困难。

马克思经济理论，不仅对资本主义经济，而且对市场经济，从本质到现实，给予了深刻的研究和分析。在此基础上，构建系统的宏观经济数理模型，将克服现代西方宏观经济模型的一系列理论困难，既能够在理论上推进经济学的发展，也能够有效地分析我国的现实经济运行，为我国解决内需不足和投资膨胀与紧缩交替等问题、缓解经济周期性波动、治理价格总水平上涨、避免“中等收入陷阱”以及保障经济持续平稳发展建立科学的理论基础。

目前，一方面，用马克思经济理论分别分析宏观经济的个别问题的研究，成果虽然颇多；但是，这些成果，既没有建立系统的宏观经济理论，也没有进行数理分析。另一方面，也有一些用数学方法表达马克思经济理论的成果。这方面，国外代表作有：Michio Morishima：“Marx's Economics”；John Cunningham Wood“Karl Marx's Economics”，(1—8)；J. E Roemer“Marxian Models of Reproduction and Accumulation”；H. J Sherman“Marxist Models of Cyclical Growth”。国内代表性著作有：吴易风等《马克思经济学数学模型研究》(2012)，张薰华《资本论中的数量分析》(1993)，沈民鸣《资本主义生产过程的数学分析》(2009)，冯金华《马克思经济学的数学原理》(2010)，马艳《现代政治经济学数理分析》(2012)。不过，这方面的成果都是对马克思理论的数学表达，而不是构建解决现实经济问题的数理模型，更没有构建系统的马克思宏观经济数理模型。目前，系统构建马克思宏观经济数理模型这项研究工作，基本没有展开。

因此，马克思宏观经济模型的系统构建，不仅具有重大的理论价值，而且具有重大的现实意义。

研究内容：(1) 构建社会总消费需求模型。从马克思企业和工资市场定位理论出发，构建社会总消费需求模型，为解决我国内需不足问题建立理论分析基础；同时，也解决了现代西方经济理论所面临的主要理论困难：宏观经济的微观基础。(2) 构建社会投资需求模型。①构建消费对生产资料需求或投资需求的传递效应模型。在马克思两大部类平衡理论基础上，构建消费对生产资料需求或投资需求的传递效应模型和传递效应强度模型。这些模型解决了消费与投资的关系。这也是现代西方宏观经济理论所没有解决的重大理论问题。②投资的倍加效应模型。在马克思经济范畴基础上，构建投资的倍加效应模型，确定投资的倍加效应系数，揭示投资运动的一个重要的自身规律，为说明投资过热的原因及解决对策提供理论基础。③构建投资周期与增长统一的动态模型。在马克思基本经济范畴基础上建立经济周期与增长统一的动态模型，其中，第1项是一个随着时间t而递增的量，表明投资和经济的增长；第2项是一个随时间而振荡的量，表明投资和经济的周期运动；投资增长与投资周期性波动是对立统一的。这个模型为缓解经济周期，保持经济持续稳定增长提供了分析基础。在现代西方经济理论中，经济周期与经济增长是两个相互独立的模型。而本模型则是经济周期与经济增长两者统一的模型，更加深刻和全面地揭示了两者的相互关系。(3) 构建社会总需求模型，及国民收入（就业）决定、经济周期和增长模型。在以上模型基础上构建社会总需求模型。因为，市场经济是需求约束性经济，所以，这个总需求模型系统地表明了宏观经济运行，由此可构成国民收入（就业）决定、经济周期和经济增长等模型，为系统地进行宏观经济分析和决策提供了科学的理论基础。(4) 构建价格总水平上涨（inflation）模型。在总需求模型基础上，从马克思价值、价格和货币理论出发，建立价格总水平上涨(inflation) 模型。首先，构建价格总水平上涨的结构性因素模型和总量性因素模型。然后，以这两个模型为出发点，将物价总水平上涨分为四大类、七种类型。第一大类，是货币原因导致的物价总水平上涨。第二大类，是由市场微观经济行为所导致的物价总水平上涨。第三大类，是宏观变量导致的物价总水平上涨。第四大类，是物价总水平上涨自身引起的物价总水平上涨。这个模型系统全面地研究了价格总水平上涨，为治理价格总水平上涨提供了系统的理论基础。这个模型突破了西方经济学从供给和需求两方面研究价格总水平上涨的传统。

总之，以上模型构成了系统的宏观经济模型，能够对宏观经济中的主要变量进行系统的讨论，形成马克思宏观经济学体系。

研究创新：(1) 体系和总体模型的创新。马克思宏观经济数理模型的构建以及这一体系本身就是创新。目前，一方面，虽然存在大量的使用马克思的理论分别研究个别宏观经济现象的成果，但是，这些成果，没有构建数理模型，更没有构建一个完整系统的马克思宏观经济理论体系。另一方面，虽然存在一些用数学表达马克思理论的成果，但是，这些成果都是对马克思理论的数学表达，而不是构建的解决现实经济问题数理模型；更没有构建系统的马克思宏观经济数理模型。因此，马克思宏观经济数理模型的构建以及这一体系本身就是创新。(2) 内容和各个子模型的创新。本研究建立了一系列子模型：社会消费需求模型、消费对投资需求的传递效应模型、投资的倍加效应模型、投资的周期性与增长统一模型、社会投资需求模型、社会总需求模型及国民收入（就业）决定、经济周期和增长模型、价格总水平上涨（inflation）模型，构成本研究的创新性内容。这些模型都是本申请人的原创成果。(3) 解决了西方经济学所无法解决的理论问题。例如：社会总消费需求模型解决了"宏观经济理论的微观基础"问题。消费对投资需求的传递效应模型解决了"消费与投资的关系"问题，而在西方经济理论中，消费与投资是两个独立变量，相互关系没有得到研究和解决。经济周期与增长统一的动态模型将经济周期与增长统一到一个模型中，更加深刻和全面地揭示了两者的相互关系；而在现代西方经济理论中，经济周期与经济增长是两个相互独立的模型。价格总水平上涨（inflation）模型克服了西方经济理论将研究囿于供给与需求的传统，建立了一个系统的价格总水平上涨理论和模型体系，解决了诸如价格总水平上涨的微观机制等一系列西方经济学无法解决的理论困难。

【我国经济增长的结构性减速、转型风险与国家生产系统效率提升路径研究（重点项目）】

中国社会科学院经济研究所　袁富华

研究意义：我们从"一线三点"的基本认识出发，解读中国未来10—20年的经济增长："一线"即长期增长曲线；"三点"即结构、转型和效率。从增长趋势看，我国正面临工业化阶段"结构性加速"向城市化阶段"结构性减速"的过渡；从增长方式看，我国正面临工业化阶段"投资驱动"向城市化阶段"效率驱动"的转型；从可持续增长路径看，我国正面临要素、产业、区域、制度功能的整合和重塑。基于这样的认识构架，立足于国内外文献和前期研究，本项目将对中国经济供给面因素进行系统探讨。

从增长阶段看，我国已经开启工业化阶段向城市化阶段的转型；从增长趋势看，我国已经步入高速增长向稳速增长的过渡；从增长方式看，我国已确立"稳增长、调结构、促改革"的政策基调。未来10—20年是我国突破原有增长模式锁定困境、向高效率生产梯度爬升的关键时期。如何规避经济过快减速风险、如何应对经济转型冲击、进而如何重塑富有活力的国家生产系统，是本项目的研究主题，也是本项目的理论和实践意义所在。

研究内容：立足于基本思路和研究方法，本课题将围绕要素层面的"一线三点"、产业层面的"一线三点"、空间层面的"一线三点"、制度层面的"一线三点"四个相呼应的模块设计内容，使研究成为一个由归纳到演绎、由抽象到具体的逻辑统一体。(1) 以要素层面的"一线三点"为纲，建立起勾连四个模块的增长因素分析框架。本课题组的前期发表成果中，建立了一个便于索引的（34项指标）增长因素分解框架，本项目将对这个框架做出进一步凝练和完善。这个框架涵盖了要素、产业结构、空间结构等层面的细项经济指标，更为重要的是，运用指标分解算式和回归分析，各细项经济指标可以最终归拢到标准增长核算方程的资本、劳动、技术进步、要素弹性等变量中，用于增长、转型和效率变化预测。通过它，结构性减速曲线被层层打开，相关问题被层层揭示，深层次的思考被层层纳入。(2) 连接四个模块的核心逻辑。第一，存在一簇主导长期增长的非线性经济变量，它们推动了中国工业化时期的高增长，同时也构筑了城市化时期低速增长的通道，这是结构性减速必然发生的深层次矛盾；第二，诸如人口结构转型、增长方程要素弹性参数变化、投资增长率从高速向低速嬗变等非线性经济因素，如何影响未来中国经济增长，这是结构性减速机制分析需要回答的核心问题；第三，如何从制度和城镇化角度阐释资本驱动增长向效率驱动增长的转型，进而消弭转型风险，是值得深究的有益问题。（3）中国经济减速的结构性特征和生产系统转型的主要内容。基于本课题的基本思路和认识逻辑，我们将对下述主要问题进行分析，包括："一个核心趋势""四个减速特征""五类转型风险""两个雁阵图景"和"一个矩阵演替"。

研究创新：（1）中国长期增长过程"结构性加速"与"结构性减速"问题的论证。（2）要素弹性参数逆转问题的论证。基于增长核算方程，我们把长期增长函数的要素弹性参数逆转规律描述为：资本产出弹性（α）和劳动产出弹性（1—α）在不同的经济发展阶段数值有异，发达国家和发展中国家的经验对比表明，随着经济向更高阶段演进，资本产出弹性将逐渐走低，相应劳动产出弹性逐渐提高。（3）投资增长与城市化率的倒"U"形关系的论证。即，根据多国大样本统计，随着城市化率提高，投资增长速度下降。投资增长下降的原因，在于城市化步入成熟过程中，收入分配向劳动力倾斜及消费示范效应的增强。（4）"服务业发展阶段性"假说的论证及服务业与制造业关联机制的理论考察。

【推进我国工业创新驱动发展研究（重点项目）】

中国社会科学院工业经济研究所 吕铁

研究意义：本课题拟以"创新收益率"和"创新效率"问题作为整个研究的逻辑起点，在对中国工业技术创新收益率和创新效率进行测度和估算的基础上，研究不同层面影响创新收益率和创新效率的因素。本课题研究强调要以国家创新系统中技术基础设施建设、不同产业特殊的技术和经济属性对创新发展的要求、各种类型企业实现创新驱动发展的制度条件，以及创新驱动发展政策体系的构建为重点，以解决中长期工业发展过程中面临的突出战略问题和政策难题为落脚点，提出中国工业创新驱动发展的总体战略、主要突破口、重点领域，以及相应的政策体系。因此，本课题选题具有较大的理论价值和现实意义。

研究内容：本课题拟将工业创新驱动发展问题分解为四个部分，各部分的主要内容和基本观点是：（1）工业创新驱动发展的环境条件：国家层面的分析。既有的研究表明，长期性的、高风险的技术投资是社会收益率最高、但同时也是技术市场失败最严重的投资。本课题从"结构主义"的国家创新系统视角出发，针对当前中国工业创新系统供给与创新发展需求之间的错配问题，研究如何进一步完善创新发展的环境条件，以激励创新性的资源向长期性、高风险的科技领域配置并提高这些资源的使用效率，重点分析如何发挥公共科技投资对企业科技投资的"杠杆"作用，如何通过技术基础设施建设提高企业的创新效率。（2）创新障碍与工业创新驱动发展：产业层面的分析。重点研究产业层面影响技术创新激励和创新效率的因素和作用机制，特别是不同类型产业创新发展面临的特殊障碍及克服这些障碍需要考虑的制度性和政策性因素。本课题以Martin和Scott（2000）发展的产业创新市场失败理论和产业创新市场失败类型为基本分析框架，并结合中国产业具体特点加以修正和拓展，重点研究不同产业部门创新发展面临的特殊障碍和解决机制。（3）工业创新驱动发展的微观制度基础：企业层面的分析。国内既有的企业研究多以委托代理理论为基本框架分析企业最优产权安排和公司治理设计问题，这些研究强调资本收益和企业价值的最大化，而忽略了企业的创新发展和长期成长等更加重要的议题。本课题以 Lazonick 提出的创新型企业理论为基础，研究旨在促进中国工业企业创新发展的微观制度设计。只有形成与企业创新发展相适应的微观制度和治理机制，“以企业为主体”的创新战略才是有意义的。（4）促进工业创新驱动发展的战略和政策。在技术经济范式的框架下重点研究主要工业化国家和新兴工业化国家（地区）为推进技术创新、实现创新发展的历史经验和最新趋势。在此基础上，结合前面各部分的研究，提出与中国工业创新驱动发展相适应的战略调整和产业政策优化问题。

研究创新：本课题将综合应用经验研究方法和理论研究方法、实证研究方法和规范研究方法，探讨有关中国工业创新驱动发展的重要理论和现实问题。在充分挖掘各类统计资料、数据、调研数据的基础上，运用多元统计、计量分析、数据包络和案例研究等方法进行实证分析。基于实证研究结果，以科学发展观为指导，借鉴工业发达国家创新驱动发展经验和做法，探讨中国工业创新驱动发展战略的路径、模式和相应政策支持体系。创新之处有以下五点：（1）课题设计紧紧围绕中长期中国工业发展过程中面临的突出战略问题和政策难题展开；（2）将“创新收益率”和“创新效率”问题作为整个研究的逻辑起点，形成了有关国家、产业和企业创新驱动发展的统一分析框架；（3）在行业创新驱动发展方面，更加关注产业的差异性，特别是不同产业特殊的技术和经济属性对创新发展的要求；（4）在创新性企业的统一理论基础上，分析各种类型企业实现创新驱动发展的制度条件；（5）提出将产业政策和科技政策统一于以扶持性政策、鼓励性政策和协调性政策为一体的创新驱动发展政策体系。

【国有资本授权关系及实现模式研究（重点项目）】

北京工商大学国有资产管理协同创新中心　谢志华

研究意义：我国国有资产管理模式经历了“以政代企”“以包代管”“以政代资”和“五龙治水”几个阶段。在这几个阶段都不同程度地存在“政企不分”，“政资不分”和“多头管理”的问题，造成国资运营效率不高，权责利关系不明确。国资委的成立并统一行使国有资产出资者权利有效地应对了这些问题。同时这也意味着国有企业有了更为明确的授权主体，进而为“两权分离”提供了基础。

十六大明确提出建立“国有资产管理体制”，最初采取的是“国有资产授权经营体制”。在此体制下逐渐形成了现行的三层次“管人、管事和管资产”相结合的授权经营体系。正是这一管理体系加上国资委所处的“行政性激励约束环境”和自身行政化行为的习惯，使得国有企业的“两权分离”不彻底。要进一步提高国有资产的运营效率，就需要把国资委的监管职能和股东职能分开，而“资本授权经营”是其实现路径。在实践中国家已成立了一些专门负责“资本经营”的公司，十八届三中全会也提出“组建若干国有资本运营公司的国有资本授权经营改革方向”。为此如何规范已有的国有资本授权经营行为，并在更大范围内推行“国有资本授权经营”制度，是摆在当前理论研究和改革实践者面前的一个重大议题。

研究内容：（1）国有资本授权的理论

框架与历史演进。包括：①国有资本授权的理论基础；②国有资本授权的历史演进与发展脉络分析；③国有资本授权的现实环境与现实逻辑分析。(2) 国有资本授权的关系研究。包括：①国有资本授权关系概念框架层面；②国有资本授权关系内容层面；③国有资本授权关系体系层面。(3) 国有资本授权运行模式研究。包括：①授权模式与授权经营模式的国际比较研究；②授权模式的国内比较与评价；③国有资本授权运行绩效研究。(4) 国有资本授权运行机制研究。包括：①授权后资本运营的决策机制；②监督机制；③制衡机制；④激励约束机制；⑤考核评价机制。(5) 模式设计、方案试点与指南制定。包括：①国有资本授权的模式设计与优化研究；②模式运行方案规划；③方案试点与指南制定。

研究创新：(1) 拓展了"国有资本授权经营"理论，深化了"委托—代理理论"，丰富了"分工理论"。(2) 实证检验不同资本授权运行模式的运行绩效，分析其运行的机制与内外部制约因素。(3) 开拓性地制定了"国有资本授权经营"试点方案，并根据具体的实施情况提出运行中相关问题及注意事项，提供国有资本授权运行指南。

【发展过程中的社会景气与社会信心研究(重点项目)】

中国社会科学院社会发展战略研究院 李汉林

研究意义：如何在宏观与微观的结合上把握中国社会发展的形势，如何分析和看待在发展过程中出现的问题，对于我们国家当前与今后的发展，至关重要。正是基于这种考虑，我们试图通过社会景气与社会信心的课题研究，使人们可以较为准确地把握社会变迁与发展的形势，较为全面地把握经济社会的运行状况，从而使理论的研究以及政策的制定有一个全面、可靠的事实基础。

在我们看来，目前关于社会景气与社会信心的研究主要在以下三个方面仍显欠缺：(1) 过多注重于人们主观态度的变化，忽视了对客观指标与宏观经济社会结构的考察。(2) 以往关于社会景气的研究主要是对调查数据的解读性 (interpretation) 描述，缺少对事物之间因果逻辑的解释性 (explanation) 阐述。(3) 关于社会景气研究的量表和指标在构建的过程中缺乏理论上的逻辑性和方法上的严密性。

研究内容：在研究过程中，我们试图努力地去分析：(1) 结构与主体：在社会发展变迁的过程中，不仅结构环境影响人们的行为方式与价值观念，而且主体的行为与观念能够在总和性层面反映具有结构性特征的社会环境。所以，这项研究拟从社会结构层面和主体层面上探讨一个社会的发展情境，从结构环境与主体的行为、观念的变化上努力把握一个社会的发展态势。(2) 概念的操作化与指数的构建：通过理论构建与操作化形成与中国经验相符的社会景气指数与社会信心指数。我们认为，社会景气主要测量当下的社会环境，而社会信心则是人们在综合考虑各方面因素的基础上对社会未来发展的理性预期。(3) 变动趋势与影响机制：不仅通过社会景气与社会信心指数对社会的发展变迁趋势进行动态评估，而且进一步探寻某些关键问题背后的影响机制。我们将在问卷调查的基础上引入某些关键的客观变量和结构性因素，在相关理论和研究的基础上建立研究假设，通过构建统计模型，对某些关键社会问题进行数据统计分析，以探寻背后的影响因素与逻辑机制。

研究创新：我们期望，在经验层面上，通过社会景气与社会信心的研究，不仅能够较为准确地把握目前中国社会变迁与发展的形势，而且可以与经济景气指数

“相得益彰”，更为全面地把握我国经济社会的运行状况，使我们的政策制定有一个真实、可靠的数据基础。在理论层面上，我们将在研究过程中系统梳理社会学及心理学有关人们主观态度与社会发展变迁之间的理论关系。同时，将社会景气与社会信心的研究纳入“结构—机制”的分析框架之中，不仅关注人们在社会发展变迁过程中主观态度的变化，而且关注客观结构环境与人们主观态度之间的相互影响、共同变化，进一步探讨这些关系与变化之间的内在机制，从而探索经济社会良性互动与可持续发展的可能性。另外，我们将努力构建与中国实际相符的社会景气与社会信心理论模式，形成一套科学规范的操作指标与调查量表，通过大规模的问卷调查，报告中国社会景气指数与信心指数，从而反映我国社会发展与变迁特征。

【跨太平洋伙伴关系协定（TPP）与国际经济秩序的发展方向研究（重点项目）】

中国社会科学院亚太与全球战略研究院 李向阳

研究意义：虽然TPP迄今尚未完成谈判，但它对亚洲区域经济合作的格局与方向所产生的影响已经显现。从发展前景来看，完成TPP谈判只是时间问题，不会因为个别国家的立场或个别问题的分歧而夭折。由于TPP是美国“亚太再平衡”战略的组成部分，它对区域和全球经济秩序的影响将是非常巨大的，尤其是对中国和平发展进程的影响更不可小觑。

目前，围绕TPP的影响在国内外学术界存在巨大的分歧。这种分歧一方面源于所持的立场；另一方面源于方法与学科，比如，基于纯粹经济学的分析，多数研究会得出TPP无遏制中国的结论，提出中国应尽早加入TPP的建议。

我们试图从多学科角度入手，分析不同利益相关方对待TPP的立场，探讨在战略与制度层面TPP的影响，从而对我国的战略选择提出我们的建议。

研究内容：本课题的核心命题是，作为“亚太再平衡”战略的一项重要支点，美国构建TPP的动机是多重的，其中遏制中国的崛起，主导亚太地区的经济秩序是不可否认的。一旦TPP成为现实，亚太经合组织（APEC）有可能被架空；中日韩自贸区可能会演变为一场“没有终点的马拉松比赛”；区域全面经济伙伴关系协定（RCEP）内部有可能出现“双轨制”；以WTO为代表的多边贸易体制会让位于以自由贸易区（FTA）为代表的区域经济合作；TPP有可能与跨大西洋贸易与投资协定（TTIP）融合，成为发达国家主导的构建国际经济秩序的新平台。对中国而言，在可预见的将来，加入TPP既缺乏内部可行性，也缺乏外部可行性。这将是中国和平发展过程中面临的最大的国际经济体系约束。因而，我们需要树立以我为主的区域经济合作发展方向。

本项目的主要内容：从中国的和平崛起进程与美国自贸区战略的演变入手探讨TPP的动因及其发展前景，TPP与中日韩自贸区的关系，TPP与RCEP的关系，TPP与APEC的关系，TPP与WTO的关系，TPP与TTIP的关系，TPP对中国国际经济环境的影响，以及“一带一路”与TPP的关系。

研究创新：本项目坚持马克思主义阶级分析方法，借鉴国际政治经济学的分析框架，把非经济因素纳入到区域经济合作研究之中。与单纯运用经济学分析方法相比，这样做的结果有助于在战略层面对不同类型国家参与TPP的动机、TPP对国际经济秩序的影响做出更为客观的判断。同时，在讨论我国的应对之策时，我们也会有更宽的视野。

【社会主义核心价值观与社会民主主义基本价值观比较研究】

天津师范大学政治与行政学院 薛新国

研究意义：社会主义核心价值观与社会民主主义基本价值观比较研究是世界社会主义研究的重要领域。中国特色社会主义与国外社会主义相互借鉴、相互影响、相互促进、共同发展。比较研究社会主义核心价值观与社会民主主义基本价值观的历史演变、思想来源及理论基础，分析其利弊得失，对于我们正确评价社会民主主义、正确理解中国特色社会主义核心价值观，有着重要的学术价值和现实意义。

比较研究社会主义核心价值观与社会民主主义基本价值观，既是加强科学社会主义学科建设的需要，同时也是在新的历史条件下，坚持马克思主义基本原理，推动马克思主义不断发展的需要。社会主义核心价值观的研究，在一定程度上是对社会主义，尤其是对中国特色社会主义发展本身的历史性研究，只有正确把握了社会主义历史发展，才能科学地凝练社会主义核心价值观。

研究内容：(1) 两种价值观社会历史根源的比较。西欧是社会民主主义的故乡和摇篮，社会党生存和发展的土壤比较肥沃，力量和影响比较大。中国与西欧具有不同的国情和历史文化传统。这些客观事实决定了社会主义核心价值观与社会民主主义基本价值观既有区别，又有相互借鉴的合理之处。(2) 两种价值观主要内容的比较。富强、民主、文明、和谐是国家层面的价值目标，自由、平等、公正、法治是社会层面的价值取向，爱国、敬业、诚信、友善是公民个人层面的价值准则。而自由、公正和互助则是社会民主主义的基本价值。就自由、平等和公正而言，两者具有契合之处。社会主义核心价值观比社会民主主义基本价值观内容更为丰富和全面，也更符合中国实际。(3) 两种价值观思想来源的比较。社会主义核心价值观的思想来源于马克思主义价值观和中国传统文化，中华民族所特有的价值文化底蕴，丰富而深刻的传统文化价值观念是中国构建一切价值体系的基本前提。而社会民主主义基本价值观植根于基督教伦理学、人道主义、启蒙主义思想和欧洲古典哲学。(4) 两种价值观理论基础的比较。社会主义核心价值观的理论基础是唯物史观，而社会民主主义基本价值观的理论基础是伦理社会主义和批判理性主义。伦理社会主义和批判理性主义的哲学基础是主观唯心主义。(5) 价值社会主义与制度社会主义的比较。价值与制度具有内在关系，制度内含着价值。社会主义价值与制度的统一性根源于社会本身的内在逻辑。社会主义价值观是社会主义制度的灵魂，社会主义价值观的构建与社会主义制度的建立、改革和完善是不断互动的过程。

研究创新：(1) 本项目对社会主义核心价值观与社会民主主义基本价值观进行多视角、深层次、全方位的比较研究，在国内尚不多见。(2) 指出社会民主主义把基本价值和社会主义制度作出明确区分的意义。(3) 揭示社会民主主义基本价值观的理论误区，即没有用历史唯物主义的观点看待价值现象，而是抽象地、超阶级、超历史地看待价值问题，没有认识到生产力发展作为价值标准的意义，等等。(4) 揭示社会民主主义基本价值观的社会历史根源。(5) 指出社会民主主义基本价值观中可资借鉴的因素。

【马克思主义经典作家社会有机体思想研究】

扬州大学马克思主义学院 周建超

研究意义：马克思主义社会有机体理论是经典作家以深邃的历史洞察力深刻分析人类社会发展历史进程与规律而创获的重要理论成果，是马克思主义唯物史观的一个重要组成部分，也是理解和认识人类社会形态发展和社会结构的一个重要方法论。历史唯物主义关于社会经济结构、政治结构和文化结构的原理，关于人与自然、人与社会、自然与社会关系的原理都是社会有机体理论的具体展开。同时，在马克思主义发展史上，社会有机体理论并不存在所谓发展史的“空场论”，各个时期马克思主义经典作家对社会有机体理论的相关范畴都作了某种程度的阐述，尽管侧重点不一致，但就整体而言，构成了马克思主义社会有机体理论的一个有机的动态发展历史。因此，展开对经典作家社会有机体思想的分析研究，一方面有助于我们从整体上更完整准确地理解和把握历史唯物主义理论体系，深刻揭示不同历史时期社会结构、社会运行和社会变迁的全貌，从而为我们更科学地把握人类社会运动发展的规律与趋势提供有力的学术支撑。另一方面对我们贯彻落实科学发展观、构建社会主义和谐社会和全面建成小康社会，并从整体性、系统性、有序性角度深化社会各领域综合改革、实现社会有效运行和协调发展、加强社会系统管理与控制具有重要的现实意义。

研究内容：全面系统考察各个历史时期马克思主义经典作家社会有机体思想产生的社会条件、主要内容、理论价值与历史地位，深刻揭示经典作家社会有机体思想演进的历史脉络、时代特征、基本规律和发展向度，比较其内在的统一性和差异性，从而为在全球化背景下推进当代中国社会改革和稳定发展给出理性思考。具体地说：（1）马克思社会有机体思想的理论资源与生成机理。全面梳理西方哲学思想史中有关社会有机体的思想，深入探讨这一思想产生的理论前提、实践基础和生成机理。（2）马克思社会有机体思想的形成发展与基本内容。重新解读马克思关于社会有机体的论述，系统阐述这一思想的形成发展、构成要素、结构功能、运行机制、历史地位。（3）沿着马克思社会有机体思想的创设路径，客观分析列宁、普列汉诺夫、布哈林等经典作家的社会有机体思想，深刻阐述俄国马克思主义经典作家对这一思想的继承和发展。（4）深入阐述李达、瞿秋白、毛泽东等马克思主义经典作家社会有机体思想的发展脉络、基本内涵和时代特征，努力揭示他们各自思想内在的统一性、差异性以及蕴涵的理论价值。（5）运用经典作家的社会有机体思想系统考察当代社会经济、政治、文化、社会、生态等领域综合改革的必要性和迫切性，进而为重新认识社会有机体思想提供中国道路、中国经验的学理支撑。

研究创新：（1）内容的系统性：通过文本解读，全面系统地梳理分析各个历史时期马克思主义经典作家关于社会有机体思想的基本内涵、本质特征和时代价值，以及其内在的继承性和创新性，从而尽可能地建构经典作家社会有机体思想发展史的理论框架。（2）方法的综合性：综合运用哲学、经济学、政治学、社会学等多学科的理论和方法，将马克思主义经典作家社会有机体思想内容的整体性和发展的连续性相统一进行研究，以防止因学科方法的单一而影响对这一思想的全面理解。（3）视野的现实性：立足当今世界历史和全球化发展的高度，努力揭示马克思主义经典作家社会有机体思想对当代现实重大问题的阐释力，特别是对当代中国在新的历史条件下全面深化改革所具有的哲学意义。同时，以中国特色社会主义实践经验丰富和发展马克思主义社会有机体理论。

【马克思劳动价值论的生成路径及其当代启示研究】

重庆工商大学经济贸易学院　唐路元

研究背景及意义：自马克思劳动价值

论创立以来，国内外学术界围绕这一理论的论争就从来没有停止过，各种观点之间存在很大的分歧。从已有研究成果看，学者们大多是根据马克思在《资本论》中对劳动价值理论的阐述来展开学术争鸣的。这对于理解马克思劳动价值论是很不够的，争论也在所难免。马克思的价值理论是发展的，甚至是有根本变化的。只有通过对马克思劳动价值论形成历史过程进行科学的精确性、系统性地研究，才能更准确地理解马克思的经济学研究方法和劳动价值论理论本身。本课题研究的意义有两点：（1）通过系统考察马克思劳动价值论的生成路径，修正过去的认识偏差，挖掘其新的含义，达到全面准确地理解马克思的劳动价值论的目的；（2）运用它来科学地分析和解决当代社会经济发展所遇到的理论和实践方面的重大问题，为中国特色社会主义科学体系的建立提供坚实的理论基础。

研究内容：研究马克思劳动价值论的生成路径，必须厘清马克思在不同时期提出的新观点是怎样萌芽和在哪里产生的，所遇到的问题的中间环节是怎样找到的，阐明马克思劳动价值论如何和必然成为一个科学的理论体系。本研究包括四个部分。第一部分：1843 年至 1846 年马克思开始研究经济学到完成《德意志意识形态》期间的哲学观点和劳动价值论观点的生成路径：（1）马克思、恩格斯所处的时代背景；（2）黑格尔、费尔巴哈、赫斯等对马克思哲学思想的影响；（3）恩格斯《政治经济学批判大纲》及其马克思价值观点的影响；（4）马克思在《1844 年经济学哲学手稿》中工资、资本的利润、地租、异化劳动、需要、生产和分工、货币等范畴的含义；（5）马克思在《神圣家族》和《德意志意识形态》中辩证唯物主义和历史唯物主义形成以及对李嘉图劳动价值论的逐步认同。第二部分：1846 年至 1849 年马克思劳动价值论的进一步发展：（1）马克思在《哲学的贫困》中对李嘉图劳动价值论的承认和运用；（2）马克思对李嘉图劳动价值论的创新和发展；（3）马克思在《雇佣劳动与资本》中对劳动价值理论和剩余价值理论的阐述。第三部分：1850 年至 1894 年马克思劳动价值论的形成和完善：（1）马克思在《政治经济学批判大纲》中确立的政治经济学研究方法；（2）马克思在《政治经济学批判大纲》中创立马克思主义劳动价值论，包括对价值和价格的差别在量方面和质方面、商品的二重性和内在矛盾、商品拜物教理论、生产商品的劳动的二重性、“劳动能力”商品、资本生产过程中价值形成和价值转移、一般利润率的形成和价值转化为生产价格等理论的系统生成；（3）马克思在《资本论》中对劳动价值论的最后完善。第四部分：马克思劳动价值论生成路径的当代启示：马克思主义哲学和经济学思想是如何互相促进的，这对建立和完善社会主义市场经济体制有着什么样的启示。

研究创新：本研究的创新之处在于全面深入地探索马克思唯物辩证法和历史唯物主义的发展与劳动价值理论形成发展的互动机理，特别是马克思如何通过研究经济学促进唯物辩证法和历史唯物主义的形成，以及如何运用辩证法来构建科学的劳动价值论。

【当代中国马克思主义发展与创新的规律和机制研究】

中国社会科学院马克思主义研究院
谭扬芳

研究意义：（1）有利于发展与创新马克思主义。加强当代中国马克思主义的发展与创新的规律和机制的研究，使当代中国马克思主义发展与创新实践能够有章可循，按客观规律办事，有助于发展与创新马克思主义，有助于马克思主义的中国化、大众化、时代化，有助于牢固树立马克思主义在我国意识形态领域中的指导地位。（2）有利于改革开放的顺利进行。当前中国的改革已经进入了深水区。要实现中华民族伟大复兴，进一步深化改革，就必须要有先进的理论指导。研究此课题的目的，就是为了给深化改革提供先进的思想武器。（3）有利于建设中国特色的社会主义。中国共产党自成立之初就十分重视马克思主义的发展与创新的工作，正是在不断总结人民群众革命实践经验的基础上，实现了多次重大的理论飞跃，形成了毛泽东思想、邓小平理论、“三个代表”重要思想、科学发展观等一系列重大理论成果，与此同时这些成果的创立也为人民群众的实践提供了科学的理论指导，不断提高着人民群众理解和运用马克思主义的能力和水平。研究此课题，必然要研究科学社会主义的发展与创新及其规律和机制，最终必然对建设中国特色社会主义产生巨大影响。

研究内容：（1）认清“当代中国”这一特殊国情。“当代中国”既是研究马克思主义发展与创新的规律和机制的影响因素和约束条件，又是研究的服务对象和目的。一方面，我们要认清当代中国的国情。改革开放以来，中国发生了翻天覆地的变化。站在全局的角度分析当代中国的特质，综合全面辩证系统地分析中国国情，是研究此课题的基本前提。任何试图照搬西方的做法都是不对的。另一方面，我们要认清当代中国所处的世界。当代中国是当代世界的一部分，必然受到当代世界的影响。因此，研究此课题，需要立足中国，放眼世界。片面割裂二者的关系都是不利的。（2）当代中国马克思主义发展与创新的内在规律。主要体现为四大规律：第一，马克思主义基本原理与时代精神相结合。第二，马克思主义基本原理与中国实际相结合。第三，马克思主义基本原理与人民群众新鲜实践相结合。第四，当代中国马克思主义的发展与创新必须与研究国内外各种流行思潮相结合。（3）当代中国马克思主义发展与创新的内在机制。第一，战略机制是“四个紧密结合”。第二，主体机制是四大主体有机结合。

研究创新：（1）研究出发点的创新。本课题拟立足古今中外四重维度开展研究，既有纵向的历史描述，也有横向的中外比较，避免了割裂中国与世界之间的联系等片面认识，为本课题研究提供了一个宽广而科学的视野。（2）基本观点的创新。当代中国马克思主义的创新动力源于解决当代中国实际问题。在立足中国实际解决种种实际问题的过程中实现当代中国马克思主义发展与创新，在种种思想争鸣中实现当代中国马克思主义的发展与创新，把握当代中国马克思主义发展与创新规律，构建当代中国马克思主义发展与创新机制。本课题提出当代中国马克思主义发展与创新的“四大规律”与“四大主体”正是结合理论与实践而阐发的创新观点。（3）技术手段的创新。对当代中国实际的把握是一项至为艰巨的任务。本课题拟借助网络这一先进的载体开展研究。设计调查问卷开展网络调查，运用多媒体技术分析问卷，提高本课题研究效率。

【马克思主义视阈下“市场决定性作用”的理论内涵研究】

辽宁大学马克思主义学院　时家贤

研究背景：市场在资源配置中的决定性作用问题是经济学的永恒主题。更是实现社会主义现代化过程中面临的崭新课题。当下仍有许多重大理论和实践问题有待探讨：发挥市场决定性作用的立足点是什么？会不会否定马克思主义、偏离社会主义方向？如何确保公有制的主体地位？如何破解政府干预过多、公平竞争环境遭到破坏等困境。显然，现有的研究成果并没有给我们提供现成的、系统的答案。本课题运用马克思主义经济理论和方法对这些重大问题进行阐释。

研究内容：（1）马克思主义视阈下"市场决定性作用"理论的形成。马克思恩格斯生活的年代，市场经济体制已经确立并在社会生活中发挥巨大作用。马克思恩格斯虽然没有使用过"市场经济"一词，但在揭示资本主义发展规律的过程中，通过对"交换经济""资本主义商品生产"的分析，深刻揭示了市场经济发展的一般规律，创立了马克思主义市场经济理论。（2）"市场决定性作用"的理论内涵：马克思主义经济学阐释。社会主义国家对马克思主义市场经济理论的认识经历了一个偏离、回归与提升的过程。"市场决定性作用"理论的提出是这个认识过程的产物，是对马克思主义的创造性运用和发展，更是中国对人类现代化事业的巨大贡献。在马克思主义视阈下，"市场决定性作用"具有极其丰富的理论内涵。（3）中国实践过程中发挥"市场决定性作用"面临的现实困境。真正发挥市场的决定性作用，还面临一系列的现实困境。市场和政府在资源配置中起作用的"度"和"边界"的确定问题仍是改革的难点和重点。（4）发达国家处理政府与市场关系的实践经验与启示。从发达国家的先行实践看，经济发展阶段不同，对政府与市场关系的认识不同，政策主张也不同。在世界范围内，市场经济模式具有多样性。可见，中国不可能照抄照搬任何一种模式，只能从中国的国情出发，去突破现有困境。如何突破这些困境是摆在我们面前的重大课题。（5）"市场决定性作用"实现的路径选择。市场发挥决定性作用是一场革命性的变革，是一个复杂的系统工程，需要加强顶层设计，统筹规划，在完善制度体系的基础上整体推进。目标是构建一种"经济运行良好、政治权力节制有度、社会道德和美德得到弘扬、个人诚实守信"同步发展的社会经济秩序，让创造财富的源泉充分涌流，让发展的成果更多更公平地惠及全体人民。

研究创新：（1）研究视角创新。与现有的以西方经济学为出发点的研究不同，本课题以马克思主义经济学为视角展开研究。强调指出，发挥市场决定性作用不仅不违背马克思主义反而是对马克思主义的创造性运用和发展。（2）研究内容创新。阐述了"市场决定性作用"的理论内涵。强调市场决定性作用的发挥受到一系列约束条件的制约，包括前提条件、制度基础、价值取向等10个方面。提出"市场决定性作用"的基本含义：市场优先，市场主导，市场最终检验。（3）方法和观点创新。本课题从历史与现实，理论与实践、国内与国外、政治与经济的相互联系中剖析现实困境，提出解决困境的对策建议。从而突破了单一经济学方法的缺陷。与强调"政府宏观调控是处理好政府与市场关系的关键"的观点不同，本课题强调政府的微观规制职能才是把握"度"和"边界"的核心和关键。

【马克思主义宏观经济理论及其对我国宏观调控体系改革的启示】

内蒙古财经大学经济学院　张丰兰

研究意义：（1）理论意义：长期以来政治经济学的研究忽视了对宏观经济理论的梳理和应用，这使得马克思主义经济学在宏观经济研究领域中缺少话语权；特别是西方经济学的广泛传播和应用，使马克思主义经济学的地位受到严重的冲击。本选题旨在说明，马克思主义宏观经济理论对国民经济的运行和发展具有很强的阐释力，对宏观经济调控体系改革具有现实的指导作用，我国宏观经济体系的构建应当体现其内在要求。（2）现实价值：当前社会思潮多元化，以什么样的理论指导宏观经济体制改革还存在重大分歧。不少人认为西方宏观经济学对我国有适用性，尤其是新古典综合派、货币主义、供给学派、福利主义等理论。对马克思主义宏观经济理论，有的学者认为太空泛，有的则否定其存在。本研究将证明这些观点是不客观的，马克思主义宏观经济理论对我国有效发挥政府和市场两方面的积极作用，减少消极作用，确定长远发展战略目标，优化经济结构，制定合理可行的内外政策方面具有现实意义。

研究内容：(1) 问题提出的背景及马克思主义宏观经济理论的一般性阐述。(2) 马克思主义宏观经济理论在当代的继承与发展。(3) 宏观经济理论的应用模式：国外调控理论和模式比较分析。(4) 我国宏观经济调控体系的形成和基本构架分析。(5) 以马克思主义宏观经济理论为基础完善中国宏观调控体系。

研究创新：(1) 建立在历史唯物主义基础上的马克思主义宏观经济理论内容丰富、方法科学、反映了市场经济条件下宏观经济运行的一般规律和内在要求，对我国具有较强的阐释力。(2) 马克思主义宏观经济理论包含的宏观战略目标和规划、经济总量和结构平衡、短期调控目标和手段、积累、消费、失业、危机及社会目标等内容，对社会主义宏观调控具有适用性和指导意义。(3) 当前我国马克思主义宏观经济理论的指导作用发挥不充分，马克思主义经济学者的话语权缺失，这不利于完善中国特色社会主义宏观调控体系。(4) 我国宏观调控体系的完善要以马克思主义宏观经济理论（包括中国特色宏观经济理论）为指导，体现其基本要求，并通过建立相应的法律制度和体制机制来保障。

【马克思恩格斯的国家政权建设思想与推进国家治理体系现代化研究】

河北省委党校科社教研部　梁军峰

研究意义：党的十八届三中全会提出，“全面深化改革的总目标是完善和发展中国特色社会主义制度，推进国家治理体系和治理能力现代化”，这是我们党对国家政权建设提出的新要求。推进国家治理体系现代化，必须坚持正确的方向，以科学的理论为指导。马克思恩格斯的国家政权思想博大精深，对推进国家治理体系现代化具有重要的指导意义。长期以来，由于缺乏深入的研究，我们对马克思恩格斯的国家政权思想存在很多误解和错误认识，如片面强调国家的阶级统治，忽视国家的公共管理职能；对马克思恩格斯的民主思想重视不够，公民权利保障不完善。本课题研究的理论意义就是正本清源，系统梳理、准确把握马克思恩格斯的国家政权思想；实践意义在于以马克思恩格斯的国家政权建设思想为指导，探索我国民主与法治建设的新路径，推进国家治理体系现代化。

研究内容：(1) 马克思恩格斯国家政权建设思想的内涵、外延及其产生的时代条件。马克思恩格斯的国家政权建设思想是马克思恩格斯对实行无产阶级专政的过渡时期国家在政权组织中应坚持的基本原则和制度架构的科学构想。马克思恩格斯的国家政权建设思想是在深刻批判资本主义现代国家的阶级统治本质的基础上，总结人类历史上第一个无产阶级政权——巴黎公社，“按新的方式组织社会”的经验而提出的。(2) 马克思恩格斯关于社会主义国家政权建设基本构想的主要内容。包括：民主共和国是无产阶级进行统治的政治形式，必须坚持无产阶级政党的领导，国家政权组织实行代表制和普选制，大力发展社会自治，实现人民大众的广泛政治参与，对国家权力进行监督，建设“廉洁政府”和“廉价政府”等。(3)以马克思恩格斯的国家政权建设思想为指导，探索推进中国特色社会主义国家治理体系现代化的目标方向和操作路径。国家治理体系现代化就是国家各项政治制度和社会治理体制的科学化、规范化和法治化。必须坚持以马克思恩格斯的国家政权建设思想为指导，加快推进社会主义民主政治制度化、规范化、程序化，在重要领域和关键环节改革上取得决定性成果，形成系统完备、科学规范、运行有效的制度体系。

研究创新：(1)从政治学的角度，把马克思恩格斯的国家政权建设思想与推进国家治理体系现代化的实践要求结合起来进行研究，理论联系实际，具有很强的现实意义。(2)提出一些新的理论观点，如指出马克思恩格斯并没有将巴黎公社的“议行合一”原则上升为社会主义政权组织的一般指导原则。再如，推进国家治理体系现代化，制度创新是关键，核心是探索实现党的领导、人民当家作主、依法治国有机统一的合理制度体系。

【马克思主义无神论中国化研究】

中国社科院马克思主义研究院　习五一

研究意义：(1)马克思主义无神论是中国特色社会主义核心价值体系的理论基石之一。马克思主义无神论是科学无神论的高级形态。加强马克思主义无神论研究和宣传教育工作，对于巩固马克思主义在意识形态领域的指导地位，保持党的先进性和纯洁性，提高全民族的思想道德素质和科学文化素质，推动中国特色社会主义事业的发展，具有十分重要的意义。党的十八大以来，以习近平为总书记的党中央对加强意识形态工作，保持党的先进性、纯洁性做出战略部署。习近平同志从理想信念是否坚定、政治上是否可靠的高度，对有的干部不信马列信鬼神，从封建迷信中寻找精神寄托，热衷于算命看相、烧香拜佛，遇事“问计于神”，提出尖锐批评；要求强化和落实意识形态工作的领导责任，确保主流思想和舆论占领意识形态阵地。(2)科学无神论学科的建设与抵御境外宗教渗透和维护国家文化安全。以美国为首的西方国家，将基督教教义抽象为所谓的“普世价值”，本质上是西方话语霸权的表达。西方发达国家的基督教新保守主义势力，积极向中国推广这种“普世价值”，是其图谋“西化”“分化”我国的具体方式之一。科学无神论研究的学术事业，仍处于弱势地位。为应对当前国内外复杂的时局，开展科学无神论学科的建设势在必行。只有形成系统的科学无神论理论体系，才能为国家文化安全战略和具体政策奠定坚实的理论基础，并提供有针对性的抵御宗教渗透的思想武器。

研究内容：(1)马克思主义无神论的基本原理。马克思主义无神论继承了17—18世纪英国和法国唯物主义、19世纪德国费尔巴哈人本主义等人类优秀的思想成果，通过唯物主义历史观和剩余价值论的发现而展示出来。科学无神论作为马克思主义世界观的出发点和基石，由思想文化领域，进入科学社会主义运动的实践。列宁在社会主义实践中创造性地发展了马克思主义无神论。(2)马克思主义无神论中国化的历史进程。我们认为，马克思主义无神论的中国化有两项基本原则。第一，政教分离和宗教信仰自由的原则。在社会政治和经济层面，宗教必须适应中国人民的总体利益，适应社会发展的历史进程，不允许利用宗教威胁国家安全与民族团结，不允许利用宗教颠覆社会主义制度。保障宗教在信仰层面完全自由；从而把信仰问题与政治问题严格区分开来。第二，思想教育要“春风化雨”，意识形态建设要“针锋相对”。宗教有神论的观念是错误的，是与科学和唯物论相对立的，但它属于世界观问题，不能动用行政手段解决，只能采取说服教育的方法，而且主要通过社会的实际变革，由信仰者自觉决定。“引而不发，跃如也”，这是对人民群众讲的；作为布道手段的文化神学，跨越信徒的私人信仰空间，与主流社会叫板，争夺思想文化阵地，争夺青少年一代，就需要分辨是非，理论批判，即所谓“研究宗教，批判神学”。(3) 马克思主义无神论的当代价值。第一，马克思主义无神论是社会主义核心价值体系的哲学基础。加强科学无神论的研究和宣传教育，是增强社会主义意识形态的重要组成部分。第二，科学无神论是一种幸福的生活方式，是构建和谐社会的重要途径。第三，科学无神论只要彻底，必然导向合理的社会制度。科学无神论的教育和宣传要制定相应的纲领和策略，纳入整体社会主义革命和建设事业中。

研究创新：(1) 马克思主义宗教观与马克思主义无神论。我们将从理论上系统探讨科学无神论在马克思主义理论大厦中的基石地位，强调科学无神论是辩证唯物主义与历史唯物主义的理论基石和逻辑起点。要成为马克思主义者，必须首先具备科学无神论的世界观。无神论、唯物主义的世界观，是共产党人言论和行为的最基本根据。马克思主义政党关于无神论的理论、政策，是关于宗教理论、政策的基石。(2) 马克思主义无神论与社会主义核心价值体系。在社会主义核心价值体系中，科学无神论的唯物世界观和积极人生观，占有重要的地位。党中央一再指出：要巩固马克思主义的指导地位，要增强社会主义意识形态的吸引力和凝聚力，科学无神论的作用不容忽视。近些年来，有一种舆论，力图把科学无神论从社会主义核心价值体系中剔除出去，这是危险的，既不符合人类历史的发展规律和当代社会的世俗化潮流，也与中国的人本主义传统相悖。(3) 科学无神论是抵御境外宗教渗透的重要思想武器。以美国《国际宗教自由法案》为核心，揭示冷战后境外宗教渗透所蕴含的神权政治意识形态、新冷战意识形态。当前宗教学术界某些权威人士认为，宗教渗透是一个“伪命题”，“宗教是发展的动力”，中国需要外来“宗教补课”。我们将论证科学无神论是当代中国的文化软实力。只要卓有成效地加强科学无神论的研究和宣传教育工作，就能将这一“软实力”转化为“巧实力”，凝聚国力民心，有效地抵御境外宗教的渗透。

【工人的主体性建设与劳动解放研究】

中国劳动关系学院公共管理系　彭恒军

研究背景：(1) 劳动解放仍是当代西方重返劳动过程理论和重返阶级理论的主题。劳动解放是马克思政治和经济理论的主题。20 世纪中晚期以来，西方学术潮流中出现了捍卫和重返劳动过程理论（以布雷弗曼和布洛维为代表）和阶级政治理论（以赖特为代表）的强劲努力，把劳动过程和生产资料所有权再度置于理论分析的中心，其理论旨趣仍是劳动解放。(2) 我国市场化改革以来，劳动者主体性缺失是经济改革的理论选择和企业制度改革的政策选择的必然结果。以交易为中心的新制度经济学是轻视劳动过程和劳动者的理论原因，以美国型市场经济和企业制度（一种排斥劳动者参与的治理机制）为主要参照系是劳动过程的主体性建设未进入改革议程的政策原因。(3) 劳动解放的政治含义是指劳动者成为国家政治过程的主体，但“市场化”的霸权逻辑把工人劳动者排除在了政治发展的过程之外。一个时期以来，市场化作为经济运行的基本机制和市场化必然导向政治民主，成为主流的知识和价值观。任何深化政治改革的要求，都不过是扫除“市场化”的政治障碍而已。“工人作为政治主体”的解构是这一历史过程的重要方面。(4)我国的劳动关系研究和劳动政策深受美英劳资关系模式的影响，远离了工人劳动者主体性建设的主题。从工会政策看，第一，在企业层面长期以分配问题（工资谈判）为中心，易于引发劳资冲突；第二，在国家政治层面长期致力于以工资标准为主要内容的集体合同而非培育政治主体，难以真正进入国家的政治议程。从政治上看，美英劳资关系理论和我国的政治实践形成了严重张力。

研究内容：重返劳动过程和政治过程是工人主体性建设研究的基本思路。(1)工人主体性有两重含义：第一，劳动过程的主体性即经济民主是指劳动过程是劳动者的主体性活动过程，而不仅仅是机器和工序的工具。通过一定的制度安排使劳动者成为劳动过程的生产主体、生产管理的参与主体、组织和技术的创新主体、积极投资和提升自身技能的自主学习主体。第二，政治发展过程的政治主体性即政治民主：核心内容是工人阶级作为政治主体进入国家议程。阶级作为政治主体是马克思主义和自由主义政治理论的根本分野。(2)劳动过程的主体性建设：深入研究德日协调型市场经济和企业制度，结合我国的企业实际和优秀传统文化，以劳动者参与为导向选择和安排技术创新、组织创新和劳动技能创新机制，是工人主体性建设的微观制度基础。(3)政治发展过程的主体性建设：把工人塑造成一个阶级政治主体，使之成为一种约束和平衡资本的政治力量，以推动国家的民主化和社会的平等化进程。我国规模庞大的工人阶级正在迈向政治进程。压制工人阶级的政治形成和政治诉求，只会加剧政治裂痕和政治危机。(4)工会的劳工政策应回归生产中心和政治发展的政策思路：把劳动过程的主体性建设和政治发展过程的主体性建设作为工作重点，推动劳动过程的经济民主和国家的民主化进程。分配中心的政策思路（工资谈判）易于引发劳资冲突，与构建和谐劳动关系的目标是相悖的。

研究创新：工人的主体性建设，一方面作为劳动过程经济民主的主要内容既是企业效率的源泉，也是构建和谐劳动关系的主要场域；另一方面作为政治过程的主要内容既是我国政治民主化的根本要求，也是政治民主化的主要动力。因而工人的主体性建设是全面深化改革的正当性基础。(1)理论上：只有从“以交易为中心”的新制度经济学转向“以生产为中心”的经济学和政治哲学，工人的主体性建设（经济民主和政治民主）才能进入改革的理论视野和政策议程。(2)企业制度选择上：选择后福特主义作为改革方向，这是工人主体性建设（经济民主）的微观制度基础。(3)劳工政策上：从分配为中心（工资谈判）转向生产中心（经济民主—工人主体性)。遵循经济民主—经济效率—收入提高的逻辑才是构建和谐劳资关系的根本。

【中国、越南和前苏联马克思主义民族化比较研究】

清华大学马克思主义学院　陈明凡

研究意义：本课题从马克思主义民族化视角，选取三个典型国家即中国、越南和苏联进行比较研究。三个国家的马克思主义民族化走了不同的曲线。马克思主义在俄国演化的历史轨迹是：从马克思主义俄国化（苏联化）到马克思主义教条化，到马克思主义社会民主主义化，到去马克思主义化。马克思主义越南化走了一条“之”字形的曲折道路，从探索马克思主义越南化到背离马克思主义，再到重新回到马克思主义越南化的轨道。马克思主义中国化的进程中虽然也出现过这样或那样的曲折，但总体上一直是与时俱进，是一条螺旋式上升的曲线。总结和研究这三个国家马克思主义民族化的历史经验和教训，其意义在于：（1）通过中国与苏联马克思主义民族化不同历史命运的鲜明对比，认识马克思主义中国化的特点、优点和历史地位，认识背离马克思主义民族化必然导致社会主义衰亡；（2）通过中国与越南马克思主义民族化进程和成效的比较，论证马克思主义中国化所蕴含的普遍性真理和国际意义；（3）通过三个典型国家的比较研究，探讨马克思主义民族化的规律。本课题对提高马克思主义中国化的自信和自觉具有现实意义和学术价值。

研究内容：本课题以研究马克思主义中国化的进程、特点和历史地位为基点，在比较研究中着力分析马克思主义俄国化（苏联化）的历史命运和马克思主义越南化的曲折发展历程，进而从比较研究中总结马克思主义民族化的规律。这一规律的基本点是：马克思主义民族化发端于一个国家的社会变革向理论提出强烈诉求；马克思主义民族化必须以马克思主义为指导，扎根本民族文化土壤，同时汲取世界文明的优秀成果，是一项文化融合和创造的伟大系统工程；马克思主义民族化的理论成果是革命和建设正反两个方面的历史经验的科学总结；找到适合本国国情的革命和建设道路是实现马克思主义民族化的关键；马克思主义民族化应产生具有原创性的理论成果；马克思主义民族化是在同错误思想、错误倾向做斗争的过程中向前推进的；马克思主义民族化必须与时俱进，在其发展进程中所取得的每一个重大理论成果，都只能是阶段性成果，而不是也不可能是最终成果。

研究创新：（1）目前尚未见到国内外学界对马克思主义民族化进行比较研究的系统性专著，本课题拟在这一领域提供具有一定创新意义的研究成果，以求推进马克思主义中国化研究的广度和深度。（2）关于苏联演变和解体的根源，国内外学界已从多角度进行了研究，但鲜有从马克思主义俄国化（苏联化）的历史命运这一视角进行考察的论著。本课题将提供这方面的研究成果。（3）本课题将力求对马列主义同越南实际相结合的历史进程和经验教训作出概括性分析，对马克思主义中国化对越南的影响作出评估。（4）本课题力求对若干理论问题，如社会主义的可持续发展、苏共指导思想演变的历史轨迹等做出有新意的概括和表述。

【新中国成立以来党领导中国特色农业现代化建设的历史进程和基本经验研究】

四川大学马克思主义学院　蒋永穆

研究意义：党的十八大强调，要高举中国特色社会主义伟大旗帜，坚定不移地走中国特色社会主义道路。中国特色农业现代化道路是中国特色社会主义道路的重要组成部分，是马克思主义农业现代化思想中国化的结果，是在实践中不断探索形成的。我国实现农业现代化的道路和模式，与西方国家传统的“能源节约型”和“技术节约型”模式有重要区别。中国特色农业现代化道路的特点，是以实现农业的机械化、科技化、规模化、产业化和市场化为核心要义，以保障国家粮食安全、有效增加农民收入、促进农业可持续发展为基本要求，以利益协调为根本方法。经过不懈努力，我国农业发展取得了举世瞩目的成绩，但是仍然存在很多不容忽视的问题。要及时、有效地解决这些问题，必须加快推进农业现代化建设。为了实现这一目标，有必要对新中国成立以来党领导中国特色农业现代化建设的历史进程和基本经验进行研究。对该问题的研究，在理论上有利于丰富和发展中国特色社会主义理论体系，在实践上有利于推动农业现代化和“三农”问题的解决。

研究内容：（1）新中国成立以来党领

导中国特色农业现代化建设的历史进程研究。我们认为，新中国成立以来，党领导中国特色农业现代化建设的目标是不断演进的，所采取的手段和遵循的范式也各有侧重。以此为主要线索，历史进程可以划分为四个阶段，分别是1949—1978年依靠要素投入推进农业现代化建设的阶段；1979—1997年依靠体制创新推进农业现代化建设的阶段；1998—2011年依靠城乡统筹推进农业现代化建设的阶段；2012—今依靠全面深化改革推进农业现代化建设的阶段。(2) 新中国成立以来党领导中国特色农业现代化建设的基本经验研究。我们认为，新中国成立以来党领导中国特色农业现代化建设的65年，是一段在探索中前进，在曲折中发展的历史。在艰辛的探索中，中国共产党积累了宝贵的经验。概括起来就是"四个结合"，即顶层设计与群众首创相结合，整体推进与重点突破相结合，技术创新与制度创新相结合，农业现代化建设与农民增收、新农村建设相结合。

研究创新：(1) 把新中国成立以来党领导中国特色农业现代化建设65年的历史贯穿起来，对这段历史进行较为全面的系统梳理，在宏观分析体系中考察和审视不同时期农业现代化的发展状况，并在此基础上总结基本经验；(2) 克服"就农业论农业"的局限，把对农业现代化历史进程的研究，置于中国特色社会主义经济发展道路的高度上；(3) 以史为鉴，在基本经验的指导下，提出新时期提升我党领导中国特色农业现代化建设能力的战略举措。

【苏共亡党启示下的反特权研究】

中南财经政法大学马克思主义学院
龚先庆

研究意义：特权是腐败产生的重要条件，特权是执政党之敌。新形势下，必须正视特权思想及特权现象给党带来的执政风险，如果党内形成特权阶层，必然会毁灭党的事业。在庆祝建党八十周年大会上明确提出"党内绝不允许形成既得利益集团"，党的十八大提出了要坚持权为民所用，防范利益冲突，党的干部"决不允许搞特权"，党的十八届三中全会提出要"勇于突破利益固化的樊篱"。把党的建设作为一个新的伟大工程来抓，保持党的先进性与纯洁性，必须反对特权思想与特权现象，亟待对反特权问题提供理论支撑。因此，开展本课题研究有其理论与实践意义：(1) 加深对苏共党内特权阶层问题研究，更深入揭示苏共亡党教训，推进中国共产党自身建设；(2) 加强党内民主理论建设与党的纯洁性理论建设；(3) 发掘反特权的历史与思想资源，比较研究苏联东欧共产党及西方国家执政党的经验教训，为中国共产党反特权提供正反借鉴；(4) 解决现实的对反特权的思想认识与实践问题，解析新时期反特权创新实践，总结经验教训，完善措施，为深化党的纯洁性建设祛除思想顾虑和障碍，实现长期执政；(5) 把基本原理与具体实际结合起来，探索中国式党内民主建设路径。

研究内容：本课题从苏共党内特权阶层的角度总结苏共亡党的启示，通过对中国共产党反对特权的历史考察与现实分析，结合苏共亡党的教训与资本主义国家执政党建设有益经验，进行比较研究，试图得出规律性结论，认为执政党只有始终代表人民利益，充分吸收人类政治文明的先进成果，加强党内民主建设，实现制度创新，以制度规范权力、制约权力和监督权力，并加强制度执行力建设，形成党内民主与人民民主的良性互动，防范干部特权，才能永远保持党的先进性与纯洁性，从而实现在长期执政条件下构建社会主义和谐社会的目标。

研究内容：(1) 研究苏共自列宁以来

廉政制度建设及执行情况，苏共党内特权阶层的历史演变，从党内特权阶层的角度总结苏共亡党的教训；（2）研究西方资本主义国家执政党党内民主政治建设的有益经验，以为中国共产党反特权的借鉴；（3）研究中国共产党在不同历史时期，特别是在市场经济条件下反特权的思想与实践，总结其中的得与失；（4）制度创新及制度执行力建设研究。立足于反对特权保持党的纯洁性的目标，重点梳理相关制度，结合新的形势对相关制度进行以科学性、规范性与适用性为目标的创新研究。并且进行制度执行力建设研究，分析在新形势下影响反特权制度执行力的主观与客观因素，从领导干部、廉政文化、监督检查、责任追究与奖惩机制等方面提出有针对性的对策与措施。

研究创新：（1）选题集中，专门从反特权入手进行党的建设研究。反特权是反腐败永恒的主题，反对特权思想与特权现象，防范执政风险，应当成为全党的共识。（2）角度较新。苏共亡党值得总结的教训是多方面的，对中国共产党的启示也是多角度的。着重分析特权阶层对于苏共亡党的教训，以此警示中国共产党，未雨绸缪，防范特权风险，具有新意。（3）侧重反特权的制度创新与制度执行力建设。重点从制度创新与制度执行力建设层面进行对策性研究，既有学术价值，也有重大现实意义。

【马克思资本双重性思想及当代价值研究】

哈尔滨理工大学马克思主义学院 贾丽民

研究意义：（1）通过对马克思资本双重性思想的挖掘和梳理，论证马克思关于资本积极性与消极性的内在整体性和统一性，将纠正以往对马克思资本双重性思想把握的单向度偏颇，完善和发展马克思资本理论。（2）通过对马克思资本积极性和消极性的论述，深化对资本运动本质规定、总体性和历史命运的全面认识，筑牢运用马克思资本理论批判当代资本运动的理论基础，从而拓展对历史唯物主义的当代研究。（3）将为分析和解决当代社会现实问题提供世界观基础和方法论指引。中共十八届三中全会明确提出“使市场在资源配置中起决定性作用”，成为进一步深化改革开放的关键。在此背景下，充分地阐释和发挥马克思资本双重性思想，将对社会主义市场经济体制框架内最大限度发挥资本的积极作用和限制资本的消极作用，有重大的现实指导意义。

研究内容：（1）确立研究马克思资本双重性思想及其当代价值的理论原则，即历史唯物主义。从当前学界研究现状出发，阐明本课题的历史唯物主义观及其关于资本双重性思想的世界观方法论意义。（2）凸显文本阅读，从马克思文本入手理清其关于资本双重性思想的论述。首先是理清早期著述中资本双重性思想的论述；其次是理清中期著述中资本双重性思想的论述；最后是理清晚期著述中资本双重性思想的论述。（3）分析马克思阐述资本积极性的内在逻辑及根本旨向。首先，从资本生产与自然经济生产方式的区别入手，对资本积极性的基本维度进行分析；其次，从资本的增殖与竞争、激励劳动生产率和科技进步的动力机制、培育现代市民平等自由理性的制度模式等具体内涵出发，对资本积极性展开系统分析；再次，结合20世纪与21世纪人类生产力的空前进步与全球化发展，深化对马克思资本积极性的认知和把握。（4）考察马克思阐述资本消极性的内在逻辑及未来旨向。首先，从资本主义私有制与生产社会化的根本矛盾入手，揭示资本消极性源于生产力与生产关系的矛盾运动；其次，从资本无限增殖冲动与价值实现束缚、个别企业有组织性与整个社会生产无政府状态、国家以及阶级之间的剧烈斗争等具体维度出发，对资本消极性进行系统分析；再次，从马克思关于未来社会的一般设想出发，揭示资本的历史暂时性本质，反驳西方学者对资本永恒性的诠释。(5) 在阐释历史唯物主义基础上，阐明马克思资本积极性与消极性思想的统一性、辩证性和现实性。首先，对只强调资本消极性的见解以及遮蔽资本积极性畏惧市场经济的见解进行剖析，阐明马克思资本双重性思想的整体性；其次，对当代全球化运动中重构资本逻辑的各种见解进行对比和剖析，阐明马克思资本双重性思想的当代性和现实性。(6) 揭示马克思资本双重性思想的当代价值。首先，运用马克思资本积极性思想，分析新的历史条件下如何更好发挥市场和资本积极作用，为中国特色社会主义市场经济发展道路探索提供理论参考；其次，运用马克思资本消极性思想，充分认识和把握市场和资本的负面作用，为进一步控制和利用资本提供科学指导。

研究创新：以当代中国哲学界所实现的“历史唯物主义转向”为范式基础，克服以往对马克思资本双重性思想的单向度的偏颇，将双重性的统一置于历史实践而非抽象矛盾模型的地基之上。

【21 世纪“海上丝绸之路”建设的周边政治环境研究】

中国社会科学院亚太与全球战略研究院 周方冶

研究意义：21 世纪海上丝绸之路建设事关我国“西进”战略的总体布局，从中长期来看，将会在很大程度上改变从太平洋东岸到印度洋西岸的地缘战略格局，进而为我国开拓更有利和更广阔的地区发展空间。不过，沿途的东南亚国家差异明显，再加上深受域外大国影响，使得 21 世纪海上丝绸之路建设面临相当复杂的周边政治环境。

近年来，东南亚各国正处于转型期，政治局势在内外因素作用下变数甚多。唯有准确把握各国国情，尤其是政治发展走势，方能通过有的放矢的外交策略，有序推进 21 世纪海上丝绸之路建设，任何“一刀切”或“拍脑袋”举措，都很难在复杂环境下取得预期成效，甚至可能适得其反。

本课题将通过对菲律宾、印度尼西亚、马来西亚、越南、柬埔寨、泰国、缅甸等东南亚七国的政治形势比较研究，形成对 21 世纪海上丝绸之路周边政治环境及其发展趋势的综合评估，以期为相关外交决策，尤其是战略支点选择等议题提供更为全面和直观的学术参考。

研究内容：从中长期看，各国外交政策等基本国策的制定，主要取决于国内各派政治权力集团在相对收益基础上进行政治博弈。因此，本课题将重点探讨以下三方面内容。(1) 辨识各国的政治权力集团，并在此基础上评估各派政治力量对 21 世纪海上丝绸之路建设的看法和立场。政治权力集团，是指由拥有相似身份认同的社会公众所组成的、拥有政治自觉意识、并能以可持续的方式有组织的参与政治权力博弈以实现其利益诉求的社会聚合体。从东南亚各国来看，主要有军人集团、官僚集团、中产阶级、传统产业集团、新兴资本集团、宗教集团等。在前期研究中，课题组提出了辨识政治权力集团的四项标准：经济利益关系，社会群体聚合，思想共识与行动力，以及达到一定规模。本课题将据此对东南亚七国的政治权力集团加以具体辨识，并在此基础上，依据各权力集团的经济利益诉求、社会文化与意识形态归属、群体行为特征等因素，评估其在对华友好合作，尤其是 21 世纪海上丝绸之路建设问题上的总体看法与基本立场，以及在外部因素影响下，有可能产生的看法与立场变化。(2) 研判各国当前的政治权力结构，并在此基础上评估其外交决策话语权的归属情况。政治权力结构，是指政治系统中的政治权力集团在国家权力的竞争与分配过程中的相对地位与相互关系。在前期研究中，课题组提出了政治权力结构“同心圆”模型，将政治权力结构从内到外依次划分为核心圈层、制衡圈层、边缘圈层，并根据政治权力集团在“同心圆”各圈层的分布情况，将政治权力结构划分为单极自律、寡头自律、单极多元、无序多元、衡平多元五类形态。本课题将据此对东南亚七国的政治权力结构加以研判，尤其是核心圈层政治权力集团的分布情况，以分辨是哪些政治权力集团在政治决策尤其是外交决策中发挥主导作用，并在此基础上理解和把握对象国对华政策的形成过程与影响因素。（3）探究各国政治权力结构调整的影响因素，并在此基础上评估其中长期的政策走势。从发展视角来看，政治权力结构并不是静态固化的存在，而是动态演进的过程。政治权力集团在“同心圆”模型中所处的圈层，将会随彼此势力消长而变化更替。在前期研究中，课题组提出了影响政治权力结构调整的四项因素，即经济转型，社会分化，意识形态调整，外部干涉等。本课题将从上述影响因素的客观现状出发，对东南亚七国政治权力结构正在经历的，以及可能出现的变化进行评估，从而对各国中长期政治格局以及可能产生的对华政策调整形成预判。

研究创新：本课题将采用国际关系与比较政治相结合的研究思路，基于政治权力结构的分析视角，通过对经济诉求、社会分化、文化冲突、外部干涉等影响因素的定性与定量分析，评估在21世纪海上丝绸之路建设背景下，各国在对华合作方面的政治立场差异，以及中长期可能出现的变化趋势，从而一方面为相关学科建设提供更扎实的实证研究积累，另一方面为我国有的放矢制定外交政策提供借鉴与参考。

【马克思主义经济学的创新发展研究】

西北大学经济管理学院　宋宇

研究背景：比较综合是马克思主义经济学（以下简称“马学”）中历久而弥新的重要方法，虽然一度在经济学界“仿美”“仿西”倾向的滥觞中有意无意被忽视，但吸纳与借鉴的优良传统一脉相传，并凝练成一个方兴未艾的方向。这些研究的主要成就有：第一，正统“马学”创新性的研究。第二，创新马克思主义经济学学术原则研究。第三，比较与综合的学术原则、具体领域和方式的研究。我们认为，虽然这些观点认为要继承与坚持马克思主义经济学，又要借鉴西方经济学，但在如何建立现代马克思主义经济学这一问题上至今只是局部的观点，对比较综合的地位和作用、前提基础、创新如何实现的方法论依据认识不足，未形成关于构建现代马克思主义经济学范式的完整而系统的方法论体系。

研究内容：本课题把从比较综合视阈发展马克思主义经济学作为根本任务，在说明马克思主义经济学与西方经济学在立场、概念、逻辑体系与方法论层面存在分歧后，探索与西方经济学、国学中不同成分进行比较综合基础上的创新，在寻找中国经济学特有研究主题和构建理论框架中，体现马克思主义经济学的科学价值，推动中国经济学的繁荣发展。主要内容有：（1）比较与综合在当前马克思主义经济学创新发展中的基础性地位。（2）马克思主义经济学与西方经济学比较与综合的逻辑主线与理论框架。（3）马克思主义经济学与西方经济学比较与综合的基础、前提，根据与立足点。（4）马克思主义经济学理论基点与西方经济学借鉴点的比较综合：吸收式综合。（5）马克思主义经济学的发展趋向、西方经济学借鉴点与国学科学成分的比较综合：转换性综合。(6) 马克思主义经济学与西方经济学比较与综合的方式、基本轨迹与动力。(7) 马克思主义经济学与西方经济学比较与综合的前景与基本途径。

研究创新：以问题框架的转换为起点，对马学的主题和任务进行创造性转换，确定马学元理论与经济学当代问题特殊性之间的内在逻辑联系，构建理论框架，具体包括：(1) 马克思主义经济学创新可以划分为探索阶段、深入发展阶段和繁荣发展阶段等不同阶段，比较综合方法在逻辑主线的构建、突破点与切入点的选择，对西学吸收转换程度的把握应与这种阶段变化相适应，当前的基本任务是推进转换式综合，进一步发展理论基点的比较，结合应用经济学中的比较推动创新。(2) 在基本理论层次切入点选择中，以研究人的激励与全面发展等为突破，结合伦理美学角度，批判极端的自私行为等（经济丑恶)、弘扬国学中的经济美善要素。结合现代心理学、西方演进经济学中熊彼特学派与法国调节学派的科学成分，批判西学对自利假设的滥用。(3) 把马克思主义应用经济学作为比较与综合的重要载体，体现指导作用与地位。如在企业与厂商理论、创新理论、竞争与垄断理论、当代资本主义研究等领域解释真实的社会经济关系等。

【中东欧国家在丝绸之路经济带战略构想中的地位与风险评估】

中国社科院欧洲研究所　刘作奎

研究背景及现状：2013 年 9 月，国家主席习近平在哈萨克斯坦纳扎尔巴耶夫大学讲演中提出打造“丝绸之路经济带”的战略构想。丝绸之路经济带建设最终目标是贯通亚洲和欧洲两大市场。中国通过投资来推动两大市场的互联互通，促使两大市场的生产和流通要素向中国集中，从而与中国西部开发战略和“西进”战略有效衔接。中东欧作为勾连两大市场的纽带作用因此凸显出来。

中东欧在亚欧两大市场之间的独特地缘位置为国际学界所关注，但成果较为稀缺。Mitsuyo Ando and Fukunari Kimura (2013) 是为数不多的对中东欧在亚欧两大市场生产链条中的枢纽作用进行分析的学者。另有一些学者从中国视角进行了初步研究。如 Marta Golonka (2012) 分析了中国在中东欧的投资目标和趋势，探讨了中东欧在推动中国产品进入欧盟大市场的作用。Justyna Szczudlik-Tatar (2013) 对中国丝绸之路经济带建设以及中东欧国家波兰可能扮演的角色进行了分析。这些研究成果虽意识到中东欧作为亚欧两大市场纽带的重要性，但未做深度分析，也未对其存在的风险进行评估，更未将丝绸之路经济带建设纳入风险评估框架。

国内学界近年来的研究中，中国和中东欧国家关系的历史和现状（如朱晓中，2012）是主要关注点，部分成果也关注中国和中东欧经贸合作 (Chen Xin，2012)，尤其是一些具有潜力的领域如农业合作（范丽萍，2013)。这些成果或多或少提到了中东欧在勾连亚欧市场方面对中国的战略价值，但同样也未做出明确定位，也未对这些国家进行风险评估。

在中国积极倡导建立丝绸之路经济带的背景下，能否做好对中东欧的定位以及风险评估事关国家利益和战略收益，也是规避我国投资风险的一项重要的、基础性工作。

课题组近两年就此问题进行了初步探索，关注了在全球化和欧债危机背景下，中国在中东欧投资的机遇和风险问题，研究了投资中东欧对中国整体产业升级和布局欧亚两大市场的意义。课题组还对中东欧存在的风险进行了案例研究 (2013)，并撰写了多篇内部研究报告。以此为基础，课题组提出新的分析框架，对中东欧在丝绸之路经济带建设的地位和风险进行全方位、深度分析和评估。

本选题具有一定的现实意义和理论意义，是为贯彻中央重大战略决策部署，积极推动中国企业“走出去”做出的积极探索和尝试。

研究内容：(1) 分析中国丝绸之路经济带建设的主要内容、目的、现实基础和实现途径，中东欧国家在丝绸之路经济带建设中可能扮演的角色，进而对其在丝绸之路经济带建设中的作用进行定位。(2) 搜集整理对中东欧国家进行风险评估的相关内容与数据。(3) 总结主要风险点。具体工作包括：第一，对中东欧国家进行国别风险评估。课题吸收各方分析数据并自组评估框架，设置了四个分析指标：政治指标、经济指标、社会指标和双边关系指标，对中东欧 16 国进行风险评估。第二，对整个中东欧区域进行风险评估。具体内容包括：①中国与中东欧互联互通情况的风险评估。目前，已建和在建的中国与中东欧互联互通物流大通道有多条。但这些建成的通道无论从中方还是从中东欧方看都存在一定的问题。从国内看，通道的国内段多条运输线路存在无序竞争以及体制与技术协调缺位等问题。从中东欧方面看，其在轨道技术与标准、电气化水平和运载效率等方面需要改造，但改造成本高昂，盈利点较低，且受欧盟相关规制的限制。②中国和中东欧国家经贸合作风险评估。主要评估双向的经贸和投资现状和潜在的风险。同时，还评估中东欧作为欧盟统一大市场的一部分，对于推动中国和欧盟经贸发展的潜力和蕴藏的风险。③中国和中东欧合作机制建设及存在的风险评估。重点分析亚欧会议合作机制、中欧合作机制、中国中东欧合作机制的建设情况和面临的问题。④大国干预风险评估。这些国家包括俄罗斯、欧盟、美国、日本，它们或多或少地对中国和中东欧合作打造丝绸之路经济带形成阻碍。(4) 确定风险的解决途径，依据数据分析和相关国际经验提出政策建议。

研究创新：研究方法上，课题组确立一套指标评估和分析体系。该体系吸收了国际上各类评级机构的前沿性研究成果，同时注重以我为本位，强调中国丝绸之路经济带建设的实际需要；在研究框架设计上，重点关注丝绸之路经济带现有的建设基础、投资潜力和风险、相关合作机制的情况以及大国干预问题。

【全球化和知识经济背景下的马克思工人阶级理论再阐释】

西北大学马克思主义学院　王青

研究意义：工人阶级理论在整个马克思主义理论中占据着重要位置，而全球化进程的加快和知识经济的到来对传统工人群体的历史面貌产生了巨大影响，如何认识新历史条件下的工人阶级，这一问题曾引发了马克思主义阵营内的分歧和所谓的“马克思主义的危机”。加之，随着经济全球化的拓展，我国社会主义市场经济的建立和工业化进程的推进，我国工人阶级的构成、地位、整体素质等方面发生了极大的变化。立足于全球化和知识经济的新背景研究马克思的工人阶级理论，于学术价值而言，能够有助于更为客观公正地认识马克思主义发展史上的争论，有助于为准确评价“西马”的工人阶级理论提供理论坐标；于理论和实践意义而言，则有助于充分挖掘马克思工人阶级理论的当代价值，有助于准确理解工人阶级在社会主义初级阶段的历史作用，为深化认识社会主义市场经济条件下的工人权力、工人抗争等问题提供理论支撑，丰富进一步深化改革的理论资源。

研究内容：本课题立足于全球化和知识经济发展对工人阶级解放提出的新问

题，重新审读马克思的经典文本，对马克思工人阶级理论的学术渊源、发展历程、理论主旨、方法论原则等进行深入研究和重新阐释。首先，以工人阶级主体性问题为切入点，探讨马克思在工人阶级斗争动力问题上，对19世纪欧洲思想理论的吸收融合与批判超越，明晰马克思工人阶级理论的学理渊源。其次，分析影响马克思工人阶级理论形成、发展和深化的主客观因素，探讨其思想发展的历程和阶段性特征。并通过文本研读，梳理马克思对工人阶级与社会意识形态、政治权力和民主、科学技术、产业结构变化、国际分工和世界市场等问题的探讨，揭示其工人阶级理论的立论基础、逻辑依据，归纳其理论主旨和主要观点，彰显马克思工人阶级理论的当代价值和继续发展的理论生长点。在此基础上，通过将马克思的工人阶级理论与后工业社会理论、晚期资本主义理论、后现代理论以及其他西方左翼学者对全球化和知识经济背景下的工人阶级进行的解读相比较，透析历史唯物主义在认识工人阶级问题上的方法论表现，阐明它对理解当代工人阶级问题的方法论意义，回应西方学者对马克思工人阶级理论提出的挑战。并将马克思对工人阶级历史使命的理解与西方左翼学者对社会变革主体的替代方案进行对比，揭示工人阶级在全球化和知识经济时代的历史地位和对社会变革的推动作用。

研究创新：课题研究采取文献研读与比较研究相结合、个案研究与宏观研究相结合的方法，力图归纳提出在全球化和知识经济背景下重新审视马克思工人阶级理论的解释框架，转变传统研究对马克思工人阶级观一概而论的解释模式，打破将马克思工人阶级理论视为宏大叙事的理论判断，深入挖掘马克思工人阶级理论的当代价值。

【超越私人——马克思公人思想及其规范意义研究】

中国人民大学马克思主义学院　谭清华

研究背景：私人、公人（英译通行本是“private man”“public man”，中文全集第一版、第二版《论犹太人问题》中译为“私人”和“公人”。）是早期马克思表达自己政治哲学思想时使用的一对范畴。这里的公人不仅用来批判市民社会之基础的私人，而且也蕴含了马克思关于“人应该是什么”的价值诉求。只是随着马克思研究视角的转换，“公人”这个概念才很少使用。然而，为了区别于现实中遭到商品物化关系扭曲的人，马克思往往以“真正的人”“社会化的人”来表明人的应有状态，并且这种人不同于私人，而与公共生活紧密相关。

政治哲学由于要对理想社会进行合理论证而涉及人之理念。因此，从柏拉图到罗尔斯，其政治哲学都预设了一个人之理念。马克思的政治哲学要想证成，也需要这样一种人之理念。然而，从洛克到罗尔斯、诺齐克的政治自由主义往往预设的是一种私人。这种私人赋予个人以自由优先或权利至上的属性。马克思的政治哲学是否也能像政治自由主义那样建立在这种私人理念上呢？这正是本课题试图探讨的问题。国内外学者虽然认识到马克思有关于人的应有状态思想，甚至还认识到这种人与公共生活相关，可是他们却很少运用马克思早年提出的、与私人相反对的公人来说明马克思的人之理念，更没有将这种公人视为马克思政治哲学的人学基础。

研究内容：公人和私人是个体的人在不同社会关系下的体现。私人是市民社会中的成员，同时也是分裂的人，因为私人建立在排他性的私人利益和私人财产基础上。这种私人不但以人权形式获得现实存在，而且还以公人形式出现在政治领域中。私人决定公人。政治的公人只是建立在“想象的主权的虚构”基础上，而没有深入到经济社会领域，因而是不完整的、抽象的类存在。人本质上是社会关系的总和。人的本质与人所处的社会关系直接相关。市民社会是建立在私有财产和自由运用这一财产权利基础上的社会。“这种自由使每个人不是把他人看作自己自由的实现，而是看作自己自由的限制。”这一社会中的人也“把他人看作工具，把自己也降为工具”。在这样的社会中生成的人便往往是利己的私人。马克思主张把他人视为目的、从而把自己也视为目的，在这种相互视为目的的社会关系中（共产主义社会）才能生成相互共享的公人。从价值诉求说，公人是指体现人与人、人与社会相互共享的互惠价值的人，特别是相互自由和共享发展，私人是指体现人与人、人与社会相互排斥的自利价值的人，特别是把个人自由和发展建立在他人不自由、不发展的基础上。如果说私人是资本主义社会中人之原型，那么公人就是共产主义社会中人之原型。生产资料私有制是形成社会对立和公人、私人分裂的根源。无产阶级没有生产资料、不会因为生产资料私有权而与他人、社会相分离，从而具有更多的公共性，反之，资产阶级因生产资料私有权而排斥他人和社会，从而具有更多的私人性。无产阶级作为推动社会走向共产主义的历史主体，在公共性价值诉求上与共产主义社会和公人具有一致性。

研究创新：本研究的创新包括（1）对“公人”这一马克思早年提出、但又长期遭到国内外学术界忽视的重要范畴进行了富有启发的阐述，即从公人视角去解读马克思关于人的本质、关于未来社会中的人和关于人的应有状态思想，拓宽了马克思人学研究的视阈；（2）把公人视为马克思政治哲学的人学基础，从公人角度去论证马克思政治哲学的规范性，视角独特而新颖。

公人和私人只是一种理想的理论抽象，是两种理想类型。构建这种理想类型的目的就是为了彰显马克思对人的理解的特殊性，帮助明确马克思政治哲学中的公人与自由主义政治哲学中的私人之间的根本差异，以及由此带来的马克思政治哲学与自由主义政治哲学在前提、构建原则等方面的差异。这既不意味着公人、私人是截然分割的，也不意味着资本主义社会就只有私人、没有公人，或者共产主义社会就只有公人、没有私人，更不意味着马克思片面追求公人，而主张消灭私人，或者说完全否定私人存在的客观性、必要性和合理性。

2014 年度中国社会科学院创新项目简介（部分）

【当代各种社会思潮的最新动态研究与批判】

中国社会科学院哲学研究所　魏小萍

研究特色：本项目的研究特色在于一方面关注各种主要社会思潮形成的地域和时代背景，另一方面关注各种主要社会思潮所仰赖的学术背景，例如法兰克福批判理论发展于第一次世界大战后的德国，后马克思主义思潮与法国的结构主义——解构主义密切相关，激进左翼思潮是全球化时代的产物，等等。本项目对国外马克思主义最新发展动态从理论上进行整体把握，而不是碎片式地盲目跟踪。对各种左翼思潮理论进行分析，从理论上解读他们一方面与马克思主义的关系，另一方面与自由主义左翼阵营的关系。对有着漫长的历史、形形色色并且历尽变迁的自由主义理论及其思潮的最新发展动态进行分析批判。

研究内容：改革开放以来，中国的各种社会思潮在一定程度上受着外来思潮的影响，这些不同的外来思潮是如何影响中国人的思想、观念的，它们各自进入中国后又在中国本土的气候下发生了什么样的变化？如何抵御各种不良思潮的影响，坚持马克思主义在意识形态中的主流地位，是本项目最为关键的研究工程。

与本项目的总体研究框架相呼应，子项目由以下六个部分组成：（1）国外马克思主义最新发展趋势的分析与研究。（2）国外后马克思主义最新发展趋势的分析与研究。（3）国外人道主义思潮的最新发展动态分析与研究。（4）国外自由主义思潮的最新动态分析与批判、研究。（5）当代中国主要社会思潮的最新发展动态分析与研究。（6）主要社会思潮的综合性哲学分析与研究、批判。

研究创新：以马克思主义哲学方法为指导，对当代国外主要社会思潮以及这些思潮对中国各种思潮的影响进行学术理论上的分析和研究，侧重于以系统的学术背景为基础，梳理和分析各种不同的社会思潮以及这些社会思潮之间的相互关系、相互影响，例如后现代思潮与后马克思主义的关系。

我们在以马克思主义的哲学方法对这些最新思潮进行分析、批判的基础上，加强马克思主义中国化及其在主流意识形态中的主导地位，形成中国自己的当代社会思潮批判话语体系，进而带着我们自己的批判话语体系走向国际舞台，在国际舞台增强中国马克思主义学者的声音。

【转变经济发展方式与国家经济安全战略研究】

中国社会科学院工业经济研究所　史丹

研究背景和意义：长期以来的粗放型经济增长方式，导致的资源枯竭、环境恶化、金融运营风险、粮食安全、产能过剩等一系列问题在经济发展过程中不断暴露，这种非全面性的发展所导致的潜在风险一旦爆发，连锁反应势必会威胁我国经济安全。显然，转变经济发展方式已迫在眉睫，如何更好地切实维护经济安全俨然已经成为维系我们民族经济持续生存和发展的重要课题。

本项目立足我国经济发展新常态，识别现有经济发展方式下的经济运行潜在风险，以保证经济长期稳定健康发展为目标，试图从“发展”和“稳定”两个维度，研究促进经济发展方式转变，降低经济风险的长期和短期对策。

研究内容：本项目以经济长期稳定增长为出发点，客观分析中国经济发展中存在的问题与潜在经济风险，系统梳理转变经济发展方式与经济安全之间的作用机理，提出建立“稳定增长预期”的经济安全保障体系框架。根据研究目标，课题针对性地选择了矛盾较为突出，有可能转化为经济风险的重点问题作为研究对象。中国资源安全与经济发展方式转变的研究，试图通过梳理经济发展方式转变与资源安全之间的互动关系，探索新时期全球矿产资源市场供求形势的影响因素及变化趋势，提出增强不同类别矿产资源供应能力的政策体系和保障措施，突破有限资源对经济社会发展的瓶颈制约；中国能源安全与经济发展方式转变的研究，在对我国现阶段能源安全总体评价基础上，探索影响我国能源安全的主要因素和未来我国能源安全将面临的潜在风险和挑战，试图为中央政府制定实施合理可行的能源安全国家战略提供科学依据。中国金融安全与经济发展方式转变的研究，则以开放经济环境为背景，从实体经济、虚拟经济和技术三个层面，探讨既有经济发展方式对金融安全带来的威胁，重点研究金融安全与经济发展方式转变之间的互动机理和保障机制。中国粮食安全与经济发展方式转变的研究，立足我国宏观经济大环境，发现已有经济增长方式对我国粮食安全存在的潜在威胁，探索如何转变经济发展方式，在经济发展稳定、持续、发展、合理的同时，保证我国粮食安全战略。经济发展过程中的生态环境安全问题研究，聚焦环境资源承载能力，重点分析长期以来的资源依赖型经济增长方式，造成我国生态环境面临严峻的大气污染、水体污染、土壤污染等生态环境威胁，通过构建生态环境与资源利用效果评价指标体系，纵向评价改革开放以来，纳入生态承载力标准的我国资源利用效果，定位资源利用效率薄弱点。宏观经济稳定运行与价格风险研究，试图在经济发展新常态下，发现中国价格总水平走势出现的新特点和新规律，以及如何在新规律指导下，科学地制定相关价格管理政策，推动经济和谐稳定增长。化解过剩产能与转变经济发展方式的研究，目标是准确把握不同产业产能过剩成因，探讨化解产能过剩的对策，围绕充分发挥市场配置资源的决定性作用和更好地发挥政府作用，建立发展长效机制。财政与经济发展方式转变的研究，通过识别传统经济发展方式下的财政支出风险，探索财政支出与经济发展方式转变之间的作用机理，拟建立经济发展方式转变下的财政支出风险预警机制，提出促进经济发展方式转变的财政支出政策。

研究特色和创新：立足经济发展新常态，将资源约束、环境污染、金融安全、产能过剩、粮食安全等方面纳入中国经济安全研究框架，全面、系统地识别现有经济发展方式下，经济运行存在的潜在风险；试图从“发展”和“稳定”两个维度，研究促进经济发展方式转变，降低经济风险的长期和短期对策。

【贯彻落实习近平总书记“8.19”重要讲话精神的对策研究】

中国社会科学院马克思主义研究院

李春华

研究背景：2013 年 8 月 19 日，习近平总书记在全国宣传思想工作会议上发表了重要讲话（即“习近平总书记 8.19 重要讲话”，以下简称“讲话”）。讲话对当前宣传思想工作的重要地位、基本职责、根本任务、重大方针、基本遵循作了全面深刻的阐述，是指导新形势下宣传思想工作的纲领性文件。

讲话具有很强的针对性和指导性。切实贯彻落实讲话精神具有极其重要的现实意义。当前，国际国内形势复杂多变，经济全球化、政治多极化深入发展，各种思想文化交流交融交锋更加频繁。这一切必然反映在思想理论领域而形成一系列事关重大的热点焦点问题，并对我国的意识形态建设提出严峻挑战。贯彻落实习近平总书记“8.19”讲话精神，是应对国际意识形态挑战的迫切需要，是应对国内思想领域新变化的迫切需要，是管好用好互联网、切实改善网络舆论生态的迫切需要，是改进当前宣传思想工作的迫切需要。显然，中国社会科学院的创新工程有必要将落实习近平总书记的系列讲话精神，做好宣传思想工作的创新提上议事和研究日程。

研究内容：本项目作为对策研究，目标是要把讲话中提出的指示和要求变为具体的可以操作的对策建议和具体措施。具体研究内容：（1）如何牢牢把握意识形态领导权，切实把“两个巩固”作为宣传思想工作的根本任务。就如何切实坚持党管宣传、党管意识形态的重要原则和根本制度，如何加强党员、干部，特别是领导干部的马克思主义理论学习，提高党员领导干部的马克思主义理论素养，以理论上的彻底性支撑政治上的坚定性等问题展开研究。（2）以社会思潮为主要内容的“重大问题研判”问题。就如何进一步加强对宣传思想领域重大问题的分析研判，如何对涉及意识形态的错误观点和思潮进行坚决批判和斗争，如何对由于认识能力和认识方法产生的理论困惑和理论误解加强正确的引导，如何正确有力地解释社会现实，积极回应群众关切的热点等问题展开研究。（3）以互联网为重点的宣传思想工作“阵地建设”问题。就如何把网上舆论工作作为宣传思想工作的重中之重，如何加强和改进党对网上舆论工作的领导，如何加强和改进网络正面宣传和舆论引导等问题展开研究。（4）以高校思想政治理论课教师为主要对象的马克思主义理论教育“队伍建设”问题。就如何加强高校思想政治理论课教师队伍建设，使其切实做到“有责、负责、尽责”，如何面对新形势的要求解决“本领恐慌”问题，如何进一步完善责任机制、考核机制等问题展开研究。

研究创新：本项目属于对策研究，是从“问题”出发，目的是着力破解现实难题。在深刻领会讲话基本精神和基本要求的基础上，拟采用实际调查、案例分析和材料分析等方法，针对贯彻落实习近平总书记“8.19”讲话的四个关键问题——把握领导权、重大问题研判、阵地建设、队伍建设进行深入的分析研究。在此基础上，提出贯彻落实讲话精神的具体的对策建议和可操作性的具体方案，最终使讲话的要求找到落脚点、切入点和着力点，为进一步解决问题提供参考。

【新时期国有企业制度创新研究】

中国社会科学院工业经济研究所
余菁

研究意义：从企业制度创新这个视角来持续关注和研究我国的国有企业改革发展问题。国有企业在我国国民经济中，具有特殊的角色和使命，对促进经济和社会发展做出了重要贡献。20 世纪 90 年代以来，我国启动了以建立现代企业制度为核心的国有企业改革，目前已经取得了明显成效，国有企业的运行效率和综合竞争力显著提升。然而，近年来，我国国有企业改革进入了一个新时期，又暴露出许多新问题，社会上也出现一些负面舆论。为了国有企业的健康、可持续发展，迫切需要探索创新更加有效的企业制度体系，来引导和规范国有企业行为，从而真正实现社会主义与市场经济的有效融合。本研究旨在通过研究国有企业制度创新的有关问题，帮助解决或促进解决国有企业改革进程中的各种重大现实问题。

研究内容：本项目研究内容定位于将理论分析与实践研究紧密结合，探索构建设计一个具有中国特色的、多层次的国有企业制度体系。具体研究任务主要包括两个方面：一是从企业制度创新的视角，跟踪研究中国国有企业改革发展的最新实践。在研究开展过程中，主要运用了国有企业公司治理与企业社会责任实践相融合的分析框架，梳理了我国国有企业在企业领导人员作用与管理、董事会、监事会、审计制度、分红制度、企业社会责任等方面的现实问题。二是通过案例研究方法，学习和汲取国外国有企业制度的先进经验，进而探讨将其有效融入我国国有企业实践以及促进我国国有企业加快国际化进程、融入国际商贸体系的现实可能性。

研究特色：本项目的研究特色在于：(1) 综合运用企业制度分析方法和分析框架，系统梳理当前国有企业改革进程中的重大现实问题，阐释国有企业制度创新的重大意义。(2) 在一般性制度分析理论研究框架内，融入中国国有企业特殊情境，探索符合新时期要求的、具有中国特色的国有企业制度理论，合理引导和规范国有企业行为，从而实现社会主义与市场经济的有效融合。(3) 选取重点地区、重点行业的国有企业作为调查研究对象，通过实地考察、访谈等方法，获取关于企业制度创新的一手资料，结合理论分析框架，归纳案例企业历次制度创新的背景、条件、要素、经验和教训，以期对其他企业有所借鉴。(4) 对国外典型国有企业进行个案比较研究，重点关注美国、埃及和南非等国家，通过跨国比较分析，探讨国有企业制度的一般性与特殊性。

【国有企业混合所有制变革与路径研究】

中国社会科学院工业经济研究所　黄速建

研究背景与意义：当前，中国国有企业改革已经进入攻坚期和深水区。十八届三中全会发布的《中共中央关于全面深化改革若干重大问题的决定》明确指出，“国有资本、集体资本、非公有资本等交叉持股、相互融合的混合所有制经济，是基本经济制度的重要实现形式”，要求把发展混合所有制作为国有企业改革的重点方向。从实践来看，已经有很多国有企业在引入民营资本方面做出了尝试。然而，由于顶层制度设计和配套制度建设滞后于企业实践，混合所有制改革缺乏符合中国特殊情境的理论指导和操作指南。在此背景下，确立了这项创新项目，一方面可以丰富和完善国有企业混合所有制改革的理论研究，另一方面旨在为我国国有企业顺利推进混合所有制改革提供指导。

研究内容与特色：项目研究立足中国国有企业改革现状，综合运用比较研究、案例研究、访谈、结构方程等多种方法，试图构建一个系统的“国有企业混合所有制改革理论体系”。在此基础上，结合当前国有企业面临的外部环境和多样性特征，探讨推进混合所有制改革可行的路径和形式，并提供选择标准和判断依据。最后，探索建立与混合所有制改革相配套的分类治理机制，以及以管资本为主的新型国有资产监管体系。

为增强研究结论的针对性和可操作

性，本项目采取分类研究的视角，准确界定不同国有企业的使命和功能，分为公共政策性、特定功能性和一般商业性三类，分别讨论推进混合所有制改革的可行性和实施路径。经分析确定一般商业性国有企业为重点改革对象，再进一步展开更深层次的研究。

研究创新：项目在多个方面进行了创新尝试：(1) 运用多种定量分析方法，构建起一套国有企业发展综合指标评价体系，包括分行业评价、分区域评价和分规模评价三个模块，全面、科学地评估国有企业改革与发展的现状；(2) 创新性地构建混合所有制指数，从量和质两个维度、多个细分指标进行构建，并从宏观、中观和微观三个层面进行测算，清晰地反映出改革进程和存在问题；(3) 整合国有企业改革和混合所有制相关理论，建构适合中国情境的国有企业混合所有制改革理论分析框架，对未来的改革做出合理预测和理论指导；(4) 提出分类推进混合所有制改革思路，并针对一般商业性国有企业这类重点改革对象，基于效率视角构建国有企业混合所有制改革的混合边界模型；(5) 构建国有企业混合所有制改革实现方式选择模型，实证研究合资混合、合作混合、配股混合三种实现方式对改革效果的影响。

【苏联政党最后十年】

中国社会科学院俄罗斯东欧中亚研究所　李永全

研究背景及意义：苏联共产党是列宁缔造的无产阶级政党。从 1903 年俄国社会民主工党第二次代表大会（成立大会）起，苏联共产党走过了近 90 年的发展历程。在 90 年历史发展中，列宁不仅创立了完整的无产阶级政党学说，而且领导布尔什维克党取得了十月社会主义革命胜利，建立了世界上第一个社会主义国家并进行建设社会主义社会的宝贵实践。

苏联共产党和苏联社会主义国家探索社会主义的实践对世界各国共产党产生巨大影响。第二次世界大战后，世界上出现一系列社会主义国家，成为人类发展史上一次伟大的创举。苏联共产党对世界共产主义运动的影响不仅仅在于苏联社会主义实践，还包括社会主义理论和社会主义建设实践的指导思想以及苏联社会主义发展模式向欧洲等国家的传播。但在 20 世纪 80 年代，一场政治变革席卷苏联和东欧地区。这个进程的结果是东欧社会主义阵营改旗易帜的剧变和苏联解体。

那么，20 世纪 80 年代初期苏共内部到底发生了什么事情？党内到底存在什么问题？这个问题在目前国内外所有关于苏联解体的著作中都阐述得不够充分。回答这些问题，不仅需要充足的史料，而且需要准确地还原那段历史，并从历史进程中发现问题的答案。而关于这个问题的答案对于我们汲取苏联解体的历史教训，总结国际共产主义运动经验，保证我国社会主义事业健康发展，具有重要的现实意义。

研究内容：该研究项目将主要研究 80 年代苏共和与苏共有密切联系的历史。主要包括以下内容：80 年代苏共的机构设置以及与国家权力机构的关系，包括苏共地方机构与地方权力机构的关系；苏联解体前国家的潜力；对勃列日涅夫时代评价；80 年代苏联社会经济状况和对外关系；谁开始的改革，戈尔巴乔夫其人；安德罗波夫改革与戈尔巴乔夫改革的关系与差异；经济改革缘何被政治改革代替？苏共第 19 次全国代表会议，苏共走向衰败的开始？戈尔巴乔夫及其幕后的人，谁是破坏的主谋？反对派运动。第一个政治反对派——跨地区议员团；民族问题激化，苏联解体的加速器；苏共外交政策：集体还是个人决策；新奥加廖沃进程，苏联瓦解的进程；“8·19”事件的实质；苏共被解散、亡党亡国、为什么没有抵制？历史的教训等等。

研究创新：（1）以马克思主义辩证唯物主义和历史唯物主义为指导，在我国学术界第一次以大量史料为基础还原那段既波澜壮阔又悲壮凄惨的苏联共产党历史；（2）以科学的实事求是的态度总结苏共党的建设过程中的经验和教训；（3）理清某些被模糊的历史现象，如苏联后期经济危机的真相，加速战略与反酗酒运动表面上的荒唐与内在逻辑关系，苏共大批党员退党内幕，如此等等。

2014年度教育部人文社会科学研究课题简介（部分）

【中国特色社会主义劳动关系的“特色”(规划基金项目)】

山西大学政治与公共管理学院　邸敏学

研究意义：将中国特色社会主义的“特色”研究延伸到劳动关系领域，通过对生产关系的核心层面——劳动关系——初次分配领域人与人关系的研究，丰富、完善中国特色社会主义“特色”研究；将劳动关系研究置于中国特色社会主义理论、制度、体制、机制之下，纳入中国特色社会主义范畴，通过研究初次分配领域中新型的人与人关系体现中国特色社会主义劳动关系的“特色”。

研究内容：中国特色社会主义劳动关系的“特色”项目，围绕以下四个方面展开研究。(1)中国特色社会主义劳动关系是内生的，是在党的政策鼓励支持引导下发展起来的，劳动关系主体不再是传统意义上的劳动者与剥削者的关系，而是劳动者与建设者的关系。二者的利益不再是完全对立的或者完全统一的，而是既对立又统一，是具有雇佣性质的特殊劳动关系。(2)指导中国特色社会主义劳动关系的理论，是马克思的劳资关系理论，毛泽东的劳资两利、邓小平的共同富裕理论以及构建和谐劳动关系。(3)中国特色社会主义劳动关系制度，是由现阶段生产力水平、建立其上的社会主义初级阶段基本经济制度和社会主义市场经济体制决定的，是中国特色社会主义理论的固化。中国特色社会主义劳动关系的特点、特色都是通过这一基本制度以及与此密切相关的劳动关系企业制度、治理制度体现出来的。(4)中国特色社会主义劳动关系“特色”的彰显，要通过健全“三方协商”机制、劳动关系“协调机制”，“努力实现企业和职工利益共享机制”，完善中国特色社会主义劳动关系制度，逐步改善初次分配领域人与人的关系，渐次实现和谐劳动关系。

研究创新：把中国特色社会主义与劳动关系结合起来，将该领域的研究从一般引向特殊，为学界走出泛泛而论、“各自为战”的研究范式提供新的路径；以互利共赢为准则，以“协商共事，机制共建，效益共创，成果共享”（习近平语）为标准，以“企业和职工利益共享机制”为途径，构建中国特色社会主义劳动关系治理体系。

【中国传统城市的马克思主义大众化实践研究——以扬州琼花观社区为样本（规划基金项目）】

扬州大学马克思主义学院　陈晓梅

研究背景：2013年8月19日，习近平在全国宣传思想工作会议上要求：“要讲清楚中国特色社会主义植根于中华文化沃土、反映中国人民意愿、适应中国和时代发展进步要求，有着深厚历史渊源和广泛现实基础。”这一讲话为我们今后从文化建设的视角开展马克思主义大众化研究指明了方向。

研究内容：本课题以中国历史文化名城扬州一个最具典型意义的传统文化社区——琼花观为研究样本，该社区是扬州的具有通史性价值的传统社区，作为一个动态的整体性的文化变迁承载体，为我们提供了一个具有历史连贯性的马克思主义大众化城市推进的实践样本。琼花观社区见证了马克思主义在扬州的早期传播；中华人民共和国成立后，成立城市社区基层组织——街道办事处和居民委员会，贯彻、落实党和国家各个时期的路线、方针、政策，琼花观社区文化的发展变迁清晰生动地反映了新中国成立后党的城市工作思路，反映了全新的马克思主义意识形态对传统城市的影响轨迹。琼花观社区在社会主义革命、建设、改革各个时期都有突出表现，是传统城市马克思主义大众化实践历程的缩影。本课题以传统城市马克思主义大众化为研究方向，以中国传统城市扬州琼花观社区为研究样本，着眼于传统城市马克思主义大众化实践的历史进程，以小见大，见微知著。总结马克思主义大众化的历史经验和实践经验，分析马克思主义大众化与中国传统文化之间的深厚历史渊源和广泛现实基础。探讨在城市社会推进马克思主义大众化的基本规律。结合当前构建全面系统的公共文化服务体系重大任务，研究探讨在城市社区文化建设中推进马克思主义大众化的运行机制和实践路径，为进一步深化推进马克思主义大众化实践提供对策性建议。

研究意义：马克思主义从传入中国起，就拉开了与中国实际相结合的序幕。城市是中国社会主义文化建设的引领者和主要阵地。马克思主义作为一种意识形态开始深入影响中国城市社会，新的政治、新的组织、新的经济、新的文化，新的风尚强烈震撼、深入影响和改变着中国传统城市的物质文化、组织规范体系文化和基层群众的精神面貌、文化心理。传统城市的发展变迁不仅蕴含了我国革命、建设、改革实践的伟大成果、共同历史记忆和思想价值共识，也积淀了丰富的宝贵的推进马克思主义大众化的历史经验和实践经验。

【“中国特色”话语的历史演进研究】

江苏大学马克思主义学院　孙旭红

研究背景：作为当代中国的基本政治表达，“中国特色”话语的孕育和发展是一个具体的、历史的、实践的过程。从理论意义上而言，对“中国特色”话语的演进进行学理分析，逻辑地剖析坚持中国特色社会主义道路的历史必然，也是当前我们选择中国特色发展道路、建构和创新理论体系、创新和完善制度的重要理论依据。从现实意义来讲，本选题的研究有利于破除对“中国特色”内涵的诸如“虚化说”“实用说”“既定说”等误区，也有助于正确辨别新时期各种西方思潮的负面影响，从而坚定中国特色社会主义理论、道路和制度自信。

研究内容：（1）从逻辑与历史两个维度展开“中国特色”话语在文化中心主义→中体西用→全盘西化（俄国化）→马克思主义中国化→中国特色社会主义这一进程中的动态分析。即，“中国特色”话语的叙述缘起及其价值取向；“中国特色”话语叙述的“文化”决定论阶段；“中国特色”话语走向具体化、民族化阶段；“中国特色”话语逐步走向成熟阶段。（2）在“国家整合与民族复兴→社会主义→市场经济→现代化与全球化”几种社会变革与转换中对“中国特色”话语历史演进的逻辑分析。社会语境转换为“中国特色”话语的演进提供了社会动因，政治文化转型为“中国特色”话语的演进提供了文化动因，各种文化思潮、社会思潮和政治思潮与主流意识形态之间的冲击与互动对理解“中国特色”话语的演进起着约束作用。(3) 梳理“中国特色”话语在中国历史演进的当代意义及其与“全球化”的关联。

研究创新：(1) 研究内容创新。纵向上深入历史语境对“中国特色”话语的演进作动态分析，把握“中国特色”话语的形成机制与价值诉求，呈现“中国特色”话语如何与马克思主义中国化进程相始终，从而产生中国化马克思主义的过程。横向上将“中国特色”话语置于社会语境转换、政治文化转型及与各种社会思潮激荡的背景下进行考察。最后，在“中国向度”和“世界向度”两方面构建起自洽的理论，为“中国特色”话语进一步为人们所接受并成为新时期凝聚人心的发展动力提供理论基础。(2) 研究方法创新。利用多学科综合的方法对“中国特色”话语的历史演进进行全面研究，从学术与国家、学人群体研究等多角度考量“中国特色”话语的发展轨迹，逐层深入地进行文献考索与学理分析，同时注重考索依据和学理支撑，注重点、线、面的结合，引发人们对中国特色社会主义的内在体认。

【马克思主义意识形态嵌入中国民众日常生活研究（1949—1956)】

华南农业大学思想政治理论课教学部 朱斌

研究意义：(1) 本课题研究拓宽了马克思主义意识形态研究的视角。从传统的阶级向度向日常生活向度转换，并结合传播学、心理学、语言学、符号学向度的意识形态研究方法，将日常生活作为考察意识形态的着眼点，关注和思考不断延伸的社会现实，拓宽了研究视角，对于巩固马克思主义意识形态的主导地位具有重要理论与实践意义。(2) 本课题研究为当前马克思主义意识形态建设提供有益启示。通过总结 1949 年至 1956 年马克思主义意识形态嵌入日常生活的经验和教训，为当前马克思主义意识形态嵌入日常生活提供借鉴。(3) 本课题研究探讨了现代性语境下马克思主义意识形态话语权建构的日常生活路径，具有实际应用价值。

研究内容：(1) 马克思主义意识形态嵌入日常生活的理论基础。本部分主要内容如下：首先，阐述日常生活、意识形态以及马克思主义意识形态的概念；其次，从马克思主义的生活特质、思想灌输的传统及指导思想“一元化”的政治诉求三方面，论述马克思主义意识形态嵌入日常生活的必要与可能；再次，探讨马克思主义意识形态嵌入日常生活的维度。(2) 马克思主义意识形态嵌入日常生活的路径。本部分主要探讨新中国成立初期党和新政权如何运用政治标语口号、重大纪念活动、身体空间中的服装、居住空间中的工人新村以及电影与戏剧的改造等路径，将马克思主义意识形态嵌入民众日常生活。(3) 马克思主义意识形态嵌入日常生活的个案分析。本部分主要以土改运动中的诉苦、总路线的学习与宣传、新年画运动为个案，揭示党和新政权如何将阶级观念、国家意识、社会主义意识嵌入民众日常生活，并赢得广大民众的认同。(4) 马克思主义意识形态嵌入日常生活的影响、评价与启示。1949—1956 年，马克思主义意识形态嵌入日常生活对民众接受马克思主义意识形态方式的影响主要有：依从性接受马克思主义意识形态；认同性接受马克思主义意识形态；信仰性接受马克思主义意识形态。马克思主义意识形态嵌入日常生活的积极效应，也产生一些偏差。总结以上，得出马克思主义意识形态嵌入日常生活的启示。(5) 现代性语境下的日常生活与马克思主义意识形态话语权建设之间的张力。本部分内容如下：首先，揭示现代性的起源、维度及其隐忧；其次，阐述现代性语境下的日常生活与马克思主义意识形态建设之间的张力：世俗化、理性化日常观念挤压马克思主义意识形态的吸引力；虚拟化、物化日常交往扭曲马克思主义意识形态的影响力；审美化、符号化日常消费削弱马克思主义意识形态的整合力。(6) 现代性语境下马克思主义意识形态话语权建构的日常生活路径。本部分主要探讨日常生活中马克思主义意识形态话语权建构的路径，即马克思主义意识形态必须立足日常生活转化话语方式、更新传播形态、关注民生诉求、借鉴多元思潮。

研究创新：(1) 研究视角创新：本选题和以往主要重视宏大叙述的研究不同，将以微观历史生活为基点，全面、系统地研究 1949—1956 年马克思主义意识形态嵌入日常生活的路径等，并总结其经验教训，为当前中国马克思主义意识形态建设提供经验借鉴，为马克思主义意识形态研究提供一个新的视角。(2) 研究方法创新：本研究将综合运用哲学、历史学、政治学、传播学的理论方法，并借鉴社会心理学中的符号互动理论、传播学中符号传播理论、人类学中的仪式象征理论等，形成学科交叉的优势，研究方法具有一定的开拓性。

第八篇

会议综述

中国特色社会主义与改革开放

——第四届中国特色社会主义高层论坛综述

武卉昕　王稼祥

2014年1月13—14日，由求是杂志社《红旗文稿》编辑部、教育部《思想理论教育导刊》编辑部和东北农业大学联合主办、东北农业大学马克思主义学院承办的第四届中国特色社会主义高层论坛——“中国特色社会主义与改革开放”理论研讨会在东北农业大学召开。来自中国人民大学、南京大学、南开大学、哈尔滨工业大学、黑龙江大学等全国40多所高校的50余位专家学者参加此次会议。与会专家围绕着论坛主题，从多个角度对党的十八届三中全会的会议精神进行理论探讨和学术交流。

一　关于全面深化改革

有关全面深化改革的议题是学者们交流的热点，包括“全面深化改革要始终高举中国特色社会主义伟大旗帜”“全面深化改革的艰巨性”“深化政治体制改革需要注意的问题”“深化政治体制改革的目的、难度和方向”“当代中国社会转型与全面深化改革”“关于深化党的建设制度改革重大问题的理解”等具体议题。

有学者指出，目前全面深化改革具备了很多从前改革不具备的有利条件，但也面临着难度很大的挑战。一是改革的阻力比过去更大了。思想观念上的障碍、利益关系的障碍、机制体制的障碍都比过去更突出。二是改革的难度更大了。如，全面建成小康社会、完善中国特色社会主义制度、加强改革的系统性、整体性和协同性等问题，难度更大。三是对改革的期待更高了。人民在期待生活水平不断提高的基础上，对个体尊严、人的全面发展、社会公平正义的期待更迫切了；国家经济社会要实现难度更大的科学发展。四是改革的外部制约因素增多了。国际形势发生了许多深刻变化：我国的国际地位和国际影响、我国与世界主要国家以及周边国家的关系都发生了许多新变化，因此，我国全面深化改革面临许多外部的新挑战。这些困难更需要强烈的历史使命感，最大限度集中全党全社会的智慧、调动一切积极因素，以更大的决心冲破思想观念的束缚，突破利益固化的藩篱，推动中国特色社会主义的自我完善和发展。

与会专家也指出了深化政治体制改革需要注意的几个问题，如，目前的政治体制在改革开放进程中的作用、现行的政治体制的超越性和改革政治体制内部的管理方式的重要性等。

二　关于中国特色社会主义理论自信、道路自信和制度自信

学者们基于“三个自信”，探讨了“中国特色社会主义道路自信的前提”“确立制度自信的途径”“国外马克思主义对中国共产党建立三个自信的价值何在”等问题。有学者认为，在对社会主义基本制度自信的基础上，应进一步完善具体的体制和机制，这一点也反映了制度建设的长期性，并提出了以高校思想政治教育为依托凸显制度建设成就的思路。

有学者结合“三个自信”探讨了国外马克思主义对中国特色社会主义价值的重新定位问题，指出有其他参照物折射的制度自信能够避免盲目自信，同时制度自信的建立需要有自己的框架结构和适合中国国情的基本内容。

还有学者指出，理论形态的马克思主义、实践形态的马克思主义是中国特色社会主义道路自信的前提。

三　关于建设中国特色社会主义和改革开放的价值目标

学者们以建设中国特色社会主义与改革开放的价值保障为维度，探讨了“意志精神：改革攻坚克难的精神动力”“价值观念多元与凝聚共识，实现中国梦”“人的全面发展与社会主义改革开放”“如何保持党的理论思想优势、密切联系群众的优势、道德优势”“道德治理与国家治理体系和治理能力现代化问题研究”等问题。

有学者在对道德意志进行历史考察的基础上，指出作为中华民族传统美德的坚忍不拔的意志品质正在丢失，民族意志面临着被消磨的危险。这就要求广大干部要勇于探索道德意志品质，加强自我修养。

与会学者分析了多元价值观念产生的原因，指出它对凝聚共识的挑战，为实现中国梦，应吸收借鉴各种思想文化中的核心价值，丰富主流意识形态；疏通表达渠道，促进社会各种观念得到充分表达；改善民生，在利益均衡基础上实现最广大人民的根本利益；实现公平，保证全体社会成员的基本权利，构建发展共同体，建立新型社会关系。

还有学者思考了道德治理在国家治理能力提高当中的作用和地位。指出应加强国家治理体系和治理能力中的伦理价值的建设，塑造良性的公共能量场，增强服务性政府自身治理能力的建设。

四　关于市场经济在资源配置中的作用变化

市场在我国资源配置中的作用变迁引起了学者们的极大关注。有学者从国有企业改革谈起，指出市场经济在资源配置中从基础性作用到决定性作用的转变，体现了我国改革的不断深入，国企改革为我国企业转型作出了历史性的贡献。

有学者在以“社会主义市场经济中市场的决定作用问题”为中心的论述中，指出对市场经济作用问题的探索是一个从理论到实践的过程，市场从基础性作用到决定性作用是马克思主义中国化深化的需要，在处理政府与市场的关系时要加强市场的决定性作用，同时也要加强政府的宏观调控。在我国市场经济要服务于社会主义制度，市场是经

济手段，必须服务于经济制度，既要发挥效率，又要解决公平的问题，这是改革实践的需要。

五 从方法论和国外视野出发对深化改革的建言和解读

有学者以“我们今天应当向马克思学习什么”为中心论述了马克思关注弱势群体权益的大众情怀、追求人的幸福和自身完美、做人做事始终如一的精神、不畏世俗强权的钢铁意志、善于自我批判的无私品格及其当代价值，尤其是对中国特色社会主义建设的重大意义。

还有学者指出，新型现代化是实现中国梦的必由之路，因为新型现代化契合了中国梦的内涵、特点，符合中国梦的现实指向，指出实现新型现代化应以科学发展观为引领，在基于传统旧型现代化教训总结的基础上注意它的系统性、完整性和协调性。在实现现代化的方略上，使生态文明登堂入室，并加入国家治理体系的现代化、国家治理能力的现代化。

有学者还分析了俄罗斯媒体、学术理论界对中国共产党十八届三中全会精神的解读。俄罗斯对全会精神的解读纵深到会议公报的全部内容，俄罗斯媒体和学术理论界用“划时代”“历史性”等字眼儿评价此次会议的历史地位，在“全景式描绘蓝图”的高度上理解此次会议的目的，从经济发展需求视角分析此次各项决议提出的初衷，以“市场地位的提升”作为关注热点，期望自己国家发展中遇到的相似问题可以得到触类旁通的提点，并对改革能否顺利进行表达了习惯性的怀疑。

此外，还有对“生态文明是通向自由王国的必由之路”“十八届三中全会决定对三大规律的新认识”“保持党的理论思想优势、密切联系群众的道德优势”的多角度的解读。

受会议委托，东北农业大学马克思主义学院院长张森林教授对本次论坛作了总结发言。他概括了本次论坛的特点，即主题鲜明、方向正确、内容丰富、畅所欲言、视野开阔；认为本次论坛实现了深刻理解和全面贯彻十八届三中全会的精神、培育增强走中国特色社会主义道路的自信心的目的，为高校思想政治理论课教师和马克思主义理论工作者又一次搭建了学习、研讨和交流的平台，是一次成功的论坛。

（原载《红旗文稿》2014 年第 3 期）

毛泽东·毛泽东思想与当代中国

——中国社会科学院第一届毛泽东思想论坛综述

王永浩　王宜秋

2014年4月12日，由中国社会科学院马克思主义理论学科建设与理论研究工作领导小组主办、中国社会科学院马克思主义研究院和当代中国研究所承办的“中国社会科学院第一届毛泽东思想论坛”在北京召开。中国社会科学院副院长兼当代中国研究所所长、毛泽东思想论坛主席李捷研究员作题为《毛泽东对科学社会主义创新发展的历史贡献》的主题报告，中国社会科学院马克思主义研究院院长、党委书记邓纯东主持开幕式并致词，中国社会科学院马克思主义研究院金民卿研究员作总结发言。120多位专家学者参加了本次论坛，围绕论坛主题展开了深入热烈的研讨。

一　毛泽东的历史贡献和历史地位

毛泽东同志为中国新民主主义革命的胜利、社会主义革命的成功、社会主义建设的全面展开，为实现中华民族独立和振兴、中国人民解放和幸福，作出了彪炳史册的贡献。毛泽东同志毕生最突出最伟大的贡献，就是领导我们党和人民找到了新民主主义革命的正确道路，完成了反帝反封建的任务，建立了中华人民共和国，确立了社会主义基本制度，取得了社会主义建设的基础性成就，并为探索中国特色社会主义道路积累了经验和提供了条件，为党和人民事业胜利发展、为中华民族阔步赶上时代发展潮流创造了基本前提，奠定了坚实的理论和实践基础。

李捷在论坛的主题报告中指出，毛泽东对科学社会主义创新发展的历史贡献集中地体现在以下五个方面：第一，创造性地探索出具有中国特点的社会主义改造道路，成功地在一个经济文化落后的东方大国确立起社会主义基本制度；第二，在国际共产主义运动出现混乱之际，正确评价斯大林的是非功过，科学总结苏联社会主义建设的经验教训，捍卫了社会主义阵营的根本利益，开启了“以苏为鉴”的思想解放运动；第三，率先开启了对中国社会主义建设道路的独立探索，并先后产生了两篇划时代的科学社会主义文献；第四，在认真纠正和反思“大跃进”错误中继续探索，阐明中国社会主义建设必须遵循的若干原则；第五，在初步总结中国社会主义建设的规律性认识的基础上，逐步形成中国社会主义现代化建设的完整设想。总之，毛泽东是推动科学社会主义在中国成功实践的第一人，为科学社会主义在中国的发展并最终开创中国特色社会主义作出了卓越的重大历史贡献。

邓纯东指出，毛泽东同志是伟大的马克思主义者，是伟大的无产阶级革命家、战略家、理论家，是马克思主义中国化的伟大开拓者，是近代以来中国伟大的爱国者和民族英雄，是党的第一代中央领导集体的核心，是领导中国人民彻底改变自己命运和国家面貌的一代伟人。中共中央党史研究室原副主任沙健孙教授总结了在新中国成立以后，1949—1976年的近三十年时间里毛泽东四个方面的历史性贡献：第一，全面确立社会主义的基本制度；第二，探索适合中国情况的社会主义建设道路，取得重要的积极成果；第三，开始全面建设社会主义，取得历史性的巨大进展；第四，创造建设社会主义的和平国际环境。

北京大学原副校长梁柱教授指出，评价一个国家、一个社会政策的效果，应该看它是不是促进了社会生产力的发展，是不是推动了社会进步，是不是为人民的生存和发展创造更加优越的条件。从这样的标准来看，中国在毛泽东领导时期取得的是历史性的伟大成就：一是建立了独立的、比较完整的工业体系和国民经济体系；二是农田基本建设初见规模，效果明显；三是科学技术水平有了显著提高；四是培育了良好的社会风气，社会进步举世瞩目；五是在外交上也取得举世瞩目的成就。

北京大学马克思主义学院院长郭建宁教授从马克思主义中国化角度论述了毛泽东的历史功绩。他认为，毛泽东是马克思主义中国化的开创者，毛泽东思想是马克思主义中国化的表现形态，主要表现为三个层面：一是哲学理论层面，写作了《实践论》《矛盾论》；二是思想路线层面，提出了实事求是的思想路线；三是具体操作层面，比如军事辩证法、统一战线的辩证法、党的建设的辩证法以及对中国社会主义建设道路的探索，从而实现了马克思主义与中国哲学、中国文化、中国实践的结合。军事科学院黄迎旭研究员认为，毛泽东领导国防和军队建设，指挥军事斗争，功绩是第一位，贡献是第一位的，他为新中国建立强大的国防奠定了坚实基础。在毛泽东领导下，新生的人民共和国敢于用战争制止战争。

二　毛泽东思想及其当代价值

毛泽东思想是以毛泽东同志为主要代表的中国共产党人，将马克思列宁主义基本原理与中国的具体实践相结合而形成的适合中国情况的科学指导思想。毛泽东思想以独创性理论丰富和发展了马克思列宁主义。毛泽东思想教育了几代中国共产党人，它培养的大批骨干，不仅在新民主主义革命、社会主义革命和建设时期发挥了重要作用，也为新的历史时期开创和建设中国特色社会主义发挥了重要作用。认真学习和研究毛泽东思想，高举毛泽东思想旗帜，对于不断推进中国特色社会主义的伟大事业，具有重要的指导意义和当代价值。

中国社会科学院原副院长李慎明研究员结合当前群众路线教育实践活动，阐述了毛泽东关于保持党永不变质的战略思想的现实意义。他指出，“四风”问题的思想根子就是享乐主义。享乐主义，说到底就是要满足与党和人民不同利益的私心私欲，也就是资产阶级和资本主义的核心价值观——个人主义。教育实践活动的总要求是“照镜子、正衣冠、洗洗澡、治治病”，核心是治治病。治治病，从根本说，就是要在改造客观世界的同时，改造主观世界，克服享乐主义即私心私欲，只有这样才能牢固树立全心全意为人民服务思想，增强全党和党的广大干部与人民群众的血肉联系，把人民紧紧凝聚在一起共同奋斗。

广州大学副校长徐俊忠教授指出，农治是毛泽东领导中国社会主义建设的一项重大实践。毛泽东农治思想有以下五个方面的基本特征：第一，坚持在民族和国家战略目标下去思考农治问题；第二，坚持把“组织起来”作为实施农治的根本基础；第三，坚持把“农工并举”作为农治中发展生产和实现农村现代化的基本思路；第四，坚持农民主体论；第五，坚持以农民的解放与幸福作为农治的根本价值。

梁柱指出，毛泽东在国际共产主义运动中最早举起反对和防止“和平演变”的旗帜。应当肯定，毛泽东把警惕党内特别是党的高层领导出修正主义，作为防止“和平演变”、防止资本主义制度复辟的一个战略思想，作为一个重大的理论问题和实际问题提出来，是很有预见的。毛泽东晚年发动“文化大革命”，就其出发点来说，是希望亿万群众得到锻炼，增强识别真假马克思主义的能力，防止人民江山改变颜色。但由于对形势估计过于严重和采取错误的方法，导致不幸的结果，这是历史的悲剧。虽然在探索中曾付出过沉重的代价，但他对此始终保持清醒的认识和高度的警觉，以及他提出的一系列具有深远意义的防止“和平演变”的战略设想，永远是党和人民宝贵的精神财富。它对于我们在新的历史时期坚持反对西化、分化的阴谋和反腐败的斗争，都有非常积极的意义。

中共中央党校许全兴教授认为，毛泽东晚年对阶级斗争和整个社会状况的估计虽然脱离实际，但他提出的要防止资产阶级糖衣炮弹，防止出贵族阶层，防止党内出资产阶级，防止和平演变的基本精神仍然值得全体党员、全国人民，尤其是理论工作者重视和深思。我们在纠正“继续革命理论”的错误时不要把其中合理的因素也否定掉。习近平同志讲，我们决不当李自成，1949 年进城时的考试没有完，还在进行中，要总结吸取苏共垮台的教训。这是对毛泽东、邓小平防止和平演变、防止资本主义复辟思想的继承。他认为，我国社会主义初级阶段一百年，从理论逻辑和实践过程看大体要经过正、反、合三阶段。毛泽东无疑是中国特色社会主义伟大事业的开拓者、奠基者，他的有关社会主义革命和建设的理论是中国特色社会主义理论不可分割的组成部分，是中国特色社会主义“正、反、合”历史过程中“正”的阶段。邓小平在继承毛泽东时代正确的理论、制度和实践的基础上，纠正了以阶级斗争为纲的错误和脱离社会主义初级阶段实际的理论、方针和政策，开启了改革开放新时期，逐步形成了中国特色社会主义理论，开辟了中国特色社会主义道路。邓小平理论是对毛泽东思想的继承和发展，亦是对毛泽东晚年错误的辩证否定，进入到中国特色社会主义历史过程中“反”的阶段。邓小平是中国特色社会主义的总设计师，邓小平理论为中国特色社会主义理论体系奠定了基础。继邓小平之后，“三个代表”重要思想和科学发展观则进一步发展了邓小平理论。我国社会客观上已发展到进入一个“合”的阶段。在前两个阶段基础上做好“合”的文章，需要进一步解放思想，实事求是，辩证思维，正确认识现状，正确认识历史，正确总结经验。“合”不是对“反”的简单否定，更不是回到“正”的老路，也不可能回。“合”的阶段有可能在形式上是对“正”的某些回复，如党的优良传统和作风的恢复发扬，社会风气的根本好转，贫富差距、城乡差距、地区差距的缩小等。但“合”绝不是用老办法来解决新问题，更不是倒退、复旧，而是在辩证综合前两阶段上的创新，使理论、制度和道路更完善，在党成立一百周年时全面建成小康社会，在新中国成立一百周年时实现社会主义现代化，建成合格的社会主义。

中共中央党校宫力教授认为，毛泽东在确定中国对美关系的大政方针、作出重要的外交决策方面，发挥着举足轻重的作用。金民卿结合青年毛泽东思想转变的历程认为，青年毛泽东是一个“自我清算式”的马克思主义者，他经过反复的实践检验和缜密的理论比较，充分认识了马克思主义的科学真理性和实践有效性，清算了先前思想结构中的错误思想，实现了自身的马克思主义化，成为坚定的马克思主义者。青年毛泽东的思想转变形成了“以理想信念为方向引领、以社会政治实践为根本依据、以独立自主的自我清算为关键环节”的独特模式。

李捷指出，毛泽东在科学社会主义发展史上占有极其重要的地位。他创造性地解决了在一个经济文化落后的东方大国，如何通过新民主主义革命实现向社会主义社会的逐步过渡，并在这样一个国度里运用和发展科学社会主义，探索适合中国国情的社会主义现代化道路。毛泽东探索的成功方面为最终开创中国特色社会主义道路提供了宝贵经验、理论准备、物质基础，毛泽东探索的失误也为开创中国特色社会主义道路提供了重要的借鉴。毛泽东主持起草的《关于无产阶级专政的历史经验》和《再论无产阶级专政的历史经验》两篇重要文献，不仅在国际共产主义运动出现逆流的关键时刻起到力挽狂澜的作用，而且开启了对适合中国国情的社会主义建设道路的伟大而艰辛的探索。毛泽东先后发表《论十大关系》和《关于正确处理人民内部矛盾的问题》两篇重要文献，为独立自主地探索中国社会主义建设道路指明了正确方向。

三　旗帜鲜明地批判历史虚无主义，不断深化对毛泽东和毛泽东思想的研究

一个时期以来，围绕着对毛泽东和毛泽东思想的评价所展开的争论，已经成为国内外具有不同政治倾向的人们矛盾斗争的一个焦点。与会专家学者一致认为，只有将毛泽东放在其所处时代和社会的历史条件下去分析，才能正确地认识和评价毛泽东的功过是非，对于社会上存在的各种“非毛化”观点和历史虚无主义思潮，必须进行坚决抵制和旗帜鲜明的批判。

沙健孙认为，如何评价毛泽东的历史地位和毛泽东领导时期的历史，直接关系到怎样看待党和国家过去几十年奋斗的成就；关系到党的团结、国家的安定；关系到党和国家未来的发展道路。如果把毛泽东领导时期党的历史说成漆黑一团，如果把毛泽东等对中国社会主义建设道路的探索和领导人民在建设中取得的巨大成就加以否定，那就会从根本上动摇中国共产党的执政地位和领导作用；就会在党内和人民群众中造成极大的思想混乱；就会使党和国家在政治上迷失前进的方向。历史和现实的情况都警示我们：正确地认识、把握和宣传党史的主题和主线、主流和本质，科学地评价毛泽东的历史地位和毛泽东领导时期党的历史，反对历史虚无主义思潮，不仅是我们必须做好的一项严肃的科学工作，而且是我们应当承担的一种重大的政治责任。

湘潭大学毛泽东思想研究中心主任李佑新教授指出，当代中国的历史虚无主义有种种表现形式，其中重要的表现就是对毛泽东和毛泽东思想的虚无化“研究”与“重新评价”。我们可以从以下五个方面对历史虚无主义进行反驳：第一，历史虚无主义观点的“历史细节”并不都是真实的；第二，真实的“历史细节”需要从具体的历史环境中去理解；第三，“历史细节”的真实性不等于真实的历史；第四，正确把握历史的本质与评价毛泽东的历史功过；第五，研究毛泽东应有的价值立场。近现代以来的历史是中国人民实现中华民族独立和自身解放的历史，只有站在中华民族和人民的立场，才能正确

理解中国共产党的历史，才能正确理解和评价毛泽东。反之，站在个人恩怨或西方社会的某种立场，就很容易背离党史研究的客观性。

金民卿认为，毛泽东早已成为中华民族的一座丰碑，积淀为中国人民的集体记忆，渗透到中华儿女的心理结构当中，这不是那些历史虚无主义者可以抹杀掉的。与会学者一致表示，要以党的十八大精神，特别是习近平总书记系列重要讲话精神为指导，深化对毛泽东历史地位和毛泽东思想科学体系的研究，坚决抵制和批判以否定党的历史、党的领袖、党的历史文献和党的指导理论为主要内容的历史虚无主义思潮，坚持和发展中国特色社会主义，为实现中华民族伟大复兴的中国梦作出应有的贡献，真正做到“勿忘昨天的苦难辉煌，无愧今天的使命担当，不负明天的伟大梦想”。

（原载《马克思主义研究》2014 年第 5 期）

“政治体制改革与中国特色社会主义政治发展道路”理论研讨会综述

周 艺

2014年4月12日“政治体制改革与中国特色社会主义政治发展道路”理论研讨会在武汉大学马克思主义学院召开。研讨会以推进2011年国家哲学社会科学基金重大招标项目“中国特色社会主义政治发展道路研究”的深入开展为中心，在全面贯彻中共十八届三中全会关于全面深化改革精神基础上，总结了中国特色社会主义政治发展道路研究理论和实践的最新成果。来自中国人民大学、杭州师范大学、华中师范大学和武汉大学等全国高校、科研院所、《学校党建与思想教育》杂志等媒体的专家学者，以及来自省、市、县等各级党政机关的决策者和研究者，共73人参加会议。研讨会围绕中国特色社会主义民主政治与坚持和完善党的领导、社会主义协商民主与参政党建设、选举民主与公民有序政治参与等问题进行了深入的研讨。

一 关于中国特色社会主义民主政治与坚持和完善党的领导

民主是人类政治文明发展的成果，也是世界各国人民的普遍要求。与会学者指出，中国特色社会主义民主模式（中国式民主）是一个包括民主本质和多种实现形式的有机体系。人民当家作主是中国式民主的本质；人民代表大会制度、共产党领导的多党合作和政治协商制度、民族区域自治制度、基层群众自治制度是实现中国式民主的基本制度；民主选举、民主决策、民主管理、民主监督是中国式民主的基本层面；党的领导、人民当家作主、依法治国的内在统一是中国式民主的特色；选举民主和协商民主的结合是社会主义民主的优势。中国式民主是中国人民在社会主义民主实践中的创造，既反映了民主的一般特征，又带有明显的中国特色。学者提出认识中国式民主的三个维度，即对中国式民主要有自信、自觉和自省。由于中国式民主并非是成熟的民主形态，存在诸多不足和有待提高的地方。

有学者提出中国政治体制改革和发展的两个重要思考维度：一是通过深刻认识中国改革发展的历史方位，进而深刻认识中国政治体制改革的重要性和紧迫性；二是结合十八大以来提出的中华民族伟大复兴的中国梦的战略目标，将台港澳地区的发展纳入中国特色社会主义政治制度体系，作为中国政治体制改革的重要组成部分统筹思考和设计。针对中国政治体制改革的近期目标和中长期目标，学者认为结合十八届三中全会提出的全面深化改革的思路，结合完善和发展中国特色社会主义制度，围绕推进国家治理体系和治理能力现代化，中国共产党实际提出了中国政治体制改革的近期目标，即坚持和完善党的领导、建立科学的国家治理体系、深化干部人事制度改革、完善政治协商制度，这是对党的十三大提出的中国政治体制改革近期目标的回归；中国政治体制改革中长期目标，是到2049年基本完善中国特色社会主义政治制度体系，推进法治中国建设，仍需要艰辛的努力。

历史发展逻辑的特殊政治制度安排决定了中国共产党的领导在中国特色社会主义政治体系中具有核心价值。执政党的权力是社会主义中国所有政治权力的逻辑起点，由此决定党内权力结构是权力结构体系的要核。由于中共是按“苏联模式”建党建国建政，应把苏共教训作为推进国家治理和权力结构现代化的重要鉴镜，有学者指出“权力过分集中”的畸形结构是苏共蜕变腐败、亡党亡国的“总病根”，加快推进权力结构改革，建构以权力结构为关键的制度笼子，才能保障党的先进性和纯洁性。有学者认为党内权力结构改革应当寻找并建立一种能够很好地体现马克思主义执政党和社会主义本质要求的权力类型，认为列宁设计的“议行监分开”的等腰三角形（党代会之下执行权与监督权相平行）党内权力结构，是迄今为止无产阶级政党加强自身建设最为科学的权力模式，这符合中共十六大以来对建立党内决策权、执行权、监督权既相互制约又相互协调的权力结构的要求，能够为中共探索出新的权力文明之路。

有学者考察历届党代会报告“民主”使用频次及其具体的话语表达，提出了改革开放以来中国共产党民主观嬗变过程中，民主集中制对民主生活的指导和控制是中国式民主嬗变的政党主导逻辑。由于中国共产党是中国式民主推进的关键变量，加大推进协商民主、基层民主和人民民主，保障人民当家作主的真正实现，有序实行党内基层选举民主，很可能成为中国共产党未来政治体制改革的合理去向和最优抉择。

稳步推进党内选举发展是建设党内民主的主要内容。有学者提出在创新党内选举实践探索中，加强对党内协商式选举制度建设，以丰富和完善党内选举制度，认为党内协商式选举既体现着党内民主政治的本质要求，又融入了当代世界政党民主理论和实践发展的大趋势；既能保持党内政治的稳定性和协调性，又能体现出党内政治参与的多样性和政治生活的生机活力；既能做到克服西方政党制度以单纯票决民主形式、以党派利益为本质取向的多元竞争民主的弊端，又能实现多元利益的表达和整合以追求公共利益最大化。

二　关于社会主义协商民主和参政党建设

中国共产党领导的多党合作和政治协商制度是独具中国特色的社会主义政党制度。有学者从历史发展的角度回顾了中国共产党对协商民主的认识和发展的历程，总结出中国共产党创制和领导的中国特色的“协商民主”的发展规律：必须始终坚持中国共产党在中国的政治领导地位；必须坚持选举民主和协商民主的协调性和互补性，以选举民主实现协商民主的价值预设，以协商民主弥补选举民主的适用空间；必须以稳步为原则，推进“协商民主”沿着“制度化、规范化、程序化”方向发展。

对中国共产党领导的多党合作和政治协商制度设计的特点，有学者归纳：在中国共产党的领导下，通过各民主党派行使参政议政的职权，保证我国的政党制度在一元化核心领导的前提下，又呈现出多元化的结构层次，能有效地解决集中统一的领导体制与复杂的社会矛盾之间某些难以适应的问题，使我国政党制度中的民主机制具备一定程度的张力。有学者指出，我国各民主党派在参与过程中所形成的体制内、制度化、组织化、精英化、决策性参与特征，与有序政治参与所蕴含的适度参与、依法参与、程序化、制度化、组织化参与具有非常高的契合度。

针对民主党派政治参与存在的不足，有学者认为主要是政治参与制度化水平不高、政治参与的压力机制不足、政治代表性参与不足、参与能力有待加强。有学者提出要注意民主党派成员代际变化新趋势，即民主党派成员结构呈现出年轻化和基层化趋势，政党文化呈现一体多元、开放化和社会化的变迁取向，参政行为呈现出制度化的倾向，领袖人物的权威呈现法理化的发展轨迹。

为更好实现民主党派的参政议政基本职能，有学者提出民主党派要努力做好“四个坚持”：一是坚持把尽心竭力维护群众利益作为提高参政议政能力的核心内容。二是坚持把促进区域经济发展作为提高参政议政能力的中心任务。三是坚持把促进构建社会主义和谐社会作为提高参政议政能力的经常性工作。四是坚持把开展参政议政理论研究作为提高参政议政能力的目标任务。为加强民主党派参政议政能力建设，学者提出的对策：一要明确基本要求，着力提高六种能力；二要强化政党意识，把握参政议政方向；三要推进制度建设，健全完善工作机制；四要激发内在活力，充分发挥主体作用；五要加大支持力度，优化参政议政环境；六要延伸工作手臂，积极运用网络载体。有学者特别指出要加强参政党文化建设，认为加强参政党文化建设既能够使民主党派成员充分认识和理解中国共产党领导的多党合作和政治协商制度的历史必然性、伟大独创性和巨大优越性，又能够防止西方“多党制”政党文化对我国社会主流政治意识的渗透和侵蚀。

三　关于选举民主和公民有序政治参与

随着中国政治体制改革的推进，公民政治参与的方式会更具多样化和实效性。有学者归纳了当代中国政治参与的主要方式包括：一是参加各种政治性选举即人大选举、基层自治组织的选举、各种政治性团体（包括政党）内部的选举；二是加入包括中国共产党、民主党派、工妇青等政治性团体；三是成为各种如人大和政协等立法、协商和监督机构的成员；四是出任专业顾问、咨询职务；五是运用各种媒介来发表政治主张，反映利益诉求；六是信访。还有两种使用频率很高但却很少被公开报道的方式即个人接触及集会、游行、示威等群体性事件。一些基层出现了独特的政治参与方式如“民主恳谈会”、民主议事、民主理财等直接参与基层自治的方式。在统一战线领域中出现一些特色参与方式，如“党委出题、党派调研、政府采纳、群众受益”的调研建言模式、某些行业领域人员相对集中民主党派与政府部门的对口联系。

关于中国人民最重要和最权威的政治参与——人民代表大会制度，有学者指出：社会主义民主政治的本质和核心是人民当家作主，人民代表大会制度为实现人民当家作主提供了最好的组织形式；坚持和完善人民代表大会制度，是发展社会主义民主的根本途径；人民代表大会制度通过确立规范的政权架构，保证国家机关的高效运转。为坚持和完善人民代表大会制度，实现国家治理体系和国家治理能力的现代化，有学者提出要提高人大代表的政治、法律、文化、道德、能力等素质，要建立人大代表的培训机制、改革人大代表的选举制度、逐步实现人大代表专职化、创新人大代表的监督激励机制、创造人大代表施展才华体制、机制的机会和平台、加强对人民代表大会制度的系统研究。针对地方人大贿选等腐败现象，学者建议推进地方人大选举制度的改革：建立规范的代表候选人提名制度；在选举中引入竞争机制；建立完善的人大代表监督制度和罢免制度；加大对“贿选”惩罚力度。

与会学者们以大学生、青年、乡村公民、社会新阶层等普通公民为对象，对公民有序政治参与进行了探讨。学者们认为：公民有序政治参与是发展社会主义民主政治的有力推手，是促进政府科学决策的强劲动力，是制约公共权力的有效手段。建立有序的政治参与秩序不仅有利于社会主义民主政治的发展，更有利于维护社会的安定和谐团结。学者特别提出扩大公民有序的政治参与是正确处理人民内部矛盾，积极预防、妥善处理群众性事件发生的一个有效途径。

当前公民政治参与意识、参与层次、参与机制、参与渠道不断拓展和提升的同时，在实践中也面临着诸多问题：政治参与层次较低、政治参与动机的多样化、政治参与面临体制瓶颈。政府作为社会的管理者，应当采取灵活多样的方式积极主动地引导公民有序地参与政府的管理。网络已经成为公民表达政治意愿、监督政府、影响政府决定的主要阵地之一，有学者特别提出，通过合理的举措维护良好的公民网络参政的网络环境，是公民进行网络政治参与的重要保障。

（原载《学校党建与思想教育》2014 年第 7 期）

经济体制改革与区域经济发展
——中国经济规律研究会第24届年会综述

杨　静　靳晓春

由中国经济规律研究会、河南财经政法大学主办的中国经济规律研究会第24届年会暨“经济体制改革与区域经济发展”理论研讨会，于2014年5月10—11日在河南财经政法大学召开。中国经济规律研究会会长、中国社会科学院马克思主义研究学部主任程恩富教授，首都经济贸易大学原校长文魁教授，中国人民大学荣誉一级教授胡钧，河南财经政法大学资深教授杨承训，武汉大学教授简新华，南京财经大学教授何干强等著名经济学家，以及全国160多位专家学者出席了本次会议。

一　全面深化经济体制改革:核心、创新与热点

1. 经济体制改革的核心问题

十八届三中全会通过的《中共中央关于全面深化改革若干重大问题的决定》（以下简称《决定》）提出，使市场在资源配置中起决定性作用和更好发挥政府作用。学者们对此展开了热烈的讨论。

中国人民大学荣誉一级教授卫兴华在提交的论文中指出，由市场决定资源配置须厘清三种错误认识：一是认为市场决定资源配置只限于资本主义市场经济，二是认为整个社会主义社会的发展全部依靠市场的决定作用，三是用新自由主义的观点解读市场决定资源配置的作用，泛化市场作用，否定政府调控功能。针对这三种错误认识，他指出，第一，市场决定资源配置适用于一切市场经济体制，提出市场配置资源的决定性作用是出于深化经济体制改革的需要。第二，市场在资源配置中的决定性作用的内涵在于：市场起决定性作用但不是全部的决定作用、经济体制改革要对其他诸领域的改革起“牵引作用”。第三，市场决定资源配置要求更好地发挥政府作用，应是有效市场和有效政府的结合，而不是强化市场、弱化政府的结合。“使市场在资源配置中起决定性作用和更好地发挥政府作用”是不可分割的。

程恩富教授系统分析了古典经济学、凯恩斯主义经济学和新自由主义经济学的市场决定理论，指出无论古典经济学、凯恩斯主义经济学还是新自由主义经济学的市场决定论都存在致命缺陷，理论和实践都证明，完全依赖于市场并不是有效的资源配置方式。国家调节和市场调节都有各自的优势和缺陷，在全面深化改革中应当充分发挥它们的功能互补性。与新自由主义的“市场决定性作用论”相比，中国特色社会主义的“市场决定性作用论”在五个方面与其存在本质区别：强调资源配置中的国家宏观调控和微观规制；主张“市场决定性作用论”应限于一般物质资源和部分服务资源的短期配置为主，

而非指地下资源等重要物质资源配置和许多一般资源的长期配置；主张文化、教育、医疗等领域不能完全依赖于市场配置资源或市场决定的方式，而只能引进适合本领域的市场机制；强调公有制在社会主义经济中的主体地位；强调财富和国民收入初次分配中市场作用大些，再分配中国家作用大些。中国特色社会主义的“市场决定性作用论”更符合我国社会主义市场发展的内在要求，也能更好地发挥市场和国家两方面的积极作用，实现二者的功能性作用的强强互补与有机结合。

胡钧教授指出，市场在资源配置中的决定性作用主要是针对市场主体的微观层面而言的，其内容就是让分散的私人市场主体成为生产什么、生产多少的决定者。政府的职责和作用不是直接管理微观市场主体，主要是制定和贯彻宏观经济发展的长期战略目标和经济稳定，加强和优化公共服务，保障公平竞争，加强市场监管，维护市场秩序，推动可持续发展，促进共同富裕。社会主义国家政府的职责除这些作用外，还有由社会主义制度要求产生的其他职责和功能，主要有对国民经济发展目标也就是对资源配置整体的引导作用。社会主义政府最重要的是把市场的决定性作用引导到党和政府规划制定的发展战略和长远目标的实现上来，切实提高政府驾驭市场经济的能力。

2. 经济体制改革的理论创新

党的十八届三中全会明确了全面深化改革的总目标以及总目标下的各项改革。改革实践要求我们立足于马克思主义理论，解决现实问题，为实践提供理论创新支持。对此，与会学者围绕全面深化改革所涉及的理论、方法等问题进行了深入的讨论。

文魁教授指出，第一，要系统认识总目标及总目标下面各项改革的关系。第二，要发现改革规律，创新改革理论。如对新型城镇化道路的探索与收入分配理论的深入探讨。第三，辩证把握政府与市场关系，如实际过程中地方政府行为和中央政府关系。第四，中央强调我们既不走闭关锁国的老路，也不走改旗易帜的邪路，这需要定力，不为任何潮流风向所动。这种定力源于马克思基础理论基本方法，善于把握趋势，善于把握规律。

南京财经大学何干强教授对吴敬琏等的专著《重启改革议程——中国经济改革二十讲》（简称《议程》）进行了深入的剖析，指出《议程》把彻底否定新中国前 30 年建立起来的以公有制为经济基础的经济管理体制作为其改革理论的逻辑起点；提出的改革目标是建立所谓的公正、民主、宪政、法治和成熟的现代市场经济，其实质是现代资本主义市场经济；主张只有瓦解公有制经济，建立资本主义私有制的经济基础，才能达到建立“现代市场经济”的目的。

吉林大学纪玉山教授等认为，全面深化改革任务的胜利完成需要形成对改革动力的共识。“北京共识”与“中国模式”都是力图对中国三十多年来的改革开放实践做出的阶段性概括与总结，理解“北京共识”与“中国模式”的意义与内涵，对我国下一步全面深化改革，找到一条符合中国国情的社会经济可持续发展道路，进一步推动中国的经济体制改革与社会转型具有重要参考价值。但是中国在经济体制改革与社会经济发展的过程中所取得的成就尚不足以把“北京共识”抑或“中国模式”的理念在全球范围内予以推广和普及。这意味着，我们要在经济体制转轨与社会转型的特定视角内，重新审视和理解“北京共识”与“中国模式”的特定内涵和意义。

广东省委党校郑志国教授认为，我国基本经济制度现有内容表述为公有制为主体、多种所有制经济共同发展，反映了现阶段生产力发展的内在要求，应当坚持和完善，但是也存在一定的局限，有必要把共同富裕纳入基本经济制度。共同富裕既是一种发展目标，也是一种制度安排。在基本经济制度中增加共同富裕的内容，完整地表述为：中国特色社会主义基本经济制度是，公有制为主体、多种所有制经济共同发展，逐步实现全国人民共同富裕。

徐州市委党校程言君教授认为，人本产权论是人类走向以人为本时代，继马克思《资本论》人本研究之后对物本产权论的进一步否定。其重要理论和实践价值，在于打通了马克思人的异化复归理论由哲学高度抽象到现代制度转化的咽喉要道，为坚持人民主体地位的人本产权型市场经济体制建构发展提供了新的理论支持。

杭州师范大学郑彪教授探讨了当前我国社会主义社会的基本矛盾和主要矛盾，认为近年来社会经济矛盾突出，只有上升到社会基本矛盾的高度加以认识，才可能高屋建瓴，也才能够抓到根本，其他矛盾才可能迎刃而解。在社会主义时期和现代化总体布局中，阶级斗争与经济建设是对立统一关系。两者统一于社会主义历史时期和现代化建设的总体布局。

吉林财经大学丁堡峻教授强调，运用历史唯物主义的世界观和方法论去学习领会《决定》，对中国新时期的改革开放事业沿着正确的道路健康发展有重要的理论意义和现实指导意义。比如运用历史唯物主义的基本方法分析中国国有企业改革，要求生产资料公有制必须在生产分配交换和消费中得以具体贯彻，否则就是虚化了社会主义公有制。

云南师范大学周文教授等认为，中国特色社会主义经济学研究要从马克思主义政治经济学出发，伴随中国经济发展应该与时俱进：第一，不同时期的经济学理论实质上反映的是主导经济学话语权的国家的利益，中国经济学的构建同样要体现中国利益。第二，后改革时期的中国经济理论体系构建问题应该侧重于用经济学关注和研究社会问题。第三，中国未来解决增长中的问题和发展中的问题比增长和发展本身更重要。第四，中国经济学应该而且必须关注“人的发展”。

中国社会科学院马克思主义研究院余斌研究员通过对马克思与列宁文本的分析，认为生产资料优先增长其实是事实，而不仅仅是理论。从经济发展的角度来看，最重要的资源配置是社会劳动的分配。生产资料优先增长与两大部类协调发展并不矛盾。在马克思和列宁所举的公式中，生产资料的优先增长都是按比例配置资源的结果。

上海对外经贸大学王朝科教授等认为，要正确理解社会主义，需要弄清楚四种形态的社会主义的含义以及它们之间的相互关系——也就是要弄清楚经典社会主义（标准社会主义）、意识形态的社会主义、实践形态的社会主义、经济形态的社会主义及其相互关系。只有在经济形态社会主义高度发达的条件下，在意识形态社会主义的有力保障下，实践形态社会主义才能越来越走向成熟和完善，经典社会主义的各种构想才能最终实现。

3. 经济体制改革的热点问题

十八届三中全会中提出的“积极发展混合所有制经济”“推进国家治理体系和治理能力现代化”，以及国有企业改革等，都成为与会学者重点讨论的热点问题。

杨承训教授指出，由社会基本矛盾的发展与深化而形成的诸多社会矛盾的解决以及中国特色社会主义“五位一体”总布局整体良性循环的实现对系统治理提出了客观要求，即系统治理需要治理能力、治理方法的现代化，这可以通过以下几个途径来实现：运用时代化、中国化的马克思主义分析形势、科学决策来实现政治治理能力现代化；运用科学技术提升宏观调控与引导资源配置的能力，形成“市场主配（置）、政府主导（方向）、科技主引（领）”的三元机制；依靠群众与组织解决自由与强制、自律与他律、充分发扬民主并加强法制建设；大幅度提升干部与群众的素质；等等。

《求是》杂志社郑宗汉研究员论述了决定中国繁荣强大的四大因素即物质财富、精神财富、制度财富、人力财富，这四者的关系是以物质财富为基础，以精神财富为指导，以制度财富为制度保障，以人力智力资源为源泉，四者相互联系，相互促进，使中国不断发展繁荣。

对外经济贸易大学郭飞教授认为，改革开放35年来，中国国有企业改革走过了艰辛探索、不断创新的光辉历程。中国国有企业改革初步实现了性质创新、功能创新、形式创新、体制创新、布局创新和结构创新，成功开创了社会主义大国全民所有制与市场经济实行有机结合之先河。中国国有企业改革的理论创新与实践创新，不仅为继续深化国有企业改革与推进中国特色社会主义伟大事业奠定了坚实基础，也为世界社会主义事业的伟大复兴提供了重要动力与宝贵经验。

国家发改委经济体制与管理研究所夏小林研究员针对十八届三中全会后国务院和国资委对国企改革的主导意见，即改革国有资本一股独大的现象，要尽可能降低国有股权比例，提出了个人观点：改革一股独大的主导意见存在削弱国企、将国有资产变成牟取暴利手段的可能；在非金融类国企、国有及国有控股企业大量引入中外私人资本，调整国资资产结构和股权结构，会影响财富收入分配结构；一股独大属于中性范畴；在良好公司治理结构下，一股独大和股权相对分散的公司都可以有效运行；发展混合所有制要坚持社会主义方向，国有企业不仅不能削弱而且还要加强；在改革中国有企事业单位的国资应该更加强大，这样才有利于走出一条有中国特色的民富国强之路。

河南财经政法大学刘美平教授从空间构建的维度对当前金融危机作出了解读。从“以时间换空间”到“空间生产”再到“空间危机”的时空转变中可以看出，资产阶级通过虚拟金融资本在“空间生产”过程中攫取世界性剩余价值由此引发的“空间危机”，已经预示着资本主义呈现出强弩之末的态势。2007年以来，由美国次贷危机引发的世界金融危机不仅印证了马克思主义危机理论的科学性，而且向全世界人民昭示了新自由主义理论的错误本质、资本主义制度的深重罪孽和资本主义运行模式的根本缺陷。资产阶级“以空间换时间”的办法只是缓解经济危机的暂时性办法。

对外经济贸易大学杨国亮教授通过分析西方国家跨国公司发展史发现，在西方国家对外扩张中，企业发挥着举足轻重的作用，实现对当地资源、市场、企业乃至东道国的控制是核心问题，国家在其中发挥着重要作用。因此，我国实施“走出去”战略，应充分发挥企业的作用，鼓励各种所有制企业尤其是民营企业“走出去”。企业应设法掌握或分享控制权，具备条件的应建立由我方主导的全球生产经营体系。为此，需要掌握资本、技术等关键资源。

武汉大学王今朝副教授等并不认同当前普遍将中国社会消费内需不足视为收入分配不均结果的观点，认为收入分配不平等导致了内需合理性程度降低，并不导致中国内需不足。他们进一步通过对中国消费结构的实证分析指出，消费需求结构性问题的解决应该是消费需求扩大的一个前提性条件。此外，他们还构建了衡量消费合理性程度的指数体系，以此得出唯有改变收入的差异，才能提高中国消费的合理性结论。

二　促进区域经济协调发展:影响因素与发展战略

十八届三中全会通过的《决定》从产业创新发展、生态文明制度建设等多方面对促进区域经济协调发展进行了部署，与会学者围绕与此相关的重要问题进行了深入的探讨。

1. 区域经济协调发展的影响因素

四川省社会科学院盛毅研究员分析了区域性城市群形成的影响因素，主要包括动力机制、创新机制、分工机制、协调机制，并重点探讨了影响城市群整体竞争力和持续发展能力的协调机制的建立。他认为，在全面深化改革的大背景下，按照统一市场的要求，建立促进城市群一体化发展的规划协调机制、投资协调机制、运行协调机制等，是当前城市群发展的重要任务。

吉林大学李政教授等通过空间计量经济学方法对外商直接投资对中国区域创新效率的影响进行了实证研究。结果表明，外商直接投资对除海南以外的其他省份具有正向影响，对西部地区的提升作用最大，对中部和东部地区创新效率的提升作用较小。在各地区内部，东部省份间创新效率的提升值有较大差异，而中部省份间则较为均衡，差异不显著。

河南师范大学商学院任太增教授等利用1997—2011年的省际面板数据分析了经济全球化对全国及东中西三大区域劳动收入份额的影响。数据分析得出的结论显示：东部地区要利用生产中干中学、教育资源优势等，吸纳更多的劳动力参与研发创新提升，改变我国在生产价值链中低端生产的位置，改善工资水平；中西部地区要加强对外资的吸引力度，放宽引资门槛，增加就业岗位。

2. 区域经济协调发展的发展战略

四川师范大学丁任重教授等认为，我国区域经济格局有四条演变路径：大区协作、东中西三大经济带、东中西东北四大板块、多极发展，且区域经济格局处于动态发展的状态中。在区域经济格局多极化发展的大趋势下，可以通过以下途径实现区域经济格局多极化发展、加强区域分工、提高区域协作力度：首先，充分发挥沿海、沿边优势，大力发展对外贸易，构建外向型的外围经济带；其次，充分发挥沿江优势，利用长江水运，构建以外带内的长江经济走廊；最后，加强城市间的分工，积极发挥中心城市的带动作用，构建优势互补的城市群。

上海金融学院周肇光教授针对长三角区域城市生态环境的恶化，探讨了推进长三角区域城市生态文明建设的发展路径。主要是应通过增强政府责任意识、明确政府责任内涵、规范政府责任行为等路径，提升政府在长三角区域城市生态文明建设法制协调力，从而推进长三角区域城市的生态文明法制建设，更好地保障长三角区域城市经济的协调发展。

河南财经政法大学方润生教授探讨了国家发展战略影响下的区域经济发展中的创新模式与产业选择。他认为，地方政府主导下的区域经济发展产生了强制性创新的模式，这种模式往往重视产业构建却抑制了企业发现市场需求的能力，难以持续。国家发展战略则强化了强制性创新的合法性。在国家发展战略的影响下，地方政府“比较优势”的思维居绝对主导地位，这就导致区域产业体系向高级化、扩大化、全能化快速推进，明显超出了区域现有的承载能力。因此区域的创新模式需要调整，应促进区域经济发展的诱致型创新，不仅要关注产业的供给能力，还要关注产业消费能力的培养。

辽宁大学经济学院刘海莺副教授等用定量分析研究了山东省 17 个地级市的农村区域经济发展现状。通过农业总产值、人均消费总支出和恩格尔系数等指标的比较与不同影响因子的实证检验，认为可以采取以下措施来促进山东省农村经济协调发展：采取差别农业补贴政策，调整农村产业结构；种植适合本地级市的农作物，充分利用耕地资源；加强对农民的科普知识培训，实现农业现代化。

三　推进城乡一体化与新型城镇化：实质内涵与战略举措

十八届三中全会通过的《决定》指出，要健全城乡发展一体化体制机制，坚持走中国特色新型城镇化道路。与会学者围绕城乡一体化、新型城镇化内涵以及推进城乡一体化、新型城镇化的举措进行了深入的分析。

1. 城乡一体化与新型城镇化的实质内涵

简新华教授认为，新型城镇化的实质是人的城镇化、是农民的城镇化和非农化，是高质量城镇化，城镇化必须以人为本、以人为核心。“以人为本”的新型城镇化就要求必须从以造城为首要任务转向以农民工市民化为首要任务；必须实现“农民非农化和城镇化”及“农地非农化和城镇化”的同步协调发展，提高土地利用效果；必须转向城镇结构和空间布局合理、地区差异缩小、大中小城市与小城镇合理分布；必须转向统筹规划、分类指导、积极稳妥、有序推进的方针。

安阳师范学院张良悦教授等考察了城乡一体化的政策由来、本质内涵、发展内容与建设途径，认为城乡一体化本质上是新型城镇化，是从城乡统筹的角度推进城镇化的发展与再发展的过程。就我国目前的发展状况看，城乡一体化的任务重在乡村城镇化，应以现代农业为产业依托，以小城镇和新型农村社区为空间载体实现乡村生产方式和生活方式的转变。

南京政治学院曹雷副教授认为，新型城镇化的“新”体现在社会主义经济规律的特点上。新型城镇化应充分体现城镇化的一般规律、社会主义的价值追求和制度特点。充分遵循社会主义经济规律的新型城镇化要让全体农民获得相应份额公有土地的级差收益，不能由部分被拆迁农民“代表”全体农民来获得公有土地的增值收益。因此要改革政府体制机制特别是地方政府土地财政机制。

吉林大学关丽洁副教授等认为，资源、环境约束下的经济发展过程及人们生活方式、健康理念的改变赋予了城镇化新的内涵：信息化、低碳化、生态化。新型城镇化要求以技术创新为推动力，充分开发和利用信息、新能源、节能减排等新兴技术，实现城乡统筹发展，建立新型城镇。

中国社会科学院马克思主义研究院杨静副研究员等指出，近十年来迅速推进的城镇化，日益暴露出了“失地农民无工作”“进城民工无归宿”和“城乡四元结构固化”等问题。面对这些问题，农民作为城镇化过程中的主体，其地域、职业和身份的三个同步转变理应成为新型城镇化“以人为本”内涵的核心体现。

2. 新型城镇化的战略举措

广东外语外贸大学董小麟教授强调，城市的生态化建设愈益成为城市发展与转型的重要趋势，中国正面临世界范围最大规模的城镇化进程，必须高度重视城市生态化的客观趋势。国外很多生态城市的建设证明我们需要通过集约化的城镇化发展、体系化的卫星城区的建设、注重城市建筑的节能、解决好城市的排水系统、践行废物循环再利用的新路径、进一步深化洁净能源的使用、最大限度公共化城市绿地和山水资源、优化居民结构、强有力的政府和生态优先的规划来推进生态城市的建设。

广西大学李欣广教授指出，“中国梦”的未来蓝图之一，是国民经济的产业结构与城镇乡结构的协调吻合。城乡统筹发展必须在破除非科学发展的基础上进行，城镇化当中的非科学发展主要表现在：违背大中小城镇共同发展的原则，违背城镇与乡村共同发展的原则，违背城镇建设、城镇产业与人口城镇化协同发展原则。新型城镇化这项系统工程应放进“中国梦”的视角里，在中国发展道路的文明形态跨越目标下来推进。

中共江苏省委党校周善乔教授认为，城镇化的发展更需要实体经济的支撑，只有建立在实体经济的基础上，才能实现城镇化的可持续发展。因此，在加快城镇化的进程中，必须以产业发展为前提，通过不断扩大产业发展规模，吸纳更多的生产要素，创造更多的就业机会，积累更多的资源，实现城镇化和产业发展的良性循环，为夯实城镇化和中国经济社会发展的产业根基作出贡献。

中国地质大学黄娟教授提出，中国特色新型城镇化必须适应生态文明时代的新要求，走一条生态良好、生态生产、生态生活的“三生”共赢的生态文明之路：建设生态城镇是方向，增进人民幸福是目的，建设“三型”社会是重点，发展生态经济是途径，完善生态制度是保障，培育生态文化是引擎，创新生态科技是支撑，优化“三生”空间是基础。

（原载《马克思主义研究》2014年第6期）

完善和发展中国特色社会主义 推进国家治理现代化

——首届习近平系列重要讲话学术论坛综述

刘志昌　刘须宽

2014 年 5 月 20 日，由中国社会科学院马克思主义研究院、浙江出版联合集团和广西师范大学出版社集团主办的“习近平系列重要讲话学术论坛（2014）——马克思主义视野下的国家治理暨《之江新语》研讨会”在中国社会科学院学术报告厅举行。中国社科院院长王伟光发来了书面发言稿，全国人大司法与内务委员会副主任李慎明，中纪委驻中国社科院纪检组组长张英伟，中国社科院马研院党委书记、院长邓纯东等参加研讨会并作重要发言。来自中国社会科学院、中共中央党校、中共中央文献研究室、中共中央编译局、国家行政学院、北京大学、中国人民大学、浙江海洋学院以及浙江出版联合集团、广西师范大学出版社集团等单位的专家和学者 50 余人出席研讨会。

研讨会围绕国家治理理论的马克思主义源流、《之江新语》中的治理理念、中国特色社会主义与国家治理现代化、社会主义核心价值观在国家治理体系中的作用以及公共服务、和谐社会、社会主义市场经济、生态文明与国家治理体系、国家治理体系的国际比较等主题开展了研讨。

一　认真学习、研究和宣传习近平系列重要讲话

王伟光在书面发言中阐述了习近平讲话中的马克思主义哲学思想和学好用好马克思主义哲学对于坚持和发展中国特色社会主义的重要意义。他说，认真学习和熟练运用马克思主义哲学是我们党的优良传统，习近平总书记系列讲话是运用马克思主义立场观点方法分析、认识、解决问题的典范。马克思主义立场观点方法，就是我们通常讲的辩证唯物主义和历史唯物主义，是共产党人观察和解决一切问题的政治上的望远镜和显微镜，是我们党解决当前及今后一个时期关系党和国家工作全局的一系列重大理论与现实问题的哲学依据，是全党思想统一、行动一致的最根本的思想基础。深入学习贯彻习近平总书记系列重要讲话精神，最根本的是学习讲话贯穿的思想精髓，即科学的世界观方法论，学会用马克思主义的立场观点方法认识问题、分析问题和解决问题，不断提高马克思主义理论素养和运用马克思主义处理问题的能力。当前，我国正处于经济社会发展的转折点和关键期，面对十分复杂的国际国内形势，肩负更加繁重艰巨的历史使命，各级领导干部学好马克思主义哲学，努力掌握并熟练运用马克思主义哲学世界观和方法论这一看家本领，对于坚定理想信念、树立正确的世界观、人生观和价值观、提升干部队伍理论素养、推进全面深化改革、增强政治敏锐性和政治鉴别力具有重要作用和意义。

张英伟指出，深入学习贯彻习近平总书记系列重要讲话精神，是当前全党的重大政治任务，是做好党和国家各项工作的现实要求，对于我们进一步统一思想、统一意志、统一行动，不断开创中国特色社会主义事业新局面，具有十分重大的理论意义和现实意义。“学习习近平系列重要讲话”等系列学术论坛的举办，有利于坚持学术研究的正确方向，有利于丰富和发展中国特色社会主义理论、推进中国特色社会主义伟大实践，有利于促进学术交流、提升学术研究的水平，有利于促进中国特色社会主义理论的学习和宣传。从事马克思主义研究的学者要认真学习领会，读懂精神把握实质；要深入研究和大力宣传；要自觉指导我们的工作，保证哲学社会科学研究始终遵循正确的方向；要敢于对各种形形色色的非马克思主义、反马克思主义、反社会主义的错误观点和思潮进行有力回击。他说，恩格斯曾指出，“一个民族要想站在科学的最高峰，就一刻也不能没有理论思维”，列宁也指出，“只有以先进理论为指南的党，才能实现先进战士的作用”“理论是永恒的，实践之树长青”。因此，他鼓励大家认真研读马克思主义经典著作，打好坚实的马克思主义理论基础，为中国特色社会主义建设，为“中国梦”的实现作出应有的贡献。

李慎明在讲话中指出，党的十八大以来，习近平同志本人作了 70 多个重要讲话，其中有 4 个最重要的讲话，即 2013 年 1・5 讲话、8・19 讲话、三中全会上的讲话和 2014 年在中央党校省部级研讨班上的 2・17 讲话。2013 年 1 月 5 日在中央党校的讲话，是以习近平为总书记的党中央认识世界和改造世界的纲领性文件，是总纲。在总纲层面下的 8・19 讲话、三中全会上的讲话和 2・17 讲话，分别围绕文化特别是意识形态领域、以经济改革为中心的全面深化改革、国家治理体系和治理能力现代化等主题。国家治理体系和治理能力现代化本质上是讲政治体制改革，因此，2・17 讲话实际上是关于上层建筑、政治领域的讲话。上述 4 个讲话，从文化、经济、政治等方面总体上对坚持和发展中国特色社会主义作出全面部署。

邓纯东在发言中指出，习近平总书记系列重要讲话，是以习近平为总书记的中央领导集体在全面深化改革新时期把马克思主义基本原理与中国国情相结合，积极推进马克思主义中国化的最新探索，是对中国特色社会主义理论、道路和制度等各个方面提出的新思想新观点新论断，是对中国特色社会主义理论的新丰富和新发展，是中国特色社会主义的最新成果，是全面深化改革新时期我国改革开放的重要指导思想。学习习近平系列重要讲话，学习和研究中国特色社会主义最新成果是马克思主义理论界、研究机构和广大理论工作者的首要任务和主要课题。

浙江出版联合集团总裁童健在发言中指出，习近平同志主政浙江五年，作出了深入实施“八八战略”、全面建设平安浙江、建设法治浙江、加强党的执政能力建设和先进性建设等重大决策部署，开启了具有浙江特色社会治理体系建设的伟大实践，展现了省域层面社会治理的生动探索和实践成果。可以说，习近平同志在浙江期间形成的治理理念是其国家治理思想的原点。在《之江新语》中，习近平同志将浙江省域层面对社会治理采取的政策措施形象地归结为“两只手”“两只鸟”“两种人”和“两座山”，即要处理好转型升级中“腾笼换鸟”和“凤凰涅槃”的关系、经济发展中市场看不见的手和政府看得见的手的关系、统筹城乡中农民和市民之间的关系、保护环境中金山银山与绿水青山的关系。这四大关系生动形象地揭示了浙江在社会治理层面遇到的问题和探索形成的解决之道，集中反映了他在省域层面对中国特色社会主义制度、国家治理体系和治理能力现代化的理论探索和实践创新，与党的十八大以来习近平总书记相继发表的系列重要讲话精神及其关于“国家治理”理念的论述是一个紧密联系、相互融通的整体，在思想上是一脉相承的。如人民群众是国家治理的出发点和归宿，提高各级领导干部的工作能力是国家治理的重要前提和基础，注重实干是国家治理的落脚点和有效途径，基层组织创新是国家治理的根本和抓手等思想观点，都是习近平国家治理思想的重要内容。因此，认真研读《之江新语》中习近平总书记的治党治国理念，对于我们当下更好地理解贯彻“国家治理”思想，具有十分重要的意义。

浙江海洋学院教授黄建钢指出，习近平在浙江的思考和实践为其国家治理体系和治理能力现代化理论构建奠定了思想和实践基础，这种思考和实践在《之江新语》中有比较完整的体现，可以说，《之江新语》是“国家治理观”的雏形。他指出，资本主义是以资本为核心的社会形态，封建主义是以土地为核心的社会形态，奴隶主义是以奴隶的劳力为核心的社会形态。它们分别为劳力、地力和资力发展的三个阶段，又是社会中三个主要的要素。而社会主义就是一个整体概念和全面概念，不仅包含这三个要素，而且包含了更多的其他因素。所以，“全面观”又是社会主义的基础观念。在习近平的“国家治理观”中，“全面观”是“治理国家”的核心，“群众观”是“治理国家”的基础，“干部观”是“治理国家”的关键。

二　担负起社会主义国家治理现代化的重要使命

中国社科院信息情报院党委书记姜辉指出，要从“如何治理社会主义社会”这样的时代课题高度和世界历史眼光看国家治理体系和治理能力现代化问题。这个问题，“在以往的世界社会主义实践中没有解决得很好”，提出这个问题，就是在新的历史起点上把这个问题解决好。党的十八届三中全会《决定》第一次提出“推进国家治理体系和治理能力现代化”，这是继“四个现代化”之后，我们党提出的又一个“现代化”战略目标，因而可以说“是推进社会主义现代化题中应有之义，是完善和发展中国特色社会主义制度的必然要求”。同时，以十八届三中全会为界，我们党治理社会主义社会可以划分为前后“两个半程”，前半程是从新中国成立到现在我们党执政 65 年的历史；后半程是从现在到全面建成小康社会，进而到 21 世纪中期完全实现“两个一百年”目标的时期。“怎样治理社会主义社会”的理论和实践创新是中国特色社会主义的重大发展。马克思主义视野下的国家治理实际上就是“怎样治理社会主义社会”的问题。

中国社科院马研院发展部副主任辛向阳在发言中指出，党的十八大以来，习近平同志在继续回答“什么是社会主义、怎样建设社会主义”“建设一个什么样的党、怎么建设党”“实现什么样的发展、怎么发展”等一系列重大问题的同时，围绕着“建设什么样的国家、怎么建设国家”提出了一系列富有创见的新思想新观点，丰富和发展了马克思主义的国家理论。

国家行政学院教授许耀桐指出，国家治理现代化是我们党执政发展的最新阶段。新中国成立 65 年来，中国共产党执政主要经历三个发展阶段：1949 年新中国成立后，党领导人民建立国家政权，进入国家统治阶段；1978 年党的十一届三中全会后进入改革开放新时期，实现党的工作重心从以阶级斗争为纲向以经济建设为中心的转移，进入国家管理阶段；2013 年党的十八届三中全会提出国家治理体系和治理能力现代化的任务，由此进入国家治理的新阶段。从国家统治到国家管理，再到国家治理，是重大历史转折，也是快速的飞跃。同时，国家治理现代化是中国共产党对现代化认识的最新成果。是继 20 世纪 60 年代提出农业、工业、国防和科学技术四个现代化后的第五个现代化。与社会主义现代化国家、社会主义现代化建设的“现代化”相比，它们形成两个不同的层次。社会主义现代化国家和社会主义现代化建设，居于目标性、总体性的层次上，具有统摄的作用；而国家治理体系和治理能力现代化的“第五化”以及工业、农业、国防和科学技术现代化的“四化”，居于手段性、方式途径的层次上，是为现代化国家和现代化建设目标服务的。

三　完善和发展中国特色社会主义制度,实现国家治理体系和治理能力现代化

与会专家学者一致认为，习近平对国家治理体系和治理能力现代化作了非常全面、系统的阐述。学者们就国家治理体系和治理能力现代化的马克思主义源流，国家治理体系和治理能力现代化的关系、基本内涵和要求等问题作了进一步的解读和阐述。

辛向阳指出，马克思主义创始人为社会主义国家管理提供了精神要义，人民是国家的主人、公务员是人民的公仆、建设廉洁政府等巴黎公社原则实际上是社会主义国家治理的本质要求。列宁和苏联在国家建设问题上进行了探索，取得了一些实践经验。我们党在全国执政以后，不断探索国家治理，虽然也发生了严重曲折，但在国家治理体系和治理能力上积累了丰富经验、取得了重大成果，改革开放以来中国国家治理的进展尤为显著。习近平同志紧紧抓住社会主义国家治理的成功实践，科学地剖析了社会主义国家治理出现的重大失误和历史挫折，提出了富有创见性的国家治理理论。习近平的国家治理思想深刻总结了中华人民共和国成立 65 年来我们在国家治理体系和治理能力上的丰富经验。

关于国家治理的主体，李慎明指出，国家治理的主体实际上是党和人民，准确地说是党领导人民治理国家。这个党是既定的，党的性质、宗旨、指导思想和纲领是既定的。如果党的性质、宗旨、指导思想和纲领变质了，那么党就变质了，党和人民就没有一致性了。苏联共产党就是变质了，脱离了人民，背叛了人民，所以它垮台了。所以我们讲的党领导人民治理国家，是以全心全意为人民服务为宗旨，以马克思主义为指导，以实现共产主义为最高纲领，最终实现每个人的自由全面发展。北京大学教授郭建宁指出，推进国家治理体系和治理能力现代化必须坚持人民主体地位，党和政府不仅要领导人民，而且要依靠人民、为了人民。

关于国家治理的目的，李慎明指出，治理属于上层建筑，属于政治范畴，上层建筑应该为经济基础服务，而经济基础绝不简单仅仅指生产力，我们党领导人民进行的上层建筑等一系列改革都是为了巩固我们的经济基础，最终是为了促进生产力的发展。所以，国家治理的目的是全心全意为人民服务，逐步缩小贫富差距，最终实现共同富裕。

关于中国特色社会主义制度和国家治理体系、治理能力现代化的关系，学者们一致认为完善和发展中国特色社会主义制度，推进国家治理体系与治理能力现代化是辩证统一的关系。国家治理体系和治理能力是一个有机整体，相辅相成，有了好的国家治理体系才能提高治理能力，提高国家治理能力才能充分发挥国家治理体系的效能。中共中央

文献研究室研究员张贺福指出，完善和发展中国特色社会主义制度是根本，推进国家治理体系和治理能力现代化是指向，推进国家治理体系和治理能力现代化更多的还是为了完善和发展中国特色社会主义制度。李慎明指出，不能离开中国特色社会主义制度来奢谈国家治理体系和治理能力现代化。社会主义制度是中华人民共和国的根本制度，这是我们的国体。治理体系和治理能力的现代化要坚持我们的国体。制度自信最根本的是根本制度自信。国家治理体系和治理能力现代化要适应我们当今的世情、国情、党情，来建立现代化的治理体系，提高我们的治理能力，并不是说我们要向西方看齐，以西方的治理体系和治理能力为标准。

中国人民大学教授秦宣指出，国家治理体系和治理能力现代化，共同指向一个内容，就是国家治理的现代化。国家治理体系和治理能力是一个有机整体，但是二者又相互区别，不是国家治理体系越完善，国家治理能力自然而然就越强。从世界各国的治理历史和经验来说，有四种情况值得注意：一是世界各国的国家治理体系各不相同，各有特色。由于各国特殊的国情、历史文化传统和历史使命，决定着各国要走不同的发展道路，因而也要建立不同的国家治理体系。二是同一个国家在不同的发展阶段其治理体系也不尽相同。在现代化的进程中，国家治理体系和治理能力建设的根本目标，是为了更好地应对现代化进程中发展与秩序这一主要矛盾，更深入地分析则是生产力和生产关系、经济基础和上层建筑的矛盾。三是由于客观情况和主观主体的差异，各国治理能力又有或大或小的差别。同样是资本主义制度，但其治理效能并不一样。在民主制度比较完善的国家，制度体系比较成熟，但是制度的能力不一定强大，制度治理效能不一定高。这也是人们经常指责西方国家有民主无效率的一个重要原因。四是同一个国家在同一种治理体系下，不同历史时期的治理能力也有很大差异。治理体系是制度问题，治理能力主要是人的执行能力的问题。

关于国家治理体系，辛向阳指出，国家治理体系是制度体系，是由制度支撑起来的系统化的体系；国家治理体系包含着使社会生活方方面面能够自如运转的体制机制；国家治理体系是法治化的体系。许耀桐指出，国家治理现代化是一个体系性的结构，表现为宏大的治理体系和治理能力系统。国家治理体系涵盖七大领域的治理：一是经济领域的市场治理，二是政治领域的政府治理，三是文化领域的文化和思想道德治理，四是社会主义的社会治理和基层群众自治，五是生态文明领域的生态治理，六是国防建设领域的军队治理，七是党的建设领域的执政党治理。秦宣指出，国家治理体系应该是可持续的，而不是固化或僵化的。邓小平讲过，恐怕再过三十年，我们才能够形成更加定型、更加成熟的制度。这不是说三十年之后我们的制度定型了、成熟了，我们就不要再建设了，而是说到那时我们的框架相对稳固，制度的科学化程度应该更高，所以不能说制度定型之后就不需要改革了。

关于国家治理能力，辛向阳指出，国家治理能力是制度化能力，是以制度为基础而体现出来的能力；国家治理能力是综合性能力，是多方面能力的集成。许耀桐指出，国家治理能力现代化，包括改革、发展、稳定、内政、外交、国防、治党、治国、治军九个方面。同时，习近平特别强调按照法律、规章制度依法治国的能力，要求把依法治国运用到刚才说的九个方面去，因此，习近平讲的国家治理能力系统，涵盖运用法律的能力，以及改革、发展、稳定、内政、外交、国防、治党、治国、治军等十个方面的能力。

四 坚持中国特色国家治理现代化道路

中共中央党校教授辛鸣指出，国家治理能力的好与坏，这是一个事实判断的问题，但是国家治理体系和治理能力为什么好为什么坏，这是个价值判断的问题。习近平总书记在《之江新语》里指出：“发展观决定发展道路。”同样，在很大意义上国家治理观决定国家治理体系和治理能力，不同的国家治理观会导致我们对不同国家治理体系的选择和对国家治理能力的评估。建设什么样的国家本身就是我们国家治理观的体现，建设什么样的国家决定着建设什么样的国家治理体系。中国国家治理体系现代化说到底就是中国特色社会主义制度的现代化，国家治理体系和治理能力的现代化就是中国特色社会主义制度能否实现现代化，中国特色社会主义制度的治理能力能否实现现代化的问题。国家治理体系和治理能力的现代化最根本的一条就是真正坚持中国特色社会主义制度，在坚持基本制度的同时，对仍不完善的制度进行改革和完善。

邓纯东指出，完善和发展中国特色社会主义制度，实现国家治理体系和治理能力现代化，应该有利于建设富强、民主、文明、和谐的社会主义现代化国家，从一定意义上讲，治理体系和治理能力现代化要为实现上述目标服务。国家治理体系和治理能力现代化，不是照搬西方发达国家的治理体系，而是中国特色社会主义制度的完善和发展；必须坚持以马克思主义及其中国化的理论成果为指导；必须认真研究、总结和运用中国共产党在长期革命、建设和改革时期的成功经验和做法；必须坚持马克思主义的民主观，反对极端民主化和民主幼稚病、作秀式民主来推进社会主义民主建设；必须坚持党的领导和依法治国的有机统一、法治和德治的有机结合、正确对待西方国家法治理念、原则和制度来推进依法治国。

许耀桐指出，习近平在党的十八大以来的一系列讲话中所论述的国家治理现代化思想，其宏大的理论主旨就是，必须坚持党的领导和国家主导的力量，坚持社会主义的方向和道路，坚持国家制度建设，充分调动和运用法制的力量、市场的力量、社会的力量、人民的力量，实现各项事务治理的制度化、规范化、程序化、民主化，体现中国特色社会主义的优越性，实现中华民族的伟大复兴。

郭建宁指出，推进国家治理体系和治理能力现代化的着力点，一是要坚持人民主体地位，人民答应不答应、人民高兴不高兴、人民赞成不赞成、人民拥护不拥护，是检验我们的制度、治理体系、治理能力的最终标准。二是要坚持公平正义，增进人民福祉，让改革发展的成果惠及全体人民。三是推进依法治国，建设法治中国。要通过法制思维和法制方式来推进改革，发挥法制在治国理政中的基础性作用。

秦宣指出，国家治理体系是一个什么样的框架，涉及制度化的问题；国家治理能力有没有效能，涉及衡量指标的问题。现在需要根据中国的国情来确定我们国家治理体系即制度体系的发展，并制定科学的衡量国家治理能力的指标体系。同时，实现国家治理的现代化，必须实现国家治理体系和治理能力这两个现代化，就是说必须双管齐下，必须两手抓，两手都要硬，既要抓国家治理体系的现代化，就是制度方面的建设，又要抓国家治理能力的现代化，就是能力方面的建设。

中央编译局季正聚研究员从转型国家治理困境的视角，对最近北非、乌克兰、泰国等地区和国家的动荡进行了分析，认为国家治理现代化是人的现代化，没有人的现代化，其他都是空谈；民生优于民主，泰国、乌克兰陷入动荡，更多的是因为民生问题；民主的培育是一个漫长的过程，需要一个相对成熟的政治文化；民主参与需要有序适度的政治参与，民主和法治是相辅相成的；民主治理需要具有本国特色。

与会的其他专家学者都对如何推进国家治理体系和治理能力的现代化发表了很好的意见。

（原载《马克思主义研究》2014 年第 6 期）

“改革开放与中国特色社会主义”学术研讨会综述

李向勇　朱　妍

为深入贯彻学习党的十八大和十八届三中全会精神，深化对改革开放和中国特色社会主义的研究，同时纪念邓小平同志诞辰110周年，2014年5月24日，由《中共党史研究》杂志社、武汉大学马克思主义学院主办，武汉理工大学马克思主义学院与武汉纺织大学马克思主义学院协办的“改革开放与中国特色社会主义”学术研讨会在武汉大学召开。来自中共中央党史研究室、中共中央编译局、中国社会科学院、北京大学、中国人民大学、北京师范大学、南开大学、华东师范大学、武汉大学等28家单位的80余位专家学者参会。与会专家学者围绕会议主题开展了深入研讨，取得了丰硕成果。

一　关于马克思主义中国化史研究和改革开放史研究

与会专家学者一致认为：研究中国改革开放，必须首先深入研究马克思主义中国化史和改革开放史。武汉大学顾海良教授认为，马克思主义中国化史不同于中国化马克思主义史。马克思主义中国化史，就是中国化马克思主义的形成和发展的过程及其规律性。具体有十个方面：（1）以马克思主义基本原理同中国具体实际相结合为根本原则和基本方法；（2）以百余年来中国社会历史性转变为基本的社会和时代背景，是根植于中国大地、反映中国人民意愿、适应中国和时代发展进步要求的理论形态；（3）以马克思主义基本原理同中国优秀传统文化传承和现代先进文化交流交融为其形态特征；（4）以中国共产党人在中国社会变革特殊实践中的理论创新为显著特色；（5）毛泽东思想和中国特色社会主义理论体系，是马克思主义中国化历史发展的两大理论成果，也是两次历史性飞跃的重要标志；（6）以中国近百年来不断取得的革命、建设和改革的伟大胜利，追求和实现中华民族伟大复兴的中国梦为基本主题；（7）马克思主义中国化的第二次历史性飞跃，是当代中国社会发展的理论结晶和思想指南，是科学社会主义的时代旗帜；（8）马克思主义中国化的历史是世界社会主义的历史特别是马克思主义的历史的赓续，是科学社会主义理论逻辑和中国社会发展历史逻辑的辩证统一；（9）马克思主义中国化历史发展中的时代化和大众化，是近百年来马克思主义在中国发展与传播的重要特点，也是新世纪马克思主义在中国发展的崭新要求；（10）马克思主义中国化的历史发展，是马克思主义与时俱进的理论品质的集中体现。

中国社会科学院当代中国研究所张星星研究员认为，中国改革开放史已成为国史、党史、马克思主义中国化史最主要的部分，也是这几个学科创新发展最重要的部分。当前全面深化改革面临的形势和任务、坚持和发展中国特色社会主义、增进和凝聚各阶层群众对改革的共识，需要我们深化改革开放史研究。一是拓宽中国改革开放史的研究视野；二是把握好中国改革开放史的历史主流；三是深入总结中国改革开放的历史经验；四是科学分析改革开放中遇到的问题；五是拓宽中国改革开放的研究领域；六是正确看待改革开放中的不同认识。

二 关于改革开放和中国特色社会主义的历史过程与基本经验研究

与会专家学者探讨了改革开放和中国特色社会主义的历史进程与基本经验。其中既有从宏观层面的总结与分析，又有从微观层面的考察与概括。中共中央党史研究室赵勇民副研究员认为，改革开放取得的成就惊世骇俗、举世瞩目，我们之所以能够取得如此成就，就在于我们在坚持四项基本原则的基础上，不断地解放思想。中共湖北省委党校任大立教授分析了中国特色社会主义的“中国特色”：经济上是以公有制占主体的混合制经济，而不是单一的公有制经济；政治上是工人阶级领导的，以工农联盟为主体的，全体人民，包括各种私营企业主可以参加的联合政治体制，而不是过去比较单一的劳动阶级为主体；文化上是以马克思主义为指导，各种文化多元存在，多样性的文化，而不是追求过去单一的那种先进文化；地区上是一国两制。武汉大学李楠教授概括了改革开放以来中国推进城镇化的基本经验。具体有：坚持党的领导是城镇化建设取得成就的重要保证；坚持人民主体地位是顺利推进城镇化建设的根本保证；坚持解放思想是推进城镇化建设的不竭动力；处理好政府和市场的关系是在市场经济条件下推动城镇化的一个基本问题；改善民生是推进城镇化的出发点和落脚点；积极借鉴别国经验是推进城镇化建设的重要条件。中国人民大学辛逸教授则认为：当前我们全面深化改革，应该从一些常识性的马上能改的事情做起，立行立改。

三 关于党的领导人思想研究

与会专家学者围绕会议主题重点探讨了党的历届领导人对改革开放和中国特色社会主义的探索历程及其主要贡献，尤其是邓小平的相关思想和贡献。

关于邓小平对中国特色社会主义的探索和开创。陕西师范大学陈答才教授认为，邓小平提出了建设中国特色社会主义的科学命题，开辟了中国特色社会主义的发展道路，奠定了中国特色社会主义的牢固基础，夯实了中国特色社会主义制度的根基，捍卫了中国特色社会主义的伟大事业。海南大学李德芳教授则具体考察了邓小平对海南改革开放的贡献。主要有二：邓小平是海南建省办特区的主要倡导人和决策者，改写了海南的历史；邓小平是海南对外开放政策的力挺者，指明了海南改革开放的航向。

关于邓小平的相关思想研究。武汉大学丁俊萍教授分析了邓小平实事求是与群众路线相统一思想的特点：从认识方法上来解决党的主张，必须是从群众中来，到群众中去，要以实事求是思想路线来保证党的群众路线的贯彻执行；运用群众路线的领导方法开展工作的过程，就是贯彻实事求是思想路线的过程，二者在认识方法上是统一的；一切为了群众是实事求是思想路线的价值性标准，人民高兴不高兴、拥护不拥护、赞成不赞成、满意不满意是检验我们改革成败得失的最高标准；尊重群众的首创精神来进行创造性的实践，把基于思想路线制定的政治路线和群众的利益与意愿统一起来；以党和国家民主制度的建设来保障实事求是思想路线的贯彻实施。南开大学纪亚光教授评析了邓小平政治现代化思想，认为其特点有三：一是务实，不同阶段侧重点不同；二是目标明确；三是反映着现代化进程中中国一直存在的内在冲突。武汉大学李斌雄教授概括了邓小平对反腐廉政建设的贡献。具体有七：关于腐败现象的实质和产生原因；关于党风廉政建设的重要性、长期性和紧迫性；关于党风廉政建设的方针；关于反腐廉政的目标；关于反腐廉政工作的重点对象；关于如何开展党风廉政建设和反腐败工作的手段和途径；关于社会主义与反腐廉政的关系。中共中央编译局杨金海研究员探讨了邓小平社会主义文明观的世界意义，认为它深刻地正确地对待资本主义，有利于推动人类社会文明转型。

关于党的其他领导人对改革开放和中国特色社会主义的贡献。华中师范大学李良明教授主张，要从理论与实践的结合上弄清毛泽东和邓小平对中国特色社会主义探索的贡献，并认为这是一个重大的理论问题和实践问题。要把握好这个问题，必须突出主题、围绕主线、认清主流。中南民族大学易新涛教授从认识前提、理论依据、实践基础、科学架构、明确奋斗目标和前进方向、根本保证、中国气派和亲民的执政风格七个方面，分析了习近平对坚持和发展中国特色社会主义理论体系的重大贡献。

四　关于中国特色社会主义建设若干重大问题研究

与会专家学者重点围绕中国特色社会主义政治建设和文化建设开展深入讨论。

关于中国特色社会主义政治建设。武汉理工大学王智教授探讨了“党—政府—社会”三元关系视阈中的国家治理体系问题。当前中国执政党与国家、社会三角关系建构上可能存在五种思路悖论：国家与社会强弱的悖论、执政党与政府分合的悖论、基层党政进退的悖论、执政党与社会向背的悖论、执政党与民主党派竞合的悖论。因此，需要建构“党—政府—社会”三元关系：汲取三项资源，包括历史资源、理论资源和参照资源；平衡执政党的权威、法的权威和人民的权威；健全理性化意识形态系统；健全法制化政权分野系统，提高党领导国家与社会的科学化水平；健全制度化党内民主系统，发展党内民主；健全有限化政府系统；健全规范化市场系统。武汉大学宋俭教授展望了中国政治体制改革前景，认为当前我们探讨中国政治体制改革和政治发展要注意两个维度：一是必须深刻认识中国改革和发展所处的历史方位，继而去深刻认识深化政治改革和推动政治发展的重要性和紧迫性。二是怎样结合中国梦来探讨中国当前的政治改革和政治发展问题。中国政治改革和政治发展，既要有政治勇气，更要有政治智慧。中国政治改革要避免通过集中权力来强力推进改革，通过运动或者说通过强化权威来解决改革中面临的阻力问题。这种做法有它的必要性，但这又和我们改革的方向是偏离的。关于社会主义民主制度的发展方向，我们应思考如何看待选举民主与协商民主的关系问题。

关于中国特色社会主义文化建设。井冈山大学刘家桂教授认为，当前中国共产党要对中国优秀传统文化进行创造性转化和创新性发展，并在其中做好领导者和实践者。华南师范大学陈金龙教授探讨了“三个自信”的特点和功能，指出：它是国家自信、民族自信、政党自信的统一，历史自觉、现实判断、中国未来预期的统一，规律性与目的性的统一，民族性与世界性的统一；它有助于国家形象的建构，有利于实现社会整合，有助于化解我们面临的各种社会矛盾，有助于扭转当前崇洋媚外的倾向。三峡大学阎颖教授认为，党的基层组织在马克思主义大众化中发挥着组织终端、大众话语、心理认同和快速反馈互动的功能与角色。

关于中国梦与中国特色社会主义。武汉大学孙来斌教授指出：中国梦的提出具有广泛的实践基础，回应了当下中国人的精神诉求；中国梦从词语来看并不新鲜，但经由习近平阐释得以定型化和科学化，中国梦更多的是一种形象表达；它是国家富强民族复兴理想与个人生活梦想的形象表达，是当下中华民族最大公约数的表达，是中华民族实现伟大复兴与世界文明良性互动的形象表达；正是从这种意义上，习近平把中国梦、中国道路、中国力量、中国精神等联系在一起，形成了独特的话语群；这种话语群有效连接了民间话语和官方话语，学界话语和政界话语，中国话语和世界话语。

五 关于党的领导和党的建设问题研究

办好中国的事情关键在党，党的领导和党的建设是改革开放和中国特色社会主义的重大问题。与会学者围绕党的建设的含义、党的作风建设、党的领导能力建设、党内选举制度建设等问题开展了深入研讨。

关于党的建设的内涵和党性建设。北京师范大学孙秀民教授指出：党的建设含义不能局限于党的自身建设，应该从党员个体的维度、党组织自身、党组织和社会政治组织之间的关系三个维度来把握；党员个体的维度，就是要坚持党性，尊重人性，发挥个性；尊重人性，就是讲如何做人；发挥个性，就是不能以党性代替个性，党性要以个性为基础，尊重和提醒党员发挥个性。中共湖北省委党校舒艾香教授也探讨了党性建设的问题，认为当前党性建设存在六大问题：理论学习和理论素养欠缺；理想信念动摇；宗旨观和公仆意识淡漠；官本位主义、官僚主义和形式主义严重；个人主义和利己主义问题突出；拜金主义和享乐主义蔓延。当前加强党性建设，应加强研究和探讨党性建设的规律，积极稳妥推进政治体制改革，努力提高管理科学化水平。

关于党的领导能力建设。华东师范大学齐卫平教授认为：领导能力是党执政实践中最重要的能力；领导不等于执政，执政不等于领导；中共是执政党和领导党双重角色一身兼任；党的领导能力建设要聚焦三种能力，一是科学发展的领导能力，二是全面深化改革的领导能力，三是国家治理现代化的领导能力。

关于党内选举制度建设。杭州师范大学赵宬斐教授认为：党内选举可以分为“确认型选举”和“竞争型选举”；“确认型选举”主要是解决权力的授受和委托关系，实际上是一种择优机制，它主要是通过“预选”“戴帽”“陪衬”“做工作”等形式呈现；“竞争型选举”主要体现在直接选举和差额选举两个方面；当前，要做好二者的衔接与融合，一是正确处理好“选举制”与“任命制”，二是促进“直接选举”与“差额选举”的对接，三是要适当把握选举的功效与边界性问题，四是加强党内选举中协商与共识机制建设。

关于党的意识形态建设。武汉理工大学郭国祥教授认为：民主、法治、公正、效率是中共执政意识形态创新的价值取向。首先，民主是要处理好程序民主和实质民主，党外民主和人民民主，选举民主和协商民主之间的关系；其次，法治要实现从人治到法治的彻底转变，法治和德治相结合，党的领导依法治国和人民当家作主相结合；再次，公正要处理好起点公正与结果公正的统一，抽象公正与具体公正的统一；最后，效率要处理好经济效率和社会效率的统一，长期效率和短期效率的统一，局部效率与整体效率的统一。

纵观这次学术研讨会，具有如下特点：一是学者来自于多个学科，呈现出多学科、多视角、多领域探讨改革开放和中国特色社会主义的研究理路与价值取向；二是探讨问题具有一定的集中性，但尚未有形成学术观点的交锋，有些问题尚待进一步思考和研究；三是一些观点具有独特视角，但也有不少观点陈旧和重复，凸显了当前关于当代中国问题的研究亟待进一步提高质量和水平，形成自己的学科体系和学术话语。

（原载《中共党史研究》2014 年第 6 期）

“中国实践与中国话语”理论研讨会综述

郎廷建

2014年6月6日至7日，由中国社会科学院、国家行政学院、光明日报社和武汉大学联合主办、马克思主义理论与中国实践协同创新中心承办的“中国实践与中国话语”理论研讨会在武汉大学隆重召开，来自中央党校、中央编译局、中国社会科学院、国家行政学院、北京大学、清华大学、复旦大学、中国人民大学、武汉大学、南开大学、吉林大学、中山大学、华中师范大学、中南财经政法大学、湖北大学等50多家单位的100余位专家学者出席了此次研讨会。《中国社会科学》《马克思主义研究》《红旗文稿》等知名期刊，人民日报社、光明日报社、新华社等重要媒体以及人民出版社等单位也派代表参加了此次会议。会议就以下几个方面进行了深入研讨，形成了一些具有建设性的观点意见。

一　构建中国话语体系应注意的问题

建立具有中国特色、中国气派、中国风格的学术话语体系，是繁荣发展中国哲学社会科学的一项重要任务，是广大哲学社会科学工作者义不容辞的责任。但在构建中国话语体系的过程中，有些问题是必须要注意的。

武汉大学教授陶德麟指出，构建中国话语体系要注意三个方面：一是要准确地提出问题。成功的理论的第一个标识就是问题提得好，不是伪问题或无意义的问题。要成功地提出问题，离开马克思主义的指导不行，离开中国的具体实际更不行，只有在马克思主义指导下吃透中国的实际，才能准确提出中国需要解决的问题。二是要自主地研究问题。提出问题只能靠我们自己，解决问题也只能靠我们自己。三是要大力改进文风。文章应当有作者自己的风格，应该千姿百态而不是千人一面。但文章是思想的载体，是写给别人看的，总应该词能达意，让读者看得懂。

南开大学教授阎孟伟认为，构建中国话语就是要构建出能准确反映当代中国特色社会主义发展道路的实质内容的观念体系，能够准确地用我们的语言来概括它、表述它。建构中国话语重要的是处理好两对关系：一是普遍性和特殊性的关系，因为中国实践的特殊性在很大程度上要通过普遍性来说明；二是现实性和理想性的关系，因为现实性的东西在很大程度上或者说从根本层面上要通过理想性来说明。

复旦大学教授吴晓明认为，学术话语体系与历史性的实践有关，而实体性的内容又往往同一种学术的自我主张和自律性相关。所以，学术话语体系的建构任务同时也是一项亟待深化的思想任务。构建当今中国学术话语体系的最基本任务是深入中国的现实生活，在历史性实践的展开过程中，重新探讨中国学术话语体系的问题。

吉林大学教授韩喜平认为，建构中国学术话语体系，关键在于如何坚持马克思主义的话语体系、反思西方话语体系和继承中国传统的话语体系。为此，我们要在坚持马克思主义基本立场的前提下让马克思主义理论说中国话，让传统文化焕发活力，分析批判地看待西方的话语体系，实现西方话语体系的转换。

二　建设中国话语体系的路径和原则

构建中国话语体系的路径和原则是此次研讨会的核心论题之一。各与会专家、学者在结合自身的理论背景和研究专长的基础上，深入思考并提出了各自的观点。

武汉大学教授冯天瑜指出，当今的时代是全球化、信息化的时代，同时也是民族国家并立共存的时代。在这样的时代背景下，一个国家和民族当然要坚持文化主体性，但关起门来，在自己固有的话语体系内自说自话是不行的。现代中国话语体系的建立，是一种中外互动的过程，只有中外涵化，我们的话语体系方能更加健全，更加具有生命力。我们要坚持文化主体性，以一种前瞻的视角，以一种包容心态，来对待“世界之中国”面临的问题，建立既是中国的也是世界的话语系统，让世界走向中国，中国走向世界。

中共中央党校研究生院教授韩庆祥认为，话语权既包括无声的话语权和有声的话语权，也包括国内的话语权和国际的话语权。我们今天所讲的中国话语权，主要是在国际或世界上有声的话语权，它主要包括五个层次：一是“坚实的话语基础”，有底气；二是“科学的话语体系”，有思想；三是“坚定的话语自信”，有自信；四是“有效的话语方式”，有吸引力；五是“被认同的国际话语权”，有主导权。

北京大学教授王东认为，要发挥中国实践与中国话语的作用，必须坚持“综合创新六大方略”。第一，将时代课题与中国话语相结合，把时代精神和民族特色相结合。第二，通过对马克思主义的深入挖掘和学理性开发来与新自由主义争夺话语权。第三，遵循综合创新，走古今中外的中国创新大道。第四，一定要扎根民族传统文化。第五，处理好作为科学层面的马克思主义和作为意识层面、政治层面的马克思主义中国化之间的关系，要两手齐抓、齐头并进。第六，注重文化的自由，文化的个性和创造。

中国人民大学教授秦宣认为，提高中国话语的国际影响力，必须实现政治话语与学术话语的统一：第一，要有高度的政治自信和理论自信，不断加强对中国当代政治话语和学术话语体系的理论探讨和研究；第二，要努力概括出理论联系实际的、科学的、开放融通的新概念、新范畴、新表述，通过学术话语创新引领政治话语；第三，要实现政治话语和学术话语的有机结合，脱离政治话语搞学术话语会迷失方向，脱离学术话语讲政治话语会缺乏科学性、合理性；第四，要实现西方学术话语的中国化。此外，我们还应该积极探索有利于建构中国学术话语体系的体制机制，建立中国自己的社会科学独立评价体系，营造有利于学术创新的良好氛围。

三　中国道路、中国问题和中国经验

中国道路、中国问题、中国经验亦是此次研讨会的核心论题之一，与会专家围绕着怎样立足中国实践、研究中国问题、探索中国道路展开了讨论。

北京大学教授丰子义指出，我们今天所处的时代是一个全球化的时代。全球化对各个国家发展的影响是巨大的。在这样的时代背景下研究社会发展，要确立一种全球化的思维方式。我们要用世界眼光看待中国道路、中国问题、中国经验。而要在全球化条件下顺利推进我国的现代化进程，又必须有高度的理论自觉。这就是要对中国道路、中国问题、中国经验等予以全面的理解和审视，以深化对这些问题的认识，推动中国更好地发展。

武汉大学教授陈曙光从"'中国道路'的话语悖论：发展优势与话语劣势""'中国道路'的话语贫困：截然对立的应对策略""'中国道路'的话语支撑：'似是而非'的选择方案""'中国道路'的话语建构：方向与思路""'中国道路'的话语选择：'说什么'与'怎么说'"以及"'中国道路'的理想境界：发展优势转化为话语优势"六个方面，全面系统论述了他对"中国道路话语建构"的设想。他指出，今天，"中国崛起"已经不是哪些人不想面对、不愿承认就可以不面对、不承认的事实，中国学术若能够对发生在中国的"故事"给出科学的解释和说明，若能够将"中国经验"上升为普遍性的概念体系和知识范式，若能够为人类面对的共同问题给出中国的方案，那么，西方话语垄断和话语霸权的局面必将终结，"一超主导、西强我弱"的国际话语格局终将打破，中国学术话语的世界意义必将彰显，国际学术话语的中国时代终会来临，中国的发展优势也终将转化为话语优势。

中国人民大学教授张雷声从中国道路的目标、方位、路径、理论逻辑四个方面，阐述了她关于"中国共产党创建和发展中国道路的自觉"的思考，提出了中国道路的目标、方位、路径、理论逻辑四个方面的"四个统一"。

四　立足于不同学科的具体研究

立足各自的学科背景和研究专长，跨学科地将各自当前的思考与"中国实践与中国话语"联系在一起进行讨论，也是此次研讨会的一个特色。

第一，马克思主义学术话语权问题。中国社会科学院教授侯惠勤阐述了他对于"马克思主义学术话语权的学理支撑"的思考。侯惠勤认为，马克思创立学术话语权首先是通过对现行的学科进行前提性的批判，进而寻找到自己的学术立足点，建立自己新的学科体系。其次，马克思发明学术话语权，非常重要的一点，是通过对一些学术核心话语的反思批判，树立社会科学研究的客观坐标，建立自己的核心话语，建立社会科学评判的学术标准。再次，马克思对正义的社会价值需求进行科学的论证，奠定了学术研究的基本方法，这是基本研究范式。回到当下，当我们讲中国话语的时候，对于坚持马克思主义的领导地位，利用马克思主义的思想资源来服务于文化体系建设，应该给予更多的关注。

第二，哲学研究中的话语权问题。中国社会科学院副研究员崔唯航通过对"为什么哲学要讲自己的民族语言?""为什么马克思主义哲学尤其需要讲自己的民族语言?""为什么中国的马克思主义哲学尤其要说汉语?"三个问题的探讨，提出当前建构马克思主义哲学的中国话语体系，迫切需要从社会实践和现实生活中挑选出理论和时代所需要的新话语，并予以提炼和创造，使之成为马克思主义哲学中国话语系统中最具生命力的部分。他认为，马克思主义哲学的根本性质是改变世界。面向未来，中国的马克思主义哲学不仅要说人民群众喜闻乐见、新鲜活泼的现代汉语，而且要将自己思想的触角牢牢植根于中华民族的精神土壤之中，敏锐捕捉中国人民的光荣与梦想、痛苦与希望，深刻把握世界历史发展的时代逻辑和现实矛盾。

第三，经济学研究中的话语权问题。武汉大学教授颜鹏飞认为，中国经济改革和发展已经到了一个新的阶段，即从西学东渐的引进阶段转向以建构东学、占领话语权制高点为特征的创新阶段。“术语革命”是这一阶段的重要标志。中国社会科学院研究员张晓晶也认为，西方主流经济学在世界范围内建立了经济学的话语权。中国是经济学的小学生，长期以来是一个单向的倾听者。但这一局面自 2008 年国际金融危机爆发以来大为改观，加之中国经济的强劲复苏以及改革开放 30 余年创造的增长奇迹，为中国经济学突破西方主流经济学的话语权创造了契机。中国经济学话语体系的构建，离不开中国的强大，特别是对中国发展经验的总结。为此，我们要摆脱西方中心论，不盲从西方学术前沿，重视中国发展经验，关注中国现实，发现中国问题并解决中国问题。

第四，其他有关研究中的话语权问题。中山大学教授郑永廷强调要坚持社会主义意识形态的话语权与主导权。他指出，当前，我国意识形态领域的情况很复杂，面临的挑战主要包括：文化交汇、思想渗透、主权冲击的挑战，西方错误思潮与国内错误观点交织的挑战，市场经济条件下功利主义、实用主义价值观的挑战以及肢解、遮蔽社会主义意识形态的挑战。针对这些问题，我们必须加强意识形态工作，提高党在意识形态领域的领导能力，增强社会主义意识形态的吸引力和凝聚力。

国家行政学院教授杨小军阐述了他对“法治中国的新表述”的思考，他认为这一新表述是针对中国法治建设的实践而产生的，“法治中国”在中国这个环境下有两个必须解决的核心命题，一是“权大还是法大”，二是法律的实践和法律的实施。

南开大学教授王南湜认为，中国梦得以可能的方式，也可以说就是一套独特的话语方式。他强调应当从中国梦作为民族的文化理想、作为中华民族目的王国的现代重建、作为中华民族目的王国的中国式现代重建三个递进的层面，将中国梦和美国梦、欧洲梦区别开来，也和传统的中国梦区别开来，由此把握中国梦之作为中华民族目的王国的中国式现代重构方式，创造出一套独特的现代中国话语。

湖北大学教授江畅认为，中国价值观与中国实践、中国话语密切相关，如果不考虑中国价值观，中国实践和中国话语问题就难以讲清。在当前中国传统价值观被摧毁、国家的主流价值观尚需巩固的情况下，我们不仅要讨论中国实践、中国话语问题，也要旗帜鲜明地打出中国价值观、中国价值的旗号，大力加强当代中国价值观的构建。

用武汉大学党委副书记骆郁廷教授的话来讲，这次研讨会“是一次高层次、前沿性、跨学科、有影响的高端学术研讨会”。来自全国各地的专家学者围绕“中国实践与中国话语”这个主题，分别从哲学、经济学、政治学、法学、历史学、文化学，特别是马克思主义理论等不同学科，深入探讨了怎样立足中国实践，研究中国问题，探索中国道理，创新中国话语。会议通过的《东湖倡议》，就是要提倡一种新的学风，推动中国特色社会主义的实践。这个倡议必将在全国哲学社会科学领域产生越来越重要的影响。

（原载《江汉论坛》2014 年第 8 期）

努力培育和践行社会主义核心价值观 推进思想政治教育理论与实践创新

——2014年全国思想政治教育学术研讨会综述

蒋永穆　朱亦一

由中国社会科学院马克思主义研究院与四川大学联合主办，四川大学马克思主义学院与中国社会科学院马克思主义研究院原理部思想政治教育研究室联合承办的“2014年全国思想政治教育学术研讨会”于6月7日至8日在四川大学成功举行。四川大学党委书记杨泉明，中国社会科学院马克思主义研究院党委书记、院长邓纯东，教育部高等学校社会科学发展研究中心主任杨河，四川省社会科学联合会副主席唐永进，四川省教育工委委员李光华，四川大学党委副书记、纪委书记徐兰等领导出席会议并致辞。来自全国96所高校和研究机构的150余位专家学者以及新华社、《光明日报》《中国社会科学报》等新闻媒体的记者参会。开幕式由四川大学马克思主义学院院长蒋永穆教授主持。

研讨会以深入学习贯彻落实中共中央办公厅印发的《关于培育和践行社会主义核心价值观的意见》为主题。中国社会科学院马克思主义研究院党委书记、院长邓纯东作了主题报告，吉林大学马克思主义学院陈秉公教授、四川大学马克思主义学院阎钢教授、中国社会科学院马克思主义研究院原理部副主任余斌研究员分别作了专题报告。参会代表就“社会主义核心价值观与思想政治教育”“中国特色社会主义与思想政治教育研究”“意识形态与思想政治工作问题探讨”“思想政治理论课教学改革”“新媒体与思想政治教育方法策略应对”五个议题进行了热烈讨论。与会者一致认为，要深刻认识意识形态工作的极端重要性，将培育和践行社会主义核心价值观作为思想政治教育的重要任务，积极推进思想政治教育理论与实践创新，努力开创思想政治教育工作的新局面。

一　培育和践行社会主义核心价值观，必须坚持以马克思主义为指导

邓纯东在报告中对于深入开展社会主义核心价值观教育的必要性、实践意义、主要任务、方法与途径等进行了全面阐述。他强调：“培育和践行社会主义核心价值观，必须坚持马克思主义的指导地位。”在社会主义市场经济的复杂环境和全球化空前加剧、新媒体快速发展的时代背景下，更加需要用马克思主义理论指导全党工作，增强全体人民对中国特色社会主义的认同，促进中华民族复兴的伟大事业。

邓纯东指出，要促进社会主义市场经济的健康发展，促进中国特色社会主义事业的全面进步，必须铸造全社会认可的、科学的核心价值观。古人说治天下必先治人心。各种有害的甚至是反动的观点的肆意流散，结果必然是人心混乱。人心靠金钱买不来，靠

小恩小惠买不来，心病还需心药医。心药即正确的思想理论和价值观，在当下中国就是社会主义核心价值观。他进一步指出，纵观中国历史，自汉武帝接受董仲舒“罢黜百家，独尊儒术”的意见始，历代统治者都高度重视国家意识形态在国家管理中的作用，逐步确立了孔孟儒学作为国家意识形态的主体地位和主导作用。中外历史都证明，意识形态安全是关系到一个国家繁荣昌盛和民族兴衰成败的重要因素。在社会主义条件下，马克思主义理论在我国意识形态领域的指导地位在党章中得以明确，宪法也规定了马克思主义在我国国家生活中的指导作用。发挥马克思主义理论在培育和践行社会主义核心价值观中的指导作用，关键在于落实。我们应该在落实宪法规定的马克思主义在全党全社会的指导地位和作用等方面作出更多的努力。

那么，如何以马克思主义理论为指导呢？首先，要充分认识到意识形态在建设中国特色社会主义事业中的重要作用，努力改变马克思主义和马克思主义中国化理论建设在一些地方重视不够，甚至被削弱的现状，持续推进马克思主义理论中国化、时代化和大众化的工作，进一步做好用马克思主义理论的最新成果武装全党、教育人民的工作。其次，要始终坚持以马克思主义理论为指导，借鉴中国优秀传统文化和西方文化中对我国社会发展起积极、健康作用的成分，在推进中国特色社会主义事业中，做好培育和践行社会主义核心价值观的工作。

二　社会主义核心价值观与思想政治教育

陈秉公指出，在经济全球化和信息全球化时代，社会主义核心价值观必须“高势位”培育和践行。一方面，我国的社会主义核心价值观是“高势位”的核心价值观；另一方面，这种核心价值观需要“高势位”的培育和践行。所谓“高势位”的核心价值观，是指理论知识的层次高和范畴的位阶高，特别是它自身所内蕴的知识、价值、规律和美学表现等品质的含量也高，从而使它具有强大的势能和位能，表现出更强的凝聚力、辐射力、渗透力、影响力和征服力。

关于社会主义核心价值观“高势位”培育和践行的方针，陈秉公认为，应当坚持“多源一脉，系统创新”的培育和践行方针，即以马克思主义为指导，以中国优秀传统文化为根基，以外国优秀文化为重要资源，实现社会主义核心价值观的“多源一脉，系统创新”。此外，培养一支精通“马中西”理论的一流专家队伍是非常重要的工作，有了这样一支队伍，才能完成“高势位”培育和践行社会主义核心价值观的历史任务。

阎钢指出，社会主义核心价值观是在中华民族延绵不绝的生命进程中根据时代要求提炼出来的理性精神，是中华优秀文化发展大系中的一个环节，是中华优秀文化的重要组成部分。包括国家、社会、个人三个层面的社会主义核心价值观，从文化传承和思想根源上看，是深深立足于中华优秀文化根基之上的。如《大学》中的“古之欲明明德于天下者，先治其国。欲治其国者，先齐其家。欲齐其家者，先修其身。欲修其身者，先正其心。”正心、修身、齐家、治国、平天下，一气呵成，相互贯通，互为关联，整体意境上已包含着社会主义核心价值观的主要内容。因此，可以说社会主义核心价值观是深深立足于中华优秀传统文化根基之上的，中华优秀传统文化是其“固有的根本”。

针对“如何与时俱进地对中华优秀传统文化进行创造性转化和创新性发展，使之更好地适应时代需要，融入社会主义核心价值体系”这一问题，阎钢提出，要做到“两个分清、三个剥离、四个融入”。“两个分清”是：（1）要分清中华传统文化的历史绵延性与现实创造性的关系，即认清文化的现实创造性只是中华文化历史链条中的一环；（2）要分清中华传统文化的承载主体与创造主体的关系，认清中华文化既是人民大众的又是知识精英的，前者是根基、是载体，后者是繁叶、是精髓。“三个剥离”是：要把根植于中华民族中优秀的大众的传统文化与封建社会中王权的专制的文化形态剥离开来，把中华民族中优秀的知识精英与封建专制中的统治者剥离开来，把中华优秀文化的承载者、创造者与文化的使用者、占有者剥离开来。“四个融入”是：要把“舍生取义”的献身民族与报效祖国的精神，融入社会主义核心价值体系中的爱国范畴；将“自强不息”的奋进精神和“天下为公”的奉献精神，融入社会主义核心价值观中的敬业范畴；把“诚实守信”的求实精神，融入社会主义核心价值观中的诚信范畴；把“人人亲其亲、长其长”的关爱精神，融入社会主义核心价值观中的友善范畴。

针对如何准确理解社会主义核心价值观“24个字”的表述，余斌研究员从马克思主义经典作家的相关论述出发，深入阐释了社会主义核心价值观的内涵。他指出，我们提倡的富强、民主、自由、诚信等并不表明社会主义核心价值观是向资本主义精神的妥协和简单借用，而是具有更高的文明层次。在《马克思恩格斯全集》中，我们可以直接阅读到马克思恩格斯对这些价值观念的资产阶级式解读的直接批判性语言：在国家层面，以富强为例，马克思恩格斯认为，富强即“国民财富这个用语是由于自由主义经济学家努力进行概括才产生的。只要私有制存在一天，这个用语便没有任何意义。英国人的‘国民财富’很多，他们却是世界上最穷的民族”。关于民主，则是“如果不立即利用民主作为手段实行进一步的、直接向私有制发起进攻和保障无产阶级生存的各种措施，那么，这种民主对于无产阶级就毫无用处”。在社会层面，以自由为例，马克思恩格斯认为，“自由这一人权不是建立在人与人相结合的基础上，而是相反，建立在人与人相分隔的基础上。这一权利就是这种分隔的权利，是狭隘的、局限于自身的个人的权利。自由这一人权的实际应用就是私有财产这一人权”。在个体层面，以诚信为例，马克思恩格斯认为，“商业所产生的第一个后果是：一方面互不信任，另一方面为这种互不信任辩护，采取不道德的手段来达到不道德的目的。例如，商业的第一条原则就是对一切可能降低有关商品的价格的事情都绝口不谈，秘而不宣。由此可以得出结论：在商业中允许利用对方的无知和轻信来取得最大利益，并且也同样允许夸大自己的商品本来没有的品质。总而言之，商业是合法的欺诈。任何一个商人，只要他说实话，他就会证明实践是符合这个理论的”。

广东外语外贸大学思想政治理论学院院长宋善文教授指出，当前思想政治教育的首要任务就是要做好中国特色社会主义核心价值观的推进工作，切实做到社会主义核心价值观的入脑入心。首先，要正确认识这项工作的重要性。当今社会存在的矛盾，单靠武力和物质是不能从根本上解决的，因为思想问题只有靠思想才能解决。因此，在当前我国经济发展和物质生产取得突出成就的背景下，加强思想政治教育是至关重要的。思政课教师应充分认识到加强思想政治教育、推进社会主义核心价值观培育和践行的重要性与必要性，并不断加强自己的专业自信心。其次，要做好三项工作：一要加强思政课教师的忠诚度和职业能力建设，特别是在新媒体发展日新月异的当下，要提升教师的新媒体使用能力；二要充分挖掘中国传统文化中的宝贵遗产，将优秀的传统文化与社会主义核心价值观紧密结合起来；三要注重对中国当代青年社会责任感的培育，并将这种培育与实现中国梦、个人梦结合起来，促进青年树立与时俱进的人生观、价值观、世界观。

西南财经大学段江波副教授认为，社会主义核心价值观的培育应学习借鉴儒家核心价值观培育的成功经验，通过形而上、制度和生活三个层次的协同行动，达到社会主义核心价值观入脑入心的目的。首先，要满足社会主义公民精神上的超越层次，形成公民精神和心灵的皈依；其次，社会主义经济、政治、法律等各项制度建设要真正体现社会主义核心价值观；再次，在社会生活层面真正贯彻落实社会主义核心价值观，使社会主义核心价值观真正体现在日常生活、公共生活中，体现在生活细节中，从而使社会主义核心价值观在当代中国落地生根。

四川大学马克思主义学院黄丽珊副教授认为，高校思想政治理论课要加强社会主义核心价值观教育，这既是客观环境变化的必然要求，也是大学生成才的必然要求。高校思政课教师应通过以下三个方面，加强对于大学生社会主义核心价值观的培育：一是注意对学生进行正面引导；二是社会主义核心价值观教育要接地气，要适合大学生，要具有针对性和实效性；三是思想政治理论课要讲理想信念，要坚持原则性和方向性，防止其变得功利化、娱乐化、碎片化。

三　意识形态与思想政治工作

东北师范大学马克思主义学部副部长郭凤志教授认为，思想政治工作是个大概念，思政课是重要的存在形式之一，是思想政治工作的主要任务，关系到国家的发展方向、文化软实力的提升。因此，加强意识形态教育是十分必要的。必须解决两个根本性的问题：首先，所有思政课教师和意识形态工作者要有明确的主体意识，即要有“我”（国家和人民）的立场和独立自主的理论意识；其次，思政课教师和意识形态工作者要提升理论表达能力，改变“用别人的话说别人（或自己）的事”的现状，加强理论自觉和理论自信，做到“用自己的话说自己的事”，赢得更多的话语权。

中国社会科学院马克思主义研究院原理部思政研究室主任李春华研究员提出，加强意识形态教育，第一，要从社会思潮入手，教师要准确把握中央［2013］9号文件中的七大社会思潮，并通过联系实际和对各种社会思潮进行比较分析，加深学生对马克思主义意识形态的理解和认同。第二，教师要注重授课内容，要通过联系现实来不断丰富讲课内容，要把意识形态与思想政治教育相结合，结合具体的社会现实进行分析，通过潜移默化的影响使学生真正接受并认同马克思主义理论。第三，共产主义的远大理想和我国经济社会发展过程中的贫富差距、教育不公等现实问题使教师在教学过程中时常受到学生的质疑，要引导学生全面理解这些现实问题，并用实例让他们相信中国共产党有能力领导人民实现公平正义、实现中华民族的伟大复兴。第四，教师要充分意识到思想政治教育课的重要作用，引导学生准确、全面地认识各种社会思潮，帮助他们树立正确的人生观、价值观，从而坚定其共产主义理想信念。

新疆财经大学闫国疆副教授认为，做好意识形态这一“极端重要”的工作要“有心、有根、有魂”。“有心”是指思想政治教育工作者必须要有责任心和自信心。责任心来自基本的政治追求和职业要求，自信心来自对思想政治教育所依赖的思想文化和理论体系的自信。“有根”是指思想政治教育只有在历史文化的支撑下才会有根基、有底气，才能令思想政治教育从业者拥有理论自信、制度自信和道路自信。“有魂”是指做好思想政治教育工作的三个自信，要真正理解马克思主义的根本立场、观点和理论，真正领会马克思主义的科学与人文相统一的批判精神和革命精神，真正把握马克思主义之魂。只有真正将“心”“根”“魂”合为一体，形成强大合力，才能切实做好意识形态工作。

四　新媒体与思想政治教育方法策略应对

2013年12月，中共中央办公厅印发了《关于培育和践行社会主义核心价值观的意见》，提出要“建设社会主义核心价值观的网上传播阵地”。据此，重庆邮电大学马克思主义学院副院长郑洁教授认为，当前，如何将社会主义核心价值观的内容和精髓转化为社会群体意识，融入日常工作生活之中，使其内化为社会大众的价值观念，外化为社会大众的自觉行动，是一项极其重要且非常困难的工作。她认为，社会主义核心价值观只有通过有效的传播，方能发挥其引领社会思潮，帮助人们树立正确的世界观、人生观、价值观的重要作用。因此，利用网络媒体传播社会主义核心价值观需要把握四个方面的基本原则：一元与多样结合原则、建设与管理并重原则、使用与发展兼顾原则、引导与过滤并举原则。只有把握好这些原则，才能增强网络媒体对社会主义核心价值观的有效传播，从而能够形成和凝聚全体社会成员的价值共识，规范和引导人们的价值观念。

四川大学马克思主义学院陈青副教授指出，技术变革带来的是大众在信息传播过程中身份的转变——过去多数人只能是信息接受者，现在许多人可以是信息传播者、编辑者甚至制造者，这就使假信息的数量增多。而学生对手机、网络等新媒体较为依赖，且对信息真伪辨识能力低，这就需要教师在课堂上给学生以正确的引导，教会学生如何去分析判断信息的真伪。所以，在运用新媒体对思政课教学创新时，仅仅播放媒体资料等形式的创新不是最重要的，如何引导学生进行独立思考、深层次思考才是最重要的。

五　高校思想政治理论课教学改革

中国政法大学马克思主义学院副院长郃丽华教授认为，高校思想政治理论课教学当下面临着三个方面的困境：一是在课程设置上存在逻辑性差、课程逻辑不一致、教学内容重复的问题；二是在教学改革方面存在重形式、轻内容的弊端；三是在教师队伍建设方面存在自我认同度下降、师资力量流失的现象，尤其是05方案的出台实施致使师资流失比较严重。她对此提出三点建议，一是补充和完善05方案，重新恢复马克思主义哲学和马克思主义政治经济学的教学，用“职业伦理与法律基础”课程取代思想道德修养与法律基础课程，开设世界近现代史课程，弥补中国近现代史纲要课程历史观狭小的问题；二是马克思主义理论学科建设必须借鉴吸收其他人文社会科学学科长期建设的成功经验；三是减轻教师负担，提升教师的科研能力，从宏观和政策层面为思想政治理论课教师营造与其他教师平等的竞争环境，减少师资力量的流失。

西南石油大学政治学院院长张小飞教授提出，当前思想政治理论课改革主要面临逻辑和现实两大困境，逻辑困境是指思想政治理论课自身体系和内容构建产生的逻辑合理性困境，主要包括课程体系的合理性问题和同一门课程内部各内容要素之间的关系合理性问题；现实困境是指来自于思想政治理论课外部实施环境的困难，主要包括理论自洽与现实断裂之间的矛盾，知识—信仰—行动的建构与文化的解构之间的矛盾，学科建设的“高大上”与课程教学的“细小实”之间的矛盾，教材体系与教学体系、理论教学与实践教学的矛盾，教学的固有模式与日新月异的技术发展要求之间的矛盾。因此，在今后的思政课改革中，通过以学科建设带课程建设、以科学研究带课堂教学、以现实关照带理论教学、以思政教学带通识教育、以第一课堂带第二课堂五个方面的路径走出思政课改革的理论困境和现实困境。

三峡大学马克思主义学院陈金明教授提出，教师要在教学中做到三个自信，只有教师自己有底气、有自信，不断对学生进行正面引导，才能让大学生树立中国特色社会主义道路、理论、制度三个自信。教育部高校社会科学发展研究中心党建思政研究处副处长朱喜坤副研究员也强调，思想政治教育工作者从事的是培育人类精神生命的工作，是铸就灵魂的工作，思政课教师之所以被称为人类灵魂的工程师，就是因为他们不仅教学生怎样做事，还教学生如何做人，而这是一项意义极其重大的工作。因此，思想政治教育工作者首先要培养自己的价值自信，有了这种自信，才会有职业的幸福感和归属感，才能切实做好思想政治教育工作。

四川大学马克思主义学院陈文泽教授认为，当前思想政治教育课面临的老师认真教学却得不到学生认可的尴尬境遇，在一定程度上归咎于教科书内容的老化和陈旧。例如，马克思主义原理这门课许多概念的定义至今依然没有改变，缺乏现实性和时代感，但马克思主义理论产生的时代与当今已经有了很大的不同。因此，马克思主义理论要不断创新，不仅要中国化，还要现代化。

针对在高等教育中学生对理论接受能力相对有限的问题，沈阳航空航天大学曲洪波副教授提出思政课情景剧教学这一创新性教学方式。他结合本校情景剧教学的成功经验，提出在近代史和思修课中，可以通过教师布置题目、学生自编自导自演再现、老师课外指导的方式，把课程中晦涩的内容转化为寓教于行、寓教于乐等喜闻乐见的形式，让学生通过亲身参与、亲身体验加深对历史情节、事件的认知。

六　四川大学思想政治理论课建设的主要特色

四川大学历来重视思想政治工作，并通过不断探索逐步形成了自己的特色。一是始终坚持全员育人理念，通过不断探索形成了“五位一体”的大学生思想政治教育工作体系：辅导员负责大学生日常思想政治工作和日常教育管理的组织和实施，教导员以宿舍围合为平台积极开展对学生的思想政治教育和成才引导，学术导师加强对学生的个性化发展所要求的知识结构体系的课程和学术实践活动指导，荣誉班主任注意学生的综合发展和班风建设，组织员负责学生中入党积极分子的思想教育。二是始终坚持以社会主义核心价值体系和核心价值观为引领，着重突出大学生的理想信念教育。学校以社会主义核心价值体系和核心价值观引领课堂教学、引领实践教学、引领日常思想政治教育工作，特别强调把加强理想信念教育作为重中之重。在思想政治教育工作中以诚信教育和志愿服务为抓手，使社会主义核心价值观生根落地，入脑入心。三是始终紧紧把握党和国家工作大局，不断充实思想政治教育的内容。学校紧密结合国内外形势的发展变化，积极推进党的重大会议精神的“三进”工作，将改革开放的伟大实践和重大事件作为思想政治教育最直接、最生动、最有力的素材，融入课堂教学和实践活动，使教育内容丰富鲜活。四是始终坚持第一课堂和第二课堂的紧密结合，努力提升思想政治教育的针对性和实效性。在思想政治理论课的第一课堂坚持理论教学与实践教学、课堂讲授与专题讲座的有机结合，在第二课堂大力加强学术社团的建设，开展形式多样、内容丰富的社会实践活动。五是始终坚持以弘扬川大精神为核心提升校园文化品位，充分发挥校园文化的育人功能，在高品位的校园文化中潜移默化地提升学生的思想政治素质。学校以百年川大文化和以校训“海纳百川，有容乃大”，校风“严谨、勤奋、求是、创新”为核心的川大精神的传承弘扬为根本，以思想品德、人文关怀、科学创新精神、校史校风校训教育的有机融合为内涵，全方位、宽领域、深层次地开展校园文化建设。

此次会议还受到《马克思主义研究》《中国高校社会科学》《思想政治教育研究》《学校党建与思想教育》《四川大学学报》（哲学社会科学版）等刊物的大力支持。

（原载《马克思主义研究》2014 年第 7 期）

“历史唯物主义与全面深化改革”理论研讨会综述

张晓华

2014年6月21日至22日，由中国高等教育学会马克思主义研究分会与《红旗文稿》编辑部联合主办，福建师范大学马克思主义学院承办的“历史唯物主义与全面深化改革”理论研讨会在美丽的榕城福州召开。来自中国人民大学、清华大学、中国社会科学院、武汉大学、福建师范大学等高校和科研机构的马克思主义学院院长、专家学者和《红旗文稿》《毛泽东邓小平理论研究》等学术期刊的编辑90余人参加了会议。研讨会上，专家学者贯彻习近平总书记“推动全党学习历史唯物主义基本原理和方法论”的讲话精神，围绕“历史唯物主义与全面深化改革”的主题，就历史唯物主义方法论与全面深化改革的关系，坚持群众观点、群众路线与全面深化改革，坚持历史唯物主义、抵制历史虚无主义思潮，全面深化改革与中国梦的实现等问题展开了深入而热烈的研讨，对一系列基本问题达成较为一致的认识。

关于历史唯物主义方法论与全面深化改革的关系问题。与会学者认为，历史唯物主义基本原理是被历史和实践证明的关于人类社会发展的科学真理，也是全面深化改革过程中必须遵循的根本方法论原则。全面深化改革的实践必须按照历史唯物主义社会存在决定社会意识的原理，以当前我国处于社会主义初级阶段的国情为出发点。一切改革措施必须从这种国情出发来制定和实施，无视基本国情，根据某种主观理念设计改革，势必会使改革走上邪路。有的学者强调，只有运用历史唯物主义基本原理和方法才能科学地确定改革对象，只有科学地分析和把握社会主义社会矛盾的状态，才能够将改革不适应生产力发展需要的生产关系和坚定不移地维护社会主义基本制度统一起来，正确解决“改什么”“不改什么”的问题。有的学者指出，制定科学的全面深化改革方案必须以历史唯物主义为基本依据，只有运用社会矛盾分析方法，才能通盘考虑并把握主要矛盾。全面深化改革的实践必须抓住我国当前社会主要矛盾，即落后的社会生产力与人民群众日益增长的物质文化需要之间的矛盾，继续坚定不移地坚持以经济建设为中心，一切改革措施都要有利于社会生产力的发展，同时必须坚持巩固和发展中国特色社会主义基本制度，任何与基本制度要求相违背的“制度设计”都应该否定和抛弃。有些学者强调，社会基本矛盾原理和矛盾分析方法与和谐社会建设是辩证统一的。和谐社会并不是没有矛盾、不讲矛盾或回避矛盾，矛盾的存在是普遍的，和谐是社会矛盾的一种特殊情况，即矛盾处于非对抗性和平衡状态。和谐是一个发展的过程，不能离开历史唯物主义的社会基本矛盾原理和辩证法理解和谐，不能把和谐当作一个抽象的理想和目标，为了和谐而和谐，无视现实，回避矛盾，不讲原则，走向调和主义。必须在和谐社会建设中坚持历史唯物主义基本原理，正确地把握和解决社会发展过程中出现的矛盾现象，从而确保和谐社会的社会主义本质。

关于坚持群众观点、群众路线与全面深化改革问题。与会学者认为，历史唯物主义把人民群众看作历史的主体和历史发展的决定性力量，群众史观是无产阶级政党的群众观点和群众路线的理论基础。人民群众是改革的主体，没有人民群众的支持和参与，任何改革都不可能取得成功。有的学者指出，当前我国正处于改革发展的关键时期，群众工作出现了许多新情况、新问题，新形势下统筹协调群众利益关系的难度增大，这更需要坚持群众路线，以促进社会公平正义、增进人民福祉作为全面深化改革的出发点，以保障和改善民生为中心，努力解决教育、医疗、住房、就业等关乎人民群众切身利益的问题，让改革与发展的成果为广大人民群众共享。有的学者强调，全面深化改革要得到广大人民群众的支持，就必须大力弘扬求真务实精神，努力为人民群众办实事，着力解决人民群众反映强烈的突出问题，坚决反对形式主义、官僚主义、享乐主义和奢靡之风。目前全党深入开展的群众路线教育实践活动，在反对特权、张扬正义、促进公平、凝聚民心等方面已取得初步成效，为全面深化各项改革创造了有利的社会环境。只要我们始终坚持群众史观和群众路线，真正使改革发展的成果惠及广大人民群众，全面深化改革事业就一定能取得更大的成效。

关于坚持历史唯物主义、抵制历史虚无主义思潮问题。与会学者认为，近年来，形形色色的历史虚无主义思潮有蔓延的态势，反对历史虚无主义思潮是当前意识形态领域斗争的重要任务。有的学者强调，近来有些人接过反对历史虚无主义的口号，把马克思主义指责为“历史虚无主义”，企图以反对历史虚无主义的名义“虚无”马克思主义，进而以更加彻底的形式否定中国共产党和新中国的历史，这是一种改头换面的历史虚无主义思潮的新变种，对此必须保持警惕。历史虚无主义的新变种宣称“世界上各种传统的历史观基本都是历史终结论的”，并且把唯物史观也当作一种历史终结论，认为“马克思把历史终结在未来的共产主义阶段”“终结在一个设想的未来阶段”。而实质上，在马克思主义看来，历史是一个没有终点的发展过程，一切社会都处在产生、发展和衰落、灭亡的过程中，绝不会终结于某个未来阶段，永远不会达到某种完美的理想状态而最终结束。编造历史终结论既是为了抹黑马克思主义，又是为了美化资产阶级的历史观和资本主义制度，它们把苏联的解体说成是“历史终结”的标志，把资本主义制度宣布为“人类最后的制度”而将其凝固化、神圣化，从而根本否定社会主义制度建立和发展的历史必然性。学者们强调，在全面深化改革的过程中必须坚持历史唯物主义立场，采取更有力和更有针对性的措施揭露和批判形形色色的历史虚无主义及其新变种。

关于全面深化改革与中国梦的实现问题。与会学者认为，中国梦的提出及其内涵是习近平总书记对历史传统及理论界学术成果的总结和概括，是建设中国特色社会主义总目标的一种通俗的表述，中国特色社会主义为中国梦确立了根本方向和基本价值，60余年来的中国道路奠定了中国梦坚实的实践基础。有的学者揭示了中国梦与群众路线的内在关系，指出中国梦既是民族与国家的梦，也是广大人民群众的梦，最终的落脚点是使老百姓过上幸福而有尊严的生活。实现中国梦的每一步都体现在解决人民群众密切关心的具体事情上，中国梦由此真正成为凝聚、激励广大人民群众的一个切切实实的奋斗目标，在人民群众的努力下，中国梦必将从一种应然的理想跃变为一种实然的存在。有的学者揭示了全面深化改革与中国梦的辩证关系，指出中国梦与中国特色社会主义“五位一体”全面推进的总布局相契合，与全面深化改革“六个紧紧围绕”的总思路相辉映，体现了时代的要求，为全面深化改革提出了理想目标；全面深化改革是实现中国梦的根本途径，只有通过全面深化改革进一步解放和发展生产力，增进人们福祉，促进社会公平正义，才能为实现中国梦提供根本动力，开辟胜利道路。

与会领导、专家学者还就历史唯物主义与坚持和完善基本经济制度、历史唯物主义与加强社会主义民主政治制度建设、历史唯物主义与文化体制机制创新、历史唯物主义与社会治理体制创新、历史唯物主义与加快完善现代市场体系、历史唯物主义与生态文明制度建设等问题进行了深入的研讨。大家一致认为，深入学习贯彻党的十八大精神和十八届三中全会精神与习近平总书记系列讲话精神，发展中国特色社会主义理论体系是马克思主义教学和研究工作的重要任务，马克思主义理论工作者应该在全面深化改革的实践中，坚持和发展历史唯物主义的基本原理和方法论，深化中国特色社会主义理论体系研究，切实推进马克思主义的中国化、时代化、大众化。

（原载《红旗文稿》2014 年第 17 期）

马克思主义中国化研究学科建设理论研讨会综述

成　龙

2014年6月22日，全国党校系统马克思主义中国化研究学科建设理论研讨会在中共广东省委党校召开。本次研讨会由中共中央党校马克思主义理论教研部和中共广东省委党校共同主办，由中央党校马克思主义理论教研部马克思主义中国化研究教研室与广东省委党校中国特色社会主义研究所联合承办，来自全国党校系统的50多名专家学者参加了本次研讨会。中央党校马克思主义理论教研部主任周为民教授作了主旨发言，广东省委党校常务副校长谭泽中在会上致辞，中央党校副教育长、马克思主义理论教研部常务副主任韩庆祥教授主持会议并作了重要发言，中央党校马克思主义理论教研部马克思主义中国化教研室主任贾建芳教授、广东省委党校中国特色社会主义研究所所长成龙教授作了主题发言。中央党校马克思主义理论教研部党总支书记、副巡视员梁丽萍，中央党校中国马克思主义研究基金会秘书长、《理论视野》杂志社社长张琳，广东省委党校副校长苟志效、马星光，副巡视员谢林平、陈述等出席会议，20多位专家代表作了学术发言。现将会议发言主要内容综述如下：

一　关于马克思主义中国化研究的基本问题

周为民教授认为，马克思主义中国化研究，从学科建设的视角看，最为重要的是要明确基本问题之所在。构成马克思主义中国化研究的基本问题主要有六个方面：一是要求回答什么是马克思主义；二是马克思主义为什么需要中国化；三是马克思主义为什么能够中国化；四是马克思主义是怎样中国化的；五是怎样推进马克思主义中国化最新成果的研究；六是如何继续推进马克思主义中国化。

成龙教授认为，作为一门创新型学科，马克思主义中国化研究必须严格区分它与传统马克思主义哲学、政治经济学、科学社会主义、党史党建等学科，以及马克思主义理论一级学科下设其他5个二级学科的关系；其研究对象具有综合整体性、相关互补性、动态开放性、意识形态性等特点；马克思主义中国化研究需要处理好五个贯穿始终的问题：政治层面与学术层面的关系，现代文明与传统文化之间的关系，文本解读与现实研究的关系，大众化研究与专业化研究的关系，国内研究与国外研究的关系；课程设置应充分考虑其“基本问题”“学科关联”“知识背景”“教师特长”等几个因素。

中央党校崔丽华博士认为，正是20世纪初马克思主义在与各种思潮的碰撞中，逐步走出了具有中国特色的中国化之路。首先，问题与主义之争开启了马克思主义中国化的进程，马克思主义者第一次面对学术界阐明自己的观点、立场以及方法，为马克思主义中国化的提出奠定了思想基础；其次，关于社会性质的论战极大促进了马克思主义的广泛传播，也促进学术界先进知识分子对马克思主义的研究从一种自发到一种自觉，为马克思主义的理论成果的形成提供思想和理论的资源；再次，关于东西方文化的一场论战丰富了马克思主义中国化的问题域，使学者们逐步认识到文化建设的原则、途径、方法和任务等。

二　关于马克思主义中国化研究的现实问题

贾建芳教授指出，就学科点而言，全国马克思主义理论一级学科和马克思主义中国化研究二级学科硕士点有1500多个，马克思主义中国化研究博士点230多个，但党校系统与高校系统相比是严重不足的；人们头脑中的马克思列宁主义、社会主义与已经发生深刻变化的世情、国情、党情差距非常之大；该学科在党和国家意识形态中的地位高、在哲学人文社会科学学科体系中所占规模较大，但实际作用和影响及其社会评价相对较低；该学科有不少既有专业意识、懂学科规范又有责任感、能担当的有识之士，已经形成了共识，要以学科规范整合力量，推进学科建设。

甘肃省委党校陈永胜教授认为，当前制约马克思主义中国化学科建设的，一是学术创新能力严重不足，二是学术规范不够，三是学科内容的拓展和细化不足，四是马克思主义中国化研究的学术队伍专业化程度还不够，五是学位点的建设布局失衡，六是课程设置的碎片化问题。

黑龙江省委党校陈绍义教授认为，马克思主义中国化研究学科建设存在的问题主要有四个方面：一是如何清晰、明确地界定马克思主义中国化研究的学科定位问题，二是在学科队伍建设上如何整合教研人员力量的问题，三是马克思主义中国化研究最新成果怎么转化、进入到课堂教学中的问题，四是如何提升省级党校马克思主义中国化研究水平和研究层次的问题。

三　关于马克思主义中国化研究的话语权问题

韩庆祥教授指出，作为马克思主义中国化最新成果的中国特色社会主义理论体系，有一个提升“话语权”的问题。所谓话语权就是指影响力、定义权、解释权、主导权及其被倾听。中国特色社会主义理论体系的国内话语权主要体现在三个层面上：一是政治层面上的，是指党的指导思想、党治国理政的理论基础等；二是学术层面上的，是指学术阐述、理论自洽、逻辑架构等；三是大众层面上的，是指大众接受、民众理解、贴近生活等。中国特色社会主义理论体系的国际话语权主要表现在六个方面上：一是坚实的话语基础——有实力；二是科学的话语体系——有思想；三是有效的言说表述（包括话语表述和言说方式等）——有感染力；四是坚定的理论自信——有主动性；五是现代的传播方式——有效性；六是拥有国际话语——有影响力。提升了中国特色社会主义理论体系的国内外话语权，就提升了马克思主义中国化的新境界，增强了马克思主义理论的国内外影响力。

中央党校唐爱军博士认为，今天的马克思主义中国化研究与以往相比，面临着话语体系的转型问题：一是从阶级斗争史观到生产力史观的转化；二是从消灭资本主义到利用资本主义的转变；三是从革命逻辑到改革逻辑的转变；四是从革命党到执政党的转型；五是从斗争思维到和谐思维的转型；六是从阶级解放到人的解放的转变。

中央党校王巍博士回顾了20世纪三四十年代西方哲学中国化的过程，指出马克思主义中国化作为一个新学科，应该有意吸取其他学科在构建自己话语体系过程中的成功经验和失败教训。冯友兰、胡适、贺麟、梁漱溟等人通过“反向格义”“主动化西”等融合中西哲学的方法就值得借鉴。

四 关于马克思主义中国化研究的方法问题

张琳指出，提高马克思主义中国化研究学科的学术性和研究的学术性需要从四个维度出发：一是文本维度，二是认识论维度，三是价值论维度，四是实践维度。在四个维度的研究中，文本维度是前提，认识维度是基础，价值维度是核心，实践维度是关键。

北京市委党校韩玉芳教授指出，在学科架构上，马克思主义中国化研究需要强调史、论、原著、方法的统一；马克思主义中国化研究要突出政治性、意识形态性与实际问题的密切结合；要积极改进文风，提升马克思主义中国化研究的魅力和感染力。

中央党校王莉教授认为，马克思主义中国化研究需要在三个维度上下功夫：事实的维度，理论的维度，历史进程的维度。重庆市委党校陈剑教授提出，马克思主义中国化研究要树立四种思维：历史思维、哲学思维、实践思维、政治思维。山东省委党校贾英健教授认为，马克思主义中国化研究必须树立问题意识。当然，强调以问题为中心并不是不要学科，学科的基本精神是不能超越的；反过来，强调学科也不是不要问题，关键是对问题的所思所想究竟采取一种什么样的方式；既不能强调问题而淡化了学科，也不能强调学科而重新设置学科壁垒。

（原载《岭南学刊》2014年第4期）

历史唯物主义审视下的中国道路

——全国马克思主义青年学者论坛（2014）综述

周建伟

由中国社会科学院马克思主义研究院、马克思主义研究学部，华南师范大学，广州大学，广西师范大学出版社集团共同主办的“全国马克思主义青年学者论坛（2014）”，于2014年6月28日在华南师范大学举行。中国社会科学院马克思主义研究院院长、党委书记邓纯东、副院长樊建新，华南师范大学党委书记胡社军、副书记黄晓波，广东省委宣传部理论处处长丁晋清，广州大学副校长徐俊忠出席会议，丁晋清、黄晓波分别致辞，邓纯东作主题报告。本届论坛的主题是“历史唯物主义与中国道路”。来自中国社会科学院、中国人民大学、武汉大学、北京师范大学、南京大学等50多所高校及党校和研究机构的80多位马克思主义青年学者，《中国社会科学》杂志社、《哲学研究》杂志社、《人民日报》《光明日报》《中国社会科学报》等媒体的代表，参加了本次论坛。樊建新主持了开幕式及上午的会议，华南师范大学刘同舫主持了下午的会议及闭幕式。

中国社会科学院院长、党组书记王伟光在书面致辞中指出，历史唯物主义是马克思主义关于社会历史发展问题的哲学总说明，是共产党人认识社会问题、解决社会问题、推进社会进步的思想武器。“为什么人”的问题是唯物史观的核心问题，也是推动哲学社会科学事业繁荣发展的根本性、方向性、原则性问题。习近平总书记强调要牢固树立以人民为中心的工作导向，为广大哲学社会科学工作者从事学术研究指明了正确的努力方向。王伟光表示，习近平总书记系列重要讲话从党和国家事业发展的各个领域展开，贯通改革发展稳定、内政外交国防、治党治国治军等各个方面，内涵丰富、思想深刻、论述精辟，形成了一个既系统完整又开放包容的科学体系。这不仅进一步升华了我们党对共产党执政规律、社会主义建设规律、人类社会发展规律的认识，也是对中国特色社会主义理论体系的进一步丰富、发展和创新，是推进马克思主义中国化时代化大众化的重要文献。之后王伟光强调，希望通过全国马克思主义青年学者论坛这一学术平台，促进马克思主义青年学者尽快成长。邓纯东在论坛主题报告中指出，历史唯物主义是中国道路的理论基础，要用历史唯物主义的立场、观点、方法来分析中国道路前进中面临的困难和问题，找出、找准生产关系和上层建筑中不适应生产力发展的方面和环节，通过深化改革予以化解，推动改革开放沿着社会主义方向不断前进。历史唯物主义和中国道路直接关系社会主义意识形态建设，希望通过对历史唯物主义、中国道路的研究学习和宣传教育，不断巩固马克思主义在意识形态领域的指导地位、巩固全党全国人民团结奋斗的共同思想基础。

此次论坛特邀武汉大学教授、长江学者沈壮海，中国人民大学教授、长江学者刘建军，首都师范大学教授杨生平作为专家出席会议并作主旨发言。

与会专家学者围绕“历史唯物主义与中国道路”这一主题，展开了多视角、全方位的交流和探讨。

一 中国道路的多维阐释

与会学者一致认为，中国道路就是中国特色社会主义道路，它是在中国共产党领导下，经过艰辛探索走出的一条实现民族伟大复兴的发展之路。

1. 中国道路的哲学维度

与会学者认为，中国道路是理论逻辑、历史逻辑与实践逻辑的统一，历史唯物主义是中国道路的哲学依据，中国道路同时也带来了哲学上的创新。中国人民大学刘建军对中国道路作了语义分析，区分了狭义和广义的中国道路，认为中国道路的目标、方向、途径具有内在的一致性。北京师范大学王新强认为，历史唯物主义对中国道路理论创新具有五维指导：生产力和生产关系原理对中国道路经济理论创新的指导，唯物主义经济基础与上层建筑关系原理对中国道路政治理论创新的指导，社会存在与社会意识关系原理对中国道路文化理论创新的指导，群众动力论对中国道路社会理论创新的指导，历史合力论对中国梦理论创新的指导。华南师范大学关锋通过对习近平总书记有关中国梦、中国道路系列论述的解读，指出中国道路和中国梦代表着对历史唯物主义一些基本立场、核心观点的创造性转化和整合，包括对民族国家问题的确认和强化，对人民主体论的蕴含和转化，对人的全面发展思想的创造性转化，对意识能动性和精神反作用的创造性转化。武汉大学李齐在文章中指出，以历史唯物主义审视中国道路，必须审视当代世界的本质特征，注意把握好三个方面：以历史唯物主义为理论和精神的指导纲领、以西方资本主义文明为部分借鉴条件、以中国现代化历史性成功实践为动力。新疆维吾尔自治区党校热合木江·沙吾提在文章中指出，《共产党宣言》的基本思想是承认生产力是一切社会发展的决定力量，中国道路的成功，中国奇迹的创造，都源自对《共产党宣言》基本思想的坚持与创新。嘉兴学院马赛认为，中国共产党人借鉴经典作家的理论设想与论证，找到了一条落后国家建设社会主义的成功道路即中国道路。中国道路的继续前行，仍须以经典作家关于落后国家走社会主义道路的理论为指导，着力解决好改革开放与发展生产力两大任务。

2. 中国道路的价值维度

中国道路的意义何在，价值旨归何在，既关系到中国道路的正当性，又关系到对中国道路的正确理解。武汉大学沈壮海认为，社会主义核心价值观是中国道路的灵魂，树立社会主义核心价值观，应当积极发挥文化的作用，在文化上自信地面对古人、洋人和今人；应当与国家治理体系和治理能力现代化结合起来，把社会主义核心价值观作为国家治理体系建设的灵魂和价值依据；强化责任感、使命感，提升创意性，让社会主义核心价值观无所不在、无时不有；把社会主义核心价值观作为软实力的核心，内外统筹，加强对内宣传，创新国际传播。湖南科技大学罗建文、黄对娥在文章中指出，中国道路根本的价值属性是人民主体性，实现最广泛的民生幸福是中国特色社会主义的本质体现和价值追求，唯有民生幸福的价值自觉才能铸就道路自信，这也是增强中国特色社会主义价值自信的逻辑起点。南京大学吴翠丽、李佳认为，公平正义既是坚持走中国道路的内在价值要求，也是发展中国道路的终极价值目标，坚持走中国道路不动摇，迫切需要维护和实现公平正义的社会环境，及时解决中国道路实践过程中凸显的社会不公正问题，营造和谐有序的社会氛围。中国社会科学院马克思主义研究院刘伟认为，中国共产党领导中国人民走出了一条既不同于西方资本主义模式、也不同于原苏联传统计划经济体制的中国道路，这对人类文明多元发展具有重大示范意义，应从唯物史观出发，揭示和彰显中国道路的全球价值，强化国际传播，提升国际话语权。

3. 中国道路的历史维度

与会学者认为，中国道路具有深厚的历史渊源，中国道路是历史的选择，是实现中华民族伟大复兴的必由之路。深圳大学田启波通过对习近平总书记有关论述的解读指出，中国道路体现了科学社会主义的理论逻辑和中国社会发展的历史逻辑，揭示了“只有社会主义才能救中国、只有中国特色社会主义才能发展中国”的历史必然。中国地质大学汪宗田认为，中国近代以来经历了开明专制、资本主义、苏联式社会主义和中国特色社会主义四次道路转换，中国人民在不断学习、实验、试错和创新过程中探索自己的发展道路，走中国特色社会主义道路是近代以来中国社会发展的必然选择，它植根于中国传统，又充分吸收了世界文明成果。广东医学院操奇认为，中国道路结合了中国传统的三大内在谱系：古典性传统、现代性传统、共和国传统，中国道路实际上是一种德（性）法（权）美（雅）的社会主义模型，其主要任务是古典道德传统的现代转换、现代理法传统的当代新生、共和国传统的充实与开新。

4. 中国道路的现实维度

任何国家发展道路的选择，都不能无视时代特征、现实国情和国际互动，中国道路也是如此。华南师范大学陈金龙认为，从现实的角度讲，中国道路具有四重含义：中国现代化之路、中国市场经济之路、中国协调发展之路、人类文明发展之路。首都师范大学杨生平认为，中国特色社会主义理论到了全面推进和创新的时候，理论创新应当回答三个问题：对世界重大问题如何应对、如何使中国的制度更有吸引力、如何使中国人民更具幸福感。推进中国特色社会主义理论的全面创新，要有世界视角和民族视角，并使两个视角相结合，防止极端世界主义和狭隘民族主义。辽宁大学汪海燕指出，中国道路是在长期探索实践过程中形成的，它超越了传统社会主义模式，是符合中国国情具有中国特色的道路；中国道路是全球化浪潮挑战下的回应之路，也是对西方既有发展模式的赶超之路，同时还是一条破解人类社会发展共同难题、实现中国与世界可持续发展的文明新路。南开大学陈长风、吴银飞认为，中国道路意味着既不能走“封闭僵化的老路”，也不能走“改旗易帜的邪路”。“封闭僵化的老路”主要表现为把计划经济和社会主义画等号，把市场经济和资本主义画等号；“改旗易帜的邪路”主要表现为照搬西方三权分立的民主制度，否定党的领导，全盘否定中国传统文化，搞历史虚无主义。河北师范大学赵学琳在文章中指出，中国道路抓住了时代发展的特征和要求，体现了当代世界格局、马克思主义理论发展、社会主义国家道路、全球发展模式和现代文明成果的最新变化，坚持中国特色社会主义道路需要具备全球视野、开放意识和时代精神，构建中国发展与世界发展的良性互动机制。

二　中国梦的全面解读

中国梦的基本内涵是实现国家富强、民族振兴、人民幸福，核心要义是实现中华民族的伟大复兴。与会学者认为，中国梦内涵丰富，指向明确，既表征了中国历史的沧桑巨变，表达了中华民族的不懈追求，也承载着人民对美好生活的愿望。

1. 中国梦的内在依据

中国梦有特定的历史和理论逻辑，也有现实的背景和因由。河北省社会科学院郭强认为，西柏坡时期是中国梦的一个历史关键点，中共中央在西柏坡谋划了社会主义制度下实现现代化的宏伟蓝图，创造性地开启了探索中国道路的历史征程；锻铸了以“两个务必”（务必保持谦虚谨慎、不骄不躁的作风，务必保持艰苦奋斗的作风）为核心的西柏坡精神，丰富和升华了中国精神。天津师范大学郑波辉对自由主义和社会主义进行比较后认为，中国梦建构的理论支柱为唯物史观的方法立场，生长的逻辑起点为社会本位的价值取向，近代中国自由主义“救国梦”的破灭为“中国梦”的生成提供了重要历史经验。广西民族大学黄焕汉、贾璞林指出，时代价值是中国梦生成的重要依据，中国梦的时代价值主要是唤醒民族自觉、明确发展方向、凝聚民族人心、掌握话语主动权。南京邮电大学陈宗章认为，中国梦表征的是中华文化的复兴，中国梦的提出连接了历史空间和文化空间，并在历史、文化和空间的互动中，体现出中国人的文化自觉精神。

2. 中国梦与中国道路

与会学者认为，中国道路是实现中国梦的唯一可行路径。上饶师范学院程水栋认为，实现中国梦必须走中国道路，中国道路承载着中国人民艰辛探索的曲折历程，中国梦的实现具有深厚的历史根源；中国道路表达了中国共产党人的理想与诉求，中国梦的实现具有广泛的现实基础；中国道路凝聚了中国精神和中国力量，中国梦的实现具有强大的动力支持。宜春学院范松仁、胡喜加认为，中国道路为中华民族伟大复兴提供了前提条件和根本保障，实现中国梦必须坚持走中国特色社会主义道路，具体来说就是要始终坚持中国共产党的领导、坚持以经济建设为中心、坚持改革开放、坚持科学全面的总体布局、坚持分步走战略。

3. 中国梦与人民群众

中国梦是人民的梦，寻梦、追梦、圆梦的主体是中国人民，中国梦集中代表了人民对美好生活的愿望。浙江大学赵恩国提出，中国梦根植于现实的生活世界，它从现实的人的实践活动出发，憧憬的是一种具有强烈现实化冲动的“生活理想”；中国梦是以中华民族为主体的共同生活理想在当代的实践过程，共同生活理想为中国梦规定了现实的实践路向，中国梦追求的是一种全面的、和谐的、有创造性的以及文化的理想生活方式。山东外国语职业学院赵进斌认为，追逐和实现中国梦，必须树立中华民族“共同体意识”，把中华民族建设成为“境界共同体”“理想共同体”“道路共同体”，对中国梦的宣传教育，要直面社会热点难点问题，敢于回答人民群众最关心、最直接、最现实的利益问题。西南科技大学唐旭昌认为，群众史观是中国梦的理论基础和前提，中国梦在实践上就是要让人民群众过上幸福生活，实现中国梦的中国道路是人民的自主选择，所依靠的中国精神和中国力量是人民群众自主培育的。西北政法大学李云在文章中指出，民生建设是中国梦的重要内容，中华民族伟大复兴内在地具有民生向度，民生建设对中华民族发展安全的增强、国际地位的提升、文明复兴的实现，都有至关重要的意义。

三　道路自信的生成机理

道路关系国家前途、民族命运、人民幸福。与会学者认为，中国特色社会主义道路是中国人民在党的领导下，在长期实践中，历经艰难险阻开辟出的一条符合中国国情的现代化道路，对此我们要有充分的自信。与会学者就如何增强道路自信、理论自信、制度自信展开了研讨。

1. 道路自信的理论逻辑

厘清道路自信的内在逻辑，道路自信才能建立在坚实的理论基础上。华南师范大学陈金龙认为，道路自信就是对中国发展道路积极的心理状态、坚定的发展信念和理性的改革智慧，增强道路自信，就要改变我们长期存在的弱国心态、弱势心态，掌握中国道路的国际话语权，用中国人的智慧阐释中国发展和成功的秘诀。广州大学赵中源认为，道路自信、理论自信、制度自信源于其自身的正当性、科学性和实效性，是经验认同和价值信仰的统一。首都师范大学王洪波在文章中指出，理论自信具有本源性自信、延展性自信和终极性自信三个维度，本源性自信是对马克思恩格斯创立的科学社会主义理论的自信，延展性自信是对中国特色社会主义理论体系的自信，终极性自信是对实践的自信，包括对重要历史性成就取得的自信和从容地应对困难和挑战的自信，三个维度的协同及其辩证推进，使理论自信得以最终建构。华南师范大学关锋认为，有了充分的理论自信，发展道路的成功经验才能转化为现实的道路自信，理论自信需要理论具有三个属性：实践力，理论能够实现人们所追求的现实；阐释力、说服力，理论能够对社会现实给出合理的解释；指引力、前瞻力，理论对重大社会问题的解决能提供依据，对社会发展趋向提供前瞻性指导。华南理工大学谢加书认为，道路自信、理论自信、制度自信的基础，是正确认识中国特色社会主义制度的优越性，这需要“三看”：一看社会主义核心价值观是否体现了人民群众的主体地位，代表着最广大群众的根本利益；二看社会主义制度是否落实社会主义核心价值观，维护和发展了最广大群众的利益；三看制度运行是否真正取得非凡的成绩，提高了社会主义民主法治水平，提升了最广大群众的生活质量。

2. 道路自信的心理机制

道路自信的生成有其内在的心理机制。华侨大学洪跃雄认为，道路自信是主体对中国特色社会主义道路产生正面认知和积极评价后，形成和持续存在的积极心理与良好精神状态。较高的道路认知清晰感、道路独特感、道路效能感和接纳度是道路自信形成必备的基础心理，道路自信形成的实然逻辑应该是“客观成就→主观成就→道路高效能感→道路自信”。道路自信的形成既具有客观性，又有个体性和主观性。中国社会所取得或将要取得的发展成就和逐步解决、减少的问题及不足，是道路自信必备的、良好的客观基础和前提，但并非充分要件，人们对中国特色社会主义道路、中国社会发展及二者之间内在关系的认知过程中所持的情感和态度，在道路自信的形成中起着关键性作用。

此外，厦门大学的张有奎、武汉理工大学的雷江梅、贵州财经大学的刘明国、泰山学院的刘明合、中国人民大学博士生包大为等都作了大会发言，他们从不同视角阐释了历史唯物主义与中国道路的关系。

广州大学马克思主义学院胡潇教授在会议总结发言中指出，当代世界发生急剧而深刻的诸多变化，呼唤唯物史观创新。中国特色社会主义的伟大实践，为创新唯物史观提供了鲜活经验与先进思想，科学总结中国道路的历史必然性、价值合法性、实践创造性和文明进步性，更好地彰显其中国现实意义和世界历史意义，必将推动唯物史观的丰富和发展。承担这一学术使命，要求我们更深刻地理解唯物史观的精神实质及其与中国特色社会主义道路的内在逻辑关系。他强调，唯物史观的创新要关注中国社会主义这一特殊对象的特殊逻辑，关注现时代的行为方式及其思想逻辑，维护和实践社会主义核心价值观主张的价值逻辑。在理论创新的过程中，需要正确处理好这样几个价值关系：一是向书本学习与向现实请教的关系；二是坚持马克思主义和发展马克思主义的关系；三是充分肯定中国道路、中国经验，与同时面向世界，学习借鉴国外马克思主义研究的新成果、革命实践的新经验的关系；四是要广开言路，实现马克思主义哲学与其他科学的深入对话，把社会科学研究的新成果，加以唯物史观的提炼与总结，丰富和发展这一伟大学说。

本次研讨会是我国马克思主义青年学者之间一次高层次、高水平的学术会议，必将对深化中国特色社会主义理论体系研究，促进马克思主义青年学者成长起到积极作用。

（原载《马克思主义研究》2014 年第 7 期）

“国际共产主义运动：变动世界中的国外激进左翼”学术研讨会综述

邢文增

为深入了解变动世界中的社会主义力量，探求国际共产主义运动的发展规律，推动国际共产主义运动学科建设和理论研究，进而为中国特色社会主义建设提供借鉴与启示，2014 年 7 月 5 日，由中国社会科学院马克思主义研究院和中共中央编译局政党研究中心共同主办，广西师范大学出版社和德国罗莎·卢森堡基金会协办，河北大学承办的“国际共产主义运动：变动世界中的国外激进左翼”学术研讨会在河北保定举行。中国社会科学院马克思主义研究院副院长樊建新研究员主持会议的开幕式，中国社会科学院马克思主义研究院院长、党委书记邓纯东研究员，中共中央编译局政党研究中心主任季正聚研究员，德国罗莎·卢森堡基金会北京办事处负责人卢茨·勃勒博士，河北大学副校长王凤鸣教授分别致辞或作报告。来自中国社科院、中央编译局、中央党校、中联部、河北大学、华中师范大学、辽宁大学、云南大学等 15 家单位的 60 多位专家学者参加了研讨会。

与会学者围绕“国际共产主义运动：变动世界中的国外激进左翼”这一主题，就激进左翼的概念、现状与分类，激进左翼面临的挑战与问题，激进左翼对社会主义与资本主义的理解，国外左翼的执政党发展动态等问题展开了充分的交流与研讨。

一 国外激进左翼的概念、分类及研究意义

2008 年国际金融危机以来，资本主义在全球遭受质疑，世界社会主义运动出现春潮，在这一时代背景下，对国外激进左翼的发展状况进行深入研讨具有重要意义。

1. 激进左翼的概念与研究内容

对于何为“激进左翼”，与会学者一致认为，应按政治光谱来讨论，它是左右政治光谱上站在社会民主党左边的政治力量。

中共中央编译局原副局长李其庆研究员认为，激进左翼是一支反资本主义的政治力量。它采取各种合法斗争的方式反对资本主义。它认为资本主义社会需要变革，甚至剧烈的变革，它力求用创新的手段追求激烈的进步，故称为“激进”。激进左翼并不是极左翼，尽管二者都是反对资本主义的力量，但手段不同，极左翼主张通过非议会和革命的手段实现共产主义。在研究内容上，他提出了八个方面的课题：一是搞清欧洲激进左翼是什么性质的政治力量。我们将其界定为反资本主义的力量，其边界在哪里？二是其社会基础。三是评价标准。四是面临的挑战。五是发达国家向社会主义过渡的条件。六是国际主义问题，其中涉及工人的眼前利益与长远利益、国家利益与全球利益的关系问

题。七是对欧洲激进左翼成熟度的评价。八是欧洲激进左翼与中国的关系。

河北师范大学王军教授认为，激进左翼是对传统左翼的一种超越。欧洲激进左翼与以单一社会运动为基础兴起的各种“新左翼”不同，它是欧洲左翼政党在新的历史条件下进行整合的产物，指的是在欧洲政治舞台上社会民主党左翼或居于社会民主党左侧以共产主义、社会主义、生态主义、女权主义以及欧洲怀疑主义等多元意识形态为指导思想，以反资本主义、寻找新自由主义替代物为旗号，以选举结盟为手段，旨在赢得选民支持从而获取执政或参政地位的左翼政党。

中国社科院马克思主义研究院冯颜利研究员认为，研究国外激进左翼，不仅要占有第一手资料，而且要结合自己的实际，发出我们自己的声音。要做到这一点，就必须建立在两个立足点之上，一是以马克思主义为指导。对激进左翼的分析不能只停留在材料上，要以马克思主义基本理论为支撑，用发展着的马克思主义对其进行分析。二是要立足于中国现实，了解中国当今的现实。

2. 激进左翼的分类

华中师范大学聂运麟教授对当代非执政共产党的类型进行了划分。他认为，当代非执政的共产党并非都是激进的左翼政党。总体来看，可以划分为三种类型：第一种是以马克思主义为指导的共产党，主要有法国共产党、西班牙共产党和意大利重建共产党等，其突出特点是在很大程度上继承了“欧洲共产主义”的理论与策略。第二种是以马克思列宁主义为指导的共产党，主要是印度共产党（马克思主义）、南非共产党、巴西共产党、希腊共产党、葡萄牙共产党，以及美国共产党和日本共产党等，其特点是不同程度地继承了共产国际时期共产党的理论与策略。第三种是以马克思主义、列宁主义、毛泽东思想为指导的共产党。主要有尼泊尔联合共产党（毛主义）、印度共产党（毛主义）、斯里兰卡共产党（毛主义）等南亚地区的共产党，其特点是吸取了中国共产党在革命战争年代的理论和策略。不同类型共产党的产生，并非仅仅出自于党的领导人的个人意志，而是当代世界经济政治发展与所在国经济政治发展相结合的产物。

王军则将欧洲激进左翼政党划分为四类：第一类是共产党，第二类是左翼或左翼联盟，第三类是劳工党和社会党，第四类是其他类型。他认为，欧洲激进左翼政党的特征主要表现在三个方面：一是对“革命”概念和资产阶级议会的理解不同于经典马克思主义，二是对与其他政党（主要是社会民主党和绿党）建立联合政府的态度越来越开放，三是意识形态多元化。

3. 研究激进左翼的意义

邓纯东在致辞中谈到，研究国外激进左翼有助于全面了解世界社会主义运动的发展状况，探求国际共运规律，推动学科建设和理论研究。他从三个方面对此进行了阐释：首先，推进中国特色社会主义事业离不开世界社会主义力量。党的十八大以后，习近平总书记明确提出实现中华民族伟大复兴“中国梦”的奋斗目标，并指出实现我们的奋斗目标必须有和平的国际环境。中国特色社会主义要想取得最终成功，离不开国外世界社会主义运动的支持。其次，中国马克思主义理论界有必要加强与国外马克思主义理论界的交流与联系。在欧洲，马克思主义政党和左翼力量对资本主义的批判、为改善工人状况的斗争及议会斗争是全球化条件下人类进步事业的重要组成部分，不仅对遏制本国国内政策右转、维护世界秩序起到了重要作用，也有助于中国特色社会主义事业有一个良好的国际环境。最后，加强马克思主义与国际共运史的研究和宣传是当前思想理论界的重要任务。苏联解体、东欧剧变后，国际共运史学科陷入困境，许多研究人员不断“逃离”本专业，与此相关的马克思主义理论在全社会被削弱、被边缘化，这与我们党的执政地位不相称，与我们社会主义国家不相称。习近平总书记在8·19讲话中强调要巩固马克思主义在意识形态领域的指导地位，而探讨国外激进左翼的发展，加强马克思主义和国际共运史的研究与交流，就是贯彻落实这一要求的体现。

李其庆指出，研究激进左翼不仅可以加深我们对当代资本主义和当代社会主义的认识，也可以加深我们对三大规律以及马克思主义与当代政治思潮的认识。对于激进左翼的研究应采用批判的方法分清理论上的是非。

樊建新指出，在20世纪八九十年代的苏东剧变后，随着社会主义阵营的解体，世界左翼力量的削弱，世界社会主义运动经历了一个较长时间的冬天，一度出现了所谓的“历史的终结”的严峻状况。2008年爆发的国际金融危机，结束了20多年的寒冬，资本主义在全球范围内遭到质疑，各种“占领”、抗议活动此起彼伏，人们开始反思资本主义的命运，反思人类社会发展的走向，世界社会主义运动重新春潮涌动，但是尚未走出低谷，因为这种反思和批判仍然是一种头脑中的风暴，尚未转化为一种现实的政治运动。我们愿意成为这个运动的推动者。

二 激进左翼的总体发展现状及面临的问题与挑战

在当前世界大变动的背景下，激进左翼的总体发展现状到底如何？面临着哪些问题与挑战？对于这些问题，与会学者进行了深入讨论。

中国社会科学院信息情报研究院党委书记姜辉研究员分析了西方左翼的发展阶段及其面临的问题。他把苏东剧变后西方左翼的发展划分为三个阶段。第一阶段：从1990年至1995年，是苏东剧变后西方左翼溃退、蜕变、分化，为谋求生存而苦斗的时期；第二阶段：从1996年至2007年，是西方左翼在经过苏东剧变后的大分化大调整后进行大幅度理论和政策转向并取得一些实际效果的时期；第三阶段：从2008年至2014年，是西方左翼根据新的环境和条件再调整、再重组、再分化的时期，他称其为“否定之否定”阶段。西方左翼的发展前途取决于其在资本主义危机之后“否定之否定”实现的程度和水平，也就是扬弃自己的程度和水平。在这一过程中，需要重点把握与重塑四个方面的关系，即左翼与社会主义的关系、左翼运动与其他运动的关系、议会选举活动与基层群众活动的关系、民族国家范围内的活动与全球范围内的活动的关系。

中共中央编译局政党研究中心副主任林德山研究员认为，激进左翼面临三个方面的挑战：一是身份特征的危机。激进左翼的意识形态形形色色，五花八门，从而在身份特征上涉及如何对待历史与现实的问题，许多党在保持历史传统与超越历史之间游离与徘徊，导致意识形态的混乱。二是政治立场的危机，其中最大的问题是如何处理建设性与批判性关系的问题。激进左翼寻求以多元的方式去影响社会，而不仅限于议会选举，这就会引发建设性与批判性的矛盾。三是社会基础的危机。激进左翼传统的社会基础是工人阶级，但随着传统产业工人的萎缩和工人阶级的分化，激进左翼队伍来源日趋多元化，使激进左翼之间的联合更加困难。

中国社会科学院拉美所徐世澄研究员、马研院周淼和中央编译局鞠成伟重点分析了拉美激进左翼的现状。徐世澄指出，21世纪初，拉美左翼和社会主义运动“异军突起”，成为 21 世纪世界社会主义运动发展的一个新动向。一是拉美共产党得到了发展，不少共产党已成为合法政党；二是拉美左派的崛起。圣保罗论坛的成员党已扩大到 21 个拉美国家、4 个（拉美）未独立地区共 109 个政党和组织，执政的拉美左翼达 12 个。从 2013 年和 2014 年上半年已经举行选举的情况来看，拉美地区政治生态仍保持基本平衡，在一些国家，左翼政党执政地位依然相对稳固，左翼赖以生存和发展的社会基础依然坚实。从发展前景来看，拉美激进派执政不会从根本上改变现有政治体制；左翼执政，特别是激进左翼执政有助于推动拉美国家探索新的发展道路和新的发展模式。周淼阐释了拉美激进左翼的兴起与发展和其发展模式转型的关系。第二次世界大战以后，拉美国家经历了进口替代工业化模式阶段、新自由主义经济改革阶段，以及现在的后新自由主义阶段。在前两个阶段后期，发展模式的弊端逐渐显现，导致经济社会发展面临困难，政局动荡，给了拉美左翼赢得支持并上台执政的机会。在后新自由主义时代，拉美左翼政权普遍进行了发展模式的调整，采取了被称为“新发展主义”的战略，不仅促进了经济社会的不断发展，也稳定了政治局势。鞠成伟探讨了拉美激进左翼执政面临的变局。第一，新自由主义的失败造成了社会的衰退和福利的削减，在这种情况下，需要提出替代性方案。第二，全球化使不同国家间差距拉大，也造成了民族主义的反弹。第三，政党的意识形态日益模糊化。面对这些变局，左翼如何应对并取得发展是其能否长期执政的重要因素。

中国社会科学院马克思主义研究院于海青副研究员分析了西欧替代左翼政党的构成及其发展走向。西欧替代左翼政党包括共产党、托派等政党以及形形色色非共产主义类型的政党。当前，西欧替代左翼政党仍然只是非主流政党。在可预见的未来，替代左翼政党在各国政党政治中可以保持相对稳定的地位，能不同程度地影响政府政策，但要取得实质性突破仍面临很大困难。这是因为，它不仅面临来自左右激进政治力量的挤压，而且难以与共产党建立起有效联盟。此外，左翼政党普遍面临的政策选择问题同样困扰着替代左翼政党。

中联部政策研究室柴尚金研究员分析了国外共产党的发展现状及其面临的挑战。近年来，国外一些共产党抓住机遇，积极应对国内外挑战，努力寻求变化与突破。在越、朝、老、古四个社会主义国家，执政党把重点放在解决民生、执政党建设和政权稳定等重大问题上，继续走具有本国特色的自主道路。在发达国家，共产党高举捍卫劳动者权益的大旗，利用国际金融危机后西方国家深陷困境的有利时机，深入批判新自由主义理论及其政策主张，联合其他反资本主义力量共同开展政治斗争。在发展中国家，非执政共产党的工作重点放在反对新自由主义、维护劳动者利益等方面，在中下层民众中的影响逐步扩大。这些举措虽使其获得了一定的发展，但总体来看，国外共产党仍面临许多问题与挑战。

三　激进左翼对资本主义和社会主义的理解

激进左翼在反资本主义的斗争中，对资本主义和社会主义的诸多问题也进行了丰富的阐释，其中既有共识，也有分歧和论争，如对社会主义的实现形式、社会主义的民族化和国际化等问题的认识并不统一。

中国社会科学院马克思主义研究院吕薇洲研究员对资本主义国家共产党在社会主义

实现形式方面的论争及其影响进行了阐释。金融危机爆发以来，世界各国的共产党对资本主义制度的批判不断深入，在许多问题上都达成了共识。但在社会主义实现形式这一问题上，非但没有形成一致意见，反而分歧更为严重，不仅阻碍了资本主义各国共产党之间的团结与合作，而且大大削弱了一些国家共产党的力量并导致其在谋求执政过程中的失利。之所以产生这种论争，一方面是因为近年来一些通过议会方式获得执政或参政地位的共产党相继遭遇挫折，使议会道路的局限性凸显；另一方面是由于近年来资本主义国家频繁爆发的工人罢工和民众抗议运动，使武装斗争和暴力革命重新受到一些国家共产党的青睐。其实在选择社会主义实现形式上，只要遵循一些共同的原则——共产党人的首要任务是夺取政权，实现由资本主义向社会主义的过渡；共产党人的最终目标是消灭阶级剥削和阶级压迫，最终实现共产主义——至于具体的夺取政权的途径和方式等可以根据本国的具体情况自主选择。

中共中央党校社科部朱可辛教授指出，从历史的角度看，民族化的社会主义似乎是一种必然。然而，从本质上说，社会主义毕竟是一种“国际现象”，而不是“民族现象”。在她看来，社会主义民族化有其理论和实践依据。马克思和列宁对此都有过论述。而列宁领导的俄国社会主义实践和中国特色社会主义的发展也充分表明，只有坚持将马克思主义基本原理同本国具体实际相结合，才能保持马克思主义的强大生命力。但应注意的是，强调“社会主义民族化”，并不是要把社会主义“化”成民族主义——坚持马克思主义的基本原理是“民族化”的边界或底线。社会主义的民族化与社会主义的世界化从来就不是割裂的两个方面，而一直是一个统一的进程——到目前为止的马克思主义发展历程都证明了这一点。

中共中央编译局《当代世界与社会主义》主编许宝友研究员认为，资本主义本身有不可克服的弊端，社会主义作为资本主义的替代是必要和必然的。在这一共识的基础上，对社会主义进行深入分析，需要对以下问题进行深入研讨：社会主义是什么？实现社会主义的动力、主体是什么？走向社会主义的道路是怎样的？社会主义的核心要素是什么？社会主义到底是民族的还是世界的？等等。关于什么是社会主义，马克思主义者认为它是一种生产力模式，而非马克思主义者则认为其是一种非资本主义的社会秩序。他认为，社会主义最终要从民族化走向国际化，社会主义有民族性的东西，但也有共识性的东西，之所以现在是民族化的社会主义，与社会主义的发展阶段有关。

中国社会科学院马克思主义研究院李瑞琴研究员分析了西方学者对待马克思主义态度的转变。《共产党宣言》是马克思主义最重要、影响最深远的经典文献之一，它的问世标志着马克思主义作为成熟的科学理论正式诞生。进入21世纪后，在世界范围内掀起了经久不衰的“马克思热”，而2008年国际金融危机的爆发更是再次印证了《共产党宣言》的正确性。在危机发生后，人们几乎不约而同地从《共产党宣言》《资本论》等马克思的经典文献中寻求解决危机的方法。这些事实都证明，只要人类还没有获得彻底解放，马克思主义的历史使命就没有完成，马克思主义仍然具有当代意义。

四　各国激进左翼政党的发展现状

在对激进左翼政党的总体发展状况进行研讨的基础上，与会学者还对各国主要激进左翼政党的现状进行了分析，其中既包括左翼执政党，也包括非执政的激进左翼政党。

中共中央编译局原副局长李兴耕研究员探讨了俄罗斯共产党的发展阶段。20 多年来，俄共的发展可以分为三个阶段：第一阶段是 1993—1999 年，为俄共的上升阶段。在这一阶段，俄共从最初只有 20%以下的选票上升至最高得票率为 49%，成为杜马的第一大政党，俄共的人数最多时曾达到 50 万人。第二阶段是 2000—2010 年，为俄共的下滑阶段。这一阶段，俄共经历了 7 次内部斗争和分裂，人数由 50 万人降至 2004 年的 24 万人，此后进一步下降，最低时只有 15.1 万人。第三阶段从 2011 年至今，是俄共进行改革转向稳定发展的阶段。这一阶段，不仅人数超过 16 万，而且在 2014 年 4 月俄罗斯第三大城市——新西伯利亚市市长选举中获得胜利。

中联部政策研究室邹国煜研究员分析了希腊左联党面临的问题与挑战。他指出，近年左联党的势力在希腊政坛得到了极大的发展，在 2012 年 5 月至 6 月的两次大选中跃居议会第二大党，在 2014 年 5 月的欧洲议会选举中以 26.58%的得票率赢得 6 个议席。然而左联党仍存在很多问题：一是自身定位不清楚，二是长远战略不明晰，三是左联党由多个不同小党组成，各派从理论纲领到政策方针和具体实施手段、目标等都有很大的不一致，四是缺乏执政经验。到目前为止，左联党并未真正上台执政过。因此，左联党要成为主流政党，还有很长一段路需要走。

中国社会科学院马克思主义研究院潘金娥研究员介绍了越南政治系统面临的问题和挑战，主要来自于党内和党外两个方面。在党内方面：一是思想理论方面的认识还不够统一，在越南政治改革的方向、思想路线、社会主义的一些重要理论问题上都存在分歧；二是党员的政治素质和业务能力不高，且贪污腐败问题严重。就外部而言，主要是国外敌对势力借助“民主人士”煽动“民主改革”，攻击马克思列宁主义；借南方反政府旧势力挑起民族主义情绪；利用少数民族和宗教问题搅乱社会治安。

中共中央编译局政党研究中心刘敏茹副研究员介绍了波兰激进左翼政党的转型与面临的挑战。在波兰，中左翼的“民主左翼联盟”党曾长期占据左翼政党的领导地位，激进左翼政党的政治空间十分有限。与西欧的激进左翼政党相比，波兰激进左翼政党处于急剧变动的社会转型期，因而呈现出转型国家激进左翼政党的一些特点：政党数量少，规模小，分化组合频繁；意识形态定位面临两难困境；对社会的渗透程度极低；宪制框架和选举规则限制激进左翼政党的发展。

云南大学马克思主义学院袁群副教授介绍了尼联共（毛）在 2013 年制宪议会选举中失利的原因。2013 年 11 月，在尼泊尔第二届制宪议会选举中，原尼泊尔第一大党——尼联共（毛）遭遇惨败，沦为第三大党。执政业绩乏善可陈、竞选策略失当、党内腐败现象严重是其败选的直接原因。淡化共产党的特色和性质是其败选的根本原因，印度、美国对尼联共（毛）政策的调整也对其败选产生了重要影响。当前，能否处理好保持党的特色与推进党的转型的关系，是其摆脱困境的关键。

中国社会科学院马克思主义研究院贺钦助理研究员介绍了委内瑞拉统一社会党的情况。该党成立于 2008 年 1 月，是拉美仅次于墨西哥革命制度党的第二大党，也是委内瑞拉的执政党。从 2014 年 4 月至今，统一社会党正在进行第三届全国代表大会的筹备与选举工作。这届对玻利瓦尔革命具有重要历史意义的党代会既面临着丧失革命领袖查韦斯和反革命浪潮持续发酵的双重考验，更面临着反资本主义革命无法回避的终极抉择——改良还是革命？因此，党代会的指向事关委内瑞拉统一社会党和玻利瓦尔革命的未来。目前，经济恶化、阶级冲突和官僚腐败使该党面临空前严峻的执政风险。

中国社会科学院马克思主义研究院陈爱茹副研究员介绍了摩尔多瓦共产党人党（简称摩共）下台后所面临的困境与未来的走势。摩共曾是苏东剧变之后，原苏东地区第一个通过议会斗争道路走上执政舞台的共产党。在2009年7月的提前议会大选中，摩共折戟。其下台的深层次原因是"颜色革命"暗中操纵了摩尔多瓦政局。摩共下台引发了党内分裂浪潮。但从总体来看，摩共依然是一支举足轻重的政治力量，其拥有的共产主义、社会主义思想资源，较稳定的支持率，职业化的领导团队，加入关税一体化带来的机遇，丰富的政治经验等都可以保证其具有政治复活的机会。

中国社会科学院马克思主义研究院李凯旋助理研究员分析了意大利激进左翼的状况。在意大利激进左翼政治领域，影响力较大的政党主要是意大利重建共产党和共产党人党。2008年以来，重建共在大选中遭遇滑铁卢，党员队伍缩减至3.3万人。共产党人党目前有2万左右党员。两党都面临比较严重的生存危机，即有外部因素，又有主观原因。

中国社会科学院马克思主义研究院遇荟助理研究员分析了法国新反资本主义党的特点及其存在的问题。其特点表现为：在革命方式上，强调以暴力革命方式推翻资本主义制度，但并不放弃议会斗争；在领导方式上，不推选党首，采取集体领导。该党存在的问题主要是：党的社会基础不稳定；在联合其他左翼政党或组织的问题上，党内分歧严重，造成分裂，严重削弱了党的力量。

对外经济贸易大学童晋讲师介绍了日本共产党的现状。日共第26次全国代表大会的决议围绕如何捍卫工人阶级利益问题进行了丰富的阐述。在资强社弱的背景下，日共通过对经济危机爆发以来本国面临的现实问题的准确分析，提出了与自民党政府针锋相对的举措和理念以捍卫工人阶级利益。

（原载《马克思主义研究》2014年第8期）

“政治哲学与当代中国”学术研讨会综述

李淑英

由中国人民大学哲学院政治哲学研究中心、《中国人民大学学报》编辑部共同主办的“政治哲学与当代中国”学术研讨会日前在北京召开。来自南开大学、吉林大学、复旦大学、武汉大学、香港中文大学等高校及科研机构的30多位专家学者参加了此次会议，与会学者围绕政治哲学研究对重大现实问题的关注、推动政治哲学在我国的发展，展开了深入研讨。

中国社会已经进入新的转折期，妥善协调各方面利益关系，实现社会公平正义，构建社会主义和谐社会，需要高超的政治智慧，也需要清醒明晰的政治理念。有的学者在文本与现实的互动中挖掘马克思正义理论的思想资源，认为与西方自由主义的正义理论相比，马克思以共同体利益和社会性为指向的正义理论，在分配问题上秉持的平等主义立场，更有助于解析、回答和化解当前我国社会存在的贫富差距过大等问题。有的学者认为，由于在现代社会生活中存在着多重共同体，如公民共同体、合作性共同体和团结性共同体等，因此，在分配问题上应坚持一种多元复合平等和多元性的分配正义原则。有的学者指出，正义应是形式正义和实质正义的结合，它不仅要求适用规则做到“类似的情况类似对待，不同的情况不同对待”，而且要求对规则适用的相似性和差异性进行道德上的追问，追问其是否道德上的“应得”。

在当下我国理论界，有关政治哲学的强势话语显然来自现当代西方政治哲学，对其予以批判性的考察与反思，借鉴吸收其合理的理论成果，对于当代中国马克思主义政治哲学的建构而言是一项必要的工作。针对卡尔·施密特关于政治就是区分敌我的观点，有的学者指出这是一种缺乏思想史和政治史辨析所导致的褊狭结论：从政治思想史的角度看，现代政治思想是一种妥协性的、旨在达成共识的政治思想，并不寻求从辨认敌我出发构想国家的建构与政治的运行；从政治史的角度看，政治也是一种旨在促使利益冲突各方达成政治妥协的行动，而不是一种辨认敌我、扶友损敌、你死我活的全输全赢行径。有的学者辨析了当代西方四种有代表性的分配正义理论——诺奇克的自由至上的正义论、罗尔斯的公平至上的正义论、科恩的平等至上的正义论和德沃金的责任至上的正义论，认为它们都无法成功地解释正义直觉中的两种核心成分——人道和公平。

总之，本次研讨会为马克思主义政治哲学、中国政治哲学、西方政治哲学之间的对话提供了平台。从当代中国的现实问题出发，与会学者或者深入挖掘马克思主义文本资源，拓展马克思主义政治哲学的当代性；或者考察西方政治哲学的源流，辨析当代西方政治哲学各流派在自由、平等、权利等问题上的理论得失；或者梳理中国政治哲学传统，阐释中国传统政治哲学的特质。所有这些，都为提炼符合时代要求的政治理念、建构当代马克思主义政治哲学提供了思想资源和致思范式。

（原载《光明日报》2014年7月30日）

用唯物史观指导全面深化改革

——全国历史唯物主义与全面深化改革理论研讨会综述

杨生平　周雪梅

2014 年 7 月 26 日—27 日，由中国历史唯物主义学会、首都师范大学联合主办，首都师范大学政法学院和马克思主义教育学院承办的“全国历史唯物主义与全面深化改革理论研讨会暨中国历史唯物主义学会第七届会员代表大会”在北京隆重召开。来自中国社会科学院、中央党校、国防大学、北京大学、清华大学、中国人民大学等 70 余所院校和科研单位的专家学者以及《人民日报》《光明日报》和《马克思主义研究》等媒体代表 150 余人出席了本次研讨会。首都师范大学党委书记张雪在开幕式上致辞，北京市委宣传部副部长崔耀中和学会会长、中国社会科学院学部委员李崇富出席开幕式并讲话，首都师范大学纪委书记潘亮主持开幕式。中国社会科学院教授侯惠勤、首都师范大学教授杨生平和武汉大学教授袁银传围绕“历史唯物主义与全面深化改革”这一主题作了大会发言。

张雪在致辞中指出，在全面深化改革的历史时期，加强历史唯物主义研究具有重大意义。他强调，历史唯物主义作为迄今为止科学中的最大成果，其中所蕴含的科学理论思维，正是我们推进全面深化改革迫切需要掌握的看家本领；马克思主义理论工作者在学习、宣传和贯彻党的十八届三中全会精神的同时，要有针对性地提出一系列既有深度又有说服力的学术成果，引领全社会理论学习和社会发展的方向。崔耀中在讲话中肯定了此次研讨会对于贯彻党的十八大和十八届三中全会精神以及推进历史唯物主义学科建设的重要意义，并提出“三个坚持”与历史唯物主义理论工作者共勉：坚持用历史唯物主义指导全面深化改革的社会实践，坚持在全面深化改革的实践中丰富和发展历史唯物主义，坚持人民群众的主体地位，以密切联系群众的优良作风来改进和创新理论研究工作。李崇富在讲话中深刻阐述了我国正在进行的全面深化改革与学习运用历史唯物主义二者之间紧密的内在联系，明确提出了当前我国马克思主义理论工作者的历史职责：要结合我国国情和社会实践，认真学习和深入研究马克思主义哲学，特别是历史唯物主义的基本原理和方法论，为我国全面深化改革和现代化建设提供理论支持和理论服务；要立足于时代和国内社会现实，用马克思主义的立场、观点和方法研究一些全局性、战略性、前瞻性的重大问题，为促进历史唯物主义原理的实践运用和深入发展，为总结实践经验和推进我国体制改革作出应有的贡献。

本次研讨会紧紧围绕进一步深入学习贯彻党的十八届三中全会精神和习近平总书记系列重要讲话精神，围绕“如何用历史唯物主义指导全面深化改革”“如何在全面深化改革中运用、坚持和发展历史唯物主义”等理论和现实问题展开了深入研讨，并达成了一些共识，形成了一些重要成果。

一 正确理解历史唯物主义的科学内涵

与会者一致认为，只有正确把握历史唯物主义的科学内涵才能充分发挥历史唯物主义在全面深化改革中的指导作用，因此，如何在新的历史时期建设性解读历史唯物主义、正确把握其科学内涵成为本次研讨会的焦点论题之一。与会者立足社会现实，从各自的工作和生活实践出发，对历史唯物主义的一些基本理论进行了研讨和交流。

1. 关于历史唯物主义中“物”的阐释

历史唯物主义是马克思主义哲学对人类哲学思想的重要贡献。与会者认为，只有正确把握历史唯物主义的科学内涵，才能真正把握马克思主义哲学的精髓。这就需要对历史唯物主义之“物”进一步深化认识，作出新的理解。安徽大学教授吴学琴认为，历史唯物主义之“物”对马克思主义哲学具有基础性地位，但目前学界对此有不同解读：有的学者将其解读为“社会存在”，并认为社会存在由于与社会意识的对立并优先于社会意识，从而使马克思主义理论成为“唯物主义”；有的学者认为，唯物主义的“物”具有不同的形态，可指具体的“事物”，亦可指“社会存在物”，它们在本质上是一致的。首都师范大学副教授李怀涛则认为，马克思更多的是从社会生活的意义上讨论“物”，“物”是一种关系的生成，应该强调其当下性。侯惠勤指出，历史唯物主义的“物”不是定型的、静止的、自然物质的“物”，它是具有规律性、过程性、关系性和现实性的“物”；马克思主义哲学的“第一特征”是唯物主义，唯物主义注重的是客观实际第一，客观规律第一。他强调，我们应该从这一层面去把握历史唯物主义的“物”，它是以人的感性活动为基础的，是具有直接现实性、客观实在性、历史必然性和规律性的关系范畴。

2. 关于建设性解读历史唯物主义的基本原理

与会者一致认为，马克思主义哲学是一个有机联系的整体，对历史唯物主义的基本原理研究应该进行系统性、现实性和建设性的解读。

华中科技大学教授刘家俊认为，现阶段对历史唯物主义的解读存在很多争论和分歧，甚至出现了一种危险的、企图颠覆唯物主义的倾向，颠覆了唯物史观就颠覆了马克思主义。他认为，在全面深化改革的新时期，历史唯物主义理论工作者尤其是高校一线教师和研究者，要担负起培养马克思主义下一代的重任，要对唯物史观进行一种系统的、通俗易懂的、建设性阐发，并用“一个发展根源”“两对基本矛盾”“三个方面的内容”“四位一体”“五种社会形态”“六种推动力”对唯物史观进行系统归纳。中国社会科学院副研究员钟君认为，全面深化改革时期，我们要研究历史唯物主义的作用和意义，要用形而上的马克思主义重要观点和方法研究现实问题，研究话语权变革下的意识形态斗争，当前要特别关注日常生活中意识形态问题的研究。国防大学教授林建公强调，历史唯物主义实现了“四个转变”：由精神为主体转到以物质为主体、由精神互动为主题转到物质互动为主题、从英雄史观转为人民史观、从为少数人谋利益转为为多数人谋利益，并从“民族复兴观、群众至上观、国家安全观、全面改革观、实干兴邦观”五个方面系统阐发了习近平总书记对历史唯物主义的哲学创新。国防大学教授许志功指出，全面深化改革的目标是完善和发展中国特色社会主义制度，我们要站在社会发展和国家安全的高度研究社会矛盾、权力腐败、环境污染、两极分化和可持续发展等问题，要站在全面深化改革带来的新机遇、新挑战的高度来研究与解读历史唯物主义的基本原理和方法论，为全面深化改革出主意、想办法、提建议。

二　准确把握全面深化改革的精神实质

与会者一致认为，全面深化改革是社会主义社会基本矛盾运动的必然规律，是应对改革进入“深水区”“攻坚期”阶段挑战的必然选择，是实现中华民族伟大复兴的必由之路。与会者紧紧围绕全面深化改革的重大理论与实践问题行了阐述、探讨和交流，对全面深化改革的精神实质达成了共识。

1. 关于如何推进全面深化改革的实践

李崇富指出，认识和推动全面深化改革要坚持两点论，要用马克思主义“一分为二”的观点观察并解决现实中的问题。他强调，社会主义市场经济要交替使用“市场的调节作用”和“政府的调控作用”两种手段，要坚持“公有制经济为主体”和“实现共同富裕”两条重要原则。中国社会科学院研究员金民卿认为，推进全面深化改革的实践要坚持自主性改革，反对依附性改革，20 世纪 80 年代以来，这两种改革观的争论实际上是争夺改革指导权的问题。他指出，在全面深化改革的实践中，我们必须要有独立性和自主性的改革主体、改革目标和改革决策。

2. 关于如何把握全面深化改革的正确方向

中国人民大学教授郝立新从“怎样看待改革的成就”和“改革怎么改”两个方面探讨了改革的方向问题。他认为，怎样看待改革的成就是一个非常复杂的命题，我们要用历史唯物主义的立场、观点和方法去分析、研究，要正确认识改革取得的巨大成就和存在的一些问题；中国在改革开放中前进，这种前进不是在单项工作中的前进，而是一种复杂、合理的前进。他批驳了“中国经济成功就是资本主义成功”的论断，强调了中国经济的成功是社会主义的成功，是中国特色社会主义道路的成功。山西大学教授王劲民认为，认识改革就要注意、分析和认识国际和国内的背景，关注当今全球化大背景的影响，不能简单地用过去的方法解决今天的问题，必须坚持改革的正确方向。中央党校教授赵理文认为，我们要从社会基本矛盾和原理出发来理解全面深化改革的科学内涵和精神实质，对于生产力和生产关系的变化要作更加深入和更加具体的研究与分析，要从制度、体制、机制的区分来理解全面深化改革，改革不是改制度，相反，改革一定要坚持社会主义制度。

3. 关于如何坚持和培育社会主义核心价值观

社会主义核心价值观应是中国特色社会主义发展阶段共同的价值追求和价值共识。与会者从不同的视角对如何坚持和培育社会主义核心价值观展开了热烈交流。

侯惠勤从正确把握社会主义核心价值观的精神实质、注重社会主义核心价值观的培育和看清普世价值与客观真理争论的实质等方面，阐述了坚持和培育社会主义核心价值观的现实路径。袁银传通过对当代资本主义核心价值观的评析，认为资本主义核心价值观是建立在资本主义经济基础和政治法律制度之上的意识形态，其目的是维护资本主义的经济基础和政治法律制度，整合资本主义国家人们的价值信仰，从而揭示了资本主义核心价值观表面（自由、民主、平等、博爱）背后的实质。华东师范大学教授商孝才认为，全面深化改革的一个重要目标就是要建设包括文化强国在内的社会主义现代化强国，要建设社会主义文化强国，就要坚持马克思主义的指导地位，自觉抵制各种错误思潮，坚定全面深化改革的中国特色社会主义方向。华中师范大学教授林剑认为，我们要厘清传统文化、西方文化的实质内容，坚持社会主义先进文化的前进方向，为中国崛起提供文化支撑；要注重基础理论研究，从历史唯物主义的立场、观点来解读中国梦，推进改革，加强马克思主义的话语权。安徽大学教授王孝哲提出了“社会主义核心价值观建设重在践行”的问题，认为全国人民都应该成为积极践行社会主义核心价值观的行为主体要重点抓领导干部、公务员和企事业单位领导和管理者的践行问题。南京政治学院上海分院副教授邹安乐认为，培育和践行社会主义核心价值观要遵循科学性、实践性和创新性三个方法论原则。北京第二外国语学院教授杨富斌通过对“法治”和“法治思维”的概念辨析，解读了社会主义核心价值观中的“法治”思想，认为法治思维之“法治”并不排斥民主，“法治思维”并不完全等同于“法律思维”，它同道德思维和政治思维也不相互排斥，相反它们相辅相成，都是社会治理的重要手段。首都师范大学教授冯卓然认为，社会主义核心价值观建设重在消除党变的危险性，他创新性地提出了党魂、党基、党骨和党风等的重要性问题。

三　充分发挥历史唯物主义在全面深化改革中的指导作用

在全面深化改革的新时期，如何直面当代现实，如何认识和解决当下存在的两极分化、生态破坏、权力腐败等问题，在社会主义市场经济基础上，如何坚持社会主义道路，怎么坚持全面深化改革，怎样用历史唯物主义认识、研究当代现实，也就是说，如何用唯物史观的立场、观点、方法指导全面深化改革，成为本次研讨会讨论的重要论题。

1. 如何用唯物史观的立场、观点、方法认识当代现实

许志功提出了全面深化改革三个方面的方法论思考：一是尊重规律，不断探索适合我国国情及我国发展阶段性特点的改革思路；二是尊重群众，努力凝聚推进改革的强大力量；三是尊重创造，努力在全面深化改革中积淀国家发展的后劲。复旦大学教授孙承叔认为，历史唯物主义研究不能离开现实关照，当前中国发展面临的关键问题是“如何解决市场经济基础上的社会主义道路问题”，市场经济条件下的社会主义建设在本质上是社会主义政治体制的建设，应从“市民社会”和“人类社会”两种视角观察、分析并解决这些问题。黑龙江社会主义学院教授祝福恩认为，历史唯物主义研究应关注现实问题，研究现实问题，应由理论热点研究转向现实热点问题研究，应从抽象理论研究回到十八届三中全会关注的现实问题上，在全面深化改革的伟大实践中要处理好“资本、市场、国家”三者关系。江西科技师范大学教授郭杰忠认为，改革和发展问题必须坚持历史唯物主义，全面深化改革应警惕唯心主义、自由主义等错误思潮的泛滥。

2. 如何用唯物史观的立场、观点、方法指导当代现实

与会者紧紧围绕“历史唯物主义理论如何深入到现实”“历史唯物主义如何与全面深化改革结合”“如何运用历史唯物主义中的阶级分析方法研究改革进程中的阶级问题和阶级现象”等议题展开讨论并达成共识。他们一致认为，历史唯物主义理论研究要深入现实、分析现实、看到现实的本质，要在理论和实践两个方面为顶层设计提供指导性意见。

郝立新认为，当前理论工作者肩负两个重任：一是加强历史唯物主义理论的当代研究，推进本学科的发展；二是加强实践研究，推动全面深化改革的进程，发挥历史唯物主义对全面深化改革的指导作用，把改革落到实处、落在实地。上海师范大学教授高惠珠认为，要注重历史唯物主义的理论研究，用历史唯物主义的基本原理和方法论去指导全面深化改革，在全面深化改革中发展马克思主义，并提出全面深化改革时期应该关注和研究四大问题：以权谋私、执政党建设、青少年教育和环境（社会环境和制度环境）问题。国防大学研究员昝瑞礼认为，历史唯物主义所蕴含的科学理论思维，正是我们推进全面深化改革迫切需要掌握的看家本领，以确立战略思维谋划全面深化改革全局，以确立创新思维开拓全面深化改革的新局面，以确立辩证思维推进全面深化改革，以确立系统思维把握全面深化改革复杂的系统工程，以确立法治思维确保在法制轨道上推进全面深化改革，以确立底线思维增强忧患意识，积极推进全面深化改革化险为夷、转危为安，真正把提高我们的科学理论思维能力作为当前需要解决的首要问题。中共山西省委党校教授潘峰认为，在全面深化改革的新时期，我们要加强马克思主义基本原理特别是历史唯物主义基本原理的学习、研究和运用，努力打造我们的“看家本领”，并从“担当使命、增强紧迫感”“有的放矢、抓住着力点”“遵循正途、下足真功夫”三个主要方面阐述了如何努力打造这一“看家本领”的现实路径。

福建师范大学教授李建平认为，全面深化改革中，历史唯物主义研究应该关注和直面两大现实问题，即按劳分配问题和生产方式问题；既要防止商品生产的不足，又要防止市场化和商品化过度，应考虑健康需要、安全需要和生态需要。福建师范大学教授陈永森认为，一方面，历史唯物主义研究应关注现实中生产和消费所带来的各种废弃物，关注美丽乡村、美丽中国的建设所提出的生态环境问题；另一方面，历史唯物主义研究又要从理论上关注生态马克思主义理论研究，要以历史唯物主义的立场、观点和方法去阐发生态马克思主义理论对推进我国生态文明研究的价值和意义。中国社会科学院研究员冯颜利认为，我们要从哲学角度来思考历史唯物主义与全面深化改革问题，思考坚持走社会主义道路的现实意义和世界价值；应将解决公平正义问题作为全面深化改革的出发点和落脚点，既要关注程序正义也应关注实质正义。空军指挥学院教授尚金锁认为，历史唯物主义是研究人类社会发展和社会基本规律最具科学性的理论，因此，全面深化改革的伟大实践必须始终不渝地坚持马克思主义指导，坚持历史唯物主义的立场、观点和方法，运用历史唯物主义的基本原理和方法研究现实问题，提出解决方法。山西省委党校教授马原生认为，要狠抓理想信念教育，树立共产党员正确的理想信念观；这种教育不能停留于抽象、泛泛和笼统，需要进一步深化，要由朴素的感性的理想信念观上升到理性的层面，要用马克思主义的科学理论（特别是历史唯物主义）武装党员的头脑。湖北工业大学教授魏忠明认为，全面深化改革时期，要重视理想信念、正确把握社会主义核心价值观的科学内涵和大学生价值观教育等问题。天津师范大学教授郝贵生认为，在全面深化改革过程中，要高度重视改革进程中出现的新的阶级问题和阶级现象，要明确阶级斗争理论在马克思主义哲学中的地位和作用，用马克思主义的阶级斗争理论认识现实问题，要用阶级分析方法研究权力腐败等问题。

四 在全面深化改革中坚持和发展历史唯物主义

坚持用历史唯物主义指导全面深化改革，但必须反对历史唯物主义的教条化。因此，坚持历史唯物主义的指导，不仅要牢牢把握历史唯物主义的精神实质，还需要在全面深化改革中正确运用历史唯物主义，科学发展历史唯物主义。

杨生平从历史唯物主义与全面深化改革紧密结合的思路出发，从方法论上系统阐述了推进中国特色社会主义理论创新的世界视角和中国视角，提出目前进一步推进中国特色社会主义理论创新迫切需要解决的三个问题：一是以中国特色社会主义理论回答并解决当前国际国内重大问题，形成话语权和意识形态影响力；二是用中国特色社会主义理论使社会主义制度更加完善，让社会主义制度充满活力，更有魅力；三是以中国特色社会主义理论使中国人民生活得更加幸福，更有尊严。华东师范大学教授郑忆石认为，“文化意识”是当代中国马克思主义哲学研究的知识谱系，也是当代中国马克思主义哲学走向世界的前提；我们要正确认识和处理“现实”与“历史”的关系，反对简单将传统文化与马克思主义对立起来的错误倾向，在传承和创新民族哲学文化传统的同时，要避免文化意识上的虚无主义、激进主义、复古主义和保守主义。内蒙古行政学院教授徐永平认为，历史唯物主义研究应结合时代变化，在时代发展中得以发展，全面深化改革要以辩证思维谋划改革，要以辩证思维指导改革，统筹国内国际两个大局。厦门大学教授张有奎认为，中国道路不是泛指“中国的道路”，而是特指改革开放以来形成和发展起来的中国特色社会主义道路，它的实质在于探索后发国家的现代化道路，即不同于西方资本主义现代化模式的新型现代化道路，中国道路的深层理论基础是马克思主义特别是唯物史观中的历史统一性和多样性辩证关系等学说。湖南省委党校教授覃正爱认为，全面深化改革时期重谈历史唯物主义是要在复杂的历史背景下，为我们的改革找到理论的依据和思想的武器，习近平关于全面深化改革理论是历史唯物主义在中国的新发展。中国社会科学院博士刘洋认为，中国梦的实现是为了人民也依靠人民，强调了历史唯物主义的群众史观；同时，中国梦是以走中国特色社会主义道路为其实现路径的，不仅深刻体现了历史唯物主义的精髓，更体现了在全面深化改革的实践中，正确运用和发展历史唯物主义的精神实质。汕头大学教授程家明提出，改革的核心就是坚持马克思主义指导思想，改革不能只谈经济不重精神，应把经济建设与精神、思维建设统一起来。中国科学技术大学教授吴兆雪认为，在思想多元化的历史条件下，如何巩固马克思主义的指导地位始终是建设中国特色社会主义伟大实践中的一个至关重要的问题，从各级执政骨干、社会知识精英到宣传文化工作者，再到普通大众，必须共同构成一个几乎涉及所有成员践行社会主义核心价值观的实践主体。北京市委党校教授袁吉富提出了“唯物史观在什么意义上对全面深化改革起指导作用”和“如何用理论创新引领改革”的问题，认为我们要正确对待唯物史观创新中的“价值立场”和“思维立场”等问题。

五 马克思主义理论工作者的责任和使命

与会者一致认为，既要坚持以历史唯物主义来指导全面深化改革，又要在全面深化改革的历史进程中进一步丰富和发展历史唯物主义，这是我们广大理论工作者的历史使命。

林剑认为，实践问题归根结底是理论问题，全面深化改革的实践离不开历史唯物主义理论的指导，马克思主义理论工作者要注意自身存在的问题，加强理论基本功的修炼，增强学习和运用历史唯物主义理论的自觉、自信、自强。南京晓庄学院教授李生峰提出，理论工作者要树立三个自信，在学习、运用和发展历史唯物主义方面努力作出自己的贡献。郭杰忠认为，历史唯物主义学者应站在历史高度关注现实重大问题，要用历史唯物主义的方法和思维从本质上认识和研究现实问题，历史唯物主义学会向来关注现实，理论工作者应在把握国家层面的重大理论与现实问题的同时根据个人专业对之进行独立思考和研究。北京语言大学教授郑承军认为，在历史虚无主义盛行的背景下重提“历史唯物主义与全面深化改革”这一主题是理论和实践发展的共同需要，历史唯物主义理论揭示的是不以任何个人意志为转移的客观规律，应用客观历史规律去攻克历史虚无主义。上海财经大学教授刘光峰认为，作为理论工作者要不断增强问题意识和理论自觉，努力研究和回答当今时代的重大现实问题，不能将作为真理的马克思主义束之高阁，要使之落地，更好地与现实相结合。

最后，作为新一届中国历史唯物主义学会会长，侯惠勤教授对大会进行了全面而有深度的总结，并对马克思主义理论工作者提出要求和希望。他要求马克思主义理论工作者加强马克思主义原著的学习和研读，认认真真地读懂马克思主义的精神实质，增强看家本领，为中国特色社会主义建设提供理论支持，希望与会同志在今后工作中做到“知”“行”统一，注重研究方法。他强调，作为马克思主义理论工作者，我们要努力做到知识、信仰、行动一致，理论联系实际，不搞空洞教条。他认为，中国社会是一个不同于西方发达国家的异质化社会，发展具有不平衡性，因此，不能完全按照西方的数据和模式来分析和研究我们的现实问题，理论工作者一定要脚踏实地地了解中国的实际情况，提出适合国情的创新性理论。

会议期间，召开了中国历史唯物主义学会第七届会员代表大会，选举产生了新一届学会理事、常务理事、秘书长、副会长和会长。

（原载《马克思主义研究》2014 年第 8 期）

运用马克思主义经济理论探讨深化改革问题

——全国高等财经院校《资本论》研究会第31届学术年会综述

冯江茹　岳双喜

全国高等财经院校《资本论》研究会第31届学术年会于2014年7月26日至30日在山西大学商务学院顺利召开并取得了圆满成功。来自首都经贸大学、武汉大学、西南财经大学、吉林大学等全国30余所高等院校和《经济学动态》《经济学家》《当代经济研究》等杂志社的专家学者以及各宣传、社科、新闻、金融等系统的同行和企业界代表150余人出席了这一全国经济学界的学术盛会。本次学术讨论会的主题是："贯彻党的十八届三中全会精神，运用《资本论》的有关原理，探讨深化改革的方式、路线及重点难点问题。"与会学者围绕马克思主义基本理论、政府与市场的关系、国有企业改革与混合所有制经济、农村土地制度改革、粮食安全、城镇化等经济热点问题展示了丰富的成果并进行了热烈研讨。

一　马克思主义基本理论的教学研究与理论运用

吉林财经大学副校长丁堡骏教授在大会致辞中，强调高等学校经济学教学和研究必须坚持马克思主义的指导地位。他指出目前我国高等学校经济学教学在一定范围内出现了背离以马克思主义为指导的正确方向的问题。他希望来自全国的专家学者要发扬马克思《资本论》政治经济学批判的批判精神，对现代西方经济学的形形色色理论进行批判。理论批判不是简单的"打倒"和简单的"骂倒"一切，而是要以理服人，要深入分析西方资产阶级经济学，取其精华弃其糟粕。当然，这里有一个基本的世界观和方法论问题，需要专家学者做深入细致的理论研究工作和思想工作。

《当代经济研究》编辑部主任胡岳岷教授认为，现在的学者不都是真正的马克思主义者。他主张从文本上研究马克思主义理论，且不能受西方经济学的负面影响。中国经济学应建立中国气派、中国话语权的体系。经济学体系的完善在于经济理论的创新，并强调学术研究要脱离文件的影响。南京财经大学张圣兵教授认为，关于构建中国经济学，要掌控话语权，要凸显马克思主义经济学的理论张力，注意区分导向、内核与补充、借鉴问题。江西财经大学罗雄飞教授强调基础理论研究，主张马克思经济学的主体地位。他指出西方马克思主义与中国马克思主义有着本质的区别，西方马克思主义重形式辩护，具有形而上学的特征。与此同时，他倡导要从原著正确地解读马克思主义。

湖南商学院刘天祥教授认为，马克思经济学对流通领域解释乏力，研究不够完善。商业资本的发展在促进流通领域的发展中具有重要的意义，商业资本循环运动是在产业优势升级中完成的。流通在马克思主义经济学的中心地位不明确，应该加强该领域研究。中南财经政法大学程启智教授认为，马克思生产关系的所有制理论不宜担当从计划经济体制向市场经济体制转型的理论支持，但他的生产关系依赖理论，由于研究的是人们的交往与合作关系及其秩序问题而与现代制度经济学研究的对象正相契合，所以，以生产关系依赖理论为范式而创立马克思主义制度经济学，可为中国制度变迁树立起马克思主义理论自信。河南财经政法大学崔朝栋教授探讨了马克思按生产要素分配理论及其现实意义。他指出，按生产要素分配是马克思分配理论的重要组成部分，马克思按生产要素分配理论比西方经济学的按生产要素分配理论更为科学。马克思按劳分配的精髓和实质就是按劳动要素的贡献分配。马克思按生产要素分配理论的主要特点是强调劳动要素的主导作用，强调按劳分配。他强调我国应坚持按劳分配的主体地位。

内蒙古财经大学韩鹏教授研究了资本增殖的有限性及对我国深化改革的启示。他主张在立足我国社会主义制度的基本框架内，发挥资本的积极作用，合理有效地促进我国财富最大限度地持续性涌流，是不断发展和完善社会经济体制，积极推行改革的内在要求。这要求在遵循资本增殖性基础上，要认识到资本增殖的客观有限性。应确立合理的经济增长速度，规制资本无限增殖欲望带来的负面影响，企业应遵循这一规律，依法经营，保障企业可持续发展。

南京财经大学钱书法教授探讨了在国际贸易的等价交换中是否存在“剥削”和价值转移问题。他通过建立适当的理论模型，在劳动价值论的基础上，阐明了公平的国际贸易的内涵——国与国之间的劳动生产率比例决定国际贸易中的产品交换比例，以及衡量贸易公平的标准——R（国与国之间的劳动生产率比例）的大小与实际国际贸易中产品交换比例所反映的劳动时间交换比例大小的比较。同时他指出，一个发达国家在劳动生产率提升较快的部门和产业中的劳动力数量越多，它的劳动生产率与不发达国家相比的比例就越大，在国际贸易中就越是能用较少的本国价值去交换较多的别国价值。

二　政府与市场的关系及其定位

政府与市场的关系是社会发展关注的焦点。市场经济在发挥其作用的同时，会出现市场失灵。针对市场失灵现象，政府企图通过干预弥补市场失灵，但是政府有所能有所不能，政府干预也存在缺陷。因此，研究政府与市场的关系及其定位有着至关重要的意义。

党的十八届三中全会提出：“经济体制改革是全面深化改革的重点，核心问题是处理好政府和市场的关系，使市场在资源配置中从起决定性作用和更好发挥政府作用。”四川师范大学校长丁任重教授认为，使市场在资源配置中起基础性作用到决定性作用的转变是一个认识上的重大突破。他指出，使市场在资源配置中起决定性作用，是马克思主义中国化的新成果，是我国经济体制改革的新趋向，是社会主义现代化建设的新指南。

淮北师范大学张作云教授认为，中国改革应反对自由主义。在改革进程中，应处理好政府与市场的关系。他指出，市场具有促进效率和资源配置的优势，但其局限性体现在滞后性、外部性、社会不公平等方面。因此，政府调控在改革中是至关重要的。他主张宏观调控与中观规制相结合，并强调应坚持马克思主义市场调节理论，批判地吸收西方市场经济理论。

三 国有企业改革与混合所有制经济

（一）国有企业改革

国有企业改革是一个“摸着石头过河”的“试错”过程，是中央推动与地方实践上下结合的产物，本质上是生产力与生产关系的相互作用，符合建设社会主义市场经济的客观需要。关于国有企业改革，丁堡骏教授强调习近平同志关于国有企业深化改革在凤凰涅槃中浴火重生的论断，从总体上肯定国有企业的发展方向，肯定国有经济在中国特色社会主义经济中的重要地位，这是对中国特色社会主义建设，也是对国际共产主义运动所作出的新的理论贡献。他认为，公有制作为社会生产关系的主体，生产资料所有制必须要在生产、分配、交换和消费的各个环节中得到体现和运用，否则，我们对生产资料所有制的认识，就会陷入形而上学和法学幻想之中。苏东剧变源于对生产资料公有制的形而上学和法学幻想。中国特色社会主义如果说存在着潜在的复辟资本主义的危险，那么这种危险的根源也在于此。他强调国有企业改革，关键在于如何为广大劳动人民群众构建一种能够以主人的身份参加劳动和分配产品的新型劳动关系。

西南财经大学王朝明教授提出了目前国有企业改革的几个关键性问题：（1）如何防止国有资产再次大量流失；（2）竞争性领域国有企业的进与退，混合所有制究竟怎样“混”；（3）如何科学把握反垄断问题；（4）如何正确认识加强反腐败与深化国有企业改革的关系。

南京财经大学王云中教授研究了国有企业的垄断问题。他认为目前我国国有垄断企业的垄断类型主要为自然垄断和少量的行政垄断，大多数垄断主要表现为由规模经济和较高的市场集中度所带来的客观上的进入壁垒和控制价格，而不是人为地设置进入壁垒和提高价格。所以，我国国有企业中的垄断基本上表现为具有积极作用的合理的适当垄断。

（二）混合所有制经济

党的十八届三中全会通过的《关于全面深化改革若干重大问题的决定》提出，“要积极发展混合所有制经济”“混合所有制是我国基本经济制度的重要实现形式”。关于混合所有制经济，南京财经大学张圣兵教授认为要持有正确的发展观，必须坚持公有制经济为主导。淮北师范大学张作云教授认为发展混合所有制经济应以公有制经济为基础，主张商品经济与市场经济是有区别的。

四 “三农”问题与土地确权和粮食安全

（一）“三农”问题

“三农”问题历来是政界和学界研究的热点和焦点。山东财经大学彭留英副教授对农业综合生产能力评价及提升策略问题提出了自己的看法。她认为，中国农业“大而弱”，“三农”问题是我国经济社会发展的重大问题之一，2004—2014 年连续 11 年的中央一号文件均围绕“三农”问题。她提到，解决农业问题，不能单靠工业反哺，必须要加强农业自身发展。农业作为国民经济基础产业和天生弱质产业，应加强综合生产能力提升工作。天津商业大学吕明元教授从产业经济学的角度，阐述了他对产业竞争力的认识，并强调应该从产业竞争力的角度进一步加强农业竞争力研究。

长期以来，“谁来种地”的问题并没有引起学术界的广泛关注和重视，而江西财经大学康静萍教授认为，农村人口“空心化”引致的“谁来种地”问题已经相当严重，以至于被提上2013年底的中央农村经济工作会议。她在对江西省农村进行深入调查的基础上，提出了破解未来“谁来种地”困局的可选择路径：进行土地制度改革创新，实现规模经营，以提高农民收入；完善农村公共品的供给体系，以留住年轻农民种地；把农业工人纳入劳动管理范围，培养新型的职业农民。

西南财经大学程民选教授研究了四川省的农村产权制度改革问题。他通过对安徽宿州的实地调研，发现农村的土地撂荒问题非常严重，而要解决这个问题，必须实现规模化种植，具体可以采用托管的方式。江西财经大学彭新万教授用新制度经济学来研究农村问题，并认为解决农村问题的关键是要改革农村户籍制度。山西大学商务学院武丽娟主要研究了农村新型金融机构的配置问题，认为目前农村金融机构服务三农的效果很差，并进一步探讨了改进的对策。淮北师范大学段学慧教授认为农村集体经济对于现阶段解决“三农”问题仍有重要作用，应充分发挥集体经济的作用。

南京财经大学张士杰副教授指出，2014年7月24日习近平在中华全国供销合作总社成立60周年大会上的讲话提出：“中国的合作社要改革成为农业现代化、城乡一体化的综合平台。”合作社为什么要改革？是因为目前合作社的困境：脱离农民群众，非劳动者的自治组织，背离经典合作制度原则。要改革，必须找到病因。病因是：合作社自从西方传入中国就出现了问题。合作社在西方是民众为改变自身经济地位而发起的一种自下而上的自治经济组织。五四时期传入中国后，合作社成为政府为实现自身政治目标，通过自上而下强力推行的一种社会经济政策工具，农民“被合作”，合作社被异化了。所以，合作经济要发展，就必须发挥农民的主体性、创造性，使之成为农业现代化的好的平台。

广东财经大学李晓燕副教授将广东省佛山市南海区进行的以“政经分离”为重点的农村综合改革作为实践基础，探究了农村社会治理改革问题。她认为确立社会协同治理模式是当代中国推进社会建设持续健康发展的现实选择。面对日益复杂的现代社会，政府越来越无法再靠唱“独角戏”来实现治理目标，因此，必须依靠社会协同治理。政府主导是社会协同治理的基本方式。同时提出南海农村“政经分离”制度设计中存在的问题主要聚焦在以下几个方面：（1）政经是否真正实现了彻底分离？（2）集体经济支持不足，农村公共服务如何维持？（3）集体经济组织管理是否健全？（4）增加集体经济组织发展活力的理想模式是什么？

江西农业大学林孝丽副教授在研究农民增收问题时提到要挖掘“涉农产业”的潜力，并指出涉农产业的核心点是以农业为核心的前向产业和后向产业，应不断培育与完善涉农产业系统，推动现代农业发展。同时提出要在政府给予一定扶持政策的条件下让农户参与涉农产业链的价值分配，以增加农民收入。西安石油大学王君萍教授研究的是西部农民消费问题，主张要开发他们的消费潜能。加大新农村建设投资支农力度，提高农民收入；突出新农村建设投资支出重点，改善农村消费环境；运用财政和金融手段，适度发展农村消费信贷；运用财政手段，完善农村社会保障；更新农村居民的消费观念。

（二）土地确权和粮食安全

自党的十八届三中全会召开以来，农村土地的确权流转问题成为全国关注的焦点。兰州商学院张存刚教授认为我国农村土地的确权流转存在以下问题：土地流转速度仍然缓慢；农村金融、保险支持力度不够；存在粮食安全问题的威胁；农民的流转土地地位、预期收益得不到保障；影响了农村的稳定性。在谈到土地确权有可能会威胁到粮食安全时，他指出农村土地的承包经营权流转以后，由于粮价不高和农业生产资料不断涨价等众多原因，许多承包户可能不会选择种粮食，而改为种经济作物等，导致“非粮化”倾向加重。此外，部分流转土地还有“非农化”现象，即工商企业大规模租赁农地，而不从事农业活动。为此，他建议要抑制“非粮化”，就要解决好种粮效益低的问题；要制止“非农化”就要落实好法律的规定，坚持用途管制，严禁破坏、污染、撂荒耕地，严禁借土地流转之名搞“非农”建设。

《当代经济研究》编辑部主任胡岳岷教授认为中国粮食安全中的农民问题是“三农”中的根本问题。《河北经贸大学学报》编辑部张增强教授认为政府应发挥积极作用，来鼓励农民种粮。

五　关于劳动价值论

劳动价值论是马克思主义政治经济学的理论基础，也是整个马克思主义理论体系的重要理论基础。自江泽民在庆祝建党 80 周年讲话中提出“结合新的实际，深化对社会主义社会劳动和劳动价值论的研究和认识”以来，关于马克思劳动价值论的争论已历经十余年。《经济学家》编辑部蒋南平教授对关于劳动价值论的争论进行了分析。他认为，把马克思的劳动价值论等同于亚当·斯密等古典学派的劳动价值论是不合适的。马克思的劳动价值论是对古典经济学的扬弃；引入科技进步，研究、发展劳动价值论是可取的，但不能以此否定劳动价值论的科学性，马克思的劳动价值论、马克思的政治经济学本身就是科学的。关于马克思经济学的研究方法，他指出，马克思的经济学中本身就有量的分析，试图用纯数学来研究劳动价值论，不一定可取；每门学科都有自己的研究领域，马克思的政治经济学研究的对象主要的还是生产关系，这和西方经济学不同，具体论的方法不一定适用。

南京财经大学刘志国教授认为，生产要素共同参与劳动过程，但只有劳动才创造价值，要素价值论背离了马克思的经济学。劳动创造价值，而土地、资本、技术等要素创造的是产值，创造的是 GDP。南京财经大学张圣兵教授认为按要素分配是可以允许的，但不能成为主体地位。山东财经大学董长瑞教授认为，关于劳动价值论的争论，在很大程度上是因为大家讨论问题的概念不统一。没有统一的“价值”概念，关于劳动价值论的讨论，就没有一个共同的平台，才会出现众说纷纭。

六　收入分配与城镇化

（一）收入分配

社会生产总过程的生产、分配、交换、消费四个环节是相互联系、相互制约的，生产决定分配、分配又反过来影响生产。而当前我国又面临着收入分配不合理的现状，研究收入分配问题有着重要的现实意义。湖南商学院刘乐山教授认为，解决收入差距过大问题的关键是要弄清楚导致居民收入差距的原因。《资本论》中的劳资地位不同论、劳动力价值决定论、复杂劳动比简单劳动创造更多价值论、第二种含义的社会必要劳动时间理论、生息资本和利息理论，能够有力地解释市场经济条件下居民收入差距产生的原因，对正确引导居民接纳合理的收入差距、采取恰当措施调节过大的收入差距具有当代价值。

南京财经大学刘志国副教授认为，当代资本主义从20世纪80年代以后收入差距扩大，不能仅仅用技术变迁等因素来解释。金融化恶化了收入分配状况，使收入差距扩大。金融化导致的不平等引起投资与消费不足，并可能引发严重的金融危机。我国制度改革过程中，必须注意金融化对收入分配可能产生的冲击。

（二）城镇化

城镇化近年来一直被看作是提升我国内需的最大潜力，也是未来改革发展的最大红利。陕西师范大学孔祥利教授提出，在中国的城镇化发展过程中，应该让农民带着恒产进城，农民的恒产包括农村的集体经济财产和收益、农民的承包地、宅基地及房产；让农民工与城里人一样消费，农民市民化的关键是消费方式城市化；让中等城市成为农业转移人口的吸纳主体。

南京财经大学钱书法教授认为，城市化的农村就是城镇化，应该充分运用农村合作组织这一平台，发展城镇化。山东财经大学董长瑞教授认为，就地城镇化是中国城镇化的现实选择，而科技进步使就地城镇化成为可能。

（原载《中共山西省委党校学报》2014年第5期）

党的十八大以来中国特色社会主义新发展

——深入学习研究习近平总书记系列讲话精神研讨会综述

张　源　郭　强

2014 年 8 月 2 日至 3 日，中国科学社会主义学会年会暨“党的十八大以来中国特色社会主义新发展——深入学习研究习近平总书记系列讲话精神研讨会”在西宁举行。会议由中国科学社会主义学会、中共中央党校科学社会主义教研部、中共青海省委党校共同主办。中共中央委员、中共中央文献研究室主任、中国科学社会主义学会会长冷溶，中共青海省委副书记、省委党校校长王建军，青海省委常委、宣传部长吉狄马加出席开幕式，冷溶、王建军分别致辞。开幕式后，冷溶作主题报告。全国政协委员、中央党校副教育长兼科社部主任、中国科学社会主义学会常务副会长王怀超主持开幕式，并作总结发言。来自中共中央党校、中共中央文献研究室、中共中央编译局、高等院校以及各省市党校、社会科学院等单位的 160 多位专家学者参加研讨。

冷溶同志指出，党的十八大以来，习近平总书记发表了一系列重要讲话，为中国特色社会主义理论体系注入了新的内涵，为全面深化改革指明了方向，是在坚持和发展中国特色社会主义新的实践中取得的重要成果。他强调，要认真学习和研究习近平总书记系列重要讲话精神，精读原著，在掌握好习近平总书记关于党和国家事业各方面工作的核心观点上下功夫；要深入学习、理解和掌握党的十八届三中全会关于全面深化改革的重要思想和战略举措，深化对中国特色社会主义理论和实践的认识；要强化问题意识，注重理论联系实际，深入研究思考改革开放和中国特色社会主义事业发展进程中出现的重大问题。

冷溶同志在主题报告中围绕中国梦、全面深化改革和国际战略三个关键问题谈了自己学习习近平总书记系列讲话的认识和体会。中国梦是对中国特色社会主义共同理想的形象表达，是易于为群众所接受的生动表述，是把全党、全国人民、海内外中华儿女凝聚起来的最大共识，是当前我们的“最大公约数”。实现中国梦必须走中国道路，这就是中国特色社会主义道路。邓小平同志曾说，要让全党同志了解我们在做一件什么事情。这很有必要。要教育全党，我们的梦是什么，什么是两个百年目标，我们到底要做什么，它的历史渊源在哪，共产党在其中起着什么作用，我们一代代领导人是怎样为它奋斗的，实现它靠什么，要走社会主义道路，并且是中国特色的社会主义道路，这才是通向民族复兴的金桥。中华民族伟大复兴不仅是中国梦想，也是世界大事。我们要充分领会党中央在外交战略上的深层次战略考虑，为我国创造和平的发展环境，在实践中推动中国特色社会主义的新发展，使中国特色社会主义深入人心，走向世界。

与会专家学者畅所欲言，围绕习近平总书记系列讲话精神与中国特色社会主义的新发展这个主题展开了广泛深入的讨论，获得了不少新认识。

一 关于习近平总书记系列讲话的主线、重点和重大意义

深入学习研究习近平总书记系列讲话精神重在领会其精神实质，与会学者围绕系列讲话的主线、重点和重大意义展开深入探讨。

党的十八大以来，习近平总书记围绕“怎样继续把中国特色社会主义这篇大文章写下去”发表了一系列重要讲话。云南省委党校付德书教授认为，这些讲话深刻阐述了党和国家重大发展的理念，呈现出四个新特点：第一，回头看中国，增强“三个自信”。第二，放眼看世界，顺应时代潮流。第三，正视新问题，全面深化改革。第四，书写新篇章，在中国特色社会主义道路上实现中国梦。安徽省社科院邸乘光教授认为，习总书记围绕坚持和发展中国特色社会主义这一主题，阐述了十个方面的内容：强调坚持和发展中国特色社会主义是党的十八大精神的实质，中国特色社会主义是近代以来中国社会发展的必然选择，中国特色社会主义是社会主义而不是其他什么主义，中国特色社会主义是道路、理论体系、制度三位一体构成的，中国特色社会主义是实现中华民族伟大复兴的必由之路，改革开放是坚持和发展中国特色社会主义的必由之路，中国共产党是中国特色社会主义事业的坚强领导核心，要继续把坚持和发展中国特色社会主义这篇大文章写下去，要深刻领会建设中国特色社会主义的总依据总布局总任务，要牢牢把握夺取中国特色社会主义新胜利的基本要求，要继续把坚持和发展中国特色社会主义这篇大文章写下去，等等。这十个方面既为我们在新的历史起点上坚持和发展中国特色社会主义指明了方向，也进一步丰富和发展了中国特色社会主义理论体系。

中共中央文献研究室张贺福研究员指出，习近平总书记系列讲话具有清晰的问题意识，总体上着眼于三个重大现实问题。第一，跨越“修昔底德陷阱”。当前，中国与世界的关系呈现新的特点，中国经济总量跃居世界第二位，其全球影响不容小觑；2008年开始的国际金融危机使全球经济格局发生了深刻变化，新兴市场国家和发展中国家群体崛起正在改变世界政治经济版图，西方发达国家不甘心失去全球话语权，也想方设法围堵崛起中的中国及其他新兴市场国家、发展中国家。跨越“修昔底德陷阱”，坚持和平发展道路，是我们赢得良好国际环境、抓住发展机遇的关键。第二，跨越“中等收入陷阱”2003年，我们人均GDP达到1000美元。“中等收入陷阱”的问题扑面而来：生态环境遭到破坏，资源能源消耗率高，劳动力成本不断上升，收入分配差距拉大，社会制度受到挑战。为此，习近平总书记多次强调，“三期”叠加是当前中国经济的阶段性特征，要使经济实实在在、不留后遗症地发展。第三，跨越“塔西佗陷阱”，面对经济社会转型中出现的诸多矛盾，必须解决“自身硬”的问题，保持党的先进性、纯洁性，保持与人民群众的血肉联系，才能跳出历史周期律。

中央党校孙劲松教授指出，十八大以来，新班子做了几件大事，国内，主要是整顿党的领导干部队伍、同时抓军队建设；国际上，不参与冷战遗留事务，但同时积极参与新一轮全球化进程，自信走向世界舞台。总体而言表现出三个特点：一是权力是在民意基础上的相对集中，民主政治发展走着一条从群众中来，到群众中去的道路；二是中国崛起同社会主义的目标和路径重叠，中国特色社会主义涵盖了中国作为民族国家的国家利益、民族特征和文化特点，在丰富和发展社会主义的同时，也引起我们对社会主义的进一步思考；三是我们现在要领导十几亿人进入现代化社会，体量大，且处于欧洲文化

圈之外，这一实践本身就具有显著的、典型的世界意义和现实意义。内蒙古区委党校李玉贵教授同意上述判断，并强调，习总书记内部工作的重点在于坚定理想信念，同时外交战略也提到前所未有的高度。

一年多以来习总书记的外交活动及战略在国内外产生巨大反响。青海省委党校薛红焰教授概括了习总书记坚持和深化对外开放的思想：改革开放只有进行时没有完成时，必须坚持正确方向，坚持摸着石头过河和顶层设计相统一，尊重人民首创精神。对外开放三十多年来取得了巨大成就，但某些方面也存在开放力度不足、方向偏差等误区，一方面对国外文化和物质成果简单排斥，另一方面却又存在对其盲目推崇的现象。薛教授认为，如何认识和对待人类文明成果是化解对外开放深层难题的一把钥匙，我们要研究转化可供中国特色社会主义借鉴的成果。

习近平总书记系列讲话的意义重大，与会学者对此作了多方面的阐发。辽宁省委党校李英教授指出，它们是对中国特色社会主义历史地位的新认识，即理论逻辑与历史逻辑的统一；是对中国特色社会主义科学内涵的新概括，即理论、道路、制度三位一体辩证统一；提出了对坚持和发展中国特色社会主义的新要求，即四个必须坚持和全面深化改革。黑龙江省委党校亓利教授还进一步指出，习总书记将道路问题视为关系党的事业兴衰成败第一位的问题，更是向世人发出的坚持和发展中国特色社会主义的宣言。

二　关于中国特色社会主义基本理论的新发展

坚持马克思主义基本原理，加强对中国特色社会主义、科学社会主义基础理论的研究，才能正本清源，固本开新。十八大以来，习近平总书记对什么是中国特色社会主义，如何坚持和发展中国特色社会主义的一系列基本问题作了深入阐释，与会学者对此有深刻体会。

中央党校梁波教授从四个方面总结了习总书记系列讲话对研究中国特色社会主义理论、科学社会主义理论基本原理的指引作用。第一，揭示了中国特色社会主义发展的根本问题是道路问题。习近平强调，要历史地看待中国特色社会主义。不能就当前谈社会主义、就中国谈中国特色社会主义，这会严重影响我们科学分析中国特色社会主义道路的历史底蕴和实践价值。第二，阐释了中国特色社会主义的最大特色，即理论、道路、制度的统一。这体现了中国特色社会主义作为一个科学理论，如何实现其科学性与实践性的统一、理想性与现实性的结合。第三，阐明了我们坚持和发展中国特色社会主义时，如何做好坚持与发展、继承与发展的统一，即坚持科学社会主义理论逻辑和中国社会发展历史逻辑的辩证统一。第四，我们要通过制度建设、制度设计和制度安排，将科学理论转化为现实。推进国家治理体系和治理能力的现代化，要在经济领域实现社会主义与市场经济的结合，在政治领域实现社会主义与民主政治的结合，在社会领域彰显公平正义、彰显人的价值，维护人的权利，培养人的能力。

中央党校郭强副教授从中国特色社会主义基本要素入手分析诠释了十八大以来中国特色社会主义的新发展。他认为，中国特色社会主义包含三个基本要素——社会主义、中国特色和现代化。在社会主义方面，十八大以来的创新包括市场决定论、混合经济论、社会主义核心价值观等。在中国特色方面，习近平指出，中国特色社会主义是从中华文明五千年传统中走出来的，这是个新突破，指出中国特色社会主义的源头除了马列主义思想，还有中国自身传统和内部因素，从根本上改变了中国特色社会主义一源论的思维方式。在现代化方面，将现代化目标和路径从器物层面上升到了制度层面，回应了当前我们遇到的前所未有的困难和挑战，有质的飞跃。新疆生产建设兵团党校李海江教授同样认为，中国特色社会主义是以制度文明和价值体系为核心的一种秩序，如何理解中国特色、社会主义、共产主义、资本主义、未来社会主义等一系列基本概念的制度和价值内涵，应放在研究的核心位置。基于科学社会主义理论逻辑和中国社会发展历史逻辑的辩证统一这一判断，与会学者认为，一方面，要把中国传统优秀文化与中国特色社会主义相互贯通起来，推进二者的有机结合；另一方面，中国梦也是世界梦，要加强对中国特色社会主义的世界内涵的研究。

天津市教育科学研究院荣长海教授着重分析了习近平总书记关于中国特色社会主义蕴含的历史逻辑的论述。习近平总书记强调中国特色社会主义是中华文明五千年发展、世界社会主义思想与实践发展、中国近代以来的探索、社会主义革命、社会主义建设、改革开放这一系列历史过程的产物。理论逻辑规定了历史逻辑的发展方向，同时指导实践；历史逻辑规定了理论逻辑的发展内容，也不断丰富了理论。两者相互制约，相互促进，具有历史上的一致性。要放宽眼界，在历史长河中研究和不断丰富中国特色社会主义。

中共中央党校胡振良教授深入分析了习近平总书记关于社会主义五百年讲话的意涵。习近平总书记之所以讲社会主义五百年，是因为我们党一贯重视总结历史经验，历史思维也是习近平总书记五大思维和四个方面科学思想方法的重要内容，要从历史和现实相结合的视角理解为什么和怎么样坚持和发展中国特色社会主义。总书记的讲话对世界社会主义的发展历程和趋势作出了权威解读，为相关研究给出了基本遵循，同时也提出了许多深层次的思想理论问题，比如：如何理解科学社会主义的科学性，如何正确理解十月革命和苏联的初步尝试，如何理解两个三十年之间的一致性和发展性，如何理解中国特色社会主义与世界社会主义的关系，等等。因此，我们要丰富和发展中国特色社会主义理论体系，必须重视中国特色社会主义与世界社会主义的关系。第一，中国特色社会主义既是中国的，也是世界的，既是个别的，也是一般的。在这个民族国家的时代，中国特色社会主义植根于中国的实践经验，是关于中国如何建设社会主义的理论；同时，在这个全球化的时代，社会主义也是一个世界性的历史进程，因此中国特色社会主义理论也是关于整个世界的理论体系。第二，要通过进一步深化世界社会主义研究，把握世界趋势、借鉴国外成果，深化对社会主义建设发展规律的认识。总而言之，丰富和发展中国特色社会主义理论、实践和制度，需要我们进一步扩大视野，加强其世界内涵。这是我们进行理论创新的重要方面。

上海师范大学汪青松教授进一步从中国梦与世界梦关系视角分析了中国特色社会主义的世界内涵。中国梦首先是中国人的梦，同时也是世界梦。中国梦的提出立足于世界历史和国际视角，具有国际胸怀。实现中国梦不仅仅在于中国经济总量在世界中的位置，更重要的是中国为世界文明、人类科技创新作出怎样的贡献。南京政治学院孙力教授也提出，中国特色社会主义发展应对当代世界社会主义运动、制度和理论有所贡献。

基于上述研讨，中共中央党校孟鑫教授指出，必须要建立根植于中国实践的中国话语体系，使中国特色社会主义对内具有说服力，对外具有影响力。当前中国哲学社会科学话语体系存在西方主体化和本土边缘化的倾向，要改变这一状况，有四个路径。第一，实现古为今用、洋为中用。我们可利用的学术资源有两个来源，包括中国五千年文明和传统文化、西方近代以来相对成熟的现代话语体系。第二，根植中国社会主义实践经验的土壤，丰富创新当代话语体系。第三，坚持马克思主义的主导地位。第四，理论界要致力于基础理论的研究。

三 关于全面深化改革的理论与实践

全面深化改革，不是推进一个领域改革，也不是推进几个领域改革，而是推进所有领域改革，是总体上推进国家治理体系和治理能力的现代化。这是十八届三中全会的一个重大理论创新，也是会议代表关注的核心问题。

济南大学包心鉴教授谈了他对国家治理现代化目标的五点体会。第一，国家治理现代化目标的正式提出，标志着我们由道路探索和理论提炼，进入了制度完善定型的新阶段；我国经济社会发展从过去侧重于围绕生产力发展诉求推进生产关系发展变革，转变为既重视生产关系变革，更重视通过上层建筑变革的新阶段；由过去管理社会，步入国家、政党、政府、社会组织与个人共同治理的新阶段；由过去注重解决国内问题、探讨国内治理，转变为寻求全球治理条件下的国家形态发展的新阶段。第二，推进国家治理现代化既是长远目标，又是现实任务。当前要处理好政党与国家、政党与社会关系，处理好政府与市场、政府与社会组织的关系，建设党委领导、政府负责、社会协同、公民参与、法制保障的社会治理新格局。第三，国家治理现代化的实质是制度的现代化，包括治理体系和治理能力的现代化，两个方面相互依存，不可分割。第四，推进国家治理现代化，关键是对公权力的现代化治理，把权力本位回归到权利本位，依靠人民的力量治理公权力。第五，推进国家治理现代化，对执政党的领导体制、建设模式和执政能力提出了新的挑战。

陕西省委党校魏文章教授进一步阐释了国家治理现代化的内涵。他提出，国家治理现代化的目标强调法律制度要符合现代化要求，要体现时代精神和时代特征。现代化的国家治理体系至少包含三层含义。第一，要体现人民当家做主，维护人民权益；第二，要体现依法治国，依法行政；第三，要体现公平正义，实现人的现代化。

社会主义市场经济改革是全面深化改革的重点。厦门市委党校尹彦教授指出，“发挥市场在资源配置中的决定性作用”其实质是要打破权力在资源配置中的决定性作用。天津师范大学余金成教授也指出，选择社会主义市场经济改革方向是我国社会主义者的在理论和实践上的伟大觉醒。在社会主义实践中，我们认识到劳动者自身能力差异不能通过公有制消灭，这一认识使我们走上改革之路进而选择了市场经济。“三个代表”和“科学发展观”思想进一步改造了市场经济，将社会主义要素赋予市场经济。河南省委党校田宪臣教授进一步指出，习近平总书记关于科学发展强调三个要点：第一，发展的内涵是科学发展；第二，发展的动力是改革开放，实现借助外力与激活内力的统一；第三，发展的目的是切实保障和改善民生，让人民共享改革发展成果。

推进社会主义政治制度完善和发展是全面深化改革的一个重要领域，与会学者从不同视角展开了研究。重庆省委党校谢来位教授指出，政府权力配置格局的优化是国家治理现代化的重要方面和主要抓手。当前纵向权力配置存在不少问题：如资源配置碎片化、政策制定权集中化、选拔任用权单一化、法律监督权地方化。为此，要转变资源分配方式，增强规范性和稳定性；要将政策制定权下放到基层，增强针对性和适用性；要扩大基层选举差额比例，增强民主监督效力；要上收司法监督权到中央，增强统一性和权威性。青海省委党校何颖教授指出，人民代表大会制度作为我国根本政治制度，是中国特色社会主义制度和实践的载体，是民主政治建设的一个重点。改革人民代表大会制度是全面深化改革题中应有之义。浙江省公共政策研究院蓝蔚青教授提出，权力清单制度是实现国家治理体系和治理能力的现代化的一项基础性工程，是深化行政体制改革的重要抓手，也是“将权力关进制度的笼子”的重要举措。要将思想认识统一到十八届三中全会精神上来，以全会决定为依据，取得最大共识，坚定改革信心，凝聚改革力量。

甘肃省委党校陈永胜教授将习近平总书记“法治中国”思想的基本思路归纳为五个方面。第一，社会主义核心价值观强调自由平等公正法治，进一步完善了社会主义法治建设的核心价值和理念。第二，指出了中国特色社会主义法治建设的目标和实现路径。第三，提出了“科学立法、严格执法、公正司法、全民守法”十六字方针。第四，提出了进一步深化司法体制改革、确保审判机关、监察机关依法独立公正行使审判权、监察权的概念。第五，领导干部要运用法治思维和法治方式深化改革和推进发展。

空军指挥学院王寿林教授提出要进一步推进国防和军队改革。国家最高军事机关也应像国家最高行政机关、最高司法机关一样，定期向全国人大报告工作，并提请全国人大审议批准重大事项，在制度上把军队纳入全国人大的监督范围。这有利于体现我国一切权力属于人民的宪法原则，有利于体现我国军队是党的军队、人民的军队、社会主义军队的性质，在实践和理论上驳斥西方敌对势力对我国军事制度的攻击。

改革开放必须坚持在党的领导下推进。湖南省委党校徐晨光教授从党的建设的视角，分析了习近平总书记关于“赶考”的思想。在长期的赶考过程中，深入理解为了谁、依靠谁、我是谁这三个问题非常关键，要坚持一切为了群众、一切依靠群众，坚持做人民公仆。空军指挥学院马文海研究员提出，“打铁还需自身硬”这一要求勾勒出了我们党的本色和优势，即党性担当，进而揭示了共产党人先进性的本质内涵、人民性的核心要求、纯洁性的关键环节，以及务实性的品格特征。

四　关于我们当前面临的重大理论和现实问题

党的十八大以来，在新一届党中央的领导下，各方面工作都表现出良好的发展势头。然而不容忽视的是，我国改革已经进入了攻坚期和深水区，进一步深化改革面临许多重大理论和现实问题，与会学者就此进行了深入研讨。

中央党校孙劲松教授指出我们当前面临三个方面的重大理论和现实问题。第一，我们面临深刻的理论挑战。我们还要很好地解释中国改革的方向、依靠力量、主要路径等问题，在概念、范畴、体系、逻辑各方面都面临着理论创新的重大任务。第二，我们面临深刻的能力恐慌。十几亿人的现代化在世界历史中是空前的，我们遇到的问题不仅是中国的问题，也是世界性的问题。第三，我们面临深刻的外交挑战。面对美国、俄罗斯等老牌强国，我们参与全球治理的经验和能力都严重欠缺。

江苏省委党校徐民华教授分享了自己研究团队近年来问卷调查所反映出的中国特色社会主义新发展面临的重大现实问题。调研问卷结果显示，群众最担心的问题是社会腐化、两极分化和生态恶化，最不信任的群体是官员、企业家和演艺明星，最信任的社会群体是农民、农民工和城市工人；腐化预警最危险的群体是教师、医生和国家武装力量（军人、武警和干警）。根据调研成果，徐民华教授认为：一定要通过全面深化改革，遏制两极分化的趋势；一定要从最不被信任的群体入手，遏制社会腐化的趋势；一定要通过树立正确的政绩观、把握生态红线以及开展系统工程，遏制生态恶化的趋势，保障人民生态权益。

十八大以来中央既打苍蝇，又打老虎，在反腐败工作中取得了很大成效，为全面深化改革营造了良好的内部环境，对我们的理论和实践也提出了更高要求。中共吉林省委原副书记林炎志同志高度评价了新一届领导集体的执政实践，认为这一年多来的反腐败工作是在挽救党、挽救国家。同时，他也指出，理论工作者要有强烈的使命感和责任感，要清醒地意识到我们所面临的挑战，要在理论上作出回应。国家教育行政学院黄百炼教授总结了十八大以来中国特色反腐败制度的建设。他认为，十八大以来反腐败工作中取得了很大成效，但还未取得突破性的胜利。正如王岐山同志所指出的，我们当前的反腐，主要是治标，为治本赢得时间。因此，接下来迫切需要建设反腐败的长效机制，建立起中国特色反腐败制度，找到治本之路。要寻求反腐败的动力，建立反腐败的制度，建立中国特色廉政文化。

如何走出一条中国特色社会主义政治发展道路是广泛关注的理论和现实问题，中央编译局季正聚研究员是这一领域的资深专家。他分享了他对转型国家民主治理的经验和困境的研究成果。第一，20 世纪 80 年代以来，许多国家发生了转型，但多数并不成功，或陷入治理困境，或回归威权政治，或陷入周期性政治社会动荡、内战甚至分裂。究其原因是多方面的：国家治理是个系统工程，以竞争性选举为标志的自由民主体制，只是国家治理中的一个维度；国家建设的各个方面具有时序性，不能一蹴而就；民主的同质化特性要求共同的国家认同、共同的宗教信仰和大致平等的社会结构。第二，西方国家民主发展的基本线索，是从贵族的民主，到精英的民主，再到大众的民主。近来出现的民粹主义的民主，其实质是大众民主和精英民主的矛盾。第三，国家转型对中央政府的能力有很高要求。第四，无序的政治参与只会导致劣质的民主，因此国家治理现代化的关键是人的现代化。第五，民主治理的背后是民生问题。对于转型国家而言，在一定程度上，民生问题优先于民主问题。第六，民主的培育和养成需要一种成熟的政治文化，需要成熟的规则意识、责任意识和平等自由意识。第七，随着经济社会发展，民众对民主的期待不断上升，此时往往出现民主的焦虑症。在贫富悬殊、城乡对立的断裂社会中，中下阶层容易受到刺激，通过过度的政治参与来实现政治权力和经济利益的再分配。一旦有个别人别有用心，那么脆弱、不成熟的转型制度便很难吸纳不断扩大的、爆炸式的参与，进而发展为民粹式的民主。第八，民主与法治相互促进。没有民主，法治会成为专制；而没有法治，民主也会变为无法无天。因此，要处理好发展与秩序、民权与国权、共识与分歧的矛盾关系。

王怀超教授在研讨会上作了总结发言。他指出，十八大以来中国特色社会主义的新发展，主要体现在党的十八大报告和习近平总书记系列讲话中。十八大报告对中国特色社会主义的新发展，主要体现在五个方面：一是对中国特色社会主义道路基本内涵的丰富和拓展，把社会公正、共同富裕与人的全面发展纳入中国特色社会主义道路的内涵，丰富和拓展了对中国特色社会主义道路的认识；二是确立起尊重自然、顺应自然、保护自然的生态文明理念，把生态文明纳入社会主义建设的总体布局之中；三是提出了建设中国特色社会主义的八条基本要求，深化了对中国特色社会主义的认识；四是强化法治观念，把法治作为治国理政的基本方式；五是提出中国特色社会主义是由道路、理论体系和制度三位一体构成的，并对三者关系作了阐述。一年多来，习近平高举了一面旗帜——中国特色社会主义伟大旗帜，出手了八大举措，形成了新一届中央领导集体的治国思路与执政风格。一年多来，开局良好，立足已稳，发展势头不错。关键在于抓实抓久，坚定不移地持续干下去。习近平总书记还把中国特色社会主义溯源到毛泽东思想以及中国传统文化，显示了中国特色社会主义的深厚历史底蕴和丰富文化内涵。中国特色社会主义是根植于中华优秀文化的沃土中，是中国人民在现代化进程中的新创造，是中华民族对人类发展道路和发展方向的新贡献。中国特色社会主义是一篇大文章，我们一定要继续写下去，而且要写实写好。

（原载《科学社会主义》2014 年第 4 期）

回顾与展望：邓小平哲学思想的当代价值

——研讨会综述

陈少雷

2014年8月14日至16日，由中国辩证唯物主义研究会、中共中央党校哲学教研部、中国社会科学院哲学研究所、中共深圳市委党校共同主办的中国辩证唯物主义研究会2014年年会、第二届马克思主义哲学中国化深圳论坛——“邓小平哲学思想与当代中国”理论研讨会在深圳召开。来自高校、党校、科研机构、军队院校的120余位专家学者参加了此次研讨会。

开幕式上，中共深圳市委副书记戴北方作了热情洋溢的致辞。戴北方指出，邓小平哲学思想是马克思主义中国化的伟大成果。深圳经济特区是在邓小平理论指导下一步步发展起来的，创造了世界工业化、城市化、现代化发展的奇迹，不仅为探索建设中国特色社会主义提供了经典案例，还进一步增强了我们对中国特色社会主义的道路自信、理论自信、制度自信。希望与会的各位专家学者为深圳新一轮改革发展提出宝贵的意见建议，推动经济特区在全面深化改革中继续走在前列。

中共中央委员、中国社会科学院院长、中国辩证唯物主义研究会会长王伟光教授作了题为《中国近代以来第三次伟大历史变革的发起者和领导者》的主题报告，从历史与现实、理论与实践等多个纬度全面深刻论述了邓小平作为一个伟大马克思主义者，作为改革开放和社会主义现代化建设的总设计师，对于发展马克思主义、推进科学社会主义、开创中国特色社会主义的巨大历史性贡献。王伟光指出，邓小平是中国特色社会主义的伟大开创者。他全力完成拨乱反正的历史任务，恢复正确的思想路线、政治路线和组织路线，实现历史性的伟大转折，为开创中国特色社会主义提供了重要的思想、政治和组织准备；深刻总结我国社会主义建设和国际共产主义运动正反两方面的经验，提出一切从实际出发，不照搬别国模式，走自己的路，找到中国特色社会主义的正确道路；科学判断世情国情，提出新的时代观，作出改革开放的重大决策，制定了党在社会主义初级阶段的基本路线，明确了中国社会主义改革开放的根本方向和基本方针；全面回答社会主义现代化的奋斗目标、战略步骤等重大问题，设计“三步走”的发展战略，规划我国社会主义现代化建设的路线图和时间表；牢牢把握中国特色社会主义的发展方向，坚持发展才是硬道理，成功领导了改革开放和社会主义现代化建设的伟大实践。邓小平是中国特色社会主义理论体系的伟大开篇者。他系统回答了什么是社会主义、怎样建设社会主义这一首要的基本问题，创立社会主义本质理论，深刻揭示了中国特色社会主义的根本任务和最终目标；准确把握当代中国的具体实际和发展阶段，创立社会主义初级阶段理论，明示中国特色社会主义的总依据；深刻把握社会主义制度同市场经济的辩证关系，创立社会主义市场经济理论，指明了发挥中国特色社会主义优越性的基本途径；

创造性地把生产力、综合实力和人民利益有机结合起来，提出“三个有利于”，为衡量改革开放和各项工作是非得失提供了根本标准。邓小平对中国革命、建设和改革事业都做出了重大贡献，其中最伟大、最重要的贡献是高高地举起了中国特色社会主义伟大旗帜，开创了中国特色社会主义伟大事业，为我们留下了重要的思想政治遗产。

36位专家学者作了大会发言和各组讨论情况介绍。中央党校进修部副主任、中国辩证唯物主义研究会秘书长杨信礼做了会议总结。与会专家学者紧紧围绕“邓小平哲学思想与当代中国”这一主题进行了热烈、深入的讨论和交流，会议取得了丰硕的成果。

一　对邓小平同志的伟大历史功绩做了深情回顾和深刻解读

与会专家学者认为，邓小平同志是党的第一代领导集体的重要成员和第二代领导集体的核心，在“文革”结束后中国向何处去、党和人民面临艰难选择的关键时刻，他以马克思主义者的坚定信念和勇气智慧，把马克思主义基本原理和中国实际结合起来，科学判断世界形势和时代特点，作出了改革开放的历史性决策，既不走改旗易帜的邪路，也不走封闭僵化的老路，找到了在改革开放中实现社会主义现代化的新路——中国特色社会主义道路，成功地开创了中国特色社会主义的伟大事业，使社会主义中国焕发了无限的生机活力。他放眼远大前景，科学制定了社会主义现代化的宏伟目标和三步走的发展战略，坚持发展是硬道理的战略思想，坚持以经济建设为中心，极大地增强了我国的经济实力、综合国力，极大地提高了人民生活水平。

与会专家学者指出，邓小平在中国历史上必然会留下厚重的一笔。如果说没有毛泽东，中国人民还将在黑暗中摸索更长的时间；那么，如果没有邓小平，中国人民还将会在僵化、封闭、贫困、落后中经受更多的磨难。邓小平同志的贡献是全方位的，他开辟了马克思主义发展新境界，创立了中国特色社会主义理论，开辟了中国特色社会主义道路。邓小平的思想和实践改变了中国，也改变了世界。

二　对邓小平深邃博大的哲学思想进行了深刻阐发和深入探讨

与会专家学者认为，邓小平推动了马克思主义哲学由革命哲学向发展哲学的转型，在新的历史条件下为中国共产党人和中国人民提供了认识世界和改造世界的新的世界观和方法论。邓小平对于丰富发展马克思主义哲学的贡献主要体现在以下几个方面：

一是邓小平强调解放思想、实事求是，发展了马克思的辩证唯物论。邓小平指出，实事求是是马克思主义的精髓，也是毛泽东思想的精髓。无论是搞革命，还是搞建设，都要靠实事求是。在重大历史转折时期，他从千头万绪中抓住了端正思想路线这一关键环节，倡言解放思想、实事求是，打破了思想禁锢，极大地解放了全党和全国人民的思想。实事求是体现了邓小平同志的理性精神和务实思维，正是实事求是思想路线的恢复和确立，为当代中国的发展进步奠定了坚实的思想前提和理论基础。

二是邓小平强调照辩证法办事，发展了马克思主义的唯物辩证法。他强调两点论和重点论的辩证法，既要统筹兼顾，又要突出重点；既要坚持以经济建设为中心，又要坚持四项基本原则和改革开放；既要建设高度的物质文明，又要建设高度的精神文明，两个文明要一起抓、两手都要硬。他强调共性和个性的辩证法，既要坚持社会主义的基本原则，又要立足中国国情，走中国特色的社会主义道路。

三是邓小平强调实践第一，发展了马克思主义的辩证唯物主义的认识论。实践观点是马克思主义哲学的基本观点，邓小平旗帜鲜明地支持实践是检验真理的唯一标准大讨论，打破了“两个凡是”的束缚；他强调摸着石头过河，将实践过程中的好经验、好做法上升为理论、定型化为制度。中国特色社会主义理论是在实践中创立的，中国特色社会主义道路是在实践中开辟的，中国特色社会主义制度是在实践中日趋完善的。

四是邓小平从存在与意识的双重维度、从思想和现实的两个层面来观照社会主义价值追求，发展了马克思主义的价值观。邓小平不仅从意识形态的维度，而且从社会主义的实践、制度与现实生活的维度看待价值问题，把解放和发展生产力、消灭剥削、消除两极分化、最终达到共同富裕，把“三个有利于”作为衡量改革、发展成效与判断是非得失的标准，确立了社会主义的价值追求，指明了社会主义的发展道路，使社会主义价值观不仅停留在思想中、理论上，而且渗透和贯彻到社会主义的现实实践、现实生活中。

五是邓小平同志提出了关于社会主义的若干新论断，科学地回答了什么是社会主义、怎样建设社会主义的问题，丰富了马克思主义的唯物史观。比如，关于生产力的观点，关于共同富裕的观点，关于社会基本矛盾与改革的观点，关于人民群众主体地位的观点，关于开放的世界与对外开放的观点，等等。

此外，与会专家学者还对于邓小平实现的马克思主义哲学的整体转型、对于邓小平的思维方式和语言风格作了研讨交流。

三　对于邓小平哲学思想和事业的创造性传承和创新性发展做了深入探讨

与会专家学者指出，邓小平哲学思想是在实践中不断发展的，“三个代表”重要思想、科学发展观发展了邓小平哲学思想。党的十八大以来，习近平同志发表了一系列重要讲话，提出了一系列新思想、新观点、新论断，蕴含了丰富的哲学思想。习近平同志特别强调要学习运用马克思主义哲学，掌握做好工作的看家本领。要认真学习、深入研究贯穿在习近平同志系列重要讲话中的坚定信仰追求、历史担当意识、真挚为民情怀、务实思想作风和科学思想方法。与会代表还对习近平同志关于推进国家治理体系和治理能力现代化的思想、全面深化改革的方法论、党的群众路线的新拓展、强军谋胜的军事哲学、实现中华民族伟大复兴中国梦的思想、社会主义民主建设新内涵、新路径的思想等，作了深入的探讨。

与会专家学者一致认为，对于邓小平同志最好的纪念，就是学习、实践他的思想，继承和发展他的事业。一是要坚定马克思主义和社会主义的理想信念，坚持解放思想、实事求是的思想路线；二是要坚持拓展中国特色社会主义道路，坚持完善中国特色社会主义制度，坚持发展中国特色社会主义理论体系，把中国化的马克思主义哲学和中国实践结合起来；三是要坚持理论创新，研究重大理论问题和现实问题，为改革发展事业作出应有贡献。

在研讨会期间，中国辩证唯物主义研究会召开了第七次代表会议。王伟光代表第六届理事会作了工作总结报告，庞元正作了理事会换届说明。会议选举了第七届理事会理事、常务理事以及领导机构人员，王伟光当选为中国辩证唯物主义研究会第七届理事会会长，庞元正当选为常务副会长，李德顺、郭湛、杨耕、王东、周文彰、夏兴有、孙伟平、毛卫平、徐伟新、贾高建、毕京京、杨信礼当选为副会长，杨信礼兼任秘书长。

（原载《特区实践与理论》2014年第5期）

“毛泽东与群众路线”国际学术研讨会综述

刘馨瑜　谢晓军

“一切为了群众，一切依靠群众，从群众中来，到群众中去”，作为党的根本工作路线的群众路线，是我们党须臾不可离开的生命线，是贯穿马克思列宁主义、毛泽东思想和中国特色社会主义理论体系的一条红线。为进一步深入研究这一时代课题，中国社会科学院世界社会主义研究中心、湖南省毛泽东研究中心、湖南科技大学马克思主义学院于2014年10月16—17日在湘潭联合举办了“毛泽东与群众路线”国际学术研讨会。来自中国、俄罗斯、美国、英国、法国、德国、意大利、印度、古巴、阿根廷、巴西等11个国家的50余位专家学者汇聚一堂，围绕毛泽东与群众路线、群众路线的时代价值、如何践行群众路线以及毛泽东思想与世界社会主义等重大理论和实践问题进行了多视角、宽领域的广泛深入研讨。

一　关于毛泽东与群众路线

党的群众路线是以毛泽东为主要代表的中国共产党人，把马克思列宁主义关于人民群众是历史创造者的原理系统地运用到党的全部活动中，把辩证唯物主义的认识论同党的领导方法和工作方法结合起来而形成的党的根本工作路线。学者们围绕毛泽东与群众路线展开了热烈讨论。中共湖南省委宣传部李湘舟巡视员认为，“一切为了群众，一切依靠群众”的群众路线，是毛泽东思想这座精神宝库中穿越时空的不朽经典，是毛泽东思想这面理论旗帜中具有不竭生命力的活的灵魂。湖南省社会科学院院长、湖南省毛泽东研究中心主任刘建武教授认为，怎样保证党和政府永远不脱离人民，永远和人民在一起，这是毛泽东最关心的问题。为了解决好这个问题，毛泽东制定了群众路线这个根本的政治路线和根本的组织路线。湖南省委党史研究室唐振南研究员认为，党的群众路线是毛泽东思想的精髓之一，毛泽东是党的群众路线的首创者，毛泽东在革命活动中始终坚持群众路线，把马克思主义关于人民群众是历史的创造者原理，系统地运用在党的全部活动中，形成党在一切工作中的根本路线，“群众路线”的思想源于调查研究和革命实践。湖南省委党校副校长雷国珍教授从四个方面阐述了毛泽东为群众路线思想所做的重大贡献，即：毛泽东是党的群众理论的创立者、群众路线的制定者、党群关系的推进者、群众工作的示范者。湖南省委党史研究室夏远生研究员着重从中国共产党生命线历史回顾的角度对毛泽东群众路线思想的由来和发展进行了阐述，他认为群众路线主要创立者是毛泽东，同时凝结着党的集体智慧。一部党史，就是坚定地与最广大群众站在一起，始终坚持全心全意为人民服务的历史，就是一切为了群众、一切依靠群众、为实现最广大人民的根本利益不懈奋斗、创造辉煌的历史。湖南省委党校戴安林教授对毛泽东调查研究思想的形成、内容和意义进行了阐述。他认为，毛泽东调查研究思想的一项基本原则就是必须树立群众的观点。改革开放 30 多年来，调查研究并没有过时，仍然是我们解决当代中国所面临一切重大社会问题的基本途径和方法。

二　关于毛泽东群众路线思想的时代价值

从理论到实践，毛泽东倡导和实践的群众路线为我们留下了理论智慧、历史经验和时代价值。刘建武教授认为，当前在全党开展的群众路线教育实践活动，其目的就是要在新的历史条件下把毛泽东制定的群众路线贯彻好、落实好、发展好。人民群众的最高利益和根本愿望就是“共同富裕”，要实现全体人民的共同富裕，就必须坚持群众路线，这就是我们对社会主义本质的理解，这就是我们的中国梦。中国社科院世界社会主义研究中心副主任王立强从共产党如何跳出“历史周期律”的角度阐述了毛泽东群众路线思想对党治国理政的现实意义。他认为，只要懂得了历史发展的动力是人民，让人民当家，使社会管理者的利益与社会大多数人的利益融为一体，彻底抛弃依靠权力发财致富、福荫子孙的陈腐观念，自然就可以跳出历史的周期律。人民观是治国理政的基石，建立一支胸有人民、勤政廉明的干部队伍是 21 世纪实现“中国梦”的根本。中南大学黄永鹏教授提出，纵观我们党的整个历程，群众路线一直是我们党进行革命、建设的主要法宝。在战争岁月中，我们依靠群众路线克敌制胜，在和平建设时期，我们汇聚人民群众无穷的智慧和力量。夏远生研究员认为，实现党的十八大确定的奋斗目标，实现中华民族伟大复兴的中国梦，必须紧紧依靠人民，充分调动最广大人民的积极性、主动性、创造性。唐振南研究员认为群众路线教育实践活动中反对形式主义、官僚主义、享乐主义、奢靡之风，是对毛泽东关于党风建设的继承发展。湘潭大学毛泽东思想研究中心黄显中教授从争取国家和人民免于支配的角度对毛泽东群众路线思想的现实意义进行了阐述，提出党的群众路线是国家和人民免于支配的根本路径，为了群众是免于支配的政治保证，依靠群众是免于支配的组织原理，联系群众是免于支配的领导方法。群众路线是毛泽东对党的建设的卓越贡献，从根本上解决了党与群众如何结合的难题。湖南大学马克思主义学院柳礼泉教授认为毛泽东的党内批评思想为进一步巩固我们党的群众基础、增强党的领导能力和执政水平、提高党内民主水平提供了理论指导。

三　关于群众路线思想的践行与落实

现阶段在全面深化改革的大背景下坚持党的群众路线，体现了中国共产党始终把人民群众放在心中最高位置的理想信念，彰显了群众路线思想的时代价值。湖南省政协常委、湖南省社科院原院长朱有志教授认为，要贯彻落实好毛泽东群众路线思想，做好群众工作，必须实现四大转变。一是由被动迎合向主动作为转变，二是由灌输说教向互动交流转变，三是由简单封闭向多元开放转变，四是由行政手段向制度保障转变。湖南省委党史研究室夏远生研究员认为，贯彻群众路线最核心的问题是“为了谁”，贯彻群众路线最本质的问题是“依靠谁”，贯彻群众路线最关键的问题是“如何实行”，贯彻群众路线最要害的环节在于“怎样去做”，解决“最大优势”和“最大危险”的问题。湖南师范大学马克思主义学院彭继红教授认为，能否做到从群众中来，到群众中去，群众的主观能动性是关键。具体地说，如何激发群众的主观能动性、如何对待群众的主观能动性和如何调控群众的主观能动性是实践群众路线的重要环节，必须关心群众生活，必须坚持组织群众、宣传群众和动员群众，必须坚持为群众服务的执政理念。柳礼泉教授认为，贯彻和落实党的群众路线必须继承和发扬毛泽东的党内批评思想，这对当前正在进行的党的群众路线教育实践活动也有着深刻的影响。黄永鹏教授认为，坚持党的群众路线必须与加强民主集中制建设结合起来，一是要激发群众的主观能动性，二是要科学认识群众主观能动性的正能量和副作用，三是要在调控群众的主观能动性的时候把发动群众和引导群众统一起来。没有调查就没有发言权是贯彻和执行群众路线的实践标准，对此，戴安林教授认为，一是要强调调查研究的重要性，二是调查研究的主要目的都是为了解决中国革命的政策和策略问题，三是必须树立群众的观点。

四　关于毛泽东群众路线思想与世界社会主义

不少学者，尤其是国外学者对苏联解体事件进行了反思。他们认为，通过总结苏联解体的原因和教训，更加意识到毛泽东群众路线思想的重要性。其中代表性的观点有：王立强认为，苏共亡党的历史教训告诫我们，共产党不能脱离人民，不能有私利，不能把人民授予的社会管理权作为谋取私利、保护私利的工具，否则也会蜕化成为少数人利益服务的政党，逃不出历史周期律的惩罚。美国共产党经济委员会委员哈拉比（Wadi ‘h Halabi）认为，苏联的执政党与政府脱节，政府与人民脱节，人民对党和政府失去了信任，这使得苏联的体系腐蚀，以致崩溃，最终导致了苏联的解体。我们共产党人要吸取教训，在任何条件下，都要准确把握人民的脉搏，及时迅速改正错误，实现即时有效地与群众交流，人民与党的交流是双向的，党要及时向人民汇报，人民也要积极向党反映情况。俄罗斯莫斯科大学的格拉契科夫（Grachikov）教授认为，中国的道路是全世界发展的道路，世界上有一种成功的取代西方的模式，就是中国的发展模式。中国的发展模式之所以取得成功，是因为以习近平为总书记的中国共产党坚持群众路线，坚持中国特色社会主义理论，坚持走有中国特色发展的社会主义道路。古巴世界经济研究中心主任塞西莉亚（Gladys Cecilia）和副主任维多利亚（Jourdy Victoria）认为，毛泽东群众路线思想的践行对于社会主义建设有着重要意义，特别是在当前如何真正践行群众路线、创新群众路线的工作方法是一个有重要价值的话题。阿根廷马克思主义组织的主席卡洛斯（Alonso Carlos Domingo）认为，提高人民群众参与性是拉美国家社会主义运动的新方式，现如今在所有的拉美国家都在努力地提高公民的政治参与度以及政治的自觉性，等等。毛泽东思想对于世界上被压迫民族的解放斗争和人类进步事业具有借鉴作用。我们必须坚持毛泽东思想，认真学习它的立场、观点、方法和基本原理，并在社会主义建设中运用和发展。此外，与会学者还围绕世界社会主义的前景、资本主义的发展趋势和中国特色社会主义的最佳表达方式等话题展开了热烈的讨论。

（原载《毛泽东研究》2014 年第 3 期）

“第十四届马克思哲学论坛”综述

王　琎

以“马克思主义哲学创新的国际视野”为主题的“第十四届马克思哲学论坛”近日在浙江金华举行。本届论坛由《中国社会科学》杂志社主办，浙江师范大学法政学院、马克思主义学院，浙江师范大学马克思主义研究所，浙江师范大学马克思主义与全球化研究中心共同承办。来自全国众多科研机构和高校的140多位专家学者参加了研讨。

当代世界历史的演变与马克思主义哲学创新路径。中央党校韩庆祥教授认为，以国际视野推进马克思主义哲学创新，关键在于确立具有国际视野的研究主题、坚持具有国际视野的研究路线、运用具有国际视野的研究方式，深入理解中国道路的世界意义。复旦大学吴晓明教授认为，外语、文献和足够的经验只是形式的国际视野，这远不能实现马克思主义哲学的创新，而实质的或批判的国际视野在于，立足于中国问题和中国道路，在对“现代文明”的检讨和批判中、在文化结合的锻炼中探索人类的新文明类型。浙江师范大学叶险明教授提出，马克思主义哲学创新的国际视野，实际上也是世界历史视野和全球视野，只有正确区分“社会主义”与“社会主义国家”、“资本主义”与“资本主义国家”的关系，拒斥研究中对民族特色的扭曲，才能推进马克思主义哲学创新。

世界历史视野中的“中国问题”和“中国道路”。中国人民大学梁树发教授认为，文明的多样性通过多种形式表现为历史进步的动力，中华文明和中国特色社会主义文明在世界文明体系中占有重要地位，作为“中国问题”的载体，其能够作为马克思主义哲学创新的落脚点。江苏师范大学曹典顺教授指出，当下中国道路的反思，表象上理解是发展模式的反思，本质上是对现代性发展观困境的反思，也是超越世界历史谱系中现代化建设逻辑的重思。合理构建中国生态文明道路，是中国道路为世界文明贡献中国价值的尝试，是“中国未来”愿景的预设。

世界历史视野中的经典研究。中山大学刘森林教授从马克思关于浪漫主义的批判与超越出发，强调国际视野论域中的马克思主义哲学创新，重点在于准确把握国际学术界同行们的研究动态，在全球化的总体结构中对中国现实问题作出反思。三亚学院谌林教授比较了黑格尔和马克思的世界历史思想，指出黑格尔对马克思的巨大影响是学界共识，马克思对黑格尔的超越毋庸置疑。客观而全面地评价二者的世界历史思想，既是澄清世界历史思想渊源的学术严肃性的体现，又是继承和发展马克思思想的现实需要。

（原载《光明日报》2014年11月19日）

更加重视收入分配与社会公平

——《21世纪资本论》与政治经济学理论创新研讨会综述

张晖明

2014年11月9日，复旦大学和上海市中国特色社会主义理论体系研究中心联合举办“《21世纪资本论》与政治经济学理论创新”研讨会，来自中国社会科学院、清华大学、北京师范大学、天津师范大学、南京大学、浙江大学、解放军南京政治学院、安徽大学、江西财经大学、华东师范大学、上海财经大学、上海社会科学院等单位的近60位专家到会交流研讨。现将部分会议研讨成果归纳如下。

一　比库兹涅茨收入曲线时间跨度长

有学者认为，皮凯蒂的专著《21世纪资本论》颠覆了“库兹涅茨曲线”。在系统整理的“世界顶级收入数据库”（WTID）基础上，资本和收入之间的长期差别总是在不断地扩大，皮凯蒂的这一发现具有重大的理论价值。基于近300年美国的统计数据生成的“皮凯蒂曲线”揭示，美国收入前10%的人群占美国国民收入的比重，从1910—1920年的45%—50%下降到20世纪50年代的不足35%，又从70年代的不足35%上升到2000—2010年的45%—50%。这是一条典型的“U型曲线”，如皮凯蒂所说，其前半部分已经被库兹涅茨记录在案，成为他“乐观理论”的基础，即收入差距随着经济增长先扩大后缩小。然而，作为“库兹涅茨曲线”所“建立的历史序列的延伸”，皮凯蒂用更长时期统计数据所得出的结论证明，具有百年甚至数百年经验资料支持的“皮凯蒂曲线”，证伪了经济发展和财富分配关系的乐观理解，进而揭示出资本主义条件下贫富两极分化的长期结构和深层次原因，成为市场拜物教的一副有效解毒剂。

有学者还指出，皮凯蒂所描述的曲线和相关论述告诉我们：“财富分配的历史总是深受政治影响，是无法通过纯粹的经济运行机制加以解释的。”“财富分配的动态变化表明，一个强大的机制在交替性地推动着它走向趋同与分化。并且，并不存在自然的、自发的过程来阻止那些推动不稳定和不平等的力量持久地占据主导。”以人力资本假说和代际斗争替代阶级斗争学说，在很大程度上是脱离实际的。正如英国著名左翼经济学家大卫·哈维所说：这一成果“推翻了人们广泛持有的观点，即自由市场资本主义使财富得以扩散，而这一直是捍卫个人解放和自由的巨大堡垒”。

二 准确定位经济研究中数理分析工具的作用

有学者提出，皮凯蒂及其团队的探索，具有“历史研究”的特点。他们对相关国家收入分配水平大跨度长时段的变化加以系统整理，在此基础上展开统计计量分析，从统计计量中发现新的理论元素。通观《21世纪资本论》全书，大量的统计资料和图表成为实证支撑理论、发现和揭示规律的重要手段，具有充分的说服力。

与会学者认为，当今西方主流经济学的研究范式，为片面追求数学表现而“走火入魔”，甚至使经济学变成了一门纯粹玩弄数理技巧的“学问”。这样做必然把人类行为的复杂性简单化。经济学研究的主体是人类自身的经济活动，其中的数据只是事实判断，不是价值判断，历史的经验教训才是价值判断。

如果说经济学解释了“问题是什么”“怎么做研究”，那么，历史经验则从人文视角解释了“为什么要做”这一命题。皮凯蒂认为，美国经济学界的最大问题在于对数理模型的过度沉迷，导致与现实世界的日益脱节。为了摆脱歧路，他义无反顾地回到欧洲，终于取得了举世瞩目的研究成果。这也启发中国经济学界的同行，为了更好地运用数理工具，需要把数理分析、统计计量分析工具运用置于恰当的位置。

皮凯蒂及其研究团队历经十多年，对世界20多个主要国家的收入分配统计资料进行全面整理，对于数据不完整的缺憾，通过税收数据换算补充，这些工作特别值得称道。如此扎实的基础性工作，为揭示收入分配不平等的理论发现提供了重要支撑，使经济学研究能够有更加深邃宽广的视野，从而使建构的理论更加具有解释力和说服力。这同样可以给我们的研究工作提供直接的借鉴和启迪。中国经济改革发展的实践为政治经济学理论创新提供了丰富的理论元素，需要我们去发现、挖掘，提炼成新的概念范畴，在研究方法和研究范式上加以创新。

三 重视经济研究的公平维度

还有学者表示，《21世纪资本论》回归古典政治经济学研究取向，把资本与劳动的对立及其收入分配问题，置于经济理论研究的中心。“皮凯蒂热”提醒人们，经济学研究必须既重视效率，又重视公平，两者不可偏废，而政治经济学的研究传统能囊括这两方面的内容。一段时间以来，受“主流经济学”思潮的影响，经济学研究的任务似乎只关注效率，不关心收入分配和社会公平问题，聚焦于研究财富产出、劳动生产率如何提高，对于现实经济生活中收入分配差距悬殊视而不见。甚至有人认为，收入分配和公平问题可以归入伦理学研究，现在是加以矫正的时候了。

（原载《中国社会科学报》2014年12月8日）

大 事 记

2014年1月4日下午，培育和践行社会主义核心价值观座谈会在京召开。中共中央政治局常委、中央书记处书记刘云山出席会议并讲话，强调培育和践行社会主义核心价值观是凝魂聚气、强基固本的战略任务，是提升国家文化软实力的根本举措，要认真贯彻习近平总书记系列讲话精神，切实抓好《关于培育和践行社会主义核心价值观的意见》的落实，着力建设中华民族共有精神家园，推动形成奋发向上、崇德向善的强大力量。中共中央政治局委员、中宣部部长刘奇葆主持座谈会。中共中央政治局委员、国务院副总理刘延东出席会议。中组部常务副部长陈希，国家发改委副主任朱之鑫，教育部部长袁贵仁，共青团中央书记处第一书记秦宜智，人民日报社社长张研农，河北省委常委、宣传部部长艾文礼，广东省委常委、宣传部部长庹震作了发言。

2014年1月13—14日，由《求是》杂志社、《红旗文稿》编辑部、教育部《思想理论教育导刊》编辑部和东北农业大学联合主办、东北农业大学马克思主义学院承办的第四届中国特色社会主义高层论坛——“中国特色社会主义与改革开放”理论研讨会在东北农业大学召开。来自中国人民大学、南京大学、南开大学、哈尔滨工业大学、黑龙江大学等全国40多所高校的50余位专家学者参加此次会议。与会专家围绕着论坛主题，从多个角度对党的十八届三中全会的会议精神进行理论探讨和学术交流。

2014年1月17日，由中央党校哲学教研部举办的“国外马克思主义哲学现状理论研讨会”在中央党校召开。来自中央党校、中央编译局、北京大学等单位的近60名专家学者出席会议。中央党校哲学教研部主任李晓兵教授主持会议；哲学教研部副主任董振华教授作会议总结。

2014年1月20日，党的群众路线教育实践活动第一批总结暨第二批部署会议在北京召开，中共中央总书记习近平出席会议并发表重要讲话，对第一批教育实践活动进行总结，对第二批教育实践活动进行部署。习近平强调，要充分运用第一批活动经验，紧紧扭住反对“四风”，从群众最关心、最迫切的问题入手，着力解决关系群众切身利益的问题，解决群众身边的不正之风问题，把改进作风成效落实到基层，真正让群众受益，努力取得人民群众满意的实效。

2014年3月22日，“列宁与当代社会主义改革”高层学术论坛在南京师范大学举行。来自中国社会科学院、中央党校、中央编译局、中国人民大学、山东大学等单位的著名学者出席了论坛。

2014年3月25日，由儒学与中华文化复兴协同创新中心主办、山东大学儒学高等研究院承办的“社会主义核心价值观与中华优秀传统文化——学习习近平总书记系列重要讲话精神学术研讨会”在京召开。来自中国社会科学院、清华大学、北京大学、北京师范大学、武汉大学、山东大学、中国孔子研究院等高校和科研单位的二十多位专家学者围绕会议主题进行了深入的研讨。

2014年4月12日，由中国社会科学院马克思主义理论学科建设与理论研究工作领导小组主办、中国社会科学院马克思主义研究院和当代中国研究所承办的“中国社会科学院第一届毛泽东思想论坛”在北京召开。中国社会科学院副院长兼当代中国研究所所长、毛泽东思想论坛主席李捷研究员作题为“毛泽东对科学社会主义创新发展的历史贡献”的主题报告，中国社会科学院马克思主义研究院院长、党委书记邓纯东主持开幕式并致辞，中国社会科学院马克思主义研究院金民卿研究员作总结发言。120多位专家学者参加了本次论坛，围绕论坛主题展开了深入热烈的研讨。

2014年4月12日，“政治体制改革与中国特色社会主义政治发展道路研究”理论研讨会在武汉大学马克思主义学院召开。研讨会以推进2011年国家社会科学基金重大招标项目“中国特色社会主义政治发展道路研究”的深入开展为中心，在全面贯彻中共十八届三中全会关于全面深化改革精神基础上，总结了中国特色社会主义政治发展道路研究理论和实践的最新成果。来自中国人民大学、杭州师范大学、华中师范大学和武汉大学等全国高校、科研院所、《学校党建与思想教育》杂志等媒体的专家学者，以及来自省、市、县等各级党政机关的决策者和研究者，共73人参加会议。

2014年4月15日，由中国社会科学院文学哲学学部承办的纪念邓小平诞辰110周年学术报告会在京举行。报告会由中国社会科学院文学哲学学部主任江蓝生主持，中国社会科学院荣誉学部委员张炯作了主题发言。学者们一致表示，中国社科院努力为实现中国梦多提供理论支持是对邓小平同志的最好纪念。

2014年4月22—24日，第四届“中英马克思主义美学双边论坛”国际高端学术会议在英国切斯特大学召开。本次会议主题为“后资本主义的未来”，曼彻斯特大学、切斯特大学、华威大学、伦敦大学哥德斯密斯学院、国王学院、玛丽皇后学院、杜伦大学、利兹大学、Tate艺术馆、澳大利亚莫纳什大学等20多位国外学者和上海交通大学、中国社会科学院、中国艺术研究院、上海社会科学院、中国传媒大学、华东师范大学、安徽大学、汕头大学、湛江师范学院、遵义师范学院等20多位学者参加了本次会议。

2014年4月25—26日，在山东省青岛市召开了“全国高校马克思主义理论学科研究会第十六次学科论坛”。此次论坛由全国高校马克思主义理论学科研究会主办、中国石油大学（华东）马克思主义学院承办。

2014年4月26日，第八届浙江省马克思主义理论研讨会暨浙江省马克思主义学会年会在杭州师范大学仓前校区恕园顺利召开。大会自2007年创设以来，迄今已连续成功举办了八届，成为全国知名的马克思主义理论研究、宣传和学术交流的重要平台。本次大会由浙江省马克思主义学会联合浙江省哲学社会科学规划领导小组办公室、浙江省教育厅宣传教育处、杭州师范大学、浙江省中国特色社会主义理论研究中心共同主办。来自全省社科系统、宣传系统、党校系统、高校系统的180余名专家学者参加了会议。

2014年5月10日，由《中国社会科学》杂志社与北京师范大学哲学与社会学学院共同主办的“中国哲学的转折：契机与路径”专题研讨会在京举行。来自国内高校的近20位学者参会，围绕中国哲学研究面对的方法、主题与学术转型等问题展开讨论。

2014年5月10—11日，由中国经济规律研究会、河南财经政法大学主办的中国经济规律研究会第24届年会暨“经济体制改革与区域经济发展”理论研讨会，在河南财经政法大学召开。中国经济规律研究会会长、中国社会科学院马克思主义研究学部主任程恩富教授，首都经济贸易大学原校长文魁教授，中国人民大学荣誉一级教授胡钧，河南财经政法大学资深教授杨承训，武汉大学教授简新华，南京财经大学教授何干强等著名经济学家，以及全国160多位专家学者出席了本次会议。

2014年5月20日，由中国社会科学院马克思主义研究院、浙江出版联合集团和广西师范大学出版社集团主办的“习近平系列重要讲话学术论坛（2014）——马克思主义视野下的国家治理暨《之江新语》研讨会”在中国社会科学院学术报告厅举行。中国社科院党组书记、院长王伟光，全国人大司法与内务委员会副主任李慎明，中纪委驻中国社科院纪检组组长张英伟，中国社科院马研院党委书记、院长邓纯东等知名学者和专家参加研讨会。来自中国社科院、中央党校、中央文献研究室、中央编译局、国家行政学院、北京大学、中国人民大学、浙江海洋学院以及浙江出版联合集团、广西师范大学出版社集团等单位的专家和学者等共50余人出席研讨会。

2014年5月24日，由《中共党史研究》杂志社、武汉大学马克思主义学院主办，武汉理工大学马克思主义学院与武汉纺织大学马克思主义学院协办的“改革开放与中国特色社会主义”学术研讨会在武汉大学召开。来自中共中央党史研究室、中共中央编译局、中国社会科学院、北京大学、中国人民大学、北京师范大学、南开大学、华东师范大学、武汉大学等28家单位的80余位专家学者参会。

2014年6月3—5日，由中国社会科学院近代史研究所和曲阜师范大学联合主办的“马克思主义史学理论与刘大年史学思想”学术研讨会在山东省曲阜市召开。来自北京、上海、天津、河北、福建、山东等省市科研机构和高校的40余位专家学者参加了会议。大家围绕刘大年的治学特点及品格，他在评价历史人物、研究近代经学、发展中外学术交流等方面做出的成绩以及对新时期马克思主义史学发展问题的探讨及贡献等，进行了热烈探讨。

2014年6月6—7日，由中国社会科学院、国家行政学院、光明日报社和武汉大学联合主办、马克思主义理论与中国实践协同创新中心承办的“中国实践与中国话语”理论研讨会在武汉大学隆重召开，来自中央党校、中央编译局、中国社会科学院、国家行政学院、北京大学、清华大学、复旦大学、中国人民大学、武汉大学、南开大学、吉林大学、中山大学、华中师范大学、中南财经政法大学、湖北大学等50多家单位的100余位专家学者出席了此次研讨会。《中国社会科学》《马克思主义研究》《红旗文稿》等知名期刊，人民日报社、光明日报社、新华社等重要媒体以及人民出版社等单位也派代表参加了此次会议。

2014 年 6 月 7 日，“中外马克思学研究的历史、现状与走势”学术研讨会在北京师范大学举行。与会学者认为，源于国外的马克思学对于我国马克思主义研究具有借鉴价值，有助于推动我国学界对马克思文本的研究和对马克思主义史的探索。

2014 年 6 月 7—8 日，由中国社会科学院马克思主义研究院与四川大学联合主办，四川大学马克思主义学院与中国社会科学院马克思主义研究院原理部思想政治教育研究室联合承办的“2014 年全国思想政治教育学术研讨会”在四川大学成功举行。四川大学党委书记杨泉明，中国社会科学院马克思主义研究院党委书记、院长邓纯东，教育部高等学校社会科学发展研究中心主任杨河，四川省社会科学联合会副主席唐永进，四川省教育工委委员李光华，四川大学党委副书记、纪委书记徐兰等领导出席会议并致辞。来自全国 96 所高校和研究机构的 150 余位专家学者以及新华社、《光明日报》《中国社会科学报》等新闻媒体的记者参会。

2014 年 6 月 17 日，中共中央党校科学社会主义教研部社会制度比较教研室在中央党校召开了“中国特色社会主义制度与国家治理体系现代化”专家研讨会。研讨会邀请了校内外 13 名专家学者。与会专家围绕中国特色社会主义制度建设和推进我国国家治理体系现代化的目标、内容和方法等展开了探讨和交流，提出了很有启发的观点和建议。

2014 年 6 月 21—22 日，由中国高等教育学会马克思主义研究分会与《红旗文稿》编辑部联合主办、福建师范大学马克思主义学院承办的“历史唯物主义与全面深化改革”理论研讨会在美丽的榕城福州召开。来自中国社会科学院、中国人民大学、清华大学、武汉大学、福建师范大学等高校和科研机构的马克思主义学院院长、专家学者和《红旗文稿》《毛泽东邓小平理论研究》等学术期刊的编辑 90 余人参加了会议。

2014 年 6 月 22 日，全国党校系统马克思主义中国化研究学科建设理论研讨会在中共广东省委党校召开。本次研讨会由中共中央党校马克思主义理论教研部和中共广东省委党校共同主办，由中央党校马克思主义理论教研部马克思主义中国化研究教研室与广东省委党校中国特色社会主义研究所联合承办，来自全国党校系统的 50 多名专家学者参加了本次研讨会。

2014 年 6 月 27—29 日，来自国内部分高校、期刊社的 20 多位专家学者在河北大学召开了“筑牢社会主义核心价值观根基”学术研讨会。与会人员围绕大会主题进行了热烈讨论，挖掘和梳理了中国传统文化价值观的基本内涵、鲜明特色和现代价值，分析和阐释了中国传统文化价值观与社会主义核心价值观的关系，拓展和深化了社会主义核心价值观及其培育路径的研究，达成了广泛共识。

2014 年 6 月 28 日，由中国社会科学院马克思主义研究院、马克思主义研究学部，华南师范大学，广州大学，广西师范大学出版社集团共同主办的“全国马克思主义青年学者论坛（2014）”在华南师范大学举行。中国社会科学院马克思主义研究院院长、党委书记邓纯东、副院长樊建新，华南师范大学党委书记胡社军、副书记黄晓波，广东省委宣传部理论处处长丁晋清，广州大学副校长徐俊忠出席会议，丁晋清、黄晓波分别致辞，邓纯东作主题报告。来自中国社会科学院、中国人民大学、武汉大学、北京师范大学、南京大学等50多所高校及党校和研究机构的80多位马克思主义青年学者，《中国社会科学》杂志社、《哲学研究》杂志社、《人民日报》《光明日报》《中国社会科学报》等媒体的代表，参加了本次论坛。

2014年7月5日，由中国社会科学院马克思主义研究院和中共中央编译局政党研究中心共同主办，广西师范大学出版社和德国罗莎·卢森堡基金会协办，河北大学承办的“国际共产主义运动：变动世界中的国外激进左翼”学术研讨会在河北保定举行。中国社会科学院马克思主义研究院副院长樊建新研究员主持会议的开幕式，中国社会科学院马克思主义研究院院长、党委书记邓纯东研究员，中央编译局政党研究中心主任季正聚研究员，德国罗莎·卢森堡基金会北京办事处负责人卢茨·勃勒博士，河北大学副校长王凤鸣教授分别致辞或作报告。来自中国社科院、中央编译局、中央党校、中联部、河北大学、华中师范大学、辽宁大学、云南大学等15家单位的60多位专家学者参加了研讨会。

2014年7月5—6日，由中国人民大学哲学院政治哲学研究中心、《中国人民大学学报》编辑部共同主办的“政治哲学与当代中国”学术研讨会在北京召开。来自南开大学、吉林大学、复旦大学、武汉大学、香港中文大学等高校及科研机构的30多位专家学者参加了此次会议，与会学者围绕政治哲学研究对重大现实问题的关注、推动政治哲学在我国的发展，展开了深入研讨。

2014年7月8日，北京市委宣传部、北京市中国特色社会主义理论体系研究中心、北京市社会科学界联合会、北京大学马克思主义学院、清华大学马克思主义学院、中国人民大学马克思主义学院、北京师范大学马克思主义学院在北京大学联合举办以“中国特色社会主义制度与国家治理现代化”为主题的“马克思主义中国化论坛·2014”。

2014年7月9—10日，以“马克思主义经济学发展创新与全面深化改革”为主题的全国第八届马克思主义经济学发展与创新论坛在安徽大学召开。安徽大学校长程桦教授和中国社科院经济所所长裴长洪研究员代表会议主办方分别致辞，开幕式由安徽大学经济学院执行院长李光龙教授主持。

2014年7月15—18日，由中国马克思主义哲学史学会、中国马克思主义研究基金会主办，黑龙江大学哲学学院承办的“中国马克思主义哲学史学会2014年年会”在黑龙江大学召开。来自国内的百余位学者围绕着“人·生态·发展——马克思主义哲学史的视阈”这一主题展开了深入而热烈的讨论。

2014年7月17—19日，由四川省大学生思想政治教育研究中心、西华师范大学马克思主义学院和《思想理论教育导刊》编辑部联合主办的“纪念邓小平诞辰110周年暨中国特色社会主义理论与实践创新全国学术研讨会”在西华师范大学举行。四川省教育厅宣传思想工作处陈胜副处长、西华师范大学副书记王安平、《思想理论教育导刊》负责同志等出席会议并讲话。北京大学马克思主义学院党委书记孙熙国教授在大会上作了“邓小平社会主义本质与社会主义核心价值观”专题报告。来自四川大学、吉林大学、中国农业大学、湘潭大学、西南大学、陕西师范大学、电子科技大学、西南交通大学等高校及相关机构的专家学者共90余人参加了研讨会。

2014年7月19日，中共辽宁省委宣传部、辽宁省教育厅、辽宁省人力资源和社会保障厅、辽宁省社会科学界联合会主办，辽宁省哲学学会、辽宁科技大学承办的2014年辽宁省哲学学会年会暨马克思主义哲学与当代意识形态研讨会在辽宁科技大学召开。来自省内外哲学界100余位专家学者参加了会议。本次会议主题为“马克思主义哲学与当代意识形态”。

2014年7月21日，第六届中国特色社会主义论坛在四川举行。本次论坛由中央党校马克思主义理论教研部和四川省委党校共同主办，主题是“纪念邓小平110年诞辰暨全面深化改革开放”。来自中央党校、全国党校系统、高校马克思主义学院以及其他研究机构的70余名专家学者，围绕“邓小平与中国特色社会主义的开创”“全面深化改革与发展中国特色社会主义”“面向‘中国问题’的马克思主义”等议题，通过大会发言和专题研讨的形式，进行了广泛深入的交流探讨。

2014年7月22—24日，马列经典著作编译出版工作会议在北京召开。此次会议由中共中央编译局马列部与人民出版社联合举办。全国政协常委、中央编译局原局长韦建桦出席会议并讲话。人民出版社社长黄书元、总编辑辛广伟，中央编译局副局长柴方国，人民出版社副社长任超、副总编陈亚明，中央编译局原副局长顾锦屏、王学东、李其庆，原秘书长张海滨出席会议并作讲话和发言。

2014年7月23—25日，由山东省高校思想教育教学研究会与山东青年政治学院联合主办的山东省高校思想教育教学研究会2014年年会暨“社会主义核心价值观与中国梦”研讨会在威海市召开。中国人民大学博士生导师王易教授、山东大学博士生导师徐国亮和何中华教授、《光明日报》总编室副主任李亚彬、《思想理论教育导刊》总编室副主编蒋旭东、《学校党建与思想教育》执行主编张永平、《红旗文摘》副总编顾保国等专家学者与全省高校100余名思想政治教育工作者参加了研讨会。

2014年7月26—27日，由中国历史唯物主义学会、首都师范大学联合主办，首都师范大学政法学院和马克思主义教育学院承办的“全国历史唯物主义与全面深化改革理论研讨会暨中国历史唯物主义学会第七届会员代表大会”在北京隆重召开。来自中国社会科学院、中央党校、国防大学、北京大学、清华大学、中国人民大学等70余所院校和科研单位的专家学者，以及《人民日报》《光明日报》和《马克思主义研究》等媒体代表150余人出席了本次研讨会。

2014 年 7 月 26—30 日，全国高等财经院校《资本论》研究会第 31 届学术年会在山西大学商务学院顺利召开并取得了圆满成功。来自首都经贸大学、武汉大学、西南财经大学、吉林大学等全国 30 余所高等院校和《经济学动态》《经济学家》《当代经济研究》等杂志社的专家学者以及各宣传、社科、新闻、金融等系统的同行和企业界代表 150 余人出席了这一全国经济学界的学术盛会。

2014 年 8 月 2—3 日，中国科学社会主义学会年会暨“党的十八大以来中国特色社会主义新发展——深入学习研究习近平总书记系列讲话精神研讨会”在西宁举行。会议由中国科学社会主义学会、中共中央党校科学社会主义教研部、中共青海省委党校共同主办。中共中央委员、中央文献研究室主任、中国科学社会主义学会会长冷溶，中共青海省委副书记、省委党校校长王建军，青海省委常委、宣传部长吉狄马加出席开幕式，冷溶、王建军分别致辞。开幕式后，冷溶作主题报告。全国政协委员、中央党校副教育长兼科社部主任、中国科学社会主义学会常务副会长王怀超主持开幕式，并作总结发言。来自中央党校、中央文献研究室、中央编译局、高等院校以及各省市党校、社科院等单位的 160 多位专家学者参加研讨。

2014 年 8 月 8 日，第 21 次全国毛泽东哲学思想研究会年会暨山东省马克思主义研究会 2014 年年会在山东师范大学召开。这次会议由光明日报社、全国毛泽东哲学思想研究会、山东省马克思主义研究会主办，山东社会科学院、山东师范大学、山东师范大学历山学院承办。来自中央党校、中央文献研究室、中央党史研究室、中国社会科学院、山东社会科学院、中国人民大学、南京大学、山东大学、山东省委党校的专家学者 120 余人参加会议。

2014 年 8 月 14—16 日，由中国辩证唯物主义研究会、中共中央党校哲学教研部、中国社会科学院哲学研究所、中共深圳市委党校共同主办的中国辩证唯物主义研究会 2014 年年会、第二届马克思主义哲学中国化深圳论坛——“邓小平哲学思想与当代中国”理论研讨会在深圳召开。来自高校、党校、科研机构、军队院校的 120 余位专家学者参加了此次研讨会。

2014 年 8 月 15—17 日，由中南大学马克思主义学院主办、兰州理工大学马克思主义学院承办的第 9 届全国马克思主义基本原理暨第 32 届马克思主义哲学教学与学术研讨会在兰州举行。来自全国 60 多所高校的专家学者及兰州理工大学马克思主义学院师生 130 余人出席了研讨会。

2014 年 9 月 13 日，由中共中央编译局与东华大学共建的“国外马克思主义与中国问题研究中心”在上海成立。据介绍，该研究中心致力于整合研究资源，推动具有中国特色的马克思主义理论研究。在当天举行的主题为“正义与财产权”的学术研讨会上，中国当代国外马克思主义研究会会长、复旦大学教授陈学明提出，研究当今中国的公平正义问题，其核心在于如何运用历史唯物主义的观点和方法开展研究。

2014 年 9 月 13 日，由北京大学马克思主义学院主办的第三届全国高校马克思主义学院院长论坛在北京大学举行。北京大学党委书记朱善璐，教育部社会科学司副司长徐艳国，北京大学党委副书记、纪委书记、马克思主义学院院长于鸿君和中宣部理论局领导等出席会议。来自全国 60 多所高校的马克思主义学院院长参加了本次论坛。会议由马克思主义学院党委书记、执行院长孙熙国主持。

2014 年 9 月 26—28 日，中国国际共运史学会 2014 年年会暨学术研讨会在河北保定召开。本次会议由中国国际共运史学会和河北大学共同主办，河北大学政法学院与马克思主义学院承办。来自全国各科研机构和高等院校的近 200 位代表参加了会议。本次研讨会的主题为“世界社会主义的新形势、新内容、新特点”。

2014 年 10 月 15—17 日，“毛泽东与群众路线”国际学术研讨会在伟人故里湘潭成功举办。本次大会由中国社会科学院世界社会主义研究中心、湖南省毛泽东研究中心和湖南科技大学共同主办。来自中国、俄罗斯、美国、英国、法国、德国、意大利、印度、古巴、阿根廷、巴西等 11 个国家的共产党领导人、著名学者以及中国社科院、湖南省社科院、湖南省委党校、湖南省党史研究室、湖南大学、中南大学、湖南师范大学、湘潭大学和湖南科技大学等单位的 50 多位专家学者参加了会议，围绕主题展开了热烈研讨。

2014 年 10 月 18 日，中国社会科学院马克思主义研究院联合北京理工大学珠海学院、珠海市社会科学界联合会，以“深入学习邓小平理论，在新的历史起点上全面深化改革”为主题，共同举办了第五届“马克思主义中国化学术论坛”。中国社会科学院马克思主义研究院院长、党委书记邓纯东，珠海市社科联主席刘福祥，北京理工大学珠海学院党委书记、常务副院长庞思勤出席研讨会并讲话。中国社会科学院马克思主义研究院马克思主义中国化研究部负责人金民卿作主题发言。

2014 年 10 月 18 日，第十一届全国马克思主义论坛在郑州召开，论坛的主题是社会主义核心价值观建设的理论与实践。本届论坛由中共中央编译局、中共河南省委宣传部、郑州大学联合主办，中国马克思恩格斯研究会、中央马克思主义理论研究和建设工程“马克思主义经典著作基本观点研究”课题组、郑州大学马克思主义学院、郑州大学马克思主义哲学研究中心、《马克思主义与现实》杂志社共同承办。全国政协常委、中国马克思恩格斯研究会会长、中央编译局原局长韦建桦出席论坛开幕式，韦建桦、柴方国、朱传棨、李德义等来自全国各地的科研院所和教学机构的 130 余名马克思主义研究者参加会议。

2014 年 10 月 18 日，第九届全国高校马克思主义理论学科博导论坛在湖北大学开幕。本次论坛为期两天，由全国高校马克思主义理论学科研究会、《思想理论教育导刊》杂志社和湖北大学共同主办。全国人大教科文卫专委会委员顾海良，湖北省委常委、宣传部部长尹汉宁，湖北省教育厅厅长刘传铁，全国高校马克思主义理论学科研究会副会长兼秘书长、中国人民大学马克思主义学院教授张雷声，全国高校马克思主义理论学科研究会副会长、北京大学马克思主义学院原院长陈占安，湖北省委宣传部秘书长别业超，湖北大学党委书记刘建凡出席开幕式。来自北京大学、清华大学、中国人民大学、复旦大学、浙江大学、武汉大学、中山大学等70余所高校的160余位专家学者，以及《光明日报》《科学社会主义》《思想理论教育导刊》《学习与实践》、人民出版社、高等教育出版社等数十家报刊媒体及出版机构参加开幕式。

2014年10月18日，江苏省哲学社会科学界第八届学术大会首场——“马克思主义研究专场”在南京召开。来自中央党校、江苏各高校以及科研院所的专家学者100余人齐聚南京大学，围绕“学习习近平总书记系列重要讲话精神与推进马克思主义中国化”的主题展开深度研讨。会议由中共江苏省委宣传部、江苏省哲学社会科学界联合会主办，南京大学承办。

2014年10月18—19日，由“青年哲学论坛”、《哲学研究》编辑部、《哲学动态》编辑部主办，首都师范大学政法学院哲学系、哲学与文化研究所承办的第十一届马克思主义哲学论坛在首都师范大学举办。本次会议主题为“历史唯物主义：理论与现实”，来自中国社会科学院、北京大学、复旦大学、中国人民大学等30多家单位的80余位中青年学者与会。与会学者围绕“历史唯物主义的基础理论问题”“历史唯物主义与当代中国政治哲学的发展”“历史唯物主义与中国道路”“人学与文化哲学”等议题展开讨论。

2014年10月18—19日，由陕西省马克思主义研究会和长安大学马克思主义学院联合举办的全国“马克思主义政治哲学与当代中国”学术研讨会在长安大学举行。来自吉林大学、山东大学、中国石油大学、哈尔滨工业大学、湘潭大学、西安交通大学、西北工业大学、西北大学、陕西师范大学、辽宁社科院、陕西省社科院等30余家高校和科研单位的专家学者60余人参加了本次研讨会。大会共收到学术论文40余篇，共有20余位专家学者做了主题发言和大会发言。

2014年10月19—20日，第六次“马克思主义在当代中国的运用与发展”研讨会在安徽召开。会议由中央编译局《当代世界与社会主义》杂志、北京大学马克思主义学院、中国改革研究会、吉林大学马克思主义学院、安徽省毛泽东哲学思想研究会等单位联合主办。来自全国各高校、党校、社会科学院等教学和科研机构的110余位代表出席了会议。

2014年10月25—26日，由《中国社会科学》杂志社主办，浙江师范大学法政学院、马克思主义学院、浙江师范大学马克思主义研究所、浙江师范大学马克思主义与全球研究中心承办的“第十四届马克思哲学论坛”在浙江师范大学举行。来自中国社会科学院、北京大学、中共中央编译局、中共中央党校、中国人民大学、复旦大学等科研机构和高校的140多位专家学者与会。本届论坛主题为“马克思主义哲学创新的国际视野”。会议期间，与会学者围绕“当代世界历史的演变与马克思主义哲学创新路径”“当代世界历史的结构及其发展方式”“当代资本主义危机与发展趋势”“当代社会主义发展趋势与创新路径”“资本主义与社会主义关系及其趋势”“世界历史中的‘中国问题’、‘中国道路’”“从当代世界历史演变的视角分析我国马克思主义哲学研究存在的主要问题”等议题展开讨论。

2014 年 11 月 1 日，社会主义理论前沿问题高层论坛·2014 暨中国社会主义理论研究 30 人论坛（首届）在中央党校召开。中央党校副校长徐伟新出席并讲话指出，创办中国社会主义理论研究 30 人论坛是一个创举，对于推动科学社会主义学科建设将产生积极作用，她代表校委表示祝贺。中国社会科学院原副院长江流，《求是》杂志社社长李捷，中央党校校委委员罗宗毅、梁言顺出席会议。中央党校副教育长、科社教研部主任王怀超主持会议并致辞。

2014 年 11 月 9 日，复旦大学和上海市中国特色社会主义理论体系研究中心联合举办“《21 世纪资本论》与政治经济学理论创新”研讨会，来自中国社会科学院、清华大学、北京师范大学、天津师范大学、南京大学、浙江大学、解放军南京政治学院、安徽大学、江西财经大学、华东师范大学、上海财经大学、上海社会科学院等单位的近 60 位专家到会交流研讨。

2014 年 11 月 22 日，由中国社会科学院中国社会科学评价中心主办的首届全国人文社会科学评价高峰论坛在北京举行。全国 120 多位专家学者云集论坛，聚焦学术评价与人文社会科学发展的若干关键问题，深入研讨构建中国特色人文社会科学评价体系的方法和路径。中国社会科学院院长、党组书记、中国社会科学评价中心学术指导委员会主任王伟光出席论坛。《求是》杂志社社长李捷、中共中央党校副校长黄浩涛、中央编译局局长贾高建、全国哲学社会科学规划办公室主任余志远出席论坛并讲话。中国社会科学院副院长、党组成员、中国社会科学评价中心学术指导委员会副主任张江代表中国社会科学院致辞。论坛开幕式由中国社会科学院秘书长、党组成员、中国社会科学评价中心主任高翔主持。

2014 年 11 月 24 日，首届全国高校马克思主义学院院长论坛暨清华大学思想政治教育专业创建 30 周年纪念会在清华大学举行。教育部副部长李卫红出席论坛并讲话。清华大学“社会主义核心价值观协同创新中心”揭牌仪式同时举行。

2014 年 11 月 24 日，“全国高校马克思主义学院院长高端论坛”在清华大学紫光国际交流中心二层会议厅举行。论坛由清华大学马克思主义学院院长艾四林教授主持，教育部社科司副司长徐艳国和中宣部理论局宋凌云处长相继讲话，祝贺在清华大学举行“全国高校马克思主义学院院长高端论坛”，并对马克思主义理论学科和马克思主义学院的发展提出了新的希望。近百位高校马克思主义学院院长参加了会议。清华大学、北京大学、中国人民大学、北京师范大学、武汉大学等校马克思主义学院院长在会上作了重点发言。

2014 年 11 月 29 日，“《共产党宣言》在世界的传播”专题展览开幕式在中共中央编译局隆重举行。此次展览由中央编译局与德国恩格斯故居博物馆联合举办。本次展览是迄今世界范围内《共产党宣言》版本展览规模最大、种类最多的一次。展览汇总了中央编译局和恩格斯故居博物馆双方各自收藏的《共产党宣言》，以及部分民间收藏的《共产党宣言》。

2014 年 11 月 29—30 日，由中国社会科学院主办、云南农业大学承办的第七届全国马克思主义院长论坛在云南农业大学举行。在为期两天的时间里，来自中国社会科学院、东北大学、厦门大学、天津师范大学等 70 余所马克思主义教学及研究机构的 100 余名专家聚集一起，围绕“马克思主义与中国全面深化改革”这一主题进行探讨交流。与会专家们认为，该论坛属于“马克思主义及其中国化系列论坛”的重要组成部分，旨在促进马克思主义及其中国化成果走向大众、走向社会、走向世界。经过主题发言、交流研讨等形式，专家们就“努力推动马克思主义中国化、时代化、大众化，通过对中国特色社会主义实践重大问题的研究、解释、说明，促进中国特色社会主义理论的创新和发展”等方面达成共识。

2014 年 11 月 30 日至 12 月 1 日，由全国高校马克思主义理论学科研究会、北京师范大学马克思主义学院主办的 2012 年全国高校马克思主义理论学科博导论坛在北京师范大学英东学术会堂举行。北京师范大学党委书记、全国高校思想政治教育研究会会长刘川生，教育部社会科学司司长杨光、副司长徐维凡，教育部思想政治教育司司长冯刚，教育部高等学校社会科学发展研究中心主任杨河，和来自清华大学、北京大学、复旦大学、中国人民大学、浙江大学、武汉大学、中山大学、上海交通大学、南开大学等 70 余所高校的 150 余位专家学者，以及中国教育电视台、《光明日报》《中国教育报》《中国社会科学报》《教学与研究》《思想理论教育导刊》《高校理论战线》《学校党建与思想教育》《思想教育研究》《思想教育研究》《思想政治教育研究》等报刊媒体参加了论坛。

2014 年 12 月 20 日，由中国马克思主义研究基金会和中央党校培训部共同主办的“中国马克思主义论坛 2014 暨中央党校培训部学员论坛”在中央党校举行，来自全国各地的理论工作者及中央党校在校学员、教职工共 600 多人出席。论坛围绕学习贯彻党的十八届四中全会精神，以“全面推进依法治国：目标、理念与路径”为主题展开。中央党校常务副校长、中国马克思主义研究基金会理事长何毅亭致辞并作开题演讲。张伯里、王东京、陈晋、邢贲思、孙庆聚、李兴山、郝时晋、侯树栋、刘国胜、梁言顺等出席论坛开幕式。

（供稿：仲河滨）

附　　录

2014 年新书索引

中文著作（译著）

1. ［美］罗伯特・L. 海尔布隆纳：《马克思主义：支持与反对》，马林梅译，东方出版社 2014 年版。

2. ［英］埃里克・霍布斯鲍姆：《如何改变世界：马克思和马克思主义的传奇》，吕增奎译，中央编译出版社 2014 年版。

3. ［英］哈丁：《列宁主义》，张传平译，南京大学出版社 2014 年版。

4. 宝艳园：《后马克思主义之新霸权理论解读》，中国社会科学出版社 2014 年版。

5. 北京市中国特色社会主义理论体系研究中心：《马克思主义中国化研究》（2014 年版），社会科学文献出版社 2014 年版。

6. 蔡丽：《马克思主义在中国初期传播的多元性探究：以共产国际、国民党人为对象》，华中师范大学出版社 2014 年版。

7. 曹军辉：《马克思主义国家理论范式转换研究》，西南财经大学出版社 2014 年版。

8. 陈墀成：《马克思恩格斯生态哲学思想及其当代价值》，中国社会科学出版社 2014 年版。

9. 陈华兴：《马克思主义理论研究Ⅶ》，浙江工商大学出版社 2014 年版。

10. 陈占安：《党的十八大与马克思主义中国化》，中国人民公安大学出版社 2014 年版。

11. 陈振明编：《马克思主义与当代社会科学》，中国社会科学出版社 2014 年版。

12. 程恩富主编：《中国特色经济学话语研究：全国首届马克思主义经济学论坛文集》，中国社会科学出版社 2014 年版。

13. 程镇海：《全球化语境下马克思主义文论中国化研究》，上海三联书店 2014 年版。

14. 崔建霞：《走进马克思主义的另一种方式案例解读》，北京理工大学出版社 2014 年版。

15. 崔锁江：《中国哲学与马克思主义中国化》，东北师范大学出版社 2014 年版。

16. 邓晓辉：《马克思主义基本原理概论》，经济科学出版社 2014 年版。

17. 丁伟志：《中国哲学社会科学发展历程回忆》（马克思主义卷），中国社会科学出版社 2014 年版。

18. 董振华：《马克思主义哲学十五讲》，中共中央党校出版社 2014 年版。

19. 房宁：《马克思主义政治学研究》（第 2 辑・2012），中国社会科学出版社 2014

年版。

20. 冯景源：《唯物史观的形成和发展史纲要》，中央编译出版社 2014 年版。

21. 盖凯程：《金融危机冲击下的西方主流经济学范式危机与马克思主义经济学范式认知》，西南财经大学出版社 2014 年版。

22. 高九江：《延安时期马克思主义中国化研究》，人民出版社 2014 年版。

23. 龚培河：《马克思主义关于历史规律及其实现方式研究》，中国社会科学出版社 2014 年版。

24. 郭国祥：《马克思主义意识形态理论中国化、时代化、大众化研究》，上海三联书店 2014 年版。

25. 郭丽兰：《马克思民主观的文本研究》，人民出版社 2014 年版。

26. 郭树勇：《国际政治社会学简论：马克思主义的视角》，时事出版社 2014 年版。

27. 韩振峰：《马克思主义中国化理论与实践研究》，中华书局 2014 年版。

28. 何玲玲：《马克思主义大众化专题研究》，高等教育出版社 2014 年版。

29. 侯惠勤：《马克思主义基本原理研究》（第 3 辑 · 2013），中国社会科学出版社 2014 年版。

30. 胡伯项：《井冈山精神与中国马克思主义理论创新》，人民出版社 2014 年版。

31. 胡艺华：《建国后十七年马克思主义哲学大众化研究》，湖南大学出版社 2014 年版。

32. 怀利：《毛主义的崛起：毛泽东、陈伯达及其对中国理论的探索（1935—1945）》，中国人民大学出版社 2014 年版。

33. 黄丹：《马克思政治社会化思想研究》，复旦大学出版社 2014 年版。

34. 黄志高：《改革开放初期的马克思主义中国化：1978—1982》，中国科学技术大学出版社 2014 年版。

35. 汲广运：《马克思主义群众观研究》，山东人民出版社 2014 年版。

36. 江洋：《马克思主义研究在美国的兴起》，人民出版社 2014 年版。

37. 江泽慧：《生态文明时代的主流文化——中国生态文化体系研究总论》，人民出版社 2014 年版。

38. 焦金波：《延安时期马克思主义大众化研究》，广西人民出版社 2014 年版。

39. 金民卿：《马克思主义中国化研究报告 No. 7》，社会科学文献出版社 2014 年版。

40. 李爱华：《马克思主义研究辑刊》（2014 年卷），山东大学出版社 2014 年版。

41. 李繁荣：《马克思主义农业生态思想及其当代价值研究》，中国社会科学出版社 2014 年版。

42. 李桂花：《中国化的马克思主义科技观研究》，吉林大学出版社 2014 年版。

43. 李捷：《毛泽东思想研究》（第 1 辑 · 2012），中国社会科学出版社 2014 年版。

44. 李鹏：《马克思哲学的现象学思想研究》，中央编译出版社 2014 年版。

45. 李文峰：《早期西方马克思主义对列宁政治哲学的思考：以阶级意识为视角的探讨》，中国社会科学出版社 2014 年版。

46. 李晓光：《马克思恩格斯经典著作导读》，光明日报出版社 2014 年版。

47. 李义天：《马克思主义与道德观念：道德、意识形态与历史唯物主义》，人民出版社 2014 年版。

48. 李应志：《全球化与帝国主义的危机控制：斯皮瓦克的后马克思主义文化批评》，人民出版社 2014 年版。

49. 李正兴：《马克思主义时代化的实现过程研究》，社会科学文献出版社 2014 年版。

50. 李志：《马克思的个人概念》，人民出版社 2014 年版。

51. 梁怡：《国外马克思主义中国化研究评析》，学习出版社 2014 年版。

52. 刘基：《网络境遇中当代中国马克思主义大众化传播问题研究》，中国文史出版社 2014 年版。

53. 刘鲁红、张素德编：《马克思主义中国化的历史回顾与成果研究》，中国书籍出版社 2014 年版。

54. 刘明诗：《冯契与马克思主义哲学中国化》，人民出版社 2014 年版。

55. 刘明松：《马克思主义社会建设目标思想的历史发展研究》，中国社会科学出版社 2014 年版。

56. 刘尚明：《绝对价值观念如何可能?》，人民出版社 2014 年版。

57. 刘思华：《生态马克思主义经济学原理》，人民出版社 2014 年版。

58. 刘雅静、鲁成波主编：《马克思主义哲学》，山东人民出版社 2014 年版。

59. 刘颖：《马克思主义中国化问题研究》，中国矿业大学出版社 2014 年版。

60. 刘卓红：《和谐理性与马克思主义发展哲学的新话语》，社会科学文献出版社 2014 年版。

61. 陆建德：《马克思主义文艺理论研究》（第 3 辑 · 2013），中国社会科学出版社 2014 年版。

62. 马新颖：《异化与解放：西方马克思主义的现代性批判理论研究》，中央编译出版社 2014 年版。

63. 苗贵山：《马克思主义人权理论的当代建构及其在中国的运用》，中国文史出版社 2014 年版。

64. 倪邦文：《马克思主义在青年中的传播：历史视野与哲学思考》，中国社会科学出版社 2014 年版。

65. 欧永宁：《马克思主义民族化视阈下的中国模式研究》，中国社会科学出版社 2014 年版。

66. 皮家胜：《马克思主义哲学中国化的解释学之维》，人民出版社 2014 年版。

67. 任平：《当代中国马克思主义哲学研究》（2014 年版），中央编译出版社 2014 年版。

68. 邵发军：《马克思的共同体思想研究》，知识产权出版社 2014 年版。

69. 孙海：《中国马克思主义基本问题研究》，中国言实出版社 2014 年版。

70. 孙麾：《马克思思想资源中的社会公正》，中国社会科学出版社 2014 年版。

71. 孙旭武：《马克思主义基本原理专题研究》，中国石化出版社 2014 年版。

72. 谭扬芳：《马克思主义视阈下的体验美学》，社会科学文献出版社 2014 年版。

73. 唐爱军：《〈黑格尔法哲学批判〉导读》，中共中央党校出版社 2014 年版。

74. 陶德麟：《马克思主义哲学研究 2014 年版》（总第 14 卷），湖北人民出版社

2014 年版。

75. 田心铭：《论学习马克思主义》，中国社会科学出版社 2014 年版。

76. 童贤成：《马克思主义科学体系整体性研究》，人民出版社 2014 年版。

77. 万光侠：《马克思主义人学视阈中的思想政治范式转换研究》，山东人民出版社 2014 年版。

78. 万希平：《生态马克思主义理论研究》，天津人民出版社 2014 年版。

79. 王丹：《马克思主义生态自然观研究》，大连海事大学出版社 2014 年版。

80. 王福兴：《马克思主义意识形态革命论研究》，中国社会科学出版社 2014 年版。

81. 王虎学：《〈1844 年经济学哲学手稿〉导读》，中共中央党校出版社 2014 年版。

82. 王立东：《马克思主义伦理学要义》，岳麓书社 2014 年版。

83. 王令金：《马克思主义中国化的历史进程及其规律》，中央编译出版社 2014 年版。

84. 王明初：《马克思主义中国化研究》（2013 年卷总第 4 辑），中国社会科学出版社 2014 年版。

85. 王平：《后马克思主义的现代性反思及其对建构和谐社会的启示》，学习出版社 2014 年版。

86. 王淑辉：《陈云与马克思主义中国化问题研究》，天津人民出版社 2014 年版。

87. 王伟光：《马克思主义理论学科前沿研究报告》（2012），中国社会科学出版社 2014 年版。

88. 王泱泱：《互联网信息之魂：马克思主义新闻观在网络新闻传播中的运用研究》，中国传媒大学出版社 2014 年版。

89. 王永贵：《我国意识形态建设视阈中的马克思主义大众化研究》，科学出版社 2014 年版。

90. 王雨辰：《伦理批判与道德乌托邦：西方马克思主义伦理思想研究》，人民出版社 2014 年版。

91. 王振民：《邓小平马克思主义大众化思想及其当代价值研究》，中国社会科学出版社 2014 年版。

92. 魏萍：《心理学流派中的马克思主义》，西安电子科技大学出版社 2014 年版。

93. 文正邦：《马克思主义法哲学在中国》，法律出版社 2014 年版。

94. 吴波：《新中国社会形态研究》，江苏人民出版社 2014 年版。

95. 吴国林：《产业哲学导论》，人民出版社 2014 年版。

96. 吴易风：《马克思主义经济学与西方经济学比较研究》（第 1 卷），中国人民大学出版社 2014 年版。

97. 吴英：《马克思、恩格斯、列宁、斯大林论历史科学》，中国社会科学出版社 2014 年版。

98. 吴苑华：《世界体系的马克思主义研究：以乔万尼·阿瑞吉的理论为例》，天津人民出版社 2014 年版。

99. 郗戈：《现代性的矛盾与超越：马克思现代性思想与当代社会发展》，中国人民大学出版社 2014 年版。

100. 习近平：《习近平谈治国理政》（中文版），外文出版社 2014 年版。

101. 谢地坤：《马克思主义哲学中国化的实践反思》，中国社会科学出版社 2014 年版。

102. 徐碧辉：《美学何为：现代中国马克思主义美学研究》，中国社会科学出版社 2014 年版。

103. 徐纪律：《马克思主义史若干问题研究》，四川大学出版社 2014 年版。

104. 许胜利：《马克思主义基本原理概论》，中共党史出版社 2014 年版。

105. 岩佐茂：《〈德意志意识形态〉的世界》，北京师范大学出版社 2014 年版。

106. 杨金海：《马克思主义研究资料（第 10 卷），〈资本论〉基本理论问题研究》，中央编译出版社 2014 年版。

107. 杨金海：《马克思主义研究资料（第 17 卷），马克思主义经济理论研究Ⅰ》，中央编译出版社 2014 年版。

108. 杨金海：《马克思主义研究资料（第 18 卷），马克思主义经济理论研究Ⅱ》，中央编译出版社 2014 年版。

109. 杨金海：《马克思主义研究资料（第 1 卷），〈德意志意识形态〉研究》，中央编译出版社 2014 年版。

110. 杨金海：《马克思主义研究资料（第 2 卷），〈共产党宣言〉研究》，中央编译出版社 2014 年版。

111. 杨金海：《马克思主义研究资料（第 3 卷），经济学笔记研究Ⅰ》，中央编译出版社 2014 年版。

112. 杨金海：《马克思主义研究资料（第 4 卷），经济学笔记研究Ⅱ》，中央编译出版社 2014 年版。

113. 杨金海：《马克思主义研究资料（第 5 卷），〈1857—1858 年经济学手稿〉研究》，中央编译出版社 2014 年版。

114. 杨金海：《马克思主义研究资料（第 6 卷），〈1861—1863 年经济学手稿〉研究》，中央编译出版社 2014 年版。

115. 杨金海：《马克思主义研究资料（第 7 卷），〈1863—1865 年经济学手稿〉及 1867 年后经济学手稿研究 恩格斯编辑〈资本论〉工作研究》，中央编译出版社 2014 年版。

116. 杨金海：《马克思主义研究资料（第 8 卷），〈资本论〉版本及传播研究》，中央编译出版社 2014 年版。

117. 杨金海：《马克思主义研究资料（第 9 卷），〈资本论〉结构形成研究》，中央编译出版社 2014 年版。

118. 杨荣：《中国共产党早期思想政治工作与马克思主义大众化研究》，中国社会科学出版社 2014 年版。

119. 杨信礼：《重读〈实践论〉〈矛盾论〉》，人民出版社 2014 年版。

120. 杨兴林：《新形势下马克思主义大众化问题研究》，光明日报出版社 2014 年版。

121. 姚伟：《社会风险不平等研究：关于马克思主义阶级理论的一种继承与发展》，中国社会科学出版社 2014 年版。

122. 喻冰：《中国化马克思主义理论概论》，东北大学出版社 2014 年版。

123. 苑英科：《马克思主义与社会科学方法论》，河北大学出版社 2014 年版。

124. 昝启均：《杨献珍与马克思主义中国化》，武汉大学出版社 2014 年版。

125. 张葆春：《科学发展观的历史考察》，经济日报出版社 2014 年版。

126. 张付：《马克思主义传播研究（1）》，中国传媒大学出版社 2014 年版。

127. 张骥：《马克思主义意识形态引领多样化社会思潮若干问题研究》，人民出版社 2014 年版。

128. 张金鹏：《鲜活的马克思主义：马克思主义基本原理概论实践教程》，中国经济出版社 2014 年版。

129. 张雷声：《马克思主义理论学科研究》（第 10 辑），高等教育出版社 2014 年版。

130. 张庆熊：《现象学方法与马克思主义文选》，上海三联书店 2014 年版。

131. 张三南：《马克思主义经典作家关于民族主义的论述及当代意义研究》，时事出版社 2014 年版。

132. 张一兵：《回到马克思：经济学语境中的哲学话语》，江苏人民出版社 2014 年版。

133. 张云飞：《唯物史观视野中的生态文明》，中国人民大学出版社 2014 年版。

134. 张周志：《马克思主义哲学原典导读》，中央编译出版社 2014 年版。

135. 赵培：《列宁晚年著作导读》，中共中央党校出版社 2014 年版。

136. 郑林华：《墨家思想与马克思主义中国化引论》，中共党史出版社 2014 年版。

137. 中共中央宣传部理论局编：《工程十年：马克思主义理论研究和建设工程实施十周年纪念》，学习出版社 2014 年版。

138. 中共中央宣传部理论局编：《深度解读中国梦：马克思主义理论研究和建设工程深化中国梦研究成果汇编》，学习出版社 2014 年版。

139. 中国人民大学马克思主义学院编：《50 年聚焦：名家论马克思主义发展》，人民出版社 2014 年版。

140. 中国社会科学院马克思主义研究学部编：《33 位著名学者纵论毛泽东思想》，中国社会科学出版社 2014 年版。

141. 周家荣：《社会主义核心价值体系研究：马克思主义价值哲学视角》，人民出版社 2014 年版。

142. 周建伟：《历史主体的建构：马克思主义农民理论中国化研究（1921—1949）》，中国社会科学出版社 2014 年版。

143. 周平远：《从苏区文艺到延安文艺：马克思主义文论中国化历程进程》，社会科学文献出版社 2014 年版。

144. 周苏娅：《马克思主义中国化研究》，黑龙江人民出版社 2014 年版。

145. 朱佳木：《唯物史观与新中国史学发展：中国社会科学院马克思主义史学理论论坛首届研讨会论文集》，中国社会科学出版社 2014 年版。

146. 庄友刚：《马克思主义原著选读》，苏州大学出版社 2014 年版。

147. 字振华：《马克思主义民族理论中国化研究》，人民出版社 2014 年版。

148. 祖金玉：《马克思主义中国化与中国政治现代化》，南开大学出版社 2014 年版。

（整理：仲河滨）

英文著作

1. 马克思的《资本论》与黑格尔的逻辑：一个再审视 *Marx's Capital and Hegel's Logic*：*a reexamination* / edited by Fred Moseley and Tony Smith. Leiden；Boston：Brill，2014.

2. 马克思论时间：《资本论》中的时间范畴 *Time in Marx*：*the categories of time in Marx's Capital* / by Stavros Tombazos. [monograph] Leiden；Boston：Brill，2014.

3. 马克思与神学 *In the vale of tears*：*on Marx and theology*，V / by Roland Boer. [monograph] Leiden；Boston：Brill，c2014.

4. 实践哲学：马克思、卢卡斯与法兰克福学派 *The philosophy of praxis*：*Marx*，*Lukács*，*and the Frankfurt School* / Andrew Feenberg. Brooklyn：Verso，2014.

5. 马克思之后的哲学：100 年的误读与政治哲学的范式转换 *Philosophy after Marx*：100 *years of misreadings and the normative turn in political philosophy* / by Christoph Henning；translated by Max Henninger. Leiden：Brill，2014.

6. 马克思与拉丁美洲 *Marx and Latin America* / by José Aricó；translated by David Broder. [monograph] Leiden；Boston：Brill，c2014.

7. 马克思与韦伯论东方社会：在西方现代性的阴影下 *Marx and Weber on oriental societies*：*in the shadow of western modernity* / Lutfi Sunar. [monograph] Farnham，Surrey：Ashgate，c2014.

8. 黑格尔、历史的终结与未来 *Hegel*，*the end of history*，*and the future* / by Eric Michael Dale，PhD，Emerson College. New York：Cambridge University Press，2014.

9. 1905 年革命时期列宁的选举策略：选票、街头政治、还是二者都有 *Lenin's electoral strategy from Marx and Engels through the Revolution of* 1905：*the ballot*，*the streets——or both* / August H. Nimtz. New York，New York：Palgrave Macmillan，2014.

10. 信息技术与社会主义建设：资本的终结与向社会主义的过渡 *Information technology and socialist construction*：*the end of capital and the transition to socialism* / Daniel E. Saros. Routledge，Taylor & Francis Group，2014.

11. 批判理论与自由主义的社会主义：挖掘批判社会理论的政治潜能 *Critical theory and libertarian socialism*：*realizing the political potential of critical social theory* / Charles Masquelier. New York：Bloomsbury，2014.

12. 金色道路上的里程碑：1945—1980 中国社会主义文献 *Milestones on a golden road*：*writing for Chinese socialism*，*1945－80* / Richard King. [S. l.]：Hong Kong University press，2014.

13. 社会主义在中国（1919—1965）*Socialism in China*（1919－1965）/ Yu You-

jun. [monograph] Foreign Languages Press，2014.

14. 欧洲社会主义简史 *European socialism：a concise history with documents* / William Smaldone. [monograph] Lanham，Maryland：Rowman & Littlefield Publishers，Inc.，2014.

15. 法国的社会主义：马克思主义在欧洲的复兴 *Socialism in France：Revival of Marxism in Europe* / Prem Bahadur Manjhi. [S. l.]：Lap Lambert Academic publishing，2014.

16. 社会主义与战争威胁：1912—1918 年英国的思想与政治 *Socialism and the challenge of war：ideas and politics in Britain，1912 — 1918* / Jay M. Winter. [S. l.]：Routledge，2014.

17. 俄罗斯与东欧的共产主义历史遗产 *Historical legacies of communism in Russia and Eastern Europe* / edited by Mark R. Beissinger，Princeton University，Stephen Kotkin，Princeton University. New York：Cambridge University Press，2014.

18. 暗杀与阴谋：帝国主义德国时期的无政府主义、社会主义与政治文化 *Assassins and conspirators：anarchism，socialism，and political culture in imperial Germany* / Elun T. Gabriel. Northern Illinois University Press，2014.

19. 憧憬社会主义：德国民主共和国中的电视与冷战 *Envisioning socialism：television and the Cold War in the German Democratic Republic* / Heather L. Gumbert. [monograph] Ann Arbor：University of Michigan Press，c2014.

20. 设计铁托的首都：城市规划、现代性与社会主义 *Designing Tito's capital：urban planning，modernism，and socialism* / Brigitte Le Normand. Pittsburgh，Pa.：University of Pittsburgh Press，2014.

21. 中苏联盟：一段国际历史 *The Sino-Soviet alliance：an international history* / Austin Jersild. Chapel Hill：The University of North Carolina Press，2014.

22. 资本主义的爆炸 *The implosion of capitalism* / Samir Amin. [monograph] . London：PlutoPress，2014.

23. 全球危机中的国家—资本联合：资本主义国家的复兴 *The state-capital nexus in the global crisis：rebound of the capitalist state* / edited by Bastiaan van Apeldoorn，Naná de Graaff and Henk Overbeek. [monograph] . Abingdon，Oxon：Routledge，2014.

24. 资本主义全球化时期的工人与劳动力：当代议题与理论问题 *Workers and labour in a globalised capitalism：contemporary themes and theoretical issues* / edited by Maurizio Atzeni. [monograph] . Basingstoke：Palgrave Macmillan，2014.

25. 当代资本主义的大衰退与矛盾 *The great recession and the contradictions of contemporary capitalism* / [edited by] Riccardo Bellofiore，Giovanna Vertova. Northampton，MA：Edward Elgar Pub.，2014.

26. 赚钱：资本主义危机的逻辑 *Making money：the philosophy of crisis capitalism* / Ole Bjerg. London；New York：Verso，2014.

27. 全球资本主义及其危机的政治经济 *The political economy of global capitalism and crisis* / Bill Dunn. Abingdon，Oxon：Routledge，2014.

28. 全球发展危机 *The global development crisis* / Benjamin Selwyn. [monograph] Cambridge, UK: Polity, 2014.

29. 反抗不平等：工会、移民工人与资本主义危机 *Mobilizing against inequality: unions, immigrant workers, and the crisis of capitalism* / edited by Lee H. Adler, Maite Tapia, and Lowell Turner. Ithaca: ILR Press, an imprint of Cornell University Press, 2014.

30. 没有祖国：全球化时代的工人阶级文献 *No Country: working-class writing in the age of globalization* / Sonali Perera. New York: Columbia University Press, 2014

31. 劳工的现状：全球金融危机及其影响 *The state of labour: the global financial crisis and its impact* / Sharit K. Bhowmik. [monograph] . India: Routledge, England; Routledge, 2014.

32. 社会运动与抗议 *Social movements and protest* / Gemma Edwards. [monograph] . New York: Cambridge University Press, 2014.

33. 占领时间：占领华尔街之后的技术文化、即时性与反抗 *Occupy time: technoculture, immediacy, and resistance after Occupy Wall Street* / Jason M. Adams. [monograph] New York, NY: Palgrave Macmillan, 2014.

34. 政治权力与经济不平等：一个比较政策研究 *Political power and economic inequality: a comparative policy approach* / Charles F. Andrain. Lanham, Maryland: Rowman & Littlefield, [2014]

35. 从先锋队到边缘群体：马克·皮特威对匈牙利工人的描述，1939 年至今 *From the vanguard to the margins: workers in Hungary, 1939 to the present: selected essays by Mark Pittaway* / by Mark Pittaway; edited by Adam Fabry. Boston: Brill, 2014.

36. 虚假的自由：反思南非解放 *A flawed freedom: rethinking Southern African liberation* / John S. Saul. London: Pluto Press; Toronto: Between the Lines, 2014.

37. 萨米尔·阿明：南方崛起的引领者 *Samir Amin: pioneer of the rise of the South* / Samir Amin. [monograph] . Cham: Springer, c2014.

38. 理论即历史 *Theory is history* / Samir Amin. Cham; New York: Springer, 2014.

39. 实现环境正义：一项跨国研究 *Achieving environmental justice: a cross-national analysis* / Karen Bell. [monograph] Bristol: Policy Press, 2014.

40. 拉丁美洲的激进左翼：21 世纪政治格局的挑战与复杂性 *Latin America's radical left: challenges and complexities of political power in the twenty-first century* / edited by Steve Ellner. Lanham: Rowman & Littlefield, 2014.

41. 西班牙 1930—1937 年间的革命马克思主义 *Revolutionary Marxism in Spain, 1930－1937* / by Alan Sennett. Leiden: Brill, 2014.

42. 德国左翼与魏玛共和国 *The German left and the Weimar Republic* / by Ben Fowkes. Leiden: Boston; Brill, 2014.

（整理：陈硕颖）

2014 年论文索引

1. 安理：《马克思主义均势思想的“阶级—国家”二维性及演变》，《延安大学学报》（社会科学版）2014 年第 1 期。

2. 安理：《无产阶级的“联合”与国家的“中和”作用——对马克思主义“阶级—国家”理论的反思》，《成都师范学院学报》2014 年第 3 期。

3. 包国祥：《关于马克思主义基本原理学科体系的建构》，《民族高等教育研究》2014 年第 5 期。

4. 毕芙蓉：《论马克思主义哲学的符号化》，《北京航空航天大学学报》（社会科学版）2014 年第 4 期。

5. 边海晶：《浅析邓小平的马克思主义观点》，《品牌》2014 年第 7 期。

6. 卜叶蕾：《试论〈共产党宣言〉与马克思主义思想政治工作的诞生》，《理论观察》2014 年第 1 期。

7. 蔡青竹：《生产力概念的比较研究——马克思与西方马克思主义》，《特区实践与理论》2014 年第 4 期。

8. 曹富雄、郭淑兰：《中国梦语境下马克思主义的当代形态建构——兼论中国特色社会主义文化发展的基本经验》，《学术论坛》2014 年第 4 期。

9. 曹根记：《马克思主义的社会价值理想与中国梦的三重价值意蕴》，《甘肃社会科学》2014 年第 4 期。

10. 畅欢：《中国哲学与马克思主义哲学的关系》，《求知导刊》2014 年第 9 期。

11. 车嫣：《社会主义核心价值观接受研究的马克思主义理论基础》，《河南教育》（高教）2014 年第 9 期。

12. 陈爱萍：《第二国际初期恩格斯对马克思主义的丰富和发展——以理论与实践的关系为分析视角》，《广西师范大学学报》（哲学社会科学版）2014 年第 3 期。

13. 陈步伟：《回归文本：深化面向“中国问题”马克思主义哲学研究的基础》，《桂海论丛》2014 年第 5 期。

14. 陈海莹：《党的十八大以后中国马克思主义政治学研究的几个热点问题》，《毛泽东邓小平理论研究》2014 年第 9 期。

15. 陈锦函：《论邓小平对马克思主义社会主义学说的创新发展》，《文山学院学报》2014 年第 5 期。

16. 陈敬：《文化哲学研究范式下东西方马克思主义哲学审视》，《湖北科技学院学报》2014 年第 5 期。

17. 陈丽：《马克思主义的传承与创新：习近平系列重要讲话的哲学理论根基》，《淮海工学院学报》（人文社会科学版）2014 年第 2 期。

18. 陈培永：《从工人阶级到大众——自治主义马克思主义建构政治主体的理路》，《江南大学学报》（人文社会科学版）2014 年第 4 期。

19. 陈硕：《主体的历史性——在世性生存与辩证法的限度——论存在主义的马克思主义对唯物辩证法的批评与改造》，《山东社会科学》2014 年第 10 期。

20. 陈新夏：《论当代中国哲学格局中的马克思主义哲学》，《马克思主义与现实》2014 年第 3 期。

21. 陈学明：《罗莎·卢森堡对马克思主义的研究》，《社会科学家》2014 年第 1 期。

22. 陈宇：《马克思主义中国化的重要前提、作用体现及发展要求》，《郑州轻工业学院学报》（社会科学版）2014 年第 6 期。

23. 陈宇洁：《浅析中国梦与马克思主义理论的契合性》，《胜利油田党校学报》2014 年第 2 期。

24. 成建：《解读马克思主义产生的主客观必然性》，《经济研究导刊》2014 年第 34 期。

25. 程恩富：《创新马克思主义思潮价值取向》，《人民论坛》2014 年第 4 期。

26. 程建家、马钦荣：《西方马克思主义的批判理论镜像及其启示》，《马克思主义研究》2014 年第 3 期。

27. 储著源：《当代中国马克思主义理论创新“首要问题”论析》，《榆林学院学报》2014 年第 1 期。

28. 储著源：《中国特色社会主义中的马克思主义立场观点方法研究述析》，《华北电力大学学报》（社会科学版）2014 年第 6 期。

29. 褚当阳：《后马克思主义民主政治规划的张力与困境》，《社会科学战线》2014 年第 5 期。

30. 崔华勇：《国外马克思主义研究学科建设分析》，《才智》2014 年第 18 期。

31. 崔燕燕：《中国梦与乌托邦马克思主义的对比分析》，《吉林省教育学院学报》（中旬）2014 年第 1 期。

32. 崔英杰、郭鑫、赵金元：《关于马克思主义信仰危机的研究综述》，《现代妇女》（下旬）2014 年第 10 期。

33. 大卫·麦克莱伦、臧峰宇：《马克思政治哲学与英国马克思主义传统》，《北京行政学院学报》2014 年第 1 期。

34. 代立梅：《整体性马克思主义的重要奠基——〈黑格尔法哲学批判〉理论地位新探》，《理论界》2014 年第 9 期。

35. 邓纯东：《努力构建以马克思主义为指导的哲学社会科学话语体系》，《马克思主义研究》2014 年第 6 期。

36. 丁东宇、季正聚：《马克思主义基本原理研究中实证化问题探析》，《马克思主义与现实》2014 年第 4 期。

37. 丁莎莎：《〈实践论〉与马克思主义中国化双向互动关系辨析》，《边疆经济与文化》2014 年第 5 期。

38. 丁增锋：《把握马克思主义人的解放理论需要澄清的三个问题》，《菏泽学院学报》2014 年第 6 期。

39. 杜彬伟：《公有制与中国特色社会主义的本体性认识——基于马克思主义社会

形态理论的视角》，《党政研究》2014 年第 6 期。

40. 段文东：《马克思主义哲学在中国的现实发展及趋势探讨》，《云南社会主义学院学报》2014 年第 2 期。

41. 范春燕：《国外马克思主义的“整体性”问题研究及启示》，《理论探索》2014 年第 6 期。

42. 房广顺：《整体性视角下的马克思主义理论学科建设研究》，《马克思主义研究》2013 年第 3 期。

43. 房艳：《马克思主义时代化的路向选择——基于消解生态危机视角》，《毛泽东思想研究》2014 年第 6 期。

44. 冯虞章：《坚守马克思主义意识形态阵地》，《马克思主义研究》2014 年第 1 期。

45. 冯志峰：《马克思主义中国化的中国梦：理论逻辑与实践路径》，《广州社会主义学院学报》2014 年第 3 期。

46. 干成俊、李晓明：《深刻理解马克思主义理论的本质内涵》，《中共宁波市委党校学报》2014 年第 1 期。

47. 高惠珠、张杰：《马克思主义公正理论的新拓展》，《思想理论教育》2014 年第 1 期。

48. 高军、刘卫国：《当代中国气派的马克思主义方法论——学习把握习近平同志一系列重要论述中的思想红线》，《理论探讨》2014 年第 6 期。

49. 高世朋：《〈1844 年经济学哲学手稿〉：马克思主义整体性的雏形》，《中共山西省直机关党校学报》2014 年第 5 期。

50. 高远：《后马克思主义“偶然性”概念再反思——基于耗散理论的视角》，《福建论坛》（人文社会科学版）2014 年第 10 期。

51. 龚宸、尚庆飞：《“中国梦”在马克思主义发展史中的学理逻辑——基于“共同体”概念的视角》，《中共宁波市委党校学报》2014 年第 2 期。

52. 勾晨曦：《论马克思主义发展过程中对社会主义的逻辑认识》，《赤峰学院学报》（汉文哲学社会科学版）2014 年第 8 期。

53. 顾伟伟：《马克思主义哲学史的“体系性”否定》，《学术研究》2014 年第 4 期。

54. 顾伟伟：《马克思主义哲学史的“哲学体系”研究》，《新视野》2014 年第 2 期。

55. 桂兵：《论加强马克思主义意识形态的当代影响力》，《才智》2014 年第 32 期。

56. 郭大俊、吴思珺：《科学的实践观的形成与马克思主义理论的创立》，《理论学刊》2014 年第 3 期。

57. 郭凤志：《马克思主义的理论蕴涵与现实意义》，《思想教育研究》2014 年第 3 期。

58. 郭忠义、张凯：《中国化马克思主义哲学的意识形态本质、逻辑进路与现实张力》，《社会科学辑刊》2014 年第 6 期。

59. 韩更新、张剑利：《从〈共产党宣言〉看马克思主义的科学性和革命性》，《人民论坛》2014 年第 11 期。

60. 韩宁：《浅析西方马克思主义的当代价值》，《经济研究导刊》2014 年第 2 期。

61. 韩庆祥、王海滨：《时代问题转换与马克思主义哲学发展》，《理论视野》2014 年第 9 期。

62. 韩秋红、史巍：《西方马克思主义研究的方法论价值与局限》，《马克思主义研究》2014 年第 8 期。

63. 郝建国：《〈费尔巴哈论〉：一部系统阐释马克思主义世界观的经典之作》，《领导之友》2014 年第 1 期。

64. 郝晓光：《构建马克思主义剩余价值哲学的历史观——唯物史观的继承与发展》，《湖北社会科学》2014 年第 10 期。

65. 何涧：《论马克思主义实事求是、与时俱进的理论品质》，《神州》2014 年第 6 期。

66. 何萍：《我们需要什么样的马克思主义哲学史观：线性的，还是非线性的?》，《理论视野》2014 年第 9 期。

67. 何期、王勇凯：《从“群众路线”视角看马克思主义人学中国化的历史进程》，《清江论坛》2014 年第 4 期。

68. 何中华：《马克思主义哲学研究三题议》，《学术研究》2014 年第 1 期。

69. 和燕杰：《马克思主义经济学在中国边缘化的原因及主流化的对策》，《宿州教育学院学报》2014 年第 2 期。

70. 贺善侃：《马克思主义价值哲学：理论价值和实践价值的统一》，《上海师范大学学报》（哲学社会科学版）2014 年第 6 期。

71. 贺亚坤、李钢：《马克思主义自由观研究综述》，《赤峰学院学报》（汉文哲学社会科学版）2014 年第 11 期。

72. 贺长余：《马克思主义哲学的发展视阈》，《天中学刊》2014 年第 6 期。

73. 侯才：《形而上学的扬弃与复兴——对马克思主义哲学发展史主线的一种描述》，《北京大学学报》（哲学社会科学版）2014 年第 1 期。

74. 胡伯项、刘雨青：《马克思主义生命力的结构样式与外部呈现》，《江西社会科学》2014 年第 11 期。

75. 胡承槐：《马克思主义总体方法论与习近平系列讲话精神研究》，《浙江社会科学》2014 年第 7 期。

76. 胡海波、热合木江·巴拉提：《马克思恩格斯关于马克思主义自身整体性的基本观点及其现实意义》，《思想理论教育导刊》2014 年第 1 期。

77. 胡为雄：《马克思主义的价值观及其“普世价值”研究与论争的回顾》，《湖北社会科学》2014 年第 10 期。

78. 胡晓欢：《阶级与革命——对马克思主义关于阶级与阶级斗争思想的认知》，《宜宾学院学报》2014 年第 8 期。

79. 胡延风、姚黎君：《邓小平对马克思主义中国化实践探索方法论的新贡献》，《中共福建省委党校学报》2014 年第 10 期。

80. 胡宇南、吴满意：《中国梦：马克思主义社会理想与中国传统理想的对接》，《思想教育研究》2014 年第 1 期。

81. 黄春田：《牢固树立马克思主义群众观》，《企业改革与管理》2014 年第 24 期。

82. 黄家周：《论以马克思主义信仰引领和整合社会多元信仰的途径》，《理论月刊》2014 年第 10 期。

83. 黄书进：《坚持历史唯物主义开辟马克思主义发展新境界》，《唯实》2014 年第

8 期。

84. 黄志芳、丁宁：《马克思主义哲学视阈下的科学发展观》，《经济研究导刊》2014 年第 28 期。

85. 火晓菲、仇桂红：《论马克思主义改革观》，《才智》2014 年第 8 期。

86. 贾华强：《马克思主义经典理论错了吗？——从混合所有制经济看社会主义的未来》，《人民论坛·学术前沿》2014 年第 6 期。

87. 贾建芳：《马克思主义社会与国家关系理论及其启示》，《社会主义研究》2014 年第 4 期。

88. 简新华：《马克思主义经济学创新和发展的若干问题》，《马克思主义研究》2014 年第 2 期。

89. 江流：《马克思主义是什么时候诞生的——经典著作的论述》，《马克思主义研究》2014 年第 8 期。

90. 姜迎春：《马克思意识形态批判视阈中的历史认知模式理论疏析——论马克思主义意识形态话语的历史基础》，《安徽大学学报》（哲学社会科学版）2014 年第 6 期。

91. 蒋楼：《学术共同体的哲学研究传统——马克思主义哲学研究的范式概念前提探讨》，《江南大学学报》（人文社会科学版）2014 年第 1 期。

92. 蒋燕：《新形势下马克思主义实践观的价值意义》，《学习月刊》2014 年第 20 期。

93. 焦佩锋：《重估马克思主义政治哲学的本质——以马克思对空想社会主义平等观的批判为切入点》，《江苏大学学报》（社会科学版）2014 年第 6 期。

94. 金朝晖、张杰：《马克思主义唯物辩证法问题的本质探究》，《湖南社会科学》2014 年第 4 期。

95. 金民卿：《马克思主义中国化理论创新进展》，《人民论坛》2014 年第 4 期。

96. 靳志强：《毛泽东与马克思主义中国化：研究论域与问题审视》，《长春大学学报》2014 年第 7 期。

97. 康浩：《实践在马克思主义哲学中的地位》，《鸭绿江》（下半月版）2014 年第 7 期。

98. 来庆立：《马克思主义与其他思潮的关系——西方学者的观点》，《毛泽东邓小平理论研究》2014 年第 9 期。

99. 雷荣：《论马克思主义哲学的非实践本体论》，《东南学术》2014 年第 2 期。

100. 冷树青、汤瑶：《从“共同胜利论”到“独立建设论”——论马克思主义和平发展思想的理论创新》，《理论导刊》2014 年第 6 期。

101. 黎贵才、卢荻、陶纪坤：《资本主义积累、阶级冲突与劳动市场失衡——西方马克思主义失业理论的模型建构及现实含义》，《马克思主义研究》2014 年第 7 期。

102. 李爱华：《马克思主义社会革命的立论基础辨析》，《理论学刊》2014 年第 7 期。

103. 李博：《浅谈东欧新马克思主义的核心问题》，《佳木斯教育学院学报》2014 年第 1 期。

104. 李昌娟：《综观如何界定马克思主义哲学之争论》，《长江论坛》2014 年第 4 期。

105. 李崇富：《论从科学社会主义视角把握马克思主义的“整体性”》，《马克思主义研究》2014 年第 5 期。

106. 李达军：《马克思主义哲学中国化的方法论》，《中共中央党校学报》2014 年第 3 期。

107. 李佃来：《中国化范式与重写马克思主义政治哲学学术史》，《河北学刊》2014 年第 3 期。

108. 李方祥：《“马克思主义与中国文化相结合”提法的由来辨析》，《思想理论教育导刊》2014 年第 9 期。

109. 李洪军：《〈工资、价格和利润〉——马克思主义政治经济学基本原理的通俗阐释》，《前线》2014 年第 7 期。

110. 李怀录：《毛泽东提出“马克思主义中国化”命题的历史条件分析》，《广西社会科学》2014 年第 8 期。

111. 李辉：《“马克思问题”与马克思主义中国化》，《中共党史研究》2014 年第 3 期。

112. 李进书、程志华：《西方马克思主义的文化现代性思想》，《北方论丛》2014 年第 4 期。

113. 李琳琳：《马克思主义视阈中的文化资本与新阶级理论》，《重庆理工大学学报》（社会科学版）2014 年第 12 期。

114. 李明：《后马克思主义意识形态理论的思想失误与实践迷失》，《理论视野》2014 年第 1 期。

115. 李茗茗：《马克思主义经济学与西方经济学经济危机理论之比较》，《学术交流》2014 年第 3 期。

116. 李沛坤、郭亚军：《试析马克思主义的批判与创新思想》，《山东社会科学》2014 年第 S1 期。

117. 李青峰：《论毛泽东对马克思主义哲学中国化的贡献》，《中共南昌市委党校学报》2014 年第 6 期。

118. 李琼：《习仲勋对马克思主义中国化的探索及其当代意义》，《人民论坛》2014 年第 11 期。

119. 李全喜：《马克思主义经典作家的农民流动思想及其当代价值》，《山西高等学校社会科学学报》2014 年第 2 期。

120. 李珊：《东西方马克思主义哲学的区别的关联探讨》，《云南社会主义学院学报》2014 年第 3 期。

121. 李卫军：《牢固树立和践行马克思主义群众观》，《攀登》2014 年第 4 期。

122. 李文超：《浅析马克思主义理论创新的曲折性——以〈论十大关系〉为视角》，《胜利油田党校学报》2014 年第 5 期。

123. 李先悦：《刍议毛泽东的马克思主义观与苏联哲学的关系——以〈苏联哲学与毛泽东的“马克思主义中国化”〉为例》，《观察与思考》2014 年第 3 期。

124. 李孝纯：《论新时期邓小平对马克思主义大众化的历史贡献》，《理论建设》2014 年第 6 期。

125. 李雪强：《实践性·历史性·辩证性：马克思主义正义思想的三个向度》，《求实》2014年第9期。

126. 李延阳、邹玉磊、肖佳：《从意识形态国家机器角度分析学习马克思主义理论的现实意义》，《理论观察》2014年第7期。

127. 李烨红：《从马克思到列宁：马克思主义意识形态观的嬗变及启示》，《江汉论坛》2014年第2期。

128. 李长成：《马克思主义现代性批判中的正义规范理想》，《社会科学家》2014年第6期。

129. 李峥钰：《马克思主义经济危机理论对当代金融危机的诠释》，《中国商贸》2014年第32期。

130. 梁军：《劳动生产率、价值多重性与异质性企业国际贸易——西方新一新贸易理论的马克思主义经济学解读》，《当代经济研究》2014年第3期。

131. 梁诗娅：《推进马克思主义理论与思想政治教育学科建设》，《教育教学论坛》2014年第37期。

132. 林泰：《思想政治教育学科和马克思主义理论学科的个性和共性》，《思想理论教育导刊》2014年第4期。

133. 林艳梅：《当代俄罗斯马克思主义的主要理论关注》，《中共中央党校学报》2014年第5期。

134. 刘博识、徐金玲、隋立双：《浅析西方马克思主义及其当代价值》，《郑州轻工业学院学报》（社会科学版）2014年第6期。

135. 刘仓：《毛泽东对马克思主义意识形态理论的继承和发展》，《毛泽东研究》2014年第3期。

136. 刘丹：《当代中国马克思主义哲学形成与发展的实践逻辑》，《西安政治学院学报》2014年第2期。

137. 刘芳：《当代中国共产党人对马克思主义人民主体地位观的运用与发展》，《党政干部学刊》2014年第9期。

138. 刘皓：《马克思主义科技观的丰富与发展》，《社会科学战线》2014年第8期。

139. 刘怀玉：《论马克思主义哲学研究方法论中的"中国经验"问题》，《武汉科技大学学报》（社会科学版）2014年第4期。

140. 刘怀玉、章慕荣：《马克思主义辩证法的一元性本质与多元化探索》，《南京大学学报》（哲学·人文科学·社会科学版）2014年第2期。

141. 刘怀玉、章慕荣：《马克思主义认识论：从历史回顾到当代追问》，《学习与探索》2014年第6期。

142. 刘慧：《马克思主义关于社会矛盾的理论分析》，《宁夏党校学报》2014年第3期。

143. 刘吉发：《马克思主义政治哲学的理论建构》，《政治学研究》2014年第2期。

144. 刘建军：《"马克思主义不是教条"——对恩格斯晚年一个重大命题的文本考察与语义分析》，《思想政治教育研究》2014年第1期。

145. 刘建武：《中国梦与马克思主义中国化的新境界》，《红旗文稿》2014年第8期。

146. 刘洁、吕敬美：《后现代境遇中的马克思主义时代化》，《云南行政学院学报》

2014 年第 2 期。

147. 刘俊男、陈春君：《马克思主义“文明社会”本质再认识》，《湖南社会科学》2014 年第 3 期。

148. 刘力永：《普兰查斯对马克思主义政治理论的当代解释》，《福建论坛》（人文社会科学版）2014 年第 12 期。

149. 刘倩含：《马克思主义哲学中国化的必要性》，《才智》2014 年第 36 期。

150. 刘倩含：《试论马克思主义哲学与传统哲学的对比》，《品牌》（下半月）2014 年第 8 期。

151. 刘森林：《从劳动概念看无政府主义思想在中国马克思主义中的渗透》，《学术研究》2014 年第 10 期。

152. 刘书林：《马克思主义的阶级斗争学说没有过时》，《思想理论教育导刊》2014 年第 11 期。

153. 刘天喜：《什么是马克思主义的理论整体性》，《观察与思考》2014 年第 6 期。

154. 刘伟：《马克思主义哲学视阈中的社会实践价值理论探索》，《南昌教育学院学报》2014 年第 6 期。

155. 刘新刚：《“中国梦”的马克思主义解析——基于〈资本论〉等文本的研究》，《理论月刊》2014 年第 4 期。

156. 刘鑫森：《马克思主义中国化与中国梦的价值内涵》，《湛江师范学院学报》2014 年第 5 期。

157. 刘雅静：《深入开展马克思主义政治经济学理论研究的几点思考》，《新疆社科论坛》2014 年第 2 期。

158. 刘衍永、许泉、邓雅泓：《马克思主义幸福观视阈下的“中国梦”》，《南华大学学报》（社会科学版）2014 年第 6 期。

159. 刘莹珠：《西方马克思主义的问题与脉络》，《中国党政干部论坛》2014 年第 7 期。

160. 刘永安：《“事实”与“价值”的统一——马克思主义整体性理解的一个视角》，《河海大学学报》（哲学社会科学版）2014 年第 2 期。

161. 刘云凤：《社会主义市场经济视阈下的马克思主义公平思想：挑战与回应》，《经济研究导刊》2014 年第 36 期。

162. 刘志明：《马克思主义的整体性探讨——以理论特征、社会理想、政治立场和理论品质为视角》，《社会科学辑刊》2014 年第 1 期。

163. 娄金洋：《马克思主义生态文明本体论研究》，《生产力研究》2014 年第 1 期。

164. 卢春雷：《霸权、话语建构、反极权主义：后马克思主义社会批判空间转向》，《南京师大学报》（社会科学版）2014 年第 6 期。

165. 卢晓勇：《马克思主义意识形态理论产生背景及形成历程》，《人民论坛》2014 年第 17 期。

166. 卢永欣：《西方马克思主义中的结构主义意识形态理论探析》，《广西社会科学》2014 年第 1 期。

167. 鲁延华：《马克思主义与当代中国命运》，《理论学习与探索》2014 年第 3 期。

168. 陆剑杰：《论“中国马克思主义哲学”的命运范畴——兼论在马克思主义哲学

中国化研究中必须重视其范畴创新》,《党政干部学刊》2014 年第 5 期。

169. 陆剑杰:《论中国马克思主义经济哲学的形成及其学术成就》,《中共南京市委党校学报》2014 年第 1 期。

170. 路松杰:《努力实现马克思主义中国化的第三次历史性飞跃》,《学理论》2014 年第 12 期。

171. 路向峰:《面向中国问题:坚持马克思主义在意识形态领域指导地位的三维考量》,《社会科学家》2014 年第 11 期。

172. 路易·阿尔都塞、吴子枫:《哲学的形势和马克思主义理论研究》,《国外理论动态》2014 年第 1 期。

173. 罗伯特·韦尔、李海星:《关于中国马克思主义的思考》,《国外理论动态》2014 年第 4 期。

174. 罗建平、尚文天:《马克思主义理论学科建设与思想政治理论课程建设支撑关系研讨中的机械论评析》,《前沿》2014 年第 Z6 期。

175. 罗曼·罗斯多尔斯基、张开:《评马克思〈资本论〉的方法及其对当代马克思主义研究的重要意义》,《教学与研究》2014 年第 4 期。

176. 罗忠荣、杨永志:《信仰的内涵与发展——兼论马克思主义信仰的超越性》,《广西社会科学》2014 年第 6 期。

177. 吕红雁:《再释马克思主义的生产力系统观》,《学理论》2014 年第 34 期。

178. 马俊峰:《价值论研究对当代马克思主义哲学发展的意义》,《马克思主义与现实》2014 年第 1 期。

179. 马骏华:《马克思主义在近代中国迅速传播的原因探析》,《安徽职业技术学院学报》2014 年第 1 期。

180. 马强强、齐艳丽:《马克思是否有自己的生态思想——生态学马克思主义的不同解读及启示》,《山西高等学校社会科学学报》2014 年第 11 期。

181. 马庆:《“虚假意识”的意义和价值——论西方马克思主义意识形态研究的一个理论缺陷》,《毛泽东邓小平理论研究》2014 年第 3 期。

182. 毛自鹏、崔凤梅:《关于马克思主义中国化与“西方马克思主义”有关问题的再认识》,《理论导刊》2014 年第 10 期。

183. 梅荣政:《论马克思主义基本原理的几个问题》,《马克思主义研究》2013 年第 3 期。

184. 蒙胜军、李明德、郑冬芳:《马克思主义经典著作传播的合规律性及当代价值——以〈反杜林论〉和〈矛盾论〉为例》,《毛泽东邓小平理论研究》2014 年第 10 期。

185. 孟凡现:《中国梦与马克思主义大众化》,《吉林广播电视大学学报》2014 年第 11 期。

186. 敏涛:《马克思主义时间观解读》,《学理论》2014 年第 9 期。

187. 倪德刚:《毛泽东探索马克思主义中国化道路成败评析》,《马克思主义研究》2014 年第 7 期。

188. 倪红燕:《列宁对马克思主义国家与革命学说的系统阐述》,《政工学刊》2014 年第 11 期。

189. 倪红燕:《列宁对如何坚持马克思主义的阐发》,《政工学刊》2014 年第 12 期。

190. 倪红燕：《〈自然辩证法〉：马克思主义的自然观》，《政工学刊》2014 年第 5 期。

191. 倪志安：《从"对实践的理解"跃升到"从实践理解"——关于"马克思主义哲学中国化"方法论新路径的探讨》，《山东社会科学》2014 年第 4 期。

192. 聂锦芳：《在何种意义上马克思主义是一种"新哲学"？——从文本学的视角看》，《理论视野》2014 年第 3 期。

193. 聂志红：《马克思主义经济思想的内在规定性——与西方主流经济学比较中的界定》，《贵州社会科学》2014 年第 8 期。

194. 庞元正：《邓小平与马克思主义哲学转型》，《理论视野》2014 年第 8 期。

195. 彭洲飞：《后马克思主义现代性批判主题探析》，《南京政治学院学报》2014 年第 2 期。

196. 齐勇：《西方马克思主义空间生产理论探析》，《理论视野》2014 年第 7 期。

197. 祁金利：《马克思主义生命力的多维度解读》，《思想教育研究》2014 年第 5 期。

198. 秦正为：《马克思主义生命力的历史形成与现实发展》，《理论导刊》2014 年第 1 期。

199. 秦正为：《马克思主义生命力的现实凭依》，《山西师大学报》（社会科学版）2014 年第 3 期。

200. 桑明旭：《批判逻辑的异轨与理论事实的遮蔽——西方马克思主义对恩格斯自然辩证法的错误批判》，《山西师大学报》（社会科学版）2014 年第 6 期。

201. 邵小文：《中国马克思主义解释史：创新马克思主义研究的一种探索》，《广州大学学报》（社会科学版）2014 年第 4 期。

202. 沈朝华：《后马克思主义意识形态批判理论路径探微》，《佳木斯大学社会科学学报》2014 年第 1 期。

203. 沈江平：《马克思主义哲学文风：批判与建构》，《湖南社会科学》2014 年第 6 期。

204. 石倩：《论马克思早期传播马克思主义的方法》，《学理论》2014 年第 1 期。

205. 石裕东、吴宁：《马克思主义视野中的非物质劳动》，《江西社会科学》2014 年第 9 期。

206. 石云霞：《关于准确把握马克思主义基本原理的几个问题》，《思想理论教育》2014 年第 1 期。

207. 史为磊：《马克思恩格斯"中间阶级"思想及其当代价值——基于马克思主义经典文本的考察》，《求实》2014 年第 2 期。

208. 宋成东、宋严：《论当代中国马克思主义的基本特色》，《沈阳师范大学学报》（社会科学版）2014 年第 3 期。

209. 宋晓杰：《政治的马克思何以可能？——自主主义马克思主义视阈中的〈1857—1858 年经济学手稿〉》，《东北师大学报》（哲学社会科学版）2014 年第 4 期。

210. 宋义明、张娟：《马克思主义权力观的动态分析》，《人民论坛》2014 年第 29 期。

211. 苏丽亚、刘建伟：《从科学性与马克思主义"人"的观点相统一的角度看〈资本论〉的历史价值》,《平顶山学院学报》2014 年第 3 期。

212. 苏伟:《论马克思主义方法论革命的历史意义》,《马克思主义研究》2014 年第 1 期。

213. 苏星鸿:《构建中国化马克思主义哲学新形态的方法论思考——新时期马克思主义价值构建研究》,《青海社会科学》2014 年第 2 期。

214. 苏星鸿:《基于马克思主义问题观的中国梦解析》,《中国井冈山干部学院学报》2014 年第 6 期。

215. 孙大飞:《超越二元对立:“马克思主义中国化”学理视野下的知识建构》,《毛泽东思想研究》2014 年第 3 期。

216. 孙方:《浅析马克思主义唯物史观》,《经济师》2014 年第 2 期。

217. 孙静:《马克思主义信仰的危机和再确立》,《理论导报》2014 年第 7 期。

218. 孙来斌、高岳峰:《“灌输”的双重视界——马克思主义“灌输论”与当代西方灌输批判理论的话语差异》,《马克思主义研究》2014 年第 5 期。

219. 孙乐强:《从辩证矛盾到真正对立:辩证法的终结?——新实证主义马克思主义与自治主义马克思主义的当代反思》,《山东社会科学》2014 年第 10 期。

220. 孙亮:《国外马克思主义研究范式的“逻辑转换”与“顶层设计”》,《理论探讨》2014 年第 4 期。

221. 孙民、常彩霞:《当代中国马克思主义哲学研究的三个困境》,《新东方》2014 年第 1 期。

222. 孙全胜:《马克思主义社会空间生产批判的伦理形态》,《天府新论》2014 年第 6 期。

223. 孙全胜:《马克思主义社会空间现象批判伦理的出场形态》,《内蒙古社会科学》(汉文版)2014 年第 2 期。

224. 孙全胜:《中国化马克思主义实践创新的三重维度》,《华北电力大学学报》(社会科学版)2014 年第 2 期。

225. 孙舒景、吴倬:《马克思主义意识形态观对培育社会主义核心价值观的启示》,《思想理论教育》2014 年第 6 期。

226. 孙宜晓、郝文清:《“马克思主义”术语起源略考》,《科学社会主义》2014 年第 2 期。

227. 孙正聿:《〈资本论〉与马克思主义哲学》,《学习与探索》2014 年第 1 期。

228. 孙正聿:《为什么要用马克思主义理论支撑我们的理想信念》,《党建》2014 年第 5 期。

229. 汤姆·洛克莫尔、崔晨:《如何理解作为一种观念论的马克思哲学——马克思以及马克思主义与德国观念论的关系研究》,《江苏社会科学》2014 年第 5 期。

230. 唐虹:《论中国梦与马克思主义中国化》,《新西部》(理论版)2014 年第 18 期。

231. 唐梦亭:《从中国实践谈马克思主义社会大系统的划分》,《重庆师范大学学报》(哲学社会科学版)2014 年第 6 期。

232. 唐永:《国内第二国际马克思主义断代史研究述评》,《安徽电气工程职业技术学院学报》2014 年第 4 期。

233. 陶富源：《论实践主导的辩证唯物主义——马克思主义哲学本质精神新解》，《马克思主义研究》2014 年第 4 期。

234. 陶火生：《略述马克思主义生态理论的科学内涵》，《思想理论教育导刊》2014 年第 12 期。

235. 田丽：《从马克思主义整体性的角度理解马克思、恩格斯的东方社会理论》，《理论界》2014 年第 12 期。

236. 涂小雨：《中国梦与马克思主义中国化的历史进程》，《山西师大学报》（社会科学版）2014 年第 5 期。

237. 汪行福：《当代资本主义批判——国外马克思主义的新思考》，《国外理论动态》2014 年第 1 期。

238. 汪毅、何淼：《新马克思主义空间研究的逻辑与脉络》，《华中科技大学学报》（社会科学版）2014 年第 5 期。

239. 王博：《马克思主义之垄断资本主义理论的当代新发展》，《新西部》（理论版）2014 年第 10 期。

240. 王传玲：《“两个必然”的另一种论证——评生态马克思主义的生态危机理论》，《中共中央党校学报》2014 年第 2 期。

241. 王代月：《市民社会批判：马克思主义基本原理的发生学研究》，《山东社会科学》2014 年第 12 期。

242. 王飞霞：《论马克思主义的理论创新》，《党史文苑》2014 年第 2 期。

243. 王凤祥、安维复：《贝尔纳主义：马克思主义科学观的一种理论创新》，《科学学研究》2014 年第 10 期。

244. 王刚：《毛泽东对马克思主义中国化“元”问题的诠释和论证》，《理论视野》2014 年第 4 期。

245. 王国坛、许金龙：《论马克思主义哲学的基本原则》，《马克思主义与现实》2014 年第 1 期。

246. 王虎学：《科学对待马克思主义——从关于〈1844 年经济学哲学手稿〉的争论谈起》，《理论视野》2014 年第 3 期。

247. 王会花：《马克思主义社会发展动力思想及其中国化思考》，《学理论》2014 年第 33 期。

248. 王军光：《马克思主义哲学本体论之辩》，《南昌教育学院学报》2014 年第 6 期。

249. 王磊：《马克思主义辩证法在中国早期传播的一篇重要文献——〈马克思主义辩证法底几个规律〉译文作者考》，《党史研究与教学》2014 年第 5 期。

250. 王磊、彭继裕：《中国化马克思主义农民教育思想探析》，《传承》2014 年第 12 期。

251. 王连花：《新一届中央领导集体对马克思主义中国化实现路径的思考》，《传承》2014 年第 5 期。

252. 王鲁宁、李海青：《马克思主义的幸福观及其中国化何以可能——基于“中国梦”人民幸福内涵的理论渊源及实践价值视角》，《理论界》2014 年第 12 期。

253. 王曼、杜建：《论坚持马克思主义信仰与“中国梦”的实现》，《山东行政学院学报》2014 年第 7 期。

254. 王美玲、李雅儒：《马克思主义按劳分配的精神实质及当代价值》，《北华大学学报》（社会科学版）2014 年第 2 期。

255. 王明安：《论马克思主义创始人奠定了社会协同学的理论基础》，《系统科学学报》2014 年第 3 期。

256. 王培暄：《马克思主义政治经济学与西方经济学之比较》，《学术探索》2014 年第 11 期。

257. 王强：《“消解”与“拯救”之间的张力——比较视阈下马克思主义辩证法的当代境遇》，《宁夏大学学报》（人文社会科学版）2014 年第 4 期。

258. 王双：《在时代的创新中发展马克思主义》，《现代妇女》（下旬）2014 年第 11 期。

259. 王顺达：《西方马克思主义的内在矛盾对中国化马克思主义研究的启示》，《探索》2014 年第 3 期。

260. 王葳蕤：《阿尔都塞论马克思主义哲学的属性问题》，《长沙大学学报》2014 年第 4 期。

261. 王伟光：《坚信马克思主义，学习马克思主义，发展马克思主义》，《中国社会科学院研究生院学报》2014 年第 3 期。

262. 王伟光：《科学运用马克思主义世界观和方法论的典范》，《唯实》2014 年第 12 期。

263. 王文臣：《论西方马克思主义政治经济学批判的双重局限》，《上海财经大学学报》2014 年第 1 期。

264. 王晓升：《马克思主义的时尚化与马克思主义的危机》，《江海学刊》2014 年第 5 期。

265. 王续琨、戴艳军：《马克思主义理论一级学科的发展进路》，《南通大学学报》（社会科学版）2014 年第 4 期。

266. 王学东：《马克思主义意识形态领域的有益探索》，《当代世界与社会主义》2014 年第 2 期。

267. 王学平、王茜：《马克思主义基本问题追问》，《宁夏社会科学》2014 年第 6 期。

268. 王艳华：《国外马克思主义研究：逻辑进展、问题省思及推进路径》，《理论月刊》2014 年第 9 期。

269. 王艳华、朱思阳：《马克思正义观的复合结构——对分析学派马克思主义正义观论争的前提批判》，《学习与探索》2014 年第 11 期。

270. 王于：《马克思主义理论学科文献建构研究》，《成都理工大学学报》（社会科学版）2014 年第 1 期。

271. 王玉：《马克思主义实践哲学及其当代意义》，《决策探索》（下半月）2014 年第 2 期。

272. 王增福：《“自然”的回归与历史唯物主义的重构——詹姆斯·奥康纳的生态学马克思主义思想论析》，《东岳论丛》2014 年第 8 期。

273. 王增智：《论中国传统文化与马克思主义的“亲和性”——基于几组概念内涵

的分析》，《湖北社会科学》2014 年第 9 期。

274. 韦依娜、肖华锋：《西方马克思主义异化理论及其启示》，《人民论坛》2014 年第 11 期。

275. 魏海香：《马克思主义世界历史理论当代重构的方法论思考》，《广西社会科学》2014 年第 11 期。

276. 魏莉、张鑫：《马克思主义跨越式发展理论在中国的嬗变》，《人民论坛》2014 年第 14 期。

277. 魏小萍：《马克思主义哲学形态的分类及其原则》，《哲学动态》2014 年第 6 期。

278. 温立博：《马克思主义哲学中国化的研究》，《民营科技》2014 年第 12 期。

279. 吴冬梅、刘璐：《马克思主义意识形态的批判性体现》，《企业研究》2014 年第 14 期。

280. 吴纪龙：《后形而上学与马克思主义当代意义的双重建构指向——基于文化哲学的阐释》，《学术交流》2014 年第 5 期。

281. 吴家富：《马克思主义中国化的新典范》，《理论与当代》2014 年第 3 期。

282. 吴姣娇：《马克思主义理论的创新研究》，《赤子》（上中旬）2014 年第 22 期。

283. 吴玉敏：《以学术成果向意识形态的及时转化增进马克思主义说服力——基于马克思主义哲学研究成果的分析框架》，《社会主义研究》2014 年第 2 期。

284. 伍孟珺：《西方马克思主义对马克思主义在中国发展的启示》，《学理论》2014 年第 25 期。

285. 夏建国、沈建波：《真理的主体性与马克思主义理论的实践功能》，《江汉论坛》2014 年第 6 期。

286. 夏莹：《辩证法的断裂与历史必然性的重构——当代西方马克思主义的理论进路》，《教学与研究》2014 年第 8 期。

287. 夏莹：《马克思拜物教理论的双重内涵及其在西方马克思主义中的演化路径》，《马克思主义与现实》2014 年第 2 期。

288. 相雅芳：《马克思主义视阈下的可持续发展理念》，《观察与思考》2014 年第 10 期。

289. 肖映胜：《论马克思主义基本原理体系重构的三个维度》，《天府新论》2014 年第 2 期。

290. 谢晗：《马克思主义哲学大众化的内涵及其思路》，《才智》2014 年第 32 期。

291. 谢京辉：《马克思主义大众化的多重分析与思考》，《毛泽东邓小平理论研究》2014 年第 3 期。

292. 谢霄男、李净：《论马克思主义社会发展矛盾动力观》，《河北青年管理干部学院学报》2014 年第 6 期。

293. 谢霄男、王让新：《马克思主义对人类社会发展阶段的探索及理论贡献》，《求实》2014 年第 10 期。

294. 谢勇：《马克思主义学科建设的目标与路径刍议》，《继续教育研究》2014 年第 10 期。

295. 邢军：《马克思主义信仰对实现“中国梦”的意义》，《人民论坛》2014 年第

8 期。

296. 徐方平：《中国梦与马克思主义中国化》，《党建》2014 年第 9 期。

297. 徐哈军：《马克思主义信仰与“中国梦”之关系》，《长江大学学报》（社会科学版）2014 年第 5 期。

298. 徐璐：《浅析社会主义初级阶段理论对马克思主义社会形态理论的发展》，《改革与开放》2014 年第 16 期。

299. 许彩标：《浅析马克思主义中国化与中国梦的基本关系》，《才智》2014 年第 33 期。

300. 许春红：《论马克思主义社会科学方法论体系的开放性》，《人民论坛》2014 年第 14 期。

301. 薛新国：《马克思主义国家学说与社会党的国家观比较分析》，《思想理论教育导刊》2014 年第 6 期。

302. 闫聪慧：《关于马克思主义中国化主体的研究综述》，《赤峰学院学报》（汉文哲学社会科学版）2014 年第 12 期。

303. 闫晓勇：《求索马克思主义哲学创新之路的启示——重温列宁的〈论战斗唯物主义的意义〉》，《甘肃理论学刊》2014 年第 2 期。

304. 杨安、白小玉：《当前马克思主义哲学研究范式及其创新意义》，《党史文苑》2014 年第 12 期。

305. 杨斌：《全球动荡、美国霸权与马克思主义新视角》，《观察与思考》2014 年第 8 期。

306. 杨朝辉：《创新经济理论的马克思主义渊源分析》，《青海社会科学》2014 年第 4 期。

307. 杨德祥：《浅析马克思主义理论中人与物之间的关系》，《人民论坛》2014 年第 32 期。

308. 杨耕：《当前马克思主义研究中的五个重大问题》，《南京大学学报》（哲学·人文科学·社会科学版）2014 年第 4 期。

309. 杨晶：《论习近平总书记对马克思主义哲学的创新性运用与发展》，《湖北行政学院学报》2014 年第 5 期。

310. 杨娟：《分配正义：马克思主义经济哲学的追问》，《马克思主义研究》2014 年第 4 期。

311. 杨礼银：《论中西马克思主义比较研究的必要性、可能性与路径》，《湖北社会科学》2014 年第 8 期。

312. 杨茹、魏波：《马克思主义“和谐”思想及其当代价值》，《北京社会科学》2014 年第 1 期。

313. 杨思基：《论马克思主义的利益观与权利观——基于当代中国经济政治的省思》，《中国矿业大学学报》（社会科学版）2014 年第 4 期。

314. 杨文平：《马克思主义阶级形成理论分析原则探析》，《才智》2014 年第 22 期。

315. 杨先春：《略论马克思主义对实现中国梦的意义》，《法制与社会》2014 年第 33 期。

316. 杨潇荃：《社会主义核心价值观是马克思主义中国化最新成果》，《理论学习》

2014 年第 10 期。

317. 杨晓光：《马克思主义东方社会理论发展探析》，《鞍山师范学院学报》2014 年第 1 期。

318. 杨晓光：《马克思主义科学世界观的特点分析》，《党史文苑》2014 年第 6 期。

319. 杨秀芹：《马克思主义哲学的变革及其意义》，《学理论》2014 年第 35 期。

320. 杨周相：《马克思主义理论中的几个重要哲学问题探析》，《西藏民族学院学报》（哲学社会科学版）2014 年第 3 期。

321. 杨周相：《马克思主义现实发展功能新探》，《吉林省教育学院学报》（上旬）2014 年第 9 期。

322. 姚满林、王仕国：《马克思主义哲学创新的“三新”路径》，《求实》2014 年第 7 期。

323. 叶方兴：《解释、批判与实践——中国道路与马克思主义的当代使命》，《中国矿业大学学报》（社会科学版）2014 年第 4 期。

324. 叶忠明：《马克思主义形势政策观的“三维”逻辑》，《学术论坛》2014 年第 2 期。

325. 殷旭辉：《实践哲学——葛兰西对马克思主义的重新界定》，《理论观察》2014 年第 4 期。

326. 殷旭辉、王华：《“绝对的历史主义”——葛兰西对马克思主义的一种新理解》，《改革与开放》2014 年第 1 期。

327. 尹占文：《中国人为什么接受马克思主义：发生学的再思考》，《当代世界与社会主义》2014 年第 3 期。

328. 于萍：《马克思主义需要观视角下的中国梦》，《理论导刊》2014 年第 9 期。

329. 余斌：《准确表达马克思主义基本原理》，《学术评论》2014 年第 3 期。

330. 俞良早：《马克思主义理想社会的原则及思想》，《学术界》2014 年第 11 期。

331. 玉彬甫、陈晨：《浅析马克思主义哲学本体论》，《湘潮》（下半月）2014 年第 9 期。

332. 袁北星：《马克思主义科学方法论的丰富和发展——论习近平总书记系列重要讲话的方法论意义》，《政策》2014 年第 12 期。

333. 袁银梅：《发展着的马克思主义——中国特色社会主义理论体系》，《改革与开放》2014 年第 8 期。

334. 岳海峰：《马克思主义哲学视阈中的“摸着石头过河”和“顶层设计”》，《福州党校学报》2014 年第 4 期。

335. 岳杰勇：《试论马克思主义信仰生成的内在机制》，《思想理论教育导刊》2014 年第 9 期。

336. 岳强、田克勤：《马克思主义中国化主体演进的基本特征》，《思想理论教育导刊》2014 年第 11 期。

337. 翟涌荟：《当前马克思主义信仰弱化的教育因素探析》，《理论观察》2014 年第 4 期。

338. 张砥：《马克思主义哲学依然有强大生命力》，《新湘评论》2014 年第 3 期。

339. 张栋：《马克思主义根本特征考辩——从马克思主义的诞生过程看其根本特

征》，《毕节学院学报》2014 年第 10 期。

340. 张方波：《马克思主义经济学关于收入分配公平理论的新解读》，《毛泽东邓小平理论研究》2014 年第 2 期。

341. 张凤翠、魏海成：《论当前我国马克思主义意识形态建设》，《学术探索》2014 年第 3 期。

342. 张富文：《马克思主义人本思想与费尔巴哈人本主义比较研究》，《广西社会科学》2014 年第 10 期。

343. 张桂芳：《马克思主义社会意识理论与社会主义核心价值观》，《人民论坛》2014 年第 32 期。

344. 张海鹏、龚云：《马克思主义是历史虚无主义吗?》，《红旗文稿》2014 年第 16 期。

345. 张剑：《当代西方马克思主义重要理论问题探讨》，《马克思主义研究》2014 年第 3 期。

346. 张健：《科学把握马克思主义中国化的三个关系》，《科学社会主义》2014 年第 4 期。

347. 张可、宗成：《马克思主义关于农民问题在中国的实践和发展》，《理论界》2014 年第 1 期。

348. 张蕾、郑文范：《论马克思主义科学技术与社会思想的双重维度及启示》，《重庆大学学报》（社会科学版）2014 年第 4 期。

349. 张秦瑜、文成伟：《马克思主义哲学大众化方法论途径探讨》，《文化学刊》2014 年第 6 期。

350. 张锐：《马克思主义社会建设理论的思考》，《学园》2014 年第 31 期。

351. 张三元、何景春：《对马克思主义哲学科学形态的再认识——兼论马克思主义哲学中国化》，《江汉论坛》2014 年第 6 期。

352. 张廷广：《毛泽东推动马克思主义时代化的启示》，《河北青年管理干部学院学报》2014 年第 6 期。

353. 张霄：《马克思的伦理学：分析的马克思主义的贡献与黑格尔的遗产》，《马克思主义与现实》2014 年第 2 期。

354. 张晓萌：《欧美世界马克思主义研究新热点新趋势——MEGA2 研究进展评述》，《山东社会科学》2014 年第 12 期。

355. 张新宁：《试论马克思主义经济学的核心范畴——兼评美国马克思主义经济学六大研究流派》，《毛泽东邓小平理论研究》2014 年第 7 期。

356. 张秀勤、刘小华：《批判式信仰：马克思主义信仰方式论析》，《探索》2014 年第 2 期。

357. 张亚东：《毛泽东关于马克思主义中国化思想及其现实意义》，《党史文苑》2014 年第 22 期。

358. 张毅：《论曼德尔对马克思主义政治经济学的贡献》，《理论月刊》2014 年第 3 期。

359. 张雨辉：《实践的哲学与哲学的实践——马克思主义哲学大众化的内在逻辑与理性实践》，《湘潮》（下半月）2014 年第 11 期。

360. 张治忠：《马克思主义绿色发展观的价值维度》，《求索》2014 年第 12 期。

361. 赵成：《论毛泽东对马克思主义实践观的发展》，《渤海大学学报》（哲学社会科学版）2014 年第 3 期。

362. 赵峰：《马克思主义制度观与制度创新的人文价值取向》，《江汉学术》2014 年第 2 期。

363. 赵海瑞：《中国建构新政治经济学的实质——重构马克思主义政治经济学》，《河北经贸大学学报》2014 年第 5 期。

364. 赵家祥：《马克思主义是发展着的理论》，《西南大学学报》（社会科学版）2014 年第 5 期。

365. 赵培：《马克思主义整体性研究的缘起、进展和走向》，《科学社会主义》2014 年第 2 期。

366. 赵笑蕾：《马克思主义自然观视阈中共产主义的实现》，《兰州学刊》2014 年第 12 期。

367. 赵兴良：《中国特色社会主义理论体系对马克思主义人本思想的继承和发展》，《求实》2014 年第 12 期。

368. 赵宗符：《马克思主义新闻学体系建设初探》，《青年记者》2014 年第 36 期。

369. 郑大伟、程汝好：《论中国特色社会主义理论体系对马克思主义方法论的创新与发展》，《黑河学刊》2014 年第 1 期。

370. 郑忆石：《当代中国马克思主义哲学：何以、如何“以俄为镜”》，《江海学刊》2014 年第 5 期。

371. 郑忆石：《当代中国马克思主义哲学：在坚守“国家意识”中前行》，《江苏师范大学学报》（哲学社会科学版）2014 年第 2 期。

372. 郑忆石：《马克思与西方马克思主义：阶级观的异度探析》，《新疆社会科学》2014 年第 1 期。

373. 郑忆石：《相同与相异：21 世纪的俄罗斯哲学与中国马克思主义哲学》，《社会科学家》2014 年第 10 期。

374. 周兵、邵小文：《毛泽东关于中国马克思主义发展的两个重要命题研究》，《毛泽东研究》2014 年第 2 期。

375. 周家华：《马克思主义理论中国化新阶段——中国梦的哲学导向价值》，《临沂大学学报》2014 年第 5 期。

376. 周嘉昕：《伊里因科夫：马克思主义辩证法研究的新坐标》，《学习与探索》2014 年第 10 期。

377. 周可：《当代英美马克思主义对马克思资本批判理论的解读》，《哲学研究》2014 年第 8 期。

378. 周玲：《中国化马克思主义哲学理论体系演进探究》，《长春教育学院学报》2014 年第 2 期。

379. 周润：《中国梦与马克思主义中国化的内在关系》，《中学政治教学参考》2014 年第 27 期。

380. 周向军、高奇：《关于马克思主义的五个重要问题》，《山东师范大学学报》（人文社会科学版）2014 年第 5 期。

381. 周小龙：《马克思主义科学实践观视阈下的中国梦》，《党政干部论坛》2014 年第 3 期。

382. 周小毛：《马克思主义内在生命力的来源及特点》，《毛泽东研究》2014 年第 2 期。

383. 周晓露：《马克思恩格斯文本中的人民与文学——兼及马克思主义文学批评中国形态的构建》，《当代文坛》2014 年第 3 期。

384. 周新原：《"中国梦"马克思主义哲学的思维方式》，《厦门特区党校学报》2014 年第 1 期。

385. 周雨萌：《"中西合璧"助力中国梦——马克思主义与传统文化结合的必要性与可能性分析》，《理论观察》2014 年第 8 期。

386. 朱继东：《列宁对马克思主义意识形态理论的发展及其当代启示》，《理论探索》2014 年第 5 期。

387. 朱继东：《马克思主义意识形态理论的确立》，《中共济南市委党校学报》2014 年第 3 期。

388. 朱林：《影响中国化马克思主义吸引力的若干维度》，《山西高等学校社会科学学报》2014 年第 12 期。

389. 朱玲：《论作为"中国梦"价值顶层的马克思主义信仰》，《甘肃社会科学》2014 年第 4 期。

390. 朱荣英：《当代语境下马克思主义与"批判的马克思主义"的原则界限》，《河南教育学院学报》（哲学社会科学版）2014 年第 3 期。

391. 朱荣英：《论西方哲学方法论之于马克思主义社会科学方法论的当代意义》，《郑州轻工业学院学报》（社会科学版）2014 年第 3 期。

392. 朱士凤：《驳马克思主义是经济决定论》，《江淮论坛》2014 年第 2 期。

393. 朱彦振：《"晚期马克思主义"辩证法思想探析》，《井冈山大学学报》（社会科学版）2014 年第 5 期。

394. 庄友刚：《关于当前马克思主义哲学史研究中的几个方法论问题》，《山东社会科学》2014 年第 2 期。

395. 曾国屏、王妍：《自然辩证法：从恩格斯的一本书到马克思主义中国化的一门学科》，《自然辩证法研究》2014 年第 9 期。

396. 曾杰：《马克思主义信仰的基本问题》，《理论与改革》2014 年第 5 期。

397. 曾晓霞：《就"日本马克思主义"成为一种新学术范畴的思考》，《黑龙江教育学院学报》2014 年第 8 期。

398. 邹德文：《马克思主义实践观的当代形态及其五重构建》，《中共中央党校学报》2014 年第 6 期。

399. 邹升平：《马克思主义混合所有制思想及其现实意义》，《经济纵横》2014 年第 9 期。

400. 左少杰：《马克思主义在当代中国意识形态领域的主导地位分析》，《赤峰学院学报》（汉文哲学社会科学版）2014 年第 8 期。

（整理：仲河滨）

主题索引

A

B

C

D

E

F

G

H

J

K

L

M

N

O

P

Q

R

S

T

W

X

Y

Z